DICTIONNAIRES LE ROBERT
27, rue de la Glacière - 75013 Paris

DISPONIBLES EN LIBRAIRIE

DICTIONNAIRE HISTORIQUE DE LA LANGUE FRANÇAISE
sous la direction d'Alain Rey
(2 vol., 2 400 pages, 40 000 entrées).

Petit Robert

LE NOUVEAU PETIT ROBERT
Dictionnaire alphabétique et analogique de la langue française
(1 vol., 2 530 pages, 59 000 articles).
Le classique pour la langue française : 8 dictionnaires en 1.

LE PETIT ROBERT 2
Dictionnaire des noms propres
(1 vol., 2 000 pages, 36 000 articles, 2 200 illustrations couleurs et noir,
200 cartes).
Le complément pour les noms propres du *Nouveau Petit Robert 1*.

hors collection

LE ROBERT DES SPORTS
Dictionnaire de la langue des sports
(1 vol., 580 pages, 2 780 articles, 78 illustrations et plans cotés),
par Georges Petiot.

LE ROBERT QUÉBÉCOIS D'AUJOURD'HUI
(1 vol., 1 831 pages, 40 000 articles).

Dictionnaires pédagogiques

LE ROBERT MÉTHODIQUE
Dictionnaire méthodique du français actuel
(1 vol., 1 650 pages, 34 300 mots et 1 730 éléments).
Le seul dictionnaire alphabétique de la langue française qui analyse
les mots et les regroupe par familles en décrivant leurs éléments.

LE ROBERT MICRO
Dictionnaire d'apprentissage de la langue française
Nouvelle édition entièrement revue et augmentée (1 vol., 1 470 pages,
35 000 articles).

LE ROBERT DICTIONNAIRE D'AUJOURD'HUI
Langue française, noms propres, chronologie, cartes.
(1 vol., 1 700 pages, 46 000 articles, 108 pages de chronologie, 70 cartes
en couleurs).

LE ROBERT DES JEUNES
Dictionnaire de la langue française
(1 vol., 1 220 pages, 16 500 mots, 80 planches encyclopédiques en
couleurs).
Le premier Robert à l'école.

LE ROBERT JUNIOR
Un nouveau dictionnaire pour les enfants de 8-12 ans, en petit format
(1 vol., 1 100 pages, 20 000 entrées, 1 000 illustrations, 18 pages d'atlas).

LE ROBERT ORAL-ÉCRIT
L'orthographe par la phonétique
(1 vol., 1 400 pages, 17 000 mots et formes).
Le premier dictionnaire d'orthographe et d'homonymes, fondé sur l'oral.

LE ROBERT MICRO
POCHE
NOMS PROPRES

LE ROBERT MICRO

Poche

DICTIONNAIRE
DE
NOMS PROPRES

CARTES

CHRONOLOGIE

rédaction dirigée par
Alain Rey

Dictionnaires Le Robert ▪ 27, rue de la Glacière ▪ Paris XIIIe

Édition entièrement revue et mise à jour (mars 1994).

Tous droits de reproduction, de traduction
et d'adaptation réservés pour tous pays.
© 1990, Dictionnaires Le Robert
27, rue de la Glacière · 75013 PARIS
Tous droits réservés pour le Canada.
© 1990, Dicorobert Inc.
Montréal, Canada.

ISBN 2 85036 273-5

principaux collaborateurs

PREMIÈRE ÉDITION *pour* **le Micro-Robert Plus**

Yves Chemla, Catherine Meyer, Sophie de Sivry, François Trémolières

DEUXIÈME ÉDITION ENRICHIE

Joël Chapron, Pierre Mignaval ; **et** Régine Dupuy **(cartes)**, Didier Le Bonhomme **(noms propres)**, Alain **et** Ségolène Le Pichon **(chronologie)** ; **maquette :** Gonzague Raynaud

PRÉPARATION DE COPIE ET CORRECTION SOUS LA RESPONSABILITÉ de Joël Chapron

PREMIÈRE ÉDITION

Cécile Fontana, Michel Heron, Isabelle Raffin, Muriel Richard

DEUXIÈME ÉDITION

Françoise Bouillé, Françoise Maréchal, Lydia Vigné

CARTES : réalisation atelier C.A.R.T.

PRÉFACE

par Alain REY

Un paradoxe heureux des langues les rend capables de maîtriser et de représenter, outre les cultures qu'elles expriment – pour le français, les cultures francophones, qui sont variées –, celles qui se manifestent dans les autres idiomes. Un dictionnaire de références peut donc être complémentaire d'un dictionnaire de langue et transcender son univers culturel. Celui-ci s'adresse en priorité aux francophones, mais il a vocation universelle, et il joue – comme on dit en sports – l'ouverture.

Mais ce *MICRO-ROBERT 2* n'est pas seulement un dictionnaire ; en tant qu'outil de culture générale destiné à un très large public, à la fois jeune et adulte, il décrit son objet, les noms propres qu'il faut connaître, de trois façons distinctes et articulées.

1. LE DICTIONNAIRE DES LIEUX ET DES HOMMES

Il est, pour l'essentiel, conforme au *MICRO-ROBERT PLUS*, qui a fait ses preuves, et présente une sélection pédagogique, volontairement resserrée.

On imagine les difficultés d'un choix pertinent et didactiquement efficace parmi les dizaines de milliers de noms qui constituent la trame de nos références. Les quelque 12 000 entrées répertoriées ici sont évidemment peu de chose par rapport aux choix des dictionnaires de taille supérieure et, par exemple, à ceux du *PETIT ROBERT 2*. Il eût été facile d'augmenter l'ouvrage de quelques centaines de pages, en l'alourdissant d'autant ; la sévérité voulue de notre sélection répond à une utilité didactique. En effet, l'accumulation de noms propres d'importance culturelle secondaire, ou qui reflètent la mode actuelle (sportifs, vedettes des médias...), noms connus de tous et parfois un peu trop, a pour résultat d'encombrer les mémoires et de compliquer, en le brouillant, le réseau de références culturelles fondamentales qu'on a voulu représenter ici.

Ces références sont soit spatiales (noms de lieux), soit temporelles (noms de personnes et d'événements).

Quant aux **lieux**, la nomenclature géographique est plus généreuse en ce qui concerne la France[1] et ses voisins partiellement francophones, puis l'Europe tout entière. L'information est organisée autour des réalités institutionnelles : pour l'Hexagone, régions économiques, départements, préfectures et sous-préfectures. On a voulu élargir le point de vue de l'utilisateur de manière cohérente en appliquant un critère quantitatif aux villes du monde entier : à l'exception des cités en général industrielles qui forment certaines mégalopoles (Tokyo, Mexico, etc.) et de villes dont la seule caractéristique est le nombre d'habitants (en Chine, U.R.S.S., etc.), celles qui dépassent 100 000 habitants sont signalées. Bien entendu, les lieux ne répondant pas à ce critère sont traités, dès lors que leur importance culturelle est grande (monuments, événements historiques), ou que le pays ne comptait aucune ville de plus de 100 000 hab. Notons qu'on a préféré donner des chiffres de population arrondis – à partir des données statistiques disponibles – pour ne pas laisser croire à une précision qui n'aurait de sens que par rapport à une référence statistique.

Pour les noms de **personnes**, la sélection est évidemment plus aléatoire. Des priorités culturelles donnent ici l'avantage aux valeurs sûres, même si elles ne correspondent pas à des noms familiers ; en revanche, des personnages assez connus, mais qui représentent l'histoire événementielle (hommes politiques et chefs militaires du passé, hormis les plus grands) ou bien une mode culturelle, ont été volontairement écartés. On a toujours cherché à dégager des grandes lignes, tant pour l'histoire mondiale que pour celle des civilisations : littérature, arts plastiques, musique, sciences et techniques, philosophie...

Le contenu des articles est en général très bref et peut ne correspondre qu'à un repérage : les cartes et la

---

1. Toutes les communes comptant plus de 7 500 habitants sont retenues. Au-dessous, l'intérêt culturel et historique, la notoriété touristique ont joué, au détriment des critères administratifs.

chronologie sont alors chargées de replacer ces notules dans leur contexte. Cependant, on va au-delà de ces données élémentaires pour les références essentielles, ainsi que pour les noms de pays, de certaines régions et de quelques villes. Dans les articles consacrés aux créateurs, on n'a cité que les œuvres principales et, parfois, seulement une œuvre très caractéristique : c'est notamment le cas des cinéastes, des peintres, pour lesquels il n'était pas question d'énumérer des titres sous forme de catalogue. On n'oubliera pas, enfin, de se reporter aux articles qui sont en rapport : la brièveté du texte consacré à l'*Amérique* est compensée par les articles *Canada, États-Unis, Mexique, Brésil*, etc.

L'ensemble a paru d'autant plus exploitable qu'il était bref et représentatif ; nous avons préféré consacrer quelques lignes aux principaux témoins de civilisations anciennes ou mal connues plutôt qu'à des références françaises récentes, sans doute significatives pour beaucoup, mais qui ne nous ont pas paru indispensables dans ce projet précis : plutôt *Altdorfer* ou *Chaucer* que tel acteur ou tel sportif, que tel écrivain à la mode, plus familier mais – à notre avis – non essentiel pour les adolescents et les adultes auxquels ce livre est destiné.

Quant à l'ordre de présentation des articles, il est classiquement alphabétique, avec des regroupements (membres d'une famille ou dynastie, nom identique de région et de ville...). Ce morcellement alphabétique est une nécessité pratique, mais il nuit aux processus d'acquisition et de mémorisation des connaissances. On peut certes y remédier par des renvois, mais ce procédé – pratiqué constamment dans la tradition du *Robert* – ne suffit pas : c'est pourquoi une chronologie et des cartes s'articulent à ce dictionnaire.

Pour faciliter la consultation, on a renversé l'ordre habituellement adopté par les dictionnaires pour respecter celui de l'usage courant. Ainsi, les prénoms précèdent toujours le nom : *Jules Verne* et non VERNE (Jules), *la comtesse de Ségur,* née *Sophie Rostopchine* et non SÉGUR (Sophie Rostopchine, comtesse de). Pour des raisons analogues, on a préféré : *le mont Blanc* à BLANC (Mont).

Pour les noms étrangers, c'est la forme usuelle en français qui a la préférence : ce qui a conduit, pour les lieux comme pour les personnes, à choisir la forme francisée, quand elle existe. Ex. : *Londres* et non *London, Titien* et non *Tiziano*

Vecellio. Le cas est plus complexe pour les langues non alphabétisées (chinois) ou écrites dans un autre alphabet que le nôtre (arabe, russe, etc.) : on trouvera, pour les noms les plus connus, la forme latinisée ou francisée et non pas une transcription savante (**Confucius** pour *Kongzi,* **Canton** au lieu de *Guangzhou,* **Soliman** plutôt que *Süleyman,* **Abd el-Kader** et non *Abd al-Qadir*). Pour les noms moins connus, on est resté fidèle aux options du *PETIT ROBERT 2,* excepté pour le domaine chinois où on a suivi le système de transcription « pinyin », aujourd'hui généralisé.

En outre, on s'est efforcé d'adopter un niveau didactique égal à celui du *MICRO-ROBERT* de langue : les mots utilisés dans la description des personnes et des choses appartiennent en principe à sa nomenclature. On a d'autre part évité autant que possible les abréviations, préférant expliciter l'information.

Une autre cohérence, enfin, a été recherchée entre noms propres et mots de la langue. Elle s'exprime dans l'homogénéité des choix typographiques : mise en valeur des sous-entrées, classification des homographes, double flèche pour les renvois... Elle apparaît aussi dans le traitement des mots usuels dérivés d'un nom propre : les noms d'habitants, signalés en italique, quand ils sont usités ; les « quasi-noms propres » qui nous semblaient mériter un développement encyclopédique et qui apparaissent en sous-entrées (*Bouddha* ▶ *le bouddhisme*) ; les renvois faits directement au *MICRO-ROBERT* de langue (à l'article *Mao* ❬ ▶ maoïsme ❭ ; à l'article *Bohême* ❬ ▶ bohémien ❭, etc.). Elle apparaît enfin dans le souci de traiter certains noms propres qui ont donné naissance à des mots courants *(Poubelle, McAdam, Silhouette)* ou dans des développements à caractère étymologique (ainsi l'expression « mouton de Panurge » trouve son explication à l'article *Panurge*).

Des notices consacrées, par exemple, aux *humanistes,* aux *Lumières,* envisagés comme des entités aussi clairement situées dans l'histoire qu'une personne ou un lieu (le *bouddhisme,* la *Renaissance,* l'*Occupation* [de la France], etc.), manifestent les interférences qui existent entre ces références culturelles et les mots français du dictionnaire de langue. Tel est par exemple le cas des mouvements artistiques (le *cubisme,* le *fauvisme,* etc.). De même, *le Parlement, la Révolution* (française, russe...) ou l'*Académie,* traités ici, voient leur sens éclairé par l'explication des concepts généraux *(un parlement, une révolution...)* que le dictionnaire de langue définit.

2. LES CARTES

L'ordre de l'espace, restitué sous forme de cartes légendées, se charge de mettre en perspective pour l'œil et la raison une grande partie des noms de lieux égrenés par l'alphabet. Un mini-atlas de cartes se chargera de situer les informations géographiques. Il est conçu pour fonctionner en interrelation avec le texte même du dictionnaire de noms propres.

Pour chaque carte, quelques informations sur le pays ou la région amorcent les développements qui se trouvent à l'ordre alphabétique ; parfois elles les complètent. Cet ordre du dictionnaire des noms de lieux, qui est aussi commode qu'arbitraire, est ainsi corrigé par la répartition spatiale. Trouver une ville sur la carte, c'est replacer dans un contexte régional ou national les informations, visualiser les distances et les espaces – et donc aider la mémorisation. C'est aussi proposer des formes et un réseau de relations entre les réalités décrites séparément.

3. LA CHRONOLOGIE

Le mot lui-même en donne les intentions. Alors que les noms de personnes et de lieux, commentés dans le dictionnaire, sont l'objet de repérages dans le temps – et, notamment, contiennent des dates, siècles et millésimes –, le découpage alphabétique empêche les confrontations qui s'imposent. Il fallait rétablir, à ce sujet, une « logique », un ordre rationnel du temps (chrono-logie).

Seul cet ordre peut restituer en séries parallèles les grands domaines historiques : histoire générale et politique, religions, littératures, arts et musiques, sciences, techniques, permettant la confrontation des activités humaines sur toute la surface de la Terre, en synchronie. L'ordre alphabétique du dictionnaire, arbitraire et mnémotechnique, est ainsi complété et corrigé par celui du temps, qui fait intervenir la causalité et la succession des événements. Comme pour les cartes, l'espace du « tableau », qui peut se lire de diverses manières, enrichit et assouplit l'information présentée linéairement et alphabétiquement dans la première partie du livre.

Cette chronologie peut se lire horizontalement – les faits rapportés coïncidant exactement selon leur date – et, bien entendu, verticalement. Elle couvre l'ensemble des temps protohistoriques et historiques, jusqu'à nos jours.

Les informations qu'on y trouve dépassent le traitement du dictionnaire : elles concernent, en effet, non seulement des noms de personnes et de lieux, mais des événements marquants, en tous domaines et sur toute la planète. Nous ne connaissons aucun petit livre de ce type qui réunisse autant de données sur l'histoire du monde, depuis l'événement d'importance mondiale (1914, 1917, 1940...) jusqu'au repère culturel particulier, qu'il soit scientifique ou musical, technique ou littéraire et jusqu'à des synthèses qui proposent l'« esprit d'un siècle ».

Tous ces éléments sont mis à la disposition de l'utilisateur, qu'il soit élève, enseignant ou non, pour promouvoir cette culture générale si menacée, et qu'il faut, sans compromis, illustrer, pour pouvoir la défendre.

Alain Rey, 1990.

SIGNES
CONVENTIONNELS

*	astérisque précédant un mot, un nom auquel on pourra se reporter avec profit.
⇒	renvoie à un ou plusieurs mots, noms apportant un complément d'information.
⟨ ⟩	crochets entre lesquels sont donnés les dérivés morphologiques de l'entrée, qui se trouvent dans le MICRO-ROBERT 1.
≠	« ne pas confondre avec » (précède un nom dont l'orthographe ou la prononciation peuvent prêter à confusion avec le nom défini).

ABRÉVIATIONS

apr.	après
av.	avant
env.	environ
f.	féminin
hab.	habitants
J.-C.	Jésus-Christ (dans une date ; ex. : IIᵉ s. av. J.-C.)
m.	masculin
n.	nom
pl., plur.	pluriel
s.	siècle
v.	vers (précède une date approximative)

*Julio **Cortázar*** ■ Écrivain argentin naturalisé français (1914-1984). Son roman *"Marelle"* eut une grande influence sur la littérature sud-américaine.

Conrad ■ NOM DE QUATRE SOUVERAINS GERMANIQUES □ ***Conrad III*** (v. 1093-1152), premier empereur de la dynastie des *Hohenstaufen, régna de 1138 à sa mort.

Crémone, en italien *Cremona* ■ Ville d'Italie (*Lombardie). 80 800 hab. Patrie de *Monteverdi et *Stradivari. École internationale de lutherie. ⟨► crémone ⟩

*les **Ibères*** ■ Peuple établi en Espagne, au temps de la conquête romaine (1er s.). ► *la péninsule **Ibérique,*** nom donné à l'ensemble géographique que constituent l'Espagne et le Portugal.

*le **Comecon*** ■ ⇒ C.A.E.M.

renvoi indicatif : on y trouvera des informations complémentaires

François **Jacob** ■ Biochimiste français (né en 1920). "*La Logique du vivant*". Prix Nobel de médecine 1965 (⇒ **Lwoff**).

Joseph-Marie **Jacquard** ■ Mécanicien français (1752-1834). Inventeur d'un métier à tisser automatique qui porte son nom. ‹▶ jacquard ›

renvoi à un mot de la langue

mention du genre chaque fois qu'il n'apparaît pas de façon évidente (ici, article élidé : l' ambigu)

l'Ill n.m. ■ Rivière d'Alsace, affluent du Rhin. 208 km.

mention du numéro du département pour la France

l'Indre [36] n. m. ■ Département français de la région *Centre. Il doit son nom à la rivière qui le traverse. 6 825 km². 243 200 hab. Préfecture : Châteauroux. Sous-préfectures : Issoudun, La Châtre, Le Blanc.

superficie exacte

nombre d'habitants approché

Haarlem ■ Ville des Pays-Bas, chef-lieu de la *Hollande-Septentrionale. 149 000 hab. Fleurs. Église (XVᵉ - XVIᵉ s.). ≠ *Harlem*.

signifie « ne pas confondre avec »

noms propres

A

Aalborg ou **Ålborg** ■ Ville et port du Danemark. Chef-lieu du Jütland du Nord. 155 000 hab. Centre culturel.

Alvar **Aalto** ■ Architecte et urbaniste finlandais (1898-1976). Pionnier de l'architecture contemporaine.

Aar ou **Aare** n. m. ■ Rivière de Suisse, affluent du *Rhin. 295 km.

Aarau ■ Ville de Suisse. Chef-lieu du canton d'*Argovie. 17 000 hab.

Aarhus ou **Århus** ■ Ville et port du Danemark. 259 000 hab.

Aaron ■ Frère de *Moïse, dans la Bible.

Ābādān ■ Ville et port d'Iran, sur le *Chaṭṭ al-'Arab. 560 000 hab. Exportation de pétrole.

'Abbās ■ Oncle de *Mahomet, dont l'un des descendants fonda la dynastie des Abbassides. ▶ *les **Abbassides**. Dynastie de 37 califes arabes. Elle détrôna les *Omeyyades en 750, fit de Bagdad sa capitale (762) et fut vaincue par les *Mongols en 1258. ⟨ ▶ abbasside ⟩

Farḥāt **'Abbās** ■ Homme politique algérien (1899-1985). Premier président du Gouvernement provisoire de la République algérienne, de 1958 à 1961. Exclu du *F.L.N. en 1963.

'Abbās Iᵉʳ le Grand ■ Chah de Perse (1571-1629), le plus célèbre des *Safavides. Il vainquit les Ouzbeks et les *Ottomans, et fit d'Ispahan sa capitale.

Abbeville ■ Sous-préfecture de la Somme. 24 600 hab. *(les Abbevillois).*

'Abd al-Hamīd ibn Yahyā ■ Écrivain arabe (vIIIᵉ s.). Premières épîtres arabes.

Abdallah ■ Père de *Mahomet (v. 545 - v. 570).

'Abd ar-Raḥmān III ■ Calife *omeyyade (891-961). Il porta l'émirat de *Cordoue à son apogée.

Abd el-Kader ■ Émir algérien et écrivain mystique musulman (1808-1883). Chef de la résistance (1832-1847) aux Français lors de la conquête de l'Algérie, il fut vaincu et exilé.

Abd el-Krim ■ Nationaliste marocain (1882-1963). Il dirigea la lutte contre les Espagnols et les Français (guerre du *Rif).

Abéché ■ Ville du Tchad. 71 000 hab.

Abel ■ Fils d'*Adam, dans la Bible, tué par son frère aîné *Caïn.

Niels **Abel** ■ Mathématicien norvégien (1802-1829). Il devance les travaux de *Galois en algèbre et ceux de *Gauss, *Cauchy et *Jacobi en analyse (intégrales *abéliennes*).

Pierre **Abélard** ■ Philosophe et théologien français (1079-1142). ⇒ **Héloïse.** Son intérêt pour la logique annonce la rigueur technique de la *scolastique.

Abeokuta ■ Ville du Nigeria. 359 000 hab.

Aberdeen ■ 1ᵉʳ port d'Écosse, chef-lieu du *Grampian. 190 000 hab. Université.

Abhinavagupta ■ Poète et penseur indien, inspiré par le culte de *Śiva (v. 1000).

Abidjan ■ Métropole économique et culturelle de la Côte-d'Ivoire. 1,85 million d'hab. Port. Université. Capitale du pays jusqu'en 1983. ⇒ **Yamoussoukro.**

*l'***Abkhazie** n. f. ■ République autonome dépendant de la république de *Géorgie. 8 600 km². 537 000 hab. *(les Abkhazes)*. Capitale : Soukhoumi. Tabac. Stations balnéaires. Les Abkhazes revendiquent le rattachement de l'Abkhazie à la république de *Russie.

Abomey ■ Ville du Bénin. 54 400 hab. ▶ *le royaume d'***Abomey,** fondé en 1625, résista à la pénétration européenne jusqu'en 1892.

Abou al-'Alā' al-Ma'arrī ■ Poète et lettré musulman arabe (973-1057). "*Épître du pardon*".

Abou al-'Atāhiyah ■ Poète arabe (v. 748 - v. 825).

Abou Bakr ■ Premier calife musulman, beau-père de *Mahomet (v. 573-634).

Abou Dhabi ■ Le plus vaste et le plus peuplé des Émirats arabes unis. 67 340 km². 670 000 hab. Grande richesse grâce au pétrole. □ ***Abou Dhabi,*** sa capitale (243 000 hab.), est aussi le siège du gouvernement fédéral des Émirats arabes unis.

Abou Firās al-Hamdānī ■ Prince et poète arabe (932-968). "*Rūmiyyat*", poème de l'exil.

Aboukir ■ Baie du delta du Nil où *Nelson vainquit une escadre

française en 1798. Bonaparte y défit les Turcs l'année suivante.

Abou Nouwās ■ Poète arabe (v. 762 - v. 813). Favori de *Hārūn ar-Rachīd, il célébra de manière lyrique le plaisir.

Abou Simbel ■ Site d'Égypte, au sud d'*Assouan : temples funéraires creusés dans les falaises, construits par *Ramsès II au XIIIᵉ s. av. J.-C. Ils ont été surélevés après la mise en eau du barrage d'Assouan.

Abou Tammām ■ Poète arabe (804 - v. 845). Auteur d'une célèbre anthologie, "*al-Ḥamāsah*".

Abraham ■ Patriarche de la Bible (*Genèse). Dieu lui demande de sacrifier son fils *Isaac. Il s'apprête à le faire mais son fils est épargné.

*les plaines d'***Abraham** ■ Lieu situé sur les hauteurs de *Québec (Haute-Ville), au bord du Saint-Laurent. Les Anglais y battirent les Français en 1759.

*Madame d'***Abrantès** ■ ⇒ **Junot.**

les **Abruzzes** n. f. pl. ■ Montagnes calcaires d'Italie centrale (*Mezzogiorno), culminant au Gran Sasso (2 914 m). ▶ *les* **Abruzzes.** Région administrative. 10 794 km². 1,26 million d'hab. Capitale : L'Aquila (65 600 hab.).

Abydos ■ Site archéologique d'Égypte, près de *Thèbes, dédié au culte d'*Osiris.

Les **Abymes** ■ Commune de la Guadeloupe. 62 600 hab. *(les Abymiens).*

*l'***Abyssinie** n. f. ■ Ancien nom de l'Éthiopie.

*l'***Académie** n. f. ■ Nom donné à l'école philosophique de *Platon et repris à la *Renaissance (en Italie d'abord) pour désigner des cercles de lettrés ou de savants. □ *l'***Académie française,** la plus célèbre des cinq académies qui forment aujourd'hui l'Institut de France. Créée en 1635 par

Richelieu, elle compte 40 membres, les « Immortels », chargés de veiller sur les lettres et la langue françaises.
□ l'*Académie royale de peinture et de sculpture,* fondée en 1648, dirigée par *Le Brun, a défini le style classique français (⇒ **classicisme**) ; supprimée en 1793, elle réapparut ensuite comme *Académie des beaux-arts.* Au XIXᵉ s., les peintres dits « académiques » s'en réclamèrent. L'adjectif *académique* a fini par désigner un respect étroit de conventions. □ l'*Académie des sciences,* fondée en 1666 par *Colbert, regroupe deux divisions : sciences mathématiques et physiques, sciences chimiques, biologiques et médicales. □ l'*Académie royale de Belgique,* fondée par Marie-Thérèse d'Autriche en 1772, compte trois sections : lettres, beaux-arts, sciences. ⟨ ▶ académie ⟩

l'*Acadie* n. f. ■ Région du Canada (*Nouvelle-Écosse, *Nouveau-Brunswick). ▶ *les* *Acadiens,* habitants francophones de l'Acadie, furent déportés en Louisiane après 1755. ⟨ ▶ acadien ⟩

Acapulco ■ Ville et port du Mexique. 409 000 hab. Station balnéaire du Pacifique.

Accra ■ Capitale et port du Ghana. 867 000 hab.

Achab ■ Roi d'Israël de 873 à 853 av. J.-C.

l'*Achaïe* n. f. ■ Région de *Patras en Grèce. Principauté latine au XIIIᵉ s. ▶ *les* *Achéens* s'y établirent au IIᵉ millénaire av. J.-C. (civilisation de *Mycènes). Ils furent repoussés vers le nord par les *Doriens.

les *Achéménides* ■ Dynastie perse qui régna sur un immense empire après les conquêtes de *Cyrus II le Grand, entre 550 et 529 av. J.-C., et fut détruite par *Alexandre le Grand en 330 av. J.-C. ⟨ ▶ achéménide ⟩

Achères ■ Commune des Yvelines. 15 100 hab. *(les Achérois).*

l'*Achéron* n. m. ■ Fleuve des *Enfers, dans la mythologie grecque.

Achicourt ■ Commune du Pas-de-Calais. 8 000 hab. *(les Achicouriens).*

Achille ■ L'un des principaux héros de l'*"*Iliade". Invulnérable, excepté par son talon. Vainqueur d'*Hector dans la guerre de Troie.

Achkhabad ■ Ville de la C.É.I, capitale du *Turkménistan. 398 000 hab.

l'*Aconcagua* n. m. ■ Volcan des *Andes (Argentine), la plus haute montagne d'Amérique : 6 959 m.

les *Açores* n. f. pl. ■ Archipel de l'océan Atlantique, région autonome du Portugal. 2 247 km². 254 200 hab. Capitale : Ponta Delgada (île de *São Miguel). Tourisme.

Acre n. m. ■ État du nord-ouest du Brésil. 153 698 km². 407 000 hab. Capitale : Rio Branco (87 500 hab.).

Acre ou *'Akko* ■ Ville d'Israël. 39 000 hab. Port important au Moyen Âge (*Saint-Jean-d'Acre,* forteresse des croisés).

l'*Acropole d'Athènes* n. f. ■ Citadelle sur une colline d'Athènes, ensemble de monuments antiques, dont le *Parthénon, les Propylées, l'*Érechthéion.

l'*Action française* n. f. ■ Mouvement politique et journal français d'extrême droite, monarchiste et catholique ; né des idées de Charles *Maurras au moment de l'affaire *Dreyfus, condamné par Pie XI en 1926, il disparut à la Libération.

Actium ■ Promontoire de Grèce, au large duquel *Octavien remporta une victoire complète sur la flotte d'*Antoine et de *Cléopâtre (31 av. J.-C.).

Adalbéron ■ Archevêque de Reims (v. 920 - 989) qui sacra roi *Hugues Capet.

Adam ■ Dans la *Bible et les religions du Livre, le premier homme.

Robert **Adam** ■ Architecte, décorateur et théoricien *néo-classique écossais (1728-1792).

Paul **Adam** ■ Romancier français (1862-1920). "*Chair molle*".

Adam de la Halle ■ Trouvère et musicien français (v. 1240 - v. 1285). "*Le Jeu de la feuillée*" ; "*le Jeu de Robin et Marion*".

Arthur **Adamov** ■ Auteur dramatique français d'origine russe (1908-1970). "*Le Ping-Pong*".

John **Adams** ■ Homme politique américain (1735-1826). 2e président des États-Unis, de 1797 à 1801. □*John Quincy Adams,* son fils (1767-1848), collaborateur de *Monroe, antiesclavagiste. 6e président des États-Unis, de 1825 à 1829. □*Henry Brooks Adams,* petit-fils du précédent, historien et écrivain américain (1838-1918).

Adana ■ Ville de Turquie, en *Cilicie. 776 000 hab. Industries.

Addis-Abeba ■ Capitale de l'Éthiopie. 1,4 million d'hab. Pôle économique relié à *Djibouti par chemin de fer. Siège de l'Organisation de l'unité africaine (O.U.A.).

Joseph **Addison** ■ Écrivain et homme politique anglais (1672-1719). Fondateur avec *Steele du journal le *Spectator*.

Adélaïde, en anglais **Adelaide** ■ Ville du sud de l'Australie, capitale de l'État d'*Australie-Méridionale. 1 million d'hab.

la terre **Adélie** ■ Partie de la terre de *Wilkes, à l'est de l'Antarctique, découverte par *Dumont d'Urville en 1840. Possession française. 390 000 km².

Aden ■ Ville du Yémen, ancienne capitale du Yémen du Sud. 417 000 hab. ▶ *le golfe d'*Aden fait communiquer l'océan Indien avec la mer Rouge.

Konrad **Adenauer** ■ Homme politique allemand (1876-1967). Démocrate-chrétien, premier chancelier de la R.F.A., de 1949 à 1963.

Clément **Ader** ■ Ingénieur français, pionnier de l'aviation (1841-1925). On lui doit le mot *avion*.

*l'***Adige** n. m. ■ Fleuve d'Italie du Nord. 410 km.

*l'***Adjarie** n. f. ■ République autonome dépendant de la république de *Géorgie. 3 000 km². 393 000 hab. Capitale : Batoumi. Cultures subtropicales. Les *Argonautes, à la recherche de la Toison d'or, y auraient abordé.

Victor **Adler** ■ Homme politique autrichien (1852-1918). Il joua un rôle important dans le parti social-démocrate et dans la IIe *Internationale.

Alfred **Adler** ■ Médecin autrichien (1870-1937). Disciple de *Freud, il s'en sépara pour constituer sa propre psychologie.

Adonis ■ Dans la mythologie phénicienne, puis grecque, dieu de la Végétation, aimé par *Aphrodite. ⟨▶ adonis ⟩

Theodor Wiesengrund **Adorno** ■ Philosophe et musicologue allemand (1903-1969).

*l'***Adour** n. m. ■ Fleuve français qui se jette dans l'Atlantique à Bayonne. 335 km.

*l'***Adriatique** n. f. ■ Mer formée par la Méditerranée, entre l'Italie, la Slovénie, la Croatie, la Bosnie-Herzégovine, la République fédérale de Yougoslavie et l'Albanie.

Adrien ■ ⇒ Hadrien.

Endre **Ady** ■ Poète hongrois (1877-1919). Il rénova les idées et les formes de la poésie hongroise. "*En tête des morts*".

*l'***A.-É.F.,** **Afrique-Équatoriale française** ■ ⇒ Afrique.

*l'***A.E.L.E., Association européenne de libre-échange** ■ Instituée en 1960, elle regroupe 7 membres : Autriche, Finlande,

Islande, Liechtenstein, Norvège, *Suède, Suisse. Elle a pour but l'abolition des obstacles aux échanges en Europe occidentale et a signé en 1991 avec la *C.E.E., un accord prévoyant la création, le 1er janvier 1993, d'une zone de libre-échange appelée Espace Économique Européen.

*les **Afars** ■* Groupe ethnique de religion musulmane chiite vivant entre la mer Rouge et le plateau d'Éthiopie. □ *le territoire des **Afars et des Issas**,* ancien territoire français devenu (en 1977) la république de *Djibouti.

*l'**Afghanistan*** n. m. ■ État (république populaire) d'Asie centrale. 652 225 km². 14,8 millions d'hab. *(les Afghans).* Capitale : Kaboul. Langues officielles : pashtu, dari. Religion officielle : islam. Monnaie : afghani. Pays montagneux et aride au climat continental. Agriculture et artisanat dominants. □ HISTOIRE. Carrefour de l'Asie, l'Afghanistan a toujours représenté pour ses puissants voisins (l'Inde, le Pakistan, l'Iran, l'Union soviétique et la Chine) un enjeu stratégique. Envahi par les Scythes (1er s.), les Perses sassanides et les Huns (ve s.), sous influence musulmane depuis le ixe s., il a été l'objet de rivalités, depuis le xviiie s., entre Russes et Anglais, ces derniers voulant protéger leur empire des Indes. En 1919, la troisième guerre anglo-afghane aboutit à la reconnaissance de l'indépendance du royaume afghan. Un premier coup d'État militaire en 1973 instaura la République, puis deux coups d'État successifs, organisés par le parti communiste afghan, amenèrent l'intervention militaire de l'Union soviétique, en 1979, afin de soutenir le régime face à une résistance populaire conduite par des groupes islamiques progressivement appuyés par les États-Unis. Après le retrait des troupes soviétiques (1989), la chute du régime communiste en 1992 entraîna la formation d'un gouvernement de transition, mais d'im-

portantes divisions apparurent au sein de la résistance.

*les **Afrikaners** ■* ⇒ les **Boers.**

*l'**Afrique*** n. f. ■ Vaste continent de 30,3 millions de km² (y compris les îles voisines), l'Afrique est bordée à l'ouest par l'océan Atlantique, au nord par la mer Méditerranée, à l'est par l'océan Indien et la mer Rouge. Elle est séparée de l'Europe par le détroit de *Gibraltar au nord-ouest et rattachée à l'Asie par l'isthme de *Suez au nord-est. À l'exception des chaînes plissées (au nord-ouest l'*Atlas, au sud-est le *Drakensberg), l'Afrique, continent massif et ancien, est constituée de plateaux et de plaines. De la mer Rouge aux côtes du Mozambique s'étend une vaste fracture, le *rift africain, présentant une suite de plaines d'effondrement (où se trouvent les grands lacs *Victoria, *Tanganyika et *Malawi) et de massifs volcaniques (le *Kilimandjaro). Les fleuves (*Niger, *Zaïre, *Nil, *Zambèze...), qui prennent naissance dans les zones de fortes pluies, parviennent difficilement à la mer en raison de la faible déclivité du terrain. Située entre les deux tropiques, l'Afrique est un continent chaud où le régime des pluies détermine les saisons. Les zones climatiques se succèdent de part et d'autre de l'équateur, symétriquement dans les deux hémisphères : équatoriale, tropicale, désertique (le *Sahara, le *Kalahari), tempérée (climat méditerranéen). Le peuplement (environ 646 millions d'hab.), en forte croissance mais de densité inégale, se répartit en deux zones principales : population blanche, de langues chamito-sémitiques, de la Méditerranée au sud du Sahara (*Berbères, *Arabes) ; population noire et métissée au-delà, de langues africaines (*Peuls, *Maures, *Toubous, *Bambaras, *Haoussas, *Mandingues, *Ouolofs, *Pygmées, *Bochimans, *Hottentots, *Bantous...). Il faut y ajouter une minorité d'origine anglo-néerlandaise à l'extrême sud (les *Afrikaners). Près de 40 % de la population se réclament du christianisme ou de l'islam (en expansion), la majorité étant animiste. Les pays africains, avec une économie dite « en développement », sont confrontés au problème du manque de capitaux, ce qui explique l'endettement, et à une forte croissance de la population. Aussi tentent-ils d'exploiter les richesses du continent – richesses pétrolifères (Algérie, Gabon, Libye...), minières (Mauritanie...), touristiques (Kenya, Tanzanie...) ou agricoles – par de vastes plantations en monocultures (arachide, cacao, fruits tropicaux...). Mais les fluctuations des cours mondiaux mettent ces économies en équilibre fragile et conduisent les pays essentiellement agricoles à un retour aux cultures vivrières. Face à ces difficultés, les pays africains ont conclu des accords économiques avec les pays industrialisés, notamment la *C.E.E. (⇒ conventions de **Lomé**). ◻ **HISTOIRE**. Très riche en sites préhistoriques (grottes de *Tassili, découverte de *Lucie...), l'Afrique a connu ensuite plusieurs des grandes civilisations méditerranéennes : l'Égypte pharaonique, le rayonnement de Carthage, la conquête romaine et l'influence de *Byzance. À partir du viie s., l'islam envahit progressivement le continent par le Nord-Est, dominant les grands empires du Niger. Au xve s., les Portugais s'implantèrent sur le littoral atlantique : ce fut le début de la pénétration européenne et, avec elle, les transferts de population noire (esclavage) vers les Amériques. Terre de conquêtes coloniales, l'Afrique fut découpée, à la fin du xixe s., en territoires artificiels que se partagèrent les pays européens, principalement la France (*A.-É.F., *A.-O.F., Maghreb, Madagascar, Djibouti [ex-Côte française des Somalis]) et l'Angleterre (tous les territoires allant de l'Égypte au Cap – à l'exception de l'Afrique-Orientale allemande –, le Nigeria, le Ghana [ex-Gold Coast], la Sierra Leone, la Somalie britannique). À la Belgique, le Zaïre [ex-Congo-Kinshasa]. À l'Espagne, l'actuelle Guinée-Équatoriale, le rio de Oro (⇒ **Sahara** occidental) et le nord du Maroc. Au Portugal, l'actuelle Guinée-Bissau, l'Angola et le Mozambique. À l'Italie, la Somalie et l'Érythrée qui, avec l'Éthiopie (annexée en 1936), formèrent jusqu'en 1945 l'Afrique-Orientale italienne ; seul le Liberia, créé en 1847, restait indépendant. Après 1918, Britanniques, Belges et Français se partagèrent les possessions allemandes (Togo, Cameroun, Afrique-Orientale allemande). Depuis 1945, les pays africains ont acquis leur indépendance, à l'exception des présides espagnols (*Ceuta et *Melilla), de Mayotte et de la Réunion (îles restées françaises), et tentent, avec l'*O.U.A., de préserver l'unité politique du continent. Seule l'Afrique du Sud est encore aujourd'hui gouvernée par une minorité d'origine anglonéerlandaise. En 1990, sous la pression populaire, plusieurs pays (Bénin, Cameroun, Côte-d'Ivoire, Gabon, Zaïre, Zambie, etc.) engagent un processus de démocratisation en instaurant, notamment, le multipartisme. ⟨ ▶ africain ⟩

*la province romaine d'**Afrique*** ou ***Africa*** ■ Elle correspond à la Tunisie et à la Tripolitaine actuelles. Très intégrée à la civilisation romaine, elle a donné au Bas-Empire plusieurs des grands écrivains latins : *Apulée, *Tertullien, saint *Augustin.

*l'**Afrique du Nord*** n. f. ■ Nom donné aux pays du *Maghreb, plus le nord de la *Libye.

*l'**Afrique du Sud*** n. f. ■ État (république) d'Afrique australe constitué de quatre provinces (province du *Cap, *Natal, État libre d'*Orange, *Transvaal) et de dix *bantoustans, dont quatre (*Bophuthatswana, *Ciskei, *Transkei et *Venda) auxquels fut accordée l'indépendance, mais qui ne sont pas reconnus par la communauté internationale. 1 225 815 km². 36,69 millions d'hab. *(les Sud-Africains),* dont 6,7 millions d'hab. dans les bantoustans déclarés indépendants. Capitales : Pretoria (administrative), Le Cap (législative), Bloemfontein (judiciaire). Langues : anglais, afrikaans (officielles) ; xhosa, zoulou. Monnaie : rand. Vaste plateau, relevé à l'est (le *Drakensberg), où s'est développée une économie agro-pastorale, et qui tient sa richesse de son sous-sol (premier producteur mondial d'or, de platine et de diamants ; charbon). Industries chimique et alimentaire. □ **HISTOIRE.** Après trois siècles d'implantation d'origine hollandaise (les *Boers) et de violentes guerres contre l'Angleterre, un pouvoir nationaliste blanc, celui des Afrikaners, s'est imposé aux populations noires d'Afrique australe (Bochimans, Hottentots, Zoulous puis Bantous) par des mesures ségrégationnistes, étendant son influence sur les territoires voisins (⟹ **Namibie**). Indépendante depuis 1910, république d'Afrique du Sud (hors du Commonwealth) depuis 1961, l'Afrique du Sud est le seul État d'Afrique noire dirigé par une minorité blanche (15 %). Cette dernière pratiqua une politique d'« apartheid » (séparation des races) civique, économique et territorial (⟹ **bantoustan**), à l'égard d'une majorité de métis, d'Indiens et de Noirs. Dès 1989, sous la pression internationale, le gouvernement fit des concessions sur les droits politiques et sociaux des Noirs (libération de N. *Mandela, légalisation des partis politiques anti-apartheid). L'apartheid fut finalement aboli en 1991, et le programme de réformes du président F. De Klerk fut approuvé par la minorité blanche en 1992.

Agadé ■ ⟹ Akkad.

Agadir ■ Ville et port du Maroc, sur l'Atlantique. 111 000 hab. Reconstruite après un terrible séisme (1960). Tourisme.

Agamemnon ■ Roi légendaire de Mycènes et d'Argos, chef des Grecs pendant la guerre de *Troie (⟹ l'**Iliade**). Le sacrifice de sa fille Iphigénie, pour obtenir la faveur des dieux, est le sujet de tragédies d'*Euripide, *Racine, *Goethe. Sa femme *Clytemnestre le tua.

Agde ■ Commune de l'Hérault. 17 800 hab. *(les Agathois).* ▶ *le cap d'Agde,* complexe de communes touristiques, situé au bord de la Méditerranée.

Agen ■ Préfecture du Lot-et-Garonne. 32 200 hab. *(les Agenais).* Important marché agricole. Industries alimentaires (pruneaux).

Shmuel Yosef **Agnon** ■ Écrivain israélien d'origine polonaise (1888-1970). Très attaché aux thèmes essentiels du judaïsme. Prix Nobel 1966.

*la comtesse Marie d'***Agoult** ■ Écrivaine française, sous le pseudonyme de *Daniel Stern* (1805-1876). Elle fut la compagne de *Liszt.

Agra ■ Ville de l'Inde (*Uttar Pradesh). 694 000 hab. Capitale de l'empire des *Moghols au XVIIᵉ s. Le *Tāj Mahal en fait un centre touristique d'importance mondiale.

Mikael **Agricola** ■ Introducteur de la *Réforme en Finlande, auteur du premier livre en finnois (v. 1510 - 1557).

Agrigente, en italien **Agrigento** ■ Ville d'Italie, en *Sicile. 52 000 hab. Principale colonie grecque de Sicile après *Syracuse : temples doriques des VIᵉ et Vᵉ s. av. J.-C.

Marcus Vipsanius **Agrippa** ■ Général romain (v. 63 - 12 av. J.-C.). Proche conseiller d'*Auguste et administrateur de la Gaule, il fit construire le pont du *Gard.

Agrippine l'Aînée ■ Princesse romaine, fille d'*Agrippa et épouse de *Germanicus (v. 14 av. J.-C. - 33). □**Agrippine la Jeune,** sa fille (15-59), sœur de *Caligula, mère de *Néron, qu'elle imposa comme successeur à son second époux, l'empereur *Claude. Néron la fit assassiner.

Aguascalientes ■ Ville du Mexique. 360 000 hab.

le chancelier Henri François *d'Aguesseau* ■ Juriste et écrivain français (1668-1751).

Emilio **Aguinaldo** ■ Homme politique philippin, héros de l'indépendance des Philippines (1869-1964).

Ahmadou **Ahidjo** ■ Homme politique camerounais (1924 - 1989). Président de la République de 1960 à 1982.

Ahmedabad ■ Ville de l'Inde, la plus peuplée de l'État du *Gujarāt. 2,15 millions d'hab.

Juhani **Aho** ■ Écrivain finnois (1861-1921). "*L'Écume des rapides*".

Ahvāz ■ Ville d'Iran. 580 000 hab.

Aïcha ■ Épouse favorite de *Mahomet (v. 614 - 678).

L'**Aigle** ■ Commune de l'Orne. 9 800 hab.

le mont **Aigoual** ■ Point culminant des *Cévennes : 1 567 m.

Aigues-Mortes ■ Commune du Gard entourée de remparts. 5 000 hab. *(les Aigues-Mortais).* Ancien port aujourd'hui dans les terres : c'est de là que Saint Louis (*Louis IX) s'embarqua pour la septième croisade.

le duc d'**Aiguillon** ■ Ministre de *Louis XV (1720-1788).

l'**Ain** [01] n. m. ■ Département français de la région *Rhône-Alpes. Il doit son nom à la rivière qui le traverse. 5 785 km². 470 000 hab. Préfecture : Bourg-en-Bresse. Sous-préfectures : Belley, Gex, Nantua.

Aire-sur-la-Lys ■ Commune du Pas-de-Calais. 9 900 hab. *(les Airois).*

l'**Aisne** [02] n. f. ■ Département français de la région *Picardie. Il doit son nom à la rivière qui le traverse. 7 440 km². 536 500 hab. Préfecture : Laon. Sous-préfectures : Château-Thierry, Saint-Quentin, Soissons.

Aix-en-Provence ■ Sous-préfecture des Bouches-du-Rhône. 126 900 hab. *(les Aixois).* Ancienne capitale de la *Provence. Ville universitaire, ville d'art (festival musical), station thermale.

Aix-la-Chapelle, en allemand **Aachen** ■ Ville d'Allemagne (*Rhénanie-du-Nord-Westphalie), aux frontières belge et hollandaise. 239 000 hab. C'est un haut lieu historique : résidence privilégiée de Charlemagne, traités de 1668 (fin de la guerre de *Dévolution) et 1748 (fin de la guerre de *Succession d'Autriche), congrès de 1818 (fin de l'occupation de la France par les armées de la Sainte-*Alliance).

Aix-les-Bains ■ Station thermale, au bord du lac du Bourget, en Savoie. 24 800 hab. *(les Aixois).*

Ajaccio ■ Préfecture de la Corse-du-Sud et centre administratif de l'île. 59 300 hab. *(les Ajacciens).* Patrie des *Bonaparte.

Émile **Ajar** ■ ⇒ Romain **Gary**.

Ajax ■ Roi légendaire de Salamine dans l'"*Iliade". Il devient fou et se donne la mort.

Akaba ou **al-ʿAqabah** ■ Port de Jordanie. 27 000 hab. ▶ *le golfe d'Akaba* est à l'extrême nord-est de la mer Rouge.

Akademgorodok ■ Ville de la C.É.I. (*Russie), près de *Novossibirsk, créée en 1957 pour qu'y soit développée la recherche scientifique.

Muḥammad **Akbar** ■ Le plus grand empereur *moghol de l'Inde (1542-1605). Auteur de réformes sociales et fiscales. Partisan de la tolérance, il fonda une religion syncrétiste, mêlant l'islam, le christianisme et l'hindouisme.

Akhenaton ou **Akhnaton** ■ Nom que se donna le pharaon *Aménophis IV, roi d'Égypte de 1379 à 1362 av. J.-C., en instituant le culte solaire d'*Aton. Ce nom signifie « serviteur d'Aton ». Il engagea l'Égypte dans la voie du monothéisme, suscitant un art nouveau (⇒ **Tell el-Amarna**). Mais il avait fragilisé l'empire et le culte d'Aton fut aboli après sa mort.

Anna Akhmatova ■ Poétesse russe (1889-1966). *"Le Poème sans héros"*.

Akiba ben Joseph ■ Savant exégète juif (v. 40 - v. 135).

Akihito ■ 125ᵉ empereur du Japon depuis la mort de son père, *Hirohito, en 1989 (né en 1933).

Akkad ou **Agadé** ■ Puissante cité de *Mésopotamie, capitale de l'Empire *akkadien*, fondé au IIIᵉ millénaire av. J.-C. par Sargon l'Ancien.

Akosombo ■ Barrage du Ghana sur la *Volta. Il a formé le plus grand lac artificiel du monde (lac *Volta).

Akron ■ Ville des États-Unis (*Ohio). 237 000 hab.

*le royaume d'***Aksoum** ■ ⇒ **Éthiopie.**

Akutagawa Ryūnosuke ■ Écrivain japonais (1892-1927). *"Rashōmon"*.

*l'***Alabama** n. m. ■ État du sud-est des États-Unis, du nom du fleuve qui le traverse. 133 900 km². 3,9 millions d'hab. Capitale : Montgomery.

Aladin ■ Dans *"les *Mille et Une Nuits"*, personnage d'un milieu modeste qui trouve la fortune grâce à une lampe magique.

*l'***Alagoas** n. m. ■ État du nord-est du Brésil. 29 107 km². 2,38 millions d'hab. Capitale : Maceió.

Émile-Auguste Chartier dit **Alain** ■ Essayiste et philosophe français (1868-1951). *"Propos"*.

Alain-Fournier ■ Écrivain français (1886-1914). Auteur d'un unique roman, *"le Grand Meaulnes"* (1913) et d'une *"Correspondance"* avec son beau-frère, Jacques *Rivière.

Alajuela ■ Ville du Costa Rica. 42 000 hab.

les **Alamans** ou **Alémans** ■ Tribus germaniques dont le nom a donné *Allemagne* et *Suisse alémanique.* ⟨ ▶ allemand ⟩

les **Alaouites** ou **Alawites** ■ Dynastie régnant au Maroc depuis le XVIIᵉ s.

Pedro Antonio de **Alarcón y Ariza** ■ Écrivain espagnol (1833-1891). *"Le Tricorne"* a inspiré un ballet à Manuel de *Falla.

Alaric Iᵉʳ ■ Roi des *Wisigoths (v. 370 - 410). Il pilla Rome en 410.

*l'***Alaska** n. m. ■ État des États-Unis, au nord-ouest du Canada. 1 527 464 km². 402 000 hab. Capitale : Juneau. Richesses minières (pétrole, fer, or). Industries de la pêche et du bois. ⇒ **Anchorage.** ▢ HISTOIRE. Le territoire fut abordé par *Bering en 1741 pour le compte des Russes. Il leur fut racheté par les Américains en 1867. Importante marée noire en 1989.

*l'***Álava** n. m. ■ Province du Pays basque espagnol. 3 047 km². 276 000 hab. Capitale : Vitoria.

les **Alawites** ■ ⇒ les **Alaouites.**

Albacete ■ Ville du sud-est de l'Espagne (*Castille-la-Manche). 127 000 hab.

*l'***Albanie** n. f. ■ État (république) des *Balkans. 28 748 km². 3,18 millions d'hab. *(les Albanais).* Capitale : Tirana. Langue officielle : albanais. Monnaie : nouveau lek. Les deux tiers de la population ont moins de 30 ans. Région essentiellement montagneuse, pour un tiers couverte de forêts, l'Albanie est traditionnellement vouée à l'agriculture (blé) et à l'élevage ovin. Industrie à partir de 1946, sous l'impulsion étatique. ▢ HISTOIRE. Colonisée par les Grecs (VIIᵉ s. av. J.-C.), province de Rome (IIᵉ s. av. J.-C.) puis de Byzance (IVᵉ s.), l'Albanie fut conquise par la Serbie au XIVᵉ s. et intégrée comme elle à l'empire musulman des Ottomans (XVᵉ s.). Autonome en 1912, le pays dut attendre 1919 pour que l'Autriche et l'Italie reconnaissent son indépendance. Pendant la Seconde Guerre mondiale, la résistance à l'annexion par l'Italie fasciste s'organisa autour du parti communiste d'Enver *Hoxha. La république populaire fut proclamée en 1946. Le régime, intransigeant sur la doctrine marxiste, a décidé l'interdiction de la religion traditionnelle (islam) et la rupture avec l'U.R.S.S. « révisionniste » de *Khrouchtchev en 1961 (l'Albanie quitte la C.A.E.M. la même année). Elle obtint, jusqu'en 1978, l'aide de la Chine. La pression populaire et les changements dans les pays de l'Est ont entraîné, après la fuite de milliers d'Albanais vers l'Italie (1991), la chute du régime communiste en 1992.

Albany ■ Ville des États-Unis, capitale de l'État de *New York. 102 000 hab.

*le duc d'***Albe** ■ Général et homme d'État espagnol (1507-1582). Gouverneur des *Pays-Bas de 1567 à 1573, il y exerça une répression terrible.

Edward Franklin **Albee** ■ Auteur dramatique américain (né en 1928). "*Qui a peur de Virginia Woolf ?*".

Albe la Longue ■ D'après la légende, ville fondée par le fils d'*Énée au pied des *monts Albains*, dans le Latium, et détruite par Rome v. 600 av. J.-C. (⇒ *Horace). Jules *César prétendait descendre de la dynastie des rois albains, dont sont issus les fondateurs de Rome, Romulus et Remus.

Isaac **Albéniz** ■ Compositeur espagnol (1860-1909). Il a surtout écrit pour le piano. "*Iberia*".

Giulio **Alberoni** ■ Cardinal italien (1664-1752). Chef de la politique espagnole de 1716 à 1719.

Albert ■ Commune de la Somme. 10 500 hab. *(les Albertins).*

Albert *prince de Saxe-Cobourg-Gotha* ■ Prince consort du Royaume-Uni, époux de la reine *Victoria (1819-1861).

Albert Ier ■ Roi des Belges de 1909 à sa mort (1875-1934). Il eut un rôle militaire et diplomatique actif durant la Première *Guerre mondiale.

Albert Ier *de Ballenstädt* dit **Albert l'Ours** ■ Margrave de *Brandebourg (v. 1100-1170). Fondateur de la dynastie des Ascaniens, qui joua un grand rôle en Saxe jusqu'en 1918.

saint **Albert le Grand** ■ Dominicain allemand, savant et théologien (v. 1200-1280). Maître de saint *Thomas d'Aquin.

*l'***Alberta** n. f. ■ Province (État fédéré) du nord-ouest du Canada, dans la *Prairie. 661 185 km². 2,43 millions d'hab. Capitale : Edmonton. Ville principale : Calgary. Charbon, pétrole. Céréales.

Leon Battista **Alberti** ■ Architecte italien (1404-1472). Il fut un grand théoricien et un *humaniste.

Rafael **Alberti** ■ Écrivain espagnol (né en 1902). Poèmes d'inspiration surréaliste et louant la révolte. "*Marin à terre*".

Albertville ■ Sous-préfecture de la Savoie. 18 100 hab. *(les Albertvillois).* Jeux Olympiques d'hiver (1992).

Albi ■ Préfecture du Tarn. 48 700 hab. *(les Albigeois).* Cathédrale en brique rouge (XIIIᵉ s.). Industries liées au gaz de *Lacq. ▶ *la guerre des* **albigeois** opposa les *cathares et la papauté et au roi de France ; elle se solda par la réunion du comté de Toulouse au domaine royal et l'écrasement de la secte (1208-1244).

Tomaso **Albinoni** ■ Compositeur italien (1671-1750). Célèbre "*Adagio*".

Albion n. f. ■ Nom donné à l'Angleterre, du latin *albus* (« blanc »), à cause du blanc de ses falaises.

*l'***Albret** n. m. ■ Ancienne seigneurie de *Gascogne, réunie à la Couronne par Henri IV (1607), fils de Jeanne d'Albret.

Afonso de **Albuquerque** ■ Navigateur et conquérant portugais (1453-1515). Gouverneur des Indes de 1509 à 1515.

Albuquerque ■ Ville des États-Unis (*Nouveau-Mexique). 332 000 hab.

Alcalá de Henares ■ Ville d'Espagne (*Castille-et-Léon). 150 000 hab.

Alcamène ■ Sculpteur grec, disciple de *Phidias (Vᵉ s. av. J.-C.).

Alcée ■ Poète grec, à qui l'on doit le vers dit *alcaïque* (v. 620 - v. 580 av. J.-C.).

Alceste ■ Héroïne de la mythologie grecque, épouse d'Admète, symbole du dévouement conjugal.

André **Alciat** ■ Juriste et écrivain italien (1492-1550). Fondateur de l'école historique de droit.

Alcibiade ■ Général et homme d'État athénien (v. 450 - 404 av. J.-C.). Il pratiqua une politique impérialiste (expédition contre Syracuse en 415 av. J.-C.).

Alcmène ■ ⇒ Amphitryon.

les **Alcméonides** ■ Illustre famille d'Athènes à laquelle appartenaient notamment *Alcibiade, *Clisthène et *Périclès.

Louisa May **Alcott** ■ Romancière américaine (1832-1888). "*Les Quatre Filles du Dʳ March*".

Alcuin ■ Religieux anglo-saxon (v. 732 - 804). Conseiller de *Charlemagne.

Pierre **Alechinsky** ■ Peintre belge, poète (né en 1927). Membre du groupe *Cobra.

Vasile **Alecsandri** ■ Poète et homme politique roumain (1821-1890).

Vicente **Aleixandre** ■ Poète espagnol (1898-1984). "*Ombre du Paradis*". Prix Nobel 1977.

Mateo **Alemán** ■ Écrivain espagnol (1547-1614). Auteur de "*Guzmán*

de Alfarache", une des sources du roman moderne.

les **Alémans** ■ ⇒ les **Alamans**.

Jean Le Rond **d'Alembert** ■ Mathématicien français (1717-1783). Premier directeur, avec *Diderot, de l'"*Encyclopédie*", dont il rédigea le "*Discours préliminaire*" (1751).

Alençon ■ Préfecture de l'Orne. 31 100 hab. *(les Alençonnais)*. Industries mécanique, électrique et textile. Dentelles.

les îles **Aléoutiennes** ■ Archipel dépendant de l'*Alaska, séparant la mer de Béring et le Pacifique, découvert par le Danois Bering (1741), qui naviguait pour le compte des Russes.

Alep ■ Ville de Syrie. 1,2 million d'hab. Important centre commercial, industriel et culturel. Ville au passé millénaire, carrefour de civilisations. Mosquées anciennes, citadelle.

Alès ■ Sous-préfecture du Gard. 42 300 hab. *(les Alésiens)*. La *paix de grâce d'Alais* mit fin aux guerres de *Richelieu contre les protestants (1629).

Alésia ■ Site gallo-romain sur le mont Auxois, en Côte-d'Or (Alise-Sainte-Reine). Victoire décisive de *César sur les Gaulois (52 av. J.-C.).

Alessandria, en français **Alexandrie** ■ Ville d'Italie (*Piémont). 98 000 hab. ≠ *Alexandrie*.

*le glacier d'***Aletsch** ■ Le plus grand glacier d'Europe (24 km), situé dans les Alpes suisses.

Alexandre III ■ Pape de 1159 à sa mort (v. 1105-1181). Il lutta contre l'empereur germanique Frédéric Iᵉʳ Barberousse.

Alexandre VI ■ Pape de 1492 à sa mort, né *Borgia (1431-1503). Célèbre pour ses intrigues et sa vie dissolue, père de César *Borgia. Responsable du partage des Amériques entre l'Espagne et le Portugal (1493).

Alexandre Iᵉʳ ■ Tsar de Russie de 1801 à sa mort (1777-1825). Adversaire, allié, puis vainqueur de Napoléon Iᵉʳ.

Alexandre II ■ Tsar de Russie de 1855 à sa mort (1818-1881). Il abolit le servage (1861) mais revint à une politique absolutiste qui fut la cause de son assassinat.

Alexandre III ■ Tsar de Russie de 1881 à sa mort (1845-1894). Il mena une politique de russification des pays baltes et signa, en 1892, une convention militaire avec la France, prémices de la Triple-*Entente. Un pont de Paris porte son nom.

Alexandre Iᵉʳ Karageorgévitch ■ Roi de Yougoslavie (1888-1934). Il instaura une dictature (1929) qui favorisait les Serbes et fut assassiné, lors d'une visite officielle en France, par des *Oustachis.

Alexandre Farnèse ■ Duc de Parme, régent des Pays-Bas de 1578 à sa mort, pour Philippe II d'Espagne (1545-1592). Il soutint la *Ligue.

Alexandre le Grand ■ Roi de Macédoine (356 - 323 av. J.-C.). Il succéda à son père Philippe II de Macédoine en 336 av. J.-C. Maître de la Grèce, puis, au terme d'une prodigieuse épopée, de l'Empire perse jusqu'à l'Indus.

Alexandre Nevski ■ Héros de l'histoire de Russie, canonisé par l'Église russe (v. 1220 - 1263). Il battit les Suédois (1240) et arrêta la progression vers l'est des chevaliers Teutoniques (1242). Il a inspiré un film d'*Eisenstein.

Alexandrie ■ ⇒ **Alessandria**.

Alexandrie ■ 2ᵉ ville et principal port d'Égypte. 2,89 millions d'hab. Fondée par *Alexandre le Grand (332 av. J.-C.), centre de la civilisation hellénistique (bibliothèque de 700 000 volumes incendiée en 47 av. J.-C. puis en 390) sous les *Ptolémées (⇒ **Pharos**), berceau de la philosophie néo-platonicienne et de la théologie chrétienne (IIIᵉ s.). L'arrivée des Arabes (642) marqua son déclin ;

alors disparurent les vestiges de la bibliothèque. Elle conserve aujourd'hui un rôle stratégique et économique (coton).

Vittorio Alfieri ■ Auteur dramatique italien (1749-1803). Dans ses tragédies, il analyse la tyrannie.

Alfortville ■ Commune du Val-de-Marne. 36 200 hab. *(les Alfortvillais).*

saint **Alfred le Grand** ■ Roi anglo-saxon (849 - 899). Il favorisa l'essor culturel de l'Église d'Angleterre.

Hannes Alfvén ■ Astrophysicien suédois (né en 1908). Physique des plasmas. Prix Nobel 1970.

Algazel ou **al-Ghazālī** ■ Penseur arabe d'origine iranienne (1058-1111). Il concilia la théologie avec la mystique de l'islam.

Alger ■ Capitale de l'Algérie. 1,72 million d'hab. *(les Algérois).* Capitale des corsaires sous domination turque (XVIᵉ s.), siège du gouvernement colonial français (1830-1962), pôle de la lutte des Alliés contre l'Allemagne de 1942 à 1944 (⇒ **Giraud**). La ville fut le théâtre des événements de la guerre d'*Algérie : bataille d'Alger, 1957 ; putsch des généraux, 1961.

*l'***Algérie** n. f. ■ État (république démocratique et populaire) d'Afrique du Nord, sur la Méditerranée. 2 381 741 km². 24,5 millions d'hab. *(les Algériens)* : 60 % ont moins de 20 ans. Capitale : Alger. Langues : arabe (officielle), berbère, français. Religion officielle : islam. Monnaie : dinar algérien. Le désert saharien occupe sept huitièmes du territoire, coupé du littoral par les montagnes. Le pétrole (gisement d'Hassi Messaoud) et le gaz naturel fournissent des ressources importantes. Le pays donne, dans le cadre d'une économie planifiée, la priorité à l'industrialisation, mais cette orientation est rééquilibrée en faveur de l'agriculture. □ **HISTOIRE**. Comme l'ensemble du monde méditerranéen, la région fut romanisée, puis christianisée : saint *Augustin était évêque d'Hippone, près de l'actuelle *Annaba. Après les invasions vandales (vᵉ s.) et byzantines (vɪᵉ s.), les Arabes conquirent le territoire et répandirent l'*islam (vɪɪɪᵉ s.), mais ils se heurtèrent à la résistance berbère qui se manifestait dans l'adhésion au *kharidjisme (royaume de Tlemcen). Le pays fut morcelé entre les émirats indépendants et les principautés kharidjites. À partir du xɪᵉ s., l'ensemble du Maghreb fut réuni sous l'autorité des dynasties berbères islamisées : *Almoravides puis (1147) *Almohades (⟹ **Maroc**). Leur empire, divisé dès le xɪɪɪᵉ s., ne résista pas à l'offensive des Espagnols puis surtout des Ottomans (1554), qui firent de l'Algérie une régence. La domination turque cessa avec la prise d'Alger par *Bourmont (1830). De l'occupation restreinte, les Français passèrent à l'occupation totale du pays, au terme d'une guerre difficile (⟹ **Bugeaud, Abd el-Kader**). La colonisation, amorcée dès 1840, connut un essor remarquable (organisation administrative, viticulture) ; mais elle ne réussit pas à assimiler les élites algériennes, ni culturellement (malgré l'œuvre du cardinal *Lavigerie), ni politiquement. Les mouvements nationalistes, nés pendant l'entre-deux-guerres (⟹ Farḥāt 'Abbās, **Messali Hadj**), jugèrent la politique coloniale insuffisante (retard de l'agriculture, de l'industrie, de la scolarisation). Le 1ᵉʳ novembre 1954, une insurrection déclencha la guerre d'Algérie (voir ci-dessous) qui aboutit en 1962 à l'indépendance. Le président de la jeune République algérienne démocratique et populaire, *Ben Bella, fut renversé en 1965. *Boumediene lui succéda et lança (1966) un programme de nationalisations. Le président *Chadli (élu en 1979, démissionnaire en 1992), après avoir libéré Ben Bella (1981), fit approuver ses réformes et une nouvelle Constitution (1990). Mais la montée de l'intégrisme musulman entraîna l'arrêt du processus démocra-

tique (interdiction du Front islamique du salut après sa victoire aux élections) et la création d'un Haut Comité d'État dont le président, Boudiaf, fut assassiné (1992). ▶ *la guerre d'Algérie* (1954-1962). Guerre d'indépendance des nationalistes algériens contre l'autorité française. Elle commença par une série d'attentats, qui firent connaître le Front de libération nationale (*F.L.N.). Après l'échec d'une politique de conciliation, le général Massu fut chargé du maintien de l'ordre par la force (bataille d'Alger, 1957). Craignant un revirement de l'opinion internationale et des Français de métropole, la population européenne envahit le gouvernement général (13 mai 1958) et obtint des militaires la constitution d'un Comité de salut public. La crise politique qui en résulta marqua la fin de la IVᵉ République et le retour au pouvoir du général de *Gaulle. Ce dernier engagea rapidement des négociations avec le Gouvernement provisoire de la République algérienne (G.P.R.A.) qui aboutirent aux accords d'Évian (mars 1962) : cessez-le-feu, reconnaissance de l'indépendance. Plus de 1 million de Français d'Algérie regagnèrent précipitamment la métropole. Certains s'opposèrent violemment à cette évolution : tentative de putsch des généraux Challe, *Salan, Jouhaud et Zeller, à Alger (avril 1961) ; création et action terroriste de l'*O.A.S. ⟨ ▶ algérien ⟩

Algésiras, en espagnol *Algeciras* ■ Ville et port d'Espagne (*Andalousie). 97 200 hab.

les Algonquins ou *Algonkins* ■ Indiens d'Amérique du Nord (40 000 aujourd'hui, au nord-ouest du Saint-Laurent).

l'Alhambra ■ ⟹ **Grenade.**

'Alī ■ Quatrième calife musulman, époux de Fāṭima, la fille de *Mahomet (v. 600 - 661). Son règne est à l'origine des grands schismes de l'islam : évincé par les *Omeyyades (auxquels les

*chiites refusent le titre de calife), il fut assassiné par un *kharidjite.

Ali Baba ■ Dans "*les *Mille et Une Nuits*", pauvre artisan qui ouvre la caverne des quarante voleurs en prononçant « Sésame, ouvre-toi » et s'empare des richesses qui s'y trouvent entassées.

Alicante ■ Ville d'Espagne (communauté autonome de *Valence). 266 000 hab.

Aliénor d'Aquitaine ■ Reine de France puis d'Angleterre (v. 1122 - 1204). Répudiée par son époux Louis VII, elle se remaria avec Henri II d'Angleterre en 1152, faisant ainsi passer l'Aquitaine sous domination anglaise. D'où la rivalité entre les rois de France et les *Plantagenêts.

Allah ■ Nom du dieu unique dans le *Coran. ⇒ **islam.**

Allahābād ■ Ville de l'Inde (*Uttar Pradesh). 620 000 hab.

*Alphonse **Allais*** ■ Écrivain humoriste français (1854-1905).

*Maurice **Allais*** ■ Économiste français de tendance néo-libérale (né en 1911). Prix Nobel 1988.

Allauch ■ Commune des Bouches-du-Rhône. 16 100 hab. *(les Allaudiens).*

*Marc **Allégret*** ■ Cinéaste français, ami de *Gide (1900-1973). "*Entrée des artistes*". □ *Yves **Allégret,*** son frère (1907-1987), était également cinéaste. "*Les Orgueilleux*".

*Gregorio **Allegri*** ■ Compositeur italien (1582-1652). Auteur d'un célèbre "*Miserere*" pour neuf voix.

*l'**Allemagne** n. f. ■ Pays d'Europe centrale, bordé par la Baltique et la mer du Nord, divisé en deux républiques indépendantes de 1949 à 1990 : la *R.F.A. et la *R.D.A. Formée d'une vaste plaine au nord, de montagnes moyennes et de bassins au centre, d'une zone alpine et subalpine au sud, l'Allemagne bénéficie d'un climat de transition (influences océaniques et alpines), continental modéré. □ **HISTOIRE.** Issu de la *Germanie, le Saint Empire romain germanique, créé en 962, était morcelé en féodalités ; tourné vers l'Italie, il avait l'ambition d'une monarchie universelle placée sous le double gouvernement du pape et de l'empereur. À la suite de la querelle des *Investitures et de la mort de Frédéric II (1250), cet idéal fut abandonné au profit de l'expansion vers l'est et le nord. Après un demi-siècle de rivalités entre les princes, la dynastie du Luxembourg (1308) puis celle des *Habsbourg (1438) redéfinirent l'empire : renoncement à Rome, autorité renforcée de l'empereur. Lieu de naissance de la *Réforme (1521), l'Allemagne fut déchirée par les luttes religieuses et le conflit entre la maison d'Autriche et la maison de France (⇒ guerre de **Trente Ans**). Le traité de Westphalie (1648) ruina tout espoir d'unification en morcelant l'Allemagne qui ne reprit son essor que sous l'impulsion de la *Prusse, au XVIIIᵉ s. La guerre de *Succession d'Autriche puis les guerres révolutionnaires et napoléoniennes consacrèrent la prépondérance de la Prusse sur les autres États allemands. À l'instigation de Napoléon Iᵉʳ, qui voulait faire disparaître définitivement le Saint Empire romain germanique, une *Confédération du Rhin fut créée en 1806, remplacée en 1815 au congrès de *Vienne par une *Confédération germanique. Encore renforcée par l'échec de l'idéologie révolutionnaire qui se répand en Europe en 1848, la monarchie prussienne s'enhardit : *Bismarck bâtit contre l'Autriche la Confédération de l'Allemagne du Nord inspirée de la Confédération germanique (1866) ; la victoire sur la France (1870) permit l'unification du Nord et du Sud (de part et d'autre du Main), sous l'autorité de Guillaume Iᵉʳ, qui se fit proclamer empereur d'Allemagne à Versailles (1871) ; ce fut le « IIᵉ Reich », le « Iᵉʳ Reich » désignant le Saint Empire. L'Allemagne s'engagea avec toute sa puissance dans la Première *Guerre mondiale (1914-1918), mais sa défaite marqua la fin du IIe Reich et l'instauration de la « république de Weimar » (1919-1933) – à la suite de l'échec de la révolution spartakiste (⇒ **Spartakus**) –, qui fut fragilisée par les exigences des vainqueurs et surtout la crise économique de 1929 ; la misère et le chômage facilitèrent l'essor du parti national-socialiste. *Hitler, chef du parti, appelé au pouvoir en 1933, instaura le IIIe Reich, dictature expansionniste (⇒ **Anschluss**) et nationaliste qui mena le pays à la Seconde *Guerre mondiale. D'abord invincibles, l'Allemagne nazie et ses alliés ne purent résister à la pression des Soviétiques (*Stalingrad, 1943), des Américains, des Britanniques et des Français ; vaincu, le pays fut partagé en quatre zones d'occupation (1945). L'évolution des rapports entre les Soviétiques et les Occidentaux aboutit (1949) à la constitution de deux États, la R.D.A. et la R.F.A., qui se sont réunifiés en 1990, la R.D.A. disparaissant. □ *la République fédérale d'**Allemagne** ou **R.F.A.**,* en allemand ***Bundesrepublik Deutschland** ou **B.R.D.*** État d'Europe centrale constitué de seize États (land, pl. : länder) fédérés (*Bade-Wurtemberg, Basse-*Saxe, *Bavière, *Berlin, *Brandebourg, *Brême, *Hambourg, *Hesse, *Mecklembourg - Poméranie - Occidentale, *Rhénanie - du - Nord - Westphalie, *Rhénanie-Palatinat, *Sarre, *Saxe, *Saxe-Anhalt, *Schleswig-Holstein, *Thuringe). 357 042 km². 78,7 millions d'hab. *(les Allemands).* Capitale : Berlin. Siège du gouvernement : Bonn. Langue : allemand. Monnaie : deutsche Mark. La R.F.A. est une république parlementaire comprenant deux assemblées (*Bundestag, *Bundesrat), un président de la République – représentant de l'unité nationale – et un chancelier qui dirige le gouvernement. Première puissance économique européenne, la R.F.A. a une économie très diversifiée : sidérurgie –

localisée dans la Ruhr – industries mécanique et électrique, électronique, automobile, chimie ; c'est aussi une puissance commerciale qui en fait le premier exportateur mondial. ▭HISTOIRE. Une fois imposée la division de l'Allemagne en deux États (1949), les dirigeants démocrates-chrétiens (*Adenauer, *Erhard) entreprirent de reconstruire le pays avec l'aide américaine (plan *Marshall), reconstruction qui fut un grand succès. Ce « miracle » économique s'accompagna de l'intégration de la R.F.A. à l'Europe occidentale : adhésion à l'O.T.A.N. (1955), construction européenne (Conseil de l'*Europe en 1950, *C.E.E. en 1957), réconciliation franco-allemande (1963). Puis le chancelier social-démocrate Willy *Brandt amorça une politique de détente vers l'Est (Ostpolitik) qui aboutit à la reconnaissance de la R.D.A. en 1972. Au cours des années suivantes, la R.F.A. dut affronter des attentats terroristes (*Fraction armée rouge), puis assista à la naissance d'un important mouvement écologiste (les Verts). Les événements survenus en *R.D.A. (1989) entraînèrent la réunification allemande (1990). Le démocrate-chrétien H. *Kohl, au pouvoir depuis 1982, fut reconduit dans ses fonctions de chancelier de l'Allemagne réunifiée à l'issue des élections de 1990. □ *l'Allemagne de l'Est.* ⇒ R.D.A.

*Jean **Allemane*** ■ Homme politique français (1843 - 1935). Député, il créa le parti ouvrier socialiste révolutionnaire.

*Woody **Allen*** ■ Cinéaste et acteur américain (né en 1935). Son œuvre mêle l'humour juif, la satire des intellectuels, la tendresse et la gravité. *"Annie Hall"* ; *"la Rose pourpre du Caire"*.

*Salvador **Allende*** ■ Homme politique chilien (1908-1973). Élu président de la République (socialiste) en 1970, il se suicida lors du coup d'État du général *Pinochet.

*la Sainte-**Alliance*** ■ Pacte signé en septembre 1815, fondé sur un idéal chrétien commun entre le tsar Alexandre Ier (orthodoxe), l'empereur d'Autriche François Ier (catholique) et le roi de Prusse Frédéric-Guillaume III (protestant). □ *la Quadruple-***Alliance,** traité prolongeant la Sainte-Alliance, entre l'Angleterre, l'Autriche, la Prusse et la Russie (novembre 1815), et lui donnant sa dimension politique d'union contre la France.

*la Triple-***Alliance** ou **Triplice** ■ Traité d'alliance défensive (1882) entre l'Autriche-Hongrie, l'Allemagne et l'Italie. Il cessa en 1915, lorsque l'Italie se joignit aux Alliés.

*l'***Allier** [03] n. m. ■ Département français de la région *Auvergne. Il doit son nom à la rivière qui le traverse. 7 378 km². 356 500 hab. Préfecture : Moulins. Sous-préfectures : Montluçon, Vichy.

Allonnes ■ Commune de la Sarthe. 13 600 hab.

Alma-Ata ■ Ville de la C.É.I, capitale du *Kazakhstan. 1,1 million d'hab. Centre scientifique et industriel.

Almería ■ Ville et port d'Espagne (*Andalousie). 157 000 hab.

les **Almohades** ■ Souverains berbères qui régnèrent sur la moitié de l'Espagne et la totalité du Maghreb de 1147 à 1269.

les **Almoravides** ■ Souverains berbères qui régnèrent sur l'ouest de l'Afrique du Nord et l'Espagne musulmane du milieu du XIe s. à 1147.

*la baie d'***Along** ■ Site touristique du Viêt-nam, célèbre par les rochers calcaires émergeant dans la baie.

Alost, en néerlandais **Aalst** ■ Ville de Belgique (*Flandre-Orientale). 76 700 hab. Mairie du XIIe s.

les **Alpes** n. f. pl. ■ Le plus important des massifs montagneux d'Europe (1 000 km, de la Yougoslavie à la France), datant de l'époque tertiaire. Point culminant : le mont Blanc, 4 807 m. Profondes vallées élargies au

quaternaire. L'économie, fondée sur l'élevage et la forêt, a été rénovée par l'hydro-électricité et le tourisme (sports d'hiver). □ *les* **Alpes - de - Haute - Provence** [04]. *Basses-Alpes* (avant 1970). Département français de la région *Provence-Alpes-Côte d'Azur, frontalier des Alpes italiennes. 6 958 km². 130 800 hab. Préfecture : Digne. Sous-préfectures : Barcelonnette, Castellane, Forcalquier. □ *les* **Hautes-Alpes** [05]. Département français de la région *Provence-Alpes-Côte d'Azur. 5 690 km². 112 100 hab. Préfecture : Gap. Sous-préfecture : Briançon. □ *les* **Alpes-Maritimes** [06]. Département français de la région *Provence-Alpes-Côte d'Azur, sur la Méditerranée. 4 293 km². 975 900 hab. Préfecture : Nice. Sous-préfecture : Grasse. ‹ ▶ alpage, alpestre, alpin ›

Jean-Charles **Alphand** ■ Ingénieur français (1817-1891). Collaborateur d'*Haussmann, il aménagea de nombreux parcs parisiens (bois de Boulogne).

*l'***Alphée** n. m. ■ Fleuve de Grèce et dieu-fleuve de l'Oubli, dans la mythologie.

Alphonse ■ NOM DE PLUSIEURS SOUVERAINS ESPAGNOLS □**Alphonse V le Grand** (1396-1458), roi d'*Aragón, premier roi des Deux-Siciles (Naples et Sicile). □**Alphonse VI** (v. 1040-1109), roi de *León et de *Castille, reprit *Tolède aux Maures. □**Alphonse X le Sage** (1221-1284), roi de León et de Castille, « empereur » germanique pendant le Grand Interrègne (1257-1275), juriste, astronome, écrivain, considéré comme le fondateur de la langue nationale, le castillan. □**Alphonse XIII** (1886-1941), roi d'Espagne de 1902 à 1931, contraint à l'exil par la victoire électorale des républicains.

les **Alpilles** n. f. pl. ■ Petite chaîne montagneuse de *Provence, située entre Avignon et Arles, site des *Baux-de-Provence.

*l'***Alsace** n. f. ■ Région administrative et économique de l'est de la France, formée de deux départements : le Bas-Rhin et le Haut-Rhin. 8 332 km². 1,62 million d'hab. *(les Alsaciens).* Préfecture : Strasbourg. Région fortement urbanisée. Industries mécanique automobile, chimique, alimentaire (brasseries). Mines de potasse. Vignobles, céréales, tabac. Région carrefour au cœur de la *C.E.E. grâce à l'axe formé par le Rhin et le grand canal d'Alsace, elle développe sa fonction tertiaire mais souffre de l'attraction des villes allemandes (notamment pour la main-d'œuvre). ▭ HISTOIRE. La région administrative coïncide avec l'ancienne province d'Alsace, conquise par les Romains (58 av. J.-C.), territoire alaman au VIᵉ s., intégré à l'Empire carolingien (v. 745) puis à la Lotharingie (843) et à la Germanie (dès 870). L'Alsace fut un foyer de la Renaissance allemande et de la Réforme. Le traité de Westphalie (1648) et la création, sous la Révolution, des départements du Rhin intégrèrent la région à la France. Annexée à l'Allemagne après la défaite française de 1870, libérée en 1918, occupée à nouveau de 1940 à 1945, l'Alsace fut au cœur des guerres franco-allemandes. Sa capitale Strasbourg est le symbole d'une reconstruction européenne (siège du Conseil de l'Europe et de l'Assemblée européenne).▭*l'***Alsace-Lorraine.** Territoires annexés à l'Empire allemand en 1871, réoccupés en 1940 : Bas-Rhin, Haut-Rhin (moins le Territoire de Belfort), Moselle (moins le bassin de Briey), Sarrebourg et Château-Salins. ▭ *le ballon d'***Alsace.** Sommet des *Vosges. 1 247 m. ▭ *la porte d'***Alsace.** Seuil entre les plaines du Rhin et de la Saône, connu aussi sous le nom de « trouée de Belfort ». ⟨ ▶ alsacien ⟩

*l'***Altaï** n. m. ■ Ensemble montagneux, à la frontière de la Russie, de la Mongolie et de la Chine.

*les grottes d'***Altamira** ■ Site préhistorique d'Espagne (*Cantabrie), célèbre pour ses peintures (bisons, faons...) du magdalénien.

Altdorf ■ Ville de Suisse, chef-lieu du canton d'*Uri. 8 200 hab.

Albrecht **Altdorfer** ■ Peintre et graveur allemand (v. 1480 - 1538). Dans ses scènes historiques et religieuses, il donna une place prépondérante au paysage. *"La Bataille d'Alexandre"*.

Louis **Althusser** ■ Philosophe marxiste et épistémologue français (1918-1990).

*l'***Altiplano** ■ Haute plaine (4 000 m) des Andes, située principalement en Bolivie. Richesses minières.

Altkirch ■ Sous-préfecture du Haut-Rhin. 5 100 hab. *(les Altkirchois).*

Jorge **Amado** ■ Romancier brésilien (né en 1912). Il évoque surtout sa ville, Salvador de Bahia. *"Bahia de tous les saints".*

Amadora ■ Ville du Portugal. 95 500 hab.

Amapá ■ État (depuis 1990) côtier de l'extrême nord du Brésil. 142 359 km². 248 000 hab. Capitale : Macapá (89 000 hab.).

Amarāvatī ■ Ville de l'Inde (*Andhra Pradesh), située sur la rivière *Krishnā. Grand centre bouddhique jusqu'au IXᵉ s.

Amarillo ■ Ville des États-Unis (*Texas). 149 000 hab. Région agricole.

*l'***Amazone** n. f. ■ Fleuve d'Amérique du Sud, le premier du monde par la superficie de son bassin et par son débit ; le second, après le Nil, pour sa longueur (6 400 km). Né dans les *Andes, il traverse le Pérou, le Brésil et se jette dans l'Atlantique. ▶ *l'***Amazonie** n. f. Bassin de l'Amazone (plus de 6 millions de km²) couvert de forêts tropicales, encore peu exploitées. Les Indiens d'Amazonie sont l'une des dernières sociétés primitives, peu à peu chassées par la construction des routes « transamazoniennes ». □ l'**Amazone** ou **Amazonas**. État du nord-ouest du Brésil. 1 567 954 km². 1,94 million d'hab. Capitale : Manaus.

les **Amazones** n. f. ■ Peuple de femmes guerrières, dans la mythologie grecque, souvent représentées à cheval. *Héraclès conquit la ceinture de leur reine. ⟨▶ amazone ⟩

Ambarès-et-Lagrave ■ Commune de la Gironde. 10 400 hab. *(les Ambarésiens).*

Ambato ■ Ville de l'Équateur. 221 000 hab.

Ambérieu-en-Bugey ■ Commune de l'Ain. 11 200 hab. *(les Ambarrois).*

Ambert ■ Sous-préfecture du Puy-de-Dôme. 7 800 hab. *(les Ambertois).*

Amboise ■ Commune d'Indre-et-Loire. 11 500 hab. *(les Amboisiens).* Le château (fin XVᵉ s.) était une résidence royale pendant la Renaissance.

saint **Ambroise** ■ Haut fonctionnaire romain, évêque de Milan, Père et docteur de l'Église (v. 339-397).

Aménophis ■ NOM DE QUATRE PHARAONS □**Aménophis III** régna de 1417 à 1379 av. J.-C. et permit l'apogée artistique de l'Égypte. □**Aménophis IV,** son fils. ⇒ Akhenaton.

l'**Amérique** n. f. ■ Ensemble de deux masses continentales (l'Amérique du Nord et l'Amérique du Sud) reliées par un isthme (l'Amérique centrale). 42 millions de km², entre l'Atlantique et le Pacifique, étirés sur 18 000 km entre les deux pôles. C'est, d'ouest en est, la succession de montagnes jeunes, de vastes plaines sédimentaires et de montagnes anciennes. L'extension en latitude explique la diversité des climats ; si les climats froids et tempérés dominent en Amérique du Nord, en revanche l'Amérique du Sud et centrale se caractérise principalement par un climat tropical ou équatorial. La population (713 millions d'hab.) est très mélangée, à dominante européenne dans le Nord. L'économie de l'Amérique du Nord repose sur une agriculture à haute productivité et d'énormes ressources naturelles alimentant une puissante industrie (⇒ **Canada, États-Unis**). Le développement de l'Amérique du Sud est beaucoup plus difficile : emprise des États-Unis, endettement, faiblesse de l'infrastructure, démographie « galopante » (⇒ **Argentine, Brésil, Chili, Mexique**, etc.). □ HISTOIRE. Avant la « découverte » de ce continent par Christophe *Colomb, de grands empires (*Mayas, *Toltèques, *Aztèques, *Incas) se succédèrent en Amérique centrale et dans les Andes, le reste du continent étant moins peuplé (tribus indiennes en Amérique du Nord et dans l'Amazonie). À partir de 1492, l'Espagne et le Portugal colonisent le Sud et le Centre (l'Amérique latine, très catholique aujourd'hui) ; la France (Québec, Louisiane) et surtout la Grande-Bretagne s'approprient le Nord. Les colonies anglaises se révoltent : guerre d'Indépendance des États-Unis (1776-1783). Au XIXᵉ s., l'Amérique latine se fractionne en une vingtaine d'États marqués par une instabilité politique chronique. ⟨▶ américain ⟩

le baron **Amherst** ■ Maréchal anglais (1717-1797) qui acheva la conquête du Canada.

Henri Frédéric **Amiel** ■ Écrivain suisse d'expression française (1821-1881). *"Journal intime"* (fragments posthumes).

Amiens ■ Préfecture de la Somme et de la région *Picardie. 136 200 hab. *(les Amiénois).* Réunie à la couronne avec l'Amiénois (l'Oise et la Somme actuelles) en 1185. Vaste cathédrale gothique (XIIIᵉ s.). Activités tertiaires. Industries automobile et chimique. La *paix d'Amiens* (1802) marqua une trêve dans les guerres entre Napoléon et l'Angleterre.

Amilcar ■ ⇒ Hamilcar Barca.

Amilly ■ Commune du Loiret. 11 700 hab.

Idi **Amin Dada** ■ Officier et homme politique ougandais (né en 1924 ou 1925). Chef de l'État de 1971 à 1979, il instaura une véritable terreur et fut renversé.

les îles de l'**Amirauté** ■ Îles mélanésiennes (découvertes en 1616) de l'archipel *Bismarck appartenant à la *Papouasie-Nouvelle-Guinée. 25 800 hab.

Kingsley **Amis** ■ Écrivain anglais (né en 1922). *"Jim la Chance"* ("Lucky Jim").

Amman ■ Capitale de la Jordanie. 900 000 hab. Ruines romaines.

Amnesty International ■ Organisation de défense des droits de l'homme, fondée en 1961. Prix Nobel de la paix 1977.

Amnéville ■ Commune de la Moselle. 9 000 hab. *(les Amnévillois).*

Amon ■ Dieu de l'Égypte antique. Son ascension fut liée à celle de *Thèbes (*Karnak) et déclina au profit d'*Osiris après la domination assyrienne (VIIᵉ s. av. J.-C.). Identifié à Rê sous le nom d'*Amon-Rê.

les **Amorrites** ■ Peuple sémitique. Au IIᵉ millénaire av. J.-C., il fonda une dynastie à *Babylone.

l'**Amou-Daria** n. m. ■ Fleuve d'Asie né en Afghanistan, traversant le Turkménistan et l'Ouzbékistan. 2 540 km. Il se jette dans la mer d'*Aral.

l'**Amour** ou **Heilong Jiang** n. m. ■ Fleuve frontière entre la C.É.I. et la Chine. 4 354 km.

Amoy ■ ⇒ Xiamen.

André Marie **Ampère** ■ Physicien et mathématicien français (1775-1836). Contributions fondamentales à l'étude de l'électricité : son nom a été donné à l'unité de courant électrique. ⟨ ▶ ampère ⟩

Amphitrite ■ Déesse de la Mer, dans la mythologie grecque, et épouse de *Poséidon.

Amphitryon ■ Roi de la mythologie grecque. *Zeus prit son apparence pour séduire son épouse Alcmène, qui donna naissance à *Héraclès. *Plaute, *Molière et *Giraudoux en ont tiré des comédies. ⟨ ▶ amphitryon ⟩

Amritsar ■ Ville sainte des sikhs (Temple d'or des XVIᵉ - XVIIIᵉ s.), en Inde (*Pendjab). 595 000 hab.

Amsterdam ■ Capitale et port des Pays-Bas, situé en *Hollande-Septentrionale. 695 000 hab. *(les Amstellodamois).* Centre financier, intellectuel (université, édition) et touristique : nombreux canaux, monuments, quartiers anciens, musées (Rijksmuseum). Taille de diamants. Industries mécanique, chimique et alimentaire. □ **HISTOIRE**. Elle adhéra à la *Hanse (XIVᵉ s.), devint un centre de commerce important au XVᵉ s., de dimension mondiale au XVIIᵉ s. (fondation de la Compagnie des Indes orientales en 1602 et de la banque d'Amsterdam en 1609). Patrie de *Spinoza.

l'île **Amsterdam** ■ Île française (terres *Australes) située dans le sud de l'océan Indien. 55 km². Environ 40 scientifiques y sont en poste.

Roald **Amundsen** ■ Explorateur norvégien (1872-1928). Il franchit le premier (1906) le passage du Nord-Ouest, et mena la première expédition au pôle Sud (1911).

Jacques **Amyot** ■ Humaniste français (1513-1593). Traducteur de *Plutarque et de *Longus.

An ■ ⇒ Enlil.

l'**anabaptisme** n. m. ■ Mouvement protestant, apparu en Allemagne au XVIᵉ s. ▶ les **anabaptistes** ne pratiquaient que le baptême des adultes. Ils furent persécutés par *Luther et *Charles Quint.

Anacréon ■ Poète grec (v. 582 - v. 485 av. J.-C.). Inspirateur d'une poésie gracieuse dite *anacréontique*.

Anaheim ■ Ville des États-Unis (*Californie). 219 000 hab. Parc d'attractions de Disneyland.

*l'***Anatolie** n. f. ■ Ancien nom de l'*Asie Mineure, donné aujourd'hui à la Turquie d'Asie.

Anaxagore ■ Philosophe et penseur grec (v. 500-v. 428 av. J.-C.). Il introduisit l'idée d'une intelligence ordonnatrice de la nature.

Ancenis ■ Sous-préfecture de la Loire-Atlantique. 7 100 hab. *(les Anceniens).*

Anchorage ■ La plus grande ville d'*Alaska (États-Unis). 174 000 hab. Aéroport.

*l'***Ancien Régime** ■ Régime politique (monarchie absolue), économique et social de la France, qui se mit progressivement en place à partir du XIVᵉ s. et fut aboli en 1789 (⇒ la **Révolution française**).

le Conseil des **Anciens** ■ L'une des deux assemblées législatives du *Directoire.

la querelle des **Anciens et des Modernes** ■ Polémique littéraire (1670-1715) pendant laquelle les écrivains français discutèrent de la prééminence des écrivains modernes (avis de *Perrault, *Fontenelle) ou des auteurs de l'Antiquité (opinion de *Boileau, *Racine, *La Fontaine, *La Bruyère).

Ancône, en italien **Ancona** ■ Ville et port d'Italie, capitale des *Marches. 104 000 hab.

Ancyre ■ Nom d'*Ankara dans l'Antiquité.

*l'***Andalousie** n. f., en espagnol **Andalucía** ■ Région historique et communauté autonome du sud de l'Espagne. 87 268 km². 6,8 millions d'hab. *(les Andalous).* Capitale : Séville. Riche province carthaginoise

puis romaine, royaume barbare, cœur de l'Espagne maure (califat de *Cordoue, royaume de *Grenade), elle fut la dernière province rattachée au royaume catholique, en 1492. Tourisme, agriculture, pêche (chantiers navals de *Cadix).

les îles **Andaman et Nicobar** ■ Îles indiennes, dans le golfe du Bengale, formant un territoire de l'Union. 8 249 km². 189 000 hab. Capitale : Port Blair.

Les **Andelys** ■ Sous-préfecture de l'Eure. 8 600 hab. *(les Andelysiens).* Ruines du Château-Gaillard (construit par Richard Cœur de Lion).

Anderlecht ■ Commune de Belgique (*Brabant), dans l'agglomération de Bruxelles. 92 900 hab. Maison d'*Érasme.

Hans Christian **Andersen** ■ Écrivain danois (1805-1875). "*Contes*" (« *La petite sirène* », « *Le vilain petit canard* », « *Le costume neuf de l'empereur* », « *La petite marchande d'allumettes* »...).

Sherwood **Anderson** ■ Écrivain américain (1876-1941). Lié à *Faulkner et *Hemingway. "*Pauvre blanc*".

les **Andes** n. f. pl. ■ Chaîne montagneuse couvrant le tiers occidental de l'Amérique du Sud (8 000 km de long). Point culminant (de l'Amérique) : l'*Aconcagua. Agriculture vivrière. L'*Altiplano possède de grandes richesses minières qui sont peu exploitées.

*l'***Andhra Pradesh** n. m. ■ État du sud-est de l'Inde. 275 608 km². 53,4 millions d'hab. Capitale : Hyderābād. Culture du riz.

*l'***Andorre** n. f. ■ État (principauté) des Pyrénées, qui demeura sous la souveraineté conjointe, de 1278 à 1993, du chef de l'État français et de l'évêque d'Urgel en Espagne. 468 km². 50 000 hab. *(les Andorrans).* Langue officielle : catalan. Religion officielle : catholicisme. Monnaies : franc français et peseta espagnole. Tourisme, commerce. □*Andorre-la-Vieille,* capitale. 15 600 hab.

Gyula **Andrássy l'Aîné** ■ Homme politique hongrois (1823-1890). Ministre des Affaires étrangères de l'Empire austro-hongrois de 1871 à 1879.

saint **André** ■ Un des apôtres du Christ, crucifié. On appelle *croix de Saint-André* une croix en X.

Andrea del Sarto ■ ⇒ Andrea del Sarto.

Lou **Andreas-Salomé** ■ Écrivaine allemande (1861 - 1937). Amie de *Nietzsche, *Rilke et *Freud.

Leonid **Andreïev** ■ Écrivain russe (1871-1919). Il se prononça contre la Révolution et émigra en Finlande. "*Le Gouffre*".

Giulio **Andreotti** ■ Homme politique italien (né en 1919). Plusieurs fois Premier ministre depuis 1972.

Andrésy ■ Commune des Yvelines. 12 600 hab. *(les Andrésiens).*

Andrézieux-Bouthéon ■ Commune de la Loire. 9 500 hab. *(les Andréziens-Bouthéonais).*

Ivo **Andrić** ■ Écrivain yougoslave (1892-1975). Prix Nobel 1961. "*Il est un pont sur la Drina*".

Andrinople, aujourd'hui **Edirne** ■ Ville de Turquie. 72 000 hab. Capitale de l'Empire ottoman de 1413 à 1458.

Androclès ■ Esclave romain (Iᵉʳ s.). Selon l'écrivain latin Aulu-Gelle, il aurait soigné un lion qui le reconnut et l'épargna dans l'arène.

Andromaque ■ D'après l'"*Iliade*", femme du prince troyen *Hector, captive puis épouse du roi grec *Pyrrhos. Elle a inspiré *Euripide et *Racine.

Andromède ■ Princesse de la mythologie grecque qui a donné son nom à une constellation de l'hémisphère boréal, qui comprend la *nébuleuse d'Andromède,* la seule visible à l'œil nu.

Iouriï **Andropov** ■ Secrétaire général du parti communiste de l'U.R.S.S. de novembre 1982 à sa mort et président du Præsidium du Soviet suprême à partir de juin 1983 (1914-1984).

les **Androuet Du Cerceau** ■ FAMILLE D'ARCHITECTES FRANÇAIS □*Baptiste* (1545 - 1590), architecte d'Henri III (plans du Pont-Neuf à Paris). □*Jacques II* (v. 1550 - 1614), architecte d'Henri IV (grande galerie du *Louvre). □*Jean Iᵉʳ* (1585-1649), architecte de Louis XIII.

Anduze ■ Commune du Gard. 2 900 hab. *(les Anduziens).* Ancien foyer du protestantisme des Cévennes.

*l'***Angara** n. m. ■ Rivière de *Sibérie, affluent de l'Iénisseï. 1 779 km. Hydro-électricité.

Fra **Angelico** ■ Peintre italien, dominicain (v. 1400 - 1455). Une grande spiritualité se dégage de son œuvre. Fresques du couvent de San Marco à Florence.

Angelus Silesius ■ Écrivain mystique allemand (1624-1677). "*Le Pèlerin chérubinique*".

Angers ■ Préfecture du Maine-et-Loire. 146 200 hab. *(les Angevins).* Centre de commerce et de services. Petites industries. Capitale historique de l'*Anjou : nombreux monuments médiévaux.

la baie des **Anges** ■ Baie de la Méditerranée, au fond de laquelle se trouve Nice.

Angkor ■ Site monumental et archéologique du Cambodge, ancienne capitale des *Khmers du IXᵉ au XVᵉ s. Temple funéraire d'*Angkor Vat* (1113-1152), inachevé (nombreuses sculptures), et cité d'*Angkor Thom* (où se trouve le *Bayon), aujourd'hui en péril.

les **Angles** ■ Peuple germanique qui envahit l'île de Bretagne au Vᵉ s.

(d'où le nom d'*Angleterre*). ⟨ ▶ anglais ⟩

Anglet ■ Commune des Pyrénées-Atlantiques. 34 000 hab. *(les Angloys)*. Station balnéaire.

l'Angleterre n. f. ■ Partie centrale de l'île de Grande-Bretagne, le plus grand des pays *(country)* du Royaume-Uni (130 357 km²) et le plus peuplé. 46,3 millions d'hab. *(les Anglais)*. Limité au nord par l'*Écosse et à l'ouest par le pays de *Galles, il est constitué de 46 comtés. Bassin sédimentaire bordé de massifs anciens (chaîne Pennine, plateau de *Cornouailles). Bénéficiant d'un climat océanique, le pays est favorable à l'agriculture et, surtout, à l'élevage laitier. Les ressources en fer et en charbon sont aujourd'hui en déclin alors que leur importance avait fait du pays la première puissance industrielle du XIXᵉ siècle. □ HISTOIRE. À partir du Vᵉ s., la province romaine de *Britannia* fut morcelée en royaumes barbares (Angles et Saxons). Après les invasions scandinaves (fin VIIIᵉ s.), le conflit entre princes danois et saxons domina l'histoire de l'Angleterre, jusqu'à sa conquête par Guillaume, duc de Normandie (1066). En 1154, commença le règne des *Plantagenêts : il fut marqué par un long conflit avec les rois de France (qui débuta sous Richard Iᵉʳ Cœur de Lion et culmina pendant la guerre de *Cent Ans) et par une lutte du pouvoir royal contre l'Église et les barons féodaux. La guerre des Deux-*Roses conduisit à la restauration d'un pouvoir monarchique fort par les *Tudors (1485). Le XVIᵉ s. fut l'une des périodes les plus fastes de l'histoire du pays, qui devint une des premières puissances européennes, ravissant à l'Espagne la suprématie maritime. *Henri VIII substitua la religion anglicane (⇒ **anglicanisme**) au catholicisme (1534) ; le long règne d'*Élisabeth Iᵉ fut une riche période artistique (⇒ **Shakespeare**). En 1707, l'acte d'Union remplaça les royaumes d'Angleterre et d'Écosse par un royaume de Grande-Bretagne. ⇒ **Grande-Bretagne**.

l'anglicanisme n. m. ■ Église officielle d'Angleterre, établie au XVIᵉ s., après la rupture d'Henri VIII avec le pape Clément VII qui s'opposait à son divorce. Le roi en est le chef suprême. La doctrine anglicane est proche du calvinisme (⇒ **Calvin**) ; sa liturgie proche du catholicisme.

*les îles **Anglo-Normandes,*** en anglais *Channel Islands* ■ Archipel de la Manche, dépendant du Royaume-Uni, divisé en deux bailliages (*Jersey et *Guernesey). 194 km². 144 500 hab. Chefs-lieux : Saint-Hélier (sur Jersey), Saint-Pierre-Port (sur Guernesey). Langues officielles : français (Jersey), anglais (Guernesey). Autres îles : *Aurigny, *Sercq.

*les **Anglo-Saxons*** ■ Peuples germaniques (*Angles, Jutes, *Saxons) qui envahirent l'Angleterre au Vᵉ s. ⟨ ▶ anglo-saxon ⟩

l'Angola n. m. ■ État (république populaire) de l'Afrique équatoriale, sur l'Atlantique. 1 246 700 km² (y compris la province de Cabinda [7 107 km²], enclave en territoire zaïrois). 9,73 millions d'hab. *(les Angolais,* bantous en majorité). Capitale : Luanda. Langue officielle : portugais. Monnaie : kwanza. Essentiellement montagneux, le pays développe des cultures tropicales (manioc, bananes, canne à sucre...). Pétrole, diamants. Ancienne colonie portugaise. Une guerre civile éclata dès l'indépendance, en 1975, opposant le pouvoir marxiste, appuyé par Cuba, aux forces soutenues par l'Afrique du Sud. Malgré le retrait des forces étrangères (1989) et la signature d'un accord entre le régime et ses opposants (1991), la reprise des affrontements en 1992 révèle la fragilité de ce processus de paix.

Angoulême ■ Préfecture de la Charente. 46 200 hab. *(les Angoumoi-*

sins). Activités tertiaires et industrie traditionnelle. Capitale de l'*Angoumois* (la Charente actuelle), qui fut définitivement intégré au domaine royal en 1531.

*Louis-Antoine de Bourbon duc d'**Angoulême*** ■ Fils de Charles X (1775-1844), dernier dauphin de France. Il dut laisser le trône à *Louis-Philippe. □ *Marie-Thérèse Charlotte d'**Angoulême***, son épouse (1778-1851) dite « Madame Royale ».

*Anders Jonas **Ångström*** ■ Physicien suédois (1814-1874). Son nom a été donné à une unité de mesure, valant un dix-millième de micron. ⟨ ► angström ⟩

*les frères **Anguier*** ■ Sculpteurs français. François (1604 - 1669) et Michel-André (v. 1613 - 1686).

Anguilla n. f. ■ Île des Petites *Antilles (îles *Sous-le-Vent) formant, avec les îlots environnants, un territoire dépendant du Royaume-Uni. 91 km². 7 300 hab. *(les Anguillais)*. Capitale : The Valley. Monnaie : dollar des Caraïbes de l'Est.

Anhui ou *Ngan-houei* ■ Une des 23 provinces chinoises, au centre ouest du pays. 139 900 km². 52,17 millions d'hab. Capitale : Hefei. Grand centre agricole et industriel.

Aniche ■ Commune du Nord. 9 700 hab. *(les Anichois)*.

l'Anjou n. m. ■ Région historique de l'ouest de la France correspondant aux départements de Maine-et-Loire (⇒ Angers), Mayenne, Sarthe, Indre-et-Loire et Vienne. □ HISTOIRE. La *première maison d'Anjou* est le berceau de plusieurs rois de Jérusalem (*Foulques et ses successeurs) et des *Plantagenêts, rois d'Angleterre. La *deuxième maison d'Anjou*, fondée en apanage par Louis IX (1246) contre les prétentions anglaises, régna sur la Provence, Naples et la Sicile (Charles d'Anjou), la Hongrie (Carobert), la Pologne (Louis Ier) et Constantinople ; elle s'éteignit avec l'accession d'un des siens au trône de France, Philippe VI de Valois (1328). La *troisième maison d'Anjou*, créée en apanage par *Jean le Bon (1360), anima une cour extrêmement brillante, notamment à Angers et Aix-en-Provence sous *René le Bon. L'Anjou fut rattaché définitivement à la Couronne en 1480, et le titre de duc d'Anjou porté par la famille du roi : François, frère d'Henri III, d'abord duc d'Alençon, chef protestant, signataire (1576) de la paix de *Monsieur ; Philippe, petit-fils de Louis XIV, roi d'Espagne sous le nom de Philippe V.

Ankara, autrefois *Ancyre* ■ Capitale de la Turquie depuis 1923. 2,25 millions d'hab. Cité importante sous l'Empire hittite (XVIe s. av. J.-C.), capitale de la province romaine de Galatie, christianisée, islamisée, Ancyre, appelée Angora (XIXe s.) puis Ankara, prit son importance moderne en devenant le siège du gouvernement de *Mustafa Kemal (1919).

Annaba, autrefois *Bône* ■ 2e port d'Algérie. 348 000 hab. Site de l'ancienne *Hippone.

l'Annam n. m. ■ Partie centrale du Viêt-nam, plaine côtière entre la mer de Chine et la cordillère *Annamitique*. Ville principale : *Huê. Empire qui unifia le Viêt-nam au début du XIXe s. Ancienne colonie française (⇒ **Indochine**).

Annapolis ■ Capitale de l'État du *Maryland (États-Unis). 31 900 hab.

l'Annapûrna n. m. ■ Un des principaux sommets de l'Himalaya. 8 078 m.

*sainte **Anne*** ■ D'après la tradition, la mère de la Vierge Marie.

Anne Boleyn ■ Reine d'Angleterre (1507-1536). Mère d'Élisabeth Ire et seconde épouse d'Henri VIII qui la fit exécuter.

Anne d'Autriche ■ Reine de France (1601-1666), fille de Philippe III d'Espagne. Épouse de Louis XIII en 1615, régente durant la minorité de son fils Louis XIV, de 1643 à 1651, avec l'appui de *Mazarin.

Anne de Bretagne ■ Duchesse de Bretagne, reine de France (1477-1514). Elle épousa Charles VIII en 1491 et Louis XII en 1499.

Anne de France ou **Anne de Beaujeu** ■ Fille de Louis XI, régente du royaume de France de 1483 à 1491, pendant la minorité de son frère cadet Charles VIII (1461-1522).

Anne Stuart ■ Reine d'Angleterre, d'Écosse et d'Irlande de 1702 à sa mort (1665-1714).

Annecy ■ Préfecture de la Haute-Savoie, au nord du *lac d'Annecy*. 51 100 hab. *(les Annéciens)*. Constructions mécaniques et électriques. Centre touristique, au pied des Alpes. Patrie de saint *François de Sales.

Annecy-le-Vieux ■ Commune de Haute-Savoie. 18 000 hab. *(les Annéciens)*.

Annemasse ■ Commune de Haute-Savoie. 27 900 hab. *(les Annemassiens)*.

Annibal ■ ⇒ Hannibal.

Annœullin ■ Commune du Nord. 8 800 hab. *(les Annœullinois)*.

Annonay ■ Commune de l'Ardèche. 19 200 hab. *(les Annonéens)*. Patrie des frères *Montgolfier. Principale ville industrielle du département.

Jean **Anouilh** ■ Auteur dramatique français (1910-1987). Il distingue dans son œuvre des « pièces noires » *("Antigone")*, des « pièces roses » *("le Bal des voleurs")*, des « pièces brillantes » *("Colombe")*, des « pièces grinçantes » *("la Valse des toréadors")*.

l'**Anschluss** n. m. ■ Rattachement de l'Autriche à l'Allemagne, imposé par *Hitler en 1938.

saint **Anselme de Canterbury** ■ Théologien d'origine lombarde, primat d'Angleterre (v. 1033-1109). Auteur de la preuve ontologique de l'existence de Dieu, reprise par *Descartes et critiquée par *Kant.

Ernest **Ansermet** ■ Chef d'orchestre suisse (1883-1969).

Anshan ■ Ville de Chine (*Liaoning), dans l'ancienne *Mandchourie. 1,27 million d'hab. Grand centre sidérurgique.

Antalkidas ■ Général spartiate. Il signa avec les Perses la *paix d'Antalkidas* (386 av. J.-C.), dirigée contre Athènes.

Antananarivo, ancient **Tananarive** ■ Capitale de Madagascar. 703 000 hab.

l'**Antarctique** n. m. ou **Antarctide** n. f. ■ Continent centré sur le pôle Sud. 14,2 millions de km². Presque entièrement couvert de glaces, il n'a pour habitants que quelques géophysiciens. □ l'*océan Glacial Antarctique* ou *océan Austral* réunit les océans Atlantique, Indien et Pacifique entre le cercle polaire austral et le continent antarctique. ⟨▶ antarctique⟩

Antée ■ Géant de la mythologie grecque, fils de la Terre (*Gaïa), vaincu par *Héraclès.

l'**Anti-Atlas** ■ ⇒ l'Atlas.

Antibes ■ Commune des Alpes-Maritimes. 70 700 hab. *(les Antibois)*. ▶ *le cap d'Antibes*. Presqu'île de la Méditerranée où se trouve Antibes. Centre touristique et culturel (festival de jazz).

l'**île d'Anticosti** n. f. ■ Île du Canada (*Québec), située à l'entrée du golfe du Saint-Laurent. 7 941 km². 280 hab.

le **cap d'Antifer** ■ Promontoire de la côte du pays de Caux, près d'*Étretat. Avant-port pétrolier du *Havre.

Antigone ■ Dans la légende de Thèbes, fille d'*Œdipe. Elle rend les honneurs funéraires à son frère Polynice, malgré l'interdiction du roi *Créon, qui la condamne à mort.

Elle a inspiré *Sophocle, *Cocteau, *Anouilh et *Brecht.

Antigonos Monophtalmos, en français ***Antigonos le Borgne*** ■ Général macédonien (382 - 301 av. J.-C.). Il tenta de reconstituer à son profit l'empire d'*Alexandre.

Antigua et Barbuda n. f. ■ Îles des Antilles, découvertes par C. *Colomb en 1493, constituant un État indépendant depuis 1981. 442 km². 78 400 hab. *(les Antiguais).* Capitale : Saint John's (sur Antigua). Langues : anglais (officielle), créole. Monnaie : dollar des Caraïbes de l'Est. Ancienne colonie britannique (depuis 1632).

les ***Antilles*** n. f. pl. ■ Archipel qui s'étend sur 2 000 km, de l'entrée du golfe du Mexique aux côtes du Venezuela, et qui sépare la *mer des Antilles* (ou *mer des Caraïbes)* de l'océan Atlantique. On distingue Cuba, Haïti, la République *dominicaine, des États membres du Commonwealth, les Antilles américaines, britanniques, françaises (*Guadeloupe, *Martinique) et néerlandaises. Ces îles sont groupées en *Grandes Antilles* au Nord et *Petites Antilles* au Sud et à l'Est. ▶ les ***Antilles néerlandaises.*** Partie autonome des Pays-Bas constituée de plusieurs îles situées dans les îles du *Vent et dans les îles *Sous-le-Vent. 800 km². 183 000 hab. Capitale : Willemstad (sur *Curaçao). Langue : néerlandais. Monnaie : florin des Antilles néerlandaises. ⟨ ▶ antillais ⟩

Antioche, aujourd'hui ***Antakya*** ■ Ville de Turquie. 94 000 hab. Une des principales cités grecques d'Orient dans l'Antiquité. Elle fut prise par les chevaliers francs à la première croisade (1098) et devint une principauté latine. Conquise par les musulmans en 1268, elle fait partie de la Turquie moderne depuis 1939.

Antiochos ■ NOM DE 13 ROIS SÉLEUCIDES DE SYRIE □ ***Antiochos III Mégas,*** allié d'*Hannibal contre les Romains, maître de l'Asie Mineure,

vaincu par les frères Scipion (242 - 187 av. J.-C.).

Antiope ■ Femme de la mythologie grecque, séduite dans son sommeil par Zeus.

Antipatros ou ***Antipater*** ■ Général macédonien (v. 397 - 319 av. J.-C.). Régent de Macédoine pendant l'expédition d'*Alexandre le Grand en Asie.

les ***Antipodes*** n. f. pl. ■ Îles inhabitées de Nouvelle-Zélande, considérées comme le point le plus éloigné de la France.

Antofagasta ■ Ville et port du Chili. 205 000 hab. Nitrate et cuivre.

Marc ***Antoine,*** en latin ***Marcus Antonius*** ■ Homme politique romain (v. 82 - 30 av. J.-C.). Maître de Rome après la mort de *César, puis triumvir d'Orient, il voulut fonder avec *Cléopâtre un grand empire oriental. Vaincu par son rival *Octave à *Actium, en 31 av. J.-C.

Jacques Denis ***Antoine*** ■ Architecte *néo-classique français (1733-1801). Hôtel des Monnaies à Paris.

André ***Antoine*** ■ Homme de théâtre français (1858-1943). Fondateur du Théâtre-Libre, il introduisit le *naturalisme au théâtre.

saint ***Antoine de Padoue*** ■ Un des premiers franciscains (1195-1231). Très populaire, invoqué pour retrouver les objets perdus.

saint ***Antoine le Grand*** ■ Ermite égyptien (v. 251-356). Ses visions, rapportées par saint Athanase, ont inspiré les écrivains (*Flaubert) et les peintres (*Bosch).

Antonello da Messina ou *de* ***Messine*** ■ Peintre italien (v. 1430 - 1479). Influencé par l'art *flamand, il diffusa la technique de la peinture à l'huile en Italie. "*Condottiere*".

Ion ***Antonescu*** ■ Maréchal roumain (1882-1946). Chef de l'État fasciste de 1940 à 1944.

Antonin le Pieux ■ Empereur romain (86-161). Symbole de la « paix romaine », il régna de 138 à sa mort. ▶ *les* **Antonins,** dynastie des empereurs romains de 96 à 192.

Michelangelo **Antonioni** ■ Cinéaste italien (né en 1912). "*L'Avventura*" ; "*Blow Up*".

Antony ■ Sous-préfecture des Hauts-de-Seine, dans la banlieue sud de Paris. 57 900 hab. *(les Antoniens).*

Anubis ■ Dieu funéraire de l'ancienne Égypte, représenté avec un corps d'homme et une tête de chacal, assimilé par les Grecs à *Hermès (Hermanubis).

Anvarī ■ Poète, considéré comme l'un des plus grands panégyristes de la littérature persane (v. 1126 - v. 1189).

Anvers, en néerlandais **Antwerpen** ■ Ville de Belgique. 476 000 hab. *(les Anversois) ;* banlieues : Berchem, Borgerhout. 2ᵉ centre industriel de Belgique, 2ᵉ port d'Europe (quatre cinquièmes du commerce national). Anvers était le plus grand centre économique européen au XVIᵉ s., et connut son apogée artistique au XVIIᵉ s. (résidence de *Rubens). ▶ *la province d'***Anvers,** l'une des neuf provinces de Belgique. 2 867 km². 1,58 million d'hab. Chef-lieu : Anvers.

Anzin ■ Commune du Nord. 14 200 hab. *(les Anzinois).*

*l'***A.-O.F.,** *Afrique-Occidentale française* ■ ⇒ Afrique.

*le Val d'***Aoste,** en italien **Valle d'Aosta** ■ Région autonome de l'Italie, dans les Alpes, à la frontière de la Suisse et de la France. 3 262 km². 115 000 hab. Population en partie francophone. ▶ *Aoste,* en italien **Aosta,** sa capitale. 37 600 hab.

la nuit du 4 **Août 1789** ■ Date de l'abolition des privilèges par l'Assemblée *constituante.

les **Apaches** ■ Indiens du sud-ouest des États-Unis, qui, menés par Cochise puis Geronimo, luttèrent contre les colons américains (v. 1850 - 1880). ⟨ ▶ apache ⟩

Apeldoorn ■ Ville des Pays-Bas (*Gueldre). 147 000 hab.

Apelle ■ Peintre grec, le plus célèbre de l'Antiquité (IVᵉ s. av. J.-C.). Ses œuvres, aujourd'hui perdues, ne sont connues que par les descriptions des Anciens.

*l'***Apennin** n. m., ou *les* **Apennins** n. m. pl. ■ Chaîne montagneuse de l'Italie, des Alpes à la *Calabre, en passant par la Toscane. 1 400 km.

Aphrodite ■ Déesse grecque de la Beauté et de l'Amour, assimilée à la Vénus romaine. Sa naissance depuis l'écume de la mer, son union avec *Héphaïstos (Vulcain), ses amours avec *Adonis ou Anchise, le jugement de *Pâris ont inspiré les artistes et les poètes. ⟨ ▶ aphrodisiaque ⟩

Apia ■ Capitale des Samoa occidentales. 33 200 hab. R.L. *Stevenson y est enterré.

Apis ■ Dieu funéraire d'Égypte, honoré à *Memphis sous la forme d'un taureau sacré.

*l'***Apocalypse** n. f. ■ Le dernier livre du Nouveau Testament (⇒ **Bible**), attribué à saint *Jean.

les **Apocryphes** n. m. ■ ⇒ **Bible.**

Guillaume **Apollinaire** ■ Poète français (1880-1918). Transformant l'anecdote quotidienne en mythe, il fonde son lyrisme sur le rappel des formes et des rythmes traditionnels et sur une esthétique de la surprise. Il fut un des initiateurs de l'art moderne et du *surréalisme. "*Alcools*".

Apollo ■ Programme spatial américain (1961-1975) dont l'objectif fut l'alunissage d'astronautes avant la fin de 1969 et qui fut atteint le 20 juillet 1969 (⇒ N. **Armstrong**).

Apollon ou **Phébus** ■ Dieu grec de la Lumière, de la Musique et de la Poésie, fils de Zeus et Léto, jumeau d'Artémis. Incarnation de la beauté masculine, il a inspiré de nombreuses statues antiques. Son plus célèbre sanctuaire était à Delphes. ⟨ ▶ apollon ⟩

Apollonios de Rhodes ■ Écrivain grec (v. 295 - 230 av. J.-C.). Son poème "*les Argonautiques*" raconte l'histoire des *Argonautes.

les *Appalaches* n. m. pl. ■ Montagnes de l'est de l'Amérique du Nord, à partir de l'Alabama jusqu'à Terre-Neuve. Sommet au mont Mitchell aux États-Unis (2 037 m).

Karel *Appel* ■ Peintre néerlandais (né en 1921).

l'*Appenzell* n. m. ■ Ancien canton de Suisse enclavé dans le canton de Saint-Gall. Élevage (fromage). Depuis la Réforme, il est divisé pour des raisons religieuses en deux demi-cantons. ▶ *Appenzell-Rhodes-Extérieures*. 243 km². 50 300 hab. (en majorité protestants). Chef-lieu : Herisau. ▶ *Appenzell-Rhodes-Intérieures*. 172 km². 13 300 hab. (en majorité catholiques). Chef-lieu : *Appenzell* (5 100 hab.).

Adolphe *Appia* ■ Homme de théâtre suisse (1862-1928). Précurseur du théâtre moderne.

Apt ■ Sous-préfecture du Vaucluse. 11 700 hab. *(les Aptésiens* ou *Aptois).*

Apulée ■ Écrivain latin d'Afrique (v. 124 - apr. 170). "*Les Métamorphoses ou l'Âne d'or*", roman satirique et mystique, a influencé de nombreux écrivains (*Rabelais, *Cervantès, *La Fontaine).

al-'*Aqabah* ■ ⇒ Akaba.

Claude d'*Aquin* ou *Daquin* ■ Organiste et compositeur français (1694-1772).

Hubert *Aquin* ■ Écrivain québécois (1929-1977). "*Neige noire*".

Cory *Aquino* ■ Femme politique philippine (née en 1933). Présidente de la République de 1986 à 1992.

l'*Aquitaine* n. f. ■ Région économique et administrative du sud-ouest de la France, comprenant cinq départements : *Dordogne, *Gironde, *Landes, *Lot-et-Garonne, *Pyrénées-Atlantiques. 41 834 km². 2,79 millions d'hab. Préfecture : Bordeaux. L'agriculture domine (vins prestigieux), le développement du tertiaire restant limité à Bordeaux, Bayonne et Pau. Le tourisme et l'industrie, notamment dans les secteurs de pointe, sont encouragés. □ **HISTOIRE**. L'Aquitaine romaine désignait un vaste territoire : une des quatre provinces de la Gaule, tout le Sud-Ouest, Bourges (Avaricum) compris. Le royaume wisigoth d'Aquitaine (vᵉ s.) avait sa capitale à Toulouse. Pris par les Francs, séparé de la *Gascogne en 768, il devint royaume carolingien. L'Aquitaine médiévale, comprenant à nouveau la Gascogne (1058), retrouve sous l'autorité des comtes de Poitiers sa dimension ancienne ; le remariage d'*Aliénor (1152) en fait un enjeu de la guerre franco-anglaise, les Français ne l'ayant définitivement reconquise qu'en 1453.

les *Arabes* ■ Habitants de la péninsule d'Arabie et, par extension, populations arabophones d'Asie et d'Afrique. C'est l'usage d'une même langue, l'arabe, aux nombreuses variantes locales, qui les caractérise ; l'unité culturelle s'est faite autour de la religion (⇒ **Coran**), puis du refus de la domination turque (xviᵉ - xixᵉ s.) et du colonialisme européen. ⟨ ▶ arabe, arabesque ⟩

l'*Arabie* n. f. ■ Vaste péninsule désertique de l'extrémité sud-ouest de l'Asie (3 millions de km²), partagée entre l'Arabie Saoudite, le Yémen, les Émirats arabes unis, le Bahreïn, le Koweït, le Qatar et le sultanat d'Oman. Elle renferme 40 % des réserves mondiales de pétrole.

l'*Arabie Saoudite* n. f. ▪ Le plus important État d'Arabie, royaume qui comprend les deux villes saintes de l'Islam (*Médine et La *Mecque). 2,2 millions de km². 12 millions d'hab. *(les Saoudiens).* Capitale : Riyad. Langue officielle : arabe. Religion officielle : islam. Monnaie : riyal. Fondé en 1932 par l'émir Ibn Saoud (d'où son nom), le royaume vit de ses immenses ressources pétrolières (premier exportateur mondial) et joue un rôle de médiateur à l'*O.P.E.P.

Arabi Pacha ▪ Officier et homme politique égyptien (1839-1911). Il dirigea un soulèvement contre le Royaume-Uni (1881), mais échoua.

le golfe *Arabique* ou ***Arabo-Persique*** ▪ ⇒ golfe **Persique**.

Aracaju ▪ Ville et port du Brésil, capitale de l'État de *Sergipe. 288 000 hab.

Arachné ▪ Jeune fille de la mythologie grecque, experte en l'art du tissage. ⟨▶ arachnéen, arachnides⟩

Arad ▪ Ville de Roumanie occidentale. 186 000 hab. Centre commercial et industriel.

Yāsir '*Arafāt* ▪ Dirigeant palestinien, chef de l'*O.L.P. (né en 1929).

François *Arago* ▪ Astronome, physicien et homme politique français (1786-1853). Découverte de l'aimantation du fer par courant électrique. Député de gauche sous la *monarchie de Juillet, il eut un rôle actif pendant la IIᵉ République comme ministre puis comme député.

Louis *Aragon* ▪ Écrivain français (1897-1982). Il fut un des fondateurs du mouvement *surréaliste *("le Paysan de Paris"),* avant de rejoindre le parti communiste (cycle romanesque du « Monde réel »). Poète *("le Fou d'Elsa"),* romancier ("*Œuvres romanesques croisées*" avec Elsa *Triolet) et essayiste.

l'*Aragón* n. m. ▪ Région historique et communauté autonome du nord-est de l'Espagne. 47 669 km². 1,2 million d'hab. Capitale : Saragosse. Cultures arbustives. Son roi Ferdinand II, en épousant *Isabelle de Castille en 1469, scella l'unité espagnole.

la mer d'*Aral* ▪ Mer intérieure partagée entre le Kazakhstan et l'Ouzbékistan, à l'ouest de la mer *Caspienne. 68 000 km² en 1959, 40 000 km² en 1990. Une très forte pollution l'assèche et met en danger l'équilibre naturel et les populations environnantes.

les *Araméens* ▪ Peuple sémitique. Ils fondèrent d'importants royaumes (XIᵉ - VIIIᵉ s. av. J.-C.) en *Aram* (Syrie actuelle). Leur langue devint la langue courante de l'ancien Orient.

le comte d'*Aranda* ▪ Diplomate et ministre espagnol (1718-1798). Il introduisit les *Lumières en Espagne.

Aranjuez ▪ Ville d'Espagne (communauté de *Madrid). 36 000 hab. Palais de Philippe II, reconstruit au XVIIIᵉ s.

János *Arany* ▪ Poète hongrois (1817-1882). *"Toldi",* épopée.

le mont *Ararat* ▪ Massif montagneux de Turquie, près de l'Arménie et de l'Iran (5 165 m au *Grand Ararat*). Selon la *Bible, l'arche de *Noé s'y serait échouée.

les *Araucans* ▪ Indiens du Chili central, qui résistèrent, jusqu'au XIXᵉ s., aux colons espagnols.

les *Arawaks* ▪ Premiers habitants des Antilles, supplantés par les *Caraïbes, puis par les Espagnols.

l'*Araxe* ou ***Araks*** n. m. ▪ Rivière d'Asie occidentale. 994 km. Née en Turquie, elle sert de frontière entre l'Arménie et la Turquie, puis entre l'Azerbaïdjan et l'Iran avant de se jeter dans la *Koura.

Arcachon ▪ Commune et station balnéaire de la Gironde, sur le *bassin d'Arcachon.* 12 200 hab. *(les Arcachonnais).* Ostréiculture.

l'*Arcadie* n. f. ■ Région de Grèce, dans le Péloponnèse, représentée d'après la mythologie comme le pays du bonheur.

Flavius **Arcadius** ■ Premier empereur romain d'Orient, de 395 à sa mort (v. 377-408).

l'*arc de triomphe de l'Étoile* ■ Monument de Paris construit sur les ordres de Napoléon Ier après la victoire d'*Austerlitz (1806-1836). Plans de *Chalgrin.

Arc-et-Senans ■ Commune du Doubs. 1 300 hab. *(les Arc-Senantais).* Saline royale construite par *Ledoux de 1775 à 1779.

Arches ■ Commune des Vosges, célèbre pour sa papeterie fondée au xve s. 1 700 hab. *(les Archéens).*

Archiloque ■ Poète grec (VIIe s. av. J.-C.). Célèbre pour ses *"Iambes"* satiriques.

Archimède ■ Savant grec (v. 287 - v. 212 av. J.C.). Mathématicien, physicien, ingénieur. Le *théorème d'Archimède,* principe fondamental de l'hydrostatique : tout corps plongé dans un liquide reçoit une poussée égale au poids du fluide déplacé.

Alexander **Archipenko** ■ Peintre et sculpteur américain d'origine russe, formé en Europe (1887-1964). *Archipeintures.*

Giuseppe **Arcimboldo** ■ Peintre italien (v. 1527-1593). Il composa des figures par assemblage de végétaux, d'animaux ou d'objets. *"Les Saisons".*

l'*Arcoat* ■ ⇒ l'Armor.

Arcole ■ Village d'Italie, en *Vénétie, près de Vérone. Bonaparte y remporta une victoire (1796) sur les Autrichiens.

l'*Arctique* n. m. ■ Région centrée sur le pôle Nord, joignant l'Amérique à l'Europe et l'Asie (Sibérie). ► *l'océan Glacial* **Arctique,** 12,3 millions de km², recouvert en grande partie par la banquise, a, par la situation géographique de l'Arctique, un important rôle stratégique. ⟨ ► arctique ⟩

Arcueil ■ Commune du Val-de-Marne, dans la banlieue sud de Paris. 20 400 hab. *(les Arcueillais).*

l'*Ardèche* [07] n. f. ■ Département français de la région *Rhône-Alpes. Il doit son nom à la rivière qui le traverse. 5 565 km². 277 000 hab. Préfecture : Privas. Sous-préfectures : Largentière, Tournon.

l'*Ardenne* n. f. ■ Région partagée entre la Belgique, la France et le Luxembourg, entaillée de profondes vallées, couverte de forêts et de tourbières. Ce fut le théâtre d'importantes batailles durant les deux guerres mondiales. □ *les* **Ardennes** [08]. Département français de la région *Champagne-Ardenne. 5 246 km². 296 100 hab. Préfecture : Charleville-Mézières. Sous-préfectures : Rethel, Sedan, Vouziers.

Arequipa ■ 2e ville du Pérou, à 2 300 m d'altitude. 592 000 hab. Centre commercial.

Arès ■ Dieu grec de la Guerre, aimé d'*Aphrodite, identifié à *Mars par les Romains.

l'*Arétin* ■ Écrivain italien (1492-1556). Satirique et licencieux, observateur impitoyable de la société de son temps. *"Cortigiana".*

Arezzo ■ Ville d'Italie (*Toscane). 91 500 hab. *(les Arétins).* Nombreux monuments médiévaux. Fresques de *Piero della Francesca.

Argelès-Gazost ■ Sous-préfecture des Hautes-Pyrénées. 3 200 hab. *(les Argelésiens).*

*le marquis d'***Argenson** ■ Homme d'État français (1652-1721). Lieutenant-général de police (1697), garde des Sceaux de 1718 à 1720. □ *René-Louis d'***Argenson,** son fils (1694-1757), ministre des Affaires étrangères de 1744 à 1747, auteur de *"Mémoires".* □ *Marc-Pierre d'***Argenson** (1696-1764), frère du précédent, ministre de la Guerre, fondateur (1751) de l'École militaire.

Argentan ■ Sous-préfecture de l'Orne. 17 200 hab. *(les Argentanais).*

Argenteuil ■ Sous-préfecture du Val-d'Oise. 94 200 hab. *(les Argenteuillais).*

*le col de l'***Argentière*** ■ ⇒ le col de **Larche**.

*l'***Argentine*** n. f. ■ État (république fédérale) d'Amérique du Sud constitué de deux entités fédérales et 22 provinces fédérées. 2 780 092 km². 32,4 millions d'hab. *(les Argentins),* en majorité d'origine européenne. Capitale : Buenos Aires. Langue : espagnol. Religion officielle : catholicisme. Monnaie : peso. Aux deux tiers aride, le pays n'en est pas moins fondamentalement agricole (élevage, maïs, vin). Pétrole, industries de transformation (alimentaire et textile). Lourd endettement extérieur. □ **HISTOIRE**. Peu habitées avant la colonisation espagnole (XVIᵉ s.), les *Provinces unies du Río de la Plata* se proclamèrent indépendantes en 1816. Sous la dictature de Rosas (1835-1852), elles furent unifiées en un État argentin, ratifié par la Constitution fédérale de 1853. Si la dictature populaire (1946-1955) de *Perón affirma l'indépendance du pays, elle ne put surmonter la crise économique et fut renversée. Après deux décennies d'instabilité politique, le pouvoir militaire instauré en 1976 se signala par son mépris des droits de l'homme ; son échec dans la guerre des *Malouines permit le retour du pouvoir civil en 1983. ⟨ ▶ ② argentin ⟩

Ion N. Teodorescu dit *Tudor* **Arghezi** ■ Poète roumain (1880-1967). Inspiration lyrique et mystique. "*Cantique à l'homme*".

*l'***Argolide*** n. f. ■ Ancienne région de Grèce (*Péloponnèse), comprenant les villes d'*Argos, *Mycènes et *Épidaure.

*les ***Argonautes*** ■ Héros de la mythologie grecque. À bord du navire *Argo, *Jason, Admète, Atalante, *Augias, *Castor et Pollux, *Héraclès, Lyncée, Méléagre, *Orphée, *Pélée, *Thésée et Télamon partent à la conquête de la *Toison d'or.

*l'***Argonne*** n. f. ■ Région de collines boisées entre la Champagne et la Lorraine. Lieu de la bataille de *Valmy et de combats durant la Première *Guerre mondiale.

Árgos ■ Ville de Grèce, en *Argolide (*Péloponnèse). 20 000 hab. D'après la mythologie, la plus ancienne cité grecque, supplantée par Sparte au VIIᵉ s. av. J.-C.

*le canton d'***Argovie,*** en allemand **Aargau** ■ Canton de Suisse. 1 405 km². 484 300 hab. *(les Argoviens).* Chef-lieu : Aarau.

Ariane ■ Fille de *Minos et de *Pasiphaé, dans la mythologie grecque. Au moyen d'un fil, elle aide *Thésée à sortir du Labyrinthe ; mais il l'abandonne à Naxos et elle épouse *Dionysos.

Ariane ■ Fusée spatiale européenne, dont le premier lancement commercial eut lieu le 16 juin 1983, à *Kourou.

*l'***arianisme*** n. m. ■ Hérésie chrétienne issue de la doctrine d'Arius (v. 280 - v. 336), condamnée au concile de Nicée (325). Très répandue, surtout en Orient, aux IVᵉ et Vᵉ s.

*l'***Ariège*** [09] n. f. ■ Département français de la région *Midi-Pyrénées. Il doit son nom à la rivière qui le traverse. 4 910 km². 136 100 hab. Préfecture : Foix. Sous-préfectures : Pamiers, Saint-Girons.

*Philippe ***Ariès*** ■ Historien français (1914 - 1984). Études des mentalités : "*l'Enfant et la Vie familiale sous l'Ancien Régime*" ; "*l'Homme devant la mort*".

*l'***Arioste*** ■ Poète italien (1474-1533). Son "*Roland furieux*" est une des œuvres les plus célèbres de la Renaissance.

Aristarque de Samos ■ Astronome grec, précurseur de *Copernic (v. 310 - 230 av. J.-C.).

Aristarque de Samothrace ■ Grammairien et critique grec (v. 217 - 145 av. J.-C.). Célèbre pour sa recension des poèmes d'*Homère. On dit *un aristarque* pour « critique sévère ».

Aristide ■ Général et homme politique athénien (v. 550 - v. 467 av. J.-C.). Surnommé « le Juste » pour son action.

le père Jean-Bertrand **Aristide** ■ Prêtre catholique haïtien (né en 1953), apôtre de la théologie de la *libération. Il fut président de la République pendant une courte période (1990-1991). ⇒ **Haïti.**

Aristippe ■ ⇒ hédonisme.

Aristophane ■ Écrivain grec (v. 450 - 386 av. J.-C.). Auteur des premières comédies : "*les Oiseaux*" ; "*les Grenouilles*" ; "*l'Assemblée des femmes*". Il tire ses sujets de l'actualité et se sert de situations burlesques et de jeux de mots pour railler ses ennemis politiques.

Aristote dit *le Stagirite* ■ Savant et philosophe grec (384 - 322 av. J.-C.). Alors que son maître *Platon privilégiait les mathématiques et les Idées, il réhabilita la connaissance de la nature, suspendue au « premier moteur » qu'étudie la Métaphysique. Il créa la logique et aborda dans une œuvre encyclopédique tous les domaines du savoir. Il fut le précepteur d'Alexandre le Grand. ▶ *l'aristotélisme* n. m. Ensemble de doctrines se réclamant d'Aristote. Son influence est au moins comparable à celle du *platonisme. Redécouvert par l'islam (⇒ **Averroès**), dominant la pensée chrétienne avec saint *Thomas d'Aquin, il fut éclipsé par le succès de la physique mathématique au XVIIᵉ s. L'intérêt pour l'œuvre d'Aristote porte aujourd'hui sur les rapports entre logique, langue et création esthétique.

Arius ■ ⇒ l'arianisme.

*l'***Arizona** n. m. ■ État du sud-ouest des États-Unis, à la frontière du Mexique. 295 023 km². 2,7 millions d'hab. Capitale : Phoenix. Langue officielle : espagnol (depuis 1990). Plateau du Colorado. Ressources minérales très importantes (cuivre, zinc, plomb).

*l'***Arkansas** n. m. ■ Rivière des États-Unis (2 334 km), née dans les montagnes *Rocheuses. Elle se jette dans le *Mississippi. ▶ *l'***Arkansas** n. m. État du centre sud des États-Unis. 137 539 km². 2,28 millions d'hab. Capitale : Little Rock. Agriculture (soja). Richesses minérales (bauxite).

Arkhangelsk ■ Ville de la C.É.I. (*Russie). 416 000 hab.

Marcel **Arland** ■ Écrivain français (1899-1986). "*L'Ordre*", roman.

Arlequin ■ ⇒ commedia dell' arte. ⟨ ▶ arlequin ⟩

Arles ■ Sous-préfecture des Bouches-du-Rhône. 52 600 hab. *(les Arlésiens).* Ville d'art au riche passé romain (nécropole des Aliscamps) et médiéval (église romane Saint-Trophime). Capitale du royaume de Bourgogne-Provence ou *royaume d'Arles,* de 934 à 1032.

Arletty ■ Comédienne française (1898-1992). "*Hôtel du Nord*".

Arlington ■ Ville des États-Unis (*Texas). 160 000 hab.

Arlon, en néerlandais **Aarlen** ■ Ville de Belgique, chef-lieu de la province du *Luxembourg. 22 200 hab.

l'Invincible **Armada** n. f. ■ Nom donné à la flotte de Philippe II d'Espagne, envoyée contre l'Angleterre en 1588 et qui fut détruite par les Anglais et la tempête.

Armagh ■ Capitale religieuse de l'Irlande du Nord, depuis la fondation d'un évêché par saint *Patrick (445). 12 000 hab.

l'**Armagnac** n. m. ■ Région d'Aquitaine (Gascogne) qui produit une célèbre eau-de-vie, l'*armagnac*. ▶ *le comté d'***Armagnac** (le *Gers actuel) connut son apogée lors de la guerre de *Cent Ans, quand les Armagnacs se firent les champions des Orléans contre les Bourguignons et les Anglais. ⟨ ▶ armagnac ⟩

l'**Arménie** n. f. ■ Région d'Asie partagée entre l'Iran, la Turquie et la république d'Arménie. Ses habitants ont été dispersés : on évalue à 7 millions le nombre d'Arméniens aujourd'hui dans le monde. □ HISTOIRE. Malgré les occupations et annexions successives (Assyriens, Mèdes, Perses, Romains, Arabes), elle jouit d'une certaine autonomie jusqu'à son partage, au XVIe s., entre les Turcs et les Perses. La Russie s'empara en 1828 de la région d'Erevan. Entre 1890 et 1924, la région de Kars fut progressivement annexée par les Turcs, qui procédèrent à un véritable génocide (1894-1895, 1915-1916 : près de 2 millions de morts). La république indépendante d'Arménie (1918), dont le traité de Sèvres (août 1920) devait confirmer, trop tard, la fragile existence, devint, après la prise du pouvoir par les bolcheviks, la république socialiste soviétique d'Arménie (29 novembre 1920). □ *la république d'***Arménie**. État de Transcaucasie. 29 800 km². 3,4 millions d'hab. Capitale : Erevan. Langues : arménien (off.), russe. Monnaie : rouble. Agriculture, minerais. La population du Nagorny-Karabakh, région d'*Azerbaïdjan, en majorité arménienne, demanda, en 1988, son rattachement à l'Arménie. Les tensions nationalistes avec l'Azerbaïdjan débouchèrent, en 1989, sur de violents affrontements qui provoquèrent l'intervention de l'armée soviétique (1990), puis en 1993 sur un conflit armé entre Arméniens et Azéris. Elle proclama son indépendance en 1991. Membre de la *C.É.I.

Armentières ■ Commune du Nord. 26 200 hab. *(les Armentiérois).*

l'**Armor** ou **Arvor** n. m. ■ Mot celte (« sur la mer ») désignant la Bretagne maritime par opposition à la Bretagne de l'intérieur ou Arcoat (« pays du bois »). ▶ *les Côtes-d'***Armor**. ⇒ les **Côtes-d'Armor**. ▶ *le Massif* **armoricain**. Massif ancien à l'ouest de la France, très érodé, rajeuni au tertiaire. Il descend de la Bretagne vers les bocages de Vendée et de Normandie. ▶ l'**Armorique** n. f., nom ancien de la Bretagne.

Louis **Armstrong** ■ Trompettiste et chanteur de jazz noir américain (1900-1971).

Neil **Armstrong** ■ Astronaute américain (né en 1930). Le premier homme ayant marché sur la Lune, en 1969 (⇒ **Apollo**).

Arnaud de Brescia ■ Réformateur politique et religieux italien, disciple d'*Abélard (v. 1100 - v. 1155).

les **Arnauld** ■ FAMILLE FRANÇAISE, très liée au *jansénisme. □*Antoine* **Arnauld** (1560-1619), conseiller d'État, restaura l'abbaye janséniste de *Port-Royal. Ses filles en furent abbesses sous le nom de *mère Angélique* (1591-1661) et de *mère Agnès* (1593-1671). □*Robert* **Arnauld d'Andilly,** son fils (1589-1674). □*Antoine* dit *le* **Grand Arnauld,** frère du précédent (1612-1694), théologien, chef du parti janséniste, auteur avec Pierre *Nicole de la "*Logique de Port-Royal*".

Ernst Moritz **Arndt** ■ Poète et historien allemand (1769-1860). "*L'Esprit du temps*".

Arnhem ■ Ville des Pays-Bas, chef-lieu de la *Gueldre. 128 900 hab.

Achim von **Arnim** ■ Écrivain romantique allemand (1781-1831). "*Le Cor enchanté de l'enfant*", recueil de chants populaires écrit avec *Brentano. □*Bettina von* **Arnim,** son épouse, née Elisabeth Brentano. Écrivaine allemande (1785-1859). *"Correspondance de Goethe avec une enfant"*.

l'**Arno** n. m. ■ Fleuve d'Italie qui traverse *Florence et *Pise. 240 km. Il se jette dans la Méditerranée.

Matthew **Arnold** ■ Poète et critique anglais (1822-1888). *"Empédocle sur l'Etna"*.

Arnolfo di Cambio ■ Architecte italien (v. 1245 - 1302). Dôme (cathédrale) de *Florence.

Arnouville-lès-Gonesse ■ Commune du Val-d'Oise. 12 400 hab. *(les Arnouvillois).* Église moderne.

Raymond **Aron** ■ Philosophe et sociologue français (1905-1983). Critique du marxisme. *"Introduction à la philosophie de l'histoire"* ; *"l'Opium des intellectuels"*.

Arouet ■ Nom de famille de *Voltaire.

Jean ou *Hans* **Arp** ■ Sculpteur et peintre abstrait français, poète de langue allemande (1887-1966). Il réalisa les mêmes formes aux contours arrondis dans des techniques diverses. *"Le Berger des nuages"*. □ *Sophie* **Taeuber-Arp**, son épouse. Danseuse, peintre et architecte suisse (1889 - 1943).

Árpád ■ Grand prince de Hongrie (mort en 907). Il fonda la dynastie des *Arpadiens* qui régna jusqu'en 1301.

Arpajon ■ Commune de l'Essonne. 8 800 hab. *(les Arpajonnais).* Foire aux haricots.

Arques ■ Commune du Pas-de-Calais. 9 100 hab. *(les Arquais).*

Fernando **Arrabal** ■ Cinéaste et écrivain espagnol d'expression française (né en 1932). *"¡Viva la Muerte !"*.

Arras ■ Préfecture du Pas-de-Calais. 42 700 hab. *(les Arrageois).* □ **HISTOIRE**. Centre de tapisserie de renommée mondiale au Moyen Âge. Très disputée en raison de sa situation stratégique, cédée à la France au traité des *Pyrénées (1659). On y signa plusieurs traités : 1435 (les Bourgui-

gnons renoncent à l'alliance anglaise), 1482 (délimitation des frontières du nord de la France moderne). ▶ *l'union d'***Arras** n. f. Traité (1579) entre les provinces catholiques des *Pays-Bas qui reconnaissaient l'autorité espagnole. Il provoqua l'union d'*Utrecht.

*les monts d'***Arrée** n. m. pl. ■ Chaîne granitique comprenant le signal de Toussaines, point culminant de la *Bretagne (384 m).

Svante **Arrhenius** ■ Physicien et chimiste suédois (1859-1927). Prix Nobel de chimie 1903 pour ses travaux sur les électrolytes.

Arromanches-les-Bains ■ Commune du Calvados. 400 hab. *(les Arromanchais).* Port artificiel lors du débarquement allié en Normandie, le 6 juin 1944.

*le curé d'***Ars** ■ ⇒ saint **Jean-Marie Vianney.**

Arsace ■ Chef *parthe, fondateur de la dynastie des *Arsacides* (v. 250 av. J.-C.) qui régna sur la Perse jusqu'à la victoire des *Sassanides.

Arsène Lupin ■ ⇒ Maurice **Leblanc.**

Artaban ■ Nom de plusieurs rois parthes de l'Antiquité.

Artaban ■ Héros d'un roman de *La Calprenède *("Cléopâtre"),* célèbre pour sa fierté.

*Charles de Batz, comte de Montesquiou, seigneur d'***Artagnan** ■ Mousquetaire français (1611-1673). Immortalisé par Alexandre *Dumas dans *"les Trois Mousquetaires"* (1844).

Antonin **Artaud** ■ Écrivain français (1896-1948). Poète et homme de théâtre, il a contribué au renouvellement de la mise en scène. *"Le Théâtre et son double"*.

Artaxerxès II ■ Roi achéménide de Perse (mort en 358 av. J.-C.). Par la paix d'*Antalkidas, il domina les cités grecques d'Asie Mineure.

Artémis ■ Déesse chasseresse de la Grèce, jumelle d'*Apollon, identifiée à la Diane des Romains. Vierge, chaste et cruelle, elle a inspiré de nombreux artistes. ▶ *le temple d'Artémis.* L'une des Sept Merveilles du monde. Construit à *Éphèse par *Crésus vers 550 av. J.-C., il fut détruit par les Goths en 262 et ne fut jamais reconstruit.

Arthur ou *Artus* ■ Roi celte légendaire (Vᵉ s.), héros de la résistance aux Anglo-Saxons en Grande-Bretagne. ▶ *le cycle arthurien* ou *cycle de la Table ronde* ou *cycle breton,* ensemble de romans de chevalerie, dont Arthur est l'un des héros, développé notamment par *Chrétien de Troyes (XIIᵉ s.).

Chester Arthur ■ Homme politique américain (1830-1886). 21ᵉ président des États-Unis, de 1881 à 1885.

Emil Artin ■ Mathématicien allemand (1898-1962). Un des pères de l'algèbre moderne.

l'Artois n. m. ■ Région d'Arras (actuel Pas-de-Calais) rattachée définitivement à la France par Louis XIV. Agriculture intensive (blé, betterave). ▶ *le comte d'Artois.* Titre du futur *Charles X. ⟨ ▶ artésien ⟩

Mikhaïl Artsybachev ■ Écrivain russe (1878-1927). *"Sanine".*

Artus ■ ⇒ Arthur.

Aruba ■ Île des Petites *Antilles (îles *Sous-le-Vent), partie autonome des Pays-Bas. 193 km². 61 300 hab. Capitale : Oranjestad (20 000 hab.). Langues : néerlandais (officielle), créole. Monnaie : florin d'Aruba. Après référendum (1977), Aruba fut séparée des *Antilles néerlandaises en 1986 et deviendra indépendante en 1996. Tourisme.

Arunāchal Pradesh n. m. ■ État du nord-est de l'Inde. 83 743 km². 632 000 hab. Capitale : Itanagar. Ancien territoire de l'Union,

il accéda au statut d'État en décembre 1986.

les Arvernes ■ Gaulois d'Auvergne. *Vercingétorix était leur chef.

l'Arvor ■ ⇒ Armor.

les Aryens ■ Dans l'Antiquité, peuple d'Iran et d'Inde du Nord, de langue indo-européenne. Pour les racistes (notamment les nazis), *aryen,* mot sanskrit qui veut dire « fidèle, noble », désignait la race blanche, plus particulièrement nordique. ⟨ ▶ aryen ⟩

Ḥāfiẓ al-Asad ■ Général, président de la République syrienne depuis 1971 (né en 1928).

Asahikawa ■ Ville du Japon (*Hokkaidō). 363 000 hab.

les frères Asam ■ Architectes et décorateurs *rococo allemands. Cosmas Damian (1686-1739) et Egid Quirin (1692-1750).

Peter Christen Asbjørnsen ■ Écrivain norvégien (1812-1885). Contes.

les Ascaniens ■ ⇒ Albert Iᵉʳ de Ballenstädt.

Sholem Asch ■ Écrivain yiddish, né en Pologne (1880-1957).

Asclépios ■ Dieu grec de la Médecine, adopté par les Romains sous le nom d'Esculape.

les Ases n. m. ■ Dieux guerriers de la mythologie scandinave, parmi lesquels *Odin et *Thor.

Abū al-Hasan al-Ashʿarī ■ Théologien arabe (v. 873 - v. 935). Défenseur de l'orthodoxie *sunnite.

William Ross Ashby ■ Neurologue anglais, cybernéticien (1903-1972).

les Ashikaga ■ Famille de guerriers du Japon, auquel ils donnèrent 15 shoguns, de 1336 à 1573.

Ashtart ■ ⇒ Ishtar.

l'Asie n. f. ■ La plus grande et la plus peuplée des parties du globe. 44,6 millions de km². 3,24 milliards

d'hab. Séparée de l'Europe par l'Oural, de l'Afrique par la mer Rouge et
de l'Amérique par le détroit de Béring,
elle est située dans l'hémisphère Nord
(sauf une part de l'Insulinde). Le relief
est marqué au nord-ouest par la
grande plaine sibérienne qui se poursuit par un plateau (où naissent de
grands fleuves) vers le nord-est. Cet
ensemble est bordé au sud-ouest par
les plateaux du Moyen-Orient et, au
sud, par des chaînes montagneuses
(Himalaya, Hindu Kush...) et des
plateaux (Tibet) de formation récente
qui dominent la plaine du *Gange.
L'Asie est entourée dans sa partie
orientale d'une ceinture d'îles d'origine volcanique (Japon, Insulinde...).
L'immensité du continent explique la
diversité des climats : continental
(Sibérie, Asie centrale), mousson
(péninsule indienne), tropical (Asie du
Sud-Est), équatorial (Insulinde). Les
populations, très concentrées dans les
régions chaudes (plaines côtières
fluviales de l'Inde et de la Chine), plus
dispersées dans l'intérieur des terres,
comprennent les Indo-Européens
(Inde, Asie centrale), les Türko-
Mongols (Chine, Mongolie), les Indonésiens (Asie du Sud-Est), les Paléo-
Sibériens (Sibérie), les Japonais, des
groupes mélanésiens, etc. L'Asie,
continent essentiellement rural,
connaît une économie dite « en
développement » à l'exception de la
Sibérie (Russie) et, surtout, du Japon,
des « quatre dragons » (Hong-Kong,
Singapour, Taïwan et Corée du Sud)
. et des pays producteurs de pétrole.
□ HISTOIRE. L'*Asie Mineure*, avancée de l'Asie dans le monde méditerranéen (Turquie actuelle), et plus généralement l'*Asie antérieure* (de l'Asie
Mineure au golfe de Suez) furent le
lieu de la civilisation suméro-
akkadienne (2500 av. J.-C. ⇒ **Sumer,
Mésopotamie**), de la naissance
d'Israël (XIIᵉ s. av. J.-C.), des empires
du « croissant fertile » (*Hittites,
Babylonie, Assyrie et Phénicie), de
l'extension de l'empire des Mèdes et
des Perses, des empires grec et romain

d'Orient (⇒ **Alexandre le Grand,
Byzance**). Parallèlement, une civilisation brillante se développa en Chine
et une nouvelle religion naquit en Inde
(vᵉ s. av. J.-C.) : le *bouddhisme.
Au XIIIᵉ s., les *Mongols, souverains
en Chine, étendirent leur empire
jusqu'à la Perse. L'islam, né en Arabie
au VIIᵉ s., suscita contre eux un nouvel
empire : celui des Turcs ottomans.
L'Asie se fractionna en plusieurs
puissances : Chine, Japon, Tibet, Inde,
Perse, Empire *ottoman... La présence chrétienne, anéantie par les
Ottomans en Orient (prise de
Constantinople, 1453), réapparut en
Extrême-Orient avec les missions des
jésuites, au XVIᵉ s. Conjointement se
développa la colonisation européenne.
Au XIXᵉ s., les Anglais étaient maîtres
des Indes, les Français de l'Indochine,
les Russes de toute l'Asie du Nord,
les Hollandais de l'Indonésie. L'émancipation du continent de la tutelle
occidentale débuta par le Japon, jeune
puissance industrielle et expansionniste, qui s'opposa à la Russie (1904-
1905), puis par la Chine qui sortit
brusquement du joug européen en
1911 (proclamation de la république),
avant d'entrer dans une période de
guerre civile et de conflit avec le Japon
et devenir, en 1949, une « république
populaire » d'inspiration marxiste. Les
deux guerres mondiales et les conflits
locaux ont achevé la décolonisation du
continent, mais des zones d'instabilité
politique subsistent (Proche-Orient...).
⟨ ► asiatique ⟩

Isaac Asimov ■ Biochimiste et
écrivain américain de science-fiction
(né en 1920). *"Fondation"*.

Asmera ou **Asmara** ■ Capitale
de l'*Érythréc, située à 2 400 m d'alt.
Industries textiles et alimentaires.
275 000 hab.

el-Asnam ■ ⇒ ech-Cheliff.

Asnières-sur-Seine ■ Commune des Hauts-de-Seine, dans la
banlieue nord de Paris. 72 200 hab.
(les Asniérois).

Aśoka ■ Empereur indien (v. 273 - v. 237 av. J.-C.). Unificateur de l'Inde. Il contribua au développement du *bouddhisme.

Aspasie ■ Compagne de *Périclès, célèbre par sa beauté et son esprit (ve s. av. J.-C.).

Erik Gunnar **Asplund** ■ Architecte suédois (1885-1940).

Herbert Henry **Asquith** ■ Homme politique britannique (1852-1928). Chef du parti libéral, Premier ministre de 1908 à 1916.

l'Assam n. m. ■ État du nord-est de l'Inde. 78 438 km². 19,9 millions d'hab. Capitale : Dispur. C'est la région la plus arrosée du monde.

les **Assassins** ■ Déformation de l'arabe *'asasin,* pluriel de *'asaz,* « gardien (de la foi) » et non pas *hashāshīn,* « fumeurs de haschisch ». Secte chiite ismaïlienne (XIe - XIIIe s.) célèbre pour son activisme mystique et accusée de nombreux crimes. 〈 ▶ assassin 〉

l'Assemblée constituante n. f. ■ ⇒ Constituante.

l'Assemblée législative n. f. ■ Assemblée française élue au suffrage censitaire en 1791 (⇒ **Constituante**). Elle dut faire face aux difficultés économiques, aux progrès de la contre-révolution (entrée en guerre des pays étrangers) et ses propres divisions entre une majorité encore attachée à la monarchie constitutionnelle et une minorité républicaine. L'insurrection du 10 août 1792 provoqua la suspension du roi et l'élection de la *Convention.

l'Assemblée nationale n. f. ■ Terme qui désigna, sous la IIIe *République française, l'assemblée élue en 1871 puis, à partir de 1876, la réunion de la Chambre des députés et du Sénat. Sous la IVe *République (Constitution de 1946) et la Ve *République (Constitution de 1958), ce nom remplaça celui de Chambre des députés. Élue pour

cinq ans, elle siège au palais *Bourbon et, avec le *Sénat, vote les lois.

Assiout ■ Ville d'Égypte centrale. 291 000 hab.

Assise, en italien *Assisi* ■ Ville d'Italie (*Ombrie). 24 400 hab. Nombreux édifices anciens. Fresques de *Giotto. Pèlerinage sur les lieux où vécut saint *François d'Assise.

Assomption, en espagnol *Asunción* ■ Capitale du Paraguay. 729 000 hab. Port fluvial actif.

Assouan ■ Ville d'Égypte, sur le Nil. 196 000 hab. Barrage gigantesque édifié par *Nasser. Tourisme ; accès au site voisin d'*Abou Simbel.

Assourbanipal ■ Dernier grand roi d'Assyrie, de 668 à 626 av. J.-C. Le légendaire *Sardanapale lui emprunterait certains traits, ainsi qu'à son demi-frère, roi de Babylone, qu'il accula au suicide en brûlant la ville.

Assur ■ Ancienne capitale de l'*Assyrie. Site archéologique en Irak.

l'Assyrie n. f. ■ Empire de l'Antiquité, fondé au XIVe s. av. J.-C. autour d'*Assur. Organisés en une puissante nation militaire, les *Assyriens* ont dominé épisodiquement l'Asie occidentale : conquête de Babylone (729 av. J.-C.) et de la Syrie. L'empire atteint son apogée avec les rois Téglath-Phalasar III, *Sargon II (70 provinces dont Israël) et *Assourbanipal, aux VIIIe et VIIe s. av. J.-C. Vaincue par les Mèdes, l'Assyrie laissa la place (610 av. J.-C.) à l'Empire néo-babylonien (⇒ **Babylone**). Art monumental, bas-reliefs.

Astarté ■ ⇒ Ishtar.

Asti ■ Ville d'Italie (*Piémont). 77 000 hab. La région produit un célèbre vin mousseux, l'*asti.* 〈 ▶ asti 〉

Astrakhan ■ Ville de la C.É.I. (*Russie). Port dans le delta de la Volga, sur la mer Caspienne. 509 000 hab. Tanneries (moutons *astrakans*). 〈 ▶ astrakan 〉 *l'Astrée* ■ Roman pastoral d'Honoré d'*Urfé, très célèbre au XVIIe s.

Astrid ■ Reine des Belges par son mariage avec Léopold III, de 1934 à sa mort (1905-1935). Elle fut très populaire.

Miguel Ángel Asturias ■ Écrivain guatémaltèque (1899-1974). Il puise son inspiration dans les traditions indienne et hispanique. Prix Nobel 1967.

les Asturies n. f. pl., en espagnol *Asturias* ■ Région historique et communauté autonome de l'Espagne. 10 565 km². 1,11 million d'hab. Capitale : Oviedo. Houille, sidérurgie. Le royaume fut le point de départ, au IXe s., de la reconquête (⇒ **Espagne**).

Asunción ■ ⇒ Assomption.

Atahualpa ■ 13e et dernier empereur *inca, mis à mort par *Pizarro en 1533.

Atatürk ■ « Père des Turcs », surnom donné à *Mustafa Kemal.

l'Athabasca ou *Athabaska* n. m. ■ Rivière du nord du Canada (*Alberta ; 1 231 km) qui se jette dans le *lac d'Athabasca* (7 936 km²).

Athalie ■ Reine de Judée de 841 à 835 av. J.-C. Après sept ans de pouvoir tyrannique, elle fut massacrée par le peuple. Elle a inspiré une tragédie à *Racine.

Athéna ■ Déesse grecque identifiée à Minerve par les Romains. Née, tout armée, du crâne de Zeus, elle personnifie l'intelligence, protège les arts, les sciences, les techniques et surtout la ville d'Athènes.

Athènes ■ Capitale de la Grèce. 886 000 hab. *(les Athéniens).* Chef-lieu de la région géographique du *Grand Athènes* (427 km² ; 3 millions d'hab.). Célèbres monuments de l'Antiquité (*Acropole), églises byzantines. □ HISTOIRE. Prospère dès le Xe s. av. J.-C., elle domina les cités grecques et constitua un empire maritime, grâce à ses victoires sur les Perses (guerres médiques) à Marathon et Salamine (490 et 480 av. J.-C.). L'Athènes de *Périclès (461 - 429 av. J.-C.), ayant inventé les institutions démocratiques (⇒ **Boulè, Ecclésia, Héliée, Stratèges**), devint « l'école de la Grèce », le foyer de la civilisation classique : sciences, philosophie, histoire, théâtre. Mais elle commença à décliner, v. 420 av. J.-C., dans sa lutte contre *Sparte (guerre du *Péloponnèse) et *Thèbes, puis fut vaincue par Philippe II de Macédoine, qui devint le maître de la Grèce en 338 av. J.-C. Athènes garda cependant son prestige culturel, connut même une renaissance sous la domination romaine, mais ne joua aucun rôle sous l'Empire byzantin et pendant l'occupation turque (1456-1832). Elle devint en 1833 capitale de la Grèce indépendante. Aujourd'hui, elle constitue avec son port (Le Pirée) le principal centre industriel grec.

Athis-Mons ■ Commune de l'Essonne. 29 700 hab. *(les Athégiens).*

le mont Athos ■ « Montagne sainte » de Grèce où s'est fixée une république semi-autonome de 1 400 moines (interdite aux femmes), le plus important foyer de l'Église orthodoxe.

Atlanta ■ Ville des États-Unis, capitale de la *Géorgie. 425 000 hab. (2 millions dans les zone urbaine). Principal centre des États du Sud. Universités.

Atlantic City ■ Ville des États-Unis (*New Jersey). 40 200 hab. Station balnéaire. Casino.

l'Atlantide n. f. ■ Île fabuleuse, civilisation engloutie, d'après *Platon, v. 1500 av. J.-C. Sa légende a inspiré les artistes et écrivains, notamment le chancelier *Bacon et Pierre *Benoit.

l'océan Atlantique n. m. ■ Bordé par l'Europe et l'Afrique à l'est, l'Amérique à l'ouest, c'est le 2e océan par la superficie (106 millions de km²). Les nombreux courants, froids ou chauds (⇒ **Gulf Stream**), expliquent les différences de climat sur les côtes. L'importance de son rôle économique fait de lui le plus fréquenté des océans : trafic maritime entre les grands ports (Rotterdam, New York, Londres, etc.). Il est devenu symbole d'alliance entre les pays riverains (⟹ **O.T.A.N.**). ⟨▶ atlantique ⟩

Atlas ■ Dans la mythologie grecque, *Géant condamné par Zeus à porter la voûte du ciel sur ses épaules. Représenté par *Mercator en frontispice de son premier recueil de cartes. ⟨▶ atlas ⟩

l'*Atlas* n. m. ■ Barrière montagneuse entre la Méditerranée et le Sahara. On distingue le *Haut-Atlas*, le *Moyen-Atlas* et l'*Anti-Atlas* (Maroc) de l'*Atlas tellien* et de l'*Atlas saharien* (Algérie). Point culminant : djebel Toubkal (4 165 m), dans le *Haut-Atlas*.

Aton ■ Dieu solaire égyptien. Sans mythe ni statue, son culte fut une des plus belles manifestations du monothéisme dans la haute Antiquité, sous l'action d'*Akhenaton (XIVe s. av. J.-C.). ⟹ **Tell el-Amarna**.

Atoum ■ Divinité égyptienne primitive identifiée à *Rê sous la forme d'Atoum-Rê.

Atrée ■ Roi légendaire de *Mycènes. ▶ *les* *Atrides,* ses descendants. Leur destin est le sujet de plusieurs tragédies grecques.

Farīd od-Dīn ʿAṭṭār ■ Poète mystique persan (v. 1142 - v. 1220). "*Le Colloque des oiseaux*".

Attila ■ Roi des *Huns (v. 395 - 453). Il unifia leurs différentes tribus, lutta contre les empires romains d'Orient et d'Occident, et constitua un État, de la mer Noire à la Gaule, qui ne lui survécut pas.

l'*Attique* n. f. ■ Région de Grèce autour d'*Athènes.

Clement Attlee ■ Homme politique britannique (1883-1967). Chef du parti travailliste, Premier ministre de 1945 à 1951, il procéda à de nombreuses réformes. ⟹ **Grande-Bretagne.**

Aubagne ■ Commune des Bouches-du-Rhône. 41 200 hab. *(les Aubagnais).*

Théodore Aubanel ■ Poète français de langue d'oc (1829-1886). ⟹ **Mistral.**

l'*Aube* [10] n. f. ■ Département français de la région *Champagne-Ardenne. Il doit son nom à la rivière qui le traverse. 6 027 km². 289 200 hab. Préfecture : Troyes. Sous-préfectures : Bar-sur-Aube, Nogent-sur-Seine.

Aubenas ■ Commune de l'Ardèche. 12 400 hab. *(les Albenassiens).*

Esprit Auber ■ Compositeur français d'opéras (1782-1871). "*La Muette de Portici*".

Aubergenville ■ Commune des Yvelines. 11 800 hab. *(les Aubergenvillois).*

René Auberjonois ■ Peintre suisse (1872-1957).

Jean Aubert ■ Architecte français (mort en 1741). Grandes écuries de Chantilly (1719-1735).

Aubervilliers ■ Commune de Seine-Saint-Denis. 67 800 hab. *(les Albertivillariens).*

Aubière ■ Commune du Puy-de-Dôme, banlieue de Clermont-Ferrand. 9 200 hab. *(les Aubiérois).*

l'*abbé d'Aubignac* ■ Théoricien français du théâtre (1604-1676). Il fixa la règle des trois unités.

Agrippa d'Aubigné ■ Soldat et écrivain français (1552-1630). Grand poète baroque *("les Tragiques")*. Un des chefs militaires du parti protestant dans les guerres de *Religion.

les monts d'Aubrac ■ Plateau du Massif central, au sud de l'Auvergne.

Aubusson ■ Sous-préfecture de la Creuse. 5 100 hab. *(les Aubussonais).* Ateliers de tapisseries.

Auby ■ Commune du Nord. 8 500 hab. *(les Aubygeois).*

Auch ■ Préfecture du Gers. 24 700 hab. *(les Auscitains).* Capitale de la Gascogne sous l'Ancien Régime. Industries alimentaires (foie gras, armagnac).

Auchel ■ Commune du Pas-de-Calais. 11 900 hab. *(les Auchellois).* Houille.

Auckland ■ 1er port et centre économique de la Nouvelle-Zélande. 148 000 hab. (zone urbaine de 851 000 hab.).

l'Aude [11] n. m. ■ Département français de la région *Languedoc-Roussillon. Il doit son nom au fleuve qui le traverse. 6 344 km². 297 500 hab. Préfecture : Carcassonne. Sous-préfectures : Limoux, Narbonne.

Wystan Hugh Auden ■ Écrivain britannique naturalisé américain (1907-1973). Poèmes d'inspiration religieuse. *"L'Âge de l'anxiété".*

Jacques Audiberti ■ Écrivain français (1899-1965). Poète *("Des tonnes de semence"),* romancier *("Abraxas"),* auteur dramatique *("l'Effet Glapion").*

Audincourt ■ Commune du Doubs. 16 500 hab. *(les Audincourtois).* Église construite en 1949 et décorée par des artistes modernes (*Bazaine, *Léger...). Mécanique.

Audran ■ FAMILLE D'ARTISTES FRANÇAIS □ *Gérard II Audran* (1640-1703), illustre graveur. □ *Claude III Audran* (1657-1734), son neveu, peintre décorateur, un des créateurs du style rocaille.

John James Audubon ■ Naturaliste et peintre américain d'origine française (1785 - 1851). Il représenta toutes les espèces d'oiseaux d'Amérique du Nord connues au XIXe s.

l'Aufklärung n. f. ■ Mot allemand, équivalent des *Lumières en France, caractérisant la pensée et la culture allemandes du XVIIIe s.

le pays d'Auge ■ Région du nord-est de la *Normandie. Fromages réputés (camembert, pont-l'évêque, livarot).

Pierre Augereau ■ Officier français (1757-1816). Il servit la Révolution, l'Empire (qui le fit maréchal) et la Restauration.

Augias ■ Roi légendaire d'Élide, dont *Héraclès nettoya les immenses écuries en détournant les eaux de l'*Alphée.

Augsbourg, en allemand **Augsburg** ■ Ville d'Allemagne (*Bavière). 243 000 hab. Centre de la *Souabe. Elle joua un grand rôle dans l'histoire de la *Réforme. □ *la Confession d'Augsbourg,* profession de foi des protestants, rejetée par les théologiens catholiques à la *diète d'Augsbourg* (1530). □ *la paix d'Augsbourg* (1555) instaura le principe *cujus regio, ejus religio* (chaque État de l'Empire germanique était tenu d'adopter la religion de son prince, protestant ou catholique). □ *la ligue d'Augsbourg* réunit de 1686 à 1697 les opposants à Louis XIV (Angleterre, Hollande, Suède, Espagne, certaines principautés allemandes) et arrêta après dix ans de guerre l'expansionnisme français (traités de Ryswick).

Augusta ■ L'une des plus anciennes villes des États-Unis (*Géorgie). 47 500 hab.

Augusta ■ Ville des États-Unis, capitale du *Maine. 21 800 hab.

Octave dit **Auguste,** en latin *Caius Julius Caesar Octavianus Augustus* ■ Premier empereur romain (63 av. J.-C. - 14). Adopté par son père adoptif César (44 av. J.-C.), Octave eut pour rival *Antoine. Après avoir partagé un temps le pouvoir, il devint maître incontesté de l'État, se nomma *Imperator* (38 av. J.-C.) et prit le nom d'*Augustus* (27 av. J.-C.), consacrant sa mission divine : réorganisation politique (⇒ **Rome**), protection des arts et des lettres. Le « siècle d'Auguste » est l'âge d'or du classicisme romain.

Auguste II ou **Frédéric-Auguste Ier** ■ Électeur de Saxe, roi de Pologne (1670-1733). □**Auguste III** ou **Frédéric-Auguste II**. Fils du précédent (1696-1763), roi de Pologne après la guerre de *Succession qui l'opposa à *Stanisław Leszczyński.

saint **Augustin** ■ Évêque d'Afrique du Nord, écrivain latin, docteur et Père de l'Église (354-430). Converti tardivement au christianisme (386), il combattit les hérésies (⇒ **Mani, Pélage**) et devint le théologien majeur de son époque. Ses écrits influencèrent la pensée religieuse et philosophique occidentale jusqu'au XIIIe s., puis de nouveau aux XVIe et XVIIe s. "*De Magistro*"; "*Confessions*"; "*De Trinitate*"; "*la Cité de Dieu*". ▶ *les* **Augustins**. Religieux (ordre de Saint-Augustin) suivant la règle de vie monastique dite « de saint Augustin ». Les chevaliers *Teutoniques et les chevaliers de *Malte sont apparentés aux Augustins.

Aulis ■ Ancien port de Grèce (*Béotie). Lieu d'embarquement des Grecs pour la guerre de *Troie.

Aulnay-sous-Bois ■ Commune de Seine-Saint-Denis. 82 500 hab. *(les Aulnaisiens)*.

*la comtesse d'***Aulnoy** ■ Écrivaine française (v. 1650-1705). Contes de fées.

Aulnoye-Aymeries ■ Commune du Nord. 10 300 hab. *(les Aulnésiens)*.

Aulnoy-lez-Valenciennes ■ Commune du Nord. 8 000 hab. *(les Aulnésiens)*.

*Henri d'Orléans duc d'***Aumale** ■ Général, historien et homme politique français (1822-1897). Quatrième fils de *Louis-Philippe. ⇒ **Chantilly**.

Aung San ■ Héros de l'indépendance de la Birmanie, mort assassiné (1914 ?-1947). □**Aung San Sun** (née

en 1945), sa fille. Prix Nobel de la paix en 1991.

*l'***Aunis** n. m. ■ Ancienne province, dans la région de La *Rochelle, intégrée à la France en 1373. Important foyer calviniste aux XVIe et XVIIe s.

Aurangābād ■ Ville de l'Inde (*Mahārāshtra). 299 000 hab. Monuments bouddhiques, hindous, islamiques.

Aurangzeb ■ Empereur *moghol (1618-1707). Ses conquêtes marquèrent l'apogée de l'empire, sa tyrannie en amorça le déclin. Il donna son nom à *Aurangābād.

Auray ■ Commune du Morbihan. 10 600 hab. *(les Alréens)*. Résidence des ducs de Bretagne.

Aureilhan ■ Commune des Hautes-Pyrénées. 7 600 hab. *(les Aureilhanais)*.

Aurélien ■ Empereur romain (v. 215 - 275). Il restaura un pouvoir fort, instaura le culte solaire.

les **Aurès** n. m. pl. ■ Massif montagneux de l'Algérie orientale (2 328 m).

Georges **Auric** ■ Compositeur français (1899-1983). Auteur de ballets ("*Phèdre*") et de musiques de films.

Aurignac ■ Commune de Haute-Garonne. 980 hab. *(les Aurignacais)*. Site préhistorique. Il a donné son nom à la culture de l'*aurignacien* n. m. (30 000 - 25 000 av. J.-C.).

*l'île d'***Aurigny,** en anglais **Alderney** ■ L'une des îles *Anglo-Normandes. 8 km². 2 100 hab. Chef-lieu : Sainte-Anne.

Aurillac ■ Préfecture du Cantal. 32 700 hab. *(les Aurillacois)*. Centre commercial.

Vincent **Auriol** ■ Homme politique français (1884-1966). Premier président (socialiste) de la IVe République, de 1947 à 1954.

Śrī **Aurobindo** ■ Penseur indien (1872-1950).

Aurora ■ Ville des États-Unis (*Colorado). 159 000 hab.

Auschwitz ■ Camp de concentration et d'extermination nazi en Pologne, près de *Cracovie : 4 millions de morts, juifs pour la plupart, de 1940 à 1945.

Ausone ■ Poète latin (v. 310-v. 395).

Aussillon ■ Commune du Tarn. 7 700 hab.

Jane ***Austen*** ■ Romancière britannique (1775-1817). *"Orgueil et préjugé"*.

Austerlitz ■ Localité de Tchécoslovaquie (*Moravie) où Napoléon Ier remporta, contre l'armée austro-russe de François II et d'Alexandre Ier, la « bataille des Trois Empereurs », le 2 décembre 1805.

John Langshaw ***Austin*** ■ Philosophe anglais (1911-1960). Logique du langage.

Austin ■ Ville des États-Unis, capitale du *Texas. 345 000 hab. Universités.

les terres ***Australes*** ou ***Subantarctiques*** ■ Îles au large de l'Antarctique, contre les archipels *Crozet et *Kerguelen et les îles *Amsterdam et *Saint-Paul constituent, avec la terre *Adélie, le territoire d'outremer des *terres Australes et Antarctiques françaises.* □ *l'océan* ***Austral.*** L'océan *Antarctique.

*l'***Australie*** n. f. ■ État fédéral d'Océanie formant le *Commonwealth of Australia.* 7 682 300 km². Il comprend l'Australie proprement dite (7 614 500 km², la plus grande île du monde) – divisée en cinq États et deux territoires – : l'*Australie-Méridionale* (984 377 km² ; 1,42 million d'hab. ; capitale : Adélaïde), l'*Australie-Occidentale* (2 525 500 km² ; 1,59 million d'hab. ; capitale : Perth), la *Nouvelle-Galles du Sud, le *Queensland, le *Victoria, le Territoire de la capitale australienne (2 432 km² ; 278 000 hab. ; capitale : Canberra), le Territoire du Nord (1 346 200 km² ;

156 000 hab. ; capitale : Darwin) – et l'île-État de *Tasmanie. 16,8 millions d'hab. *(les Australiens)* d'origine anglaise et, plus récemment, d'autres provenances (Europe centrale, Italie, etc.). Capitale : Canberra. Langue officielle : anglais. Monnaie : dollar australien. Continent massif et peu élevé, l'Australie est, pour une grande part, aride. Malgré le rapide essor de la métallurgie (Newcastle, Wollongong) et des industries de transformation, l'économie est avant tout fondée sur l'élevage (ovins). Les principales villes sont des ports, où le commerce est très actif. Membre du *Commonwealth. □ **HISTOIRE.** La population aborigène, d'un grand intérêt ethnologique, est réduite à environ 160 000 personnes. Découverte par les Hollandais au XVIIe s., l'Australie fut colonisée par les Anglais, qui en firent leur pénitencier (1788-1840). La création du Commonwealth d'Australie fut approuvée par le Parlement britannique en 1901. Le nouvel État fut l'allié du Royaume-Uni, pendant les deux guerres mondiales, et soutint les États-Unis dans la guerre du Pacifique.

*l'***Austrasie*** n. f. ■ Royaume *mérovingien (VIe-VIIIe s.) de l'est de la Gaule, avec Metz pour capitale. Les *Carolingiens en sont issus.

Claude ***Autant-Lara*** ■ Cinéaste français (né en 1903). *"Le Diable au corps"*, d'après le roman de *Radiguet ; *"la Traversée de Paris"*.

*l'***Autriche*** n. f., en allemand ***Österreich*** ■ État (république fédérale) d'Europe centrale. Il comprend neuf États (land, plur. : länder) : *Vienne, la *Basse-Autriche* (19 172 km² ; 1,42 million d'hab. ; capitale : Sankt Pölten), la *Haute-Autriche* (11 980 km² ; 1,3 million d'hab. ; capitale : Linz), le *Burgenland, la *Carinthie, *Salzbourg, la *Styrie, le *Tyrol, le *Vorarlberg. 83 857 km². 7,6 millions d'hab. *(les Autrichiens)*. Capitale : Vienne. Langue officielle : allemand. Monnaie : schilling. Pays montagneux qui a développé l'élevage et l'exploitation de la forêt. Il bénéficie d'importantes ressources hydro-électriques, mais son industrie, quoique diversifiée, dépend fortement des importations. ☐ **HISTOIRE**. La marche d'Autriche (*Österreich* signifie « royaume de l'Est ») devint duché héréditaire en 1156 et passa aux mains des *Habsbourg en 1278. Aux XVIᵉ et XVIIᵉ s., elle constituait le noyau dur de l'Empire germanique et se fit le champion du catholicisme contre les princes allemands réformés, les Tchèques (guerre de *Trente Ans) et les Turcs. Tandis que sur le plan intérieur les règnes de *Marie-Thérèse puis de Joseph II renforcèrent et modernisèrent l'État, sur le plan extérieur les défaites causées par la guerre de *Succession (1740-1748) puis par les guerres napoléoniennes diminuèrent son territoire. Mais le congrès de Vienne (1815) et le rôle diplomatique de *Metternich lui redonnèrent une place prépondérante en Europe. À l'intérieur, la politique absolutiste se heurta aux revendications nationalistes des peuples non allemands (Hongrois, Tchèques, Slaves du Sud) qui aboutirent aux révolutions de 1848. Vaincue par la Prusse en 1866 (bataille de *Sadowa), exclue alors de l'Allemagne, l'Autriche dut reconnaître l'existence du royaume de Hongrie, dont *François-Joseph se fit couronner roi en 1867. Ainsi naquit la monarchie austro-hongroise. Le conflit avec la Serbie (⇒ **François-Ferdinand de Habsbourg**) déclencha la Première Guerre mondiale, qui provoqua la ruine de la monarchie austro-hongroise et l'institution d'une république (1920) dans les limites territoriales actuelles. Devenue une province allemande après l'annexion (l'*Anschluss) par Hitler, occupée par les Alliés après 1945, l'Autriche retrouva son indépendance en 1955 et affirma sa souveraineté (traité de paix avec l'U.R.S.S., admission à l'O.N.U.). Le chancelier (socialiste) Bruno Kreisky (1911-1990) a dirigé le pays de 1970 à 1983. L'élection de K. *Waldheim à la présidence de la République (1986-1992) a suscité une polémique sur l'attitude de certains Autrichiens pendant la Seconde Guerre mondiale.

Autun ■ Sous-préfecture de la Saône-et-Loire. 19 400 hab. *(les Autunois)*. Remarquable cathédrale romane (XIIᵉ s.).

*Antoine d'**Auvergne*** ou ***Dauvergne*** ■ Violoniste et compositeur français (1713-1797).

*l'**Auvergne*** n. f. ■ Région administrative et économique française comprenant quatre départements du Massif central : *Allier, *Cantal, Haute-*Loire, *Puy-de-Dôme. 26 169 km². 1,32 million d'hab. *(les Auvergnats)*. Préfecture : Clermont-Ferrand. Elle correspond à peu près à l'ancienne province d'Auvergne (l'ancien territoire des *Arvernes), divisée au Moyen Âge en *comté d'Auvergne* (annexé en 1610), *Dauphiné et *terre d'Auvergne* (réunis à la Couronne en 1532). Le peuplement industriel et urbain se concentre dans les vallées (industries automobile et pneumatique). Les hauts plateaux et massifs volcaniques se dépeuplent, bien que l'agriculture occupe encore un quart de la population active (élevage laitier, fromages). Tourisme thermal (Vichy).

Auvers-sur-Oise ■ Commune du Val-d'Oise. 6 100 hab. *(les Auversois)*. *Van Gogh y est enterré.

Auxerre ■ Préfecture de l'Yonne. 40 600 hab. *(les Auxerrois)*. Monuments médiévaux.

*le mont **Auxois*** ■ ⇒ **Alésia**.

Auxonne ■ Commune de la Côte-d'Or. 7 500 hab. *(les Auxonnois)*. Église gothique.

*Adrien **Auzout*** ■ Astronome français (1622-1691). Il perfectionna les instruments de mesure et d'observation.

Avallon ■ Sous-préfecture de l'Yonne. 8 900 hab. *(les Avallonnais).* Centre commercial et industriel.

Avalokitesvara ■ Dans la religion bouddhiste, le **bodhisattva* le plus vénéré, spécialement en Chine, au Tibet et au Japon.

les **Avars** ■ Tribu asiatique qui constitua du VIᵉ au IXᵉ s. un empire en Europe centrale. Vaincus par les armées de *Charlemagne.

*l'***avatāra** n. m. ■ Métamorphose d'une divinité hindoue sur terre. Les plus connus sont les *avatāra* de *Vishnou (homme-lion, poisson, etc.). ⟨ ► avatar ⟩

Avempace ■ ⇒ Ibn Bājjah.

le mont **Aventin** ■ Une des sept collines de Rome. La plèbe, révoltée contre le patriarcat, s'y retira en 494 et en 450 av. J.-C.

Hendrik **Avercamp** ■ Peintre et dessinateur hollandais (1585 - 1634). Il peignit des petits personnages dans des paysages glacés.

*le lac d'***Averne** ■ Lac d'Italie, en *Campanie, décrit par *Virgile comme l'entrée des *Enfers.

Ibn Rushd dit **Averroès** ■ Principal philosophe arabe et musulman d'Espagne (1126-1198). ► *l'***averroïsme** n. m.*, sa doctrine, fut considéré par les chrétiens, au moins jusqu'à sa condamnation en 1277, comme la meilleure explication d'*Aristote.

Tex **Avery** ■ Réalisateur américain de dessins animés (1908-1980). Créateur de Bugs Bunny.

Avesnes-sur-Helpe ■ Sous-préfecture du Nord. 5 100 hab. *(les Avesnois).*

*l'***Avesta** n. m. ■ Recueil des textes sacrés du mazdéisme, en langue avestique. ⇒ **Zarathoustra.**

*l'***Aveyron** [12] n. m. ■ Département français de la région *Midi-Pyrénées. Il doit son nom à la rivière qui le traverse. 8 771 km². 271 900 hab. Préfecture : Rodez. Sous-préfectures : Millau, Villefranche-de-Rouergue.

Avicebron ■ ⇒ Ibn Gabirol.

Ibn Sīnā dit **Avicenne** ■ Médecin, philosophe et mystique de l'*islam (980-1037). ► *l'***avicennisme** n. m.*, sa doctrine, à la rencontre de la philosophie grecque et de la mystique iranienne, eut une grande influence en Orient comme en Occident.

Avignon ■ Préfecture du Vaucluse. 89 400 hab. *(les Avignonnais).* Résidence des papes au XIVᵉ s. Grand centre commercial et touristique (festival de théâtre depuis 1947).

Ávila ■ Ville d'Espagne (*Castille-et-León). 44 600 hab. « Ville des saints et des pierres » : nombreux couvents et églises, enceinte du XIIᵉ s. Patrie de sainte *Thérèse d'Ávila.

Avion ■ Commune du Pas-de-Calais. 18 600 hab. *(les Avionnais).*

Amedeo **Avogadro** *comte de Quaregna* ■ Chimiste italien (1776-1856). Le *nombre d'Avogadro* : nombre constant de molécules dans une molécule-gramme (6,023.10²³).

Avon ■ Commune de Seine-et-Marne. 14 200 hab. *(les Avonnais).*

*l'***Avon** n. m. ■ Comté du sud-ouest de l'Angleterre. 1 338 km². 945 000 hab. Chef-lieu : Bristol.

Avoriaz ■ Station française de sports d'hiver, dans les Alpes (Haute-Savoie). Festival du cinéma fantastique. ⇒ **Morzine.**

Avranches ■ Sous-préfecture de la Manche. 9 500 hab. *(les Avranchinais).* La *percée d'Avranches* marqua le début de la grande offensive alliée sur Paris (31 juillet 1944).

Avrillé ■ Commune du Maine-et-Loire. 12 900 hab.

Avvakoum ■ Réformateur orthodoxe et écrivain russe (v. 1620-1682). Chef des « vieux-croyants ».

Awaji ■ La plus grande île de la mer Intérieure du Japon. 593 km². 10 000 hab.

*l'***Axe** n. m. ■ Nom donné à l'alliance entre *Mussolini et *Hitler (1936), confirmée par le *pacte d'Acier signé en mai 1939.

*sir Alfred Jules ***Ayer** ■ Philosophe empiriste et logicien anglais (né en 1910).

*les ***Aymaras** ■ Indiens du Pérou et de Bolivie. Ils ont conservé leur langue et des traditions antérieures à la colonisation espagnole.

*Marcel ***Aymé** ■ Écrivain français (1902-1967). Son œuvre (contes, récits, nouvelles) instaure des rapports familiers entre le réel et l'imaginaire. *"Contes du chat perché" ; "la Jument verte" ; "Clérambard"*.

Aytré ■ Commune de la Charente-Maritime. 7 900 hab. *(les Aytrésiens).*

Ayuthia ■ Ville de Thaïlande. 47 200 hab. Capitale de 1347 à 1767 d'un royaume thaï, puis du *Siam. Nombreux monuments.

*les ***Ayyūbides** ■ Dynastie musulmane fondée par *Saladin. Sa branche principale régna en Égypte de 1171 à 1250.

Azay-le-Rideau ■ Commune d'Indre-et-Loire. 3 100 hab. *(les Ridellois).* Célèbre château Renaissance.

*le marquis d'***Azeglio** ■ Écrivain et homme politique italien (1798-1866). Chef du gouvernement du *Piémont de 1849 à 1852.

*l'***Azerbaïdjan** n. m. ■ Région de l'Asie occidentale, divisée entre l'Iran (deux provinces regroupant 4,6 millions d'hab. sur 105 952 km²) et l'Azerbaïdjan. □ *la république d'***Azerbaïdjan.** État de Transcaucasie. 86 600 km². 7 millions d'hab. *(les*

Azéris ou *Azerbaïdjanais).* Capitale : Bakou. Langues : turc (off.), russe, arménien. Monnaie : rouble. Industrie pétrolière. Cultures irriguées (coton, tabac). Les tensions nationalistes avec l'Arménie, liées aux revendications de la population en majorité arménienne de la région autonome azerbaïdjanaise du Nagorny-Karabakh (⇒ **Arménie**) et de celle – en majorité azérie – du *Nakhitchevan (république autonome d'Azerbaïdjan enclavée en Arménie) – débouchèrent sur de violents affrontements en 1990, provoquant l'intervention de l'armée soviétique, puis en 1993 sur un conflit armé avec l'Arménie. Membre de la *C.É.I.

*al-***Azhar** ■ Mosquée-université du *Caire, fondée en 973, célèbre dans le monde musulman.

Azincourt ■ Commune du Pas-de-Calais. 250 hab. *(les Azincourtois).* Importante victoire anglaise durant la guerre de Cent Ans (1415).

José Martínez Ruiz dit **Azorín** ■ Romancier espagnol (1874-1967). *"La Volonté"*.

*la mer d'***Azov** ■ Golfe de la mer Noire, bordant l'Ukraine et la Russie. 38 000 km². □ **Azov.** Port sur la mer d'Azov (*Russie). 78 000 hab. Ancienne colonie grecque (Tanaïs) puis ville génoise, ottomane et russe.

*les ***Aztèques** ■ Ancien peuple indien qui fonda un empire au Mexique (xvᵉ s.). Leur capitale était Tenochtitlán (actuellement Mexico). Militaires et conquérants, dotés d'une solide organisation politique et sociale avec des croyances religieuses fortes (*Quetzalcóatl, *Tlaloc), ils soumirent et assimilèrent la culture d'autres tribus dont les *Toltèques. Par sa victoire sur l'empereur *Montezuma, l'Espagnol *Cortés mit fin à leur pouvoir (⇒ **Cuauhtémoc**). ‹ ▶ aztèque ›

B

Baal ■ Nom de plusieurs divinités de l'Orient méditerranéen, associées depuis la Bible à tout culte idolâtrique, et spécialement aux sacrifices humains (⇒ *Belzébuth*).

Baalbek ■ Ville du Liban. 18 000 hab. Haut lieu archéologique : elle abrita le culte de *Baal, celui des divinités grecques puis romaines liées au Soleil (⇒ **Hélios**), d'où son nom d'*Héliopolis*.

le Baath ou **Baas** ■ Parti nationaliste panarabe et socialiste dominant en Syrie et en Irak.

ʿAlī Moḥammad dit **le Bāb** ■ Réformateur musulman iranien (v. 1820 - 1850). ▶ *le babisme* fut persécuté par les sunnites, mais continué par le *bahaïsme*.

le détroit de Bāb al-Mandab ■ Détroit qui fait communiquer la mer *Rouge et le golfe d'*Aden (30 km).

Charles Babbage ■ Mathématicien anglais, logicien (1792-1871). Il conçut la première calculatrice à programme (« machine analytique »), mais ne la réalisa pas.

Babel ■ Nom hébreu de *Babylone. ▶ *la tour de Babel,* dont la construction devait permettre d'atteindre le ciel, symbolise, dans la Bible, l'orgueil des hommes ; la diversité des langues, qui fait échouer l'entreprise, est le châtiment que le ciel leur inflige.

François Noël dit **Gracchus Babeuf** ■ Révolutionnaire français (1760-1797). Sa doctrine, le *babouvisme,* annonce le communisme.

Joseph Babinski ■ Médecin et neurologue français d'origine polonaise (1857-1932).

Mihály Babits ■ Poète hongrois (1883-1941). Animateur de la revue *Nyugat* (« Occident »).

Bābur ■ Souverain turc (1483-1530). Il conquit l'Inde du Nord et fonda l'Empire *moghol.

Babylone ■ Ancienne ville de *Mésopotamie (160 km de Bagdad), cœur de la principale civilisation de l'Asie antérieure. □ **HISTOIRE**. Fondée par les *Akkadiens, elle assimila ses envahisseurs successifs (*Hittites, *Kassites, Élamites, *Assyriens — civilisation assyro-babylonienne). Un premier empire babylonien fut fondé par *Hammourabi (v. 1792 av. J.-C.), restauré par Nabuchodonosor Iᵉʳ (v. 1137 av. J.-C.). L'empire néobabylonien (625 - 539 av. J.-C.) fut fondé par Nabopolassar ; les ruines actuelles témoignent de cette époque, où l'on édifia les fameux jardins suspendus (⇒ **Sémiramis**), une des Sept *Merveilles du monde, et la tour à étages (ziggourat) qui inspira le mythe de *Babel. Conquise par les Perses (539 av. J.-C.), qui en firent leur capitale, puis par *Alexandre, qui y mourut (323 av. J.-C.), Babylone fut ensuite délaissée au profit d'*Antioche.

Baccarat ■ Commune de Meurthe-et-Moselle. 5 000 hab. *(les Bachâmois).* Célèbres cristalleries depuis le XVIIIᵉ s.

les **bacchantes** n. f. ■ Femmes du cortège de *Bacchus. ⟨ ▶ ① bacchante ⟩

Riccardo **Bacchelli** ■ Écrivain italien (1891-1985). *"Les Moulins du Pô",* fresque historique.

Bacchus ■ Nom latinisé de *Dionysos. ⟨ ▶ bacchanale ⟩

les **Bach** ■ FAMILLE DE MUSICIENS ALLEMANDS □*Jean-Sébastien* **Bach** (1685-1750), le plus illustre, luthérien fervent, a laissé une œuvre immense (le *"Clavier bien tempéré"* ; *"Concertos brandebourgeois"* ; *"Passions"* ; *"Cantates"* ; *"l'Art de la fugue"*) dont les qualités d'inspiration et de composition sont aujourd'hui universellement admirées. Il a fixé les règles de la musique tonale. Ses fils furent des compositeurs réputés, notamment de concertos et de sonates, annonçant parfois *Mozart. □*Wilhelm Friedemann* **Bach** (1710-1784). □ *Carl Philipp Emanuel* **Bach** (1714-1788). □*Johann Christoph Friedrich* **Bach** (1732-1795). □*Johann Christian* **Bach** (1735-1782).

Alexander von **Bach** ■ Homme politique autrichien (1813-1893). De 1849 à 1859, il institua un système centralisé et autoritaire.

Gaston **Bachelard** ■ Philosophe français (1884-1962). Épistémologie *("la Philosophie du non").* Étude de l'imaginaire.

la **Bachkirie** ■ Une des républiques autonomes de la Fédération de *Russie. 143 600 km². 3,9 millions d'hab. *(les Bachkirs).* Capitale : Oufa. Région pétrolière qui fait partie du second *Bakou.

Ingeborg **Bachmann** ■ Écrivaine autrichienne (1926-1973). Membre

du *Groupe 47. *"Le Temps mesuré",* poèmes.

il **Baciccia** ■ Peintre et décorateur baroque italien (1639-1709).

Bacolod ■ Ville des Philippines. 318 000 hab.

Roger **Bacon** ■ Franciscain anglais, philosophe, savant (v. 1220-1292). Considéré comme le précurseur de la méthode expérimentale.

le chancelier Francis **Bacon** ■ Philosophe et homme politique anglais (1561-1626). Défenseur du progrès et de la science expérimentale.

Francis **Bacon** ■ Peintre britannique (1909-1992). La déformation de l'image humaine crée une esthétique de l'angoisse.

la **Bactriane** ■ Ancienne région de l'Asie centrale, entre l'Hindu Kush et l'Amou-Daria, correspondant au nord de l'Afghanistan actuel.

Badajoz ■ Ville d'Espagne (*Estrémadure). 126 000 hab.

Badalona ■ Ville d'Espagne (*Catalogne). 223 000 hab.

le **Bade** ■ Ancien État allemand réuni aujourd'hui au *Wurtemberg. ▶ *le* **Bade-Wurtemberg,** en allemand *Baden-Württemberg.* État (land) d'Allemagne. 35 751 km². 9,28 millions d'hab. *(les Badois).* Capitale : Stuttgart. Importantes activités agricoles, industrielles et touristiques (lac de Constance, Forêt-Noire, thermes de Baden-Baden).

Baden-Baden ■ Ville d'Allemagne (*Bade-Wurtemberg). 49 000 hab. Station thermale. Bains romains du IIIᵉ s.

Robert **Baden-Powell** ■ Général anglais (1857-1941). Il fonda le scoutisme en 1908.

Karl Ernst von **Baer** ■ Anatomiste russe (1792-1876). Pionnier de l'embryologie.

William **Baffin** ■ Navigateur anglais (v. 1584-1622). ▶ *la terre de*

Baffin, immense île canadienne (476 066 km²) séparée du Groenland par la *mer de Baffin.*

Bagdad ■ Capitale de l'Irak. 4,65 millions d'hab. Fondée en 762 par les *Abbassides, sur le Tigre, métropole de l'islam jusqu'à sa destruction par les *Mongols (1258).

Bagnères-de-Bigorre ■ Sous-préfecture des Hautes-Pyrénées. 9 100 hab. *(les Bagnérais).* Station thermale.

Bagneux ■ Commune des Hauts-de-Seine, dans la banlieue sud de Paris. 36 500 hab. *(les Balnéolais).*

Bagnolet ■ Commune de la Seine-Saint-Denis, dans la banlieue est de Paris. 32 700 hab. *(les Bagnoletais).*

Bagnols-sur-Cèze ■ Commune du Gard. 18 200 hab. *(les Bagnolais).*

le **bahaïsme** ■ Religion syncrétiste fondée par un disciple du *Bāb, Bahā' Ullah (1817-1892). Née en Turquie, elle compte aujourd'hui de nombreux adeptes en Europe et aux États-Unis.

le Commonwealth des **Bahamas** ■ État des *Antilles composé de 700 îles. 13 939 km². 249 000 hab. Capitale : Nassau (sur l'île de Nouvelle-Providence). Langues : anglais (officielle), créole. Monnaie : dollar des Bahamas. Ancienne colonie britannique. Indépendant en 1973 et membre du *Commonwealth, l'archipel est aujourd'hui un « paradis fiscal » qui vit aujourd'hui essentiellement du tourisme.

Bahār ■ Poète et critique iranien (1885-1951). Il exerça une grande influence sur ses contemporains.

Bahia ■ État du Brésil. 566 979 km². 11,52 millions d'hab. Capitale : *Salvador (ancien nom : Bahia).

Bahía Blanca ■ Ville et port d'Argentine. 221 000 hab.

Bahreïn n. m. ■ Archipel et État (émirat) du golfe Persique. 691 km².

489 000 hab. *(les Bahreïnis).* Capitale : Manama. Langues : arabe (officielle), anglais. Religion officielle : islam. Monnaie : dinar bahreïni. Ancien protectorat anglais, indépendant depuis 1971. Place financière du Golfe. Production d'hydrocarbures.

Baidoa ■ Ville de Somalie. 300 000 hab.

Baie-Mahault ■ Commune de la Guadeloupe. 15 000 hab.

Jean Antoine de **Baïf** ■ Écrivain français (1532-1589). Poète de la *Pléiade, érudit. Il proposa une réforme hardie de l'orthographe.

le lac **Baïkal** ■ Lac le plus profond du globe (1 741 m), en Russie (*Bouriatie). 636 km de long. 31 500 km². Très forte pollution.

Baïkonour ■ Base aérospatiale située au *Kazakhstan.

Bailleul ■ Commune du Nord. 13 900 hab. *(les Bailleulois).*

André **Baillon** ■ Écrivain belge (1875-1932). *"Un homme si simple".*

Jean-Sylvain **Bailly** ■ Astronome et révolutionnaire français (1736-1793). Président de l'Assemblée nationale et maire de Paris en 1789, proche des *Feuillants, exécuté sous la *Terreur.

la **Baïse** ■ Rivière de *Gascogne, affluent de la Garonne (190 km).

Joséphine **Baker** ■ Artiste de music-hall américaine (1906-1975). Célèbre meneuse de la revue des Folies-Bergère à Paris.

Bakhtarān, autrefois *Kerman-shah* ■ Ville d'Iran (*Kurdistan). 561 000 hab.

Mahmud Abdülbâkî dit **Bâkî** ■ Un des grands poètes classiques turcs (1526-1600). *"Divan".*

Bakou ■ Ville de la C.É.I. 1,75 million d'hab. Capitale de l'*Azerbaïdjan, grand centre pétrolier. □ *le second* **Bakou** : nom donné à la grande région pétrolière entre l'Oural et la

Volga. □ *le troisième* **Bakou :** le plus grand gisement pétrolier de la Russie dans la plaine de l'*Ob.

Mikhaïl **Bakounine** ■ Révolutionnaire et théoricien anarchiste russe (1814-1876). "*Étatisme et anarchie*".

Miliï **Balakirev** ■ Compositeur russe (1837-1910). Maître de *Borodine, *Cui, *Moussorgski, *Rimski-Korsakov, avec lesquels il formait le groupe des Cinq.

George **Balanchine** ■ Chorégraphe russe naturalisé américain (1904-1983).

le lac **Balaton** ■ Le plus grand lac d'Europe centrale, en Hongrie. 591 km².

Italo **Balbo** ■ Maréchal italien, un des chefs du *fascisme (1896-1940).

Vasco Núñez de **Balboa** ■ Conquistador espagnol (1475-1517). Il découvrit l'océan Pacifique en 1513.

Hans **Baldung Grien** ■ Peintre et graveur allemand (v. 1484 - 1545). Élève de *Dürer. Sujets chargés de symbolisme, mêlant érotisme et magie.

Robert **Baldwin** ■ Homme politique canadien (1804-1858). ⇒ L.-H. **LaFontaine.**

Stanley **Baldwin** ■ Homme politique britannique (1867 - 1947), il fut plusieurs fois Premier ministre conservateur dans l'entre-deux-guerres.

James **Baldwin** ■ Romancier noir américain (1924-1987). "*Les Élus du Seigneur*".

Bâle, en allemand **Basel** ■ Ville de Suisse, sur le Rhin, aux frontières de la France, de l'Allemagne et de la Suisse. 172 000 hab. *(les Bâlois).* Université (fondée en 1460, elle abrita *Érasme et fit de la ville un foyer du protestantisme). Centre industriel : chimie, métallurgie. ▶ *le canton de* **Bâle,** divisé en deux demi-cantons : **Bâle-Ville** (en allemand : Basel-Stadt ; 37 km² ; 191 000 hab. ; chef-lieu : *Bâle*) et **Bâle-Campagne** (en allemand :

Basel-Landschaft ; 428 km² ; 228 000 hab. ; chef-lieu : Liestal).

les **Baléares** n. f. pl. ■ Archipel méditerranéen ; communauté autonome de l'Espagne dont les principales îles sont *Majorque, *Minorque, *Ibiza, Formentera, Cabrera. Capitale : Palma de Majorque. 5 014 km². 755 000 hab. Tourisme.

Cristóbal **Balenciaga** ■ Couturier espagnol (1895-1972).

lord **Balfour** ■ Homme politique britannique (1848-1930). Premier ministre (conservateur), puis ministre des Affaires étrangères. ▶ *la déclaration* **Balfour,** le 2 novembre 1917, engageait l'Angleterre à favoriser « l'établissement en Palestine d'un foyer national pour le peuple juif ».

Bali ■ Île d'Indonésie, à l'est de Java. 5 561 km². 2 469 000 hab. Chef-lieu : Denpasar. Rizières en terrasses. Tourisme.

les **Balkans** n. m. pl. ■ La plus orientale des trois péninsules du sud de l'Europe, comprenant la Slovénie, la Croatie, la Bosnie-Herzégovine, la Macédoine, la république fédérale de Yougoslavie, l'Albanie, la Bulgarie, la Grèce et la Turquie d'Europe. Théâtre des *guerres balkaniques* (démembrement de l'Empire ottoman, 1912-1913). □ *le mont* **Balkan,** chaîne montagneuse de la Bulgarie. ⟨ ▶ balkanique ⟩

le lac **Balkhach** ■ Lac de la C.É.I. (au *Kazakhstan). 17 300 km².

Giacomo **Balla** ■ Peintre et théoricien *futuriste italien (1871-1958).

Édouard **Balladur** ■ Homme politique français (né en 1929). Premier ministre depuis 1993.

Balma ■ Commune de Haute-Garonne. 9 900 hab.

le col de **Balme** ■ Passage des Alpes faisant communiquer la France (Haute-Savoie) et la Suisse (*Valais).

le château de **Balmoral** ■ Résidence d'été des souverains britanniques, en Écosse.

Victor **Baltard** ■ Architecte français (1805-1874). Halles de Paris (charpente métallique), démontées en 1972.

les pays **baltes** ■ Les trois républiques d'*Estonie, *Lettonie et *Lituanie, sur la *Baltique. Région autrefois conquise par les chevaliers *Teutoniques, disputée ensuite entre la Pologne, la Suède et la Russie, puis l'Allemagne durant les deux guerres mondiales, indépendante de 1920 à 1940. Les pays baltes furent annexés par l'U.R.S.S. en 1940 (⟹ **pacte germano-soviétique**). La résistance passive à l'emprise soviétique se transforma, à partir de 1987, en mouvement revendiquant l'indépendance nationale qui fut reconnue par le pouvoir central en 1991. ⟨ ▶ balte ⟩

Balthazar ■ D'après la légende chrétienne, un des Rois mages, noir de peau.

Balthazar Klossowski dit **Balthus** ■ Peintre français d'origine polonaise (né en 1908). Œuvre réaliste dans sa forme. Scènes d'intérieur avec des adolescentes. Paysages.

Baltimore ■ Ville des États-Unis (*Maryland). 787 000 hab. Port de la baie de *Chesapeake. Industries. Université Johns-Hopkins.

la mer **Baltique** ■ Mer qui baigne les côtes d'Europe du Nord : Danemark, Suède, Finlande, pays *baltes, Pologne, Allemagne.

le **Baluchistan** ■ Région aride s'étendant sur le Pakistan et l'Iran.

Jean-Louis Guez de **Balzac** ■ Écrivain français (1597-1654). Il contribua pour la prose à l'avènement du *classicisme.

Honoré de **Balzac** ■ Écrivain français (1799-1850). "*La Comédie humaine*", ensemble de quelque 95 romans ("*la Peau de chagrin*" ; "*le Père Goriot*" ; "*le Lys dans la vallée*" ; "*Eugénie Grandet*" ; "*les Illusions per-*

dues" ; "*la Cousine Bette*"...), brosse un tableau à la fois réaliste et visionnaire de la société.

Bamako ■ Capitale du Mali. 646 000 hab.

Bamberg ■ Ville d'Allemagne (*Bavière). 70 000 hab. Cathédrale du XIIIᵉ s.

Bāmiān ■ Site archéologique afghan, autour de deux statues colossales de *Bouddha.

Stefan **Banach** ■ Mathématicien polonais (1892-1945). Un des pères de l'analyse fonctionnelle.

Bandar Seri Begawan ■ Capitale du Brunéi. 52 300 hab.

la **Bande des quatre** ■ Surnom péjoratif de dirigeants communistes chinois, comprenant la veuve de *Mao Zedong, écartés du pouvoir en 1976.

Matteo **Bandello** ■ Conteur italien (1485-1561). Célèbre pour ses "*Nouvelles*" qui inspirèrent Shakespeare puis les romantiques.

Bandol ■ Commune du Var. 7 500 hab. *(les Bandolais).* Station balnéaire.

Bandung ou **Bandoeng** ■ Ville d'Indonésie (*Java). 1,46 million d'hab. La *conférence de Bandung* (1955), réunissant *Nasser, *Nehru, *Zhou Enlai et *Sukarno, marque l'acte de naissance politique du tiers monde.

le parc de **Banff** ■ Premier parc national du Canada (*Alberta), créé en 1885. 6 641 km².

Bangalore ■ Ville de l'Inde, capitale de l'État du *Karnātaka. 2,63 millions d'hab.

Bangkok ■ Capitale de la Thaïlande. 5,6 millions d'hab. Centre culturel et économique du pays, son seul port important. Forte croissance liée à l'exode rural.

le **Bangladesh** ■ État (république) d'Asie du Sud. 143 998 km². 110,2 millions d'hab. *(les Bangladais).*

Capitale : Dacca. Langue officielle : bengali. Religion officielle : islam. Monnaie : taka. Économie essentiellement agricole (riz, jute). Graves problèmes dus à la surpopulation et à de fréquentes inondations. Ancien Pakistan oriental. □HISTOIRE. ⇒ **Bengale.**

Ban Gu ou **Pan Kou** ■ Historien chinois du Iᵉʳ s.

Bangui ■ Capitale de la République centrafricaine. 597 000 hab.

Banjul ■ Capitale de la Gambie (ancienne Bathurst), port sur l'Atlantique. 44 200 hab.

la terre de **Banks** ■ Île de l'archipel arctique canadien. 66 408 km².

les **Bantous** ■ Peuples d'Afrique noire parlant des langues du même groupe (langues bantoues). 60 millions environ.

bantoustan n. m. ■ Nom donné aux territoires autonomes attribués à la population noire, en Afrique du Sud. 6,7 millions d'hab. ⇒ **Afrique du Sud.**

Théodore de **Banville** ■ Poète français (1823-1891). Proche du *Parnasse. "Odes funambulesques".*

Baotou ■ Ville de Chine (*Mongolie-Intérieure). 1,1 million d'hab. Centre sidérurgique.

Bārābudur ■ Célèbre monument bouddhique de *Java (VIIIᵉ s.).

Baracaldo ■ Ville d'Espagne (*Biscaye). 113 000 hab.

la **Barbade** ■ Île et État (monarchie constitutionnelle) des Petites *Antilles (îles du *Vent). 430 km². 255 000 hab. *(les Barbadiens).* Capitale : Bridgetown. Langue officielle : anglais. Monnaie : dollar de Barbade. Ancienne colonie britannique devenue indépendante en 1966. Membre du *Commonwealth. Tourisme.

les **Barbares** ■ Nom sous lequel les Grecs de l'Antiquité désignaient les non-Grecs. Par la suite, les Romains l'appliquèrent aux peuples n'appartenant pas à la civilisation latine, en particulier germaniques. 〈 ► barbare 〉

la **Barbarie** ou *les États barbaresques* ■ Nom donné aux pays d'Afrique du Nord avant la colonisation (v. 1830), par déformation du mot *berbère.*

sainte **Barbe** ■ Vierge et martyre légendaire, patronne des pompiers et des mineurs.

les **Barberousse** ■ Célèbres corsaires de l'Empire *ottoman, basés à Alger au début du XVIᵉ s. □ *Frédéric Iᵉʳ* **Barberousse.** ⇒ **Frédéric Iᵉʳ.**

Armand **Barbès** ■ Révolutionnaire français (1809-1870). Il s'exila en 1854.

Jules-Amédée **Barbey d'Aurevilly** ■ Écrivain français (1808-1889). Dandy méprisant le caractère bourgeois de son siècle, critique et polémiste catholique virulent, il est l'auteur de récits célèbres pour leur caractère tragique et satanique. "*Les Diaboliques*".

Barbizon ■ Commune de Seine-et-Marne. 1 400 hab. *(les Barbizonnais).* Séjour, au XIXᵉ s., de peintres paysagistes (*Millet, *Daubigny...) groupés sous le nom d'*école de Barbizon* et qui furent à l'origine de l'*impressionnisme.

Barbuda ■ ⇒ **Antigua et Barbuda.**

Henri **Barbusse** ■ Écrivain français (1873-1935). Pacifiste. "*Le Feu*" (1916).

Barcelone, en espagnol **Barcelona** ■ Ville d'Espagne, capitale de la *Catalogne. 1,7 million d'hab. *(les Barcelonais).* 1ʳᵉ ville industrielle (textile) du pays. Monuments médiévaux et modernes (⇒ **Gaudí**) — Jeux Olympiques d'été en 1992.

Barcelonnette ■ Sous-préfecture des Alpes-de-Haute-Provence. 3 300 hab. *(les Barcelonnettes)*. Station de sports d'hiver à Sauze.

John **Bardeen** ■ Physicien américain (1908-1991). Prix Nobel en 1956 (mise au point du transistor à pointes), puis en 1972 (théorie des supraconducteurs).

Brigitte **Bardot** dite **B. B.** ■ Actrice française, vedette de cinéma (née en 1934). *"Et Dieu créa la femme"*.

Bareilly ■ Ville de l'Inde (*Uttar Pradesh). 395 000 hab.

Barentin ■ Commune de Seine-Maritime. 13 100 hab. *(les Barentinois)*.

la mer de **Barents** ■ Partie de l'océan Arctique baignant les côtes de Norvège et de Russie. Importantes pêcheries. □*Willem* **Barents,** navigateur néerlandais (v. 1550 - 1597).

Bari ■ Ville et port d'Italie, capitale des *Pouilles. 357 000 hab. Nombreux monuments médiévaux.

Ernst **Barlach** ■ Sculpteur, peintre, dessinateur et écrivain expressionniste allemand (1870 - 1938).

Bar-le-Duc ■ Préfecture de la Meuse. 18 600 hab. *(les Barisiens)*. Monuments anciens.

Barlin ■ Commune du Pas-de-Calais. 8 000 hab. *(les Barlinois)*.

saint **Barnabé** ■ Apôtre de l'Église primitive, compagnon de saint *Paul.

Barnaoul ■ Ville de la C.É.I. (*Russie) sur l'Ob. 602 000 hab. Centre industriel.

Christiaan **Barnard** ■ Médecin et chirurgien sud-africain (né en 1922), qui tenta, en 1967, la première greffe du cœur.

Antoine **Barnave** ■ Révolutionnaire français (1761-1793). Un des chefs de la *Constituante, rallié aux *Feuillants, guillotiné.

Phineas Taylor **Barnum** ■ Fondateur (américain) du cirque qui porta son nom (1810 - 1891).

Baroda ■ ⇒ **Vadodara.**

Pío **Baroja** ■ Écrivain espagnol (1872-1956). Il s'interrogea sur le destin de l'Espagne. *"Mémoires d'un homme d'action"*.

le **baroque** ■ Courant qui se manifesta dans l'art européen, de la fin du *XVIe s. au XVIIIe s. Par opposition au *classicisme, l'esthétique baroque privilégie le mouvement, l'ouverture, la multiplicité. Cette tendance, issue de la *Contre-Réforme, s'étendit des arts plastiques (le *Bernin, *Borromini, les *Churriguera, *Rubens) à la littérature (*Scève, d'*Aubigné, *Calderón de la Barca) et à la musique (*Pachelbel, *Vivaldi, *Bach). ‹ ▶ baroque ›

Barquisimeto ■ Ville du Venezuela. 703 000 hab.

Barranquilla ■ 1er port de Colombie. 921 000 hab. Important centre industriel.

Paul vicomte de **Barras** ■ Révolutionnaire français (1755-1829). Membre le plus influent du *Directoire.

Jean-Louis **Barrault** ■ Homme de théâtre français (né en 1910). ⇒ Madeleine **Renaud.**

Raymond **Barre** ■ Homme politique et économiste français (né en 1924). Premier ministre de 1976 à 1981.

Maurice **Barrès** ■ Écrivain et homme politique français (1862-1923). Il exalta le nationalisme. *"Le Roman de l'énergie nationale"*.

sir James Matthew **Barrie** ■ Écrivain écossais (1860-1937). Créateur de Peter Pan.

la Grande **Barrière** ■ Chaîne de récifs coralliens de la mer du *Corail, qui borde la côte nord-est de l'Australie (env. 2 400 km).

Odilon **Barrot** ■ Homme politique français (1791-1873). Organisateur de la Campagne républicaine des banquets (1847), il contribua à la chute de la *monarchie de Juillet.

la comtesse du **Barry** ■ ⇒ du **Barry.**

sir Charles **Barry** ■ Architecte anglais (1795-1860). Palais de Westminster, à Londres.

Bar-sur-Aube ■ Sous-préfecture de l'Aube. 6 700 hab. *(les Baralbins ou Barsuraubois).*

Jean **Bart** ■ Corsaire français (1650-1702).

Karl **Barth** ■ Théologien protestant suisse (1886-1968). *"Dogmatique".*

saint **Barthélemy** ■ L'un des douze apôtres.

Roland **Barthes** ■ Écrivain et essayiste français (1915-1980). Un des créateurs en France de la critique moderne. *"Le Degré zéro de l'écriture".*

Frédéric Auguste **Bartholdi** ■ Sculpteur français (1834-1904). *"Le Lion de Belfort"* ; *"la Liberté éclairant le monde"* à New York.

Béla **Bartók** ■ Compositeur hongrois (1881-1945). Très attaché, comme *Kodály, au folklore, et puissamment original. *"Concerto pour orchestre"* ; *"le Château du prince Barbe-Bleue"*, opéra ; *"Mikrokosmos"*, pièces pour piano.

Bartolo ■ Juriste italien (1314-1357).

Fra **Bartolomeo** ■ Peintre italien (1472-1517). Représentant du *classicisme florentin, avec Andrea *del Sarto.

Antoine Louis **Barye** ■ Sculpteur français, peintre d'aquarelles (1796-1875). Animaux.

Mikhaïl **Baryshnikov** ■ Danseur et chorégraphe soviétique naturalisé américain (né en 1948).

le **Bas-Empire** ■ La dernière période de l'Empire romain (IIIe-Ve s.).

Bashô ■ Moine et poète japonais (1644-1694). Réputé pour son art du haïku.

Count **Basie** ■ Compositeur de jazz, pianiste et chef d'orchestre noir américain (1904-1984).

Basile ■ NOM DE PLUSIEURS EMPEREURS BYZANTINS □ **Basile Ier le Macédonien** (v. 812 - 886) entreprit le recueil de lois appelé les « Basiliques ». □ **Basile II le Bulgaroctone** (v. 958 - 1025) anéantit la puissance bulgare et porta *Byzance à son apogée.

saint **Basile le Grand** ■ Docteur et Père de l'Église, évêque de *Césarée (v. 330-379).

la **Basilicate,** en italien **Basilicata** ■ Région autonome du sud (*Mezzogiorno) de l'Italie. 9 992 km2. 623 000 hab. Capitale : Potenza (64 800 hab.). Élevage ovin et caprin.

le Pays **basque** ■ Région s'étendant de part et d'autre des Pyrénées occidentales. Elle regroupe l'*Álava, la *Biscaye, le *Guipúzcoa, la *Navarre (en Espagne) et le Labourd, la Basse-Navarre, la Soule (en France). Son unité est principalement linguistique (la langue basque — euskara — n'est pas indo-européenne). Le nationalisme basque s'est surtout développé en Espagne, s'exprimant parfois par le terrorisme (E.T.A. militaire). Le Pays basque espagnol forme une communauté autonome depuis 1979. 7 261 km2. 2,13 millions d'hab. Capitale : Vitoria. ⟨ ▶ ② basque ⟩

le **Bas-Rhin** ■ ⇒ le Bas-**Rhin.**

le détroit de **Bass** ■ Bras de mer qui sépare l'Australie de la Tasmanie (200 km de large).

Bassæ ■ Site archéologique grec dans le Péloponnèse. Temple d'Apollon Épikourios (Ve s. av. J.-C.).

Jacopo **Bassano** ■ Peintre italien (v. 1517 - 1592). Scènes bibliques et pastorales. □ *Francesco* **Bassano,** son fils (1549-1592), peintre et décorateur.

la **Basse-Saxe** ■ ⇒ la Basse-**Saxe.**

Basse-Terre ■ Chef-lieu de la *Guadeloupe. 14 000 hab. *(les Basse-Terriens).* ▶ **Basse-Terre**, partie orientale de l'île de la Guadeloupe, est, malgré son nom, la plus élevée du département (volcan de la *Soufrière).

Basseterre ■ Capitale de Saint Christopher and Nevis. 14 300 hab.

Bassora ou **Basra** ■ 2ᵉ ville d'Irak. 617 000 hab. Grand port, à 150 km de la mer (sur le *Chatt al-'Arab) et du terminal pétrolier de al-Faw.

Bastia ■ Préfecture et port de Haute-Corse. 38 700 hab. *(les Bastiais).* Principal centre commercial de l'île.

Maryse **Bastié** ■ Aviatrice française (1898 - 1952).

la **Bastille** ■ Prison et symbole de l'État monarchique. La *prise de la Bastille*, le 14 juillet 1789, marqua l'entrée du peuple de Paris dans la Révolution française. La forteresse fut rasée en 1790. Le 14 juillet est la date de la fête nationale française depuis 1880.

Bastogne, en néerlandais **Bastenaken** ■ Ville de Belgique (province du *Luxembourg), dans l'Ardenne. 12 000 hab. Lieu d'une offensive allemande en décembre 1944.

Georges **Bataille** ■ Écrivain français (1897-1962). L'érotisme et la mort sont au centre de son œuvre. "*Le Bleu du ciel*".

la République **batave** ■ Nom donné aux Pays-Bas de 1795 à 1805, transformés (1806) en royaume de *Hollande. ▶ *les* **Bataves**. Peuple germain qui habitait les Pays-Bas au Iᵉʳ s. av. J.-C. ⟨ ▶ batavia ⟩

le **Bateau-Lavoir** ■ Ateliers parisiens, à *Montmartre, habités par de nombreux peintres et poètes, dont les initiateurs du cubisme, notamment *Picasso, de 1904 à 1909.

Bath ■ Ville d'Angleterre (*Avon). 84 200 hab. Station thermale.

Fulgencio **Batista** ■ Officier et homme politique cubain (1901-1973). Chef de la dictature militaire de 1933 à 1944 et de 1952 à 1959, renversé par Fidel *Castro.

Batna ■ Ville d'Algérie. 182 000 hab.

Baton Rouge ■ Ville des États-Unis, capitale de la *Louisiane. 219 000 hab. Pétrole.

Batoumi ■ Ville de Géorgie, capitale de l'*Adjarie. Port pétrolier sur la mer Noire. 136 000 hab.

l'île de **Batz** ■ Île de la Manche et commune du Finistère *(L'Île-de-Batz).* 750 hab. *(les Batziens).*

Baucis ■ ⇒ **Philémon.**

Charles **Baudelaire** ■ Écrivain français (1821-1867). Critique *("l'Art romantique"),* traducteur (de *Poe et *De Quincey) et surtout grand poète, en vers et en prose, il eut une influence capitale sur l'art et la littérature modernes. "*Les Fleurs du mal*" (1857).

Jean-Louis **Baudelocque** ■ Célèbre accoucheur français (1745 - 1810). □ *Louis-Auguste* **Baudelocque,** son neveu (1800 - 1864), chirurgien. Il mit au point un nouveau procédé de césarienne.

Baudouin ■ NOM DE CINQ ROIS DE JÉRUSALEM □ **Baudouin Iᵉʳ,** frère de *Godefroy de Bouillon (mort en 1118).

Baudouin Iᵉʳ ■ Roi des Belges de 1951 à sa mort (1930-1993).

Baudouin II de Courtenay ■ Dernier empereur latin de Constantinople (1217-1273). ⇒ **Byzance.**

le **Bauhaus** ■ École d'architecture et d'art appliqué fondée par *Gropius (Weimar 1919 — Berlin 1933). Influence capitale sur les artistes qui y enseignèrent (*Klee, *Kandinsky, *Moholy-Nagy) et sur l'art contemporain jusqu'à nos jours.

La **Baule-Escoublac** ■ Commune de Loire-Atlantique. 15 000 hab. *(les Baulois).* Station balnéaire.

Vicki **Baum** ■ Romancière autrichienne naturalisée américaine (1888-1960). *"Grand Hôtel"*.

Willi **Baumeister** ■ Peintre abstrait allemand (1889-1955).

Les **Baux-de-Provence** ■ Commune des Bouches-du-Rhône, sur un piton des *Alpilles. 460 hab. Elle a donné son nom à la « bauxite ». Tourisme : ruines médiévales. ⟨ ▶ bauxite ⟩

la **Bavière,** en allemand **Bayern** ■ Royaume carolingien, principauté importante du Saint Empire, royaume de 1806 à 1918, elle devint en 1949 l'État (land) le plus étendu d'Allemagne, à caractère rural et touristique. Industries dans les grandes villes, raffineries à Ingolstadt. 70 553 km². 11 millions d'hab. Capitale : Munich.

Pierre Terrail seigneur de **Bayard** ■ Homme de guerre français, surnommé « le chevalier sans peur et sans reproche » (v. 1475 - 1524).

Baybars Ier ■ Sultan *mamelouk d'Égypte (1223 - 1277). Chef de guerre, il combattit les Mongols et les croisés tout en modernisant le pays. Figure légendaire, objet de récits populaires.

Bayeux ■ Sous-préfecture du Calvados. 15 100 hab. *(les Bayeusains* ou *Bajocasses).* Célèbre broderie dite de la reine *Mathilde et abusivement *"tapisserie de Bayeux"* (v. 1077). Nombreux monuments.

Pierre **Bayle** ■ Écrivain français (1647-1706). Son *"Dictionnaire historique et critique"* annonce les travaux des philosophes des *Lumières.

le **Bayon** ■ Immense temple central de la cité d'*Angkor Thom, au Cambodge, construit à la fin du XIIᵉ s.

Bayonne ■ Sous-préfecture des Pyrénées-Atlantiques. 41 800 hab. *(les Bayonnais).* Port sur l'*Adour (gaz de *Lacq). La ville donna son nom à la baïonnette. ⟨ ▶ baïonnette ⟩

Bayreuth ■ Ville d'Allemagne (*Bavière). 71 000 hab. Festival Wagner.

Achille **Bazaine** ■ Maréchal de France (1811-1888).

Jean **Bazaine** ■ Peintre français (né en 1904). Vitraux, mosaïques.

Frédéric **Bazille** ■ Peintre français, lié aux *impressionnistes (1841-1870). *"La Réunion de famille".*

Hervé **Bazin** ■ Écrivain français (né en 1911). *"Vipère au poing" ; "Au nom du fils" ; "Madame Ex".*

André **Bazin** ■ Critique français de cinéma (1918-1958). Cofondateur des *Cahiers du cinéma* qui ont formé les cinéastes de la « nouvelle vague ».

le **Béarn** ■ Ancienne province du sud-ouest de la France (partie est de l'actuel département des Pyrénées-Atlantiques). Capitale : Pau. d'Henri IV dit *le Béarnais ;* son fils Louis XIII réunit le Béarn à la France (1620). ⟨ ▶ béarnais ⟩

les **Beatles** n. m. pl. ■ Groupe anglais de musique pop des années 1962 à 1970.

les **beatniks** ■ Membres d'un mouvement spontané de révolte contre le mode de vie américain, né en Californie après 1950.

sir Cecil **Beaton** ■ Photographe britannique (1904 - 1980). Portraits.

Béatrice ■ Inspiratrice de *Dante. Elle s'appelait Béatrice Portinari et vécut à Florence (v. 1265 - 1290).

Beatrix Ire ■ Reine des Pays-Bas depuis 1980 (née en 1938).

Beau Bassin-Rose Hill ■ 2ᵉ ville de l'île Maurice. 93 000 hab.

le centre **Beaubourg** ou *centre* **Pompidou** ■ Centre national français d'art et de culture (musée, bibliothèque...), inauguré en 1977, à Paris.

Beaucaire ■ Commune du Gard. 13 600 hab. *(les Beaucairois).* Château sur le Rhône, face à *Tarascon.

la **Beauce** ■ Région du Bassin parisien, plateau limoneux voué à la culture des céréales et de la betterave. Les habitants sont les *Beaucerons*.

la **Beauce** ■ Région au sud du *Québec. Ancien comté dont les premiers colons venaient de la Beauce orléanaise.

Beauchamp ■ Commune du Val-d'Oise. 9 000 hab. *(les Beauchampois).*

Alphonse **Beau de Rochas** ■ Ingénieur français (1815-1893). Inventeur du cycle à quatre temps (⇒ Otto).

l'échelle de **Beaufort** ■ Graduation (de 0 à 12) servant à la mesure du vent définie par l'amiral britannique sir Francis Beaufort (1774 - 1857) en 1806.

Beaugency ■ Commune du Loiret. 7 100 hab. *(les Balgentiens).* Nombreux monuments des XIᵉ-XVIᵉ s.

Alexandre vicomte de **Beauharnais** ■ Général français (1760-1794). Premier mari de *Joséphine. □ *Eugène de* **Beauharnais,** leur fils (1781-1824), vice-roi d'Italie (1805). □ *Hortense de* **Beauharnais,** leur fille (1783-1837), épouse de Louis Bonaparte, reine de Hollande, mère de Napoléon III et de *Morny.

Anne de **Beaujeu** ■ ⇒ Anne de France.

le **Beaujolais** ■ Région entre la Loire et la Saône, à l'est du Massif central. La côte est célèbre pour ses vins. 〈 ▶ beaujolais 〉

Pierre Auguste Caron de **Beaumarchais** ■ Auteur dramatique français (1732-1799). Comédies célèbres pour leur verve, leurs rebondissements et leur ambiguïté entre libertinage, morale et critique sociale. Le valet Figaro est le héros de sa trilogie : *"le Barbier de Séville"*, *"le Mariage de Figaro"*, *"la Mère coupable"*.

Beaumont ■ Commune du Puy-de-Dôme. 9 600 hab. *(les Beaumontois).*

Beaumont-sur-Oise ■ Commune du Val-d'Oise. 8 400 hab. *(les Beaumontois).*

Beaune ■ Sous-préfecture de la Côte-d'Or. 22 200 hab. *(les Beaunois).* Hôtel-Dieu (XVᵉ s.). Capitale viticole de la *Bourgogne.

André **Beauneveu** ■ Miniaturiste et sculpteur français (v. 1330 - v. 1410). Illustrations du psautier de Jean de Berry.

Beausoleil ■ Commune des Alpes-Maritimes. 12 400 hab. *(les Beausoleillais).*

Beauvais ■ Préfecture de l'Oise. 56 300 hab. *(les Beauvaisiens).* Cathédrale gothique (XIIIᵉ - XVIᵉ s.). Industries. La région du *Beauvaisis*, entre la Picardie et l'Île-de-France, fut réunie à la Couronne sous Louis XI.

Simone de **Beauvoir** ■ Écrivaine française (1908-1986). Philosophe, compagne de *Sartre, auteur d'essais *("le Deuxième Sexe")*, de romans *("les Mandarins")*, de Mémoires *("la Force de l'âge")*.

August **Bebel** ■ Socialiste allemand (1840-1913). Fondateur du parti ouvrier social-démocrate avec W. *Liebknecht en 1869.

Domenico **Beccafumi** ■ Peintre *maniériste italien (v. 1486 - 1551).

Cesare Bonesana marquis de **Beccaria** ■ Juriste italien (1738-1794). Ses thèses en font un précurseur du droit pénal moderne.

Béchar, anciennement **Colomb-Béchar** ■ Ville d'Algérie, au sud-ouest du Sahara. 107 000 hab.

Le **Bec-Hellouin** ■ Commune de l'Eure. 430 hab. *(les Bexiens* ou *Bec-Hellouinais).* Ancienne abbaye bénédictine, construite en 1034, qui devint un important foyer intellectuel au Moyen Âge.

Sidney **Bechet** ■ Musicien de jazz noir américain, clarinettiste et saxo soprano (1897-1959).

Bechpek ou **Pichpek,** de 1926 à 1990 **Frounze** ■ Capitale du *Kirghizistan (C.É.I). 616 000 hab.

Jacques **Becker** ■ Metteur en scène français de cinéma (1906-1960). *"Casque d'or" ; "le Trou".*

saint Thomas **Becket** ■ ⇒ saint **Thomas Becket.**

Samuel **Beckett** ■ Écrivain irlandais (1906 - 1989). Surtout connu pour son théâtre écrit en français *("En attendant Godot" ; "Oh ! les beaux jours").* Romans en anglais et en français. Il présente une vision dérisoire de l'activité humaine. Prix Nobel 1969.

Henry **Becque** ■ Auteur français de pièces réalistes, souvent cruelles (1837-1899). *"Les Corbeaux" ; "la Parisienne".*

les **Becquerel** ■ FAMILLE DE PHYSICIENS FRANÇAIS □ *Henri* **Becquerel** (1852-1908), prix Nobel 1903, découvrit la radioactivité ; son nom a été donné à l'unité d'activité d'une source radioactive.

saint **Bède le Vénérable** ■ Clerc anglo-saxon (v. 673-735). *"Histoire ecclésiastique des Angles".*

le **Bedfordshire** ■ Comté du sud-est de l'Angleterre. 1 235 km². 531 000 hab. Chef-lieu : Bedford (74 200 hab.).

les **Bédouins** ■ Arabes nomades répandus dans le Sahara et au Proche-Orient. ‹ ▶ bédouin ›

Mrs. **Beecher-Stowe** ■ Romancière américaine (1811-1896). *"La Case de l'oncle Tom".*

Beersheba ■ Ville du sud d'Israël. 115 000 hab.

Ludwig van **Beethoven** ■ Compositeur allemand (1770-1827). Son œuvre est immense : neuf symphonies (la *"Pastorale",* l'*"Héroïque",* la Neuvième avec *"L'hymne à la joie"*), 32 sonates pour piano, 17 quatuors, un opéra *("Fidelio").* Il a révolutionné l'écriture orchestrale et la facture instrumentale. Il incarna le mythe du génie préromantique, idéaliste. Il fut tragiquement frappé de surdité, mais ne cessa pas de composer.

Menahem **Begin** ■ Homme politique israélien (1913-1992). Chef du Likoud (parti de droite). Premier ministre de 1977 à 1983. Prix Nobel de la paix 1978 (⇒ **Sadate**).

Bègles ■ Commune industrielle de la Gironde. 22 700 hab. *(les Béglais).*

Begrām ■ Site archéologique afghan (IIᵉ s.).

Behistun ■ Site archéologique d'Iran (v. 500 av. J.-C.).

Behren-lès-Forbach ■ Commune de la Moselle. 10 300 hab. *(les Behrinois).*

Peter **Behrens** ■ Architecte allemand (1868-1940). Pionnier du modernisme (formes dépouillées et fonctionnelles).

Emil von **Behring** ■ Médecin et bactériologiste allemand (1854-1917). Premier prix Nobel de médecine (1901).

Beijing ■ ⇒ Pékin.

la **Beira** ■ Ancienne province du Portugal central, entre le *Douro et le *Tage.

Béja ■ Ville du nord-ouest de la Tunisie. 46 700 hab.

Bejaïa ■ Ville d'Algérie. 124 000 hab. Port pétrolier au débouché de l'oléoduc d'*Hassi Messaoud.

les **Béjart** ■ Famille de comédiens qui travailla avec *Molière, notamment Madeleine (1618 - 1672) et Armande (1642 - 1700) qui épousa Molière.

Maurice Berger dit **Béjart** ■ Danseur et chorégraphe français (né en 1928).

la **Bekaa** ■ Haute plaine du Liban, région de *Baalbek, à population *chiite.

Béla ■ NOM DE QUATRE ROIS DE HONGRIE □ **Béla IV** (1206-1270) subit l'invasion mongole (1241).

François-Joseph **Bélanger** ■ Architecte français (1744-1818). Il construisit des « folies » (pavillon de Bagatelle). Il fit les premières charpentes métalliques (Halle au blé à Paris).

Belém ■ Ville et port du Brésil, capitale de l'État de Pará. 756 000 hab. Institut de recherches scientifiques. Commerce.

Belfast ■ Capitale de l'Irlande du Nord (Royaume-Uni). 354 000 hab. Port important et centre industriel (textile, constructions navales). Déchirée par la guerre civile entre protestants (70 % de la population) et catholiques (30 %).

Belfort ■ Préfecture du Territoire de Belfort. 51 900 hab. *(les Belfortains).* L'héroïque résistance du colonel Denfert-Rochereau (1823-1878) en 1870-1871 permit au territoire de rester français ; elle inspira *"le Lion de Belfort"*, monument de *Bartholdi. □ *le Territoire de* **Belfort.** ⇒ le **Territoire de Belfort.** □ *la* trouée de **Belfort.** ⇒ la porte d'**Alsace.**

la **Belgique** ■ État (monarchie constitutionnelle) d'Europe occidentale. 30 518 km² (plus l'enclave de Baarle-Hertog dans les Pays-Bas ; 7 km² ; 2 100 hab.). 9,87 millions d'hab. *(les Belges).* Capitale : Bruxelles. Langues : français, néerlandais, allemand. Monnaie : franc belge. Neuf provinces : *Anvers, le *Brabant, la *Flandre-Occidentale, la *Flandre-Orientale, le *Hainaut, *Liège, le *Limbourg, le *Luxembourg, *Namur. L'économie de ce pays plat, aux sols ingrats, est principalement industrielle et commerciale (ports d'Anvers, Bruges, Gand) dans le cadre du *Benelux (débouché de Rotterdam). □ HISTOIRE. L'opposition actuelle (notam-

ment linguistique) entre *Wallonie et *Flandre s'explique historiquement. Dès les invasions barbares (IVᵉ s.), la région abrite des Germains et des peuples romanisés de culture latine. Cette situation d'entre-deux fut un atout pour Charlemagne. L'opposition reparut lors du partage de l'Empire carolingien (843), entre la *Lotharingie et la France occidentale, qui comprenait la Flandre. Au Moyen Âge, les villes acquirent leur autonomie grâce aux richesses du commerce, mais l'ensemble des provinces s'étendant entre la France et les États allemands fut progressivement dominé par les ducs de Bourgogne. En 1477, les possessions bourguignonnes passèrent aux *Habsbourg et formèrent les Pays-Bas, devenus territoire espagnol à la mort de Charles Quint. La Réforme provoqua la scission des *Provinces-Unies (union d'Utrecht, 1579). Les provinces catholiques (union d'Arras) furent prises dans les conflits entre la France, l'Espagne et la Hollande. Cédées à l'Autriche en 1713 (traité d'Utrecht), elles furent annexées par la France révolutionnaire en 1795. En 1815 fut constitué un royaume hollando-belge (royaume des Pays-Bas). En 1830, la Belgique fit sécession et devint une monarchie constitutionnelle (*Léopold Iᵉʳ). Dans les années 1890-1914, le renouveau artistique alla de pair avec la prospérité économique et le colonialisme (le Congo belge, aujourd'hui le *Zaïre). Une monarchie libérale et éclairée s'établit avec Albert Iᵉʳ, qui régna de 1909 à 1934. Le pays rompit avec la neutralité en 1919 mais l'attitude ambiguë de Léopold III en 1940 et la montée du nationalisme flamand le divisèrent. Il s'engagea dans une politique résolument européenne après 1945, le ministre Spaak étant l'un des pères de la *C.E.E. Depuis 1960, date de l'indépendance du Congo, le pays subit les tensions nées de l'existence des deux communautés linguistiques et culturelles (Flamands et Wallons), devenues autonomes par un accord de 1977. Ces tensions aboutirent en 1993 à une réforme constitutionnelle visant à doter la Flandre et la Wallonie de leur propre gouvernement, au sein d'un État fédéral. ⟨ ▶ belge ⟩

Belgrade ■ Capitale de la *Serbie et de l'ex-Yougoslavie. 1,47 million d'hab. *(les Belgradois)*. Port fluvial actif, centre indus. et commercial.

Vissarion **Belinski** ■ ⇒ Vissarion **Bielinski**.

le **Bélize** ou *le* **Belize** ■ État (monarchie constitutionnelle) d'Amérique centrale. 22 965 km². 185 000 hab. *(les Bélizais)*. Capitale : Belmopan. Langues : anglais (officielle), espagnol. Monnaie : dollar de Bélize. Ancien Honduras britannique, indépendant depuis 1981. Membre du *Commonwealth. Agriculture et pêche. □ *Bélize,* en anglais *Belize City.* Ville principale et ancienne capitale du Bélize. 49 700 hab. Endommagée par de nombreux cyclones. La capitale fut transférée à *Belmopan en 1970.

sir Charles **Bell** ■ Physiologiste écossais, neurologue (1774-1842).

Graham **Bell** ■ Savant américain d'origine écossaise. (1847-1922). Inventeur du téléphone (1876) et de procédés d'enregistrement du son.

Bellac ■ Sous-préfecture de la Haute-Vienne. 4 900 hab. *(les Bellachons)*.

Jacques de **Bellange** ■ Peintre, graveur, dessinateur lorrain (v. 1575 - 1616). Proche du *maniérisme.

Bellarmin ■ ⇒ saint **Robert Bellarmin**.

Joachim du **Bellay** ■ Poète français (1522-1560). Rédacteur du manifeste de la *Pléiade, *"Défense et illustration de la langue française"* (1549). *"Regrets" ; "les Antiquités de Rome"*.

Remi **Belleau** ■ Poète français (1528-1577). Membre de la *Pléiade. *"La Bergerie"*.

Bellegarde-sur-Valserine ■ Commune de l'Ain. 11 700 hab. *(les Bellegardiens)*.

Belle-Île ou **Belle-Île-en-Mer** ■ La plus grande des îles bretonnes, dans l'océan Atlantique (Morbihan). 8 461 ha. 4 500 hab. *(les Bellilois)*. Communes : Le Palais, Sauzon, Bangor, Locmaria.

Bellerive-sur-Allier ■ Commune de l'Allier. 8 800 hab. *(les Bellerivois)*.

Bellérophon ■ Héros de la mythologie grecque. Il dompta le cheval Pégase, tua la *Chimère et vainquit les *Amazones.

Belleville ■ Quartier de Paris (XXᵉ arrondissement), symbole du Paris populaire.

Belley ■ Sous-préfecture de l'Ain. 8 200 hab. *(les Belleysans)*.

les **Bellini** ■ FAMILLE DE PEINTRES ITALIENS □ *Giovanni* **Bellini** (v. 1430 - 1516) fut un maître de la peinture vénitienne du XVᵉ s. *Giorgione fut son élève.

Vincenzo **Bellini** ■ Compositeur italien (1801-1835). Un des maîtres de l'opéra romantique. *"La Norma"*.

Bellinzona ■ Ville de Suisse, chef-lieu du *Tessin. 18 000 hab.

Carl Michael **Bellman** ■ Poète suédois (1740-1795). *"Épîtres et chansons de Fredman"*.

Hans **Bellmer** ■ Sculpteur et dessinateur français d'origine allemande (1902-1975). Surréaliste, il réalisa des poupées désarticulées dans des poses érotiques.

Bellone ■ Déesse romaine de la Guerre.

Maurice **Bellonte** ■ Aviateur français (1896-1984). Il accomplit, avec Dieudonné Costes (1892-1973), la première liaison aérienne sans escale Paris-New York en 1930.

Bernardo **Bellotto** dit ***Canaletto le Jeune*** ■ Peintre italien (1720-1780). Il fut l'élève de *Canaletto, dont il imita le style en le durcissant.

Saul **Bellow** ■ Romancier américain (né en 1915). Il s'interroge sur la place des minorités, notamment la minorité juive, dans la société américaine. "*Herzog*". Prix Nobel 1976.

Belmopan ■ Capitale du Bélize. 3 700 hab.

Belo Horizonte ■ 4ᵉ ville du Brésil, capitale du *Minas Gerais. 1,44 million d'hab. Métallurgie, industries. Université.

le Grand **Belt** ■ Bras de mer séparant les îles danoises *Fionie et *Sjaelland □ *le Petit* **Belt** sépare la Fionie de la péninsule danoise.

le **Belvédère** ■ Villa de la cité du Vatican construite à la fin du XVᵉ s. Musée.

Belzébuth ■ Déformation du nom du dieu philistin *Baal Zebub. Un des noms du diable.

Pietro **Bembo** ■ Cardinal et humaniste italien (1470-1547). Il a fixé l'usage littéraire de la langue italienne et inauguré la mode du pétrarquisme (⇒ **Pétrarque**).

Zine el-Abidine **Ben Ali** ■ Homme politique tunisien (né en 1936), président de la République depuis la destitution de *Bourguiba en 1987.

Bénarès ■ ⇒ **Vārānasi**.

Mehdi **Ben Barka** ■ Homme politique marocain (1920-?1965). Opposant au régime, enlevé à Paris en 1965.

Ahmed **Ben Bella** ■ Homme politique algérien (né en 1916). Président de la République de 1963 à 1965.

Julien **Benda** ■ Écrivain français (1867-1956). Polémiste. "*La Trahison des clercs*".

les **Bénédictins** ■ Religieux qui suivent la règle de saint *Benoît de Nursie. Nombreux ordres dérivés et monastères. ▶ *les* **Bénédictines** reconnaissent comme patronne sainte Scholastique, sœur de saint Benoît. 〈 ▶ bénédictin 〉

le **Benelux** ■ Union douanière (1944) puis économique (1958) de la Belgique, des Pays-Bas et du Luxembourg, tous membres de la *C.E.E.

Edvard **Beneš** ■ Homme politique tchécoslovaque (1884-1948). Président de la République de 1935 à 1938 et de 1945 à 1948.

le **Bengale** ■ Région des Indes orientales. En 1947, elle fut partagée entre l'Inde (État du *Bengale-Occidental : 87 853 km² ; 54,6 millions d'hab. *[les Bengalis] ;* capitale : Calcutta) et le Pakistan (Pakistan oriental, devenu l'État indépendant du *Bangladesh en 1971).

Benghazi ■ Port de Libye, ville principale de la *Cyrénaïque. 485 000 hab.

David **Ben Gourion** ■ Homme politique israélien (1886-1973). Premier chef de gouvernement (travailliste) de l'État d'Israël (1948-1953, 1955-1963).

le royaume du **Bénin** ■ Ancien État africain (XIᵉ - XIXᵉ s.) correspondant au sud-ouest du Nigeria actuel.

le **Bénin** ■ État (république) d'Afrique occidentale, sur l'Atlantique *(golfe du Bénin).* 112 600 km². 4,59 millions d'hab. *(les Béninois).* Capitales : Porto-Novo (officielle), Cotonou (de fait). Langues : français (officielle), fon, adja, bariba, yoruba, peul, romba, aizo. Monnaie : franc CFA. Cultures tropicales exportées de Cotonou. □ **HISTOIRE**. Le territoire actuel du Bénin correspondait avant la colonisation à plusieurs royaumes. Sous le nom de *Dahomey*, il est rattaché à l'Afrique-Occidentale française en 1904. République indépendante en 1960, le Dahomey (qui prend le nom de Bénin en 1975) connaît une grande instabilité politique, qui aboutit à la mise en place, en 1972, par le colonel Kerekou, d'un régime socialiste, qui prit fin avec l'instauration du multipartisme, la promulgation d'une nouvelle Constitution en 1990 et l'élection de N. Soglo à la présidence en 1991.

Benin City ■ Ville du Nigeria, capitale de l'ancien royaume du *Bénin. 193 000 hab.

Walter **Benjamin** ■ Philosophe et essayiste allemand (1892-1940). Il voulut concilier le romantisme et le marxisme avec son judaïsme.

Ben Jonson ■ ⇒ Ben **Jonson.**

Gottfried **Benn** ■ Écrivain allemand (1886-1956). "*Morgue*" ; "*Poèmes statiques*".

Enoch Arnold **Bennett** ■ Journaliste et écrivain régionaliste anglais (1867-1931). "*Histoire de vieilles femmes*".

le **Ben Nevis** ■ Point culminant de la Grande-Bretagne, en Écosse. 1 343 m.

Pierre **Benoit** ■ Romancier français (1886-1962). "*Kœnigsmark*" ; "*l'Atlantide*".

Benoît XIV ■ Pape de 1740 à sa mort (1675-1758). Libéral et érudit, il fut réputé pour sa tolérance.

Benoît XV ■ Pape de 1914 à sa mort (1854-1922). Il tenta une action diplomatique et humanitaire durant la Première Guerre mondiale.

saint **Benoît de Nursie** ■ Fondateur (italien) de l'ordre *bénédictin au mont *Cassin (v. 480 - v. 547). La "*Règle*" de saint Benoît, qui insiste sur la prière, l'étude et le travail manuel, est à la base de la vie monacale en Occident.

Isaac de **Benserade** ■ Poète français, homme de cour (v. 1613 - 1691). "*Sonnet de Job*".

Jeremy **Bentham** ■ Philosophe et juriste anglais (1748-1832). "*Panoptique*". Pour lui, l'utilité est le principe

de la vie sociale (*utilitarisme,* doctrine développée par *Mill).

Émile **Benveniste** ■ Linguiste français (1902-1976). Études sur les langues indo-européennes. "*Problèmes de linguistique générale*".

Carl **Benz** ■ Ingénieur allemand (1844-1929). Pionnier de l'industrie automobile.

la **Béotie** ■ Région de Grèce centrale. Son rôle historique se confond avec celui de sa ville principale, Thèbes, alliée des Perses puis de Sparte contre Athènes (Vᵉ s. av. J.-C.). Cette dernière fit à ses habitants, les *Béotiens,* une réputation de lourdeur et de grossièreté. ⟨ ▶ béotien ⟩

le lai de **Beowulf** ■ Poème du VIIIᵉ s., la plus ancienne épopée anglo-saxonne.

Beppu ■ Ville du Japon (*Kyūshū). 133 500 hab. Pêche, sources thermales.

Pierre Jean de **Béranger** ■ Poète et chansonnier français (1780-1857).

les **Berbères** ■ Populations d'Afrique du Nord qui parlent un des dialectes berbères (masmuda, sanhaja, zanata) : Marocains, Algériens (*Kabyles), *Touaregs... Après quinze siècles d'arabisation, l'élément berbère s'est maintenu dans les montagnes et les déserts.

Nina **Berberova** ■ Romancière russe naturalisée américaine (1901-1993). "*L'Accompagnatrice*" ; "*C'est moi qui souligne*".

Nicolaes Pietersz **Berchem** ■ Peintre hollandais (1620-1683). Paysages.

Giovanni **Berchet** ■ Poète romantique italien (1783-1851). Il créa une mythologie patriotique.

Berchtesgaden ■ Ville d'Allemagne (*Bavière), dans les Alpes bavaroises. 8 200 hab. Station de sports d'hiver. Au sommet d'une des montagnes entourant la ville, *Hitler avait installé son « nid d'aigle ».

Berck ■ Commune du Pas-de-Calais. 14 700 hab. *(les Berckois).* Station balnéaire de *Berck-Plage.*

Bercy ■ Quartier de l'est de Paris (XIIᵉ arrondissement). Anciens entrepôts de vin, qui doivent être transformés en parc. Palais omnisports.

la **B.E.R.D.** ■ La « Banque européenne pour la reconstruction et le développement » de l'Europe de l'Est, créée en 1990, regroupe 40 pays et 2 institutions européennes (Banque européenne d'investissement, Commission européenne). Elle vise à encourager la transition vers l'économie de marché dans les pays d'Europe centrale et de l'Est. Siège : Londres.

Nikolaï Berdiaev ■ Philosophe russe (1874-1948). Chrétien proche de l'existentialisme.

Pierre Bérégovoy ■ Homme politique français (1925-1993). Ministre (socialiste) de 1982 à 1992. Premier ministre de 1992 à 1993.

Bérénice ■ Nom grec de princesses égyptiennes et juives. L'amour de *Titus pour Bérénice (v. 70) a inspiré Racine et Corneille.

Bernhard Berenson ■ Amateur et critique d'art américain (1865-1959). Spécialiste de la Renaissance italienne.

la **Berezina** ■ Affluent du *Dniepr, en *Biélorussie (C.É.I.). Sa traversée par les armées napoléoniennes est restée le symbole de la difficile « retraite de Russie » (1812).

Alban Berg ■ Compositeur autrichien (1885-1935). Élève de *Schönberg. *"Wozzeck"* (d'après *Büchner) et *"Lulu"* (inachevé) sont des chefs-d'œuvre de l'opéra. Un des initiateurs de la musique sérielle et du dodécaphonisme.

Bergame, en italien **Bergamo** ■ Ville d'Italie du Nord (*Lombardie). 118 000 hab. Monuments.

José Bergamín ■ Écrivain espagnol (1895-1983). *"L'Étoile et la Fusée".*

Bergen ■ Ville et port de Norvège. 211 000 hab. Importante université. Industries.

l'étoile du **Berger** n. f. ■ Nom de la planète Vénus.

Bergerac ■ Sous-préfecture de la Dordogne. 27 900 hab. *(les Bergeracois).* Vignobles.

Bergisch Gladbach ■ Ville d'Allemagne (*Rhénanie-du-Nord-Westphalie). 101 000 hab.

Ingmar Bergman ■ Cinéaste suédois (né en 1918). Thèmes de l'angoisse, de l'amour et de la mort. *"Le Septième Sceau"* ; *"les Fraises sauvages"* ; *"Cris et chuchotements".*

Henri Bergson ■ Philosophe français (1859-1941). Son « retour conscient et réfléchi aux données de l'intuition » influença notamment *Péguy et *Proust. Prix Nobel de littérature 1927. *"Matière et mémoire"* ; *"l'Évolution créatrice"* ; *"les Deux Sources de la morale et de la religion".*

Lavrentiï Beria ■ Homme politique soviétique (1899-1953). Chef redouté de la police, éliminé après la mort de *Staline.

Vitus Bering ou **Behring** ■ Explorateur danois (1681-1741). Il aborda l'*Alaska en 1741. ▶ *le détroit de Béring* ou *Behring,* passage entre les océans Arctique (mer de Tchouktches) et Pacifique *(mer de Béring).*

Luciano Berio ■ Compositeur italien (né en 1925). Un des chefs de file de la musique contemporaine.

George Berkeley ■ Évêque irlandais, philosophe idéaliste (1685-1753).

Berkeley ■ Ville des États-Unis (*Californie), près de San Francisco. 103 000 hab. Célèbre université.

le **Berkshire** ■ Comté du sud de l'Angleterre. 1 256 km². 747 000 hab. Chef-lieu : Reading.

Hendrik   Petrus **Berlage**
■ Architecte et théoricien fonctionnaliste néerlandais (1856-1934).

Berlin ■ Capitale et État (land)
d'Allemagne. 883 km². 3 millions
d'hab. *(les Berlinois).* □ **HISTOIRE.**
Ancienne capitale du *Brandebourg
(1486), de la *Prusse (1701), des IIe
et IIIe *Reich et de la république de
*Weimar (1919-1933). Siège d'une
prestigieuse université et symbole de
la puissance allemande au xixe s. La
ville, grand centre industriel et culturel, a été divisée après 1945 en quatre
zones d'occupation (soviétique, américaine, française, anglaise) puis en deux
parties, en 1961, par le *mur de Berlin.*
La partie est de la ville *(Berlin-Est)* fut
la capitale de la *R.D.A. de 1949 à
1990. La partie ouest *(Berlin-Ouest)*
était un État (land) de l'ancienne
R.F.A. enclavé dans le territoire de
la R.D.A. L'ouverture du mur, en
1989, et la réunification des deux États
(1990) firent de Berlin la capitale de
l'Allemagne.

Hector **Berlioz** ■ Compositeur
romantique français (1803-1869). Un des
inventeurs de l'écriture orchestrale
moderne. *"La Symphonie fantastique"* ; *"Requiem"* ; *"la Damnation de
Faust".*

les **Bermudes** n. f. pl. ■ Ensemble
de 150 petites îles situées à l'est des
côtes américaines dans l'océan Atlantique, formant un territoire dépendant
du Royaume-Uni. 54 km². 58 800 hab.
Capitale : Hamilton (3 000 hab.).
Tourisme. Découvertes par les Espagnols v. 1505, elles devinrent anglaises
en 1612. ► *le triangle des* **Bermudes.** Zone comprise entre les
Bermudes, la côte américaine et les
*Bahamas où navires et avions sont
censés avoir disparu mystérieusement.
‹ ► bermuda ›

sainte **Bernadette Soubirous**
■ Paysanne française (1844-1879). Ses
visions de la Vierge sont à l'origine
du pèlerinage de *Lourdes.

Bernadotte ■ ⇒ Charles XIV
de Suède.

Georges **Bernanos** ■ Écrivain
catholique français (1888-1948). Son
œuvre est l'expression de sa foi. Essais
polémiques *("les Grands Cimetières
sous la lune").* Romans *("Journal d'un
curé de campagne").* Théâtre *("Dialogues des carmélites").*

Bernard ou **Bernart de Ven-
tadour** ■ Troubadour à la cour de
Poitiers, poète de l'amour (v. 1150 -
v. 1200). *"Chansons".*

Claude **Bernard** ■ Physiologiste
français (1813-1878). Théoricien de la
méthode expérimentale, précurseur de
la biologie moderne.

Paul dit *Tristan* **Bernard** ■ Écrivain humoriste français (1866-1947).

Émile **Bernard** ■ Peintre et
théoricien français (1868-1941). Animateur avec *Gauguin de l'école de
*Pont-Aven.

Jean **Bernard** ■ Médecin héma-
tologiste français (né en 1907).

saint **Bernard de Clairvaux**
■ Fondateur (français) de l'abbaye de
*Clairvaux (1090-1153). Conseiller des
papes et des souverains, il s'opposa
à *Abélard et obtint sa condamnation.
Docteur de l'Église.

Jacques Henri **Bernardin de
Saint-Pierre** ■ Écrivain français
(1737-1814). Disciple de Rousseau et
précurseur du *romantisme. *"Paul et
Virginie"* (1787).

Bernay ■ Sous-préfecture de
l'Eure. 11 000 hab. *(les Bernayens).*
« Trésor de Bernay » (objets d'argent
du Ier s. av. J.-C.). Abbaye.

Berne, en allemand **Bern** ■ Capitale fédérale de la Suisse. 136 000 hab.
(les Bernois). Bel ensemble médiéval.
Activités industrielles. Siège d'organismes internationaux. ► *le canton de*
Berne comprend trois régions géographiques – l'Oberland au sud, le
Mittelland au nord et le Seeland
autour du lac de Biel – auxquelles

s'ajoutait, avant 1979, le canton du *Jura. 6 049 km². 932 000 hab. Chef-lieu : Berne.

Thomas **Bernhard** ■ Écrivain autrichien (1931-1989). Son œuvre, souvent autobiographique, exprime le désespoir. *"Le Souffleur".*

Sarah **Bernhardt** ■ Célèbre tragédienne française (1844-1923).

Francesco **Berni** ■ Poète italien (v. 1497 - 1535). Il fut le rival de l'*Arétin. Œuvres parodiques.

François **Bernier** ■ Médecin français (1620-1688). Ses récits de *"Voyages"* aux Indes eurent un grand succès.

le **Bernin** ■ Artiste *baroque italien (1598-1680). Surtout connu comme architecte, décorateur (colonnade et baldaquin de Saint-Pierre de Rome) et sculpteur *("Sainte Thérèse en extase").*

la **Bernina** ■ Massif des Alpes suisses (*Grisons) culminant au *pic Bernina* (4 052 m). ▶ *le col de la* **Bernina** fait communiquer la Suisse et l'Italie.

François Joachim de Pierre de **Bernis** ■ Prélat et diplomate français (1715-1794). Ministre de Louis XV.

les **Bernoulli** ■ FAMILLE DE MATHÉMATICIENS ET PHYSICIENS SUISSES □ *Jacques* **Bernoulli** (1654-1705) établit la loi des grands nombres en calcul des probabilités. □ *Jean* **Bernoulli,** son frère (1667-1748), développa le calcul exponentiel. □ *Daniel* **Bernoulli** (1700-1782), fils de Jean, contribua à créer l'hydrodynamique et la cinétique des gaz.

Eduard **Bernstein** ■ Théoricien socialiste allemand (1850-1932). *"Socialisme théorique et social-démocratie pratique".*

Henry **Bernstein** ■ Auteur dramatique français (1876-1953). *"La Soif" ; "Mélo".*

Leonard **Bernstein** ■ Chef d'orchestre et compositeur américain (1918-

1990). *"West Side Story",* comédie musicale.

l'étang de **Berre** n. m. ■ Étang des Bouches-du-Rhône. Sur ses rives, complexe pétrolier comprenant la Mède, Lavéra (golfe de *Fos) et Berre-l'Étang (12 700 hab. ; *les Berrois*).

Pedro **Berruguete** ■ Peintre espagnol (v. 1450-v. 1504). □ *Alonso* **Berruguete,** son fils, sculpteur et peintre (v. 1490 - 1561).

le **Berry** ■ Ancienne province de France, dans la région de Bourges (approximativement l'Indre et le Cher actuels). Ses habitants sont les *Berrichons.* Englobée dans l'Aquitaine romaine, elle devint duché des princes capétiens. □ *Jean de France duc de* **Berry.** Prince capétien (1340-1416). Frère de Charles V, tuteur de Charles VI. Grand mécène (⇒ **Beauneveu, Limbourg**). □ *Charles-Ferdinand duc de* **Berry.** Fils du futur roi de France Charles X (1778-1820). Chef des *ultras. Son assassinat provoqua un durcissement du régime (chute de *Decazes). □ *Marie-Caroline de Bourbon-Sicile duchesse de* **Berry,** sa femme (1798-1870), tenta en vain de soulever la Provence puis la Vendée (1832) contre *Louis-Philippe. ◁ ▶ berrichon ▷

Paul **Bert** ■ Physiologiste et homme politique français (1833 - 1886). Ministre de l'Instruction publique dans le gouvernement *Gambetta.

Berthe aux grands pieds ■ Reine de France (v. 730 - 783). Épouse de *Pépin le Bref, mère de *Charlemagne. Son surnom lui vient d'un poème du XIIIᵉ s.

Marcellin **Berthelot** ■ Chimiste et homme politique français (1827-1907). Il développa la thermochimie. Ministre des Affaires étrangères (1895-1896).

Louis-Alexandre **Berthier** ■ Chef d'état-major de Napoléon, maréchal d'Empire, prince de Wagram (1753-1815). Rallié à Louis XVIII, il se réfugia en Bavière pendant les *Cent-Jours.

Claude Louis comte **Berthollet** ■ Chimiste français (1748-1822). Les *lois de Berthollet* expliquent les réactions de précipitation des sels.

Alphonse **Bertillon** ■ Médecin et démographe français, créateur de l'anthropométrie (1853-1914).

Bernardo **Bertolucci** ■ Cinéaste italien (né en 1941). "*Le Dernier Tango à Paris*" ; "*1900*" ; "*le Dernier Empereur*".

Aloysius **Bertrand** ■ Poète français (1807-1841). "*Gaspard de la nuit*" inaugure le genre du poème en prose. Les *surréalistes l'ont reconnu comme l'un de leurs précurseurs.

Bertran de Born ■ Seigneur et troubadour du Périgord (v. 1140 - v. 1215).

Pierre de **Bérulle** ■ Prélat français (1575-1629). Il fonda l'*Oratoire de France, qui eut une grande influence sur la spiritualité du XVIIᵉ s.

James Stuart Fitz-James duc de **Berwick** ■ Maréchal de France, fils naturel de Jacques II d'Angleterre (1670-1734). Il sauva la couronne de Philippe V d'Espagne.

Jöns Jacob baron **Berzelius** ■ Chimiste suédois (1779-1848). On lui doit entre autres la notation symbolique moderne.

Besançon ■ Préfecture du Doubs. 119 200 hab. *(les Bisontins).* Rattachée à la France en 1678, fortifiée par *Vauban, la ville a de nombreux monuments des XVIᵉ - XVIIIᵉ s. Premier centre français de l'horlogerie.

les frères **Bescherelle** ■ Grammairiens et lexicographes français. Louis-Nicolas (1802-1883) et Henri (1804-1852).

Albert **Besnard** ■ Peintre et décorateur académique français (1849-1934).

la **Bessarabie** ■ Région d'Europe orientale aujourd'hui partagée entre les républiques d'*Ukraine et de *Moldavie.

Jean **Bessarion** ■ Humaniste et théologien byzantin (1403 - 1472). Fixé à Rome, il contribua à la renaissance du *platonisme.

Friedrich **Bessel** ■ Astronome et mathématicien allemand (1784-1846).

sir Henry **Bessemer** ■ Ingénieur anglais (1813 - 1898). Inventeur d'un nouveau procédé de production de l'acier *(convertisseur Bessemer).*

Rómulo **Betancourt** ■ Homme politique vénézuélien (1908-1981). Président de la République (réformiste) de 1958 à 1964.

Hans Albrecht **Bethe** ■ Physicien allemand naturalisé américain (né en 1906). Prix Nobel 1967 pour ses travaux d'astrophysique.

Bethléem ■ Ville de *Cisjordanie. 24 000 hab. D'après les Évangiles, Jésus y naquit : basilique de la Nativité, monastères.

Bethlehem ■ Ville des États-Unis (*Pennsylvanie). 70 500 hab. Centre sidérurgique.

Theobald von **Bethmann-Hollweg** ■ Homme politique allemand (1856 - 1921). Chancelier de l'empire de 1909 à 1917.

Béthoncourt ■ Commune du Doubs. 7 500 hab. *(les Béthoncourtois).*

Bethsabée ■ Épouse du roi *David et mère de *Salomon, dans la Bible.

Béthune ■ Sous-préfecture du Pas-de-Calais. 25 300 hab. *(les Béthunois).*

Mongo **Beti** ■ Écrivain camerounais naturalisé français (né en 1932). Il décrit les ravages de la vie à l'occidentale sur la société africaine traditionnelle.

les chaînes **Bétiques** ■ Massif montagneux du sud-est de l'Espagne (3 481 m au Mulhacén).

Bruno **Bettelheim** ■ Psychiatre et psychanalyste autrichien naturalisé américain (1903-1990). *"La Forteresse vide"* (sur l'autisme).

Ugo **Betti** ■ Écrivain italien et auteur dramatique (1892-1953). *"L'Île des chèvres"*.

Hubert **Beuve-Méry** ■ Journaliste français (1902-1989). Fondateur et directeur du quotidien *le Monde* de 1944 à 1969.

Beuvrages ■ Commune du Nord. 8 100 hab.

Beuvry ■ Commune du Pas-de-Calais. 8 800 hab.

lord William Henry **Beveridge** ■ Économiste anglais (1879-1963). Théoricien des dépenses sociales (emploi, santé, instruction).

Beverly Hills ■ Ville résidentielle du centre de *Los Angeles (*Californie) où vivent les personnalités de l'industrie du cinéma.

Beynes ■ Commune des Yvelines. 8 300 hab. *(les Beynois).*

Beyrouth ■ Capitale du Liban. 1,5 million d'hab. Grand centre culturel et financier, l'un des plus anciens ports méditerranéens (phénicien puis romain et ottoman), la guerre ravagea la ville à partir de 1975.

Théodore de **Bèze** ■ Réformateur et auteur de tragédies, successeur de *Calvin à Genève (1519-1605).

Béziers ■ Sous-préfecture de l'Hérault. 72 400 hab. *(les Biterrois).* Belles églises (plusieurs conciles contre les *albigeois) et monuments. Important marché viticole.

Bezons ■ Commune du Val-d'Oise. 25 800 hab. *(les Bezonnais).*

le **Bhagavadgītā** ■ Texte capital de la pensée hindoue, inclus dans *"le *Mahābhārata"*.

Bhārat ■ Nom officiel (hindi) de l'*Inde.

Bhilai Nagar ■ ⇒ Durg-Bhilai Nagar.

Bhopāl ■ Ville de l'Inde, capitale du *Madhya Pradesh. 672 000 hab. Catastrophe écologique (1984).

le royaume du **Bhoutan** ■ État (monarchie) entre la Chine et l'Inde, dans l'Himalaya. 47 000 km². 1,4 million d'hab. *(les Bhotias).* Capitale : Thimbou. Langue : dzongkha (dialecte tibétain). Religion officielle : bouddhisme mahāyāna. Monnaie : ngultrum. En 1845, le Bhoutan signa un traité avec le Royaume-Uni, celui-ci le « conseillant » pour les affaires étrangères. En 1949, il signa un traité similaire avec l'Inde. Pays peu accessible, mal connu, fermé au tourisme depuis 1987.

Bhubaneswar ■ Ville de l'Inde, capitale de l'*Orissa. 219 000 hab. Ancien centre du culte de *Śiva : nombreux temples.

Zulfikar Ali **Bhutto** ■ Homme politique pakistanais (1928-1979). Premier ministre (1973-1977), renversé et exécuté. □ *Benazir* **Bhutto**, sa fille (née en 1953), Premier ministre du Pakistan de 1988 à 1990 et depuis 1993. Son ministère est un exemple unique de direction politique par une femme dans un pays musulman.

la république du **Biafra** ■ Nom pris par la région orientale du *Nigeria quand elle fit sécession (1967). Divisée par une guerre civile, elle disparut en 1970.

la forêt de **Białowieża** ■ Grande forêt d'Europe centrale, de part et d'autre de la frontière entre la Pologne et la Biélorussie. Réserve de bisons.

Białystok ■ Ville de Pologne orientale. 245 000 hab. Textile.

Biarritz ■ Commune des Pyrénées-Atlantiques. 28 900 hab. *(les Biarrots).* Station balnéaire.

les **Bibiena** ■ Famille d'artistes italiens, scénographes et architectes de théâtre. □ *Ferdinando* **Bibiena** (1657-1743) a publié d'importants traités de scénographie.

la **Bible** ■ Livre saint des juifs et des chrétiens. La Bible juive comprend plusieurs écrits : la Loi ou *Torah* (Genèse, Exode, Lévitique, Nombres, Deutéronome), les Prophètes ou *Nebî'îm,* les Écrits ou *Ketoubim ;* sa version grecque (et augmentée) est dite des **Septante**. La Bible chrétienne se compose de l'Ancien Testament (la Bible juive) et du Nouveau Testament (les Évangiles, les Actes des Apôtres, les Épîtres, l'Apocalypse — tous en grec) ; sa principale traduction latine est la *Vulgate*. La *Réforme, l'invention de l'imprimerie et la *Contre-Réforme ont suscité de nombreuses éditions dans toutes les langues. Les livres juifs et chrétiens non canoniques sont dits apocryphes. Les livres repris des Septante par les catholiques, mais qui ne figurent pas dans la Bible juive, sont dits deutérocanoniques (généralement exclus des bibles protestantes). Une traduction française dite œcuménique (catholique et protestante) est parue en 1972-1975. ⟨ ▶ bible ⟩

Marie François Xavier **Bichat** ■ Anatomiste et physiologiste français (1771-1802). Il définit la vie comme un « ensemble des fonctions qui résistent à la mort ».

Georges **Bidault** ■ Homme politique français (1899-1983). Chef de la *Résistance (C.N.R.), puis partisan de l'Algérie française.

la **Bielaïa** ■ Rivière de Russie. Née dans l'Oural, elle se jette dans le *Kama. 1 420 km.

Bielefeld ■ Ville d'Allemagne (*Rhénanie-du-Nord-Westphalie). 306 000 hab.

Vissarion **Bielinski** ou **Belinski** ■ Philosophe et critique littéraire russe (1811-1848).

la **Biélorussie** ■ État (République) d'Europe orientale. 207 600 km². 10,2 millions d'hab. *(les Biélorusses)*. Capitale : Minsk (Mensk). Langues : biélorusse, ukrainien, russe. Monnaie : rouble. Cultures industrielles, bois, industries mécaniques. Longtemps disputée entre la Lituanie, la Pologne et la Russie, la Biélorussie ou « Russie blanche » appartint à l'U.R.S.S. jusqu'à son indépendance (1991), sauf la région de *Białystok. Membre de la *C.É.I.

Andreï **Biely** ■ Écrivain symboliste russe (1880-1934). Ami de *Blok. *"Pétersbourg"*.

Bienne, en allemand **Biel** ■ Ville de Suisse (canton de *Berne), au nord du *lac de Bienne*. 65 000 hab. Maisons médiévales. Horlogerie, métallurgie, mécanique.

Fulgence **Bienvenüe** ■ Ingénieur français (1852-1936). Surnommé le « père du métropolitain ».

Ambrose **Bierce** ■ Écrivain américain (1842-1914). Nouvelles fantastiques et macabres, d'un humour caustique. *"Le Dictionnaire du Diable"*.

Bolesław **Bierut** ■ Homme politique polonais (1892-1956). Président de la République de 1947 à 1952.

la **Bigorre** ■ Région des Hautes-Pyrénées.

le **Bihār** ■ État du nord-est de l'Inde. 173 877 km². 70 millions d'hab. Capitale : Patna. Région où vécut et prêcha *Bouddha.

Bihorel ■ Commune de la Seine-Maritime, dans la banlieue de Rouen. 9 400 hab. *(les Bihorellais)*.

Bikini ■ Atoll du Pacifique (archipel *Marshall). Les États-Unis y firent leurs premières expériences atomiques. ⟨ ▶ bikini ⟩

Bilbao ■ Ville et port d'Espagne, capitale de la province de *Biscaye (Pays *basque). 378 000 hab.

Max **Bill** ■ Architecte, peintre, sculpteur et essayiste suisse (né en 1908).

Jean-Nicolas **Billaud-Varenne** ■ Révolutionnaire français (1756-1819). Membre du *Comité de salut public, déporté en Guyane (1795), puis réfugié à Haïti.

Billère ■ Commune des Pyrénées-Atlantiques, dans la banlieue de Pau. 12 800 hab. *(les Billérois).*

François Billetdoux ■ Auteur dramatique français (1927-1991). *"Tchin-Tchin".*

Bill of Rights ■ ⇒ la Déclaration des **droits.**

Billy-Montigny ■ Commune du Pas-de-Calais. 8 100 hab. *(les Billysiens).*

Binche ■ Ville de Belgique (*Hainaut). 33 000 hab. *(les Binchois).* Tradition du « carnaval binchois ». Musée.

Gilles Binchois ■ Compositeur franco-flamand à la cour de *Bourgogne (v. 1400-1460).

Alfred Binet ■ Psychologue français (1857-1911). Créateur des tests mentaux.

Jean-Baptiste Biot ■ Physicien français (1774-1862). Astronomie, électromagnétisme.

Birātnagar ■ ⇒ Morang.

la B.I.R.D., Banque internationale pour la reconstruction et le développement ou **Banque mondiale** ■ Créée en 1946, une des institutions spécialisées de l'*O.N.U. Siège : Washington.

Birger ■ Homme d'État suédois (v. 1210-1266). Régent de 1248 à sa mort, il renforça le pouvoir royal, et traita avec la *Hanse.

Bir Hakeim ■ Localité de Libye (*Cyrénaïque) où des troupes de la France libre (⇒ la **Résistance**) résistèrent aux Allemands en 1942.

la Birmanie ■ Nom, jusqu'en 1989, de l'Union de *Myanmar.

Birmingham ■ Ville d'Angleterre, la deuxième par sa population. 1,02 million d'hab. Chef-lieu du comté des *Midlands de l'Ouest. Grand centre industriel : houille, fer. ⇒ **Black Country.**

Birmingham ■ Ville des États-Unis (*Alabama). 284 000 hab. Nombreuses industries (minerais).

Birobidjan ■ Ville de la C.É.I. (*Russie). 82 000 hab. Chef-lieu de la région autonome du même nom mise en 1934 « à la disposition » des juifs.

al-Bīrūnī ■ Savant iranien de langue arabe (973-1048). Un des grands esprits encyclopédiques de l'islam.

Biscarrosse ■ Commune des Landes, au nord de l'*étang de Biscarrosse.* 9 800 hab. *(les Biscarrossais).*

la Biscaye, en basque **Biskaia,** en espagnol **Vizcaya** ■ Une des provinces du Pays *basque espagnol. 2 217 km². 1,2 million d'hab. Capitale : Bilbao. Fief républicain pendant la guerre civile (⇒ **Guernica**).

Bischheim ■ Commune du Bas-Rhin, dans la banlieue de Strasbourg. 16 300 hab. *(les Bischheimois).*

Bischwiller ■ Commune du Bas-Rhin. 11 100 hab. *(les Bischwillerois).*

Biskra ■ Ville d'Algérie, au pied des *Aurès. 128 000 hab. Palmeraie.

Bismarck ■ Homme politique allemand (1815-1898). Ministre de *Guillaume Iᵉʳ. Après avoir organisé l'armée, il permit à la Prusse de battre les Autrichiens (Sadowa, 1866) et les Français (Sedan, 1870). Chancelier du IIᵉ Reich (de 1871 à 1890), il redonna à l'Allemagne son unité et sa puissance.

l'archipel Bismarck ■ Îles mélanésiennes de la *Papouasie-Nouvelle-Guinée (Nouvelle-Bretagne, Nouvelle-Irlande, îles de l'Amirauté), dans la *mer de Bismarck.*

Bismarck ■ Ville des États-Unis, capitale du *Dakota du Nord. 44 500 hab. Agriculture.

Bissau ■ Capitale de la Guinée-Bissau. 125 000 hab.

le B.I.T. ■ Bureau international du travail. ⇒ **O.N.U.**

la **Bithynie** ■ Royaume d'Asie Mineure (Turquie) légué par Nicomède III à Rome en 74 av. J.-C., et annexé par les *Ottomans au XIIIe s.

Bizerte ■ Ville et port du nord-est de la Tunisie. 94 500 hab. Ancienne base navale française.

Georges **Bizet** ■ Compositeur français (1838-1875). Auteur de "*Carmen*", chef-d'œuvre de l'opéra français. "*L'Arlésienne*".

Bjørnstjerne **Bjørnson** ■ Écrivain et auteur dramatique norvégien (1832-1910). Ami et rival d'*Ibsen. "*La Faillite*" ; "*Au-delà des forces humaines*". Prix Nobel 1903.

Joseph **Black** ■ Chimiste et physicien écossais (1728-1799). Étude du gaz carbonique.

Blackburn ■ Ville d'Angleterre (*Lancashire). 110 000 hab. Centre cotonnier.

Black Country ■ Zone industrielle de *Birmingham, appelée en anglais le « pays noir » à cause du charbon.

Blackpool ■ Ville d'Angleterre (*Lancashire). 149 000 hab. Station balnéaire sur la mer d'Irlande.

le **Black Power** ■ Expression (« pouvoir noir ») désignant l'objectif que s'étaient fixé certains mouvements pacifiques noirs américains dans les années 1960 : la promotion de la communauté noire dans la société américaine. ▶ les **Black Muslims** (« musulmans noirs ») prônèrent le séparatisme. ▶ les **Black Panthers** (« panthères noires ») s'engagèrent dans l'action violente, mais ses responsables furent arrêtés ou abattus par le *F.B.I.

Blagnac ■ Commune de Haute-Garonne. Banlieue et aéroport de Toulouse. 17 200 hab. *(les Blagnacais)*.

Blain ■ Commune de Loire-Atlantique. 7 500 hab. *(les Blinois)*. Vestiges d'un château fort des XIVe-XVIe s.

Henri Ducrotay de **Blainville** ■ Naturaliste français (1777-1850).

Marie-Claire **Blais** ■ Écrivaine québécoise (née en 1939). "*Une saison dans la vie d'Emmanuel*".

William **Blake** ■ Poète, peintre et graveur anglais (1757-1827). Thèmes bibliques traités avec un esprit visionnaire.

Louis **Blanc** ■ Socialiste et historien français (1811-1882). Membre du gouvernement provisoire de 1848.

Le **Blanc** ■ Sous-préfecture de l'Indre. 7 800 hab. *(les Blancois)*.

le cap **Blanc** ■ Nom de plusieurs caps, notamment en Tunisie au nord de Bizerte.

le mont **Blanc** ■ Point culminant des Alpes (4 807 m). ▶ le massif du **Mont-Blanc** domine *Chamonix. ▶ le tunnel du **Mont-Blanc,** percé de 1959 à 1965, relie la vallée de Chamonix au Val d'Aoste (Italie).

la mer **Blanche** ■ Mer de l'océan *Arctique, au nord-ouest de la Russie.

Blanche de Castille ■ Reine de France (1188-1252). Régente du royaume à la mort de son époux *Louis VIII (1226) et pendant la croisade de son fils *Louis IX (de 1248 à 1252).

Maurice **Blanchot** ■ Écrivain français (né en 1907). Un des initiateurs du roman et de la critique modernes en France. "*L'Arrêt de mort*", récit ; "*le Livre à venir*", essai.

Le **Blanc-Mesnil** ■ Commune de la Seine-Saint-Denis, dans la banlieue nord-est de Paris. 47 100 hab. *(les Blanc-Mesnilois)*.

Blanquefort ■ Commune de la Gironde. 13 700 hab. *(les Blanquefortais)*.

Louis Auguste **Blanqui** ■ Socialiste français, théoricien révolutionnaire (1805-1881).

Blantyre-Limbe ■ Ville du sud du *Malawi. 402 000 hab.

Blanzy ■ Commune de la Saône-et-Loire. 7 800 hab. *(les Blanzynois).* Houillères en déclin. Chimie.

Vicente **Blasco Ibáñez** ■ Romancier espagnol (1867-1928). *"Arènes sanglantes".*

der **Blaue Reiter** ■ ⇒ le **Cavalier bleu.**

le **Blavet** ■ Fleuve de *Bretagne qui se jette dans l'océan Atlantique. 140 km.

Blaye ■ Sous-préfecture de la Gironde. 4 300 hab. *(les Blayais).* Vins des côtes de Blaye.

Louis **Blériot** ■ Aviateur et constructeur d'avions français (1872-1936). Première traversée de la Manche, en 1909.

Blida ■ ⇒ el-**Boulaïda.**

Roger **Blin** ■ Acteur et metteur en scène français (1907-1984). Ami d'*Artaud, *Adamov, *Beckett et *Genet.

Karen **Blixen** ■ Écrivaine danoise (1885-1962). *"La Ferme africaine".*

le **Bloc des gauches** ou **Bloc républicain** ■ Alliance électorale et gouvernementale des forces de gauche, notamment des radicaux et des socialistes après l'affaire *Dreyfus (1899).

Jean-Richard **Bloch** ■ Écrivain français (1884-1947). Communiste, fondateur de la revue *Europe* avec Romain *Rolland. Romans.

Ernst **Bloch** ■ Philosophe marxiste allemand (1885 - 1977).

Marc **Bloch** ■ Médiéviste français (1886-1944). Fondateur avec Lucien *Febvre des *Annales d'histoire économique et sociale,* résistant, il mourut fusillé par les Allemands. *"L'Étrange Défaite".*

Felix **Bloch** ■ Physicien suisse naturalisé américain (1905-1983). Prix Nobel 1952.

le **Bloc national** ■ Alliance de gouvernement entre les modérés et les conservateurs (1919-1924), battue par le *Cartel des gauches.

le **Blocus continental** ■ Ensemble de mesures prises par *Napoléon Ier à partir de 1806 pour tenter de bloquer l'économie britannique, en l'empêchant d'écouler ses produits industriels et ceux de ses colonies vers l'Europe.

Abraham **Bloemaert** ■ Peintre et graveur hollandais (1564-1651). Paysages.

Bloemfontein ■ Capitale judiciaire de l'Afrique du Sud et capitale de l'État libre d'Orange. 233 000 hab.

Blois ■ Préfecture du Loir-et-Cher. 51 500 hab. *(les Blésois).* Château médiéval profondément remanié du XVe au XVIIe s., résidence de *Louis XII. Industries variées.

Alexandre **Blok** ■ Poète *symboliste russe (1880-1921). Ami de *Biely. *"Les Douze".*

François **Blondel** ■ Architecte français (1618-1686). Théoricien, premier directeur de l'Académie royale d'architecture (1671). Porte Saint-Denis à Paris.

Jacques François **Blondel** ■ Architecte français dans la tradition classique du siècle précédent (1705-1774).

Maurice **Blondel** ■ Philosophe catholique français (1861-1949). *"L'Action".*

Leonard **Bloomfield** ■ Linguiste américain (1887-1949). Fondateur de l'analyse distributionnelle, à l'origine (avec *Sapir) de l'essor de la linguistique aux États-Unis.

Léon **Bloy** ■ Écrivain français (1846-1917). Catholique ardent, il fut un polémiste vigoureux au style puissant et baroque. *"La Femme pauvre".*

Gebhard Leberecht von **Blücher** ■ Général prussien (1742-1819). Il joua un rôle décisif dans la défaite de Napoléon Ier à *Waterloo.

Léon **Blum** ■ Homme politique français (1872-1950). Socialiste, chef du *Front populaire, président du Conseil en 1936-1937, 1938 et 1946, écrivain et journaliste. *"À l'échelle humaine"*.

Franz **Boas** ■ Anthropologue et ethnologue allemand naturalisé américain (1858-1942).

Bobigny ■ Préfecture de la Seine-Saint-Denis, dans la banlieue nord-est de Paris. 44 900 hab. *(les Balbyniens)*. Centre industriel : mécanique, électricité, chimie.

Bobo-Dioulasso ■ Ville du sud-ouest du Burkina Faso. 231 000 hab.

Manuel Maria Barbosa du **Bocage** ■ Poète portugais (1765-1805). Observateur satirique de son temps, à la jonction du *classicisme et du *romantisme.

Boccace ■ Écrivain italien (1313-1375). Il contribua avec *Pétrarque à l'essor de l'*humanisme à Florence. *"Le Décaméron"*, recueil de nouvelles.

Giovanni **Boccati** ■ Peintre italien connu entre 1445 et 1480. Madones.

Luigi **Boccherini** ■ Compositeur italien (1743-1805). Musique de chambre.

Umberto **Boccioni** ■ Peintre, sculpteur et théoricien futuriste italien (1882-1916).

les **Bochimans** ■ Peuple nomade du Sud-Ouest africain (environ 60 000).

Bochum ■ Ville d'Allemagne (*Rhénanie - du - Nord - Westphalie). 386 000 hab. Grand centre industriel, université de la Ruhr.

Arnold **Böcklin** ■ Peintre suisse (1827-1901). Paysages oniriques. *"L'Île des morts"*.

Bodensee ■ Nom allemand du lac de *Constance.

Bodh **Gayā** ■ Bourgade de l'Inde (*Bihār) où *Bouddha devint l'« Éveillé ».

les **bodhisattva** n. m. ■ Divinités bouddhiques qui ont accepté de s'en tenir à l'état d'éveil *(bodhi)*, antérieur à l'état suprême de non-désir *(nirvāna)*, pour aider les hommes à progresser sur la voie du salut.

Jean **Bodin** ■ Juriste français, économiste, auteur du traité de philosophie politique *"la République"* (1529 ou 1530-1596).

Johann Jakob **Bodmer** ■ Écrivain et critique suisse de langue allemande (1698-1783).

Boèce ■ Philosophe et homme politique romain (480-524). Commentateur d'*Aristote.

les **Boers** ■ Colons néerlandais, qui s'installèrent en Afrique du Sud dès 1652. Leurs descendants, les *Afrikaners* ou *Afrikaanders,* forment la majorité de la population blanche au pouvoir à Pretoria, l'*afrikaans* étant avec l'anglais la langue officielle. ▶ *la guerre des* **Boers** opposa les Boers aux Anglais de 1899 à 1902.

Germain **Boffrand** ■ Architecte et décorateur *rococo français (1667-1754).

Humphrey **Bogart** ■ Acteur de cinéma américain (1899-1957). Il interpréta, entre autres, Philip Marlowe, le type du détective privé.

Bogota ■ Capitale de la Colombie, à 2 630 m d'altitude. 4,18 millions d'hab. Métropole administrative et culturelle. Marché d'une région agricole.

la **Bohême** ■ Partie occidentale de la République tchèque. 52 769 km². 6,33 millions d'hab. La *forêt de Bohême* s'étend le long de la frontière avec l'Allemagne. □ **HISTOIRE**. Le duché de Bohême, érigé en royaume au XIe s., est à l'origine de l'État tchèque. Il connut son apogée lorsque les Luxembourg en furent rois tout en étant empereurs germaniques (XIVe s.).

Au XVᵉ s., la réforme religieuse de Jan *Hus provoqua la guerre civile. Les *Jagellons unirent la Bohême à la Hongrie en 1490. À partir de 1526, la Bohême subit la domination des *Habsbourg (⇒ **Hongrie**) contre laquelle elle se rebella, en 1618, provoquant ainsi le début de la guerre de *Trente Ans, puis une nouvelle fois en 1848. La création de la Tchécoslovaquie en 1918 lui donna son indépendance. De 1939 à 1945, elle devint, avec la *Moravie, un protectorat du IIIᵉ *Reich. En 1968, la Bohême et la Moravie furent réunies pour former l'un des deux États de la Tchécoslovaquie, la République *tchèque, qui devint indépendante en 1993. ⟨ ▶ bohème, bohémien ⟩

Bohémond Iᵉʳ ■ Un des chefs de la première croisade, prince d'*Antioche de 1098 à 1111.

Eugen von **Böhm-Bawerk** ■ Ministre et économiste autrichien (1851-1914). Proche de *Menger. Critique du marxisme.

Jakob **Böhme** ■ Mystique allemand (1575-1624). Ses écrits ont influencé les *romantismes.

Niels **Bohr** ■ Physicien danois (1885-1962). Ayant introduit les quanta dans la description de l'atome, il fit de *Copenhague le principal foyer de recherches sur la mécanique quantique à ses débuts. Il énonça le « principe de complémentarité » entre les deux aspects de la réalité atomique, ondes et corpuscules (⇒ **Broglie, Schrödinger**). Prix Nobel 1922.

Matteo Maria **Boiardo** ■ Poète italien (v. 1441-1494). "*Roland amoureux*" (inachevé).

François Adrien **Boieldieu** ■ Compositeur français (1775-1834). Opéras-comiques : "*le Calife de Bagdad*"; "*la Dame blanche*".

Nicolas **Boileau** dit **Boileau-Despréaux** ■ Écrivain français (1636-1711). Poète et critique exigeant, partisan des *Anciens. "*Satires*"; "*Épîtres*"; "*le Lutrin*"; "*l'Art poéti*

que", manifeste du *classicisme français (1674).

Louis Léopold **Boilly** ■ Peintre et graveur français (1761-1845). Scènes de mœurs.

Bois-Colombes ■ Commune des Hauts-de-Seine, dans la banlieue de Paris. 24 500 hab. *(les Bois-Colombiens).*

Bois-d'Arcy ■ Commune des *Yvelines. 12 700 hab. *(les Arcysiens).*

Boise ■ Ville des États-Unis, capitale de l'*Idaho. 102 000 hab.

Pierre Le Pesant sieur de **Boisguilbert** ou **Boisguillebert** ■ Économiste français (1646-1714). Ses tentatives de réformes (fiscalité, liberté du commerce) causèrent sa disgrâce en 1707.

Bois-Guillaume ■ Commune de Seine-Maritime, dans la banlieue de Rouen. 10 200 hab. *(les Boisguillaumais).*

Bois-le-Duc, en néerlandais *'s-Hertogenbosch* ■ Ville des Pays-Bas, chef-lieu du *Brabant-Septentrional. 90 600 hab. Cathédrale gothique.

Joseph Bodin de **Boismortier** ■ Compositeur français (1689-1755). Il fut le rival de *Rameau.

François Antoine comte de **Boissy d'Anglas** ■ Homme politique français (1756-1826). Président de la *Convention thermidorienne, notable sous l'Empire et la Restauration.

Boissy-Saint-Léger ■ Commune du Val-de-Marne. 15 200 hab. *(les Boisséens).*

Arrigo **Boito** ■ Compositeur italien et auteur de livrets d'opéra, notamment pour *Verdi (1842-1918).

Jean Bédel **Bokassa** ■ Officier et homme politique centrafricain (né en 1921). Chef de l'armée, il s'empara du pouvoir en 1966. Il se nomma président à vie, maréchal puis empereur, et instaura un régime répressif (massacres) avant d'être renversé en 1979.

Bolbec ■ Commune de la Seine-Maritime. 12 500 hab. *(les Bolbécais).*

les **bolcheviks** ■ Partisans de *Lénine, « majoritaires » au congrès du Parti ouvrier social-démocrate russe en 1903. Après leur prise du pouvoir (octobre 1917), leur parti prit le nom de parti communiste bolchevik (1918). 〈 ▶ bolchevik 〉

Boleslas ou **Bolesław** ■ NOM DE PLUSIEURS SOUVERAINS DE POLOGNE DE LA DYNASTIE DES *PIAST □ *Boleslas Ier* (v. 966-1025) agrandit le territoire et devint le premier roi de Pologne en 1024.

Boleslav Ier ■ Prince de Bohême de 929 (après qu'il eut assassiné son frère aîné) à sa mort en 967. Considéré comme le fondateur de l'État tchèque.

Henry Saint John vicomte **Bolingbroke** ■ Homme politique et écrivain anglais (1678-1751). Correspondant de *Pope.

Simón **Bolívar** ■ Héros de l'indépendance sud-américaine (1783-1830). Il libéra la Nouvelle-Grenade (Colombie), le Venezuela puis l'Équateur qu'il fédéra à partir de 1819 en une *république de Grande-Colombie.* En devint le premier président, mais elle ne devait pas lui survivre. Il se retira en 1830. La scission du haut Pérou donna naissance à une république qui prit le nom de *Bolivie en son honneur (1825).

la **Bolivie** ■ État (république) d'Amérique du Sud. 1 098 581 km². 7,19 millions d'hab. *(les Boliviens).* Capitale : Sucre. Siège du gouvernement : La Paz. Langues officielles : espagnol, aymara et quechua. Religion officielle : catholicisme. Monnaie : boliviano. Grandes difficultés économiques liées à la raréfaction des ressources minières (étain), à la faible productivité de l'agriculture, et au manque de communications. □ HISTOIRE. Rattachée à l'Empire inca,

elle devint espagnole en 1538. Après l'indépendance (1825), de nombreux conflits frontaliers réduisirent progressivement son territoire, la privant d'un accès à la mer. Les réformes engagées par le gouvernement révolutionnaire de V. Paz Estenssoro, de 1952 à 1956 et de 1960 à 1964, furent interrompues par une junte militaire, déclenchant une guérilla (mort de *Guevara en 1967). Le pouvoir civil fut rétabli en 1982, V. Paz Estenssoro revenant au pouvoir de 1985 à 1989.

Heinrich **Böll** ■ Romancier allemand (1917-1985). Catholique et socialiste, membre du *Groupe 47. Prix Nobel 1972. "*Portrait de groupe avec dame*".

Bollène ■ Commune du Vaucluse. 14 000 hab. *(les Bollénois).*

Jean de **Bologne** ■ ⇒ Giambologna.

Bologne, en italien **Bologna** ■ Ville d'Italie, capitale de l'*Émilie-Romagne. 422 000 hab. Centre industriel (mécanique). Monuments du Moyen Âge et de la Renaissance. Université (fondée en 1119).

Bolton ■ Ville d'Angleterre (Grand *Manchester). 144 000 hab. Un des plus anciens centres d'industrie textile.

Ludwig **Boltzmann** ■ Physicien autrichien (1844-1906). Il a joué un grand rôle en thermodynamique (cinétique des gaz).

János **Bolyai** ■ Mathématicien hongrois (1802-1860). Considéré avec *Lobatchevski comme l'inventeur de la géométrie non euclidienne.

Bernhard **Bolzano** ■ Mathématicien, logicien et philosophe tchèque de langue allemande (1781-1848). Précurseur des recherches sur les fondements des mathématiques.

Bolzano, en allemand **Bozen** ■ Ville d'Italie (*Trentin-Haut-Adige), dans les *Dolomites. 101 000 hab.

Bombay ■ 2e ville de l'Inde, port sur l'océan Indien et capitale du

Mahārāshtra. 8,2 millions d'hab. Grand centre d'industrie textile.

*la presqu'île du Cap-***Bon** ■ Péninsule du nord-est de la Tunisie.

le vicomte Louis de **Bonald** ■ Écrivain politique français, monarchiste et catholique (1754-1840).

les **Bonaparte** ■ Famille française d'origine italienne (Buonaparte), établie en Corse au XVIᵉ s. Elle est connue par *Napoléon* (⇒ **Napoléon Iᵉʳ**) qui fit la gloire de ses frères et sœurs. □ *Charles Marie* (1746-1785), père de Napoléon. □ *Marie Letizia*, née Ramolino, dite « Madame Mère » (1750-1836), son épouse, mère de Napoléon. □ *Joseph* (1768-1844), roi de Naples puis roi d'Espagne. □ *Lucien* (1775-1840), président du *Conseil des Cinq-Cents, prince de Canino, devint opposant à Napoléon. □ *Louis* (1778-1846), roi de Hollande opposé au *Blocus continental, père de *Napoléon III. □ *Jérôme* (1784-1860), roi de Westphalie, dignitaire du second Empire, père de la *princesse Mathilde*, dont le salon littéraire est resté célèbre, et du *prince Jérôme*. □ *Maria-Anna* dite *Élisa* (1777-1820), princesse de Lucques et de Piombino, grande-duchesse de Toscane. □ *Marie-Paulette* dite *Pauline* (1780-1825), princesse Borghèse, célèbre pour sa beauté. □ *Marie-Annonciade* dite *Caroline* (1782-1839), épouse de *Murat, reine de Naples. ❮ ▶ bonapartisme ❯

saint **Bonaventure** ■ Théologien italien (1221-1274). Il enseigna à Paris et fut général des Franciscains. Docteur de l'Église.

Bondoufle ■ Commune de l'Essonne. 7 700 hab.

Bondues ■ Commune du Nord. 10 300 hab.

Bondy ■ Commune de la Seine-Saint-Denis, banlieue de Paris. 46 900 hab. *(les Bondynois).*

Bône ■ ⇒ Annaba.

Omar **Bongo** ■ Homme politique gabonais (né en 1935). Président de la République depuis 1967.

Bongor ■ Ville du sud-ouest du Tchad. 69 000 hab.

Dietrich **Bonhoeffer** ■ Pasteur et théologien allemand, martyr de la résistance au nazisme (1906-1945).

Boniface VIII ■ Pape de 1294 à sa mort (1235-1303). Adversaire décidé de *Philippe le Bel, qu'il excommunia.

Bonifacio ■ Commune de Corse-du-Sud. 2 700 hab. *(les Bonifaciens).* Enceinte, ville haute médiévale. Les *bouches de Bonifacio* séparent la Corse de la Sardaigne.

Richard **Bonington** ■ Peintre et aquarelliste anglais (1802-1828). Paysages.

François de **Bonivard** ■ Patriote suisse (1493-1570). Il inspira *Byron pour son poème *"le Prisonnier de Chillon"*.

Bonn ■ Ville d'Allemagne (*Rhénanie-du-Nord-Westphalie), siège du gouvernement. 276 500 hab. Centre d'activités tertiaires. Célèbre université. Collégiale romane.

Pierre **Bonnard** ■ Peintre et graveur français (1867-1947). Il fut membre des *nabis, ami de *Vuillard. Grand coloriste. *"Nu dans la baignoire"*.

Léon **Bonnat** ■ Peintre et collectionneur français (1833-1922). Portraits académiques.

le cap de **Bonne-Espérance** ■ Pointe extrême sud de l'Afrique, découverte par B. *Dias en 1488.

Yves **Bonnefoy** ■ Poète français, essayiste et critique d'art (né en 1923). *"L'Arrière-Pays"*.

Bonneuil-sur-Marne ■ Commune du Val-de-Marne. 14 000 hab. *(les Bonneuillois).*

Bonneville ■ Sous-préfecture de Haute-Savoie. 10 400 hab. *(les Bonnevillois).*

Jules Joseph **Bonnot** ■ Criminel anarchiste français (1876-1912). Chef de la « bande à Bonnot », abattu lors de son arrestation.

Giovanni Battista **Bononcini** ■ Compositeur italien (1670-1747).

Massimo **Bontempelli** ■ Écrivain et auteur dramatique italien (1878 - 1960). Œuvres fantastiques.

George **Boole** ■ Mathématicien anglais (1815-1864). Pour donner une structure mathématique à la logique, il créa une algèbre binaire dite « algèbre de Boole ». Les *opérateurs booléens* sont utilisés en informatique.

William **Booth** ■ Réformateur religieux britannique (1829 - 1912). Il fonda l'Armée du Salut (1865).

Booz ■ Personnage de la Bible, époux de *Ruth. Il a inspiré un célèbre poème de V. Hugo dans *"la Légende des siècles"*, « Booz endormi ».

le **Bophuthatswana** ■ *Bantoustan sud-africain déclaré indépendant en 1977, mais non reconnu par la communauté internationale. 44 000 km², 1,19 million d'hab. Capitale : Mmabatho.

Franz **Bopp** ■ Linguiste allemand (1791-1867). Un des fondateurs de la grammaire comparée des langues indo-européennes et par conséquent de la linguistique moderne.

Bora Bora ■ Île volcanique de l'archipel de la *Société (*Polynésie française). 2 600 hab.

Bordeaux ■ Préfecture de la Gironde et de la région Aquitaine. 213 300 hab. *(les Bordelais).* Très nombreux monuments, notamment du XVIIIᵉ s. La prospérité du port fut liée au commerce avec les Antilles et à la traite des Noirs. Elle explique le rôle des *Girondins pendant la Révolution. Métropole historique (gauloise, romaine, médiévale...) et économique. Cimenteries, industries alimentaires et métallurgiques. ► *le* **Bordelais** est célèbre pour ses vignobles. ► *le duc de* **Bordeaux.** ⇒ comte de **Chambord.** 〈 ► bordeaux 〉

Borders ■ Région administrative du sud-est de l'Écosse. 4 662 km². 102 600 hab. Chef-lieu : Newton Saint Boswells.

Borée ■ Dieu grec du Vent du nord. 〈 ► boréal 〉

Petrus **Borel** ■ Écrivain romantique français (1809-1859). Un des maîtres de l'humour noir. *"Rhapsodies"*, poèmes ; *"Champavert"*, nouvelles.

Émile **Borel** ■ Mathématicien et homme politique français (1871-1956). Calcul infinitésimal. Théorie des probabilités.

Jorge Luis **Borges** ■ Écrivain argentin (1899-1986). Une culture encyclopédique nourrit son œuvre, souvent proche du fantastique. *"Fictions"* et *"l'Aleph"*, nouvelles.

Borghèse ■ Famille noble d'Italie. ► *le palais* **Borghèse** (1590-1607), à Rome, abrite un musée de peinture et de sculpture. □ *la princesse* **Borghèse.** ⇒ Pauline **Bonaparte.**

les **Borgia** ■ FAMILLE ROMAINE □ *César* **Borgia,** prélat et homme d'État italien (1476-1507), fils du pape *Alexandre VI ; inspirateur du *"Prince"* de *Machiavel. □ *Lucrèce* **Borgia,** sa sœur (1480-1519), fut l'instrument de sa politique.

le **Borinage** ■ Région de Belgique (*Hainaut). Bassin houiller.

Boris Godounov ■ Tsar de Russie (v. 1551 - 1605). Son histoire a inspiré *Pouchkine et *Moussorgski.

Max **Born** ■ Physicien allemand naturalisé britannique (1882-1970). Mécanique quantique et physique nucléaire. Prix Nobel 1954.

Bornéo ■ Grande île du Sud-Est asiatique (*Insulinde), partagée entre l'Indonésie (*Kalimantan), la Malaysia (Sabah, Sarawak) et le Brunei. 736 000 km². Île très montagneuse, couverte de forêts, où vivent de nombreuses tribus (notamment les

Dayaks), avec une densité très faible (moins de 10 hab./km²).

Bornholm ■ Île du Danemark, dans la mer Baltique. 588 km². 466 600 hab.

Bornou ■ Empire musulman africain qui s'étendait autour du lac Tchad et qui connut son apogée au XVIᵉ s. Reconstitué au XIXᵉ s., il fut vaincu par la France (1900) et partagé entre les puissances coloniales.

Borobuḍur ■ ⇒ **Bārābudur**.

Alexandre **Borodine** ■ Compositeur russe (1833-1887). Il s'inspira du folklore. *"Le Prince Igor"*, opéra.

saint *Charles* **Borromée** ■ ⇒ saint **Charles Borromée**.

les îles **Borromées** ■ Groupe de quatre îles situées dans la partie italienne du lac *Majeur (*Piémont).

Francesco **Borromini** ■ Architecte italien (1599-1667). Un des artistes les plus inventifs du *baroque.

Bort-les-Orgues ■ Commune de la Corrèze. 4 200 hab. *(les Bortois).*

Jérôme **Bosch** ■ Peintre flamand (v. 1450 - 1516). Visions fantastiques, peuplées d'êtres hybrides, dans des coloris clairs. *"Le Jardin des délices"* ; *"la Tentation de saint Antoine"* ; *"la Nef des fous"* ; *"le Jugement dernier"*.

Henri **Bosco** ■ Écrivain français (1888-1976). Dans ses romans, les paysages provençaux sont imprégnés de mystère.

Satyendra *Nath* **Bose** ■ Physicien indien (1894-1974). La *statistique de Bose-Einstein* décrit les systèmes quantiques.

la **Bosnie** ■ Région des Balkans, située dans le Nord de la Bosnie-Herzégovine. □ *la* **Bosnie-Herzégovine**. État (république) d'Europe méridionale. 51 129 km². 4,12 millions d'hab. Capitale : Sarajevo. Langue : serbo-croate (off.). Monnaie : dinar youg. □ **HISTOIRE**. Foyer d'opposition nationaliste au pouvoir austro-hongrois, de 1875 à 1918. L'assassinat de l'archiduc *François-Ferdinand d'Autriche par un *Bosniaque* fut la cause directe de la guerre en 1914. Intégrée à la Yougoslavie en 1918, elle en devint l'une des six républiques fédérées en 1946. Depuis la proclamation de son indépendance (1991), elle doit faire face à une guerre civile qui oppose Bosniaques, Croates et Serbes.

le **Bosphore** ■ Passage entre la mer Noire et, par la mer de Marmara, la mer Égée. Position stratégique dès l'Antiquité, le Bosphore, avec les *Dardanelles, a été un enjeu des guerres du XIXᵉ et du XXᵉ s. Il sépare l'Europe de l'Asie.

le **Bosphore** ■ Dans l'Antiquité, royaume qui correspond au « Bosphore cimmérien », aujourd'hui le détroit de *Kertch (*Crimée).

Alain **Bosquet** ■ Écrivain et critique français d'origine russe (né en 1919).

Abraham **Bosse** ■ Graveur et théoricien d'art français (1602-1676).

Jacques *Bénigne* **Bossuet** ■ Prélat français, un des grands noms de la littérature classique par sa prose ample et parfaite (1627-1704). *"Sermons"* ; *"Oraisons funèbres"*.

Boston ■ Ville des États-Unis, capitale du *Massachusetts. 563 000 hab. Recherche, commerce, industries. Port sur l'Atlantique. La zone urbaine comprend notamment *Cambridge.

James **Boswell** ■ Écrivain anglais (1740-1795). Il écrivit une *"Vie de Samuel *Johnson"*, son ami.

Khristo **Botev** ■ Écrivain et patriote bulgare (1848-1876). Héros national.

la **Botnie** ■ Région du nord de l'Europe, partagée entre le nord-est de la Suède et le nord-ouest de la Finlande.

le signal de **Botrange** ■ Point culminant de la Belgique, en *Ardenne. 694 m.

Théodore **Botrel** ■ Chansonnier français (1868-1925). "*La Paimpolaise*".

Markos **Botsaris** ■ ⇒ Botsaris.

le **Botswana** ■ État (république) d'Afrique australe, entre la Namibie, le Zimbabwe et l'Afrique du Sud. 581 730 km². 1,25 million d'hab. *(les Botswanais)*. Capitale : Gaborone. Langues : anglais (officielle), tswana (nationale). Monnaie : pula. Pays en majeure partie désertique (*Kalahari) à l'économie agro-pastorale, doté de richesses minières. État indépendant associé au *Commonwealth depuis 1966, multiracial, il dépend pour ses débouchés du Zimbabwe et de l'Afrique du Sud (80 % des échanges).

Sandro **Botticelli** ■ Peintre italien, un des principaux représentants de l'art florentin (1445-1510). "*Le Printemps*" et "*la Naissance de Vénus*" sont parmi les chefs-d'œuvre de la *Renaissance.

Sébastien **Bottin** ■ Éditeur des premiers annuaires statistiques français (1764-1853). ⟨ ▶ bottin ⟩

Bottrop ■ Ville d'Allemagne (*Rhénanie-du-Nord-Westphalie) 114 600 hab.

Markos **Botzaris** ou **Botsaris** ■ Patriote grec (v. 1789 - 1823).

Bouaké ■ Ville du centre de la Côte-d'Ivoire. 220 000 hab.

Bouar ■ Ville de l'ouest de la République centrafricaine. 49 200 hab.

Bouc-Bel-Air ■ Commune des Bouches-du-Rhône. 11 500 hab.

Edme **Bouchardon** ■ Sculpteur et dessinateur français de tendance néo-classique. (1698-1762). "*Bassin de Neptune*" à Versailles.

François **Boucher** ■ Peintre et décorateur français (1703-1770). Il fut protégé de Madame de *Pompadour.

Sujets galants dans l'esprit libertin du XVIIIe s. "*Diane sortant du bain*".

Hélène **Boucher** ■ Aviatrice française (1908-1934).

les **Bouches-du-Rhône** [13] ■ Département français de la région *Provence-Alpes-Côte d'Azur. 5 255 km². 1,76 million d'hab. Préfecture : Marseille. Sous-préfectures : Aix-en-Provence, Arles.

le **Bouclier canadien** ■ Vaste zone de terrains du nord-est du Canada datant du précambrien, s'étendant du cercle polaire aux *Grands Lacs au sud et au *Labrador à l'est. Richesses minières.

Bouddha ■ En sanskrit « l'Éveillé », surnom d'un prince indien, Siddhārta Gautama (v. 563 - v. 483 av. J.-C.). À 29 ans, il quitta le palais royal pour mener une vie ascétique. Un jour, assis sous un figuier, il reçut l'Éveil *(bodhi)* et devint *Bouddha*. Il commença à prêcher sa doctrine *(dharma)* et une méthode pour se libérer des illusions, de la douleur et atteindre le *nirvāna*. ▶ *le* **bouddhisme** exerce une influence profonde dans toute l'Asie, sous différentes formes : hīnayāna et mahāyāna (petit et grand véhicules) en Inde, tantrisme au Tibet, zen au Japon, ch'an en Chine... ⇒ le **bodhisattva**. ⟨ ▶ bouddhisme ⟩

Eugène **Boudin** ■ Peintre français (1824-1898). Précurseur des *impressionnistes. Paysages marins. ■

Rachid **Boudjedra** ■ Écrivain algérien d'expression française (né en 1941).

la querelle des **Bouffons** ■ Polémique qui opposa en 1752, à Paris, les partisans de l'opéra italien (⇒ **Pergolèse**) et ceux de l'opéra français (⇒ **Gluck**).

Louis Antoine comte de **Bougainville** ■ Navigateur français (1729-1811). Son "*Voyage autour du monde*" eut un grand succès. ▶ *l'île de* **Bougainville,** la plus grande des îles de la province des Salomon septentrionales de la *Papouasie-Nouvelle-Guinée. ‹ ▶ bougainvillée ›

Bougival ■ Commune des Yvelines. 8 600 hab. *(les Bougivalais).*

Bouguenais ■ Commune de Loire-Atlantique. 15 300 hab. *(les Bouguenaisiens).*

William-Adolphe **Bouguereau** ■ Peintre académique français (1825-1905).

Jean **Bouillaud** ■ Médecin français (1796-1881). Il a décrit le rhumatisme articulaire aigu ou *maladie de Bouillaud.*

Boukhara ■ Ville de la C.É.I. (*Ouzbékistan). 224 000 hab. Ancienne capitale de principautés musulmanes (mosquées des Xe - XIIe s.).

Nikolaï Ivanovitch **Boukharine** ■ Révolutionnaire russe (1888-1938). Condamné à mort sous *Staline comme opposant et théoricien de droite. Il fut réhabilité en 1988.

*el-***Boulaïda,** ancient **Blida** ■ Ville d'Algérie, au sud-ouest d'Alger. 191 000 hab.

Georges **Boulanger** ■ Général français (1837-1891). Il cristallisa autour de lui les oppositions au régime parlementaire mais recula devant la prise du pouvoir (1889). Son suicide mit fin au *boulangisme.*

Nadia **Boulanger** ■ Professeur de musique et organiste française (1887-1979). □*Lily* **Boulanger,** sa sœur (1893-1918), compositrice, mourut à 25 ans.

Boulay-Moselle ■ Souspréfecture de la Moselle. 4 400 hab. *(les Boulageois).*

la **Boulè** ■ Institution politique de la Grèce antique. À Athènes, elle préparait les lois pour l'assemblée des citoyens (l'*Ecclésia).

Pierre **Boulez** ■ Compositeur et chef d'orchestre français (né en 1925).

Son influence sur la musique contemporaine est déterminante. "*Le Marteau sans maître*" ; "*Répons*".

Mikhaïl **Boulgakov** ■ Écrivain soviétique (1891-1940). "*Le Maître et Marguerite*".

André Charles **Boulle** ■ Ébéniste français (1642-1732). Son nom est attaché au type de meuble qu'il créa et à une école d'ébénisterie (fondée en 1886).

Pierre **Boulle** ■ Écrivain français (né en 1912). "*Le Pont de la rivière Kwaï*" ; "*la Planète des singes*".

Étienne Louis **Boullée** ■ Architecte français (1728-1799). Projet du cénotaphe de *Newton.

le bois de **Boulogne** ■ Parc public de l'ouest de Paris aménagé par *Alphand.

Boulogne-Billancourt ■ Commune des Hauts-de-Seine. 102 000 hab. *(les Boulonnais).* Banlieue industrielle et résidentielle (bois de Boulogne) de Paris.

Boulogne-sur-Mer ■ Souspréfecture du Pas-de-Calais. 44 200 hab. *(les Boulonnais).* 1er port de pêche de France, site pittoresque (nombreux monuments). ▶ *le* **Boulonnais** est une région d'élevage de chevaux et de bœufs.

Houari **Boumediene** ■ Officier et homme politique algérien (1932-1978). Président de la République de 1965 à sa mort.

Ivan **Bounine** ■ Écrivain russe (1870-1953). Il émigra en 1920 et mourut à Paris. "*Sombres allées*". Prix Nobel 1933.

Henri **Bourassa** ■ Journaliste et homme politique québécois (1868-1952). Fondateur du quotidien *le Devoir* (1910).

Robert **Bourassa** ■ Homme politique québécois (né en 1933). Premier ministre (libéral) du *Québec de 1970 à 1976 et depuis 1985.

Nicolas **Bourbaki** ■ Pseudonyme d'un groupe de mathématiciens français, formé en 1933. "*Éléments de mathématiques*".

les maisons de **Bourbon** ■ Famille de seigneurs du *Bourbonnais* (Allier), parents des *Capétiens à partir du XIIIᵉ s. La branche cadette parvint au trône de *Navarre avec Antoine de Bourbon en 1548 (son frère Louis fondant la maison de *Condé), puis au trône de France avec *Henri IV en 1589 ; elle le conserva jusqu'à *Charles X. □ *les* **Bourbons-Orléans,** descendants du second fils de Louis XIII, branche dont sont issus *Louis-Philippe et l'actuel prétendant, comte de Paris (⟹ maison d'**Orléans**). D'autres branches de la famille régnèrent sur Naples (1759-1860) et sur Parme (1748-1859). □ *les* **Bourbons-Anjou** régnèrent en Espagne à partir de 1700 (*Philippe V). ⟨▶ bourbonien ⟩

le connétable de **Bourbon** ■ Charles III, huitième duc de Bourbon, dernier représentant de la branche aînée des Bourbons (1490-1527). Il passa au service de Charles Quint. Ses terres furent réunies à la Couronne.

l'île **Bourbon** ■ Ancien nom de la *Réunion.

le palais **Bourbon** ■ Monument de Paris érigé de 1722 à 1728, achevé par J. *Gabriel. Siège de l'*Assemblée nationale (*Palais-Bourbon*).

Louis **Bourdaloue** ■ Jésuite et prédicateur français (1632-1704).

Antoine **Bourdelle** ■ Sculpteur français (1861-1929). Élève de *Rodin. "*Héraclès archer*".

Sébastien **Bourdon** ■ Peintre et décorateur français (1616-1671). Portraits.

Bourg-de-Péage ■ Commune de la Drôme. 9 500 hab. *(les Péageois).*

Bourg-en-Bresse ■ Préfecture de l'Ain. 43 000 hab. *(les Burgiens).* Important marché agricole. Monas-

tère de Brou (église du *gothique flamboyant).

Léon **Bourgeois** ■ Homme politique français (1851-1927). Théoricien du radicalisme.

Bourges ■ Préfecture du Cher. 78 800 hab. *(les Berruyers).* Cathédrale gothique. Célèbre palais Jacques-*Cœur (XVᵉ s.), témoignage de l'essor de la ville sous Charles VII et Louis XI. Centre industriel et artisanal.

Paul **Bourget** ■ Romancier français (1852-1935). Romans psychologiques. "*Le Disciple*".

le lac du **Bourget** ■ Lac des Alpes françaises, en Savoie (44 km²). *Aix-les-Bains et *Le Bourget-du-Lac sont sur ses rives.

Le **Bourget** ■ Commune de la Seine-Saint-Denis, où se trouve le plus ancien des trois aéroports de Paris. 11 700 hab. *(les Bourgetins).*

Bourg-la-Reine ■ Commune des Hauts-de-Seine, dans la banlieue sud de Paris. 18 200 hab. *(les Réginaburgiens).*

Bourg-lès-Valence ■ Commune de la Drôme. 18 600 hab. *(les Bourcains).*

la **Bourgogne** ■ Région administrative et économique française, comprenant les départements de la Côte-d'Or, la Nièvre, la Saône-et-Loire, l'Yonne. 31 752 km². 1,6 million d'hab. *(les Bourguignons).* Préfecture : Dijon. Relief diversifié qui fait alterner les régions d'élevage, de forêt et de vignobles (vins renommés de la Côte-d'Or, dont le commerce est une activité importante pour la région). Deux pôles d'industrialisation : autour du *Creusot et de *Montceau-les-Mines (charbon, sidérurgie aujourd'hui en crise), autour de Dijon et d'Auxerre (constructions mécaniques et électriques). □ **HISTOIRE**. Ancienne *Burgondie, la Bourgogne fut un royaume indépendant puis un duché prospère (à partir du IXᵉ s.), enfin un État (aux XIVᵉ et XVᵉ s.), allié des

Anglais contre les *Armagnacs pendant la guerre de *Cent Ans (parti des *Bourguignons*). La lutte contre les rois de France s'acheva à la mort de Charles le Téméraire : la Bourgogne fut peu à peu annexée à la couronne de France, alors que le reste des États bourguignons (Belgique et Pays-Bas actuels) passait aux Habsbourg. ▶ *le canal de* **Bourgogne** relie, par l'Yonne et la Saône, les bassins de la Seine et du Rhône. ⟨ ▶ bourgogne, bourguignon ⟩

Bourgoin-Jallieu ■ Commune de l'Isère. 22 700 hab. *(les Berjalliens).*

Bourg-Saint-Andéol ■ Commune de l'Ardèche. 8 000 hab. *(les Bourguésans).*

Bourg-Saint-Maurice ■ Commune de la Savoie. 7 100 hab. *(les Borains).* Station d'été et de sports d'hiver.

Habib ibn Ali **Bourguiba** ■ Homme politique tunisien (né en 1903). Principal artisan de l'indépendance (1956), président de la République depuis 1957, déposé, pour raison de santé, par son gouvernement en 1987.

la **Bouriatie** ■ Une des républiques autonomes de la Fédération de *Russie, à la frontière de la *Mongolie. 351 300 km². 1,04 million d'hab. *(les Bouriates).* Capitale : Oulan-Oude. Élevage, forêts. Fer et industries dérivées.

Louis comte de Ghaisnes de **Bourmont** ■ Un des chefs de la *chouannerie puis des *ultras, ministre de Charles X et maréchal de France (1773-1846).

Bournemouth ■ Ville et station balnéaire d'Angleterre (*Dorset), sur la Manche. 148 000 hab.

André Raimbourg dit **Bourvil** ■ Acteur français (1917-1970). Rôles comiques (*"la Grande Vadrouille"*) et dramatiques (*"le Cercle rouge"*).

Le **Bouscat** ■ Commune de la Gironde, dans la banlieue de Bordeaux. 21 600 hab. *(les Bouscatais).*

Joë **Bousquet** ■ Poète français (1897-1950). *"Lettres à Poisson d'or"* ; *"Traduit du silence".*

Boutros **Boutros-Ghali** ■ Homme politique égyptien (né en 1922). Secrétaire général de l'*O.N.U. depuis 1992.

Dierick **Bouts** ■ Peintre *flamand (v. 1415-1475). *"Adoration des Mages".*

Bouvines ■ Site (près de *Lille) d'une victoire décisive de Philippe Auguste (1214) contre les armées anglaise, germanique et flamande. Église néo-gothique (21 vitraux représentent des scènes de la bataille).

les **Boxers** ■ Secte chinoise. Ses membres déclenchèrent un mouvement d'hostilité envers les Européens qui aboutit à la *révolte des Boxers* et au massacre des missions à Pékin (1900).

sir Robert **Boyle** ■ Physicien et chimiste irlandais (1627-1691). Son œuvre annonce la chimie expérimentale moderne. *Loi de Boyle-*Mariotte :* loi de compressibilité des gaz.

le **Brabant** ■ Région historique située entre la Meuse et l'Escaut. Duché au XIIᵉ s., il passa à la Bourgogne puis aux Habsbourg. Le Brabant est aujourd'hui partagé en deux provinces. ☐ *le* **Brabant-Septentrional,** aux Pays-Bas. 4 942 km². 2,17 millions d'hab. Chef-lieu : Bois-le-Duc. ☐ *le* **Brabant,** en Belgique. 3 358 km². 2,22 millions d'hab. *(les Brabançons* parlent flamand au nord, wallon au sud). Chef-lieu : Bruxelles. Forte urbanisation, industries. *"La Brabançonne"* est l'hymne national belge.

Félix **Bracquemond** ■ Lithographe et peintre français (1833-1914). Gravures à l'eau-forte.

Ray **Bradbury** ■ Écrivain américain (né en 1920). Romans d'anticipation. *"Chroniques martiennes"* ; *"Fahrenheit 451"*.

Bradford ■ Ville d'Angleterre (*Yorkshire de l'Ouest). 295 000 hab.

James **Bradley** ■ Astronome anglais (1693-1762). Il découvrit l'aberration solaire.

Francis Herbert **Bradley** ■ Philosophe anglais (1846-1924). Il développa un idéalisme influencé par *Hegel.

Teófilo **Braga** ■ Homme politique et écrivain portugais (1843-1924). *"Contes traditionnels du peuple portugais"*.

Braga ■ Ville du nord du Portugal. 63 000 hab.

Bragance, en portugais **Bragança** ■ Ville du nord-est du Portugal. 14 600 hab. ▶ *la maison de* **Bragance,** apparentée aux *Capétiens, a régné sur le Portugal (1640-1910) et le Brésil (1822-1889).

les **Bragg** ■ Physiciens anglais. Sir William Henry (1862-1942) et son fils sir William Lawrence (1890-1971) reçurent ensemble le prix Nobel en 1915. *Loi de Bragg,* loi fondamentale en optique cristalline.

Tycho **Brahe** ■ Astronome danois (1546-1601). Ses observations remarquables furent exploitées par son élève *Kepler.

Brahmā ■ Personnification du *brahman,* c'est-à-dire de l'« Universel », peu à peu éclipsé par *Vishnou et *Siva dans le panthéon de l'hindouisme. Il a quatre faces et quatre bras. ▶ *les* **brahmanes** étaient les membres de la caste supérieure dans l'ancienne société indienne. ⟨ ▶ brahmane ⟩

le **Brahmapoutre** ■ Fleuve d'Asie. 2 880 km. Delta commun avec le *Gange.

Johannes **Brahms** ■ Compositeur romantique allemand (1833-1897). Subtil mélodiste et chef d'orchestre, il a laissé quatre symphonies et,

surtout, des pièces pour piano, de la musique de chambre, des mélodies.

James **Braid** ■ Médecin et chirurgien britannique (1795-1860). Il créa le terme *hypnotism* (hypnotisme).

Brăila ■ Ville de Roumanie. 235 000 hab. Port sur le Danube.

Louis **Braille** ■ Inventeur français de l'écriture pour les aveugles (1809-1852). ⟨ ▶ braille ⟩

Braine-l'Alleud, en néerlandais **Eigenbrakel** ■ Ville de Belgique (*Brabant). 31 000 hab.

Bramante ■ Peintre et grand architecte italien (1444-1514). Il conçut le plan de la basilique *Saint-Pierre de Rome.

le **Bramantino** ■ Peintre italien, architecte (v. 1465-v. 1536).

Constantin **Brancusi** ■ Sculpteur français d'origine roumaine (1876-1957). Il épure les formes jusqu'à les rendre abstraites. *"Muse endormie"*.

Brandebourg, en allemand **Brandenburg** ■ Ville d'Allemagne (État du *Brandebourg), à l'ouest de Berlin. 95 000 hab. □ *le* **Brandebourg.** État (land) d'Allemagne. 26 976 km². 2,7 millions d'hab. Capitale : Potsdam. □ **HISTOIRE.** Berceau du royaume de Prusse, domaine des *Hohenzollern de 1415 à 1918, l'État de Brandebourg fut dissous en 1952 lors de la création des districts en *R.D.A. Il retrouva son ancien statut après la réunification, en 1990. □ *la* **porte de** **Brandebourg.** Arc de triomphe édifié au centre de *Berlin, marquant la frontière entre les deux parties de la ville, Berlin-Ouest et Berlin-Est, qui fut abolie à la fin de 1989. ⟨ ▶ brandebourg ⟩

Georg **Brandes** ■ Écrivain et critique danois (1842-1927). Il exerça une influence capitale sur la littérature scandinave.

Sébastien **Brandt** ou **Brant** ■ Humaniste alsacien (1458-1521). *"La Nef des fous"* (*"das Narrenschiff"*).

Willy **Brandt** ■ Homme politique allemand (1913-1992). Chancelier (social-démocrate) de R.F.A. de 1969 à 1974.

Édouard **Branly** ■ Physicien français (1844-1940). Pionnier de la radiodiffusion.

Pierre de Bourdeille seigneur de **Brantôme** ■ Écrivain français (v. 1538 - 1614). *"Mémoires"* célèbres pour leurs anecdotes galantes.

Georges **Braque** ■ Peintre français (1882-1963). Il ne cessa d'exploiter, sous toutes les formes, le *cubisme, qu'il inventa avec *Picasso. Séries de tableaux sur un même thème (l'oiseau, le poisson, l'atelier). Papiers collés.

Brasilia ou **Brasília** ■ Ville nouvelle (plans de *Costa, bâtiments de *Niemeyer), capitale du Brésil depuis 1960 et d'un district fédéral (5 794 km² ; 1,8 million d'hab.) dans l'État de *Goiás. Le site de la ville fut choisi pour favoriser le développement de la région, qui était faiblement peuplée. 411 000 hab.

Robert **Brasillach** ■ Écrivain et publiciste français (1909-1945). Fusillé pour sa collaboration avec l'Allemagne nazie.

Braşov ■ Ville de Roumanie. 347 000 hab. Monuments médiévaux. Centre industriel.

Bras-Panon ■ Commune de la Réunion. 8 800 hab.

Gyula Halász dit **Brassaï** ■ Photographe français d'origine hongroise (1899-1984).

Georges **Brassens** ■ Chanteur, auteur et compositeur français (1921-1981).

Bratislava, en allemand **Press-burg** ■ Capitale de la *Slovaquie. 435 000 hab. Port sur le Danube.

Bratsk ■ Ville de la C.É.I. (*Russie), en *Sibérie. 255 000 hab. Centrale hydraulique.

Fernand **Braudel** ■ Historien français (1902-1985), l'un des principaux représentants de la « nouvelle histoire ». *"Civilisation matérielle, économie et capitalisme, XVᵉ - XVIIIᵉ s.".*

Wernher von **Braun** ■ Savant allemand naturalisé américain (1912-1977). Père des fusées modernes.

Victor **Brauner** ■ Peintre surréaliste roumain installé à Paris (1903-1966).

Braunschweig ■ ⇒ **Brunswick.**

Adriaen **Brauwer** ■ ⇒ **Brouwer.**

Auguste **Bravais** ■ Physicien français (1811-1863). Cristallographie.

le pays de **Bray** ■ Région du nord-ouest de la France (Haute-*Normandie).

Pierre Savorgnan de **Brazza** ■ Explorateur italien naturalisé français (1852-1905). Colonisateur du Congo (1880).

Brazzaville ■ Capitale du Congo. 596 000 hab. Métropole politique, universitaire et religieuse du pays. Industries.

Michel **Bréal** ■ Linguiste français (1832-1915). Créateur de la sémantique.

Bertolt **Brecht** ■ Auteur dramatique allemand et théoricien du théâtre (1898-1956). Le fondateur d'une nouvelle forme de théâtre : le spectateur doit réfléchir et non s'identifier à l'action. C'est le procédé de « distanciation ». *"Mère Courage"* ; *"l'Opéra de quat'sous"*, musique de Kurt *Weill.

Breda ■ Ville des Pays-Bas (*Brabant-Septentrional). 121 000 hab. Résidence (XVIᵉ s.) des princes d'Orange-Nassau.

Bregenz ■ Ville d'Autriche, capitale du *Vorarlberg, à l'extrémité sud-est du lac de *Constance. 24 600 hab.

Louis **Bréguet** ■ Ingénieur français (1880-1955). Pionnier de l'aéronautique.

l'île de **Bréhat** ■ Île de la Manche et commune des Côtes-d'Armor *(L'Île-*

de-Bréhat). 460 hab. *(les Bréhatins)*. Tourisme.

Leonid **Brejnev** ■ Homme politique soviétique (1906-1982). Premier secrétaire du parti communiste de l'U.R.S.S. de 1964 à sa mort.

Arno **Breker** ■ Sculpteur allemand (1900-1991). Artiste officiel du régime hitlérien.

Jacques **Brel** ■ Chanteur, auteur et compositeur belge de langue française (1929-1978).

Brême, en allemand **Bremen** ■ Ville et port fluvial d'Allemagne, au fond de l'estuaire de la Weser, et capitale de l'État (land) du même nom (le plus petit du pays : 404 km², 660 000 hab.). 533 000 hab. Vieille ville médiévale. Industries sidérurgiques, raffineries. ▶ **Bremerhaven.** Débouché maritime de Brême. 127 000 hab.

l'abbé Henri **Brémond** ■ Historien de la spiritualité et critique littéraire français (1865-1933).

Brennus ■ Chef gaulois. Il s'empara de Rome en 390 av. J.-C.

Clemens **Brentano** ■ Écrivain romantique allemand (1778-1842). □ *Elisabeth* **Brentano,** sa sœur. ⇒ Bettina von **Arnim.** □*Franz* **Brentano,** son neveu (1838-1917), philosophe allemand, psychologue, maître de *Husserl.

Brescia ■ Ville d'Italie (*Lombardie). 198 000 hab.

le **Brésil** ■ État (république fédérale) d'Amérique du Sud occupant presque la moitié de l'Amérique latine, constitué de vingt-six États et d'un district fédéral (Brasilia). 8 511 965 km². 147,4 millions d'hab. *(les Brésiliens)*. Capitale : Brasilia. Langue officielle : portugais. Monnaie : cruzado. Cinq régions : nord (*Amazonie, forêts semi-désertiques), nord-est (*Nordeste, littoral fertile, intérieur semi-aride), sud (montagnes et pampa, agriculture riche), sud-est (littoral fertile, savane) – qui regrou-

pent l'essentiel de l'activité économique (*Belo Horizonte, *Rio de Janeiro, *São Paulo) – et centre-ouest (plateau très peu peuplé malgré la création de *Brasilia). Développement économique spectaculaire depuis les années 1960, lié à d'immenses ressources agricoles (numéro 1 mondial pour le café ; sucre, cacao, maïs) et minières (fer, amiante). Malgré l'essor de l'économie dans certains secteurs (sidérurgie), de graves déséquilibres économiques, financiers et sociaux subsistent.
□ **HISTOIRE.** Découvert en 1500 par P. Á. *Cabral, vice-royauté portugaise, le Brésil devint la tête de l'empire du Portugal quand le roi Jean VI, fuyant Napoléon, fit de Rio sa capitale ; son fils proclama l'indépendance en 1822 et devint empereur du Brésil sous le nom de Pierre Iᵉʳ. La richesse du pays attira de nombreux immigrants (population aujourd'hui très métissée). Le pays fut doté d'une constitution républicaine en 1891. Vargas instaura un pouvoir fort de 1930 à 1945 et de 1951 à 1954. Après une période réformiste, les militaires prirent le pouvoir (1964). L'élection de J. Sarney (1985-1989) puis de F. Collor (destitué pour corruption en 1992) marqua le retour à la démocratie.

Breslau ■ Nom allemand de *Wrocław (Pologne).

la **Bresse** ■ Région de *Bourg-en-Bresse, dans l'est de la France. Elle fut cédée par la Savoie à la France en 1601. Économie agricole (volailles renommées).

Robert **Bresson** ■ Cinéaste français (né en 1901). Style exigeant et dépouillé. "*Les Dames du bois de Boulogne*".

Bressuire ■ Sous-préfecture des Deux-Sèvres. 19 000 hab. *(les Bressuirais)*.

Brest ■ Sous-préfecture du Finistère, port militaire sur la *rade de Brest* depuis le XVIIᵉ s. 153 100 hab. *(les Brestois)*. Centre détruit en 1944 et reconstruit. Nombreuses activités portuaires et océanographiques. Université.

Brest ■ Ville de *Biélorussie (C.É.I.), autrefois polonaise (Brześć Litowski).* 258 000 hab. ▶ *le traité de* **Brest-Litovsk** (1918) mit fin à la guerre russo-allemande.

la Bretagne ■ Péninsule à l'ouest de la France, entre la Manche et l'Atlantique, formée de massifs peu élevés (⇒ Massif **armoricain**) entaillés de vallées. Elle doit son nom aux *Bretons*, peuple celte venu de l'Angleterre aux ve - vi[e] s. Pratiquement indépendante sous les Carolingiens, la Bretagne fut un enjeu des rivalités entre Capétiens et Anglais. Duché prospère au xve s., elle passa à la Couronne en 1524 à la mort de *Claude de France (acte d'Union de 1532), non sans continuer à manifester son particularisme. C'est aujourd'hui une région administrative regroupant quatre départements : Côtes-d'Armor, Finistère, Morbihan, Ille-et-Vilaine. 27 507 km². 2,79 millions d'hab. (les Bretons).* Préfecture : Rennes. Économie essentiellement agricole qui repose sur l'élevage (laitier, porcin, avicole) et qui cherche à s'industrialiser (agro-alimentaire, pêche très active). La Bretagne est l'une des premières régions touristiques françaises.

la Bretagne ■ Nom francisé de la province romaine de *Britannia,* aujourd'hui la Grande-Bretagne.

Brétigny-sur-Orge ■ Commune de l'Essonne. 20 100 hab. *(les Brétignolais).*

André Breton ■ Écrivain français (1896-1966). Fondateur et théoricien du *surréalisme. Poète et critique d'art. "Nadja",* récit. *"Manifestes du surréalisme".*

Bretton Woods ■ Localité des États-Unis (*New Hampshire) où eut lieu une conférence internationale (1944) fixant des conditions nouvelles à l'économie : changes fixes (le dollar comme unité de compte — il restera convertible en or jusqu'en 1971), création du Fonds monétaire international (F.M.I.) et de la Banque internationale pour la reconstruction et le développement (B.I.R.D.).

Josef Breuer ■ Physiologiste et psychiatre autrichien (1842-1925). Initiateur de la psychanalyse avec *Freud.

Marcel Breuer ■ Architecte américain (1902-1981). Collaborateur de Gropius, professeur au *Bauhaus. Mobilier. Palais de l'Unesco à Paris (avec *Nervi et *Zehrfuss).

Breughel ■ ⇒ Bruegel.

l'abbé Henri Breuil ■ Paléontologue et préhistorien français (1877-1961).

sir David Brewster ■ Physicien écossais (1781-1868). Lois de la polarisation de la lumière par réflexion.

Otakar Březina ■ Poète tchèque (1868-1929). Inspiration mystique et métaphysique. *"Les Lointains mystérieux".*

Briançon ■ Sous-préfecture des Hautes-Alpes. 12 100 hab. *(les Briançonnais).* Église et citadelle construites par *Vauban. La région du *Briançonnais* a une situation stratégique.

Aristide Briand ■ Homme politique français (1862-1932). Remarquable orateur et, se plaçant à la charnière de la droite et de la gauche, il fut plusieurs fois ministre et président du Conseil, mais surtout l'artisan du rapprochement franco-allemand après guerre et de la diplomatie de la paix. Prix Nobel de la paix 1926.

Briansk ■ Ville de la C.É.I. (*Russie). 452 000 hab. Industries.

Bridgeport ■ Ville des États-Unis (*Connecticut), près de *New York. 143 000 hab.

Calvin Bridges ■ Généticien américain (1889-1938). Découverte des chromosomes géants de la mouche drosophile.

Bridgetown ■ Capitale de l'île de la Barbade (*Antilles). 7 470 hab.

la **Brie** ■ Plateau fertile entre la Seine et la Marne. Fromages réputés. Villes principales : Meaux, Melun, Coulommiers. Ses habitants sont *les Briards.* ⟨ ▶ briard, brie ⟩

Brie-Comte-Robert ■ Commune de Seine-et-Marne. 11 800 hab. *(les Briards).*

Briey ■ Sous-préfecture de Meurthe-et-Moselle. 4 500 hab. *(les Briotins).*

les **Brigades internationales** n. f. pl. ■ Unités de volontaires étrangers qui allèrent combattre aux côtés des forces républicaines lors de la guerre civile espagnole (1936-1939).

les **Brigades rouges** n. f. pl. ■ Terroristes italiens qui organisèrent, à partir de 1970, des attentats politiques dans le pays.

Richard **Bright** ■ Médecin anglais (1789-1858). Un des fondateurs de l'anatomie pathologique. Le *mal de Bright :* la néphrite chronique.

Brighton ■ La plus importante station balnéaire d'Angleterre (*Sussex-Oriental). 138 000 hab.

Brignais ■ Commune du Rhône. 10 100 hab.

Brignoles ■ Sous-préfecture du Var. 11 800 hab. *(les Brignolais).* Ancienne résidence des comtes de Provence.

La **Brigue** ■ Commune des Alpes-Maritimes. 620 hab. *(les Brigasques).* Rattachée à la France avec Tende, en 1947.

Paul **Bril** ■ Peintre flamand (1554-1626). Paysages d'Italie.

Anthelme **Brillat-Savarin** ■ Magistrat et écrivain français (1755-1826). Sa *"Physiologie du goût"* fait l'éloge de la gastronomie. ⟨ ▶ savarin ⟩

Léon **Brillouin** ■ Physicien français, établi aux États-Unis en 1941 (1889-1969). Théorie quantique, électronique, théorie de l'information.

Brindisi ■ Ville d'Italie (*Pouilles). 88 900 hab. Une des plus anciennes cités de l'Adriatique.

Brioude ■ Sous-préfecture de la Haute-Loire. 7 700 hab. *(les Brivadois).* Marché agricole.

Valerii **Brioussov** ■ Poète russe (1873-1924). Critique, traducteur, théoricien du symbolisme russe.

Brisbane ■ Ville et port (sur l'océan Pacifique) d'Australie, capitale du *Queensland. 1,21 million d'hab.

Jacques Pierre **Brissot** dit **Brissot de Warville** ■ Révolutionnaire français, publiciste (1754-1793). Chef des *Girondins (ou *Brissotins*), il fut guillotiné.

Bristol ■ Ville et port fluvial (sur l'Avon) d'Angleterre, chef-lieu du comté d'*Avon. 420 000 hab. Nombreuses industries : constructions mécaniques, pétrochimie.

le canal **Bristol** ■ Estuaire du sud-est de la Grande-Bretagne entre le pays de Galles au nord et l'Angleterre au sud. L'Avon et la Severn s'y jettent.

Britannicus ■ Rival malheureux de *Néron (41-55). Il fut empoisonné. Son destin a inspiré une tragédie à *Racine.

les îles **Britanniques** n. f. pl. ■ La Grande-Bretagne, l'Irlande et 5 000 îles environnantes. ⟨ ▶ britannique ⟩

Benjamin **Britten** ■ Compositeur anglais (1913-1976). Il écrivit surtout pour la voix. *"Peter Grimes",* opéra.

Brive-la-Gaillarde ■ Sous-préfecture de la Corrèze. 52 700 hab. *(les Brivois* ou *Brivistes).* Important marché agricole. Petites industries. Maisons anciennes.

Brno ■ 2ᵉ ville de la République tchèque, ville principale de la *Moravie. 390 000 hab. Mécanique.

Broadway ■ Rue des théâtres à Manhattan (*New York).

Paul *Broca* ■ Chirurgien français, initiateur de l'anthropologie physique (1824-1880). Recherche des localisations cérébrales. Pionnier de l'anthropométrie.

*la forêt de **Brocéliande*** ■ Forêt légendaire où vivait *Merlin l'Enchanteur. On la situe en Bretagne.

Hermann Broch ■ Écrivain autrichien (1886-1951). "*Les Somnambules*" ; "*la Mort de Virgile*".

Max Brod ■ Écrivain israélien de langue allemande, né à Prague (1884-1968). Éditeur et biographe de *Kafka.

Joseph *Brodsky* ■ Poète soviétique naturalisé américain (né en 1940). "*Urania*". Prix Nobel 1987.

*les ducs de **Broglie*** ■ Nobles français d'origine piémontaise. Plusieurs d'entre eux ont été des hommes politiques et des hommes de science. □*Albert de **Broglie*** (1821-1901), monarchiste et catholique, président du Conseil en 1873-1874 (Ordre moral). □ *Louis de **Broglie*** (1892-1987), créateur de la mécanique ondulatoire qui fut un apport déterminant à la théorie quantique. Prix Nobel de physique 1929.

Louis *Bromfield* ■ Romancier américain (1896-1956). "*La Mousson*".

Bron ■ Commune du Rhône, dans la banlieue de Lyon. 40 500 hab. (*les Brondillants*).

Alexandre Théodore *Brongniart* ■ Architecte *néoclassique français (1739-1813). Bourse de Paris dite *Palais-Brongniart*. □*Alexandre **Brongniart*,** son fils (1770-1847), minéralogiste, géologue, céramiste. □*Adolphe **Brongniart*** (1801-1876), fils du précédent, fondateur de la paléontologie végétale.

*les **Brontë*** ■ Écrivains anglais. Un même esprit de révolte anime leurs œuvres. □*Branwell Patrick **Brontë*** (1815-1846). Enfant, il rédigea les "*Juve-*

nilia" avec ses sœurs. □*Charlotte **Brontë*** (1816-1855), auteur de "*Jane Eyre*". □*Emily Jane **Brontë*** (1818-1848) a écrit le célèbre "*les Hauts de Hurlevent*". □*Anne **Brontë*** (1820-1849), auteur de "*Agnes Grey*".

*le **Bronx*** ■ Un des cinq districts (*borough*) de *New York. 1,2 million d'hab.

*il **Bronzino*** ■ Peintre *maniériste italien (1503-1572). Portraits aux coloris froids.

Peter *Brook* ■ Metteur en scène anglais de théâtre et de cinéma (né en 1925).

Brooklyn ■ Un des cinq districts (*borough*) de *New York. 1,17 million d'hab.

Salomon de *Brosse* ■ Architecte français (1571-1626). Il annonce le *classicisme. Palais du Luxembourg, à Paris.

Charles de *Brosses* ■ Magistrat, écrivain et érudit français (1709-1777). "*Lettres*".

François *Broussais* ■ Médecin français (1772-1838). Adepte des diètes et saignées.

Paul *Brousse* ■ Homme politique français (1844-1912). Socialiste réformiste, il fonda le parti « possibiliste » ou *broussiste* qui prônait le changement social sans révolution.

Brousse*,** en turc ***Bursa ■ Ville du nord-ouest de la Turquie. 614 000 hab. Capitale des sultans ottomans au XIVe s. Nombreux monuments.

Adriaen *Brouwer* ou ***Brauwer*** ■ Peintre flamand (1605-1638). Élève de F. *Hals. Scènes de taverne.

Luitzen *Brouwer* ■ Mathématicien et logicien hollandais (1881-1966). Chef de file de l'école qui défend le rôle de l'intuition, en mathématique.

Robert *Brown* ■ Botaniste écossais (1773-1858). Il a découvert le mouvement des particules qu'on appelle mouvement *brownien*.

Robert **Browning** ■ Poète anglais (1812-1889). Inspiration lyrique et philosophique. *"L'Anneau et le Livre"*. □*Elizabeth Barrett* **Browning,** sa femme (1806-1861), auteur des *"Sonnets de la Portugaise"* et d'*"Aurora Leigh"* (roman en vers).

Édouard **Brown-Séquard** ■ Médecin et physiologiste français (1817-1894). *Syndrome de Brown-Séquard :* lésion unilatérale de la moelle épinière provoquant une hémiparaplégie.

Libéral **Bruant** ■ Architecte français (v. 1636-1697). Hôtel des Invalides, à Paris.

Aristide **Bruant** ■ Chansonnier français (1851-1925). Chansons d'inspiration populaire, notamment *"Nini Peau d'chien"*.

Bruay-la-Buissière, avant 1987 **Bruay-en-Artois** ■ Commune du Pas-de-Calais. 25 500 hab. *(les Bruaysiens).* Houillères.

Bruay-sur-l'Escaut ■ Commune du Nord. 11 800 hab. *(les Bruaysiens).* Houillères.

die **Brücke** ■ « Le Pont », association regroupant de 1905 à 1913 les artistes *expressionnistes allemands les plus extrêmes (*Kirchner, *Heckel, *Schmidt-Rottluff, *Nolde).

Anton **Bruckner** ■ Compositeur romantique autrichien (1824-1896). *"Te Deum"*. Amples symphonies dans la lignée de *Beethoven.

Pieter **Bruegel l'Ancien** ■ Peintre *flamand (v. 1525-1569). Il fit une description du milieu rural de son temps, qu'il enrichit d'une méditation sur le destin. Grand plasticien. *"Les Aveugles"* ; *"la Chute d'Icare"*. □*Bruegel de Velours* (1568-1625), le plus célèbre de ses fils, ami de *Rubens, peintre de bouquets et de paysages minutieux.

Bruges, en néerlandais **Brugge** ■ Ville de Belgique, chef-lieu de la *Flandre-Occidentale. 118 000 hab. *(les Brugeois).* Résidence des comtes de *Flandre au Moyen Âge, très prospère grâce au marché du drap et au commerce de la *Hanse. Cité ancienne (XIIIe-XVe s.), canaux (la « Venise du Nord »). Tourisme. Le canal de *Zeebrugge a relancé son activité.

Bruges ■ Commune de la Gironde, banlieue de Bordeaux. 8 800 hab. *(les Brugeais).*

le 18 **Brumaire an VIII** ■ 9 novembre 1799, journée au cours de laquelle Napoléon Bonaparte, à l'instigation de *Sieyès, renversa le *Directoire. Le *Consulat fut mis en place dès le lendemain.

Brumath ■ Commune du Bas-Rhin. 8 200 hab.

George Bryan **Brummel** ■ Célèbre dandy anglais (1778-1840). Surnommé « le roi de la mode ».

Brunehaut ■ Reine d'*Austrasie (v. 534-613).

le **Brunéi** ou *le* **Brunei** ■ État (sultanat), sur la côte nord-ouest de l'île de *Bornéo. 5 765 km². 251 000 hab. *(les Brunéiens).* Capitale : *Bandar Seri Begawan. Langue officielle : malais. Religion officielle : islam. Monnaie : dollar de Brunéi. Ancien protectorat britannique, indépendant depuis 1984. Il vit du pétrole.

Filippo **Brunelleschi** ■ Architecte italien (1377-1446). Sculpteur, une des grandes figures des débuts de la *Renaissance. Dôme de la cathédrale de Florence.

Ferdinand **Brunetière** ■ Critique littéraire français (1849-1906). *"Études critiques sur l'histoire de la littérature française"*.

saint **Bruno** ■ Fondateur de l'ordre bénédictin des *Chartreux (v. 1035-1101).

Giordano **Bruno** ■ Dominicain, savant, écrivain et théologien italien (1548-1600). Condamné et brûlé pour hérésie.

Brunoy ■ Commune de l'Essonne. 24 600 hab. *(les Brunoyens).*

Léon **Brunschvicg** ■ Philosophe français (1869-1944). Philosophie des sciences.

Brunswick, en allemand **Braunschweig** ■ Ville d'Allemagne (Basse-*Saxe). 252 000 hab. Important centre commercial et industriel. Capitale de l'ancien État de Brunswick, aujourd'hui intégré à la Basse-Saxe.

Charles Guillaume Ferdinand duc de **Brunswick** ■ Chef des armées austro-prussiennes (1735-1806). Il lança le « manifeste de Brunswick » contre la France en 1792.

Brutus ■ Fils adoptif de César, et l'un de ses meurtriers (v. 85 - 42 av. J.-C.).

Bruxelles, en néerlandais **Brussel** ■ Capitale de la Belgique, chef-lieu du *Brabant. 970 300 hab. *(les Bruxellois).* Centre économique, politique (palais royal, institutions européennes), administratif, culturel (universités, musées, monuments). Ville bilingue. Son histoire reflète celle du pays : résidence des Bourguignons, des *Habsbourg, du roi des Pays-Bas, lieu des insurrections indépendantistes.

Bruz ■ Commune d'Ille-et-Vilaine. 8 300 hab. *(les Bruzois).*

Bry-sur-Marne ■ Commune du Val-de-Marne. 13 900 hab. *(les Bryards).*

Martin **Buber** ■ Philosophe israélien d'origine autrichienne (1878-1965). *"Le Je et le Tu".*

Bucaramanga ■ Ville de Colombie. 364 000 hab. Cimenteries.

Bucarest ■ Capitale de la Roumanie, 1,99 million d'hab. Métropole industrielle (20 % de la production nationale). Capitale de la *Valachie depuis le XVᵉ s. (monuments).

Martin **Bucer** ■ Théologien allemand, il fut l'un des propagateurs de la *Réforme en Alsace et en Angleterre (1491-1551).

George **Buchanan** ■ Humaniste écossais (1506-1582). Il écrivit des tragédies en latin.

James **Buchanan** ■ Homme politique américain (1791-1868). 15ᵉ président (démocrate) des États-Unis de 1857 à 1861.

Buchenwald ■ Camp de concentration nazi, près de *Weimar (plus de 55 000 morts).

Georg **Büchner** ■ Écrivain romantique allemand, mort à 24 ans (1813-1837). Son théâtre oscille entre l'action révolutionnaire et une philosophie du néant : *"la Mort de Danton"* ; *"Woyzeck"* (sujet d'un opéra de *Berg).

Pearl **Buck** ■ Romancière américaine (1892-1973). L'action de ses romans se déroule en Chine. *"La Terre chinoise".* Prix Nobel 1938.

Buckingham ■ Ville d'Angleterre (*Buckinghamshire). 6 600 hab. Érigée en duché pour George Villiers (1592-1628), favori de *Jacques Iᵉʳ et *Charles Iᵉʳ. □ **Buckingham Palace,** palais construit à Londres par ses descendants (1705), est l'actuelle résidence royale. □ **Buckinghamshire.** Comté d'Angleterre au nord-ouest de Londres. 1 883 km². 627 000 hab. Chef-lieu : Aylesbury (52 900 hab.).

la **Bucovine** ou **Bukovine** ■ Région des *Carpates partagée entre la Roumanie (Bucovina), la Moldavie et l'Ukraine (Bukovina).

Budapest ■ Capitale de la Hongrie. 2,1 millions d'hab. (un cinquième de la population). Née de la réunion de Buda et de Pest, séparées par le *Danube, en 1873. Elle concentre l'essentiel des activités économiques, intellectuelles et culturelles du pays : un tiers des usines, trois quarts des sièges sociaux. Pôle touristique.

Guillaume **Budé** ■ Humaniste et érudit français (1467-1540). Il obtint de

*François Ier la création du *Collège de France.

Buenos Aires ■ Capitale de l'Argentine. 2,9 millions d'hab. Elle forme avec ses banlieues (General Sarmiento, Lanús, Lomas de Zamora, Morón et San Justo) une conurbation de 10 millions d'hab., soit un tiers de la population du pays. Au cœur du réseau de communications du pays, centre intellectuel et économique. Grand port dans l'estuaire du Río de la Plata, sur l'Atlantique. Pétrole. Second centre industriel d'Amérique du Sud, après *São Paulo. Fondée en 1580 par les Espagnols.

Buffalo ■ Ville des États-Unis (État de *New York). 358 000 hab. Grand port sur le lac Érié. Université.

William Frederick Cody dit **Buffalo Bill** ■ Aventurier américain (1846-1917). Célèbre pour avoir chassé et tué de nombreux bisons *(buffaloes)*.

Georges Louis Leclerc comte de **Buffon** ■ Naturaliste et écrivain français (1707-1788). "*Histoire naturelle*".

le **Bug** ■ Rivière d'Europe orientale, affluent de la *Vistule (803 km).

Ettore **Bugatti** ■ Industriel italien naturalisé français (1881-1947). Automobiles et automotrices.

Thomas **Bugeaud** ■ Maréchal de France (1784-1849). Gouverneur de l'Algérie de 1840 à 1847, il en organisa la conquête.

Ferdinand **Buisson** ■ Homme politique français (1841-1932). Défenseur de la laïcité et de la gratuité de l'enseignement, ardent partisan du vote des femmes. Président de la Ligue des droits de l'homme (1913-1926). Prix Nobel de la paix 1927.

Bujumbura ■ Capitale du Burundi. 273 000 hab.

Bulawayo ■ Ville du sud-ouest du Zimbabwe. 429 000 hab.

la **Bulgarie** ■ État (république) des *Balkans. 110 994 km². 8,98 millions d'hab. *(les Bulgares).* Capitale : Sofia. Langue : bulgare. Monnaie : lev. Pays de montagnes et de vallées (dont la plaine du Danube, au nord) à dominante agricole, malgré le développement de la chimie et de l'industrie lourde dans le cadre d'une économie socialiste. □ **HISTOIRE**. État indépendant au IXe s., il fut christianisé et soumis par *Byzance (972). Au XIIe s., il retrouva son autonomie et domina les Balkans (dynastie des Asénides). L'Empire ottoman l'annexa en 1396. L'éveil du nationalisme aboutit à la reconnaissance partielle de l'indépendance de la Bulgarie en 1878. Elle s'engagea dans les guerres balkaniques sous la conduite de Ferdinand de Saxe-Cobourg, qui proclama l'indépendance totale en 1908 et prit le titre de tsar des Bulgares. L'alliance avec l'Allemagne en 1914 et 1940 entraîna la chute de la royauté puis l'instauration (1946) d'une république populaire, dirigée par le parti communiste, et étroitement liée à l'U.R.S.S. Les effets de la perestroïka soviétique sur les pays de l'Est et la pression populaire ont obligé le gouvernement à entreprendre la libéralisation du régime en 1989. Les élections législatives en 1991 ont porté au pouvoir les principaux opposants, mettant ainsi fin au régime communiste. ⟨▶ bulgare⟩

Jean **Bullant** ■ Architecte et théoricien français (v. 1520 - 1578).

Pierre **Bullet** ■ Architecte français (1639-1716). Arc de la porte Saint-Martin, à Paris.

Bully-les-Mines ■ Commune du Pas-de-Calais. 12 600 hab. *(les Bullygeois).* Houillères.

Bernhard prince von **Bülow** ■ Homme politique allemand (1849-1929). Chancelier de 1900 à 1909.

Rudolf **Bultmann** ■ Théologien luthérien allemand (1884-1976).

le **Bundestag** ■ Assemblée législative de l'Allemagne, élue pour quatre ans. □ *le* **Bundesrat.** Conseil fédéral de l'Allemagne, il représente les États (länder).

Robert Wilhelm **Bunsen** ■ Physicien allemand (1811-1899). Il inventa un bec de gaz qui porte son nom.

Luis **Buñuel** ■ Cinéaste espagnol (1900-1983). Proche du *surréalisme et de l'anarchisme. *"Un chien andalou"* ; *"Viridiana"* ; *"Cet obscur objet du désir"*.

John **Bunyan** ■ Écrivain religieux anglais (1628-1688). *"Le Voyage du pèlerin"*.

Philippe **Buonarroti** ■ Révolutionnaire français (1761-1837). Proche de *Babeuf.

Jakob **Burckhardt** ■ Historien suisse de langue allemande (1818-1897). *"La Civilisation de la Renaissance en Italie"*.

Bures-sur-Yvette ■ Commune de l'Essonne. 9 300 hab. *(les Buressois)*.

Burgas ■ Ville et port de Bulgarie, 198 000 hab., au fond du *golfe de Burgas* (mer *Noire).

le **Burgenland** ■ État (land) d'Autriche. 3 965 km². 267 000 hab. Capitale : Eisenstadt.

Gottfried **Bürger** ■ Poète lyrique allemand (1747-1794). *"Lénore"*.

Anthony **Burgess** ■ Romancier britannique (1917-1993). *"Orange mécanique"*, adapté au cinéma par *Kubrick.

Hans **Burgkmair** ■ Peintre et graveur allemand (1473-1531). L'un des principaux représentants de la *Renaissance en Allemagne.

les **Burgondes** ■ Peuple germanique de l'Antiquité. ▶ *la* **Burgondie,** royaume fondé en Gaule par les Burgondes, chassés par les *Huns, et qui est à l'origine de la Bourgogne.

Burgos ■ Ville d'Espagne (*Castille-et-Léon). 164 000 hab. Ancienne capitale de la *Castille. Nombreuses églises médiévales.

Jean **Buridan** ■ Philosophe scolastique français (v. 1300-1358). On appelle « l'âne de Buridan » un argument qui lui est attribué mais ne se trouve pas dans ses écrits ; il pose le problème du déterminisme ou de la liberté : un âne, ayant aussi faim que soif, qui ne saurait choisir entre une botte de foin et un seau d'eau placés à égale distance de lui mourrait de faim et de soif.

Edmund **Burke** ■ Écrivain et homme politique britannique (1729-1797). Bien que membre des *whigs, il se signala par son conservatisme.

le **Burkina Faso** ■ État (république) de l'Afrique occidentale. 274 200 km². 8,71 millions d'hab. *(les Burkinabés).* Capitale : Ouagadougou. Langues : français (officielle), moré, dioula, gourmantché. Monnaie : franc CFA. Élevage. Manganèse. □ **HISTOIRE.** Territoire des anciens royaumes mossis, le pays fut englobé dans les colonies françaises à la fin du XIXᵉ s. Sous l'impulsion de Maurice Yameogo, il devint indépendant en 1960, sous le nom de **Haute-Volta.** Sous régime militaire depuis 1980, il devint le Burkina Faso en 1984.

sir Edward Jones dit **Burne-Jones** ■ Peintre anglais (1833-1898) proche des *préraphaélites, mais plus novateur qu'eux par ses formes qui annoncent l'art *nouveau.

Robert **Burns** ■ Poète écossais (1759-1796). Autodidacte, considéré comme le plus grand poète de langue écossaise, il trouve son inspiration dans la vie paysanne.

Edgar Rice **Burroughs** ■ Romancier américain (1875-1950). Créateur du personnage de Tarzan.

William Seward **Burroughs** ■ Écrivain américain (né en 1914). Proche de *Ginsberg. Récits d'expériences limites dans un style d'avant-garde. *"Nova Express"*.

le **Burundi** ■ État (république) d'Afrique centrale, entre le Rwanda, le Zaïre et la Tanzanie. 27 834 km². 5,28 millions d'hab. *(les Burundais)*. Capitale : Bujumbura. Langues officielles : kirundi et français. Monnaie : franc du Burundi. Économie agricole (café, bananes). □ **HISTOIRE**. Royaume africain, il fut colonisé par les Allemands (fin du XIXᵉ s.) avant de former, avec le *Rwanda, le Rwanda-Urundi, sous mandat puis sous tutelle belge. Il fut indépendant en 1962 et devint une république en 1966, divisée par l'opposition des ethnies hutu et tutsi.

Wilhelm **Busch** ■ Humoriste et dessinateur allemand (1832-1908). *"Max und Moritz"*, une des premières bandes dessinées.

George **Bush** ■ Homme politique américain (né en 1924). 41ᵉ président (républicain) des États-Unis, de 1989 à 1993. En 1990, il mena la coalition contre l'Irak lors de la guerre du *Golfe, réaffirmant la puissance militaire et l'autorité internationale des États-Unis, notamment au Proche-Orient.

Ferruccio **Busoni** ■ Compositeur, pianiste et théoricien italien (1866-1924).

Bussy-Rabutin ■ Écrivain français (1618-1693). Son *"Histoire amoureuse des Gaules"* dépeint les intrigues de la cour de Louis XIV.

Butare ■ 2ᵉ ville du Rwanda. 21 700 hab.

Samuel **Butler** ■ Écrivain anglais (1835-1902). *"Erewhon"* *(nowhere,* « nulle part », inversé), ouvrage satirique.

Michel **Butor** ■ Écrivain français (né en 1926). Il a renouvelé la technique du roman. *"La Modification"*. Écrits expérimentaux. Critique d'art.

Dietrich **Buxtehude** ■ Compositeur et organiste germano-danois

(v. 1637-1707). Son art a profondément influencé J.-S. *Bach. Musique sacrée, pièces pour orgue et pour clavecin.

Cyriel **Buysse** ■ Écrivain belge d'expression néerlandaise (1859-1932). *"Le Droit du plus fort"*, chronique sociale.

Dino **Buzzati** ■ Écrivain italien (1906-1972). Récits étranges et fantastiques. *"Le Désert des Tartares"* ; *"la Fameuse Invasion des ours en Sicile"*.

Byblos ■ Ancienne cité phénicienne, aujourd'hui site archéologique de Djebail au Liban.

Bydgoszcz ■ Ville de Pologne. 361 000 hab. Nœud de communications, port fluvial, industries.

William **Byrd** ■ Compositeur anglais (1543-1623). Musique religieuse.

lord **Byron** ■ Poète anglais (1788-1824). Ses voyages, sa révolte contre la société et la morale britanniques, sa vie amoureuse, son engagement en Italie, sa mort à *Missolonghi ont fait de lui un personnage de légende. Son influence sur le *romantisme fut immense. *"Le Pèlerinage de Childe Harold"* ; *"Don Juan"*.

Bytom ■ Ville de Pologne. 239 000 hab. Centre minier et sidérurgique de haute *Silésie.

Byzance ■ Ville de *Thrace choisie par *Constantin Iᵉʳ comme sconde capitale de l'Empire romain (rebaptisée *Constantinople*) et demeurée après la chute de Rome (476) la capitale de l'empire romain d'Orient ou *Empire byzantin*. *Justinien crut pouvoir reprendre aux Barbares les territoires d'Occident (v. 550). Sous son règne, ce fut l'apogée d'une civilisation originale, l'hellénisme chrétien, d'où est issue la religion *orthodoxe. En conflit avec les Arabes et la papauté, l'empire fut peu à peu réduit à ses territoires d'Asie Mineure, et passa même sous la domination des croisés de 1204 à 1261 *(empire latin de Constantinople)*. Il disparut quand les *Ottomans prirent Constantinople (1453) et en firent leur capitale, aujourd'hui *Istanbul en Turquie. ⟨ ▶ byzantin ⟩

C

Alexandre **Cabanel** ■ Peintre français (1823-1889). Représentant du style académique. Il eut un grand succès sous le second Empire. Scènes historiques. Portraits. Nus.

Georges **Cabanis** ■ ⇒ les **Idéologues.**

José **Cabanis** ■ Écrivain français (né en 1922). *"Le Bonheur du jour".*

Cabestany ■ Commune des Pyrénées-Orientales. 7 600 hab.

Étienne **Cabet** ■ Socialiste utopiste français (1788-1856). *"Le Voyage en Icarie".*

Jean ou *John* **Cabot** ■ Navigateur italien au service de l'Angleterre (v. 1450-1499). Considéré par certains comme le découvreur du Canada. □ *Sébastien* **Cabot,** son fils (v. 1476-1557), navigateur au service de l'Espagne. ▶ *le détroit de* **Cabot** relie le golfe du *Saint-Laurent à l'océan Atlantique.

Cabourg ■ Commune du Calvados. 3 400 hab. *(les Cabourgeais).* Station balnéaire.

Pedro Álvares **Cabral** ■ Navigateur portugais (v. 1460-1526). Il prit possession du Brésil en 1500.

Cabriès ■ Commune des Bouches-du-Rhône. 7 800 hab.

Giulio **Caccini** ■ Compositeur et chanteur italien (1560-1618). Un des inventeurs de l'opéra avec *Peri.

Cáceres ■ Ville d'Espagne (*Estrémadure). 79 300 hab.

Cachan ■ Commune du Val-de-Marne, dans la banlieue sud de Paris. 25 400 hab. *(les Cachanais).*

le **Cachemire** ■ Ancien royaume indien du nord-ouest, province montagneuse riche et fertile, peuplée en majorité de musulmans, partagée depuis 1949 entre l'Inde et le Pakistan et, avec les revendications indépendantistes, cause de tensions chroniques entre les deux pays (guerre en 1965, incidents dans la partie indienne en 1990). ⇒ **Jammu et Cachemire.** ⟨ ▶ cachemire ⟩

Marcel **Cachin** ■ Homme politique français (1869-1958). Directeur de *l'Humanité*, journal socialiste, puis communiste, de 1918 à sa mort.

José de **Cadalso** ■ Écrivain espagnol (1741-1782). *"Lettres marocaines"*, inspirées des *"Lettres persanes"* de *Montesquieu.

Cadix, en espagnol **Cádiz** ■ Ville et port d'Espagne (*Andalousie). 154 000 hab. Cadix devint au XVIIIe s. le principal port de commerce avec l'Amérique, supplantant *Séville.

René-Guy **Cadou** ■ Poète français (1920-1951). *"Hélène ou le Règne végétal" ; "Mon enfance est à tout le monde".*

Georges Cadoudal ■ Chef chouan (⇒ **chouannerie**), exécuté pour complot contre le Premier consul Bonaparte (1771-1804).

le mont Caelius ■ Une des sept collines de Rome.

la C.A.E.M., en anglais **COMECON** ■ « Conseil d'assistance économique mutuelle », organisme de coopération économique créé à Moscou en 1949 et dissous en 1991. Il comprenait l'U.R.S.S., la Bulgarie, la Hongrie, la Pologne, la R.D.A., la Roumanie, la Tchécoslovaquie, la Mongolie, Cuba et le Viêtnam. La Yougoslavie, entre autres pays, avait conclu un accord de coopération en 1964. L'Afghanistan et le Yémen du Sud y siégeaient en tant qu'observateurs. L'Albanie en fit partie jusqu'en 1961.

Caen ■ Préfecture du Calvados et de la région de Basse-*Normandie. 115 600 hab. *(les Caennais).* Résidence de *Guillaume le Conquérant (monuments médiévaux). Gravement endommagée en 1944. Port relié à la Manche par le *canal de Caen.* Centre industriel : sidérurgie, automobile, électronique.

les Caffieri ■ Famille de sculpteurs, ciseleurs et ébénistes français d'origine italienne. □*Jean-Jacques Caffieri* (1725-1792), auteur de célèbres bustes (Corneille, le chanoine Pingré).

John Cage ■ Compositeur américain (1912-1992). Célèbre pour son « piano préparé » et ses expériences provocantes.

Cagliari ■ Ville et port d'Italie sur la côte sud de la *Sardaigne dont elle est la capitale. Nombreux vestiges archéologiques. 220 000 hab.

Alexandre Cagliostro ■ Aventurier italien (1743-1795), lié à de nombreuses loges maçonniques mystiques.

Cagnes-sur-Mer ■ Commune des Alpes-Maritimes. 41 300 hab. *(les Cagnois).*

la Cagoule ■ Groupe clandestin d'extrême droite qui se signala, à partir de 1935, par des attentats et dont l'objectif était de renverser la République. 〈 ► cagoule 〉

Cahors ■ Préfecture du Lot. 20 800 hab. *(les Cadurciens, Cahorsins* ou *Cahorsiens).* Sa cathédrale romane, à coupoles, et d'autres monuments (pont Valentré) témoignent de son importance au Moyen Âge. Vins, industries de consommation.

Joseph Caillaux ■ Homme politique français (1863-1944). Expert des Finances, plusieurs fois ministre (radical).

Gustave Caillebotte ■ Peintre français et le premier collectionneur des *impressionnistes (1848-1894).

René Caillié ■ Explorateur français (1799-1838). Le premier à visiter *Tombouctou (1828).

Roger Caillois ■ Écrivain et essayiste français (1913-1978). Il n'a cessé de mettre en rapport les sciences et les arts, la nature et la société.

les îles Caïmans ■ Groupe de trois îles des *Antilles (Grandes Antilles), sous souveraineté britannique. 264 km². 25 300 hab. Capitale : George Town (13 700 hab.).

Caïn ■ Fils d'Adam et Ève, dans la Bible. Il tua son frère *Abel.

Le Caire ■ Capitale de l'Égypte, au sud du delta du *Nil, la plus importante ville africaine et arabe. 6,3 millions d'hab. *(les Cairotes).* Monuments de toutes les époques de l'islam (apogée au XIVᵉ s. sous les *Mamelouks), musées, mosquée-université d'*al-*Azhar. Grande métropole industrielle et commerciale. ► *le Grand Caire* (avec *Gizeh, Héliopolis, etc.) compte près de 14 millions d'hab.

les Cajuns ■ Descendants des Canadiens-Français que les Anglais chassèrent d'*Acadie au XVIIIᵉ s. et qui s'établirent dans le sud de la Louisiane, autour de *Lafayette. – Le mot est la prononciation louisianaise de *Acadien*.

*la **Calabre**,* en italien *Calabria* ■ Région administrative à l'extrémité sud de la péninsule italienne. 15 080 km². 2,15 millions d'hab. Capitale : Catanzaro. La pauvreté de la terre et l'absence d'industries importantes entraînent une forte émigration vers les régions industrialisées du nord du pays.

Calais ■ Sous-préfecture du Pas-de-Calais. 75 800 hab. *(les Calaisiens).* La ville fut anglaise de 1347 à 1558. Célèbre épisode de la guerre de *Cent Ans (représenté par un groupe sculpté de *Rodin) : six bourgeois se livrèrent en otages aux Anglais pour que Calais soit épargnée. Peu de monuments ont échappé aux destructions de 1944. Industries (dentelle), port (tourisme avec l'Angleterre). Station balnéaire. ► *le pas de **Calais**.* Détroit entre la France et l'Angleterre, qui relie la Manche à la mer du Nord. 31 km. Trafic maritime intense. Un tunnel sous la Manche y a été percé. ► *le Pas-de-**Calais**.* ⇒ le **Pas-de-Calais**.

Calcutta ■ 1er port de l'Inde, capitale du *Bengale-Occidental, ancien comptoir de la Compagnie anglaise des Indes orientales. 9,2 millions d'hab. Vie économique intense (industrie métallurgique, textile, centre commercial et bancaire), mais graves problèmes de surpopulation, de misère et d'insalubrité.

*Antonio **Caldara*** ■ Compositeur *baroque italien (v. 1670-1736).

*Alexander **Calder*** ■ Sculpteur américain, peintre (1898-1976). Inventeur des *mobiles*.

*Pedro **Calderón de la Barca*** ■ Un des grands maîtres du théâtre espagnol (1600-1681). Auteur de pièces allégoriques en un acte *("le Grand Théâtre du monde")* et de comédies à thème historique, moral ou religieux *("La vie est un songe" ; "la Dévotion à la croix").*

*Erskine **Caldwell*** ■ Romancier américain (1903-1987). *"La Route au tabac".*

*la **Calédonie*** ■ Nom donné par les Romains à l'Écosse actuelle.

*la Nouvelle-**Calédonie*** ■ ⇒ Nouvelle-Calédonie.

*le **calendrier républicain*** ■ Calendrier adopté le 5 octobre 1793 qui fut en vigueur jusqu'au 1er janvier 1806. Débutant le 22 septembre (équinoxe d'automne et date de fondation de la république) 1792, il divisait l'année en 12 mois de 30 jours (vendémiaire, brumaire, frimaire, nivôse, pluviôse, ventôse, germinal, floréal, prairial, messidor, thermidor, fructidor), et 5 jours consacrés aux fêtes républicaines.

Calgary ■ Ville du Canada (*Alberta). 636 000 hab. (zone urbaine de 671 000 hab.). Commerce pétrolier. Banques.

Cali ■ Ville du sud-ouest de la Colombie. 1,39 million d'hab. Industries textile et alimentaire.

Calicut ■ ⇒ **Kozhikode**. ⟨ ► calicot ⟩

*la **Californie*** ■ Région frontalière du Mexique et des États-Unis, sur le Pacifique. □ *la **Californie**.* État des États-Unis. 411 012 km². 23,6 millions d'hab. Capitale : *Sacramento. Villes principales : *Los Angeles, *San Francisco. Nombreux centres universitaires et de recherche (électronique). Cultures tropicales ; agrumes, vins. Richesses minérales (ruée vers l'or v. 1850). □ *la **Basse-Californie**,* presqu'île mexicaine divisée en deux États, séparée du continent par le *golfe de Californie.*

Caligula ■ Empereur romain (12-41). Il succéda à *Tibère. Ses fantaisies despotiques le firent passer pour fou.

*James **Callaghan*** ■ Homme politique britannique (né en 1912). Premier ministre (travailliste) de 1976 à 1980.

Maria Kalogeropoulos dite *la* **Callas** ■ Cantatrice grecque, soprano (1923-1977). Sa voix, son génie dramatique et son tempérament ont marqué l'histoire de l'opéra.

Callicratès ■ Architecte grec (ve s. av. J.-C.). Il éleva avec Ictinos le *Parthénon, sous les directives de *Phidias.

Callimaque ■ Sculpteur grec (ve s. av. J.-C.). Il aurait inventé le chapiteau corinthien.

Callimaque ■ Poète grec (v. 315-v. 240 av. J.-C.). Représentant de l'art raffiné d'Alexandrie, il fut un modèle pour les poètes latins.

Calliope ■ *Muse de la Poésie épique et de l'Éloquence.

Jacques **Callot** ■ Artiste français, remarquable graveur (1592-1635). Œuvre immense au style réaliste et baroque. Séries des *"Caprices"*, des *"Misères de la guerre"*.

Charles-Alexandre de **Calonne** ■ Ministre de Louis XVI (1734-1802). Contrôleur des Finances de 1783 à 1787, il échoua dans ses tentatives de réformes.

Caluire-et-Cuire ■ Commune du Rhône. 41 500 hab. *(les Caluirards).*

le **Calvados** [14] ■ Département français de la Basse-*Normandie, bordé au nord par la Manche. 5 605 km². 617 500 hab. Préfecture : Caen. Sous-préfectures : Bayeux, Lisieux, Vire. ‹ ▶ calvados ›

Calvi ■ Sous-préfecture de la Haute-Corse, port au fond du *golfe de Calvi*. 4 800 hab. *(les Calvais).* Citadelle du xve s. Tourisme.

Jean **Calvin** ■ Réformateur français (1509-1564). Un des fondateurs, après *Luther, du protestantisme, auteur d'une *"Institution de la religion chrétienne"*, il dut fuir l'*Inquisition et se réfugia à Genève (1541), où il organisa l'Église réformée de Genève. ▶ *le* **calvinisme,** sa doctrine, professe le retour à l'autorité de la Bible, la simplicité du culte et la croyance en la prédestination. Originaire de France et de Suisse, il s'est répandu en Angleterre, aux Pays-Bas, aux États-Unis, en Afrique du Sud... ⇒ **protestantisme, Réforme.** ‹ ▶ calvinisme ›

Italo **Calvino** ■ Écrivain italien (1923-1985). Son œuvre mêle l'étrange, le pathétique et le cocasse, de manière très structurée. *"Le Baron perché"* ; *"Marcovaldo"*.

André **Calvos** ■ Poète grec (1792-1867). *"La Lyre"* ; *"Odes nouvelles"*.

Camagüey ■ Ville de Cuba. 261 000 hab.

Hélder Pessõa **Câmara** ■ ⇒ **Pessõa Câmara.**

la **Camargue** ■ Région marécageuse du sud de la France, à l'embouchure du *Rhône. Élevage de chevaux et de taureaux. Parc naturel régional. Rizières. Sel marin.

Jean-Jacques de **Cambacérès** *duc de Parme* ■ Juriste et homme politique français (1753-1824). Deuxième consul lors du *Consulat, dignitaire du premier Empire.

Luca **Cambiaso** ■ Peintre italien (1527-1585). Fresques de l'*Escurial.

le **Cambodge** ■ État (monarchie parlementaire) d'Asie du Sud-Est, entre la Thaïlande, le Laos et le Viêt-nam. 181 035 km². 8,05 millions d'hab. *(les Cambodgiens).* Capitale : Phnom-Penh. Langue officielle : khmer. Monnaie : riel. □ **HISTOIRE.** Cet ancien royaume, menacé à la fois par les Siamois et les Vietnamiens, devint protectorat français en 1863. Théoriquement indépendant dès 1949, le pays chercha son autonomie sous la houlette du roi *Norodom Sihanouk qui resta, après son abdication en faveur de son père (1955), le véritable chef de l'État. Le prince fut renversé par le général Lon Nol, la royauté abolie (1970). Le nouveau gouvernement s'engagea dans une guerre civile qu'il perdit malgré l'aide américaine :

les Khmers rouges (communistes maoïstes), dirigés par *Pol Pot, créèrent l'État du ***Kampuchéa démocratique*** (1976) et instaurèrent le communisme rural et la terreur, exterminant une partie de la population. Entrés en guerre contre le Viêt-nam, ils furent battus et chassés par un gouvernement pro-vietnamien (1979). Le pays, qui reprit le nom de Cambodge en 1989, tenta alors de se relever de ces épreuves (génocide, exode massif) et de la ruine de son économie. Mais le retrait en 1989 des Vietnamiens et l'échec des négociations entre les différentes factions aboutirent à une reprise sous l'impulsion des Khmers rouges de la guerre civile qui a connu depuis 1991 une accalmie. En 1993, une nouvelle Constitution a rétabli la monarchie permettant à Norodom Sihanouk de retrouver son trône.

Joseph **Cambon** ■ Révolutionnaire français (1756-1820). En 1793, il instaura la reconnaissance de la Dette publique.

les frères **Cambon** ■ Diplomates français. Jules (1845-1935) et Paul (1843-1924).

Cambrai ■ Sous-préfecture du Nord. 34 200 hab. *(les Cambrésiens).* Nombreux monuments des XVIIᵉ-XVIIIᵉ s. Réunie à la France en 1678, elle eut *Fénelon pour archevêque. Industries textile et alimentaire (confiserie : les « bêtises de Cambrai »). Le riche seuil du *Cambrésis* fait la jonction entre la *Flandre et le Bassin *parisien.

Cambridge ■ Ville du sud-est de l'Angleterre, chef-lieu du Cambridgeshire. 100 000 hab. Célèbre université fondée au XIIIᵉ s. (nombreux bâtiments anciens). ► *le* **Cambridgeshire**. Comté de l'est de l'Angleterre. 3 409 km². 651 500 hab. Chef-lieu : Cambridge.

Cambridge ■ Ville des États-Unis (*Massachusetts), à côté de Boston. 93 400 hab. Siège de la plus ancienne université américaine (Harvard, 1636)

et du Massachusetts Institute of Technology (M.I.T.).

les monts **Cambriens** n. m. pl. ■ Massif montagneux du pays de *Galles. Il a donné son nom à une ère géologique, le *cambrien.*

Pierre **Cambronne** ■ Général français (1770-1842). On lui attribue « le mot de Cambronne » et le fier « la garde meurt et ne se rend pas », adressés aux Anglais à *Waterloo.

Camembert ■ Commune de l'Orne. 180 hab. *(les Camembertains).* Elle a donné son nom au fromage créé par Marie Harel au début du XIXᵉ s. ⟨ ► camembert ⟩

le **Cameroun** ■ État (république) d'Afrique centrale, sur le golfe de Guinée. 465 458 km². 11,4 millions d'hab. *(les Camerounais).* Principales ethnies : Bamilékés, Fangs. Capitale : Yaoundé. Langues : français et anglais (officielles), douala, basaa, béti. Monnaie : franc CFA. Essentiellement montagneux (*mont Cameroun* : 4 070 m), le pays développe l'agriculture (cacao, café, élevage), la production d'électricité, quelques industries (alimentaires, aluminium) ; les ressources minières restent sous-exploitées. □ **HISTOIRE**. Royaume *peul puis protectorat allemand, divisé en 1919 entre Français (9/10 du territoire) et Anglais, le Cameroun devint indépendant en 1960 (la partie britannique étant divisée entre le Nigeria et le nouvel État en 1961). Il joue un rôle diplomatique important en Afrique, sous la présidence de A. *Ahidjo, puis de son successeur (en 1982) et ancien ministre Paul Biya. En 1990, un processus de démocratisation du régime fut engagé avec l'instauration du multipartisme.

Camille ■ Général romain (Vᵉ-IVᵉ s. av. J.-C.). Il chassa les Gaulois qui avaient pris Rome (390 av. J.-C.).

les **camisards** n. m. ■ Nom donné aux calvinistes des Cévennes, en révolte contre l'autorité royale au début du XVIIIᵉ s., après la révocation de l'édit de *Nantes (⇒ Le **Mas-Soubeyran**).

Luís de **Camoens** ou **Camões**
■ Poète portugais (v. 1524-1580). Des échos de sa vie aventureuse se retrouvent dans les *"Lusiades"*, grand poème national.

Charles **Camoin** ■ Peintre *fauve français (1879-1965).

Tommaso **Campanella** ■ Dominicain italien (1568-1639). *"La Cité du Soleil"*, classique du collectivisme utopique.

la **Campanie,** en italien *Campania* ■ Région administrative du sud de l'Italie, sur la mer *Tyrrhénienne. 13 595 km². 5,7 millions d'hab. Capitale : Naples. Peuplement très ancien : colonisations grecque, étrusque et romaine. Malgré un sol fertile (volcanique) et l'apport du tourisme, la région est pauvre : surpopulation, faibles structures économiques.

Campeche ■ Ville et port du Mexique, sur le *golfe de Campeche*. 151 800 hab. Vestiges du village maya sur l'emplacement duquel fut fondée la ville en 1540.

Robert **Campin** ■ Peintre flamand, maître de *Van der Weyden (1378-1444). Il serait identifié au *Maître de Flémalle*, l'initiateur avec *Van Eyck de l'école *flamande.

Campinas ■ Ville du Brésil (État de *São Paulo). 567 000 hab.

la **Campine** ■ Plaine du nord de la Belgique (bassin houiller).

Campo Formio ■ Ville d'Italie (*Vénétie) où fut signé en 1797 un traité entre la France et l'Autriche suspendant les campagnes d'Italie de *Napoléon Bonaparte.

Campo Grande ■ Ville du Brésil, capitale de l'État du *Mato Grosso do Sul. 283 000 hab.

André **Campra** ■ Compositeur français, créateur de l'opéra-ballet (1660-1744).

Albert **Camus** ■ Écrivain français (1913-1960). Son œuvre manifeste son sentiment de l'absurde, son exigence de sincérité et de justice. Essais *("le Mythe de Sisyphe" ; "l'Homme révolté")*. Romans *("l'Étranger" ; "la Peste" ; "la Chute")*. Nouvelles. Théâtre. Articles de journaux *("Actuelles")*. Prix Nobel 1957.

Cana ■ Ville de *Galilée où l'Évangile situe le premier miracle de Jésus (transformation de l'eau en vin).

le pays de **Canaan** ■ ⇒ les **Cananéens.**

le **Canada** ■ État fédéral (voir ci-dessous : HISTOIRE) d'Amérique du Nord, au nord des États-Unis, bordé par l'Arctique, l'Atlantique et le Pacifique, constitué de 10 provinces et de 2 territoires (*Territoires du Nord-Ouest, *Yukon). Capitale : Ottawa. Langues officielles : anglais et français. Monnaie : dollar canadien. Immense (9 970 610 km²), peu peuplé (26,18 millions d'hab.) car 77 % de la superficie du pays se trouvent en zones subarctique et arctique, le Canada dispose d'énormes réserves naturelles (amiante, uranium), d'une agriculture très productive (blé), de 5 % de la production forestière mondiale, de puissantes industries aidées par le faible coût de l'énergie (hydro-électricité notamment). Une vie économique et sociale de plus en plus liée aux États-Unis (libre-échange) et surtout le poids démographique des anglophones (plus de 75 %) ont favorisé l'émergence de mouvements indépendantistes au *Québec ; le gouvernement *Trudeau a cependant proclamé le français et l'anglais langues officielles du Canada (1968), le français devenant langue officielle du Québec en 1974. Il y a de nombreux francophones (les *Acadiens) au Nouveau-Brunswick. □ **HISTOIRE.** Les Français qui prirent possession du pays en 1534 (⇒ Jacques **Cartier**) et le colonisèrent (XVIIᵉ s.) durent céder cette « Nouvelle-France » à l'Angleterre (1763, traité de Paris), non sans avoir profondément marqué la région de *Québec, restée francophone. L'indépendance des États-Unis augmenta l'afflux de population britannique : création du *Nouveau-Brunswick en 1784 ; acte constitutionnel de 1791 imposant la création d'un *Bas-Canada* (français) et d'un *Haut-Canada* (anglais) ; acte d'union de 1840, imposant le Canada uni aux dépens des francophones. *Macdonald et G. É. *Cartier obtinrent de Londres le statut de dominion (1867), ce qui permit de réduire les tensions avec le Royaume-Uni. Aux deux « provinces » d'origine, devenues l'*Ontario et le *Québec, et aux « provinces maritimes » (*Nouvelle-Écosse, *Nouveau-Brunswick, puis Île-du-*Prince-Édouard) se sont progressivement ajoutées cinq autres « provinces » : (*Alberta, *Colombie-Britannique, *Manitoba, *Saskatchewan, *Terre-Neuve) et les deux territoires. Gagnant progressivement son autonomie (⇒ *Laurier, King), indépendant depuis la création du Commonwealth (1931), dont il est membre, le pays fut dirigé de 1984 à 1993 par le conservateur B. *Mulroney. L'adoption d'une nouvelle Constitution, en 1987, a fait resurgir le problème de la spécificité de la population francophone (Québec). ⟨ ▶ canada, canadien ⟩

Antonio Canal dit **Canaletto** ■ Peintre italien (1697-1768). Vues de Venise, lumineuses, au dessin précis. □ **Canaletto le Jeune.** ⇒ Bernardo **Bellotto.**

les **Cananéens** ■ Habitants du pays de *Canaan*, la Terre promise selon la Bible (*Phénicie-*Palestine). Ils furent vaincus par les Hébreux (XIe s. av. J.-C.), qui adoptèrent une part de leur culture.

les **Canaques** ■ ⇒ les **Kanaks.**

les îles **Canaries** n. f. pl., en espagnol **Canarias** ■ Archipel de l'océan Atlantique, au large du *Sahara. Communauté autonome espagnole constituée de deux pro-

vinces. 7 273 km². 1,6 million d'hab. *(les Canariens).* Capitales : *Las Palmas et *Santa Cruz de Tenerife. Tourisme. ⟨ ▶ canari ⟩

cap **Canaveral** ■ Base aérospatiale américaine en Floride, appelée « cap Kennedy » de 1963 à 1973.

Canberra ■ Capitale fédérale de l'Australie et du Territoire de la capitale. 289 000 hab. Ville administrative et commerciale, construite de 1913 à 1927.

Cancale ■ Commune d'Ille-et-Vilaine. 4 900 hab. *(les Cancalais).* Ostréiculture.

la **Canche** ■ Fleuve d'*Artois qui se jette dans la Manche. 96 km.

Candie ■ Ancien nom d'*Iráklion.

Georges **Candilis** ■ Architecte et urbaniste français formé en Grèce (né en 1913). Collaborateur de *Le Corbusier.

Augustin Pyrame de **Candolle** ■ Botaniste suisse (1778-1841). Un des fondateurs de la géographie botanique.

la **Canebière** ■ Célèbre avenue de Marseille se terminant sur le Vieux-Port.

Canet-en-Roussillon ■ Commune des Pyrénées-Orientales. 7 600 hab. *(les Canetois).* Église du XVIe s. Station balnéaire à *Canet-Plage.*

Elias **Canetti** ■ Écrivain de langue allemande, né en Bulgarie et naturalisé britannique (né en 1905). "*Autodafé*", roman. "*Masse et puissance*", essai. Prix Nobel 1981.

le **Canigou** ■ Massif granitique des *Pyrénées. 2 786 m. Observatoire. Mines de fer.

Ivan **Cankar** ■ Écrivain slovène (1876-1918).

Cannes ■ Une des principales villes de la *Côte d'Azur (Alpes-Maritimes). 69 400 hab. *(les Cannois).* Station balnéaire et hivernale. Festival du cinéma.

Le **Cannet** ■ Commune des Alpes-Maritimes. 42 000 hab. *(les Canne-tans).* Tourisme.

Stanislao **Cannizzaro** ■ Chimiste italien (1826-1910). Il introduisit la notion de *nombre d'**Avogadro.

Alonso **Cano** ■ Peintre espagnol, architecte et sculpteur (1601-1667). Figures polychromes *baroques.

Canossa ■ Village d'Italie (*Émilie-Romagne) où l'empereur germanique *Henri IV vint implorer le pardon du pape *Grégoire VII (1077). *Aller à Canossa* signifie « faire amende honorable, s'humilier devant l'adversaire ».

Antonio **Canova** ■ Sculpteur italien (1757-1822). Un des principaux représentants du *néo-classicisme. *"Pauline Bonaparte"*.

la **Cantabrie,** en espagnol **Cantabria** ■ Communauté autonome du nord de l'Espagne. 5 289 km². 525 000 hab. Capitale : Santander.

le **Cantal** ■ Massif volcanique d'Auvergne. Point culminant : le *plomb du Cantal,* 1 858 m. □ *le* **Cantal** [15]. Département français de la région *Auvergne. 5 778 km². 158 300 hab. Préfecture : Aurillac. Sous-préfectures : Mauriac, Saint-Flour. ⟨ ▶ cantal ⟩

Canteleu ■ Commune de Seine-Maritime. 16 700 hab. *(les Cantiliens).*

Joseph **Canteloube** ■ Compositeur et folkloriste français (1879-1956). *"Chants d'Auvergne"*.

Dimitrie **Cantemir** ■ Prince et écrivain moldave (1674 - 1723). Père de A. *Kantemir.

Canterbury ■ Ville d'Angleterre (*Kent). 39 000 hab. Siège du primat de l'Église anglicane (cathédrale XIᵉ - XVᵉ s.).

Richard **Cantillon** ■ Économiste français d'origine irlandaise (v. 1680 - 1734).

le **Cantique des cantiques** ■ Un des livres de la *Bible, dans les Écrits. Chants d'amour attribués à *Salomon.

Canton ou **Guangzhou** ■ Ville de Chine, capitale de la province du *Guangdong. 3,36 millions d'hab. *(les Cantonais).* Grande cité industrielle et commerciale. Automobiles. Imprimerie. Ce fut le point de pénétration des Européens au XIXᵉ s. et le lieu de proclamation de la première république chinoise (1911).

Georg **Cantor** ■ Mathématicien allemand (1845-1918). Son arithmétique de l'infini inaugure la théorie des ensembles (⟹ **Dedekind**).

Canut, en danois **Knud** ■ NOM DE SIX ROIS DU DANEMARK □ **Canut le Grand** (v. 995 - 1035) conquit l'Angleterre en 1018, puis la Norvège.

les **canuts** ■ Ouvriers lyonnais de la soie. Leur révolte en 1831 est une date symbolique pour le mouvement ouvrier.

Cao Cao ■ Guerrier et poète chinois (155-220). Il usurpa le pouvoir et, succédant aux *Han, unifia la Chine du Nord.

le **caodaïsme** ■ Religion syncrétiste vietnamienne fondée en 1919. Elle réunit bouddhisme, taoïsme et confucianisme.

Le **Cap** ■ 2ᵉ ville d'Afrique du Sud, capitale législative du pays et de la province du Cap (641 379 km² ; 5 millions d'hab.). 777 000 hab. (conurbation de 1,9 million d'hab.). Port, université, pétrole, industries.

Robert **Capa** ■ Photographe américain d'origine hongroise (1913-1956). Photographies de guerre.

l'île du **Cap-Breton** ■ Île de la côte orientale du Canada (*Nouvelle-Écosse), à l'embouchure du *Saint-Laurent. 10 311 km².

Karel **Čapek** ■ Écrivain tchèque (1890-1938). Dramaturge, poète, romancier *("Hordubal")*. Sa pièce *"les Robots universels de Rossum"* créait le mot *robot*.

Capesterre-Belle-Eau ■ Commune de la Guadeloupe. 19 000 hab. *(les Capesterriens).*

les **Capétiens** ■ Troisième et dernière dynastie des rois de France, du nom de son fondateur *Hugues Capet (987). Ils établirent la monarchie héréditaire, et l'extension de leur domaine se confondit avec l'histoire territoriale de la France. La branche directe s'éteignit en 1328 (*Charles IV le Bel) ; la couronne passa aux Capétiens de *Valois, puis de *Bourbon (1589) et aux Bourbons-*Orléans.

Cap-Haïtien ■ Ville et port d'Haïti. 133 000 hab.

Capharnaüm ■ Ville de *Galilée où Jésus prêcha. ⟨ ▶ capharnaüm ⟩

le **Capitole** ■ Nom donné à l'une des sept collines de Rome, puis au temple qui s'y trouvait, ensuite à la place aménagée en cet endroit par *Michel-Ange (Sénat, puis commune de Rome) et, par extension, à divers monuments publics : mairie de Toulouse (XVIIIᵉ s.), parlement de *Washington (XIXᵉ s.).

Jean **Capo d'Istria** ■ Homme d'État grec (1776-1831). Conseiller du tsar de Russie Alexandre Iᵉʳ. « Président provisoire » de la Grèce de 1827 à son assassinat, à la fin de la guerre d'indépendance.

Al **Capone** ■ Célèbre gangster américain, d'origine italienne (1895-1947).

Truman **Capote** ■ Écrivain du sud des États-Unis (1924-1984). *"La Harpe d'herbe" ; "De sang-froid".*

Capoue, en italien **Capua** ■ Ville d'Italie (*Campanie), fondée par les *Étrusques. 18 000 hab. En 215 av. J.-C., les soldats d'*Hannibal s'y abandonnèrent aux « délices de Capoue », perdant un temps précieux.

la **Cappadoce** ■ Ancien pays d'Asie Mineure (Turquie), un des premiers christianisés.

Cappelle-la-Grande ■ Commune du Nord. 9 000 hab.

Frank **Capra** ■ Cinéaste américain (1897-1991). *"L'Extravagant Mr. Deeds".*

Capri ■ Petite île italienne à l'entrée du golfe de Naples (*Campanie). 7 500 hab. Centre touristique célèbre.

les îles du **Cap-Vert** ■ Archipel et État (république) de l'Atlantique, au large du Sénégal. 4 033 km². 337 000 hab. (très forte densité, d'où un fort taux d'émigration des *Cap-Verdiens*). Capitale : Praia. Langues : portugais (officielle), créole. Monnaie : escudo. Ancienne colonie portugaise, indépendante depuis 1975.

Caracalla ■ Empereur romain (188-217) de 211 à sa mort. Guerrier et bâtisseur. L'*édit de Caracalla* (212) accorda la citoyenneté romaine à tous les sujets libres de l'empire.

Caracas ■ Capitale du Venezuela. 1,27 million d'hab. (agglomération de 2 millions d'hab.). Expansion due au pétrole. Industries.

les **Caraïbes** ■ Indiens, anciens habitants des Petites Antilles et d'une partie de la Guyane. □ *la mer des* **Caraïbes**. ⇒ Antilles. ⟨ ▶ caraïbe ⟩

Constantin **Caramanlis** ■ ⇒ Karamanlís.

Emmanuel Poiré dit **Caran d'Ache** ■ Dessinateur humoristique français (1859-1909). Son surnom est emprunté au russe *karandach* (« crayon »).

le **Caravage** ■ Peintre italien (1573-1610). Son art délibérément réaliste, en réaction contre le *maniérisme de son époque et fortement contrasté entre l'ombre et la lumière, fit école en Europe. Nombreux sujets religieux. ▶ *le* **caravagisme,** manière de peindre inspirée du Caravage, courant artistique européen des années 1600-1650.

le **carbonarisme** ■ Mouvement politique italien dont les partisans, républicains, formaient une société secrète. Les *carbonari* luttèrent contre *Murat, puis contre l'occupation autrichienne et provoquèrent les révolutions de Naples (1820) et du Piémont (1821). En France se développa la « charbonnerie », qui s'opposa, avec moins de succès, à la *Restauration.

Carcassonne ■ Préfecture de l'Aude. 45 000 hab. *(les Carcassonnais).* La double enceinte de la cité fortifiée (VIᵉ - XIIIᵉ s.), restaurée par *Viollet-le-Duc, et les nombreux monuments anciens attirent les touristes.

Francis **Carco** ■ Écrivain français (1886-1958). Poèmes. Romans (*"Jésus la Caille",* sur le monde de la pègre). Biographies.

Jérôme **Cardan** ■ Médecin, mathématicien et philosophe italien (1501-1576). Inventeur du *cardan.* ⟨ ▶ cardan ⟩

Lázaro **Cárdenas** ■ Général et homme politique mexicain (1895-1970). Président de la République de 1934 à 1940.

Cardiff ■ Capitale du pays de Galles et chef-lieu des comtés du *Glamorgan du Centre et du Sud. 266 000 hab. Port charbonnier, industries. Château, cathédrale.

Cardigan ■ Ville du pays de Galles (*Dyfed), au fond de la *baie de Cardigan.* 4 200 hab. Tourisme. ⟨ ▶ cardigan ⟩

Giosuè **Carducci** ■ Poète et critique italien (1835-1907). Très influent par son retour au classicisme. Prix Nobel 1906.

la **Carélie** ■ Une des républiques autonomes de la Fédération de *Russie. 172 400 km². 792 000 hab. *(les Caréliens,* peuple finno-ougrien). Capitale : Petrozavodsk. Disputée à la Finlande, elle ne fut totalement annexée qu'en 1940. Pêche. Industrie du bois.

Maurice **Carême** ■ Poète belge d'expression française (1899-1978). Il a publié pour les enfants un choix de "*Poésies*".

Carhaix ou **Carhaix-Plouguer** ■ Commune du Finistère. 8 700 hab. *(les Carhaisiens).*

la **Carinthie,** en allemand **Kärnten** ■ État (land) d'Autriche. 9 533 km². 541 800 hab. Capitale : Klagenfurt.

Giacomo **Carissimi** ■ Compositeur italien, maître de l'oratorio (1605-1674).

le **carlisme,** les **carlistes** ■ ⇒ don **Carlos.**

Carloman ■ Nom de plusieurs princes carolingiens, dont le frère de Pépin le Bref (715-754), celui de Charlemagne (751-771), et nom du roi de France de 882 à 884.

don **Carlos** ■ Infant d'Espagne, prétendant au trône contre sa nièce *Isabelle II (1788-1855). De 1833 à 1840, il provoqua une guerre civile entre ses partisans, les *carlistes* et leurs opposants. Son fils *Charles de Bourbon,* comte de Montemolín (1818-1861), puis son petit-fils *don Carlos* (1848-1909) tentèrent vainement après lui d'obtenir la couronne par les armes (1848, 1860, 1872-1876). ▶ le **carlisme,** parti de la tradition, se rallia à *Franco ; il subsiste encore, notamment en Navarre.

Carolyn **Carlson** ■ Danseuse et chorégraphe américaine d'origine finlandaise (née en 1943).

Thomas **Carlyle** ■ Historien et philosophe écossais (1795-1881). "*Les Héros*".

Carmaux ■ Commune du Tarn. 11 100 hab. *(les Carmausins).* Houille (en déclin).

le **Carmel** ■ Ordre religieux né à Notre-Dame-du-Mont-Carmel (Palestine, XIIᵉ s.). ▶ **carmes** et **carmélites** sont surtout connus depuis la réforme de sainte *Thérèse d'Ávila et

saint *Jean de la Croix, au XVIᵉ s.
⟨ ► carme ⟩

*António Oscar de Fragoso **Carmona*** ■ Maréchal et homme politique portugais (1869-1951). Il prit le pouvoir en 1926, fut président de 1928 à sa mort et nomma *Salazar.

Carnac ■ Commune du Morbihan. 4 200 hab. *(les Carnacois)*. Mégalithes du IIIᵉ millénaire av. J.-C. ≠ *Karnak.

*Rudolf **Carnap*** ■ Logicien et philosophe allemand naturalisé américain (1891-1970). Membre éminent du cercle de *Vienne, représentant de l'empirisme logique et de l'intérêt philosophique pour le langage.

*Marcel **Carné*** ■ Cinéaste français (né en 1909). Ses films appartiennent au « réalisme poétique ». *"Hôtel du Nord"* ; *"les Visiteurs du soir"* et *"les Enfants du paradis"*, scénarios de *Prévert.

*Andrew **Carnegie*** ■ Industriel et philanthrope américain (1835-1919).

*Lazare **Carnot*** ■ Révolutionnaire français, général, savant (1753-1823). Surnommé « l'organisateur de la victoire ». □*Sadi **Carnot***, son fils (1796-1832), précurseur de la thermodynamique, dont le second principe est dit *de Carnot-*Clausius*. □*Marie François Sadi **Carnot***, son petit-fils (1837-1894), neveu du précédent, président de la République élu en 1887, victime d'un attentat anarchiste.

*la **Caroline du Nord*** ■ État côtier de l'est des États-Unis. 136 412 km². 5,88 millions d'hab. Capitale : Raleigh. Cultures subtropicales (tabac). □*la **Caroline du Sud***. État cotonnier au sud du précédent, le premier à faire *sécession en 1860. 80 582 km². 3,1 millions d'hab. Capitale : Columbia.

*les îles **Carolines*** ■ Archipel le plus étendu de la *Micronésie (*Océanie), partagé entre la république de *Palau et la Fédération des États de Micronésie. 1 295 km².

*les **Carolingiens*** ■ Deuxième dynastie des rois de France (elle succéda aux Mérovingiens), de *Pépin le Bref (751) à Louis V (987). *Charlemagne édifia un empire européen qui ne lui survécut guère. Le territoire, correspondant approximativement à la France actuelle, échut à son petit-fils *Charles le Chauve en 843 (traité de Verdun). Au Xᵉ s., les derniers Carolingiens disputèrent le trône aux Robertiens, ancêtres des *Capétiens. ⟨ ► carolingien ⟩

*Antoine **Caron*** ■ Peintre français de l'école de *Fontainebleau (v. 1521-1599).

*Vittore **Carpaccio*** ■ Peintre vénitien (v. 1460-1526). Grandes séries narratives, dans un style détaillé. *"Vie de saint Jérôme"*.

*les **Carpates*** n. f. pl. ■ Ensemble montagneux d'Europe s'étendant, en arc de cercle, de la Slovaquie à la Pologne, puis à l'Ukraine jusqu'aux *Portes de fer à la frontière roumano-serbe.

*Jean-Baptiste **Carpeaux*** ■ Sculpteur français (1827-1875). Virtuose du mouvement. *"La Danse"*.

*Alejo **Carpentier*** ■ Écrivain et musicologue cubain (1904-1980). Ses romans s'inspirent des traditions et de l'histoire des Caraïbes. *"Le Siècle des Lumières"*.

Carpentras ■ Sous-préfecture du Vaucluse. 25 500 hab. *(les Carpentrassiens)*. Cultures fruitières.

Carquefou ■ Commune de Loire-Atlantique. 12 900 hab. *(les Carquefoliens)*.

*les frères **Carrache*** ■ Peintres italiens de la fin du XVIᵉ s. Ludovico (1555-1619), Agostino (1557-1602) et surtout Annibale (1560-1609), décorateur du palais Farnèse à Rome, ont, par leur réaction contre le *maniérisme, contribué au renouvellement de leur art.

Venustiano **Carranza** ■ Homme d'État mexicain (1859-1920). Président de 1917 à son assassinat.

Carrare ■ Ville d'Italie (*Toscane). 68 500 hab. Célèbres carrières de marbre.

le Vieux **Carré** ■ Quartier ancien, français et espagnol, de La *Nouvelle-Orléans.

Armand **Carrel** ■ Journaliste français (1800-1836). Il fonda le journal *le National* avec *Thiers et Mignet. Il fut tué au cours d'un duel par Émile de *Girardin.

Alexis **Carrel** ■ Chirurgien et physiologiste français (1873-1944). Prix Nobel en 1912, surtout connu pour son essai philosophique *"l'Homme, cet inconnu"*.

Juan **Carreño de Miranda** ■ Peintre espagnol (1614-1685). Disciple de *Vélasquez.

Jean-Baptiste **Carrier** ■ Révolutionnaire français (1756-1794). Son action à Nantes (les « noyades ») fit de lui un symbole de la *Terreur.

Eugène **Carrière** ■ Peintre et lithographe français. (1849-1906). Scènes intimes, portraits.

Carrières-sous-Poissy ■ Commune des Yvelines. 11 400 hab. *(les Carriérois).*

Carrières-sur-Seine ■ Commune des Yvelines. 11 500 hab. *(les Carrillons).*

Charles Lutwidge Dodgson dit *Lewis* **Carroll** ■ Écrivain anglais, mathématicien et logicien (1832-1898). *"Alice au pays des merveilles"*, *"Au-delà du miroir"*, écrits pour les enfants.

Carros ■ Commune des Alpes-Maritimes. 11 000 hab.

Carson City ■ Ville des États-Unis, capitale du *Nevada. 30 800 hab.

Cartagena ■ Ville sur la côte nord-ouest de la Colombie. 560 000 hab. Forteresse, bâtiments de style andalou.

Élie **Cartan** ■ Mathématicien français (1869-1951). Théorie des groupes de *Lie.

le **Cartel des gauches** ■ Alliance électorale puis gouvernementale (sans participation de la *S.F.I.O.) des radicaux et socialistes français (1924-1926).

Howard **Carter** ■ Égyptologue anglais (1873-1939). Il découvrit, en 1922, la tombe de *Toutankhamon dans la *Vallée des Rois.

Jimmy **Carter** ■ Homme politique américain (né en 1924). 39ᵉ président (démocrate) des États-Unis, de 1977 à 1981.

Carthage ■ Ville d'Afrique du Nord (16 km de *Tunis). Colonie phénicienne fondée v. 814 av. J.-C., elle édifia en Méditerranée un empire commercial opposé aux Grecs, puis aux Romains qui la rasèrent (fin des guerres *puniques, 146 av. J.-C.). Reconstruite, elle devint le centre de la province romaine d'*Afrique (écoles, conciles). Elle déclina à partir du vᵉ s.

Carthagène, en espagnol **Cartagena** ■ 2ᵉ port d'Espagne (*Murcie). 169 000 hab. Fondée par le général carthaginois *Hasdrubal le Beau. Base militaire.

Jacques **Cartier** ■ Navigateur français (1491-1557). Il découvrit le *Saint-Laurent et prit possession du *Canada au nom du roi *François Iᵉʳ en 1534.

sir Georges Étienne **Cartier** ■ Homme politique canadien (1814-1873). Chef des conservateurs du Bas-Canada (Canada français), Premier ministre avec *Macdonald en 1857, il joua un rôle essentiel dans la création de la Confédération canadienne (1867) et de la province de *Québec.

Henri **Cartier-Bresson** ■ Photographe français (né en 1908). Reportages sur le vif.

Louis Dominique Bourguignon dit **Cartouche** ■ Célèbre bandit français (1693-1721).

Edmund **Cartwright** ■ Inventeur britannique (1743-1823). Métier à tisser actionné par une machine à vapeur.

Enrico **Caruso** ■ Ténor italien (1873-1921).

Carvin ■ Commune du Pas-de-Calais. 17 100 hab.

Jean **Carzou** ■ Peintre français (né en 1907).

Casablanca ■ Ville et port du Maroc, sur l'Atlantique, métropole économique et commerciale. 2,14 millions d'hab.

Pablo **Casals** ■ Violoncelliste espagnol (1876-1973).

la **Casamance** ■ Fleuve et région du Sénégal, comprise entre la Gambie au nord et la frontière guinéenne au sud. Estuaire fertile. Culture de l'arachide. Théâtre depuis 1983 d'affrontements entre les indépendantistes et l'armée sénégalaise.

Giovanni Giacomo **Casanova** *de Seingalt* ■ Aventurier et mémorialiste italien de langue française (1725-1798). Ses nombreuses aventures féminines font de lui un modèle du libertin.

la chaîne des **Cascades** ■ Massif montagneux du nord-ouest des États-Unis, sur la côte pacifique, se prolongeant au Canada.

Cashel, en irlandais *Caiseal* ■ Ville de la république d'Irlande (*Munster). 2 400 hab. Ruines médiévales.

Casimir ■ NOM DE PLUSIEURS PRINCES POLONAIS □ **Casimir III le Grand** (1310-1370), roi de Pologne de 1333 à sa mort, le dernier des *Piast. Véritable restaurateur de la nation, il favorisa l'expansion économique et réforma la législation. □ **Casimir IV Jagellon** (1427-1492), roi de 1447 à sa mort. □ *saint* **Casimir,** son fils (1458-1484), patron de la Pologne et de la Lituanie.

Jean **Casimir-Perier** ■ Homme politique français (1847-1907). Conservateur, président de la République en 1894-1895.

la mer **Caspienne** ■ La plus vaste mer fermée du monde, en Asie. Environ 400 000 km². Rôle économique important (gaz et pétrole) pour la C.É.I. et pour l'Iran. Pêcheries (caviar).

Cassandre ■ Princesse troyenne. Ses prophéties, jamais écoutées, se réalisèrent, pour le malheur de Troie. Personnage de tragédies, d'*Eschyle à *Euripide, jusqu'à *Giraudoux.

Cassandre ■ Roi de Macédoine après la mort d'Alexandre (v. 358 - 297 av. J.-C.).

Alphonse Mouron dit **Cassandre** ■ Décorateur et célèbre affichiste français (1901-1968). Publicité *Dubonnet*.

Mary **Cassatt** ■ Peintre américaine (1844-1926). Proche de *Degas. *"Mère et enfant"*.

John **Cassavetes** ■ Acteur et cinéaste américain (1929-1989). *"Shadows" ; "Une femme sous influence"*.

René **Cassin** ■ Juriste français (1887-1976). Il fit adopter la Déclaration universelle des droits de l'homme par l'O.N.U. en 1948. Prix Nobel de la paix 1968.

le mont **Cassin** ou *monte* **Cassino** ■ Colline d'Italie (*Latium) où saint *Benoît fonda un monastère en 529, qui marque la naissance de l'ordre religieux des *Bénédictins. Le monastère fut entièrement détruit pendant la guerre, en 1944, puis reconstruit par les Américains.

les **Cassini** ■ Dynastie d'astronomes et de cartographes français, à la tête de l'Observatoire de Paris de 1672 à la *Révolution. Jean-Dominique (1625-1712) ; Jacques (1677-1756).

Cassiodore ■ Écrivain latin, historien et exégète chrétien (v. 480 - v. 575).

Ernst **Cassirer** ■ Philosophe allemand (1874-1945). "*Philosophie des formes symboliques*".

Cassis ■ Commune des Bouches-du-Rhône. 8 000 hab. *(les Cassidains).* Tourisme.

Castanet-Tolosan ■ Commune de la Haute-Garonne. 7 700 hab.

Castellane ■ Sous-préfecture des Alpes-de-Haute-Provence. 1 300 hab. *(les Castellanais).* Centre touristique (gorges du Verdon).

Castellón de la Plana ■ Ville d'Espagne (communauté de *Valence). 130 000 hab. Grand commerce d'oranges. Centre d'une riche région agricole.

Castelnaudary ■ Commune de l'Aude. 11 700 hab. *(les Castelnaudariens* ou *les Chauriens).* Monuments des XIIIᵉ-XVIᵉ s. Conserveries (cassoulet).

Castelnau-le-Lez ■ Commune de l'Hérault. 11 200 hab. *(les Castelnauviens).*

Camilo **Castelo Branco** ■ Écrivain portugais (1825-1890). Influencé par *Balzac. "*Les Nouvelles du Minho*".

Castelsarrasin ■ Sous-préfecture du Tarn-et-Garonne. 12 600 hab. *(les Castelsarrasinois).*

Baldassare **Castiglione** ■ Écrivain italien (1478-1529). "*Le Parfait Courtisan*", traité qui exerça une profonde influence sur la société aristocratique européenne.

Benedetto **Castiglione** ■ Peintre *baroque italien, élève des *Flamands (v. 1611 - v. 1665).

la **Castille** ■ Ancien royaume qui, réuni à l'*Aragón (mariage d'Isabelle la Catholique, 1469), donna naissance à l'Espagne. La région est aujourd'hui

divisée administrativement en trois communautés autonomes : *Castille-la Manche* (*Castilla-la-Mancha* ; 79 226 km² ; 1,66 million d'hab. ; capitale : Tolède), *Castille-et-Léon* (*Castilla y León* ; 94 147 km² ; 2,6 millions d'hab. ; capitale : Burgos) et *Madrid.

Robert Stewart **Castlereagh** ■ Homme politique britannique (1769-1822). Un des protagonistes du congrès de *Vienne.

Castor et Pollux dits *les Dioscures* ■ Dans la mythologie grecque, fils jumeaux de *Zeus et *Léda, inséparables.

Castres ■ Sous-préfecture du Tarn. 46 300 hab. *(les Castrais).* Industrie de la laine, produits pharmaceutiques.

Castries ■ Capitale de l'île Sainte-Lucie. 52 900 hab.

Fidel **Castro** ■ Révolutionnaire et homme politique cubain (né en 1926). Il dirigea la guérilla qui aboutit au renversement de la dictature de *Batista et devint (1959) chef du gouvernement, soutenu par l'U.R.S.S. et hostile aux États-Unis.

Çatal Höyük ■ Site archéologique de Turquie (*Anatolie), datant du néolithique.

la **Catalogne,** en catalan **Catalunya,** en espagnol **Cataluña** ■ Communauté autonome et région historique du nord-est de l'Espagne. 31 930 km². 5,98 millions d'hab. *(les Catalans).* Capitale : Barcelone. L'industrialisation, ancienne, provoque une forte immigration. Textile, métallurgie, chimie. Tourisme. Une dynastie catalane régna sur l'*Aragón du XIIᵉ au XVIᵉ s. La province se replia ensuite sur elle-même, développant une volonté d'autonomie (renaissance de la littérature de langue catalane), et bénéficie depuis 1979 d'un statut particulier. ⟨ ▶ catalan ⟩

Catane, en italien **Catania** ■ Ville d'Italie (*Sicile). 371 000 hab. Port important. Industries.

Catanzaro ■ Ville d'Italie, capitale de la *Calabre. 103 000 hab.

Cateau-Cambrésis ■ Commune du Nord. 7 800 hab. *(les Catésiens).* La *paix de Cateau-Cambrésis* (1559), double traité signé avec l'Angleterre et l'Espagne, mit fin aux ambitions françaises en Italie.

les cathares ■ Secte chrétienne du Moyen Âge. Leur doctrine, d'inspiration manichéenne (⇒ **Mani**), se répandit dans le midi de la France. Considérée comme hérétique, elle fut réprimée lors de la guerre des *albigeois. ⟨ ▶ cathare ⟩

Jacques Cathelineau ■ Chef de l'armée contre-révolutionnaire de Vendée (1759-1793).

Catherine II la Grande ■ Impératrice de Russie de 1762 à sa mort (1729-1796). Elle mena une politique de réformes et d'expansion territoriale, en « despote éclairé », protectrice des arts et des lettres.

sainte Catherine d'Alexandrie ■ Vierge chrétienne martyrisée au début du IVᵉ s. ⟨ ▶ catherinette ⟩

Catherine d'Aragón ■ Reine d'Angleterre, première épouse d'*Henri VIII (1485-1536). Leur divorce entraîna le schisme avec Rome (⇒ **anglicanisme**).

Catherine de Médicis ■ Reine de France (1519-1589). Veuve d'Henri II, elle inspira la politique de ses fils François II, Charles IX (elle fut régente durant sa minorité) et Henri III.

sainte Catherine de Sienne ■ Mystique italienne (1347-1380).

Lucius Sergius Catilina ■ Homme politique romain (v. 108 - 62 av. J.-C.). Il fut à la tête d'une conjuration, dénoncée par *Cicéron, qui marqua les derniers temps de la République.

Caton l'Ancien ou *le Censeur* ■ Homme politique romain (234 - 149 av. J.-C.). Symbole des qualités romaines d'austérité et de vertu.

□ *Caton d'Utique,* son arrière-petit-fils (93 - 46 av. J.-C.), exemple de vertu comme son ancêtre, ultime adversaire républicain de César.

Georges Catroux ■ Général, administrateur colonial et diplomate français (1877-1969).

Catulle ■ Poète latin de l'amour-passion (v. 87 - v. 54 av. J.-C.).

le Caucase ■ Ensemble montagneux de la C.É.I. et de la Géorgie à la frontière de l'Iran et de la Turquie. Sommet : l'*Elbrouz. Les républiques du Caucase : *Arménie, *Azerbaïdjan, *Géorgie.

Augustin-Louis baron Cauchy ■ Mathématicien français (1789-1857). Il a profondément réorganisé l'analyse (notion de *limite*).

Caudebec-lès-Elbeuf ■ Commune de Seine-Maritime. 9 900 hab. *(les Caudebecquais).*

Caudium, aujourd'hui *Montesarchio* ■ Ville d'Italie ancienne (Samnium). L'expression *passer sous les fourches caudines* rappelle la défaite humiliante des Romains qui durent passer sous un joug dressé par leurs adversaires samnites.

Caudry ■ Commune du Nord. 13 700 hab. *(les Caudrésiens).*

Armand marquis de Caulaincourt duc de Vicence ■ Diplomate et général français (1772-1827). "*Mémoires*".

Salomon de Caus ■ Ingénieur français (v. 1576 -1626). Automates. Description théorique d'une machine à vapeur.

les Causses n. m. pl. ■ Plateaux calcaires du sud du Massif central, creusés par des vallées profondes (gorges du Tarn). Climat rude. Élevage du mouton.

le pays de Caux ■ Plateau crayeux de Normandie, qui retombe en falaises imposantes sur la Manche (⇒ **Étre-**

tat). Terre fertile, favorable à l'agriculture.

Constantin **Cavafy** ■ Poète grec (1863-1933). Il a évoqué dans une écriture moderne et exigeante la décadence de la Grèce.

Louis Eugène **Cavaignac** ■ Général français (1802-1857). Républicain, il réprima l'insurrection de juin 1848 et exerça les pleins pouvoirs jusqu'à l'élection de Louis Napoléon Bonaparte. ⇒ IIe **République.**

Aristide **Cavaillé-Coll** ■ Facteur d'orgues français (1811-1899). Il construisit les orgues des plus grandes églises de la région parisienne et de Paris.

Jean **Cavaillès** ■ Philosophe français des mathématiques et de la logique (1903-1944). Résistant, exécuté par les nazis.

Cavaillon ■ Commune du Vaucluse. 23 500 hab. *(les Cavaillonnais).* Fruits, primeurs.

le **Cavalier bleu,** en allemand *der Blaue Reiter* ■ Mouvement artistique, animé par *Kandinsky, qui rassemblait des peintres d'avant-garde à Munich. Célèbre *Almanach,* expositions (1911-1914).

Bonaventura **Cavalieri** ■ Mathématicien italien (v. 1598 - 1647). Sa géométrie des indivisibles annonce le calcul intégral.

Francesco **Cavalli** ■ Compositeur vénitien, auteur de nombreux opéras (1602-1676). "*Noces de Pélée et de Thétis*".

Pietro **Cavallini** ■ Peintre italien et mosaïste novateur (v. 1250 - v. 1340).

Henry **Cavendish** ■ Physicien et chimiste anglais (1731-1810). Il identifia l'hydrogène (première analyse scientifique de l'eau) et fit l'analyse précise de l'air.

Camillo Benso comte de **Cavour** ■ Homme politique italien (1810-1861). Président du Conseil du royaume du Piémont en 1852, il fut le principal artisan de l'unité italienne.

Cawnpore ■ ⇒ Kānpur.

Cayenne ■ Chef-lieu du département de la Guyane française. 41 100 hab. *(les Cayennais).* Bagne supprimé en 1945.

Arthur **Cayley** ■ Mathématicien anglais (1821-1895). Calcul matriciel, théorie des invariants, géométrie projective.

Jean **Cayrol** ■ Écrivain français (né en 1911). L'expérience des camps de concentration a marqué son œuvre. "*Lazare parmi nous*" ; "*Poèmes de la nuit et du brouillard*".

Jacques **Cazotte** ■ Écrivain français (1719-1792). "*Le Diable amoureux*". Il fut guillotiné.

C.D.U.-C.S.U. ■ ⇒ démocratie-chrétienne.

Ceanannus Mór, anciennement **Kells** ■ Ville de la république d'Irlande (*Leinster). 2 600 hab. Foyer culturel et religieux du Moyen Âge.

le **Ceará** ■ État côtier du nord-est du Brésil. 145 694 km². 6,4 millions d'hab. Capitale : Fortaleza.

Nicolae **Ceauşescu** ■ Homme politique roumain (1918-1989). Chef du parti communiste à partir de 1965, premier président de la République à partir de 1974. Il fit évoluer le régime vers la dictature et le népotisme au début des années 1970, mais fut renversé par la révolution de décembre 1989, jugé puis exécuté avec sa femme.

Cébazat ■ Commune du Puy-de-Dôme. 7 600 hab.

Cebu ■ Île des *Philippines. 4 421 km². □ *Cebu.* Ville et port important sur l'île de Cebu. 624 000 hab.

C.E.C.A. ■ ⇒ C.E.E.

Enrico **Cecchetti** ■ Danseur et maître de ballet italien (1850-1928). Il fut le maître des plus grands danseurs de la première moitié du XXᵉ s. : *Diaghilev, *Lifar, *Nijinski.

Svatopluk **Cech** ■ Écrivain et patriote tchèque (1846-1908).

William **Cecil** *baron Burghley* ■ Homme politique anglais, principal conseiller d'*Élisabeth Iʳᵉ (1520-1598).

sainte **Cécile** ■ Vierge et martyre chrétienne (IIIᵉ s.), souvent représentée comme patronne des musiciens.

Cécrops ■ Premier roi mythique d'Attique et fondateur d'Athènes. Il céda le patronage de la région à *Athéna.

Cedar Rapids ■ Ville des États-Unis (*Iowa). 110 200 hab.

la **C.E.E.**, *Communauté économique européenne* ■ « Marché commun » entre l'Allemagne, la France, l'Italie, le Benelux (1957), le Danemark, le Royaume-Uni, l'Irlande (1973), la Grèce (1981), le Portugal et l'Espagne (1986). La *C.E.C.A.*, Communauté européenne du charbon et de l'acier (1951) et la *C.E.E.A.* (Euratom), Communauté européenne de l'énergie atomique (1957), ont fusionné avec la C.E.E. en 1967. L'Acte unique (signé en 1986) prévoit, au-delà de l'union douanière, la libre circulation des capitaux et des hommes, dans le cadre d'une économie européenne intégrée (1ᵉʳ janvier 1993). Principales institutions : l'Assemblée européenne (siège : Strasbourg) propose des projets et contrôle ceux qu'élabore la Commission (siège : Bruxelles), lesquels sont soumis à la décision du Conseil de la Communauté (ministres ou chefs de gouvernement). La Commission veille à l'exécution des projets acceptés. Les litiges sont tranchés par la Cour européenne de justice (siège : Luxembourg). Monnaie : ECU (« European Currency Unit ») au sein du système monétaire européen (S.M.E.).

Cefalù ■ Ville d'Italie, sur la côte nord de la *Sicile. 13 000 hab. Cathédrale (XIIᵉ s.).

la **C.É.I.**, *Communauté des États indépendants* ■ Communauté réunissant douze républiques indépendantes de l'ex-U.R.S.S., créée en 1991, comprenant l'*Arménie, l'*Azerbaïdjan, la *Biélorussie, la *Géorgie, le *Kazakhstan, le Kirghizistan, la *Moldavie, l'*Ouzbékistan, la *Russie, le *Tadjikistan, *Turkménistan et l'*Ukraine.

Camilo José **Cela** ■ Écrivain réaliste espagnol (né en 1916). *"La Famille de Pascual Duarte" ; "la Ruche".* Prix Nobel 1989.

Paul **Celan** ■ Poète et traducteur autrichien exilé en France (1920-1970).

Celaya ■ Ville du Mexique. 219 000 hab.

les **Célèbes** *ou* **Sulawesi** ■ Archipel de l'Indonésie. 189 216 km². 10,4 millions d'hab.

Louis-Ferdinand Destouches dit *Louis-Ferdinand* **Céline** ■ Écrivain français (1894-1961). Œuvre marquante par son style, qu'il a défini comme un « lyrisme de l'ignoble », et par sa véhémence contre la société. *"Bagatelles pour un massacre"*, violent pamphlet antisémite. *"Voyage au bout de la nuit" ; "Mort à crédit" ; "Féerie pour une autre fois".*

La **Celle-Saint-Cloud** ■ Commune des Yvelines. 22 900 hab. *(les Cellois ou les Celloclodoaldiens).* Ville résidentielle de l'ouest de Paris.

Benvenuto **Cellini** ■ Sculpteur et orfèvre italien (1500-1571). *"Persée"*, à Florence.

Anders **Celsius** ■ Astronome et physicien suédois (1701-1744). Il créa l'échelle thermométrique centésimale (degrés *Celsius*).

les **Celtes** ■ Population indo-européenne. Sa région d'origine est entre le Rhin et le Danube. On distingue la *civilisation* dite *des champs d'urnes* (1200 - 750 av. J.-C.), la *civilisation de Hallstatt* (725 - 480 av. J.-C.) qui rencontra les influences grecque et étrusque, et la *civilisation de La Tène,* qui dans sa phase terminale (IIᵉ s. av. J.-C.) conduisit l'art barbare à son apogée. Répandus dans presque toute l'Europe, mais divisés en royaumes indépendants et rivaux, les Celtes n'ont pas formé d'empire (⇒ **Gaule**). Sous la pression de Rome, ils se retirèrent en Bretagne et en Grande-Bretagne. ⟨ ▶ celtique ⟩

le **Cénacle** ■ Groupe de jeunes écrivains, qui se réunissaient chez *Nodier puis *Hugo, afin de définir les idées du *romantisme, de 1823 à 1828.

les **Cenci** ■ Famille romaine. Le meurtre du tyrannique Francesco (1549-1598) par sa fille Beatrice (1577-1599) a inspiré de nombreux artistes (P. *Shelley, *Artaud).

Frédéric Sauser dit *Blaise **Cendrars*** ■ Écrivain français d'origine suisse (1887-1961). Il a exalté la vie aventureuse. Poèmes, récits, romans. *"L'Or"* ; *"la Main coupée"* ; *"Moravagine".*

le *Mont-***Cenis** ■ Massif des Alpes du Nord. Col (2 083 m) et tunnel permettant le passage entre la France et l'Italie. Barrage.

Cennino **Cennini** ■ Peintre italien (XIVᵉ s.). Son œuvre peint a disparu mais son *"Libro dell' arte"* nous informe sur les techniques de son époque.

Cenon ■ Commune de la Gironde, banlieue de Bordeaux. 21 700 hab. *(les Cenonnais).*

la *guerre de* **Cent Ans** ■ Conflit (1337-1453) entre *Philippe VI de Valois et ses descendants d'une part, *Édouard III d'Angleterre (petit-fils par sa mère de *Philippe le Bel) et ses descendants d'autre part. Véritable guerre civile (⇒ **Armagnacs**), le conflit tourna à l'avantage de la France sous Charles VII et eut pour conséquence la réunion à la Couronne des terres du vassal anglais (*Normandie, *Guyenne).

les **Centaures** n. m. ■ Dans la mythologie grecque, êtres mi-hommes (tête et torse) mi-chevaux. ⟨ ▶ centaure ⟩

les **Cent-Jours** ■ Tentative de Napoléon Iᵉʳ pour restaurer l'Empire (20 mars - 22 juin 1815). Brillamment menée à l'intérieur, elle échoua à *Waterloo.

la *République* **centrafricaine** ■ État d'Afrique centrale. 622 436 km². 2,81 millions d'hab. *(les Centrafricains).* Capitale : Bangui. Langues : français (officielle), sango. Monnaie : franc CFA. Vaste plateau consacré pour l'essentiel à l'agriculture et à l'élevage. Production de diamants et gisements d'uranium (peu exploités). □ **HISTOIRE.** La colonie de l'Oubangui-Chari, créée en 1905, fut intégrée à l'Afrique-*Équatoriale française. Elle devint indépendante en 1960 sous le nom de République centrafricaine (R.C.A.). Le président Dacko fut renversé en 1965 par *Bokassa, qui se proclama souverain de l'Empire centrafricain en 1976 mais fut à son tour déposé par Dacko en 1979. À la suite d'un coup d'État militaire, le général Kolingba a dirigé le pays de 1981 à 1993.

le **Centre** ■ Région administrative et économique française comprenant six départements : Cher, Eure-et-Loir, Indre, Indre-et-Loire, Loiret, Loir-et-Cher. 39 536 km². 2,37 millions d'hab. Préfecture : Orléans. Région très variée qui regroupe les anciennes provinces de l'Orléanais, du *Berry et de la *Touraine. Grandes richesses agricoles : céréales dans la *Beauce, cultures fruitières et vinicoles en Touraine, florales à Orléans. Industries diversifiées (agro-alimentaire, mécanique, chimique). Secteur tertiaire important. Châteaux de la Loire, demeures des rois et des princes de la *Renaissance.

Céphalonie ■ Île grecque de la mer Méditerranée, la plus grande des îles *Ioniennes. 935 km². 31 300 hab.

Cerbère ■ Chien gardien des Enfers, dans la mythologie grecque. Il a trois têtes et le cou hérissé de serpents. Selon la légende, *Héraclès sortit Cerbère des Enfers, puis le reconduisit au royaume des Morts. ⟨ ▶ cerbère ⟩

la *Cerdagne* ■ Région de l'est des Pyrénées, partagée entre la France et l'Espagne depuis 1659.

la *Cère* ■ Rivière d'*Auvergne, affluent de la Dordogne. 110 km.

Cérès ■ ⇒ Déméter.

Céret ■ Sous-préfecture des Pyrénées-Orientales. 7 500 hab. *(les Céretans).* Cerises.

Cergy ■ Préfecture du Val-d'Oise. 48 500 hab. *(les Cerginois).* Noyau de la ville nouvelle de *Cergy-Pontoise.*

Cérigo ■ ⇒ Cythère.

Cernay ■ Commune du Haut-Rhin. 10 500 hab. *(les Cernéens).*

Michel *Cérulaire* ■ Patriarche de Constantinople (v. 1000 - 1059). Il fut à l'origine du *schisme d'Orient.

Miguel de *Cervantès* ■ Écrivain espagnol (1547-1616). Son chef-d'œuvre, *"Don Quichotte de la Manche"*, roman d'esprit picaresque, mêle l'humour et un sentiment tragique de la vie : il n'a cessé de susciter des interprétations, qui font de lui un des grands mythes modernes.

le mont *Cervin* ■ Sommet des Alpes, à la frontière italo-suisse. 4 478 m.

Cérynie ■ Ancienne ville de Grèce (*Péloponnèse). Sa légendaire biche aux pieds d'airain fut capturée par *Héraclès.

Aimé *Césaire* ■ Poète et auteur dramatique français, député de la Martinique (né en 1913). La négritude est au cœur de son œuvre. *"Cahier d'un retour au pays natal".*

Jules *César,* en latin *Caius Julius Caesar* ■ Général et homme d'État romain, grand prosateur (101 - 44 av. J.-C.). Après la victoire de ses armées en Gaule (58 - 51 av. J.-C.), il élimina *Pompée (48 av. J.-C.) et obtint la dictature (46 av. J.-C.). Hardi réformateur, il instaura le régime impérial mais fut assassiné avant d'avoir reçu le titre de roi. *"Commentaires sur la guerre des Gaules"* et *"sur la guerre civile".* ⟨ ▶ césarisme ⟩

César ■ Sculpteur français (né en 1921). Il invente des formes à partir de trouvailles techniques : compressions de voitures, plastique expansé.

Césarée ■ Nom de plusieurs villes romaines, situées en *Cappadoce (aujourd'hui *Kayseri, en Turquie), *Palestine et *Mauritanie.

Cesson ■ Commune de Seine-et-Marne. 7 900 hab.

Cesson-Sévigné ■ Commune d'Ille-et-Vilaine, dans la banlieue de Rennes. 13 300 hab.

Cestas ■ Commune de la Gironde. 16 800 hab.

Ceuta ■ Ville et port franc situé au Maroc, préside espagnol. 18 km². 71 400 hab. ⇒ **Melilla.**

les *Cévennes* n. f. pl. ■ Bordure est du Massif central, sur la plaine rhodanienne. Pays rude, dépeuplé, dont les principales ressources sont les arbres fruitiers et le tourisme (parc national). Haut lieu du protestantisme (⇒ **camisards).** ⟨ ▶ cévenol ⟩

Ceylan ■ ⇒ Sri Lanka.

Paul *Cézanne* ■ Peintre français (1839-1906). Il exposa avec les *impressionnistes, mais ses préoccupations étaient classiques : il voulait « refaire Poussin sur nature ». Figures *("les Joueurs de cartes")*, natures mortes *("Tables de cuisine")*, paysages de Provence *("la Montagne Sainte-Victoire").* Il donna l'impulsion aux courants artistiques les plus importants du XXᵉ s.

la *Cèze* ■ Rivière des *Cévennes, affluent du Rhône. 100 km.

la **C.F.D.T.**, *Confédération française démocratique du travail* ■ Organisation syndicale française issue de la *Confédération française des travailleurs chrétiens* (C.F.T.C.) en 1964 et proche de la gauche non communiste.

la **C.G.C.**, *Confédération générale des cadres* ■ Principale organisation syndicale française de cadres, constituée en 1944, appelée aussi *C.F.E., Confédération française de l'encadrement* depuis 1981.

la **C.G.T.**, *Confédération générale du travail* ■ Le plus important syndicat ouvrier français, créé en 1895, proche du parti communiste.

la **C.G.T.-F.O.** ■ ⇒ F.O.

Jacques **Chaban-Delmas** ■ Homme politique français (né en 1915). Gaulliste, général dans la *Résistance, maire de Bordeaux depuis 1947, Premier ministre de 1969 à 1972.

Emmanuel **Chabrier** ■ Compositeur français (1841-1894). Mélodies, opéras-comiques. "*L'Étoile*" ; "*Gwendoline*" ; "*le Roi malgré lui*".

le **Chaco** *ou* **Gran Chaco** ■ Vaste plaine de l'Argentine et du Paraguay. 300 000 km².

Ben Djedid **Chadli** ■ Colonel et homme politique algérien (né en 1929). Chef de l'État depuis 1979, il a démissionné en 1992.

sir James **Chadwick** ■ Physicien anglais (1891-1974). Prix Nobel 1935 pour la découverte du neutron.

Marc **Chagall** ■ Artiste français d'origine russe (1887-1985). Peintre lyrique du bonheur, de la culture juive et biblique. Plafond de l'Opéra de Paris.

La **Chaise-Dieu** ■ Commune de Haute-Loire. 780 hab. *(les Casadéens).* Église abbatiale (XIVᵉ s.). Fresque de "*la Danse macabre*". Festival musical.

Chalcédoine ■ Ancienne ville d'Asie Mineure, sur le *Bosphore, en face de *Byzance.

Chalcis ■ Ville et port de Grèce sur la mer Égée, chef-lieu de l'*Eubée. 44 900 hab. Importante cité antique, elle fonda plusieurs colonies dans la *Chalcidique,* presqu'île au nord de la Grèce.

la **Chaldée** ■ Pays des *Chaldéens,* dans la région d'*Ur. Le terme s'étendit à l'Empire néo-babylonien (⇒ **Babylone**).

Châlette-sur-Loing ■ Commune du Loiret. 14 900 hab. *(les Châlettois).*

Jean-François **Chalgrin** ■ Architecte français (1739-1811). Plan de l'*arc de triomphe de Paris.

Fedor **Chaliapine** ■ Chanteur russe d'opéra (1873-1938).

Challans ■ Commune de Vendée. 14 500 hab. *(les Challandais).*

Châlons-sur-Marne ■ Préfecture de la Marne et de la région *Champagne-Ardenne. 51 500 hab. *(les Châlonnais).* Monuments anciens. Industries électronique, chimique, alimentaire. Commerce des vins de Champagne.

Chalon-sur-Saône ■ Sous-préfecture de Saône-et-Loire. 56 300 hab. *(les Chalonnais).* Ville industrielle grâce à l'axe Rhône-Saône : photographie (patrie de *Niépce), verrerie, chimie.

Cham ■ Personnage de la Bible, fils de Noé. □ *les peuples* **chamites :** Égyptiens, Éthiopiens et Somalis.

Chamalières ■ Commune du Puy-de-Dôme. 17 900 hab. *(les Chamaliérois).*

Joseph **Chamberlain** ■ Homme politique britannique (1836-1914). □ *Arthur Neville* **Chamberlain,** son fils (1869-1940). Premier ministre (conservateur) de 1937 à 1940.

sir William **Chambers** ■ Architecte et paysagiste anglais (1723-1796). Auteur de traités d'architecture.

Chambéry ■ Préfecture de la Savoie. 55 600 hab. *(les Chambériens).* Ancienne capitale de la Savoie. Château des ducs de Savoie, cathédrale (XVᵉ s.). Carrefour industriel et commercial entre Lyon, Turin et Genève.

Le **Chambon-Feugerolles** ■ Commune de la Loire. 16 100 hab. *(les Chambonnaires).*

Jacques Champion de **Chambonnières** ■ Compositeur français (1601-1672). Maître du clavecin et professeur de *Couperin.

Chambord ■ Commune du Loiret-Cher. 200 hab. *(les Chambourdins).* Le plus grand château de la Loire (440 pièces), chef-d'œuvre de la *Renaissance française, commencé en 1519 pour François Iᵉʳ.

Henri de Bourbon duc de Bordeaux comte de **Chambord** ■ Fils du duc de *Berry, prétendant au trône en 1871 (1820-1883).

Chambray-lès-Tours ■ Commune de l'Indre-et-Loire, dans la banlieue de Tours. 8 400 hab.

Nicolas de **Chamfort** ■ Moraliste français (1741-1794). *"Pensées, maximes et anecdotes".*

Adelbert von **Chamisso** ■ Écrivain romantique et naturaliste allemand d'origine française (1781-1838). Ami de *La Motte-Fouqué.

Chamonix-Mont-Blanc ■ Commune de Haute-Savoie, dominée par le mont *Blanc. 10 100 hab. *(les Chamoniards).* Alpinisme, ski.

la **Champagne** ■ Ancienne province à l'est du Bassin parisien, célèbre pour ses vins (⇒ dom **Pérignon**). Le commerce fit sa prospérité au Moyen Âge (foires). Elle fut rattachée à la France en 1234, par le mariage de *Philippe le Bel et de Jeanne de Champagne (officiellement en 1314 :

accession au trône de Louis X). Ce fut le lieu d'importants combats *(batailles de Champagne)* en 1915, 1917 et 1918. □ *la* **Champagne-Ardenne.** Région administrative et économique regroupant quatre départements : Ardennes (⇒ **Ardenne**), Aube, Marne, Haute-Marne. 25 720 km². 1,35 million d'hab. *(les Champenois).* Préfecture : Châlons-sur-Marne. Région agricole prospère : céréales, élevage laitier et vignobles. Mais l'industrie traditionnelle est en déclin : sidérurgie dans la vallée de la Meuse et à Charleville-Mézières, textile à Reims et à Troyes. ❮ ► champagne, champenois ❯

Champagnole ■ Commune du Jura. 9 700 hab. *(les Champagnolais).*

Philippe de **Champaigne** *ou* **Champagne** ■ Peintre français d'origine flamande (1602-1674). Grand portraitiste au classicisme sévère, proche des jansénistes de *Port-Royal.

Champfleury ■ Écrivain et critique d'art français (1821-1889). Théoricien du *réalisme.

Champigneulles ■ Commune de Meurthe-et-Moselle. 7 700 hab. *(les Champigneullais).* Brasseries.

Champigny-sur-Marne ■ Commune du Val-de-Marne. 79 800 hab. *(les Campinois).* Église des XIIᵉ-XIIIᵉ s.

Samuel de **Champlain** ■ Explorateur français, colonisateur du *Québec (v. 1567 - 1635). Il fonda Québec en 1608.

Jean-François **Champollion** ■ Égyptologue français (1790-1832). Il déchiffra les hiéroglyphes de la pierre de *Rosette.

les **champs Élysées** ■ Dans la mythologie grecque, séjour des morts vertueux.

les **Champs-Élysées** ■ Célèbre avenue de Paris.

Champs-sur-Marne ■ Commune de Seine-et-Marne. 21 800 hab.

(les Campésiens). Château de Champs (XVIIIe s.), avec de beaux jardins.

André **Chamson** ■ Écrivain français (1900-1983). *"Roux le bandit"*.

Chancelade ■ Commune de Dordogne. 3 700 hab. *(les Chanceladais)*. Site préhistorique qui a donné son nom à « l'homme de Chancelade », phase tardive (10 000 av. J.-C.) de l'homme de *Cro-Magnon.

Chandernagor ou *Chandannagar* ■ Ville de l'Inde (*Bengale-Occidental), au nord de Calcutta. 102 000 hab. Ancien comptoir français des Indes, jusqu'en 1951.

Chandīgarh ■ Ville du nord de l'Inde, capitale du territoire de l'Union du même nom (114 km² ; 451 000 hab.), des États de *Haryāna et du *Pendjab. 421 000 hab. Conçue en 1950 par *Le Corbusier, bâtie de 1951 à 1965.

Raymond **Chandler** ■ Écrivain américain (1888-1959). Romans policiers : *"le Grand Sommeil"* (adapté au cinéma par *Hawks) et *"la Dame du lac"*.

Chandragupta Maurya ■ Premier empereur des Indes, de 322 à 298 av. J.-C. environ.

Gabrielle *Chasnel* dite *Coco* **Chanel** ■ Couturière française (1883-1971). La première à imposer un style simple, épuré, dans la mode féminine.

Chang an ■ ⇒ Xian.

Changchun ■ Ville de Chine, capitale de la province du *Jilin. 1,91 million d'hab.

Chang Jiang ■ ⇒ Yangzi Jiang.

Changsha ■ Ville de Chine, capitale de la province du *Hunan. 1,19 million d'hab. Artisanat : laque, marionnettes.

Chanteloup-les-Vignes ■ Commune des Yvelines. 10 200 hab.

Chantilly ■ Commune de l'Oise. 11 500 hab. *(les Cantiliens)*. Riches collections et château du duc d'*Aumale, légués à l'Institut de France (musée Condé). Forêt. ⟨ ▶ chantilly ⟩

Chantonnay ■ Commune de Vendée. 7 700 hab. *(les Chantonnaisiens)*.

Chantoung, en pinyin *Shandong* ■ Province chinoise. 153 300 km². 77,8 millions d'hab. Capitale : Jinan. Renommée pour ses tissus de soie *(chantoung)*.

Octave **Chanute** ■ Ingénieur français naturalisé américain (1832-1910). Pionnier du vol à voile.

Jean **Chapelain** ■ Critique et poète français (1595-1674). *"La Pucelle"*, poème épique raillé par Boileau.

La **Chapelle-d'Armentières** ■ Commune du Nord. 7 900 hab.

La **Chapelle-Saint-Luc** ■ Commune de l'Aube. 15 900 hab. *(les Chapelains)*.

La **Chapelle-Saint-Mesmin** ■ Commune du Loiret, dans la banlieue d'Orléans. 8 200 hab.

La **Chapelle-sur-Erdre** ■ Commune de Loire-Atlantique. 14 900 hab. *(les Chapelains)*.

sir Charles Spencer dit Charlie **Chaplin** ■ Acteur et cinéaste britannique qui fit carrière aux États-Unis (1889-1977). Créateur de *Charlot*, vagabond tragi-comique, un des mythes les plus populaires du cinéma. *"La Ruée vers l'or"* ; *"les Lumières de la ville"* ; *"les Temps modernes"* ; *"le Dictateur"* (1940) ; *"Monsieur Verdoux"* ; *"les Feux de la rampe"*.

Claude **Chappe** ■ Ingénieur français (1763-1805). Inventeur du télégraphe aérien.

Jean **Chaptal** comte de Chanteloup ■ Chimiste et homme politique français (1756-1832). Artisan de la reprise économique sous le *Consulat, pionnier de l'industrie chimique. ⟨ ▶ chaptaliser ⟩

René **Char** ■ Poète français (1907-1988). Son œuvre, à la fois lyrique et concise, s'est enrichie de multiples expériences : le *surréalisme, la *Résistance, l'amitié de *Heidegger.

la **charbonnerie** ■ ⇒ le carbonarisme.

Jean Martin **Charcot** ■ Médecin français (1825-1893). Ses recherches sur l'hystérie et l'hypnose ont influencé *Freud. □ *Jean* **Charcot**, son fils (1867-1936), savant navigateur, explora les régions australes et la mer du Groenland.

Jean-Baptiste Siméon **Chardin** ■ Peintre français (1699-1779). Le maître de la nature morte par sa technique et sa sensibilité (« on peint avec le sentiment »). Scènes de genre (*"Benedicite"),* portraits au pastel.

Jacques **Chardonne** ■ Romancier français (1884-1968). *"Claire".*

la **Charente** [16] ■ Département français de la région *Poitou-Charentes. Il doit son nom au fleuve (360 km) qui la traverse. 5 974 km². 341 900 hab. Préfecture : Angoulême. Sous-préfectures : Cognac, Confolens. □ *la* **Charente-Maritime** [17]. Département français de la région *Poitou-Charentes, où le fleuve Charente rejoint l'Atlantique. 6 893 km². 526 200 hab. Préfecture : La Rochelle. Sous-préfectures : Jonzac, Rochefort, Saintes, Saint-Jean-d'Angély.

Charenton-le-Pont ■ Commune du Val-de-Marne, dans la banlieue sud-est de Paris. 22 000 hab. *(les Charentonnais).*

François de **Charette** *de La Contrie* ■ Contre-révolutionnaire, chef des guerres de *Vendée (1763-1796).

le **Chari** ■ Fleuve d'Afrique qui se jette dans le lac Tchad. 1 100 km.

La **Charité-sur-Loire** ■ Commune de la Nièvre. 5 700 hab. Église romane.

Charlemagne ■ « Charles le Grand », en latin *Carolus Magnus,* fils de Pépin le Bref, roi des Francs, sacré empereur d'Occident en 800 (742-814). Avec la papauté, il favorisa l'activité culturelle et missionnaire des moines (« renaissance carolingienne »), organisa et administra un empire (⇒ les **missi dominici**) qui se voulait la restauration de l'Empire romain mais qui s'effondra vers 840. ⇒ **Carolingiens.**

Charleroi ■ Ville de Belgique (*Hainaut). 209 000 hab. *(les Carolorégiens).* Pôle économique (bassin houiller) et stratégique, dans la vallée de la Sambre. Verrerie, commerce. Vie culturelle.

Charles ■ NOM DE PLUSIEURS SOUVERAINS EUROPÉENS **1.** empereurs d'ALLEMAGNE □ **Charles** *III le* **Gros** (839-888). ⇒ 7. rois de FRANCE, **Charles III.** □ **Charles** *IV* (1316-1378), empereur germanique de 1355 à sa mort, il mena Prague et la Bohême à leur apogée. □ **Charles** *V* dit **Charles Quint** (1500-1558), héritier, par son père Philippe le Beau et par sa mère Jeanne la Folle, d'immenses territoires : Pays-Bas, Franche-Comté, Espagne avec ses possessions d'Amérique et d'Italie (Sardaigne, Sicile, Naples), domaine des Habsbourg (Autriche, Styrie, Tyrol, Carinthie, Carniole) ; élu empereur en 1519, il gouverna un empire sur lequel « le soleil ne se couchait jamais ». Il eut à affronter François Iᵉʳ, Henri II, les princes allemands, les Turcs musulmans, et, malgré ses victoires (Pavie, 1525 ; Tunis, 1535), malgré la puissance du royaume d'Espagne, il ne parvint pas à enrayer la *Réforme, qui divisait l'empire. Il abdiqua en 1556 en faveur de Philippe II et Ferdinand Iᵉʳ. □ **Charles** *VI* (1685-1740), père de Marie-Thérèse, vit le déclin de son empire, échouant dans les guerres de *Succession d'Espagne et de Pologne (empereur de 1711 à sa mort). □ **Charles** *VII Albert*, Charles-Albert de Bavière, (1697-1745) ravit peu de temps, de 1742 à sa mort, le trône à

Marie-Thérèse (⟹ guerre de **Succession d'Autriche**). **2.** rois d'ANGLE-TERRE □ *Charles Ier* (1600-1649) succéda à son père Jacques Ier en 1625. En conflit avec le Parlement, il fut écrasé par les armées de *Cromwell (Naseby, 1645) et exécuté. □ *Charles II*, son fils (1630-1685), fut rappelé sur le trône en 1660. **3.** comtes d'ANJOU. ⟹ **9.** rois de NAPLES. **4.** empereur d'AUTRICHE □ *Charles Ier* (1887-1922), petit-neveu de François-Joseph, dernier souverain austro-hongrois (en 1916), abdiqua en 1918. **5.** duc de BOURGOGNE □ *Charles le Téméraire* (1433-1477), duc en 1467, il ne réussit pas, contre la France et la Lorraine, à réunir ses États de Flandre et Bourgogne. Tué à Nancy. **6.** rois d'ES-PAGNE □ *Charles Ier*. ⟹ **1.** empereurs d'ALLEMAGNE, **Charles Quint**. □ *Charles II* (1661-1700) vit le déclin de son pays à l'avantage de la France (roi de 1665 à sa mort). □ *Charles III* (1716-1788) gouverna, à partir de 1759, en « despote éclairé », mais ses réformes ne lui survécurent pas. □ *Charles IV*, son fils (1748-1819), roi de 1788 à 1808, abdiqua en faveur de Joseph *Bonaparte. □ *Charles de Bourbon*. ⟹ don Carlos. **7.** rois de FRANCE □ *Charles Ier*. ⟹ Charlemagne. □ *Charles II le Chauve* (823-877), roi de *Francia occidentalis* après le traité de Verdun (843) qui partagea l'Empire carolingien entre les fils de Louis le Pieux. □ *Charles III le Gros* (839-888), Carolingien d'Allemagne, rétablit provisoirement l'empire d'Occident. Roi de France de 884 à 887. □ *Charles III le Simple* (879-929), roi de 898 à 923, fut détrôné au profit de Robert Ier, ancêtre des *Capétiens. □ *Charles IV le Bel* (1294-1328), 3e fils de Philippe le Bel dont il poursuivit l'œuvre réformatrice (1322), fut roi de Navarre sous le nom de Charles Ier. Il mourut sans héritier, ouvrant une crise entre la France et l'Angleterre (⟹ **Philippe VI de Valois**). □ *Charles V le Sage* (1338-1380), roi

de 1364 à sa mort, réussit à repousser les Anglais, à assainir l'économie et le gouvernement, à protéger les arts. □ *Charles VI le Bien-Aimé*, son fils (1368-1422), roi de 1380 à sa mort, devint fou en 1392 et le pays sombra dans la guerre civile (⟹ **Armagnac**). □ *Charles VII* (1403-1461), fils du précédent, déshérité au profit d'Henri V d'Angleterre, fut d'abord « le roi de Bourges » (1422), avant de reconquérir (⟹ guerre de **Cent Ans** et **Jeanne d'Arc**), agrandir et réorganiser le royaume. □ *Charles VIII* (1470-1498) fut l'initiateur des guerres d'Italie. Roi de 1483 à 1498. □ *Charles IX* (1550-1574). Roi de 1560 à sa mort. Hésitant entre l'influence de sa mère *Catherine de Médicis et celle du protestant *Coligny, il ordonna le massacre de la *Saint-Barthélemy. □ *Charles X* (1757-1836) succéda à son frère Louis XVIII en 1824 (⟹ **Restauration**) ; réactionnaire, il fut renversé par la *révolution de 1830. **8.** rois de HONGRIE □ *Charles Ier* ou *Charles-Robert* dit *Carobert* (1288-1342), fils de Charles II d'Anjou. Roi de 1301 à sa mort. □ *Charles II*. ⟹ **9.** rois de NAPLES, **Charles III**. **9.** rois de NAPLES □ *Charles Ier d'Anjou* (1226-1285), frère de Saint Louis avec qui il s'illustra aux croisades, comte de Provence, conquit, en 1266, le royaume de Naples et de Sicile (il perdit cette dernière en 1282). □ *Charles III* ou *Charles de Duras* (1345-1386), roi de 1381 à sa mort, obtint le trône de Hongrie sous le nom de Charles II mais fut assassiné un an après. **10.** rois de NAVARRE □ *Charles Ier*. ⟹ **7.** rois de FRANCE, **Charles IV le Bel**. □ *Charles II le Mauvais* (1332-1387), fils de Louis X le Hutin et roi de 1349 à sa mort, fut prétendant au trône de France, vaincu par *Du Guesclin. **11.** roi du POR-TUGAL □ *Charles Ier* (1863-1908), roi de 1889 à sa mort, tenta d'instaurer la dictature (confiée à João Franco) mais fut assassiné. **12.** rois de SUÈDE □ *Charles IX* (1550-1611), roi de 1607 à sa mort, évinça du trône (en 1599) son neveu Sigismond Vasa, roi de Pologne, laissant à son fils *Gustave II Adolphe un royaume en guerre contre le Danemark, la Russie et la Pologne. □ *Charles XII* (1682-1718), roi de 1697 à sa mort, obtint très jeune les plus grands succès militaires (il imposa *Stanisław Leszczyński en Pologne) mais fut défait et tué, laissant un pays exsangue. □ *Charles XIII.* ⇒ Charles XIV. □ *Charles XIV* ou *Charles-Jean.* Nom de règne du maréchal français Charles Jean-Baptiste Bernadotte (1763-1844). Désigné comme héritier par Charles XIII (1748-1818) en 1810, il conquit avec lui la Norvège (1814) et lui succéda sur les deux trônes.

Jacques Charles ■ Physicien français (1746-1823). Aéronaute.

Charles-Albert ■ Roi de Piémont-Sardaigne de 1831 à 1849 (1798-1849). Chef indécis du mouvement national en Italie, il abdiqua en faveur de son fils *Victor-Emmanuel II.

saint Charles Borromée ■ Cardinal italien (1538-1584), neveu et principal collaborateur du pape Pie IV. Défenseur de la *Contre-Réforme.

Charles d'Orléans ■ ⇒ maison d'Orléans.

Charles Martel ■ Maire du palais, véritable maître du royaume franc des derniers *Mérovingiens (v. 688 - 741). Père de Pépin le Bref et ancêtre des *Carolingiens. Il repoussa les Arabes à Poitiers en 732.

Charles Quint ■ ⇒ 1. empereurs d'ALLEMAGNE, Charles V.

Charleston ■ Ville des États-Unis (*Caroline du Sud), port sur l'Atlantique, célèbre pour ses maisons coloniales et la danse « charleston » qui y est née v. 1920. 69 000 hab. (agglomération de 430 000 hab.).

Charleston ■ Ville des États-Unis, capitale de la *Virginie-Occidentale. 64 000 hab.

Nicolas Charlet ■ Peintre, dessinateur et lithographe français (1792-1845). Le succès de ses gravures contribua à la légende napoléonienne.

Charleville-Mézières ■ Préfecture des Ardennes, ville issue de la réunion de Charleville et de Mézières en 1966. 59 400 hab. (les Carolomacériens). Patrie de A. *Rimbaud.

Charlieu ■ Commune de la Loire. 3 700 hab. (les Charliendins). Abbaye (portail) romane bourguignonne du XIIᵉ s.

Charlot ■ ⇒ Charlie Chaplin.

Charlotte ■ Ville des États-Unis (*Caroline du Nord). 314 000 hab. Commerce, industries.

Charlotte-Élisabeth de Bavière dite *la princesse Palatine* ■ Épouse de *Monsieur, frère de Louis XIV, et mère du régent Philippe d'Orléans (1652-1722). "Correspondance".

Charlottetown ■ Ville du Canada, capitale de l'Île-du-*Prince-Édouard. 15 800 hab.

Charolles ■ Sous-préfecture de la Saône-et-Loire. 3 000 hab. (les Charollais). ▶ le *Charolais.* Région de Charolles, en *Bourgogne, au bord du Massif central. Élevage bovin : race charolaise.

Charon ■ Dans la mythologie grecque, personnage qui fait passer aux morts l'*Achéron, le fleuve des *Enfers.

Enguerrand Charonton ■ ⇒ Quarton.

Georges Charpak ■ Physicien français (né en 1924). Ses travaux permirent l'invention et le développement de détecteurs de particules. Prix Nobel 1992.

Marc Antoine Charpentier ■ Compositeur français (1634 - 1704). Auteur avant tout de musique religieuse. Célèbre "Te Deum".

Gustave **Charpentier** ■ Compositeur français (1860-1956). *"Louise"*, roman musical.

Pierre **Charron** ■ Moraliste français (1541-1603). Sa *"Sagesse"*, très inspirée de *Montaigne, prêche la tolérance religieuse et fait l'apologie de la raison.

Chartres ■ Préfecture d'Eure-et-Loir. 41 900 hab. *(les Chartrains).* Petites industries. Cathédrale Notre-Dame (XIIᵉ - XIIIᵉ s.), chef-d'œuvre du *gothique : statues-colonnes, vitraux. L'*école de Chartres,* fondée par l'évêque *Fulbert, fut l'un des foyers intellectuels de l'Occident médiéval.

la **Chartreuse** ■ Monastère fondé par saint Bruno, en 1084, dans les Préalpes françaises (massif de la Grande-Chartreuse). ▶ *l'ordre des* **Chartreux** (bénédictins) en est issu. ⟨ ▶ chartreuse ⟩

Charvieu-Chavagneux ■ Commune de l'Isère. 8 200 hab.

Charybde et Scylla ■ Monstres fabuleux de l'"*Odyssée"*, ils gardent le détroit de Messine ; si l'on évite l'un, on n'échappe pas à l'autre, d'où l'expression « tomber de Charybde en Scylla ».

Michel **Chasles** ■ Mathématicien français (1793-1880). Géométrie projective.

Théodore **Chassériau** ■ Peintre français (1819-1856). Il se situe entre le classicisme d'*Ingres, son maître, et le romantisme.

Chassieu ■ Commune du Rhône. 8 700 hab.

François René vicomte de **Chateaubriand** ■ Écrivain français (1768-1848). Ministre de Louis XVIII et diplomate. Le lyrisme de sa prose, ample et rythmée, et son implication dans le siècle sont caractéristiques du romantisme, dont il est l'un des premiers représentants en France. *"Atala"* ; *"René"* ; *"le Génie du christianisme"* ; *"Mémoires d'outre-tombe".* ⟨ ▶ chateaubriand ⟩

Châteaubriant ■ Sous-préfecture de la Loire-Atlantique. 13 400 hab. *(les Castelbriantais).* Château (XIᵉ - XVIᵉ s.).

Château-Chinon ■ Sous-préfecture de la Nièvre. 3 200 hab. *(les Château-Chinonais).*

Château-d'Olonne ■ Commune de la Vendée. 11 100 hab. *(les Castelolonnais).*

Châteaudun ■ Sous-préfecture de l'Eure-et-Loir. 15 300 hab. *(les Dunois).*

Château-Gaillard ■ ⇒ Les **Andelys.**

Château-Gontier ■ Sous-préfecture de la Mayenne. 11 500 hab. *(les Castrogontériens).*

Châteauguay ■ Ville du Canada (*Québec). 38 500 hab. Les Canadiens y remportèrent une célèbre bataille contre les Américains en 1813.

Châteaulin ■ Sous-préfecture du Finistère. 5 000 hab. *(les Castellinois ou Châteaulinois).* Port à 3 km (Port-Launay), pêche.

Châteauneuf-du-Pape ■ Commune du Vaucluse. 2 100 hab. *(les Castel-Papaux ou Châteauneuvois).* Vignoble célèbre.

Châteauneuf-lès-Martigues ■ Commune des Bouches-du-Rhône. 11 000 hab.

Châteaurenard ■ Commune des Bouches-du-Rhône. 11 800 hab. *(les Châteaurenardais).*

Châteauroux ■ Préfecture de l'Indre. 52 900 hab. *(les Castelroussins).* Constructions mécaniques. Confection.

Château-Salins ■ Sous-préfecture de la Moselle. 2 400 hab. *(les Castelsalinois).*

Château-Thierry ■ Sous-préfecture de l'Aisne. 15 800 hab. *(les Castrothéodoriciens).* Batailles de la *Marne (1918).

le Petit et le Grand **Châtelet**
■ Anciennes forteresses du centre de
Paris. Prison et siège de l'échevin de
Paris, elles furent détruites en 1782
et 1802. *Le Châtelet* est, à l'heure
actuelle, le nom d'une place et d'un
théâtre parisiens.

Châtelguyon ■ Commune du
Puy-de-Dôme. 4 800 hab. *(les Chatel-
guyonnais).* Station thermale.

Châtellerault ■ Sous-préfecture
de la Vienne. 35 700 hab. *(les Châtelle-
raudais).* Bâtiments anciens (XIIe -
XVIIe s.). Centre industriel : coutellerie, aéronautique, électronique.

Châtenay-Malabry ■ Commune des Hauts-de-Seine, dans la
banlieue sud de Paris. 29 400 hab.

Châtillon ■ Localité francophone
du nord-ouest de l'Italie (Val
d'*Aoste).

Châtillon ou **Châtillon-
sous-Bagneux** ■ Commune des
Hauts-de-Seine, dans la banlieue sud
de Paris. 26 500 hab. *(les Châtillonnais).*

Châtillon-sur-Seine ■ Commune de la Côte-d'Or. 7 500 hab. *(les
Châtillonnais).*

Chatou ■ Commune des Yvelines.
28 100 hab. *(les Catoviens).* Cité
résidentielle.

La **Châtre** ■ Sous-préfecture de
l'Indre. 4 600 hab. *(les Castrais* ou
Castreux).

le **Chaṭṭ al-'Arab** ■ Fleuve
formé par la confluence du *Tigre et
de l'*Euphrate qui se jette dans le
golfe *Persique. Frontière entre l'Irak
et l'Iran. 180 km.

Chattanooga ■ Ville du sud des
États-Unis (*Tennessee). 170 000 hab.
Tourisme. Défaite des *sudistes
en 1863.

Thomas **Chatterton** ■ Poète
anglais (1752-1770). Son suicide a frappé
les auteurs romantiques (*Wordsworth, *Vigny).

Geoffrey **Chaucer** ■ Poète
anglais (v. 1340 - 1400). Ses "*Contes de
Canterbury*" l'ont fait considérer
comme le premier écrivain réaliste. Il
créa le décasyllabe anglais.

Guy de **Chauliac** ■ Auteur du
premier traité français de chirurgie
(v. 1300 - 1368).

Chaumont ■ Préfecture de la
Haute-Marne. 28 900 hab. *(les Chau-
montais).* Industries du cuir (gants).

Chauny ■ Commune de l'Aisne.
13 600 hab. *(les Chaunois).* Industrie
chimique.

les îles **Chausey** ■ Archipel
français de la Manche (300 îles),
dépendant de la commune de Granville. Pêche.

la **Chaussée des Géants**
■ Ensemble de hautes colonnes basal-
tiques (env. 40 000) disposées le long
de la côte nord-est de l'Irlande.

Ernest **Chausson** ■ Compositeur
français (1855-1899). Proche de César
*Franck. "*Le Poème de l'amour et de
la mer*".

Camille **Chautemps** ■ Homme
politique français (1885-1963). Plusieurs
fois président du Conseil (radical-
socialiste) de 1930 à 1938 (⇒ **Front
populaire**).

Chauvigny ■ Commune de la
Vienne. 6 700 hab. *(les Chauvinois).*
Châteaux, églises.

La **Chaux-de-Fonds** ■ Ville de
Suisse (canton de *Neuchâtel).
37 200 hab. *(les Chaudefonniers* ou
Chauxois). Centre de l'industrie
horlogère.

Carlos **Chávez** ■ Compositeur et
chef d'orchestre mexicain (1899-1978). Il
s'inspire du folklore.

Chaville ■ Commune des Hauts-
de-Seine. 17 900 hab. *(les Chavillois).*

Chavín de Huántar ■ Site
archéologique du Pérou. Vestiges de
la civilisation *chavín* (VIIIe - IIIe s. av.
J.-C.).

Chédid

Andrée Chédid ■ Poète et romancière libanaise d'expression française (née en 1920).

ech-Cheliff ■ Ville d'Algérie. 130 000 hab. La ville s'est appelée *Orléansville* jusqu'en 1964, puis *el-Asnam* jusqu'en 1981.

Chelles ■ Commune de Seine-et-Marne. 45 500 hab. *(les Chellois).*

le chemin des Dames ■ Route de crête au nord-est du Bassin parisien où se déroulèrent de violents combats en 1917 et 1918.

Chemnitz, de 1953 à 1990 **Karl-Marx-Stadt** ■ Ville d'Allemagne (*Saxe). 314 000 hab. Textiles. Constructions mécaniques.

Chengdu ■ Ville de Chine, capitale du *Sichuan. 2,64 millions d'hab. Centre industriel et culturel (université).

Cheng zu dit **Yongle** ■ Empereur (*ming) de Chine (1360-1424). Esprit encyclopédique, il encouragea de grands voyages sur mer et fit construire la *Cité interdite à Pékin.

André de Chénier ■ Poète français (1762-1794). Imprégné de culture hellénique, son œuvre fut salué par les romantiques. Il mourut guillotiné. *"Iambes".* □ **Marie-Joseph de Chénier,** son frère (1764-1811), écrivain et homme politique, auteur du *"Chant du départ".*

Chennevières-sur-Marne ■ Commune du Val-de-Marne. 17 900 hab. *(les Chenneviérois).*

Chenonceaux ■ Commune d'Indre-et-Loire. 300 hab. *(les Chenoncellois).* Célèbre château *Renaissance construit en partie sur un pont à cinq arches, enjambant le Cher.

Chenôve ■ Commune de la Côte-d'Or, dans la banlieue de Dijon. 17 900 hab. Vins. Industries.

le Cher [18] ■ Département français de la région *Centre. Il doit son nom à la rivière qui le traverse. 7 310 km². 321 900 hab. Préfecture : Bourges. Sous-préfecture : Saint-Amand-Montrond.

Cherbourg ■ Sous-préfecture de la Manche. 28 800 hab. *(les Cherbourgeois).* Port militaire, un des enjeux du front atlantique en 1940-1945. Constructions navales, métallurgie.

Jules Chéret ■ Artiste français (1836-1932). Il renouvela l'art de l'affiche.

les Cherokees ■ Indiens d'Amérique du Nord, environ 40 000 aujourd'hui.

Luigi Cherubini ■ Compositeur italien (1760-1842). Il fit une brillante carrière à Paris. Son opéra *"Médée"* annonce le *romantisme.

la baie de Chesapeake ■ Baie américaine (*Maryland, *Virginie) sur l'Atlantique. Pont de 12 km à son extrémité.

le Cheshire ■ Comté d'Angleterre, au nord-est du pays de Galles. 2 322 km². 956 000 hab. Chef-lieu : Chester.

Le Chesnay ■ Commune résidentielle des Yvelines. 29 600 hab. *(les Chesnaysiens).*

Chester ■ Ville et port fluvial d'Angleterre, chef-lieu du *Cheshire. 58 400 hab. Architecture médiévale, remparts.

Philip Stanhope comte de Chesterfield ■ Diplomate, ministre et mécène anglais (1694-1773). *"Lettres à son fils".*

Gilbert Keith Chesterton ■ Écrivain anglais (1874-1936). Brillant polémiste catholique. *"Le Nommé Jeudi",* roman.

Léon Chestov ■ Philosophe russe exilé à Paris, proche d'un christianisme tragique (1866-1938).

le facteur Cheval ■ Artiste français (1836-1924). Autodidacte, il construisit un « palais », à Hauterives (Drôme), admiré par les *surréalistes.

Maurice **Chevalier** ■ Artiste français de music-hall (1888-1972).

Cheverny ■ Commune du Loir-et-Cher. 900 hab. *(les Chevernois)*. Château *Renaissance et *classique.

Chevigny-Saint-Sauveur ■ Commune de la Côte-d'Or. 8 400 hab.

Chevilly-Larue ■ Commune du Val-de-Marne. 16 300 hab. *(les Chevillais).*

Eugène **Chevreul** ■ Chimiste français (1786-1889). Analyse des corps gras. Théorie des couleurs (étudiée par le peintre *Seurat).

Tarass **Chevtchenko** ■ Poète et héros national de l'*Ukraine (1814-1861).

Cheyenne ■ Ville des États-Unis, capitale du *Wyoming. 58 400 hab.

les **Cheyennes** ■ Indiens d'Amérique du Nord. Célèbres pour leur résistance à l'avancée des Blancs.

Chiang Mai ■ Ville de Thaïlande. 158 000 hab. Commerce (teck, soieries).

le **Chianti** ■ Région d'Italie (*Toscane). Vin réputé. 〈 ► chianti 〉

Chiba ■ Ville du Japon (*Honshu). 815 000 hab. 2e port du monde. Pèlerinages bouddhistes.

Chicago ■ 2e ville des États-Unis (*Illinois). 3 millions d'hab. Zone urbaine de 7 millions d'hab. Centre culturel, industriel, commerçant (céréales, bétail). Universités.

Chichén Itzá ■ Site archéologique du Mexique. Centre de la civilisation toltèque-maya (⇒ **Mayas**).

Chiclayo ■ Ville du Pérou. 395 000 hab.

Chicoutimi ■ Ville du Canada (*Québec), située au nord de Québec. 61 100 hab. Centre administratif, commercial et universitaire.

la **Chiers** ■ Rivière de l'*Ardenne, affluent de la Meuse. 112 km.

Chihuahua ■ Ville du Mexique. 407 000 hab.

le **chiisme**, *les* **chiites** ■ Mouvement politique et religieux qui divisa l'islam dès le VIIe s. Les chiites s'écartent de l'islam majoritaire (la *sunna) ; ils restent fidèles au souvenir d'*Alī, parent de *Mahomet, et refusent de reconnaître les califes (ou *imams*) qui lui succédèrent. 〈 ► chiite 〉

Chikamatsu Monzaemon ■ Auteur dramatique japonais (1653-1725). Surnommé « le Shakespeare du Japon », il est le créateur du théâtre moderne de son pays.

Childebert ■ NOM DE TROIS ROIS MÉROVINGIENS □ **Childebert** Ier (v. 495 - 558), fils de *Clovis. □ **Childebert II** (v. 570 - 595), roi d'Austrasie, à laquelle il unit la Bourgogne. □ **Childebert III** (v. 683 - 711) fut dominé par *Pépin de Herstal.

Childéric ■ NOM DE TROIS ROIS MÉROVINGIENS □ **Childéric Ier** (v. 436 - 481), fils de *Mérovée et père de *Clovis. □ **Childéric II** (v. 653 - 675), roi d'Austrasie. □ **Childéric III** (mort en 755), dernier roi mérovingien, déposé en 751 par Pépin le Bref.

le **Chili** ■ État (république) d'Amérique du Sud, s'étendant sur 4 200 km du nord au sud en bordure du Pacifique, et sur une largeur moyenne de 200 km. 756 626 km². 12,9 millions d'hab. *(les Chiliens)*. Capitale : Santiago. Langue officielle : espagnol. Monnaie : nouveau peso chilien. Malgré un essor économique récent et d'importantes ressources agricoles (vins), minières (premier exportateur mondial de cuivre) et industrielles, les difficultés subsistent : inflation, dette extérieure, pauvreté. □ HISTOIRE Conquis au XVIe s. par les Espagnols sur les Indiens *Araucans (la population est aujourd'hui métisse à 70 %), géographiquement coupé de la viceroyauté du Pérou dont il dépendait, le Chili ne prit son essor qu'au XIXe s. : indépendance en 1818, victoire sur le

Pérou et la Bolivie (guerre du Pacifique, 1883) qui lui apporta de nouvelles richesses minières. Malgré la crise économique de 1929 et les secousses de l'alternance des partis de gauche et de droite au pouvoir, il s'était institué une tradition démocratique et progressiste. En 1970 le programme socialiste de Salvador *Allende se heurta à la droite. Le président se suicida lors du coup d'État du général Pinochet (1973). La dictature militaire engendra de violentes manifestations *(protestas)* et une réprobation internationale. Après l'échec d'un plébiscite en 1988, et l'élection d'un nouveau président (démocrate-chrétien) en décembre 1989, le général Pinochet dut quitter le pouvoir en mars 1990.

Chilly-Mazarin ■ Commune de l'Essonne. 17 000 hab. *(les Chiroquois).*

Chilpéric ■ NOM DE DEUX ROIS MÉROVINGIENS □ *Chilpéric Ier* (539-584). Fils de *Clotaire Ier, il reçut en partage la *Neustrie. □ *Chilpéric II* (v. 670 - 721). Roi mérovingien de Neustrie.

le Chimborazo ■ Volcan des Andes (*Équateur). 6 267 m.

la Chimère ■ Monstre de la mythologie grecque : elle a la tête d'un lion, le ventre d'une chèvre et la queue d'un dragon. ⟨ ▶ chimère ⟩

la Chine ■ État (république populaire) le plus peuplé du monde, allant de la mer de Chine (Pacifique) au cœur de l'Asie. Le pays est divisé administrativement en 23 provinces (y compris *Taïwan qui se déclare indépendante), 5 régions autonomes et 3 zones municipales. 9 572 900 km². 1,15 milliard d'hab. *(les Chinois).* Capitale : Pékin. Langue officielle : chinois. Monnaie : renminbi yuan. L'énorme croissance démographique a entraîné un contrôle très strict des naissances. Le relief va en gradins descendants, du plateau du Tibet aux grandes plaines et aux vallées fertiles

de l'est. L'agriculture domine l'économie (riz, blé, thé) ; collectivisée à partir de 1949, la terre est redistribuée aux familles depuis 1979. L'industrialisation, amorcée dans les années 1950, a accordé la priorité à l'industrie lourde. Énormes ressources minières : charbon, pétrole, fer, manganèse... □ **HISTOIRE.** La Chine connaît l'écriture dès le IIe millénaire av. J.-C. (dynastie des *Shang, ou Yin). Sous la dynastie des *Zhou apparaissent (v. 500 av. J.-C.) la pensée *taoïste (⟹ **Laozi**) et celle de *Confucius. Mais la véritable unité politique du pays, après la période dite des *Printemps et Automnes* puis celle des *Royaumes combattants*, fut l'œuvre de *Qin Shi Huangdi (v. 220 av. J.-C.). Il construisit la Grande *Muraille, fonda la dynastie *Qin (ou Ch'in) qui a donné son nom à la Chine. Avec la dynastie des *Han (apogée sous Wu Di, 140 - 87 av. J.-C.) s'introduit le *bouddhisme (Ier s.). À nouveau divisée (220), la Chine fut réunifiée (618) par la dynastie des *Tang (qui prit fin en 907) et connut une prospérité exceptionnelle (VIIe - VIIIe s., âge d'or de la poésie classique : *Li Bo, *Du Fu). La restauration de l'empire par les *Song ne résista pas aux puissances du Nord ; ce fut le Mongol *Qūbilai Khān qui, de sa nouvelle capitale Pékin, imposa un pouvoir central (dynastie mongole des *Yuan, 1206-1368), brimant les peuples Han (93 % de la population actuelle). Une réaction nationaliste porta Hongwu au pouvoir (dynastie des *Ming, 1368-1644) ; il accomplit en despote une œuvre économique considérable ; son fils *Cheng zu, dit Yongle, mena une politique d'expansion (militaire en Mongolie, maritime jusqu'en Afrique) et de prestige ; après le renouveau culturel sous Wanli (1573-1620), les troubles politiques et sociaux permirent l'invasion de la Chine par la Mandchourie. La dynastie mandchoue des *Qing régna de 1644 à 1912 (bien que la république fût proclamée en 1911) ; l'ouverture à l'Europe (accueil des jésuites à la cour de Kangxi, monarque de 1661 à 1722) fut forcée par les intérêts commerciaux du Royaume-Uni, de la France et de l'Allemagne (guerre de l'*Opium qui aboutit au traité de Nankin en 1842, guerre sino-française du Tonkin en 1884-1885). L'impuissance du régime, les soulèvements nationalistes (guerre des *Boxers, 1900) conduisirent à la proclamation de la république par *Sun Yixian (Sun Yat-sen) en 1911. Mais les républicains étaient divisés, notamment entre communistes et nationalistes (⇒ Guomindang, Jiang Jieshi). Au terme de quarante ans de guerre civile et quinze ans (1931-1945) de guerre avec le Japon, le parti communiste de *Mao Zedong proclama la république populaire (1949), ses adversaires se retirant à *Taïwan. D'abord soutenue par l'Union soviétique, en particulier dans son effort de planification économique, la Chine s'en éloigna après le « bond en avant » de 1958, pour se rapprocher du Japon et même des États-Unis (visite du président *Nixon en 1972). Des conflits frontaliers l'opposèrent à l'Inde (1972) et au Viêt-nam (1979, 1983). Après les soubresauts de la « révolution culturelle » et l'éviction brutale du ministre de la Défense *Lin Biao en 1971, le pragmatisme du Premier ministre *Zhou Enlai a marqué les dernières années de Mao, mort comme lui en 1976. Après avoir écarté les tenants d'un maoïsme extrémiste (⇒ Bande des quatre, Hua Guofeng), les dirigeants modérés du Parti, menés par *Deng Xiaoping, engagèrent des actions réformatrices dans l'économie, mais la répression des manifestations étudiantes de 1989 marqua le retour à un régime très autoritaire. ⟨ ▶ chinois ⟩

Chinon ■ Sous-préfecture de l'Indre-et-Loire. 9 000 hab. *(les Chinonais)*. Château. Centrale nucléaire d'Avoine.

l'île de **Chios** ■ Île de la mer *Égée où existait l'une des plus importantes cités de la Grèce antique. Massacre de la population par les Turcs en 1822. 904 km². 49 900 hab.

Thomas **Chippendale** ■ Ébéniste anglais (v. 1718 - 1779). Il créa un style de mobilier auquel il donna son nom.

Jacques **Chirac** ■ Homme politique français (né en 1932). Gaulliste, Premier ministre en 1974-1976 et 1986-1988, maire de Paris depuis 1977.

Chirāz ou **Shirāz** ■ Centre artistique et culturel de l'Iran, ancienne capitale du pays (XVIIIᵉ s.). 848 000 hab.

Chirico ■ ⇒ Giorgio de Chirico.

Chisinau, avant 1991 **Kichinev** ■ Ville de la C.É.I., capitale de la Moldavie. 665 000 hab. Industries alimentaires, métallurgiques et textiles.

Chittagong ■ Ville et port du Bangladesh. 1,84 million d'hab.

Chiusi ■ Ville d'Italie (*Toscane). 9 000 hab. Nécropole étrusque.

les **Chleuhs** ■ Population *berbère sédentaire du Maroc.

Chloris ■ Déesse grecque des Fleurs (*Flore* chez les Romains), épouse de *Zéphyr.

Étienne François duc de **Choiseul** ■ Ministre de Louis XV (1719-1785). Sous son ministère, la France acquit la Lorraine et la Corse et l'opposition parlementaire se renforça.

Choisy-le-Roi ■ Commune du Val-de-Marne. 34 200 hab. *(les Choisyens).* Constructions mécaniques, verrerie.

Cholet ■ Sous-préfecture du Maine-et-Loire. 56 500 hab. *(les Choletais).* Commerce, industries traditionnelles (mouchoirs).

Mikhaïl **Cholokhov** ■ Romancier soviétique (1905-1984). *"Le Don paisible"*. Prix Nobel 1965.

Dietrich von **Choltitz** ■ Général allemand (1894-1966). Désobéissant à Hitler, il refusa de détruire Paris, dont il était gouverneur militaire (août 1944).

Noam **Chomsky** ■ Linguiste américain (né en 1928). Créateur de la grammaire générative.

Ch'ohngjin ■ Ville industrielle et port de Corée du Nord. 754 000 hab.

Chongqing ■ Ville de Chine (*Sichuan), sur le *Yangzi Jiang. 2,83 millions d'hab. Ancienne capitale de la Chine nationaliste, de 1937 à 1946. Port fluvial et centre sidérurgique important.

Frédéric **Chopin** ■ Compositeur polonais (1810-1849). Il a révolutionné l'art du piano *("Polonaises" ; "Mazurkas" ; "Valses")*. Personnage *romantique par excellence : héros national émigré à Paris, pianiste virtuose, amant de la romancière George *Sand.

Dmitriï **Chostakovitch** ■ Compositeur soviétique (1906-1975). Auteur de quinze symphonies.

la **chouannerie** ■ Mouvement d'opposition des catholiques royalistes du Maine, de Bretagne et de Normandie *(les chouans)* à la Révolution française. Ce fut une guerre civile de 1793 à 1795, parallèlement à la guerre de *Vendée (⇒ **Cottereau**). ‹ ► chouan ›

Chou En-lai ■ ⇒ **Zhou Enlai.**

Driss **Chraïbi** ■ Romancier marocain d'expression française (né en 1926).

Chrétien de Troyes ■ Écrivain français (v. 1135 - v. 1183). Romans de chevalerie en vers octosyllabes reprenant le « cycle breton » de la quête du *Graal : *"Lancelot" ; "Yvain" ; "Perceval".* ■

le **Christ** ■ *Jésus, identifié par les chrétiens au Messie (en hébreu *mashiah*, c'est-à-dire « oint », traduit en grec par *khristos*), envoyé et fils de Dieu. ☐ le **christianisme,** religion des disciples du Christ, propagée par les *Apôtres. Au cours de l'histoire, les chrétiens se sont divisés en trois confessions principales : les *catholiques, les *orthodoxes et les *protestants. ⇒ **Église.** ‹ ► chrétien, christ ›

Christchurch ■ Ville de Nouvelle-Zélande. 168 000 hab. (zone urbaine de 302 000 hab.). Port de Lyttelton.

Christian ■ NOM DE DIX ROIS DU DANEMARK ☐ **Christian II** (1481-1559), roi de 1513 à 1523, fut chassé du trône de Suède par *Gustave Vasa après avoir tenté de s'imposer par la force. ☐ **Christian VI** (1699-1746), roi de 1730 à sa mort, régna en despote éclairé. ☐ **Christian X** (1870-1947), roi de 1912 à sa mort, s'est opposé au nazisme.

Agatha **Christie** ■ Écrivaine britannique (1890-1976). Maître du roman policier. *"Le Crime de l'Orient-Express".*

Christine ■ Reine de Suède en 1632, couronnée en 1644, elle abdiqua en 1654 après sa conversion au catholicisme (1626-1689). Très cultivée, elle reçut *Descartes.

Christine de Pisan ■ Écrivaine française (v. 1363 - v. 1430). Elle prit la défense des femmes. *"La Cité des femmes".*

Christo ■ Artiste américain d'origine bulgare (né en 1935). Empaquetage du Pont-Neuf à Paris, en 1985.

saint **Christophe** ■ Personnage légendaire, patron des voyageurs. Son nom signifie « porteur du Christ ».

Henri **Christophe** ■ Roi d'Haïti (1767-1820). Esclave noir affranchi, il renversa *Dessalines, fut proclamé président puis roi de 1811 à sa mort.

Georges **Colomb** dit **Christophe** ■ Écrivain et dessinateur français (1856-1945). Albums précurseurs de la bande dessinée : *"la Famille Fenouil-lard"* ; *"le Sapeur Camember"* ; *"le Savant Cosinus"*.

Petrus **Christus** ■ Peintre *flamand (v. 1410 -v. 1473). "Portrait d'une jeune femme"*.

Chrysippe ■ ⇒ stoïcisme.

Chrysostome ■ ⇒ saint **Jean Chrysostome**.

Alonzo **Church** ■ Mathématicien, logicien et philosophe américain (né en 1903).

sir Winston **Churchill** ■ Homme politique britannique (1874-1965). Symbole de la détermination britannique pendant la Seconde Guerre mondiale, à la tête d'un gouvernement de coalition (1940-1945). Député en 1900, plusieurs fois ministre, responsable (1911 et 1939) de la Marine, il fut à nouveau Premier ministre (conservateur) de 1951 à 1955. Il a laissé de nombreux ouvrages. Prix Nobel de littérature 1953.

le **Churchill** ■ Fleuve du Canada qui se jette dans la baie d'Hudson. 1 609 km.

les frères **Churriguera** ■ Architectes espagnols des années 1700. Le baroque espagnol le plus exubérant est parfois appelé style *churrigueresque*. Alberto (1676-1750) est l'auteur de la Plaza Mayor à Salamanque.

Chypre ■ Île et État (république) de la Méditerranée, au large de la Turquie. 9 251 km². 733 000 hab. (*les Chypriotes* ou *Cypriotes,* dont 552 000 Grecs et 163 000 Turcs). Capitale : Nicosie. Langues officielles : grec, turc. Monnaie : livre chypriote. Agriculture, minerais (cuivre). □ **HISTOIRE**. L'hellénisation remonte à l'Antiquité et se prolonge, à travers *Byzance, jusqu'à la conquête de Chypre par les croisés (1191). Le conflit avec la minorité turque, fortement établie depuis l'annexion de l'île à l'Empire ottoman (1571), s'est exacerbé sous la domination britannique

(1878-1959) et plus encore depuis la création d'une république indépendante (1960). En 1974, un coup d'État organisé par des officiers grecs provoqua une intervention militaire de la Turquie et la sécession des Chypriotes turcs dans la partie nord de l'île qui fut déclarée (en 1975) « République turque du nord de Chypre » (3 355 km² ; 165 000 hab.). Elle proclama unilatéralement son indépendance en 1983, mais n'est pas reconnue par la communauté internationale.

la **C.I.A.,** *Central Intelligence Agency* ■ Agence centrale de renseignements, d'espionnage et de contre-espionnage des États-Unis (lutte contre le communisme).

Galeazzo **Ciano** *comte de Cortellazzo* ■ Homme politique italien, gendre de *Mussolini, chef de la diplomatie fasciste. Il fut exécuté pour trahison (1903-1944).

Cicéron, en latin *Marcus Tullius Cicero* ■ Homme politique, orateur et écrivain romain (106 - 43 av. J.-C.). Il a donné les modèles de l'éloquence et de la prose philosophique latines. Son influence fut immense. 〈 ▶ cicérone 〉

Rodrigo Díaz de Vivár dit *le* **Cid Campeador** ■ Illustre chef de guerre espagnol (1043-1099). Adversaire des *Maures, un des héros de la « Reconquête » (⇒ **Espagne**). Sa légende a inspiré la littérature médiévale espagnole et des auteurs dramatiques (*Corneille).

la **Cilicie** ■ Région du sud de la Turquie.

Cimabue ■ Peintre florentin (v. 1240 - v. 1302). Maître de *Giotto. *"Crucifix"*. Peintures sur fond d'or. Mosaïques.

Domenico **Cimarosa** ■ Compositeur italien (1749-1801). Opéras bouffes. *"Le Mariage secret"*.

les **Cimbres** ■ Peuple germanique. Avec les *Teutons, ils envahirent la

Gaule mais furent arrêtés au nord de l'Italie (101 av. J.-C.).

Cimon ■ Général et homme politique athénien (v. 510 - v. 449 av. J.-C.).

Cincinnati ■ Ville des États-Unis (*Ohio). 385 000 hab. Musées. Métallurgie.

Cincinnatus ■ Paysan romain (Vᵉ s. av. J.-C.). Glorieux soldat, il retourna à sa charrue, refusant les honneurs.

Cinecittà ■ Studios de cinéma italiens, près de Rome.

Lucius Cornelius **Cinna** ■ Homme politique romain qui exerça le pouvoir de 87 av. J.-C. à sa mort (84 av. J.-C.).

Cneius Cornelius **Cinna** ■ Favori d'*Auguste (Iᵉʳ s. av. J.-C.). Il conspira contre lui mais fut pardonné. *Corneille en tira une tragédie, *"Cinna ou la Clémence d'Auguste"*.

le groupe des **Cinq** ■ Musiciens russes du XIXᵉ s. : *Balakirev, *Borodine, *Cui, *Moussorgski, *Rimski-Korsakov.

le Conseil des **Cinq-Cents** ■ L'une des deux assemblées législatives du *Directoire.

le monte **Cinto** ■ Point culminant de la Corse. 2 710 m.

Emil **Cioran** ■ Essayiste roumain d'expression française (né en 1911). Moraliste pessimiste. *"De l'inconvénient d'être né"*.

La **Ciotat** ■ Commune des Bouches-du-Rhône. 30 700 hab. *(les Ciotadens)*. Port sur la Méditerranée, pêche, chantiers navals.

Circé ■ Magicienne de l'"*Odyssée".

la République **cisalpine** ■ République formée par Napoléon Bonaparte au nord de l'Italie en 1797. Devenue royaume d'Italie en 1805 (dirigé par Eugène de *Beauharnais), elle disparut en 1814.

la **Cisjordanie** ■ Territoire à l'ouest du Jourdain correspondant aux provinces de Samarie et de Judée. Conquis par la Jordanie en 1948, occupé et administré par Israël depuis 1967. Villes principales : Bethléem, Jéricho, Jérusalem.

le **Ciskei** ■ *Bantoustan sud-africain, déclaré indépendant en 1981. 7 760 km². 824 000 hab. Capitale : Bisho (8 000 hab.).

les **Cisterciens** ■ ⇒ Cîteaux.

la **Cité,** en anglais *the* **City of London** ■ Le plus ancien quartier de Londres, et son pôle financier.

l'île de la **Cité** ■ Île sur la Seine, site originaire de la ville de Paris. Cathédrale *Notre-Dame. Nombreux bâtiments publics.

Cîteaux ■ Abbaye fondée en Bourgogne en 1098 par Robert de Molesmes, à l'architecture austère. ▶ *l'ordre des* **Cisterciens** (bénédictins réformés) s'étendit dans toute l'Europe médiévale. La *Trappe regroupe les cisterciens dits « de la stricte observance ».

la **Cité interdite** ■ Palais impérial de Pékin, construit en 1406 sous *Cheng zu.

André **Citroën** ■ Ingénieur français, industriel de l'automobile (1878-1935).

Ciudad de Guatemala ■ ⇒ Guatemala.

Ciudad Juárez ■ Ville du Mexique. 570 000 hab. Important trafic avec El Paso (États-Unis).

Cixi ou **Ts'eu-hi** ■ Impératrice et régente de Chine de 1875 à sa mort (1835-1908). Son règne autoritaire et anti-occidental marque la décadence de l'empire.

Pieter **Claesz** ■ Peintre hollandais (v. 1597 - 1661). Maître, avec *Heda, de la nature morte.

René **Clair** ■ Cinéaste français (1898-1981). "*Le Million*" ; "*À nous la liberté*".

Alexis **Clairaut** ■ Astronome et mathématicien français (1713-1765).

sainte **Claire** ■ Religieuse italienne, proche de saint *François d'Assise (v. 1193 - 1253). ⇒ **Clarisses.**

Clairvaux ■ Abbaye cistercienne (⇒ **Cîteaux**), dans l'*Aube, fondée par saint *Bernard en 1115, transformée en prison en 1808.

Clamart ■ Commune des Hauts-de-Seine, dans la banlieue sud-ouest de Paris. 47 800 hab. *(les Clamariots ou Clamartois).*

Clamecy ■ Sous-préfecture de la Nièvre. 5 300 hab. *(les Clamecycois).* Industries.

Émile **Clapeyron** ■ Physicien français (1799-1864). Un des pères de la thermodynamique.

les **Clarisses** n. f. ■ Ordre religieux féminin, à la règle très austère, fondé par sainte *Claire. ⟨ ▶ clarisse ⟩

John Bates **Clark** ■ Économiste américain (1847-1938). Théoricien de l'école marginaliste.

le **classicisme** ou *l'art* **classique** ■ Période de l'art occidental et idéal esthétique qui se définit par le culte des modèles antiques et par la recherche de la perfection et de l'harmonie. L'Antiquité et la Renaissance italienne sont les bases sur lesquelles s'épanouit le classicisme français sous le règne de Louis XIV, avec *Mansart et Hardouin-*Mansart pour l'architecture, *Le Brun, *Poussin pour la peinture, *Girardon pour la sculpture. *Malherbe, *Boileau, *La Fontaine, *Bossuet, *Racine sont les principaux écrivains classiques. ⇒ **néo-classicisme.**

Georges **Claude** ■ Physicien et industriel français (1870-1960). Liquéfaction de l'air.

Claude Iᵉʳ ■ Empereur romain (10 av. J.-C. - 54). Époux de *Messaline puis d'*Agrippine la Jeune, père de *Britannicus.

Claude de France ■ Reine de France (1499-1524). Épouse de François Iᵉʳ, fille de Louis XII et d'Anne de Bretagne. À sa mort, le duché de Bretagne fut définitivement réuni à la Couronne.

Paul **Claudel** ■ Écrivain français (1868-1955). Converti au catholicisme en 1886, il a rénové l'écriture théâtrale en France *("Tête d'or" ; "Partage de midi" ; "l'Annonce faite à Marie" ; "le Soulier de satin").* Ses voyages (il était diplomate) ont nourri son œuvre de poète. ☐ *Camille* **Claudel,** sa sœur (1864-1943). Sculptrice française proche de *Rodin.

Appius **Claudius Caecus** ■ Homme politique romain (v. 300 av. J.-C.). Il fit ouvrir la *voie Appienne,* de Rome à Capoue.

Hugo **Claus** ■ Écrivain et cinéaste belge d'expression néerlandaise (né en 1929). *"La Chasse aux canards".*

Carl von **Clausewitz** ■ Général prussien (1780-1831). Théoricien de la guerre, qu'il a définie comme « la continuation de la politique par d'autres moyens ».

Rudolf **Clausius** ■ Physicien allemand (1822-1888). Contributions fondamentales à la thermodynamique (⇒ Sadi **Carnot**) et à la cinétique des gaz.

Henry **Clay** ■ Homme politique américain (1777-1852). Il s'efforça d'éviter le conflit entre États du Nord et du Sud.

Claye-Souilly ■ Commune de Seine-et-Marne. 9 900 hab. *(les Clayois).*

Les **Clayes-sous-Bois** ■ Commune des Yvelines. 16 900 hab. *(les Clétiens).*

Georges **Clemenceau** ■ Homme politique français (1841-1929). Partisan de *Dreyfus, président du Conseil (radical) en 1906-1909 puis 1917-1919, sa fermeté restaura la confiance face à l'Allemagne. Surnommé « le Tigre ».

Jean-Baptiste **Clément** ■ Socialiste français, auteur de chansons (1837-1903). *"Le Temps des cerises"*, musique de Renard.

René **Clément** ■ Cinéaste français (né en 1913). *"La Bataille du rail" ; "Jeux interdits"*.

Clément V ■ Pape élu en 1305 (mort en 1314). Proche des intérêts de Philippe le Bel, il fut le premier pape installé à Avignon.

Clément VII ■ Antipape d'Avignon de 1378 à 1394, à l'origine du grand *schisme d'Occident.

Clément VII ■ Jules de *Médicis (1478-1534), pape de 1523 à sa mort. Il excommunia *Henri VIII (⟹ **anglicanisme**).

Clément d'Alexandrie ■ Écrivain grec et philosophe chrétien (v. 150 - v 215). *"Le Pédagogue"*.

Muzio **Clementi** ■ Compositeur, pianiste et facteur de pianos italien (1752-1832). Un des inventeurs du piano moderne.

Cléopâtre ■ Reine d'Égypte (69 - 30 av. J.-C.), maîtresse de César (leur fils Césarion fut le dernier *Ptolémée) puis d'Antoine. Son rêve d'un empire oriental fut anéanti par Octave (⟹ **Auguste**), qui fit de l'Égypte une province romaine (31 av. J.-C.). Devant cet échec, elle se suicida.

Charles-Louis **Clérisseau** ■ Architecte français (1721-1820).

Clermont ■ Sous-préfecture de l'Oise. 9 000 hab. *(les Clermontois).* Industries alimentaires.

Clermont-Ferrand ■ Préfecture du Puy-de-Dôme. 140 200 hab. *(les Clermontois).* Cathédrale gothique, église romane Notre-Dame-du-Port (XIIᵉ s.), monuments. Industries du caoutchouc (pneus). La ville est née de la réunion, en 1630, de Clermont, ancienne capitale de l'Auvergne, et de Montferrand.

Stephen Grover **Cleveland** ■ Homme politique américain (1837 -

1908). 22ᵉ (1885 - 1889), puis 24ᵉ (1893 - 1897) président des États-Unis.

Cleveland ■ Ville des États-Unis (*Ohio). 574 000 hab. Port sur le lac Érié. Universités. Industries.

le **Cleveland** ■ Comté du nord de l'Angleterre. 583 km². 553 000 hab. Chef-lieu : Middlesbrough.

Clichy ■ Commune des Hauts-de-Seine, dans la banlieue nord-ouest de Paris. 48 200 hab. *(les Clichiens* ou *les Clichois).* Industries automobile, chimique et électrique.

Clichy-sous-Bois ■ Commune de la Seine-Saint-Denis. 28 300 hab. *(les Clichois).*

Bill **Clinton** ■ Homme politique américain (né en 1946). 42ᵉ président (démocrate) des États-Unis, élu en 1992.

Clio ■ *Muse de la Poésie épique et de l'Histoire.

l'îlot **Clipperton** ■ Île française inhabitée du Pacifique, au large du Mexique. 5 km².

Clisson ■ Commune de Loire-Atlantique. 5 500 hab. *(les Clissonnais).* La ville fut rasée par les armées républicaines, en 1794, pendant la guerre de *Vendée.

Clisthène ■ Homme politique grec de la famille des *Alcméonides, père de la démocratie d'Athènes (fin Vᵉ s. av. J.-C.).

Robert baron **Clive de Plassey** ■ Général britannique (1726-1774). Fondateur de l'Empire britannique des Indes.

Jean-Baptiste dit *Anacharsis* **Cloots** ■ Baron prussien rallié à la Révolution française (1755-1794). Extrémiste, guillotiné avec *Hébert.

Clotaire ■ NOM DE TROIS ROIS MÉROVINGIENS □ **Clotaire Iᵉʳ,** dernier fils de Clovis (497-561). À sa mort, le royaume fut partagé entre ses fils. □ **Clotaire II,** père de Dagobert Iᵉʳ

(584-629). □*Clotaire III,* roi de Neustrie (mort en 673).

les **Clouet** ■ Peintres de la Renaissance française, d'origine flamande : Jean (v. 1485 - 1541) et son fils François (v. 1510 - 1572). Miniatures, portraits, dessins.

Henri Georges **Clouzot** ■ Cinéaste français (1907 - 1977). *"Le Corbeau"* ; *"Quai des Orfèvres".*

Clovis ■ NOM DE TROIS ROIS MÉROVINGIENS □*Clovis I*er, roi des Francs (466-511). L'extension qu'il donna au royaume et sa conversion au christianisme (498) l'ont fait considérer comme un des pères de la nation française. □*Clovis II,* roi de Neustrie et de Bourgogne (mort en 657). □*Clovis III,* roi d'Austrasie (mort en 695).

Cluj(-Napoca) ■ Ville de Roumanie, chef-lieu de la *Transylvanie. 310 000 hab.

Cluny ■ Commune de la Saône-et-Loire. 4 400 hab. *(les Clunisois).* En 910 y fut fondée une abbaye bénédictine qui dirigea un important mouvement de réforme ; son architecture influença l'évolution de l'art *roman. ▶ *les* **Clunisiens,** abbés de Cluny, furent étroitement associés à l'action de la papauté (⇒ **Grégoire VII**).

Cluses ■ Commune de Haute-Savoie. 16 700 hab. *(les Clusiens).*

le **Clwyd** ■ Comté du nord-est du pays de *Galles. 2 425 km². 407 000 hab. Chef-lieu : Mold (8 600 hab.).

la **Clyde** ■ Le plus important fleuve d'Écosse, jalonné de villes industrielles. 170 km.

Clytemnestre ■ Personnage d'*Homère et de la légende des Atrides, reprise par *Sophocle, *Eschyle, *Euripide. Pour venger le sacrifice de sa fille *Iphigénie, elle tua son époux *Agamemnon et fut tuée par son fils *Oreste.

Cnossos ou **Knossos** ■ Site archéologique de la *Crète.

le **C.N.P.F.** ■ Le « Conseil national du patronat français », fondé en 1945, a pour objectif de coordonner l'ensemble des professions de l'industrie et du commerce, et de parler au nom du patronat.

William **Cobbett** ■ Journaliste anglais, parlementaire radical (1763-1835).

Coblence, en allemand **Koblenz** ■ Ville d'Allemagne (*Rhénanie-Palatinat). 108 000 hab. Refuge des émigrés français pendant la Révolution (1793).

Cobourg, en allemand **Coburg** ■ Ville d'Allemagne (*Bavière). Ancienne capitale des ducs de Saxe-Cobourg-Gotha. 45 100 hab.

Cobra ■ Mouvement artistique international fondé à Paris en 1948, dissous en 1951. Son nom reprend les initiales de *Co*penhague, *Br*uxelles et *A*msterdam. Expressionnisme exacerbé et impulsif.

Cochabamba ■ 3e ville de Bolivie. 317 000 hab. Région agricole. Pétrole.

Cochin ■ Ville et port de l'Inde (*Kerala) sur la côte sud-est. 556 000 hab. Industrie textile. Commerce de thé et du coprah.

la **Cochinchine** ■ Nom donné par les Français au sud du Viêt-nam, formé par le delta du *Mékong. Climat subtropical (riz, canne à sucre). Ancienne colonie française ; capitale : Saigon (⇒ **Indochine**).

sir John Douglas **Cockcroft** ■ Physicien anglais (1897-1967). Prix Nobel 1951 avec *Walton, pour leur réalisation du premier accélérateur de particules.

Jean **Cocteau** ■ Écrivain et artiste français (1889-1963). Il a cherché à rapprocher le réel et l'imaginaire. *"Thomas l'Imposteur"*, roman ; *"les Parents terribles"*, théâtre ; *"la Belle* *et la Bête"* et *"le Testament d'Orphée",* films. Essentiellement poète, il fut aussi peintre et dessinateur.

le Code civil ou *code Napoléon* ■ Recueil de droit civil français (1804). Il influença la législation de nombreux États.

Coëtquidan ■ ⇒ **Saint-Cyr.**

Jacques Cœur ■ Négociant français, argentier de *Charles VII (v. 1395 - 1456).* Il fit construire un somptueux palais à Bourges (palais Jacques-Cœur).

Cognac ■ Sous-préfecture de la Charente. 19 900 hab. *(les Cognaçais).* Production de l'eau-de-vie dite *cognac.* ⟨ ▶ cognac ⟩

Cogolin ■ Commune du Var. 8 000 hab. *(les Cogolinois).* Station balnéaire.

Marcel Cohen ■ Linguiste français *(1884-1974).* Pionnier de la sociolinguistique.

Albert Cohen ■ Écrivain suisse d'expression française *(1895-1981).* *"Belle du Seigneur".*

Leonard Cohen ■ Écrivain et chanteur canadien d'expression anglaise *(né en 1934).*

Coimbatore ■ Ville de l'Inde (*Tamil Nādu). 705 000 hab.

Coïmbre, en portugais *Coimbra* ■ Ville du Portugal. 74 600 hab. Célèbre université.

Coire, en allemand *Chur,* en italien *Coira,* en romanche *Cuera* ■ Ville de Suisse, chef-lieu des *Grisons. 31 800 hab. Centre touristique important.

Jean-Baptiste Colbert ■ Homme d'État français *(1619-1683),* ministre de Louis XIV. Il incarna le soutien royal au grand commerce, aux manufactures, aux arts et lettres. Son image de bourgeois économe, magnifiée au xixᵉ s., l'opposa à la Cour. *Louvois fut son rival.

Samuel Taylor Coleridge ■ Poète et philosophe anglais *(1772-1834).* Les *"Ballades lyriques"* (1798), écrites avec *Wordsworth, marquent le début du romantisme anglais.

Sidonie Gabrielle Colette ■ Romancière française *(1873-1954).* Auteur de la série des *"Claudine"* (signée par son premier mari, Willy) ; *"le Blé en herbe" ; "Dialogues de bêtes".*

Gaspard de Châtillon sire de Coligny ■ Amiral de France, chef protestant victime de la *Saint-Barthélemy *(1519-1572).*

le Colisée ■ Amphithéâtre de Rome (v. 80).

la Collaboration ■ Politique du gouvernement français de 1940 à 1944 (⇒ **Vichy**) et de ses partisans (journaux, mouvements politiques, militaires et, comme la *Milice, paramilitaires). Ils collaborèrent avec l'Allemagne nazie et instituèrent notamment le Service du travail obligatoire en 1943.

le Collège de France ■ Établissement d'enseignement supérieur fondé à Paris en 1530 par *François Iᵉʳ, sur proposition de G. *Budé.

l'affaire du Collier ■ Escroquerie dont fut victime le cardinal de *Rohan (1785). Le scandale atteignit *Marie-Antoinette, contribuant à déconsidérer la royauté.

Carlo Collodi ■ Écrivain italien *(1826-1890).* *"Pinocchio",* histoire d'une marionnette qui devient un enfant, connut un succès universel.

Jean-Marie Collot d'Herbois ■ Révolutionnaire français *(1750-1796).* Organisateur de la *Terreur, déporté en Guyane en 1795.

Colmar ■ Préfecture du Haut-Rhin. 64 900 hab. *(les Colmariens).* Églises, maisons anciennes, musées. Industrie textile. Marché du vin. Commerce des vins d'Alsace.

Cologne, en allemand *Köln* ■ Ville d'Allemagne (*Rhénanie-du-Nord-Westphalie). 927 000 hab. Un des plus anciens ports rhénans, centre économique, artistique, intellectuel (université créée au Moyen Âge, musées). La cathédrale (XIIIᵉ s.) et les monuments épargnés par les bombardements de 1943-1945 témoignent d'un riche passé.

Christophe Colomb ■ Navigateur d'origine italienne, au service de l'Espagne (v. 1451-1506). Parti pour l'Inde en explorant une route occidentale, il découvrit l'Amérique (1492). Il en devint le vice-roi puis fut destitué.

Colombes ■ Commune des Hauts-de-Seine, dans la banlieue nord-ouest de Paris. 79 100 hab. *(les Colombiens).*

Colombey-les-Deux-Églises ■ Commune de Haute-Marne. 660 hab. *(les Colombeyens).* Résidence du général de Gaulle, qui y mourut. Mémorial élevé en 1972.

la Colombie ■ État (république) d'Amérique du Sud. 1 141 748 km². 32,3 millions d'hab. *(les Colombiens).* Capitale : Bogota. Langue officielle : espagnol. Monnaie : peso colombien. Les principales richesses économiques sont le café (2ᵉ producteur mondial) et les ressources minières (émeraudes, platine, pétrole), encore peu exploitées. □ HISTOIRE. Conquise par les Espagnols sur les Indiens Chibchas, libérée par *Bolívar (1819), intégrée jusqu'en 1830 à la « Grande-Colombie » (avec le Panama, le Venezuela et l'Équateur), république fédérale puis, depuis 1886, unitaire (obligée de reconnaître en 1903 la sécession du *Panama), la Colombie a connu en 1948-1953 une violente guerre civile, arrêtée par le coup d'État du général Rojas Pinilla. La vie politique reste instable, marquée par l'alternance au pouvoir des conservateurs et des libéraux, par la guérilla et le trafic de drogue, contre lequel le gouvernement a engagé la lutte en 1989.

la Colombie-Britannique ■ Province (État fédéré) du Canada. 947 800 km². 2,89 millions d'hab. Capitale : Victoria. Port de *Vancouver. Importante industrie du bois. Mines. Hydro-électricité.

Colombine ■ ⇒ commedia dell'-arte.

Colombo ■ Capitale administrative et port du *Sri Lanka. 588 000 hab.

Colomiers ■ Commune de la Haute-Garonne, dans la banlieue de Toulouse. 27 300 hab. *(les Columérins).*

Colón ■ Ville et port du Panama. 59 000 hab.

les Colonnes d'Hercule ■ Ancien nom donné aux promontoires rocheux de l'entrée est du détroit de Gibraltar.

le Colorado ■ Fleuve, né dans les *Rocheuses, qui traverse l'*État* puis le *plateau du Colorado* (vallée du Grand Canyon, *Arizona) et se jette dans le golfe de Californie. 2 333 km. □ *le Colorado.* État de l'ouest des États-Unis. 270 000 km². 2,9 millions d'hab. Capitale : Denver. Minerais (or, argent).

le Colorado ■ Fleuve du *Texas qui se jette dans le golfe du Mexique. 1 560 km.

le Río Colorado ■ Fleuve d'Argentine. 1 300 km.

Colorado Springs ■ Ville des États-Unis (*Colorado). 215 000 hab. Tourisme.

John Coltrane ■ Saxophoniste de jazz noir américain (1926-1967).

la Columbia ■ Fleuve d'Amérique du Nord. 2 000 km. Les *plateaux de la Columbia* forment le socle des *Rocheuses, à l'est de *Seattle.

Columbia ■ Ville des États-Unis, capitale de la *Caroline du Sud. 93 000 hab. Université.

le district fédéral de Columbia ■ District des États-Unis où se trouve la capitale fédérale du pays, Washington. 179 km². 638 000 hab.

Columbia University ■ La plus importante université de New York.

Columbus ■ Ville des États-Unis (*Géorgie). 169 000 hab.

Columbus ■ Ville des États-Unis, capitale de l'*Ohio. 565 000 hab. Centre industriel. Université.

les Comanches ■ Indiens d'Amérique du Nord, réduits à 2 000 aujourd'hui.

Émile Combes ■ Homme politique français (1835-1921). Président (radical) du Conseil de 1902 à 1905. Sa politique anticléricale aboutit, après sa chute, à la loi de séparation de l'Église et de l'État.

le Grand-Combin ■ Sommet des Alpes suisses (*Valais). 4 314 m.

Combourg ■ Commune d'Ille-et-Vilaine. 4 800 hab. *(les Combourgeois)*. Château médiéval, abritant le musée *Chateaubriand.

Combs-la-Ville ■ Commune de Seine-et-Marne. 20 000 hab. *(les Combs-la-Villais)*.

Côme, en italien *Como* ■ Ville d'Italie (*Lombardie), au bord du *lac de Côme* (146 km²), dans les Alpes. 94 600 hab. Région touristique.

le Comecon ■ ⇒ C.A.E.M.

Comenius ■ Nom latin de Jan Ámos Komenský, humaniste tchèque, grand pédagogue (1592-1670).

Comines-Warneton, en néerlandais *Komen-Waasten* ■ Commune de Belgique (*Hainaut), située à la frontière française (18 000 hab.), qui jouxte la commune française de *Comines* (Nord ; 11 400 hab. *[les Cominois]*).

le Comité de salut public ■ Organisme de l'exécutif pendant la Révolution française (1793-1795). Le pouvoir dictatorial et la *Terreur qu'il exerça en 1793-1794 aboutirent à

l'exécution de ses chefs, *Robespierre, *Couthon et *Saint-Just. Il fut supprimé par le *Directoire.

le Comité français de libération nationale ■ Comité né de la fusion, en 1943, entre les gouvernements français d'Alger (*Giraud) et de Londres (de *Gaulle). Remplacé en 1944 par le *G.P.R.F.

la commedia dell'arte ■ Style théâtral italien : improvisation sur un canevas, masques, personnages de convention (Arlequin, Pierrot, Scaramouche, Pantalon, Colombine). Il connut son heure de gloire vers 1600 et inspira *Molière, *Goldoni, *Marivaux.

Commentry ■ Commune de l'Allier. 8 300 hab. *(les Commentryens)*. Centre industriel.

Commercy ■ Sous-préfecture de la Meuse. 7 700 hab. *(les Commerciens)*. Forges. Spécialité de pâtisseries (madeleines).

Commode ■ Empereur romain (161-192). Fils de *Marc Aurèle. Son assassinat mit fin à un règne désordonné.

le Commonwealth ■ Fédération de 50 États souverains issus de l'ancien Empire britannique en 1931. Les principaux : ⇒ **Canada, Nigeria, Tanzanie, Kenya, Ghana, Inde, Bangladesh, Sri Lanka, Malaysia, Australie, Nouvelle-Zélande.**

le Commonwealth of Australia ■ ⇒ Australie.

la Communauté des États indépendants ■ ⇒ C.É.I.

la Communauté économique européenne ■ ⇒ C.E.E.

la Commune ■ Révolte parisienne contre la capitulation de 1871 face aux Prussiens (⇒ guerre **franco-allemande**), modèle d'un « gouvernement du peuple » pour la gauche révolutionnaire. Elle fut réprimée par *Thiers, chef de l'exécutif républicain installé à Versailles. ⟨ ▶ commu-nard ⟩

la *Commune de Paris* ■ Gou-vernement révolutionnaire de Paris (1789), devenu « commune insurrec-tionnelle » en 1792 (journée du 10 août qui marque la chute de la royauté). Elle élimina les *Girondins au profit des sans-culottes (*hébertis-tes). Dissoute en 1795.

la *Chambre des communes,* en anglais ***House of Commons* ■** « Chambre basse » du Parlement britannique, elle exerce l'essentiel du pouvoir législatif (⟹ Chambre des **lords**).

le *parti communiste français* ■ Parti politique créé par l'adhésion de la majorité du parti socialiste français (*S.F.I.O.) à la IIIᵉ *Interna-tionale (1920). Proche de l'Union soviétique et d'un idéal révolution-naire marxiste-léniniste, il a soutenu le gouvernement du *Front populaire (1936). Après son action dans la *Résistance, les électeurs en avaient fait le premier parti de France. Il participa aux gouvernements de 1945-1947 puis de 1981-1984 (Union de la gauche). Après 1980, il subit une importante baisse d'influence. ⟨ ▶ communisme ⟩

Philippe de *Commynes* ou ***Comines* ■** Conseiller de *Louis XI et de *Charles VIII, mémorialiste et historien (v. 1447 - 1511).

les *Comnènes* ■ Empereurs byzantins (XIᵉ s.). Leurs descendants fondèrent l'empire de *Trébizonde en 1204.

les *Comores* n. f. pl. ■ Archipel de l'océan Indien, comprenant l'île fran-çaise de *Mayotte et la république des Comores, proche de Madagascar. ▶ *la république fédérale islamique des Comores.* 1 862 km². 448 000 hab. *(les Comoriens).* Capitale : Moroni. Langues : français, arabe (officielles) ; comorien. Religion officielle : islam. Monnaie : franc des Comores. Faibles ressources et grave surpeuplement.

Ancienne colonie française, elle obtint l'indépendance en 1975 (à l'exception de l'île de *Mayotte qui a choisi de rester française).

la *compagnie de Jésus* ■ ⟹ compagnie de **Jésus.**

les Grandes *Compagnies* ■ Ban-des de mercenaires qui dévastèrent la France pendant la guerre de *Cent Ans.

Compiègne ■ Sous-préfecture de l'Oise. 44 700 hab. *(les Compiégnois).* Résidence royale et impériale. Indus-tries chimique et alimentaire. Musées. Forêt où furent signés les armistices de 1918 et 1940 (clairière de Rethondes).

Compostelle ■ ⟹ Saint-Jacques-de-Compostelle.

Arthur Holly *Compton* ■ Physi-cien américain (1892-1962). Prix Nobel 1927. Recherche sur les pho-tons *(effet Compton).*

Ivy *Compton-Burnett* ■ Ro-mancière anglaise (1884-1969). "*Frères et sœurs*".

le *comtat Venaissin* ■ An-cienne région du *Vaucluse, compre-nant Avignon. Elle fut la propriété des papes de 1274 à 1791.

Auguste *Comte* ■ Philosophe français (1798-1857). Sa doctrine, le *positivisme,* se veut l'accomplissement du progrès des sciences, connaissance objective de l'humanité qui débouche sur une religion nouvelle. Il créa le terme *sociologie.*

Conakry ■ Capitale et port de la Guinée. 705 000 hab.

Laure *Conan* ■ Écrivaine québécoise (1845-1924). "*Angélique de Montbrun*".

Concarneau ■ Commune du Finistère. 19 000 hab. *(les Concarnois).* Remparts. Port thonier. Station balnéaire.

Concepción ■ Ville et port du Chili. 294 000 hab.

Concino **Concini** dit **le maré-chal d'Ancre** ■ Ministre et favori de Marie de Médicis, éliminé par Louis XIII (1575-1617).

le *concordat de 1801* ■ Traité entre Bonaparte et le pape *Pie VII. Son application dans le sens du *gallicanisme fut dénoncée par l'Église.

la *place de la* Concorde ■ Vaste place de Paris entre l'avenue des *Champs-Élysées et le jardin des *Tuileries, aménagée par J.-A. *Gabriel de 1754 à 1763. En 1836 y fut érigé l'obélisque de Louxor.

la *maison de* Condé ■ Branche de la maison de *Bourbon. Jusqu'en 1709, ses membres avaient le titre de *Monsieur le Prince.* □ *Louis Ier prince de Condé,* chef des protestants tué à Jarnac (1530-1569). □ *Louis II* dit **le Grand Condé,** un des plus brillants généraux de son temps (1621-1686), se rallia à la *Fronde. □ *Louis Joseph de Bourbon prince de Condé* (1736-1818), l'un des chefs des émigrés contre-révolutionnaires *(armée de Condé).* ⇒ duc d'**Enghien.**

Condé-sur-l'Escaut ■ Commune du Nord. 11 300 hab. *(les Condéens).* Ancienne place forte des princes de Condé (monuments).

Étienne Bonnot de **Condillac** ■ Philosophe français (1715-1780). Influencé par *Locke, il s'intéressa au langage et à l'économie. Pour lui les connaissances sont issues des sensations (doctrine du *sensualisme*).

Condom ■ Sous-préfecture du Gers. 8 000 hab. *(les Condomois).* Ancienne cathédrale.

Marie Jean Antoine Nicolas de Caritat marquis de **Condorcet** ■ Philosophe français, précurseur de la mathématique sociale (1743-1794). "*Esquisse d'un tableau des progrès de l'esprit humain*".

Georges **Condylis** ■ Général grec (1879 - 1936), au pouvoir de 1926 à 1935.

la *Confédération du Rhin* ■ Union politique entre plusieurs États allemands (1806-1813). Suscitée par Napoléon, elle marqua la fin du *Saint Empire romain germanique.

la *Confédération germanique* ■ Union politique entre les États allemands (1815-1866). Créée par *Metternich, elle était présidée par l'empereur d'Autriche. Elle fut dissoute après la bataille de *Sadowa.

Conflans-Sainte-Honorine ■ Commune des Yvelines. 31 900 hab. *(les Conflanais).*

Confolens ■ Sous-préfecture de la Charente. 2 900 hab. *(les Confolentais* ou *Confolennais).* Églises et maisons anciennes.

Confucius ■ Nom latin de Kongzi, le plus célèbre penseur chinois (v. 552 - v. 479 av. J.-C.). ▶ **le *confucianisme*,** ensemble de règles morales plus que religion, a influencé toute la civilisation chinoise jusqu'à aujourd'hui.

le *Congo* ■ État (république populaire) d'Afrique équatoriale. 342 000 km². 2,24 millions d'hab. *(les Congolais).* Capitale : Brazzaville. Langues : français (officielle) ; monokutuba, lingalalari, kikongo. Monnaie : franc CFA. Sucre, manioc, pétrole. □ **HISTOIRE.** Le Congo d'avant la colonisation est mal connu. Exploré par Savorgnan de Brazza v. 1875, il intégré à l'Afrique-Équatoriale française (dont la capitale est Brazzaville) en 1910. Dans le cadre de la politique de décolonisation progressive du général de Gaulle, il accéda à l'indépendance en 1960 sous le nom de *Congo-Brazzaville.* Devenu république populaire en 1970, le pays est dirigé depuis 1979 par le colonel Sassou-Nguesso. Un processus de démocratisation du régime a été engagé en 1991, sous la pression des Églises et du syndicat unique, qui aboutit en 1992 à l'élection de P. Lissouba à la présidence de la République. □ *le* **Congo belge** puis *le* **Congo-Kinshasa,** anciens noms du *Zaïre.

□ *le fleuve* **Congo**. ⇒ fleuve **Zaïre**.
⟨ ▶ congolais ⟩

le **Connaught** ou **Connacht**
■ Province de l'ouest de l'Irlande.
17 122 km². 431 000 hab.

le **Connecticut** ■ État côtier de
l'est des États-Unis. 12 997 km².
3,1 millions d'hab. Capitale : Hartford. Industries. Université de Yale à
*New Haven.

le **Connemara** ■ Région d'Irlande, près de *Galway.

Conques ■ Commune de l'Aveyron. 360 hab. *(les Conquois)*. Église
Sainte-Foy (xie s.), au riche tympan,
dans laquelle se trouve le « Trésor »
(reliquaire de Sainte-Foy).

Conrad ■ NOM DE QUATRE SOUVERAINS
GERMANIQUES □ **Conrad III** (v. 1093 -
1152), premier empereur de la dynastie
des *Hohenstaufen, régna de 1138 à
sa mort.

Joseph **Conrad** ■ Romancier
anglais d'origine polonaise (1857-1924).
"*Le Nègre du Narcisse*", "*Cœur des
ténèbres*", "*Typhon*" se nourrissent de
sa vie d'ancien marin.

Hendrik **Conscience** ■ Écrivain
belge d'expression néerlandaise (1812-
1883). Romans historiques. "*Le Lion
de Flandre*".

le **Conseil constitutionnel**
■ Organe veillant au respect de la
Constitution de 1958 et à la régularité
des élections en France.

le **Conseil de la République**
■ Assemblée qui remplaça le *Sénat
sous la IVe *République.

le **Conseil des Anciens**
■ ⇒ Conseil des **Anciens**.

le **Conseil des Cinq-Cents**
■ ⇒ Conseil des **Cinq-Cents**.

le **Conseil d'État** ■ Conseiller
du pouvoir exécutif français, juridiction administrative suprême.

le **Conseil national de la
Résistance** ■ Organisme fondé en
1943 pour unifier les différents mouvements de la *Résistance intérieure.
Présidé par Jean *Moulin puis Georges *Bidault.

le **Conseil œcuménique des
Églises** ■ Organisme de rencontre
fondé en 1948 (dont le siège est à
Genève), réunissant 310 Églises (protestantes, anglicanes, orthodoxes,
catholiques non romaines), dont l'objectif est d'affirmer l'unité de la foi
chrétienne.

le parti **conservateur,** en
anglais **British Conservative
Party** ■ Actuellement un des deux
principaux partis britanniques, opposé
au parti *travailliste *(Labour Party)*.
Il fut créé en 1824 et officiellement
substitué au parti tory en 1832.

John **Constable** ■ Peintre
anglais (1776-1837). Maître du paysage
et de l'atmosphère, il influença les
*romantiques et les *impressionnistes.

Constance, en allemand **Konstanz** ■ Ville d'Allemagne (*Bade-
Wurtemberg), sur le *lac de Constance*.
69 500 hab. Villégiature. Monuments.
Grande prospérité au Moyen Âge
(concile de 1414-1418, qui mit fin au
grand *schisme d'Occident).

Constance Ier Chlore ■ Empereur romain (mort en 306). Associé à la
tétrarchie par *Maximien (⇒ **Dioclétien**).

Constance II ■ Empereur romain
(317-361). Fils de *Constantin Ier le
Grand, il réunifia l'empire.

Benjamin **Constant** *de Rebecque* ■ Écrivain français d'origine
suisse (1767-1830). Essayiste et pamphlétaire. Son roman "*Adolphe*" transpose
sa liaison avec Madame de *Staël.

Constanţa ou **Constantza**
■ Ville de Roumanie. 328 000 hab.
Port sur la mer Noire et   station
balnéaire.

Constantin Ier le Grand
■ Empereur romain (v. 285 - 337). Fondateur de l'Empire chrétien, qu'il dota
d'une nouvelle capitale (Constantinople) et divisa entre ses fils, Constan-

tin II, *Constance II et Constant Ier. Plusieurs empereurs byzantins eurent le même nom. □ **Constantin VII Porphyrogénète** (905-959), protecteur des arts et des lettres. □ **Constantin XI Paléologue Dragasès** (1404-1453), tué lors de la chute de Constantinople.

Constantine autrefois **Cirta** ■ Ville d'Algérie. 449 000 hab. *(les Constantinois).* Ancienne capitale de la *Numidie (IIe s. av. J.-C.). Centre religieux.

Constantinople ■ L'ancienne *Byzance, capitale de l'empire d'Orient, baptisée *Istanbul par les Turcs qui l'enlevèrent en 1453. Centre de l'hellénisme chrétien, lieu de plusieurs conciles.

la **Constituante** ■ Première Assemblée nationale de la Révolution française, issue des *états généraux de 1789. Elle avait pour but d'instaurer la monarchie constitutionnelle : après avoir rédigé la Constitution de 1791, elle laissa la place à l'*Assemblée législative. Elle avait engagé de profondes réformes d'inspiration bourgeoise, voté l'abolition des privilèges (nuit du 4 *août 1789), la Déclaration des *droits de l'homme et du citoyen (26 août 1789), provoqué par la *Constitution civile du clergé (1790) l'opposition du pape, des prêtres réfractaires et de plusieurs provinces. Le roi, par sa fuite (manquée) du 20 juin 1791, révéla la fragilité de son accord avec le nouveau régime.

le **Consulat** ■ Régime politique de la France de 1799 à 1804, après le *Directoire, défini par la Constitution de l'an VIII (1800) qui nomma les trois consuls : Cambacérès, Lebrun, Bonaparte. Celui-ci, Premier consul (nommé à vie en 1802), réunissait en fait tous les pouvoirs. Désireux de mettre fin aux désordres de la Révolution, il pacifia et réorganisa le pays (*Code civil), mais revint sur certains acquis révolutionnaires (rétablissement de l'esclavage dans les colonies en 1802). Une politique étrangère brillante et le redressement de l'économie ouvrirent la voie à l'*Empire.

la maison de **Conti** ou **Conty** ■ Branche cadette de la maison de *Condé.

la **Contre-Réforme** ou **Réforme catholique** ■ Mouvement catholique d'opposition à la *Réforme protestante, amorcé par le concile de *Trente (1545) : redéfinition du dogme ; impulsion nouvelle pour l'enseignement (création de la compagnie de *Jésus), les pratiques religieuses, les arts ; réorganisation de l'*Inquisition ; promulgation de l'*Index.

Contrexéville ■ Commune des Vosges. 3 900 hab. *(les Contrexévillois).* Eau minérale, dite couramment *contrex.*

la **Convention** ■ Assemblée élue en 1792, au suffrage quasi universel, succédant à l'*Assemblée législative, pour doter la France en guerre d'une nouvelle Constitution. Après avoir proclamé la République, la **Convention girondine** (des *Girondins) fut dépassée (1793) par la **Convention montagnarde** (des *Montagnards ; Constitution de l'an I, *Terreur), elle-même renversée par la **Convention *thermidorienne** en 1794. Cette dernière instaura le *Directoire, par la Constitution de l'an III (1795).

James Cook ■ Navigateur anglais (1728-1779). Il découvrit notamment le *détroit de Cook,* qui sépare les deux îles de Nouvelle-Zélande, et les *îles Cook* (dépendance de Nouvelle-Zélande en Océanie ; 293 km2 ; 17 200 hab.). ▶ *le mont Cook.* Point culminant de la Nouvelle-Zélande. 3 764 m.

John Calvin Coolidge ■ Homme politique américain (1872 - 1933). 30e président des États-Unis, de 1923 à 1929.

James Fenimore Cooper ■ Écrivain américain (1789-1851). Un des fondateurs du roman américain. "*Le*

Dernier des Mohicans" et "*la Prairie*" mettent en scène les Indiens.

Dennis **Cooper** ■ ⇒ Laing.

Copacabana ■ Plage de *Rio de Janeiro.

Copán ■ Site archéologique du Honduras. Ruines *mayas.

Edward Drinker **Cope** ■ Paléontologue américain, partisan de *Lamarck (1840-1897).

Jacques **Copeau** ■ Homme de théâtre français (1879-1949). Sa compagnie, le Vieux-Colombier, s'inspira de *Craig et de *Stanislavski.

Copenhague ■ Capitale et 1er port du Danemark, sur l'île de *Sjaelland. 618 000 hab. Grand centre industriel et carrefour européen. ▶ *l'école de* **Copenhague**. Physiciens qui, autour de *Bohr et de *Heisenberg, élaborèrent la mécanique quantique et en donnèrent l'interprétation philosophique la plus radicale.

Nicolas **Copernic** ■ Astronome polonais (1473-1543). Le système de Copernic, repris par *Kepler et *Galilée, annonce la révolution scientifique du XVIIe s. En démontrant le mouvement des planètes autour du Soleil, il mit fin à la vision d'un monde centré sur la Terre, et donc sur l'homme *(révolution copernicienne).

François **Coppée** ■ Poète français (1842-1908). "*Les Humbles*".

les **coptes** ■ Chrétiens d'Égypte et d'Éthiopie. Ils ont leur propre Église. ⟨ ▶ copte ⟩

la mer de **Corail** ■ Partie du Pacifique comprise entre l'Australie et la Mélanésie. Les Alliés y remportèrent une victoire aéronavale sur les Japonais en 1942, marquant un tournant dans la guerre du Pacifique.

le **Coran** ■ Francisation de l'arabe *Qu'ran*, mot signifiant « la récitation ». C'est le message transmis par Allah à *Mahomet ; il ne devint un livre qu'après la mort de celui-ci. Il comporte 114 chapitres ou *sourates* et 6 236 versets ou *ayat*, modèles de la prose arabe classique. ⇒ islam. ⟨ ▶ Coran ⟩

Corbas ■ Commune du Rhône. 8 200 hab.

Corbeil-Essonnes ■ Commune de l'Essonne. 40 800 hab. *(les Corbeillois-Essonnois).* Centre industriel (papier, minoterie).

Corbie ■ Commune de la Somme. 6 200 hab. *(les Corbéens).* Importante abbaye sous Charlemagne (30 000 hab. au Moyen Âge).

Tristan **Corbière** ■ Poète français (1845-1875). "*Les Amours jaunes*", recueil révélé par *Verlaine.

les **Corbières** n. f. pl. ■ Prolongement nord-est des Pyrénées. Région vinicole.

Charlotte **Corday** ■ Personnage de la Révolution française (1768-1793). Proche des *Girondins, elle poignarda *Marat et fut guillotinée. ⟨ ▶ charlotte (II) ⟩

le club des **Cordeliers** ■ Cercle révolutionnaire animé par *Marat puis *Hébert.

Córdoba ■ Ville d'Argentine. 969 000 hab. Pôle économique (agriculture, industries) et culturel du centre du pays.

Cordoue, en espagnol **Córdoba** ■ Ville d'Espagne (*Andalousie), sur le Guadalquivir. 305 000 hab. *(les Cordouans).* Elle connut son plus grand rayonnement grâce aux Arabes, à la tête de l'*émirat de Cordoue* (756-1236) : foyer intellectuel et religieux (célèbre mosquée).

la **Corée** ■ Péninsule du sud de la *Mandchourie, bordée par la mer Jaune et la mer du Japon. □ HISTOIRE. La Corée fut unifiée par les royaumes du Silla (668), du Koryŏ (935) et des Yi (1392). Elle connut les dominations chinoise (av. VIIe s.), mongole (XIIIe - XIVe s.) et japonaise (1910-1945). Elle est divisée depuis 1948 en deux États. Après avoir été en guerre l'un contre l'autre (1950-1953), les deux pays ont tenté en vain une réunification (incidents frontaliers). En 1990, un véritable dialogue reprit entre les deux pays. □ *la république populaire démocratique de Corée* ou **Corée du Nord.** 122 370 km². 22,4 millions d'hab. Capitale : Pyongyang. Langue : coréen. Monnaie : won. Riz ; charbon ; fer. □ *la république de Corée* ou **Corée du Sud.** 99 237 km². 42,3 millions d'hab. Capitale : Séoul. Langue : coréen. Monnaie : won. Riz ; équipements industriels ; produits manufacturés. Développement économique brillant, mais tensions politiques.

Arcangelo **Corelli** ■ Compositeur et violoniste italien (1653-1713). Maître de la sonate et du concerto classiques.

Corfou ■ Une des îles Ioniennes en Grèce. 641 km². 99 500 hab. *(les Corfiotes).* Tourisme.

Corinthe ■ Ville et port de Grèce, centre commercial sur l'isthme du même nom qui relie le Péloponnèse à la Grèce centrale et qui est traversé par un canal (ouvert en 1883). 22 700 hab. *(les Corinthiens).* Elle fut une des plus riches cités de la Grèce antique, rivale d'Athènes et de Sparte. Affaiblie par la guerre du *Péloponnèse, elle fut détruite par les Romains (146 av. J.-C.). ⟨ ▶ corinthien ⟩

Gaspard **Coriolis** ■ Mathématicien français (1792-1843). *Force de Coriolis :* force qui explique la déviation de la trajectoire d'un corps en mouvement sur un solide en rotation (cas des vents et courants marins sur le globe terrestre).

Cork, en irlandais **Corcaigh** ■ Port et 2ᵉ ville de la république d'Irlande, principale ville de la province de *Munster. 174 000 hab. Centre commercial d'une région agricole.

Cormeilles-en-Parisis ■ Commune du Val-d'Oise. 17 500 hab. *(les Cormeillais).*

la **Corne de l'Afrique** ■ Extrémité nord-est de l'Afrique (*Somalie), sur l'océan Indien.

la **Corne d'Or** ■ Baie profonde sur la rive européenne du *Bosphore, où se trouve *Istanbul.

Pierre **Corneille** ■ Auteur dramatique français (1606-1684). Poète de l'héroïsme, du devoir et de la gloire. Ses 32 pièces oscillent entre classicisme et baroque. Principales œuvres : *"Mélite"* (1629) ; *"Clitandre"* (1632) ; *"Médée"* (1635) ; *"l'Illusion comique"* (1636) ; *"le Cid"* (décembre 1636) ; *"Horace"* (1640) ; *"Cinna"* (1641) ; *"Polyeucte"* (1642) ; *"le Menteur"* (1644) ; *"Rodogune"* (1644) ; *"Nicomède"* (1651) ; *"Pertharite"* (1652) ; *"Agésilas"* (1666) ; *"Attila"* (1667) ; *"Tite et Bérénice"* (1670) ; *"Psyché"* (écrite avec Molière, 1671) ; *"Suréna"* (1674). ⟨ ▶ cornélien ⟩ □ *Thomas* **Corneille,** son frère (1625-1709), surtout connu pour ses tragédies.

Peter von **Cornelius** ■ Peintre allemand (1783-1867). Sujets religieux et historiques.

la **Cornouaille** ■ Région du sud-ouest de la Bretagne (*Finistère).

les **Cornouailles** n. f. pl., en anglais **Cornwall** ■ Région à l'extrémité sud-ouest de l'Angleterre. Côte très découpée sur la Manche. Elle forme avec les îles Scilly un comté (3 546 km² ; 460 000 hab.). Chef-lieu : Truro (16 300 hab.).

La **Corogne,** en espagnol *La* **Coruña** ■ Ville et 3ᵉ port de pêche d'Espagne (*Galice). 242 000 hab.

Jean-Baptiste Camille **Corot** ■ Peintre français (1796-1875). Grand paysagiste, peintre de la lumière, attaché au classicisme de *Poussin.

Corpus Christi ■ Ville des États-Unis (*Texas). Port sur le golfe du Mexique. 232 000 hab.

le **Corrège** ■ Peintre italien (v. 1489-1534). Un des maîtres de la fin de la *Renaissance à Parme. La sensualité de ses contours et de ses coloris et la nouveauté de ses dernières compositions ont exercé une influence durable.

la **Corrèze** [19] ■ Département français de la région *Limousin. Il doit son nom à la rivière qui le traverse. 5 899 km². 238 500 hab. *(les Corréziens).* Préfecture : Tulle. Sous-préfectures : Brive-la-Gaillarde, Ussel.

Corrientes ■ Ville d'Argentine. 180 000 hab. Industries. Marché agricole du *Chaco.

la **Corse** ■ Île montagneuse de la Méditerranée. 8 717 km². 240 200 hab. Point culminant : *Cinto. Le littoral et les plaines concentrent la population *(les Corses)* et l'économie : culture des fruits et de la vigne, élevage ; activité touristique. L'isolement de l'île a entraîné une forte émigration vers le « continent », source de régression démographique et de problèmes de développement. □ **HISTOIRE**. Ancienne colonie de Carthage (IIIe s. av. J.-C.), province romaine envahie par les Lombards, elle fut attribuée au pape en 755, puis lentement conquise par Gênes. Elle se révolta de 1729 à 1768 (date de la cession à la France). Sa situation géographique, la spécificité de ses problèmes économiques, son histoire (⇒ **Paoli, Pozzo di Borgo**) et des revendications séparatistes parfois violentes (qui ne sont pas apaisées) ont conduit à en faire une région administrative et économique (1970) dotée d'un statut particulier (1982). À la suite de graves tensions politiques, elle devient une collectivité territoriale en 1991.Elle comprend deux départements depuis 1974. □*la* **Haute-Corse** [2B]. 4 688 km². 131 600 hab. Préfecture : Bastia (centre économique). Sous-préfectures : Calvi, Corte. □*la* **Corse-du-Sud** [2A]. 4 029 km². 108 600 hab. Préfecture : Ajaccio (ville administrative). Sous-préfecture : Sartène. ❬▶ **corse** ❭

Julio **Cortázar** ■ Écrivain argentin naturalisé français (1914-1984). Son roman "*Marelle*" eut une grande influence sur la littérature sud-américaine.

Corte ■ Sous-préfecture de la Haute-Corse. 5 700 hab. *(les Cortenais).* Citadelle. Université. Ancien palais de *Paoli.

Hernán **Cortés** ■ Conquistador espagnol (1485-1547). Vainqueur des *Aztèques en 1521, puis administrateur du Mexique.

Cortina d'Ampezzo ■ Ville d'Italie (*Vénétie), dans les *Dolomites. 8 000 hab. Station de sports d'hiver.

Pierre de **Cortone** ■ Peintre et architecte italien (1596-1669). L'un des premiers et des plus grands artistes *baroques.

Alfred **Cortot** ■ Pianiste et professeur français (1877-1962).

les **Cosaques** ■ Nomades d'Asie centrale. Organisés militairement, ils se soumirent à la Russie au XVIIIe s. Leur nom vient du turc *kazakh,* « homme libre ». ❬▶ **cosaque** ❭

Cosenza ■ Ville d'Italie (*Calabre). 106 000 hab.

Piero di **Cosimo** ■ ⇒ **Piero di Cosimo**.

Cosne-Cours-sur-Loire ■ Sous-préfecture de la Nièvre. 12 400 hab. *(les Cosnois).*

Lúcio **Costa** ■ Architecte, urbaniste et théoricien brésilien (né en 1902). Auteur des plans de Brasilia (⇒ **Niemeyer**).

la **Costa Brava** ■ Littoral touristique de la *Catalogne (Espagne).

la **Costa del Sol** ■ Littoral touristique de la région de *Malaga (Espagne).

le **Costa Rica** ■ État (république) d'Amérique centrale. 51 100 km². 2,94 millions d'hab. *(les Costaricains).* Capitale : San José. Langue officielle : espagnol. Religion officielle : catholicisme. Monnaie : colon. Pays montagneux à l'économie essentiellement agricole (sucre, café, banane). □ **HIS-TOIRE**. Découvert par C. *Colomb en 1502, indépendant en 1838, le pays connaît une remarquable stabilité politique.

Dieudonné Costes ■ ⇒ Bellonte.

Le Coteau ■ Commune de la Loire. 7 600 hab.

la Côte d'Azur ■ Littoral méditerranéen entre Cassis et Menton. L'une des plus importantes régions touristiques françaises.

la Côte-d'Ivoire ■ État (république) d'Afrique occidentale, sur le golfe de Guinée. 320 763 km². 12,1 millions d'hab. *(les Ivoiriens).* Capitale : Yamoussoukro (depuis 1983). Ville principale : Abidjan. Langue officielle : français. Autres langues : dioula, baoulé, bété, séroufo. Monnaie : franc CFA. Le pays eut un essor économique exceptionnel (« miracle ivoirien » : café, cacao, bois) ; mais il est confronté depuis 1980 à la récession avec la chute des cours des matières premières. Raffineries de pétrole à Abidjan. □**HISTOIRE**. La Côte-d'Ivoire connut plusieurs États africains (royaume de Bouna, empire de Kong). Colonie française (1893) rattachée à l'A.-O.F., elle bénéficia d'un développement rapide des cultures et de grands travaux. Territoire d'outre-mer en 1946. Son député Félix *Houphouët-Boigny eut une part importante dans le processus de décolonisation de l'Afrique noire et devint président de la République au moment de l'indépendance (1960). Après de violentes manifestations, et sous la pression populaire, un processus de démocratisation s'engage en 1990 mais se voit suspendu en 1992.

la Côte-d'Or [21] ■ Département français de la région *Bourgogne. 8 803 km². 493 700 hab. Préfecture : Dijon. Sous-préfectures : Beaune, Montbard.

le Cotentin ■ Presqu'île de Normandie, département de la *Manche. Région d'élevage bovin.

les Côtes d'Armor [22] ■ Département français de la région *Bretagne. 6 996 km². 537 700 hab. Préfecture : Saint-Brieuc. Sous-préfectures : Dinan, Guingamp, Lannion. Le département s'est appelé *Côtes-du-Nord* jusqu'en 1990.

John Sell Cotman ■ Aquarelliste et graveur anglais (1782-1842).

Cotonou ■ Principale ville et port du *Bénin. 487 000 hab.

le Cotopaxi ■ Volcan des Andes (Équateur). 5 897 m.

Cottbus ■ Ville d'Allemagne (*Brandebourg). 129 000 hab.

Robert de Cotte ■ Architecte et décorateur français (1656-1735). Élève d'Hardouin-*Mansart, actif dans toute l'Europe. Palais de Rohan, à Strasbourg.

Jean Cottereau dit *Jean Chouan* ■ Contre-révolutionnaire français (1757-1794). Il donna son nom à la *chouannerie, qu'il dirigeait avec ses frères.

René Coty ■ Homme politique français (1882-1962). Président de la République de 1954 au retour du général de *Gaulle (1958).

Pierre de Coubertin ■ Pédagogue français (1863-1937). Il ressuscita les jeux *Olympiques à Athènes en 1896.

Coudekerque-Branche ■ Commune du Nord. 23 800 hab. *(les Coudekerquois).* Industries.

Émile Coué ■ Pharmacien français (1857-1926). La *méthode Coué :* psychothérapie par autosuggestion, qui suscita l'ironie.

Couëron ■ Commune de la Loire-Atlantique, agglomération de Nantes. 16 400 hab. *(les Couëronnais).*

le Couesnon ■ Fleuve côtier qui sépare la Bretagne de la Normandie et se jette dans la baie du *Mont-Saint-Michel. 90 km.

Charles Augustin de **Coulomb**
■ Ingénieur et physicien français (1736-1806). Lois d'attraction électrique et magnétique.

Coulommiers ■ Commune de
Seine-et-Marne. 13 400 hab. *(les Columériens).* Fromages.

Coulounieix-Chamiers ■
Commune de la Dordogne. 8 900 hab. *(les Chamiérois).*

les **Couperin** ■ FAMILLE DE MUSICIENS
FRANÇAIS □ *François II* dit **Couperin le Grand** (1668-1733). Ses pièces pour clavecin, sommet de la musique pour clavier, furent redécouvertes au XXᵉ s.

Gustave **Courbet** ■ Peintre fran-
çais (1819-1877). Membre de la *Commune, il dut s'exiler. La puissance et l'énergie de son métier servirent un réalisme novateur qui scandalisa. "*L'Enterrement à Ornans*".

Courbevoie ■ Commune des
Hauts-de-Seine, dans la banlieue nord-ouest de Paris. 65 600 hab. *(les Courbevoisiens).* Nombreuses industries (mécaniques, pharmaceutiques...).

Courchevel ■ Station française de
sports d'hiver, en Savoie.

Courcouronnes ■ Commune de
l'Essonne. 13 300 hab.

la **Cour de cassation** ■ Juridic-
tion suprême de la justice française.

la **cour des Miracles** ■ Ancien
quartier du centre de Paris (jusqu'au XVIIᵉ s.) où vivaient les mendiants et les voleurs, ainsi appelé parce que les infirmités des « truands » disparaissaient dès qu'ils avaient regagné leur repaire.

Paul-Louis **Courier** ■ Écrivain
français (1772-1825). "*Le Pamphlet des pamphlets*".

la **Courlande** ■ Région de *Letto-
nie, ancien duché annexé par la Russie en 1795.

Courmayeur ■ Station de sports
d'hiver italienne, dans le Val d'*Aoste.

La **Courneuve** ■ Commune de la
Seine-Saint-Denis, dans la banlieue nord de Paris. 34 400 hab. *(les Courneuviens).*

Cournon-d'Auvergne ■ Com-
mune du Puy-de-Dôme, dans la banlieue de Clermont-Ferrand. 19 300 hab.

Antoine Augustin **Cournot**
■ Philosophe, logicien et mathématicien français (1801-1877). Père de l'économie mathématique (⇒ **Walras**).

Courrières ■ Commune du Pas-
de-Calais. 11 400 hab. *(les Courriérois).* Houille. Centrale thermique. En 1906, un coup de grisou provoqua la mort de 1 200 mineurs.

Georges **Courteline** ■ Auteur
dramatique français (1858-1929). Ses pièces décrivent avec saveur et amertume des héros médiocres : les petits-bourgeois *("Boubouroche"),* les fonctionnaires *("Messieurs les ronds-de-cuir"),* les militaires.

Jacques **Courtois** dit **le Bour-
guignon** ■ Peintre français (1621-1676). Batailles.

Courtrai, en néerlandais **Kortrijk**
■ Ville de Belgique (*Flandre-Occidentale). 76 300 hab. Très prospère au Moyen Âge (nombreux monuments). Défaite des Français devant les Flamands (1302).

Jean **Cousin** ■ Peintre français de
la Renaissance (v. 1490 - v. 1561). "*Eva Prima Pandora*", un des premiers grands nus de la peinture française.

Victor **Cousin** ■ Philosophe fran-
çais, ministre de Louis-Philippe (1792-1867). Fondateur de l'éclectisme philosophique.

Jacques-Yves **Cousteau** ■ Offi-
cier de marine, océanographe et réalisateur français de documentaires sur la mer (né en 1910).

les **Coustou** ■ Sculpteurs français. □*Guillaume Ier* (1677-1746), élève de *Coysevox. "*Chevaux de Marly*".

Coutances ■ Sous-préfecture de la Manche. 11 800 hab. *(les Coutançais)*. Cathédrale gothique (XIIIe s.). Marché agricole.

Georges **Couthon** ■ Révolutionnaire français (1755-1794). ⇒ **Comité de salut public.**

Thomas **Couture** ■ Peintre français au style académique (1815-1879). "*Les Romains de la décadence*".

Covent Garden ■ Célèbre place à arcades du centre de Londres. Opéra.

Coventry ■ Ville d'Angleterre (*Midlands de l'Ouest). 323 000 hab. Université. Grand centre industriel. Importants bombardements en 1940.

Abraham **Cowley** ■ Écrivain anglais (1618-1667). "*Odes pindariques*", poèmes.

William **Cowper** ■ Poète anglais (1731-1800). "*L'Œuvre*" annonce *Wordsworth.

Antoine **Coypel** ■ Peintre et décorateur français (1661-1722). Voûte de la chapelle de Versailles.

Antoine **Coysevox** ■ Sculpteur français (1640-1720). Bustes *("le Grand Condé")*. Il participa à la décoration de *Versailles, dont il illustre la tendance baroque.

George **Crabbe** ■ Poète réaliste anglais (1754-1832). "*Le Village*".

Cracovie, en polonais **Kraków** ■ Ville au sud de la Pologne. 745 000 hab. *(les Cracoviens)*. Métropole régionale. Important centre sidérurgique dans la banlieue (Nowa Huta). Nombreux monuments (colline du Wawel ; places et monuments à l'italienne). Capitale de la Pologne jusqu'en 1595, ce fut le premier évêché et la première université (1364) du pays. Érigée en république semi-autonome de 1815 à 1846.

Edward Gordon **Craig** ■ Homme de théâtre britannique (1872-1966). "*L'Art du théâtre*".

Craiova ■ Ville de Roumanie. 281 000 hab.

Johann Baptist **Cramer** ■ Compositeur allemand (1771-1858). « Études » pour l'enseignement du piano.

Thomas Russell **Crampton** ■ Ingénieur anglais (1816-1888). La locomotive *Crampton* fut très utilisée au XIXe s.

Lucas **Cranach** *l'Ancien* ■ Artiste majeur de la *Renaissance allemande et de la *Réforme (1472-1553). Portrait de *Luther. Scènes religieuses. Nus féminins. □*Lucas* **Cranach le Jeune,** son fils (1515-1586), reprit son atelier.

Stephen **Crane** ■ Journaliste et écrivain naturaliste américain (1871-1900). "*La Chaloupe*".

Hart **Crane** ■ Poète américain (1899-1932).

Cran-Gevrier ■ Commune de la Haute-Savoie. 16 300 hab. *(les Cran-Gevriens)*. Papeterie.

Thomas **Cranmer** ■ Prélat anglais (1489-1556). Promoteur de l'*anglicanisme.

Crans-sur-Sierre ■ Station de sports d'hiver de Suisse (*Valais).

Crassus ■ Général romain (114-53 av. J.-C.), membre avec *Pompée et César du premier triumvirat.

la **Crau** ■ Plaine des Bouches-du-Rhône, sur l'ancien delta de la *Durance, aujourd'hui fertilisée.

La **Crau** ■ Commune du Var. 11 500 hab.

Claude **Crébillon** ■ Écrivain français (1707-1777). "*Les Égarements du cœur et de l'esprit*" ; "*le Sopha*".

Crécy-en-Ponthieu ■ Commune de la Somme. 1 500 hab. *(les Crécéens)*. Défaite française de Crécy en 1346, pendant la guerre de *Cent Ans.

Creil ■ Commune de l'Oise. 32 500 hab. *(les Creillois)*. Centre industriel. Important carrefour de communications routière, fluviale et ferroviaire.

Octave **Crémazie** ■ Écrivain québécois (1827-1879), considéré comme le père de la poésie canadienne-française. *"Le Drapeau de Carillon"*.

Adolphe **Crémieux** ■ Homme politique français, ministre républicain (1796-1880). Il fit voter en 1870 *(décret Crémieux)* la naturalisation des juifs d'Algérie.

Crémone, en italien **Cremona** ■ Ville d'Italie (*Lombardie). 80 800 hab. Patrie de *Monteverdi et *Stradivarius. École internationale de lutherie. ‹ ► crémone ›

Créon ■ Roi légendaire de Thèbes après Œdipe, frère de *Jocaste, il s'oppposa à *Antigone.

Crépy-en-Valois ■ Commune de l'Oise. 13 300 hab. *(les Crépynois)*. Ancienne capitale du *Valois. Petites industries.

Charles **Cressent** ■ Ébéniste et sculpteur français (1685-1768). Le premier à employer des bois rares.

Édith **Cresson** ■ Femme politique française (née en 1934). Ministre (socialiste) de 1981 à 1990. Premier ministre de mai 1991 à avril 1992.

Crest ■ Commune de la Drôme. 7 900 hab. *(les Crestois)*. Donjon du XIIᵉ s.

Crésus ■ Roi de *Lydie à la fortune légendaire, vaincu par la Perse (v. 561-546 av. J.-C.). ‹ ► crésus ›

la **Crète** ■ Île grecque de la Méditerranée, très montagneuse. 8 336 km². 502 000 hab. *(les Crétois)*. Ville principale : Iráklion. □ **HIS-TOIRE.** La civilisation antique de la Crète, dite *minoenne,* connut son apogée v. 1500 av. J.-C. (palais du roi Minos à *Cnossos). Selon la légende,

*Héraclès captura le taureau, rendu fou par Poséidon, qui dévastait le pays du roi Minos. Elle influença la civilisation de *Mycènes. La Crète fut ensuite prise par les Grecs, Byzance, Venise, puis par les Turcs contre lesquels elle se révolta, choisissant en 1908 l'union avec la Grèce.

Créteil ■ Préfecture du Val-de-Marne. 82 400 hab. *(les Cristoliens)*.

la **Creuse** [23] ■ Département français de la région *Limousin. Il doit son nom à la rivière qui le traverse. 5 601 km². 131 300 hab. Préfecture : Guéret. Sous-préfecture : Aubusson.

Le **Creusot** ■ Commune de Saône-et-Loire. 29 200 hab. *(les Creusotins)*. Houille. Forges, sidérurgie.

Creutzwald ■ Commune de Moselle. 15 400 hab. *(les Creutzwaldois)*. Métallurgie.

René **Crevel** ■ Écrivain surréaliste français (1900-1935). *"Les Pieds dans le plat"*.

Francis **Crick** ■ Biochimiste anglais (né en 1916). ⇒ **Watson.**

la **Crimée** ■ Presqu'île d'Ukraine (région de *Sébastopol), dans la mer Noire. Successivement sous influence grecque, romaine, barbare, elle devint avec les Tatars vassale de l'Empire ottoman (1475). Le déclin de ce dernier, au XVIIIᵉ s., permit l'annexion par la Russie (⇒ **Potemkine**), qui ne fut pas remise en cause par la guerre de Crimée (→ ci-dessous). Après la défaite de *Wrangel (1920), elle devint république soviétique autonome, avant d'être intégrée à la république de Russie puis, en 1954, à celle d'*Ukraine. ► *la guerre de* **Crimée** (1854-1855) : coup d'arrêt donné par la France et l'Angleterre, alliées de la Turquie, à l'expansionnisme russe en Orient.

la **crise économique de 1929** ■ Crise issue de la surproduction industrielle, de la spéculation et du développement du crédit, née aux

États-Unis (krach boursier du 29 octobre 1929) avant de se répandre en Europe. Par ses manifestations économiques et ses conséquences sociales et politiques (apparition du *nazisme), elle constitua un des événements majeurs de la première moitié du XXᵉ siècle.

Francesco **Crispi** ■ Homme politique italien (1819-1901). Compagnon de *Garibaldi, rallié à Victor-Emmanuel II, il engagea une politique coloniale.

la **Croatie** ■ État (république) d'Europe méridionale dans les Balkans. 56 538 km². 4,7 millions d'hab. *(les Croates).* Capitale : Zagreb. Langues : croate (off.), serbe, italien. Monnaie : couronne croate. □ **HISTOIRE**. Après 1 000 ans de domination hongroise, la Croatie connut au début du XXᶜ s., un vif mouvement nationaliste qui se poursuivit après son rattachement à la Yougoslavie en 1919 (assassinat d'*Alexandre Iᵉʳ Karageorgévitch, 1934). Elle forma même un État indépendant de 1941 à 1945, proche de Hitler et Mussolini. République fédérée de Yougoslavie (1945), elle a déclaré son indépendance en 1991 et se trouve en proie à une guerre civile opposant Serbes et Croates. ⇒ **Yougoslavie**.

Benedetto **Croce** ■ Philosophe italien, historien, critique (1866-1952). Opposant à Mussolini, sénateur libéral après 1944.

les **croisades** n. f. ■ Expéditions entreprises par les chrétiens contre les musulmans, pour délivrer les Lieux saints. De la fin du XIᵉ s. à la fin du XIIIᵉ s., dix croisades se succédèrent en Orient. □ *la première* **croisade** (1096-1099) prêchée par le pape Urbain II ; la croisade populaire (Pierre l'Ermite) fut décimée en Anatolie ; la croisade des chevaliers (Godefroy de Bouillon, Bohémond, Tancrède) créa le royaume de Jérusalem et plusieurs États latins (Antioche, Édesse, Tripoli). □ *la deuxième* **croisade** (1147-1149) prêchée par *Bernard de Clairvaux : Louis VII de France et l'empereur Conrad III échouèrent devant Damas. □ *la troisième* **croisade** (1189-1192) prêchée par Guillaume de Tyr après la prise de Jérusalem par Saladin et dirigée par Philippe Auguste et Richard Cœur de Lion. Les croisés ne purent reconquérir Jérusalem, mais y obtinrent l'autorisation de pèlerinage. □ *la quatrième* **croisade** (1202-1204) prêchée par Foulques de Neuilly, détournée par Venise sur Byzance où fut créé l'empire latin de Constantinople. □ *la* **croisade des enfants** (1212) décimée avant d'atteindre la Terre sainte. □ *la cinquième* **croisade** (1217-1221), prise puis restitution de *Damiette, par Jean de Brienne et André II de Hongrie. □ *la sixième* **croisade** (1228-1229). L'empereur *Frédéric II obtint l'accès aux Lieux saints et leur cession. □ *la septième* **croisade** (1248-1254) après la chute de Jérusalem (1244). Échec de Saint Louis (Louis IX de France). □ *la huitième* **croisade** (1270). Mort de Louis IX devant Tunis. □ *la neuvième* **croisade** (1291). Échec devant Acre.

Le **Croisic** ■ Commune de Loire-Atlantique. 4 400 hab. *(les Croisicais).* ▶ *la pointe du* **Croisic,** cap de la côte atlantique.

le **Croissant fertile** ■ Région d'Asie occidentale, du golfe Persique à la Palestine, où sont apparus de grands empires (Babylone, Assyrie, Phénicie) et de grandes civilisations (Sumer, Israël) dans l'Antiquité.

le **Croissant-Rouge** ■ ⇒ la **Croix-Rouge**.

Croissy-sur-Seine ■ Commune des Yvelines. 9 100 hab. *(les Croissillons).*

Croix ■ Commune du Nord. 20 300 hab. *(les Croisiens).*

les **Croix-de-Feu** n. m. ■ Organisation d'anciens combattants de droite, créée en 1927 et dirigée par le colonel de La Rocque. Dissoute en

1936, elle fut remplacée par le parti social français.

la Croix-Rouge ■ Organisation internationale d'assistance médicale, créée par *Dunant en 1863 pour les blessés de guerre. □ *le Croissant-Rouge,* emblème équivalent pour les pays musulmans.

Cro-Magnon ■ Site préhistorique de Dordogne, sur la commune des *Eyzies-de-Tayac-Sireuil *(homme de Cro-Magnon,* 35 000 av. J.-C.).

Fernand **Crommelynck** ■ Auteur dramatique belge d'expression française (1885-1970). *"Le Cocu magnifique".*

Thomas **Cromwell** *comte d'Essex* ■ Homme d'État anglais (v. 1485-1540). Inspirateur de la politique religieuse d'*Henri VIII.

Oliver **Cromwell** ■ Homme politique anglais (1599-1658). Chef militaire de la révolution parlementaire contre *Charles Ier. Après l'exécution du roi (1649), il instaura la république et exerça un pouvoir dictatorial. Il engagea de profondes réformes mais mourut impopulaire.

Archibald Joseph **Cronin** ■ Romancier anglais (1896-1981). *"La Citadelle"* ; *"les Clefs du royaume".*

Cronos ■ Dans la mythologie grecque, père de *Zeus, fils de la Terre (*Gaïa) et du Ciel (*Ouranos), identifié au Temps. Il est *Saturne pour les Romains. ⟨ ▶ chrono- ⟩

Cronstadt ■ ⟹ **Kronstadt.**

Charles **Cros** ■ Poète et savant français (1842-1888). Pionnier de la photographie, inventeur, en même temps qu'*Edison, du phonographe. *"Le Coffret de santal".*

Crosne ■ Commune de l'Essonne. 8 000 hab. *(les Crosnois).*

Crotone ■ Ville d'Italie (*Calabre). 58 300 hab. Florissante colonie de la Grèce antique.

l'archipel des **Crozet** ■ Archipel français du secteur indien des terres *Australes et Antarctiques françaises. 505 km². Parc national. L'archipel est inhabité, à l'exception d'une trentaine de scientifiques travaillant à la station météorologique.

Crozon ■ Commune du Finistère. 8 100 hab. *(les Crozonnais).*

Robert **Crumb** ■ Dessinateur américain de bandes dessinées (né en 1943).

Mihály **Csokonai Vitéz** ■ Poète hongrois (1773-1805). Grand lyrique. *"Dorothée".*

Cuauhtémoc ■ Dernier empereur *aztèque, assassiné sur ordre de *Cortés (v. 1497 - 1522).

Cuba ■ Île et État (république socialiste) des Antilles. 110 861 km². 10,54 millions d'hab. Capitale : La Havane. Langue officielle : espagnol. Monnaie : peso cubain. □ **HISTOIRE.** Libérée des colons espagnols par les Américains en 1898, indépendante en 1902 mais sous l'étroit contrôle des États-Unis, Cuba connut la corruption et la dictature (Machado y Morales, *Batista) de 1925 à la révolution menée par Fidel *Castro (1959), qui institua en 1961 un régime prosoviétique. Cuba a tenté ensuite une relative ouverture à l'Ouest sans abandonner cependant son aide aux mouvements révolutionnaires (Éthiopie, Angola) et son intégration économique (sucre, tabac) à la *C.A.E.M. À partir de 1989, la réduction du soutien soviétique et les difficultés économiques internes entraînèrent l'abandon de l'action révolutionnaire à l'étranger. ▶ *la crise de Cuba,* en 1962, entre les États-Unis et l'U.R.S.S. résulta de l'installation de missiles nucléaires soviétiques sur l'île, qui furent démantelés. ⟨ ▶ cubain ⟩

le **cubisme,** *les* **cubistes** ■ Mouvement artistique qui naquit vers 1907 des recherches de *Braque et de *Picasso (⟹ **Bateau-Lavoir**). Rompant avec la perspective, il utilise simultanément plusieurs angles de vue pour un même objet (d'où l'impression de « cubes »). Par son recours tantôt directement à la réalité (papiers collés), tantôt à l'abstraction géométrique, il affranchit l'art moderne de l'idéal de représentation.

Cúcuta ■ Ville de Colombie. 407 000 hab. Important centre commercial (café).

Cuenca ■ 3ᵉ ville de l'Équateur. 272 000 hab.

Cuernavaca ■ Ville du Mexique. 232 000 hab. Centre touristique et économique.

Cugnaux ■ Commune de la Haute-Garonne, dans la banlieue de Toulouse. 12 200 hab.

Joseph ***Cugnot*** ■ Ingénieur français (1725-1804). Inventeur du premier engin automobile, le « fardier ».

César ***Cui*** ■ Compositeur russe (1835-1918). Fondateur, avec *Balakirev, du groupe des *Cinq.

Jacques ***Cujas*** ■ Jurisconsulte français (1522-1590). Exégète du droit latin.

George ***Cukor*** ■ Cinéaste américain (1899-1983). *"My Fair Lady".*

Culiacán ■ Ville du Mexique. 560 000 hab.

le massif de ***Cumberland*** ■ Massif montagneux du nord-ouest de l'Angleterre.

la ***Cumbrie*** *ou* ***Cumbria*** ■ Comté du nord-ouest de l'Angleterre. 6 809 km². 489 000 hab. Chef-lieu : Carlisle (71 500 hab.).

Cumes ■ Site archéologique d'Italie (*Campanie), ancienne colonie grecque, alliée de Rome.

Edward Estlin ***Cummings*** ■ Poète américain (1894-1962). Proche de *Pound, il est l'auteur d'une œuvre provocatrice.

Merce ***Cunningham*** ■ Danseur et chorégraphe américain (né en 1919).

Cupidon ■ Dieu romain de l'Amour, identifié avec l'*Éros grec.

Curaçao ■ La plus grande des *Antilles néerlandaises. 444 km². 152 000 hab. Elle a donné son nom à une liqueur d'oranges. ⟨ ▶ curaçao ⟩

la ***Cure*** ■ Rivière de *Bourgogne, affluent de l'Yonne. 112 km.

Cure-Pipe ■ 3ᵉ ville de l'île Maurice. 64 700 hab.

les ***Curiaces*** ■ ⇒ les trois **Horaces.**

les ***Curie*** ■ Physiciens français. Pierre (1859-1906) et Marie, née Skłodowska, son épouse, d'origine polonaise (1867-1934). Leur contribution décisive à l'étude de la radioactivité leur valut le prix Nobel de physique en 1903, et à Marie le prix Nobel de chimie en 1911. ⟨ ▶ ② curie ⟩

Curitiba ■ Ville du Brésil, capitale de l'État du *Paraná. 843 000 hab. (zone urbaine de 1,9 million d'hab.). Centre agricole et industriel important.

Michael ***Curtiz*** ■ Cinéaste américain d'origine hongroise (1888-1962). *"Casablanca".*

Harvey ***Cushing*** ■ Chirurgien américain (1869-1939). Fondateur de la neurochirurgie.

Cusset ■ Commune de l'Allier, dans la banlieue de Vichy. 14 100 hab. *(les Cussetois).*

le marquis de ***Custine*** ■ Écrivain français (1790-1857). *"La Russie en 1839".*

Cuttack ■ Ville de l'Inde (*Orissa), fondée au XIIIᵉ s. 295 000 hab. Important carrefour de communications.

Georges baron ***Cuvier*** ■ Zoologiste français (1769-1832). Par l'anatomie comparée, il aboutit à la création de la paléontologie, et rend possible le transformisme, auquel il était hostile.

François de ***Cuvilliés*** ■ Architecte et décorateur allemand (1695-1768). Un des principaux représentants du style *rococo.

Albert **Cuyp** ■ Peintre hollandais (1620-1691). Remarquable paysagiste.

Alexandre Jean **Cuza** ■ Premier prince de Roumanie, de 1859 à 1866 (1820-1873).

Cuzco ■ Ville du sud du Pérou, située à 3 600 m. 255 000 hab. Berceau de l'Empire *inca. Monuments coloniaux. Tourisme.

Cyaxare ■ Roi des Mèdes de 625 à 585 av. J.-C. Vainqueur des Scythes et des Perses, il détruisit l'Empire assyrien.

Cybèle ■ Divinité orientale adorée à Rome sous le nom de « Grande Mère » ou « Mère des dieux ».

les **Cyclades** n. f. pl. ■ Îles grecques de la mer Égée, foyer d'une brillante civilisation en 2000 av. J.-C. (⇒ **Délos, Ios, Milo, Mykonos, Náxos, Páros, Santorin, Syra**).

les **Cyclopes** n. m. ■ Géants de la mythologie grecque n'ayant qu'un œil, au milieu du front. 〈 ▶ cyclopéen 〉

saint **Cyprien** ■ Évêque de Carthage, écrivain latin, Père de l'Église (v. 200 - 258).

Savinien de **Cyrano de Bergerac** ■ Écrivain français (1619-1655). *"Histoire comique des États et Empires de la Lune".* Le personnage, esprit libre et savant, a inspiré Edmond Rostand pour sa célèbre comédie *"Cyrano de Bergerac"* (1897), mais le Cyrano de Rostand a peu de rapport avec l'écrivain.

la **Cyrénaïque** ■ Région orientale de la Libye. Colonisée par les Grecs, puis État indépendant soumis aux *Ptolémées, province romaine en 74 av. J.-C., elle fut conquise par les Arabes en 641 puis annexée à l'Empire ottoman. Colonie italienne après 1912, elle fut réunie à la *Tripolitaine pour former la Libye en 1934. □ *les* **cyrénaïques.** ⇒ **hédonisme.**

saint **Cyrille** ■ Théologien, patriarche d'Alexandrie, docteur de l'Église (v. 380 - 444).

les saints **Cyrille et Méthode** ■ Évangélisateurs des Slaves (IXe s.). On leur attribue l'invention de l'alphabet russe ou *cyrillique.* 〈 ▶ cyrillique 〉

Cyrus II le Grand ■ Roi de Perse (v. 580 - v. 530 av. J.C.). Il vainquit les Mèdes, annexa Babylone (où il libéra les Juifs) et fonda la dynastie des Achéménides.

Cythère ou **Cérigo** ■ Île grecque, la plus méridionale des îles Ioniennes, entre le *Péloponnèse et la Crète. 285 km². 3 500 hab. Célèbre sanctuaire d'Aphrodite dans l'Antiquité, qui donna naissance au thème artistique de *l'embarquement pour Cythère,* pays de l'amour.

les **Czartoryski** ■ FAMILLE PRINCIÈRE DE POLOGNE □ *Adam Jerzy* **Czartoryski** (1770-1861) lutta pour l'indépendance de la Pologne.

Częstochowa ■ Ville du sud de la Pologne. 247 000 hab. Pèlerinage à la Vierge noire. Sidérurgie.

D

Eugène Dabit ■ Romancier français (1898-1936). *"Hôtel du Nord"*.

Maria Dąbrowska ou **Dombrowska** ■ Écrivaine polonaise (1889-1965). *"Les Nuits et les Jours"*, cycle romanesque épique.

Jan Henryk Dąbrowski ou **Dombrowski** ■ Général polonais (1755-1818). Chef des légions polonaises dans l'armée française de 1797 à 1814. Il donna son nom à l'hymne national polonais.

Dacca ou **Dhaka** ■ Capitale du Bangladesh. 4,77 millions d'hab. Nombreux monuments de l'époque *moghole.

Dachau ■ Ville d'Allemagne (*Bavière). 33 200 hab. Camp de concentration nazi de 1933 à 1945.

la Dacie ■ Région de l'Antiquité correspondant à la Roumanie actuelle. ▶ **les Daces** : habitants de la Dacie.

le mouvement dada ou **le dadaïsme** ■ Mouvement d'artistes et d'intellectuels, apparu en 1916 en Europe (*Tzara, *Arp) et aux États-Unis (*Duchamp, *Picabia, *Man Ray). Caractérisé par un refus des valeurs admises, il s'exprima par la provocation, la parodie et l'humour. Il ouvrit la voie au *surréalisme et à l'art moderne, en donnant une liberté nouvelle aux artistes. ⟨▶ ② dada⟩

Dādra et Nagar Haveli ■ Territoire de l'Union indienne, au nord de Bombay. 491 km². 104 000 hab. Capitale : Silvassa.

Stig Dagerman ■ Écrivain suédois (1923-1954). *"Automne allemand"*.

le Daghestan ou **Daguestan** ■ Une des 16 républiques autonomes de la Fédération de *Russie, au bord de la mer Caspienne. 50 300 km². 1,79 million d'hab. Capitale : Makhatchkala. Pays montagneux. Cultures, pêche, industries.

Dagobert ■ NOM DE TROIS ROIS MÉROVINGIENS □ **Dagobert Iᵉʳ**. Roi mérovingien des Francs de 629 à sa mort (v. 600 - 639). Conseillé par saint *Éloi, il a laissé le souvenir d'un grand règne. □ **Dagobert II**, son petit-fils, roi d'Austrasie de 676 à son assassinat en 679. □ **Dagobert III**, roi de Neustrie de 711 à 715.

Jacques Daguerre ■ Inventeur français (1787-1851), collaborateur de *Niépce. Procédés photographiques (les *daguerréotypes*).

le Dahomey ■ Ancienne colonie française, devenue indépendante en 1960 et qui prit le nom de *Bénin en 1975.

Dai Jin ■ Principal peintre chinois de l'époque *Ming, avec *Wu Wei (1388-1462).

Gottlieb **Daimler** ■ Ingénieur allemand (1834-1900). Inventeur du moteur des premières automobiles à essence.

Dakar ■ Capitale et port du Sénégal. 1,38 million d'hab. Université. Industries légères, pétrole. Carrefour de communications.

le **Dakota du Nord** ■ État du centre-nord des États-Unis, à la frontière du Canada. 183 117 km². 653 000 hab. Capitale : Bismarck. □ *le* **Dakota du Sud.** État au sud du précédent. 199 730 km². 690 000 hab. Capitale : Pierre. – Les deux États furent créés en 1889, sur l'ancien territoire des *Indiens Dakota* (⇒ **Sioux**). Régions agricoles et touristiques.

Édouard **Daladier** ■ Homme politique français (1884-1970). Radical-socialiste, ministre du gouvernement du *Front populaire (1936). Président du Conseil en 1933 et 1938-1940 (signataire des accords de *Munich en 1938).

Salvador **Dalí** ■ Peintre espagnol (1904-1989). Membre du groupe *surréaliste en 1927. Sujets symboliques et fantastiques, à dominante érotique, représentés avec un réalisme minutieux. Films avec *Buñuel *("l'Âge d'or")*. Essais.

Dalian ■ Ville de Chine (*Liaoning). 1,68 million d'hab. Elle forme avec *Lüshun la conurbation de *Lüda. Port et centre industriel.

Dalila ■ Personnage de la Bible. ⇒ **Samson.**

Luigi **Dallapiccola** ■ Compositeur italien, un des plus importants de son époque (1904-1975). *"Vol de nuit" ; "Ulysse"*.

Dallas ■ Ville des États-Unis, métropole du Texas avec *Houston. 905 000 hab. Pétrole. Centre de la mode, du commerce et des finances. C'est à Dallas que le président *Kennedy fut assassiné en novembre 1963.

la **Dalmatie** ■ Région historique des Balkans, aujourd'hui en *Croatie. Théâtre de violents affrontements en 1992 entre Serbes et Croates (*Dubrovnik). ⟨▶ dalmatien ⟩

Jules **Dalou** ■ Sculpteur français (1838-1902). *"Le Triomphe de la République",* place de la Nation à Paris.

John **Dalton** ■ Chimiste anglais (1766-1844). Il introduisit la théorie atomique en chimie. Il a étudié les troubles dans la perception des couleurs appelés *daltonisme.* ⟨▶ daltonien ⟩

Daman et Diu ■ Anciennes possessions portugaises en Inde de 1559 à 1961, formant un territoire de l'Union indienne. *Daman,* sur la côte du *Gujarāt : 72 km² ; 48 600 hab. ; capitale : Daman (21 000 hab.). L'île *Diu* : 38 km² ; 30 400 hab. ; capitale : Diu (8 000 hab.).

Damanhūr ■ Ville d'Égypte, près d'Alexandrie. 226 000 hab. C'est l'ancienne Hermopolis, cité d'*Horus.

Damas ■ Capitale de la Syrie. 1,25 million d'hab. *(les Damascènes ou Damasquins).* Important centre de communications. Artisanat réputé (tissus). Une des plus anciennes villes du monde, capitale d'un royaume araméen au XIᵉ s. av. J.-C. ; résidence des *Omeyyades de 650 à 724 (célèbre mosquée). ⟨▶ damas, damasquiné ⟩

Jean **Damascène** ■ ⇒ saint **Jean Damascène.**

Damiette, en arabe **Dumyāṭ** ■ Ville d'Égypte, au nord-est du Caire. 121 000 hab. Grand port au Moyen Âge, pris par les croisés en 1218 et 1249.

Dammarie-les-Lys ■ Commune de Seine-et-Marne. 21 200 hab. *(les Dammariens).*

Damoclès ■ Courtisan de *Denys l'Ancien (IVᵉ s. av. J.-C.). *L'épée de Damoclès,* suspendue par Denys au-dessus de la tête de Damoclès, symbolise la fragilité du bonheur.

la **Dāmodar** ■ Rivière de l'Inde qui se jette dans le delta du *Gange. 550 km. Site de nombreuses installations hydro-électriques.

Danaé ■ Mère de *Persée, dans la mythologie grecque. *Zeus se transforma en pluie d'or pour la séduire.

les **Danaïdes** n. f. ■ D'après la légende grecque, filles du roi d'Argos *Danaos*. Meurtrières de leurs époux, elles furent condamnées à verser éternellement de l'eau dans un tonneau sans fond. Elles ont inspiré *Eschyle.

Da Nang ■ Ville et port du Viêt-nam. 319 000 hab.

Enrico **Dandolo** ■ Doge de Venise, un des chefs de la quatrième croisade (mort en 1205).

le **Danemark** ■ État (monarchie constitutionnelle) d'Europe du Nord, formé de la péninsule de *Jütland et d'îles dont la *Fionie, *Sjaelland, *Lolland, *Falster et *Bornholm sont les principales. 43 092 km². 5,13 millions d'hab. *(les Danois)*. Capitale : Copenhague. Langue : danois. Religion officielle : Église luthérienne évangélique. Monnaie : couronne danoise. Pays de plaines, doté d'une agriculture moderne (élevage). Industries alimentaires, métallurgie, mécanique, chantiers navals. Nombreux ports (pêche). Tourisme. □ **HISTOIRE**. Les Danois étaient peu connus avant le VIIIᵉ s., date à laquelle ils participèrent aux expéditions des *Vikings vers le sud-ouest. Ils se christianisèrent au Xᵉ s. Vers 1025, *Canut le Grand soumit la Norvège et l'Angleterre : l'unité des trois pays, éphémère, se reconstitua sous le règne de *Marguerite Valdemarsdotter (union de Kalmar, 1397). Cependant la Suède fit sécession avec *Gustave Vasa en 1523, malgré la résistance de *Christian II. En 1536 le luthéranisme (⇒ **Luther**) fut déclaré religion d'État. *Christian IV fit une intervention malheureuse dans la guerre de *Trente Ans (1625-1629). Il entreprit une guerre contre la Suède (1643-1645), poursuivie par *Frédéric III (1648), qui se solda par un échec (1658) : la Suède avait la suprématie dans la Baltique. Paradoxalement, la monarchie se renforça, et le XVIIIᵉ s. fut une période de « despotisme éclairé » et d'enrichissement (commerce international). Allié de Napoléon, le Danemark perdit la Norvège (1814), acquit les duchés de Schleswig et du Holstein (1815), qu'il dut céder à la Prusse et à l'Autriche (1864). Monarchie constitutionnelle depuis 1849, le Danemark s'engagea à partir de 1915 dans une politique réformiste et sociale très avancée. Pays neutre pendant la Première Guerre mondiale, il retrouva en 1920 le nord du Schleswig (sud du Jütland actuel). Occupé par Hitler en 1940, il opposa une résistance active au nazisme, le roi Christian X protégeant efficacement la minorité juive. L'indépendance de l'Islande, ancien territoire danois, fut reconnue en 1944. Membre de l'O.T.A.N. (1949) puis de la C.E.E. (1973). ⟨ ▶ danois ⟩

Daniel ■ Un des grands prophètes de la Bible. Le *"Livre de Daniel"* raconte des épisodes célèbres : Daniel dans la fosse aux lions, Suzanne et les vieillards.

Pierre **Daninos** ■ Écrivain humoriste français (né en 1913). *"Carnets du major Thompson"*.

Gabriele **D'Annunzio** ■ Écrivain italien (1863-1938). Poète *("Alcyone"),* prosateur *("la Léda sans cygne" ; "Nocturne"),* auteur dramatique, il exalta, parfois avec emphase, la sensualité et l'héroïsme. Nationaliste fervent, il fut proche du fascisme.

Dante Alighieri ■ Écrivain italien (1265-1321). Engagé dans la vie politique de Florence, il écrivit divers traités en latin, des recueils poétiques *("La Vita nuova",* où il célèbre son amour pour *Béatrice) et le premier chef-d'œuvre de la littérature italienne : la *"Divine Comédie"* (1307-1321), vision d'un voyage dans l'au-delà en compagnie de *Virgile, Béatrice et saint *Bernard. Ce poème sacré eut une influence immense sur la culture et la littérature européennes. ⟨ ▶ dantesque ⟩

Georges Jacques **Danton** ■ Révolutionnaire français (1759-1794). Il organisa la défense nationale, déclencha la *Terreur mais en réclama la fin dès 1793 (d'où le nom d'*Indulgents* donné à ses partisans). Accusé de vénalité, il fut éliminé par *Robespierre et guillotiné. C'était un orateur remarquable.

Dantzig ■ Nom allemand francisé de *Gdansk. Important port de la Baltique, la ville fut disputée entre l'Allemagne ou la Prusse et la Pologne. ▶ *le couloir de* **Dantzig**, territoire autonome qui reliait la Pologne à la mer, fut occupé par *Hitler en 1939, ce qui provoqua la Seconde *Guerre mondiale, et intégré après 1945 à la Pologne.

le **Danube** ■ Le plus long et le plus important fleuve d'Europe après la *Volga. 2 850 km. Né en Allemagne, il se jette dans la mer Noire. Il traverse Vienne, Budapest et Belgrade. Rôle historique (limite de l'Empire romain, frontière naturelle entre États) et économique (voie navigable de Ratisbonne à son débouché).

Daphnis ■ Berger de la mythologie grecque, fils d'*Hermès, inventeur de la poésie bucolique. □ **Daphnis**. Berger de Lesbos, amoureux de Chloé dans un célèbre roman de Longus, "*Daphnis et Chloé*".

Lorenzo **Da Ponte** ■ Librettiste italien (1749-1838). Auteur de livrets d'opéras de *Mozart : "*les Noces de Figaro*" ; "*Don Juan*" ; "*Cosi fan tutte*".

Dapsang ■ ⟹ K2.

Claude **Daquin** ■ ⟹ d'Aquin.

Frédéric **Dard** ■ ⟹ San Antonio.

le détroit des **Dardanelles** ■ Passage entre la mer *Égée et, par la mer de Marmara, la mer *Noire. Position stratégique dès l'Antiquité, les Dardanelles, avec le *Bosphore, ont été un enjeu des guerres des XIXe et XXe s. Elles séparent l'Europe de l'Asie.

Dar es-Salaam ■ Ancienne capitale (⟹ **Dodoma**) et port de la Tanzanie. 757 000 hab. Nombreuses industries.

le **Darfour** ■ Région montagneuse du Soudan. Le *royaume du Darfour* disparut sous la domination égyptienne en 1874.

Alexandre **Dargomyjski** ■ Compositeur russe (1813-1869). "*Roussalka*" et "*le Convive de pierre*", opéras.

Georges **Darien** ■ Écrivain français (1862-1921). "*Biribi*".

Rubén **Darío** ■ Écrivain nicaraguayen (1867-1916). Il a rénové la poésie de langue espagnole. "*Azur*".

Darius le Grand ■ Roi de Perse de 522 à 486 av. J.-C., grand organisateur de l'Empire achéménide. □ **Darius III Codoman**, roi de Perse de 336 à 330 av. J.-C., vaincu par *Alexandre le Grand.

Dārjiling ou *Darjeeling* ■ Ville de l'Inde (*Bengale-Occidental). 57 600 hab. Fondée par les Anglais comme capitale d'été du *Bengale. Thé renommé.

François **Darlan** ■ Amiral et homme politique français (1881-1942). Dauphin du maréchal *Pétain, il fut remplacé à la tête du gouvernement de *Vichy par *Laval en avril 1942. Se trouvant à Alger lors du débarquement allié (novembre 1942), il fit reconnaître par les Américains son autorité sur les colonies françaises. Assassiné, il fut remplacé par *Giraud.

le **Darling** ■ Rivière d'Australie. 2 450 km.

Darmstadt ■ Ville d'Allemagne (*Hesse). 134 000 hab. Monuments.

Centre industriel et culturel important.

Darnétal ■ Commune de Seine-Maritime, banlieue de Rouen. 9 800 hab.

Lycette **Darsonval** ■ Danseuse française (née en 1917).

Charles **Darwin** ■ Naturaliste anglais (1809-1882). Il a expliqué l'évolution biologique par la sélection naturelle. La biologie contemporaine est *néo-darwiniste :* elle concilie les thèses de Darwin avec la génétique, issue des travaux de *Mendel.

Darwin ■ Ville et port d'Australie, capitale du Territoire du Nord. 76 400 hab.

Marcel **Dassault** ■ Ingénieur français, industriel de l'aéronautique (1892-1986).

Datong ■ Ville de Chine (*Shanxi). 1,02 million d'hab. Houille. Ancienne capitale des *Han (remparts).

Louis **Daubenton** ■ Naturaliste français, collaborateur de *Buffon (1716-1800).

Charles François **Daubigny** ■ Peintre français de l'école de *Barbizon (1817-1878).

Alphonse **Daudet** ■ Écrivain français (1840-1897), originaire de Provence. *"Le Petit Chose" ; "les Lettres de mon moulin" ; "l'Arlésienne"* (avec une musique de *Bizet) ; *"Tartarin de Tarascon".* □ *Léon* **Daudet**, son fils (1868-1942), polémiste de l'*Action française. *"Souvenirs".*

René **Daumal** ■ Écrivain français (1908-1944). Créateur de la revue *le Grand Jeu. "Le Mont Analogue".*

Honoré **Daumier** ■ Artiste français (1808-1879). Caricaturiste engagé, il s'exprima à travers la gravure *("la Rue Transnonain")*, la sculpture *("Ratapoil")* et la peinture où il fut un grand précurseur.

Pierre Claude François **Daunou** ■ Ancien prêtre rallié à la Révolution, grand érudit et archiviste français (1761-1840).

le Grand **Dauphin** ■ Fils de Louis XIV, mort avant d'avoir régné (1661-1711).

le **Dauphiné** ■ Province de France correspondant aux départements de l'Isère, des Hautes-Alpes et de la Drôme. Ancienne principauté rattachée à la Couronne sous Philippe VI de Valois, elle donna son nom à l'héritier du trône : le *dauphin.* ⟨ ▶ ② dauphin ⟩

Jean **Dausset** ■ Généticien français (né en 1916). Sa découverte des groupes tissulaires lui a valu le prix Nobel de médecine en 1980 avec G. Snell et B. Benacerraf.

Antoine **Dauvergne** ■ ⇒ A. d'**Auvergne**.

Davao ■ Ville et port des Philippines, dans l'île de *Mindanao. 836 400 hab.

David ■ Roi d'Israël (v. 1000 av. J.-C.). La Bible raconte sa victoire sur le géant *Goliath, son amour pour *Bethsabée, l'intronisation de son fils *Salomon, etc. Auteur supposé des Psaumes, vénéré par les juifs et par les chrétiens (*Jésus est dit « fils de David ») comme le roi de l'Alliance avec Dieu, il est aussi le prophète Daoud du *Coran. Il inspira de nombreux artistes : *Michel-Ange, *Poussin, *Rembrandt...

Gerard **David** ■ Peintre flamand (v. 1460 - 1523). Il travailla à *Bruges.

Jacques Louis **David** ■ Peintre français (1748-1825). Chef de file de l'école *néo-classique. Ses tableaux ont une portée morale et politique, célébrant l'idéal révolutionnaire *("Marat assassiné")*, puis l'Empire *("le Sacre")*. Portraits *("Madame de Récamier")*.

Félicien **David** ■ Compositeur français (1810-1876). *"Le Désert".*

Pierre Jean **David d'Angers** ■ Sculpteur français (1788-1856). Fronton du Panthéon à Paris. Médaillons-portraits.

Alexandra **David-Neel** ■ Exploratrice française (1868-1969). Elle fut la première femme européenne à pénétrer à Lhassa (Tibet), en 1924.

Jefferson **Davis** ■ Homme politique américain (1808-1889). Président de la Confédération des États sudistes au moment de la guerre de *Sécession.

Stuart **Davis** ■ Peintre américain (1894-1964). Objets en série. "*Batteurs à œufs*".

Miles **Davis** ■ Musicien de jazz noir américain, trompettiste, un des grands novateurs du jazz (1926-1991).

Davos ■ Ville et station de sports d'hiver de Suisse (*Grisons). 11 400 hab.

Louis Nicolas **Davout** ■ Un des maréchaux de Napoléon Ier (1770-1823). Ministre de la Guerre durant les *Cent-Jours.

sir Humphry **Davy** ■ Chimiste anglais (1778-1829). Électrochimie. Définition du chlore comme élément. *Lampe Davy :* lampe de sûreté pour les mineurs.

le plan **Dawes** ■ Plan établi sous la direction du financier américain Charles Dawes (1865-1951) pour préciser comment l'Allemagne devait payer les réparations de guerre (1924).

Dax ■ Sous-préfecture des Landes. 20 100 hab. *(les Dacquois).* Station thermale.

Moshe **Dayan** ■ Général et homme politique israélien (1915-1981). Artisan de la victoire de 1967 (⇒ guerres **israélo-arabes**).

Dayr al-Baḥrī ■ ⇒ Deir el-Bahari.

Dayton ■ Ville des États-Unis (*Ohio). 203 000 hab. Industries aéronautiques.

James **Dean** ■ Acteur de cinéma américain (1931-1955). Ses trois films ("*À*

l'est d'Éden" ; "la Fureur de vivre" ; "Géant") et sa mort prématurée firent de lui l'idole des jeunes générations.

Marcel **Déat** ■ Homme politique français (1894-1955). Socialiste, il évolua vers le fascisme et la *Collaboration.

Deauville ■ Commune du Calvados. 4 300 hab. *(les Deauvillais).* Station balnéaire. Festival de cinéma.

Dimčo **Debeljanov** ■ Poète symboliste bulgare (1887-1916).

Michel **Debré** ■ Homme politique français (né en 1912). Premier ministre du début de la Ve République (1959) à 1962.

Debrecen ■ Ville de Hongrie. 220 000 hab. Centre du mouvement protestant hongrois, elle connut une vie intellectuelle active (université). *Kossuth y proclama l'indépendance en 1849.

Claude **Debussy** ■ Compositeur français, un des plus importants du XXe s. (1862-1918). On a qualifié sa musique d'impressionniste : art de l'évocation dans ses œuvres pour piano *("Préludes"),* pour orchestre *("la Mer" ; "Prélude à l'après-midi d'un faune")* et dans son opéra "*Pelléas et Mélisande*" (sur un livret de *Maeterlinck).

Petrus **Debye** ■ Physicien et physico-chimiste néerlandais (1884-1966). Théorie des solutions électrolytiques. Applications chimiques de la théorie quantique. Prix Nobel de chimie 1936.

les **décabristes** ou *décembristes* n. m. ■ Groupe de nobles et d'officiers russes qui, en décembre (en russe : *dekabr'*) 1825, tentèrent en vain de substituer au tsarisme un régime plus libéral.

Élie duc **Decazes** ■ Ministre libéral de Louis XVIII (1780-1860). Créateur des forges de *Decazeville. ⇒ duc de **Berry.**

Decazeville ■ Commune de l'Aveyron. 8 200 hab. *(les Decazevillois).* Houille en déclin.

*le **Deccan*** ■ ⇒ Dekkan.

Dèce ■ Empereur romain (v. 200-251). Voulant restaurer l'unité morale de l'empire autour de la religion traditionnelle, il déclencha la première persécution systématique des chrétiens.

le coup d'État du 2 décembre 1851 ■ ⇒ IIe République.

Giorgio de Chirico ■ Peintre italien (1888-1978). Son œuvre « métaphysique » (avant 1920) influença le *surréalisme.

Décines-Charpieu ■ Commune du Rhône. 24 600 hab. *(les Décinois).* Constructions mécaniques.

Decize ■ Commune de la Nièvre. 7 100 hab. *(les Decizois).*

*la **Déclaration des droits de l'homme et du citoyen*** ■ ⇒ la Déclaration des **droits de l'homme et du citoyen.**

*Charles **De Coster*** ■ Écrivain belge d'expression française (1827-1879). Célèbre pour sa version de la légende de *Till Eulenspiegel* (1867) et ses récits folkloriques.

*Ovide **Decroly*** ■ Médecin, psychologue et pédagogue belge (1871-1932). Inspirateur d'écoles expérimentales.

Dédale ■ Dans la mythologie grecque, père d'*Icare et architecte du Labyrinthe de Crète, construit sur l'ordre de *Minos pour enfermer le *Minotaure. ⟨ ▶ dédale ⟩

*Richard **Dedekind*** ■ Mathématicien allemand (1831-1916). Sa théorie des nombres est à la base de l'algèbre moderne. Il a rattaché la géométrie à l'algèbre. Correspondance avec *Cantor (théorie des ensembles).

*le quartier de la **Défense*** ■ Quartier d'affaires et ensemble résidentiel de la proche banlieue parisienne (Puteaux, Courbevoie), construit depuis 1958 et caractérisé par ses nombreuses tours. La *Grande Arche de la Défense,* du Danois Otto von Spreckelsen, fut inaugurée en 1989.

*le gouvernement de la **Défense nationale*** ■ Gouvernement républicain instauré après la défaite de *Sedan et la proclamation révolutionnaire de la IIIe République et de la déchéance de Napoléon III (4 septembre 1870). Après l'armistice et les nouvelles élections législatives (janvier et février 1871), il laissa la place au gouvernement *Thiers.

*Marie, marquise du **Deffand*** ■ Femme de lettres française (1697-1780). Son salon reçut notamment les encyclopédistes. Abondante correspondance avec *Voltaire, d'*Alembert, H. *Walpole...

*Gaston **Defferre*** ■ Homme politique français (1910-1986). Ministre socialiste, maire de Marseille de 1953 à sa mort. *Lois* dites *Defferre :* sur la décolonisation (1956), sur la décentralisation (1982).

*Daniel **Defoe*** ■ Écrivain, pamphlétaire et homme d'affaires anglais (1660-1731). Avec *"Robinson Crusoé",* récit de la vie d'un marin échoué sur une île, il a créé le mythe de la confrontation d'un Européen avec la solitude, la nature et l'étranger.

*Edgar **Degas*** ■ Peintre et sculpteur français (1834-1917). La nouveauté de ses compositions et de ses coloris (spécialement les pastels), l'intimisme de ses œuvres (danseuses, modistes, femmes à la toilette) influencèrent notamment *Toulouse-Lautrec et *Bonnard.

*Alcide **De Gasperi*** ■ Homme politique italien (1881-1954). Adversaire du fascisme, au pouvoir de 1945 à 1953, il fut l'artisan de la reconstruction du pays après guerre et de l'unité européenne.

Dehiwala-Mount Lavinia
■ 2e ville du Sri Lanka. 174 000 hab.

Deir el-Bahari ■ Site archéologique égyptien, en face de *Louxor. Temple de la reine *Hatshepsout.

Déjanire ■ Princesse de la mythologie grecque. Épouse d'*Héraclès, elle provoqua sa mort par sa jalousie.

le **Dekkan** ou **Deccan** ■ Vaste région de la péninsule indienne (moitié sud). Plus influencée par la culture musulmane qu'hindoue, elle ne fut véritablement unie à la plaine du nord que par la colonisation britannique.

Willem de **Kooning** ■ Peintre américain d'origine néerlandaise (né en 1904). Style violemment expressionniste. "*Femmes*".

Eugène **Delacroix** ■ Peintre français (1798-1863). Le maître du *romantisme, par ses coloris éclatants, ses compositions tourmentées, son imagination violente et sensuelle. Thèmes littéraires ("*Dante et Virgile aux Enfers*"), allégories ("*la Liberté guidant le peuple*"), scènes orientales. Célèbre "*Journal*".

Delalande ■ ⇒ Michel Richard de **Lalande**.

Walter de la **Mare** ■ Écrivain anglais (1873-1956). "*Chansons d'enfance*".

Édouard **Delamare-Deboutteville** ■ Inventeur de la première automobile à moteur à explosion en 1883 (1856-1901).

Robert **Delaunay** ■ Peintre, décorateur et théoricien français (1885-1941). Parti du *cubisme, il évolua vers l'art abstrait, faisant de la couleur et de la lumière le sujet de ses toiles. □ *Sonia* **Delaunay**, sa femme, née Terk (1885-1979), appliqua les mêmes recherches aux tissus.

Casimir **Delavigne** ■ Auteur dramatique français (1793-1843). Ses pièces oscillent entre *classicisme et *romantisme. "*Les Vêpres siciliennes*".

le **Delaware** ■ État de l'est des États-Unis, où le fleuve du même nom se jette dans l'Atlantique. 5 294 km².

594 000 hab. Capitale : Dover. Agriculture (conserveries), industries (⇒ **Wilmington**).

Théophile **Delcassé** ■ Homme politique français (1852-1923). Ministre radical des Affaires étrangères de 1898 à 1905 et en 1914-1915.

Grazia **Deledda** ■ Romancière italienne (1871-1936). "*Elias Portolu*" est typique du vérisme (réalisme). Prix Nobel 1926.

Delémont, en allemand **Delsberg** ■ Ville de Suisse, chef-lieu du *Jura. 11 400 hab.

Benjamin **Delessert** ■ Homme d'affaires français (1773-1847). Le *Blocus continental empêchant la consommation de sucre de canne, il lança la production industrielle de sucre de betterave (1812).

Gilles **Deleuze** ■ Philosophe français (né en 1925). "*Différence et répétition*"; "*Logique du sens*"; "*l'Anti-Œdipe*" (écrit avec F. Guattari).

Delft ■ Ville des Pays-Bas (*Hollande-Méridionale). 87 700 hab. Monuments, musées, vieux canaux. Célèbres faïences.

Delhi ■ Ville de l'Inde et capitale du territoire de l'Union du même nom (1 483 km²; 6,2 millions d'hab.). 5,7 millions d'hab. avec la ville nouvelle de *New Delhi*, capitale fédérale de l'Inde depuis sa création par les Anglais en 1912. Ancienne capitale d'un sultanat musulman (1206-1526) et de l'Empire *moghol (⇒ **Inde**).

Léo **Delibes** ■ Compositeur français (1836-1891). Ses ballets "*Coppélia*" et "*Sylvia*" sont devenus des classiques. "*Lakmé*", opéra.

l'abbé Jacques **Delille** ■ Poète français très célèbre à son époque (1738-1813).

Nicolo **Dell'Abate** ■ Peintre italien (1509-1571). Collaborateur du *Primatice au château de *Fontainebleau.

les **Della Robia** ■ Sculpteurs florentins. L'atelier créé par Luca (v. 1400 - 1482) puis animé par Andrea, neveu de Luca (1435-1525), et ses fils, Giovanni (1469-1529) et Girolamo (1488-1566), était spécialisé dans les terres cuites émaillées.

Louis **Delluc** ■ Cinéaste et théoricien français du cinéma (1890-1924). "Fièvre". Son nom fut donné à un prix de cinéma en 1936.

Philibert **Delorme** ou **de l'Orme** ■ Architecte français (v. 1510 - 1570). Il fut formé en Italie. Son traité d'architecture et le château de *Diane de Poitiers à Anet sont des œuvres majeures de la *Renaissance française.

Marion **Delorme** ■ ⇒ Marion de Lorme.

Délos ■ La plus petite île des Cyclades, en Grèce. Elle donna son nom à la ligue des cités grecques dirigées par Athènes (Vᵉ s. av. J.-C.). Important site archéologique (sanctuaire d'Apollon, v. 700 av. J.-C.).

Delphes ■ Ville de l'ancienne Grèce, sur un versant du mont *Parnasse, centre du culte d'*Apollon qui donnait des oracles par la bouche de la *Pythie. Nombreux vestiges archéologiques.

Andrea **del Sarto** ■ Peintre italien (1486-1530). Représentant avec Fra *Bartolomeo du classicisme florentin, influencé par *Raphaël et *Léonard de Vinci.

Joseph **Delteil** ■ Écrivain français (1894-1978). Il fut membre du groupe *surréaliste. "Sur le fleuve Amour" ; "Saint don Juan" ; "Jésus II".

Paul **Delvaux** ■ Peintre belge (né en 1897). Scènes surréalistes, à dominante érotique.

Albert **Demangeon** ■ Géographe français (1872-1940), collaborateur de *Vidal de La Blache à la "Géographie universelle".

Déméter ■ Une des plus importantes divinités de la Grèce antique, déesse de l'agriculture (la *Cérès des Romains), mère de *Perséphone. ⇒ **Éleusis.**

Cecil Blount **deMille** ■ Cinéaste américain (1881-1959). Spécialiste des superproductions à sujets historique ou biblique. "Les Dix Commandements" ; "Samson et Dalila".

le parti **démocrate,** en anglais **Democratic Party** ■ L'un des deux grands partis des États-Unis (⇒ parti **républicain**), de tendance réformiste. *Roosevelt, *Kennedy, *Carter et Clinton sont des présidents démocrates.

la **démocratie chrétienne** ■ Courant politique d'inspiration catholique. De nombreux partis d'Europe et d'Amérique latine s'en réclament, notamment les grands partis de centre-droit en Allemagne (Christlich-Demokratische Union, C.-D. U.), en Belgique et en Italie.

Démocrite ■ Penseur grec (v. 460 - v. 370 av. J.-C.). Sa doctrine, l'atomisme, est un matérialisme pour lequel la réalité est faite de vide et d'atomes.

Augustus **De Morgan** ■ Mathématicien et logicien anglais (1806-1871).

Démosthène ■ Homme politique athénien, le plus grand orateur antique (384 - 322 av. J.-C.). Ses « philippiques » contre *Alexandre le Grand devinrent le symbole du discours violent.

Denain ■ Commune du Nord. 19 700 hab. *(les Denaisiens).* Sidérurgie.

Dendérah ■ Site archéologique d'Égypte (temple d'*Hathor, sous les *Ptolémées).

le colonel **Denfert-Rochereau** ■ ⇒ **Belfort.**

Deng Xiaoping ■ Homme politique chinois (né en 1904). Évincé en 1976 par *Mao Zedong, il revint au pouvoir en 1977 pour engager la Chine sur la voie des réformes.

Responsable de la répression des manifestations étudiantes de 1989, il abandonna ses fonctions mais conserve aujourd'hui encore un rôle très influent.

Anton **Denikine** ■ Général russe (1872-1947). Un des chefs des armées contre-révolutionnaires de 1918 à 1920.

saint **Denis** ou **Denys** ■ Premier évêque de Paris (v. 250). Martyr, il est souvent représenté décapité, sa tête entre les mains.

Maurice **Denis** ■ Peintre français, théoricien du groupe des *nabis (1870-1943).

Dominique Vivant, baron **Denon** ■ Graveur, écrivain, diplomate français (1747-1825). Il organisa le musée du *Louvre.

Denver ■ Ville des États-Unis, capitale du *Colorado. 492 000 hab. Pôle économique des *Rocheuses. Nœud ferroviaire et routier.

Denys d'Halicarnasse ■ Rhéteur, historien et critique grec vivant à Rome (Iᵉʳ s. av. J.-C.).

Denys l'Ancien ■ Tyran de Syracuse (430 - 367 av. J.-C.). ⇒ **Damoclès**. □ *Denys le Jeune,* son fils (v. 397 - 344 av. J.-C.), lui succéda mais fut chassé par *Timoléon en 344 av. J.-C.

saint **Denys l'Aréopagite** ■ ⇒ **Pseudo-Denis**.

Déols ■ Commune de l'Indre. 10 200 hab. *(les Déolois* ou *Turquins).*

Agostino **Depretis** ■ Homme politique italien (1813-1887). Trois fois président du Conseil entre 1876 et 1887, initiateur de la Triple-*Alliance et du colonialisme italien.

Thomas **De Quincey** ■ Écrivain anglais (1785-1859). Révélé en France par *Baudelaire. *"De l'assassinat considéré comme un des beaux-arts"* ; *"Confessions d'un opiomane anglais".*

André **Derain** ■ Peintre français (1880-1954). Style éclectique.

Derby ■ Ville d'Angleterre (*Derbyshire). 221 000 hab. Textiles, industries mécaniques. ▶ *le* **Derbyshire**. Comté du centre de l'Angleterre (*Midlands de l'Est). 2 631 km². 924 200 hab. Chef-lieu : Matlock (20 800 hab.).

Gavrila **Derjavine** ■ Poète russe (1743-1816). *"Felitsa".*

Paul **Déroulède** ■ Écrivain nationaliste et homme politique français (1846-1914). *"Les Chants du soldat".*

Jacques **Derrida** ■ Philosophe français (né en 1930). *"De la grammatologie"* ; *"l'Écriture et la Différence"* ; études sur *Husserl.

Tibor **Déry** ■ Écrivain hongrois (1894-1977). *"La Phrase inachevée".*

Francesco **De Sanctis** ■ Écrivain et homme politique italien (1817-1883). Fondateur de la critique littéraire moderne en Italie, historien de la culture nationale.

Girard **Desargues** ■ Mathématicien français (1591-1662). Il a créé la géométrie projective, réinventée par *Poncelet v. 1820.

Marceline **Desbordes-Valmore** ■ Poétesse française (1786-1859). *"Élégies"* ; *"les Pleurs".*

René **Descartes** ■ Philosophe et savant français (1596-1650). Créateur de la géométrie analytique, promoteur du mécanisme dans les sciences exactes, père de la philosophie moderne. Contre les autorités reçues, il ne voulut se fier qu'à la raison. *"Discours de la méthode"* (suivi des essais scientifiques de cette méthode) ; *"Méditations métaphysiques"* ; *"Principes de la philosophie"* ; *"les Passions de l'âme".* ⟨ ▶ cartésien ⟩

Paul **Deschanel** ■ Homme politique français (1855-1922). Président de la République (centre droit) de février à septembre 1920.

Vittorio **De Sica** ■ Cinéaste néo-réaliste italien naturalisé français en 1966 (1902-1974). *"Le Voleur de bicyclette"* ; *"Miracle à Milan"*.

la **Désirade** ■ Petite île des *Antilles françaises (20 km²) et commune de la Guadeloupe *(La Désirade)*. 1 600 hab.

Nicolas **Desmarets** ■ Homme politique français, neveu de *Colbert (1648-1721). Dernier contrôleur des Finances de Louis XIV.

Jean **Desmarets de Saint-Sorlin** ■ Écrivain français (1595-1676). Son *"Traité pour juger des poèmes grecs, latins et français"* déclencha la querelle des Anciens et des Modernes.

Des Moines ■ Ville des États-Unis, capitale de l'*Iowa. 191 000 hab.

Camille **Desmoulins** ■ Publiciste français (1760-1794). Engagé dans la Révolution (membre du club des *Cordeliers et député *Montagnard), il fut exécuté avec *Danton.

Robert **Desnos** ■ Poète français (1900-1945). Il participa au *surréalisme. Résistant, il mourut en camp de concentration. *"Corps et biens"*.

Charles **Despiau** ■ Sculpteur français (1874-1946).

Philippe **Desportes** ■ Poète français (1546-1606). Rival de *Ronsard et de *Malherbe. *"Amours de Diane"*.

François **Desportes** ■ Peintre français (1661-1743). Scènes de chasse, natures mortes avec gibier.

Alfred **DesRochers** ■ Écrivain québécois (1901-1978). Poète du terroir.

Jean-Jacques **Dessalines** ■ Premier empereur d'Haïti (1804) après sa victoire sur les Français en 1803 (v. 1748 - 1806). Ancien esclave noir, lieutenant de *Toussaint-Louverture, renversé par *Pétion.

Dessau ■ Ville d'Allemagne (*Saxe-Anhalt). 104 000 hab.

le **Destour** ■ Parti politique tunisien fondé en 1920, interdit en 1933 et dissous en 1957. □ le *Néo-***Destour** (⇒ **Bourguiba**) réclama l'indépendance et devint en 1964 le *parti socialiste destourien,* parti unique du nouvel État jusqu'en 1983. Il devint, en 1988, le « Rassemblement constitutionnel démocratique ».

Destutt de Tracy ■ ⇒ **Idéologues.**

Detroit ■ Ville des États-Unis (*Michigan). 1,2 million d'hab. Industries automobiles.

Deuil-la-Barre ■ Commune du Val-d'Oise. 19 200 hab. *(les Deuillois).*

le **Deutéronome** ■ Cinquième livre du *Pentateuque, dans la *Bible. ▶ le **code deutéronomique** rassemble les lois que doit observer la tradition juive.

la guerre des **Deux-Roses** ■ ⇒ guerre des **Deux-Roses.**

les **Deux-Sèvres** ■ ⇒ les Deux-**Sèvres.**

le royaume des **Deux-Siciles** ■ ⇒ royaume de **Naples.**

Eamon **De Valera** ■ Homme politique irlandais (1882-1975). Chef du *Sinn Féin et fondateur de la république d'Irlande en 1937.

Déville-lès-Rouen ■ Commune de la Seine Maritime. 10 600 hab. Papeterie. *(les Devillois).*

la guerre de **Dévolution** ■ Guerre par laquelle *Louis XIV prit à l'Espagne le sud de la Flandre, notamment *Lille (1668).

le **Devon** ■ Comté du sud-ouest de l'Angleterre. 6 715 km². 1 million d'hab. Chef-lieu : Exeter. Ville principale : Plymouth.

Hugo **de Vries** ■ ⇒ de **Vries.**

la classification **Dewey** ■ Classification décimale utilisée dans les bibliothèques, inventée par le bibliographe américain *Melvil Dewey* (1851-1931).

John **Dewey** ■ Philosophe et pédagogue américain (1859-1952). Promoteur de l'« instrumentalisme » et des méthodes « actives » en pédagogie.

Théodore Dézamy ■ Socialiste français (1808-1850). Théoricien du communisme.

la D.G.S.E., Direction générale de la sécurité extérieure ■ Organisme d'espionnage et de contre-espionnage français (appelé *S.D.E.C.E.,* Service de documentation extérieure et de contre-espionnage, avant 1982), qui relève directement du ministère de la Défense.

Dhaka ■ ⇒ Dacca.

Dhānbād ■ Ville d'Inde (*Bihār). Zone urbaine de 677 000 hab.

le Dhaulāgiri ■ Un des plus hauts sommets de l'*Himalaya. 8 172 m.

André Dhôtel ■ Écrivain français (1900-1991). "*Le Pays où l'on n'arrive jamais*", roman.

Serge de Diaghilev ■ Créateur des Ballets russes (1872-1929). Animateur de la vie artistique et musicale en Russie et en Europe, initiateur de la danse moderne.

Diane ■ ⇒ Artémis.

Diane de Poitiers ■ Maîtresse d'Henri II (1499-1566). Elle joua un grand rôle politique jusqu'à la mort du roi (1559). Mécène, elle fut célèbre pour sa beauté.

Bartolomeu Dias ■ Navigateur portugais (v. 1450-1500). Il franchit le premier le cap de Bonne-Espérance (1488).

Antônio Gonçalves Dias ■ ⇒ A. Gonçalves Dias.

Porfirio Díaz ■ Homme politique mexicain (1830-1915). Général pendant la guerre d'indépendance. Maître du pays de 1876 à 1911, période de développement économique dite « le Porfiriat ».

Mohammed Dib ■ Écrivain algérien d'expression française (né en 1920). "*Dieu en Barbarie*".

Philip Kindred Dick ■ Écrivain américain de science-fiction (1928-1982). "*Ubik*".

Charles Dickens ■ Écrivain anglais (1812-1870), le plus célèbre de son époque. Ses romans dénoncent l'injustice sociale et les malheurs de l'enfance. "*Les Aventures de M. Pickwick*" ; "*Nicolas Nickleby*" ; "*David Copperfield*".

Emily Dickinson ■ Poétesse américaine (1830-1886). Auteur d'environ 1 800 poèmes lyriques, d'inspiration romantique et religieuse, publiés après sa mort.

Denis Diderot ■ Écrivain français, principal responsable de l'*Encyclopédie (1713-1784). Son œuvre est caractéristique du rationalisme spirituel et ouvert des *Lumières, où littérature et philosophie se mêlent étroitement. "*Lettre sur les aveugles*" ; "*le Rêve de d'Alembert*" ; "*Paradoxe sur le comédien*" ; "*la Religieuse*" ; "*Jacques le Fataliste*" ; "*le Neveu de Rameau*".

Didon ou **Élissa** ■ Princesse de *Tyr, fondatrice légendaire de *Carthage au IXᵉ s. av. J.-C. D'après *Virgile, abandonnée par *Énée, elle se donne la mort.

Didot ■ FAMILLE DE LIBRAIRES ET IMPRIMEURS FRANÇAIS □ *Firmin Didot* (1764-1836) renouvela la gravure et la fonderie des caractères.

Die ■ Sous-préfecture de la Drôme. 4 200 hab. *(les Diois).* Monuments romains et médiévaux. Vins blancs mousseux (clairette).

le Diekirch ■ District du Luxembourg. 1 157 km². 54 400 hab. Ville principale : Diekirch (5 600 hab.).

Diên Biên Phu ■ Site du nord du Viêt-nam. En 1954, la défaite des Français contre le *Viêt-minh marqua la fin de l'hégémonie française en Indochine.

Dieppe ■ Sous-préfecture de la Seine-Maritime. 36 600 hab. *(les Dieppois).* Station balnéaire. Port important (transit de voyageurs avec la Grande-Bretagne).

Rudolf **Diesel** ■ Ingénieur allemand (1858-1913). Inventeur du moteur *Diesel.* 〈 ▶ diesel 〉

Diest ■ Ville de Belgique (*Brabant). 21 000 hab. Vieille ville pittoresque et nombreux monuments anciens.

Maria Magdalena von Losch dite *Marlène* **Dietrich** ■ Actrice allemande naturalisée américaine (1901-1992). Elle incarne le type de la femme fatale : *"l'Ange bleu".*

Differdange ■ Ville du Luxembourg (district de *Luxembourg). 16 000 hab.

Digne ou **Digne-les-Bains** ■ Préfecture des Alpes-de-Haute-Provence. 17 400 hab. *(les Dignois).* Cathédrales (XIIIe et XVe s.).

Digoin ■ Commune de Saône-et-Loire. 10 400 hab. *(les Digoinais).* Petites industries.

Dijon ■ Préfecture de la Côte-d'Or. 151 600 hab. *(les Dijonnais).* Capitale historique et administrative de la *Bourgogne, elle conserve beaucoup de maisons et monuments anciens (XIe - XVIIIe s.) : cathédrale Saint-Bénigne, palais ducal, etc. Université, centre ferroviaire et industriel, foire internationale. ▶ le **Dijonnais,** région au sud du plateau de *Langres (prairies, vignes).

Wilhelm **Dilthey** ■ Philosophe allemand (1833-1911). Il a tenté de fonder sur l'histoire la compréhension scientifique des sociétés humaines.

Dimitri ou **Dmitri** ■ NOM DE PLUSIEURS GRANDS PRINCES DE *RUSSIE □ **Dimitri IV Donskoï** (1350-1389), vainqueur des Mongols en 1380. □ *le* **faux Dimitri** (1580-1606) s'empara du trône en 1605. □ *le* **second faux Dimitri** envahit la Russie (1607) mais fut tué en 1610 sans avoir pris le pouvoir.

Georgi **Dimitrov** ■ Homme politique bulgare (1882-1949). Premier chef de gouvernement de la Bulgarie communiste, de 1946 à sa mort.

Dinan ■ Sous-préfecture des Côtes-d'Armor. 12 900 hab. *(les Dinannais).* Maisons et monuments anciens. Industries textile, électronique, alimentaire.

Dinant ■ Ville de Belgique (province de *Namur). 12 000 hab. *(les Dinantais).* Industrie du cuivre et laiton coulé. 〈 ▶ dinanderie 〉

Dinard ■ Commune d'Ille-et-Vilaine. 10 300 hab. *(les Dinardais).* Station balnéaire.

les **Dinarides** n. f. pl. ■ Ensemble montagneux qui couvre la Yougoslavie *(Alpes dinariques),* l'Albanie et la Grèce (Hellénides).

Dioclétien ■ Empereur romain de 284 à 305 (245 - v. 313). Il instaura la tétrarchie (pouvoir partagé par deux Augustes, chacun secondé par un César) pour mieux administrer l'empire. Il abdiqua avec Maximien.

Diodore *de Sicile* ■ Historien grec (Ier s. av. J.-C.). *"Bibliothèque historique".*

Diogène Laërce ■ Écrivain grec (IIIe s.). *"Vies, doctrines et sentences des philosophes illustres",* source précieuse pour connaître la philosophie antique.

Diogène le Cynique ■ Philosophe grec de l'école cynique (413 - 327 av. J.-C.). Méprisant les richesses et les honneurs, il fut considéré comme un sage.

Diomède ■ Roi de la mythologie grecque. *Héraclès le fit dévorer par ses chevaux qu'il nourrissait de chair humaine.

Dionysos ou **Bacchus** ■ Dieu grec de la vigne, du vin et du délire extatique. Né de la cuisse de Jupiter (Zeus, chez les Grecs), d'où l'expression, son culte (les *Bacchanales,* réputées orgiaques) fut interdit à Rome v. 180 av. J.-C. *Nietzsche l'oppose à *Apollon, comme l'ivresse au rêve. ⟨ ▶ dionysiaque ⟩

Birago **Diop** ■ Écrivain sénégalais (né en 1906). Il a adapté en français des contes de la tradition orale africaine.

Diophante ■ Mathématicien grec d'Alexandrie (IIIᵉ s.). Ses "*Arithmétiques*" ont créé l'analyse *diophantienne* ou indéterminée, une des sources de l'algèbre moderne.

Christian **Dior** ■ Couturier français (1905-1957).

les **Dioscures** ■ ⇒ Castor et Pollux.

Abdou **Diouf** ■ Homme politique sénégalais (né en 1935). Président de la République depuis 1981.

Paul **Dirac** ■ Physicien anglais (1902-1984). Un des pères de la mécanique quantique, prix Nobel 1933 pour l'*équation de Dirac* (équation relativiste de l'électron).

le **Directoire** ■ Période de l'histoire de France (1795-1799). Régime de transition entre le gouvernement révolutionnaire (*Convention) et l'époque napoléonienne (*Consulat). Au sens strict, c'est le nom du pouvoir exécutif sous ce régime (cinq membres, élus par le Conseil des *Cinq-Cents et celui des *Anciens), renforcé après le coup d'État du 18 fructidor an V (4 septembre 1797), sous l'impulsion de *Barras, dans le sens d'un pouvoir dictatorial et antiroyaliste.

Dire Dawa ■ 3ᵉ ville d'Éthiopie. 98 100 hab.

Peter Gustav Lejeune-**Dirichlet** ■ Mathématicien allemand (1805-1859). Analyse, théorie des nombres.

Walt **Disney** ■ Réalisateur et producteur américain de dessins animés (1901-1966). Maître du genre, créateur de Mickey et Donald, fondateur d'une immense entreprise de loisirs (*Disneyland,* en Californie ; *Disneyworld,* en Floride).

Benjamin **Disraeli** ■ Homme politique britannique (1804-1881). Brillant écrivain, chef des conservateurs qu'il orienta vers les problèmes sociaux et l'impérialisme. Premier ministre en 1868 et de 1874 à 1880, rival de *Gladstone.

Diu ■ ⇒ **Daman et Diu.**

la **Dives** ■ Fleuve de *Normandie qui se jette dans la Manche. 100 km.

Divion ■ Commune du Pas-de-Calais. 7 700 hab.

Otto **Dix** ■ Peintre et graveur allemand (1891-1969). Un des principaux représentants de l'*expressionnisme.

le **Dixieland** ■ Ensemble des États du sud des États-Unis. – Nom donné au « vieux style » du jazz (⇒ La **Nouvelle-Orléans**), en particulier quand il est imité par des Blancs.

Diyarbakır ■ Ville de Turquie, en *Anatolie orientale. 305 000 hab. Remparts (XIᵉ-XIIIᵉ s.), citadelle (VIᵉ s.).

Djābir ibn Ḥayyān ■ Auteur supposé d'un ensemble important de textes alchimiques arabes, connu en Occident sous le nom de *Geber* (v. 721 - v. 815).

Djakarta ■ ⇒ **Jakarta.**

Djalāl ad-Dīn ar-Rūmī ■ Poète mystique persan (1207-1273). Créateur d'une école à l'origine de l'ordre des derviches tourneurs.

Djeddah ■ 2ᵉ ville et port d'Arabie Saoudite. 1,4 million d'hab. Centre diplomatique. Accueil des pèlerins musulmans pour La *Mecque et *Médine.

Djerba ■ Île de Tunisie. 514 km². 92 300 hab. Tourisme.

le **Chaṭṭ al-Djerid** ■ Dépression fermée de Tunisie formant un immense « lac » salé (200 km de long).

la **Djezireh** ■ Région du Proche-Orient, plateau entre le *Tigre et l'*Euphrate. Céréales, riz, coton produits sur sa partie syrienne.

la **république de Djibouti** ■ État du nord-est de l'Afrique, entre l'Éthiopie, la Somalie et le golfe d'Aden. 23 200 km². 512 000 hab. *(les Djiboutiens).* Capitale : Djibouti (290 000 hab.). Langues officielles : arabe et français. Monnaie : franc djiboutien. Débouché commercial de l'Éthiopie. Point stratégique pour le trafic pétrolier maritime dans la région (base militaire française). □ **HISTOIRE.** Colonie française en 1884 puis territoire d'outre-mer de la *Côte française des Somalis* en 1946. Il prit en 1967 le nom de *Territoire des Afars et des Issas.* Indépendant en 1977, il fut rebaptisé du nom de sa capitale.

Djogjakarta ■ ⇒ Jogjakarta.

Djoser ■ Pharaon égyptien, fondateur de la troisième dynastie memphite (v. 2650 av. J.C.). Il fit construire la pyramide à degrés de **Saqqarah.*

Djurdjura ■ Chaîne montagneuse d'Algérie (2 308 m).

Dmitri ■ ⇒ Dimitri.

le Dniepr ■ Fleuve de la C.É.I., le troisième d'Europe par sa longueur. 2 285 km de la région de **Smolensk à la mer Noire.

Dniepropetrovsk ■ Ville industrielle de la C.É.I. (*Ukraine). 1,18 million d'hab. Port fluvial sur le **Dniepr.

le Dniestr ■ Fleuve de la C.É.I. Né dans les *Carpates, il se jette dans la mer Noire (1 362 km).

Alfred Döblin ■ Romancier allemand (1878-1957). *"Berlin Alexanderplatz"*, adapté, pour la télévision, par R. W. *Fassbinder.

la Dobroudja ■ Région d'Europe centrale partagée entre la Roumanie au nord et la Bulgarie au sud.

le Dodécanèse ■ Archipel grec de la mer Égée, au sud-ouest de l'Asie Mineure, comprenant, entre autres, Cos, Patmos et *Rhodes.

Charles Dodgson ■ ⇒ Lewis Carroll.

Dodoma ■ Capitale de la Tanzanie depuis 1974 (⇒ **Dar es-Salaam**). 45 700 hab.

Dodone ■ Ville de Grèce, en *Épire, célèbre dans l'Antiquité pour son oracle de *Zeus.

le palais des Doges ■ Ancienne résidence des doges à Venise. Bâtiment décoré par de nombreux artistes de la *Renaissance (*Titien, le *Tintoret, *Véronèse).

le Dogger Bank ■ Haut-fond sableux et poissonneux de la mer du Nord.

les Dogons ■ Peuple, langue et civilisation d'Afrique noire (*Mali). 200 000 environ.

Doha ■ Capitale du Qatar. 217 000 hab.

Robert Doisneau ■ Photographe français (né en 1912).

Dol-de-Bretagne ■ Commune d'Ille-et-Vilaine. 4 600 hab. *(les Dolois).* Cathédrale de style gothique normand. Marais de Dol.

Dole ■ Sous-préfecture du Jura. 27 900 hab. *(les Dolois).* Ancienne capitale de la *Franche-Comté. Église (XVIᵉ s.), maisons anciennes.

Étienne Dolet ■ Humaniste et imprimeur français, pendu puis brûlé pour hérésie (1509-1546).

la Doller ou *Dollern* ■ Rivière d'*Alsace, affluent de l'*Ill. 150 km.

Engelbert Dollfuss ■ Homme politique autrichien (1892-1934). Chancelier en 1932, il imposa un État chrétien, autoritaire et corporatif, dans la ligne de *Seipel. Assassiné par les nazis (⇒ **Schuschnigg**).

les Dolomites n. f. pl., ou *Alpes dolomitiques* ■ Massif italien des Alpes orientales. □ *Dieudonné de Gratet de Dolomieu.* Géologue français à qui elles doivent leur nom (1750-1801).

Françoise Dolto ■ Neuropsychiatre et psychanalyste française (1908-

1988). Elle rénova la psychiatrie des enfants. Amie de J. *Lacan.

Jean **Domat** ■ Juriste français (1625-1696). Rationalisation et mise en ordre du droit.

Christophe Joseph Alexandre Mathieu de **Dombasle** ■ Agronome français (1777-1843).

Dombasle-sur-Meurthe ■
Commune de Meurthe-et-Moselle. 9 400 hab. *(les Dombaslois).*

la **Dombes** ■ Région française, plateau argileux de l'Ain. Ancienne principauté (capitale : Trévoux).

Maria **Dombrowska** ■ ⇒ Dąbrowska.

Jan Henryk **Dombrowski** ■ ⇒ Dąbrowski.

le puy de **Dôme** ■ Point culminant (1 465 m) des volcans qui forment la *chaîne des Puys* ou *monts Dôme* en *Auvergne.

Domérat ■ Commune de l'Allier. 8 900 hab.

la République **dominicaine** ■ État couvrant près des deux tiers de l'île d'*Hispaniola. 48 443 km². 7 millions d'hab. *(les Dominicains).* Capitale : Saint-Domingue. Langue : espagnol. Monnaie : peso dominicain. □ HISTOIRE. Ancienne colonie espagnole, qui devint une république indépendante en 1844. Elle eut à subir plusieurs conflits avec Haïti, des guerres civiles, la dictature de *Trujillo de 1930 à 1961, enfin une instabilité politique qui ne cessa qu'après l'intervention militaire des États-Unis contre la « révolution d'avril » (1965) et l'instauration d'un régime autoritaire par Balaguer, évoluant vers la démocratie. Les difficultés d'une économie trop exclusivement vouée à la production sucrière pèsent sur la société. ⟨ ▶ ② dominicain ⟩

saint **Dominique** ■ Religieux espagnol, fondateur de l'ordre des Dominicains (v. 1170 - 1221). Prédicateur pendant la guerre des *albigeois. ▶ *les*

Dominicains ou **ordre des Prêcheurs.** Ordre fondé par saint Dominique. Ils partagent avec les *Franciscains l'idéal de pauvreté des ordres mendiants. Voués à la mission, ils jouèrent un grand rôle dans l'histoire de l'Église (*Inquisition, élaboration de la doctrine). En France, *Lacordaire rétablit l'ordre (1843) qu'avait supprimé la Révolution. ▶ *les* **Dominicaines** n. f., branche féminine de l'ordre. ⟨ ② dominicain ⟩

le Commonwealth de **Dominique** ■ Île et État (république) des Petites *Antilles (îles du *Vent). 750 km². 82 800 hab. (92 % de Noirs). Capitale : Roseau. Langues : anglais (officielle), créole. Monnaie : dollar des Caraïbes de l'Est. Ancienne colonie britannique, indépendante depuis 1978. Produits tropicaux (agrumes). Le niveau de vie est très bas.

Domenico Zampieri dit *le* **Dominiquin** ■ Peintre italien (1581-1641), élève des *Carrache. Son *classicisme comme ses talents de paysagiste influencèrent *Poussin.

Domitien ■ Empereur romain (51-96). Il continua les conquêtes de son frère *Titus. Sa tyrannie le fit détester et assassiner.

Domodossola ■ Ville d'Italie du Nord (*Piémont). Carrefour ferroviaire au débouché du tunnel du *Simplon. 20 000 hab.

Domont ■ Commune du Val-d'Oise. 13 300 hab. *(les Domontois).*

le **Don** ■ Fleuve de Russie (1 970 km, du sud de *Toula à la mer d'Azov). Les plus célèbres armées des *Cosaques étaient établies sur son cours inférieur.

Donatello ■ Sculpteur italien (v. 1386 - 1466). Il réalisa les premières œuvres monumentales de la *Renaissance ("*Gattamelata*" à Padoue). Virtuose du relief et de la perspective.

le **Donbass** ■ Bassin du Donetz (affluent du Don), un des plus grands districts houillers de la C.É.I. (*Ukraine, *Russie).

Donetsk ■ Ville de la C.É.I. (*Ukraine), principal centre du *Donbass. 1,1 million d'hab. □ *le Donetz* ou *Donets*. ⇒ Donbass.

Karl Dönitz ■ Amiral allemand (1891-1980). Chef de la marine pendant la Seconde Guerre mondiale, dauphin désigné de Hitler, il négocia la capitulation en 1945.

Gaetano Donizetti ■ Compositeur romantique italien, auteur de nombreux opéras (1797-1848). "*Lucia di Lammermoor*" ; "*l'Élixir d'amour*".

don Juan ■ Personnage mythique du séducteur libertin, mis en scène par *Tirso de Molina, *Molière, *Mozart. Le romantisme en fit le héros de l'esprit de révolte. 〈▶ don Juan 〉

John Donne ■ Prédicateur et poète anglais (1572-1631). Auteur d'une œuvre hantée par la mort, il fut le premier des « poètes métaphysiques ».

Jean Donneau de Visé ■ Écrivain français (1638-1710). Adversaire de *Molière. Fondateur du *Mercure galant*, un des premiers périodiques français.

Don Quichotte ■ ⇒ Cervantès. 〈▶ don Quichotte 〉

Christian Doppler ■ Physicien autrichien (1803-1853). *Effet Doppler-Fizeau*, découvert par Doppler en acoustique, étendu par *Fizeau en optique : variation apparente de la fréquence d'une onde, due au mouvement de l'observateur ou de la source des ondes (nombreuses applications : astrophysique, médecine, etc.).

Jean Dorat ■ Humaniste français (1508-1588). Membre de la *Pléiade.

la Dordogne [24] ■ Département français de la région *Aquitaine. Il doit son nom à la rivière qui le traverse. 9 225 km². 386 600 hab. Préfecture : Périgueux. Sous-préfectures : Bergerac, Nontron, Sarlat-la-Canéda.

Dordrecht ■ Ville et port des Pays-Bas (*Hollande-Méridionale). 108 000 hab.

la Dore ■ Rivière d'*Auvergne, affluent de l'Allier. 140 km.

Gustave Doré ■ Artiste français (1832-1883). Surtout connu comme graveur et illustrateur (de *Rabelais, *Dante, la Bible).

Roland Dorgelès ■ Écrivain français (1885-1973). "*Les Croix de bois*", roman inspiré par la guerre de 1914-1918.

Andrea Doria ■ Homme de guerre italien (1466-1560). Passé au service de Charles Quint, il obtint l'indépendance de Gênes.

les Doriens ■ Peuple grec de l'Antiquité, établi principalement à Sparte et Corinthe. Venus du nord, ils auraient envahi la Grèce v. 1200 av. J.-C. ▶ *l'ordre dorique* est le plus ancien des styles d'architecture grecque, apparu v. 600 av. J.-C. 〈▶ dorique 〉

Jacques Doriot ■ Homme politique français (1898-1945). Exclu du parti communiste en 1934, il évolua vers le fascisme et la *Collaboration, combattit avec les nazis.

Dorpat ■ Nom allemand et suédois de *Tartu.

le Dorset ■ Comté du sud-ouest de l'Angleterre. 2 654 km². 655 600 hab. Chef-lieu : Dorchester (14 000 hab.).

Dortmund ■ Ville d'Allemagne (*Rhénanie-du-Nord-Westphalie). 583 600 hab. Un des centres industriels de la *Ruhr (charbon, acier). Brasseries.

Marie Dorval ■ Actrice française (1798-1849). Amie d'Alfred de *Vigny.

John Dos Passos ■ Écrivain américain (1896-1970). "*Manhattan Transfer*" et "*U.S.A.*", romans critiques sur la vie américaine, innovent par leur construction, inspirée directement du cinéma. Il influença *Sartre.

Fiodor Mikhaïlovitch **Dostoïevski** ■ Écrivain russe (1821-1881). *"Crime et châtiment"*, *"l'Idiot"*, *"les Frères Karamazov"*, chefs-d'œuvre du roman, explorent avec un intense souci religieux l'angoisse, les passions et les motivations des hommes.

Douai ■ Sous-préfecture du Nord. 44 200 hab. *(les Douaisiens)*. Monuments du XIIIᵉ au XVIIIᵉ s. Centre industriel.

Douala ■ Ville et principal port du Cameroun, métropole économique. 1,1 million d'hab.

Douarnenez ■ Commune du Finistère, sur la *baie de Douarnenez*. 16 700 hab. *(les Douarnenistes)*. Station balnéaire de Tréboul. Pêche et conserves.

le fort de **Douaumont** ■ Enjeu de combats meurtriers durant la bataille de *Verdun, dans la Meuse (1916). Ossuaire.

Doubaï ou **Dubay** ■ Un des Émirats arabes unis. 3 890 km². 419 000 hab. Capitale : Doubaï (266 000 hab.), port sur la côte des Pirates.

le **Doubs** [25] ■ Département français de la région *Franche-Comté. Il doit son nom à la rivière qui le traverse. 5 259 km². 484 300 hab. Préfecture : Besançon. Sous-préfectures : Montbéliard, Pontarlier.

Douchanbé ■ Ville de la C.É.I., capitale du *Tadjikistan. 595 000 hab. Centre cotonnier, soierie.

Douchy-les-Mines ■ Commune du Nord. 11 000 hab. *(les Douchynois)*. Houille.

Douglas ■ Chef-lieu de l'île de *Man. 20 400 hab.

Paul **Doumer** ■ Homme politique français (1857-1932). Gouverneur de l'Indochine, président de la République (radical) de 1931 à son assassinat.

Gaston **Doumergue** ■ Homme politique français (1863-1937). Président du Conseil (radical) en 1913-1914 et en 1934, président de la République de 1924 à 1931.

Doura-Europos ■ Site archéologique de *Syrie, au bord de l'*Euphrate (monuments grecs, juifs, chrétiens).

Dourdan ■ Commune de l'Essonne. 9 100 hab. *(les Dourdannais)*. Château du XIIIᵉ s.

le **Douro,** en espagnol **Duero** ■ Fleuve de la péninsule Ibérique qui se jette dans l'Atlantique à *Porto. 850 km. ▶ *le* **Douro Litoral,** région de Porto. Les vignes de la vallée produisent le porto.

Douvres, en anglais **Dover** ■ Ville du sud-est de l'Angleterre (sur le pas de Calais). 34 000 hab. Port de voyageurs.

la **Douze** ■ Rivière du sud-ouest de la France, sous-affluent de l'*Adour. 110 km.

Alexandre Petrovitch **Dovjenko** ■ Cinéaste soviétique (1894-1956). *"La Terre"* ; *"Aerograd"*.

John **Dowland** ■ Compositeur anglais et luthiste réputé (1563-1626). Représentant de la musique élisabéthaine.

Downing Street ■ Rue de Londres, où se trouvent le ministère britannique des Affaires étrangères (le *Foreign Office*) et la résidence du Premier ministre (au n° 10).

sir Arthur Conan **Doyle** ■ Écrivain écossais (1859-1930). Auteur de romans policiers dont le héros, Sherlock Holmes, est devenu le type du détective amateur.

l'oued **Draa** n. m. ■ Fleuve saharien du Maroc. Environ 1 000 km.

le **Drac** ■ Torrent alpestre, affluent de l'Isère. 150 km.

Dracon ■ Législateur athénien (VIIᵉ s. av. J.-C.). Il rédigea un code pénal resté célèbre pour sa sévérité. ⟨▶ draconien⟩

Dracula ■ ⇒ Bram **Stoker.**

les **dragonnades** n. f. ■ Nom donné à des persécutions, du nom des soldats appelés *dragons*, exercées contre les protestants avant et après la révocation de l'édit de Nantes (1685).

Draguignan ■ Commune du Var. 32 900 hab. *(les Dracénois).* Monuments des XVIIᵉ et XVIIIᵉ s.

sir Francis **Drake** ■ Navigateur anglais (v. 1540-1596). Il détruisit la flotte espagnole à Cadix (1587) et prit une part importante à la dispersion de l'Invincible Armada (1588). □ *le détroit de* **Drake.** Détroit reliant, au sud de la *Terre de Feu, les océans Atlantique et Pacifique.

le **Drakensberg** ■ Massif basaltique du sud-est de l'Afrique du Sud. 3 650 m.

Drancy ■ Commune de Seine-Saint-Denis. 60 900 hab. *(les Drancéens).*

la **Drave** ■ Rivière née dans les Alpes italiennes, qui se jette dans le Danube en Croatie. 707 km.

Draveil ■ Commune de l'Essonne. 28 000 hab. *(les Draveillois).*

les **Dravidiens** ■ Peuples du sud de l'Inde (*Dekkan) d'origine indo-européenne.

Theodore **Dreiser** ■ Écrivain américain (1871-1945). Auteur de romans réalistes qui critiquent le puritanisme hypocrite des États-Unis. *"Une tragédie américaine".*

la **Drenthe** ■ Province du nord des Pays-Bas. 2 655 km². 439 000 hab. Chef-lieu : Assen (49 400 hab.).

Dresde, en allemand **Dresden** ■ Ville du sud-est de l'Allemagne, capitale de la *Saxe. 518 000 hab. Ancienne résidence des ducs de Saxe (1485), monuments des XVIIᵉ - XVIIIᵉ s. détruits par les bombardements de 1945 (250 000 morts). Industries de transformation.

Dreux ■ Sous-préfecture d'Eure-et-Loir. 35 900 hab. *(les Drouais).* Monu-

ments. Industries mécaniques et pharmaceutiques.

Carl Theodor **Dreyer** ■ Cinéaste danois d'inspiration chrétienne (1889-1968). Son art sobre est marqué par une fascination pour les visages. *"La Passion de Jeanne d'Arc"* ; *"Ordet"* ; *"Gertrud".*

l'affaire **Dreyfus** n. f. ■ Crise majeure de la IIIᵉ République qui a pour origine la condamnation à la déportation, en 1894, du capitaine d'origine juive Alfred Dreyfus (1859-1935) pour espionnage au profit de l'Allemagne. La découverte, en 1896, de preuves innocentant le condamné provoqua une campagne en faveur de la révision du procès. Les adversaires de la révision, les *antidreyfusards* (nationalistes, monarchistes, cléricaux et surtout antisémites), voulaient défendre l'Armée et la raison d'État face aux droits de l'individu que défendaient les *dreyfusards* (socialistes avec *Jaurès, radicaux, intellectuels, francs-maçons) qui créèrent alors la Ligue des droits de l'homme. La publication, en 1898, de l'article « J'accuse » de Zola dans le journal de Clemenceau *l'Aurore* enflamma le débat qui divisa les Français, mit en danger le régime et provoqua l'arrivée au pouvoir d'une coalition de gauche en 1899 (*Bloc des gauches). Malgré la grâce accordée en 1899, le dénouement de l'affaire n'intervint qu'avec la réhabilitation du capitaine en 1906. ⟨ ► dreyfusard ⟩

Pierre **Drieu La Rochelle** ■ Écrivain français (1893-1945). *"L'Homme couvert de femmes".* Collaborateur, il se suicida en 1945.

la Déclaration des **droits,** en anglais **Bill of Rights** ■ Un des textes fondateurs de la monarchie constitutionnelle en Angleterre (1689).

la Déclaration des **droits de l'homme et du citoyen** ou **Déclaration de 1789** ■ Texte de base des Constitutions républicaines de la France et de la Constitution monarchique de 1791, affirmant un droit naturel préalable à toute institution sociale et comprenant les droits fondamentaux de liberté, propriété et égalité. □ *la Déclaration universelle des* **droits de l'homme,** votée par l'O.N.U. en 1948, affirme la liberté et l'égalité pour tous.

la **Drôme** [26] ■ Département français de la région *Rhône-Alpes. Il doit son nom à la rivière qui le traverse. 6 560 km². 414 000 hab. Préfecture : Valence. Sous-préfectures : Die, Nyons.

la **Dronne** ■ Rivière du *Périgord, affluent de l'*Isle. 189 km.

le **Dropt** ■ Rivière du sud-ouest de la France, affluent de la *Garonne. 125 km.

François Hubert **Drouais** ■ Peintre français (1727-1775). Portraits d'enfants.

Drummondville ■ Ville du Canada (*Québec). 36 600 hab.

Édouard **Drumont** ■ Publiciste français (1844-1917). Champion du nationalisme catholique, antisémite et antidreyfusard. *"La France juive"*.

Maurice **Druon** ■ Écrivain français (né en 1918). *"Les Rois maudits"*. Auteur avec son oncle J. *Kessel des paroles du *"Chant des partisans"*.

les **Druzes** ■ Secte arabe issue des *ismaïliens, fondée par ad-Darazī v. 1000. Ils sont implantés dans le djebel Druze (Syrie), en Galilée et au sud du Liban. ‹ ▶ druze ›

John **Dryden** ■ Auteur dramatique anglais, poète officiel de la Cour (1631-1700). Inspiration classique.

Marin **Držić** ■ Poète et auteur dramatique dalmate (1507-1567). Le grand écrivain de la *Renaissance en langue slave (croate).

la **D.S.T.,** *Direction de la surveillance du territoire* ■ Service de contre-espionnage français.

Jeanne Bécu comtesse **du Barry** ■ Favorite de Louis XV (1743-1793). Elle fut guillotinée.

Dubay ■ ⇒ **Doubaï.**

Alexander **Dubček** ■ Homme politique tchécoslovaque (1921-1992). Il fut premier secrétaire du parti communiste en 1968, et l'armée soviétique mit fin à sa tentative de libéralisation du régime communiste (« printemps de Prague »), provoquant son éviction dès 1969. Il réapparut sur la scène politique lors des bouleversements de 1989 et fut élu président du Parlement.

du Bellay ■ ⇒ du **Bellay.**

Dublin ■ Capitale et 1er port de la république d'Irlande. 921 000 hab. Industries alimentaires, brasseries. Importante université, comprenant *Trinity College.* Cathédrale (XIIIe s.), parlement (XVIIIe s.).

Ambroise **Dubois** ■ Peintre français d'origine flamande, l'un des maîtres de la seconde école de *Fontainebleau (v. 1543-1614).

Guillaume **Dubois** ■ Prélat français, ministre du régent Philippe d'Orléans (1656-1723).

René **Dubos** ■ Bactériologiste et essayiste français naturalisé américain (1901-1982).

Charles **Dubost** ■ Chirurgie français (1914-1991). Pionnier de la chirurgie du cœur et des vaisseaux, il fut le premier à réussir une transplantation cardiaque en Europe, en 1968.

André **Du Bouchet** ■ Poète français (né en 1924).

Toussaint **Dubreuil** ■ Peintre français (v. 1561-1602). Il travailla à la décoration du château de Fontainebleau. L'un des maîtres de la seconde école de *Fontainebleau. Son style annonce le *classicisme.

Dubrovnik ■ Ville de *Croatie, sur la côte dalmate. 31 000 hab. (avant

1991). Nombreux monuments historiques (⟹ **Raguse**). Depuis 1991, la ville est ravagée par de violents affrontements entre Serbes et Croates.

Jean **Dubuffet** ■ Peintre français (1901-1985). Il trouva sa vitalité dans les styles et les matières dédaignés par la culture. Il défendit dans ses récits l'« art brut » des enfants, des fous, des ignorants.

Isidore **Ducasse** ■ ⟹ **Lautréamont.**

Duccio di Buoninsegna ■ Peintre italien, maître de l'art primitif de l'école *siennoise (v. 1255-v. 1319).

Du Cerceau ■ ⟹ **Androuet Du Cerceau.**

Marcel **Duchamp** ■ Artiste et intellectuel français (1887-1968). Pionnier du mouvement *dada, dont ses *ready-made* sont l'illustration. Son ironie a fortement marqué l'art contemporain. □ *Raymond* **Duchamp-Villon,** son frère (1876-1918), sculpteur proche du cubisme. *"Cheval majeur".* □ *Gaston* **Duchamp.** ⟹ Jacques **Villon.**

Réjean **Ducharme** ■ Écrivain québécois (né en 1942). *"Les Enfantômes" ; "Nez qui voque".*

Jacques **Duclos** ■ Homme politique français (1896-1975). Membre fondateur du parti communiste, dont il fut le candidat aux élections présidentielles de 1969.

Dudelange, en allemand **Dudelingen** ■ Ville du Luxembourg (district de *Luxembourg). 14 100 hab.

John **Dudley** ■ Homme d'État anglais (1502-1553). Responsable de la politique protestante d'Édouard VI, il fut éliminé par *Marie Tudor. □ *Robert* **Dudley,** son fils (1532-1588), comte de Leicester fut un des favoris d'Élisabeth Iʳᵉ.

Dudley ■ Ville industrielle d'Angleterre (*Midlands de l'Ouest). 187 000 hab. Houille.

Guillaume **Dufay** ■ Compositeur français (v. 1400-1474). Messes, motets, rondeaux.

Charles François de Cisternay **Du Fay** ■ Chimiste et physicien français (1698-1739). Découverte de deux types d'électricité : vitrée (positive), résineuse (négative).

Guillaume Henri **Dufour** ■ Général suisse (1787-1875). Il mit fin à la guerre du *Sonderbund, organisa la défense nationale (théorie de la neutralité armée) et le Bureau topographique. ▶ *le* **Dufourspitze,** point culminant de la Suisse (4 634 m).

Du Fu ou *Tou Fou* ■ Poète chinois de l'époque *Tang (712-770). Sujets politiques, autobiographiques.

Raoul **Dufy** ■ Peintre et décorateur français (1877-1953). Sa peinture dissocie le trait, net, construit, rapide, et les couleurs, souvent éclatantes. *"La Fée électricité".*

Dugny ■ Commune de Seine-Saint-Denis. 8 700 hab. *(les Dugnysiens).*

René **Duguay-Trouin** ■ Corsaire français (1673-1736). La prise de Rio de Janeiro (1711) est son plus célèbre exploit.

Bertrand **Du Guesclin** ■ Noble breton, connétable du roi de France Charles V, héros de la guerre de *Cent Ans (v. 1320-1380).

Léon **Duguit** ■ Juriste français (1859-1928).

Georges **Duhamel** ■ Écrivain français (1884-1966). Son œuvre témoigne d'une exigence morale. *"Chronique des Pasquier",* roman.

Pierre **Duhem** ■ Physicien et philosophe français (1861-1916). L'histoire des sciences montre selon lui qu'elles n'ont pas vocation à expliquer. Il préserve ainsi l'autonomie de la métaphysique.

Karl Eugen **Dühring** ■ Philosophe allemand (1833-1921). Réformiste, il fut violemment critiqué par *Engels dans son livre l'*"Anti-Dühring"*.

Duisbourg, en allemand **Duisburg** ■ Ville d'Allemagne (*Rhénanie-du-Nord-Westphalie). 525 000 hab. 1er port fluvial du monde, au confluent du *Rhin et de la *Ruhr. Centre métallurgique.

Paul **Dukas** ■ Compositeur français (1865-1935). Il obtint le succès avec *"l'Apprenti Sorcier"*, poème symphonique.

Germaine **Dulac** ■ Cinéaste française (1882-1942). Son influence est comparable à celle de *Delluc. *"La Coquille et le Clergyman"*, d'après un scénario de A. *Artaud.

John Foster **Dulles** ■ Homme politique américain (1888-1959). Responsable (républicain) de la politique étrangère d'*Eisenhower (⇒ **guerre froide**).

Charles **Dullin** ■ Homme de théâtre français (1885-1949). Son jeu et ses mises en scène ont marqué *Vilar, *Barrault.

Pierre Louis **Dulong** ■ Physicien français (1785-1838). *Loi de Dulong et Petit :* expression d'une constante entre chaleur spécifique et masse atomique d'un solide.

Duluth ■ Ville des États-Unis (*Minnesota), port important sur le lac Supérieur. 92 800 hab.

Dumarsais ■ ⇒ César Chesneau sieur du **Marsais.**

Jean-Baptiste **Dumas** ■ Chimiste français, homme politique sous le second *Empire (1800-1884). Chimie organique.

Alexandre **Dumas** ■ Écrivain français (1802-1870). Auteur de pièces et surtout de romans historiques très populaires. *"Le Comte de Monte-Cristo"* ; *"les Trois Mousquetaires"*. □*Alexandre* **Dumas fils,** son fils (1824-1895), auteur de pièces d'inspira-tion sociale. *"La Dame aux camélias"*, dont *Verdi fit un opéra (*"La Traviata").*

Daphne **du Maurier** ■ Romancière anglaise (1907-1989). *"Rebecca"*, *"l'Auberge de la Jamaïque"* adaptés au cinéma par A. *Hitchcock.

Georges **Dumézil** ■ Philologue français, historien des religions (1898-1986). Il dégagea une structure commune aux mythes indoeuropéens : les trois fonctions de souveraineté, force et fécondité.

le **Dumfries et Galloway** ■ Région administrative du sud-ouest de l'Écosse. 6 475 km². 147 000 hab. Chef-lieu : Dumfries (30 200 hab.).

Henri **Du Mont** ■ Compositeur wallon à la cour de France (1610-1684). Il généralisa l'emploi de la basse continue. Musique sacrée.

Jules Sébastien **Dumont d'Urville** ■ Navigateur français (1790-1842). Il a découvert la terre *Adélie, en 1840, et exploré l'*Océanie.

Charles **Dumoulin** ■ Juriste français (1500-1566). Il participa aux polémiques religieuses de son temps et fut un historien du droit français.

Charles François du Périer dit **Dumouriez** ■ Général français (1739-1823). Habile, intrigant, agent secret de *Choiseul, rallié à la *Révolution française. Ministre girondin de la Guerre, vainqueur des Autrichiens à *Jemmapes. Il passa au service de l'étranger en 1793.

Henri **Dunant** ■ Philanthrope suisse, créateur de la *Croix-Rouge (1828-1910).

Isadora **Duncan** ■ Danseuse américaine (1877-1927), épouse de S. *Essénine. Son art et sa vie firent d'elle un symbole de libération.

Dundee ■ Ville et port de l'est de l'Écosse (*Tayside). 174 000 hab. Industries textile (jute, lin), alimentaire (marmelade). Pêche sur la mer du Nord.

Dunfermline ■ Ville du nord de l'Écosse (*Fife). 58 400 hab. Ancienne résidence des rois d'Écosse du XIᵉ au XIVᵉ s.

Dunhuang ■ Site chinois, dans le désert de *Gobi, célèbre pour ses grottes bouddhiques, sculptées et peintes.

Dunkerque ■ Sous-préfecture du Nord. 71 100 hab. *(les Dunkerquois)*. 3ᵉ port français. Complexe sidérurgique. La position stratégique de la ville (reconstruite après 1945) l'a exposée à de nombreuses guerres.

André **Dunoyer de Segonzac** ■ Peintre, graveur et illustrateur français (1884-1974).

John **Duns Scot** ■ Franciscain écossais, théologien et philosophe (v. 1266-1308). Un des maîtres (avec saint *Bonaventure et saint *Thomas d'Aquin) de l'université de Paris.

Félix **Dupanloup** ■ Évêque d'*Orléans, chef de file du catholicisme libéral (1802-1878).

la **Du Parc** ■ Comédienne française (1633-1668). Elle appartint à la troupe de *Molière puis fut l'amie de *Racine.

Henri **Duparc** ■ Compositeur français, auteur de mélodies (1848-1933). *"L'Invitation au voyage"*, sur un poème de *Baudelaire.

le baron Charles **Dupin** ■ Mathématicien et homme politique français (1784-1873).

Joseph François **Dupleix** ■ Administrateur colonial français (1697-1763). Malgré ses réussites, sa politique d'expansion aux Indes fut abandonnée dès 1754.

Maurice Le Noblet **Duplessis** ■ Homme politique québécois (1890-1959). Premier ministre du Québec (conservateur) de 1936 à 1939 et de 1944 à sa mort.

Jacques Charles **Dupont de l'Eure** ■ Homme politique français (1767-1855) de la *Révolution française puis de l'*Empire, président du gouvernement provisoire de *février 1848.

Pierre Samuel **Dupont de Nemours** ■ Économiste français (1739-1817). En 1797, il émigra aux États-Unis où ses descendants développèrent le groupe chimique *Du Pont de Nemours*.

André **Dupont-Sommer** ■ Orientaliste français (1900-1983). Traducteur des manuscrits de la mer Morte.

Adrien **Duport** ■ Révolutionnaire français (1759-1798). Un des chefs de la *Constituante, *Feuillant, il fut exilé en 1792.

Antoine **Duprat** ■ Prélat français, diplomate, ministre de François Iᵉʳ (1463-1535).

Guillaume **Dupuytren** ■ Chirurgien français (1777-1835). La *maladie de Dupuytren* : rétraction des doigts par sclérose des tissus de la paume de la main.

Abraham **Duquesne** ■ Marin français (1610-1688), vainqueur de *Ruyter. Protestant, il fut exempté par Louis XIV des effets de la révocation de l'édit de *Nantes.

les **Duquesnoy** ■ FAMILLE DE SCULPTEURS FLAMANDS □ *Jérôme* Iᵉʳ *Duquesnoy*, dit **Duquesnoy le Vieux** (av. 1570-1641). Auteur du *Manneken-Pis* à Bruxelles. □ *François* **Duquesnoy** (v. 1594-1643), son fils, s'établit en Italie. □ *Jérôme* **Duquesnoy** (1602 ou 1612-1654), frère du précédent, travailla à Madrid, Florence, Rome et Gand.

la **Durance** ■ Rivière des Alpes françaises, affluent du Rhône. 305 km. Important bassin hydro-électrique.

Durango de Victoria ■ Ville du Mexique. 321 000 hab.

Louis Edmond **Duranty** ■ Écrivain réaliste et critique d'art français (1833-1880).

la duchesse de **Duras** ■ Écrivaine française (1778-1828). Son roman *"Ourika"* lui valut la célébrité ; *"Olivier"*, le scandale.

Marguerite **Duras** ■ Écrivaine et cinéaste française (née en 1914). Son écriture romanesque a évolué vers une mise en scène de la parole amoureuse, la conduisant naturellement au théâtre et au cinéma. *"Le Ravissement de Lol V. Stein"* ; *"India Song"* ; *"Hiroshima mon amour"*.

Durban ■ Ville et 1er port d'Afrique du Sud (*Natal). 634 000 hab.

Albrecht **Dürer** ■ Artiste allemand de la *Renaissance, célèbre dans toute l'Europe déjà de son vivant (1471-1528). Remarquable graveur *("Mélancolie")*, peintre *("les Quatre Apôtres")*, théoricien *("Traité des proportions")* et grand anatomiste.

Durgā ■ Divinité féminine hindoue, guerrière, épouse de *Śiva.

Durg-Bhilai Nagar ■ Agglomération urbaine de l'Inde (*Madhya Pradesh) formée par les villes de Durg et de Bhilai Nagar. 490 000 hab.

Durham ■ Ville du nord de l'Angleterre, chef-lieu du comté du même nom (2 436 km² ; 597 000 hab.). 26 400 hab. Sa cathédrale est un chef-d'œuvre de l'art roman anglo-normand.

Émile **Durkheim** ■ Sociologue français (1858-1917). Un des pères des sciences sociales positives. *"La Division du travail social"* ; *"Règles de la méthode sociologique"* ; *"le Suicide"* ; *"les Formes élémentaires de la vie religieuse"*.

Lawrence **Durrell** ■ Romancier anglais (1912-1990). Critique des valeurs sociales et culturelles. *"Le Quatuor d'Alexandrie"*.

Friedrich **Dürrenmatt** ■ Auteur dramatique et romancier suisse de langue allemande (1921-1990). Œuvres tragi-comiques et pessimistes. *"La Visite de la vieille dame"*.

Durrës ■ 2e ville d'Albanie. 72 000 hab. Port, industries.

Buenaventura **Durruti** ■ Syndicaliste anarchiste espagnol (1896-1936). Il fut tué lors de la guerre d'Espagne.

Maurice **Duruflé** ■ Compositeur et organiste français (1902-1986).

Victor **Duruy** ■ Historien et homme politique français (1811-1894). Un des organisateurs de l'école publique en France.

Düsseldorf ■ Ville d'Allemagne, capitale de la *Rhénanie-du-Nord-Westphalie. 563 000 hab. Ville ancienne, université. Industries. Centre administratif et financier de la *Ruhr (sièges des firmes et syndicats).

Henri **Dutilleux** ■ Compositeur français (né en 1916). Dans ses œuvres se mêlent poésie et mystère. *"Le Loup"*, ballet.

Jean **Dutourd** ■ Écrivain et chroniqueur français (né en 1920). *"Au bon beurre"*.

Olav **Duun** ■ Écrivain norvégien (1876-1939). *"Les Gens de Juvik"*, fresque épique sur la Norvège rurale ; *"Les Hommes et les forces de la nature"*.

François **Duvalier** dit *Papa Doc* ■ Homme politique haïtien (1909-1971). Il établit un régime dictatorial à *Haïti de 1957 à sa mort. Son fils Jean-Claude (né en 1951) dit *Bébé Doc* lui succéda, mais fut chassé en 1986.

Maurice **Duverger** ■ Juriste et politologue français (né en 1917). *"Les Partis politiques"*.

Julien **Duvivier** ■ Cinéaste français (1896-1967). *"Poil de Carotte"* ; *"Pépé le Moko"*.

la **Dvina occidentale** ■ Fleuve né en Russie, qui traverse la Biélorussie et la Lettonie, et se jette dans la mer *Baltique. 1 204 km.

Antonín **Dvořák** ■ Compositeur tchèque (1841-1904). Son inspiration est double : le folklore national et le romantisme. "*Symphonie du Nouveau Monde*" ; 14 quatuors.

le **Dyfed** ■ Comté du sud-ouest du pays de Galles. 5 765 km². 348 000 hab. Chef-lieu : Carmarthen, en gallois Caerfyrddin (13 300 hab.).

Robert Zimmerman dit *Bob* **Dylan** ■ Chanteur américain (né en 1941). Auteur et compositeur, témoin des révoltes de son époque.

Felix **Dzerjinski** ■ Révolutionnaire russe d'origine polonaise (1877-1926). Chef de la police politique (le Guépéou).

la **Dzoungarie** ■ Région de Chine, lieu traditionnel de contact avec l'Asie centrale. Centre d'un royaume mongol du XIᵉ au XIVᵉ s.

E

Thomas **Eakins** ■ Peintre américain (1844-1916). Scènes sur le vif dans un style très réaliste.

le général **Eanes** ■ Président de la république du Portugal de 1976 à 1986 (né en 1935).

l'**East Anglia** ■ Région d'Angleterre, au nord-est de Londres. Plaine céréalière.

l'**East End** n. m. ■ Quartiers industriels de Londres, à l'est de *Tower Bridge*. Ils s'opposent aux riches quartiers du *West End*.

George **Eastman** ■ Inventeur et industriel américain (1854-1932). Pionnier de la photographie et du cinéma.

l'**East River** n. f. ■ Large chenal qui réunit le détroit de *Long Island* à la baie de *New York*, bordant à l'est l'île de *Manhattan*.

Eaubonne ■ Commune du Val-d'Oise. 22 200 hab. *(les Eaubonnais)*.

Friedrich **Ebert** ■ Homme politique allemand (1871-1925). Président (social-démocrate) de la république de Weimar (⇒ **Allemagne**) de 1919 à 1925.

Ebla ■ Ville et royaume antiques de Mésopotamie (2400-1600 av. J.-C.), connus par les fouilles de Tall-Mardīkh (le nouveau nom d'*Ebla*), près d'Alep, en Syrie.

Félix **Éboué** ■ Administrateur colonial français (1884-1944). Noir, il défendit l'assimilation des siens.

l'**Èbre** n. m., en espagnol **Ebro** ■ Fleuve d'Espagne qui se jette dans la mer *Méditerranée*. 950 km.

José Maria **Eça de Queirós** ■ ⇒ **Queirós**.

Ecbatane ■ Ancienne capitale des *Mèdes* (⇒ **Hamadān**).

l'**Ecclésia** n. f. ■ Assemblée des citoyens de l'Athènes antique. Elle élisait les dix *Stratèges* et de son sein étaient tirés au sort les membres de la *Boulè* et de l'*Héliée*.

Échirolles ■ Commune de l'Isère. 34 600 hab *(les Échirollois)*.

Écho ■ Nymphe de la mythologie gréco-romaine. Elle meurt de son amour malheureux pour *Narcisse* ; sa voix seule lui survit. 〈 ▶ écho 〉

Echternach ■ Ville du Luxembourg (*Grevenmacher*). 4 200 hab. Basilique. Célèbre procession dansante du mardi de Pentecôte.

Maître **Eckhart** ■ Dominicain et théologien allemand (v. 1260 - v. 1327). Il est à l'origine de la mystique rhénane.

Umberto **Eco** ■ Écrivain italien (né en 1932). "*Le Nom de la rose*".

l'**Écosse,** en anglais **Scotland** ■ Pays *(country)* le plus au nord de la Grande-Bretagne, constitué de neuf régions (*Borders ; *Écosse du Centre* [2 590 km², 272 000 hab., chef-lieu : Stirling] ; *Dumfries et Galloway ; *Fife ; *Grampian ; *Highland ; *Lothian ; *Strathclyde ; *Tayside) et de trois zones d'autorité insulaire (les îles *Hébrides, *Orcades et *Shetland). 78 762 km². 5,09 millions d'hab. *(les Écossais).* Capitale : Édimbourg. Son relief accidenté est un atout pour le tourisme (Highlands, îles Hébrides) mais concentre l'activité industrielle et agricole dans les Basses-Terres *(Lowlands)* : industries lainière (*Tweed, *Shetland) et alimentaire (whisky), industries associées au charbon, aujourd'hui en crise (métallurgie et constructions navales à Glasgow).

□ **HISTOIRE.** Peuplée très anciennement par des Celtes, l'Écosse, autrefois appelée la *Calédonie,* fut coupée de l'Angleterre sous la conquête romaine, quand *Hadrien fit construire un mur à la limite de la *Britannia.* ⇒ **Bretagne.** Après le règne de *Macbeth, Malcolm III Canmore introduisit la féodalité anglo-normande (XIᵉ s.). Le royaume connut son apogée sous ses successeurs. Mais à la mort sans héritier d'Alexandre III (1286), le conflit latent avec l'Angleterre se transforma en guerre pour trois siècles (avec notamment l'exécution de Wallace, héros national, en 1305). Les luttes religieuses compliquèrent les luttes de factions sous le règne de *Marie Iʳᵉ Stuart, forcée d'abdiquer en 1567. Jacques VI d'Écosse réunit les deux couronnes en prenant le titre de Jacques Iᵉʳ de Grande-Bretagne à la mort d'*Élisabeth Iʳᵉ (1603). Mais l'Église presbytérienne d'Écosse, fondée par le réformateur John *Knox, s'opposa à ses tentatives d'unification religieuse ; elle contribua à la chute de *Charles Iᵉʳ. La création du royaume de Grande-Bretagne, en 1707, fut mal reçue, provoquant un certain repli après l'échec, au XVIIIᵉ s., des ultimes soulèvements. ⟨ ▶ écossais ⟩

la Nouvelle-Écosse ■ ⇒ la Nouvelle-Écosse.

Écouen ■ Commune du Val-d'Oise. *(les Écouennais).* 4 800 hab. Château et musée de la *Renaissance.

Écully ■ Commune du Rhône, dans la banlieue de Lyon. 19 000 hab. *(les Écullois).*

Edam-Volendam ■ Ville des Pays-Bas (*Hollande-Septentrionale). 24 400 hab. Fromages réputés *(édam).*

les Edda n. f. ■ Recueils de poésie islandaise du Moyen Âge ; notre principale source pour connaître la mythologie scandinave.

sir Arthur Stanley Eddington ■ Astronome, physicien et philosophe anglais (1882-1944). Son ouvrage, "*la Constitution interne des étoiles*", établit notamment la relation masse-luminosité. Contributions à la théorie de la relativité.

Ede ■ Ville du Nigeria. 258 000 hab. Ville yorouba fondée v. 1500.

Anthony Eden comte d'Avon ■ Diplomate britannique (1897-1977). Premier ministre (conservateur) de 1955 à 1957.

l'Éden n. m. ■ Dans la Bible, le jardin paradisiaque que Dieu aménagea sur Terre pour Adam et Ève. ⟨ ▶ éden ⟩

Édesse ■ Ancienne ville de Mésopotamie, aujourd'hui *Urfa (Turquie). Royaume dans l'Antiquité. Comté sous les croisés.

Edfou ou *Idfū* ■ Ville du sud de l'Égypte. 35 000 hab. Temple consacré à *Horus.

Francis Ysidro Edgeworth ■ Économiste britannique (1845-1926). Il introduisit, à la suite de *Jevons, les mathématiques en économie.

Édimbourg, en anglais *Edinburgh* ■ Capitale de l'Écosse. 420 000 hab. *(les Édimbourgeois).* Nombreux monuments (ville médiévale autour du Castle Rock, quartiers du XVIIIᵉ s.). Centre universitaire et culturel.

Edirne ■ ⇒ **Andrinople.**

Thomas Edison ■ Inventeur américain (1847-1931). Phonographe. Lampe à incandescence.

l'édit de Nantes ■ ⇒ l'édit de **Nantes**.

Edmonton ■ Ville du Canada, capitale de l'*Alberta. 584 000 hab. Centre industriel (pétrole, viande) et commercial. Université.

Édom ■ Surnom d'*Ésaü (« le roux »). ▶ les **Édomites,** « descendants d'Édom », peuple sémitique de l'Antiquité.

saint Édouard le Confesseur ■ Roi d'Angleterre (v. 1002 - 1066). Connu pour sa piété.

Édouard ■ NOM DE PLUSIEURS ROIS D'ANGLETERRE □ **Édouard Ier** (1239-1307), roi de 1272 à sa mort, remarquable administrateur, soumit le pays de Galles. □ **Édouard II** (1284-1327), son fils, roi de 1307 à sa mort, fut incapable de continuer l'œuvre paternelle ; vaincu en Écosse et trahi par sa femme Isabelle de France, il fut déposé par Roger *Mortimer. □ **Édouard III** (1312-1377), fils du précédent, roi de 1327 à sa mort, élimina *Mortimer. Ses prétentions en France déclenchèrent la guerre de *Cent Ans. □ **Édouard IV** (1442-1483), roi de 1461 à octobre 1470 et d'avril 1471 à sa mort, chef du parti d'York contre *Henri VI de Lancastre (⇒ guerre des Deux-**Roses**). □ **Édouard V** (1470-1483), son fils, roi d'avril à juin 1483, éliminé par *Richard III. □ **Édouard VI** (1537-1553), roi de 1547 à sa mort, sous l'influence de *Dudley, encouragea la *Réforme. □ **Édouard VII** (1841-1910), fils de *Victoria, roi du Royaume-Uni de Grande-Bretagne et d'Irlande de 1901 à sa mort, il soutint la politique d'*Entente cordiale. □ **Édouard VIII** (1894-1972) ne régna qu'un an, en 1936 ; après son abdication (*Baldwin s'étant opposé à son mariage avec Mrs. Simpson), il prit le titre de *duc de Windsor*.

Édouard d'Angleterre dit **le Prince Noir** ■ Prince de Galles (1330-1376). Fils d'Édouard III et l'un de ses meilleurs soldats dans la guerre de *Cent Ans.

le lac Édouard ■ Lac à la frontière du Zaïre et de l'Ouganda. 2 150 km².

Georges Eekhoud ■ Poète et romancier belge d'expression française (1854-1927).

Jean Effel ■ Dessinateur humoriste français (1908-1982).

Égée ■ Roi légendaire d'Athènes. Croyant son fils *Thésée mort, il se précipite dans la mer qui porte aujourd'hui son nom. ▶ la mer **Égée**. Partie de la Méditerranée entre la Grèce continentale, la Crète et l'Asie Mineure. ▶ les îles de la mer **Égée**. Région de Grèce, comprenant *Chios, les *Cyclades, *Lesbos, le *Dodécanèse. 9 122 km². 429 000 hab. ▶ la civilisation **égéenne** se développa au cours du IIe millénaire av. J.-C., autour de la mer Égée.

Égérie ■ Nymphe associée au culte de *Diane, inspiratrice du roi de Rome Numa Pompilius. ⟨ ▶ égérie ⟩

Égine ■ Île grecque de la mer *Égée, entre Athènes et le *Péloponnèse. 83 km². 11 100 hab. Rivale d'Athènes dans l'Antiquité.

Éginhard ou **Einhard** ■ Homme d'État et chroniqueur carolingien (v. 770 - 840). *"Vie de Charlemagne"*.

Égisthe ■ Roi légendaire de Mycènes. Amant de *Clytemnestre et meurtrier d' *Agamemnon, il est tué par *Oreste.

l'Église n. f. ■ Assemblée des fidèles de la religion chrétienne, dont le chef est le *Christ et (pour l'Église catholique) le pape son vicaire sur Terre. Au cours de l'histoire, l'Église s'est formée de la réunion d'Églises locales mais s'est aussi divisée (⇒ **schisme d'Orient**). On distingue principalement : l'*Église catholique*, qui se considère comme la seule légitime ; les *Églises orientales* – celles dites *monophysites*, qui ne reconnaissent qu'une nature (divine ou humaine) au Christ (Arméniens, coptes, Chaldéens [⇒ **Nestorius**], Syriens [⇒ **jacobites**]) – et *orthodoxes* ; les *Églises uniates*, parcelles d'Églises orientales unies à Rome (dont les *maronites du Liban et l'Église uniate d'Ukraine) ; les *Églises protestantes* (⇒ **protestantisme**) ; l'*Église anglicane* (⇒ **anglicanisme**) ; l'*Église gallicane* (⇒ **gallicanisme**).

*les États de l'**Église** ou **États pontificaux*** ■ Territoires dont le pape est le souverain. Au Moyen Âge, ils comprenaient l'essentiel de l'Italie centrale et le *comtat Venaissin. Annexés à l'Italie en 1870, ils se réduisent, depuis les accords du Latran (1929), à la cité du *Vatican.

*le comte d'**Egmont*** ■ Homme de guerre flamand (1522-1568). Grand capitaine de Charles Quint. Il s'opposa, comme *Hoorne, à la politique de Philippe II et fut exécuté sur les ordres du duc d'*Albe. Il a inspiré *Goethe et *Beethoven.

*la république arabe d'**Égypte*** ■ État du nord-est de l'Afrique. 997 739 km². 51,7 millions d'hab. Capitale : Le Caire. Langue : arabe. Religion officielle : islam. Monnaie : livre égyptienne. Pays désertique, à l'exception de la vallée du Nil, extraordinairement fertile et irriguée par le barrage d'*Assouan (coton, céréales). L'industrie se développe (pétrole, textiles), mais les guerres *israélo-arabes (fermeture du canal de *Suez, dépenses militaires), la poussée démographique et les pressions religieuses freinent l'économie. □ **HISTOIRE**. L'*Égypte pharaonique* fut une des grandes civilisations de l'Antiquité. Les deux royaumes de la haute vallée du Nil et du Delta furent réunis v. 3300 av. J.-C. par Ménès, fondateur de Memphis, la capitale de l'*Ancien Empire* (v. 2800 -v. 2300 av. J.-C.). Les grandes figures en furent *Djoser et

son ministre-architecte *Imhotep (⇒ **Şaqqārah**), les rois *Khéops, *Khéphren, *Mykérinos (⇒ **Gizeh**), Pépi Iᵉʳ et Pépi II. V. 2300 av. J.-C., l'opposition des deux royaumes se manifesta par la rivalité entre *Thèbes et Héracléopolis. V. 2050 av. J.-C., le souverain thébain Mentouhotep Iᵉʳ refit l'unité. Avec la XIIᵉ dynastie et le déplacement de la capitale près de l'actuelle *Licht, le *Moyen Empire* devint une époque de conquêtes (règne des Amménémès et des *Sésostris) et de grande culture. Mais v. 1800 av. J.-C. la succession dynastique se compliqua. Les *Hyksos, venus d'Asie, envahirent le pays et n'en furent chassés que par Amôsis (v. 1580 av. J.-C.). Ce dernier fonda le *Nouvel Empire* (XVIIIᵉ dynastie), qui marqua l'apogée de l'Égypte pharaonique (règnes des *Aménophis et des *Thoutmosis). Les pharaons étant considérés comme divins, les questions religieuses tinrent une place essentielle. L'introduction du culte d'*Aton par Aménophis IV *Akhenaton (ou révolution amarnienne, ⇒ **Tell el-Amarna**) marqua le début d'une époque de désordres politiques, malgré les grands règnes de *Ramsès II (temples de *Louxor et *Karnak, qui témoignent de la restauration du culte d'Amon) et de *Ramsès III. À partir de 1085 av. J.-C., les pharaons perdirent leur autorité sur les prêtres de *Thèbes. La domination assyrienne puis surtout perse, malgré quelques sursauts d'indépendance (dynastie saïte, v1ᵉ s. av. J.-C.), fut suivie de l'*Égypte ptolémaïque* quand, *Alexandre le Grand ayant conquis l'Égypte (332 av. J.-C.), le général macédonien *Ptolémée fonda la dynastie des Lagides (323 av. J.-C.). Alexandrie, fondée en 331 av. J.-C., devint l'un des pôles de la Méditerranée. Après la victoire de Rome sur *Cléopâtre (30 av. J.-C.), la ville resta un grand port et un centre intellectuel très important pour le christianisme antique. Au moment de la conquête arabe (642), le pays semblait sur le déclin. Mais la dynastie des *Fāti-mides (971-1171) qui fondèrent Le Caire, celle des *Ayyūbides (1171-1250) avec *Saladin, et celle des sultans *Mamelouks, grands bâtisseurs (1250-1517), donnèrent tout son éclat à l'*Égypte musulmane,* affranchie de la tutelle de *Damas ou *Bagdad. La découverte du cap de *Bonne-Espérance fut la cause d'un désastre économique. L'Égypte, n'étant plus le seul médiateur entre l'Europe et l'Asie, devint une province de l'Empire ottoman en 1517. La campagne d'Égypte (1798-1801, → ci-dessous) marqua le début de l'*Égypte moderne.* Quoique rétablie après le départ des Français, l'autorité turque faiblit. Le véritable maître du pays, *Méhémet-Ali, engagea dès 1805 des réformes économiques et fonda une dynastie qui régna jusqu'en 1952. La culture arabe connut à la fin du XIXᵉ s. une authentique renaissance *(Nahda).* Mais la nécessité d'emprunter renforça le rôle de l'Angleterre dans la région. Après la révolte nationaliste d'*Arabi Pacha (1882), un protectorat anglais se mit en place, officiellement établi, après 30 ans d'occupation, en 1914 (déposition d'°Abbās II). L'indépendance fut cependant reconnue dès 1922, sous la pression du parti nationaliste *Wafd,* dont les chefs, Sa'd Zaghlūl et Naḥḥās Pacha, devinrent les premiers ministres des rois Fouad Iᵉʳ et *Farouk. Mais l'organisation clandestine des « officiers libres », lassée de la persistance de la présence anglaise et ulcérée de la défaite de leur armée face au nouvel État d'*Israël (1949), renversa le roi, et proclama la République en 1953. *Nasser, chef de l'État en 1956, décida la nationalisation du canal de *Suez pour financer la construction du haut barrage d'*Assouan ; il s'ensuivit une crise diplomatique grave, qui rapprocha l'Égypte de l'Union soviétique. La création avec la Syrie (1958) de la République arabe unie (R.A.U.) fit de Nasser le champion du nationalisme arabe et l'une des grandes figures politiques du tiers monde (⇒ **Bandung**). Mais l'éclatement de la R.A.U. (1961), la victoire rapide d'Israël dans la guerre des Six-Jours (1967) et les difficultés économiques renforcèrent les liens avec l'U.R.S.S. *Sadate, successeur de Nasser en 1970, opéra un rapprochement avec les États-Unis. La république arabe d'Égypte, proclamée en 1971 dans le cadre de l'Union des républiques arabes (Syrie, Libye, Égypte), ne voulut cependant pas renoncer à combattre Israël et ménagea par conséquent le soutien soviétique. Après un nouvel échec militaire (1973), l'action diplomatique de Sadate devint spectaculaire : réouverture du canal de Suez (1975) ; accords tripartites de Camp David, en 1978, avec Israël et les États-Unis. Isolé parmi les nations arabes, engagé dans la répression des mouvements religieux (⇒ les **Frères musulmans**), Sadate fut assassiné en 1981. Son successeur Hosni *Moubarak tente de redonner au pays la stabilité et la sécurité. Sa participation, en 1990-1991, à la guerre du *Golfe, lui permit de retrouver sa place parmi les nations arabes. ▶ *la campagne d'Égypte.* Expédition française dirigée contre l'Angleterre (1798-1801). Commandée par Bonaparte puis *Kléber, elle se conclut par un retrait honorable des troupes. ⟨ ▶ égyptien ⟩

Ilya **Ehrenbourg** ■ Écrivain et journaliste soviétique (1891-1967). "*La Chute de Paris*".

Paul **Ehrlich** ■ Médecin allemand (1854-1915). Prix Nobel 1908 pour ses travaux fondamentaux en chimiothérapie.

Günter **Eich** ■ Poète lyrique allemand (1907 - 1972). Membre du *Groupe 47.

Joseph von **Eichendorff** ■ Écrivain romantique allemand (1788-1857).

Gustave **Eiffel** ■ Ingénieur français (1832-1923). Il réalisa notamment l'un des plus célèbres monuments de

Paris, *la tour* **Eiffel,** entièrement métallique, construite de 1887 à 1889 (320 m de haut).

*l'***Eiger** n. m. ■ Sommet des Alpes bernoises en Suisse. 3 974 m. Réputé pour sa difficulté en alpinisme.

Luigi **Einaudi** ■ Homme politique et économiste italien (1874-1961). Président de la République italienne (1948 - 1955).

Eindhoven ■ Ville des Pays-Bas (*Brabant-Septentrional). 191 000 hab. Grand centre industriel.

Einhard ■ ⇒ Éginhard.

Einsiedeln ■ Ville de Suisse (*Schwyz). 10 000 hab. Célèbre abbaye *baroque (XVIIIᵉ s.).

Albert **Einstein** ■ Physicien allemand naturalisé suisse, puis américain en 1940 (1879-1955). Prix Nobel 1921. Sa théorie de la relativité et ses contributions à la théorie des quanta ont bouleversé la physique fondamentale, permettant l'étude des réactions nucléaires et suscitant d'importants débats philosophiques.

*l'***Éire** n. f. ■ Nom gaélique de l'Irlande. Depuis 1937, c'est le nom officiel de la république d'*Irlande.

Dwight David **Eisenhower** ■ Général et homme politique américain (1890-1969). Commandant en chef des forces alliées en 1943-1945. 34ᵉ président (républicain) des États-Unis, de 1953 à 1961, il confia à *Dulles la politique de la *guerre froide.

Eisenstadt ■ Ville d'Autriche, capitale du *Burgenland. 10 200 hab.

Sergueï **Eisenstein** ■ Cinéaste soviétique (1898-1948). "*Le Cuirassé Potemkine*", "*Octobre*", "*Alexandre Nevski*", "*Ivan le Terrible*" témoignent de sa maîtrise et de son lyrisme révolutionnaire. Ses écrits théoriques sont également importants.

Ekaterinenbourg ou **Iekaterinbourg,** de 1924 à 1991, *Sver-*

dlovsk ■ Ville de *Russie. 1,37 million d'hab. Centre culturel et minier.

Ekofisk ■ Gisement d'hydrocarbures de la mer du Nord (Norvège).

Élagabal ■ ⇒ Héliogabale.

*l'***Élam** n. m. ■ Ancien royaume à l'est du *Tigre, appelé la *Susiane* par les Grecs.

Élancourt ■ Commune des Yvelines. 22 600 hab.

Elbasan ■ Ville d'Albanie. 70 000 hab. Important marché agricole. Centre industriel.

*l'***Elbe** n. f. ■ Fleuve d'Europe centrale, né en Bohême et se jetant dans la mer du Nord à *Hambourg. 1 165 km.

*l' île d'***Elbe** ■ Île italienne de la mer *Tyrrhénienne. Napoléon Iᵉʳ en fut le souverain entre mai 1814 (date de son abdication en France) et les *Cent-Jours.

*Maurice Gigost d'***Elbée** ■ Contre-révolutionnaire français, l'un des premiers chefs de la guerre de *Vendée (1752-1794).

Elbeuf ■ Commune de la Seine-Maritime. 16 700 hab. *(les Elbeuviens).* Textile.

*l'***Elbourz** n. m. ■ Chaîne montagneuse du nord de l'Iran, culminant au Damâvand (5 604 m).

*l'***Elbrouz** ■ Volcan éteint, point culminant du *Caucase. 5 642 m.

Elche ■ Ville du sud de l'Espagne (communauté de *Valence). 173 000 hab. Palmeraie.

*l'***Eldorado** n. m. ■ Contrée mythique d'Amérique du Sud, où les conquérants espagnols croyaient trouver de l'or (XVIᵉ s.). ⟨ ▶ eldorado ⟩

Électre ■ Fille d'*Agamemnon et de *Clytemnestre. Pour venger son père, elle pousse son frère *Oreste à tuer Clytemnestre et *Égisthe. Elle a inspiré *Eschyle, *Sophocle, *Euripide et *Giraudoux.

Éléphantine ■ Île du Nil, en face d'*Assouan. Ruines d'une cité antique.

Éleusis ■ Ville et port de Grèce (*Grèce centrale et Eubée) sur la *baie d'Éleusis*. 19 000 hab. ▶ *les mystères d'Éleusis*, liés au culte de *Déméter, constituaient une religion initiatique très importante dans l'Antiquité.

sir Edward Elgar ■ Compositeur anglais (1857-1934). *"Enigma" ; "le Songe de Gerontius"*.

Mircea Eliade ■ Historien des religions et romancier roumain (1907-1986). Il enseigna en France et aux États-Unis. *"Le Sacré et le Profane" ; "le Vieil Homme et l'Officier"*.

Norbert Elias ■ Philosophe, sociologue et historien allemand naturalisé britannique (1897-1990). *"Le Processus de civilisation"*.

Élie ■ Prophète de la Bible. Il lutta contre le culte de *Baal.

Léonce Élie de Beaumont ■ Géologue français (1798-1874). Il établit avec Dufrénoy (1792-1857) la carte géologique de la France (1842).

Mary Ann Evans dite **George Eliot** ■ Écrivaine anglaise (1819-1880). Grande romancière de l'époque victorienne, avec *Dickens, *Thackeray. *"Middlemarch"*.

Thomas Stearns Eliot ■ Écrivain anglais d'origine américaine (1888-1965). Poète *("la Terre désolée"),* auteur dramatique *("Meurtre dans la cathédrale"),* il n'a cessé de méditer sur la création littéraire, laissant une œuvre critique importante. Prix Nobel 1948.

sainte Élisabeth ■ Dans l'Évangile de *Luc, mère de *Jean-Baptiste et cousine de la Vierge *Marie.

Élisabeth Ire ■ Reine d'Angleterre de 1558 à sa mort (1533-1603). Fille d'*Henri VIII et Anne *Boleyn. Elle rétablit l'*anglicanisme, évinça *Marie Stuart, combattit victorieusement l'Espagne de *Philippe II. Son règne fut une période de développement de la marine, de l'économie, et d'épanouissement culturel (on parle de musique et de théâtre *élisabéthains.* ⇒ **Shakespeare**).

Élisabeth II ■ Reine du Royaume-Uni depuis 1952 (née en 1926). Fille du roi *George VI.

Élisabeth d'Autriche ■ Reine de France, épouse de Charles IX (1554 - 1592).

Élisabeth de Bavière ■ Reine des Belges, épouse d'*Albert Ier (1876-1965).

Élisabeth de France ■ Reine d'Espagne, seconde épouse de Philippe II, fille d'*Henri II et de *Catherine de Médicis (1545-1568).

Élisabeth de France dite **Madame** ■ Sœur de Louis XVI (1764-1794). Elle mourut guillotinée.

Élisabeth de Wittelsbach ■ Impératrice d'Autriche, épouse de *François-Joseph Ier (1837-1898). La littérature et le cinéma en ont fait la légendaire *Sissi.*

Élisabeth Petrovna ■ Impératrice de Russie, fille de *Pierre Ier (1709-1762). Son ministre Chouvalov favorisa l'instruction et la culture (⇒ **Lomonossov**).

Élissa ■ ⇒ **Didon**.

Elista ■ ⇒ **Kalmoukie**.

l'île d'Ellesmere ■ Île du Canada, dans l'océan Arctique. 196 236 km².

Duke Ellington ■ Pianiste, compositeur et chef d'orchestre de jazz noir américain (1899-1974).

Ellora ■ Site de l'Inde (*Andhra Pradesh). Temple et sanctuaire creusés dans le roc.

Elne ■ Commune des Pyrénées-Orientales. 6 300 hab. *(les Illibériens).* Cloître roman (XIIe-XIVe s.).

Élohim ■ Mot hébreu désignant toute divinité. ⇒ **Yahvé**.

saint Éloi ■ Orfèvre franc, évêque, conseiller du roi *Dagobert (v. 588 - 660).

Jean-Claude Éloy ■ Compositeur français (né en 1938). Élève de *Milhaud et de *Boulez. *"Anahata".*

El Paso ■ Ville des États-Unis (*Texas). 425 000 hab. Centre commercial et financier.

Elseneur, en danois **Helsingør** ■ Ville et port du Danemark. 56 600 hab. Château de Kronborg où Shakespeare situe l'action d'"*Hamlet*".

Adam Elsheimer ■ Peintre et graveur allemand (1578-1610). Ses paysages influencèrent les peintres français (*Poussin notamment) et italiens.

Max Elskamp ■ Poète belge d'expression française (1862-1931). Son inspiration allie symbolisme, piété et formes populaires.

Boris Eltsine ■ Homme politique russe (né en 1931). Président de la Fédération de *Russie (1991).

Eugène Grindel dit **Paul Éluard** ■ Poète français (1895-1952). Membre du mouvement *surréaliste puis du parti communiste, il a élaboré un langage riche d'images et d'harmonies. "*Capitale de la douleur*" ; "*les Yeux fertiles*" ; "*Poésie ininterrompue*".

Ely ■ Une des plus anciennes villes d'Angleterre (*Cambridgeshire), célèbre pour sa cathédrale gothique (XIᵉ-XVIᵉ s.). 10 300 hab.

l'Élysée n. m. ■ Palais parisien du XVIIIᵉ s., résidence du président de la République française depuis 1873.

les champs Élysées ■ ⇒ **champs Élysées.**

Odysseus Elytis ■ Poète grec, proche du surréalisme (né en 1911). Prix Nobel 1979.

les Elzévir ou **Elsevier** ■ Libraires et imprimeurs hollandais des XVIᵉ et XVIIᵉ s.

l'île des Embiez ■ Île de la côte du Var. Tourisme.

Embrun ■ Commune des Hautes-Alpes. 5 600 hab. *(les Embrunais).* Église romane.

Ralph Waldo Emerson ■ Essayiste, poète et philosophe américain (1803-1882). Son *transcendantalisme* est une forme américaine de romantisme : optimiste, religieux, individualiste et social.

Jacques André Émery ■ Prélat français, principal interlocuteur de *Napoléon Iᵉʳ pour les questions ecclésiastiques (1732-1811).

Émèse ■ Ancienne ville de Syrie célèbre pour son temple du Soleil. Aujourd'hui *Homs.

l'Émilie n. f. ■ Région de l'Italie, entre l'*Apennin et le *Pô, réunie administrativement à la Romagne pour former l'*Émilie-Romagne* [en italien, *Emilia Romagna*] (22 123 km² ; 3,92 millions d'hab. ; capitale : Bologne). Plaine agricole. Villes principales : Bologne, Parme, Modène.

Mihail Eminescu ■ Poète romantique roumain (1850-1889). Le grand poète lyrique de son pays, où il est comparé à *Hölderlin.

l'État des Émirats arabes unis ■ Fédération de sept émirats de la péninsule Arabique, sur la côte des Pirates : *Abou Dhabi (capitale), *Doubaï, *Foudjaïrah, Adjman (ou 'Ajmān ; 260 km² ; 64 000 hab.), Chardjah (ou Ash-Shāriqah ; 2 590 km² ; 269 000 hab.), Oumm al-Qaïwaïn (ou Umm al-Qaywayn ; 770 km² ; 29 000 hab.), Ras al-Khaïmah (ou Ra's al-Qaymah ; 1 680 km² ; 116 000 hab.). 83 657 km². 1,62 million d'hab. Religion officielle : islam. Langue : arabe. Monnaie : dirham des Émirats arabes unis. Territoires sous contrôle britannique jusqu'en 1971. Le pétrole assure aux habitants les plus hauts revenus moyens (théoriques) du monde.

Pierre Emmanuel ■ Poète français (1916-1984). Révélé par la *Résistance, il a créé un lyrisme chrétien. "*Jacob*".

Emmanuel-Philibert dit **Tête-de-fer** ■ Duc de Savoie (1528-1580). Ses victoires au service de Charles Quint lui permirent de restaurer l'indépendance de son État.

l'Emmental ou **Emmenthal** n. m. ■ Vallée de la Suisse (canton de *Berne), célèbre pour son fromage. ‹ ▶ emmenthal ›

Empédocle ■ Penseur grec (v. 490 - v. 435 av. J.-C.), philosophe et poète. Il serait mort en se jetant dans l'*Etna.

le premier Empire ■ Gouvernement de la France établi quand *Napoléon Bonaparte prit le titre d'Empereur des Français (1804). Les réformes entreprises dès le *Consulat (Code civil, centralisation, etc.) furent poursuivies, l'économie encouragée et servie par la conquête de l'Europe. Après une période de gloire militaire, la résistance de l'Angleterre et le retournement de la Russie forcèrent Napoléon Ier à abdiquer (1814). L'Empire fut rétabli durant les *Cent-Jours (1815).

le second Empire ■ Rétablissement de l'Empire des Français par Louis Napoléon Bonaparte, qui prit le nom de *Napoléon III, le 2 décembre 1852 (⟹ IIe **République**). L'essor économique et les succès diplomatiques n'empêchèrent pas la fragilisation du régime, qui évolua de l'autoritarisme à un certain libéralisme (ministère *Ollivier) ; la guerre *franco-allemande entraîna sa chute le 4 septembre 1870. ⟹ IIIe **République**.

l'empire latin de Constantinople ■ ⟹ **Byzance**.

la dépêche d'Ems ■ Compte rendu par *Bismarck de l'entrevue, dans la ville prussienne d'Ems (aujourd'hui Bad Ems en Allemagne [*Rhénanie-Palatinat]), entre *Guillaume Ier et l'ambassadeur de France, et qui provoqua la déclaration de guerre à la Prusse (1870). ⟹ guerre **franco-allemande**.

Juan del Encina ■ Poète et musicien espagnol (1469 - v. 1529). Le fondateur du théâtre profane.

l'Encyclopédie ou **Dictionnaire raisonné des sciences, des arts et des métiers** ■ Ouvrage de vulgarisation scientifique et technique dans l'esprit philosophique des *Lumières : croyance au progrès, confiance en la raison, lutte contre les préjugés (notamment religieux). L'entreprise, animée par d'*Alembert et surtout *Diderot, réunit les savants et certains grands noms de l'époque (*Voltaire, *Montesquieu, *Rousseau...).

Énée ■ Prince troyen, fils d'Anchise et d'*Aphrodite, ancêtre de *Romulus. □ l'**Énéide,** poème épique de *Virgile, fait le récit de cette légende des origines troyennes et divines de Rome.

Georges Enesco ■ Compositeur et interprète roumain (1881-1955). Grand professeur de violon, maître de Yehudi *Menuhin. Sonates, quatuors.

les Enfers ■ Séjour des morts dans la mythologie gréco-latine. ‹ ▶ enfer ›

l'Engadine n. f. ■ Partie suisse de la haute vallée de l'*Inn. Tourisme.

Friedrich Engels ■ Théoricien socialiste allemand (1820-1895). Ami et collaborateur de *Marx, avec qui il écrivit le *"Manifeste du parti communiste"*.

le duc d'Enghien ■ Dernier représentant de la maison de *Condé (1772-1804). Il fut fusillé sur ordre de Bonaparte.

Enghien-les-Bains ■ Commune du Val-d'Oise, sur le *lac d'Enghien*. 10 100 hab. *(les Enghiennois).* Eaux sulfureuses. Casino. Hippodrome.

Enki ■ ⟹ **Enlil**.

Enlil ■ Un des trois principaux dieux sumériens, avec An et Enki. ⟹ **Sumer**.

Quintus **Ennius** ■ Poète latin (239 - 169 av. J.-C.). Il introduisit la littérature grecque à Rome et fut un des fondateurs de la littérature latine.

les **Enragés** ■ Groupe révolutionnaire (J. *Roux, Varlet...) éliminé dès 1793, mais dont le programme économique et social fut repris par *Hébert, puis *Babeuf.

Federigo **Enriques** ■ Mathématicien et philosophe italien (1871-1946).

Enschede ■ Ville des Pays-Bas (*Overijssel). 145 000 hab. Centre textile.

James Sydney **Ensor** ■ Peintre belge (1860-1949). Scènes de carnaval mi-burlesques, mi-morbides, dans un style expressionniste puissant. "*L'Entrée du Christ à Bruxelles*".

*la Triple-***Entente** ■ Traité d'alliance défensive entre la France, la Russie et le Royaume-Uni (1907). Il achève les rapprochements entre la France et la Russie (1892), la France et le Royaume-Uni (⟹ **Entente cordiale**), et entre la Russie et le Royaume-Uni (1907). Elle s'opposa à la Triple-*Alliance.

*l'***Entente cordiale** n. f. ■ Politique de rapprochement franco-britannique, inaugurée par *Guizot. Elle aboutit en 1904 avec les accords entre *Delcassé et *Balfour. L'alliance de la Russie donna naissance à la Triple-*Entente.

Enver Pacha ■ Général et homme politique turc (1881-1922). Ministre de la Guerre en 1914, il engagea son pays aux côtés de l'Allemagne.

Éole ■ D'après *Homère, le maître des vents. ⟨ ▶ éolien ⟩

les îles **Éoliennes** ■ ⟹ Lipari.

les **Éoliens** ■ Ancien peuple de Grèce qui tenait son nom d'un roi légendaire. ▶ *l'***Éolide** ou **Éolie** n. f. Région habitée par les Éoliens (nord-ouest de l'Asie Mineure).

*le chevalier d'***Éon** ■ Officier et agent secret de Louis XV (1728-1810). Il fut envoyé comme lectrice à la cour de Russie et dut sa célébrité au doute qu'il entretint sur son sexe.

Épaminondas ■ Général et homme d'État grec (v. 418 - 362 av. J.-C.). Il assura la domination de *Thèbes sur *Sparte et sur la Grèce centrale.

*l'abbé de l'***Épée** ■ Pédagogue français (1712-1789). Il mit au point un langage par signes pour les sourds-muets.

Épernay ■ Sous-préfecture de la Marne. 27 700 hab. *(les Sparnaciens).* Champagne.

Éphèse ■ Ville de l'Antiquité, en Asie Mineure (Turquie actuelle). Sanctuaire d'*Artémis, une des Sept *Merveilles du monde, puis l'un des premiers centres chrétiens : séjour de saint Paul *("Épître aux Éphésiens"),* basilique. *Concile d'Éphèse* en 431.

Épictète ■ Philosophe stoïcien (v. 50 - v. 130). "*Manuel*" et "*Entretiens*". ⟹ stoïcisme.

Épicure ■ Philosophe grec (341 - 270 av. J.-C.). Il fonda l'école dite du Jardin. ▶ *l'***épicurisme** n. m., inspiré du matérialisme atomiste de *Démocrite, enseigne que le bonheur s'atteint par l'usage raisonné des plaisirs. ⟨ ▶ épicurien ⟩

Épidaure ■ Ancienne ville de Grèce (ruines du sanctuaire d'*Asclépios, théâtre).

les **Épigones** n. m. ■ Héros de la mythologie grecque qui s'emparèrent de Thèbes pour venger la mort de leurs pères, parmi lesquels Polynice qui avait organisé la première expédition pour reprendre le trône à son frère. ⟨ ▶ épigone ⟩

Épinal ■ Préfecture des Vosges. 39 500 hab. *(les Spinaliens).* Basilique (XIe -XIIIe s.). Industries textile et mécanique. Musée de l'Imagerie populaire (fabrique Pellerin d'*images* dites *d'Épinal*).

Épinay-sous-Sénart ■ Commune de l'Essonne. 13 400 hab.

Épinay-sur-Orge ■ Commune de l'Essonne. 9 700 hab. *(les Spinoliens)*.

Épinay-sur-Seine ■ Commune de Seine-Saint-Denis. 48 900 hab. *(les Spinassiens)*.

L'Épine ■ Commune de la Marne. 630 hab. Basilique (XVᵉ-XVIᵉ s.) du gothique flamboyant.

l'Épire n. f. ■ Région montagneuse partagée entre la Grèce (9 203 km² ; 325 000 hab.) et l'Albanie. Royaume de l'Antiquité, habité par les *Molosses, annexé par Rome, Byzance puis par les Ottomans.

les Épîtres du Nouveau Testament n. f. ■ Ensemble de 21 lettres attribuées à différents *Apôtres, placées dans le Nouveau Testament (⇒ **Bible**).

Epsom ■ Ville d'Angleterre (*Surrey) où a lieu le *Derby*, célèbre course de chevaux. 69 400 hab.

Jean Epstein ■ Cinéaste français (1897-1953). Théoricien de l'avant-garde, il exerça une influence profonde sur l'évolution du cinéma. *"La Chute de la maison Usher"*.

l'Epte n. f. ■ Rivière de *Normandie, affluent de la Seine. 101 km.

l'Équateur n. m. ■ État (république) d'Amérique du Sud traversé par l'équateur. 269 178 km² (avec les îles *Galápagos). 10,49 millions d'hab. *(les Équatoriens)*. Capitale : Quito. Langues : espagnol (officielle), quechua. Monnaie : sucre. Les ressources minières des *Andes sont encore peu exploitées, et l'économie concentrée essentiellement sur la plaine côtière (cultures tropicales, port de *Guayaquil). Depuis une vingtaine d'années, le pétrole a été favorisé au détriment de l'agriculture (population paysanne aujourd'hui en difficulté). □ **HISTOIRE**. Ancienne partie de l'Empire *inca conquis par les Espagnols, libérée par *Sucre en 1822 et intégrée à la Grande-Colombie (⇒ **Colombie**), elle se proclama indépendante en 1830. Après un siècle d'alternances difficiles entre conservateurs et libéraux, Velasco Ibarra et Arosemena dominèrent la scène politique (1944-1972). Les militaires prirent le pouvoir en 1972, puis laissèrent la place aux civils en 1979.

Équeurdreville-Hainneville ■ Commune de la Manche, banlieue de Cherbourg. 18 500 hab. *(les Équeurdrevillais, les Hainnevillais)*.

Éragny ■ Commune du Val-d'Oise. 17 000 hab.

Érasme, en latin *Desiderius Erasmus* ■ Humaniste, écrivain et érudit hollandais (v. 1469 - 1536). Esprit mordant mais tolérant, il voulut préserver l'unité de l'Église chrétienne et la nourrir de culture antique. *"Éloge de la folie"* ; *"Colloques"*.

Érato ■ *Muse de la Poésie et des Noces.

Ératosthène ■ Astronome, mathématicien et géographe grec (v. 276 - v. 194 av. J.-C.).

Erbil ■ Ville d'Irak. 334 000 hab. Centre d'une région essentiellement agricole.

Erckmann-Chatrian ■ Nom de plume adopté par Émile Erckmann (1822-1899) et Alexandre Chatrian (1826-1890). Écrivains français associés, auteurs de contes alsaciens et de romans d'inspiration patriotique. *"L'Ami Fritz"*.

l'Erdre n. f. ■ Rivière de l'ouest de la France, affluent de la Loire. 105 km.

l'Érechthéion n. m. ■ Temple sur l'*Acropole d'Athènes. Célèbres cariatides.

Erevan ■ Ville de la C.É.I., capitale de l'*Arménie. 1,19 million d'hab. Métropole économique et culturelle.

Erfurt ■ Ville d'Allemagne, capitale de la *Thuringe. 220 000 hab. Important carrefour ferroviaire.

Ludwig **Erhard** ■ Homme politique allemand (1897-1977). Ministre de l'économie d'*Adenauer, auquel il succéda de 1963 à 1966 comme chancelier (démocrate-chrétien). On le considère comme le principal artisan du « miracle allemand ».

Éric de Poméranie ■ Roi de Norvège, du Danemark et de Suède de 1397 à 1439 (v. 1382 - 1459).

Eridu ■ Site archéologique d'Irak, ancienne cité de *Mésopotamie, près d'*Ur.

Erie ■ Ville des États-Unis (*Pennsylvanie) sur le *lac Érié* (⟹ **Grands Lacs**). 119 000 hab.

Jean Scot **Érigène** ■ ⟹ **Scot Érigène**.

Erik le Rouge ■ Chef norvégien (v. 940 - v. 1010). Il découvrit et colonisa le Groenland vers 981. □ *Leif* **Eriksson,** son fils, aurait abordé l'Amérique (*Vinland) v. 1000.

Érin ■ Nom poétique de l'Irlande *(la verte Érin).*

les **Érinyes** n. f. ■ Divinités grecques de la vengeance, assimilées aux *Furies par les Romains.

Erlangen ■ Ville d'Allemagne (*Bavière), près de *Nuremberg. 100 200 hab. Université protestante. Nombreux monuments baroques.

Ermenonville ■ Commune de l'Oise. 780 hab. *(les Ermenonvillois).* J.-J. *Rousseau y étant mort, ses admirateurs en firent un lieu de pèlerinage.

*l'***Ermitage** n. m. ■ Palais de *Catherine II à Saint-Pétersbourg, construit par *Rastrelli. Un des plus riches musées du monde.

Ermont ■ Commune du Val-d'Oise. 28 100 hab. *(les Ermontois).*

Max **Ernst** ■ Artiste et écrivain allemand naturalisé américain puis français (1891-1976). La diversité de son art (collages, grattages, sculpture) en fait le plus inventif des surréalistes.

Éros ■ Dieu grec de l'Amour (le *Cupidon des Romains), il est fils d'*Aphrodite et amant de *Psyché. ⟨ ▶ érotique ⟩

Erstein ■ Commune du Bas-Rhin. 8 700 hab. *(les Ersteinois).* ⟹ **Sélestat-Erstein**.

Érymanthe ■ Montagne de Grèce (*Arcadie) où *Héraclès captura un sanglier redoutable.

*l'***Érythrée** n. m. ■ État d'Afrique de l'Est, sur la mer Rouge (autrefois appelée « mer d'Érythrée », *érythr(o)-* signifiant « rouge » en grec). 117 600 km². 2,6 millions d'hab. *(les Érythréens).* Capitale : *Asmera. Ancienne colonie italienne, État fédéré d'Éthiopie en 1952, il mena une guerre séparatiste depuis sa constitution en province (1962) et accéda à l'indépendance en 1993.

*l'***Erzberg** n. m. ■ Montagne d'Autriche (*Styrie) qui doit son nom au fer *(Erz)* qu'on y exploite.

*l'***Erzgebirge** n. m. ■ « Monts métallifères », massif montagneux à la frontière de l'Allemagne et de la République tchèque, importante région minière et industrielle.

Ésaü ■ Fils d'*Isaac et de *Rebecca dans la *Bible. Il vendit son droit d'aînesse à son frère *Jacob.

Esbjerg ■ Ville et port du Danemark, sur la côte ouest du *Jütland. 81 400 hab.

Escaudain ■ Commune du Nord. 9 400 hab.

*l'***Escaut** n. m. ■ Fleuve qui relie le nord de la France au sud des Pays-Bas, essentiel à l'économie de la Belgique dont il arrose les principaux ports : Anvers et Gand. 430 km.

Eschine ■ Orateur grec (v. 390 - 314 av. J.-C.), adversaire de *Démosthène.

Esch-sur-Alzette ■ Ville du Luxembourg (district de *Luxembourg). 23 700 hab.

Eschyle ■ Auteur dramatique grec, le père de la tragédie (v. 525 - 456 av. J.-C.). Sujets mythologiques d'où se dégage une morale civique et religieuse : *"les Perses"* ; *"Prométhée enchaîné"* ; la trilogie de l'*"Orestie"*.

Ernest Esclangon ■ Astronome français, créateur de l'horloge parlante de l'Observatoire de Paris (1876 - 1954).

le Grand Lac des Esclaves ■ Lac du Canada (*Territoires du Nord-Ouest). 27 800 km².

Esculape ■ Dieu romain de la Médecine, assimilé à l'*Asclépios grec.

l'Escurial n. m., en espagnol *El Escorial* ■ Palais et monastère espagnol édifié près de Madrid pour Philippe II par *Toledo et Juan de *Herrera de 1563 à 1584.

Esfahān ■ ⇒ Ispahan.

Ésope ■ Grec à demi légendaire (vⁱ⁻ s. av. J.-C.). On lui attribue des *"Fables"* qui eurent une influence littéraire considérable.

l'Espagne n. f. ■ État (monarchie constitutionnelle) du sud-ouest de l'Europe (partie de la péninsule Ibérique). 17 communautés autonomes : l'*Andalousie, l'*Aragón, les *Asturies, les *Baléares, le Pays *basque, les *Canaries, la *Cantabrie, la *Castille (Castille-la Manche, Castille-et-Léon), la *Catalogne, l'*Estrémadure, la *Galice, *Madrid, *Murcie, la *Navarre, la *Rioja, *Valence ; auxquelles s'ajoutent des enclaves (présides) sur la côte marocaine (*Ceuta et *Melilla). 504 783 km². 39,15 millions d'hab. *(les Espagnols)*. Capitale : Madrid. Langue officielle : espagnol (castillan). Autres langues : catalan, galicien, basque (ou euskarien). Monnaie : peseta. Pays bordé de montagnes, au climat sec, l'Espagne a connu une industrialisation

rapide à partir de 1959 (sidérurgie, chimie, biens de consommation). L'agriculture reste très importante (huile d'olive, vins, agrumes et légumes), ainsi que la pêche et surtout le tourisme, en plein essor depuis les années 1960. □ **HISTOIRE**. Peuplé de Celtes et d'*Ibères, colonisé, sur la côte méditerranéenne, par les Phéniciens, les Grecs puis les Carthaginois, le pays fut progressivement intégré au monde romain (Iᵉʳ - vᵉ s.). Les Wisigoths, arrivés dès le vᵉ s., en firent un royaume uni et catholique qui fut à son apogée au viiᵉ s. Puis les musulmans, passant par *Gibraltar, conquirent toute la péninsule au début du viiiᵉ s. ; l'influence du califat de *Cordoue fut durable, en particulier dans le domaine artistique. Les chrétiens, réfugiés dans le Nord, entreprirent une lente reconquête *(Reconquista)*, où s'illustrèrent le *Cid et *Alphonse VI de Castille (xiᵉ s.) : à la fin du xiiiᵉ s., seule Grenade restait musulmane. Sa chute en 1492 marque le triomphe des Rois Catholiques, *Ferdinand d'Aragón et *Isabelle de Castille, qui scellèrent par leur mariage l'unité de leurs royaumes. Le successeur de Ferdinand, son petit-fils Charles, fut le premier roi d'Espagne (1516). Élu empereur du *Saint Empire romain germanique en 1519, sous le nom de *Charles Quint, il se trouva à la tête de la première puissance d'Europe. En 1556, il partagea son empire entre son frère Ferdinand Iᵉʳ et son fils Philippe II. Ce dernier, roi d'Espagne, de Naples, de Sicile et des Pays-Bas, maître absolu des Amériques (il annexa le Portugal en 1580) et dominant la Méditerranée, lutta contre la *Réforme en « champion » du catholicisme : son règne fut le « siècle d'or » de l'Espagne. Mais le déclin fut rapide : échec aux Pays-Bas, défaite de l'*Armada face à l'Angleterre (1588), indépendance du Portugal (1640). Par le mariage de Louis XIV à l'infante Marie-Thérèse (1659), le pays passa sous influence française. À partir de Philippe V

(1700), les Bourbons régnèrent en Espagne. Si la dynastie affirma son caractère national dans la guerre qui l'opposa à Napoléon Ier et à Joseph Bonaparte, elle fut ensuite divisée par la lutte entre les libéraux (réformistes) et les absolutistes (don *Carlos et les carlistes). La perte des colonies affaiblit encore le rôle international du pays. Le coup d'État de *Primo de Rivera (1923), la proclamation de la République (1931), exil d'*Alphonse XIII) et surtout la guerre civile (1936) allaient révéler les divisions profondes de la société espagnole. Dans un contexte international très dur, la victoire des nationalistes (1939), aidés par l'Italie fasciste et l'Allemagne nazie, permit l'instauration du franquisme (dictature de *Franco), avec l'appui de l'armée, de l'Église et d'un parti unique d'inspiration fasciste (la Phalange). Malgré le « miracle économique », le régime fut peu à peu critiqué de l'intérieur, notamment par les catholiques. À la mort de Franco (1975) et selon ses volontés, *Juan Carlos Ier devint roi et réussit à instaurer rapidement un régime parlementaire et démocratique. Le gouvernement dirigé par le socialiste Felipe *González a décidé l'entrée de l'Espagne dans la C.E.E. (1986). Elle est membre de l'O.T.A.N. depuis 1982. ❬ ► espagnol ❭

l'Espírito Santo ■ Petit État côtier du Brésil. 45 733 km². 2,4 millions d'hab. Capitale : Vitória.

Espoo ■ Ville de Finlande, près d'*Helsinki. 168 000 hab.

l'Esquilin n. m. ■ Une des sept collines de Rome.

les Esquimaux ou *Eskimos* ■ Peuple des régions arctiques et subarctiques (Groenland, Labrador, Alaska...). Leur nom véritable est *Inuit*. Langues : inupik et yupik. Leur civilisation disparaît peu à peu au contact des populations nord-américaines. À la suite d'un accord en 1992, les 18 000 Inuits canadiens sont devenus propriétaires d'un

territoire de 350 000 km², appelé territoire du Nunavut. Le Nunavut représente un cinquième du Canada et doit voir le jour en 1999. ❬ ► ① et ① esquimau ❭

Jean Étienne Dominique Esquirol ■ Médecin français (1772-1840). Un des pères de la psychiatrie.

Essen ■ Ville d'Allemagne (*Rhénanie-du-Nord-Westphalie). 623 000 hab. Grand centre métallurgique de la *Ruhr (⇒ les **Krupp**).

les Esséniens ■ ⇒ **Qumrân**.

Sergueï Essenine ■ Poète lyrique russe (1895-1925), époux de I. *Duncan. D'abord enthousiasmé par la *révolution de 1917, il finit par se suicider. *"L'Homme noir"*.

l'Essex n. m. ■ Comté de l'est de l'Angleterre. 3 674 km². 1,53 million d'hab. Chef-lieu : Chelmsford (58 200 hab). Ancien royaume saxon dont la capitale était Londres.

Essey-lès-Nancy ■ Commune de Meurthe-et-Moselle. 8 000 hab.

l'Essonne [91] n. f. ■ Département français de la région *Île-de-France. Il doit son nom à la rivière qui le traverse. 1 820 km². 1,08 million d'hab. Préfecture : Évry. Sous-préfectures : Étampes, Palaiseau.

les Este ■ Famille noble d'Italie. Ducs de *Ferrare (1240-1597) et de *Modène (1288-1796). Célèbres mécènes, notamment de l'*Arioste.

l'Esterel ou *Estérel* n. m. ■ Massif cristallin de *Provence, entre Cannes et Saint-Raphaël.

les Esterházy ■ Famille noble de Hongrie. Ils furent les mécènes de *Haydn.

Maurice Estève ■ Peintre français (né en 1904). Juxtaposition de formes simples, abstraites et colorées.

Esther ■ Héroïne juive du livre biblique d'Esther. En épousant le roi de Perse, elle obtient la grâce des juifs qui massacrent ensuite leurs ennemis. Son histoire a inspiré *Racine.

les *Estienne* ■ Imprimeurs et érudits humanistes français du XVIᵉ s. Robert (1503-1559) et son fils Henri (1531-1598).

l'*Estonie* n. f. ■ L'une des trois républiques *baltes. 45 100 km². 1,57 million d'hab. Capitale : Tallinn. Langue : estonien. Forêts, pêche. Gaz, schistes bitumeux. De peuplement finno-ougrien, sous domination suédoise puis russe, l'Estonie ne fut annexée à l'U.R.S.S. qu'en 1944. La résistance passive des Estoniens à l'emprise soviétique se transforma, à partir de 1987, en mouvement revendiquant l'indépendance nationale, indépendance officiellement reconnue en 1991.

la *maison d'Estrées* ■ FAMILLE NOBLE D'ARTOIS □ *Gabrielle d'Estrées* (1573-1599) fut la maîtresse d'Henri IV.

l'*Estrémadure* n. f. ■ Communauté autonome d'Espagne, à la frontière du Portugal. 41 602 km². 1,09 million d'hab. Capitale : Mérida (41 800 hab.). Elle fut soumise au califat de Cordoue. Patrie de nombreux conquistadors.

l'*Estrémadure portugaise* n. f. ■ Province côtière du Portugal, près de Lisbonne (port de pêche de Peniche).

E.T.A., Euzkadi Ta Azkatasuma ■ « Le Pays basque et sa liberté », parti basque fondé en 1959, partisan de l'indépendance du Pays *basque.

Étampes ■ Sous-préfecture de l'Essonne. 21 500 hab. *(les Étampois)*. Nombreux monuments anciens, dont l'hôtel d'Anne de Pisseleu, *duchesse d'Étampes,* maîtresse de François Iᵉʳ.

L'*Étang-Salé* ■ Commune de la Réunion. 8 800 hab.

Étaples ■ Commune et port de pêche du Pas-de-Calais. 11 400 hab. *(les Étaplois).*

l'*État français* ■ ⇒ Vichy.

les *États de l'Église* ■ ⇒ Église.

les *états généraux* ■ Assemblée représentant les trois ordres ou états de la France de l'Ancien Régime : noblesse, clergé et tiers état. Elle fut convoquée pour la première fois par *Philippe le Bel (1302). Les ministres de *Louis XVI les réunirent en 1789 pour dénouer la crise financière, mais le tiers état, jugeant qu'il ne disposait pas d'un droit de vote correspondant à son importance réelle, se proclama Assemblée nationale *constituante. Ce fut le début de la *Révolution : l'absolutisme laissait la place à une monarchie constitutionnelle.

les *États-Unis d'Amérique,* en anglais *United States of America* ■ État (république fédérale) d'Amérique du Nord, entre le Mexique et le Canada, les océans Atlantique et Pacifique. 9 529 063 km². 248,7 millions d'hab. *(les Américains).* Capitale : Washington. Langue officielle : anglais. Monnaie : dollar. 50 États et un district fédéral. L'étendue du pays, la variété du relief (montagnes à l'ouest, plaines au centre et à l'est) et du climat contribuent à faire de l'économie américaine la première du monde : agriculture (élevage, blé, maïs), abondance de ressources minérales (cuivre, uranium) et énergétiques (charbon, pétrole), industries (alimentaire, bois et papier, textile, métallurgie, pétrochimie, automobile, aéronautique et biens de consommation, informatique). Il y a, cependant, des difficultés financières dues à un commerce extérieur déséquilibré (excédent des importations) et au déficit budgétaire. Les transports et communications jouent évidemment un grand rôle : chemin de fer au XIXᵉ s., route et avion, voies d'eau (en particulier à la frontière du Canada, principal partenaire des États-Unis). □ HISTOIRE. Cet immense territoire était peu peuplé avant l'arrivée au XVIᵉ s. des Européens, qui refoulèrent les autochtones et les éliminèrent : il reste aujourd'hui environ 1,5 million d'Indiens, groupés, pour la moitié, dans des réserves (Arizona, Nouveau-Mexique...). Les Espagnols se cantonnèrent au sud : Texas, Floride, Californie actuels. Sur la côte atlantique, les Anglais supplantèrent rapidement les Hollandais et chassèrent les Français de la région des Grands Lacs. Mais les colons acceptaient de moins en moins les exigences financières du Royaume-Uni. Avec l'appui de la France, ils déclarèrent et gagnèrent la guerre d'*Indépendance (1787). Leur Constitution concilie les vues du parti républicain de *Jefferson (devenu en 1830, sous l'influence de *Jackson, le parti *démocrate) et du parti fédéraliste d'*Adams (ancêtre de l'actuel parti *républicain) : autonomie des États, mais nécessité d'un pouvoir central fort. Ainsi fut fondée, sous l'arbitrage de *Franklin et surtout de *Washington, la première république moderne. Le pays s'étendit vers le sud-ouest : achat de la Louisiane (1803) à la France et de la Floride (1819) à l'Espagne, conquête du Texas (1845) et de la Californie (1848) sur le Mexique. L'élection de l'antiesclavagiste *Lincoln à la présidence déclencha la *sécession des États du Sud, voués à la culture du coton. La guerre civile qui s'ensuivit (guerre de *Sécession, 1861-1865) aboutit à la victoire des États du Nord et à l'industrialisation rapide du pays, dont la population tripla entre 1865 et 1914 (grâce à l'immigration) et dont l'économie prit le premier rang dans le monde (⇒ **Taylor**). La conquête de l'Ouest touchant à sa fin, les États-Unis se lancèrent dans une politique interventionniste, sous l'impulsion de Th. *Roosevelt et W. *Wilson. La puissance américaine se révéla dans son engagement lors de la Première *Guerre mondiale (1917) ; elle était telle qu'elle entraîna le monde dans la *crise économique de 1929. Le redressement réussi par F.D. *Roosevelt et la Seconde *Guerre mondiale

firent des États-Unis, selon *Truman, « la nation la plus puissante de l'histoire » (⇒ **Bretton Woods**). Ainsi s'engageait une lutte d'influence avec l'Union soviétique : *guerre froide, participation à la plupart des conflits internationaux. Cependant l'assurance américaine a été mise à mal par la guerre du *Viêt-nam, la persistance des problèmes raciaux (⇒ **Black Power, King**) dans les années 1960, les difficultés économiques et les désordres monétaires des années 1970, la démission du président *Nixon (malgré les succès diplomatiques de *Kissinger) à la suite de l'affaire du *Watergate, l'échec de *Carter en Iran. Le républicain *Reagan, président de 1981 à 1988, s'attacha à rétablir la confiance dans les valeurs traditionnelles, non sans susciter des critiques (politique sociale « sacrifiée », danger de l'interventionnisme en Amérique latine). Son vice-président, George *Bush, devint président en 1989. Malgré le succès de la Guerre du *Golfe, au cours de laquelle il permit aux États-Unis de réaffirmer leur autorité sur la scène internationale, il ne parvint pas à juguler la crise économique et fut battu par B. *Clinton aux élections en 1992.

Etchmiadzine ■ Ville d'*Arménie, où siège le patriarche de l'*Église arménienne. 37 000 hab.

Ethelbert ■ Roi du *Kent (mort en 616). Il fit œuvre de législateur et imposa *Canterbury comme centre de l'évangélisation.

*la république populaire et démocratique d'***Éthiopie** n. f. ■ État d'Afrique de l'Est, au sud de la mer Rouge et du golfe d'Aden. 1 223 500 km². 48,89 millions d'hab. Capitale : Addis-Abeba. Langue officielle : amharique. Monnaie : birr. Le relief accidenté gêne l'économie, encore agricole (café, élevage). □ **HISTOIRE**. Le pays a presque toujours maintenu son indépendance : dans l'Antiquité, le royaume d'Aksoum, au

Moyen Âge royaume chrétien (proche de l'Église *copte d'Alexandrie). Au XVIᵉ s., les luttes épuisantes contre les Turcs favorisèrent l'émergence de féodaux et parmi eux la dynastie de *Gondar. Le négus (« roi des rois », empereur) Theodoros II réunifia le pays après 1855. Il fallut encore lutter contre les puissances coloniales. La dynastie des Salomonides (descendants de la reine de *Saba, maîtresse de *Salomon d'après la Bible) fut restaurée par *Ménélik II en 1889. Le négus *Hailé Sélassié fut cependant chassé par les Italiens en 1935, qui réunirent l'Éthiopie, la Somalie et l'Érythrée pour former l'Afrique-Orientale italienne. Rétabli sur son trône par les Anglais en 1941, le négus poursuivit la modernisation du pays. L'*Érythrée, fédéré à l'Empire en 1952, refusa d'y être intégré en 1962. Guerre civile et famines furent dès lors les éléments constants de l'histoire éthiopienne : revendication de l'Ogaden par la *Somalie, déposition du négus en 1974, prise du pouvoir par les militaires appuyés par Cuba et l'U.R.S.S. en 1977, victoire sur l'armée régulière en 1991 des rebelles tigréens et érythréens (qui obtinrent l'indépendance de leur pays en 1993).

René **Étiemble** ■ Écrivain français (né en 1909). *"L'Enfant de chœur"* ; *"Parlez-vous franglais ?"*.

saint **Étienne** ■ Diacre à Jérusalem (Iᵉʳ s.). Premier martyr de la tradition chrétienne.

saint **Étienne Iᵉʳ** ■ Premier roi de Hongrie, de 1000 à sa mort (v. 977 - 1038). Il imposa le christianisme.

Étienne Iᵉʳ Báthory ■ Roi de Pologne de 1576 à sa mort (1533-1586). Un des chefs de la *Contre-Réforme. Vainqueur d'*Ivan le Terrible en Livonie.

Étienne IX Douchan ■ Roi (en 1331) puis empereur (1346) des Serbes (1308-1355). Il constitua contre les Turcs un empire gréco-serbe qui ne lui survécut pas.

Étienne de Blois ■ Roi d'Angleterre de 1135 à sa mort (v. 1097 - 1154). Père d'Henri II.

Étienne Nemanja ■ Prince de *Serbie (mort v. 1200). Il fit l'unité de la Serbie puis se retira en 1196.

l'**Etna** n. m. ■ Le plus haut volcan actif d'Europe, situé en Sicile (3 295 m).

Etobicoke ■ Ville du Canada (*Ontario), banlieue de *Toronto. 303 000 hab.

l'**Étolie** n. f. ■ Région du centre de la Grèce.

Eton ■ Ville du sud de l'Angleterre. 4 000 hab. Célèbre école *(public school)* fondée en 1440.

Étretat ■ Commune de Seine-Maritime. 1 600 hab. *(les Étretatais)*. Site célèbre (falaises, aiguille). Station balnéaire.

l'**Étrurie** n. f. ■ Ancienne région d'Italie (approximativement, l'actuelle *Toscane). ► *les* **Étrusques,** ses habitants, envahirent le *Latium au VIIᵉ s. av. J.-C., puis la *Campanie et la plaine du Pô. Ils furent évincés v. 350 av. J.-C. par les Romains, mais leur civilisation demeura influente : urbanisme, art, religion.

Eu ■ Commune de Seine-Maritime. 8 400 hab. *(les Eudois).*

Eubée ■ Île grecque de la mer Égée. Ses minerais donnèrent à ses cités de Chalcis et d'Érétrie un rôle dans l'économie antique et dans la civilisation des Cyclades.

Euclide ■ Mathématicien grec d'Alexandrie (IIIᵉ s. av. J.-C.). Ses *"Éléments"* ont défini la géométrie classique, dite *euclidienne.* C'est aussi le plus ancien traité de théorie des nombres et l'introduction, décisive, de la méthode axiomatique. ⟨ ► euclidien ⟩

Eudes ■ Prince franc, fils de *Robert le Fort (v. 860 - 898). Roi de

France de 888 à sa mort, ancêtre d'*Hugues Capet.

Eudoxe de Cnide ■ Astronome et mathématicien grec (v. 406 - v. 355 av. J.-C.). Théorie des proportions.

Eugène de Savoie-Carignan dit ***le prince Eugène*** ■ Homme de guerre et diplomate au service de l'Autriche (1663-1736).

Eugénie de Montijo dite *l'impératrice* ***Eugénie*** ■ Impératrice des Français (1826-1920). Comtesse espagnole, elle épousa *Napoléon III en 1853.

Leonhard ***Euler*** ■ Mathématicien suisse (1707-1783). Un des fondateurs de l'analyse moderne, qu'il sut utiliser dans les sciences exactes. Son œuvre domine les mathématiques de son temps.

Eupen ■ Ville de Belgique (province de *Liège). 17 000 hab. Population en majorité germanophone. La ville fut le chef-lieu d'un des deux cantons (avec *Malmédy) réunis à la Prusse en 1815 et rendus à la Belgique en 1919.

*l'***Euphrate*** n. m. ■ Fleuve du Proche-Orient. Né en Turquie, il se jette dans le golfe Persique. 2 780 km. Avec le *Tigre, il délimitait la *Mésopotamie. Rôle capital dans l'Antiquité avec la construction sur ses rives des villes d'*Ur, de *Babylone et de *Sumer.

*l'***Eurasie*** n. f. ■ Masse continentale formée par l'Asie et l'Europe. ⟨ ▶ eurasien ⟩

Euratom ■ ⇒ C.E.E.

*l'***Eure*** [27] n. m. ■ Département français de la région Haute-*Normandie. Il doit son nom à la rivière qui le traverse. 6 030 km². 513 900 hab. Préfecture : Évreux. Sous-préfectures : Les Andelys, Bernay.

*l'***Eure-et-Loir*** [28] n. m. ■ Département français de la région

*Centre. Il doit son nom à deux rivières qui le traversent. 5 932 km². 395 500 hab. Préfecture : Chartres. Sous-préfectures : Châteaudun, Dreux, Nogent-le-Rotrou.

*le canal de l'***Euripe*** ■ Détroit séparant l'île d'*Eubée du continent grec.

Euripide ■ Auteur dramatique grec (480 - 406 av. J.-C.). Ses tragédies se distinguent par leur réalisme : expression violente de la mort, naturel des mouvements de l'âme. *"Alceste" ; "Médée" ; "Hippolyte" ; "Andromaque" ; "Hécube" ; "Iphigénie en Tauride" ; "Électre" ; "Iphigénie à Aulis" ; "les Bacchantes".*

*l'***Europe*** n. f. ■ Le plus petit des continents (10 millions de km²) prolongeant l'Asie vers l'ouest jusqu'à l'Arctique, l'Atlantique et la Méditerranée. À l'est, l'Europe est traditionnellement délimitée par la mer *Caspienne, l'*Oural et le *Bosphore. Sa position de carrefour et ses richesses naturelles, la densité de population qui en a résulté expliquent son rôle central dans l'histoire et l'économie mondiales. □ **HISTOIRE**. D'abord au contact du monde méditerranéen (grandes civilisations de l'Antiquité), des *Celtes et des différents peuples venant de l'est, l'Europe n'acquit son identité que progressivement, avec la scission de l'Empire romain en deux empires (Orient et Occident), et surtout la réunification de l'Occident par *Charlemagne. Après lui, le *Saint Empire romain germanique occupa l'Europe centrale ; à l'ouest et au nord se développèrent les nations que nous connaissons aujourd'hui (notamment l'Angleterre et la France) ; la Russie et l'Europe orientale étaient sous le contrôle des *Mongols ou de *Byzance (conquise par les *Ottomans en 1453). Mais une civilisation commune s'affirma : héritage gréco-romain (ravivé, depuis l'Italie, par la *Renaissance), christianisme. À partir du XVIᵉ s., les conflits entre les puissances européennes furent exacerbés par les questions religieuses, et aboutirent à la formation d'empires coloniaux, au bénéfice de l'Espagne, du Portugal, de la Hollande, de la France et de l'Angleterre. Après la *Révolution de 1789, la France domina le continent européen, mais Napoléon échoua devant l'Angleterre et la Russie. La prépondérance de l'Angleterre sur les mers lui assura le plus grand empire colonial du XIXᵉ s. malgré la perte de l'Amérique du Nord (⇒ **États-Unis**) ; c'était aussi la patrie de la révolution industrielle. Le dynamisme économique et l'impérialisme européens ont bouleversé la carte du globe. Le continent fut aussi transformé de l'intérieur par les nationalismes : crise en Europe centrale et déclin de l'empire d'Autriche, émergence de la Prusse (puis de l'Allemagne), unification de l'Italie. Mais le rôle de l'Europe s'amoindrit : depuis leur intervention dans les deux *guerres mondiales, les États-Unis dominent l'économie et la politique de notre temps ; d'autre part, après 1945, l'Union soviétique avait placé sous son influence l'Europe de l'Est, jusqu'en 1989. La décolonisation en Asie et en Afrique a accéléré une prise de conscience difficile : les pays d'Europe doivent s'unir pour maintenir leur rang ; telle est la politique de la *C.E.E., Communauté économique européenne ou « Marché commun », qui se trouve confrontée (1992) aux problèmes créés par les bouleversements à l'Est (⇒ **B.E.R.D.**). ▶ *le Conseil de l'***Europe** : organisme de coopération politique intereuropéenne, créé en 1949, siégeant à Strasbourg et regroupant 25 pays. La Commission européenne et la Cour européenne des droits de l'homme en dépendent. ▶ *l'***Europe verte.** Nom donné aux pays de la Communauté économique européenne (*C.E.E.) lorsqu'on les considère du point de vue des questions agricoles. ⟨ ▶ européen ⟩

Europoort ■ Avant-port de *Rotterdam.

Eurydice ■ ⇒ **Orphée.**

Eusèbe de Césarée ■ Écrivain grec chrétien, considéré comme le père de l'histoire religieuse (265 - 340).

Euskaldunak ■ Les Basques, en langue basque *(euskara).*

Bartolomeo Eustachi ■ Médecin anatomiste italien (v. 1510 - v. 1574). Il donna son nom à divers organes, dont la *trompe d'Eustache* (dans l'oreille).

Euterpe ■ *Muse de la Musique.

les **Évangiles** n. m. ■ Partie principale du Nouveau Testament (⇒ **Bible**). Ils rapportent la vie et l'enseignement de *Jésus. ▶ *les quatre* **Évangélistes :** les saints *Matthieu, *Marc, *Luc et *Jean, auteurs des Évangiles. ⟨ ▶ évangile ⟩

Edward Evans-Pritchard ■ Anthropologue et ethnologue britannique (1902-1973).

Ève ■ D'après la Bible, la première femme, compagne d'*Adam.

sir George **Everest** ■ Géophysicien anglais (1790-1866). Il découvrit le point culminant du globe, auquel son nom fut donné. ▶ *le mont* **Everest,** situé dans l'*Himalaya. 8 846 m.

les **Everglades** ■ Marécage du sud de la *Floride (États-Unis). Parc national.

Évian-les-Bains ■ Commune de Haute-Savoie. 7 000 hab. *(les Évianais).* Station thermale et climatique où furent signés les *accords d'Évian* (1962), qui mirent fin à la guerre d'*Algérie.

Évora ■ Ville du Portugal. 34 900 hab. Nombreux monuments.

Évreux ■ Préfecture de l'Eure. 51 500 hab. *(les Ébroïciens).* Cathédrale (XIIᵉ - XVIIIᵉ s.), monuments (malgré les destructions de 1940). Industries pharmaceutique et textile.

Évry ■ Ville nouvelle, préfecture de l'Essonne. 45 900 hab. *(les Évryens).*

Ievgueniï **Evtouchenko** ■ Poète russe (né en 1933). *"Les Héritiers de Staline".*

Johannes Ewald ■ Poète lyrique et dramaturge danois (1743 - 1781).

Exeter ■ Ville du sud de l'Angleterre, chef-lieu du *Devon. 101 000 hab. Cathédrale (XIIᵉ - XIVᵉ s.).

*l'***Exode** n. m. ■ Livre de la Bible. Il raconte l'asservissement d'Israël, la sortie d'Égypte sous la direction de *Moïse et la révélation de la loi divine sur le Sinaï.

*l'***expressionnisme** n. m., *les* **expressionnistes** ■ Mouvement artistique et littéraire qui se manifeste en Europe, et plus particulièrement en Allemagne et en Autriche, autour de la Première Guerre mondiale. Il privilégie la subjectivité et l'émotion de l'artiste à travers une exacerbation des formes d'expression. L'expressionnisme est surtout bien défini en peinture (die *Brücke, *Schiele, *Kokoschka, *Soutine), au théâtre (*Wedekind, *Reinhardt) et au cinéma (F. *Lang, *Pabst, *Murnau).

Eybens ■ Commune de l'Isère. 8 100 hab.

Eyck ■ ⇒ Van Eyck.

Eylau ■ Ville de la C.É.I. (*Russie) appelée aujourd'hui *Bagrationovsk.* Elle fut le théâtre d'une des plus sanglantes batailles de Napoléon, en 1807. Les Russes battirent en retraite.

Eysines ■ Commune de la Gironde. 16 700 hab. *(les Eysinais).* Vins.

Les **Eyzies-de-Tayac-Sireuil** ■ Commune de Dordogne. 850 hab. *(les Eyzicois, les Tayaciens).* Nombreux sites préhistoriques (abri de *Cro-Magnon).

Ézanville ■ Commune du Val-d'Oise. 9 200 hab.

Ézéchiel ■ Un des quatre grands prophètes de la *Bible (Vⁱᵉ s. av. J.-C.).

F

Faaa ■ Commune de la *Polynésie française. 20 000 hab. Aéroport de *Papeete.

le colonel **Fabien** ■ Résistant français (communiste), auteur du premier attentat meurtrier contre un officier allemand en 1941 (1919-1944).

Fabiola de Mora y Aragón ■ Reine des Belges depuis 1960, épouse de Baudouin Ier (née en 1928).

Fabius Cunctator ■ Consul romain (v. 275 - 203 av. J.-C.). Un des grands adversaires d'*Hannibal.

Laurent **Fabius** ■ Homme politique français (né en 1946). Premier ministre (socialiste) de 1984 à 1986.

Jean Henri **Fabre** ■ Entomologiste français (1823-1915). "*Souvenirs entomologiques*".

Philippe Fabre dit **Fabre d'Églantine** ■ Écrivain et révolutionnaire français (1750-1794). Auteur du *calendrier révolutionnaire et de la chanson "*Il pleut, il pleut, bergère...*".

Carel **Fabritius** ■ Peintre hollandais (v. 1622 -1654). Élève de *Rembrandt, il fut le maître de *Vermeer.

Faches-Thumesnil ■ Commune du Nord, banlieue de Lille. 15 800 hab. *(les Faches-Thumesnilois).*

Alexandre **Fadeïev** ■ Écrivain soviétique (1901-1956). Il obtint le prix Staline. "*La Jeune Garde*".

Faenza ■ Ville d'Italie du Nord (*Émilie-Romagne). 55 000 hab. Fabrication de vaisselle en céramique (majolique), depuis le XIIe s., à laquelle elle donna son nom. ⟨ ▶ faïence ⟩

les îles **Faeroe** ■ ⇒ Féroé.

les Hautes **Fagnes** ■ Plateau de l'*Ardenne belge où se situe le signal de *Botrange.

Fahd ■ Roi d'Arabie Saoudite depuis 1982 (né en 1923).

Daniel Gabriel **Fahrenheit** ■ Physicien allemand (1686-1736). Il définit la première échelle thermométrique, dite *Fahrenheit*.

Louis **Faidherbe** ■ Général et colonisateur français (1818-1889). Son œuvre au Sénégal fut considérée comme exemplaire. ≠ *Faydherbe*.

Thomas **Fairfax** ■ Général et homme politique anglais (1612-1671). Il combattit avec *Cromwell, mais se rallia ensuite à Charles II.

Faisalābād, ancienn *Lyallpur* ■ Ville du Pakistan (*Pendjab). 1,09 million d'hab. Industrie textile.

les **Falachas** ■ Juifs noirs d'Éthiopie dont une partie fut rapatriée en Israël en 1982.

Falaise ■ Commune du Calvados. 8 400 hab. *(les Falaisiens)*. Enceinte du XIIIe s., monuments.

Étienne ***Falconet*** ■ Sculpteur français **(1716-1791)**. Monument à *Pierre le Grand, à Saint-Pétersbourg.

les îles ***Falkland*** ■ Nom anglais des îles *Malouines.

Manuel de ***Falla*** ■ Compositeur espagnol **(1876-1946)**. *"La Vie brève"* (opéra), *"l'Amour sorcier"* (ballet), et les *"Chansons populaires"* allient une veine populaire, nationale, à la science d'un musicien proche de *Debussy.

Armand ***Fallières*** ■ Homme politique français **(1841-1931)**. Président de la République (gauche) de 1906 à 1913.

Gabriel ***Fallope*** ■ Chirurgien et anatomiste italien **(1523-1562)**. La *trompe de Fallope* est un conduit qui va de l'ovaire à l'utérus.

Frédéric comte de ***Falloux*** ■ Homme politique français **(1811-1886)**. Ministre de l'Instruction publique, il favorisa l'enseignement catholique *(loi Falloux, 1850)*.

Falster ■ Île du Danemark, dans la Baltique. 514 km². 46 700 hab.

Fameck ■ Commune de Moselle. 14 000 hab.

Amintore ***Fanfani*** ■ Homme politique italien **(né en 1908)**. Il fut plusieurs fois ministre (démocrate-chrétien) et président du Conseil depuis 1945.

Fangataufa ■ ⇒ **Tuamotu.**

Juan Manuel ***Fangio*** ■ Coureur automobile argentin **(né en 1911)**. Cinq fois champion du monde des conducteurs entre 1951 et 1957.

Frantz ***Fanon*** ■ Psychiatre et révolutionnaire antillais **(1925-1961)**. Il fit la critique du colonialisme.

Henri ***Fantin-Latour*** ■ Peintre français **(1836-1904)**. Portraits de groupes. Fleurs.

la ***F.A.O.**, *Food and Agriculture Organization*** ■ L'« Organisation pour l'alimentation et l'agriculture », créée en 1945, est une institution spécialisée de l'*O.N.U.

*al-****Fārābī*** ■ Philosophe arabo-islamique de langue arabe **(v. 872-950)**.

Michael ***Faraday*** ■ Physicien et chimiste anglais **(1791-1867)**. Lois quantitatives de l'électrolyse *(lois de Faraday)*. Découverte de l'induction électromagnétique.

Léon-Paul ***Fargue*** ■ Écrivain et poète français **(1876-1947)**. *"Le Piéton de Paris"*.

la guerre des ***Farines*** ■ Nom donné à l'agitation populaire qui, en 1775, en France, suivit la promulgation d'un édit de *Turgot établissant la liberté du commerce du grain.

les frères ***Farman*** ■ Pionniers de l'aviation française, d'origine anglaise. Henri **(1874-1958)** établit plusieurs records.

Farnborough ■ Ville du sud de l'Angleterre (*Hampshire). 45 500 hab. Abbaye où reposent les dépouilles de *Napoléon III et de l'impératrice *Eugénie. Exposition aéronautique.

les ***Farnèse*** ■ Maison princière d'Italie, très puissante quand l'un des siens devint pape au XVIe s. ► *le palais* ***Farnèse,*** édifié à Rome par *Paul III, est aujourd'hui le siège de l'ambassade de France. ⇒ **Alexandre Farnèse.**

Farouk ou ***Fārūq*** ■ Dernier roi d'Égypte **(1920-1965)**. Renversé en 1952.

le ***Far West*** ■ « L'Ouest lointain », nom traditionnel aux États-Unis des territoires situés à l'ouest du *Mississippi, inspira de nombreuses œuvres cinématographiques. ⟨ ► Far West ⟩

le ***fascisme*** ■ Régime politique instauré en Italie par *Mussolini de 1922 à 1943. Doctrine corporatiste, nationaliste et totalitaire. ‹ ▶ fascisme, fasciste ›

Muhammad 'Allāl al- **Fāsī** ■ Homme politique marocain (1910-1974). Fondateur de l'*Istiqlāl.

Rainer Werner **Fassbinder** ■ Cinéaste, écrivain, acteur et metteur en scène de théâtre ouest-allemand (1946-1982). Il contribua, avec W. Herzog et W. *Wenders, au renouveau du cinéma allemand des années 1970. "*Berlin Alexanderplatz*", adaptation pour la télévision de la nouvelle de A. *Döblin.

Fatehpur Sīkri ■ Site de l'Inde (*Uttar Pradesh). Monuments indomoghols.

Fátima ■ Ville du Portugal, en *Estrémadure. Agglomération de 7 500 hab. Pèlerinage à la Vierge qui y serait apparue en 1917.

Fāṭima ■ Fille du prophète *Mahomet (v. 606 -v. 632). Elle est très vénérée dans l'*Islam, particulièrement par les *chiites. ▶ *les* **Fatimides,** déclarant appartenir à sa descendance, régnèrent en Afrique du Nord (xe s.) puis en Égypte, où le *sunnite *Saladin les renversa (1171).

William **Faulkner** ■ Romancier américain (1897-1962). Il a fait du sud des États-Unis le lieu mythique d'intrigues à la fois tragiques et banales, sans concession à la psychologie ni à la construction romanesque traditionnelles. "*Sanctuaire*" ; "*le Bruit et la Fureur*". Prix Nobel 1949.

Faunus ■ Divinité romaine de la Nature, souvent identifiée, comme Silvanus, dieu des Forêts, à *Pan. ‹ ▶ ① faune ›

Félix **Faure** ■ Homme politique français (1841-1899). Président de la République (républicain modéré) de 1895 à sa mort.

Sébastien **Faure** ■ Anarchiste français, journaliste et pédagogue (1858-1942).

Élie **Faure** ■ Essayiste français (1873-1937). "*Histoire de l'art*".

Edgar **Faure** ■ Homme politique français, juriste, essayiste et historien (1908-1988). Président du Conseil en 1952 puis en 1955-1956.

Gabriel **Fauré** ■ Compositeur français (1845-1924). Auteur d'œuvres intimistes : nombreuses mélodies (sur des poèmes de *Verlaine), pièces pour piano, musique de chambre.

Faust ■ Personnage légendaire qui vendit son âme au diable afin d'obtenir la connaissance et le plaisir. Venu d'Allemagne (xvie s.), le mythe a nourri tous les arts : littérature (*Marlowe, *Goethe, *Valéry), peinture (*Delacroix), musique (*Berlioz, *Gounod).

Jean **Fautrier** ■ Peintre français (1898-1964). Art informel ; effets de matière (empâtements). "*Otages*".

le **fauvisme,** *les* **fauves** ■ Mouvement pictural apparu à Paris v. 1905. Les peintres fauves aimaient les couleurs vives, la simplification énergique des formes (*Matisse, *Derain, *Vlaminck, *Van Dongen, *Marquet, *Rouault). ‹ ▶ ② fauve ›

Charles Simon **Favart** ■ Auteur français de livrets pour l'opéra-comique (1710-1792).

Luc **Faydherbe** ■ Sculpteur et architecte flamand (1617-1697). Élève de *Rubens. ≠ *Faidherbe.*

Henri **Fayol** ■ Ingénieur français (1841-1925). Il prôna une organisation hiérarchique de l'entreprise et le primat de la fonction administrative.

le **Fayoum** ■ Riche région agricole et gouvernorat de haute Égypte. 1 827 km². 1,5 million d'hab. Capitale : Fayoum (227 000 hab.).

Faysal ■ Roi d'Arabie Saoudite de 1964 à son assassinat par son neveu (1904-1975).

Faysal Ier ■ Roi d'Irak (1885-1933), de 1921 à sa mort. □ **Faysal II,** son petit-fils (1935-1958), couronné roi à l'âge de quatre ans, fut renversé et assassiné lors de la révolution irakienne, en 1958.

le F.B.I., Federal Bureau of Investigation ■ « Bureau fédéral d'enquêtes », chargé de la police fédérale aux États-Unis.

Lucien Febvre ■ Historien français, fondateur avec Marc *Bloch de l'école des Annales (1878-1956). "*La Terre et l'Évolution humaine*" ; "*le Problème de l'incroyance au XVIe s.*".

Fécamp ■ Commune et port du pays de *Caux (Seine-Maritime). 21 100 hab. *(les Fécampois).* Église, vestiges du château des ducs de Normandie. Pêche.

l'insurrection fédéraliste ■ Mouvement d'opposition à la Révolution française, mené en province par les *Girondins (1793).

le mur des Fédérés ■ Mur situé au cimetière du Père-*Lachaise, à Paris, où furent fusillés, en 1871, les derniers défenseurs de la *Commune.

Konstantin Fedine ■ Écrivain soviétique (1892-1977). Prix Staline 1949.

Benito Jerónimo Feijóo y Montenegro ■ Écrivain et bénédictin espagnol (1676-1764). Représentant des *Lumières, il dénonça les superstitions.

Lyonel Feininger ■ Peintre américain, membre du *Bauhaus (1871-1956). Paysages urbains.

Pál Fejös ■ Cinéaste et anthropologue hongrois (1897-1963).

le Félibrige ■ École littéraire fondée en Provence en 1854 par sept jeunes écrivains de langue d'oc (les *félibres*). ⟨ ▶ félibre ⟩

Federico Fellini ■ Cinéaste italien (1920-1993). Films d'abord néo-réalistes, puis spectaculaires, nourris de rêves et de fantasmes. "*La Strada*" ; "*la Dolce Vita*" ; "*Huit et demi*" ; "*Amarcord*" ; "*Intervista*".

la F.E.N., Fédération de l'Éducation nationale ■ Le plus important syndicat français des enseignants.

François de Salignac de La Mothe Fénelon ■ Prélat et écrivain français (1651-1715). Son style et sa sensibilité en font un précurseur des *Lumières. "*Télémaque*".

Félix Fénéon ■ Écrivain et critique d'art français (1861-1944).

la Fennoscandie ■ Ensemble formé par la Suède, la Norvège et la Finlande.

Beppe Fenoglio ■ Romancier italien (1922-1963). "*La Guerre sur les collines*", inspiré par la Résistance italienne.

les Fens n. f. pl. ■ Région marécageuse du sud-est de l'Angleterre. Une des régions les plus fertiles du pays.

la féodalité ■ Organisation sociale et politique qui apparut en Europe entre le IXe et le XIe s. et qui disparut définitivement en France en 1789. Elle naquit dans un contexte de désagrégation de l'État : en échange de redevances et de corvées, le seigneur louait ses terres à des paysans et leur assurait protection et justice. Les plus puissants partageaient leur seigneurie en *fiefs* pour des vassaux contre leur soumission. Au sommet de la féodalité se trouvait le roi (⟹ **Ancien Régime**). ⟨ ▶ féodal ⟩

Mouloud Feraoun ■ Écrivain algérien d'expression française d'origine kabyle, assassiné par l'*O.A.S. (1913-1962). "*La Terre et le Sang*".

Ferdinand ■ NOM DE PLUSIEURS SOUVERAINS EUROPÉENS **1.** empereurs d'ALLEMAGNE □ *Ferdinand Ier* (1503-1564), roi de Bohême et de Hongrie (1526), roi des Romains (1531), empereur à la suite de son frère *Charles Quint (1556). Confronté comme lui à l'offensive turque (1529) et à la *Réforme, envers laquelle il fit preuve d'une certaine clémence.

□ *Ferdinand II de Habsbourg* (1578-1637), empereur de 1619 à sa mort, champion de la *Contre-Réforme. □ *Ferdinand III de Habsbourg* (1608-1657), son fils, perdit la guerre de *Trente Ans. **2.** souverain de BULGARIE □ *Ferdinand* (1861-1948) prit le titre de tsar des Bulgares en 1908 ; il abdiqua en faveur de son fils Boris en 1918. **3.** rois d'ESPAGNE □ *Ferdinand le Catholique* (1452-1516). Roi d'Aragón (1479), époux d'*Isabelle de Castille. Il acheva la reconquête de l'Espagne sur les Maures et fonda l'*Inquisition dans son pays. Cette politique valut au couple le nom de « Rois Catholiques », décerné par le pape. Elle fit l'unité du royaume : leur petit-fils *Charles Quint eut, le premier, le titre de « roi des Espagnes » (1516). □ *Ferdinand VII* (1784-1833) oscilla entre libéralisme et autorité, après le règne de Joseph *Bonaparte.

Ferdowsī ou *Firdousi* ■ Poète persan (v. 935 - v. 1020). Le *"Livre des Rois" ("Shāh-nāmeh"),* chef-d'œuvre de la littérature épique mondiale.

Sándor Ferenczi ■ Psychanalyste et neurologue hongrois (1873-1933). *"Thalassa".*

le Fergana ou *Ferghana* ■ Région de la C.É.I. (*Ouzbékistan) ; oasis : coton, vergers ; pétrole. Ville principale : *Fergana* (200 000 hab.).

Pierre de Fermat ■ Mathématicien français (1601-1665). Théorie des nombres *(théorème de Fermat),* probabilités, calcul infinitésimal, géométrie, optique *(principe de Fermat :* principe de moindre action dans la propagation de la lumière).

Enrico Fermi ■ Physicien italien (1901-1954). Physique nucléaire (théorie statistique quantique ; réalisation de la première pile atomique). Prix Nobel 1938.

Fernandel ■ Acteur français (1903-1971). Son comique populaire méridional excella dans les films de Marcel *Pagnol. *"La Fille du puisatier".*

Gregorio Fernández ■ ⇒ Hernández.

l'île Fernando de Noronha ■ Île du Brésil, au large de la côte atlantique, qui constitua un territoire fédéral de 1942 à 1988, avant d'être intégrée à l'État de *Pernambouc. 26 km². 1 300 hab. Ville principale : [Vila dos] Remérios.

Ferney-Voltaire ■ Commune de l'Ain, à la frontière de la Suisse. 6 400 hab. *(les Ferneysiens).* Elle fut créée par *Voltaire, autour du château où il vécut de 1758 à 1778.

les îles Féroé ou *Faeroe* ■ Archipel danois de l'Atlantique Nord. 1 399 km². 47 800 hab. *(les Féringiens* ou *Féroïens).* Chef-lieu : Tórshavn ou Thorshavn (14 500 hab.). Elles ont leur langue (féroïen) et leur autonomie (elles ne sont pas incluses dans la C.E.E.).

Ferrare, en italien *Ferrara* ■ Ville d'Italie (*Émilie-Romagne). 142 000 hab. Brillante cité culturelle du XIIIe au XVIe s. : université, monuments (château d'Este).

Enzo Ferrari ■ Pilote puis constructeur italien d'automobiles de course et de sport (1898-1988).

Gustave Ferrié ■ Général et savant français (1868-1932). Radiotélégraphie.

Kathleen Ferrier ■ Cantatrice irlandaise (1912-1953). Émouvante voix de contralto.

Jules Ferry ■ Avocat et homme politique français (1832-1893). Journaliste républicain sous Napoléon III, maire de Paris (1870) puis ministre de l'Instruction publique (1879) et président du Conseil (1880). Il imposa la laïcité, la gratuité et le caractère obligatoire de l'enseignement primaire. Sa politique d'essor colonial entraîna sa démission en 1885.

La Ferté-Bernard ■ Commune de la Sarthe. 9 800 hab. *(les Fertois).* Monuments (XVe - XVIe s.).

La **Ferté-Macé** ■ Commune de l'Orne. 7 700 hab. *(les Fertois).*

La **Ferté-sous-Jouarre** ■ Commune de Seine-et-Marne. 8 300 hab. *(les Fertois).*

Fès ou **Fez** ■ Ville du Maroc. 449 000 hab. *(les Fassis).* Capitale des *Marīnides. Remparts, mosquées, médersas (écoles islamiques), palais du roi. Ville ancienne. Tourisme. Centre culturel.

Joseph **Fesch** ■ Prélat français (1763-1839). Oncle maternel de Napoléon Ier, dont il fut l'ambassadeur au *Vatican, puis l'adversaire. Il constitua d'importantes collections d'art italien.

Ludwig **Feuerbach** ■ Philosophe allemand (1804-1872). Critique de *Hegel et de la religion *("l'Essence du christianisme").* □ *Anselm* **Feuerbach,** son neveu (1829-1880), peintre et dessinateur allemand.

Louis **Feuillade** ■ Cinéaste français (1873-1925). La sobriété du jeu de ses interprètes donnait à ses films le sens du réel. *"Fantômas" ; "les Vampires".*

le club des **Feuillants** ■ Club révolutionnaire rassemblant les monarchistes constitutionnels (*La Fayette, *Barnave, *Duport). Ils dominèrent la *Constituante et les débuts de l'*Assemblée législative.

Feurs ■ Commune de la Loire. 7 900 hab. *(les Foréziens).* Vestiges antiques.

Paul **Féval** ■ Écrivain français (1817-1887). Romans-feuilletons *("le Bossu").*

février 1848 ■ ⇒ révolution française de 1848.

Georges **Feydeau** ■ Auteur dramatique français (1862-1921). Vaudevilles : *"le Dindon" ; "la Dame de chez Maxim".*

Jacques **Feyder** ■ Cinéaste français d'origine belge (1888-1948). *"Le Grand Jeu" ; "Pension Mimosas" ; "la Kermesse héroïque".*

Richard P. **Feynman** ■ Physicien américain (1918 - 1988). Prix Nobel 1965.

Feyzin ■ Commune du Rhône. 8 600 hab. *(les Feyzinois).* Pétrochimie.

Fez ■ ⇒ Fès.

saint **Fiacre** ■ Ermite du VIIe s. Patron des cochers (par jeu de mots).

Fianarantsoa ■ Ville de Madagascar. 111 000 hab.

Leonardo **Fibonacci** ■ ⇒ Léonard de Pise.

Ficardin, en arabe **Fakhr ad-Dīn II** ■ Émir du Liban (1572-1635).

Johann Gottlieb **Fichte** ■ Philosophe allemand (1762-1814). Sa *"Doctrine de la science"* marque le passage de *Kant à l'idéalisme absolu (⇒ **Schelling, Hegel**). Ses écrits politiques ont joué un grand rôle dans la formation du nationalisme allemand.

Marsile **Ficin** ■ Philosophe et humaniste italien (1433-1499). Maître du *platonisme chrétien. *"Théologie platonicienne".*

les îles **Fidji** ■ Archipel et État (république) de Mélanésie (plus de 800 îles). 18 274 km². 734 000 hab. *(les Fidjiens).* Capitale : Suva. Langues : fidjien, anglais. Monnaie : dollar de Fidji. Économie sucrière. Tourisme. □ **HISTOIRE**. Îles découvertes par le Hollandais *Tasman en 1643, ancienne colonie britannique, indépendante depuis 1970, membre du *Commonwealth jusqu'en 1987.

Henry **Fielding** ■ Écrivain satirique et journaliste anglais (1707-1754). *"Tom Jones",* chef-d'œuvre d'observation sociale et d'humour.

les **Fiesque,** en italien **Fieschi** ■ Famille noble de Gênes, rivale des *Doria. La *conjuration de* (Gian Luigi) *Fiesque* inspira Schiller.

Fife ou ***Fifeshire*** ■ Région administrative de la côte est de l'Écosse. 1 319 km². 345 000 hab. Chef-lieu : Glenrothes (34 900 hab.).

Figaro ■ ⇒ **Beaumarchais.**

Figeac ■ Sous-préfecture du Lot. 10 400 hab. *(les Figeacois).* Petites industries.

le ***Filarète*** ■ Sculpteur et architecte italien (v. 1400 - v. 1469). Son *"Traité d'architecture"* décrit une ville idéale, synthèse des réflexions et connaissances de l'époque.

la querelle du ***filioque*** ■ Conflit qui opposa, à partir du IXᵉ s., catholiques et orthodoxes au sujet de la théologie de la Trinité.

Filitosa ■ Site archéologique (préhistorique) de Corse-du-Sud.

Millard ***Fillmore*** ■ Homme politique américain (1800-1874). 13ᵉ président des États-Unis, de 1850 à 1853.

le ***Finistère*** [29] ■ Département français de la région *Bretagne. 6 787 km². 838 200 hab. Préfecture : Quimper (préfecture maritime : Brest). Sous-préfectures : Brest, Châteaulin, Morlaix.

le cap ***Finisterre*** ■ Extrémité nord-ouest de l'Espagne.

la ***Finlande*** ■ État (république) du nord de l'Europe. 338 145 km². 4,96 millions d'hab. *(les Finlandais).* Capitale : Helsinki. Langues : finnois (93 %) et suédois. Monnaie : mark finlandais. Le climat rigoureux, dû à la latitude élevée, limite l'agriculture et la pêche aux côtes de la Baltique. L'industrie du bois (les forêts couvrent 76 % du territoire) domine les autres (métallurgie, mécanique, textile). Porcelaine, verreries. Importantes ressources hydro-électriques. □ **HISTOIRE.** L'isolement des Lapons, puis des Finnois (dont la langue est apparentée au hongrois) favorisa un particularisme mais aussi l'absence de détermination politique face aux Suédois, maîtres du pays du XIIᵉ au XVIIIᵉ s. La Russie imposa sa domination en 1809. Elle permit d'abord un réveil culturel et politique, mais engagea à la fin du XIXᵉ s. une politique de russification stoppée par les événements révolutionnaires de 1917. Avec l'appui des Allemands, la Finlande obtint son indépendance ; elle devint république en 1919, reconnue par la Russie en 1920. La Seconde Guerre mondiale la livra aux convoitises soviétique et allemande et l'obligea, après 1945, à ménager son puissant voisin soviétique. Cette politique de prudence diplomatique et de coopération économique lui a permis de préserver sa liberté et son développement, sous la présidence notamment du social-démocrate *Kekkonen (de 1956 à 1981). ▶ *le golfe de* ***Finlande***, formé par la Baltique entre l'Estonie, la Russie et la Finlande, baigne Helsinki et Saint-Pétersbourg. ⟨ ▶ finlandais ⟩

la ***Fionie*** ■ Grande île et province du Danemark. 457 000 hab. 3 486 km². Chef-lieu : Odense.

Firdousi ■ ⇒ **Ferdowsī.**

Firminy ■ Commune de la Loire. 23 400 hab. Église des XIIᵉ et XVIᵉ s. Métallurgie.

Johann Bernhard ***Fischer von Erlach*** ■ Architecte et décorateur *baroque autrichien (1656 - 1723). Église Saint-Charles-Borromée à Vienne.

saint John ***Fisher*** ■ Prélat anglais, ami d'*Érasme (v. 1469 - 1535). Il s'opposa au second mariage d'Henri VIII et fut exécuté.

Irving ***Fisher*** ■ Économiste américain (1867-1947). Théorie mathématique (ou quantitative) de la monnaie.

Francis Scott ***Fitzgerald*** ■ Écrivain américain (1896-1940). Il a évoqué la splendeur des années du jazz et l'échec puis l'effondrement du rêve américain. *"Gatsby le Magnifique".*

Ella ***Fitzgerald*** ■ Chanteuse de jazz noire américaine (née en 1918).

Fiume ■ Nom italien de **Rijeka.

Hippolyte **Fizeau** ■ Physicien français (1819-1896). ⇒ **Doppler.** Première mesure physique (non astronomique) de la vitesse de la lumière.

Robert **Flaherty** ■ Cinéaste américain (1884-1951). "*Nanouk*", "*Moana*", "*l'Homme d'Aran*", chefs-d'œuvre du documentaire ethnologique.

l'école **flamande,** *les peintres flamands* ■ ⇒ Flandre.

Nicolas **Flamel** ■ Auteur supposé de traités hermétiques, alchimiste français légendaire (v. 1330-1418).

Camille **Flammarion** ■ Astronome français (1842-1925). Fondateur de la Société astronomique de France. "*Astronomie populaire*" (1879).

la **Flandre** ou *les* **Flandres** ■ Région historique partagée aujourd'hui entre la France et la Belgique. Elle prit son essor au Moyen Âge avec l'industrie drapière. Au XIVᵉ s., les villes s'opposèrent à l'annexion française, avant de passer aux mains du duc de Bourgogne (XVᵉ s.), puis de ses héritiers : **Maximilien d'Autriche, *Charles Quint, *Philippe II d'Espagne. Après la sécession des **Pays-Bas protestants, la Flandre resta catholique et espagnole. Au terme de la guerre de **Succession d'Espagne (1714), elle fut soumise aux Autrichiens, à l'exception de places fortes cédées à la France (dont Lille). Sous domination française durant la Révolution et l'Empire, la Flandre fut rattachée en 1814 au royaume des Pays-Bas. En 1830, elle devint l'une des parties de la Belgique indépendante. Elle se divise en deux provinces dans la Belgique actuelle. □ *la* **Flandre-Occidentale,** en néerlandais *West-Vlaanderen.* 3 134 km². 1,09 million d'hab. Chef-lieu : Bruges. □ *la* **Flandre-Orientale,** en néerlandais *Oost-Vlaanderen.* 2 982 km². 1,33 million d'hab. Chef-lieu : Gand. □ *la* **Flandre maritime,** en France, est intégrée au département du Pas-de-Calais. La *Flandre intérieure* fait partie du département du Nord. ▶ *l'école* **flamande** naquit avec l'introduction de la technique de la peinture à l'huile (v. 1420) et connut un développement important du XVᵉ au XVIIᵉ s. Robert **Campin, Jan **Van Eyck et Roger **Van der Weyden en jetèrent les bases : goût du détail, expressivité du visage et du geste. Au XVIᵉ s. apparurent les genres indépendants : Quentin **Metsys fut le premier portraitiste (ses successeurs créèrent le « portrait de groupe ») ; Joachim **Patinir le premier paysagiste. **Bruegel créa un type de peinture de genre qui se développa par la suite : la scène villageoise dans un paysage. Au début du XVIIᵉ s., **Rubens, de retour d'Italie, introduisit le **baroque en Flandre. Son ancien élève **Van Dyck eut une grande influence en Angleterre. La peinture de genre, de caractère allégorique, inaugurée par Bruegel, continua avec **Jordaens. À la fin du XVIIᵉ s. l'école flamande déclina. ⟨ ▶ flamand ⟩

Hippolyte **Flandrin** ■ Peintre français (1809-1864). Élève d'**Ingres.

Gustave **Flaubert** ■ Écrivain français (1821-1880). Sa recherche forcenée de la beauté et de la vérité, appuyée par un souci de réalisme et une écriture lyrique, a marqué une rupture avec les conventions romanesques traditionnelles. "*Madame Bovary*" ; "*Salammbô*" ; "*l'Éducation sentimentale*" ; "*Trois contes*" ; "*Bouvard et Pécuchet*".

les **Flaviens** ■ Dynastie d'empereurs romains (69-96) fondée par **Vespasien, représentée après lui par ses fils **Titus et **Domitien.

Flavius Josèphe ■ Historien juif rallié à Rome, de langue latine (v. 37 - v. 100).

John **Flaxman** ■ Sculpteur et illustrateur **néo-classique anglais (1755-1826).

La **Flèche** ■ Sous-préfecture de la Sarthe. 16 600 hab. *(les Fléchois).* Prytanée militaire (ancien collège des jésuites).

le Maître de **Flémalle** ■ ⇒ Robert **Campin**.

sir Alexander **Fleming** ■ Médecin et bactériologiste anglais (1881-1955). Prix Nobel 1945 pour sa découverte de la pénicilline.

Victor **Fleming** ■ Cinéaste américain (1883-1949). *"L'Île au trésor"* ; *"le Magicien d'Oz"* ; *"Autant en emporte le vent".*

Ian **Fleming** ■ Écrivain anglais (1908-1964). Créateur du personnage de James Bond, héros de romans et de films d'espionnage.

Flers ou **Flers-de-l'Orne** ■ Commune de l'Orne. 18 500 hab. *(les Flériens).*

Fleurus ■ Commune de Belgique (*Hainaut). 22 000 hab. Victoire française sur les Autrichiens (1794).

le cardinal de **Fleury** ■ Ministre de Louis XV (1653-1743). Il mena une politique habile et prudente. Il fut impopulaire.

Fleury-les-Aubrais ■ Commune du Loiret. 20 700 hab. *(les Fleuryssois).* Gare d'Orléans-les-Aubrais.

Fleury-Mérogis ■ Commune de l'Essonne. 9 900 hab. *(les Fleury-Mérogissois).* Centre pénitentiaire moderne.

le **fleuve Bleu** ■ ⇒ Yangzi Jiang.

le **fleuve Jaune** ■ ⇒ Huang He.

le **Flevoland** ■ Province des Pays-Bas constituée de deux polders. 1 422 km ². 194 000 hab. Chef-lieu : Lelystad (58 400 hab.).

Flint ■ Ville des États-Unis (*Michigan). 160 000 hab. Industrie automobile.

le **F.L.N., Front de libération nationale** ■ Mouvement nationaliste algérien créé en 1954. Il tint un rôle essentiel durant la guerre de libération contre la France. De l'indépendance (1962) à 1989, il fut le seul parti politique autorisé.

Floirac ■ Commune de Gironde, banlieue de Bordeaux. 16 900 hab. *(les Floiracais).*

Florac ■ Sous-préfecture de la Lozère. 2 100 hab. *(les Floracois).* Tourisme.

Florange ■ Commune de la Moselle. 11 400 hab. *(les Florangeois).*

Flore ■ Déesse italique et romaine des Fleurs, identifiée à la *Chloris grecque. ⟨ ▶ flore ⟩

Florence, en italien **Firenze** ■ Ville d'Italie, centre de la *Toscane. 417 000 hab. *(les Florentins).* Brillante cité culturelle et touristique : nombreux monuments *Renaissance, musées, académies. Artisanat, industrie mécanique. ▢ **HISTOIRE**. Commune libre au Moyen Âge, Florence s'enrichit rapidement grâce au commerce ; elle conquit *Pise en 1406, devenant ainsi une puissance maritime. Elle fut le premier foyer du développement des arts et des lettres en Italie : dès 1300 avec *Dante et *Giotto, autour de 1400 avec *Brunelleschi et *Masaccio, enfin, sous le gouvernement des *Médicis (qui inspira *"le Prince"* de Machiavel), avec *Léonard de Vinci et *Michel-Ange (v. 1500). Elle fut la capitale du royaume d'Italie de 1865 à 1870. ⟨ ▶ florentin ⟩

Flores ■ Île d'Indonésie, dans l'archipel de la Sonde. 14 275 km². 700 000 hab. Chef-lieu : Ende. ▶ *la mer de* **Flores** sépare l'île et les *Célèbes.

Jean-Pierre Claris de **Florian** ■ Écrivain français (1755-1794). *"Fables".*

la **Floride** ■ État du sud-est des États-Unis, péninsule entre le golfe du Mexique et l'Atlantique. 151 939 km². 9,75 millions d'hab. Capitale : Tallahassée. Agrumes. Industries alimentaire et électrique. Tourisme (*Miami, Disneyworld). Centre aérospatial de cap *Canaveral.

les **Floris de Vriendt** ■ Artistes flamands, influencés par l'Italie. □ *Cornelis* **Floris de Vriendt,** architecte de l'hôtel de ville d'Anvers (1514-1575). □ *Frans* **Floris de Vriendt,** son frère, peintre d'allégories (v. 1516 - 1570).

Pierre **Flourens** ■ Physiologiste français (1794-1867). □ *Gustave* **Flourens,** son fils, membre de la *Commune (1838-1871).

Robert **Fludd** ■ Médecin anglais, auteur de traités d'hermétisme (1574-1637).

le **F.M.I., Fonds monétaire international** ■ Institution de coopération internationale, créée en 1944 à *Bretton Woods, veillant à la stabilité des changes.

F.O., Force ouvrière ■ Organisation syndicale française, issue d'une scission de la *C.G.T. en 1948, dont le nom officiel est C.G.T.-F.O.

Ferdinand **Foch** ■ Maréchal de France (1851-1929). Généralissime des forces alliées en 1918, signataire de l'armistice avec l'Allemagne. ⇒ Première **Guerre mondiale.**

Henri **Focillon** ■ Historien et théoricien français de l'art (1881-1943). "*La Vie des formes*"; "*Art d'Occident*".

Antonio **Fogazzaro** ■ Écrivain italien (1842-1911). "*Le Petit Monde d'autrefois*".

Foggia ■ Ville d'Italie du Sud (*Pouilles). 159 000 hab. Marché agricole.

Foix ■ Préfecture de l'Ariège. 10 400 hab. *(les Fuxéens).* ▶ *le comté de* **Foix,** dont elle fut la capitale, connut son apogée sous *Gaston de Foix (XIVᵉ s.).

Anthony **Fokker** ■ Aviateur et industriel néerlandais (1890-1939).

Teofilo **Folengo** ■ Poète italien, bénédictin (1491-1544). "*Baldus*", chef-d'œuvre du style macaronique, influença *Rabelais.

Folkestone ■ Port sur la côte sud de l'Angleterre (*Kent). 46 000 hab.

Jean **Follain** ■ Poète français (1903-1971). "*Territoires*".

Maurice **Fombeure** ■ Poète français (1906-1981). "*Une forêt de charme*".

Fondettes ■ Commune de l'Indre-et-Loire. 7 600 hab.

Fongafale ■ Capitale de Tuvalu, sur l'atoll de Funafuti. 2 800 hab.

les **Fons** ■ Population noire du Bénin.

Pierre   François **Fontaine** ■ Architecte français associé à *Percier (1762-1853).

Fontaine ■ Commune de l'Isère, banlieue de Grenoble. 23 100 hab. *(les Fontainois).*

Fontainebleau ■ Commune de Seine-et-Marne. 18 000 hab. *(les Bellifontains).* Forêt domaniale de 17 000 ha. ▶ *le château de* **Fontainebleau** fut construit par *François Iᵉʳ, qui fit appel pour la décoration à des artistes italiens (le *Rosso, le *Primatice, *Dell'Abate), autour desquels s'élabora un style d'inspiration *maniériste, la **première école de Fontainebleau**. Le château fut agrandi par Henri IV et décoré alors par des artistes français qui créèrent la **seconde école de Fontainebleau,** ultime manifestation du *maniérisme (⇒ **Dubois, Dubreuil, Fréminet**). C'est aujourd'hui un musée.

La **Fontaine-de-Vaucluse** ■ Commune du Vaucluse. 580 hab. *(les Vauclusiens).* La célébrité de la résurgence d'un fleuve souterrain, la Sorgue, alimenté par les eaux de pluie valut à ce type de phénomène le nom de « source vauclusienne ».

Fontaine-lès-Dijon ■ Commune de la Côte-d'Or. 7 900 hab.

Domenico **Fontana** ■ Architecte et urbaniste italien (1543-1607).

Carlo **Fontana** ■ Architecte, décorateur et sculpteur *baroque italien (1634-1714). Collaborateur du *Bernin.

Lucio **Fontana** ■ Sculpteur et peintre italien (1899-1968). Surfaces lacérées.

Theodor **Fontane** ■ Écrivain allemand (1819-1898). Nombreux romans dont "*Effi Briest*".

Louis de **Fontanes** ■ Écrivain français, responsable de l'Université sous l'Empire, ministre de Louis XVIII (1757-1821).

Fontenay-aux-Roses ■ Commune des Hauts-de-Seine, dans la banlieue sud de Paris. 23 500 hab. *(les Fontenaisiens)*. Centre de recherches et d'études nucléaires.

Fontenay-le-Comte ■ Sous-préfecture de la Vendée. 16 100 hab. *(les Fontenaisiens)*. Églises et bâtiments anciens.

Fontenay-le-Fleury ■ Commune des Yvelines. 13 200 hab. *(les Fontenaysiens ou Florifontains)*.

Fontenay-sous-Bois ■ Commune du Val-de-Marne, dans la banlieue est de Paris. 52 100 hab. *(les Fontenaysiens)*.

Bernard de **Fontenelle** ■ Écrivain français (1657-1757). Son art d'exposer le progrès des sciences annonce les *Lumières. "*Entretiens sur la pluralité des mondes*".

Fontenoy ■ Commune de Belgique (*Hainaut). Victoire du maréchal de Saxe, à la tête des Français, sur les Anglais et les Hollandais, en 1745, au cours de la guerre de *Succession d'Autriche.

l'abbaye de **Fontevrault** ou **Fontevraud** ■ Abbaye du Maine-et-Loire (commune de Fontevraud-l'Abbaye ; 1 100 hab. *[les Fontevristes]*) fondée par Robert d'Arbrissel (fin XIᵉ s.) pour abriter, sous l'autorité d'une abbesse, une communauté d'hommes et une communauté de femmes. L'ordre fut supprimé en 1792.

Font-Romeu-*Odeillo-Via* ■ Commune des Pyrénées-Orientales. 1 900 hab. *(les Romeufontains)*. Tourisme.

Jean-Louis **Forain** ■ Artiste français (1852-1931). Célèbre dessinateur de presse.

Forbach ■ Sous-préfecture de la Moselle. 27 400 hab. *(les Forbachois)*. Centre houiller, constructions mécaniques.

Forcalquier ■ Sous-préfecture des Alpes-de-Haute-Provence. 4 000 hab. *(les Forcalquiérens)*.

John **Ford** ■ Auteur dramatique anglais d'inspiration *baroque (1586-1639). "*Dommage qu'elle soit une putain*" ; "*le Cœur brisé*". ≠ *John Ford* (→ ci-dessous).

Henry **Ford** ■ Industriel américain (1863-1947). Pionnier de l'automobile.

John **Ford** ■ Cinéaste américain d'origine irlandaise (1895-1973). Le maître du western. "*La Chevauchée fantastique*" ; "*les Raisins de la colère*", d'après *Steinbeck. ≠ *John Ford* (→ ci-dessus).

Gerald **Ford** ■ Homme politique américain (né en 1913). 38ᵉ président (républicain) des États-Unis, de 1974 à 1977. Vice-président, il succéda à *Nixon.

la **Forêt-Noire,** en allemand **Schwarzwald** ■ Massif montagneux d'Allemagne, en bordure du Rhin. Conifères. Commerce et industries dans les vallées et les villes (⇒ **Fribourg-en-Brisgau**). Tourisme.

le **Forez** ■ Région du *Massif central.

Forli ■ Ville d'Italie (*Émilie-Romagne). 110 000 hab.

Miloš Forman ■ Cinéaste tchécoslovaque naturalisé américain (né en 1932). *"Les Amours d'une blonde"* (en Tchécoslovaquie) ; *"Amadeus"* (aux États-Unis).

Formose ■ Nom donné par les Portugais à l'île de *Taïwan.

Edward Morgan Forster ■ Romancier et critique anglais (1879-1970). *"La Route des Indes"*.

Paul Fort ■ Poète français (1872-1960). *"Ballades françaises"*.

Fortaleza ■ Ville et port du nord du Brésil, capitale de l'État de *Ceará. 648 000 hab. Industries textile et alimentaire.

Fort-de-France ■ Préfecture de la Martinique. 100 700 hab. *(les Foyalais)*. Port actif sur la *baie de Fort-de-France*. Rhum.

Fort-Lamy ■ Ancien nom de *N'Djamena.

Fort Lauderdale ■ Ville des États-Unis, 3ᵉ port de *Floride. 153 000 hab.

Louis Forton ■ Dessinateur et conteur français (1878 - 1934). Créateur des *Pieds-Nickelés* et de *Bibi Fricotin*.

Fortuna ■ Divinité romaine du hasard. Elle a donné son nom à la *fortune*. ⟨ ▶ fortune ⟩

Fort Wayne ■ Ville des États-Unis (*Indiana). 172 000 hab.

Fort Worth ■ Ville des États-Unis (*Texas). 385 000 hab. Industries, commerce (bétail).

le Forum romanum ■ Ancien quartier de la Rome antique, centre religieux, commercial et politique de la ville, dont les ruines sont un site touristique.

Ugo Foscolo ■ Écrivain préromantique italien (1778-1827). *"Les Dernières Lettres de Jacopo Ortis"* ; *"les Tombeaux"*, poèmes patriotiques.

Fosses ■ Commune du Val-d'Oise. 9 600 hab.

Fos-sur-Mer ■ Commune des Bouches-du-Rhône, près du *golfe de Fos*. 12 200 hab. *(les Fosséens)*. □ **Fos-Étang-de-Berre**. Zone industrielle. Raffinerie de pétrole, chimie, sidérurgie (⇒ étang de **Berre**).

Charles de Foucauld dit **le père de Foucauld** ■ Prêtre français, ermite et missionnaire au Sahara (1858-1916).

Léon Foucault ■ Physicien français (1819-1868). Sa célèbre expérience du pendule mit en évidence la rotation de la Terre.

Michel Foucault ■ Philosophe et essayiste français (1926-1984). Son intérêt pour l'histoire de la médecine s'est déplacé vers la morale et la politique. *"Les Mots et les Choses"* ; *"l'Archéologie du savoir"* ; *"Histoire de la sexualité"*.

Joseph Fouché ■ Homme politique français (1759-1820). Ministre de la Police sous le Consulat, l'Empire et Louis XVIII.

Foudjaïrah ou *al-***Fujayrah** ■ Un des Émirats arabes unis. 1 150 km². 54 400 hab. Pêche, pétrole.

Fougères ■ Sous-préfecture de l'Ille-et-Vilaine. 23 100 hab. *(les Fougerais)*. Ancienne ville forte.

le Fouji-San ■ ⇒ **Fuji-yama**.

Léonard Foujita ou **Fujita Tsuguharu** ■ Peintre japonais établi à Paris (1886-1968).

les Foulbés ■ ⇒ les **Peuls**.

Foulques V ■ Comte d'*Anjou et Maine, roi de *Jérusalem de 1131 à sa mort (1095-1143).

Jean Fouquet ■ Peintre et miniaturiste français (v. 1420 - v. 1477). *"Portrait de Charles VII"* ; *"Vierge"*.

Nicolas Fouquet ■ Surintendant des Finances de Louis XIV (1615-1680). Disgracié en 1661, son faste ayant déplu au roi.

Antoine **Fouquier-Tinville** ■ Magistrat français, accusateur public du Tribunal révolutionnaire, guillotiné (1746-1795).

Jean **Fourastié** ■ Économiste français (1907-1990). *"Les Trente Glorieuses"*.

Joseph **Fourier** ■ Mathématicien français (1768-1830). *Séries de Fourier :* séries trigonométriques, essentielles en physique (théorie de la chaleur).

Charles **Fourier** ■ Utopiste français (1772-1837). Théoricien de l'harmonie et de l'organisation communautaire du phalanstère.

Fourmies ■ Commune du Nord. 14 900 hab. *(les Fourmisiens).*

Les **Fourons,** en néerlandais **Voeren** ■ Commune de Belgique, à majorité francophone, rattachée à la province du *Limbourg (néerlandophone). Lieu symbole de la querelle linguistique belge.

Fourvière ■ Colline dominant Lyon sur laquelle est bâtie la basilique Notre-Dame-de-Fourvière.

le **Fouta-Djalon** ■ Massif montagneux de Guinée, « château d'eau » de l'ouest de l'Afrique. Cultures vivrières, élevage.

Fou-tcheou ■ ⇒ Fuzhou.

George **Fox** ■ Protestant anglais, fondateur de la secte des *quakers (1624-1691).

Charles James **Fox** ■ Homme politique britannique (1749-1806). Réformiste favorable à un rapprochement avec la France.

la **Fraction armée rouge,** en allemand *die Rote Armee Fraktion* ou *R.A.F.* ■ Organisation terroriste ouest-allemande d'extrême gauche des années 1970, appelée aussi *bande à Baader* (du nom de l'un de ses fondateurs).

Jean-Honoré **Fragonard** ■ Peintre français, élève de *Boucher (1732-1806). Style plein de grâce et de vivacité. Scènes galantes, portraits.

Pierre **Francastel** ■ Historien et théoricien de l'art français (1900-1970).

Anatole **France** ■ Écrivain français (1844-1924). Humaniste ironique et sceptique. Il soutint *Dreyfus aux côtés de *Zola. *"L'Histoire contemporaine"*, roman. Prix Nobel 1921.

la **France** ■ État (république) occupant l'extrémité ouest du continent européen, bordé par l'Atlantique, la Manche et la mer du Nord et au sud par la Méditerranée. Elle est séparée de la Belgique et du Luxembourg par les Ardennes, de l'Allemagne par le Rhin, de la Suisse et de l'Italie par le Jura et les Alpes, de l'Espagne par les Pyrénées. Elle comprend des îles (*Corse), ainsi que des départements et territoires d'outre-mer. 549 192 km². 58,4 millions d'hab. *(les Français).* Capitale : Paris. Langue officielle : français. Autres langues : alsacien, basque, breton, catalan, corse, flamand, occitan (gascon, provençal). Monnaie : franc. La France est une république parlementaire comprenant deux assemblées (l'*Assemblée nationale, le *Sénat), un président de la République (chef de l'État) et un Premier ministre qui dirige le gouvernement. Son climat tempéré, son relief varié en font un pays agricole (élevage, blé, maïs, cultures maraîchères et fruitières, viticulture). L'industrie est cependant devenue le premier secteur économique, mais la sidérurgie, le textile et les industries mécaniques (automobiles, chantiers navals) ont connu des difficultés ces dernières années. Le secteur tertiaire se développe (tourisme). L'État assure certains services (éducation, santé, postes et télécommunications) ; ses entreprises représentent 20 % du produit national brut (Électricité de France, chemins de fer, quelques groupes industriels, une partie des banques et assurances...) ; ses décisions influent sur l'économie privée : ainsi l'entrée dans le Marché commun (*C.E.E.) a entraîné des mesures de soutien à l'agriculture et le développement du commerce avec l'Europe. Globalement, les importations (pétrole, biens de consommation) l'emportent sur les exportations (biens d'équipement et de consommation, agro-alimentaire) ; l'apport complémentaire en devises extérieures (investissements à l'étranger) reste insuffisant malgré le tourisme. D'autre part, on a tenté de corriger les disparités régionales et le rôle excessivement important de Paris par rapport à la province en favorisant la décentralisation et en créant 22 régions administratives en France métropolitaine : *Alsace, Aquitaine, Auvergne, Bourgogne, Bretagne, Centre, Champagne-Ardenne, Corse, Franche-Comté, Île-de-France, Languedoc-Roussillon, Limousin, Lorraine, Midi-Pyrénées, Nord-Pas-de-Calais, Basse-Normandie, Haute-Normandie, Pays de la Loire, Picardie, Poitou-Charentes, Provence-Alpes-Côte d'Azur, Rhône-Alpes* (se reporter à l'article concernant chaque région pour connaître les départements qui la composent). □ **HISTOIRE.** Située à la pointe de l'*Eurasie, la *Gaule est devenue une partie de l'Empire romain. À l'époque des grandes invasions germaniques, elle s'est transformée en un royaume barbare, le royaume des *Francs, avec la dynastie des *Mérovingiens. Divisé dès la mort de *Clovis (511) en *Neustrie, *Austrasie, *Bourgogne et *Aquitaine, réunifié un temps par *Dagobert, le royaume fut intégré à l'empire de *Charlemagne (v. 800). Le lien entre la papauté et les dynasties régnantes s'affirma alors et fit de la France « la fille aînée de l'Église ». Le traité de Verdun (843) fixa la frontière de la *Francia Occidentalis,* que reçut en partage l'un des petits-fils de Charlemagne, *Charles le Chauve. Mais le pouvoir effectif passait aux mains des grands féodaux. Ce fut l'œuvre des *Capétiens, succédant aux *Carolingiens en 987 (sacre de *Hugues Capet), d'annexer progressivement à leur propre territoire les comtés ou

duchés qui fragmentaient le royaume (⇒ **féodalité**). Pour y parvenir, ils surent, à partir de Louis VI (v. 1130), encourager la renaissance des villes qui cherchaient à s'affranchir des seigneurs. La victoire de *Philippe Auguste à *Bouvines (1214), le prestige de Louis IX (Saint Louis) au temps des croisades (v. 1250), enfin les réformes et l'autorité de *Philippe le Bel (v. 1300) imposèrent le rayonnement de la France au XIIIᵉ s., dont témoigne son influence culturelle (université de Paris) et artistique (cathédrales gothiques). Mais, le roi d'Angleterre prétendant à la succession de *Philippe le Bel, la guerre de *Cent Ans plongea le pays dans une profonde instabilité, qui ne cessa qu'avec les succès définitifs de Charles VII (⇒ **Jeanne d'Arc**) et Louis XI. Ce dernier acheva la politique d'annexion, notamment en neutralisant le duc de Bourgogne *Charles le Téméraire ; il laissa aux rois de la *Renaissance un domaine et des institutions consolidés. François Iᵉʳ dut lutter contre la puissance des *Habsbourg (⇒ **Charles Quint**) et les troubles nés de la *Réforme. Après son règne éclatèrent les guerres de *Religion, guerres civiles où chaque parti trouvait des soutiens à l'étranger ; Henri IV, prince protestant rallié au catholicisme, y mit fin en 1598 par le compromis de l'édit de *Nantes. Il redressa l'économie nationale et renforça le pouvoir royal. Cette tendance à l'absolutisme fut accentuée par Louis XIII, les ministres *Richelieu et *Mazarin (qui mata la *Fronde), et surtout Louis XIV. La France dominait l'Europe v. 1680. Mais les ressources économiques étaient sacrifiées à la Cour (⇒ **Versailles**), à la gloire, aux grands desseins diplomatiques et militaires. Au XVIIIᵉ s. les esprits brillants des *Lumières critiquèrent de plus en plus les faiblesses du régime ; l'Angleterre faisait figure de nouvelle grande puissance, alors que la France négligeait ses entreprises coloniales, que la situation financière de l'État et les tensions sociales s'aggravaient. Les ministres de Louis XV puis Louis XVI échouèrent dans leurs réformes : la noblesse conserva ses privilèges ; la convocation des *états généraux (1789) ne suffit pas à débloquer la situation. La *Révolution emporta la royauté (exécution de Louis XVI en 1793) et mit fin à l'*Ancien Régime. Affrontant l'Europe entière, les révolutionnaires diffusèrent leurs principes politiques. Mais leurs divisions, les conflits entre royalistes et républicains, entre les provinces et Paris, entre modérés et radicaux suscitèrent l'apparition d'un pouvoir fort : le *Consulat (1799) puis l'*Empire (1804). *Napoléon Ier engagea la France dans une épopée conquérante, d'abord couronnée de succès, puis réduite à néant (1814-1815) par la résistance de l'Angleterre, alliée à la Russie et l'Autriche. La restauration de la monarchie (Louis XVIII, Charles X, Louis-Philippe) ne survécut pas, cependant, à la *révolution de 1848, suivie du rétablissement de l'Empire par Napoléon III (1852). La France du second *Empire s'engagea dans l'économie moderne : réforme du crédit, industries, transports, urbanisation. Après la défaite contre la Prusse (1870) et la révolution de la *Commune, le régime républicain s'instaura durablement : la IIIe *République réussit à l'imposer progressivement aux Français, en leur apportant l'instruction gratuite, laïque et obligatoire ; elle développa par ailleurs l'expansion coloniale, mais son économie évoluait lentement, à la différence de celle de l'Allemagne. La Première *Guerre mondiale, dont la France sortit vainqueur, lui rendit l'Alsace et la Lorraine, mais la ruina humainement (1,4 million de morts) et économiquement. En France, l'entre-deux-guerres fut marqué par les mesures sociales des gouvernements du *Front populaire (1936). L'Allemagne, en pleine crise économique et humiliée par la défaite de 1918, porta au pouvoir *Hitler et les nazis, qui

engagèrent (1939) la Seconde *Guerre mondiale et triomphèrent rapidement en Europe continentale. Le parlement français donna les pleins pouvoirs au maréchal *Pétain, qui choisit la collaboration avec le vainqueur (gouvernement de *Vichy). Mais la ténacité du Royaume-Uni, l'entrée en guerre des Américains, le retournement d'alliance de l'U.R.S.S., l'organisation de la *Résistance dans les régions occupées provoquèrent la chute de Hitler (1945). Après la *Libération et le gouvernement d'union (*G.P.R.F.) du général de *Gaulle, la IVe *République fut proclamée. Elle poursuivit une œuvre de reconstruction économique et financière et d'intégration européenne (création de la *C.E.E. en 1957), malgré l'instabilité ministérielle et les graves problèmes de la décolonisation. La guerre d'*Algérie provoqua le retour au pouvoir de Charles de Gaulle (1958) et la proclamation de la Ve *République, dont il fut élu président. Il inspira directement la politique de ses gouvernements. Son ancien Premier ministre Georges *Pompidou lui succéda en 1969. L'élection du centriste libéral Valéry *Giscard d'Estaing en 1974 plaça le parti gaulliste à la droite de l'échiquier politique mais les institutions gaullistes ne furent plus guère contestées : le socialiste François *Mitterrand, devenu président de la République en 1981, a usé des pouvoirs que lui confère la Constitution pour mener ses réformes (nationalisations, décentralisation) avec le soutien des communistes jusqu'en 1984. Devant les effets persistants (en particulier le chômage) de la crise qu'a connu le monde depuis 1973, il entreprit ensuite une « politique de rigueur » ; aux problèmes économiques s'ajoutèrent ceux de l'éducation, qui avaient provoqué en *mai 1968 d'importants mouvements contestataires. Les élections législatives de 1986 imposèrent la « cohabitation » avec un gouvernement de droite dirigé par Jacques *Chirac. L'alternance politique n'a jamais remis en cause les choix diplomatiques et militaires de Gaulle (présence en Afrique ; défense nucléaire...). Réélu en 1988, F. Mitterrand nomma Michel *Rocard Premier ministre, puis Édith *Cresson (1991) et Pierre *Bérégovoy (1992) à qui succéda Édouard *Balladur en 1993 à la suite de la victoire de la droite aux élections législatives. En 1990, il engagea militairement la France dans la coalition contre l'Irak lors de la guerre du *Golfe. ⟨ ▶ ④ franc, français ⟩

l'île de **France** ■ Ancien nom de l'île *Maurice. ≠ Île-de-France. ⇒ **Île-de-France.**

Piero della **Francesca** ■ ⇒ Piero della Francesca.

Francesco di Giorgio Martini ■ Architecte, peintre et sculpteur italien (1439-1502).

Francfort - sur - le - Main, en allemand **Frankfurt am Main** ■ Ville d'Allemagne (*Hesse). 618 000 hab. Durant la Seconde Guerre mondiale, la ville fut détruite à 60 %. Place commerciale et financière depuis le Moyen Âge, pôle industriel et culturel (presse, université, édition). Grand aéroport. ▶ *le traité de* **Francfort** (10 mai 1871) mit fin à la guerre *franco-allemande de 1870. ▶ *l'école de* **Francfort,** courant philosophique proche du marxisme, dominé par Max Horkheimer (1895-1973), *Adorno, *Marcuse, puis Jürgen Habermas (né en 1929).

Francfort-sur-l'Oder, en allemand **Frankfurt an der Oder** ■ Ville d'Allemagne (*Brandebourg), à la frontière polonaise. 82 800 hab.

la **Franche-Comté** ■ Région administrative et économique de l'est de la France, comprenant les départements du Doubs, du Jura, de la Haute-Saône et du Territoire de Belfort. 16 308 km². 1,1 million d'hab. *(les Francs-Comtois).* Préfecture : Besançon. Pays de forêts (⇒ *Jura*) et de prairies, favorisant traditionnellement l'élevage laitier (fromages) et l'industrie (grâce au bois). L'horlogerie (Besançon), l'automobile et les cycles (Belfort, Montbéliard), l'informatique et l'agro-alimentaire en font une grande région industrielle. Cette province fut longtemps disputée entre la France et l'Empire germanique et définitivement acquise à la France par la paix de Nimègue (1678).

Francheville ■ Commune du Rhône. 10 900 hab.

Sam **Francis** ■ Peintre américain (né en 1923). Représentant de « l'abstraction lyrique ».

les **Franciscains** ou **Frères mineurs** ■ Ordre religieux fondé par saint *François d'Assise, voué à la pauvreté mendiante et à la prédication itinérante. ⟨ ▶ franciscain ⟩

César **Franck** ■ Compositeur et organiste français (1822-1890). Sa musique de chambre et son enseignement ont influencé les musiciens français de la fin du XIXe s.

le général **Franco** ■ Homme politique espagnol (1892-1975). Après avoir conduit le soulèvement nationaliste contre les républicains, et remporté la victoire (1939), il instaura un régime autoritaire, catholique et corporatiste, prit le titre de *caudillo* (« guide ») et restaura la monarchie (1947), tout en exerçant le pouvoir comme régent. ⟨ ▶ franquisme ⟩

la guerre **franco-allemande de 1870** ■ Conflit entre Napoléon III et Guillaume Ier (1870-1871). La défaite de *Sedan provoqua la chute de l'Empire français, la proclamation de la République et le soulèvement de la *Commune. La victoire confirma l'unité allemande, œuvre de *Bismarck, au bénéfice de la *Prusse dont le roi fut proclamé empereur d'Allemagne. L'annexion de l'Alsace-Lorraine par l'Allemagne suscita une opposition durable entre les deux pays.

Le **François** ■ Commune de Martinique. 14 400 hab. *(les Francis-cains).*

Fratellini

François ■ NOM DE PLUSIEURS SOUVERAINS EUROPÉENS **1.** empereurs d'ALLEMAGNE □ *François Ier* (1708-1765). Duc de Lorraine, il obtint la couronne, en 1745, à l'issue de la guerre de *Succession d'Autriche mais laissa gouverner sa femme, l'impératrice *Marie-Thérèse.
□ *François II* (1768-1835). Dernier souverain du *Saint Empire romain germanique (anéanti par Napoléon en 1806) et premier empereur d'Autriche, en 1804, sous le nom de François Ier. **2.** empereur d'AUTRICHE □ *François Ier*. ⇒ 1. empereurs d'ALLEMAGNE, **François II.** **3.** rois de FRANCE □ *François Ier* (1494-1547). Roi en 1515, mécène de la *Renaissance, il s'opposa à la puissance de *Charles Quint et à la montée de la *Réforme, qu'il avait d'abord tolérée. Il promulgua l'ordonnance de *Villers-Cotterêts. □ *François II* (1544-1560), roi en 1559, fut dominé par les *Guises.

saint François d'Assise ■ Religieux italien (v. 1182 - 1226). Fils d'un riche marchand, il fonda l'ordre des *Franciscains. Sa vie légendaire est racontée dans les *"Fioretti"* (XIVe s.).

saint François de Sales ■ Prélat savoyard, évêque de Genève (1567-1622). *"Introduction à la vie dévote"*, modèle de prose française préclassique.

François-Ferdinand de Habsbourg ■ Archiduc d'Autriche (1863-1914). Neveu et héritier de *François-Joseph. Son assassinat, à *Sarajevo par un nationaliste bosniaque, déclencha la guerre de 1914.

l'archipel François-Joseph ■ Archipel russe de l'Arctique. 16 100 km².

François-Joseph Ier ■ Empereur d'Autriche de 1848 à sa mort (1830-1916). Confronté aux nationalismes d'Europe centrale, il prit le titre de roi de Hongrie (1867). Mais la guerre contre la Serbie entraîna la fin de la monarchie austro-hongroise (1918).

saint François Xavier ■ Missionnaire espagnol (1506-1552). Un des membres fondateurs de la Compagnie de *Jésus, qu'il implanta en Inde, en Chine et au Japon.

la Franconie ■ Région d'Allemagne (*Bavière). Ancien royaume des *Francs orientaux (c'est-à-dire ceux de l'est du Rhin).

Franconville ■ Commune du Val-d'Oise. 33 900 hab. *(les Franconvillois).*

les Francs ■ Peuple établi dans la région du Rhin durant l'Antiquité. Il envahit la Belgique et la Gaule romaines. Le royaume des Francs, fondé par *Clovis v. 500, a donné son nom à la France. ⇒ **Franconie.** ⟨ ▶ ① franc ⟩

Georges Franju ■ Cinéaste français (1912-1987). Un des fondateurs de la Cinémathèque française. Documentaires et films *("Thérèse Desqueyroux"*, d'après *Mauriac ; *"Judex"*).

Frankenstein ■ ⇒ Mary Shelley.

Frankfort ■ Ville des États-Unis, capitale du *Kentucky. 26 000 hab.

Benjamin Franklin ■ Publiciste, savant et homme politique américain, esprit des *Lumières (1706-1790). Il obtint l'aide de la France contre l'Angleterre et participa aux actes fondateurs de l'indépendance des États-Unis. Il inventa le paratonnerre et contribua à l'étude de l'électricité.

le Fraser ■ Fleuve de l'ouest du Canada, qui se jette dans le Pacifique, près de *Vancouver. 1 370 km.

Naïm Frashëri ■ Écrivain et patriote albanais (1846-1900).

les Fratellini ■ Clowns français d'origine italienne. Les frères Paul (1877-1940), François (1879-1951) et Albert (1885-1961).

Frauenfeld ■ Ville de Suisse, chef-lieu du canton de *Thurgovie. 18 600 hab.

Joseph von **Fraunhofer** ■ Physicien et astronome allemand (1787-1826).

Denis comte de **Frayssinous** ■ Homme politique et prélat français (1765-1841). Grand maître de l'Université, puis ministre de Charles X.

sir James George **Frazer** ■ Ethnologue britannique (1854-1941). Il tenta de distinguer religions constituées et « magie » primitive. *"Le Rameau d'or"*.

Louis **Fréchette** ■ Poète, conteur, dramaturge et journaliste québécois (1839-1908). *"Les Fleurs boréales"* ; *"la Légende d'un peuple"*.

Frédégonde ■ Reine de *Neustrie (v. 545-597), épouse de *Chilpéric Ier.

Frédéric ■ NOM DE PLUSIEURS SOUVE-RAINS EUROPÉENS **1.** empereurs d'AL-LEMAGNE □ **Frédéric Ier Barberousse** (v. 1122 - 1190), empereur en 1155, raffermit l'autorité impériale et fut l'un des chefs de la troisième *croisade. □ **Frédéric II** (1194-1250), son petit-fils, fut le dernier *Hohenstaufen (empereur en 1220) à dominer l'Allemagne et l'Italie ; il préféra son royaume de Sicile à l'empire, qui se désagrégea après sa mort ; sa brillante cour de Palerme, ouverte en particulier à l'islam, annonçait la *Renaissance ; il fut excommunié et déposé par le pape en 1245. □ **Frédéric III** (1415-1493) inaugura, en 1452, le long règne des *Habsbourg sur l'empire. **2.** roi du DANEMARK □ **Frédéric III** (1609-1670), roi de 1648 à sa mort, vaincu par la Suède. Il institua l'hérédité de la monarchie. **3.** roi de PRUSSE □ **Frédéric II le Grand** (1712-1786), roi de 1740 à sa mort, fils de *Frédéric-Guillaume Ier dont il poursuivit la politique centralisatrice. Son conflit avec l'Autriche révéla la puissance militaire de la Prusse alors à son apogée (⇒ guerre de **Sept Ans**). Modèle du despote éclairé, il accueillit *Voltaire de 1750 à 1753.

Frédéric-Auguste III ■ Électeur de Saxe puis roi en 1806 sous le nom de Frédéric-Auguste Ier le Juste, grâce à son alliance avec Napoléon Ier (1750-1827).

Frédéric-Guillaume ■ NOM DE quatre rois de Prusse □ **Frédéric-Guillaume Ier** dit **le Roi-Sergent** (1688-1740). Roi en 1713, il laissa à son fils *Frédéric II une armée et une administration modernes. □ **Frédéric-Guillaume II** (1744-1797) succéda à son oncle *Frédéric II, et lutta contre la Révolution française. □ **Frédéric-Guillaume III,** son fils (1770-1840), d'abord vaincu par Napoléon Ier, rétablit la puissance prussienne au congrès de *Vienne (1815), affermit ses ambitions face aux autres États allemands et passa à une politique réactionnaire, après les réformes libérales de ses débuts (création de l'université de Berlin en 1809). □ **Frédéric-Guillaume IV** (1795-1861), atteint de démence précoce, céda le pouvoir à son frère, le futur *Guillaume Ier en 1858.

Fredericton ■ Ville du Canada, capitale du *Nouveau-Brunswick. 44 400 hab.

Frederiksborg ■ Château royal du Danemark, sur l'île *Sjaelland. Musée national.

Freetown ■ Capitale de la Sierra Leone. 470 000 hab. Industries alimentaires.

Gottlob **Frege** ■ Mathématicien et philosophe allemand, créateur de la logique moderne, précurseur de la sémantique (1848-1925).

Célestin **Freinet** ■ Éducateur français (1896-1966). L'école et la pédagogie expérimentales qu'il a créées ont connu un large écho : techniques de motivation, d'expression, d'insertion dans le groupe.

Fréjus ■ Commune du Var. 42 600 hab. *(les Fréjusiens).* Importants monuments romains et gallo-romains. Tourisme à *Fréjus-Plage*. Matières plastiques. Textiles.

le col de **Fréjus** ■ Passage des Alpes reliant la France (vallée de la *Maurienne) et l'Italie (Piémont). 2 542 m.

Emmanuel **Fremiet** ■ Sculpteur français (1824-1910).

Martin **Fréminet** ■ Peintre *maniériste français (1567-1619). Il décora la chapelle du château de *Fontainebleau.

André **Frénaud** ■ Poète français (né en 1907). *"Les Rois mages"*.

les **Frères musulmans** ■ Mouvement religieux *sunnite fondé en Égypte en 1920. Actif surtout en Égypte, mais s'étendant dans tout le monde arabe, il a eu recours à des actions terroristes et joue encore un rôle politique important.

Girolamo **Frescobaldi** ■ Compositeur et organiste italien (1583-1643). Ses œuvres baroques pour la voix, l'orgue et le clavecin influencèrent *Buxtehude et surtout J.-S. *Bach.

Pierre **Fresnay** ■ Acteur français de théâtre et de cinéma (1897 - 1975).

Augustin **Fresnel** ■ Physicien français (1788-1827). Sa théorie ondulatoire de la lumière ouvre la voie à l'optique moderne.

Fresnes ■ Commune du Val-de-Marne. 27 000 hab. *(les Fresnois).* Prison.

Fresnes-sur-Escaut ■ Commune du Nord. 8 100 hab. *(les Fresnois).* Métallurgie.

Fresno ■ Ville des États-Unis (*Californie). 218 000 hab. Important marché agricole.

Sigmund **Freud** ■ Neurologue autrichien, fondateur de la psychanalyse (1856-1939). Délaissant les explications médicales de l'hystérie ou des névroses, il explora, grâce aux rêves et à la pratique de l'analyse, un psychisme inconscient centré sur la sexualité (libido ; pulsions de vie et de mort) et qui structure la personnalité. □*Anna* **Freud,** sa fille, naturalisée britannique (1895-1982), développa l'analyse des enfants. ‹ ▶ freudien ›

Charles Louis de Saulces de **Freycinet** ■ Ingénieur et homme politique français (1828-1923). Collaborateur de *Gambetta, président du Conseil en 1879-1880, 1882, 1886 et 1890-1892, il réorganisa l'armée et les transports.

Freyja ■ Déesse nordique de la Fécondité, souvent confondue avec Frija, déesse de l'Amour et épouse d'*Odin.

Freyming-Merlebach ■ Commune de la Moselle. 15 300 hab. Charbon.

Freyr ■ Dieu nordique de la Prospérité.

Fribourg, en allemand **Freiburg** ■ Commune de Suisse. 37 100 hab. *(les Fribourgeois).* Ville ancienne, dans un site pittoresque. ▶ *le canton de* **Fribourg.** 1 670 km². 197 000 hab. Grande région agricole : gruyère, céréales, fruits, vins. Chef-lieu : Fribourg.

Fribourg-en-Brisgau, en allemand **Freiburg im Brisgau** ■ Ville d'Allemagne (*Bade-Wurtemberg). 179 000 hab. Cathédrale gothique. Université. Important centre commercial et industriel.

Milton **Friedman** ■ Économiste américain (né en 1912). Chef de file de « l'école de Chicago ». Théorie néo-libérale de la monnaie. Prix Nobel 1976.

Georges **Friedmann** ■ Sociologue français (1902-1977). Critique du machinisme industriel. *"Le Travail en miettes"*.

Caspar David **Friedrich** ■ Peintre allemand (1774-1840). Sa recherche d'un symbolisme inspiré par la nature fait de lui un des peintres les plus représentatifs du *romantisme allemand.

Frîja ■ ⇒ Freyja.

le *Frioul* ■ Région historique partagée entre la Slovénie (c'est-à-dire autrefois l'Autriche) et l'Italie, où elle fait partie de la région administrative autonome de *Frioul-Vénétie Julienne* (7 845 km² ; 1,2 million d'hab. ; capitale : Trieste).

Ragnar *Frisch* ■ Économiste norvégien (1895-1973). Prix Nobel 1969 pour ses travaux fondamentaux en économétrie.

Max *Frisch* ■ Auteur dramatique suisse de langue allemande (1911-1991). Ses pièces sont conçues comme des paraboles. *"Biedermann et les incendiaires"*.

la *Frise,* en néerlandais *Friesland* ■ Province des Pays-Bas. 3 359 km². 599 000 hab. Chef-lieu : Leeuwarden. Polders, élevage bovin (race *frisonne*). ▭ **HISTOIRE**. Région autrefois habitée par les *Frisons,* partagée aujourd'hui entre l'Allemagne *(Frise orientale)* et les Pays-Bas.

les îles *Frisonnes occidentales* ■ Archipel du nord des Pays-Bas (réserve d'oiseaux). ▭ *les îles* *Frisonnes orientales,* archipel d'Allemagne. ▭ *les îles* *Frisonnes septentrionales,* partagées entre l'Allemagne et le Danemark.

Roger *Frison-Roche* ■ Romancier français (né en 1906). *"Premier de cordée"*.

Johann *Jakob* *Froberger* ■ Compositeur et organiste allemand (1616-1667). Son œuvre fait la synthèse des styles italien, français et allemand.

sir Martin *Frobisher* ■ Navigateur anglais (1535-1594). Il explora les régions arctiques.

Jean *Froissart* ■ Écrivain français (v. 1337 - v. 1400). Ses *"Chroniques"* relatent les guerres de l'époque avec une objectivité nouvelle.

Nicolas *Froment* ■ Peintre français (v. 1425 -v. 1484). Auteur du triptyque du *"Buisson ardent"*.

Eugène *Fromentin* ■ Peintre, écrivain et critique d'art français (1820-1876). *"Dominique"* ; *"les Maîtres d'autrefois"*.

la *Fronde* ■ Période troublée de l'histoire de France (1648-1653). Opposition politique et militaire du parlement de Paris et des princes (*Condé, Gaston d'*Orléans, *Retz...) à la politique absolutiste de *Mazarin, durant la minorité de Louis XIV. La royauté sortit renforcée de l'épreuve.

Frontignan ■ Commune de l'Hérault. 16 300 hab. *(les Frontignanais).* Vins muscats.

le *Front national* ■ Parti politique français de la « droite nationale », créé en 1972, dirigé par Jean-Marie Le Pen.

le *Front populaire* ■ Coalition des forces de gauche (révolutionnaires et réformistes) opposées à la montée du totalitarisme en Europe dans les années 1930. En Espagne, le *Frente popular* remporta les élections législatives de 1936, mais la guerre civile l'empêcha de gouverner. En France, le Front, constitué en 1935 et rassemblant principalement le Parti *communiste, la *S.F.I.O. et le parti *radical, remporta les élections de 1936 et gouverna jusqu'en 1938 (ministères *Blum, *Chautemps et *Daladier). Malgré la prudence des réformes structurelles et de la politique étrangère, il est resté une référence du gouvernement de gauche, symbolisé surtout par des acquis sociaux : congés payés, semaine de 40 heures.

Robert *Lee* *Frost* ■ Poète américain (1874-1963).

Frounze ■ ⇒ Bechpek.

le coup d'État du 18 *fructidor an V* ■ ⇒ Directoire.

Carlos *Fuentes* ■ Romancier mexicain (né en 1928). *"La Mort d'Artemio Cruz"* ; *"Terra Nostra"*.

les **Fugger** ■ Banquiers allemands, financiers des *Habsbourg aux XVᵉ et XVIᵉ s. □*Jakob II* **Fugger** (1459-1525) soutint *Charles Quint.

*al-***Fujayrah** ■ ⇒ **Foudjaïrah.**

Fujian ■ Province côtière du sud-est de la Chine, en face de Taïwan. 123 100 km². 28 millions d'hab. Capitale : Fuzhou. Région fertile et riche en ressources minières.

Fujita Tsuguharu ■ ⇒ Léonard **Foujita.**

les **Fujiwara** ■ Famille noble du Japon, associée au pouvoir dès son apparition au VIIᵉ s., puis supplantée par des rivaux au XIIᵉ s. (⇒ **Taira, Minamoto**). Elle compta beaucoup d'artistes.

le **Fuji-yama** ou **Fouji-San** ■ Le plus haut sommet du Japon (3 776 m), volcan de l'île de *Honshū. Vénéré par les peintres.

Fukuoka ■ Ville et port du Japon, centre politique et culturel de *Kyūshū. 1,2 million d'hab. Complexe industriel.

Fukuyama ■ Ville et port du Japon (*Honshū). 364 000 hab. Sidérurgie.

Fulbert ■ Évêque de Chartres (v. 960-1028). Il fit de l'école de la cathédrale un centre intellectuel.

Fulda ■ Ville d'Allemagne (*Hesse). 56 600 hab. Abbaye fondée au VIIIᵉ s., foyer culturel et religieux au Moyen Âge, où se tient chaque année l'assemblée épiscopale allemande.

Richard Buckminster **Fuller** ■ Architecte américain (1895-1983). Créateur de structures d'avant-garde en acier.

Robert **Fulton** ■ Ingénieur américain (1765-1815). Constructeur du premier sous-marin en 1800.

Funchal ■ Capitale de la région autonome de *Madère (Portugal). 44 100 hab.

Antoine **Furetière** ■ Écrivain français (1619-1688). "*Le Roman bourgeois*". Important "*Dictionnaire universel*" (1690).

les **Furies** ■ Divinités romaines des Enfers, assimilées aux *Érinyes grecques. ⟨ ▶ furie ⟩

Walter **Fürst** ■ Héros légendaire de l'histoire suisse (fin XIIIᵉ s.). Beau-père de *Guillaume Tell, il aurait représenté le canton d'*Uri au serment de *Rütli.

Wilhelm **Furtwängler** ■ Chef d'orchestre allemand (1886-1954).

Fushun ■ Ville de Chine (*Liaoning). 1,3 million d'hab. Industries.

Johann Heinrich **Füssli** ■ Artiste suisse, établi à Londres (1741-1825). Sa peinture traite de sujets mythologiques ou tragiques, rêves, scènes fantastiques et irréelles. "*Le Cauchemar*".

Milán **Füst** ■ Écrivain hongrois (1888-1967). "*Histoire de ma femme*".

Numa Denis **Fustel de Coulanges** ■ Historien français (1830-1889). "*La Cité antique*".

Futuna et Alofi ■ Îles de Polynésie faisant partie du territoire français de *Wallis-et-Futuna. 64 km². 4 300 hab.

le **futurisme,** *les* **futuristes** ■ Mouvement artistique et littéraire italien lancé à Paris en 1909 par *Marinetti, qui glorifiait le mouvement et le futur (la technique, la modernité). Principaux peintres et sculpteurs : *Balla, *Boccioni et *Severini. ▶ *le* **futurisme russe,** mouvement littéraire d'avant-garde auquel appartenait *Maïakovski.

Johann Joseph **Fux** ■ Compositeur autrichien (1660-1741). Auteur d'un magistral traité du contrepoint : "*Gradus ad Parnassum*" (1725).

Fuzhou ou **Fou-tcheou** ■ Ville et port du sud de la Chine, capitale de la province du *Fujian. 1,21 million d'hab. Industries.

G

Gabès ■ Ville et port de Tunisie. 92 300 hab.

Jean **Gabin** ■ Acteur de cinéma français (1904-1976). *"La Grande Illusion"* ; *"Quai des brumes"* ; *"le Chat"*.

Naum Pevsner dit *Naum* **Gabo** ■ Sculpteur américain d'origine russe (1890-1977), frère du sculpteur Antoine *Pevsner. Théoricien et professeur au *Bauhaus.

le **Gabon** ■ État (république) d'Afrique équatoriale. 267 667 km². 1,24 million d'hab. *(les Gabonais).* Capitale : Libreville. Langue officielle : français. Monnaie : franc CFA. L'un des pays les plus riches d'Afrique : forêt (elle couvre 78 % du territoire), sous-sol (manganèse, uranium, pétrole, fer). □ **HISTOIRE.** Aux XVIIᵉ et XVIIIᵉ s., le pays connut la traite des esclaves. Exploré par Savorgnan de *Brazza au XIXᵉ s., territoire de l'*Afrique-Équatoriale française en 1910, il devint indépendant en 1960. Au président M'Ba a succédé en 1967 Omar *Bongo. En 1990, sous la pression populaire, le gouvernement engagea un processus de démocratisation du régime en instaurant, notamment, le multipartisme.

Dennis **Gabor** ■ Physicien britannique (1900-1979). Prix Nobel 1971 pour sa découverte du principe de l'holographie.

Gaborone ■ Capitale du Botswana. 120 000 hab.

saint **Gabriel** ■ Un des archanges de Dieu. Dans l'Évangile, il annonce à Marie la naissance de Jésus et, dans le *Coran, il annonce à Mahomet sa vocation de prophète.

Jacques **Gabriel** ■ Architecte français (1667-1742). Il acheva la construction du palais *Bourbon. □ *Jacques-Ange* **Gabriel,** son fils (1698-1782), architecte de Louis XV. Le Petit Trianon à Versailles. La place Royale à Paris, aujourd'hui place de la Concorde.

Youri **Gagarine** ■ Cosmonaute soviétique (1934-1968). Le premier homme qui alla dans l'espace.

Gagny ■ Commune de Seine-Saint-Denis. 36 200 hab.

Gaïa ou *Gê* ■ La Terre, dans la mythologie grecque. ⇒ **Cybèle, Déméter.**

Gaillac ■ Commune du Tarn. 10 700 hab. *(les Gaillacois).* Vignobles.

Gaillard ■ Commune de Haute-Savoie. 9 600 hab.

Thomas **Gainsborough** ■ Peintre anglais (1727-1788). Rival de *Reynolds. Il associa l'art du portrait à celui du paysage.

les îles **Galápagos** ■ Archipel de l'océan Pacifique, formant une province de l'*Équateur. 7 994 km².

9 200 hab. Réserve d'animaux (iguanes, oiseaux).

Galați ■ Ville et port de Roumanie, sur le Danube. 295 000 hab.

John Kenneth **Galbraith** ■ Économiste américain (né en 1908).

la **Galice,** en espagnol **Galicia** ■ Communauté autonome du nord-ouest de l'Espagne. 29 434 km². 2,79 millions d'hab. *(les Galiciens).* Langues : galicien, castillan. Capitale : Saint-Jacques-de-Compostelle. Réunie à la Castille en 1071.

la **Galicie** ■ Région d'Europe centrale partagée depuis 1945 entre la Pologne et l'*Ukraine. Ancienne province de l'empire d'Autriche.

Claude **Galien** ■ Médecin grec (v. 131 - v. 201). Ses traités, écrits en latin, eurent une grande influence jusqu'au XVIIᵉ s.

Galilée ■ Mathématicien, physicien et astronome italien (1564-1642). Créateur de la lunette astronomique avec laquelle il observa le Soleil, Jupiter et Saturne. La condamnation de ses thèses (reprises de *Copernic) par l'Église romaine en 1633 marque une rupture dans l'histoire de la pensée : la naissance de la physique moderne, qui s'affranchira progressivement de la métaphysique et de la religion.

la **Galilée** ■ Région du nord d'Israël, entre la Méditerranée et le lac de Tibériade, d'où est originaire *Jésus-Christ.

Franz Joseph **Gall** ■ Médecin allemand (1758-1828). Créateur de la phrénologie (étude du caractère d'après la forme du crâne).

Émile **Gallé** ■ Verrier et ébéniste français (1846-1904). Précurseur de l'art *nouveau et fondateur de l'école de Nancy.

Rómulo **Gallegos** ■ Romancier et homme politique vénézuélien (1884-1969). *"Doña Bárbara".*

le pays de **Galles,** en anglais **Wales** ■ Pays *(country)* de l'ouest de la Grande-Bretagne. 20 768 km². 2,8 millions d'hab. *(les Gallois).* Capitale : Cardiff. Divisé en huit comtés : *Clwyd, *Dyfed, *Gwent, *Gwynedd, *Glamorgan (du Sud, du Nord et du Centre), *Powys. Haut plateau très arrosé. L'intérieur du pays vit de l'élevage ovin. Les 3/4 de la population sont dans le sud, où l'exploitation du bassin houiller est en crise, alors que se développe, sur la côte, le raffinage du pétrole. Ancienne colonie romaine, le pays fut rattaché à l'Angleterre en 1536, après de longues luttes.

le prince de **Galles** ■ Titre porté par les fils aînés des souverains d'Angleterre depuis 1301.

le **gallicanisme** ■ Doctrine qui affirme l'indépendance du roi et du clergé de France à l'égard du pape. ‹ ▶ gallican ›

Joseph **Gallieni** ■ Maréchal de France (1849-1916). Gouverneur général de Madagascar (1896-1905), gouverneur de Paris en 1914 (taxis de la Marne), ministre de la Guerre en 1915-1916.

Gaston de **Galliffet** ■ Général français (1830-1909). Il réprima durement la *Commune. Ministre de la Guerre du *Bloc des gauches.

George Horace **Gallup** ■ Journaliste et statisticien américain, créateur d'un institut de sondages d'opinion (1901-1984).

Évariste **Galois** ■ Mathématicien français (1811-1832). En fondant la théorie des groupes, il annonce l'algèbre moderne. En plus de son génie, ses idées politiques révolutionnaires et sa mort à 20 ans dans un duel ont fait de lui un personnage romantique.

John **Galsworthy** ■ Écrivain anglais (1867-1933). Il fit une peinture satirique de la haute bourgeoisie : *"la Saga des Forsyte"* (romans). Prix Nobel 1932.

Luigi **Galvani** ■ Médecin et physicien italien (1737-1798). Ses expériences électriques, contredites par

*Volta, ont laissé son nom au procédé de *galvanisation*. ⟨ ▶ galvanique ⟩

Galway, en irlandais **Gaillimh** ■ Ville et port d'Irlande (*Connacht). 47 100 hab.

Vasco de **Gama** ■ Navigateur portugais (1469-1524). Il atteignit les Indes par la route de B. *Dias (1497), puis fonda des comptoirs portugais sur les côtes sud-est de l'Afrique.

Léon **Gambetta** ■ Homme politique français (1838-1882). Il fut l'un des fondateurs de la IIIᵉ *République. Après la défaite de *Sedan (1870), il organisa la Défense nationale. Président du Conseil de novembre 1881 à janvier 1882.

la **Gambie** ■ État (république) d'Afrique occidentale, situé de part et d'autre du cours inférieur du fleuve *Gambie* (1 130 km), qui forme une encoche sur la façade maritime du Sénégal (⇒ **Sénégambie**). 10 689 km². 835 000 hab. *(les Gambiens)*. Capitale : Banjul. Langue officielle : anglais. Monnaie : dalasi. Arachides. Élevage. Pétrole. Tourisme. Colonie anglaise en 1888, le pays devint un État indépendant, membre du *Commonwealth, en 1965.

les îles **Gambier** ■ Archipel de la *Polynésie française, rattaché administrativement à *Tuamotu. 36 km². 580 hab.

Maurice **Gamelin** ■ Général français (1872-1958). Chef de l'état-major en 1939-1940 (⇒ Seconde **Guerre mondiale**).

Abel **Gance** ■ Cinéaste français (1889-1981). Le premier à utiliser des techniques modernes au service d'un langage cinématographique ambitieux pour son époque. "*La Roue*" ; "*Napoléon*".

Gand, en néerlandais **Gent** ■ Ville et port de Belgique, chef-lieu de la *Flandre-Orientale. 233 000 hab. *(les Gantois)*. Monuments (XIVᵉ-XVIIᵉ s.). Industries textile et alimentaire.

Gandhi ■ Homme politique et philosophe indien, fondateur de l'Inde moderne (1869-1948). Il fut surnommé *Mahatma* (« grande âme »). Par la résistance passive et la non-violence, il obtint des Anglais l'indépendance pour son pays (1947). Il fut assassiné par un hindou fanatique.

Indira **Gandhi** ■ Femme politique indienne (1917-1984). Fille de *Nehru. Premier ministre de 1966 à 1977 puis de 1980 à son assassinat. Son fils Rajiv Gandhi (1944-1991) qui lui a succédé jusqu'en 1989 est mort victime d'un attentat.

Gandja ou **Guiandja** ■ Ville de la C.É.I. (*Azerbaïdjan). 278 000 hab. Industries. La ville s'est appelée *Kirovabad* de 1935 à 1989.

le **Gange** ■ Fleuve du nord de l'Inde qui descend de l'Himalaya, arrose *Vārānasī (Bénarès) et *Patna puis se jette dans le golfe du Bengale par un vaste delta marécageux (2 700 km). Fleuve sacré et purificateur pour la religion hindoue.

Gangtok ■ Ville de l'Inde, capitale du *Sikkim. 36 800 hab. Monastères bouddhistes.

Gansu ■ Province du centre de la Chine. 530 000 km². 20,7 millions d'hab. Capitale : Lanzhou.

Gao ■ Ville du Mali. 30 700 hab. Ancienne capitale du royaume des *Songhaï.

Gaoxiong ■ ⇒ **Kaoh-siung**.

Gap ■ Préfecture des Hautes-Alpes. 35 600 hab. *(les Gapençais)*.

Greta **Garbo** ■ Actrice de cinéma suédoise naturalisée américaine, surnommée « la Divine » (1905-1990). "*La Reine Christine*".

Garches ■ Commune des Hauts-de-Seine. 18 100 hab. *(les Garchois)*. Hôpital.

Federico **García Lorca** ■ Écrivain espagnol (1898 ou 1899-1936). Il a concilié, dans sa poésie et son théâtre, les traditions populaires andalouses et le souci d'une écriture moderne. Fusillé par les franquistes.

Gabriel García Márquez ■ Écrivain colombien (né en 1928). Son œuvre, couronnée par le prix Nobel (1982), est une méditation sur la violence et la mort. "*Cent ans de solitude*".

Garcilaso de la Vega ■ Premier grand poète de l'âge d'or de la littérature espagnole (1503-1536).

le **Gard** [30] ■ Département français de la région *Languedoc-Roussillon. Il doit son nom à la rivière qui la traverse. 5 873 km². 584 000 hab. Préfecture : Nîmes. Sous-préfectures : Alès, Le Vigan.

le pont du **Gard** ■ Célèbre aqueduc romain construit v. 19 av. J.-C.

Gardanne ■ Commune des Bouches-du-Rhône, près d'Aix-en-Provence. 18 100 hab. *(les Gardannais)*.

La **Garde** ■ Commune du Var. 22 700 hab. *(les Gardéens)*.

le lac de **Garde** ■ Lac glaciaire d'Italie du Nord. 370 km². Tourisme.

La **Garenne-Colombes** ■ Commune des Hauts-de-Seine, dans la banlieue nord-ouest de Paris. 21 800 hab. *(les Garennois)*.

James Abram **Garfield** ■ Homme politique américain (1831-1881). 20e président des États-Unis, de mars 1881 à son assassinat en septembre.

Gargantua ■ Héros d'un roman de *Rabelais. Géant, père de *Pantagruel. ⟨ ▶ gargantua ⟩

Garges-lès-Gonesse ■ Commune du Val-d'Oise. 42 200 hab. *(les Gargeois)*.

Giuseppe **Garibaldi** ■ Homme politique et révolutionnaire italien, héros de l'unification italienne (1807-1882). En 1860, il organisa « l'expédition des Mille » et conquit la Sicile et Naples.

Garigliano ■ Fleuve d'Italie. Les Français y furent battus par Fernández de Córdoba en 1503. En mai 1944, le corps expéditionnaire français y remporta une importante victoire.

Garmisch-Partenkirchen ■ Ville d'Allemagne (*Bavière). 28 100 hab. Station de sports d'hiver proche de Munich.

François-Xavier **Garneau** ■ Historien canadien-français (1809-1866). Le père de l'historiographie canadienne. "*Histoire du Canada*" (1845-1848).

Robert **Garnier** ■ Auteur de tragédies français (v. 1544-1590). "*Les Juives*", chef-d'œuvre du théâtre de la *Renaissance.

Charles **Garnier** ■ Architecte français (1825-1898). Opéra de Paris.

Tony **Garnier** ■ Architecte et urbaniste français (1869-1948). Stade olympique de Lyon.

la **Garonne** ■ Fleuve du nord de l'Espagne et du sud-ouest de la France. 650 km. Elle traverse Toulouse et se jette dans l'Atlantique, par l'estuaire de la *Gironde, à Bordeaux. □ *la* **Haute-Garonne** [31]. Département français de la région *Midi-Pyrénées. 6 357 km². 925 000 hab. Préfecture : Toulouse. Sous-préfectures : Muret, Saint-Gaudens.

Almeida **Garrett** ■ Écrivain et homme politique portugais (1799-1854). Créateur du *romantisme dans son pays.

Roland **Garros** ■ Aviateur français (1888-1918), le premier à franchir la Méditerranée (1913).

la **Gartempe** ■ Rivière du *Poitou et du *Limousin, affluent de la Creuse. 190 km.

Romain **Gary** ■ Romancier français d'origine russe (1914-1980). "*Les Racines du ciel*". Romans sous le pseudonyme d'Émile Ajar : "*la Vie devant soi*".

Gary ■ Ville des États-Unis (*Indiana). 152 000 hab. Industries métallurgiques.

la Gascogne ■ Ancienne région française située entre la Garonne et les Pyrénées, rattachée à l'*Aquitaine en 1036. Ses habitants sont les *Gascons.* ▶ *le golfe de Gascogne,* golfe de l'Atlantique qui borde la France et l'Espagne. 〈▶ gascon 〉

Gaspard ■ Un des Rois mages de la légende chrétienne.

la péninsule de Gaspé ou *la Gaspésie* ■ Péninsule du Canada (*Québec), entre le golfe du Saint-Laurent et la baie des Chaleurs. Parc provincial. J. *Cartier y débarqua en 1534 et prit possession du territoire au nom du roi de France.

Pierre Gassend dit *Gassendi* ■ Philosophe et savant français (1592-1655). Adversaire d'*Aristote et de *Descartes, il se réclame de l'atomisme d'*Épicure.

Gaston III de Foix dit *Gaston Phœbus* ■ Comte de Foix et vicomte de Béarn (1331-1391). Il protégea les lettres et les arts.

le Gâtinais ■ Région du Bassin parisien, située de part et d'autre du *Loing.

le G.A.T.T. ■ Accord douanier international signé en 1947, offrant un cadre juridique aux négociations destinées à réglementer le commerce mondial.

Antonio Gaudí ■ Architecte espagnol (1852-1926). Il inventa des formes fantastiques en s'inspirant des styles *baroque et *gothique. Église de la Sainte-Famille et parc Güell, à Barcelone.

Martin Charles Gaudin duc de *Gaète* ■ Ministre des Finances sous le Consulat et l'Empire (1756-1841). Créateur du cadastre. Il entreprit d'importantes réformes économiques.

Paul Gauguin ■ Peintre et sculpteur français (1848-1903). Le maître

de l'école de *Pont-Aven et l'inspirateur des *nabis. Il vécut en Océanie où il puisa alors l'essentiel de son inspiration. *"La Vision après le sermon"* ; *"D'où venons-nous ? Que sommes-nous ? Où allons-nous ?"*.

la Gaule ■ Nom donné par les Romains au territoire correspondant à peu près à la France et la Belgique actuelles. L'*ages galliens* désignait les terres destinées aux colons du *Latium : d'abord l'Italie du Nord (Gaule cisalpine) puis l'ensemble au-delà des Alpes (Gaule transalpine), conquis par *César en 51 av. J.-C. La culture gréco-romaine se diffusa à partir de la Méditerranée ; déjà la côte était fortement urbanisée (province de la Narbonnaise). L'influence gréco-romaine se propagea rapidement dans le sud-ouest (province de l'Aquitaine) ; à l'est et au nord se constitua la province de Belgique, d'où fut menée la conquête de la Germanie et de la Bretagne (Angleterre actuelle) ; enfin, de la Narbonnaise à la Manche. La *Gaule romaine* était divisée en quatre provinces : Narbonnaise, Aquitaine, Lyonnaise et Belgique. L'administration du Bas-Empire créa de nouvelles divisions (Novempopulanie, Séquanaise, Viennoise...). Lyon (Lugdunum) était la métropole des Gaules. Surtout peuplé de *Celtes (les *Gaulois*), le pays n'avait pas de véritable unité politique (sinon lors de la brève résistance menée par le chef arverne *Vercingétorix), mais une communauté de culture : religion des druides, art gaulois. L'assimilation à l'Empire produisit une civilisation originale, dite *gallo-romaine*, christianisée à partir du IIe s. Elle prit fin avec les invasions barbares et la naissance du royaume des *Francs (*Clovis, VIe s.). 〈▶ gaulois 〉

Charles de Gaulle ■ Général et homme politique français (1890-1970). Refusant l'armistice de 1940 et le gouvernement de *Vichy, il lança de Londres un fameux appel, le 18 juin 1940, invitant à poursuivre les combats contre les nazis et organisa la *Résistance. À la *Libération, il devint président du *Gouvernement provisoire de la République française mais démissionna le 20 janvier 1946. Hostile au « régime des partis » qui caractérisait selon lui la IVᵉ *République (⇒ R.P.F.), il se retira jusqu'en 1958, quand la crise de la guerre d'*Algérie lui permit d'instaurer un pouvoir présidentiel fort (⇒ Vᵉ République). Réélu à la tête de l'État en 1965, il affronta l'opposition de la gauche, des syndicats et des étudiants (mai 1968) et démissionna après l'échec d'un référendum en 1969. Depuis sa mort, le consensus autour de sa dimension historique et des grandes orientations de sa politique, avec le maintien des institutions qu'il a créées, va grandissant. Le R.P.R. (Rassemblement pour la République), dirigé par J. *Chirac, se réclame des options politiques de de Gaulle. 〈 ▶ gaulliste 〉

Léon **Gaumont** ■ Inventeur et industriel français, pionnier du cinéma (1864-1946).

Carl Friedrich **Gauss** ■ Mathématicien allemand, physicien et astronome (1777-1855). Il a dominé la science de son temps, anticipant sur le travail de *Galois en algèbre, de *Cauchy en analyse, et surtout de *Lobatchevski en géométrie.

Théophile **Gautier** ■ Écrivain français, membre de l'école du *Parnasse (1811-1872). "*Le Capitaine Fracasse*" (roman). "*Émaux et camées*" (poèmes).

le cirque de **Gavarnie** ■ Cirque de rochers aux parois verticales dans la haute vallée du gave de Pau (Hautes-Pyrénées).

John **Gay** ■ Auteur dramatique anglais (1685-1732). L'"*Opéra des gueux*" lui valut la célébrité.

Gayā ■ Ville de l'Inde (*Bihār). 247 000 hab. Lieu de pèlerinage.

Louis Joseph **Gay-Lussac** ■ Physicien et chimiste français (1778-

1850). *Loi de Gay-Lussac*, sur la dilatation des gaz.

Gaza ■ Ville du sud de la Palestine. 120 000 hab. Capitale du *territoire de Gaza*, occupé par *Israël depuis 1967.

Gaziantep ■ Ville de Turquie. 466 000 hab.

Gdańsk, autrefois **Dantzig** ■ Ville et principal port de Pologne (⇒ **Dantzig**). 469 000 hab. Cœur d'une conurbation de 800 000 hab. formée avec Gdynia et Sopot. Chantiers navals où éclatèrent en 1980 les grèves qui furent à l'origine du syndicat *Solidarność.

Gdynia ■ Ville et port de Pologne. 249 000 hab. ⇒ Gdańsk.

Gê ■ ⇒ Gaïa.

les **Géants** ■ Monstres de la mythologie grecque, nés du sang d'*Ouranos et de *Gaïa. 〈 ▶ géant 〉

Geber ■ ⇒ Djābir ibn Ḥayyān.

Hans **Geiger** ■ Physicien allemand (1882-1945). Le *compteur Geiger-Müller* : détecteur de particules radioactives.

Claude **Gellée** ■ ⇒ le Lorrain.

Gelsenkirchen ■ Ville d'Allemagne (*Rhénanie-du-Nord-Westphalie). 288 000 hab. Premier centre charbonnier de la *Ruhr.

Firmin **Gémier** ■ Directeur de théâtre français (1869-1933). Il eut l'initiative du premier Théâtre national populaire.

Genas ■ Commune du Rhône. 9 300 hab.

Gênes, en italien **Genova** ■ 1ᵉʳ port et 5ᵉ ville d'Italie, située au fond du golfe de Gênes, capitale de la *Ligurie. 714 000 hab. *(les Génois)*. Nombreux monuments (tourisme). Centre industriel (métallurgie, chimie). Indépendante au XIIᵉ s., Gênes constitua (du XIIIᵉ au XVIᵉ s.) un puissant empire commercial en Orient qui fit d'elle la rivale de Venise. Rattachée à la France en 1805 puis au royaume du *Piémont en 1815.

la **Genèse** ■ Premier livre de la *Bible. Il retrace les origines de l'humanité.

Jean Genet ■ Écrivain français (1910-1986). Il a exploré certains aspects de la délinquance et de l'homosexualité, qu'il a érigés en valeurs morales et esthétiques. *"Le Miracle de la rose"* (roman) ; *"les Bonnes"* (théâtre).

Genève ■ Ville de Suisse, à l'extrémité sud-ouest du lac Léman. 164 000 hab. *(les Genevois).* Centre industriel (horlogerie, chimie, textile), commercial et financier. Organismes internationaux (Croix-Rouge, O.N.U.). Principal foyer du calvinisme au XVIᵉ s. (⇒ **Calvin**). ► *le canton de* **Genève** correspond à l'agglomération de Genève (282 km² ; 371 000 hab.). ► *la conférence de* **Genève** (1954) mit fin à la guerre d'Indochine (⇒ **Viêt-nam**). ► *les conventions de* **Genève** concernent la protection des victimes de guerre.

sainte **Geneviève** ■ Vierge chrétienne (v. 422 - 502). Ses prières auraient sauvé Paris des armées d'Attila. Patronne de Paris.

Maurice **Genevoix** ■ Romancier français (1890-1980). *"Raboliot" ; "Ceux de Quatorze".*

*le col du Mont-***Genèvre** ■ Passage des Alpes (vallée de la France (vallée de Briançon) et l'Italie. 1850 m.

Gengis Khan ou **Temüjin** ■ Khan des *Mongols (v. 1167 - 1227). Grand conquérant, il fonda un vaste empire allant de Pékin à la Volga.

Genius ■ Divinité protectrice romaine. ⟨ ► génie ⟩

Genji ■ ⇒ **Minamoto.**

Genk ■ Ville de Belgique (*Limbourg). 61 500 hab.

Pierre-Gilles de **Gennes** ■ Physicien français (né en 1932). Ses travaux en physique de la matière condensée ont de nombreuses applications : cristaux liquides, aimants, supraconducteurs. Prix Nobel 1991.

Gennevilliers ■ Commune des Hauts-de-Seine. 45 100 hab. *(les Gennevillois).* Port sur la Seine. Centre industriel (métallurgie).

Gentile da Fabriano ■ Peintre italien (1370-1427). *"L'Adoration des Mages".*

Orazio **Gentileschi** ■ Peintre italien, influencé par le *Caravage (v. 1562-1639 ou 1647).

Gentilly ■ Commune du Val-de-Marne. 17 100 hab. *(les Gentilléens).*

Étienne **Geoffroy Saint-Hilaire** ■ Naturaliste français (1772-1844). Sa polémique avec *Cuvier sur l'évolution passionna l'Europe.

George ■ NOM DE SIX ROIS BRITANNIQUES □ **George Iᵉʳ** (1660-1727), électeur de Hanovre, fut désigné comme successeur d'Anne Stuart (roi de Grande-Bretagne) en 1714. Il laissa le pouvoir aux *whigs (Stanhope, puis *Walpole). □ **George II** (1683-1760), son fils, roi de Grande-Bretagne de 1727 à sa mort. □ **George III** (1738-1820), roi de Grande-Bretagne (et d'Irlande à partir de 1801) de 1760 à sa mort, s'aliéna l'opinion par une politique trop pacifiste. Il se laissa dominer par le second *Pitt. □ **George IV,** son fils (1762-1830), roi de Grande-Bretagne et d'Irlande de 1820 à sa mort. □ **George V** (1865-1936), roi de Grande-Bretagne et d'Irlande (du Nord à partir de 1921) de 1910 à sa mort. □ **George VI** (1895-1952), père d'Élisabeth II, succéda en 1936 (roi de Grande-Bretagne et d'Irlande du Nord) à son frère *Édouard VIII.

Lloyd **George** ■ ⇒ Lloyd George.

Stephan **George** ■ Poète allemand (1868-1933).

saint **Georges** ■ Martyr chrétien, souvent représenté à cheval, tuant le dragon. Son culte se répandit en Orient et en Occident.

George Town ■ ⇒ **Penang.**

Georgetown ■ Capitale de la Guyana. 200 000 hab. Principal port du pays.

la **Géorgie** ■ État du sud-est des États-Unis, sur l'Atlantique. 152 576 km². 5,46 millions d'hab. Capitale : Atlanta. État cotonnier ravagé par la guerre de *Sécession, reconverti dans le tabac, l'élevage, les industries du bois. Universités.

la **Géorgie** ■ République située au bord de la mer Noire, comprenant les républiques autonomes d'Abkhazie et d'Adjarie et la région autonome d'Ossétie du Sud. 69 700 km². 5,45 millions d'hab. *(les Géorgiens).* Capitale : Tbilissi. Thé, agrumes, tabac, industries. Au carrefour des civilisations méditerranéennes et orientales dans l'Antiquité, puissant royaume chrétien au Moyen Âge, la Géorgie, devenue l'enjeu des rivalités entre la Perse et la Turquie, se mit sous la protection de la Russie qui l'annexa en 1801. Un fort sentiment nationaliste s'y développa (indépendance de 1918 à 1921), réprimé notamment par Staline, lui-même géorgien, et réapparut ouvertement à la faveur de la perestroïka. La Géorgie a proclamé son indépendance en 1991. Depuis 1992, elle est en proie à une guerre civile opposant les Géorgiens aux Abkhazes et aux Ossètes. Membre de la C.É.I. depuis 1993.

Gera ■ Ville d'Allemagne (*Thuringe). 135 000 hab.

le baron François **Gérard** ■ Peintre français (1770-1837). Portraitiste officiel du premier Empire et de la Restauration. *"Madame Récamier".*

Gérardmer ■ Commune des Vosges. 9 500 hab. *(les Géromois).*

Gerbert d'Aurillac ■ Un des hommes les plus savants de son temps, moine, évêque, pape en 999 sous le nom de *Sylvestre II* (v. 938 - 1003).

le mont **Gerbier-de-Jonc** ■ Mont d'origine volcanique de l'*Ardèche où la Loire prend sa source.

Gergovie ■ Ancienne ville de Gaule, dans le pays des Arvernes (*Auvergne). Victoire de Vercingétorix sur César en 52 av. J.-C.

Théodore **Géricault** ■ Peintre français (1791-1824). Il devint l'un des chefs de l'école *romantique avec son œuvre majeure, *"le Radeau de la « Méduse »".* Il fut aussi l'un des initiateurs du mouvement *réaliste, notamment par ses portraits de fous.

les **Germain** ■ Famille d'orfèvres parisiens. Les plus célèbres furent Thomas (1673-1748) et son fils François-Thomas (1726-1791).

les **Germains** ■ Peuple probablement originaire de Scandinavie. Ils émigrèrent vers le sud au III{{e}} s. av. J.-C. et furent arrêtés par les Romains qui les fixèrent dans les nouvelles provinces de Germanie. À partir du III{{e}} s., ils envahirent la Gaule, l'Espagne, l'Italie, la Bretagne. 〈 ▶ germain, germanique 〉

Germanicus ■ Général romain (15 av. J.-C. - 19). Il rétablit l'ordre en Germanie, d'où son nom. Époux d'*Agrippine l'Aînée.

le royaume de **Germanie** ■ État né du démembrement de l'Empire *carolingien en 843 (traité de Verdun) et attribué à Louis II le Germanique. Sous Othon I{{er}}, il constitua avec les royaumes d'Italie et de Bourgogne le *Saint Empire romain germanique (962). 〈 ▶ germanique 〉

Jean Léon **Gérôme** ■ Peintre français au style néo-classique (1824-1904). *"Le Combat de coqs".*

Gérone, en espagnol **Gerona** ■ Ville d'Espagne (*Catalogne). 67 600 hab.

le **Gers** [32] ■ Département français de la région *Midi-Pyrénées. Il doit son nom à la rivière qui le traverse. 6 301 km². 173 800 hab. *(les Gersois).* Préfecture : Auch. Sous-préfectures : Condom, Mirande.

George **Gershwin** ■ Compositeur américain (1898-1937). Il s'inspire du jazz dans ses comédies musicales (*"Un Américain à Paris"*) et dans ses pièces pour piano (*"Rhapsody in Blue"*).

Géryon ■ Géant de la mythologie grecque à trois têtes et à trois corps. *Héraclès le tue et s'empare de ses troupeaux.

Gerzat ■ Commune du Puy-de-Dôme. 9 400 hab.

Gessler ■ Autrichien représentant les Habsbourg en Suisse et qui, selon la légende, persécutait le nationaliste suisse *Guillaume Tell.

la Gestapo ■ Abréviation de *Geheime Staatspolizei*, « police secrète d'État ». Créée en 1933, elle devint, sous la direction de *Himmler, la toute puissante police politique du régime *nazi, en Allemagne et en Europe.

Gethsémani ■ Jardin du mont des *Oliviers à *Jérusalem, où Jésus pria durant la nuit qui précéda sa Passion.

Gettysburg ■ Ville des États-Unis (*Pennsylvanie). 7 200 hab. En 1863, les nordistes y remportèrent une victoire décisive qui marqua un tournant dans la guerre de *Sécession.

le Gévaudan ■ Plateau d'élevage situé en *Lozère, hanté au XVIIIᵉ s. par la « bête du Gévaudan » (probablement un loup).

Gevrey-Chambertin ■ Commune de la Côte-d'Or. 2 600 hab. *(les Gibriacois)*. Vignoble célèbre.

Gex ■ Sous-préfecture de l'Ain. 4 900 hab. *(les Gessiens ou Gexois)*.

le royaume du Ghana ■ Ancien État africain du Soudan occidental (IVᵉ-XIᵉ s.). Il tirait sa puissance de l'or.

le Ghana ■ État (république) de l'Afrique occidentale, drainé par la Volta. 238 533 km². 14,56 millions d'hab. *(les Ghanéens)*. Capitale : Accra. Langue officielle : anglais.

Monnaie : nouveau cédi. Ancienne colonie britannique, indépendante en 1957 et membre du *Commonwealth. Économie essentiellement agricole. Importante production de cacao, d'or, de diamants, de manganèse et de bauxite.

al-Ghazālī ■ ⇒ Algazel.

les Gherardesca ■ Famille italienne qui joua un rôle important à Pise dans la querelle des *guelfes et des gibelins (XIIIᵉ - XIVᵉ s.).

Lorenzo Ghiberti ■ Orfèvre, sculpteur et architecte italien (1378-1455). Il réalisa les portes de bronze du baptistère de *Florence.

Ghirlandajo ■ Peintre italien (1449-1494). Il fut influencé par le réalisme de l'art *flamand.

Alberto Giacometti ■ Sculpteur et peintre suisse (1901-1966). Ses figures aux formes allongées et décharnées expriment le tragique de la destinée humaine.

Giambologna ou **Jean de Bologne** ■ Sculpteur *maniériste flamand (1529-1608). Il travaillait en Italie.

Giap ■ ⇒ Vô Nguyên Giap.

Josiah Willard Gibbs ■ Physicien et mathématicien américain (1839-1903). Il jeta les bases de la physicochimie et de la mécanique statistique.

les gibelins ■ ⇒ les guelfes.

Gibraltar ■ Port et base militaire britannique, à l'extrême sud de l'Espagne. 5,8 km². 30 200 hab. Elle appartient aux Britanniques depuis 1704 (guerre de *Succession d'Espagne). ▶ *le détroit de Gibraltar* (15 km de large) réunit l'Atlantique à la Méditerranée.

André Gide ■ Écrivain français (1869-1951). Son œuvre eut un important retentissement sur ses contemporains pour ses théories littéraires, sa critique des conventions morales et ses engagements politiques. *"Les Nourritures terrestres"* ; *"les Caves du Vatican"* ;

"la Symphonie pastorale" ; *"les Faux-monnayeurs"* ; *"Voyage au Congo"* ; *"Retour d'U.R.S.S."* ; *"Journal"*.

Gien ■ Commune du Loiret. 17 200 hab. *(les Giennois).*

la presqu'île de Giens ■ Presqu'île du Var, entre le golfe de Giens et la rade d'Hyères.

Gif-sur-Yvette ■ Commune de l'Essonne. 19 800 hab. *(les Giffois).* Laboratoires.

Gifu ■ Ville du Japon (*Honshū). 409 000 hab. Centre industriel important.

Gignac-la-Nerthe ■ Commune des Bouches-du-Rhône, près d'Aix-en-Provence. 8 800 hab.

Gijón ■ Ville et port industriel d'Espagne (*Asturies). 259 000 hab. Sidérurgie, chimie.

les îles Gilbert et Ellice ■ Archipels et ancienne colonie britannique du Pacifique Ouest et Central divisés aujourd'hui entre la république de Kiribati et Tuvalu.

Gilgamesh ■ Héros d'une épopée mésopotamienne du IIIe millénaire av. J.-C.

Dizzy **Gillespie** ■ Trompettiste de jazz (1917-1993). Novateur avec le mouvement *be-bop* dont il fut l'un des créateurs.

la Gimone ■ Rivière de *Gascogne, affluent de la *Garonne. 122 km.

Allen **Ginsberg** ■ Poète américain (né en 1926). Porte-parole de la contestation des jeunes contre la société de consommation dans les années 1960, proche de W.S. *Burroughs. *"Hurlement".*

Giovanni **Giolitti** ■ Homme politique italien (1842-1928). Il fut plusieurs fois président du Conseil entre 1892 et 1921.

Jean **Giono** ■ Écrivain français (1895-1970). Il a exalté la vie rustique de haute Provence *("Regain")* avant de renouveler son inspiration *("le Hussard sur le toit"* ; *"l'Eau vive").*

Luca **Giordano** ■ Peintre et décorateur *baroque italien (1632-1705).

Giorgione ■ Peintre italien (1477-1510). Il fut l'un des premiers peintres vénitiens à donner une très grande importance à l'étude de la lumière. *"La Tempête".*

Giotto ■ Peintre florentin (v. 1266-1337). Il fut le premier à représenter plastiquement un espace à trois dimensions et eut, de son vivant, un grand rayonnement. Fresques de la *"Vie de saint François"* à Assise et de la *"Vie de la Vierge et du Christ"* à Padoue. Travaux d'architecture à Florence (campanile de S. Maria del Flore).

Giovanni da Udine ■ Peintre italien (1487-1564). Il rénova l'art décoratif occidental.

Émile de **Girardin** ■ Journaliste français (1806-1881). Il créa les premiers journaux à prix modiques. Il tua A. *Carrel en duel.

François **Girardon** ■ Sculpteur français (1628-1715). Représentant caractéristique du *classicisme en sculpture. Œuvres pour les jardins de Versailles.

Henri **Giraud** ■ Général français (1879-1949). Rival de de *Gaulle avec qui il dirigeait le *Comité français de libération nationale, il fut, à Alger, de 1942 à 1944, le dirigeant en titre des forces françaises hostiles à l'Allemagne.

Jean **Giraudoux** ■ Écrivain français (1882-1944). Son œuvre, d'un style précieux, oscille entre un humanisme optimiste et une inquiétude désespérée. *"La guerre de Troie n'aura pas lieu", "la Folle de Chaillot"* (théâtre) ; *"Suzanne et le Pacifique"* (roman).

Anne Louis **Girodet-Trioson** ■ Peintre français (1767-1824). Élève de *David, il subit l'influence de *Prud'hon. Son style est à la charnière du *néo-classicisme et du *romantisme.

la Gironde ■ Estuaire formé par la Garonne et la Dordogne entre Bordeaux et l'Atlantique (75 km). □ *la Gironde* [33]. Département français de la région *Aquitaine. 10 202 km². 1,21 million d'hab. Préfecture : Bordeaux. Sous-préfectures : Blaye, Langon, Lesparre-Médoc, Libourne.

les Girondins ■ Groupe de révolutionnaires français (*Brissot, *Roland, *Vergniaud) qui doit son nom à sa forte proportion de députés de la Gironde, liés à la grande bourgeoisie d'affaires. Républicains modérés, adversaires des *Feuillants, ils dominèrent l'*Assemblée législative en 1792 et les débuts de la *Convention, puis furent débordés par les *Montagnards et les mouvements populaires. Plusieurs furent guillotinés. ⟹ insurrection **fédéraliste.**

Thomas Girtin ■ Peintre paysagiste anglais (1775-1802). Il transforma la technique de l'aquarelle.

Valéry Giscard d'Estaing ■ Homme politique français (né en 1926). Ministre des Finances de 1962 à 1966 et de 1969 à 1974, puis président de la République de 1974 à 1981.

Gisors ■ Commune de l'Eure. 9 700 hab. *(les Gisorsiens).*

Givet ■ Commune des Ardennes, sur la Meuse. 7 900 hab. *(les Givetois).*

Givors ■ Commune du Rhône, sur le Rhône. 19 800 hab. *(les Givordins).*

Gizeh ou *Guizèh* ■ Ville d'Égypte, faubourg du Caire. 1,67 million d'hab. À proximité se trouvent le *Sphinx et les pyramides de *Khéops, *Khéphren et *Mykérinos.

Karl Gjellerup ■ Écrivain danois (1857-1919). "*Le Pèlerin Kamanita*". Prix Nobel 1917.

la mer de Glace ■ Glacier des Alpes françaises, dans le massif du Mont-*Blanc.

William Ewart Gladstone ■ Homme politique britannique (1809-1898). Chef du parti libéral, rival de *Disraeli, quatre fois Premier ministre sous le règne de *Victoria. Il se prononça en vain pour l'autonomie de l'Irlande.

le Glamorgan ■ Région du sud-ouest du pays de *Galles divisée en quatre comtés : le *Gwent, le Glamorgan de l'Ouest (*West Glamorgan ;* 815 km² ; 363 000 hab. ; chef-lieu : Swansea), le Glamorgan du Centre (*Mid-Glamorgan ;* 1 019 km² ; 536 000 hab. ; chef-lieu : Cardiff) et le Glamorgan du Sud (*South Glamorgan ;* 416 km² ; 403 000 hab. ; chef-lieu : Cardiff).

Glanum ■ Site grec puis romain de Gaule, près de *Saint-Rémy-de-Provence.

Glaris, en allemand *Glarus* ■ Ville de Suisse. 6 000 hab. ▶ *le canton de Glaris.* 685 km². 36 900 hab. Chef-lieu : Glaris. Industrie textile.

Glasgow ■ Ville d'Écosse. 765 000 hab. Métropole commerciale et industrielle, elle doit son développement au commerce colonial et à son bassin houiller, mais connaît aujourd'hui des problèmes de chômage.

Alexandre Glazounov ■ Compositeur russe (1865-1936). Symphonies, concertos, quatuors, d'inspiration russe, qui ont influencé *Chostakovitch, *Prokofiev, *Stravinski.

Gleizé ■ Commune du Rhône. 8 500 hab.

Albert Gleizes ■ Peintre français et théoricien du *cubisme (1881-1953).

les îles de Glénan ■ Groupe de neuf îlots (nommés à tort *les Glénans*) de l'océan Atlantique dépendant du Finistère. Centre nautique.

le plateau des **Glières** ■ Plateau des *Préalpes en Haute-Savoie. Maquis de résistants exterminés en 1944.

Mikhaïl **Glinka** ■ Compositeur russe (1804-1857). Œuvre partagé entre la tradition folklorique russe et l'influence occidentale. "*La Vie pour le tsar*", opéra.

Gliwice ■ Ville de Pologne (haute *Silésie). 211 000 hab.

les Trois **Glorieuses** ■ ⇒ révolution française de 1830.

Gloucester ■ Ville et port d'Angleterre, chef-lieu du Gloucestershire. 108 000 hab. Monuments médiévaux.
▶ le **Gloucestershire**. Comté de l'ouest de l'Angleterre. 2 638 km². 527 000 hab. Chef-lieu : Gloucester.

Christoph Willibald von **Gluck** ■ Compositeur allemand (1714-1787). Le grand réformateur de l'opéra : la musique doit « seconder la poésie ». "*Orphée et Euridice*" ; "*Alceste*".

Goa ■ Territoire de la côte occidentale indienne, colonie portugaise de 1510 à 1961, devenu État de l'Union indienne en 1987. 3 702 km². 1 million d'hab. Capitale : Panaji (76 800 hab.).

les **Gobelins** ■ Manufacture de tapisseries à Paris. Créée en 1662 sous le nom de *Manufacture royale des Gobelins*.

le désert de **Gobi** ■ Un des plus grands déserts du monde. Il s'étend en Chine et en Mongolie. Vents violents. Grands écarts de température.

Joseph Arthur de **Gobineau** ■ Diplomate et écrivain français (1816-1882). "*Les Pléiades*" (roman). Théoricien du racisme. "*Essai sur l'inégalité des races humaines*".

Jean-Luc **Godard** ■ Cinéaste français (né en 1930). Principal représentant de la nouvelle vague française. "*À bout de souffle*" ; "*Pierrot le Fou*".

le **Godāvari** ■ L'un des fleuves sacrés de l'Inde. 1 500 km.

Jacques **Godbout** ■ Écrivain et cinéaste québécois (né en 1933). "*L'Isle au dragon*".

Godefroy de Bouillon ■ Chef de la première *croisade, élu roi de Jérusalem (1061-1100).

Kurt **Gödel** ■ Logicien et philosophe autrichien naturalisé américain (1906-1978). Ses « théorèmes d'incomplétude » ont montré les limites de la formalisation en mathématiques.

Manuel de **Godoy** ■ Homme politique espagnol, Premier ministre de Charles IV (1767-1851). Considéré comme responsable de la soumission de son pays à la France, il s'exila en 1808.

Godthaab ou **Godthåb** ■ → Nuuk.

Joseph Paul **Goebbels** ■ Homme politique allemand (1897-1945). Chargé par Hitler de la propagande *nazie.

Johann Wolfgang von **Goethe** ■ Écrivain, homme politique et savant allemand (1749-1832). Poète éminent, reconnu comme l'une des plus grandes personnalités de son temps, il fut proche du préromantisme dans sa jeunesse (*"les Souffrances du jeune Werther"*), puis il évolua vers un art plus classique (*"les Affinités électives"* ; *"Wilhelm Meister"*). Son écriture prit parfois une forme symbolique : "*Faust*" ; "*Poésie et vérité*".

Nikolaï **Gogol** ■ Écrivain russe (1809-1852). Son œuvre, satire réaliste, mêle le rire et le cauchemar. "*Le Nez*" ; "*le Journal d'un fou*".

Goiânia ■ Ville du Brésil, capitale de l'État de *Goiás. 703 000 hab.

Goiás ■ État du centre du Brésil, dont la partie nord devint en 1988 l'État de *Tocantins. 340 166 km². 3,91 millions d'hab. Capitale : Goiânia.

le **Golan** ■ Plateau du sud de la Syrie, en partie occupé par *Israël depuis 1967. Combats en 1973.

Golbey ■ Commune des Vosges. 8 800 hab. *(les Golbéens)*.

Gold Coast ■ Ville d'Australie (*Queensland). 219 000 hab.

William **Golding** ■ Écrivain britannique (né en 1911). Prix Nobel 1983. "*Sa Majesté des Mouches*".

Carlo **Goldoni** ■ Auteur de pièces comiques italien (1707-1793). Il a écrit 150 pièces, donnant aux jeux de la *commedia dell'arte plus de sobriété. "*Arlequin, serviteur de deux maîtres*".

Oliver **Goldsmith** ■ Écrivain anglais (1730-1774). Auteur de romans sentimentaux *("le Vicaire de Wakefield")* ; comédies.

Kurt **Goldstein** ■ Psychiatre allemand naturalisé américain (1878-1965).

le **Golfe** ■ Le golfe *Persique ou Arabique ► *la guerre du* **Golfe**. Conflit diplomatique puis militaire qui opposa l'Irak, après son invasion du Koweït en août 1990, à une coalition de 30 pays, principalement arabes et occidentaux. Les forces alliées, stationnées en Arabie Saoudite, dirigées par les États-Unis et mandatées par l'O.N.U., obtinrent, après un conflit violent et bref (janvier-février 1991) qui détruisit en partie le potentiel militaire et industriel de l'Irak, le retrait des troupes irakiennes du Koweït. La question du contrôle des ressources pétrolières explique la gravité de cette crise qui fit se poser le problème de la sécurité régionale et réaffirma la nécessité d'un règlement israélo-arabe.

le **Golgotha** ■ En araméen « lieu du crâne », site près de *Jérusalem, où Jésus fut crucifié.

Goliath ■ Géant de la Bible, vaincu par *David. Ce combat symbolise la supériorité de l'intelligence sur la force.

Ernst **Gombrich** ■ Historien d'art britannique d'origine autrichienne (né en 1909).

Witold **Gombrowicz** ■ Écrivain polonais (1904-1969). Œuvre grinçante et pessimiste dominée par l'érotisme. "*Ferdydurke*".

Gomel ■ Ville de la C.É.I. (*Biélorussie). 500 000 hab. Industries mécaniques.

Ramón **Gómez de la Serna** ■ Écrivain espagnol (1888-1963). Romans et aphorismes humoristiques (les *greguerías*).

Gomorrhe ■ ⇒ Sodome.

Władysław **Gomułka** ■ Homme politique polonais (1905-1982). Secrétaire général du parti communiste (1956), il dut démissionner après les révoltes ouvrières de 1970.

Gonaïves ■ Ville d'Haïti. 37 000 hab.

Nuno **Gonçalves** ■ Peintre portugais, actif de 1450 à 1480. "*Polyptyque de saint Vincent*", exécuté pour la cathédrale de Lisbonne.

Antônio **Gonçalves Dias** ■ Écrivain brésilien (1823-1864). Il est considéré comme le premier grand poète de l'âme nationale.

les frères **Goncourt** ■ Écrivains français. Edmond (1822-1896) et Jules (1830-1870). Auteurs de romans naturalistes (⇒ **naturalisme**) et d'un "*Journal*", qui retrace la vie artistique de leur époque. Edmond fonda l'académie Goncourt, jury chargé de décerner un prix littéraire, le *prix Goncourt*.

Gondar ■ Ville d'Éthiopie 88 000 hab. Capitale du pays du XVIᵉ au XIXᵉ s. Vestiges du *royaume de Gondar* (XVIIᵉ - XVIIIᵉ s.).

le **Gondwana** ■ Continent hypothétique qui aurait réuni, à l'ère primaire, l'Inde, l'Afrique, l'Australie, l'Amérique du Sud et l'Antarctique.

Gonesse ■ Commune du Val-d'Oise. 23 300 hab. *(les Gonessiens)*. Églises des XIIᵉ - XIIIᵉ s.

Gonfreville-l'Orcher ■ Commune de la Seine-Maritime. 10 200 hab. *(les Gonfrevillais)*. Pétrochimie.

Luis de **Góngora y Argote** ■ Poète *baroque espagnol (1561-1627). Son style virtuose et raffiné fut imité (le *gongorisme*).

Ivan **Gontcharov** ■ Romancier russe (1812-1891). "*Oblomov*".

Natalia **Gontcharova** ■ Peintre russe (1881-1962). Elle fit une synthèse entre l'art populaire russe et l'art moderne. Compagne de *Larionov.

les **Gonzague** ■ Famille princière d'Italie qui gouverna le duché de Mantoue du XIVᵉ au XVIIIᵉ s.

Felipe **González** ■ Premier ministre (socialiste) espagnol depuis 1982 (né en 1942).

Gorakhpur ■ Ville de l'Inde (*Uttar Pradesh), près du Népal. 308 000 hab.

Mikhaïl **Gorbatchev** ■ Homme politique soviétique (né en 1931). Secrétaire général du parti communiste (1985) et chef de l'État (1988). Sa politique de réformes *(perestroïka)* a modifié toutes les données politiques en U.R.S.S. et en Europe orientale (1989). Contesté dans son pays, estimé à l'étranger, il démissionna de toutes ses fonctions fin 1991, après la création de la C.É.I. Prix Nobel de la paix 1990. ⇒ **U.R.S.S.**

Nadine **Gordimer** ■ Écrivaine sud-africaine (née en 1923). "*Ceux de July*". Prix Nobel en 1991.

Gordion ■ Ancienne capitale de la Phrygie où Alexandre le Grand trancha un nœud très compliqué, dit *nœud gordien*, ce qui, selon un oracle, lui promettait la conquête de l'Asie.

Gordon Pacha ■ Général britannique, gouverneur du Soudan pour le compte de l'Égypte (1833-1885). Tué par les troupes de *Mahdî.

l'île de **Gorée** ■ Île du Sénégal, face à Dakar. Ancien point de transit français de la traite des esclaves vers l'Amérique.

Fakhr al-Dīn As'ad **Gorgani** ■ Poète persan du XIᵉ s.

Gorgias ■ Un des plus importants sophistes grecs (v. 483 - v. 380 av. J.-C.).

les **Gorgones** n. f. ■ Trois monstres de la mythologie grecque, à la chevelure faite de serpents. *Méduse est la plus célèbre.

Gorgonzola ■ Ville d'Italie (*Lombardie). 14 600 hab. Fromages réputés. 〈 ► gorgonzola 〉

Hermann **Göring** ■ Maréchal allemand, dauphin de Hitler (1893-1946). Héros de la guerre de 1914, nazi dès 1922, chef de la *Luftwaffe* (armée de l'air) de 1935 à 1945. Désavoué par Hitler, condamné à mort à *Nuremberg, il se suicida.

Maxime **Gorki** ■ Écrivain russe (1868-1936). Initiateur de la littérature sociale soviétique. "*La Mère*" ; "*les Bas-Fonds*".

Gorki ■ ⇒ **Nijni-Novgorod**.

Le **Gosier** ■ Commune de la Guadeloupe. 15 400 hab.

Jan **Gossart** ou **Gossaert** dit **Mabuse** ■ Peintre *flamand (v. 1478-v. 1535). Il propagea les valeurs de la *Renaissance dans son pays.

Göteborg ■ 2ᵉ ville et principal port de Suède. 430 000 hab.

l'art **gothique** ■ Forme d'art qui s'est surtout épanouie en Europe de l'Ouest du XIIᵉ au XVᵉ s., en architecture (croisée d'ogives – on a appelé l'art gothique *art ogival* –, arcs-boutants, ouverture des murs et vitraux), en sculpture et dans les arts décoratifs.

les **Goths** ■ Peuple de *Germains qui se divisa au IVᵉ s. entre *Ostrogoths et *Wisigoths. 〈 ► gothique 〉

Gotland ■ Île de Suède, dans la mer Baltique. 3 140 km². 56 200 hab. Tourisme.

Göttingen ■ Ville d'Allemagne (Basse-*Saxe). 115 000 hab. Célèbre université fondée en 1737. Hôtel de ville du XVIe s.

Gouda ■ Ville des Pays-Bas (*Hollande-Méridionale). 62 300 hab. Célèbres fromages.

Goudjerât ■ ⇒ Gujarāt.

Olympe de **Gouges** ■ Publiciste française, auteur d'une *"Déclaration des droits de la femme et de la citoyenne"* (1748-1793).

Jean **Goujon** ■ Sculpteur et architecte français de la *Renaissance, aux tendances *maniéristes (v. 1510 - v. 1566).

Glenn **Gould** ■ Pianiste canadien (1932-1982). Après une carrière de concertiste, il se consacra à l'enregistrement d'œuvres (surtout J.-S. *Bach) et à la diffusion télévisée d'œuvres musicales.

Charles **Gounod** ■ Compositeur français (1818-1893). Auteur d'opéras *("Faust" ; "Mireille")* et de musique religieuse *("Messe de sainte Cécile").*

Gourdon ■ Sous-préfecture du Lot. 5 100 hab. *(les Gourdonnais).*

le baron **Gourgaud** ■ Général français (1783-1852). Il suivit Napoléon Ier à Sainte-Hélène (⇒ **Montholon**) puis fut l'aide de camp de Louis-Philippe.

Rémy de **Gourmont** ■ Écrivain français (1858-1915). Romans, essais.

Goussainville ■ Commune du Val-d'Oise. 25 000 hab. *(les Goussainvillois).*

le **Gouvernement provisoire de la République française** *ou* **G.P.R.F.** ■ Gouvernement mis en place dès 1944 par la *Résistance et qui succéda au *Comité français de libération nationale. Après la dissolution de la IIIe République et le régime de Pétain, le G.P.R.F. eut pour mission d'établir de nouvelles institutions : il prit fin avec l'adoption de la Constitution de la IVe République

(fin 1946). Le général de *Gaulle le dirigea jusqu'en janvier 1946. Politique de reconstruction, nationalisations, épuration des anciens collaborateurs.

Gouvieux ■ Commune de l'Oise. 9 900 hab. *(les Godviciens).*

Francisco de **Goya** *y Lucientes* ■ Peintre espagnol (1746-1828). Habile peintre officiel du roi à ses débuts (1780), déjà inventif et poétique, il devint un des maîtres de l'école espagnole, précurseur de la peinture moderne. Admirables portraits ; gravures et tableaux dénonçant les horreurs de la guerre. À la fin de sa vie, sourd et isolé, il pratiqua un art sombre et visionnaire (fresques de sa maison, la Quinta del Sordo).

Juan **Goytisolo** ■ Écrivain espagnol (né en 1931). *"Deuil au paradis".*

Carlo **Gozzi** ■ Auteur dramatique italien (1720-1806). Il s'opposa au réalisme de *Goldoni en écrivant des féeries dramatiques. *"Turandot".*

le **G.P.R.F.** ■ ⇒ Gouvernement provisoire de la République française.

le **Graal** *ou* **Saint-Graal** ■ Vase sacré qui servit à la Cène et qui recueillit le sang du Christ. Les romans du Moyen Âge racontent la quête (recherche) du Graal par les chevaliers de la Table ronde, *Perceval, *Lancelot.

les frères **Gracchus** ■ Tribuns et frères romains. Tiberius (v. 162 - 133 av. J.-C.) et Caius (v. 154 - 121 av. J.-C.). Ils firent voter une loi agraire favorisant les petits propriétaires contre l'aristocratie foncière.

les trois **Grâces** ■ Déesses de la Beauté, chez les Grecs et les Romains (Aglaé, Thalie, Euphrosyne).

Julien **Gracq** ■ Écrivain français (né en 1910). Proche d'André *Breton et du romantisme allemand, il a donné des romans d'une grande richesse poétique et des essais critiques. *"Le Rivage des Syrtes".*

Gradignan ■ Commune de la Gironde. 22 100 hab. *(les Gradignanais).*

Martha **Graham** ■ Danseuse et chorégraphe américaine (1893-1991).

Zénobe **Gramme** ■ Électricien belge (1826-1901). Inventeur de la dynamo.

le **Grampian** ■ Région administrative du nord-est de l'Écosse. 8 550 km². 501 000 hab. Chef-lieu : Aberdeen.

Antonio **Gramsci** ■ Philosophe marxiste et homme politique italien (1891-1937).

Enrique **Granados** ■ Compositeur espagnol (1867-1916). Œuvres pour piano : *"Danses espagnoles"* ; *"Goyescas".*

le **Gran Chaco** ■ ⇒ Chaco.

Alain **Grandbois** ■ Poète québécois (1900-1975). *"Rivages de l'homme".*

Grand-Bourg ■ Commune de *Marie-Galante (dépendance de la *Guadeloupe). 6 100 hab.

le **Grand Canyon** ■ Gorge du *Colorado au nord-ouest de l'*Arizona (États-Unis). Tourisme.

Grand-Couronne ■ Commune de la Seine-Maritime. 9 900 hab. *(les Couronnais).* Industries.

la **Grande-Bretagne** ■ La plus grande des îles de l'archipel britannique. 229 880 km². 54,3 millions d'hab. *(les Britanniques).* Elle comprend trois grandes régions (ou pays : *country*) : l'Angleterre, le pays de Galles, l'Écosse et forme, avec l'Irlande du Nord, le Royaume-Uni. □ **HISTOIRE.** Avec l'avènement de Jacques Iᵉʳ et des *Stuarts en 1603 (⇒ **Angleterre**) commence l'histoire de la Grande-Bretagne. Le XVIIᵉ s. fut celui des révolutions : exécution de Charles Iᵉʳ (1649), république de *Cromwell (1649-1658), fuite de Jacques II en France (1688) et couronnement de Guillaume III d'Orange-Nassau, l'Angleterre réprimant les catholiques

(⇒ **jacobites**) d'Irlande et d'Écosse. L'acte d'Union de 1707 instaura le Royaume de Grande-Bretagne (avec un Parlement unique pour les royaumes d'Écosse et d'Angleterre) — qui devint, en 1801, par un acte d'Union signé l'année précédente, le *Royaume-Uni de Grande-Bretagne et d'Irlande. Les structures politiques modernes se dessinèrent : Premier ministre chef de la majorité parlementaire (*whig ou *tory), essor de la Chambre des communes. La révolution industrielle se développa. La politique extérieure fut marquée par la création d'un immense domaine colonial en Amérique du Nord, l'acquisition des Indes françaises (1763), puis la guerre de l'*Indépendance américaine (1775-1783) et la guerre contre la Révolution française et le premier Empire (1793-1815). Le XIXᵉ s. fut celui des réformes et de l'expansion : c'est le règne de *Victoria, symbole de l'impérialisme triomphant et du puritanisme bourgeois, dominé par l'opposition entre le conservateur *Disraeli et le libéral *Gladstone. Première puissance mondiale, le royaume ne put néanmoins résoudre la grave question de l'Irlande. Les difficultés sociales et économiques (nombreux mouvements ouvriers) assurèrent une percée au jeune parti *travailliste qui, avec les *conservateurs, domine la vie politique au XXᵉ s. Pour s'opposer à la menace allemande, le Royaume-Uni se rapprocha de la France (*Entente cordiale, 1904), de la Russie (Triple-*Entente) et prit une part déterminante lors de la Première *Guerre mondiale. *Chamberlain, Premier ministre en 1937, rechercha une politique d'« apaisement » avec *Hitler et *Mussolini. Mais, la guerre déclarée, son successeur *Churchill opposa une résistance admirable au nazisme. Après 1945, le gouvernement d'*Attlee fut marqué par la mainmise de l'État sur l'économie (nationalisations) et la décolonisation volontaire. L'adhésion à la *C.E.E. (1973) et le percement du tunnel sous la Manche (qui commença en 1988) mirent fin à l'isolement insulaire de la Grande-Bretagne, malgré les réticences de Margaret *Thatcher à l'égard de la construction européenne. Durement frappé par les difficultés économiques et sociales, le pays s'est engagé dans une politique de libéralisme économique.

la **Grande Grèce** ■ Nom donné dans l'Antiquité au sud de l'Italie et à la Sicile, colonisés par les Grecs. ⇒ **Grèce.**

La **Grande-Motte** ■ Commune de l'Hérault, sur la Méditerranée (immeubles en forme de pyramides). 5 000 hab. Station balnéaire.

Grande-Synthe ■ Commune du Nord, banlieue de Dunkerque. 24 500 hab. *(les Synthois ou Grand-Synthois).*

Urbain **Grandier** ■ Curé français de *Loudun qui fut brûlé après qu'on l'eut accusé d'avoir envoûté plusieurs religieuses ursulines (1590-1634).

Le **Grand-Quevilly** ■ Commune de la Seine-Maritime. 27 900 hab. *(les Grand-Quevillais).* Chimie. Papeterie.

Grand Rapids ■ Ville des États-Unis (*Michigan). 182 000 hab.

les **Grands Lacs** ■ Ensemble de lacs d'Amérique du Nord, reliés entre eux, de *Duluth à la baie du *Saint-Laurent : lac Supérieur (84 243 km²), lac Michigan (57 757 km²), lac Huron (63 096 km²), lac Érié (25 812 km²), lac Ontario (19 001 km²). Zone d'activité économique intense entre le Canada et les États-Unis.

François **Granet** ■ Peintre français (1775-1849). Portraits. Paysages.

la **Granja** ■ Résidence royale d'Espagne, au sud-est de *Ségovie.

Ulysses **Grant** ■ Général américain, commandant des armées nordistes durant la guerre de *Sécession,

18e président (républicain) des États-Unis de 1869 à 1877 (1822-1885).

Granville ■ Commune de la Manche. 13 300 hab. *(les Granvillais).*

Stéphane **Grappelli** ■ Violoniste et pianiste français de jazz (né en 1908).

Günter **Grass** ■ Écrivain allemand (né en 1927). Membre du *Groupe 47. "Le Tambour".

Grasse ■ Sous-préfecture des Alpes-Maritimes. 42 100 hab. *(les Grassois).* Parfumerie.

Graulhet ■ Commune du Tarn. 13 700 hab. *(les Graulhétois).* Industrie des peaux.

Gravelines ■ Commune du Nord. 12 700 hab. *(les Gravelinois).* Centrale nucléaire.

Stephen **Gray** ■ Physicien anglais (v. 1670 - 1736). Étude de l'électricité (notion de corps conducteur).

Gray ■ Commune de la Haute-Saône, sur la *Saône. 7 500 hab. *(les Graylois).*

Graz ■ 2e ville d'Autriche et capitale de la *Styrie. 243 000 hab. Marché important au XIIe s.

la **Grèce** ■ État (république) du sud-est de l'Europe formé d'une partie continentale (extrémité de la péninsule des *Balkans) et de plus de 430 îles. 131 957 km². 10,09 millions d'hab. *(les Grecs).* Capitale : Athènes. Langue officielle : grec. Religion officielle : Église orthodoxe grecque. Monnaie : drachme. Divisée en neuf grandes régions géographiques — la Grèce centrale et Eubée (24 391 km² ; 1,1 million d'hab.), le *Péloponnèse, les îles *Ioniennes, l'*Épire, la *Thessalie, la *Macédoine, la *Thrace, les îles de la mer *Égée et la *Crète — auxquelles il convient d'ajouter le Grand *Athènes. Pays montagneux, morcelé et fortement imbriqué dans la mer. Son économie est essentiellement agricole (cultures méditerranéennes : olive, vigne, blé) et compense la faiblesse de l'industrie par une flotte commerciale importante et le tourisme, tout en exploitant les quelques produits de son sous-sol (bauxite). □ **HISTOIRE**. La *Grèce antique* fut le centre d'une des plus brillantes civilisations de l'histoire : elle apparut au IIᵉ millénaire av. J.-C. et atteignit son apogée au vᵉ s. av. J.-C. Vers 1600 av. J.-C., au temps des *Achéens, une première civilisation dite *mycénienne* se développa à partir des influences crétoises (⟹ **Crète, Mycènes, l'Iliade,** la guerre de **Troie**). En 1200 av. J.-C., l'invasion des *Doriens* ouvrit une période de régression appelée le « Moyen Âge grec ». Le IXᵉ s. av. J.-C. fut l'époque d'*Homère (récits mythologiques, sanctuaires religieux à *Delphes, *Délos, *Olympie), le père de la culture grecque, et celle où la cité commença à s'organiser. Le développement de l'économie mercantile à l'époque *archaïque* (VIIIᵉ - VIᵉ s. av. J.-C.) suscita la création des premières colonies en *Grande Grèce, l'enrichissement des cités (Corinthe, Athènes) et l'épanouissement des arts (⟹ **Sappho, Anacréon, Pindare, Héraclite, Pythagore**). Au vᵉ s., la Perse déclara la guerre aux cités grecques (guerres *médiques* de 490 à 479 av. J.-C.). Victorieuse, Athènes devint le foyer de la *culture classique* grecque, qui atteignit son apogée sous le règne de *Périclès : en politique (démocratie), en philosophie (*Socrate), en littérature (*Eschyle, *Sophocle, *Euripide créent la tragédie), en histoire (*Hérodote, *Xénophon) et en architecture (*Phidias réalise l'Acropole). La guerre du *Péloponnèse entre *Sparte et Athènes (431 - 404 av. J.-C.) mit fin à l'hégémonie athénienne. La civilisation classique resta florissante, avec *Platon, *Aristote, *Protagoras, *Démosthène et *Aristophane ; mais la rivalité entre les cités facilita l'invasion de la Grèce par *Philippe II de Macédoine (337 av. J.-C.) suivie par l'empire d'*Alexandre le Grand, puis par la conquête romaine en 146

av. J.-C. En 395, la Grèce devint *byzantine*. Ravagée par les invasions barbares, puis par les croisés (prise de *Constantinople en 1204), elle passa sous la domination turque après la prise d'Athènes (1456). À partir du XVIIIᵉ s., l'éveil du sentiment national et le philhellénisme des Occidentaux conduisirent à la naissance de la *Grèce moderne :* prise de Tripolis (1821) ; proclamation d'indépendance (congrès d'*Épidaure, 1822), qui ne fut reconnue par les grandes puissances qu'en 1830, après la *guerre d'indépendance* (⟹ **Missolonghi, Chios**). Au terme d'une longue lutte, la Grèce s'unifia et abolit la monarchie pour devenir une république (1924). La royauté fut rétablie à la suite d'un plébiscite organisé par le général *Condylis en 1935. Après les épreuves de l'occupation allemande (1941-1944) et de la guerre civile (1946-1949), la Grèce devient une démocratie du camp atlantique (membre de l'*O.T.A.N. en 1952), mais son régime est fragile. Le putsch de 1967 instaure une dictature, le « régime des colonels », qui proclame la république en 1973. Il est contraint d'accepter le retour à la démocratie l'année suivante. La Grèce fait partie de la Communauté économique européenne depuis 1981. ⟨ ▶ grec ⟩

le Greco ■ Peintre espagnol d'origine crétoise (1541-1614). Son mysticisme se traduit par l'emploi de couleurs rares et l'allongement extrême des figures. "*L'Enterrement du comte d'Orgaz*".

Julien Green ■ Écrivain français d'origine américaine (né en 1900). Catholique tourmenté, il décrit dans son œuvre l'affrontement entre les élans mystiques et la débauche. "*Moïra*" ; "*Journal*".

Graham Greene ■ Écrivain anglais (1904-1991). Il confronte des êtres ambigus et une morale d'inspiration chrétienne. "*La Puissance et la Gloire*" ; "*le Troisième Homme*".

Greenpeace ■ « La paix verte », mouvement écologiste international fondé en 1971.

Greensboro ■ Ville des États-Unis (*Caroline du Nord). 156 000 hab.

Greenwich ■ Bourg *(borough)* du Grand *Londres. 214 000 hab. Le *méridien de Greenwich,* adopté quasi universellement comme méridien d'origine, passe par son observatoire.

Greenwich Village ■ ⇒ New York.

Henri **Grégoire** dit *l'abbé Grégoire* ■ Ecclésiastique et révolutionnaire français (1750-1831). Défenseur des droits de l'homme (droits civils et politiques aux juifs, abolition de l'esclavage), de la réunion des Églises, de la Constitution civile du clergé et d'une langue française unique éliminant en France les autres idiomes (⇒ **Constituante**).

saint **Grégoire Iᵉʳ** dit *Grégoire le Grand* ■ Pape de 590 à sa mort (540-604). Il fit de Rome le centre de la chrétienté, réforma la liturgie et le chant d'Église, appelé *grégorien.* ⟨ ▶ grégorien ⟩

saint **Grégoire VII** ■ Pape de 1073 à sa mort (v. 1020 - 1085). Il lutta contre l'empereur d'Allemagne *Henri IV (querelle des *Investitures), qu'il humilia à *Canossa, et rétablit la discipline ecclésiastique *(réforme grégorienne).*

Grégoire XIII ■ Pape de 1572 à sa mort (1502-1585). Il remplaça le calendrier julien (décalé de douze jours) par le calendrier dit *grégorien.*

saint **Grégoire de Nazianze** ■ Théologien chrétien de langue grecque, docteur de l'Église (v. 330 - v. 390).

saint **Grégoire de Nysse** ■ Théologien chrétien de langue grecque, Père de l'Église (v. 335 - v. 395).

saint **Grégoire de Tours** ■ Évêque de Tours (v. 538 - v. 594). "*Histoire des Francs*" (en latin).

Grégoire Palamas ■ Mystique et théologien grec orthodoxe (1296-1359).

Grenade, en espagnol **Granada** ■ Ville d'Espagne (*Andalousie). 281 000 hab. Fondée en 756 par les Arabes, capitale du *royaume musulman de Grenade* (l'Alhambra, palais des XIIIᵉ - XIVᵉ s., est l'ancienne résidence des princes), reconquise par les Rois Catholiques en 1492 (palais de Charles Quint).

Grenade ■ Île des Petites *Antilles (îles du *Vent), formant avec les *îles Grenadines du Sud* un État (monarchie constitutionnelle) indépendant. 345 km². 96 600 hab. *(les Grenadins).* Capitale : Saint George's. Langue officielle : anglais. Monnaie : dollar des Caraïbes de l'Est. Agriculture (canne à sucre) et tourisme. Colonie anglaise en 1783, indépendante en 1974, membre du *Commonwealth. Un gouvernement pro-cubain prit le pouvoir en 1978, fut renversé par un coup d'État en 1983 suivi d'une intervention militaire américaine.

les îles **Grenadines** ■ Archipel des Petites Antilles (îles du *Vent), partagé entre Grenade et l'État de Saint-Vincent et Grenadines.

Grenoble ■ Préfecture de l'Isère, sur l'Isère. 154 000 hab. *(les Grenoblois).* Centre universitaire. Cathédrale (XIIᵉ - XIIIᵉ s.). Important centre industriel.

André-Modeste **Grétry** ■ Compositeur français (1741-1813). Ses opéras-comiques eurent un grand succès au XVIIIᵉ s. "*L'Amant jaloux*".

Jean-Baptiste **Greuze** ■ Peintre français (1725-1805). Scènes moralisatrices (*"le Fils puni"*), anecdotiques (*"la Cruche cassée"*) ; portraits (*"Sophie Arnould"*).

la place de **Grève** ■ Place de Paris, aujourd'hui place de l'Hôtel-de-Ville, où se faisaient les exécutions capitales et se réunissaient les ouvriers sans travail. ⟨ ▶ ② grève ⟩

Grevenmacher ■ District du Luxembourg. 525 km². 40 000 hab.

Jules **Grévy** ■ Homme politique français (1807-1891). Avocat, député, il fut président de la République de 1879 à 1887.

Alexandre **Griboïedov** ■ Dramaturge russe (1795-1829). *"Le Malheur d'avoir trop d'esprit"*.

Edvard **Grieg** ■ Compositeur norvégien (1843-1907). La musique de scène de *"Peer Gynt"* d'*Ibsen et le *"Concerto en la"* s'inspirent du folklore norvégien.

David Wark **Griffith** ■ Cinéaste américain (1875-1948). *"Naissance d'une nation"* ; *"Intolérance"*.

Grigny ■ Commune de l'Essonne. 25 000 hab. *(les Grignois)*.

Grigny ■ Commune du Rhône. 7 500 hab. *(les Grignerots)*.

Jacob **Grimm** ■ Philologue et écrivain allemand (1785-1863). Il publia avec son frère Wilhelm (1786-1859) des contes germaniques. *"Contes d'enfants et du foyer"* : « Blanche-Neige et les sept nains », « Hänsel et Gretel », etc. Les frères Grimm ont aussi commencé le plus grand dictionnaire de la langue allemande.

Hans von **Grimmelshausen** ■ Romancier allemand (v. 1620-1676). *"Les Aventures de Simplex Simplicissimus"*.

Grimsby ■ Ville d'Angleterre (*Humberside) et premier port de pêche du pays. 92 200 hab.

Juan **Gris** ■ Peintre espagnol (1887-1927). Il vécut à Paris et fut l'un des maîtres et des théoriciens importants du *cubisme.

les **Grisons,** en allemand **Graubünden** ■ Le plus vaste canton de Suisse : 7 106 km². 168 000 hab. Chef-lieu : Coire. Langues : romanche, allemand, italien. Tourisme. Économie rurale.

Georg **Groddeck** ■ Médecin allemand (1866-1934). Fondateur de la médecine psychosomatique, correspondant de *Freud.

le **Groenland** ■ Territoire autonome du Danemark, île au nord-est du Canada, en grande partie couverte de glace. 2 175 600 km². 55 200 hab. *(les Groenlandais)*. Capitale : Nuuk. Langues : danois (officielle), anglais, langues esquimaudes. Religion officielle : Église luthérienne évangélique du Groenland. Monnaie : couronne danoise. Climat polaire. Pêche. Base militaire américaine.

l'île de **Groix** ■ Île de l'Atlantique et commune *(Groix)* formant canton du Morbihan. 15 km². 2 500 hab. *(les Groisillons)*.

Marcel **Gromaire** ■ Peintre français (1892-1971). Il représente des figures humaines (ouvriers, paysans) aux traits massifs et simplifiés.

Andreï **Gromyko** ■ Homme politique soviétique (1909-1989), chef de la diplomatie soviétique de 1957 à 1985.

Groningue, en néerlandais **Groningen** ■ Ville des Pays-Bas, chef-lieu de la province du même nom. 168 000 hab. Centre intellectuel (université), industriel (gaz naturel) et commercial. ▶ *la province de* **Groningue.** 2 346 km². 555 000 hab. Chef-lieu : Groningue.

Walter **Gropius** ■ Architecte et théoricien américain d'origine allemande, fondateur du *Bauhaus (1883-1969). Il modernisa les matériaux et les formes.

Antoine baron **Gros** ■ Peintre français (1771-1835). Élève de *David, il se détacha de son enseignement et devint l'un des initiateurs du *romantisme. *"Les Pestiférés de Jaffa"*.

Gros-Morne ■ Commune de la Martinique. 10 100 hab.

Grossglockner ■ Point culminant des Alpes autrichiennes. 3 797 m.

George **Grosz** ■ Peintre et dessinateur allemand naturalisé américain

(1893-1959). Il participa au mouvement *dada.

Hugo de Groot dit **Grotius** ■ Juriste et diplomate hollandais (1583-1645). Philosophe du droit naturel et du droit des États.

Jerzy **Grotowski** ■ Homme de théâtre polonais (né en 1933).

le marquis de **Grouchy** ■ Officier français (1766-1847). Fait maréchal durant les *Cent-Jours, il ne sut pas empêcher la jonction des armées de *Blücher et de *Wellington à *Waterloo, ce qui provoqua la défaite de Napoléon Iᵉʳ.

le **Groupe 47** ■ Société d'écrivains de langue allemande, fondée en 1947 par le romancier Hans Werner Richter (né en 1908). Elle lutta contre les séquelles du nazisme et critiqua le conformisme moral en Allemagne. ⇒ **Bachmann, Böll, Eich, Grass, U. Johnson.**

Groznyï ■ Ville de Russie, capitale de la *Tchétchéno-Ingouchie. 401 000 hab. Pétrole.

Matthias **Grünewald** ■ Peintre allemand (v. 1460 - 1528). Son art religieux, riche en symboles, résume la spiritualité tourmentée de la fin du Moyen Âge dans un style puissamment novateur par la violence des couleurs et des expressions. *"Le Retable d'Issenheim"*, à Colmar.

la **Gruyère** ■ Région de Suisse (canton de *Fribourg). 8 900 hab. Villes principales : Bulle, Gruyères. Fromages réputés. ⟨ ▶ gruyère ⟩

Andreas **Gryphius** ■ Poète allemand, auteur de comédies et de tragédies historiques (1616-1664). Un des grands représentants de la littérature *baroque allemande.

Guadalajara ■ Ville du Mexique. 1,62 million d'hab. Conurbation de 2,2 millions d'hab. Cathédrale (XVIᵉ - XVIIᵉ s.) et monuments de style colonial. Université.

Guadalcanal ■ Île volcanique des *Salomon. 6 475 km². 71 300 hab. Importants combats américano-japonais durant la Seconde *Guerre mondiale.

le **Guadalquivir** ■ Fleuve d'Espagne qui irrigue l'*Andalousie avant de se jeter dans l'Atlantique. 680 km.

la **Guadeloupe** [971] ■ Île des Petites *Antilles (formée de deux parties, Basse-Terre et Grande-Terre, séparées par la rivière Salée) qui, avec les îles la Désirade, les Saintes, Marie-Galante, ainsi que l'île Saint-Barthélemy et la moitié nord de l'île Saint-Martin, constitue un département français d'outre-mer. 1 780 km². 386 600 hab. *(les Guadeloupéens).* Préfecture : Basse-Terre. Sous-préfectures : Pointe-à-Pitre, Marigot. Ressources : canne à sucre, rhum, tourisme. Découverte par Christophe Colomb en 1493, colonisée par la France à partir de 1635, elle devint département français en 1946.

le **Guadiana** ■ Fleuve de la péninsule Ibérique qui se jette dans l'Atlantique. 820 km.

Guam ou **Guaham** ■ Île principale de l'archipel des *Marianes. 541 km². 129 000 hab. Capitale : Agana. Langues : anglais (officielle), chamorro. Base aéronavale américaine.

Guangdong ■ Province côtière du sud-est de la Chine. 231 400 km². 63,6 millions d'hab. Capitale : Canton. Culture intensive du riz. Industries sur la côte.

Guangxi ■ Région autonome du sud de la Chine. 220 400 km². 39,5 millions d'hab. Capitale : Nanning.

Guangzhou ■ ⇒ Canton.

Guantánamo ■ Ville de Cuba. 174 000 hab. Base navale américaine.

les Indiens **Guaranís** ■ Indiens d'Amérique du Sud (*Paraguay) faisant partie du groupe tupi-guaraní.

Francesco **Guardi** ■ Peintre italien (1712-1793). Ses vues de Venise, proches de celles de *Canaletto par les sujets, sont plus lumineuses et vibrantes.

le **Guatemala** ■ État (république) d'Amérique centrale, au sud-est du Mexique. 108 889 km². 8,93 millions d'hab. *(les Guatémaltèques).* Capitale : [Ciudad de] Guatemala. Langues : espagnol (officielle), langues indiennes. Monnaie : quetzal. Économie essentiellement agricole (bananes, café) ; nickel. Colonie espagnole en 1513, le pays fut indépendant en 1839. Depuis 1954, les alternances de coups d'État et de mouvements de répression déstabilisent le pays qui fait face, en outre, à de grandes difficultés économiques.

Guatemala ou **Ciudad de Guatemala** ■ Capitale du Guatemala. 2 millions d'hab.

Guayaquil ■ Port de la république de l'Équateur. 1,7 million d'hab. Métropole économique du pays : exportation de cacao, café, bananes.

sainte **Gudule** ■ Patronne de Bruxelles (morte en 712).

Guebwiller ■ Sous-préfecture du Haut-Rhin. 11 300 hab. *(les Guebwillerois).* ▶ *le ballon de* **Guebwiller** est le massif le plus élevé des Vosges (1 424 m) — nommé aussi Grand Ballon.

Jean **Guéhenno** ■ Écrivain français (1890-1978). Il représenta un socialisme humaniste. "*Caliban parle*".

la **Gueldre,** en néerlandais **Gelderland** ■ Province des Pays-Bas. 5 015 km². 1,79 million d'hab. Chef-lieu : Arnhem. Productions agricoles.

les **guelfes** n. m. ■ Nom donné au XIIIᵉ s., en Italie, aux partisans du pape, unis contre les gibelins, partisans de l'empereur d'Allemagne. Leur lutte déchira l'Italie jusqu'au XVᵉ s.

Guer ■ Commune du Morbihan. 7 500 hab. *(les Guérois).*

Guérande ■ Commune de la Loire-Atlantique entourée de remparts. 12 000 hab. *(les Guérandais).*

le **Guerchin** ■ Peintre italien (1591-1666). Il fut influencé par le *Caravage.

Guéret ■ Préfecture de la Creuse. 15 700 hab. *(les Guérétois).* Marché agricole.

Otto von **Guericke** ■ Physicien allemand (1602-1686). Il inventa la première machine capable de produire de l'électricité.

le baron Pierre **Guérin** ■ Peintre *néo-classique français (1774-1833). Thèmes antiques.

Maurice de **Guérin** ■ Poète français (1810-1839).

Guernesey ■ La plus occidentale des îles *Anglo-Normandes. 63 km². 59 800 hab. Chef-lieu : Saint-Pierre-Port. Victor Hugo y vécut en exil de 1855 à 1870.

Guernica y Luno ■ Ville du nord de l'Espagne (*Biscaye). 18 000 hab. « Cité sainte » du pays basque, bombardée en 1937 par les Allemands alliés de *Franco (célèbre tableau de *Picasso).

la **guerre de 1870** ■ ⇒ guerre **franco-allemande.**

la **guerre froide** ■ Tension diplomatique et militaire entre les États-Unis, ainsi que leurs alliés (⇒ O.T.A.N.), et le bloc soviétique (⇒ pacte de **Varsovie**) qui débuta avec l'installation des régimes communistes dans les pays d'Europe orientale (coup de Prague, 1948) et culmina avec la crise de Cuba en 1962. Les bonnes relations établies entre l'U.R.S.S. et les États-Unis par M. Gorbatchev mirent fin à cette période.

la Première **Guerre mondiale** ■ Premier conflit mondial de l'histoire (1914-1918). Il opposa deux blocs : d'une part la Serbie, les États de la Triple-*Entente (France, Royaume-

Uni, Russie) et leurs alliés (Belgique, Japon ; Italie en 1915 ; Roumanie en 1916 ; Grèce et États-Unis en 1917) ; d'autre part les puissances centrales (Allemagne, Autriche-Hongrie), l'Empire ottoman et la Bulgarie. La cause immédiate en fut l'assassinat de l'archiduc *François-Ferdinand (28 juin 1914) qui provoqua l'entrée en guerre de l'Autriche contre la Serbie ; la cause profonde, les rivalités entre impérialismes européens. Déconsidéré par ses défaites, l'Empire russe fut renversé par la *révolution de 1917 et une paix séparée fut signée à *Brest-Litovsk en mars 1918. L'Autriche occupait les Balkans et le nord de l'Italie. La Turquie contrôlait le détroit des *Dardanelles. À l'ouest, l'offensive allemande fut arrêtée par *Joffre sur la Marne dès septembre 1914. Le front resta à peu près stable durant trois ans, opposant les armées dans une épuisante guerre de tranchées (⇒ **Verdun**). L'appui des États-Unis permit à *Foch et à ses alliés de prendre définitivement l'avantage en 1918 (armistice avec l'Allemagne le 11 novembre). Les traités de paix (*Versailles, *Saint-Germain, 1919) sanctionnèrent la dislocation des empires centraux et l'apparition de nations nouvelles. Le bilan de la guerre fut lourd en pertes humaines (8 millions de morts) et économiques. Elle amorça le déclin de l'Europe et la montée des nouvelles puissances : l'U.R.S.S. et surtout les États-Unis.

la Seconde *Guerre mondiale*

■ Conflit le plus meurtrier de l'histoire (50 à 55 millions de morts dont 20 millions de civils), de 1939 à 1945. Il opposa les forces de l'*Axe (Allemagne, Italie, Japon) aux Alliés (France, Royaume-Uni, U.R.S.S., États-Unis). La cause profonde en fut l'impérialisme des dictatures (*fascisme, *nazisme, militarisme nippon, alliés dès 1936) qui attisa les oppositions d'intérêts économiques. *Hitler amorçait la renaissance d'un Empire allemand (IIIᵉ Reich). La guerre d'Espagne (1936-1939) avait révélé l'attitude timorée des pays démocratiques. En 1938-1939, l'Allemagne annexa l'Autriche (*Anschluss) puis la Tchécoslovaquie. Une paix illusoire fut maintenue à la conférence de *Munich. La signature du *pacte germano-soviétique (août 1939), neutralisant le front est, permit à Hitler d'envahir la Pologne ; aussitôt la France et l'Angleterre lui déclarèrent la guerre (septembre 1939). L'Axe s'imposa par une guerre éclair en Europe. La Hollande, la Belgique et le Luxembourg furent occupés, puis le Danemark et la Norvège. La France capitula en juin 1940 et mit en œuvre une politique de *Collaboration (⇒ **Pétain**, gouvernement de **Vichy**) : antibolchevisme, déportation massive des juifs, contribution à l'effort de guerre allemand. Mais, en 1941-1942, la rupture du pacte germano-soviétique et la résistance de l'U.R.S.S. aux armées allemandes (⇒ **Stalingrad**), l'entrée en guerre des États-Unis (après *Pearl Harbor), l'opiniâtreté de *Churchill et des Anglais, l'organisation de la *Résistance (⇒ de **Gaulle**) et la conquête de l'Afrique du Nord par les Alliés marquèrent un tournant. *Mussolini fut vaincu dès septembre 1943. Un nouveau front fut ouvert en Normandie par le débarquement du 6 juin 1944. À l'est, l'armée Rouge progressa irrésistiblement jusqu'à Berlin (avril 1945). Après le suicide de Hitler, l'Allemagne signa une capitulation sans conditions (8 mai 1945). La lutte se poursuivit dans le Pacifique jusqu'au lancement des bombes atomiques sur Hiroshima et Nagasaki qui provoqua la capitulation du Japon. Au-delà de l'extermination massive et systématique de populations par les nazis (homosexuels, handicapés, Tziganes, Slaves et surtout juifs [⇒ **Shoah**]...), la guerre modifia la carte politique de l'Europe ; la conférence de *Yalta (avec *Staline, Churchill et *Roosevelt) préparait la division en deux blocs, l'Ouest, allié des

États-Unis, et l'Est, dominé par l'U.R.S.S. D'autre part, elle favorisa la décolonisation (*Inde, *Indochine...).

Bertrand Du Guesclin ■ ⇒ Bertrand **Du Guesclin.**

Jules Guesde ■ Socialiste français (1845-1922). Opposé au réformisme de *Jaurès. Le *guesdisme* introduisit *Marx en France.

Gueugnon ■ Commune de Saône-et-Loire. 9 800 hab. *(les Gueugnonnais).*

Che Guevara dit *le Che* ■ Révolutionnaire argentin (1928-1967). Avec Fidel *Castro, il renversa la dictature militaire de *Batista à Cuba et créa un gouvernement révolutionnaire (1959). Il mena ensuite la guérilla en Bolivie, où il fut tué.

Germaine Guèvremont ■ Écrivaine québécoise (1893-1968). *"Le Survenant".*

Guiandja ■ ⇒ Gandja.

François Guichardin ■ Historien et homme politique italien (1483-1540). Conseiller de *Clément VII et de Laurent de *Médicis. *"Histoire d'Italie".*

Guidel ■ Commune du Morbihan. 8 300 hab.

Guido d'Arezzo ■ Bénédictin italien, théoricien de la musique (v. 990 - v. 1050). Le fondateur du système de notation musicale actuel.

Guignol ■ ⇒ Mourguet. ‹ ▶ guignol ›

Guilherand ■ Commune de l'Ardèche. 10 600 hab.

Guilin ■ Ville de Chine (*Guangxi). 341 000 hab. Ses paysages (pains de sucre) ont inspiré les peintres et les poètes chinois.

Guillaume ■ NOM DE PLUSIEURS SOUVERAINS EUROPÉENS **1.** empereurs d'ALLEMAGNE □ *Guillaume Ier* (1797-1888), fils de *Frédéric-Guillaume III, roi de Prusse en 1861.

Il établit l'unité allemande avec l'aide de *Bismarck. Après les victoires sur l'Autriche (1866) et sur la France (1870), il fut proclamé empereur d'Allemagne à Versailles en janvier 1871. □ *Guillaume II* (1859-1941), petit-fils du précédent, fit de son pays une grande puissance industrielle et coloniale, mais ses ambitions expansionnistes provoquèrent la Première *Guerre mondiale. Il abdiqua le 9 novembre 1918. **2.** rois d'ANGLETERRE □ *Guillaume Ier* dit *Guillaume le Conquérant* (1027-1087), duc de *Normandie, s'assura le trône après avoir éliminé son rival Harold II en 1066, et fonda une monarchie puissante. □ *Guillaume III d'Orange-Nassau* (1650-1702), stathouder des *Provinces-Unies (1672), appelé en 1689 par les parlementaires protestants anglais pour prendre la place de *Jacques II. **3.** duc de NORMANDIE □ *Guillaume le Conquérant.* ⇒ 2. rois d'ANGLETERRE, Guillaume Ier. **4.** stathouders des PAYS-BAS □ *Guillaume Ier d'Orange-Nassau* dit *Guillaume le Taciturne* (1533-1584), stathouder de la Hollande (1559), s'opposa à l'autorité espagnole et devint le chef des insurgés (« gueux ») lors du soulèvement de 1572. □ *Guillaume II d'Orange-Nassau* (1626-1650), petit-fils du précédent, stathouder de la Hollande en 1647. □ *Guillaume III d'Orange-Nassau*, fils du précédent. ⇒ 2. rois d'ANGLETERRE, Guillaume III.

Paul Guillaume ■ Psychologue français (1878-1962).

Gustave Guillaume ■ Linguiste français (1883-1960). *"Psychomécanique"* du langage.

Guillaume de Lorris ■ Poète français (v. 1200 - v. 1238). Auteur avec *Jean de Meung du *"Roman de la rose"*, code de l'amour courtois.

Guillaume de Machaut ■ Compositeur et poète français (v. 1300 - 1377). Un des grands maîtres de la polyphonie.

Guillaume d'Occam ou **d'Ockham** ■ Franciscain anglais, théologien et logicien (v. 1290 - v. 1349). Sa théorie, l'*ockhamisme,* est typique du nominalisme.

Guillaume Tell ■ Héros légendaire de l'indépendance suisse (v. 1300). Rebelle à l'autorité des *Habsbourg, il fut condamné par *Gessler à tirer une flèche sur une pomme placée sur la tête de son fils et réussit l'épreuve.

Roger **Guillemin** ■ Endocrinologue américain d'origine française (né en 1924). Prix Nobel de médecine en 1977.

Eugène **Guillevic** ■ Poète français (né en 1907). "*Exécutoire*".

le docteur **Guillotin** ■ Médecin français, député aux états généraux de 1789 (1738-1814). Il perfectionna l'instrument d'exécution inventé par Louis, qui fut nommé *guillotine.* ‹ ▶ guillotine ›

Louis **Guilloux** ■ Romancier français (1899-1980). "*Le Sang noir*" ; "*le Jeu de patience*".

Hector **Guimard** ■ Architecte français, le principal représentant de l'art *nouveau (1867-1942). Il réalisa les bouches de métro parisiennes.

la **Guinée** ■ Ancien nom de la zone côtière s'étendant du cap *Vert à l'Angola, baignée en partie par l'actuel *golfe de Guinée.*

la **Guinée** ■ État (république) d'Afrique occidentale. 245 857 km². 6,7 millions d'hab. *(les Guinéens).* Capitale : Conakry. Langues : français (officielle), malinké, peul, basari. Monnaie : franc guinéen. Sous-sol riche (bauxite, fer). □ HISTOIRE. Le nord du pays fit partie de l'empire du Mali (XIIIᵉ s.). Pour le coloniser, à la fin du XIXᵉ s., la France eut à battre *Samory Touré. Englobée dans l'Afrique-Occidentale française en 1904, la Guinée refusa le processus de décolonisation proposé par de Gaulle et accéda à l'indépendance dès 1958. Sékou *Touré devint le leader de l'anti-impérialisme noir, mais il gouverna de manière dictatoriale. Sa mort, en 1984, apparut comme une libération et l'armée, dirigée par le colonel Lansana Conté, prit le pouvoir.

*la Nouvelle-***Guinée** ■ ⇒ Nouvelle-Guinée.

la **Guinée-Bissau** ■ État (république) d'Afrique occidentale. 36 125 km². 953 000 hab. *(les Bissau-guinéens).* Capitale : Bissau. Langues : portugais (officielle), mandingue, balanté, peul. Monnaie : peso. Économie essentiellement agricole. Ancienne *Guinée portugaise,* indépendante en 1974, après onze ans de guerre. Sous régime militaire depuis 1980.

la **Guinée-Équatoriale** ■ État (république) d'Afrique occidentale. 28 051 km². 343 000 hab. *(les Équato-guinéens).* Capitale : Malabo. Langues : espagnol (officielle), langues bantoues. Monnaie : franc CFA. Café. Cacao. Bois. Ancienne *Guinée espagnole,* indépendante en 1968. Sous régime militaire depuis 1979.

Guingamp ■ Sous-préfecture des Côtes-d'Armor. 8 800 hab. *(les Guin-gampais).*

Guipavas ■ Commune du Finistère. 12 100 hab. *(les Guipavasiens).* Aéroport de Brest.

Guipúzcoa ■ L'une des trois provinces basques de l'Espagne. 1 997 km². 689 000 hab. Chef-lieu : Saint-Sébastien.

Henri **Guisan** ■ Général suisse (1874-1960). Commandant en chef des forces armées suisses pendant la Seconde Guerre mondiale.

les **Guises** ■ Famille noble de Lorraine. François (1519-1563) et Henri (1550-1588) furent les chefs du parti catholique en France pendant les guerres de *Religion.

Sacha **Guitry** ■ Acteur et auteur français de comédies (1885-1957). Fils d'un grand comédien, Lucien Guitry

(1860-1925). Il fut aussi cinéaste : "*Le Roman d'un tricheur*" ; "*Si Versailles m'était conté*" ; "*Assassins et voleurs*".

Guiyang ■ Ville du sud de la Chine, capitale du *Guizhou. 1,4 million d'hab.

Guizèh ■ ⇒ Gizeh.

Guizhou ■ Province du sud de la Chine. 174 000 km². 30 millions d'hab. Capitale : Guiyang.

François **Guizot** ■ Historien français, théoricien libéral, ministre de Louis-Philippe (1787-1874). ⇒ **monarchie de Juillet.**

Gujan-Mestras ■ Commune de la Gironde. 11 500 hab. *(les Gujanais).*

Gujarāt ou **Goudjerât** ■ État du nord-ouest de l'Inde. 196 024 km². 34,1 millions d'hab. Capitale : Gāndhīnagar (62 400 hab.).

Gujrānwāla ■ Ville du Pakistan. 597 000 hab.

Gulbarga ■ Ville de l'Inde (*Karnātaka). 221 000 hab. Grande mosquée du XIVᵉ s.

le **Gulf Stream** ■ Le « courant du golfe », courant marin chaud de l'Atlantique, né dans le golfe du Mexique. Il adoucit le climat de l'Europe occidentale.

le **Guomindang** ou **Kouomin-tang** ■ Parti fondé en 1911 par *Sun Yixian. Il devint plus tard celui de *Jiang Jieshi.

Guo Moruo ou **Kouo Mo-Jo** ■ Écrivain et homme politique chinois (1892-1978).

les **Gupta** ■ Dynastie indienne qui régna depuis le Gange jusqu'à l'Indus, de 320 à la fin du Vᵉ s.

Georges **Gurvitch** ■ Sociologue français (1894-1965). Rénovateur de la sociologie en France et un des fondateurs de la sociologie structurale.

Gustave ■ NOM DE PLUSIEURS ROIS DE SUÈDE □ **Gustave Iᵉʳ Vasa** (1495-1560) fut élu roi en 1523 après avoir rompu l'union avec le Danemark

(⇒ **Christian II**). Il fit de son pays une grande puissance et imposa le *luthéranisme. □ **Gustave II Adolphe** (1594-1632), roi en 1611, réorganisa l'État et l'armée et soutint les protestants dans la guerre de *Trente Ans contre la maison d'Autriche. □ **Gustave III** (1746-1792) gouverna, à partir de 1771, en despote éclairé.

Johannes Gensfleisch dit **Gutenberg** ■ Imprimeur allemand (1399-1468). Son nom symbolise l'apparition du livre imprimé qui, en favorisant la diffusion de textes, contribua à la révolution de pensée des Temps modernes (⇒ **humanistes, Réforme, Renaissance**).

la **Guyana** ■ État (république coopérative) d'Amérique du Sud. 214 969 km². 812 000 hab. *(les Guyanais).* Capitale : Georgetown. Langues : anglais (officielle), langues indiennes. Monnaie : dollar guyanais. La forêt couvre 83 % du territoire. Bauxite. Ancienne *Guyane britannique,* indépendant en 1966. Membre du *Commonwealth.

Guyancourt ■ Commune des Yvelines. 18 500 hab.

la **Guyane française** [973] ■ Département français d'outre-mer situé entre le Surinam et le Brésil. 86 504 km². 114 900 hab. *(les Guyanais).* Préfecture : Cayenne. Sous-préfecture : Saint-Laurent-du-Maroni. Centre spatial de *Kourou. Fruits, légumes, riz, bois. Colonisée par la France au XVIIᵉ s., département français depuis 1946.

les **Guyanes** n. f. pl. ■ Région du nord-est de l'Amérique du Sud, partagée entre le Venezuela, la Guyana, le Surinam, la Guyane française et le Brésil.

la **Guyenne** ■ Ancienne province française (*Aquitaine), longtemps disputée entre Français et Anglais, reconquise en 1453 et rattachée officiellement à la France en 1472.

Georges **Guynemer** ■ Héros de l'aviation militaire française (1894-1917).

madame **Guyon** ■ Mystique française (1648-1717). Ses œuvres, d'inspiration quiétiste (⟹ **Molinos**), furent condamnées, malgré l'appui de *Fénelon.

Gwalior ■ Ville de l'Inde (*Madhya Pradesh). 539 000 hab. Sa banlieue, Lashkar, est un centre industriel important.

le **Gwent** ■ Comté du sud-est du pays de Galles. 1 376 km². 445 000 hab. Chef-lieu : Cwmbrân (44 300 hab.).

le **Gwynned** ■ Comté du nord-ouest du pays de Galles. 3 868 km². 239 000 hab. Chef-lieu : Caernarvon (9 500 hab.).

Győr ■ Ville de Hongrie. 132 000 hab. Monuments anciens.

H

Haarlem ■ Ville des Pays-Bas, chef-lieu de la *Hollande-Septentrionale. 149 000 hab. Fleurs. Église (XVᵉ - XVIᵉ s.). ≠ *Harlem*.

Haarlemmermeer ■ Ville des Pays-Bas (*Hollande-Septentrionale). 93 400 hab. Polder asséché en 1840-1843.

Trygve **Haavelmo** ■ Économiste norvégien (né en 1911). Prix Nobel 1989 pour ses travaux en économétrie.

*l'***habeas corpus** n. m. ■ Loi anglaise de 1679 garantissant la liberté individuelle et protégeant contre l'arbitraire judiciaire.

Jürgen **Habermas** ■ ⇒ école de **Francfort**.

Hissène **Habré** ■ Président de la république du Tchad de 1982 à 1990 (né en 1936).

la maison de **Habsbourg** ■ Maison féodale allemande, originaire de Suisse, qui fut la plus grande dynastie européenne du XVᵉ s. au début du XXᵉ s. Rodolphe Iᵉʳ devint empereur du *Saint Empire romain germanique en 1273 et il enrichit les possessions Habsbourg des duchés d'Autriche, de Styrie et de Carniole, auxquels s'ajoutèrent par la suite la Carinthie, le Tyrol, le Vorarlberg, Fribourg, Trieste. En 1492, le titre impérial revint dans la famille et y resta (sauf de 1740 à 1745) jusqu'à l'extinction du Saint Empire en 1806.

L'ascension de la maison se fit par les mariages. Sa puissance fut à son apogée sous le règne de *Charles Quint. Après lui, la famille se divisa en une branche espagnole (⇒ **Philippe II**), qui s'éteignit en 1700, et une branche autrichienne qui se partagea en trois : la ligne autrichienne directe qui disparut en 1619 ; la ligne styrienne dont fut issu *Ferdinand II ; la ligne viennoise qui hérita au XVIIIᵉ s. des Pays-Bas espagnols, du Milanais et de la Hongrie. En 1740, les Habsbourg d'Autriche s'éteignirent et le mariage de *Marie-Thérèse avec le duc François de Lorraine fonda la nouvelle dynastie des Habsbourg-Lorraine, qui conserva le titre d'empereur d'Autriche (et de roi de Hongrie à partir de 1867) jusqu'en 1918.

les **Hachémites** ■ Descendants de Hāchim (arrière-grand-père de *Mahomet), ils régnèrent à La Mecque du Xᵉ s. à 1924 et fondèrent, au XXᵉ s., les monarchies d'Irak et de Jordanie.

Jeanne Laisné dite *Jeanne* **Hachette** ■ Héroïne française (v. 1454 - apr. 1472). Elle défendit Beauvais contre *Charles le Téméraire (1472).

Louis **Hachette** ■ Éditeur français (1800-1864). La société d'éditions qu'il fonda est devenue la première de France par le chiffre d'affaires (édition, distribution, audiovisuel) et (1988) la troisième du monde.

Jacques Hadamard ■ Mathématicien français (1865-1963).

Hadès ■ Dieu des *Enfers dans la mythologie grecque, le *Pluton des Romains.

Hadrien ■ Empereur romain (76-138). Il succéda à *Trajan en 117. Il mena une politique de paix, réforma l'administration de l'empire et encouragea les arts. Il fit construire, en Grande-Bretagne, un mur *(mur d'Hadrien)* destiné à repousser les invasions. Son mausolée devint le château Saint-Ange à Rome.

Ernst Haeckel ■ Zoologiste allemand (1834-1919). Partisan de *Darwin.

Georg Friedrich Haendel ■ ⇒ **Händel.**

Moḥammad Ḥāfiẓ ■ Poète lyrique persan (v. 1320 - v. 1389). Maître de l'exégèse du *Coran et du poème d'amour, encore très populaire en Iran.

les Hafsides ■ Dynastie maghrébine qui régna sur la Tunisie du XIIIᵉ au XVIᵉ s.

Hagen ■ Ville d'Allemagne (*Rhénanie-du-Nord-Westphalie). 209 200 hab.

Hagondange ■ Commune de la Moselle. 8 300 hab. *(les Hagondangeois).* Sidérurgie.

la Hague ■ Cap du Cotentin, au nord-ouest de la presqu'île. Usine de traitement des déchets radioactifs.

Haguenau ■ Sous-préfecture du Bas-Rhin. 30 400 hab. *(les Haguenoviens).* Églises (XIIᵉ - XIIIᵉ s.).

Reynaldo Hahn ■ Compositeur français (1874-1947). Ami de *Proust et de Sarah *Bernhardt. Mélodies, opérettes *("Ciboulette").*

Christian Hahnemann ■ Médecin allemand (1755-1843). Fondateur de l'homéopathie.

Haiderābād ■ ⇒ **Hyderābād.**

Haïfa ■ Ville et principal port d'Israël. 223 000 hab. Raffinage de pétrole.

Hailé Sélassié Iᵉʳ ■ Négus d'Éthiopie (1892-1975). Il fut chassé en 1974, laissant un pays insuffisamment modernisé.

Hainan ■ Île et province du sud de la Chine. 34 300 km². 6,1 millions d'hab. Capitale : Haikou (218 000 hab.).

le Hainaut ■ Région historique partagée entre la France (*Valenciennes, *Maubeuge) et la Belgique. □ *le Hainaut.* L'une des neuf provinces de Belgique. 3 787 km². 1,27 million d'hab. *(les Hainuyers).* Chef-lieu : Mons.

Haiphong ■ Principal centre industriel du nord du Viêt-nam, port sur le delta du fleuve Rouge. 1,28 million d'hab.

la république d'Haïti ■ État des Grandes *Antilles, sur l'île d'*Hispaniola. 27 400 km². 5,52 millions d'hab. *(les Haïtiens).* Capitale : Port-au-Prince. Langues : créole haïtien (officielle), français. Religion officielle : catholicisme romain. Monnaie : gourde. Agriculture : café, canne à sucre, sisal. □ HISTOIRE. Colonie française prospère, le pays fut en 1804 le premier État noir indépendant (⇒ **Toussaint-Louverture, Dessalines, Pétion,** H. **Christophe**). Sous la dictature de la famille *Duvalier (de 1957 à 1986), il est devenu le pays le plus pauvre de l'Amérique latine. L'exil de « Bébé Doc » (J.-C. *Duvalier) ne mit pas un terme à la gravité des tensions politiques internes. Au pouvoir depuis 1988, le régime militaire, sous la pression populaire, fit place un court moment (mars 1990-septembre 1991) à un régime civil (⇒ J.-B. **Aristide**).

Maurice Halbwachs ■ Sociologue français (1877-1945).

Stephen Hales ■ Physicien, naturaliste et inventeur anglais (1677-1761).

Ludovic **Halévy** ■ Auteur français de livrets d'opérettes (1834-1908). Collaborateur de *Meilhac.

Halifax ■ Ville du Canada, capitale de la *Nouvelle-Écosse. 114 000 hab. (zone urbaine de 296 000 hab.). Port important sur l'Atlantique.

*al-*Ḥallādj ■ Mystique musulman condamné à mort pour ses idées inspirées du *soufisme (858-922).

Halle ■ Ville d'Allemagne (*Saxe-Anhalt). 236 000 hab. Université. Centre industriel important.

les **Halles** n. f. pl. ■ Quartier du centre de Paris (Ier arrondissement), où étaient concentrés, jusqu'en 1969 (création de *Rungis), les commerces de produits alimentaires de gros. Aujourd'hui centre commercial moderne.

Edmond **Halley** ■ Astronome britannique (1656-1742). Le premier, il a prédit le retour périodique (tous les 76 ans environ) d'une comète qu'il avait observée (appelée *comète de Halley*).

Hallstatt ■ Village autrichien (Haute-*Autriche) où furent découvertes de nombreuses sépultures datant de la première époque de l'âge du fer, qui fut alors nommée *période de Hallstatt* (VIIIe-Ve s. av. J.-C. ⇒ les **Celtes**).

Halluin ■ Commune du Nord. 17 700 hab. *(les Halluinois).* Industries textile et alimentaire.

Frans **Hals** ■ Peintre hollandais (v. 1580-1666). Il excella dans l'art du portrait par sa facture très libre, étonnamment moderne. "*La Bohémienne*"; "*les Régents*" et "*les Régentes*".

Hälsingborg ■ Ville et port du sud de la Suède. 107 000 hab.

Hama ou **Ḥamāh** ■ Ville de Syrie. 177 000 hab. Centre textile.

Hamadān, autrefois **Ecbatane** ■ Ville d'Iran. 272 000 hab. Monuments (⇒ **Ecbatane**).

Hamamatsu ■ Ville du Japon (*Honshū). 522 000 hab.

Hambourg, en allemand **Hamburg** ■ Ville et principal port d'Allemagne, capitale de l'État (land) du même nom (755 km²), située sur l'Elbe. 1,57 million d'hab. *(les Hambourgeois).* Grand centre économique du pays. Chantiers navals. ⟨ ▶ hamburger ⟩

Hamhŭng-Hŭngnam ■ Ville de Corée du Nord. 775 000 hab.

Hamilcar Barca ■ Chef de guerre carthaginois (v. 290 - 229 av. J.-C.). Il participa à la première guerre *punique et conquit le sud de l'Espagne. Père d'*Hannibal.

Alexander **Hamilton** ■ Homme politique américain (1757-1804). Un des inspirateurs de la Constitution, secrétaire du Trésor de 1789 à 1795, créateur de la Banque nationale.

sir William Rowan **Hamilton** ■ Mathématicien et astronome irlandais (1805-1865). Géométrie vectorielle. Nombres complexes.

Hamilton ■ Ville du Canada (*Ontario). 307 000 hab. (zone urbaine de 557 000 hab.). Port actif sur le lac Ontario (⇒ **Grands Lacs**). Métallurgie.

Hamilton ■ Ville de Nouvelle-Zélande. Agglomération de 103 500 hab.

Hamlet ■ Prince danois (IIe s. ?) dont la légende inspira *Shakespeare.

Hamm ■ Ville d'Allemagne (*Rhénanie-du-Nord-Westphalie). 171 000 hab.

les **Hammādides** ■ Dynastie *berbère qui régna sur le Maghreb central de 1015 à 1152.

Hammamet ■ Ville de Tunisie. 42 800 hab. Station balnéaire.

Dashiell **Hammett** ■ Auteur américain de romans policiers (1894-1961). *"Le Faucon maltais"* (adapté au cinéma par *Huston).

Hammourabi ou **Hammurabi** ■ Le plus grand souverain de la Mésopotamie ancienne (xviiiᵉ av. J.-C.). Son règne de 43 ans marqua l'âge d'or de la civilisation babylonienne. Il érigea un code de lois dit *code de Hammourabi.*

le **Hampshire** ■ Comté du sud de l'Angleterre. 3 772 km². 1,54 million d'hab. Chef-lieu : Winchester.

Lionel **Hampton** ■ Musicien et chef d'orchestre américain de jazz (né en 1913).

Hampton ■ Ville des États-Unis (*Virginie). 123 000 hab. Port de *Hampton Roads,* commun avec Newport News, Norfolk et Portsmouth, sur la baie de *Chesapeake.

Knut **Hamsun** ■ Romancier norvégien (1859-1952). Adversaire virulent de la société moderne et de la démocratie. *"La Faim"*. Prix Nobel 1920.

les **Han** ■ Dynastie chinoise qui régna pendant plus de quatre siècles (de 206 av. J.-C. à 220 apr. J.-C.). Un des sommets de la civilisation chinoise : apparition du *bouddhisme, commerce (par la route de la *soie).

Georg Friedrich **Händel** ■ Compositeur anglais d'origine allemande (1685-1759). Auteur du *"Messie"* et de nombreux oratorios. Opéras (*"Rinaldo")* et suites (*"Water Music")* célèbres.

Peter **Handke** ■ Écrivain autrichien (né en 1942). *"La Femme gauchère"*, roman.

Hangzhou ■ Ville de Chine, capitale du *Zhejiang. 1,27 million d'hab. Centre culturel (monuments, universités) et industriel (textile, sidérurgie, chimie).

Hankou ou **Hank'eou** ■ Partie de la conurbation de *Wuhan.

Hannibal ■ Chef de guerre carthaginois (v. 247-183 av. J.-C.). Fils d'*Hamilcar Barca. Il déclencha la deuxième guerre *punique : traversée des Alpes, victoire sur les Romains à Trasimène (217 av. J.-C.) et à Cannes (Cannæ, en Italie du Sud, en 216 av. J.-C.). Mais il fut vaincu par *Scipion l'Africain à Zama (202 av. J.-C.).

Hannon le Grand ■ Chef de guerre carthaginois (iiiᵉ s. av. J.-C.). Il favorisa la paix avec Rome.

Hanoi ■ Capitale du *Viêt-nam sur le delta du fleuve Rouge. 2,9 millions d'hab. Fondée par les Chinois au iiiᵉ s., siège du gouvernement de l'*Indochine française de 1887 à 1954, elle subit de violents bombardements américains de 1954 à 1972.

Gabriel **Hanotaux** ■ Homme politique et historien français (1853-1944). Ministre des Affaires étrangères (1894-1898). *"Histoire de la France contemporaine"*.

le **Hanovre** ■ Ancien État d'Allemagne du Nord, devenu, avec les territoires de la maison de Brunswick, l'électorat de Brunswick-Lunebourg en 1692. Gouverné par les rois d'Angleterre de 1714 à 1837, institué en royaume par le congrès de Vienne, province prussienne en 1866, il fut incorporé en 1945 in l'État de Basse-Saxe. □ **Hanovre,** en allemand **Hannover.** Ville d'Allemagne, capitale de la Basse-*Saxe, ancienne résidence des princes de Hanovre (1495-1866). 495 000 hab. Importantes activités commerciales (foires), industrielles, culturelles.

la **Hanse** ■ Association de marchands allemands puis de villes d'Allemagne du Nord et d'Europe septentrionale (appelées villes *hanséatiques*). Dotée d'importants privilèges, elle domina le commerce de ces régions du xiiᵉ au xviiᵉ s.

Gerhard A. **Hansen** ■ Médecin norvégien (1841-1912). Le *bacille de Hansen* (lèpre).

Jean-Jacques Waltz dit **Hansi** ■ Dessinateur français (1872-1951). Alsacien, il fit dans ses dessins la caricature de l'occupation de l'Alsace par les Allemands. *"Mon village"*.

les **Haoussas** ■ Peuple noir islamisé d'Afrique occidentale (Niger, Nigeria), métissé de *Peuls.

Harare ■ Capitale du Zimbabwe. 681 000 hab. Nombreuses industries (tabac). La ville s'est appelée *Salisbury* jusqu'en 1982.

Harbin ou **Kharbin** ■ Ville du nord-est de la Chine, capitale du *Heilongjiang. 2,67 millions d'hab. Grand centre d'industrie grâce aux ressources minières voisines.

Warren **Harding** ■ Homme politique américain (1865-1923). 29e président (républicain) des États-Unis, de 1921 à sa mort.

Jules **Hardouin-Mansart** ■ ⇒ **Mansart**.

Alexandre **Hardy** ■ Auteur dramatique français (1570-1632).

Thomas **Hardy** ■ Écrivain anglais (1840-1928). Il a dénoncé la morale victorienne. *"Tess d'Uberville"* ; *"Jude l'Obscur"*.

Oliver **Hardy** ■ ⇒ Stan **Laurel**.

Harfleur ■ Commune de la Seine-Maritime. 9 200 hab. *(les Harfleurais)*. Château du XVIIe s.

Hargeisa ■ Ville de Somalie. 400 000 hab.

Harlem ■ ⇒ New York. ≠ *Haarlem*.

Adolf von **Harnack** ■ Historien et théologien protestant allemand (1851-1930). *"Histoire des dogmes"*.

Harnes ■ Commune du Pas-de-Calais. 14 400 hab. *(les Harnésiens)*.

les **Harpies** n. f. ■ Divinités grecques au corps d'oiseau et à tête de femme. Ravisseuses d'enfants et d'âmes. ‹ ▶ harpie ›

Harpocrate ■ *Horus enfant, adopté par les Grecs et les Romains qui en firent le dieu du Silence.

Harrisburg ■ Ville des États-Unis, capitale de la *Pennsylvanie. 53 300 hab.

William **Harrison** ■ Homme politique américain (1773-1841). 9e président des États-Unis, il mourut un mois après le début de son mandat.

Benjamin **Harrison** ■ 23e président (républicain) des États-Unis, de 1889 à 1893 (1833-1901).

Harrogate ■ Ville d'Angleterre (*Yorkshire du Nord). 66 500 hab. Importante station thermale.

Harrow ■ Bourg *(borough)* résidentiel du Grand *Londres. 197 000 hab.

Hartford ■ Ville des États-Unis, capitale du *Connecticut. 136 000 hab.

Hans **Hartung** ■ Peintre allemand naturalisé français (1904-1989). Peinture abstraite et tachisme.

Hārūn ar-Rashīd ■ Le plus célèbre calife de la dynastie des *Abbassides (766-809).

Harvard ■ ⇒ **Cambridge**.

William **Harvey** ■ Médecin anglais (1578-1657). Il découvrit le mécanique de la circulation sanguine.

Haryāna ■ État du nord de l'Inde. 44 212 km². 12,9 millions d'hab. Capitale: Chandīgarh.

Hasdrubal ■ NOM DE PLUSIEURS GÉNÉRAUX CARTHAGINOIS □ **Hasdrubal le Beau** (v. 270 - 221 av. J.-C.), fondateur de *Carthagène. □ **Hasdrubal Barca** (v. 245 - 207 av. J.-C.), vaincu par *Scipion l'Africain. □ **Hasdrubal** (mort v. 146 av. J.-C.), battu lors de la troisième guerre *punique.

Jaroslav **Hašek** ■ Écrivain tchèque (1883-1923). Il créa le type populaire Švejk dans *"le Brave Soldat Švejk"*.

Hassan II ou **Hasan II** ■ Roi du Maroc depuis 1961 (né en 1929). ⇒ **Maroc**.

Hasselt ■ Ville de Belgique, chef-lieu du *Limbourg. 65 800 hab.

Hassi Messaoud ■ Centre pétrolier du *Sahara algérien.

Hastings ■ Ville et port d'Angleterre (*Sussex-Oriental). 74 000 hab. En 1066, *Guillaume le Conquérant y vainquit le dernier roi anglo-saxon Harold II.

Hathor ■ Déesse de l'Amour, dans la mythologie égyptienne, identifiée à l'*Aphrodite des Grecs. Temple à *Dendérah.

Hatshepsout ■ Reine d'Égypte de 1503 à 1482 av. J.-C., épouse de *Thoutmosis II. Elle fit construire de nombreux monuments.

Haubourdin ■ Commune du Nord, banlieue de Lille. 14 400 hab. *(les Haubourdinois).*

Gerhart **Hauptmann** ■ Écrivain allemand (1862-1946). *"La Cloche engloutie"*. Prix Nobel 1912.

Kaspar **Hauser** ■ Personnage énigmatique allemand (v 1812-1833), apparu en 1828 dans des vêtements de paysan, identifié par le grand-duc de Bade comme étant son fils disparu et celui de sa femme Stéphanie de Beauharnais.

le baron **Haussmann** ■ Préfet de la Seine sous le second *Empire (1809-1891). Il dirigea une politique de grands travaux qui transforma Paris.

Haute-Garonne, Haute-Loire, Haute-Marne, Haute-Normandie, Hautes-Alpes, Haute-Saône, Haute-Savoie, Hautes-Pyrénées, Haute-Vienne ■ ⇒ Haute-**Garonne**, Haute-**Loire**, Haute-**Marne**, Haute-**Normandie**, etc.

la **Haute-Volta** ■ ⇒ le Burkina Faso.

Hautmont ■ Commune du Nord. 18 000 hab. *(les Hautmontois).*

le **Haut-Rhin** ■ ⇒ Haut-**Rhin**.

les **Hauts-de-Seine** [92] ■ Département français de la région *Île-de-France. 176 km². 1,39 million d'hab. Préfecture : Nanterre. Sous-préfectures : Antony, Boulogne-Billancourt.

l'abbé René Just **Haüy** ■ Minéralogiste français (1743-1822). Fondateur de l'étude structurale des cristaux.

La **Havane** ■ Capitale de Cuba. 2 millions d'hab. Principal port et centre commercial de l'île. Tabac (cigares). ⟨ ▶ havane ⟩

Václav **Havel** ■ Dramaturge et homme d'État tchèque (né en 1936). Opposant au régime communiste, il fut président de la république de 1989 à 1992 (⇒ **Tchécoslovaquie**). Président de la République *tchèque depuis 1993. Auteur de *"La Fête en plein air"*.

la **Havel** ■ Rivière d'Allemagne, affluent de l'*Elbe. 341 km.

Le **Havre** ■ Sous-préfecture de la Seine-Maritime, à l'embouchure de la Seine. 197 200 hab. *(les Havrais).* 2ᵉ port de commerce français après Marseille. Raffineries de pétrole.

les îles **Hawaï** ou, en anglais, **Hawaii,** autrefois îles **Sandwich** ■ Archipel de Polynésie, comprenant notamment les îles d'Hawaï, Molokai, Oahu (la plus peuplée) et Kaui. Les États-Unis l'annexèrent en 1898, mais il n'en devint l'un des États (le 50ᵉ) qu'en 1959. 16 760 km². 965 000 hab. Capitale : Honolulu. Cultures tropicales. Tourisme. Base militaire (⇒ **Pearl Harbor**).

Howard **Hawks** ■ Cinéaste américain (1896-1977). *"Le Grand Sommeil"*, d'après *Chandler.

Nathaniel **Hawthorne** ■ Romancier américain (1804-1864). Son œuvre est marquée par la morale puritaine. *"La Lettre écarlate"*.

Hayange ■ Commune de la Moselle. 15 800 hab. *(les Hayangeois).* Sidérurgie.

Joseph **Haydn** ■ Compositeur autrichien (1732-1809). Il marqua l'apogée du style classique, fixant les règles de la symphonie et de la sonate. De son œuvre immense, qui a influencé *Mozart et *Beethoven, on retient surtout les oratorios *("la Création"),* les messes et les quatuors.

La **Haye,** en néerlandais **Den Haag** ou **'s-Gravenhage** ■ Ville des Pays-Bas, chef-lieu de la *Hollande-Méridionale, siège du gouvernement. 444 000 hab. Monuments (XIIIe - XVIIe s.). Musées (Mauritshuis). Ville administrative et diplomatique, siège de la Cour internationale de justice. Résidence de la famille royale.

Friedrich August von **Hayek** ■ Économiste autrichien enseignant en Angleterre (1899-1992). Partisan du libéralisme. Prix Nobel 1974.

Rutherford **Hayes** ■ Homme politique américain (1822-1893). 19e président des États-Unis, de 1877 à 1881.

Muḥammad Ḥussayn **Haykal** ■ Écrivain égyptien (1888-1956). Auteur du premier roman arabe moderne : *"Zaynab".*

L' **Haÿ-les-Roses** ■ Sous-préfecture du Val-de-Marne. 29 800 hab. *(les Haÿssiens).*

Hazebrouck ■ Commune du Nord. 21 100 hab. *(les Hazebrouckois).*

Edward **Heath** ■ Homme politique britannique (né en 1916). Premier ministre (conservateur) de 1970 à 1974.

Friedrich **Hebbel** ■ Auteur dramatique allemand (1813-1863).

Hebei ■ Province de la Chine orientale. 202 700 km². 56,2 millions d'hab. Capitale : Shijiazhuang.

Jacques **Hébert** ■ Révolutionnaire français (1757-1794). Son journal *le Père Duchesne* représentait l'extrême gauche : les *sans-culottes et la *Commune de Paris. Il fut éliminé par *Robespierre avec ses partisans, les *hébertistes.*

Anne **Hébert** ■ Écrivaine québécoise (née en 1916). *"Les Enfants du Sabbat" ; "les Fous de Bassan",* prix Femina 1962.

les **Hébreux** ■ Peuple *sémitique du Moyen-Orient formé de tribus nomades originaires du désert syrien qui s'installèrent au pays de *Canaan en 2000 av. J.-C. Ils eurent pour premiers patriarches *Abraham, *Isaac et *Jacob. La Bible retrace leur histoire : le séjour en Égypte, l'exode sous la conduite de *Moïse (1250 av. J.-C.), la conquête de la Palestine avec *Josué (1220 - 1200 av. J.-C.), le siècle d'or (1030 - 931 av. J.-C.) sous le règne de *Saül, *David et *Salomon, la scission en deux royaumes (Israël et Juda), l'exil à Babylone (587 - 538 av. J.-C.), le retour et la restauration de Jérusalem, le règne des Asmonéens, l'occupation romaine (63 av. J.-C.), la destruction de Jérusalem par *Titus (70). ⟨ ▶ hébraïque ⟩

les îles **Hébrides** ■ Archipel britannique d'environ 500 îlots, à l'ouest de l'Écosse, dont une partie forme une zone d'autorité insulaire écossaise. 2 901 km². 31 000 hab. Chef-lieu : Sornoway.

*les Nouvelles-***Hébrides** ■ ⇒ les **Nouvelles-Hébrides.**

Hébron, aujourd'hui **al-Khalīl** ■ Ville de Palestine, en Cisjordanie. 75 000 hab. *Abraham y ensevelit *Sarah, selon la *Bible.

Hécate ■ Divinité grecque de la Magie.

Erich **Heckel** ■ Peintre et graveur allemand (1883-1970). Un des fondateurs du mouvement die *Brücke.

Hector ■ Héros de l'*"*Iliade",* fils de *Priam. Le plus brave des Troyens.

l' **hédonisme** n. m. ■ Ensemble de thèses philosophiques préconisant une morale du plaisir. Les premiers hédonistes auraient été Aristippe (IVe s.

av. J.-C.) et ses disciples, les cyrénaïques.

Hefei ■ Ville de Chine, capitale de la province d'*Anhui. 669 000 hab. Sidérurgie, chimie.

Georg Wilhelm Friedrich **Hegel** ■ Philosophe allemand (1770-1831). Englobant l'ensemble de l'histoire et des savoirs, son système définit réel et rationnel comme identiques ; sa valeur suprême est l'Esprit. ▶ *l'hégélianisme* n. m., a été contesté par les « hégéliens de gauche » (*Feuerbach) puis par *Marx qui lui a emprunté sa logique, la dialectique.

Martin **Heidegger** ■ Philosophe allemand (1889-1976). Sollicitant de plus en plus les poètes (*Hölderlin notamment), il déplaça la phénoménologie de *Husserl vers la « question de l'être », approchée dans l'existence et la parole humaines. "*Être et temps*" ("*Sein und Zeit*"). Positions politiques proches du *nazisme.

Heidelberg ■ Ville d'Allemagne (*Bade-Wurtemberg). 127 000 hab. Célèbre université. Château (XVe - XVIIe s.). Tourisme.

Heilbronn ■ Ville d'Allemagne (*Bade-Wurtemberg). 111 000 hab.

Heilong Jiang ■ ⇒ Amour.

Heilongjiang ■ Province de l'extrême nord-est de la Chine. 463 000 km². 33,3 millions d'hab. Capitale : Harbin. Ressources minières importantes. Centre industriel.

Heinrich **Heine** ■ Poète *romantique et publiciste allemand (1797-1856). Il fut un médiateur entre les cultures allemande et française. "*Lorelei*".

Werner **Heisenberg** ■ Physicien allemand (1901-1976). Principal fondateur et interprète philosophique de la mécanique quantique. Il a formulé le « principe d'incertitude », selon lequel les observations à l'échelle atomique ne peuvent être complètes. Prix Nobel 1932.

Hélène ■ Héroïne de l'"*Iliade*". Célèbre pour sa beauté. *Pâris l'enlève, déclenchant ainsi la guerre de *Troie.

*l'***Héliée** n. f. ■ Tribunal populaire de l'Athènes antique. ⇒ **Ecclésia.**

Héliodore ■ Romancier grec (IIIe s.). "*Éthiopiques*", roman qui fut imité jusqu'au XVIIe s.

Héliogabale ou **Élagabal** ■ Empereur romain, prêtre du Soleil dont il voulut imposer le culte (204-222). Il fut assassiné, laissant un souvenir d'anarchie et de débauche.

Jean **Hélion** ■ Peintre français (1904-1987). Il évolua d'un style abstrait à un art figuratif. "*Marchés*".

Hélios ■ Divinité grecque personnifiant le Soleil, issue du Rê égyptien et adorée à *Baalbek. ▶ **Héliopolis**. Ancienne ville de l'Égypte (aujourd'hui dans la banlieue du Caire), qui fut consacrée au culte du Soleil. ⟨ ▶ héli(o)- ⟩

Franz **Hellens** ■ Écrivain belge d'expression française (1881-1972).

Hellespont ■ Ancien nom des *Dardanelles.

Hermann von **Helmholtz** ■ Physicien et physiologiste allemand (1821-1894). Contributions fondamentales en énergétique, neurophysiologie, analyse des sensations, acoustique.

Héloïse ■ Abbesse française (1101-1164). Célèbre pour ses amours tragiques avec *Abélard et pour leur correspondance.

Helsinki ■ Capitale de la Finlande. 490 000 hab. Principal port et centre industriel du pays. Siège en 1975 de la Conférence sur la sécurité et la coopération en Europe.

*l'***Helvétie** n. f. ■ Ancienne partie orientale de la Gaule correspondant à peu près à la Suisse (ou *Confédération helvétique*) actuelle. ⟨ ▶ helvétique ⟩

Claude Adrien **Helvétius** ■ Philosophe matérialiste français (1715-1771). *"De l'esprit".*

Hem ■ Commune du Nord. 20 300 hab. *(les Hémois).*

Ernest Hemingway ■ Écrivain américain (1899-1961). Son œuvre, refusant le sentimentalisme et l'analyse psychologique, exprime, dans un style elliptique, un désarroi qui se mue en engagement. *"L'Adieu aux armes",* roman sur la Première Guerre mondiale ; *"Pour qui sonne le glas",* sur la guerre d'Espagne. Prix Nobel 1954.

Louis Hémon ■ Écrivain français établi au Canada en 1911 (1880-1913). *"Maria Chapdelaine, récit du Canada français" ; "Monsieur Ripois et la Némésis",* adapté au cinéma par René *Clément.

Henan ■ Province du centre est de la Chine. 167 000 km². 78 millions d'hab. Capitale : Zhengzhou. Une des provinces les plus fertiles et les plus peuplées de Chine.

Hendaye ■ Commune des Pyrénées-Atlantiques. 11 700 hab. *(les Hendayais).*

Heng Shan ■ Une des cinq montagnes sacrées du *bouddhisme, en Chine (*Hunan).

Hénin-Beaumont ■ Commune du Pas-de-Calais. 26 500 hab. *(les Héninois).* Charbon.

Hennebont ■ Commune du Morbihan. 13 800 hab. *(les Hennebontais).* Cité médiévale.

Henri ■ NOM DE PLUSIEURS SOUVERAINS EUROPÉENS **1.** empereurs d'ALLEMAGNE □ *Henri III* (1017-1056) affermit l'autorité de l'empereur (qu'il devint en 1046) sur le pape. □ *Henri IV* (1050-1106), son fils, empereur en 1084, se heurta à une crise intérieure qui dura vingt ans (révolte des princes, querelle des *Investitures). □ *Henri V* (1086-1125), fils du précédent, empereur en 1111 mit fin à la querelle des *Investitures. **2.** rois d'ANGLETERRE

□ *Henri II* (1133-1189), époux d'*Aliénor d'Aquitaine, affermit l'autorité monarchique (1154), s'opposant à l'Église jusqu'à faire assassiner *Thomas Becket. Son fils, *Richard Cœur de Lion, lui succéda. □ *Henri III* (1207-1272) succéda à son père Jean sans Terre en 1216. □ *Henri IV* (1366-1413), roi en 1399 et fondateur de la dynastie des Lancastres. □ *Henri V* (1387-1422), son fils, roi en 1413. Aimé des Anglais comme un héros de légendes, il vainquit les Français à Azincourt (1415). □ *Henri VI* (1421-1471), roi en 1422, dut faire face à de nombreuses révoltes. □ *Henri VII* (1457-1509). Roi en 1485 et dernier descendant des Lancastres, il mit fin à la guerre des Deux-*Roses. □ *Henri VIII*, son fils (1491-1547), lui succéda en 1509. Souhaitant annuler son mariage avec Catherine d'Aragón, il provoqua le schisme avec la papauté (⟹ **anglicanisme**) et devint chef suprême de l'Église d'Angleterre. De ses six femmes (*Catherine d'Aragón, *Anne Boleyn, *Jeanne Seymour, Anne de Clèves, Catherine Howard et Catherine Parr), il eut deux filles, *Marie Tudor et *Élisabeth Iʳᵉ, et un fils, *Édouard VI. **3.** rois de FRANCE □ *Henri Iᵉʳ* (1008-1060), roi de 1031 à sa mort. □ *Henri II* (1519-1559), fils de *François Iᵉʳ auquel il succéda en 1547, opposé comme lui à *Charles Quint et à la *Réforme ; sa maîtresse *Diane de Poitiers protégea les *Guises. Père de François II, Charles IX et Henri III. □ *Henri III* (1551-1589) accéda au trône en 1574 et chercha une voie médiane entre les protestants et les catholiques de la *Ligue (dont il fit assassiner le chef, Henri de *Guise), soutenue par l'Espagne. Il fut tué par un moine ligueur, Jacques Clément. □ *Henri IV* (1553-1610), prince *Bourbon, roi de Navarre, lui succéda en 1589. Chef des protestants, il se convertit au catholicisme et mit fin aux guerres de *Religion par l'édit de *Nantes (1598). Aidé de ministres remarquables, comme *Sully, il redressa l'économie du pays. Assassiné par le moine fanatique Ravaillac, sa popularité devint immense.

Henri le Navigateur ■ Prince portugais (1394-1460). Il dirigea l'exploration du littoral occidental de l'Afrique.

Pierre **Henry** ■ Compositeur français (né en 1927). Pionnier de la musique électro-acoustique. *"Bidule en ut"* ; *"Dieu"*.

Hans Werner **Henze** ■ Compositeur allemand (né en 1926). *"Boulevard Solitude"*, opéra.

Héphaïstos ■ Dieu du Feu et des Forgerons, chez les Grecs, identifié avec le Vulcain des Romains.

Héra ■ L'une des épouses de *Zeus, déesse du Mariage chez les Grecs. Elle est Junon chez les Romains.

Héraclès ■ Héros le plus populaire de la mythologie grecque (*Hercule* chez les Latins). Célèbre pour sa force et ses exploits : les « Douze Travaux » (⇒ **Némée, hydre, Érymanthe, Cérynie, Stymphale, Augias, Crète, Diomède, Amazones, Géryon, Hespérides, Cerbère**). ▶ *les Héraclides,* descendants d'Héraclès.

Héraclite ■ Penseur grec (v. 576- v. 480 av. J.-C.). Au contraire de *Parménide, il voit le mouvement et le changement dans les choses.

Héraclius Ier ■ Empereur byzantin de 610 à sa mort (v. 575-641).

Héraklion ■ ⇒ **Iráklion**.

Herāt ■ 3e ville d'Afghanistan. 177 000 hab.

*l'***Hérault** [34] n. m. ■ Département français de la région *Languedoc-Roussillon. Il doit son nom à la rivière qui le traverse. Préfecture : Montpellier. 6 227 km². 793 400 hab. Sous-préfectures : Béziers, Lodève.

Les **Herbiers** ■ Commune de Vendée. 13 700 hab. *(les Herbretais).*

Auguste **Herbin** ■ Peintre français (1882-1960). Formes géométriques en série.

Herblay ■ Commune du Val-d'Oise. 22 400 hab. *(les Herblaisiens).*

Alexandre **Herculano** ■ Écrivain portugais (1810-1877). Défenseur du libéralisme.

Herculanum ■ Ville de l'Italie ancienne (*Campanie), ensevelie sous les cendres du Vésuve en 79. ⇒ **Pompéi**.

Hercule ■ ⇒ **Héraclès**. ⟨ ▶ hercule ⟩

Johann Gottfried **Herder** ■ Écrivain et philosophe allemand (1744-1803). Il s'est intéressé au génie des nations.

Emmanuel **Héré** ■ Architecte lorrain (1705-1763). Place Stanislas à Nancy, chef-d'œuvre de l'architecture Louis XV.

José Maria de **Heredia** ■ Poète français d'origine cubaine (1842-1905). L'un des maîtres du *Parnasse. Les *"Trophées".*

Hereford **et** **Worcester** ■ Comté d'Angleterre, à la frontière galloise. 3 927 km². 671 000 hab. Chef-lieu : Worcester (76 000 hab.).

Georges Rémi dit **Hergé** ■ Auteur belge de bandes dessinées, créateur du personnage de Tintin et fondateur de l'« école de Bruxelles » (1907-1983).

Héricourt ■ Commune de la Haute-Saône. 9 900 hab. *(les Héricourtois).*

Herisau ■ Ville de Suisse, chef-lieu du canton d'*Appenzell-Rhodes-Extérieures. 14 400 hab.

Hermaphrodite ■ Personnage de la mythologie grecque, fils d'*Hermès et d'*Aphrodite (d'où son nom), qui est à la fois mâle et femelle. ⟨ ▶ hermaphrodite ⟩

Hermès ■ Dieu du Commerce et messager des dieux, dans la mythologie grecque. Il est le Mercure latin.

Hermès Trismégiste ■ Nom signifiant « trois fois très grand » et donné à *Hermès, identifié à *Thot, et auteur supposé d'ouvrages théosophiques de l'époque hellénistique. 〈 ▶ hermétisme 〉

Charles **Hermite** ■ Mathématicien français (1822-1901). Étude des nombres transcendants.

Hermosillo ■ Ville du Mexique. 341 000 hab. Mines de cuivre.

Gregorio **Hernández** ou *Fernández* ■ Sculpteur *baroque espagnol (v. 1576-1636). Sculpture religieuse polychrome, à l'expression pathétique.

José **Hernández** ■ Écrivain argentin (1834-1886). *"Martín Fierro"*, poème national argentin.

Herne ■ Ville d'Allemagne (*Rhénanie-du-Nord-Westphalie), dans la *Ruhr. 174 000 hab.

Hérode Ier le Grand ■ Roi des Juifs (73 - 4 av. J.-C.). Il fit reconstruire le temple de Jérusalem et, selon l'Évangile, il ordonna le « massacre des Innocents ».

Hérode Antipas ■ Fils du précédent (v. 20 av. J.-C. - 39 apr. J.-C.). Dans l'Évangile, il emprisonne *Jean-Baptiste et le fait décapiter. ⇒ **Hérodiade, Salomé.**

Hérodiade ■ Princesse juive, épouse d'*Hérode Antipas (7 av. J.-C. - 39). Selon l'Évangile, elle fit demander, par sa fille *Salomé, la tête de *Jean-Baptiste.

Hérodote ■ Historien grec (v. 484 - v. 420 av. J.-C.). Il est considéré comme le « père de l'histoire ».

Héron d'Alexandrie ■ Mathématicien et ingénieur grec (Ier s.).

Paul **Héroult** ■ Chimiste français (1863-1914). Pionnier de l'industrie de l'aluminium.

Hérouville-Saint-Clair ■ Commune du Calvados, banlieue de Caen. 25 000 hab. *(les Hérouvillais).*

Juan de **Herrera** ■ Architecte espagnol (1530-1597). Le plus important représentant de la *Renaissance dans son pays. Palais de l'*Escurial, près de Madrid.

Francisco de **Herrera le Vieux** ■ Peintre espagnol (v. 1576-1656).

Édouard **Herriot** ■ Écrivain et homme politique français (1872-1957). Maire de Lyon, symbole du *radicalisme, président du Conseil en 1924-1925 (*Cartel des gauches) et 1932.

William **Herschel** ■ Astronome anglais (1738-1822). Il découvrit *Uranus et fonda l'étude systématique des étoiles.

Hertfordshire ■ Comté d'Angleterre, au nord de Londres. 1 634 km². 986 000 hab. Chef-lieu : Hertford (21 600 hab.).

Heinrich **Hertz** ■ Physicien allemand (1857-1894). Il découvrit les ondes électromagnétiques dites *hertziennes*. 〈 ▶ hertz 〉

*l'***Herzégovine*** n. f. ■ Province méridionale de la Bosnie-Herzégovine, ravagée par la guerre civile déclenchée en 1992 (⇒ **Bosnie**).

Alexandre **Herzen** ■ Philosophe et écrivain russe (1812-1870). Révolutionnaire, il prône, dans ses écrits, un socialisme utopique à tendance slavophile.

Theodor **Herzl** ■ Écrivain juif hongrois, fondateur du *sionisme (1860-1904). *"L'État juif"*.

Hésiode ■ Poète grec (VIIIe - VIIe s. av. J.-C.). Auteur d'œuvres mythologiques et didactiques.

les **Hespérides** n. f. ■ Nymphes gardiennes du jardin des dieux, où poussaient les arbres produisant des pommes d'or qui rendaient immortel, et qu'Héraclès ravit.

Rudolf **Hess** ■ Homme politique allemand, collaborateur de Hitler (1894-1987). Condamné, lors du procès de Nuremberg, à la prison à vie.

Hermann **Hesse** ■ Romancier allemand naturalisé suisse (1877-1962). Son œuvre est une interrogation sur le sens de la vie : "*Peter Camenzind*" ; "*le Loup des steppes*". Prix Nobel 1946.

la **Hesse** ■ État (land) d'Allemagne. 21 115 km². 5,5 millions d'hab. Capitale : Wiesbaden.

Hestia ■ Déesse grecque du Foyer, identifiée avec la *Vesta des Romains.

les **Heures** n. f. pl. ■ Divinités grecques de l'Ordre dans la société et dans la nature.

Antony **Hewish** ■ Radioastronome britannique (né en 1924). Prix Nobel de physique en 1974 pour sa découverte des pulsars (sources de rayonnement radioastronomique).

John **Hicks** ■ Économiste britannique (1904-1989). Étude des relations entre les politiques monétaire et budgétaire. Prix Nobel 1972.

les **Highlands** ■ Région montagneuse du nord de l'Écosse (le nom signifie les « Hautes Terres »). Parsemée de lacs (ou *loch*), démunie de ressources, la région vit de la pêche et du tourisme. □ *le* **Highland**. Région administrative de l'Écosse. 26 136 km². 202 000 hab. Chef-lieu : Inverness.

Patricia **Highsmith** ■ Écrivaine américaine (née en 1921). Auteur de romans policiers. "*L'Inconnu du Nord-Express*".

Nazım **Hikmet** ■ Écrivain turc (1902-1963), d'inspiration marxiste. "*C'est un dur métier que l'exil*" (poèmes).

saint **Hilaire** ■ Évêque de Poitiers, Père et docteur de l'Église (v. 315 - v. 367).

David **Hilbert** ■ Mathématicien allemand (1862-1943). Il aborda tous les domaines de la mathématique contemporaine et formalisa la géométrie.

Hildebrand ■ Moine italien devenu pape sous le nom de *Grégoire VII.

Lucas von **Hildebrandt** ■ Architecte *baroque autrichien (1668-1745). Belvédère à Vienne.

Hildesheim ■ Ville d'Allemagne (Basse-*Saxe). 103 000 hab. Églises romanes.

Himāchal Pradesh ■ État du nord de l'Inde, sur les versants de l'Himalaya. 55 673 km². 4,28 millions d'hab. Capitale : Simla (70 600 hab.).

*l'*Himalaya ■ En sanskrit, le « séjour des neiges », la plus haute chaîne de montagnes du monde (8 846 m à l'*Everest), située aux frontières de la Chine (*Tibet) avec le sous-continent indien (Pakistan, Inde, Népal, Bhoutan). Longue de 2 700 km, large de 200 à 500 km.

Himeji ■ Ville du Japon (*Honshū). 453 000 hab.

Heinrich **Himmler** ■ Homme politique allemand (1900-1945). Chef de la *Gestapo (1934) et des *S. S., il organisa l'extermination des juifs. Il se suicida.

Paul **Hindemith** ■ Compositeur et théoricien allemand (1895-1963). Révolutionnaire du monde musical, il s'est intéressé à tous les genres et tous les styles. "*Nobilissima Visione*", ballet.

Paul von **Hindenburg** ■ Maréchal et homme politique allemand (1847-1934). Président de la République en 1925, réélu en 1932, il nomma Hitler chancelier.

le **hindi** ■ Groupe de langues et dialectes de l'Inde, parlé par plus de 150 millions de personnes. Langue officielle du pays depuis 1949.

*l'*Hindu Kush n. m. ■ Chaîne montagneuse d'Afghanistan, prolongement occidental de l'*Himalaya.

Hipparque ■ Astronome grec (IIe s. av. J.-C.). Auteur du premier catalogue d'étoiles.

Hippocrate ■ Médecin grec (460 - 377 av. J.-C.). Référence majeure pour *Galien et la pensée médicale jusqu'au XIXᵉ s. Avant d'exercer, les médecins prêtent le « serment d'Hippocrate ».

Hippolyte ■ Fils de *Thésée dans la mythologie grecque. L'amour que lui porte *Phèdre a inspiré *Euripide et *Racine.

Hippone ■ Ancienne ville de *Numidie. Saint *Augustin en fut l'évêque de 396 à 430. Ruines près d'*Annaba (Algérie).

Hirohito ■ Empereur du Japon de 1926 à sa mort (1901-1989). Après 1945, il ne garda que des fonctions honorifiques. Son fils *Akihito lui a succédé.

Hiroshige ■ Dessinateur japonais (1797-1858). Maître de l'art du paysage à l'égal de *Hokusai.

Hiroshima ■ Un des principaux ports du Japon, sur l'île de Honshū. 1,07 million d'hab. Autrefois base militaire. La bombe atomique lancée par les Américains le 6 août 1945 détruisit 90 % de la ville et fit plus de 100 000 victimes.

Hirson ■ Commune de l'Aisne. 10 600 hab. *(les Hirsonnais)*.

l'**Hispanie** n. f. ■ Nom donné par les Romains à la péninsule Ibérique et qui est à l'origine du mot *Espagne*. ⟨ ▶ hispan(o)- ⟩

Hispaniola ■ Île des Grandes *Antilles partagée, depuis 1844, entre la République dominicaine à l'est et la République de Haïti à l'ouest.

Hitachi ■ Ville du Japon (*Honshū). 204 000 hab.

sir *Alfred* **Hitchcock** ■ Cinéaste britannique naturalisé américain (1899-1980). Le grand maître du suspense. *"Les 39 Marches"* ; *"Psychose"* ; *"les Oiseaux"*.

Adolf **Hitler** ■ Homme politique allemand d'origine autrichienne (1889-1945). Ancien combattant de 1914-1918, chef du parti nazi (national-socialiste), il se fit connaître par un putsch manqué à Munich en 1923. Emprisonné, il rédigea *"Mein Kampf"* (« mon combat »), où il expose l'idéologie du nazisme (⇒ **nazisme**). Excellent propagandiste, il séduisit l'opinion allemande, humiliée par la défaite de 1918 et ruinée par la *crise économique de 1929. S'appuyant sur les organisations paramilitaires des *S. A. (*Röhm) puis des *S. S. (*Himmler), il devint chancelier en 1933 et chef *(Führer)* du IIIᵉ *Reich à la mort de *Hindenburg en 1934. Cumulant tous les pouvoirs, il organisa avec *Göring une redoutable police d'État, la *Gestapo. Il mit en œuvre son programme : réarmement, annexion des pays voisins (Autriche, Tchécoslovaquie, etc.), violence antisémite, puis extermination systématique des populations supposées inférieures (homosexuels, Tziganes) et plus particulièrement des juifs (*solution finale* à partir de 1941 ; ⇒ **Shoah**). Il provoqua la Seconde *Guerre mondiale. Finalement vaincu, il se suicida le 30 avril 1945. ⟨ ▶ hitlérien ⟩

les **Hittites** ■ Peuple d'*Anatolie centrale qui forma un puissant empire du XXᵉ au XIIᵉ s. av. J.-C. Le secret de la métallurgie du fer leur assura la suprématie militaire.

Louis **Hjelmslev** ■ Linguiste et sémiologue danois (1899-1965). Linguistique structurale, méthodologie.

Hobart ■ Ville et port d'Australie, capitale de la *Tasmanie. 180 000 hab.

Thomas **Hobbes** ■ Philosophe anglais (1588-1679). Son maître ouvrage, le *"Léviathan"*, fonde la nécessité du pouvoir absolu sur une approche mécaniste de l'homme.

Lazare **Hoche** ■ L'un des meilleurs généraux de la Révolution française (1768-1797). Pacificateur de la Vendée (⇒ guerre de **Vendée**).

Hô Chi Minh ■ Homme politique vietnamien (1890-1969). L'inspirateur du nationalisme révolutionnaire (⇒ **Viêt-minh**). Il lutta contre les Français et remporta la bataille de *Diên Biên Phu (1954), devint président de la République démocratique et s'opposa aux Américains au Sud-Viêt-nam.

Hô Chi Minh-Ville, autrefois **Saigon** ■ Ville du sud du Viêt-nam. 3,4 millions d'hab. Port fluvial sur le delta du *Mékong. (Avant 1975 ⇒ **Saigon**.)

David **Hockney** ■ Peintre britannique (né en 1937). Un des initiateurs du pop'art.

Hodeïda ■ Ville et port du Yémen. 155 000 hab.

Enver **Hodja** ■ ⇒ Enver **Hoxha.**

Ferdinand **Hodler** ■ Peintre suisse de tendance symboliste (1853-1918). "*La Nuit*".

l'île **Hœdic** ou **Hoëdic** ■ Île de l'Atlantique et commune *(Hoëdic)* du Morbihan. 140 hab.

Hœnheim ■ Commune du Bas-Rhin. 10 600 hab.

Ernst Theodor Amadeus **Hoffmann** ■ Écrivain et compositeur allemand (1776-1822). Auteur de contes et de romans. "*Les Élixirs du diable*".

Hugo von **Hofmannsthal** ■ Auteur dramatique autrichien (1874-1929). Sensibilité à la fois raffinée et décadente. Il écrit des livrets pour les opéras de R. *Strauss. "Le Chevalier à la rose*".

William **Hogarth** ■ Peintre et graveur anglais (1697-1764). Il fit la caricature des mœurs de son époque. "*Le Mariage à la mode*".

le **Hoggar** ■ Massif volcanique du Sahara algérien, peuplé par les *Touaregs.

les **Hohenstaufen** ■ Famille allemande (dite aussi *maison de Souabe*) qui régna sur le *Saint Empire : Conrad III de 1138 à 1152, Frédéric Ier Barberousse de 1152 à 1190, Henri VI de 1190 à 1197, Philippe de Souabe de 1198 à 1208,

Frédéric II de 1220 à 1250, Conrad IV de 1250 à 1254. Elle régna sur Naples de 1194 à 1268 et s'éteignit à la mort de Conradin (1268), rival malheureux de Charles Ier d'Anjou en Sicile.

les **Hohenzollern** ■ Famille allemande qui se divisa en 1227 en une ligne de *Souabe et une ligne de *Franconie. La ligne de Souabe céda ses principautés à la Prusse en 1849. La ligne de Franconie régna à partir de Frédéric VI (1415) sur le Brandebourg (électorat en 1417) et sur la Prusse (*Frédéric III, *Guillaume Ier) jusqu'en 1918.

Hohhot ou, en pinyin, **Huho Hoote** ■ Ville de Chine, capitale de la *Mongolie-Intérieure. 747 000 hab.

le **Hohneck** ■ Sommet des *Vosges. 1 361 m.

Hokkaidô ■ Île du nord du Japon jalonnée de volcans. 83 519 km². 5,68 millions d'hab. Chef-lieu : Sapporo. L'agriculture est la principale richesse.

Hokusai ■ Peintre et graveur japons (1760-1849). Il renouvela l'art de l'estampe. "*L'Arc de la vague*".

le baron d'**Holbach** ■ Philosophe matérialiste et savant français d'origine allemande (1723-1789). Collaborateur de l'*Encyclopédie.

les **Holbein** ■ FAMILLE DE PEINTRES ALLEMANDS □**Holbein l'Ancien** (1465-1524) exécuta des retables et des portraits. □**Holbein le Jeune,** son fils (1497-1543), devint le peintre du roi Henri VIII d'Angleterre. Ses portraits *(dont "Érasme", "les Ambassadeurs")* allient l'exactitude du dessin, la science de la composition et la volonté humaniste de comprendre le modèle. Il joint à la rigueur et au réalisme allemands le goût et le savoir de la *Renaissance.

Friedrich **Hölderlin** ■ Poète romantique allemand (1770-1843). L'un des plus grands lyriques du XIXe s. Il célébra la communion avec la nature. "*Hypérion*".

Holguín ■ Ville de Cuba. 218 000 hab. Centre commercial.

la **Hollande** ■ Région la plus riche et la plus peuplée des Pays-Bas, divisée en deux provinces. □*la* **Hollande-Méridionale.** 2 908 km². 3,2 millions d'hab. Chef-lieu : La Haye. □*la* **Hollande-Septentrionale.** 2 665 km². 2,4 millions d'hab. Chef-lieu : Haarlem. Son rôle fut essentiel dans la formation des *Pays-Bas. ▶ *la guerre de* **Hollande.** Guerre qui opposa Louis XIV à la république des *Provinces-Unies et à ses alliés, de 1672 à 1679. Les traités de Nimègue y mirent fin. ⟨ ▶ hollandais, hollande ⟩

Hollywood ■ L'un des faubourgs de Los Angeles (*Californie). Studios de cinéma et de télévision.

Hollywood ■ Ville des États-Unis (*Floride), dans la zone urbaine de Fort Lauderdale. 121 000 hab.

Sherlock **Holmes** ■ ⇒ Conan Doyle.

Holon ■ Ville d'Israël. 144 000 hab.

Holopherne ■ Général assyrien, dans la Bible, séduit et décapité par *Judith.

le **Holstein** ■ ⇒ le **Schleswig-Holstein.**

Hombourg-Haut ■ Commune de la Moselle. 9 600 hab. *(les Hombourgeois).*

Homère ■ Poète épique grec (IXᵉ s. av. J.-C.). Son nom signifie « l'aveugle » ou « l'otage ». Bien que son existence soit controversée, la tradition lui attribue l'" *Iliade" et l'" *Odyssée". Il demeure une référence capitale pour les littératures occidentales. ⟨ ▶ homérique ⟩

le **Home Rule** ■ ⇒ **Irlande.**

Homs ■ Ville de Syrie, centre d'une riche région agricole. 431 000 hab.

Hondō ■ Ancien nom de l'île japonaise *Honshū.

le **Honduras** ■ État (république) d'Amérique centrale, bordé au nord par la mer des Caraïbes. 112 088 km². 4,53 millions d'hab. *(les Honduriens).* Capitale : Tegucigalpa. Langues : espagnol (officielle), langues indiennes. Monnaie : lempira. L'économie (dont les principales ressources sont la banane et le café) est en grande difficulté (65 % de chômage). □ **HISTOIRE.** Colonisé par les Espagnols au XVIᵉ s., devenu indépendant en 1821, le pays ne forma un État qu'en 1838, sous l'influence britannique puis américaine. De nombreuses querelles de frontières aboutirent à une guerre sanglante avec le Salvador (1969). Après une longue période d'instabilité politique (dictatures, coups d'État militaires), il a vu le retour du pouvoir civil en 1981.

Arthur **Honegger** ■ Compositeur suisse (1892-1955). Il trouve son inspiration dans la Bible. "*Le Roi David*", psaume dramatique ; "*Jeanne d'Arc au bûcher*", oratorio.

Honfleur ■ Commune du Calvados. 8 300 hab. *(les Honfleurais).* Port historique. Monuments, musée. Tourisme.

Hong-Kong ■ Territoire du sud de la Chine, constitué par l'*île de Hong-Kong* et une péninsule continentale *(Kowloon).* 5,75 millions d'hab. sur 1 071 km² (l'une des plus fortes densités du monde). Capitale : Victoria. Langues : anglais, chinois. Monnaie : dollar de Hong-Kong. Activité commerciale et bancaire intense. Nombreuses industries légères (textile, électronique, jouets). Sidérurgie et constructions navales. □ **HISTOIRE.** Cédé au Royaume-Uni par le traité de *Nankin (1842), Hong-Kong devint une colonie britannique. Loué depuis 1898 pour 99 ans, il sera rendu à la Chine le 1ᵉʳ juillet 1997.

la **Hongrie** ■ État (république) d'Europe centrale. 93 033 km². 10,58 millions d'hab. *(les Hongrois* ou *Magyars).* Capitale : Budapest. Langue : hongrois. Monnaie : forint. Pays pauvre en ressources naturelles (à l'exception de la bauxite), la Hongrie a pourtant considérablement développé son industrie lourde (sidérurgie, aluminium, chimie) depuis 1949. Après 1968, un effort fut entrepris pour les industries de consommation (alimentation). □ **HISTOIRE.** *Étienne Ier (dynastie des *Árpád) créa l'État hongrois et le christianisa (v. 1000). Du XVIe au XIXe s., il fut rattaché à la maison de *Habsbourg. La révolution de 1848 aboutit à la formation d'une monarchie austro-hongroise (1867). La défaite de l'Autriche en 1918 provoqua le morcellement de l'empire des Habsbourg et l'indépendance de la Hongrie (1920, traité de Trianon). Après les tentatives de gouvernement socialiste de Béla *Kun, l'amiral *Horthy obtint le titre de régent et mena une politique réactionnaire. Le pays se rapprocha progressivement de l'Allemagne nazie mais fut occupé par Hitler en 1944 et Horthy fut destitué. Passé sous l'influence soviétique, il devint une démocratie populaire en 1949, dirigée par Mátyás *Rákosi. En 1956 éclata l'insurrection de Budapest (Imre *Nagy était alors président du Conseil), réprimée directement par les Soviétiques. À partir de 1958, J. *Kádár entreprit de libéraliser le régime, tout en restant soumis à l'alliance soviétique. Un processus de démocratisation, amorcé depuis quelques années, se développa en 1989 avec de profondes réformes : instauration du multipartisme, le parti communiste se transformant en parti socialiste. En 1989, la IVe République fut proclamée et l'opposition non communiste remporta les élections libres de 1990. La Hongrie devint le 24e membre du Conseil de l'Europe la même année. ⟨ ▶ hongrois ⟩

Honiara ■ Capitale des îles *Salomon. 30 500 hab.

Honolulu ■ Ville des États-Unis, capitale de *Hawaï. 365 000 hab. Tourisme. Université.

Honorius ■ Premier empereur d'Occident (384-423). Il succéda à son père *Théodose Ier en 395.

Honshū, autrefois ***Hondō*** ■ La plus grande et la plus peuplée des îles du Japon. 231 073 km². 97,8 millions d'hab. Le centre de l'île est montagneux (point culminant : le *Fuji-yama). Les côtes sont parsemées de grandes villes industrielles : *Tokyo, *Ōsaka, *Yokohama, etc.

*Robert **Hooke*** ■ Physicien, astronome et naturaliste anglais (1635-1703). *Loi de Hooke :* loi de déformation élastique des solides.

*le comte de **Hoorne*** ou ***Hornes*** ■ Général hollandais (v. 1518-1568). Exécuté avec le comte d'*Egmont pour son opposition aux Espagnols.

*Herbert **Hoover*** ■ Homme politique américain (1874-1964). 31e président des États-Unis, de 1929 à 1933.

*les **Hopi*** ■ Groupe des Indiens *Pueblos, de culture originale (*Arizona).

*Gerard Manley **Hopkins*** ■ Poète anglais d'inspiration *symboliste (1844-1889).

Horace ■ Poète latin (65-8 av. J.-C.). Auteur de "*Satires*", d'"*Épîtres*" et d'"*Odes*" où il s'interroge sur les mœurs, la morale et la poésie. Tenu, avec *Virgile, pour le plus grand poète latin.

*les trois **Horaces*** ■ Nom de trois frères romains (VIIe s. av. J.-C.). Ils triomphèrent des *Curiaces, champions d'*Albe. Leur légende a inspiré *Corneille : "*Horace*", 1640.

*la **Horde d'Or*** ■ Traduction du nom que se donnaient les Mongols, qui régnèrent des plaines russes au Caucase (XIIIe - XVe s.).

*Max **Horkheimer*** ■ ⇒ école de **Francfort.**

le comte de **Horn** ■ Premier ministre de Suède de 1720 à 1738 (1664-1742).

le cap **Horn** ■ Cap du Chili, marquant l'extrémité sud de l'Amérique latine.

Vladimir **Horowitz** ■ Pianiste américain d'origine russe (1904-1989).

Victor **Horta** ■ Architecte belge (1861-1947). Principal créateur du style art *nouveau avec *Van de Velde. Maisons *"Tassel"* et *"Horta"* à Bruxelles.

Hortense de Beauharnais ■ ⇒ Beauharnais.

Miklós **Horthy** ■ Homme politique hongrois (1868-1957). Régent de 1920 à son arrestation par les nazis (1944), il mena une politique ultraconservatrice et autoritaire.

Horus ■ Dieu du Soleil, dans l'Égypte ancienne, fils d'*Isis et d'*Osiris (⇒ **Harpocrate**), représenté sous la forme d'un faucon ou d'un soleil ailé.

Hōryū-ji ■ Célèbre temple bouddhique japonais près de *Nara (*Honshū). Construction en bois la plus ancienne du monde (607).

Hospitalet de Llobregat ■ Ville d'Espagne (*Catalogne), banlieue industrielle de *Barcelone. 277 000 hab.

les **Hospitaliers** ■ Ordre fondé en 1113 pour protéger les pèlerins qui se rendaient en Palestine. Après la perte de la Terre sainte, puis devant l'avancée des Turcs, ils se réfugièrent à *Malte, qui leur fut cédée par Charles Quint en 1530, et prirent le nom de *chevaliers de Malte*. Le titre n'est plus aujourd'hui qu'honorifique.

les **Hottentots** ■ Peuple nomade de *Namibie (20 000 environ, polygames). ⟨ ►hottentot ⟩

Houa Kouo-Fong ■ ⇒ Hua Guofeng.

Houang-ho ■ ⇒ Huang He.

*l'île d'***Houat** ■ Île française de l'Atlantique et commune *(L'Île-d'Houat)* dépendant du Morbihan. 390 hab.

Houdain ■ Commune du Pas-de-Calais. 8 000 hab. *(les Houdinois).*

Jean-Antoine **Houdon** ■ Sculpteur français (1741-1828). Bustes (Voltaire, Washington).

Houilles ■ Commune des Yvelines. 30 000 hab. *(les Ovillois).* Fonderies.

Félix **Houphouët-Boigny** ■ Homme politique ivoirien (1905-1993). Plusieurs fois ministre dans les gouvernements français de 1956 à 1959, il obtint l'indépendance de la Côte-d'Ivoire en 1960. Président de la République.

Houplines ■ Commune du Nord. 7 700 hab. *(les Houplinois).*

les **Hourrites** ■ Peuple asiatique de l'Antiquité, installé en *Mésopotamie dès le IIIᵉ millénaire av. J.-C.

Houston ■ Ville des États-Unis (*Texas). Port relié par un canal au golfe du Mexique. 1,6 million d'hab. Centre spatial. Pétrochimie. Commerce. Université.

Enver **Hoxha** ou **Hodja** ■ Homme politique albanais (1908-1985). Il mena la libération du pays (⇒ **Albanie**), créa puis dirigea le parti communiste albanais (de 1941 à sa mort), et fut président de la République de 1946 à 1954. Communiste stalinien intransigeant, il rompit avec *Khrouchtchev et favorisa un temps le rapprochement de son pays avec la Chine.

Hradec Králové ■ Ville de la République tchèque. 100 000 hab.

Hua Guofeng ou *Houa Kouo-Fong* ■ Homme politique chinois (né en 1922). Président du parti communiste chinois de 1976 (mort de *Mao Zedong) à 1981 et Premier ministre de 1976 à 1980, il fut écarté du pouvoir par les réformistes menés par *Deng Xiaoping.

Huainan ■ Ville de Chine (*Anhui). 1,09 million d'hab. Centre industriel.

Huancayo ■ Ville du Pérou (à 3 200 m d'altitude). 199 000 hab. Centre commercial important.

Huang Gongwang ■ Peintre paysagiste chinois (1269-1354).

le **Huang He** ou **Houang-Ho,** en français le **fleuve Jaune** ■ Le second fleuve de Chine, après le *Yangzi Jiang (fleuve Bleu), situé en Chine du Nord. 4 845 km. De débit très irrégulier, il a dû être aménagé.

Hubei ■ Province du centre est de la Chine. 187 500 km². 49,9 millions d'hab. Capitale : Wuhan. Agriculture.

saint **Hubert** ■ Évêque belge (VIIᵉ-VIIIᵉ s.). Le patron des chasseurs.

Hubli-Dhārwār ■ Ville de l'Inde (*Karnātaka). 527 000 hab.

Huddersfield ■ Ville d'Angleterre (*Yorkshire de l'Ouest). 149 000 hab. Industrie textile.

Henry **Hudson** ■ Navigateur anglais (v. 1565-1611). ▶ l'**Hudson** n. m. Fleuve des États-Unis qui relie New York aux canaux venant des *Grands Lacs. 500 km. Rôle économique très important. ▶ la baie d'**Hudson.** Mer intérieure du Canada qui s'ouvre sur l'Atlantique par un détroit. 822 324 km². ▶ la Compagnie de la baie d'**Hudson** : compagnie commerciale créée par les Anglais, en 1670, pour le négoce des fourrures avec les Indiens, autour de la baie d'Hudson.

Huê ■ Ville du Viêt-nam. 166 000 hab. Ancienne capitale impériale de l'*Annam, elle eut un grand rayonnement culturel.

Huelva ■ Ville d'Espagne (*Andalousie). 135 000 hab.

Paul **Huet** ■ Peintre paysagiste français (1803-1869).

Victor **Hugo** ■ Écrivain français (1802-1885). Chef de file des *romantiques et animateur du *Cénacle. Il est l'auteur d'une œuvre immense et variée, caractérisée par un art lyrique et visionnaire, « écho sonore » des préoccupations de son siècle. Son imagination puissante apparaît également dans ses dessins. En politique, il fut légitimiste puis libéral. Républicain et démocrate, il s'exila à *Guernesey après le coup d'État de Napoléon III (1851) et revint en France en 1870. Il eut des funérailles nationales. Œuvres principales : POÉSIE *"Odes et ballades"* (1822-1828) ; *"les Feuilles d'automne"* (1831) ; *"les Chants du crépuscule"* (1835) ; *"les Voix intérieures"* (1837) ; *"les Rayons et les Ombres"* (1840) ; *"les Châtiments"* (1853) ; *"les Contemplations"* (1856) ; *"la Légende des siècles"* (1859-1883) ; THÉÂTRE *"Cromwell"* (1827) ; *"Hernani"* (1830) ; *"Marion Delorme"* (1831) ; *"Lucrèce Borgia"* (1833) ; *"Ruy Blas"* (1838) ; ROMANS *"Notre-Dame de Paris"* (1831) ; *"les Misérables"* (1862) ; *"les Travailleurs de la mer"* (1866) ; *"Quatre-vingt-treize"* (1874), etc.

Hugues Capet ■ Duc des Francs, puis roi de France de 987 à sa mort (v. 941 - 996). Il fonda la dynastie des *Capétiens.

la **Huisne** ■ Rivière de l'ouest de la France, affluent de la Sarthe. 130 km.

Hull ■ Ville du Canada (*Québec) située face à *Ottawa, sur la rivière Ottawa. 58 700 hab. Industries du bois et du papier.

Hulwān ■ Ville d'Égypte. 352 000 hab.

les **humanistes** ■ Nom donné aux érudits de la Renaissance qui firent connaître les textes de l'Antiquité et la Bible dans leurs langues originales (*Érasme, *Estienne, *Lefèvre d'Étaples...). ▶ l'**humanisme** n. m., mouvement des humanistes.

l'**Humberside** n. m. ■ Comté d'Angleterre. 3 512 km². 850 000 hab. Chef-lieu : Beverley (107 000 hab.).

Wilhelm von **Humboldt** ■ Philologue et homme politique allemand (1767-1835). Il élabora une théorie générale du langage. Il créa l'université de Berlin en 1809. □ *Alexander von* **Humboldt**, son frère (1769-1859). Naturaliste, grand voyageur, pionnier des sciences de la Terre. ▶ *le courant de* **Humboldt** est un courant froid du Pacifique qui baigne les côtes sud-américaines.

David **Hume** ■ Philosophe, historien et essayiste écossais (1711-1776). Son empirisme radical en fait le père du positivisme. Sa critique de la causalité eut une influence décisive sur *Kant.

Hunan ■ Province du sud-est de la Chine. 210 500 km². 57 millions d'hab. Capitale : Changsha. Région montagneuse. Cultures en terrasse.

les **Huns** ■ Peuples asiatiques nomades qui dévastèrent l'Europe aux ive et ve s. ⇒ **Attila.**

William **Hunt** ■ Peintre *préraphaélite anglais (1827-1910). "*Le Mauvais Berger*".

Huntington Beach ■ Ville des États-Unis (*Californie). 171 000 hab.

Jean **Hunyadi** ■ Homme de guerre hongrois (v. 1407-1456). Il défendit le pays contre les Turcs. Régent de 1446 à 1453.

le lac **Huron** ■ ⇒ **Grands Lacs.**

les **Hurons** ■ Indiens du Canada, alliés des Français contre les *Iroquois au xviie s.

Jan **Hus** ■ Réformateur religieux tchèque (v. 1371-1415). Son exécution pour hérésie, décidée par l'*Église catholique, provoqua un soulèvement chez ses adeptes (les *hussites*) et déclencha une guerre civile.

le roi **Ḥusayn** ou **Hussein** ■ Roi de Jordanie depuis 1952 (né en 1935). Il engagea son pays dans la troisième guerre *israélo-arabe.

Ṣaddām Hussein ■ Homme politique irakien (né en 1937). Secrétaire général du *Baath, chef de l'État depuis 1979. La politique expansionniste et belliciste dans laquelle il engagea son pays dès 1980, d'abord avec un conflit meurtrier contre l'Iran, puis avec l'invasion du *Koweït, aboutit à un échec, entraînant une remise en cause de son pouvoir après la guerre du *Golfe.

Edmund **Husserl** ■ Philosophe allemand (1859-1938). Il a fondé la phénoménologie, tâche descriptive antérieure selon lui à toute science, développée en recherches sur la logique et la conscience. Il a notamment influencé son élève *Heidegger, les philosophes français *Sartre et *Merleau-Ponty, ses traducteurs *Ricœur et *Lévinas.

John **Huston** ■ Cinéaste américain (1906-1987). "*Le Faucon maltais*" ; "*African Queen*".

James **Hutton** ■ Géologue écossais (1726-1797).

Thomas **Huxley** ■ Zoologiste anglais (1825-1895). Il défendit les thèses de son ami *Darwin.

Aldous **Huxley** ■ Écrivain anglais (1894-1963). Dans ses essais et ses romans, il a dénoncé les dangers des civilisations techniciennes. "*Le Meilleur des mondes*".

Christiaan **Huygens** ■ Physicien, mathématicien et astronome néerlandais (1629-1695). Lois de la force centrifuge. Théorie ondulatoire de la lumière. "*Traité des horloges*".

Joris-Karl **Huysmans** ■ Écrivain français (1848-1907). D'abord réaliste, il s'attacha à la recherche d'une esthétique raffinée et à une quête spirituelle. "*À rebours*" ; "*la Cathédrale*".

Gilbert **Hyatt** ■ Inventeur (américain) du microprocesseur (né en 1938).

Hyderābād ■ Ville de l'Inde, capitale de l'État d'*Andhra Pradesh. 2,5 millions d'hab.

Hyderābād ■ Ville du Pakistan. 795 000 hab.

*l'***hydre de Lerne*** n. f. ■ Monstre (serpent) de la mythologie grecque dont les multiples têtes repoussaient après avoir été coupées. Héraclès le vainquit. 〈 ▶ hydre 〉

Hyères ■ Commune du Var, à 4 km de la Méditerranée. 50 100 hab. *(les Hyèrois).* ▶ *les îles d'***Hyères** ferment la *rade d'Hyères* et comprennent *Porquerolles, Port-Cros, l'île du Levant. Tourisme.

les **Hyksos** ■ Envahisseurs asiatiques qui dominèrent l'Égypte de 1785 à 1580 av. J.-C.

Hyménée ■ Dieu du Mariage, dans la mythologie grecque. 〈 ▶ ① hymen 〉

Hypnos ■ Personnification du sommeil dans la mythologie grecque, fils de la Nuit et frère de la Mort. 〈 ▶ hypn(o)- 〉

I

Iahvé ■ ⇒ Yahvé.

la **Iakoutie** ■ Une des républiques autonomes de la Fédération de Russie, en *Sibérie. 3 103 200 km². 1,08 million d'hab. *(les Iakoutes).* Capitale : Iakoutsk (187 000 hab.). Forêts, richesses minérales.

Iaroslavl ■ Ville de la C.É.I. (*Russie) et port sur la *Volga. 633 000 hab. Nombreux monuments religieux. Centre économique. □ *Iaroslav Vladimirovitch,* prince de *Kiev (978-1054), la fonda en 1026.

Iaski, en allemand *Jassy* ■ Ville de Roumanie, ancienne capitale de la *Moldavie. 313 000 hab. Centre industriel.

Ibadan ■ Ville champignon du Nigeria. 1,2 million d'hab. Centre commercial. Universités.

Ibagué ■ Ville de Colombie. 306 000 hab. Café.

Dolores **Ibarruri** dite *la Pasionaria* ■ Militante communiste espagnole (1895 - 1989). Tribun ardent, elle harangua les troupes républicaines lors de la guerre d'Espagne.

les **Ibères** ■ Peuple établi en Espagne, au temps de la conquête romaine (Iᵉʳ s.). ▶ *la péninsule* **Ibérique,** nom donné à l'ensemble géographique que constituent l'Espagne et le Portugal. ▶ *la cordillère* **Ibérique :** chaîne montagneuse de l'Espagne centrale. ⟨ ▶ ibérique ⟩

Jacques **Ibert** ■ Compositeur français (1890-1962). Mélodies, musiques de film (“*Don Quichotte*” de *Pabst).

Ibiza ■ Île de l'archipel des *Baléares. 572 km². 67 300 hab. Tourisme.

Ibn al-ʿArabī ■ Philosophe, poète et mystique musulman arabe (1165-1240). Le grand maître de la tradition soufie (⇒ **soufisme**).

Ibn al-Fāriḍ ■ Poète et mystique arabe (1181 ou 1182-1235). ⇒ **soufisme.**

Ibn Bājjah ■ Philosophe musulman arabe d'Espagne (mort en 1138). Connu des chrétiens sous le nom d'Avempace.

Ibn Baṭṭūṭa ■ Écrivain arabe, un des plus grands voyageurs du Moyen Âge (1304 - 1368 ou 1369). Son journal de route est un document historique et littéraire précieux.

Ibn Gabirol ■ Philosophe juif espagnol de langue arabe (v. 1020 - v. 1058). Connu des chrétiens sous le nom d'Avicebron.

Ibn Ḥazm ■ Écrivain et philosophe arabe (993-1064). Célèbre pour ses écrits non conformistes.

Ibn Khaldūn ■ Historien arabe (1332-1406). Théoricien de l'histoire et précurseur de la sociologie.

Ibn Muqaffaʿ ■ Écrivain arabe, un des premiers grands prosateurs (v. 721 - 757).

Ibn Saoud ou **Ibn Saʿūd** ■ Émir arabe (1887-1953). ⇒ **Arabie Saoudite.**

les **Ibo** ■ Peuple noir du Nigeria oriental (Biafra).

Henrik Ibsen ■ Auteur dramatique norvégien (1828-1906). Ses pièces sont souvent pessimistes, animées par une critique sociale véhémente. "*Peer Gynt*"; "*Maison de poupée*"; "*le Canard sauvage*".

Icare ■ Fils de *Dédale, dans la mythologie grecque. Il s'échappe du Labyrinthe au moyen d'ailes, mais le soleil fait fondre la cire qui tient les plumes et il se noie.

les **iconoclastes** ■ Chrétiens byzantins qui rejetaient les images saintes. Ils tentèrent de supprimer le culte des icônes (du VIIIᵉ au IXᵉ s.) et furent condamnés par le concile de *Nicée (787). ⟨▶ iconoclaste ⟩

Ictinos ■ Architecte grec (Vᵉ s. av. J.-C.). Avec Callicratès, il assista Phidias pour le *Parthénon.

l'**Idaho** n. m. ■ État du nord-ouest des États-Unis, dans les *Rocheuses. 216 430 km². 944 000 hab. Capitale : Boise. Importantes richesses minières (argent, ruée vers l'or v. 1860), exploitation de la forêt.

les **Idéologues** n. m. ■ Philosophes français qui contribuèrent à fonder les sciences humaines en étudiant la formation des idées (étude qu'ils appelaient *idéologie*). Les principaux sont Antoine Destutt de Tracy (1754-1836), Georges Cabanis (1757-1808) et Constantin-François Volney (1757-1820). ⟨▶ idéologue, idéologie ⟩

Idfū ■ ⇒ **Edfou.**

Idoménée ■ Roi légendaire de Crète, héros de l'"*Iliade*".

al-**Idrīsī** ■ Géographe arabe (v. 1100 - v. 1166).

Iéna, en allemand **Jena** ■ Ville d'Allemagne (*Thuringe). 108 000 hab. Industries (optique). Importante université où enseignèrent *Fichte et *Hegel. Victoire de Napoléon Iᵉʳ sur les Prussiens en 1806.

l'**Iénisseï** n. m. ■ Fleuve de Russie. Né en Mongolie, il traverse la Sibérie et se jette dans l'océan Arctique. 3 800 km.

If ■ Îlot français de la Méditerranée, en face de Marseille, célèbre pour le *château d'If*, château fort qui servit de prison.

Ife ■ Ville du Nigeria. 249 000 hab. Art *yorouba.

saint **Ignace de Loyola** ■ Gentilhomme espagnol (1491-1556). Il se convertit au catholicisme et fonda la Compagnie de *Jésus (ordre des Jésuites) avec ses disciples (→ saint **François Xavier**).

Igny ■ Commune de l'Essonne. 9 900 hab. (*les Ignissois*).

l'**Iguaçu** n. m. ■ Rivière du Brésil. 1 320 km. Elle marque la frontière entre le Brésil et l'Argentine. Chutes spectaculaires.

Ijevsk ■ Ville de la C.É.I., capitale de l'*Oudmourtie (*Russie). 635 000 hab.

L'**Île-aux-Moines** ■ ⇒ l'île aux **Moines.**

l'**Île-de-France** n. f. ■ La plus importante région économique et administrative française, correspondant à l'ancienne *région parisienne*, au cœur du Bassin parisien. Huit départements : Paris, Hauts-de-Seine, Seine-Saint-Denis, Val-de-Marne, Essonne, Val-d'Oise, Yvelines, Seine-et-Marne. 12 070 km². 10,65 millions d'hab. (*les Franciliens*), dont la plupart viennent de province, et beaucoup sont immigrés du Maghreb, du Portugal, etc. Très forte urbanisation : l'expansion de Paris, qui absorbe les villes proches, est contrebalancée par des villes-satellites (Rambouillet, Meaux, Étampes, etc.) et cinq villes nouvelles

(Cergy-Pontoise, Saint-Quentin-en-Yvelines, Évry, Marne-la-Vallée, Melun-Sénart). Une des régions agricoles les plus riches de France (céréales, betteraves, légumes). Les industries sont nombreuses (construction électrique, électronique, automobile, chimie, édition) mais limitées par la politique de décentralisation dès 1955. Le secteur tertiaire se développe : plus de « cols blancs », moins d'ouvriers. □ **HISTOIRE.** Ancien centre du domaine royal *capétien. Le dialecte qui y était parlé (le francien) devint le français, langue du royaume de France. ⇒ **Paris.**

l'Île-du-Prince-Édouard ■ ⇒ l'île du **Prince-Édouard.**

L'Île-d'Yeu ■ Canton et commune de Vendée formé par l'île d'*Yeu. 4 900 hab. *(les Ogiens).*

L'Île-Rousse ■ Commune de la Haute-Corse. 2 300 hab. Tourisme.

l'Iliade ■ Épopée grecque attribuée à *Homère. Elle raconte un épisode de la guerre de *Troie (ou *Ilion).* Le héros en est *Achille.

Sergueï Iliouchine ■ Ingénieur soviétique, constructeur d'avions (1894-1977).

Ilithye ■ Déesse grecque de l'Enfantement.

l'Ill n. m. ■ Rivière d'Alsace, affluent du Rhin. 208 km.

l'Ill n. m. ou f. ■ Rivière d'Autriche, affluent du Rhin. 75 km. Vallée industrialisée.

l'Illampu n. m. ■ Massif des *Andes, au-dessus du lac Titicaca. 6 421 m.

l'Ille-et-Vilaine [35] n. f. ■ Département français de la région *Bretagne, arrosé par l'Ille et la Vilaine. 6 852 km². 798 200 hab. Préfecture : Rennes. Sous-préfectures : Fougères, Redon, Saint-Malo.

l'Illinois n. m. ■ État industriel (métallurgie, chimie) du centre des États-Unis. 149 885 km². 11,4 millions d'hab. Capitale : Springfield. Ville principale : Chicago. Agriculture (maïs, élevage). Universités.

Illkirch-Graffenstaden ■ Commune du Bas-Rhin. 23 700 hab. *(les Illkirchois).*

l'Illyrie n. f. ■ Région balkanique montagneuse proche de l'Adriatique. Colonisée par les Grecs au VIIᵉ s. av. J.-C., elle devint province romaine en 27 av. J.-C., puis passa sous domination slave au VIIᵉ s.

Illzach ■ Commune du Haut-Rhin, près de Mulhouse. 15 900 hab. *(les Illzachois).*

Ilorin ■ Ville du Nigeria. 399 000 hab.

Imhotep ■ Architecte égyptien (v. 2800 av. J.-C.). Auteur de la première pyramide à degrés (*Şaqqârah). Divinisé après sa mort.

l'impressionnisme n. m., *les impressionnistes* ■ Mouvement pictural qui apparut en France vers 1875. Travaillant en plein air, les impressionnistes cherchèrent à reproduire les jeux de la lumière, les mutations des objets selon l'éclairage, en procédant par petites touches et en suggérant les formes par des vibrations de couleurs. Ils privilégiaient l'instantanéité, la mobilité des choses. *Manet, *Renoir, *Monet, *Pissarro et *Sisley sont les principaux peintres impressionnistes. ⟨▶ impressionnisme⟩

Imru'al-Qays ■ Prince et poète arabe (mort v. 535). Célèbre pour ses poèmes lyriques.

l'Empire inca ■ Puissant empire de l'Amérique *précolombienne dont la capitale était *Cuzco. Fondé par Manco Cápac au XIIᵉ s., il connut son apogée au XVᵉ s. et fut détruit par les conquistadores espagnols de *Pizarro en 1532. □ *les Incas* se disaient « Fils du Soleil ». Peuple de conquérants, grands bâtisseurs, dominés par un souverain absolu, ils se dotèrent d'une administration remarquable et d'un réseau routier. Leur économie était fondée sur l'agriculture et l'artisanat d'objets précieux. *Machu Picchu semble avoir été leur dernier refuge. ‹ ► inca ›

Inch'ŏn ■ Ville et port de Corée du Sud. 1,39 million d'hab.

l'Inde n. f. ■ État (république) d'Asie, le plus peuplé du monde après la Chine. 835,8 millions d'hab. *(les Indiens).* 3 166 414 km². République fédérale de 25 États et de 7 territoires de l'Union. Capitale : New Delhi. Villes principales : Bombay, Calcutta, Madras. Langues : hindi et anglais (officielles), bengali, et nombreuses langues régionales, indo-européennes et (au sud) dravidiennes (tamoul, télougou, etc.). Monnaie : roupie. Climat de mousson. L'agriculture est le pivot de l'économie (riz, blé, sucre, thé). Mais malgré la modernisation des techniques, des millions d'Indiens sont sous-alimentés. Niveau de vie très bas aggravé par le fort taux de croissance de la population et le conservatisme hérité de l'ancienne division de la société en castes et hors-castes (intouchables ou parias). Industrie traditionnelle (textile) et industrie récente, favorisée par les ressources minières (métallurgie, chimie, mécanique). □ **HISTOIRE.** L'histoire de l'Inde ancienne dura de l'implantation du *bouddhisme (du VIᵉ au Vᵉ s. av. J.-C.) à l'invasion des musulmans, qui dominèrent l'Inde du XIIIᵉ au XVIᵉ s. En 1526 est fondé l'Empire *moghol. Les Européens installèrent peu à peu des comptoirs pour le commerce des épices et du coton (en 1664, création par *Colbert de la Compagnie française des Indes orientales). L'Inde devint totalement colonie anglaise en 1858, après l'écrasement de la révolte des Cipayes ; la reine *Victoria fut proclamée impératrice des Indes le 1ᵉʳ janvier 1877. Le pays obtint son indépendance en 1947 grâce à l'action de *Gandhi. Dirigé par *Nehru puis par Indira

*Gandhi, il est le théâtre de violents affrontements entre les diverses religions (hindous et musulmans, le bouddhisme ayant presque disparu) et ethnies (⇒ **sikhs**) ; après l'assassinat de I. Gandhi, ces difficultés n'ont jamais cessé. ⇒ **hindouisme, Brahmā, Vishnou, Śiva.** ► *les établissements français de l'Inde.* Territoires indiens qui furent sous contrôle français du XVIIᵉ s. à 1954 et qui comprenaient surtout des ports (⇒ **Chandernagor, Kozhikode, Patna, Pondichéry**). ‹ ► ① indien ›

la guerre de l'Indépendance américaine ■ Guerre qui opposa le Royaume-Uni à ses colonies d'Amérique du Nord de 1775 à 1782. Sous les ordres de *Washington, aidés par les volontaires français (dont *La Fayette) commandés par *Rochambeau, les Américains obtinrent l'indépendance en 1782 et créèrent les États-Unis par la Constitution de 1787. ► *la déclaration d'Indépendance.* Document historique de la proclamation d'indépendance des 13 colonies anglaises d'Amérique en 1776, dû à Thomas *Jefferson et Benjamin *Franklin.

l'Index n. m. ■ Catalogue des livres interdits par l'Église catholique créé en 1559, puis modifié au concile de Trente en 1564. Il disparut en 1966. ‹ ► ② index ›

l'Indiana n. m. ■ État du centre des États-Unis. 94 309 km². 5,5 millions d'hab. Capitale : Indianapolis. Agriculture prospère (céréales, élevage). Métallurgie.

Indianapolis ■ Ville des États-Unis, capitale de l'*Indiana. 701 000 hab. Centre économique, universitaire et culturel. Courses automobiles.

l'océan Indien ■ 3ᵉ océan du monde par sa superficie. 75 millions de km². Il s'étend entre l'Afrique, l'Asie et l'Australie. Nombreuses îles : Madagascar, la Réunion, l'île Maurice, les Comores. Ses fonds sont riches en minerais rares.

*les **Indiens*** ■ Nom donné aux indigènes d'Amérique par les Européens, car ils croyaient, comme *Colomb, que celui-ci avait abordé en Inde. On dit aujourd'hui *Amérindiens.* ‹ ▶② indien ›

*l'**Indiguirka*** n. f. ■ Fleuve de Sibérie (Russie) qui se jette dans l'Arctique. 1 795 km.

*l'**Indochine*** n. f. ■ Péninsule asiatique située entre l'Inde et la Chine. Elle comprend la Birmanie, le Laos, la Thaïlande, le Cambodge, le Viêt-nam et une partie de la Malaysia. Ce terme désigne aussi les anciennes colonies françaises, conquises sous Napoléon III : la Cochinchine, l'Annam, le Tonkin, le Cambodge, le Laos. ▶ *la guerre d'**Indochine*** : guerre d'indépendance des Vietnamiens, conduits par *Hô Chi Minh, qui aboutit au départ des Français (1946-1954). ⇒ **Viêt-nam, Cambodge.** ‹ ▶ indochinois ›

*l'**Indonésie*** n. f. ■ État (république) d'Asie du Sud-Est, formé d'un archipel d'environ 3 000 îles dont Java, Bali, Sumatra, les Célèbes, une partie de la Nouvelle-Guinée (*Irian Jaya) et de l'île de Bornéo (*Kalimantan). 1 919 443 km². 177 millions d'hab. *(les Indonésiens).* Capitale : Jakarta. Langue officielle : bahasa indonesia (forme du malais). Religion officielle : monothéisme. Monnaie : roupie indonésienne. Climat équatorial. L'économie est fondée sur l'agriculture : riz, caoutchouc, tabac, café. Développement industriel grâce au pétrole ; mais il est freiné par le manque d'infrastructure et par les problèmes liés au surpeuplement. Colonisée par les Hollandais en 1596, l'Indonésie obtient son indépendance en 1945. ‹ ▶ indonésien ›

Indore ■ Ville de l'Inde (*Madhya Pradesh). 829 000 hab. Université.

Indra ■ Dieu de la Foudre et de la Guerre, la plus importante divinité de l'Inde à l'époque *védique.

*l'**Indre*** [36] n. m. ■ Département français de la région *Centre. Il doit son nom à la rivière qui le traverse. 6 903 km². 237 300 hab. Préfecture : Châteauroux. Sous-préfectures : Le Blanc, La Châtre, Issoudun.

*l'**Indre-et-Loire*** [37] n. m. ■ Département français de la région *Centre, au nord-est du précédent. 6 154 km². 528 800 hab. Préfecture : Tours. Sous-préfectures : Chinon, Loches.

*l'**Indus*** n. m. ■ Fleuve de l'Inde et du Pakistan (3 180 km). Né dans le Tibet, il se jette dans la mer d'Oman à Karāchi, par un vaste delta. Ses rives abritèrent une civilisation brillante du IIIᵉ au IIᵉ millénaire av. J.-C.

*Vincent d'**Indy*** ■ Compositeur et pédagogue français (1851-1931). Maître de *Falla, *Honegger, *Satie. *"Fervaal" ; "l'Étranger".*

Inès de Castro ■ Héroïne espagnole, morte assassinée (v. 1320 - 1355). Sa vie a inspiré *Camoens et *Montherlant.

Ingolstadt ■ Ville d'Allemagne (*Bavière). 89 000 hab.

*Dominique **Ingres*** ■ Peintre français (1780-1867). Représentant du classicisme et de l'art officiel, il s'opposa à *Delacroix. Artiste minutieux, soucieux des détails dans ses portraits *("Mlle Rivière")* et ses nus *("l'Odalisque" ; "le Bain turc").* Son goût pour le violon est à l'origine de l'expression *un violon d'Ingres.*

*l'**Inn*** n. m. ■ Rivière de Suisse, d'Autriche et d'Allemagne, affluent du Danube. 525 km. Hydroélectricité.

Innocent III ■ Le plus puissant des papes du Moyen Âge (1160-1216). Il lutta contre *Philippe Auguste, contre *Jean sans Terre et fut à l'origine de la quatrième croisade et de la croisade contre les *albigeois.

Innocent XI ■ Pape qui se heurta à Louis XIV et au *gallicanisme (1611-1689).

Innsbruck ■ Ville d'Autriche, capitale du *Tyrol, sur l'*Inn. 117 000 hab. Station de tourisme (nombreux monuments baroques). Sports d'hiver aux alentours.

İsmet **İnönü** ■ Général et homme politique turc (1884-1973). Premier ministre (1923-1937 puis 1961-1965) et président de la République (1938-1950).

*l'***Inquisition** n. f. ■ Juridiction créée par l'Église au Moyen Âge pour lutter contre l'hérésie. Les inquisiteurs (⇒ **Torquemada**) et leurs tribunaux étaient craints pour leur sévérité impitoyable et leurs méthodes (tortures, autodafés). Ils luttèrent contre les *albigeois, les *vaudois, les sorciers et, en Espagne, contre les juifs. L'Inquisition fut réorganisée par le pape Paul III en 1542. 〈▶ inquisition 〉

I. N. R. I. ■ Abréviation de l'inscription latine posée sur la croix de Jésus : *Iesus Nazarenus Rex Iudaeorum* (« Jésus le Nazaréen, roi des Juifs »).

*l'***Insulinde** n. f. ■ Nom des îles du Sud-Est asiatique : *Indonésie et *Philippines.

*l'***Intelligence Service** n. m. ■ Services secrets britanniques.

*l'***Internationale** n. f. ■ Organisation des partis ouvriers ayant pour but de transformer les sociétés capitalistes en sociétés socialistes. La *Ire Internationale* fut fondée à Londres en 1864, sous l'impulsion de *Marx ; la *IIe Internationale* à Paris en 1889 ; la *IIIe Internationale* (ou *Komintern*) par *Lénine à Moscou en 1919 ; la *IVe Internationale* par *Trotski au Mexique en 1937. L'hymne révolutionnaire "*l'Internationale*", composé par E. *Pottier, fut joué pour la première fois à Lille en 1888.

Interpol ■ Organisation internationale de police criminelle, créée en 1923, regroupant 154 pays.

Inuit ■ Véritable nom des *Esquimaux.

l'hôtel des **Invalides** ■ Monument de Paris conçu par Louis XIV pour abriter les invalides de guerre. Commencé en 1670 par Libéral *Bruant, il fut achevé en 1706 par Hardouin-*Mansart. Cendres de Napoléon Ier sous la coupole.

les Grandes **Invasions** ■ Nom donné aux migrations des peuples « barbares » (*Goths, *Wisigoths, *Vandales, etc.), en majorité germaniques, qui, fuyant devant les *Huns, pénétrèrent et s'installèrent dans l'Empire romain aux IVe et Ve s.

Inverness ■ Ville du nord de l'Écosse et chef-lieu du *Highland. 35 000 hab.

la querelle des **Investitures** ■ Conflit entre la papauté et le *Saint Empire romain germanique au sujet de l'investiture des évêques (1059-1122). ⇒ **Grégoire VII.**

Io ■ Prêtresse d'*Héra, aimée de *Zeus et changée par lui en génisse.

Iochkar-Ola ■ Ville de la C.É.I., capitale de la république autonome des *Mariis (Russie). 242 000 hab.

Eugène **Ionesco** ■ Auteur dramatique français d'origine roumaine (né en 1912). Il décrit l'incommunicabilité entre les êtres, dans des pièces où le comique naît de l'absurde et engendre le désespoir. "*La Cantatrice chauve*" ; "*Rhinocéros*" ; "*Le roi se meurt*".

*l'***Ionie** n. f. ■ Ancienne région d'Asie Mineure sur la mer *Égée. ▶ *les* **Ioniens**, chassés de Grèce, s'y installèrent au XIIe s. av. J.-C. Ils fondèrent douze cités prospères (parmi lesquelles *Samos, *Chios, *Éphèse, *Phocée et *Milet). Leur rôle fut déterminant dans la culture grecque (patrie d'*Homère et des *présocratiques). Soumise par les Perses (⇒ guerres **médiques**), *Alexandre le Grand puis les *Séleucides, l'Ionie fut intégrée ensuite à l'Empire romain. ▶ *la mer* **Ionienne** est la partie de la Méditerranée qui s'étend entre l'Italie et la Grèce. ▶ *les îles* **Ioniennes** (*Corfou, *Ithaque, *Cythère, Leucade, Céphalonie, Zante) forment une région géographique de Grèce. 2 307 km². 183 000 hab. ⟨ ▶ ionique ⟩

Ios ■ Île grecque de la mer Égée (*Cyclades). Homère y serait enterré.

*l'***Iowa** n. m. ■ État du centre des États-Unis. 145 752 km². 2,9 millions d'hab. Capitale : Des Moines. Élevage, agriculture et industries dérivées. Universités.

Iphigénie ■ Personnage de la mythologie grecque. Pour obtenir des vents favorables, son père *Agamemnon la sacrifie. Elle a inspiré *Euripide, *Racine, *Gluck.

Ipoh ■ Ville de Malaysia. 301 000 hab. Centre d'extraction de l'étain.

Jean Robert **Ipoustéguy** ■ Sculpteur français (né en 1920).

Ipswich ■ Ville d'Angleterre ; chef-lieu du *Suffolk. 131 000 hab. Port sur la mer du Nord.

*l'***I.R.A.**, *Irish Republican Army* ■ Organisation nationaliste irlandaise fondée en 1919. Sa branche militaire (l'I.R.A. provisoire) livre une lutte armée (terrorisme) contre les autorités britanniques. ⇒ **Irlande.**

Irak ou **Iraq** n. m. ■ État (république) du Proche-Orient. 435 052 km². 17,2 millions d'hab. (*les Irakiens* ou *Iraqiens*). Capitale : Bagdad. Langue officielle : arabe. Religion officielle : islam. Monnaie : dinar irakien. La richesse principale est le pétrole. □ **HISTOIRE.** Ancienne *Mésopotamie, le pays prit le nom d'Irak lors des conquêtes arabes du VIIᵉ s. Soumis par l'Empire *ottoman, il passa sous domination anglaise en 1920 et devint indépendant en 1932. La république fut proclamée en 1958. En 1980,

l'Irak, dirigé depuis 1979 par Ṣaddām *Hussein, déclara la guerre à l'Iran. Le conflit s'interrompit en 1988. En août 1990, l'Irak envahit le Koweït, déclenchant la guerre du *Golfe. Sa défaite (février 1991) entraîna une insurrection populaire. ⟨ ▶ irakien ⟩

Iráklion ou **Héraklion,** autrefois **Candie** ■ Port et principale ville de Crète, sur la côte nord. 102 000 hab.

*l'***Iran** n. m. ■ État (république islamique) du Proche-Orient. 1 648 196 km². 54,3 millions d'hab. (*les Iraniens*). Capitale : Téhéran. Langue officielle : persan. Religion officielle : islam. Monnaie : rial. Pays de hauts plateaux entourés de montagnes. Agriculture céréalière et élevage nomade. Pêche (caviar). Industrie traditionnelle (célèbres tapis persans) ; pétrole. □ **HISTOIRE.** Ancienne *Perse, le pays prend le nom d'Iran en 1925. *Rezāh Chāh engage des réformes ; après la politique de nationalisations de *Mossadegh (1951), c'est sur le pétrole que se fonde la modernisation du pays. La révolution islamique (*chiite) et le renversement du chah, sous la direction de l'ayatollah *Khomeini (1979), provoquèrent la dégradation de l'économie, aggravée par la guerre contre l'Irak (1980-1988). L'Iran développe un activisme islamique révolutionnaire dans tout le Proche-Orient, mais aussi une présence diplomatique entre États-Unis et U.R.S.S. En 1990, un violent tremblement de terre fit plus de 35 000 victimes. ⟨ ▶ iranien ⟩

Irapuato ■ Ville du Mexique. 246 000 hab. Centre industriel.

Iraq ■ ⇒ **Irak.**

Irbid ■ Ville de Jordanie. 161 700 hab. Marché agricole.

Irène ■ Impératrice d'Orient (v. 752 - 803). Elle rétablit le culte des images (⇒ **iconoclastes**).

saint **Irénée** ■ Évêque de Lyon (v. 130 - v. 208). Père latin, adversaire de la gnose.

l'**Irian Jaya** ou **Irian Barat**
n. m. ■ Partie occidentale de la
*Nouvelle-Guinée, qui, avec plusieurs
îles, forme une province de l'Indonésie. 421 981 km². 1,2 million d'hab.
(⇒ **Papous**). Chef-lieu : Jayapura.

Irigny ■ Commune du Rhône.
8 100 hab.

Iris ■ Messagère des dieux, dans la
mythologie grecque, personnification
de l'arc-en-ciel. ⟨ ▶ ① et ② iris, irisé ⟩

Irkoutsk ■ Ville de la C.É.I.
(*Russie). 626 000 hab. Centre culturel et industriel de la *Sibérie
orientale.

l'**Irlande** n. f. ■ Île située à l'ouest
de la Grande-Bretagne. 83 768 km².
Le Nord-Est fait partie du Royaume-
Uni, et le reste de l'île forme un État
indépendant. L'île est constituée de
quatre provinces (*Leinster, *Munster, *Connaught, *Ulster). □ HIS-
TOIRE. Peuplée par les *Celtes autour
du vᵉ s. av. J.-C., divisée en royaumes,
l'Irlande resta à l'écart de la conquête
romaine. Au vᵉ s., elle devint catholique avec saint *Patrick (nombreux
monastères). Au xIIᵉ s., avec l'invasion
anglaise, commence une longue lutte
contre l'Angleterre. En 1541,
Henri VIII prit le titre de roi d'Irlande ; la confiscation des terres et les
tentatives pour imposer le protestantisme provoquèrent des révoltes. La
plus sanglante fut réprimée par
*Cromwell en 1649. L'acte d'Union
de 1800 créa le *Royaume-Uni de
Grande-Bretagne et d'Irlande (1801).
*Parnell obtint une certaine émancipa-
tion dans sa lutte contre l'Union. La
terrible famine de 1845 provoqua une
vaste émigration. *O'Connell échoua
dans sa tentative d'obtenir un statut
d'autonomie *(Home Rule).* La répression brutale de la rébellion nationaliste
de Pâques 1916 renforça le sentiment
indépendantiste. En 1921, l'Irlande
devint un dominion au sein du
*Commonwealth, mais les comtés
protestants de l'*Ulster restaient unis
au Royaume-Uni. Les républicains
proclamèrent la création de l'*Éire*

en 1937 puis, reconnaissant la partition de l'île, celle de la *république
d'Irlande* en 1948, qui quitta le
Commonwealth. ⇒ **De Valera.** □ *la
république d'***Irlande** ou **Éire** couvre la majeure partie de l'île.
70 285 km². 3,5 millions d'hab. *(les
Irlandais).* Capitale : Dublin. Langues
officielles : anglais, gaélique. Religion
officielle : catholicisme. Monnaie :
livre irlandaise. L'économie repose
sur l'élevage (bovins, ovins, chevaux)
et l'industrie agro-alimentaire (bière,
whisky). Tourisme important. □ *l'***Irlande du Nord.** ⇒ **Ulster.** ⟨ ▶ irlandais ⟩

*la mer d'***Iroise** ■ Bras de mer de
la côte occidentale de Bretagne, entre
les îles d'*Ouessant et de *Sein.

les **Iroquois** ■ Indiens d'Amérique
du Nord, dans la région des *Grands
Lacs. Ils luttèrent, pendant un siècle
(xVIIᵉ-xVIIIᵉ s.), contre les Français et
les *Hurons parfois pour le compte
des Anglais.

l'**Irrawaddy** n. m. ■ Principal
fleuve de Birmanie. 2 250 km. Né dans
le *Yunnan, en Chine, il se jette dans
le golfe du Bengale.

l'**Irtych** n. m. ■ Rivière de Sibérie,
affluent de l'*Ob. 4 248 km.

Irún ■ Ville du Pays basque espagnol (*Guipúzcoa), à la frontière
française. 53 400 hab.

Washington Irving ■ Écrivain
américain (1783-1859). *"Les Esquisses"*
où figure la légende de *"Rip Van
Winkle".*

John Irving ■ Écrivain américain
(né en 1942). *"Le Monde selon Garp".*

Isaac ■ Un des patriarches de la
Bible, fils d'*Abraham et de *Sarah.
Le *sacrifice d'Isaac.* ⇒ **Abraham.**

Isabeau de Bavière ■ Reine
de France (1371-1435). La folie de son
époux Charles VI lui donna un rôle
politique, entre les *Armagnacs et les
Bourguignons.

Isabelle Ire la Catholique ■ Reine de Castille (1451-1504). Son mariage avec le roi d'*Aragón Ferdinand le Catholique prépara l'unification de l'Espagne. Elle soutint Christophe *Colomb.

Isabelle II ■ Reine d'Espagne de 1833 à 1868 (1830-1904). Succédant à son père, elle écarta du trône don *Carlos, son oncle, mais dut s'exiler lors de la révolution de 1868.

Isaïe ■ Le premier des grands prophètes de la Bible (VIIIe s. av. J.-C.).

l'Isar n. m. ■ Rivière d'Allemagne, affluent du Danube. 352 km. Elle arrose Munich.

Ise ■ Ville du Japon (*Honshū). 105 000 hab. Célèbres sanctuaires *shintoïstes.

l'Isère [38] n. f. ■ Département français de la région *Rhône-Alpes. Il doit son nom à la rivière qui le traverse. 7 882 km². 1,01 million d'hab. Préfecture : Grenoble. Sous-préfectures : La Tour-du-Pin, Vienne.

Iseult ■ ⇒ Tristan et Iseult.

Ishtar ou **Ashtart** ■ Déesse de la Fécondité, dans les religions anciennes de l'*Asie antérieure. Elle correspond à la déesse grecque Astarté.

saint **Isidore de Séville** ■ Évêque espagnol, érudit et écrivain latin (v. 570 - 636). Sa grande encyclopédie fut très lue au Moyen Âge, comme la somme, utile à la foi, des connaissances humaines.

Isis ■ Déesse de l'ancienne Égypte, épouse d'*Osiris, adorée comme la Mère universelle. Son culte se répandit en Grèce et à Rome.

l'islam n. m. ■ Religion des musulmans, fondée par *Mahomet au VIIe s. en Arabie. Les principes de l'islam sont fixés par le *Coran et la *sunna. Cinq règles fondamentales : 1° croire en un seul Dieu (*Allah) dont Mahomet est le dernier prophète après *Abraham et Jésus ; 2° faire cinq prières par jour ; 3° pratiquer la charité ;

4° jeûner au mois de ramadan ; 5° faire un pèlerinage à La *Mecque (⇒ al-Ka'ba). Il y a plus de 500 millions de musulmans (la majorité en Afrique et en Asie). ⇒ **sunnites, chiites, ismaïliens, khāridjisme, soufisme.** □ *l'Islam* désigne l'ensemble des pays qui suivent la loi du Coran. ⟨ ▶ islam, islamique ⟩

Islamabad ■ Capitale du Pakistan, ville administrative et universitaire construite en 1959. 204 000 hab.

l'Islande n. f. ■ Île volcanique de l'Atlantique, près du *Groenland, et république de 103 000 km². 252 000 hab. *(les Islandais)*. Capitale : Reykjavik. Langue : islandais. Religion officielle : Église luthérienne évangélique. Monnaie : couronne islandaise. La pêche est la principale activité économique (hareng, morue). Société brillante aux IXe et Xe s., la « Terre de glace » passa sous domination norvégienne puis devint colonie danoise. Indépendante en 1944. ⟨ ▶ islandais ⟩

l'Isle n. f. ■ Rivière du sud-ouest de la France, affluent de la Dordogne. 235 km.

L'Isle-Adam ■ Commune du Val-d'Oise. 10 000 hab. *(les Adamois)*.

L'Isle-sur-la-Sorgue ■ Commune du Vaucluse. 15 900 hab. *(les Islois)*.

Ismaël ■ Fils d'*Abraham et de sa servante, considéré comme l'ancêtre des Arabes dans la tradition islamique.

Ismā'īl Ier ■ Chah de Perse (1487-1524). Il propagea le *chiisme.

Ismaïlia ou **al-Ismā'īlīyah** ■ Ville d'Égypte, sur le canal de Suez. 236 000 hab.

les **ismaïliens** ■ Membres d'une secte musulmane extrémiste, branche du *chiisme, qui veut rester fidèle à la pensée d'Ismā'īl (mort en 762), considéré comme le dernier imam. La secte *druze en est issue.

Ismā'īl Pacha ■ Souverain d'Égypte de 1863 à 1879 (1830-1895). Il modernisa son pays.

Isocrate ■ Orateur athénien (436 - 338 av. J.-C.).

Ispahan ou **Eṣfahān** ■ Ville d'Iran. 987 000 hab. Nombreux monuments (Grande Mosquée, XIᵉ - XVIIᵉ s.). Industrie textile (tapis).

Israël ■ Mot hébreu qui désigne dans la Bible : 1° *Jacob ; 2° les douze tribus issues des douze fils de Jacob ; 3° le royaume fondé par ce peuple en *Palestine après la mort de *Salomon (par opposition au royaume de *Juda) ; 4° l'ensemble du peuple juif (⟹ **Hébreux, judaïsme**). □ *l'État d'Israël* n. m. est aujourd'hui une république du Proche-Orient. 20 700 km². 4,56 millions d'hab. *(les Israéliens)* avec une minorité d'Arabes, car le peuplement résulte de l'immigration massive des juifs depuis 1880 (⟹ **Herzl, sionisme**). Capitale : Tel-Aviv (Jérusalem a été déclarée capitale en 1950, mais cette décision ne fut pas reconnue par la communauté internationale). Langues officielles : hébreu et arabe. Monnaie : nouveau shekel. L'agriculture moderne, en partie dans le cadre de kibboutz, a permis d'irriguer des régions désertiques (*Néguev) : agrumes, vignes, céréales. Aviculture. Industries de pointe (électronique, taille de diamants). Mais le pays connaît aujourd'hui des difficultés : inflation, chômage, poids du budget militaire. □ **HISTOIRE**. L'État d'Israël fut créé en 1948 après le partage de la *Palestine par l'O.N.U. (⟹ **Ben Gourion**, Golda **Meir**). C'est le début d'une série de conflits avec les pays arabes qui ne reconnaissent pas cet État (⟹ **O.L.P.**). ▶ *les guerres israélo-arabes.* **Première guerre israélo-arabe** (1948-1949) : Israël conquiert le *Néguev et la *Galilée. **Deuxième guerre israélo-arabe** (1956) : attaque éclair de Moshe *Dayan dans le *Sinaï. L'O.N.U. exige et obtient l'évacuation des troupes israéliennes. **Troisième guerre israélo-arabe** (1967) ou *guerre de Six Jours* (ou *des Six-Jours*) : les Israéliens occupent à nouveau le Sinaï, la *Cisjordanie, le *Golan et la partie arabe de Jérusalem. **Quatrième guerre israélo-arabe** ou *guerre de* (ou *du) Kippour* (1973) : attaque surprise de l'Égypte et de la Syrie. Israël se retire du Sinaï mais occupe toujours *Gaza, la *Cisjordanie et une partie du *Golan. La paix séparée signée par *Begin avec l'Égypte en 1979, à Camp David, n'a pas permis de mettre fin aux tensions avec les autres pays arabes. Le pays doit faire face, depuis 1987, au soulèvement populaire palestinien (Intifada) dans les Territoires occupés. Au lendemain de la guerre du Golfe dans laquelle l'Irak tenta en vain de l'entraîner, des négociations s'ouvrirent avec les Palestiniens et les pays arabes. En 1992, les travaillistes, emmenés par I. *Rabin remportèrent les élections. ⟨ ▶ israélien, israélite ⟩

Issoire ■ Sous-préfecture du Puy-de-Dôme. 15 000 hab. *(les Issoiriens).*

Issoudun ■ Sous-préfecture de l'Indre. 14 400 hab. *(les Issoldunois).*

Issy-les-Moulineaux ■ Commune des Hauts-de-Seine. 46 700 hab. *(les Isséens).*

Istanbul ■ Ville de Turquie, sur la rive européenne du *Bosphore, carrefour entre l'Europe et l'Asie. 5,49 millions d'hab. 1ᵉʳ port du pays et capitale économique : industries chimique, électrique, chantiers navals. Basilique Sainte-Sophie (transformée en mosquée, puis en musée) ; nombreux monuments byzantins et ottomans. Ancienne *Constantinople, elle fut la capitale de l'Empire byzantin (⟹ **Byzance**). Elle devint Istanbul, capitale de l'Empire *ottoman, après la prise de la ville par les Turcs en 1453.

l'Istiqlāl n. m. ■ Parti nationaliste marocain fondé (1937) par 'Allāl al-*Fāsī. Il fut l'élément moteur de l'indépendance (1956).

Istres ■ Commune des Bouches-du-Rhône. 36 500 hab. *(les Istréens).*

*l'***Istrie** n. f. ■ Région de la Croatie et de Slovénie, en face de Venise, longtemps disputée entre l'Autriche et l'Italie.

*l'***Italie** n. f. ■ État (république) d'Europe méridionale. Elle comprend une péninsule et deux grandes îles (Sicile et Sardaigne), et est divisée en 20 régions administratives. 301 277 km². 57,4 millions d'hab. *(les Italiens).* Capitale : Rome. Langue : italien. Autres langues : allemand, albanais, ladin, grec, français. Monnaie : lire. Climat méditerranéen. Contraste géographique et déséquilibre économique entre le Nord et le Sud. L'Italie du Nord est très industrialisée : construction automobile, industrie de pointe, chimie, textile (⇒ **Milan, Turin, Gênes**). Les terres y sont riches (céréales, fruits). Le Sud (le *Mezzogiorno), pauvre, reste surtout agricole : agrumes, oliviers, vignes (1er producteur mondial de vin), élevage ovin. Pays très touristique, par son riche passé historique et culturel : villes d'art (Venise, Florence, Rome). □ **HISTOIRE**. À partir du IVe s. av. J.-C., la péninsule est conquise par Rome (⇒ **Rome**). Après la chute de l'empire romain d'Occident (476) et les invasions barbares, elle est dominée par *Byzance puis par les *Lombards. Autour du XIIe s., l'Italie se redresse lentement : essor économique et artistique des villes de *Pise, *Gênes, *Florence et *Venise. Elle devient à partir du XVe s. le foyer de la *Renaissance. Mais affaiblie par le morcellement en petits États indépendants, elle subit, jusqu'au milieu du XIXe s., la domination espagnole (XVIe - XVIIe s.), autrichienne (traité d'Utrecht, 1713) et française (guerres d'Italie menées par Charles VIII, Louis XII et François Ier ; campagnes d'Italie de Bonaparte). Puis le sentiment national s'éveille

(⇒ **Risorgimento**) : l'unité du pays se fait à partir du Piémont (⇒ **Garibaldi, Cavour**), et Victor-Emmanuel II est proclamé roi d'Italie en 1861. En 1922, *Mussolini arrive au pouvoir ; l'Italie, fasciste entre dans la Seconde *Guerre mondiale aux côtés de l'Allemagne. Après la défaite, elle devient une république (1946). Membre fondateur de la C.E.E. (1957), l'Italie a connu un rapide essor économique malgré l'instabilité gouvernementale, le terrorisme (*Brigades rouges) et l'existence d'une criminalité organisée (mafia). ⟨ ▶ italien, italiaue ⟩

Ithaque ■ Une des îles Ioniennes, patrie d'*Ulysse dans l'"*Odyssée".

*l'***Iton** n. m. ■ Rivière de Normandie, affluent de l'Eure. 118 km.

Johannes **Itten** ■ Peintre et pédagogue suisse (1888 - 1967). Peintures géométriques.

Ivan III le Grand ■ Grand-prince de Moscou (1440-1505). Il renforça l'unité et l'autonomie du pays (contre les Mongols et l'État polono-lituanien), ainsi que le prestige du pouvoir, en faisant de Moscou une capitale de l'orthodoxie.

Ivan IV dit *Ivan le Terrible* ■ Grand-prince de Moscou qui, le premier (en 1547), prit le titre de tsar (empereur) de Russie (1530-1584). Son règne, caractérisé par un absolutisme de droit divin, commença par d'importantes réformes et finit dans la terreur. Son expansionnisme fut freiné à l'ouest par *Étienne Ier Báthory. Il inspira un film d'*Eisenstein.

Viatcheslav **Ivanov** ■ Poète *symboliste russe (1866-1949). "*Les Étoiles pilotes*".

Ivanovo ■ Ville de la C.É.I. (*Russie). 481 000 hab. Industrie cotonnière.

Joris **Ivens** ■ Cinéaste néerlandais (1898 - 1989). Témoin, par ses documentaires, des bouleversements du siècle.

Charles **Ives** ■ Compositeur américain, auteur de nombreuses mélodies (1874-1954).

Ivry-sur-Seine ■ Commune du Val-de-Marne. 54 100 hab. *(les Ivryens).*

Jarosław **Iwaszkiewicz** ■ Écrivain polonais (1894-1980). "*Mère Jeanne des Anges*" ; "*le Bois de bouleaux*" (porté à l'écran par A. *Wajda).

Ixelles, en néerlandais **Elsene** ■ Ville de Belgique, près de Bruxelles (*Brabant). 76 100 hab. Université libre de Bruxelles.

Georges **Izard** ■ Avocat, homme politique et écrivain français (1903-1973). Fondateur, avec E. *Mounier, de la revue *Esprit.*

İzmir ■ ⇒ Smyrne.

İzmit, autrefois **Nicomédie** ■ Ville du nord-ouest de la Turquie. 236 000 hab.

*le col de l'***Izoard** ■ Col des Hautes-Alpes à 2 360 m d'altitude.

J

Jabalpur ■ Ville de l'Inde (*Madhya Pradesh). 649 000 hab. Industries.

Edmond Jabès ■ Écrivain français d'origine égyptienne (1912-1990). Œuvre poétique inspiré par l'exil et la judaïté.

Jaca ■ Ville d'Espagne (*Aragón). 13 800 hab. Célèbre pour ses monuments.

Philippe Jaccottet ■ Poète et traducteur suisse d'expression française (né en 1925). "*L'Effraie*".

Andrew Jackson ■ 7ᵉ président (démocrate) des États-Unis, de 1829 à 1837 (1767-1845). Après l'idéalisme des premiers présidents, sa politique réaliste marqua les débuts de la démocratie à l'américaine.

John Jackson ■ Neurologue anglais (1835-1911). Fondateur de la neurologie moderne.

Jackson ■ Ville des États-Unis, capitale du *Mississippi. 203 000 hab. Industrie textile.

Jacksonville ■ Ville et port des États-Unis (*Floride). 541 000 hab. Tourisme.

Jacob ■ Fils d'*Isaac et de *Rebecca, dans la Bible, appelé Israël par son Dieu. Ses douze fils furent les pères des douze tribus d'*Israël.

Max Jacob ■ Poète français (1876-1944). Son œuvre allie fantaisie et mysticisme. "*Le Cornet à dés*".

François Jacob ■ Biochimiste français (né en 1920). "*La Logique du vivant*". Prix Nobel de médecine 1965 (⇒ **Lwoff**).

Friedrich Heinrich Jacobi ■ Philosophe et écrivain allemand (1743-1819).

Karl Jacobi ■ Mathématicien allemand (1804-1851). Théorie des fonctions elliptiques.

les Jacobins ■ Club révolutionnaire créé en 1789. Progressivement dominé par *Robespierre, il fut l'âme de la *Convention montagnarde. ⟨ ▶ jacobin ⟩

les jacobites ■ Membres de l'Église chrétienne de Syrie occidentale, organisée par Jacques Baradée au VIᵉ s. (⇒ **Église**).

les jacobites ■ Catholiques partisans de *Jacques II après la révolution anglaise de 1688.

Jens Peter Jacobsen ■ Écrivain danois (1847-1885). "*Madame Marie Grubbe*".

Jacopone da Todi ■ Poète italien (1230-1306). Auteur du "*Stabat Mater*", abondamment mis en musique par les compositeurs baroques.

Joseph-Marie Jacquard ■ Mécanicien français (1752-1834). Inventeur d'un métier à tisser automatique qui porte son nom. ⟨ ▶ jacquard ⟩

Jacquemart de Hesdin ■ Miniaturiste et enlumineur français, connu de 1384 à 1410. Il est l'auteur des "*Très Belles Heures du duc de Berry*".

la jacquerie ■ Soulèvement de paysans (ou *jacques*) dans le Beauvaisis en 1358. Ils furent soutenus un temps par Étienne *Marcel, puis écrasés par le roi de Navarre Charles II le Mauvais. ⟨▶ jacquerie⟩

saint Jacques dit **le Majeur** ■ Apôtre de Jésus (mort en 44). Considéré comme l'évangélisateur de l'Espagne, il fait l'objet d'un des plus célèbres pèlerinages chrétiens, à *Saint-Jacques-de-Compostelle.

saint Jacques dit **le Juste** ou **le Mineur** ■ Premier chef de l'Église de Jérusalem. Il serait mort lapidé en 62.

Jacques Iᵉʳ ■ Roi d'Écosse (en 1567 sous le nom de Jacques VI), d'Angleterre et d'Irlande de 1603 à sa mort (1566-1625). Il succéda à Élisabeth Iʳᵉ et fut le premier à réunir les couronnes d'Angleterre, d'Irlande et d'Écosse et à se nommer « roi de Grande-Bretagne ».

Jacques II ■ Roi de Grande-Bretagne de 1685 à 1688 (1633-1701). Converti au catholicisme, il fut chassé du trône par *Guillaume III d'Orange-Nassau.

Jaffa ■ Ancienne ville de Palestine, aujourd'hui incluse dans l'agglomération de *Tel-Aviv-Jaffa. Commerce d'agrumes. Bonaparte s'en empara en 1799 (célèbre tableau de *Gros).

Jagannātha ou **Jaggernaut** ■ Incarnation du dieu hindou *Vishnou, représenté par une statue au grand temple de Puri en Inde (*Orissa). Célèbres processions.

les Jagellons ■ Dynastie lituanienne qui régna sur la Pologne de 1386 à 1572.

Jaggernaut ■ ⇒ Jagannātha.

'Amr ibn Baḥr al-Jāḥiz ■ Écrivain arabe (v. 780 - 869). Il a apporté les bases de la culture arabo-musulmane.

Jahvé ■ ⇒ Yahvé.

Jaipur ■ Ville de l'Inde, capitale du *Rājasthān. 977 000 hab. Monuments du XVIIIᵉ s.

Jakarta, autrefois **Batavia** ■ Capitale fédérale, principal port, centre économique et culturel de l'Indonésie, sur l'île de *Java. 6,5 millions d'hab.

Roman Jakobson ■ Linguiste russe naturalisé américain (1896-1982). Fondateur avec *Troubetskoï de la phonologie. Son œuvre très variée a notamment influencé son élève *Chomsky et son ami *Lévi-Strauss.

Jalapa ■ Ville du Mexique. 213 000 hab. Musée d'art précolombien.

la Jamaïque ■ Île et État (monarchie constitutionnelle) des Grandes *Antilles, dans la mer Caraïbe. 10 991 km². 2,37 millions d'hab. (les *Jamaïcains).* Capitale : Kingston. Langues : anglais (officielle), espagnol. Monnaie : dollar jamaïcain. Production de sucre et de bananes. 3ᵉ producteur de bauxite du monde. Tourisme. Patrie du reggae. Ancienne colonie espagnole puis anglaise, indépendante en 1962. Membre du *Commonwealth.

William James ■ Psychologue américain, philosophe des religions, tenant du pragmatisme (1842-1910).

Henry James ■ Romancier américain naturalisé anglais (1843-1916). L'histoire des consciences, leurs drames et leurs révoltes intérieures inspirent son œuvre. "*Daisy Miller*" ; "*le Tour d'écrou*" ; "*les Ailes de la colombe*".

Jamestown ■ Ville des États-Unis (*Virginie). Site du premier établissement permanent anglais en Amérique (1607).

Francis Jammes ■ Écrivain français (1868-1938). Poète d'inspiration lyrique et religieuse. *"Géorgiques chrétiennes"*.

Jammu ■ Ville de l'Inde (206 000 hab.), capitale d'hiver (⇒ **Srīnagar**) de l'État de *Jammu et *Cachemire* (101 387 km², auxquels s'ajoutent 120 849 km² occupés par la Chine et le Pakistan et que l'Inde revendique ; 6 millions d'hab.).

Jamnā ■ ⇒ **Yamunā**.

Jāmnagar ■ Ville de l'Inde (*Gujarāt). 294 000 hab.

Jamshedpur ■ Ville de l'Inde (*Bihār), centre métallurgique créé en 1912. 457 000 hab.

Leoš Janáček ■ Compositeur tchèque (1854-1928). Opéras (*"Jenufa"*) et œuvres instrumentales (*"Sinfonietta"*) d'inspiration folklorique.

Clément Janequin ■ Compositeur français (v. 1485 - 1558). Il renouvela la chanson polyphonique, notamment par le recours à l'onomatopée et à l'imitation. *"Le Caquet des femmes"*.

Pierre Janet ■ Psychiatre et philosophe français (1859-1947).

le Janicule ■ Colline de Rome, à l'est des « sept collines ».

Vladimir Jankélévitch ■ Philosophe et musicologue français (1903-1985). *"Le Je-ne-sais-quoi et le Presquerien"*.

Jansénius ■ Théologien néerlandais (1585-1638). ▶ *le jansénisme*, doctrine chrétienne inspirée par ses écrits. Elle reprend la théorie de saint *Augustin sur la prédestination : le salut n'est possible que par la grâce divine. D'où une querelle entre jésuites (⇒ **Molina**) et *jansénistes* (⇒ **Saint-Cyran, Arnauld, Nicole**), notamment en France, qui aboutit à la condamnation du jansénisme, malgré la contre-attaque de *Pascal (*"les Provinciales"*). ⇒ **Port-Royal**. ⟨▶ jansénisme⟩

Jules Janssen ■ Astronome français (1824-1907). Découvreur de l'hélium avec Lockyer (1836-1920) en 1868.

Janus ■ Dieu romain, gardien des portes. Représenté avec deux visages opposés.

le Japon ■ État (monarchie constitutionnelle) et archipel d'Asie. 377 835 km². 123,1 millions d'hab. (*les Japonais*). Capitale : Tokyo. Langue : japonais. Monnaie : yen. Les îles principales sont *Hokkaidō, *Honshū, *Kyūshū, *Shikoku et *Ryūkyū. Les montagnes couvrent les trois quarts du pays : la faible surface cultivable et la très forte densité imposent une agriculture intensive (riz, thé). Pêche active (1er rang mondial). Une des premières puissances industrielles du monde : sidérurgie, construction navale (la première du monde) et automobile, électronique réputée, chimie. Réussite économique liée à une grande compétence technique et commerciale. Mais le Japon, qui investit ses capitaux dans le monde entier, dépend de l'extérieur pour les matières premières. □ **HISTOIRE**. Du VIe au IXe s., le Japon fut très influencé par la Chine : il adopta sa religion (le bouddhisme) et son écriture. Du XIIe au XIXe s., c'est un État féodal dirigé par un shogun (⇒ **Minamoto Yoritomo**) avec *Kamakura pour capitale ; l'empereur n'a plus qu'une autorité religieuse. Le dernier shogun remit ses pouvoirs à l'empereur installé à *Tokyo en 1867. Confronté aux impérialismes occidentaux, le pays s'est rapidement modernisé (ère *Meiji). Devenu une puissance militaire et menacé de surpopulation, le Japon attaqua la Chine et annexa Taïwan en 1894, la Corée en 1910 et la *Mandchourie en 1931. En 1941, il entra dans la Seconde Guerre mondiale aux côtés de l'Allemagne nazie (⇒ **Pearl Harbor**). Il dut capituler après que les Américains eurent lâché des bombes atomiques sur *Hiroshima et *Nagasaki. Avec l'aide américaine, il a rapidement reconstruit son économie, construisant une puissance économique et financière capable d'inquiéter les

États-Unis même. ❬▶ japon, japonais ❭

Japurá ou *Yapurá* ■ Rivière du Brésil, affluent de l'Amazone. 2 800 km.

le baron de **Jarnac** ■ Gentilhomme français (1505- apr. 1572). Dans un duel, il frappa son adversaire d'un coup inattendu mais loyal. De là l'expression *un coup de Jarnac.*

Jarny ■ Commune de Meurthe-et-Moselle. 8 700 hab. *(les Jarnysiens).*

l'ordre de la **Jarretière** ■ Ordre de chevalerie anglais fondé en 1346. « Honni soit qui mal y pense » est sa devise.

Alfred **Jarry** ■ Écrivain français (1873-1907). Créateur du personnage cocasse d'Ubu. *"Ubu roi" ; "Ubu enchaîné".*

le général **Jaruzelski** ■ Homme politique polonais (né en 1923). Chef du gouvernement de 1981 (« état de guerre ») à 1985, chef de l'État de 1985 à 1990. ⟹ **Pologne.**

Jarville-la-Malgrange ■ Commune de Meurthe-et-Moselle. 10 400 hab. *(les Jarvillois).*

Jason ■ Chef des *Argonautes, dans la mythologie grecque. Il partit à la conquête de la *Toison d'or.

Karl **Jaspers** ■ Psychologue et philosophe allemand (1883-1969). Proche de *Kierkegaard.

les **Jātaka** n. m. ■ Contes indiens dont les plus anciens remontent au IIIᵉ s. av. J.-C.

le fleuve **Jaune** ■ ⟹ **Huang He.**

la mer **Jaune** ■ Mer entre la Chine et la Corée.

Jean **Jaurès** ■ Homme politique et intellectuel français, figure marquante du socialisme (1859-1914). Fondateur du journal *l'Humanité* en 1904. Pacifiste militant, il fut assassiné à la veille de la Première Guerre mondiale.

Java ■ Île volcanique d'Indonésie. 132 187 km². 91,3 millions d'hab. *(les*

Javanais), une des plus fortes densités du monde. Ville principale : Jakarta. Terres très fertiles : riz, canne à sucre, thé. Ancien royaume des îles de la Sonde, colonie hollandaise, Java est rattachée à l'Indonésie depuis sa création en 1950. ❬▶ ① et ② javanais ❭

Alexej von **Jawlensky** ■ Peintre russe (1864-1941). Portraits méditatifs aux couleurs vives.

Jayapura, autrefois *Hollandia* ■ Capitale de l'*Irian Jaya, en Indonésie (Nouvelle-Guinée). 150 000 hab.

Jayavarman VII ■ Roi du Cambodge de 1181 à 1218. Son zèle de constructeur (*Angkor) ruina son royaume (⟹ **khmer**).

Jdanov ■ ⟹ **Marioupol.**

saint **Jean** ■ Apôtre de Jésus. On lui attribue le quatrième *Évangile, l'*Apocalypse et trois Épîtres. Son emblème est une aigle.

Jean ■ NOM DE PLUSIEURS SOUVERAINS EUROPÉENS **1.** roi d'ANGLETERRE □*Jean sans Terre* (1167-1216) succéda en 1199 à son frère *Richard Iᵉʳ Cœur de Lion. Il fut condamné à perdre ses terres françaises pour avoir enlevé Isabelle d'Angoulême. **2.** duc de BOURGOGNE □*Jean sans Peur* (1371-1419) fut à l'origine de la guerre des *Armagnacs et des Bourguignons par sa volonté d'obtenir la couronne de France. Il s'allia aux Anglais et mourut assassiné. **3.** rois de FRANCE □*Jean Iᵉʳ le Posthume,* fils posthume de Louis X. Il ne vécut que quatre jours (1316). □*Jean II le Bon* (1319-1364). Monté sur le trône en 1350, il fut capturé par les Anglais lors de la guerre de *Cent Ans (1356) ; son fils, le futur *Charles V, assuma la régence. **4.** roi de POLOGNE □*Jean III Sobieski* (1624-1696), roi de 1674 à sa mort, proclamé « héros de la chrétienté » après ses victoires sur les Turcs. **5.** rois de PORTUGAL □*Jean Iᵉʳ le Grand* (1357-1433), roi de 1385 à sa mort, fit de son pays une grande puissance et encouragea les voyages de son fils *Henri le Navigateur.

□*Jean IV le Fortuné* (1604-1656) libéra son pays de la domination espagnole en 1640 et devint roi. Fondateur de la maison de *Bragance.

□*Jean VI* (1767-1826), régent jusqu'à la mort de sa mère en 1816. Il fut chassé par les Français en 1807, se réfugia au Brésil et ne put revenir qu'en 1821. Son fils Pierre Ier proclama alors le Brésil indépendant et en devint empereur (1822). **6.** grand-duc de LUXEMBOURG □*Jean* (né en 1921) succéda à sa mère, après son abdication, en 1964.

Jean XXII ■ Second pape d'Avignon, à partir de 1316 (1245-1334). Il condamna les *Franciscains et la doctrine de la pauvreté du Christ.

Jean XXIII ■ Pape de 1958 à sa mort (1881-1963). Il convoqua le IIe concile du *Vatican et adapta l'Église au monde actuel.

saint Jean-Baptiste ■ Prophète juif (mort v. 28). Il reconnut *Jésus comme Messie et le baptisa dans l'eau du Jourdain. Il fut décapité à la demande de *Salomé.

saint Jean-Baptiste de la Salle ■ Prêtre français (1651-1719). Fondateur de la congrégation des Frères des Écoles chrétiennes.

André Jean Bon Saint-André ■ Révolutionnaire français (1749-1813). Membre du *Comité de salut public chargé des affaires maritimes, employé par le *Directoire, puis par Napoléon Ier.

saint Jean Bosco ■ Prêtre italien (1815-1888). Fondateur des congrégations des salésiens et des salésiennes, consacrées à l'éducation des enfants pauvres.

saint Jean Chrysostome ■ Docteur de l'Église, patriarche de Constantinople (v. 349-407).

saint Jean Damascène ■ Théologien chrétien de Damas, docteur de l'Église grecque (mort v. 749).

Jean de Bologne ■ ⇒ Giambologna.

saint Jean de la Croix ■ Moine espagnol (1542-1591). Auteur de poèmes et de traités mystiques, chefs-d'œuvre du siècle d'or espagnol. Après sainte *Thérèse d'Ávila, il réforma les carmels.

Jean de Meung ■ Érudit et poète français (1250-v. 1305). "*Le Roman de la rose*" avec *Guillaume de Lorris.

saint Jean-Marie Vianney ■ Prêtre français (1786-1859). Il fut curé d'Ars (Ain) pendant 41 ans, où sa renommée, comme confesseur, attira les foules. Patron des curés.

sainte Jeanne d'Arc dite *la Pucelle d'Orléans* ■ Héroïne française (v. 1412-1431). Pendant la guerre de *Cent Ans, elle entendit des voix surnaturelles lui ordonnant de délivrer le pays, obtint une armée et fit sacrer *Charles VII à Reims (1429). Prisonnière des Anglais après plusieurs victoires, elle fut jugée comme hérétique et brûlée à Rouen. Réhabilitée en 1456, canonisée en 1920.

sainte Jeanne de Chantal ■ Religieuse française qui fonda l'ordre de la Visitation (1572-1641).

Jeanne la Folle ■ Reine de Castille (1479-1555). Fille de *Ferdinand d'Aragón et d'*Isabelle la Catholique, mère de *Charles Quint, épouse de *Philippe le Beau.

Jeanne Seymour ■ Troisième épouse d'Henri VIII, mère d'Édouard VI (v. 1509-1537).

Jean-Paul ■ ⇒ Johann Paul Richter.

Jean-Paul II ■ Le premier pape polonais, élu en 1978 (né en 1920). Il porte une grande attention aux problèmes géopolitiques.

Thomas Jefferson ■ Homme politique américain (1743-1826). Auteur de la Déclaration d'*indépendance en 1776. 3e président des États-Unis, de 1801 à 1809.

Jefferson City ■ Ville des États-Unis, capitale de l'État du *Missouri. 33 600 hab.

les témoins de Jéhovah ■ Secte chrétienne fondée à Pittsburgh, aux États-Unis, en 1872. Elle compte 3,8 millions de fidèles dans le monde. Ils refusent l'autorité du gouvernement, le service militaire et s'opposent aux transfusions sanguines.

Jemappes, anciennement **Jemmapes** ■ Ancienne commune de Belgique, aujourd'hui rattachée à *Mons. *Dumouriez y vainquit les Autrichiens en novembre 1792.

Edward **Jenner** ■ Médecin anglais (1749-1823). Inventeur du premier vaccin (contre la variole).

Jérémie ■ Un des quatre grands prophètes de la Bible (v. 650 - v. 580 av. J.-C.). On lui attribue les *"Lamentations"*, complaintes sur Jérusalem dévastée. ⟨ ▶ jérémiades ⟩

Jerez de la Frontera ■ Ville d'Espagne (*Andalousie). 180 000 hab. Réputée pour ses vins. ⟨ ▶ xérès ⟩

Jéricho ■ Considérée traditionnellement comme la plus ancienne ville du monde, fondée en 8000 av. J.-C. en Palestine. Selon la Bible, les murailles s'écroulèrent au son des trompettes de *Josué et des Hébreux qui s'emparèrent alors de la ville.

Jéroboam Ier ■ Fondateur et premier roi d'Israël (de 931 à 910 av. J.-C.). ⟨ ▶ jéroboam ⟩

saint **Jérôme** ■ Père et docteur de l'Église (v. 347 - 420). Sa traduction de la Bible en latin, la *Vulgate, fut adoptée par l'Église et joua un grand rôle dans la culture des pays catholiques. Les peintres l'ont souvent représenté en ermite.

Jersey ■ La plus grande des îles Anglo-Normandes. 116 km². 82 600 hab. Chef-lieu : Saint-Hélier. Tourisme. ⟨ ▶ jersey ⟩

Jersey City ■ Ville des États-Unis (*New Jersey). 224 000 hab.

Jérusalem ■ Ville de Palestine, déclarée (en 1950) capitale d'Israël, cité sainte et lieu de pèlerinage pour les religions juive, chrétienne et musulmane (d'où les nombreuses synagogues, églises, mosquées). 483 000 hab. Vers l'an 1000 av. J.-C., le roi *David en fit la capitale de la *Judée, puis *Salomon y construisit son Temple. Détruite par *Nabuchodonosor II, conquise par les Romains en 63 av. J.-C. (⟹ **Hérode**), elle vit la crucifixion de *Jésus-Christ. En 1099, après la première *croisade, les chrétiens y fondèrent le *royaume latin de Jérusalem* (⟹ **Godefroy de Bouillon**). Occupée par les musulmans du XIIIe au XXe s., puis par les Anglais qui partagèrent la ville entre juifs et Arabes en 1948. En 1967, les Israéliens prirent possession de la partie arabe, réunifiant de fait la ville (⟹ guerres **israélo-arabes**).

Jésus ou **Jésus-Christ** ■ Fondateur de la religion chrétienne, pour laquelle il est le fils de Dieu, venu sur Terre pour sauver l'humanité. Il serait né en 4 ou 5 avant l'ère qui porte son nom, et mort en 28 ou 29 de cette ère. Les *Évangiles racontent sa naissance à Bethléem, sa jeunesse à Nazareth, sa prédication et ses miracles en Galilée, sa condamnation à mort devant *Ponce Pilate, sa crucifixion et sa résurrection le troisième jour. ⟹ **Christ**. ⟨ ▶ jésus ⟩

la Compagnie de Jésus ■ Ordre fondé en 1540 par *Ignace de Loyola et voué à l'*enseignement. ▶ *les* **jésuites** furent aussi de grands missionnaires en Extrême-Orient (⟹ saint **François Xavier**) et au Paraguay. Ils soutinrent le *molinisme contre le *jansénisme. Ordre aboli en 1773 et rétabli en 1814. ⟨ ▶ jésuite ⟩

le serment du Jeu de paume ■ Serment prêté le 20 juin 1789 par les députés du tiers état, réunis dans une salle de jeu de paume à Versailles (la salle habituelle leur étant interdite) : ils jurèrent de ne pas se séparer avant d'avoir donné une constitution à la France (⇒ **Constituante**). Le 17 juin, ils s'étaient proclamés Assemblée nationale (⇒ **états généraux**).

Jeumont ■ Commune du Nord. 11 100 hab. *(les Jeumontois).*

William Stanley Jevons ■ Économiste anglais (1835-1882). Un des fondateurs de l'économie mathématique et du marginalisme.

Jézabel ■ Princesse tyrienne, épouse d'*Achab (IXᵉ s. av. J.-C.). Despotique et idolâtre, elle s'attira la vindicte d'*Élie.

Jiang Jieshi ou *Tchang Kaïchek* ■ Maréchal et homme politique chinois (1887-1975). Formé et appuyé par les Soviétiques, il devint le chef du *Guomindang en 1927 et entreprit d'établir son hégémonie sur la Chine en luttant contre les communistes de *Mao Zedong (Longue *Marche) avant de s'allier temporairement avec eux contre l'envahisseur japonais (1938). Soutenu par les Alliés pendant la Seconde Guerre mondiale, son régime, corrompu, fut vaincu par les partisans de Mao Zedong (1945-1949). Il dut se réfugier à Taïwan.

Jiangsu ■ Province côtière de l'est de la Chine. 102 200 km². 62,1 millions d'hab. Capitale : Nanjing.

Jiangxi ■ Province du sud-est de la Chine. 164 800 km². 35,1 millions d'hab. Capitale : Nanchang.

Jilin ■ Province du nord-est de la Chine. 187 000 km². 23,2 millions d'hab. Capitale : Changchun.

Jilin ou *Kirin* ■ Ville de Chine (province de *Jilin). 1,17 million d'hab.

Juan Ramón Jiménez ■ Poète espagnol (1881-1958). Il quitta l'Espagne en 1936. Prix Nobel 1956. *"Platero et moi".*

Jinan ■ Ville de Chine, capitale de la province de *Chantoung. 1,46 million d'hab. Important carrefour ferroviaire.

Jingdezhen ■ Ville de Chine (*Jiangxi) célèbre pour ses porcelaines (gisements de kaolin). 315 000 hab.

Mohammed Ali Jinnah ■ Homme politique pakistanais (1876-1948). Chef de la Ligue musulmane, opposé à *Gandhi, il obtint, lors de l'indépendance de l'Inde, la création d'un État musulman : le *Pakistan.

Jitomir ■ Ville de la C.É.I. (*Ukraine). 292 000 hab. Marché agricole, bois, lin.

les Jivaros ■ Indiens d'Amazonie qui coupaient et réduisaient la tête de leurs ennemis pour en faire des trophées.

saint Joachim ■ Père de la Vierge Marie et époux de sainte *Anne, dans la tradition chrétienne.

Joachim de Flore ■ Mystique italien (v. 1130-1202). Ses thèses inspirèrent les mouvements mendiants hétérodoxes du XIIIᵉ s.

João Pessoa ■ Ville du Brésil, capitale de l'État du *Paraíba. 290 000 hab.

Job ■ Personnage de la Bible. On dit *pauvre comme Job* par allusion aux malheurs qu'il a subis.

Jocaste ■ Dans la mythologie grecque, mère d'*Œdipe. Elle l'épouse et se pend quand elle découvre qu'il était son fils.

Étienne Jodelle ■ Auteur dramatique français (1532-1573). *"Cléopâtre captive"* est la première tragédie classique française.

Jodhpur ■ Ville de l'Inde fondée en 1212, dans le *Rājasthān. 506 000 hab.

Jœuf ■ Commune de Meurthe-et-Moselle. 7 900 hab. *(les Joviciens).* Sidérurgie.

Joseph Joffre ■ Maréchal de France (1852-1931). Vainqueur de la bataille de la Marne en 1914, généralissime jusqu'en 1916.

Jogjakarta ■ Ville d'Indonésie, au centre de *Java. 399 000 hab. Centre intellectuel.

Johannesburg ■ La plus grande ville d'Afrique du Sud, dans le *Transvaal, construite près de mines d'or. 1,5 million d'hab. Métropole économique du pays (sidérurgie, construction mécanique).

Wilhelm Johannsen ■ Botaniste et généticien danois (1857-1927). Définition des notions fondamentales de la génétique.

Samuel Johnson ■ Écrivain anglais (1709-1784). Célèbre pour son *"Dictionnaire de la langue anglaise"* et ses éditions de *Shakespeare et des poètes anglais. ⇒ **Boswell.**

Andrew Johnson ■ Homme politique américain (1808-1875). 17e président (démocrate) des États-Unis, de 1865 à 1869.

Lyndon Johnson ■ Homme politique américain (1908-1973). Vice-président (démocrate) et successeur de *Kennedy à la présidence (36e président) de 1963 à 1969.

Daniel Johnson ■ Homme politique canadien (1915-1968). Il fut Premier ministre du Québec de 1966 à sa mort. □ *Pierre-Marc Johnson,* son fils (né en 1946), fut Premier ministre du Québec en 1985.

Uwe Johnson ■ Écrivain allemand (1934-1984). Membre du *Groupe 47. *"Deux opinions".*

Johor Bahru ■ Ville de Malaysia. 250 000 hab.

Joigny ■ Commune de l'Yonne. 10 600 hab. *(les Joviniens* ou *Maillotins).*

Jean sire de Joinville ■ Chroniqueur français (v. 1224 - 1317). Conseiller de Louis IX. *"Livre des saintes paroles et des bons faits de notre saint roi Louis".*

Joinville-le-Pont ■ Commune du Val-de-Marne. 16 900 hab. *(les Joinvillais).*

Mór Jókai ■ Romancier hongrois (1825-1904). Il eut un immense succès populaire. *"L'Homme en or".*

les Joliot-Curie ■ Physiciens français. Prix Nobel de chimie 1935, pour leur découverte de la radioactivité artificielle. Irène (1897-1956), fille des *Curie, et son époux Frédéric (1900-1958). Communiste militant, pacifiste convaincu, ce dernier fut un pionnier du nucléaire civil.

André Jolivet ■ Compositeur français (1905-1974). Musique incantatoire. *"Songe à nouveau rêvé" ; "Concerto pour ondes Martenot".*

Antoine Henri baron de Jomini ■ Général suisse au service de Napoléon Ier, puis de la Russie, théoricien de la guerre (1779-1869).

Niccolò Jommelli ■ Compositeur italien (1714-1774). Précurseur de *Gluck. *"Miserere".*

Jonas ■ Un des douze « petits prophètes » de la Bible. Avalé par une baleine, il passe trois jours dans son ventre (symbole de la résurrection pour les chrétiens).

Johan Barthold Jongkind ■ Peintre et aquarelliste néerlandais (1819-1891). Ses paysages annoncent l'*impressionnisme.

Jönköping ■ Ville et port de Suède. 110 000 hab. Industrie des allumettes.

Ben Jonson ■ Écrivain anglais (1572-1637), ami et rival de *Shakespeare. Auteur de comédies : *"Volpone".*

Jonzac ■ Sous-préfecture de la Charente-Maritime. 4 000 hab. *(les Jonzacais).*

Kurt Jooss ■ Danseur et chorégraphe allemand (1901-1979).

les Grandes Jorasses ■ Sommets du massif du Mont-*Blanc. 4 206 m.

Jacob **Jordaens** ■ Peintre *baroque *flamand (1593-1678). Scènes populaires *("Le roi boit !")* et religieuses *("les Quatre Évangélistes"),* influencées par *Rubens.

Camille **Jordan** ■ Mathématicien français (1838-1922). Théorie des groupes. Analyse.

Pascual **Jordan** ■ Physicien allemand (1902-1980). Fondateur, avec Max *Born, de la mécanique quantique. Philosophie des sciences.

la **Jordanie** ■ État (monarchie constitutionnelle) du Proche-Orient, à l'est d'Israël. 88 947 km². 3 millions d'hab. *(les Jordaniens),* dont la moitié de réfugiés palestiniens. Capitale : Amman. Langue : arabe. Religion officielle : islam. Monnaie : dinar jordanien. Mines de phosphate. Pays désertique à l'exception des vallées du *Jourdain et du Cédron, dotées d'un système d'irrigation. Avec une économie desservie par le manque d'eau, la Jordanie reçoit l'aide des pays pétroliers. □ **HISTOIRE**. Ancien protectorat britannique (sous le nom de Transjordanie), royaume indépendant en 1946, il prit le nom de Jordanie en 1949. En 1988, la Jordanie a rompu tous liens avec la partie occidentale du pays (la *Cisjordanie), occupée depuis 1967 par Israël (⇒ guerres **israélo-arabes**).

Joseph ■ Fils de *Jacob, dans la Bible. Vendu par ses frères, il devient ministre du pharaon en Égypte.

saint **Joseph** ■ Dans les *Évangiles, charpentier, époux de *Marie et père nourricier de *Jésus.

le père **Joseph** ■ Capucin français, collaborateur intime de *Richelieu, surnommé « l'Éminence grise » (1577-1638).

Joseph II ■ Empereur germanique de 1765 à sa mort (1741-1790). Despote éclairé, il poursuivit l'œuvre de centralisation et de modernisation commencée par sa mère *Marie-Thérèse. Sa politique anticléricale fut appelée *joséphisme.*

Flavius **Josèphe** ■ ⇒ Flavius Josèphe.

Joséphine née *Marie-Josèphe* **Tascher de La Pagerie** ■ Impératrice des Français (1763-1814). Veuve de *Beauharnais, elle épousa en 1796 Napoléon Bonaparte qui, devenu *Napoléon Ier, la répudia en 1809 pour *Marie-Louise, faute d'héritier.

Josquin des Prés ■ Compositeur français (v. 1440 - 1521). Un des maîtres de la polyphonie. Nombreuses messes.

Josué ■ Personnage de la Bible (v. XIIe s. av. J.-C.). Il fait tomber les murs de *Jéricho au son des trompettes et mène les Hébreux à la conquête de la Terre promise (épisode retracé dans le livre biblique de Josué).

Joseph **Joubert** ■ Moraliste français (1754-1824). Ami de *Fontanes et de *Chateaubriand, qui édita ses *"Carnets".*

Joué-lès-Tours ■ Commune d'Indre-et-Loire. 37 100 hab. *(les Jocondiens).*

le marquis de **Jouffroy d'Abbans** ■ Ingénieur français (1751-1832). Il fit fonctionner le premier bateau à vapeur (1783).

Marcel **Jouhandeau** ■ Écrivain français (1888-1979). Romans, essais, autobiographies. *"Chroniques maritales".*

Léon **Jouhaux** ■ Syndicaliste français (1879-1954). Secrétaire général de la *C.G.T. de 1909 à 1947, un des fondateurs de la C.G.T.-*F.O. Prix Nobel de la paix 1951.

Gueorguii **Joukov** ■ Maréchal et homme politique soviétique (1896-1974). Vainqueur de la bataille de *Stalingrad, signataire de la capitulation allemande (1945) et ministre de la Défense sous *Khrouchtchev.

Vassilii **Joukovski** ■ Poète russe (1783-1852). Il introduisit le *romantisme en Russie.

*Nikolaï **Joukovski*** ■ Physicien russe, spécialiste de l'aérodynamique (1847-1921).

*James Prescott **Joule*** ■ Physicien anglais (1818-1889). Il établit certaines lois fondamentales de la thermodynamique et définit l'équivalent mécanique de la chaleur, désormais mesurée en *joules*. 〈 ▶ joule 〉

*le **Jourdain*** ■ Fleuve de *Palestine qui traverse le lac de *Tibériade, sépare la *Jordanie de la *Cisjordanie et se jette dans la mer Morte (350 km). Important rôle d'irrigation.

*Jean-Baptiste **Jourdan*** ■ Officier français, maréchal d'Empire (1762-1833). Il vainquit les Autrichiens à *Fleurus (1794).

*Pierre Jean **Jouve*** ■ Écrivain français (1887-1976). Œuvre marqué par la psychanalyse et le mysticisme. "*Paulina 1880*".

*Jean **Jouvenet*** ■ Peintre français (1644-1717). Grandes compositions religieuses.

*Louis **Jouvet*** ■ Acteur, metteur en scène et directeur de théâtre français (1887-1951). Il collabora avec *Giraudoux et interpréta de nombreux films.

Jouy-en-Josas ■ Commune des Yvelines. 7 700 hab. *(les Jovaciens)*.

Jouy-le-Moutier ■ Commune du Val-d'Oise. 16 900 hab.

*Gaspar Melchor de **Jovellanos*** ■ Essayiste espagnol, défenseur du libéralisme (1744-1811).

*James **Joyce*** ■ Écrivain irlandais (1882-1941). Créant de nouveaux procédés de narration et restituant le flux de la conscience, il a fait du langage la réalité fondamentale du roman. "*Ulysse*" ; "*Finnegans Wake*".

*Attila **József*** ■ Poète hongrois (1905-1937). Marxiste, admirateur de *Freud, il tenta la synthèse entre le *surréalisme et le folklore hongrois. "*Sur le pourtour de la ville*".

Juan Carlos Ier ■ Roi d'Espagne depuis 1975 (né en 1938). Il a permis la démocratisation de son pays après la mort de *Franco.

*don **Juan d'Autriche*** ■ Prince espagnol (1545-1578). Fils de *Charles Quint, demi-frère de Philippe II. Il remporta la victoire de Lépante sur les Turcs (1571) et devint gouverneur général des Pays-Bas (1576).

Juan-les-Pins ■ Station balnéaire de la Côte d'Azur se trouvant sur le territoire de la commune d'*Antibes.

*Benito **Juárez*** ■ Homme politique mexicain (1806-1872). Vainqueur de l'expédition française, il fit fusiller l'empereur *Maximilien (1867). Président de la République de 1861 à sa mort.

*le **Júcar*** ■ Fleuve d'Espagne orientale, qui se jette dans le golfe de Valence. 506 km.

Juda ■ Fils de *Jacob, dans la Bible, ancêtre d'une des tribus d'Israël. ▶ *le royaume de **Juda*** fut fondé après la mort de *Salomon (v. 931 av. J.-C.) par les tribus du sud de la Palestine (capitale : Jérusalem) et détruit par *Nabuchodonosor II en 587 av. J.-C.

*le **judaïsme*** ■ Religion des juifs, qui croient en un Dieu unique qui a fait alliance avec *Abraham et transmis sa loi à *Moïse. La *Bible, la *Mishnah et le *Talmud sont ses livres sacrés. ⇒ **Hébreux, Kabbale.** 〈 ▶ judaïque, judaïsme 〉

Judas dit *l'Iscariote* ■ Un des douze apôtres de l'Évangile. Il trahit Jésus pour de l'argent. On appelle un traître un *Judas*. 〈 ▶ judas 〉

*saint **Jude*** ou ***Thadée*** ■ Un des douze apôtres de l'Évangile.

*la **Judée*** ■ Région du sud de la Palestine, le cœur du pays juif dans l'Antiquité.

Judith ■ Héroïne de la Bible. Elle sauva sa ville en tranchant la tête du général ennemi *Holopherne.

*les **Juges*** n. m. ■ Dans la Bible, chefs militaires et porte-parole de

Dieu qui gouvernèrent les *Hébreux aux XIIe et XIe s. av. J.-C.

Clément Juglar ■ Économiste français (1819-1905). Théorie des cycles économiques.

Jugurtha ■ Roi de *Numidie vaincu par les Romains (v. 160 - v. 104 av. J.-C.).

la monarchie de Juillet ■ ⇒ monarchie de Juillet.

le 14 Juillet 1789 ■ ⇒ **Bastille.**

Alphonse Juin ■ Maréchal de France (1888-1967). Héros de la *Résistance, puis résident général au Maroc de 1947 à 1951.

Jules II ■ Pape de 1503 à sa mort, surnommé « le Terrible » (1443-1513). Voulant restaurer le pouvoir temporel de l'Église, il lutta contre les Vénitiens (1508) et organisa la « Sainte Ligue » contre les Français (1512). Mécène et bâtisseur, il fit travailler *Bramante, *Michel-Ange, *Raphaël (⇒ **Saint-Pierre de Rome).**

Jules César ■ ⇒ Jules **César.**

Jules Romain, en italien **Giulio Romano** ■ Peintre et architecte italien (1492 ou 1499-1546). Disciple de *Raphaël, maniériste. Palais du Te, à Mantoue. ≠ *Jules *Romains.*

la gens Julia ■ Illustre famille romaine à laquelle appartenait Jules *César.

Julie ■ Fille d'*Auguste (39 av. J.-C. - 14 apr. J.-C.).

Julien l'Apostat ■ Empereur romain d'Orient (331-363). Il rejeta le christianisme, instauré par son oncle *Constantin Ier, et tenta de restaurer la religion païenne.

saint **Julien l'Hospitalier** ■ Personnage légendaire du XIIIe s. qui a inspiré un conte de *Flaubert.

Jullundur ■ Ville de l'Inde (*Pendjab), au pied de l'Himalaya. 408 000 hab.

l'abbaye de Jumièges ■ Ruines d'une abbaye fondée en 654, avec une remarquable église abbatiale du XIe s., situées dans l'arrondissement de *Rouen.

Juneau ■ Ville des États-Unis, capitale de l'*Alaska. 19 500 hab.

Carl Gustav Jung ■ Psychiatre suisse (1875-1961). Disciple dissident de *Freud, il élargit l'analyse à l'« inconscient collectif » et à ses expressions : mythes, symboles. Il s'intéressa beaucoup à l'alchimie.

Ernst Jünger ■ Écrivain allemand (né en 1895). Il a donné une œuvre d'inspiration romantique et d'une grande perfection formelle, où la guerre, la nature, le refus du modernisme sont les thèmes majeurs. "*Héliopolis*" ; "*le Livre du sablier*".

la Jungfrau ■ Sommet des Alpes suisses (4 158 m).

Juan de Juni ■ Sculpteur espagnol (1507-1577). Expression pathétique.

Hugo Junkers ■ Industriel allemand de l'aéronautique (1859-1935). Premier avion en métal.

Junon ■ Épouse de *Jupiter, déesse de la Nature féminine, chez les Romains. Elle est *Héra, chez les Grecs.

Andoche Junot duc d'Abrantès ■ Général français (1771-1813). Ami de Bonaparte. □ *Laure Junot duchesse d'Abrantès*, sa femme (1784-1838), a laissé des "*Mémoires*".

Jupiter ■ Principal dieu romain, assimilé au *Zeus des Grecs. Dieu du Ciel, de la Foudre et du Tonnerre, protecteur de Rome. □ *Jupiter* est le nom de la plus grosse planète du système solaire : 143 000 km de diamètre (soit 11,2 fois celui de la Terre). Température : – 140 °C.

le Jura ■ Chaîne de montagnes d'Europe (est de la France, Suisse,

Allemagne). Point culminant : le crêt de la Neige (1 723 m). Climat rude et humide dans le Jura franco-suisse : élevage laitier (comté, gruyère), exploitation de la forêt, tourisme, énergie hydro-électrique. ▶ *le Jura* [39], département français de la région *Franche-Comté. 5 049 km². 248 600 hab. Préfecture : Lons-le-Saunier. Sous-préfectures : Dole, Saint-Claude. □ *le Jura suisse,* 23e canton de la Suisse, créé en 1979. 837 km². 65 000 hab. Chef-lieu : Delémont. ⟨ ▶ jurassien ⟩

Jurançon ■ Commune des Pyrénées-Atlantiques, près de Pau. 7 900 hab. *(les Jurançonnais).* Vins.

Juruá ■ Rivière du Brésil, affluent de l'Amazone. 3 200 km.

les Jussieu ■ FAMILLE DE MÉDECINS ET BOTANISTES FRANÇAIS □ *Antoine Laurent de Jussieu,* botaniste (1748-1836).

les Juste ■ Famille de sculpteurs italiens de la *Renaissance établis en France en 1504.

Justinien Ier ■ Empereur romain d'Orient (482-565). Grand conquérant et législateur *("Code justinien"),* il contribua à la grandeur et à la prospérité de la civilisation byzantine. Il édifia des grands monuments à *Ravenne et *Constantinople.

le Jütland, en danois *Jylland* ■ Presqu'île continentale du Danemark. 2,15 millions d'hab. Capitale : *Aarhus. Bataille navale anglo-allemande en 1916.

Juvénal ■ Poète latin (v. 55 - v. 130). Auteur de *"Satires"* où il critique les mœurs dissolues de son temps.

Juvisy-sur-Orge ■ Commune de l'Essonne. 11 900 hab. *(les Juvisiens).*

K

K2 ou **Dapsang** ■ 2ᵉ sommet du monde (8 611 m), dans l'*Himalaya.

al-Ka'ba ■ Édifice cubique au centre de la mosquée de La *Mecque. La Pierre noire, apportée selon la tradition par saint *Gabriel à *Abraham, y est scellée. C'est le point vers lequel se tournent tous les musulmans pour prier.

Dmitrii Kabalevski ■ Compositeur soviétique (1904-1987). *"Nikita Verchinine"*, opéra.

la Kabardino-Balkarie ■ Une des républiques autonomes de la Fédération de Russie, dans le *Caucase. 12 500 km². 760 000 hab. *(les Kabardes ou Kabardins, les Balkars).* Capitale : Naltchik. Agriculture. Industrie mécanique.

la Kabbale ou **Cabale** ■ En hébreu « la tradition ». À l'origine, tout commentaire de la Bible ; puis, à la fin du XIIIᵉ s., doctrine mystique du *judaïsme, très importante dans la pensée juive. Le *Zohar est son ouvrage principal. ⟨ ▶ ① et ② cabale ⟩

Kaboul ou **Kābul** ■ Capitale de l'Afghanistan. 1,42 million d'hab. Centre caravanier et artisanal. Ville universitaire et administrative.

le kabuki ■ Genre de théâtre japonais créé au XVIᵉ s., plus populaire que le *nô.

la Kabylie ■ Massifs montagneux d'Algérie bordant la Méditerranée. ▶ **les Kabyles,** population d'origine et de langue *berbères. ⟨ ▶ kabyle ⟩

János Kádár ■ Homme politique hongrois (1912-1989). Premier secrétaire du parti communiste hongrois (1956-1988), congédié peu avant sa mort (⟹ **Hongrie**).

Ismaïl Kadaré ■ Écrivain albanais (né en 1936). *"Le Général de l'armée morte"*, roman.

Muammar al-Kadhafi ■ Officier et homme politique libyen (né en 1942). Président du Conseil de la révolution depuis 1970. ⟹ **Libye.**

Kaduna ■ Ville du Nigeria. 287 000 hab. Culture et industrie du coton.

Kaédi ■ Ville de Mauritanie. 32 000 hab.

Kaesohng ■ Ville de la Corée du Nord. 346 000 hab.

Franz Kafka ■ Écrivain tchèque d'expression allemande (1883-1924). Ses récits et ses romans mettent en scène des hommes livrés à l'étrangeté, la solitude et la culpabilité. *"La Métamorphose" ; "le Procès" ; "le Château"*. ⟨ ▶ kafkaïen ⟩

Kafr el-Dawar ■ Ville d'Égypte, près d'Alexandrie. 240 000 hab.

Mauricio Kagel ■ Compositeur argentin (né en 1931). Son œuvre mêle l'humour et la provocation : "*Bestiarum*" ; "*Rrr...*".

Kagoshima ■ Ville du Japon (*Kyūshū). 536 000 hab. Centre commercial. Université.

Gustave **Kahn** ■ Poète *symboliste français (1859-1936).

Daniel-Henry **Kahnweiler** ■ Critique et marchand de tableaux français (1884-1979). Premier défenseur des *cubistes.

Kahramanmarask ■ Ville de Turquie, en *Anatolie centrale. 212 000 hab. Ancienne capitale du royaume *hittite de Gourgoum (XIIᵉ s. av. J.-C.).

Kaifeng ■ Ville de Chine (*Henan), sur le *Huang He. Ancienne capitale impériale. 473 000 hab. Industrie alimentaire.

Kairouan ■ Ville de Tunisie. 72 300 hab. Ville sainte de l'Islam. Mosquées. Fabrication de tapis.

Kaiserslautern ■ Ville d'Allemagne (*Rhénanie-Palatinat). 98 800 hab. Centre industriel.

Kakinomoto Hitomaro ■ Poète japonais (v. 665-710). Parfois considéré comme une divinité de la Poésie dans le *shintoïsme.

le désert de **Kalahari** ■ Cuvette fermée et désertique du sud de l'Afrique, située en majeure partie au *Botswana.

Nicholas **Kaldor** ■ Économiste britannique dans la lignée de *Keynes (1908-1986).

le **Kalevala** ■ Épopée populaire finnoise connue par la tradition orale et transcrite au XIXᵉ s.

Kalgan ou **Zhangjiakou** ■ Ville de Chine (*Hebei). 511 000 hab. Centre d'échange entre Pékin et la Mongolie.

Kālī ■ Divinité hindoue, destructrice. Une des épouses de *Śiva, honorée par des sacrifices sanglants.

Kālidāsa ■ Écrivain indien, le maître du théâtre sanskrit (IVᵉ-Vᵉ s.). "*Śakuntalā*".

Kalimantan ■ Partie indonésienne de l'île de *Bornéo. 539 460 km². 6,7 millions d'hab.

Mikhaïl **Kalinine** ■ Homme politique soviétique (1875-1946). Président du Præsidium du Soviet suprême de 1938 à sa mort.

Kalinine ■ ⇒ Tver.

Kaliningrad ■ Nom donné de 1946 à 1991 à *Königsberg.

la **Kalmoukie** ■ Une des 16 républiques autonomes de la Fédération de Russie. 75 900 km². 322 000 hab. *(les Kalmouks).* Capitale : Elista (85 000 hab.). Agriculture.

Kalouga ■ Ville de la C.É.I. (*Russie), au sud-ouest de Moscou. 312 000 hab. Région agricole et minière.

la **Kama** ■ Rivière de Russie, affluent de la *Volga. 2 030 km.

Kāma ■ Divinité hindoue de l'Amour et du Plaisir charnel. ▶ *les* **Kāma sūtra** n. m. Célèbre ouvrage indien des IVᵉ-Vᵉ s. consacré à l'amour.

Kamakura ■ Ville du Japon (*Honshū). 176 000 hab. Ancienne capitale, de 1185 à 1333. Nombreux temples. Statue de Bouddha du XIIIᵉ s.

Lev Borissovitch **Kamenev** ■ Homme politique soviétique (1883-1936). Compagnon de *Lénine, il fut jugé puis exécuté avec *Zinoviev sous *Staline. Réhabilité en 1988.

Heike **Kamerlingh Onnes** ■ Physicien néerlandais (1853-1926). Un des créateurs de la physique des très basses températures.

Kampala ■ Capitale de l'Ouganda. 458 000 hab. Ville résidentielle.

le **Kampuchéa** ■ Nom officiel du *Cambodge de 1976 à 1989.

le **Kamtchatka** ■ Presqu'île de Russie, située à l'extrême est de la *Sibérie. 350 000 km². Bois. Pêche.

les **Kanaks** ou **Canaques** ■ Peuple d'*Océanie vivant notamment en *Nouvelle-Calédonie.

Kananga ■ Ville du Zaïre. 291 000 hab. Centre commercial.

Konstantínos **Kanáris** ■ Marin grec, héros de l'indépendance de son pays (1790-1877).

Kanazawa ■ Ville du Japon (*Honshū). 437 000 hab. Jardin célèbre. Laques et porcelaines.

Kānchipuram ■ Ville du sud de l'Inde (*Tamil Nādu). 131 000 hab. Une des sept villes sacrées de l'Inde. Nombreux temples.

Kandahār ■ Ville d'Afghanistan. 225 000 hab. Marché important.

Kandi ■ Ville du Bénin. 53 000 hab.

Vassilii **Kandinsky** ■ Peintre et théoricien russe naturalisé allemand, puis français (1866-1944). Fondateur avec Franz *Marc du *Cavalier bleu, puis professeur au *Bauhaus. Il réalisa le premier tableau abstrait : *"Avec l'arc noir"* (1912).

Kandy ■ Ville du Sri Lanka. 97 900 hab. Pèlerinage bouddhique. Capitale de *Ceylan du XVIᵉ au XIXᵉ s.

Cheikh Hamidou **Kane** ■ Écrivain sénégalais d'expression française (né en 1928). *"L'Aventure ambiguë"*.

Kangxi ou **K'ang-hi** ■ Empereur de Chine (1654-1722). Sous son règne, la Chine redevint une grande puissance.

Kang Youwei ■ Homme politique et philosophe chinois (1858-1927). Surnommé « le Jean-Jacques Rousseau chinois ».

Kankan ■ Ville de Guinée. 88 800 hab.

Kano ■ Ville du Nigeria. 566 000 hab. Ancienne capitale d'un royaume haoussa (XIᵉ - XIXᵉ s.).

l'école **Kanō** ■ École de peinture japonaise active du XVᵉ au XXᵉ s. ▶ *Kanō Masanobu* (1434-1530) et **Kanō Eitoku** (1543-1590) sont ses représentants principaux.

Kānpur, anciennement **Cawnpore** ■ Ville de l'Inde (*Uttar Pradesh). 1,7 million d'hab. Centre industriel (textile, cuir, métallurgie).

le **Kansas** ■ État du centre des États-Unis. 213 096 km². 2,36 millions d'hab. Capitale : Topeka. État agricole (1ᵉʳ producteur de blé des États-Unis) ; élevage bovin. Pétrole, gaz. Industrie agro-alimentaire, engrais. Universités. Sa prospérité est liée au développement du chemin de fer (v. 1860).

Kansas City ■ Centre urbain des États-Unis, formé par deux villes du même nom, de part et d'autre du Missouri. *Kansas City* (*Missouri), 448 000 hab. et *Kansas City* (*Kansas), 161 000 hab.

Emmanuel **Kant** ■ Philosophe allemand (1724-1804). Sa critique de la raison tire la leçon de la révolution accomplie depuis *Copernic dans les sciences : n'est connu que ce qui est conforme à notre faculté de connaître. Elle ruine la théologie rationnelle, repense la morale et l'esthétique. ▶ *le* **kantisme** marque les débuts de la philosophie contemporaine. □ *le* **néo-kantisme** réaffirma l'actualité du criticisme kantien (⇒ **Cassirer**).

Antioche **Kantemir** ■ Poète et diplomate russe (1708-1744), fils de D. *Cantemir. *"Contre les dénigreurs de la culture"*.

Tadeusz **Kantor** ■ Peintre et homme de théâtre polonais (1915-1990). *"La Classe morte"*.

Leonid **Kantorovitch** ■ Économiste soviétique (1912-1986). Prix Nobel 1975.

Kaoh-siung ou, en pinyin, **Gaoxiong** ■ Ville et premier port de Taïwan. 1,34 million d'hab.

Kaolack ■ Ville et port du Sénégal. 132 000 hab.

Piotr **Kapitsa** ■ Physicien soviétique (1894-1984). Prix Nobel 1978.

la mer de **Kara** ■ Mer bordière de l'océan Arctique, au nord de la Russie.

Karaca Oğlan ■ Poète populaire turc (1606-v. 1679).

Karāchi ■ Ancienne capitale, principale ville et port du Pakistan, sur le golfe d'Oman. 5,1 millions d'hab. Centre industriel.

Djordje Petrović dit **Karadjordje** ou **Karageorges** ■ Homme politique serbe (1752-1817). Chef de l'insurrection serbe contre les Turcs (1804), fondateur de la dynastie des *Karadjordjević* ou *Karageorgévitch*, princes de *Serbie de 1808 à 1941.

Vuk **Karadžić** ■ Écrivain et réformateur de la langue serbe (1787-1864). Il s'intéressa au folklore, publia une "*Grammaire*" et le premier "*Dictionnaire serbe*".

Karaganda ■ Ville de la C.É.I. (*Kazakhstan). 614 000 hab. Centre d'un bassin houiller.

Karageorges ■ ⇒ Karadjordje.

Herbert von **Karajan** ■ Chef d'orchestre autrichien (1908-1989). Symphoniste célèbre et maître de l'opéra (Berlin, festival de Salzbourg).

la **Karakalpakie** ■ République autonome d'*Ouzbékistan (C.É.I.). 164 900 km². 1,21 million d'hab. *(les Karakalpaks)*. Capitale : Noukous (169 000 hab.). Région agricole.

le **Karakoram** ■ Massif montagneux de l'ouest de l'*Himalaya. 8 611 m.

Konstandínos **Karamanlís** ou, en français, *Constantin* **Caramanlis** ■ Homme politique grec (né en 1907). Premier ministre de 1955 à 1963 et président de la République de 1980 à 1985.

Nikolaï **Karamzine** ■ Écrivain russe (1766-1826). Il a donné naissance au russe littéraire moderne.

Karbalā' ■ Ville d'Irak. 185 000 hab. Centre de pèlerinage pour les *chiites.

Abram **Kardiner** ■ Psychanalyste et ethnologue américain (1891-1981). Un des créateurs de l'anthropologie culturelle.

Karl-Marx-Stadt ■ ⇒ Chemnitz.

Boris **Karloff** ■ Acteur de cinéma britannique naturalisé américain (1887-1969). Célèbre pour son interprétation du monstre dans "*Frankenstein*", d'après Mary *Shelley.

Karlsruhe ■ Ville d'Allemagne (*Bade-Wurtemberg). 260 000 hab. Port sur le Rhin. Industries mécaniques. Raffinerie.

Karnak ■ Site archéologique d'Égypte (partie nord de *Thèbes). Célèbre temple d'*Amon, construit du XVIᵉ au XIIIᵉ s. av. J.-C. ≠ *Carnac*.

Karnātaka, autrefois *Mysore* ■ État du sud-ouest de l'Inde. 191 791 km². 37,1 millions d'hab. Capitale : Bangalore.

Alphonse **Karr** ■ Journaliste et écrivain français (1808-1890). Publication satirique, *les Guêpes*.

Paul **Karrer** ■ Chimiste suisse (1889-1971). Ses études sur les vitamines lui valurent le prix Nobel en 1937.

Kars ■ Ville de Turquie. 59 000 hab. Capitale de l'*Arménie au Xᵉ s.

le **Karst** ■ Région de Slovénie (*Istrie) formée de plateaux calcaires, modelés par l'érosion des eaux souterraines. 〈 ▶ karst 〉

le **Kasaï** ou **Kassaï** ■ Rivière d'Afrique centrale, affluent du Zaïre. 1 940 km.

le **Kasmir** ou **Kashmir** ■ ⇒ le Cachemire.

Jan **Kasprowicz** ■ Poète polonais (1860-1926). "*Christ*".

Kassel ■ Ville d'Allemagne (*Hesse), ancienne capitale de la Hesse. 188 000 hab. Château impérial (IXᵉ s.). Centre industriel et culturel.

les Kassites ■ Peuple asiatique de l'Antiquité, qui conquit, au XVIIIᵉ s. av. J.-C., la *Mésopotamie.

Alfred Kastler ■ Physicien français (1902-1984). Prix Nobel 1966.

Erich Kästner ■ Romancier allemand (1899-1974). "*Émile et les détectives*".

Valentin Kataïev ■ Écrivain soviétique (1897-1986). "*Les Flots de la mer Noire*", cycle romanesque sur la révolution russe.

le Katanga ■ ⇒ Shaba.

Kateb Yacine ■ Écrivain algérien d'expression française (1929-1989). "*Nedjma*" (roman) et "*Cercle de représailles*" (théâtre) sont inspirés par la guerre d'indépendance.

le kathakali ■ Genre théâtral dansé du sud de l'Inde.

Katmandou ou **Kātmāndu** ■ Capitale du Népal. 235 000 hab. Pèlerinages bouddhiques. Artisanat. Tourisme.

Katowice ■ Ville de Pologne. 369 000 hab. Grand centre industriel et minier de haute *Silésie.

Katyn ■ Localité de Russie à l'ouest de *Smolensk. Les Allemands y découvrirent en 1943 un charnier d'officiers polonais exécutés par la police politique soviétique. Le *massacre de Katyn* a gravement affecté les relations russo-polonaises.

Kaunas ■ Ville et port fluvial de *Lituanie. 423 000 hab. Centre culturel. Industries.

le prince von Kaunitz-Rittberg ■ Homme politique autrichien (1711-1794). Il allia l'Autriche à la France (⇒ guerre de **Sept Ans**) et soutint la politique de Joseph II.

Karl Kautsky ■ Homme politique allemand (1854-1938). Théoricien marxiste du parti social-démocrate, qu'il dirigea avec Eduard *Bernstein (1880). Critiqué par *Lénine comme « renégat ».

Kawabata Yasunari ■ Écrivain japonais (1899-1972). Prix Nobel 1968. "*Pays de neige*".

Kawagoe ■ Ville du Japon (*Honshū). 299 000 hab. Temple du IXᵉ s.

Kawasaki ■ Ville du Japon (*Honshū). 1,1 million d'hab. Grand centre d'industrie lourde.

Kayseri, autrefois **Césarée** ■ Ville de Turquie. 378 000 hab. Ancienne capitale de la *Cappadoce, un des premiers foyers du christianisme en Asie.

le Kazakhstan ou **la Kazakhie** ■ État (république) d'Asie centrale, au nord-ouest de la Chine, s'étendant de l'Europe au *Turkestan. 2 717 300 km². 16,5 millions d'hab. *(les Kazakhs)*. Capitale : Alma-Ata. Langues : kazakh, russe, allemand. Monnaie : rouble. Sous-sol très riche. Agriculture (céréales, moutons). Industries (sidérurgie, cuir). Base aérospatiale à *Baïkonour. La population, musulmane, d'origine turque, a été dominée par les Russes qui ont colonisé la région à partir du XVIIIᵉ s. Membre de la *C.É.I.

Elia Kazan ■ Cinéaste américain (né en 1909). "*À l'est d'Éden*" ; "*Sur les quais*".

Kazan ■ Ville de la C.É.I., capitale de la république autonome des *Tatars (*Russie). 1,1 million d'hab. Port fluvial sur la *Volga. Grand centre industriel et culturel. Capitale du royaume bulgare de la Volga, puis (XIVᵉ s.) d'un État mongol.

Níkos Kazantzakis ■ Écrivain grec (1885-1957). "*Alexis Zorba*" ; "*le Christ recrucifié*".

Edmund Kean ■ Le plus célèbre acteur du théâtre anglais (1789-1833). Sa vie inspira une comédie à *Dumas (adaptée par *Sartre).

Buster **Keaton** ■ Acteur et cinéaste américain (1895-1966). Une des plus grandes vedettes du cinéma comique muet, avec Charlie *Chaplin. "*Les Lois de l'hospitalité*".

John **Keats** ■ Poète romantique anglais (1795-1821). Il a célébré le culte de l'art et de la beauté. "*Ode à un rossignol*".

Kehl ■ Ville d'Allemagne (*Bade-Wurtemberg), en face de Strasbourg. 30 000 hab.

le **Keihin** ■ Immense conurbation japonaise qui s'étend de *Tokyo à *Yokohama. 13 millions d'hab.

Wilhelm **Keitel** ■ Maréchal allemand, chef de la *Wehrmacht de 1938 à 1945, il fut condamné à mort par les Alliés (⟹ **Nuremberg**) et pendu (1882-1946).

Urho **Kekkonen** ■ Homme politique finlandais (1900-1986). Plusieurs fois Premier ministre entre 1950 et 1956, il fut président de la République de 1956 à 1981.

Friedrich August **Kekule** *von Stradonitz* ■ Chimiste allemand (1829-1896). Son étude du carbone inaugure la chimie organique structurale.

Gottfried **Keller** ■ Écrivain suisse d'expression allemande (1819-1890). "*Henri le Vert*".

François **Kellermann** *duc de Valmy* ■ Officier français (1735-1820). Vainqueur à *Valmy (1792), maréchal d'Empire.

Frank Billings **Kellogg** ■ Diplomate américain (1856-1937). Prix Nobel de la paix 1929 après la signature par 57 pays du *pacte *Briand-Kellogg (1928), qui condamnait la guerre.

Kells ■ ⟹ Ceanannus Mór.

lord **Kelvin** ■ ⟹ sir William Thomson.

Mustafa **Kemal** ■ ⟹ Mustafa Kemal.

Yachar **Kemal** ■ ⟹ Yaşar Kemal.

Zsigmond *baron* **Kemény** ■ Écrivain hongrois (1814-1875). Auteur de romans historiques. "*Les Exaltés*".

Kemerovo ■ Ville de la C.É.I. (*Russie), dans le *Kouzbass. 520 000 hab. Chimie.

Edward **Kendall** ■ Chimiste américain (1886-1972). Importants travaux sur les hormones. Prix Nobel de physiologie et de médecine 1950.

Kenitra, *autrefois* **Port-Lyautey** ■ Ville et port artificiel du Maroc. 188 000 hab.

John Fitzgerald **Kennedy** ■ Homme politique américain (1917-1963). 35e président (démocrate) des États-Unis, de 1961 à son assassinat. Politique progressiste à l'intérieur et de « coexistence pacifique » à l'extérieur. Ferme à l'égard de l'U.R.S.S. et de Cuba (⟹ crise de **Cuba**), il engagea l'escalade américaine au *Viêt-nam. □ *Robert* **Kennedy** (1925-1968), son frère et ministre de la Justice, fut lui aussi assassiné.

Kensington ■ Quartier résidentiel de l'ouest de Londres, formant avec Chelsea un bourg *(borough)* du Grand Londres. 133 000 hab.

le **Kent** ■ Comté du sud-est de l'Angleterre. 3 732 km². 1,5 million d'hab. Chef-lieu : Maidstone (72 000 hab.). Agriculture. Tourisme (*Canterbury, *Douvres).

le **Kentucky** ■ État du centre des États-Unis. 104 659 km². 3,66 millions d'hab. Capitale : Frankfort. Agriculture, élevage de chevaux. Industrie du tabac. Whisky (bourbon). Universités. Réserve d'or de Fort *Knox.

le **Kenya** ■ État (république) de l'Afrique de l'Ouest. 582 646 km². 23,9 millions d'hab. *(les Kenyans).* Capitale : Nairobi. Langues officielles : anglais et swahili. Monnaie : shilling kenyan. Climat équatorial souvent modifié par l'altitude (mont Kenya : 5 194 m). Agriculture (café, thé, sisal). Tourisme (safaris). Ancienne colonie anglaise, indépendante dans le cadre du *Commonwealth depuis 1963.

Jomo Kenyatta ■ Homme politique kenyan (1893-1978). Il lutta pour l'indépendance et devint président de la République en 1964.

Johannes Kepler ■ Astronome allemand (1571-1630). Disciple de *Copernic et de Tycho *Brahe, il énonça les lois du mouvement des planètes autour du Soleil.

le Kerala ■ État de l'extrême sud-ouest de l'Inde. 38 863 km². 25,5 millions d'hab. Capitale : Trivandrum.

Alexandre Kerenski ■ Homme politique russe (1881-1970). Socialiste, chef du gouvernement provisoire de juillet à octobre 1917, renversé par les *bolcheviks.

Pauline Kergomard ■ Pédagogue française (1838-1925). Une des fondatrices de l'école maternelle en France.

les îles Kerguelen ■ Archipel français du sud de l'océan Indien (terres *Australes), nommé d'après Yves *Kerguelen* de Trémarec (1745-1797). 7 215 km². Importante base scientifique.

le Kerintji ■ Volcan de *Sumatra, point culminant de l'île. 3 805 m.

Kermān ■ Ville d'Iran. 257 000 hab. Mosquée. Premier centre d'exportation de tapis.

Kermanshah ■ ⇒ **Bakhtarān.**

Jack Kerouac ■ Écrivain américain (1922-1969). Il a critiqué la civilisation américaine. *"Sur la route"* eut une grande influence sur la jeunesse occidentale.

Kertch ■ Ville et port de la C.É.I. (*Ukraine). 174 000 hab. ▶ *le détroit de Kertch* fait communiquer la mer d'*Azov et la mer *Noire.

Joseph Kessel ■ Écrivain français (1898-1979). Le voyage, l'action et la fraternité sont les thèmes de ses romans. *"Le Lion"*.

Wilhelm Ketteler ■ Prélat allemand (1811-1877). Un des fondateurs du catholicisme social.

John Maynard Keynes ■ Économiste britannique (1883-1946). Il conçut la nécessité d'une intervention de l'État pour garantir le plein-emploi, tout en voulant préserver au maximum les principes du libéralisme. *"Théorie générale de l'emploi, de l'intérêt et de la monnaie"* (1936).

le K.G.B. ■ Organisme soviétique qui était chargé du renseignement à l'intérieur et à l'extérieur de l'U.R.S.S.

Khabarovsk ■ Ville de la C.É.I. (*Russie), sur l'Amour. 601 000 hab. Métropole de la *Sibérie extrême-orientale.

Khadīdja ■ Première épouse de *Mahomet (morte en 619). Elle lui apporta un précieux soutien. Mère de *Fātima.

Khaibar ou **Khyber** ■ Célèbre défilé entre l'Afghanistan et le Pakistan. Bataille anglo-afghane en 1842.

Mohammed Khaïr-Eddine ■ Écrivain marocain d'expression française (né en 1941). *"Le Déterreur"*.

al-Khalīl ■ Grammairien arabe (mort v. 791). Il composa le premier dictionnaire arabe.

Kharbin ■ ⇒ **Harbin.**

le Khārezm ■ Ancien État d'Asie centrale, devenu russe en 1873, partagé en 1924 entre l'*Ouzbékistan, la *Karakalpakie et le *Turkménistan.

le kharidjisme ■ Premier schisme de l'islam (657), à propos de la succession du Prophète. ▶ *les kharidjites* sont réputés pour leur puritanisme et leur intransigeance.

Kharkov ■ Ville de la C.É.I. (*Ukraine). 1,61 million d'hab. Grand centre industriel, commercial et culturel. Bataille soviéto-allemande (1941-1943).

Khartoum ■ Capitale de la république du Soudan, au confluent du *Nil Blanc et du *Nil Bleu (banlieues :

*Omdourman, Nord-Khartoum [341 000 hab.]). 476 000 hab. Prise par les *mahdistes en 1884, qui y tuèrent *Gordon Pacha.

Aram Khatchatourian ■ Compositeur soviétique (arménien), marqué par les folklores arménien et géorgien (1903-1978). "*La Danse du sabre*".

'*Umar Khayyām* ■ Savant et poète persan (v. 1050 - v. 1123). Ses poèmes, de forme brève (« robaïates »), expriment un regard critique et désespéré sur le monde.

les Khazars ■ Ancien peuple d'origine turque. Ils fondèrent un empire du VIIe au XIe s. en Asie centrale.

Khéops ■ Second pharaon de la IVe dynastie (v. 2650 av. J.-C.). Il fit construire la grande pyramide de *Gizeh.

Khéphren ■ Fils et successeur de *Khéops, troisième pharaon de la IVe dynastie (v. 2620 av. J.-C.). Il fit construire la seconde pyramide de *Gizeh. ⟹ **Mykérinos.**

Kherson ■ Ville et port de la C.É.I. (*Ukraine). 355 000 hab. Conserveries. Combinat textile. Raffinerie de pétrole.

Khiva ■ Oasis d'*Ouzbékistan (C.É.I.), ancienne capitale du *Khārezm, entourée de murailles en terre.

Velimir Khlebnikov ■ Poète russe (1885-1922). Un des fondateurs de l'école *futuriste russe. "*Perquisition de nuit*".

les Khmers ■ Peuple de Mongols et d'Indiens. Ils créèrent une civilisation brillante au *Cambodge entre le VIIe et le XIVe s., synthèse entre le *bouddhisme et l'*hindouisme. *Angkor fut détruite par les Siamois en 1431. ▶ *les Khmers rouges*. Nom donné aux communistes cambodgiens, partisans de *Pol Pot (⟹ **Cambodge**).

l'imam Khomeini ■ Chef *chiite iranien, fondateur de la république islamique d'Iran en 1979 (1900-1989).

Khorramshahr ■ Ville et port d'Iran. 140 000 hab.

Khorsabad ■ Site archéologique d'Irak. Ancienne capitale de *Sargon II.

Khosrô Ier ou *Chosroês Ier* ■ Roi *sassanide de Perse (531-579). Célèbre par sa sagesse et le raffinement de la société de son temps.

Khouribga ■ Ville du Maroc. 127 000 hab. Extraction de phosphates.

Nikita Khrouchtchev ■ Homme politique soviétique (1894-1971). Après la mort de *Staline, il devint Premier secrétaire du parti communiste et mena une politique de « déstalinisation ». Ses échecs économiques et diplomatiques, notamment lors de la crise de *Cuba, l'obligèrent à quitter ses fonctions en 1964.

Khulna ■ Ville du Bangladesh. 646 000 hab. Centre commercial et industriel.

Muḥammad al-Khwārizmī ■ Savant et mathématicien arabe (début du IXe s.). Il a imposé le terme *algèbre* (*al-jabr*, « la réduction »). Son nom latinisé a donné le mot *algorithme*. ⟨ ▶ algorithme ⟩

Khyber ■ ⟹ **Khaibar.**

Kichinev ■ Nom donné jusqu'en 1991 à la ville de *Chisinau.

Kiel ■ Ville et port d'Allemagne, capitale du *Schleswig-Holstein. 239 000 hab. Ancienne base navale. Important port de pêche, de commerce et de plaisance. Industrie. Le *canal de Kiel* (98 km) joint la mer du Nord à la Baltique.

Kielce ■ Ville de Pologne. 208 000 hab. Métallurgie, chimie.

Alexander Kielland ■ Écrivain norvégien (1849-1906). "*Travailleurs*", roman ironique et engagé.

Søren **Kierkegaard** ■ Théologien et penseur danois (1813-1855). Son influence sur les philosophies de l'existence et le renouveau de la théologie protestante est considérable. *"Le Concept d'angoisse"* ; *"le Journal du séducteur"*.

Kiev ■ Ville de la C.É.I., capitale de l'*Ukraine, sur le Dniepr. 2,58 millions d'hab. Édifices religieux du XIe s. (la Laure). Grand centre industriel, commercial et culturel. *Vladimir Ier, puis *Iaroslav Vladimirovitch (XIe s.) en firent la capitale du premier État russe, rivale de *Constantinople dans le monde orthodoxe. Elle fut rattachée à la Lituanie en 1361 puis à la Russie en 1667.

Kigali ■ Capitale du Rwanda. 157 000 hab.

le **Kilimandjaro,** aujourd'hui *pic* **Uhuru** ■ Massif volcanique de la Tanzanie et point culminant de l'Afrique (5 895 m).

Volter **Kilpi** ■ Écrivain finnois (1874-1939). *"Dans la salle d'Alastalo"*.

Kimberley ■ Ville d'Afrique du Sud (province du *Cap). 158 000 hab. Diamants.

Kimcha'ek ■ Ville et port de Corée du Nord. 490 000 hab.

Kim Il-sung ■ Homme politique nord-coréen (né en 1912). Communiste, il lutta contre les Japonais (1943-1945), devint Premier ministre (1948), puis fut élu chef de l'État en 1972.

le mont **Kinabalu** ■ Point culminant de l'île de *Bornéo. 4 175 m.

Hans **Kinck** ■ Écrivain norvégien (1865-1926). *"De la mer à la lande"*.

Kindia ■ Ville de Guinée. 55 900 hab.

William Lyon Mackenzie **King** ■ Homme politique canadien (1874-1950). Premier ministre de 1921 à 1926, de 1926 à 1930 et de 1935 à 1948, il fut l'un des principaux artisans de l'indépendance du Canada au sein du Commonwealth.

Martin Luther **King** ■ Pasteur baptiste noir américain (1929-1968). Il lutta pour l'intégration des Noirs dans la société américaine en prêchant la non-violence (⇒ **Black Power**). Prix Nobel de la paix 1964. Assassiné le 4 avril 1968.

Kingersheim ■ Commune du Haut-Rhin. 11 300 hab.

Kingston ■ Capitale et port de la Jamaïque. 104 000 hab. Centre culturel, commercial et industriel. Exportation de bauxite.

Kingston upon Hull ou **Hull** ■ Ville et 3e port de commerce de l'Angleterre (*Humberside). 325 000 hab. Importantes activités de pêche.

Kingstown ■ Capitale et principal port de l'État de Saint-Vincent et Grenadines. 18 900 hab.

Alfred **Kinsey** ■ Zoologiste et médecin américain (1894-1956). *Rapports Kinsey :* enquêtes sur la sexualité humaine.

Kinshasa, autrefois **Léopoldville** ■ Capitale du Zaïre. 2,65 millions d'hab. Centre administratif, commercial et industriel.

Rudyard **Kipling** ■ Écrivain anglais (1865-1936). Son œuvre célèbre les thèmes de l'éducation morale, de l'énergie et les aspects exaltants de l'aventure coloniale. *"Le Livre de la jungle"* (1895) ; *"Kim"*. Prix Nobel 1907.

Athanasius **Kircher** ■ Jésuite et savant allemand (1601-1680).

Gustav **Kirchhoff** ■ Physicien allemand (1824-1887). Étudiant le rayonnement thermique, il aboutit au concept de corps noir et fonda avec *Bunsen l'analyse spectrale.

Ernst **Kirchner** ■ Peintre et graveur allemand (1880-1938). Fondateur du groupe expressionniste die *Brücke.

le **Kirghizistan** ou *la* **Kirghizie** ■ État (république) d'Asie centrale. 198 500 km². 4,3 millions d'hab. *(les Kirghiz).* Capitale : Bechpek. Langue : kirghize, russe. Monnaie : rouble. Pays de montagnes. Élevage, coton. Industries. Membre de la C.É.I.

Kiribati ■ État (république) du Pacifique constitué de l'île Banaba et de plusieurs îles de trois archipels (Gilbert, Phoenix, Ligne). 849 km². 69 600 hab. Capitale : Bairiki (sur l'atoll de Tarawa). Langues : kiribati (officielle), anglais. Monnaie : dollar australien. Coprah. Colonie britannique sous le nom d'*îles *Gilbert* jusqu'en 1979. Membre du *Commonwealth.

Kirin ■ ⇒ Jilin.

Kirkūk ■ Ville du nord de l'Irak. 208 000 hab. Marché agricole. Raffineries.

Sergueï Kirov ■ Homme politique soviétique (1886-1934). Son assassinat fut le prétexte de la première grande purge stalinienne.

Kirov, jusqu'en 1934 *Viatka* ■ Ville de *Russie. 441 000 hab. Métallurgie et textile. Région agricole.

Kirovabad ■ ⇒ Gandja.

Kirovograd ■ Ville d'*Ukraine. 269 000 hab.

Danilo Kiš ■ Écrivain yougoslave (1935-1989). "*Le Sablier*".

Kisangani, autrefois *Stanleyville* ■ Ville du Zaïre sur le fleuve Zaïre. 283 000 hab. Université.

Károly Kisfaludy ■ Écrivain hongrois (1788-1830). Chef de file du romantisme hongrois. "*Les Tartares en Hongrie*".

Henry Kissinger ■ Universitaire et homme politique américain (né en 1923). Inspirateur de la politique extérieure des présidents *Nixon et *Ford. Prix Nobel de la paix 1973.

la Kistnā ■ ⇒ Krishnā.

Kita-Kyūshū ■ Ville du Japon (*Kyūshū). 1,04 million d'hab. Le plus grand centre sidérurgique du monde. Port artificiel.

lord Herbert Kitchener ■ Maréchal britannique (1850-1916). Il reconquit le Soudan (1898) et mit fin, de façon brutale, à la guerre des *Boers (1902). Ministre de la Guerre en 1914.

Kitchener ■ Ville du Canada (*Ontario). 151 000 hab. Centre commercial et financier.

Kitwe-Nkana ■ Ville de Zambie. 449 000 hab. Industrie liée aux mines de cuivre.

Kitzbühel ■ Ville des Alpes autrichiennes, au *Tyrol. 7 900 hab. Station de sports d'hiver.

Aleksis Kivi ■ Écrivain finnois (1834-1872). "*Les Sept Frères*".

le lac Kivu ■ Lac d'Afrique. 2 650 km². Frontière entre le Zaïre et le Rwanda.

le Kizil Irmak ■ Fleuve de Turquie, qui se jette dans la mer *Noire. 1 400 km.

Klagenfurt ■ Ville d'Autriche, capitale de la *Carinthie. 87 300 hab.

Ludwig Klages ■ Psychologue et graphologue allemand (1872-1956).

Klaïpeda, avant 1923 *Memel* ■ Ville et port de *Lituanie, sur la Baltique. 204 000 hab.

Jean-Baptiste Kléber ■ Général français (1753-1800). Il réprima la contre-révolution en *Vendée puis fut l'adjoint de *Jourdan. Successeur de Bonaparte dans la campagne d'Égypte, il fut assassiné au Caire.

Paul Klee ■ Peintre et théoricien suisse allemand (1879-1940). Membre du *Cavalier bleu, puis professeur au *Bauhaus. Au travers de quelques thèmes (la nature, la musique, l'architecture, la ville), il montra l'importance des rythmes colorés.

Felix Klein ■ Mathématicien allemand (1849-1925). Unification de la géométrie par la théorie des groupes.

Melanie **Klein** ■ Psychanalyste autrichienne naturalisée britannique (1882-1960). *"La Psychanalyse des enfants"*.

Yves **Klein** ■ Peintre français (1928-1962). Théoricien de la couleur pure : monochromes bleus.

Heinrich von **Kleist** ■ Écrivain romantique allemand (1777-1811). Son génie fut méconnu par ses contemporains. Il se suicida. *"Catherine de Heilbronn"* ; *"le Prince de Hombourg"*.

Gustav **Klimt** ■ Peintre et décorateur autrichien (1862-1918). Principal représentant de l'art *nouveau à Vienne. Portraits et paysages symboliques ornés de motifs décoratifs précieux.

Franz **Kline** ■ Peintre américain (1910-1962). Agrandissements de tracés linéaires.

Friedrich von **Klinger** ■ Auteur dramatique allemand (1752-1831). Sa pièce *"Sturm und Drang"* (« Orage et passion ») donna son nom au mouvement intellectuel et artistique animé par *Goethe (⇒ **romantisme**).

Tristan **Klingsor** ■ Poète français (1874-1966). *"Schéhérazade"*, poèmes mis en musique par Ravel.

le **Klondike** ■ Rivière du Canada (160 km), affluent du *Yukon. La découverte de riches gisements d'or en 1896 déclencha une véritable ruée et une activité intense, jusque vers 1906.

Friedrich **Klopstock** ■ Écrivain allemand (1724-1803). Ses poèmes et ses tragédies ont marqué un retour aux sources de la littérature germanique.

Pierre **Klossowski** ■ Écrivain français (né en 1905). *"Les Lois de l'hospitalité"*. Dessins.

Klosterneuburg ■ Ville d'Autriche (Basse-*Autriche), dans les environs de Vienne. 23 400 hab. Célèbre monastère (XIIᵉ s.).

la **Knesset** ■ Le Parlement israélien.

Knokke-le-Zoute ■ Commune de Belgique (*Flandre-Occidentale). 30 000 hab. Station balnéaire.

Knossos ■ ⇒ Cnossos.

Fort **Knox** ■ Zone militaire des États-Unis (*Kentucky). Réserve fédérale d'or.

John **Knox** ■ Réformateur religieux écossais (v. 1505 - 1572). Il fut lié à *Calvin. Fondateur de l'Église presbytérienne (⇒ **protestantisme**).

Knoxville ■ Ville des États-Unis (*Tennessee). 175 000 hab. Université.

Knud ou *Knut* ■ ⇒ Canut.

Kōbe ■ Ville et port du Japon (*Honshū). 1,4 million d'hab. Sidérurgie. Constructions navales. Chimie.

Robert **Koch** ■ Médecin allemand (1843-1910). Prix Nobel 1905. *Bacille de Koch* : agent de la tuberculose.

Jan **Kochanowski** ■ Poète polonais (1530-1584). Fondateur de la poésie polonaise. *"La Concorde"*.

Ludwig von **Köchel** ■ Musicographe autrichien (1800-1877). Catalogue des œuvres de *Mozart.

Kōchi ■ Ville et port de pêche du Japon (*Shikoku). 317 000 hab.

Zoltán **Kodály** ■ Compositeur et folkloriste hongrois (1882-1967). Avec *Bartók, il étudia la musique populaire de Hongrie. Œuvres symphoniques (*"Danses de Galánta"*) et pour chœurs.

Charles **Kœchlin** ■ Compositeur français (1867-1950). *"La Nuit de Walpurgis"*, musique symphonique.

Marie Pierre **Kœnig** ■ Maréchal de France (1898-1970). Un des chefs militaires de la *Résistance.

Arthur **Koestler** ■ Écrivain anglais d'origine hongroise (1905-1983). *"Le Zéro et l'Infini"*.

Kurt **Koffka** ■ Psychologue allemand naturalisé américain (1886-1941). ⇒ **Köhler.**

Kōfu ■ Ville du Japon (*Honshū). 202 000 hab. Vin.

Helmut **Kohl** ■ Homme politique ouest-allemand (né en 1930). Président de la C.-D.U. dès 1973, il devint chancelier en octobre 1982 et fut reconduit dans ses fonctions lors des premières élections de l'Allemagne réunifiée (1990).

Wolfgang **Köhler** ■ Psychologue allemand (1887-1967). Un des principaux théoriciens, avec *Koffka et *Wertheimer, du *gestaltisme* (ou « psychologie de la forme »).

Pavel **Kohout** ■ Auteur dramatique tchèque (né en 1928). "*August, August, August*".

Kokand ■ Ville de la C.É.I. (*Ouzbékistan). 182 000 hab. Industries. Capitale de l'ancien khanat de Kokand, de 1740 à l'invasion russe (1876).

Oskar **Kokoschka** ■ Peintre autrichien (1886-1980). Portraits *expressionnistes à la psychologie exacerbée. Paysages.

la presqu'île de **Kola** ■ Péninsule de *Russie, entre la mer *Blanche et la mer de *Barents. 100 000 km².

Robert **Koldewey** ■ Archéologue allemand (1855-1925). Fouilles de Babylone.

Kolhāpur ■ Ville de l'Inde (*Mahārāshtra). 341 000 hab.

Alexandra **Kollontaï** ■ Révolutionnaire russe (1872-1952).

Andreï **Kolmogorov** ■ Mathématicien russe (1903-1987). Théorie axiomatique des probabilités.

Alexandre **Koltchak** ■ Amiral russe (1874-1920). Chef de l'armée contre-révolutionnaire de 1918 à 1920.

la **Kolyma** ■ Fleuve de *Russie, en *Sibérie orientale, qui se jette dans l'*Arctique. 2 600 km.

le **Komintern** ■ ⇒ la IIIᵉ **Internationale.**

la république des **Komis** ■ Une des 16 républiques autonomes de la Fédération de *Russie, au nord de l'*Oural. 415 900 km². 1,3 million d'hab. Capitale : Syktyvkar. Houille. Pétrole. Gaz. Élevage (bovins, rennes).

Komsomolsk-sur-l'Amour ■ Ville de la C.É.I. (*Russie), port fluvial sur l'*Amour. 315 000 hab. Centre culturel et économique de *Sibérie extrême-orientale, fondé en 1932 par des *Komsomols* (jeunesses communistes).

Kongzi ou **K'ongtseu** ■ ⇒ **Confucius.**

Ivan **Koniev** ■ Maréchal et homme politique soviétique, un des vainqueurs de l'Allemagne nazie (1897-1973).

Königsberg, de 1946 à 1991 **Kaliningrad** ■ Ville et port de *Russie (enclave entre la *Pologne et la *Lituanie), près de la Baltique. 401 000 hab. Constructions navales. Pêche. Capitale de l'ancienne *Prusse-Orientale. Célèbre université où enseigna *Kant. Prise par l'U.R.S.S. en 1945.

Konya ■ Ville de Turquie. 439 000 hab. Mosquée du XIIIᵉ s. et couvent des derviches tourneurs, de la même époque.

les **Köprülü** ■ Famille turque d'origine albanaise qui donna cinq grands vizirs à l'Empire ottoman, de 1656 à 1710.

Mehmet **Köprülü** ■ Historien et homme politique turc (1890-1966). "*Les Origines de l'Empire ottoman*".

Alexandre **Korneïtchouk** ■ Auteur dramatique soviétique (1905-1972). "*Le Front*".

Lavr **Kornilov** ■ Général russe (1870-1918). Chef de l'armée contre-révolutionnaire en 1917-1918.

Sergueï **Korsakoff** ■ Neuropsychiatre russe (1854-1900). *Syndrome* *de Korsakoff :* troubles mentaux dus à l'alcoolisme.

Tadeusz **Kościuszko** ■ Officier et patriote polonais (1746-1817). Il lutta toute sa vie pour l'indépendance de la Pologne.

Košice ■ Ville de Slovaquie. 229 000 hab. Édifices anciens. Centre industriel et agricole.

le **Kosovo** ■ Province de *Serbie. 10 887 km². 1,9 million d'hab. Capitale : Priština. Région la moins développée du pays. Population majoritairement albanaise qui réclame son indépendance. Troubles interethniques depuis 1988.

Lajos **Kossuth** ■ Homme politique et écrivain hongrois (1802-1894). Partisan de réformes sociales et de l'indépendance nationale, il joua un rôle capital dans la révolution de 1848.

Alexeï **Kossyguine** ■ Homme politique soviétique (1904-1980). Président du Conseil des ministres de 1964 à 1980.

Kostroma ■ Ville de la C.É.I. (*Russie). 278 000 hab. Port fluvial sur la *Volga.

Dezső **Kosztolányi** ■ Écrivain hongrois (1885-1936). Poète symboliste.

Kotohira ■ Ville du Japon (*Shikoku). 8 500 hab. Important pèlerinage shintoïste.

Koubílāi ■ ⇒ **Qūbilai Khān.**

Kouïbychev ■ ⇒ **Samara.**

Lev **Koulechov** ■ Cinéaste soviétique (1899-1970). Théoricien du montage (« effet Koulechov »), précurseur de *Poudovkine et *Eisenstein. *"Les Aventures extraordinaires de Mr. West au pays des bolcheviks".*

Koumaïri, de 1924 à 1990 **Leninakan** ■ Ville d'*Arménie. 120 000 hab. Industries. Rebaptisée Alexandropol de 1837 à 1924.

le **Kouo-min-tang** ■ ⇒ **Guomindang.**

Kouo Mo-Jo ■ ⇒ **Guo Moruo.**

Alexandre **Kouprine** ■ Romancier et nouvelliste russe (1870-1938). *"Le Bracelet de grenats".*

la **Koura** ■ Fleuve né au sud du Caucase en Turquie, qui traverse la Géorgie et l'Azerbaïdjan et se jette dans la mer *Caspienne. 1 515 km.

Kourgan ■ Ville de la C.É.I. (*Russie), en *Sibérie occidentale. 356 000 hab.

les îles **Kouriles** ■ Archipel russe au nord du Japon. 15 600 km².

Kourou ■ Commune de la *Guyane française. 13 900 hab. Base de lancement de fusées (*Ariane).

Koursk ■ Ville de la C.É.I. (*Russie). 424 000 hab. Industrie métallurgique.

Koutaïssi ■ Ville de Géorgie 235 000 hab. L'une des plus vieilles villes de Transcaucasie. Cathédrale du XIIe s.

Mikhaïl **Koutouzov** ■ Feldmaréchal russe (1745-1813). Il mena l'offensive russe de 1812 contre l'armée de Napoléon Ier.

le **Kouzbass** ■ Le plus grand bassin houiller de la Russie en *Sibérie occidentale. Mines de fer et de métaux non ferreux. ⇒ **Novokouznetsk.**

Sofia **Kovalevskaïa** ■ Mathématicienne russe (1850-1891).

Lew **Kowarski** ■ Physicien et chimiste français d'origine russe (1907-1979). Pionnier du nucléaire civil français et européen.

le **Koweït** ■ Émirat arabe (monarchie constitutionnelle), situé entre l'Irak et l'Arabie Saoudite. 17 818 km². 2,05 millions d'hab. *(les Koweïtiens).* Capitale : Koweït (en anglais : *Koweit City*), port de 44 300 hab. Langue : arabe. Religion officielle : islam. Monnaie : dinar koweïtien. Immenses gisements de pétrole et de gaz naturel. Le pays est un des plus riches du Moyen-Orient. □ **HISTOIRE.** Ancien protectorat anglais, indépendant en 1961. Envahi par l'Irak en août 1990, libéré en février 1991 (⇒ guerre du **Golfe**), le pays a subi d'importantes destructions, notamment des installations pétrolières.

le **Kōya-San** ■ Montagne sacrée du Japon (*Honshū). Sanctuaire bouddhique.

Alexandre **Koyré** ■ Philosophe et historien des sciences français d'origine russe (1882-1964).

Kozhikode ■ Nom indien de l'ancien comptoir français de *Calicut*, sur la côte de *Malabar. 394 000 hab. Célèbre pour ses étoffes.

Kpalimé ■ 3ᵉ ville du Togo. 31 800 hab.

le **Krakatau** ou **Krakatoa** ■ Îlot volcanique d'Indonésie, entre *Java et *Sumatra. L'explosion de son volcan, en 1883, fut l'une des plus violentes de l'histoire.

Krasnodar ■ Ville de la C.É.I. (*Russie), dans le *Caucase. 620 000 hab.

Krasnoïarsk ■ Ville de la C.É.I. (*Russie), port sur l'Iénisseï. 912 000 hab. Centre culturel de la *Sibérie orientale.

Karl **Kraus** ■ Écrivain polémiste autrichien (1874-1936). "*Les Derniers Jours de l'humanité*" (1918).

Krefeld ■ Ville d'Allemagne (*Rhénanie-du-Nord-Westphalie), dans le *Ruhr. 232 000 hab. Textile.

Bruno **Kreisky** ■ Homme politique autrichien (1911-1990). Chancelier (socialiste) de 1970 à 1983, il eut un rôle diplomatique important.

le **Kremlin** ■ Citadelle des anciennes villes russes. Celui de Moscou, ancienne résidence des tsars jusqu'à *Pierre le Grand, comprend de nombreux édifices (xvᵉ - xxᵉ s.). Siège du Soviet suprême et du parti communiste de l'U.R.S.S., il est devenu le siège de la Fédération de *Russie, en 1991.

Le **Kremlin-Bicêtre** ■ Commune du Val-de-Marne. 19 600 hab. *(les Kremlinois).*

Ernst **Kretschmer** ■ Psychiatre allemand (1888-1964).

la **Krishnā** ou **Kistnā** ■ Fleuve de l'Inde qui se jette dans le golfe du Bengale. 1 280 km.

Krişna ou **Krishna** ■ Une des divinités hindoues les plus populaires, 8ᵉ *avatāra de *Vishnou. Vénéré comme le « berger de l'amour ».

Kristiansand ■ Ville et port de Norvège. 63 500 hab.

Krivoï-Rog ■ Ville d'*Ukraine. 713 000 hab. Minerai de fer. Sidérurgie.

Helge **Krog** ■ Auteur dramatique norvégien (1889-1962). "*Départ*".

Leopold **Kronecker** ■ Mathématicien allemand (1823-1891). Élève de *Kummer. Théorie des nombres algébriques.

Kronstadt ■ Base navale de la C.É.I. (*Russie), fondée sur une île de la *Baltique par *Pierre le Grand pour défendre *Saint-Pétersbourg. Mutineries révolutionnaires en 1825, 1905, 1917 et 1921.

Piotr prince **Kropotkine** ■ Révolutionnaire et théoricien anarchiste russe (1842-1921). "*Les Bases scientifiques de l'anarchie*".

Paul **Kruger** ■ Homme politique sud-africain (1825-1904). Président de la république du *Transvaal en 1883, il mena la guerre contre le Royaume-Uni de 1899 à 1902.

Alfred **Krupp** ■ Industriel allemand (1812-1887). Il créa un des groupes sidérurgiques les plus importants de la *Ruhr. □ *Gustav* **Krupp** *von Bohlen* (1870-1950) fournit le matériel de guerre en 1914-1918 et 1939-1945, soutenant le nazisme.

Ivan **Krylov** ■ Fabuliste russe (1769-1844). Auteur de neuf recueils de fables qui connaissent toujours le succès.

les **Kṣatriya** ou **Kshattriya** n.
m. ■ Caste des nobles et des guerriers
de l'Inde.

les monts des **Ksour** ■ Massif
montagneux de l'Algérie, dans l'*Atlas
algérien, à la frontière marocaine.

Kuala Lumpur ■ Capitale fédérale de la Malaysia. 938 000 hab.
Industrie de l'étain et du caoutchouc.

Kūbílāi ou **Kūblāi Khān**
■ ⇒ Qūbilai Khān.

Stanley **Kubrick** ■ Cinéaste américain (né en 1928). *"2001, l'odyssée de
l'espace" ; "Barry Lyndon"*.

le **Ku Klux Klan** ■ Mouvement,
originaire du sud des États-Unis,
contre l'émancipation des Noirs après
la guerre de *Sécession. Vers 1920-
1930, il reparut avec un caractère
ultranationaliste, xénophobe et
raciste. Interdit, il s'est manifesté
sporadiquement depuis 1960.

le **Kulturkampf,** en français
Combat pour la civilisation
■ Ensemble de mesures (dans l'enseignement, etc.) prises par Bismarck
de 1871 à 1887 afin de préserver
l'unité allemande contre le clergé
catholique, soupçonné de favoriser les
particularismes locaux. L'élection de
*Léon XIII (1878) atténua cette
politique.

Kumamoto ■ Ville du Japon
(*Kyūshū). 571 000 hab. Célèbre château féodal (XVIe s.).

Kumasi ■ Ville du Ghana.
385 000 hab. Or. Cacao.

Kumbakonam ■ Ville de l'Inde
(*Tamil Nādu). 133 000 hab. Centre
de pèlerinage à *Śiva.

Ernst **Kummer** ■ Mathématicien
allemand (1810-1893). Ses « nombres
idéaux » annoncent la théorie des
nombres algébriques.

Béla **Kun** ■ Homme politique
hongrois (1886-1937 ?). Fondateur du
parti communiste, il prit le pouvoir
en 1919 puis fut chassé par *Horthy.

Milan **Kundera** ■ Écrivain tchèque naturalisé français (né en 1929). *"La
Plaisanterie", "l'Insoutenable Légèreté
de l'être"* (romans).

Kunming ■ Ville de Chine, capitale du *Yunnan. 1,52 million d'hab.
Centre commercial.

le **Kuo-min-tang** ■ ⇒ Guomindang.

Kupang ■ Ville d'Indonésie (île de
*Timor). 403 000 hab.

Frank **Kupka** ■ Peintre tchèque
installé à Paris (1871-1957). L'un des
pionniers de l'art abstrait, inspiré par
la musique.

Kurashiki ■ Ville du Japon
(*Honshū). 415 000 hab. Sidérurgie.
Textile.

les **Kurdes** ■ Peuple de l'ouest de
l'Asie. Ils sont 15 millions, répartis en
Turquie, Iran, Irak, Syrie et la C.É.I.
En grande majorité musulmans sunnites. Ils résistent aux politiques d'assimilation forcée et répressive. ▶ *le*
Kurdistan. « Pays des Kurdes »,
région de montagnes et de plateaux
de l'ouest de l'Asie. Agriculture et
élevage. Richesses minières.
⟨ ▶ kurde ⟩

Kure ■ Ville du Japon (*Honshū).
221 000 hab. Constructions navales.
Sidérurgie.

Kurosawa Akira ■ Cinéaste
japonais (né en 1910). Son œuvre, abondante et violente, exprime souvent une
révolte contre l'injustice sociale. *"Les
Sept Samouraïs" ; "Kagemusha"*.

Kuroshio ■ Courant marin chaud
baignant les côtes orientales du Japon
avant de se heurter à l'*Oyashio.

le **Kuṣāṇa** ou **Kushān**
■ Empire fondé au début de l'ère
chrétienne en Afghanistan. Il disparut
au Ve s.

Simon **Kuznets** ■ Économiste
américain d'origine russe (1901-1985).
*"La Croissance économique des
nations"*. Prix Nobel 1971.

Kwangju ■ Ville de la Corée du Sud. 906 000 hab.

Thomas **Kyd** ■ Auteur dramatique anglais (1558-1594). Personnages cruels, atmosphère de violence. *"Tragédie espagnole"*.

Kyōto ■ Ville du Japon (*Honshū) et ancienne capitale du pays. 1,47 million d'hab. Ville historique (nombreux temples). Centre culturel et artisanal. Fondée en 794, elle fut la résidence impériale jusqu'en 1868. Elle connut des périodes fastes, marquées par un développement religieux, culturel et architectural important.

Kyūshū ■ La plus méridionale des quatre principales îles du Japon. 42 150 km². 13,3 millions d'hab. Côtes découpées et abritées. Nombreux ports (*Nagasaki, *Kagoshima). Agriculture tropicale. Complexes industriels au nord (*Kita-Kyūshū, *Fukuoka).

le **Kyzylkoum** ■ Désert de la C.É.I. (*Kazakhstan, *Ouzbékistan). Environ 300 000 km².

Kzyl-Orda ■ Ville de la C.É.I. (*Kazakhstan). 153 000 hab. Industrie alimentaire.

L

Laaland ■ ⇒ Lolland.

le chevalier de **La Barre** ■ Gentilhomme français (1747-1766). Accusé de sacrilège par l'Église, il fut décapité. Sa réhabilitation, demandée par *Voltaire, n'eut lieu qu'en 1793.

Louise Labé ■ Poétesse française (av. 1524-1566). Élégies et sonnets qui expriment un amour sensuel.

Labé ■ Ville de Guinée. 65 400 hab.

Eugène **Labiche** ■ Auteur dramatique français (1815-1888). Le maître du vaudeville. *"Un chapeau de paille d'Italie"* ; *"le Voyage de Monsieur Perrichon"*.

Étienne de **La Boétie** ■ Écrivain français (1530-1563). Ami de *Montaigne. *"Discours de la servitude volontaire"*.

Bertrand François Mahé de **La Bourdonnais** ■ Marin français (1699-1753). Il soutint sur les mers la politique coloniale de *Dupleix, mais fut désavoué.

le **Labour Party** ■ Parti *travailliste britannique.

le **Labrador** ■ Vaste péninsule formant l'extrémité nord-est du Canada (provinces de *Québec et de *Terre-Neuve). Plateau glaciaire, nombreux lacs. Hydroélectricité. Immenses gisements de fer.

Jean de **La Bruyère** ■ Écrivain français (1645-1696). *"Les Caractères"*, maximes et portraits d'une écriture dense et incisive.

le **Labyrinthe** n. m. ■ ⇒ Dédale. ⟨ ▶ labyrinthe ⟩

Gautier de Costes de **La Calprenède** ■ Écrivain français (1610-1663). Auteur de tragédies et de romans « précieux » qu'admirèrent ses contemporains, il créa le personnage d'*Artaban.

Jacques **Lacan** ■ Psychiatre et psychanalyste français (1901-1981). Il a rapproché les théories de *Freud de la linguistique et du structuralisme.

Lacédémone ■ ⇒ Sparte.

Étienne de La Ville comte de **Lacépède** ■ Naturaliste et écrivain français (1756-1825). Il contribua à l'*"Histoire naturelle"* de *Buffon.

le père **La Chaise** ■ Jésuite français (1624-1709). Confesseur de Louis XIV. □ *le cimetière du* **Père-Lachaise**. Le plus grand et le plus célèbre des cimetières parisiens.

Pierre Claude Nivelle de **La Chaussée** ■ Auteur dramatique français (1692-1754). Créateur du « drame bourgeois ».

Pierre Choderlos de **Laclos** ■ Écrivain et officier français (1741-1803). *"Les Liaisons dangereuses"* (1782), roman par lettres qui, outre son succès de scandale, eut une grande influence sur la littérature des XIXᵉ et XXᵉ s.

Charles Marie de **La Condamine** ■ Savant et voyageur français (1701-1774). Il fit connaître le caoutchouc en Europe.

Henri **Lacordaire** ■ Prêtre et prédicateur français (1802-1861). Un des chefs du catholicisme libéral, avec *Lamennais.

Lacq-Audéjos ■ Commune des Pyrénées-Atlantiques où fut découvert, en 1951, un gisement de gaz naturel, dit *gaz de Lacq*. 660 hab. *(les Lacquois, les Audéjosiens).*

Jacques de **Lacretelle** ■ Écrivain français (1888-1985). *"Silbermann"*, roman.

les Grands **Lacs** ■ ⇒ Grands Lacs.

le Grand **Lac Salé** ■ Marécage salé de l'ouest des États-Unis (*Utah). La surface plane de ses rives a servi de piste pour des essais de vitesse d'engins terrestres.

le **Ladâkh** ■ Région montagneuse (de 3 000 à 6 000 m) du *Cachemire, dans la partie attribuée à l'Inde, mais revendiquée par le Pakistan puis par la Chine. Population d'origine mongole.

*al-***Lâdhiqîyah** ■ ⇒ Lattaquié.

saint **Ladislas Iᵉʳ Árpád** ■ Roi de Hongrie (1077), qu'il acheva de christianiser (1040-1095).

Ladislas Iᵉʳ Łokietek ■ Roi de Pologne en 1320 (1260-1333). Il réunifia le pays.

le lac **Ladoga** ■ Le plus grand lac d'Europe, en *Carélie (Russie). 18 100 km².

Lae ■ Ville de Papouasie-Nouvelle-Guinée. 79 600 hab.

Laeken ■ Ancienne commune de Belgique, réunie à Bruxelles en 1921. Parc et château royal (XVIIIᵉ s.).

René **Laennec** ■ Médecin français (1781-1826). Il travailla sur l'acousti-

que appliquée aux maladies de poitrine et inventa le stéthoscope.

Laërte ■ Personnage de l'"*Odyssée". Roi d'*Ithaque et père d'*Ulysse.

Paul **Lafargue** ■ Socialiste français (1842-1911). Gendre de *Marx, auteur du pamphlet *"le Droit à la paresse"*.

Madame de **La Fayette** ■ Écrivaine française (1634-1693). *"La Princesse de Clèves"* (1678), l'un des premiers romans psychologiques modernes.

Marie-Joseph marquis de **La Fayette** ■ Général et homme politique français (1757-1834). Héros de la guerre d'*Indépendance américaine, il fut de 1789 à 1792 le champion de la monarchie constitutionnelle, dont l'échec l'obligea à quitter la France. Opposant libéral sous la *Restauration, il participa à la révolution de juillet 1830 et favorisa l'avènement de *Louis-Philippe, qui l'écarta.

Lafayette ■ Ville des États-Unis (*Louisiane). 82 000 hab. Principal foyer *cajun (francophone).

Barthélemy de **Laffemas** ■ Ministre d'Henri IV (1545 - v. 1612). Il favorisa le commerce et l'industrie, soutint Olivier de *Serres. Ses thèses économiques annoncent *Colbert.

Jacques **Laffitte** ■ Banquier français, ministre de Louis-Philippe (1767-1844). Président du Conseil en 1830-1831.

Jean de **La Fontaine** ■ Poète français (1621-1695). Ses *"Fables"*, qui mettent souvent en scène des animaux, sont extrêmement populaires pour la virtuosité de leur style et leur morale épicurienne. *"Contes et nouvelles"*.

sir Louis-Hippolyte **LaFontaine** ■ Homme politique canadien (1807-1864). Il forma, avec R. *Baldwin, deux ministères (1842-1843 ; 1848-1851).

Jules **Laforgue** ■ Poète français (1860-1887). Il a raillé les mythes et les symboles modernes. *"Les Complaintes"*.

Roger de **La Fresnaye** ■ Peintre français (1885-1925). Portraits, paysages et natures mortes traités par plans de couleur, dans un style proche du *cubisme.

Lagash, aujourd'hui *Tello* ■ Cité de *Sumer, en *Mésopotamie (Irak). Grand foyer artistique.

Pär **Lagerkvist** ■ Écrivain suédois (1891-1974). *"Le Bourreau"*, théâtre ; *"Barabbas"*, roman. Prix Nobel 1951.

Selma **Lagerlöf** ■ Romancière suédoise (1858-1940). Son *"Merveilleux Voyage de Nils Holgersson"* lui apporta une notoriété mondiale. Prix Nobel 1909.

les **Lagides** ■ ⇒ les **Ptolémées.**

Lagny-sur-Marne ■ Commune de Seine-et-Marne. 18 800 hab. *(les Laniaques* ou *les Latignaciens).* Église du XIIIᵉ s.

Lagos ■ Ancienne capitale et 1ᵉʳ port du Nigeria. 1,27 million d'hab. 1ᵉʳ centre industriel du pays, pôle commercial, politique et culturel.

Joseph Louis de **Lagrange** ■ Mathématicien français (1736-1813). Il donna le premier traité systématique de mécanique analytique, développa le calcul des variations, la résolution algébrique des équations et la théorie des nombres.

Léo **Lagrange** ■ Homme politique français (1900-1940). Membre (socialiste) des gouvernements du *Front populaire, il développa le sport et le tourisme populaire.

Frédéric César de **La Harpe** ■ Homme politique suisse (1754 - 1838). Membre du Directoire de la République helvétique, il obtint, en 1814, au congrès de *Vienne, la neutralité de la Suisse et l'indépendance du canton de Vaud.

Laurent de **La Hire** ou *La Hyre* ■ Peintre français (1606-1656). Son œuvre marque les débuts du *classicisme.

Lahore ■ 2ᵉ ville du Pakistan. 2,95 millions d'hab. Capitale du *Pendjab (pakistanais). Nombreux monuments *moghols.

Ronald **Laing** ■ Psychiatre britannique (1927-1989). Fondateur avec D. Cooper (1931-1986) de l'antipsychiatrie. *"Le Moi divisé"*.

Laïos ■ Roi légendaire de *Thèbes. Il est l'époux de *Jocaste et le père d'*Œdipe.

Joseph **Lakanal** ■ Enseignant et révolutionnaire français (1762-1845). Organisateur de l'enseignement public.

Lakshadweep ■ Territoire de l'Union indienne formé des îles Amindives, Laquedives et Minicoy. 32 km². 40 200 hab. Capitale : Kavaratti.

Michel Richard de **Lalande** ou *Delalande* ■ Compositeur et organiste français (1657-1726). *"Les Fontaines de Versailles"*.

René **Lalique** ■ Verrier et décorateur français (1860-1945). L'un des principaux créateurs de l'art *nouveau.

Lalitpur ■ ⇒ **Pātan.**

Lallaing ■ Commune du Nord. 8 000 hab *(les Lallinois).*

Thomas de **Lally-Tollendal** ■ Général français (1702-1766). Condamné à mort pour trahison après sa capitulation devant les Anglais en Inde. Voltaire obtint sa réhabilitation en 1778.

Édouard **Lalo** ■ Compositeur français pour orchestre et opéra (1823-1892). *"Symphonie espagnole"*.

Lalouvrière ■ Ville de Belgique (*Hainaut). 76 300 hab.

Wifredo **Lam** ■ Peintre cubain (1902-1982). Il s'inspira de l'art africain et adhéra au *surréalisme.

le **lamaïsme** ■ ⇒ **Tibet.**

Jean-Baptiste de Monet de **Lamarck** ■ Naturaliste français (1744-1829). Sa "*Philosophie zoologique*" fut la première théorie positive de l'évolution biologique.

Maximilien comte **Lamarque** ■ Général et homme politique français (1770-1832). Opposant républicain, ses obsèques furent l'occasion de la première insurrection républicaine de la *monarchie de Juillet (5 et 6 juin 1832).

Alphonse de **Lamartine** ■ Poète, écrivain et homme politique français (1790-1869). "*Les Méditations poétiques*" (1820) et "*les Harmonies poétiques et religieuses*" (1830) exercèrent une profonde influence sur le *romantisme français.

Charles **Lamb** ■ Écrivain *romantique anglais (1775-1834). "*Essais d'Élia*".

Lamballe ■ Commune des Côtes-d'Armor. 10 300 hab. (*les Lamballais*). Églises médiévales.

Lambaréné ■ Ville du Gabon où le docteur *Schweitzer fonda un centre médical. 26 300 hab.

Lambersart ■ Commune du Nord. 28 500 hab. (*les Lambersartois*). Textile.

Johann Heinrich **Lambert** ■ Mathématicien et philosophe suisse alémanique (1728-1777). Démonstration de l'irrationalité du nombre π. Photométrie, astronomie, géométrie projective. Sa théorie de la connaissance influença *Kant.

Lambeth ■ Bourg (*borough*) du Grand Londres, où se trouve la résidence de l'archevêque de Canterbury, primat de l'*Église anglicane. 239 500 hab.

Gabriel **Lamé** ■ Mathématicien et ingénieur français (1795-1870).

Félicité de **Lamennais** ou *La* **Mennais** ■ Écrivain et penseur catholique français (1782-1854). "*Paroles d'un croyant*". Condamné par le pape comme tenant du libéralisme, il quitta la prêtrise.

Lamentin ■ Commune de la Guadeloupe. 11 300 hab. (*les Lamentinois*). Sucrerie. Sources thermales.

Le **Lamentin** ■ Commune de la Martinique. 30 000 hab. (*les Lamentinois*). Distilleries. Sucrerie.

Alexandre comte de **Lameth** ■ Révolutionnaire français (1760-1829). Proche de *Barnave et de *Duport, rallié, comme ses frères Théodore (1756-1854) et Charles (1757-1832), aux *Feuillants. Les frères Lameth firent une carrière de notables sous l'Empire et la Restauration.

Julien Offroy de **La Mettrie** ■ Médecin et philosophe matérialiste français (1709-1751). "*L'Homme-machine*".

Lamorlaye ■ Commune de l'Oise. 7 800 hab.

François de **La Mothe Le Vayer** ■ Écrivain et philosophe français (1588-1672). Sceptique et libertin, devenu précepteur de *Louis XIV.

Friedrich baron de **La Motte-Fouqué** ■ Écrivain *romantique allemand (1777-1843). "*Ondine*".

La Motte-Picquet ■ Marin français (1720 - 1791). Héros de la guerre d'*Indépendance américaine.

Giuseppe Tomasi di **Lampedusa** ■ Romancier italien (1896-1957). "*Le Guépard*" décrit son milieu, l'aristocratie sicilienne.

le **Lancashire** ■ Comté d'Angleterre situé dans les *Midlands. 3 043 km². 1,38 million d'hab. Chef-lieu : Preston. Cette région a été le berceau de l'industrie anglaise (textile). Raffineries, métallurgie, sidérurgie et industrie chimique.

la maison de **Lancastre** ■ Famille noble anglaise. Avec Henri IV, Henri V et Henri VI, les Lancastres régnèrent sur l'Angleterre de 1399 à 1471. Mettant fin à la guerre des Deux-*Roses, Henri VII, descendant des Lancastres, fonda la dynastie des *Tudors.

Lancelot du Lac ■ Personnage du cycle de la Table ronde, élevé au fond d'un lac (d'où son nom) par la fée *Viviane, et chevalier du roi *Arthur, il est l'un des représentants de l'amour courtois.

Lanchow ■ ⇒ Lanzhou.

Lev Landau ■ Physicien soviétique (1908-1968). Prix Nobel 1962.

Landerneau ■ Commune du Finistère. 15 000 hab. *(les Landernéens).* Édifices anciens. Pêche.

les Landes n. f. pl. ■ Région de l'*Aquitaine, baignée par l'Atlantique (tourisme sur la côte) et couverte de pins (1 million d'hectares de forêts). □ **les Landes** [40]. Département français de la région *Aquitaine. 9 347 km². 311 000 hab. Préfecture : Mont-de-Marsan. Sous-préfecture : Dax.

Landivisiau ■ Commune du Finistère. 8 400 hab. *(les Landivisiens).*

Tommaso Landolfi ■ Écrivain italien (1908-1979). *"La Pierre de lune"* ; *"Ombres".*

Wanda Landowska ■ Claveciniste polonaise (1877-1959).

Paul Landowski ■ Sculpteur français (1875-1961). Le *"Christ"* du Pain-de-Sucre (à Rio de Janeiro). □ *Marcel Landowski,* son fils (né en 1915), compositeur. *"Le Fou"* et *"Montségur",* opéras.

Henri Désiré Landru ■ Criminel français (1869-1922).

Karl Landsteiner ■ Médecin autrichien, installé aux États-Unis à partir de 1922 (1868-1943). Père de l'immunologie sanguine (découverte des groupes sanguins et du facteur Rhésus). Prix Nobel 1930.

Lanester ■ Commune du Morbihan. 23 200 hab. *(les Lanestériens).*

Giovanni Lanfranco ■ Peintre italien (1582-1647). Il réalisa les premières décorations *baroques.

Fritz Lang ■ Cinéaste allemand naturalisé américain (1890-1976). Son œuvre montre l'homme aux prises avec la société moderne. *"Métropolis"* ; *"M le Maudit".*

Paul Langevin ■ Physicien français (1872-1946). Mise au point du sonar. Il contribua à la diffusion des thèses d'*Einstein et de son élève *Broglie. Progressiste, il s'intéressa aux questions d'éducation.

Henri Langlois ■ Fondateur, avec G. *Franju, de la Cinémathèque française (1914-1977).

Irving Langmuir ■ Physicien et chimiste américain (1881-1957). Prix Nobel de chimie 1932.

Langon ■ Sous-préfecture de la Gironde. 5 800 hab. *(les Langonnais).* Marché des vins de Bordeaux. Vin blanc.

Langres ■ Sous-préfecture de la Haute-Marne, sur le plateau de Langres. 11 000 hab. *(les Langrois).* Nombreux monuments. Industries alimentaires.

le Languedoc ■ Province historique du sud de la France. Elle tire son nom de la « langue d'oc » (l'occitan) que parlaient ses habitants. Capitale : Toulouse. Riche et florissante au Moyen Âge, sa civilisation déclina après la croisade des *albigeois.

le Languedoc-Roussillon ■ Région administrative et économique du sud de la France. Elle comprend 5 départements : *Aude, *Gard, *Hérault, *Lozère, *Pyrénées-Orientales. 27 761 km². 2,11 millions d'hab. Préfecture : Montpellier. La population s'est concentrée dans la plaine et sur le littoral (exode rural en Lozère). 1re région viticole de France. Cultures fruitières et maraîchères. Tourisme actif sur la Méditerranée. Peu d'industries, excepté dans le secteur agroalimentaire.

Lannemezan ■ Commune des Hautes-Pyrénées. 6 700 hab. *(les Lannemezannais).*

Jean **Lannes** *duc de Montebello* ■ Un des maréchaux de Napoléon Ier (1769-1809).

Lannion ■ Sous-préfecture et port des Côtes-d'Armor. 17 700 hab. *(les Lannionnais).* ⇒ **Pleumeur-Bodou.**

Lansing ■ Ville des États-Unis, capitale du *Michigan. 130 000 hab. Université. Industries mécaniques.

Gustave **Lanson** ■ Universitaire et critique littéraire français (1857-1934). *"Histoire de la littérature française".*

Lanza del Vasto ■ Penseur et écrivain français (1901-1981). Disciple de *Gandhi. *"Le Pèlerinage aux sources".*

Lanzhou ou **Lanchow** ■ Ville de Chine, capitale de la province de *Gansu. 1,39 million d'hab. Important centre industriel et commercial.

Laocoon ■ Prêtre d'*Apollon à *Troie, que le Dieu fit étouffer, avec ses fils, par des serpents. Sujet d'une célèbre sculpture antique.

Laodicée ■ Ancienne ville d'Asie Mineure, près de l'actuelle *Denizli* (Turquie). Un des premiers centres du christianisme.

Laon ■ Préfecture de l'Aisne. 28 700 hab. *(les Laonnais).* Cathédrale gothique (XIIe - XIIIe s.).

le **Laos** ■ État (république démocratique populaire) d'Asie du Sud-Est. 236 800 km². 3,9 millions d'hab. *(les Laotiens).* Capitale : Vientiane. Langue officielle : lao. Monnaie : nouveau kip. Le climat tropical (mousson) favorise la culture du riz, qui occupe 90 % de la population. □ **HISTOIRE.** Royaume fondé en 1353, il fut peu à peu annexé par ses voisins. Il devint protectorat français en 1893 et accéda à l'indépendance en 1953. Monarchie, puis république socialiste en 1975, le pays est économiquement et militairement lié au Viêt-nam.

Lao She ■ Écrivain chinois (1899-1966). *"Cœur joyeux" ; "Coolie de Pékin".*

Laozi ou **Lao-tseu** ■ Philosophe chinois (v. 570-490 av. J.-C.). Fondateur du *taoïsme.

Jacques de Chabannes *seigneur de* **La Palice** ■ Maréchal de France (1470-1525). Une chanson naïve (« Un quart d'heure avant sa mort/Il était encore en vie ») célèbre son courage, et on l'a cru lui-même naïf. ⟨ ▶ lapalissade ⟩

La Paz ■ Ville de Bolivie, siège du gouvernement et capitale de fait du pays (⇒ **Sucre**), située à 3 700 m d'altitude. 1,05 million d'hab. Textile. Tabac.

Jean-François de Galaup *comte de* **La Pérouse** ■ Marin français (1741-1788). Il entreprit une expédition autour du monde, mais disparut dans le Pacifique, laissant un récit de ses voyages.

les **Lapithes** ■ Peuple légendaire de *Thessalie. Connus pour leur combat contre les *Centaures.

Pierre Simon de **Laplace** ■ Mathématicien et astronome français (1749-1827). Il participa à la création de l'École polytechnique et de l'École normale, fut le promoteur du calcul des probabilités, s'intéressa à la mécanique céleste (travaux sur les planètes et les marées) et s'illustra par l'hypothèse cosmogonique qui porte son nom.

le *Río de* **la Plata** ■ « Fleuve d'argent », estuaire d'Amérique du Sud qui sépare l'Argentine de l'Uruguay. □ **La Plata.** Port d'Argentine situé sur la rive droite du Río de la Plata. 455 000 hab.

la **Laponie** ■ Région d'Europe du Nord partagée entre le nord de la Norvège, de la Suède, de la Finlande et une partie de la Russie. 36 500 hab. *(les Lapons).* Langue : lapon. Élevage de rennes. Fourrures.

Valery **Larbaud** ■ Écrivain français (1881-1957). Grand traducteur, il fit connaître de nombreux auteurs étrangers en France. Poèmes, récits, romans. *"Fermina Marquez" ; "A. O. Barnabooth".*

le col de **Larche** ou *de l'***Argentière** ■ Passage des Alpes du Sud, entre la France et l'Italie. 1 997 m.

les **lares** n. m. ■ Dieux romains chargés de protéger les foyers domestiques, souvent associés aux *pénates. ⟨ ▶ lare ⟩

Louis-Marie de **La Révellière-Lépeaux** ■ Révolutionnaire français, membre de la *Convention thermidorienne, puis du *Directoire (1753 - 1824).

Gabriel de **La Reynie** ■ Lieutenant de police de Paris, il assainit la ville en améliorant l'hygiène et la sécurité (1625 - 1709).

Largentière ■ Sous-préfecture de l'Ardèche. 2 000 hab. *(les Largentiérois).* Soie.

Nicolas de **Largillière** ou **Largillierre** ■ Peintre français (1656-1746). Portraitiste favori de la grande bourgeoisie.

Mikhaïl **Larionov** ■ Peintre russe naturalisé français (1881-1964). Il créa le *rayonnisme,* une des premières manifestations de l'art abstrait. Compagnon de Natalia *Gontcharova.

Larissa ■ Ville de Grèce (*Thessalie). 102 000 hab.

Larmor-Plage ■ Commune du Morbihan. 8 100 hab. *(Les Larmoriens).* Station balnéaire.

Lârnaka ou **Lárnax** ■ Ville de *Chypre. 53 600 hab. Aéroport.

François duc de **La Rochefoucauld** ■ Écrivain français (1613-1680). Ses *"Réflexions ou Sentences et maximes morales",* d'un style admirable, témoignent d'une vision pessimiste de l'homme.

Henri de **La Rochejaquelein** ■ Un des chefs de la guerre de *Vendée (1772-1794).

Pierre **Larousse** ■ Encyclopédiste et éditeur français (1817-1875). Ancien instituteur, il publia des ouvrages pédagogiques et le *"Grand Dictionnaire universel du XIXᵉ siècle".*

Jacques Henri **Lartigue** ■ Photographe français (1894-1986).

le causse du **Larzac** ■ Le plus grand causse du sud du *Massif central (1 000 km²). Élevage de brebis. Camp militaire.

Antoine de **La Sale** ■ Écrivain français (v. 1386 - v. 1462). *"Le Petit Jehan de Saintré",* un des premiers romans français.

René Robert Cavelier de **La Salle** ■ Explorateur français (1643-1687). Il a découvert la *Louisiane.

les **Lascaris** ■ Famille byzantine qui donna les empereurs de *Nicée (1208-1261).

Bartolomé de **Las Casas** ■ Dominicain espagnol, évêque au Mexique (1474-1566). Il prit la défense des Indiens et dénonça dans ses écrits les atrocités commises par les conquistadores.

Emmanuel comte de **Las Cases** ■ Écrivain français (1766-1842). Son *"Mémorial de Sainte-Hélène"* rapporte les propos de Napoléon Iᵉʳ après sa déportation.

la grotte de **Lascaux** ■ Site préhistorique de *Dordogne, découvert en 1940. Un des plus riches ensembles connus de peintures rupestres, datant du *magdalénien.

Lashkar ■ ⇒ Gwalior.

Rina **Lasnier** ■ Poétesse québécoise (née en 1915). *"Chant de la montée".*

Las Palmas ■ Ville d'Espagne, capitale (siège du gouvernement) des *Canaries. 372 000 hab.

Ferdinand **Lassalle** ■ Homme politique allemand (1825-1864). Démocrate radical et socialiste, il évolua vers un socialisme réformiste à tendance nationaliste et féodale.

Roland de **Lassus** ■ Compositeur franco-flamand (v. 1532-1594). Son œuvre abondante (plus de 2 000 compositions) a bouleversé la musique de son temps.

Las Vegas ■ Ville des États-Unis (*Nevada). 165 000 hab. Réputée pour ses salles de jeu et de spectacle.

Hugh **Latimer** ■ Prélat et théologien anglais (v. 1485 - 1555). Initiateur protestant de l'*anglicanisme, conseiller d'*Henri VIII, il fut brûlé sur l'ordre de Marie *Tudor.

les **Latins** ■ Habitants du *Latium puis de l'Italie antique. ⇒ **Rome**. ❬▶latin❭

Latinus ■ Héros mythologique qui a donné son nom aux *Latins. Selon *Virgile, il accueillit *Énée en Italie.

le **Latium,** en italien **Lazio** ■ Région autonome de l'Italie centrale. 17 203 km². 5,1 millions d'hab. Capitale : Rome.

Georges de **La Tour** ■ Peintre français (1593-1652). La lumière est le sujet central de son œuvre qui comprend des peintures « diurnes » (scènes de genre) et « nocturnes » (scènes religieuses).

Maurice Quentin de **La Tour** ■ Peintre français (1704-1788). Il excella dans l'art du portrait au pastel.

René marquis de **La Tour du Pin** ■ Sociologue français (1834 - 1924). Un des principaux représentants du catholicisme social en France.

Patrice de **La Tour du Pin** ■ Poète français d'inspiration catholique (1911-1975). "*Une somme de poésie*".

le **Latran** ■ Résidence des papes à Rome de 313 à 1304, avant leur installation au *Vatican. La basilique *Saint-Jean-de-Latran*, de style *baroque, est la cathédrale de Rome. □ *les*

accords du **Latran** furent signés le 11 février 1929 entre le Saint-Siège et Mussolini (convention financière et concordat religieux). Ils marquent la naissance de l'État du *Vatican.

Pierre-André **Latreille** ■ Naturaliste français (1762 - 1833). Un des fondateurs de l'entomologie.

Lattaquié ou **al-Lādhiqīyah** ■ Ville et port de Syrie. 241 000 hab.

Lattes ■ Commune de l'Hérault. 10 200 hab. *(les Lattois).* Port de Montpellier dès l'époque romaine et au Moyen Âge.

Jean-Marie de **Lattre de Tassigny** ■ Maréchal de France (1889-1952). Héros de la *Résistance. Haut-commissaire en *Indochine de 1950 à 1952.

Max von **Laue** ■ Physicien allemand (1879-1960). Prix Nobel 1914 pour la diffraction des rayons X, qui permit l'optique cristalline.

Francesco **Laurana** ■ Sculpteur italien (v. 1430 - v. 1502). Bustes féminins.

Laure ■ Dame provençale à laquelle est consacré le "*Canzoniere*" de *Pétrarque.

Stan **Laurel** ■ Acteur anglo-américain de cinéma (1890-1965). Il forma avec Oliver Hardy (1892-1957) un célèbre tandem comique.

Marie **Laurencin** ■ Peintre française (1885-1956). Amie d'*Apollinaire et des *cubistes.

Henri **Laurens** ■ Sculpteur français (1885-1954). Son art, d'inspiration *cubiste, évolua vers des formes amples et sensuelles.

Auguste **Laurent** ■ Chimiste français (1807-1853). Précurseur de la chimie structurelle.

les **Laurentides** n. f. pl. ■ Région de collines du Canada (*Québec). Parc national. Tourisme.

sir Wilfrid **Laurier** ■ Homme politique canadien (1841-1919). Premier ministre (libéral) de 1896 à 1911, il renforça l'autonomie du pays.

Laurion ■ Ville de Grèce (*Attique), où se trouvaient des mines (plomb, argent) qui firent, dans l'Antiquité, la richesse d'Athènes.

Lausanne ■ Ville de Suisse située au bord du lac Léman, chef-lieu du canton de *Vaud. 126 000 hab. *(les Lausannois).*

Isidore Ducasse dit *le comte de* **Lautréamont** ■ Écrivain français (1846-1870). Son œuvre, remarquable pour sa critique du langage poétique conventionnel et son appel aux fantasmes de l'inconscient, est une des sources de la poésie du XXᵉ s. et du *surréalisme. *"Les Chants de Maldoror" ; "Poésies".*

*Toulouse-***Lautrec** ■ ⇒ Henri de Toulouse-Lautrec.

Pierre **Laval** ■ Homme politique français (1883-1945). Socialiste indépendant rallié à *Pétain, il mena la politique de *Collaboration. Fusillé à la *Libération.

Laval ■ Préfecture de la Mayenne. 53 500 hab. *(les Lavallois).* Ville historique. Violents combats pendant la guerre de *Vendée. Industries alimentaire et mécanique.

Laval ■ Ville du Canada (*Québec), dans l'agglomération de *Montréal. 284 000 hab.

l'université **Laval** ■ Université de l'agglomération de *Québec (Canada). Elle porte le nom du premier évêque du pays, François de Montmorency-Laval (1623-1708).

la duchesse de **La Vallière** ■ Favorite de Louis XIV (1644-1710). ⟨ ▶ lavallière ⟩

Johann **Lavater** ■ Écrivain et penseur suisse de langue allemande (1741-1801). Sa *"Physiognomonie"*, art de déduire le caractère des traits du visage, connut une grande vogue au XIXᵉ s.

Lavaur ■ Commune du Tarn. 8 500 hab. *(les Vauréens).* Cathédrale (XIIIᵉ - XVIᵉ s.). Édifices anciens.

Lavelanet ■ Commune de l'Ariège. 7 900 hab. *(les Lavelanétiens).* Industrie textile.

Lavéra ■ Port pétrolier des Bouches-du-Rhône, près de *Fos-sur-Mer.

Charles, cardinal **Lavigerie** ■ Cardinal français (1825 - 1892). Évangélisation de l'Afrique. Rapprochement de l'Église et de la République (toast d'Alger en 1892).

Ernest **Lavisse** ■ Historien français (1842 - 1922).

Antoine Laurent de **Lavoisier** ■ Savant français, créateur de la chimie moderne (1743-1794). Il a introduit la mesure objective des quantités dans l'analyse des composants et élabora (avec Guyton de Morveau, *Berthollet et Fourcroy) une nomenclature rationnelle. Fermier général, il fut guillotiné.

John **Law** ■ Financier écossais, ministre du *Régent (1671-1729). Son échec à introduire le papier-monnaie empêcha l'instauration en France du crédit et d'une banque d'État jusqu'au *Consulat.

sir Thomas **Lawrence** ■ Peintre anglais (1769-1830). Il succéda à *Reynolds comme portraitiste officiel.

David Herbert **Lawrence** ■ Écrivain anglais (1885-1930). Il fait l'apologie de la sensualité. *"L'Amant de lady Chatterley"*.

Ernest Orlando **Lawrence** ■ Physicien américain (1901-1958). Inventeur du cyclotron. Prix Nobel 1939.

Thomas Edward dit **Lawrence d'Arabie** ■ Officier et écrivain anglais (1888-1935). Il combattit avec les Arabes contre les Turcs. *"Les Sept Piliers de la sagesse"*.

Halldór Kiljan **Laxness** ■ Écrivain islandais (né en 1902). *"La Cloche* d'Islande" ; "*Lumière du monde*". Prix Nobel 1955.

Laxou ■ Commune de Meurthe-et-Moselle. 16 100 hab. *(les Laxoviens).* Fonderies.

le **Lay** ■ Fleuve côtier de *Vendée, qui se jette dans l'Atlantique. 125 km.

saint **Lazare** ■ Dans l'*Évangile de saint *Jean, il est ressuscité par *Jésus.

Laza **Lazarević** ■ Écrivain serbe (1851-1890). "*Werther*".

Paul **Lazarsfeld** ■ Sociologue et statisticien américain d'origine autrichienne (1901-1976).

les **Lê** ■ Nom de deux dynasties qui régnèrent sur le Viêt-nam du Xe au XVIIIe s.

Paul **Léautaud** ■ Écrivain français (1872-1956). "*Journal littéraire*" ; "*Passe-Temps*".

Achille **Le Bel** ■ Chimiste français (1847-1930). ⇒ **Van't Hoff.**

Henri **Lebesgue** ■ Mathématicien français (1875-1941). Théorie des fonctions.

Maurice **Leblanc** ■ Romancier français (1864-1941). Créateur du personnage d'Arsène Lupin.

Gustave **Le Bon** ■ Sociologue français (1841-1931). "*La Psychologie des foules*".

Charles **Le Brun** ■ Peintre français (1619-1690). Son influence fut capitale sur l'art du siècle de Louis XIV, dont il assura, par ses fonctions, l'unité stylistique (directeur de l'Académie royale de peinture et de sculpture et de la manufacture des *Gobelins, premier peintre du roi).

Charles François **Lebrun** *duc de Plaisance* ■ Homme politique français (1739-1824). Troisième consul lors du *Consulat.

Albert **Lebrun** ■ Homme politique français (1871-1950). Dernier président de la IIIe *République, de 1932 à 1940.

Lecce ■ Ville d'Italie du Sud (*Pouilles). 102 000 hab.

Isaac **Le Chapelier** ■ Révolutionnaire français (1754 - 1794). ▶ *la loi* **Le Chapelier** (1791), qui interdisait les corporations, fut à la base du capitalisme libéral.

Henry **Le Chatelier** ■ Chimiste français (1850-1936). Études des métaux.

Jean-Marie **Leclair** ■ Compositeur et violoniste français (1697-1764).

Philippe de Hauteclocque dit **Leclerc** ■ Maréchal de France (1902-1947). Héros de la *Résistance (commandant de la "2e D.B.", il libéra Paris en 1944), puis chef des armées en *Indochine.

Félix **Leclerc** ■ Chanteur, auteur et compositeur québécois (1914-1988).

Jean-Marie Gustave **Le Clézio** ■ Écrivain français (né en 1940). Les personnages de ses romans restent fidèles à un étonnement profond devant la vie. "*Le Procès-Verbal*", roman ; "*l'Extase matérielle*", essai ; "*Désert*", nouvelles.

Charles **Lecocq** ■ Compositeur français d'opérettes (1832-1918). "*La Fille de Madame Angot*".

Charles Marie Leconte dit **Leconte de Lisle** ■ Poète français (1818-1894). Chef de file du *Parnasse. "*Poèmes antiques*" ; "*Poèmes barbares*" ; "*Poèmes tragiques*".

Charles-Édouard Jeanneret dit **Le Corbusier** ■ Architecte et théoricien français d'origine suisse (1887-1965). Il révolutionna l'architecture et l'urbanisme. Cités-jardins. Chapelle Notre-Dame de Ronchamp. Ville de *Chandīgarh (Inde). Il a aussi été peintre.

Léda ■ Dans la mythologie grecque, mère de *Castor, *Pollux, *Clytemnestre et *Hélène. *Zeus prit la forme d'un cygne pour la séduire.

Claude Nicolas **Ledoux** ■ Architecte français (1736-1806). Œuvre visionnaire dans sa conception et son style. *"Salines royales"* d'*Arc-et-Senans.

Alexandre Auguste Ledru-Rollin ■ Homme politique français (1807-1874). Républicain, opposé à la *monarchie de Juillet, député sous la IIᵉ *République, il s'exila pendant le second Empire.

Robert Edward Lee ■ Général américain, chef des armées sudistes pendant la guerre de *Sécession (1807-1870).

Leeds ■ Ville du nord de l'Angleterre (*Yorkshire de l'Ouest). 452 000 hab. Industrie textile (laine).

Leers ■ Commune du Nord. 9 600 hab.

Leeuwarden ■ Ville des Pays-Bas, chef-lieu de la *Frise. 85 200 hab.

François Lefebvre ■ Un des maréchaux de Napoléon Iᵉʳ (1755-1820). Il épousa la blanchisseuse de son régiment que V. *Sardou popularisa sous le nom de Madame Sans-Gêne.

Jacques Lefèvre d'Étaples ■ *Humaniste français (v. 1450 - 1536). Premier traducteur de la Bible en français.

Adrien Marie Le Gendre ■ Mathématicien français (1752-1833). Géométrie, analyse, théorie des nombres.

Fernand Léger ■ Peintre et décorateur français (1881-1955). Sujets inspirés par le monde moderne dans un style dérivé du *cubisme. *"Les Constructeurs"*.

la Légion d'honneur ■ Ordre français créé par *Bonaparte en 1802 pour récompenser les services militaires et civils.

les légitimistes ■ Nom donné après la *Révolution de 1830 aux royalistes partisans, contre Louis-Philippe, de la branche aînée des *Bourbons.

Franz Lehár ■ Compositeur autrichien d'opérettes (1870-1948). *"La Veuve joyeuse"*.

Rosamond Lehmann ■ Romancière britannique (1903-1990). *"Poussière"*.

Joel Lehtonen ■ Romancier et poète finnois (1881 - 1934).

Wilhelm Leibl ■ Peintre allemand (1844-1900). Ses scènes paysannes traduisent l'influence de *Courbet.

Gottfried Wilhelm Leibniz ■ Philosophe et savant allemand (1646-1716). Précurseur de la logique moderne, créateur, au même titre que *Newton, du calcul infinitésimal, diplomate, juriste, historien. Son œuvre est l'une des plus hautes expressions du rationalisme chrétien. *"Nouveaux Essais sur l'entendement humain"* ; *"Monadologie"*.

René Leibowitz ■ Compositeur français d'origine polonaise (1913 - 1972). Théoricien du dodécaphonisme.

Leicester ■ Ville d'Angleterre, chef-lieu du comté du Leicestershire. 329 000 hab. ▶ *le Leicestershire.* Comté d'Angleterre, dans les *Midlands. 2 553 km². 886 000 hab. Chef-lieu : Leicester.

le Leinster ou **Laighean** ■ Province de l'est de la république d'Irlande. 19 633 km². 1,85 million d'hab.

Leipzig ■ Ville d'Allemagne (*Saxe). 545 000 hab. Centre intellectuel et carrefour commercial depuis le Moyen Âge. Monuments (XVIᵉ s.). □ *la bataille de* **Leipzig**, ou *bataille des* **Nations** : la défaite de Napoléon Iᵉʳ devant les Autrichiens, les Prussiens et les Russes, le 19 octobre 1813, marqua la fin de la domination française en Allemagne et entraîna l'invasion de la France par les Alliés.

Michel Leiris ■ Écrivain et ethnologue français (1901-1990). Il a mené avec rigueur une entreprise autobiographique où le langage devient un moyen de révélation. *"L'Âge d'homme"* ; *"la Règle du jeu"*.

Claude **Le Jeune** ■ Compositeur français (v. 1530-1600). Psaumes, motets.

Antoine **Lemaistre** ou **Le Maître** ■ *Janséniste français (1608-1658). □ *Isaac* **Lemaistre de Saci** (1613-1684), son frère, traduisit la Bible.

Jules **Lemaitre** ■ Écrivain et critique français (1853-1914).

Frédérick **Lemaître** ■ Acteur français (1800-1876), le plus célèbre de son temps.

le lac **Léman** ou *lac de* **Genève** ■ Lac d'Europe dont la rive sud est française, la rive nord, suisse. 582 km².

Roger **Lemelin** ■ Écrivain québécois (né en 1919). "*Les Plouffe*".

Jacques **Lemercier** ■ Architecte français (v. 1585-1654). Un des initiateurs du *classicisme.

l'abbé **Lemire** ■ Ecclésiastique français (1853-1928). Un des principaux représentants du catholicisme social sous la IIIᵉ *République.

Lemnos, aujourd'hui **Límnos** ■ Île grecque de la mer Égée. 475 km². 23 000 hab.

Camille **Lemonnier** ■ Écrivain belge d'expression française (1844-1913). "*Le Mâle*" ; "*les Charniers*" ; "*la Belgique*".

François **Lemoyne** ou **Lemoine** ■ Peintre français (1688-1737). Un des grands décorateurs de son époque (château de *Versailles).

Jean-Baptiste **Lemoyne** ■ Sculpteur français (1704-1778). Bustes de style *rococo.

Lempdes ■ Commune du Puy-de-Dôme. 9 300 hab.

les **lémures** n. m. pl. ■ Esprits des morts, dans la religion romaine. ⟨ ▶ lémurien ⟩

la **Lena** ■ Fleuve de Russie en Sibérie centrale, qui se jette dans l'océan Arctique. 4 270 km.

les frères **Le Nain** ■ Peintres français du XVIIᵉ s. qui signaient ensemble leurs œuvres. Leurs scènes de la vie paysanne influencèrent les artistes *réalistes au XIXᵉ s.

Nikolaus **Lenau** ■ Poète autrichien (1802-1850).

Ninon de **Lenclos** ■ Écrivaine française (1616-1705), proche des libres penseurs.

Suzanne **Lenglen** ■ Joueuse de tennis française (1899 - 1938). Sept fois championne du monde entre 1914 et 1926.

Leninakan ■ Nom donné de 1924 à 1991 à la ville de *Koumaïri.

Vladimir Ilitch Oulianov dit **Lénine** ■ Homme politique russe (1870-1924). Militant et théoricien marxiste, il fonda le parti *bolchevik et organisa la *révolution d'Octobre 1917. Il se consacra ensuite à la construction du socialisme en U.R.S.S., en mettant en œuvre la doctrine de la « dictature du prolétariat ». ⟨ ▶ léninisme ⟩

Leningrad ■ Nom donné de 1924 à 1991 à la ville de *Saint-Pétersbourg.

André **Le Nôtre** ■ Architecte français de jardins, créateur du jardin « à la française » (1613-1700). Parcs de *Versailles et de *Vaux-le-Vicomte.

Lens ■ Sous-préfecture du Pas-de-Calais. 35 300 hab. *(les Lensois)*. Industries liées au bassin charbonnier, aujourd'hui en déclin.

Jakob **Lenz** ■ Auteur dramatique allemand (1751-1792). Un des pionniers du *romantisme. "*Les Soldats*".

Léognan ■ Commune de la Gironde. 8 100 hab.

le **León** ■ Province du nord-ouest de l'Espagne (communauté autonome de *Castille-et-León). 15 468 km². 529 000 hab. Foyer de l'art *roman. *Le royaume de León* se constitua lorsque les rois des *Asturies choisirent comme capitale la ville de León (914), et fut réuni à la *Castille en 1230. ⇒ **Castille-et-León.**

□ *León.* Chef-lieu de *la province de León.* 137 000 hab. Évêché. Cathédrale gothique. Textile.

León ■ Ville du Nicaragua. 101 000 hab.

Léon ■ NOM DE PLUSIEURS PAPES □ *saint* **Léon I*er* le Grand,** pape de 440 à sa mort (en 461), arrêta l'invasion des *Huns en Italie en 452. □ *Léon X* (1475-1521), fils de Laurent de *Médicis, protégea les arts et les lettres, et condamna *Luther en 1520. □ *Léon XIII* (1810-1903) promut un catholicisme social.

le **Léon** ■ Région du nord-ouest de la Bretagne, autour de Saint-Pol-de-Léon.

León de los Aldamas ■ Ville du Mexique. 656 000 hab.

Léon l'Africain ■ Érudit et géographe arabe (v. 1483 - v. 1554). Il enseigna l'arabe à Rome.

Leonardo Fibonacci dit **Léonard de Pise** ■ Mathématicien italien (v. 1175 - v. 1240). Il introduisit les connaissances et les notations mathématiques des Arabes.

Léonard de Vinci ■ Artiste italien (1452-1519). Déployant une activité prodigieuse, il fut à la fois peintre, architecte, savant et mena parallèlement à ses travaux une importante réflexion théorique. Par son universalisme et son rayonnement, son œuvre est capitale dans l'histoire de la *Renaissance. En peinture, il réalisa la *"Joconde"* (v. 1503 - 1507), célèbre illustration de ses découvertes sur le clair-obscur et le *sfumato,* art d'adoucir les contours. Il travailla à Florence et à Milan où il devint célèbre *("la Cène"),* puis fut appelé en France par François I*er* en 1516.

Léonidas I*er* ■ Roi de *Sparte (mort v. 480 av. J.-C.). Il se sacrifia avec trois cents Spartiates aux *Thermopyles.

Wassily **Leontief** ■ Économiste américain d'origine russe (né en 1906). Prix Nobel 1973.

Giacomo comte **Leopardi** ■ Écrivain *romantique italien (1798-1837). Il est à l'origine de la poésie italienne moderne. *"Premier amour" ; "Canti"*

Léopold ■ NOM DE PLUSIEURS SOUVERAINS DE BELGIQUE □ *Léopold I*er*, prince de* **Saxe-Cobourg** (1790-1865). Habile diplomate, il protégea la Belgique contre les ambitions des pays voisins. □ *Léopold II* (1835-1909). Sous son règne, la Belgique devint une puissance coloniale, avec l'annexion du *Congo. □ *Léopold III* (1901-1983). Critiqué pour avoir capitulé en 1940, il dut accepter la régence de son frère Charles (1945-1950) et abdiqua en 1951 en faveur de son fils *Baudouin.

Léopoldville ■ Ancien nom de *Kinshasa.

Lépante ■ Ville de Grèce (*Péloponnèse). Victoire des marines chrétiennes sur la flotte ottomane d'Ali Pacha (1571).

Louis **Lépine** ■ Préfet de police sous la III*e* République, il créa les brigades cyclistes (les « hirondelles ») et, en 1902, le concours des inventeurs qui porte son nom (1846 - 1933).

Pierre **Lépine** ■ Médecin français (1901 - 1989). Il mit au point le vaccin contre la poliomyélite.

Frédéric **Le Play** ■ Haut fonctionnaire et sociologue français, conservateur (1806-1882).

Jeanne-Marie **Leprince de Beaumont** ■ Écrivaine française (1711-1780). Célèbres contes : *"la Belle et la Bête"*.

René **Leriche** ■ Chirurgien français (1879-1955). *"La Chirurgie de la douleur"*.

Lérida ■ Ville d'Espagne (*Catalogne). 112 000 hab.

les îles de **Lérins** ■ Îles de la *Côte d'Azur (Alpes-Maritimes) au large de *Cannes. Foyer religieux aux v*e* et vi*e* s.

le duc de **Lerma** ■ Homme d'État espagnol (1553-1625). Favori et ministre de Philippe III, il exerça le pouvoir de 1598 à 1618.

Mikhaïl **Lermontov** ■ Écrivain *romantique russe (1814-1841). "La Mort du poète" ; "Un héros de notre temps".*

Lerne ■ ⇒ l'hydre de Lerne.

André **Leroi-Gourhan** ■ Ethnologue et préhistorien français (1911-1986). *"Le Geste et la Parole".*

Leroi Jones ■ Écrivain noir américain (né en 1934). *"L'Esclave" ; "le Peuple du blues".*

Pierre **Leroux** ■ Philosophe et publiciste français (1797-1871). Théoricien d'un socialisme à caractère religieux.

Gaston **Leroux** ■ Écrivain français (1868-1927). Créateur des personnages de Rouletabille et de Chéri-Bibi.

Emmanuel **Le Roy Ladurie** ■ Historien français (né en 1929). *"Histoire du climat depuis l'an mil".*

Alain René **Lesage** ■ Écrivain français (1668-1747). Satire réaliste de la société de la *Régence dans "le Diable boiteux"* (roman de mœurs), *"Turcaret"* (comédie) et *"Gil Blas"* (roman).

Lesbos ou **Mytilène** ■ Île grecque de la mer Égée. 2 154 km². 105 000 hab. *(les Lesbiens).* Foyer de la civilisation des *Éoliens. Patrie d'*Alcée et de *Sappho. ⟨ ▶ lesbienne ⟩

Les Cayes ■ Ville d'Haïti. 36 000 hab.

Pierre **Lescot** ■ Architecte français de la *Renaissance (1515-1578). Il a conçu une aile de la cour Carrée du *Louvre.

Lésigny ■ Commune de Seine-et-Marne. 7 900 hab.

Nikolaï **Leskov** ■ ⇒ Lesskov.

le **Lesotho,** autrefois **Basutoland** ■ État (royaume) montagneux enclavé dans l'*Afrique du Sud dont il dépend économiquement. 30 355 km². 1,71 million d'hab. *(les Sothos).* Capitale : Maseru. Langues officielles : anglais, sesotho. Religion officielle : christianisme. Monnaie : loti (plur. : maloti). Ancien protectorat britannique indépendant depuis 1966, membre du *Commonwealth. C'est l'un des 25 pays les plus pauvres au monde.

Lesparre-Médoc ■ Sous-préfecture de la Gironde. 4 700 hab. *(les Lesparrains).* Marché des vins du *Médoc.

Ferdinand de **Lesseps** ■ Diplomate français (1805-1894). Il conçut et fit creuser le canal de *Suez, mais échoua à percer celui de *Panama.

Gotthold Ephraim **Lessing** ■ Auteur dramatique allemand et théoricien du théâtre (1729-1781). Il libéra le théâtre allemand de l'imitation de la tragédie française. *"Laokoon".*

Doris **Lessing** ■ Écrivaine britannique (née en 1919). Son œuvre est sensible aux revendications sociales et politiques, à la condition féminine, au racisme (l'apartheid). *"Le Carnet d'or".*

Nikolaï **Lesskov** ou **Leskov** ■ Écrivain russe (1831-1895). *"Gens d'Église" ; "Contes de Noël".*

Eustache **Le Sueur** ■ Peintre et décorateur français d'inspiration *classique (1617-1655). Sujets historiques et religieux.

Jean-François **Lesueur** ■ Compositeur français de musique religieuse et d'opéras (1760-1837).

Leszczyński ■ Famille polonaise dont sont issus le roi *Stanisław et sa fille Marie, reine de France par son mariage avec Louis XV.

Michel **Le Tellier** ■ Ministre d'Anne d'Autriche puis de Louis XIV (1603-1685). Père de *Louvois. Signataire de la révocation de l'édit de *Nantes.

_la_ **Lettonie** ■ L'une des trois républiques *baltes, sur la mer Baltique. 63 700 km². 2,68 millions d'hab. _(les Lettons)._ Capitale : Riga. Agriculture, pêche. Industries. La Lettonie fut intégrée à l'U.R.S.S. en 1940 (⇒ **pays baltes, pacte germano-soviétique**). La résistance des Lettons à l'emprise soviétique aboutit à son indépendance en 1991, reconnue par l'U.R.S.S.

Levallois-Perret ■ Commune des Hauts-de-Seine, dans la banlieue de Paris. 47 800 hab. _(les Levalloisiens)._ Centre industriel.

_le_ **Levant** ■ Autrefois, nom du littoral oriental de la Méditerranée.

l'île du **Levant** ■ Île de la Méditerranée, dépendant de la commune d'*Hyères.

Émile **Levassor** ■ Industriel français (1844-1897). ⇒ **Panhard.**

Louis **Le Vau** ■ Architecte et décorateur français (1612-1670). L'un des maîtres du *classicisme. Il réalisa le château de Vaux-le-Vicomte, remania le Louvre et Versailles.

Leverkusen ■ Ville d'Allemagne (*Rhénanie-du-Nord-Westphalie), sur le Rhin. 155 000 hab. Important centre chimique.

Urbain **Le Verrier** ■ Astronome français (1811-1877). Découverte de *Neptune par le calcul. Théorie des planètes.

René **Lévesque** ■ Homme politique québécois (1922-1987). Premier ministre du *Québec de 1976 à 1985, il fut un ardent défenseur de l'identité québécoise.

Carlo **Levi** ■ Écrivain italien (1902-1975). _"Le Christ s'est arrêté à Éboli"._

Lévi ■ Dans la Bible, fils de *Jacob. Il donne son nom à une tribu d'Israël, celle d'où provenaient les prêtres, ou _lévites._

_le_ **Léviathan** ■ Monstre marin décrit dans la Bible.

Emmanuel **Levinas** ■ Philosophe français (né en 1905). Traducteur de *Husserl. Éthique inspirée du judaïsme.

Claude **Lévi-Strauss** ■ Ethnologue et anthropologue français (né en 1908). Son structuralisme a reçu une audience considérable. _"Tristes tropiques"._

Levkosia ■ ⇒ Nicosie.

Lucien **Lévy-Bruhl** ■ Sociologue français (1857-1939). _"La Morale et la Science des mœurs"_ ; _"la Mentalité primitive"._

Kurt **Lewin** ■ Psychologue allemand naturalisé américain (1890-1947). Il a introduit le concept de champ en sciences sociales.

Matthew Gregory **Lewis** ■ Écrivain anglais (1775-1818). Créateur avec Ann *Radcliffe du « roman noir ». _"Le Moine"._

Sinclair **Lewis** ■ Écrivain américain (1885-1951). Romans satiriques. _"Babbitt"._ Prix Nobel 1930.

Lexington ■ Ville des États-Unis (*Kentucky). 204 000 hab. Centre de la région d'élevage dite _Blue Grass_ (« herbe bleue »). Tabac, chevaux de course. Université.

Leyde, en néerlandais **Leiden** ■ Ville des Pays-Bas (*Hollande-Méridionale). 108 000 hab. Ville culturelle (université créée en 1575, musées).

Lézignan-Corbières ■ Commune de l'Aude. 8 000 hab. _(les Lézignanais)._ Église du XVᵉ s. Vin.

Lhassa ou **Lhasa** ■ Capitale du *Tibet (Chine), à 3 600 m d'altitude. 106 000 hab. Palais des dalaï-lamas, le Potala.

Marcel **L'Herbier** ■ Cinéaste français (1888-1979). _"Forfaiture"._

Tristan **l'Hermite** ■ ⇒ Tristan **l'Hermite.**

Michel de **L'Hospital** ■ Ministre de *Catherine de Médicis (v. 1504 -

1573). Ses réformes et sa politique de tolérance envers les protestants (qui échoua) annoncent Henri IV.

Guillaume de L'Hospital ■ Mathématicien français (1661-1704). Il publia le premier traité de calcul infinitésimal, diffusant les résultats de *Leibniz et de Jean *Bernoulli.

André Lhote ■ Peintre *cubiste et critique d'art français (1885-1962).

Liaoning ■ Province du nord-est de la Chine. 151 000 km². 37,3 millions d'hab. Capitale : Shenyang. Riche région agricole et minière. Industries.

le Liban ■ État (république) du Proche-Orient qui borde la Méditerranée, entre la Syrie et Israël. 10 230 km². 2,9 millions d'hab. *(les Libanais).* Capitale : Beyrouth. Langues : arabe (officielle), français, anglais. Religions : islam (sunnites, chiites, druzes) et christianisme (maronites). Monnaie : livre libanaise. ▢ **HISTOIRE.** Ancienne patrie des *Phéniciens, le Liban fut successivement occupé par les Grecs, les Perses, les Romains, les Byzantins, les croisés, les Turcs, avant d'être administré par la France en 1920. Indépendant en 1943, le pays vit, depuis 1975, en état de guerre civile meurtrière et de crise économique. En 1989, un accord fut signé par les différentes communautés religieuses sous l'égide de la Syrie qui interrompit la guerre civile et permit l'instauration de la IIe république avec une nouvelle Constitution en 1990. 〈 ► libanais 〉

Willard Libby ■ Chimiste américain (1908 - 1980). Méthode de datation au carbone 14. Prix Nobel 1960.

la théologie de la libération ■ Courant de pensée, défini en 1968 par le théologien péruvien Gustavo Gutiérrez, qui prône la lutte des chrétiens, notamment des prêtres, pour la libération des opprimés du tiers monde. Elle se propagea en Amérique latine, puis dans le monde en développement, avant d'être condamnée par la hiérarchie catholique en 1984 pour lecture « sélective » et « marxiste » de la Bible.

la Libération ■ À la fin de la Seconde *Guerre mondiale, libération des territoires (notamment français) occupés par les nazis.

Libercourt ■ Commune du Pas-de-Calais. 9 800 hab. *(les Libercourtois).*

Liberec ■ Ville de la République tchèque, en *Bohême. 104 000 hab.

le Liberia ■ État (république) d'Afrique de l'Ouest, bordant l'Atlantique. 99 067 km². 2,5 millions d'hab. *(les Libériens).* Capitale : Monrovia. Langue officielle : anglais. Monnaie : dollar libérien. État fondé en 1847 par d'anciens esclaves noirs américains libérés, il fut, pendant la colonisation, le seul État africain à rester indépendant. Depuis 1990, une violente guerre civile qui a abouti au renversement du gouvernement a entraîné la ruine du pays.

Li Bo ou **Li Po** ou **Li T'ai po** ■ Un des plus grands poètes de la Chine médiévale (701 - 762).

Libourne ■ Sous-préfecture de la Gironde. 21 900 hab. *(les Libournais).* Vignobles et marché des vins de Bordeaux.

Libreville ■ Capitale et port du Gabon. 352 000 hab.

la Libye ■ État (*Jamahiriya*, en français « État des masses ») d'Afrique du Nord. 1 757 000 km². 4,08 millions d'hab. *(les Libyens).* Capitale : Tripoli. Langue officielle : arabe. Religion officielle : islam. Monnaie : dinar. Pétrole et gaz naturel. Ancienne colonie italienne, royaume indépendant en 1951, le pays fut dirigé par Idrīs Ier jusqu'au coup d'État du colonel *Kadhafi en 1969. République islamique, championne du panarabisme, la Libye fut en guerre avec le Tchad de 1979 à 1989.

Licht ■ Site archéologique d'Égypte. Capitale de la XIIe dynastie (Moyen Empire).

Georg Christoph **Lichtenberg** ■ Écrivain allemand (1742-1799). Ses "*Aphorismes*" révèlent un esprit lucide et caustique.

Roy **Lichtenstein** ■ Peintre américain (né en 1923). Représentant majeur du *pop'art.

Li Dazhao ■ Philosophe et homme politique chinois (1888-1927). Il introduisit en Chine la pensée marxiste et fonda le parti communiste chinois en 1921.

Lidice ■ Village de Bohême, dont la population fut victime des atrocités nazies en 1942.

le lido de Venise ■ Étroite et longue bande de terre qui sépare Venise de l'Adriatique. Palais du festival du cinéma.

Sophus **Lie** ■ Mathématicien norvégien (1842-1899). Il a donné à la théorie des groupes (⟹ **Galois**) des développements remarquables, qui concernent aussi bien la géométrie que l'analyse.

Justus baron von **Liebig** ■ Chimiste allemand (1803-1873). Premières applications de la chimie à l'agriculture.

Wilhelm **Liebknecht** ■ Socialiste allemand (1826-1900). Il créa avec August *Bebel le parti ouvrier social-démocrate. □ *Karl* **Liebknecht,** son fils (1871-1919). Fondateur, avec Rosa *Luxemburg, du parti communiste allemand. Il fut assassiné. ⟹ **Spartakus.**

le **Liechtenstein** ■ Principauté indépendante d'Europe centrale (monarchie constitutionnelle), entre la Suisse et l'Autriche. 160 km². 28 300 hab. *(les Liechtensteinois).* Capitale : Vaduz. Langue officielle : allemand. Religion officielle : catholicisme. Monnaie : franc suisse. État rattaché à la Suisse pour les questions monétaires, postales et douanières. Hydro-électricité. Tourisme.

Liège, en néerlandais **Luik** ■ Ville de Belgique (la plus grande de *Wallonie), au centre d'un réseau de communications et située sur un bassin houiller. 200 000 hab. *(les Liégeois).* Ville d'art. Port pétrolier. Elle devint en 710 un évêché dont les princes-évêques conservèrent jusqu'au XVIIIe s. un pouvoir important. ▶ *la province de* **Liège.** L'une des neuf provinces de Belgique. 3 862 km². 992 000 hab. Chef-lieu : Liège. ⟨ ▶ liégeois ⟩

Lierre, en néerlandais **Lier** ■ Ville de Belgique (province d'*Anvers). 30 900 hab.

Liestal ■ Ville de Suisse, chef-lieu du canton de *Bâle-Campagne. 12 200 hab.

Liévin ■ Commune du Pas-de-Calais. 34 000 hab. *(les Liévinois).* Charbon. Chimie.

Serge **Lifar** ■ Danseur et chorégraphe français d'origine russe (1905-1986).

György **Ligeti** ■ Compositeur hongrois naturalisé autrichien (né en 1923). "*Le Grand Macabre*", opéra d'après Ghelderode.

le prince de **Ligne** ■ Maréchal autrichien, auteur d'écrits en langue française (1735-1814). "*Mélanges militaires, littéraires et sentimentaires*".

la **Ligue** ou *Sainte* **Ligue** ou *Sainte* **Union** ■ Confédération de catholiques français (1576-1594). Formée pour défendre la foi catholique, elle visait aussi, soutenue par l'Espagne, à détrôner Henri III au profit d'Henri de *Guise. Elle joua un rôle important pendant les guerres de *Religion.

la **Ligue arabe** ■ Association fondée sur la solidarité des pays arabes. Créée en 1945, elle comprend 20 États plus l'*O.L.P.

la **Ligue des droits de l'homme** ■ Ligue fondée en 1898, pendant l'affaire *Dreyfus. Elle se donna pour but de manifester pour la liberté humaine, contre l'arbitraire.

les Ligures ■ Ancien peuple du nord de l'Italie, vaincu par les Romains. ▶ *la* **Ligurie,** en italien **Liguria.** Pays des Ligures. Région administrative de l'Italie moderne. 5 416 km². 1,7 million d'hab. Capitale : Gênes. Industrie, tourisme.

Les **Lilas** ■ Commune de la Seine-Saint-Denis. 20 500 hab. *(les Lilasiens).*

Otto **Lilienthal** ■ Ingénieur allemand, pionnier du vol à voile (1848-1896).

Lille ■ Préfecture du Nord et de la région *Nord-Pas-de-Calais. 178 300 hab. *(les Lillois).* Importante cité des Flandres au Moyen Âge, résidence des ducs de Bourgogne au XVᵉ s., Lille, rattachée à la France en 1668, devint l'une des premières métropoles industrielles du pays (textile, métallurgie). Le déclin de la sidérurgie du Nord l'engage à développer sa vocation commerciale aux portes du *Benelux. Agglomération de près de 1 million d'hab., comprenant *Roubaix et *Tourcoing. Université. Musées.

Lillebonne ■ Commune de la Seine-Maritime. 9 400 hab. *(les Lillebonnais).*

Lillers ■ Commune du Pas-de-Calais. 9 700 hab. *(les Lillérois).*

Lilongwe ■ Ville nouvelle, capitale du Malawi depuis 1975. 220 000 hab.

Lima ■ Capitale du Pérou. 418 000 hab. Agglomération de 6 millions d'hab. Métropole administrative, commerciale, industrielle et économique du pays. Musée de l'Or (arts précolombiens). Fondée en 1535 par *Pizarro et capitale du vice-royaume du Pérou, elle dut son rayonnement aux richesses minières et au commerce.

les **Limagnes** n. f. ■ Plaines du *Massif central drainées par l'Allier.

Limassol ■ Ville et port de la côte sud de Chypre. 120 000 hab.

Limay ■ Commune des Yvelines. 12 700 hab. *(les Limayens).*

Georges **Limbour** ■ Écrivain français (1900-1970). Proche du *surréalisme. "*Les Vanilliers*" ; "*la Chasse au mérou*".

les frères **Limbourg** ■ Enlumineurs flamands (début du XVᵉ s.). Ils illustrèrent les "*Très Riches Heures*" et les "*Belles Heures*" du duc de Berry, qui sont parmi les plus beaux manuscrits enluminés du XVᵉ s.

le **Limbourg,** en néerlandais **Limburg** ■ L'une des neuf provinces de Belgique. 2 422 km². 737 000 hab. *(les Limbourgeois).* Chef-lieu : Hasselt. Bassin houiller. □ *le* **Limbourg,** en néerlandais **Limburg.** L'une des douze provinces des Pays-Bas. 2 169 km². 1,09 million d'hab. Chef-lieu : Maastricht.

Limeil-Brévannes ■ Commune du Val-de-Marne. 16 200 hab. *(les Brévannais).* Château (XVIIIᵉ s.).

Limerick ■ Ville et port de la république d'Irlande. 76 600 hab. Édifices anciens. Centre industriel et commercial.

Limoges ■ Préfecture de la Haute-Vienne et de la région *Limousin. 136 400 hab. *(les Limougeauds).* Monuments anciens. Porcelaine, faïence et émaux réputés. En 1914, *Joffre y plaça en résidence des officiers jugés incapables ⟨ ▶ d'où le mot limoger ⟩.

le **Limousin** ■ Région administrative et économique du centre de la France composée de trois départements : *Corrèze, *Creuse, Haute-*Vienne. Préfecture : Limoges. 17 058 km². 723 800 hab. *(les Limousins).* Région de plateaux étagés, entaillés de gorges, elle a une économie agricole malgré une tradition industrielle ancienne : tapisseries d'Aubusson au XVIᵉ s., manufacture d'armes de Tulle au XVIIᵉ s., porcelaine de Limoges depuis le XVIIIᵉ s. (grâce au kaolin).

Limoux ■ Sous-préfecture de l'Aude. 10 200 hab. *(les Limouxins)*. Maisons anciennes. Centre vinicole *(blanquette de Limoux)*.

le **Limpopo** ■ Fleuve d'Afrique australe qui se jette dans l'océan *Indien. 1 600 km.

Lin Biao ou **Lin Piao** ■ Général et homme politique chinois (1908-1971).

Abraham **Lincoln** ■ Homme politique américain (1809-1865). 16ᵉ président (républicain) des États-Unis, de 1861 à son assassinat. Son élection provoqua la guerre de *Sécession. Contre les États du Sud, il abolit l'esclavage (1863).

Lincoln ■ Ville d'Angleterre, chef-lieu du Lincolnshire. 76 600 hab. Célèbre cathédrale gothique. ▶ le **Lincolnshire.** Comté de l'est de l'Angleterre. 5 885 km². 583 000 hab. Chef-lieu : Lincoln.

Lincoln ■ Ville des États-Unis, capitale du *Nebraska. 172 000 hab. Région agricole.

Lindau ■ Ville d'Allemagne (*Bavière), sur le lac de *Constance. 23 800 hab. Tourisme.

Charles **Lindbergh** ■ Aviateur américain (1902-1974). Première traversée de l'Atlantique en avion (1927).

Max **Linder** ■ Acteur et cinéaste français (1883-1925). Précurseur des burlesques américains. "*L'Étroit Mousquetaire*".

Lingolsheim ■ Commune du Bas-Rhin. 16 500 hab. *(les Lingolsheimois)*.

Linköping ■ Ville et port de Suède. 119 000 hab. Centre religieux.

Carl von **Linné** ■ Naturaliste suédois (1707-1778). Il imposa les classifications systématiques dans les sciences naturelles.

Lin Piao ■ ⇒ Lin Biao.

Linselles ■ Commune du Nord. 7 700 hab.

Linz ■ Ville d'Autriche, capitale de l'État (land) de Haute-*Autriche. 200 000 hab. Monuments de la Renaissance. Université. Sidérurgie.

le *golfe du* **Lion** ■ Golfe de la Méditerranée, baignant les côtes françaises entre le delta du Rhône et les Pyrénées.

Jean-Étienne **Liotard** ■ Peintre suisse (1702-1789). Portraits minutieux au pastel.

Joseph **Liouville** ■ Mathématicien français (1809-1882). Il établit l'existence des nombres transcendants.

les *îles* **Lipari** ou *Éoliennes* ■ Archipel italien de la mer *Tyrrhénienne. 88 km². 10 200 hab. Sur l'une des sept îles qui le composent se trouve le volcan *Stromboli. Tourisme.

Jacques **Lipchitz** ■ Sculpteur lituanien naturalisé français puis américain (1891-1973). Figures d'une grande puissance expressive, à l'inspiration *cubiste.

Lipetsk ■ Ville de la C.É.I. (*Russie). 450 000 hab. Industries. Station thermale.

Li Po ■ ⇒ Li Bo.

Fra Filippo **Lippi** ■ Peintre italien (v. 1406-1469). Scènes de la vie de la Vierge. □ *Filippino* **Lippi,** son fils (1457-1504), fut l'élève de *Botticelli.

Gabriel **Lippmann** ■ Physicien français (1845-1921). Prix Nobel 1908 pour un procédé de reproduction photographique des couleurs.

Li Qingzhao ■ Poétesse chinoise (v. 1081-1141). Élégies.

Lisbonne, en portugais **Lisboa** ■ Capitale du Portugal, sur l'estuaire du Tage. 830 000 hab. Principal centre commercial et industriel (pétrochimie) du pays. Principal port de l'empire colonial aux XVᵉ-XVIᵉ s., la ville fut alors à son apogée (tour de Belém, XVIᵉ s.) et déclina à l'annexion espagnole (1580). En partie détruite par un tremblement de terre en 1755, la ville ancienne, en son centre, fut ravagée par un incendie en 1988 (en reconstruction).

Lisieux ■ Sous-préfecture du Calvados. 24 500 hab. *(les Lexoviens).* Pèlerinage à sainte *Thérèse de Lisieux. Basilique.

Prosper ***Lissagaray*** ■ Journaliste et historien français (1839 - 1901). "*L'Histoire de la Commune de Paris*".

Joseph ***Lister*** ■ Chirurgien anglais (1827-1912). Créateur de l'antisepsie.

Franz ***Liszt*** ■ Compositeur hongrois (1811-1886). Il eut d'abord une carrière de pianiste virtuose. Chef d'orchestre, il dirigea les œuvres majeures de son temps et soutint *Wagner. En 1865, il entra en religion. Son œuvre fougueuse, d'inspiration romantique, privilégie le piano et annonce la musique du xxᵉ s. "*Sonates en si*" ; "*Harmonies poétiques et religieuses*".

Li T'ai Po ■ ⇒ Li Bo.

Little Rock ■ Ville des États-Unis, capitale de l'*Arkansas. 158 000 hab. Des incidents raciaux, en 1957, donnèrent le coup d'envoi de la bataille pour l'intégration des Noirs dans la société (⇒ **Black Power, King**).

Émile ***Littré*** ■ Philologue et lexicographe français (1801-1881). Disciple de *Comte. "*Dictionnaire de la langue française*".

la ***Lituanie*** ■ L'une des trois républiques *baltes, à la frontière de la Pologne. 65 200 km². 3,69 millions d'hab. *(les Lituaniens).* Capitale : Vilnius. Pêche, agriculture, industries alimentaires. ▢ **HISTOIRE.** Principauté indépendant à la fin du Moyen Âge, elle joua un grand rôle dans l'histoire de la Pologne à laquelle elle fut réunie en 1569. Annexée à la Russie en 1795, elle ne devint une république soviétique qu'en 1940, après vingt ans d'indépendance (⇒ pays **baltes, pacte germano-soviétique**). La résistance des Lituaniens à l'emprise soviétique aboutit à la proclamation de son indépendance en 1990, officiellement reconnue par l'U.R.S.S. en 1991. 〈▶ lituanien 〉

Liu Shaoqi ■ Homme politique chinois (1898-1969). Président de la république populaire de Chine de 1959 à 1968.

Liverdun ■ Commune de Meurthe-et-Moselle. 6 100 hab. *(les Liverdunois).* Monuments médiévaux.

Liverpool ■ Ville industrielle, port d'Angleterre et chef-lieu du *Merseyside. 549 000 hab. Son développement, à partir du xviiiᵉ s., est lié au commerce des esclaves et à l'industrie cotonnière.

David ***Livingstone*** ■ Missionnaire et explorateur britannique (1813-1873). Ses explorations, en Afrique, et ses écrits eurent une place importante dans l'idéologie impérialiste. ⇒ **Stanley.**

la ***Livonie*** ■ Ancienne région d'Europe du Nord (Estonie et Lettonie actuelles). ⇒ pays **baltes.**

Livourne, en italien ***Livorno*** ■ Ville d'Italie (*Toscane), port sur la mer Tyrrhénienne. 172 000 hab.

Livron-sur-Drôme ■ Commune de la Drôme. 7 500 hab. *(les Livronnais).*

Livry-Gargan ■ Commune de la Seine-Saint-Denis. 35 500 hab. *(les Livryens).* Constructions mécaniques.

le cap ***Lizard*** ■ Extrémité sud-ouest de la Grande-Bretagne (*Cornouailles).

Ljubljana ■ Capitale de la *Slovénie. 305 000 hab. Commerce, tourisme, industrie électrique et électronique.

Llivia ■ Village espagnol enclavé en territoire français (Pyrénées-Orientales) depuis 1659.

David ***Lloyd George*** ■ Homme politique britannique (1863-1945). Premier ministre (libéral) pendant la

Première *Guerre mondiale (1916-1922). Rôle majeur dans le traité de *Versailles (1919) par sa modération entre les prétentions de *Clemenceau et l'idéalisme de *Wilson.

Lobamba ■ Capitale royale et législative du Swaziland (⇒ **Mbabane**). 5 700 hab.

Nikolaï **Lobatchevski** ■ Mathématicien russe, créateur de la première géométrie non euclidienne (1792-1856). ⇒ Bolyai.

Locarno ■ Ville de Suisse, dans le *Tessin, au bord du lac Majeur. 15 000 hab. En 1925, les puissances européennes y signèrent un pacte garantissant le traité de *Versailles.

Loches ■ Sous-préfecture d'Indre-et-Loire. 7 100 hab. *(les Lochois).* Château (XIIᵉ - XVᵉ s.).

John **Locke** ■ Philosophe anglais (1632-1704). Son *"Essai sur l'entendement humain",* opposé aux thèses de *Descartes, a marqué le début de l'empirisme anglo-saxon.

sir Norman **Lockyer** ■ ⇒ Janssen.

la **Locride** ■ Ancienne région de la Grèce centrale.

Lodève ■ Sous-préfecture de l'Hérault. 7 800 hab. *(les Lodévois).* Centre textile.

Łódź ■ 2ᵉ ville de Pologne. 845 000 hab. Capitale de l'industrie textile du pays.

Carl **Loewe** ■ Compositeur allemand (1796-1869). Mélodies.

Raymond **Loewy** ■ Dessinateur français naturalisé américain (1893-1986). Pionnier de l'esthétisme industriel.

le mont **Logan** ■ Point culminant du Canada (5 951 m), près de l'Alaska, dans le territoire du *Yukon.

Lognes ■ Commune de Seine-et-Marne. 13 000 hab.

Logroño ■ Ville d'Espagne et capitale de la communauté autonome de La *Rioja. 119 000 hab. Vins.

Daniel Kaspar von **Lohenstein** ■ Auteur allemand de tragédies *baroques (1635-1683). *"Cléopâtre".*

le **Loing** ■ Affluent de la Seine, qui passe à *Montargis. 166 km.

le **Loir** ■ Affluent de la Sarthe, qui passe à Châteaudun et Vendôme. 311 km.

la **Loire** ■ Le plus long des fleuves français (1 012 km). Il naît au mont *Gerbier-de-Jonc et se jette dans l'Atlantique. Son régime est irrégulier. ▶ *les châteaux de la Loire* ont été édifiés pendant la *Renaissance dans les régions de Blois, de Tours, dans le Berry et en Anjou. ▶ *la Loire* [42]. Département français de la région *Rhône-Alpes. 4 806 km². 745 000 hab. Préfecture : Saint-Étienne. Sous-préfectures : Montbrison, Roanne. ▶ *la Haute-Loire* [43], département français de la région *Auvergne. 5 002 km². 206 200 hab. Préfecture : Le Puy. Sous-préfectures : Brioude, Yssingeaux. ▶ *la Loire-Atlantique* [44]. Département français de la région Pays de la Loire. 6 956 km². 1,05 million d'hab. Préfecture : Nantes. Sous-préfectures : Ancenis, Châteaubriant, Saint-Nazaire. ▶ *le Pays de la Loire.* Région économique et administrative de l'ouest de la France. Elle comprend cinq départements : *Loire-Atlantique, *Maine-et-Loire, *Mayenne, *Sarthe et *Vendée. 32 404 km². 3,06 millions d'hab. Préfecture : Nantes. Grande région agricole (élevage, céréales, vignobles ; muscadet). Pêche. Industries variées : biscuiteries, aéronautique et électronique à Nantes, chantiers navals à Saint-Nazaire. ▶ *le Val de Loire.* ⇒ le **Val de Loire.**

le **Loiret** [45] ■ Département français de la région *Centre. Il doit son nom à la rivière qui le traverse. 6 813 km². 579 900 hab. Préfecture :

Orléans. Sous-préfectures : Montargis, Pithiviers.

le *Loir-et-Cher* [41] ■ Département français de la région *Centre. Il doit son nom aux rivières qui le traversent. 6 424 km². 305 800 hab. Préfecture : Blois. Sous-préfectures : Romorantin-Lanthenay, Vendôme.

Alfred **Loisy** ■ Exégète français (1857-1940). Condamné par le pape pour modernisme, il quitta la prêtrise et fut l'un des pionniers de l'histoire des religions.

Lokeren ■ Ville de Belgique (*Flandre-Orientale). 34 500 hab.

Lokossa ■ Ville du Bénin. 41 200 hab.

Lolland ou **Laaland** ■ Île du Danemark. 1 150 km². 78 000 hab.

les *lollards* ■ ⇒ Wyclif.

la *Lombardie*, en italien **Lombardia** ■ Région autonome du nord de l'Italie, la plus prospère et la plus active. 23 856 km². 8,89 millions d'hab. Capitale : Milan. Elle doit son nom aux **Lombards,** peuple d'origine germanique qui la conquit et fut vaincu par *Charlemagne en 774. Possession germanique puis autrichienne, elle fut annexée au Piémont en 1859, première étape de l'unification de l'Italie.

Lombok ■ Île d'Indonésie. 5 435 km². 1,96 million d'hab.

Cesare **Lombroso** ■ Médecin italien, fondateur de la criminologie (1835-1909).

Lomé ■ Capitale du Togo. 366 000 hab. Centre administratif, commercial (port) et industriel. ▶ *les* **conventions de Lomé.** Accords financiers et commerciaux signés entre la C.E.E. et les pays d'Afrique, des Caraïbes et du Pacifique (A.C.P.), en 1975, 1979, 1983 et 1989.

Étienne de **Loménie de Brienne** ■ Prélat français, ministre de Louis XVI (1727-1794). Comme son prédécesseur *Calonne, il échoua dans ses tentatives de réformes.

Lomme ■ Commune du Nord. 26 800 hab. *(les Lommois).*

Mikhaïl **Lomonossov** ■ Écrivain russe (1711-1765). Considéré comme le fondateur de la littérature russe moderne. L'université de Moscou, qu'il créa, porte son nom.

John Griffith dit *Jack* **London** ■ Écrivain américain (1876-1916). Il fut ouvrier, marin, chercheur d'or et vagabond. Teintée d'un socialisme généreux, son œuvre évoque des personnages en marge de la société et l'aventure. *"Martin Eden" ; "Croc blanc".*

London ■ Ville du Canada (*Ontario). 269 000 hab. Agglomération de 342 000 hab.

Londonderry ■ 2e ville, port et district d'Irlande du Nord. 98 700 hab.

Albert **Londres** ■ Journaliste français (1884-1932). Un des premiers à accomplir des reportages internationaux.

Londres, en anglais **London** ■ Capitale du *Royaume-Uni et de l'Angleterre, au fond de l'estuaire de la Tamise. 1re agglomération d'Europe, divisée en 32 bourgs *(boroughs),* qui forme le comté du *Grand Londres :* 1 580 km². 6,73 millions d'hab. *(les Londoniens).* 1er centre économique de Grande-Bretagne. Capitale politique, elle abrite le palais royal *(Buckingham Palace)* et le Parlement *(Westminster).* La *City* est la deuxième place d'affaires du monde, après New York. □ **HISTOIRE.** Centre commercial romain, capitale du royaume d'Essex (526), la ville fut agrandie par *Guillaume le Conquérant qui fit construire la Tour de Londres. Sa vocation maritime et commerciale en fit un centre économique et artistique important. Dévastée par la peste (1665), puis par un incendie (1666), Londres fut au XIXe s. le plus grand centre bancaire et commercial du monde.

Marguerite **Long** ■ Professeur de piano et pianiste française (1874-1966).

Elle créa le concours international Long-Thibault (⟹ **Thibault**).

Long Beach ■ Ville et port des États-Unis (*Californie). 361 000 hab. Tourisme.

Henry Wadsworth **Longfellow** ■ Poète américain (1807-1882). "*Hiawatha*" ; "*Évangéline*".

Pietro **Longhi** ■ Peintre italien (1702-1785). Scènes pittoresques de la vie vénitienne au XVIIIᵉ s.

Long Island ■ Île des États-Unis, à l'embouchure de l'*Hudson, où se trouvent deux quartiers (*Brooklyn, *Queens) de *New York. 4 463 km².

Longjumeau ■ Commune de l'Essonne. 20 000 hab. *(les Longjumellois).*

Longmen ■ Site chinois de grottes bouddhiques (plus de 1 000), sculptées du Vᵉ au VIIᵉ s.

Longuenesse ■ Commune du Pas-de-Calais. 13 300 hab.

Longueuil ■ Ville du Canada (*Québec), sur le *Saint-Laurent, en face de Montréal. 125 000 hab.

Longus ou **Longos** ■ Écrivain grec de la fin du IIᵉ s. "*Daphnis et Chloé*", roman longtemps populaire.

Longvic ■ Commune de la Côte-d'Or. 8 500 hab. *(les Longviciens).*

Longwy ■ Commune de Meurthe-et-Moselle. 15 600 hab. *(les Longoviciens).* Fortifiée par *Vauban. Charbon. Sidérurgie.

le maréchal **Lon Nol** ■ Homme politique cambodgien (1913 - 1985). Il prit le pouvoir en 1970 et établit une dictature avant d'être chassé en 1975.

Lons ■ Commune des Pyrénées-Atlantiques. 9 400 hab.

Lons-le-Saunier ■ Préfecture du Jura. 20 100 hab. *(les Lédoniens).* Industries alimentaires. Fromages.

Adolf **Loos** ■ Architecte autrichien (1870 - 1933). Pionnier de l'architecture moderne. Maison Tzara, à Montmartre (Paris).

Loos ■ Commune du Nord. 21 400 hab. *(les Loossois).*

Felix **Lope de Vega** ■ Auteur dramatique espagnol (1562-1635). Il écrivit plus de 1 800 comédies qui exercèrent une profonde influence sur le théâtre français, en particulier sur *Corneille et *Molière. "*Font-aux-cabres*" ; "*le Cavalier d'Olmedo*".

Federico García **Lorca** ■ ⟹ Federico García Lorca.

la Chambre des **lords,** en anglais *House of Lords* ■ Chambre haute du Parlement du Royaume-Uni, composée de 1 180 pairs (1 154 lords et 26 prélats). ⟹ Chambre des **communes.**

la **Lorelei** ■ Falaise sur la rive droite du Rhin (Allemagne), célèbre pour sa sirène légendaire dite *la Lorelei,* qui inspira les poètes *Brentano, *Heine et *Apollinaire.

Hendrik Antoon **Lorentz** ■ Physicien néerlandais (1853-1928). Prix Nobel 1902 pour la théorie des électrons. Dans la théorie de la relativité d'*Einstein, la *transformation de Lorentz* exprime l'invariance des lois physiques pour tous les systèmes de coordonnées en mouvement uniforme les uns par rapport aux autres.

Konrad **Lorenz** ■ Zoologiste autrichien (1903-1989). Prix Nobel 1973 pour ses travaux fondateurs en éthologie (étude du comportement animal).

Lorient ■ Sous-préfecture du Morbihan. 61 600 hab. *(les Lorientais).* Port de commerce et 3ᵉ port de pêche français. Base de sous-marins. Conserveries. Constructions mécaniques. Le port de « l'Orient » fut fondé par la Compagnie des Indes orientales en 1666.

Marion de **Lorme** ■ Courtisane française (1611-1650). Héroïne d'un drame de Victor Hugo, "*Marion Delorme*" (1831).

Lormont ■ Commune de la Gironde. 21 800 hab. *(les Lormontais)*. Port sur la Garonne.

Claude Gellée dit *le* **Lorrain** ■ Peintre français, le grand maître du paysage *classique (1600-1682)*. Son sens rigoureux de la composition, avec une grande sensibilité à la lumière, influença l'école anglaise.

la **Lorraine** ■ Région administrative et économique de l'est de la France, composée de quatre départements : *Meurthe-et-Moselle, *Meuse, *Moselle et *Vosges. Préfecture : Nancy. 23 669 km². 2,3 millions d'hab. *(les Lorrains)*. Pays de montagnes (⇒ **Vosges**) et de plateaux, avec une industrie textile traditionnelle dans les vallées. Sur les gisements de charbon et de minerai de fer s'est implantée, au XIXᵉ s., une puissante industrie lourde, actuellement en crise (⇒ **Longwy, Thionville**). □ **HISTOIRE**. Constitué au Xᵉ s. (⇒ **Lotharingie**), le duché de Lorraine fut cédé au roi de Pologne détrôné, Stanisław Leszczyński, en 1736, et au roi de France en 1766. De 1871 à 1918, les territoires lorrains de langue allemande furent annexés par l'Allemagne. ⟨ ▶ lorrain ⟩

Los Alamos ■ Localité des États-Unis (*Nouveau-Mexique). Recherches nucléaires (expérimentation de la première bombe atomique, le 16 juillet 1945).

Los Angeles ■ Ville des États-Unis (*Californie). 2,97 millions d'hab. Agglomération d'une très large étendue (2ᵉ du pays) : 2 500 km². 9,5 millions d'hab. Célèbre université. Centre industriel et culturel. Elle a absorbé *Hollywood.

Joseph **Losey** ■ Cinéaste américain *(1909-1984)*. "*The Servant*".

le **Lot** ■ Affluent de la Garonne. 481 km. □ *le* **Lot** [46]. Département français de la région *Midi-Pyrénées. 5 225 km². 154 900 hab. Préfecture : Cahors. Sous-préfectures : Figeac, Gourdon. □ *le* **Lot-et-Garonne**

[47]. Département français de la région *Aquitaine. 5 385 km². 305 000 hab. Préfecture : Agen. Sous-préfectures : Marmande, Nérac, Villeneuve-sur-Lot.

Loth ■ Personnage de la Bible. Sa femme est changée en statue de sel pour avoir regardé la destruction de *Sodome.

Lothaire ■ Roi de France de 954 à sa mort, fils de Louis IV *(941-986)*.

Lothaire Iᵉʳ ■ Empereur d'Occident, fils de Louis Iᵉʳ le Pieux *(795-855)*. Le traité de *Verdun ne lui laissa que la *Lotharingie. □ **Lothaire II**, son fils (v. 825 - 869), roi de Lotharingie.

Lothaire III de Supplinburg ■ Empereur germanique de 1133 à sa mort *(1075 - 1137)*. Il supplanta Conrad de *Hohenstaufen, ce qui déclencha la querelle des *guelfes et des gibelins.

la **Lotharingie** ■ Territoires cédés à Lothaire Iᵉʳ (d'où leur nom) après le traité de *Verdun, et dont le cœur est la Lorraine actuelle. Le royaume fut intégré par *Othon Iᵉʳ le Grand au Saint Empire romain germanique (Xᵉ s.).

le **Lothian** ■ Région administrative du centre est de l'Écosse. 1 756 km². 741 000 hab. Chef-lieu : Édimbourg.

Julien Viaud dit *Pierre* **Loti** ■ Romancier français *(1850-1923)*. Inspiré par les thèmes de l'exotisme et du voyage en mer. "*Aziyadé*" ; "*Pêcheur d'Islande*".

Lorenzo **Lotto** ■ Peintre italien (v. 1480-1556). Grandes compositions religieuses ("*le Mariage de sainte Catherine*"). Portraits.

Émile **Loubet** ■ Homme politique français *(1838 - 1929)*. Il succéda à Félix *Faure, à la présidence de la République (1899 - 1906) et gracia *Dreyfus.

Loudéac ■ Commune des Côtes-d'Armor. 10 600 hab. *(les Loudéaciens)*.

Loudun ■ Commune de la Vienne. 8 200 hab. *(les Loudunais* ou *Loudunois)*. Siège d'une célèbre affaire de sorcellerie. ⇒ Urbain **Grandier.**

la **Loue** ■ Rivière de *Franche-Comté, affluent du Doubs. 125 km.

Lougansk, de 1935 à 1958, puis de 1970 à 1990 *Vorochilovgrad* ■ Ville de la C.É.I. (*Ukraine), dans le Donbass. 497 000 hab. Fondée en 1795.

Louhans ■ Sous-préfecture de la Saône-et-Loire. 6 100 hab. *(les Louhannais)*.

Louis ■ NOM DE NOMBREUX SOUVERAINS EUROPÉENS **1.** empereurs d'ALLEMAGNE □ *Louis Iᵉʳ le Pieux.* ⇒ 3. rois de FRANCE. □ *Louis II le Germanique* (v. 825-875), son fils, hérita de la Germanie au traité de *Verdun. □ *Louis IV de Bavière* (v. 1286 - 1347) monta sur le trône en 1328 et mena une politique indépendante vis-à-vis de la papauté. **2.** roi de BAVIÈRE □ *Louis II de Bavière* ou *de Wittelsbach* (1845-1886), roi de 1864 à sa mort, protégea *Wagner, fit construire des châteaux fantastiques et mourut fou. **3.** rois de FRANCE □ *Louis Iᵉʳ le Pieux* (778-840), fils de Charlemagne, empereur d'Occident de 814 à sa mort, dernier empereur carolingien. □ *Louis II le Bègue* ou *le Fainéant* (846-879), fils de Charles le Chauve, roi de 877 à sa mort. □ *Louis III* (v. 863 - 882), fils du précédent. □ *Louis IV d'Outre-Mer* (921-954), fils de Charles le Simple et roi de 936 à sa mort. □ *Louis V le Fainéant* (v. 967 - 987), roi en 986-987, dernier des *Carolingiens. □ *Louis VI le Gros* (v. 1081-1137) augmenta, dès son accession au trône en 1108, le domaine et le pouvoir de la monarchie. □ *Louis VII le Jeune* (v. 1120-1180), son fils, bien conseillé par *Suger, poursuivit sa politique ; sa rupture avec *Aliénor d'Aquitaine amorça le conflit franco-anglais. □ *Louis VIII le Lion* (1187-1226), roi de 1223 à sa mort, époux

de *Blanche de Castille, continua la guerre de son père Philippe Auguste contre l'Angleterre. □ *Saint Louis* ou *Louis IX* (1214-1270), son fils, huitième roi (de 1226 à sa mort) très chrétien (canonisé en 1297), mort lors de la huitième croisade ; il mena le royaume à son apogée, ayant un rôle moral d'arbitre dans les affaires européennes. □ *Louis X le Hutin* (1289-1316), fils de Philippe le Bel, accéda au trône en 1314. □ *Louis XI* (1423-1483), roi de 1461 à sa mort, grand politique, consolida son pouvoir et l'unité du royaume (qu'il agrandit notamment de la Bourgogne, la Picardie, l'Anjou, le Maine et la Provence) en combattant les féodaux, en particulier Charles le Téméraire. □ *Louis XII* (1462-1515) monta sur le trône en 1498 et poursuivit les guerres de Charles VIII en Italie. □ *Louis XIII* (1601-1643), roi de 1610 à sa mort, subit d'abord la régence de sa mère, *Marie de Médicis, puis l'influence de *Luynes ; mais avec *Richelieu, il prépara l'absolutisme et l'hégémonie de la France en Europe, qui caractérisa le règne suivant. Il fit frapper une pièce de monnaie à laquelle son nom fut donné. 〈▶ louis〉 □ *Louis XIV* dit *le Roi Soleil* (1638-1715), son fils, roi de 1643 à sa mort ; la *Fronde qui éclata sous le règne d'*Anne d'Autriche et de *Mazarin lui inspira le culte du pouvoir absolu et la crainte de résider à Paris ; il fit construire *Versailles, favorisa l'épanouissement des arts et des lettres (*Molière, *Racine, *Le Brun, *Mansart, *Lully...) ; il réduisit le rôle de la noblesse et reçut dans son Conseil des bourgeois (*Colbert, *Le Tellier, *Louvois) ; la fin du « siècle de Louis XIV » fut cependant assombrie par les limites de sa politique de conquêtes, l'autoritarisme religieux (révocation de l'édit de *Nantes en 1685) et les difficultés économiques. Son fils, le *Grand Dauphin* (1661-1711), et son petit-fils, *Louis de France* (1682-1712), moururent avant lui. □ *Louis XV le Bien-Aimé* (1710-1774), arrière-petit-fils de Louis XIV, succéda au Régent en 1723 (⟹ **Régence**) : il soutint la politique de *Fleury, après lequel les ministres réformistes (*Orry, *Choiseul) se succédèrent sans véritable appui contre l'opposition des Parlements ; la tentative de *Maupéou arriva trop tard (1771) ; le roi mourut impopulaire, moqué pour ses amours (la *Pompadour, la *du Barry) ; mais son règne fut celui des *Lumières et d'une prospérité certaine. □ **Louis XVI** (1754-1793), son petit-fils, roi en 1774, ne sut pas dénouer les contradictions du régime, qui débouchèrent sur la *Révolution ; sans prise réelle sur les événements, il donna son adhésion aux réformes et devint « roi des Français » (1791) ; mais, sous l'influence de la reine *Marie-Antoinette et des monarques étrangers, il prit le parti de la contre-révolution ; déchu, le citoyen Louis Capet fut jugé, déclaré « coupable de conspiration contre la liberté de la nation » et guillotiné le 21 janvier 1793. □ **Louis XVII** (1785-1795), son fils, prisonnier de la Révolution ; plusieurs personnages tentèrent de se faire passer pour lui après la Restauration. □ **Louis XVIII** (1755-1824), frère de Louis XVI et du comte d'Artois (le futur *Charles X), émigra en 1791 ; il prit le titre de Régent après l'exécution du roi, puis celui de roi en 1795 mais ne régna qu'après la chute de Napoléon Ier. ⟹ **Restauration. 4.** roi de HONGRIE □ **Louis Ier le Grand** (1326-1382) succéda à son père Charles Ier en 1342 et devint roi de Pologne en 1370. Il conquit la Bohême (1345), la Lituanie (1352), obtint la Dalmatie (1381). **5.** roi du PORTUGAL □ **Louis Ier** (1838-1889) monta sur le trône en 1861 et abolit l'esclavage dans les colonies en 1868.

Joseph Dominique baron **Louis** ■ Homme politique français (1755-1837). Collaborateur de *Talleyrand et de *Mollien, ministre des Finances sous la *Restauration et la *monarchie de Juillet.

sainte **Louise de Marillac** ■ Religieuse française (1591-1660). Principale collaboratrice de saint *Vincent de Paul.

Louise de Savoie ■ Mère de François Ier et de *Marguerite de Navarre, régente du royaume lors des guerres d'Italie (1476-1531).

Louise-Marie d'Orléans ■ Reine des Belges, épouse de Léopold Ier (1812-1850).

la **Louisiane** ■ État du sud des États-Unis. 123 677 km². 4,2 millions d'hab. *(les Louisianais).* Capitale : Baton Rouge. ⇒ La **Nouvelle-Orléans.** Agriculture tropicale. Pétrole et gaz naturel. □ *la* **Louisiane française.** Vaste territoire situé au sud et au sud-ouest des États-Unis, exploré par Cavelier de *La Salle, il appartint à la France jusqu'à ce que Bonaparte le vendît aux États-Unis (1803) ; le français y est encore parlé par les *Cajuns ou Acadiens (⟹ **Lafayette**).

Louis-Philippe Ier ■ Roi des Français de 1830 à 1848 (1773-1850). Il fut, comme son père le duc d'*Orléans, partisan des idées révolutionnaires. Lieutenant de *Dumouriez, il émigra en 1793 et revint sous la *Restauration. Lié aux milieux libéraux, il fut appelé au pouvoir après la *révolution de 1830 (⟹ **monarchie de Juillet**). La *révolution de 1848 provoqua sa chute.

Louisville ■ Ville des États-Unis (*Kentucky). 298 000 hab.

Louksor ou **Louqsor** ■ ⇒ **Louxor.**

Lourdes ■ Commune des Hautes-Pyrénées. 16 600 hab. *(les Lourdais).* Un des principaux centres de pèlerinage pour les catholiques. En 1858, Bernadette Soubirous déclara avoir eu plusieurs visions de la Vierge près de la grotte de Massabielle.

Louvain, en néerlandais **Leuven** ■ Ville de Belgique, dans le *Brabant. 84 200 hab. Églises gothiques et baroques. Le commerce de draps était florissant au XIIIe s., mais c'est surtout sous la domination de la *Bourgogne au XVe s. que la ville se développa. Industries alimentaire, chimique et mécanique. Université catholique (créée en 1425) ; sa section francophone a été transférée près d'Ottignies à *Louvain-la-Neuve*.

Louveciennes ■ Commune des Yvelines. 7 500 hab. *(les Louveciennois).*

Jean-Baptiste **Louvet de Couvray** ■ Révolutionnaire et écrivain français (1760-1797). *"Les Amours du chevalier de Faublas".*

Louviers ■ Commune de l'Eure. 19 000 hab. *(les Lovériens).* Première manufacture de draps en 1681.

François Michel Le Tellier marquis de **Louvois** ■ Ministre de Louis XIV (1639-1691), fils de *Le Tellier. Il réorganisa l'armée. Son influence alla grandissant, aux dépens de *Colbert.

le **Louvre** ■ Ancienne résidence royale, située à Paris sur la rive droite de la Seine. Simple forteresse sous Philippe Auguste, le Louvre fut agrandi et transformé, devenant le plus grand palais du monde : au XVIe s., *cour Carrée*, par *Lescot et *Goujon ; au XVIIe s., *galerie du bord de l'eau* et *colonnade* ; au XIXe s., *grande galerie du nord, arc du Carrousel* ; au XXe s., *pyramide de verre* (de *Pei). Il abrite de très riches collections (musée depuis 1791). Le projet du « Grand Louvre » agrandit le musée.

Louvres ■ Commune du Val-d'Oise. 7 600 hab.

Louxor ou **Louqsor** ou **Louksor** ■ Ville d'Égypte sur le Nil. 148 000 hab. Site archéologique situé dans la partie sud de la *Thèbes antique. Temple d'*Amon, dont un des obélisques fut érigé en 1836, à Paris, place de la Concorde. Le temple de *Karnak et, sur l'autre rive du Nil, la *Vallée des Rois et de nombreux

sites se trouvent à proximité. Tourisme.

Pierre **Louÿs** ■ Écrivain français (1870-1925). Romans inspirés de la littérature érotique grecque. *"Les Chansons de Bilitis" ; "Aphrodite".*

Howard Phillips **Lovecraft** ■ Écrivain américain (1890-1937). Récits fantastiques où règne l'épouvante. *"Démons et merveilles".*

Robert **Lowell** ■ Poète américain, catholique et pacifiste (1917-1977).

les **Lowlands** n. f. pl., en français *Basses Terres* ■ Région du centre de l'Écosse, la plus peuplée (75 % de la population) et la plus développée. Agriculture et métallurgie. Ville principale : Glasgow.

Malcolm **Lowry** ■ Romancier anglais (1909-1957). Il trouve son inspiration dans les voyages, l'alcool et la mer. *"Au-dessous du volcan".*

les îles **Loyauté** ■ Archipel français du Pacifique, dépendant de la Nouvelle-*Calédonie. Trois îles principales : Ouvéa, Lifou et Maré. 1 981 km². 15 500 hab.

le mont **Lozère** ■ Massif le plus élevé des *Cévennes, couvert de landes et de pins. □ *la* **Lozère** [48]. Département français de la région *Languedoc- Roussillon. 5 177 km². 72 900 hab. Préfecture : Mende. Sous-préfecture : Florac.

Luanda ■ Capitale de l'Angola, sur l'Atlantique. 1,46 million d'hab. Raffinerie de pétrole.

Lubbock ■ Ville des États-Unis (*Texas). 174 000 hab. Centre agricole.

Lübeck ■ Ville et port d'Allemagne (*Schleswig-Holstein). 210 000 hab. Constructions navales. Conserveries. Fondée au XIIe s., elle fut, avec *Hambourg, fondatrice de la *Hanse.

le **Luberon** ou **Lubéron** ■ Chaîne calcaire du sud des Alpes, dans le *Vaucluse.

Ernst **Lubitsch** ■ Cinéaste américain d'origine allemande (1892-1947). *"La Veuve joyeuse"* ; *"To Be or Not to Be"*.

Lublin ■ Ville de Pologne. 333 000 hab. Camp de concentration, pendant la Seconde Guerre mondiale (Majdanek).

Lubumbashi, autrefois **Élisabethville** ■ Ville du Zaïre, dans le *Shaba. 543 000 hab. Université.

saint **Luc** ■ Auteur de l'*Évangile qui porte son nom, et, selon la tradition, des *"Actes des Apôtres"*. Patron des médecins et des peintres. Son emblème est le bœuf.

Lucain ■ Poète latin (39-65). Compagnon de *Néron, qui le contraignit à se suicider. *"La Pharsale"*.

Lucas de Leyde ■ Peintre hollandais (1494-1533). Sa maîtrise de la gravure en fit le rival de *Dürer.

Lucé ■ Commune d'Eure-et-Loir. 19 000 hab. *(les Lucéens).*

Lucerne, en allemand **Luzern** ■ Ville de Suisse. 60 600 hab. *(les Lucernois).* Agglomération de 161 000 hab. Tourisme (ponts couverts du XIVᵉ s.). ▶ *le canton de* **Lucerne**. 1 492 km². 312 000 hab. Chef-lieu : Lucerne. Il resta catholique durant la *Réforme.

sainte **Lucie** ou *sainte* **Luce** ■ Vierge et martyre chrétienne (Iᵛᵉ s.). Très populaire en Italie.

Lucie ou **Lucy** ■ Nom donné à un squelette anthropoïde féminin, vieux de 3 millions d'années, découvert dans le *rift africain en 1974.

Lucien de Samosate ■ Écrivain satirique grec (v. 125 - v. 192). Sa critique incisive de la société, de la philosophie et de la religion de son temps a été beaucoup imitée. *"Dialogues des morts"*.

Lucifer ■ Autre nom de *Satan.

Lucknow ■ Ville de l'Inde, capitale de l'*Uttar Pradesh. 1 million d'hab. Industries textile, alimentaire.

Luçon ■ Commune de Vendée. 9 500 hab. *(les Luçonnais).* Cathédrale gothique.

Luçon ou **Luzon** ■ Île principale de l'archipel des Philippines. 104 684 km². Ville principale : Manille.

Lucques, en italien **Lucca** ■ Ville d'Italie (*Toscane). 89 000 hab. Importante cité au Moyen Âge. Cathédrale et églises romanes.

Lucrèce ■ Dame romaine (morte en 509 av. J.-C.). Son viol par Sextus Tarquin (fils de *Tarquin le Superbe) et son suicide provoquèrent la chute de la royauté.

Lucrèce ■ Poète latin (v. 98 - 55 av. J.-C.). *"De rerum natura"* (« De la nature »), ouvrage d'inspiration atomiste (matérialiste) et *épicurienne, est un modèle de poésie philosophique et savante.

Lucullus ■ Général romain (v. 106 - 56 av. J.-C.). Grâce aux richesses amassées pendant ses campagnes, il mena une vie dont le luxe (notamment gastronomique) est resté proverbial.

Lüda ■ Agglomération de Chine du Nord (*Liaoning), réunissant *Lüshun et *Dalian. 3,6 millions d'hab. Métallurgie et sidérurgie.

Erich **Ludendorff** ■ Général allemand (1865-1937). Collaborateur de *Hindenburg. Il dirigea les opérations militaires en 1916.

Ludhiāna ■ Ville de l'Inde, dans le *Pendjab. 607 000 hab.

Ludovic Sforza dit *le More* ■ Duc de Milan (1451-1508). Il tint avec sa femme Béatrice d'Este une cour fastueuse. Il protégea *Bramante et *Léonard de Vinci.

Ludwigshafen ■ Ville d'Allemagne (*Rhénanie-Palatinat). 157 000 hab. Industrie chimique.

Lugano ■ Ville de Suisse (*Tessin), au bord du *lac de Lugano*. 27 800 hab. Station touristique. Importante collection privée (*Thyssen) de peintures.

Lugdunum ■ Nom de Lyon à l'époque gallo-romaine.

Leopoldo **Lugones** ■ Poète argentin (1874-1938). "*La Guerre gauchesque*", récit de la guerre des gauchos.

Bernardino **Luini** ■ Peintre italien (v. 1485-1532). Fresques d'inspiration religieuse.

György **Lukács** ■ Philosophe marxiste et homme politique hongrois (1885-1971). Ministre dans les gouvernements de Béla *Kun et d'Imre *Nagy.

Jan **Łukasiewicz** ■ Philosophe et logicien polonais (1878-1956).

Raymond **Lulle** ■ Théologien, logicien et écrivain catalan, l'un des grands esprits de son siècle (1235-1315). "*Ars Magna*".

Jean-Baptiste **Lully** ou **Lulli** ■ Compositeur français d'origine italienne (1632-1687). Musicien officiel à la cour de Louis XIV, il régna sur la musique de son époque. Il collabora avec *Molière ("*le Bourgeois gentilhomme*"). C'est le créateur de l'opéra à la française ("*Atys*"; "*Armide*").

Lumbinī ■ Site du Népal où, selon la tradition, Gautama, le futur Bouddha, vit le jour.

les frères **Lumière** ■ Industriels français, inventeurs du cinématographe en 1895. Auguste (1862-1954) et Louis (1864-1948).

les **Lumières** ■ Mouvement d'idées de l'Europe du XVIIIe s. Ses principaux représentants sont les « philosophes » français (qui sont aussi des militants et des écrivains), mais il peut être considéré comme la manifestation d'une conscience européenne (*Aufklärung* en Allemagne, *Enlightenment* en Angleterre...). Il a influencé les despotes « éclairés » (Catherine la Grande en Russie, Frédéric II en Prusse) et les idéologues de la Révolution française. On lui doit l'*Encyclopédie, animée par *Diderot et d'*Alembert, à laquelle ont colla-

boré notamment *Voltaire, *Rousseau, *Turgot. Ses caractéristiques : confiance dans les progrès de la raison et de la science pour dissiper les ténèbres de l'ignorance et de la superstition, liberté de pensée, volonté de réformes.

Patrice **Lumumba** ■ Homme politique congolais (1925-1961). Leader du Mouvement national congolais, il devint Premier ministre dès l'indépendance (1960). Destitué et arrêté, il fut assassiné.

la **Lune** ■ Satellite situé à 380 000 km de la Terre. Elle décrit une orbite elliptique en 29 jours, 12 heures et 44 minutes. Animée d'un mouvement de rotation sur elle-même, la Lune présente toujours la même face à la Terre. Diamètre : 3 476 km. Neil *Armstrong fut le premier homme à marcher sur la Lune, en 1969. ⟨▶ lune ⟩

Lunel ■ Commune de l'Hérault. 18 500 hab. (*les Lunellois* ou *Pescalunes* [« pêcheurs de lune », en langue d'oc]).

Lunéville ■ Sous-préfecture de la Meurthe-et-Moselle. 22 400 hab. (*les Lunévillois*). Château (XVIIIe s.) ; maisons anciennes.

Luoyang ■ Ville de Chine (*Henan). 1,06 million d'hab. Centre archéologique (aux environs : grottes de *Longmen), culturel et artistique.

Jean **Lurçat** ■ Peintre et décorateur français (1892-1966). Il donna une nouvelle impulsion à l'art de la tapisserie.

Lure ■ Sous-préfecture de la Haute-Saône. 10 000 hab. (*les Lurons*).

Luristān ou **Lorestān** ■ Région d'Iran où, lors de fouilles en 1929, furent mis à jour des bronzes datant du XIXe au XIIe s. av. J.-C.

la **Lusace** ■ Région d'Allemagne, située au sud du Brandebourg. Lignite. Industrie textile.

Lusaka ■ Capitale de la Zambie, située à 1 300 m d'altitude. 870 000 hab. Centre administratif. Université.

Lüshun, autrefois **Port-Arthur** ■ Ville et port de Chine (*Liaoning), intégrée à l'agglomération de *Lüda. 40 000 hab.

les **Lusignan** ■ Famille française originaire du *Poitou, qui régna sur Chypre de 1192 à 1489.

la **Lusitanie** ■ Province romaine d'Espagne correspondant à l'actuel Portugal. ⟨ ▶ lusitanien ⟩

Lutèce ■ ⟹ **Paris.**

Martin **Luther** ■ Réformateur religieux allemand (1483-1546). Un des fondateurs, comme *Calvin, du *protestantisme et un des premiers grands écrivains de langue allemande. En 1517, il afficha sur les portes du château de Wittenberg ses 95 thèses où il dénonçait la vente des indulgences et qui marquèrent le début de la *Réforme. Il traduisit la Bible en allemand et organisa l'Église luthérienne. ⟹ **Melanchthon.** ▶ le *luthéranisme* professe l'affirmation de l'autorité de la Bible, le salut par la foi et par un retour à l'Église primitive. Il critique la hiérarchie de l'Église romaine et les vœux monastiques. Il s'est implanté en Allemagne du Nord et dans les pays scandinaves. ⟨ ▶ luthérien ⟩

Martin **Luther King** ■ ⟹ Martin Luther **King.**

Albert John **Luthuli** ou *Lutuli* ■ Homme politique sud-africain (1898-1967). Il lutta contre l'apartheid et fut le premier Africain noir à recevoir le prix Nobel de la paix (1960).

Luton ■ Ville d'Angleterre (*Bedfordshire), près de Londres. 165 000 hab.

Witold **Lutosławski** ■ Compositeur polonais (né en 1913).

Luxembourg ■ Capitale du grand-duché de Luxembourg. 76 600 hab. Siège d'institutions européennes (Cour européenne de justice) et internationales. Industrie métallurgique. Constructions mécaniques. Industries textile et alimentaire. ▶ le *grand-duché de Luxembourg.* État (monarchie constitutionnelle) d'Europe limité par la Belgique, l'Allemagne et la France. 2 586 km². 377 000 hab. *(les Luxembourgeois).* Capitale : Luxembourg. Langues : français (officielle), allemand (langue de culture), luxembourgeois (dialecte allemand ; langue nationale). Monnaie : franc luxembourgeois. Agriculture, industrie métallurgique, services (banques). Le pays est divisé en trois districts : le *Diekirch, le *Grevenmacher et le *Luxembourg* (904 km²; 272 000 hab.). ▢ HISTOIRE. Il fut fondé en 963. À l'époque de la *Réforme, le pays resta fidèle au catholicisme. En 1831, il fut divisé entre une partie belge (province de *Luxembourg) et une partie néerlandaise qui correspond au grand-duché actuel, indépendant depuis 1867. Il s'est rapproché de la Belgique et des Pays-Bas (⟹ **Benelux**) et a fait partie des pays fondateurs de la *C.E.E. en 1957. Le grand-duc *Jean règne depuis 1964.

le **Luxembourg** ■ L'une des neuf provinces de la Belgique. 4 441 km². 226 000 hab. Chef-lieu : Arlon.

le palais du **Luxembourg** ■ Palais de Paris, construit par Salomon de *Brosse pour *Marie de Médicis, de 1615 à 1620. Il abrite le *Sénat depuis 1958. Célèbre jardin « à la française ».

Rosa **Luxemburg** ■ Socialiste, révolutionnaire et théoricienne polonaise naturalisée allemande (1871-1919). Elle fonda la *ligue* *Spartakus (futur parti communiste) avec Karl *Liebknecht ainsi que, fut assassinée.

Luxeuil-les-Bains ■ Commune de la Haute-Saône. 9 400 hab. *(les Luxoviens).* Station thermale.

Lu Xun ■ Écrivain chinois (1881-1936). *"La Véridique Histoire d'Ah Q"*, roman.

Charles d'Albert de Luynes ■ Favori de Louis XIII, au pouvoir de 1617 à 1621, après l'élimination de *Concini (1578-1621).

Luzon ■ ⇒ Luçon.

Lvov ou *Lviv* ■ Ville de la C.É.I. (*Ukraine). 790 000 hab. Centre culturel, commercial et industriel. Polonaise *(Lwów)* puis allemande *(Lemberg),* elle fut annexée par l'U.R.S.S. en 1945.

André Lwoff ■ Biologiste français (né en 1902). Il accueillit *Jacob et *Monod dans son service et partagea avec eux le prix Nobel 1965 de médecine pour leurs recherches fondamentales en biologie moléculaire.

Lyallpur ■ ⇒ Faisalābād.

Louis Hubert Lyautey ■ Maréchal de France (1854-1934). Administrateur colonial en *Indochine, à Madagascar et surtout au Maroc, où il fut résident général de 1912 à 1925.

le Lycabette ■ Colline de l'*Attique entourée par la ville moderne d'Athènes.

le Lycée ■ Nom du lieu où enseigna *Aristote et qui fut donné à son école. ⟨ ▶ lycée ⟩

Lycurgue ■ Législateur mythique de Sparte ayant vécu au IXᵉ s. av. J.-C.

la Lydie ■ Ancienne contrée d'Asie Mineure sur la mer Égée. Elle est associée aux légendes d'*Héraclès et d'*Omphale, de *Tantale et de *Pélops. Le dernier roi de Lydie fut *Crésus.

sir Charles Lyell ■ Géologue écossais (1797-1875). Proche de *Darwin.

John Lyly ■ Écrivain anglais (v. 1553 - 1606). *"Euphues ou l'Anatomie de l'esprit",* roman allégorique.

Lyon ■ Préfecture du Rhône et de la région *Rhône-Alpes, au confluent du Rhône et de la Saône ; 3ᵉ ville française. 422 400 hab. *(les Lyonnais).* 2ᵉ agglomération (1,24 million d'hab.). La ville, fondée en 43 av. J.-C. par les Romains *(Lugdunum),* a toujours bénéficié de sa situation de carrefour fluvial et routier. C'est un centre commercial (foires célèbres), financier et industriel (soie) depuis la fin du Moyen Âge. Aujourd'hui, les textiles artificiels et la chimie (liée au pétrole), la métallurgie et l'industrie automobile dominent. Fonctions tertiaires en développement. Université. ▶ *les monts du Lyonnais.* Montagnes de l'est du *Massif central.

Bernard Lyot ■ Astronome français (1897-1952). Il obtint les premières photographies d'éruptions solaires.

la Lys ■ Rivière de France et de Belgique. Née en *Artois, elle arrose Courtrai et Gand avant de se jeter dans l'*Escaut.

Lysandre ■ Général spartiate (mort en 395 av. J.-C.). Vainqueur des Athéniens dans la guerre du *Péloponnèse.

Lysimaque ■ Général macédonien (v. 361 - 281 av. J.-C.). Lieutenant d'*Alexandre le Grand.

Lysippe ■ Sculpteur grec (v. 390 - v. 310 av. J.-C.). Avec *Praxitèle et *Scopas, il renouvela le style de la sculpture grecque.

Lys-lez-Lannoy ■ Commune du Nord. 12 400 hab. *(les Lyssois).*

Trofime Lyssenko ■ Généticien soviétique (1898-1976). Ses théories, erronées, sur l'évolution des espèces furent érigées en dogme par le régime avant d'être complètement abandonnées.

Edward Bulwer lord Lytton ■ Homme politique et romancier anglais (1803-1873). *"Les Derniers Jours de Pompéi".*

M

Maastricht ou **Maëstricht** ■ Ville des Pays-Bas, chef-lieu du *Limbourg. 116 000 hab. Centre culturel et industriel. □ *le traité de Maastricht sur l'Union européenne* (signé en 1992), prévoit une union économique et monétaire plus une politique étrangère et une défense communes. Il doit être ratifié par chaque pays de la *C.E.E.

Jean **Mabillon** ■ Bénédictin et érudit français (1632-1707).

Mably ■ Commune de la Loire. 8 300 hab.

John Loudon **McAdam** ■ Ingénieur écossais (1756-1836). Il réalisa le système de revêtement des chaussées appelé *macadam*. ⟨ ▶ macadam ⟩

Macaire ■ Prélat russe (v. 1482-1563). Métropolite de Moscou, conseiller d'Ivan IV, il renforça la puissance de l'Église orthodoxe.

Macao ■ Enclave portugaise (territoire autonome) en Chine du Sud, face à *Hong-Kong. 17 km². 466 000 hab. dont 8 000 Européens. Langues : portugais (officielle), chinois. Monnaie : pataca. Monuments portugais du XVIe s. Textile. Tourisme. Jeu (casino, courses). Macao doit être rendu à la Chine en 1999.

Douglas **MacArthur** ■ Général américain (1880-1964). Commandant des forces alliées du Pacifique Sud (1942-1945) – il reçut la reddition du Japon le 2 septembre 1945 –, puis des forces de l'*O.N.U. en Corée (1950-1951).

Macassar ■ ⇒ Ujung Pandang.

Thomas **Macaulay** ■ Historien et homme politique anglais (1800-1859). *"Histoire d'Angleterre"*.

Macbeth ■ Roi d'Écosse de 1040 à sa mort (1057). Pour monter sur le trône, il assassina Duncan Ier. Il a inspiré une célèbre tragédie de *Shakespeare.

les **Maccabées** ■ Nom des guerriers juifs qui dirigèrent la révolte contre le roi de Syrie Antiochos IV Épiphane (165 av. J.-C.). ▶ *les livres des Maccabées,* livres bibliques deutérocanoniques et apocryphes. ⇒ Bible.

Joseph **McCarthy** ■ Sénateur républicain américain (1908-1957). Le *maccarthysme* fut responsable de la « chasse aux sorcières » contre des intellectuels et des hommes politiques supposés proches du communisme (1950-1954).

Mary **McCarthy** ■ Romancière américaine (1912-1989). *"Le Groupe"*.

Carson **McCullers** ■ Romancière américaine (1917-1967). *"Le cœur est un chasseur solitaire"*.

sir John Alexander **Macdonald** ■ Homme politique canadien (1815-1891). Principal artisan de la création de l'État confédéré en 1867, il en fut le Premier ministre (conservateur) jusqu'en 1873, puis de 1878 à sa mort.

James Ramsay **MacDonald** ■ Homme politique britannique (1866-1937). Un des fondateurs du parti *travailliste et chef du premier gouvernement travailliste (1924).

la **Macédoine** ■ Région historique de l'Europe dans la péninsule des Balkans, aujourd'hui partagée entre la Grèce (34 177 km² ; 2,12 millions d'hab. ; ville principale : Thessalonique), la Macédoine et la Bulgarie. □ **HISTOIRE**. Monarchie puissante, le royaume de Macédoine a étendu progressivement son hégémonie sur la Grèce (⇒ **Philippe II de Macédoine**) puis sur l'Empire perse (⇒ **Alexandre le Grand**). Il connut ensuite le déclin et fut conquis par Rome en 146 av. J.-C. Intégrée à l'Empire byzantin (⇒ **Byzance**), la région fut ensuite conquise par les Turcs (1430) puis fut au cœur des guerres balkaniques (1912-1913). Annexée par la Bulgarie (1941-1944), elle fut rendue, en majeure partie, à la Grèce et à la Yougoslavie en 1947. □ *la république de* **Macédoine**. État d'Europe méridionale. 25 713 km². 1,9 million d'hab. (*les Macédoniens*). Capitale : Skopje. Langues : macédonien, serbo-croate. Monnaie : dinar youg. Ancienne république fédérée de Yougoslavie. Malgré la non-reconnaissance internationale de son indépendance proclamée en 1991, elle est devenue membre de l'*O.N.U. en 1993. ⟨ ▶ macédoine ⟩

Maceió ■ Ville et port du Brésil, capitale de l'État d'*Alagoas. 376 000 hab. Industries.

Ernst **Mach** ■ Physicien et philosophe autrichien (1838-1916). Son épistémologie influença *Einstein. *Nombre de Mach :* rapport de la vitesse d'un projectile à la vitesse du son. ⟨ ▶ Mach ⟩

Antonio **Machado** ■ Poète espagnol (1875-1939). Il permit à l'Espagne moderne de renouer avec la tradition lyrique. Républicain mort en exil en France. "*Champs de Castille*".

Guillaume de **Machault** ou **Machaut** ■ ⇒ **Guillaume de Machaut.**

Machecoul ■ Commune de Loire-Atlantique. 5 100 hab. (*les Machecoulais*). La ville fut l'un des premiers foyers de l'insurrection vendéenne.

Nicolas **Machiavel** ■ Homme politique et philosophe florentin (1469-1527). L'un des premiers à avoir une approche réaliste de l'histoire et de la politique. La réputation de cynisme de son ouvrage "*le Prince*" a donné naissance au terme *machiavélisme*. ⟨ ▶ machiavélisme ⟩

le **Machrek** ■ Les pays islamiques de l'« Orient » (Syrie, Irak, Liban, Égypte), opposés au *Maghreb.

Machu Picchu ■ Site archéologique du Pérou, situé à 2 000 m d'altitude, au nord de *Cuzco. Découverte en 1911, cette citadelle, construite en gradins, semble avoir été le dernier refuge des *Incas.

August **Macke** ■ Peintre allemand (1887-1914). Membre du *Cavalier bleu. Scènes de la vie moderne.

le **Mackenzie** ■ Fleuve du Canada (*Territoires du Nord-Ouest). Son estuaire forme une vaste baie dans l'Arctique. 4 241 km.

William **McKinley** ■ 25e président des États-Unis (1843-1901), de 1897 à son assassinat par un anarchiste. ▶ *le mont* **McKinley.** Point culminant de l'Amérique du Nord (*Alaska). 6 194 m.

Colin **Maclaurin** ■ Mathématicien écossais (1698-1746). Disciple de *Newton.

Archibald **MacLeish** ■ Poète américain (1892-1982). "*Conquistador*" ; "*Panic*".

Marshall **McLuhan** ■ Universitaire canadien, auteur d'essais sur les médias et la communication (1911-1980). "*La Galaxie Gutenberg*".

Patrice comte de **Mac-Mahon** *duc de Magenta* ∎ Maréchal de France et homme politique (1808-1893). Il se distingua dans les armées de Napoléon III et soutint *Thiers contre la *Commune (1871). Quoique monarchiste, il fut président de la République de 1873 à 1879, mais fut contraint de démissionner.

Harold **Macmillan** ∎ Homme politique britannique (1894-1986). Premier ministre (conservateur) de 1957 à sa démission en 1963.

Mâcon ∎ Préfecture de la Saône-et-Loire. 38 500 hab. *(les Mâconnais).* Hôtel-Dieu du XVIIᵉ s. Port fluvial sur la *Saône. Centre commercial et administratif. ▶ *le* **Mâconnais,** ensemble de plateaux situés à l'est du *Massif central. Vignobles réputés.

Pierre **Mac Orlan** ∎ Écrivain français (1882-1970). Ses romans évoquent des personnages marginaux. *"Le Quai des brumes"*, adapté au cinéma par *Prévert et *Carné ; *"la Bandera"*, porté à l'écran par *Duvivier. Chansons.

James **Macpherson** ∎ Poète écossais (1736-1796). ⇒ **Ossian.**

Imre **Madách** ∎ Écrivain hongrois (1823-1864). *"La Tragédie de l'homme"*, drame philosophique.

Madagascar ∎ Île et État (république) de l'océan Indien, au sud-est de l'Afrique, séparée du continent par le canal de Mozambique. 587 041 km². 11,6 millions d'hab. *(les Malgaches).* Capitale : Antananarivo. Langues : malgache (merina ; officielle), français. Monnaie : franc malgache. Économie essentiellement agricole : riz, tabac, café, canne à sucre. ▭ **HISTOIRE**. Peuplée par des Indonésiens et des Africains, l'île fut longtemps composée de petits royaumes. Elle fut colonisée au XIXᵉ s. par la France. Après de dures luttes (la répression française en 1947 fit plus de 89 000 morts), elle devint une république indépendante (1960) puis démocratique (1975). Sous la pression populaire, une démocratisation du régime a été engagée en 1991 qui aboutit en 1993, à l'élection à la présidence de la République de A. Zafy, succédant ainsi à D. Ratsiraka au pouvoir depuis 1975. ⟨ ▶ malgache ⟩

l'abri de la **Madeleine** ∎ Site préhistorique de *Dordogne qui a donné son nom à la dernière culture du paléolithique supérieur (13 000 - 8000 av. J.-C.) : le *magdalénien.* ⟨ ▶ magdalénien ⟩

La **Madeleine** ∎ Commune du Nord. 21 800 hab.

la **Madeleine** ∎ Église de Paris. Commencée en 1763, elle ne fut achevée qu'en 1840 après que Napoléon l'eut transformée à l'image d'un temple grec ceint de colonnes corinthiennes.

Madère, en portugais **Madeira** ∎ Archipel de l'Atlantique, région autonome du Portugal, situé à l'ouest du Maroc. 794 km². 271 000 hab. Capitale : Funchal. Relief volcanique. Tourisme. Économie agricole : célèbres vins liquoreux. ⟨ ▶ madère ⟩

Bruno **Maderna** ∎ Compositeur italien (1920-1973). Musique sérielle et postsérielle.

Carlo **Maderno** ∎ Architecte italien (1556-1629). Il travailla à la basilique Saint-Pierre à Rome.

le **Madhya Pradesh** ∎ Le plus grand État de l'Inde, au centre du pays. 443 446 km². 52,18 millions d'hab. Capitale : Bhopāl. Blé, canne à sucre. Richesses minières (charbon, manganèse, fer, bauxite) exploitées dans de grands centres industriels.

James **Madison** ∎ Homme politique américain (1751-1836). 4ᵉ président des États-Unis, de 1809 à 1817.

Madison ∎ Ville des États-Unis, capitale du *Wisconsin. 171 000 hab. Centre administratif et économique. Université.

Madiun ■ Ville d'Indonésie, au centre de *Java. 151 000 hab.

Madonna di Campiglio ■ Station de sports d'hiver italienne, dans le *Trentin.

Madras ■ Ville et port de l'Inde du Sud, capitale du *Tamil Nādu. 3,27 millions d'hab. Célèbres tissus imprimés (les *madras*). Centre univer-sitaire et touristique. ❬ ▶ madras ❭

la sierra Madre ■ Nom donné aux principales chaînes de montagnes du Mexique, qui longent les côtes du Pacifique *(sierra Madre occidentale, sierra Madre du Sud)* et celles de l'Atlantique *(sierra Madre orientale)*. Agriculture. Richesses minières.

Madrid ■ Capitale de l'Espagne, au centre du pays. 3,12 millions d'hab. *(les Madrilènes)*. Ville historique, cen-tre administratif, commercial, indus-triel et culturel (université, musée du Prado). ◻ **HISTOIRE**. Elle succéda à *Tolède, comme capitale, en 1561. Embellie au XVIIIᵉ s. sous Charles III, la ville se souleva contre l'occupation française et fut le théâtre de violents combats pendant la guerre civile (1939). ◻ *Madrid*. Communauté autonome de l'Espagne (*Castille). 7 995 km². 4,85 millions d'hab. Capi-tale : Madrid.

Ma Duanlin ■ Encyclopédiste chinois (1245-1322).

Madura ■ Île d'Indonésie située au nord-ouest de Java. 4 000 km². 2,5 millions d'hab. Problèmes liés à la surpopulation.

Madurai ■ Ville de l'Inde du Sud, dans le *Tamil Nādu. 821 000 hab. Textile. Temple grandiose.

Maebashi ■ Ville du Japon (*Honshū). 284 000 hab. Centre de l'industrie de la soie.

Nicolaes Maes ■ Peintre hollan-dais (v. 1634-1693). Élève et disciple de *Rembrandt. Scènes de genre. Portraits.

Maëstricht ■ ⇒ Maastricht.

Maurice Maeterlinck ■ Écri-vain belge d'expression française (1862-1949). "*Les Serres chaudes*", poèmes ; "*Pelléas et Mélisande*", drame symbo-liste dont il fit un livret pour *Debussy ; "*la Vie des abeilles*", essai. Prix Nobel 1911.

le Magdalena ■ Fleuve de Colombie qui se jette dans la mer des Caraïbes à *Barranquilla. 1 700 km. Voie de communication importante.

le magdalénien ■ ⇒ l'abri de la **Madeleine**.

Magdebourg, en allemand **Mag-deburg** ■ Ville d'Allemagne, capitale de l'État (land) de *Saxe-Anhalt. 291 000 hab. Cathédrale gothique. Carrefour de communications. Impor-tant port fluvial. Jusqu'à la Seconde *Guerre mondiale, centre sidérurgique (usines *Krupp). Industrie chimique.

Magelang ■ Ville d'Indonésie, au milieu de l'île de Java. 123 000 hab. Temple de *Bārābudur à proximité.

Fernand de Magellan ■ Navi-gateur portugais (v. 1480 - 1521). Il entre-prit en 1520 le premier voyage autour du monde mais fut tué aux Philip-pines. ▶ *le détroit de Magellan* relie l'Atlantique au Pacifique, entre l'Amé-rique du Sud et la *Terre de Feu.

François Magendie ■ Médecin français (1783-1855). Il fut le maître de Claude *Bernard.

Magenta ■ Ville d'Italie (*Lom-bardie). 23 700 hab. Victoire française sur les troupes autrichiennes en 1859.

les Rois mages ■ Dans l'Évangile, sages d'Orient qui vinrent rendre hommage à l'enfant Jésus, guidés par une étoile. Ils étaient trois : *Baltha-zar, *Gaspard, *Melchior.

le Maghreb ■ En arabe, « l'en-droit où le soleil se couche », ensemble des pays du nord-ouest de l'Afrique compris entre la Méditerranée et le Sahara, l'Atlantique et le désert de Libye (Maroc, Algérie, Tunisie). For-mant une unité géographique et une unité ethnique (les *Berbères), il doit à la conquête arabe du VIIe s. son unité religieuse et culturelle. ≠ *Machrek*.

▶ *l'union du* **Maghreb arabe.** Traité, signé en 1989, par l'Algérie, la Libye, le Maroc et la Mauritanie afin d'accroître leur coopération économique. ⟨ ▶ maghrébin ⟩

André **Maginot** ■ Homme politique français (1877-1932). Député radical, il fit ériger des fortifications (la *ligne Maginot*) à la frontière nord-est de la France (1927-1932).

Alessandro **Magnasco** ■ Peintre italien (1667-1749). Scènes de genre animées de petites figures, traitées dans un style nerveux. Portraits.

Magnitogorsk ■ Ville de la C.É.I. (*Russie) dans l'*Oural. 440 000 hab. Sidérurgie.

Magny-les-Hameaux ■ Commune des Yvelines. 7 800 hab.

René **Magritte** ■ Peintre belge (1898-1967). Natures mortes et paysages où les objets sont juxtaposés de façon insolite à la manière du collage *surréaliste. Écrits théoriques.

les **Magyars** ■ Nom ethnique des Hongrois. Peuple finno-ougrien établi au IXe s. en *Pannonie. ⟨ ▶ magyar ⟩

Mahābalipuram ■ Site archéologique de l'Inde (*Tamil Nādu). Temples du VIIIe s.

le **Mahābhārata** ■ Grand récit épique indien composé sur plusieurs siècles (du IXe av. J.-C. au VIe s.). C'est aussi une encyclopédie des connaissances sacrées et profanes des Indo-Européens.

Mahajanga ■ Ville et port de Madagascar. 111 000 hab.

Mahalapye ■ Ville du Botswana. 104 000 hab.

le **Mahārāshtra** ■ État de l'Inde. 307 690 km². 62,7 millions d'hab. Capitale : Bombay. Coton.

le **Mahdī** ■ « Celui qui est guidé (par Dieu) ». Selon les musulmans *chiites, personnage messianique qui viendra délivrer l'homme du mal. Plusieurs souverains arabes prirent ce titre, notamment Muḥammad Aḥmad ibn 'Abd Allāh (1844-1885). Ce dernier conquit le *Soudan et s'empara de *Khartoum. ▶ *les* **mahdistes,** ses partisans, furent battus par *Kitchener en 1898.

Nadjib **Mahfūz** ■ Romancier égyptien (né en 1912). Les "*Récits de notre quartier*" évoquent sa ville natale, Le Caire. Prix Nobel 1988.

Gustav **Mahler** ■ Compositeur et chef d'orchestre autrichien (1860-1911). Auteur de dix symphonies, remarquables par leur vaste architecture, et de mélodies *("Chants pour les enfants morts").*

Mahomet ■ Prophète et fondateur de l'*islam (v. 570 - 632). Il épousa *Khadīja et mena jusqu'à quarante ans une vie prospère. Vers 610, il reçut ses premières révélations et commença son enseignement à La *Mecque (⟹ **Coran**). Des persécutions l'obligèrent à fuir vers *Médine en 622, an I de l'ère musulmane ou *hégire.* Homme de guerre remarquable, il conquit La Mecque, puis la péninsule Arabique, et instaura une nouvelle législation religieuse. Après sa mort, des dissensions opposèrent *chiites, *sunnites et *kharidjites. ⟨ ▶ mahométan ⟩

le 13 **mai 1958** ■ Insurrection à Alger des partisans de l'Algérie française menés par le général *Salan pour protester contre la politique suivie en Algérie par la IVe République. Elle déclencha le processus du retour de de Gaulle au pouvoir, la fin de la IVe République et la naissance de la Ve République.

Mai 1968 ■ Crise économique, sociale, politique et culturelle que traversa la Ve République. Lancé et mené par les étudiants, le mouvement fut relayé par les ouvriers (grèves) avant de s'achever par des élections législatives, en juin, et la reprise en main du général de Gaulle. Contemporains d'une révolte estudiantine internationale, ces événements furent révélateurs d'un malaise profond face à la société de consommation (⇒ **Marcuse**).

Vladimir **Maïakovski** ■ Poète soviétique (1893-1930). Animateur du mouvement *futuriste, partisan de la *Révolution de 1917. Il se suicida.

Norman **Mailer** ■ Écrivain et cinéaste américain (né en 1923). Il critique les mythes de la société américaine. "*Les Nus et les Morts*".

Antonine **Maillet** ■ Écrivaine canadienne (acadienne) d'expression française (née en 1929). "*La Sagouine*" ; "*Pélagie-la-Charrette*".

Aristide **Maillol** ■ Sculpteur et peintre français (1861-1944). Par leur sens de la monumentalité et leur pureté de ligne, ses nus féminins l'ont fait apparaître comme l'héritier du classicisme grec.

Moïse **Maimonide** ■ Philosophe et médecin juif, principal théologien du judaïsme (1135-1204). "*Le Guide des égarés*".

le **Main** ■ Rivière d'Allemagne qui arrose *Bayreuth, *Francfort puis devient l'affluent du Rhin à *Mayence (524 km). Il forme une partie de la liaison Rhin-Danube.

le **Maine** ■ Ancienne région de l'ouest de la France, qui forme aujourd'hui les départements de la Mayenne et de la Sarthe. Ses habitants sont *les Manceaux*. Ville principale : Le Mans. Bocages voués à l'élevage et aux arbres fruitiers. Céréales.

le **Maine** ■ État du nord-est des États-Unis. 86 156 km². 1,12 million d'hab. Capitale : Augusta. Agriculture, pêche, industrie du bois.

Maine de Biran ■ Philosophe français (1766-1824). Écrits d'introspection.

le **Maine-et-Loire** [49] ■ Département français de la région Pays de la *Loire. 7 233 km². 705 500 hab.

Préfecture : Angers. Sous-préfectures : Cholet, Saumur, Segré.

Françoise d'Aubigné marquise de **Maintenon** ■ Maîtresse de Louis XIV qui l'épousa en secret (1635-1719). Très dévote, elle influa sur les affaires religieuses du royaume.

Mainvilliers ■ Commune d'Eure-et-Loir. 10 100 hab.

Jean **Mairet** ■ Auteur dramatique français (1604-1686). "*Sophonisbe*" (1634), la première tragédie classique.

la **Maison Blanche** ■ Résidence du président des États-Unis, à Washington, édifiée de 1792 à 1800.

la **Maison carrée** ■ Temple romain de style corinthien, érigé à Nîmes en 16 av. J.-C.

Paul de Chomedey de **Maisonneuve** ■ Gentilhomme français (1612-1676). Il fonda, au Canada en 1642, le bourg de Ville-Marie, la future Montréal.

Maisons-Alfort ■ Commune du Val-de-Marne. 54 100 hab. *(les Maisonnais)*. École nationale vétérinaire.

Maisons-Laffitte ■ Commune des Yvelines. 22 600 hab. *(les Mansonniens)*. Hippodrome. Château construit par *Mansart.

le comte Joseph de **Maistre** ■ Écrivain français (1753-1821). Critique de la Révolution et défenseur de la papauté. "*Les Soirées de Saint-Pétersbourg*". □ *Xavier de* **Maistre**, son frère (1763-1852), écrivain, auteur du "*Voyage autour de ma chambre*" et du "*Lépreux de la cité d'Aoste*".

le **Maître de Flémalle** ■ ⇒ Robert **Campin**.

le **Maître de Moulins** ■ Peintre du triptyque du "*Couronnement de la Vierge*" de la cathédrale de *Moulins (v. 1498).

les **Maîtres chanteurs**, en allemand **Meistersinger** ■ Membres de confréries religieuses allemandes dont les chants étaient destinés à embellir l'office, et qui devinrent, au XIVᵉ s., des confréries de poètes. Ceux de Nuremberg inspirèrent *Wagner.

Maizières-lès-Metz ∎ Commune de la Moselle. 8 900 hab. *(les Maiziérois).*

le lac **Majeur** ∎ Lac d'Italie du Nord dont l'extrémité nord (⇒ **Locarno**) appartient à la Suisse. 212 km². Îles *Borromées.

Ma Jong ou **Ma Rong** ∎ Philosophe chinois (79-166).

John **Major** ∎ Homme politique britannique (né en 1943). Premier ministre (conservateur) depuis 1990, succédant à M. *Thatcher.

Majorque, en espagnol **Mallorca** ∎ Île espagnole des *Baléares. 3 640 km². 561 000 hab. *(les Majorquins).* Chef-lieu : *Palma de Majorque. Agriculture. Centre touristique.

Anton **Makarenko** ∎ Pédagogue soviétique (1888-1939). Il se consacra à l'éducation des délinquants.

Makarios III ∎ Prélat et homme politique chypriote (1913-1977). Partisan de l'indépendance de l'île, il fut président de la République de 1959 à juillet 1974, puis de décembre 1974 à sa mort.

Makeïevka ou **Makeevka** ∎ Ville de la C.É.I. (*Ukraine), dans le *Donbass. 430 000 hab. Centre sidérurgique et charbonnier.

Makhatchkala ∎ Ville et port de Russie, capitale du *Daghestan, sur la mer Caspienne. 315 000 hab. Centre culturel et industriel.

Yannis **Makriyannis** ∎ Général et écrivain grec (1797-1864). Héros de la guerre d'indépendance, auteur de *"Mémoires".

la côte de **Malabar** ∎ Région littorale de l'Inde de l'Ouest, au sud de *Goa. Agriculture. ⟨ ▶ malabar ⟩

Malabo ∎ Capitale et port de la Guinée équatoriale. 31 000 hab.

la presqu'île de **Malacca** ou *presqu'île* **malaise** ∎ Péninsule de l'Asie du Sud-Est, baignée par l'océan Indien et partagée entre la Malaysia (131 598 km² ; 14 millions d'hab.) et la Thaïlande. La fondation (XVᵉ s.) et l'essor du port de *Malacca* (ou *Malaka,* 88 100 hab.) donnèrent naissance au premier État malais.

saint **Malachie** ∎ Prélat d'Irlande (1094-1148). Ami de saint *Bernard de Clairvaux, il réforma l'Église d'Irlande.

la **Maladetta** ou **Maladeta** ∎ Massif des Pyrénées où se trouve son point culminant, le pic d'Aneto (3 404 m).

Málaga ∎ Ville et port d'Espagne, en *Andalousie. 595 000 hab. Vin réputé. Tourisme. ⟨ ▶ malaga ⟩

les **Malais** ∎ Peuple asiatique occupant la plupart des îles de l'Océanie et des Philippines, ainsi que la presqu'île de *Malacca et les îles de la *Sonde. Leur langue est parlée par plus de 80 millions de personnes.

la fédération de **Malaisie** ∎ ⇒ fédération de **Malaysia.**

Malakoff ∎ Commune des Hauts-de-Seine, dans la banlieue sud de Paris. 31 100 hab. *(les Malakoffiots).* Centre industriel.

Bernard **Malamud** ∎ Écrivain américain (1914-1986). *"L'Assistant".

Malang ∎ Ville d'Indonésie, dans l'est de *Java. 512 000 hab.

Curzio **Malaparte** ∎ Écrivain italien (1898-1957). *"Kaputt"* (1944) et *"la Peau"* (1949) évoquent la guerre et l'après-guerre.

le lac **Mälar** ou **Mälaren** ∎ Grand lac de Suède, près de Stockholm. 1 140 km².

les **Malatesta** ∎ Famille de condottieres italiens qui régna sur Rimini et sur la Romagne, du XIIIᵉ au XVᵉ s.

Malatya ■ Ville de Turquie, en
*Anatolie. 251 000 hab. Ruines
*assyriennes (palais de *Sargon II).

Jean **Malaurie** ■ Ethnologue
français (né en 1922). Spécialiste des
civilisations du Grand Nord. *"Les
Derniers Rois de Thulé"*.

le **Malawi** ■ État (république)
montagneux d'Afrique de l'Ouest.
118 484 km². 8,5 millions d'hab. Capitale : Lilongwe. Langues officielles :
anglais et chewa. Monnaie : kwacha.
Économie essentiellement agricole
(tabac, thé, coton, arachide). Protectorat britannique à partir de 1891 (qui
s'appelait le *Nyassaland*), le pays
devint indépendant en 1964. Membre
du Commonwealth. □ *le lac* **Malawi**
le sépare de la Tanzanie. 26 000 km².

la fédération de **Malaysia** ou
de **Malaisie** ■ État (monarchie
constitutionnelle) d'Asie du Sud-Est
constitué par la *Malaysia occidentale*
(le sud de la presqu'île de *Malacca)
et la *Malaysia orientale* (le *Sarawak
et le *Sabah, au nord de l'île de
*Bornéo). 330 442 km². 17,4 millions
d'hab. *(les Malais)*. Capitale : Kuala
Lumpur. Langue officielle : malais.
Religion officielle : islam. Monnaie :
ringitt. L'économie repose sur l'exportation d'étain (1er producteur mondial) et d'hévéa. □ **HISTOIRE.** Protectorat britannique depuis le XIXe s.,
le pays est devenu indépendant
en 1957 ; membre du Commonwealth.
Il a pris le nom de Malaysia après le
rattachement des colonies britanniques du Nord-Bornéo (1963). *Brunéi
et *Singapour forment des enclaves
indépendantes. Instabilité politique
liée à la diversité ethnique (importante
communauté chinoise, réfugiés vietnamiens) et géographique.

Malcolm X ■ Dirigeant des Black
Muslims qui mourut assassiné (1925-
1965). ⇒ **Black Power.**

Antoine **Malczewski** ■ Poète
polonais (1793-1826). Il fut influencé par
*Byron. *"Maria"*.

les îles **Maldives** n. f. pl. ■ État
(république) constitué par un archipel
de l'océan Indien, situé au sud-ouest
de l'Inde. 298 km². 209 000 hab. *(les
Maldiviens)*. Capitale : Malé. Langue
officielle : maldivien (divehi). Religion
officielle : islam. Monnaie : rufiyaa.
Cocoteraies, pêcheries. Pays surpeu-
plé qui tire l'essentiel de ses revenus
du tourisme et des échanges avec
l'Inde et Sri Lanka. Protectorat
anglais de 1887 à l'indépendance,
en 1965. République depuis 1968.
Membre du Commonwealth.

Nicolas **Malebranche** ■ Philosophe français, prêtre oratorien (1638-
1715). Grandiose conciliation, appuyée
sur *Descartes et saint *Augustin, de
la raison et de la foi.

Gueorguiï **Malenkov** ■ Homme
politique soviétique (1902-1988). Successeur de *Staline, puis évincé par
*Khrouchtchev en 1955.

*Chrétien Guillaume de Lamoi-
gnon de* **Malesherbes** ■ Magistrat et homme politique français (1721-
1794). Sous Louis XV, il protégea la
publication de l'*"Encyclopédie"*. Il
défendit Louis XVI pendant son procès et fut exécuté.

Claude François de **Malet**
■ Général français (1754-1812). Républicain, il complota contre Napoléon et
fut exécuté.

Kazimir **Malevitch** ■ Peintre
russe (1878-1935). L'un des pionniers de
la peinture abstraite qu'il poussa
jusqu'à ses limites : *"Carré blanc sur
fond blanc"*.

François de **Malherbe** ■ Poète
français (1555-1628). Son lyrisme et son
éloquence mesurée font de lui un des
fondateurs du *classicisme français.
"Consolation à M. Du Périer".

le **Mali** ■ État (république) d'Afrique de l'Ouest. 1 240 192 km². 7,9 millions d'hab. *(les Maliens)*. Capitale :
Bamako. Langues : français (officielle), bambara, songhaï, soninké, peul.
Monnaie : franc CFA. Économie
essentiellement agricole. □ **HISTOI-**

RE. Le Mali fut un puissant royaume musulman à partir du XIIIᵉ s., allant de l'Atlantique au Niger. Il devint une colonie française au XIXᵉ s. *(Soudan français)* et fut indépendant en 1960. Dirigé par les militaires depuis 1968. En 1991, des manifestations revendiquant la démocratisation du régime furent violemment réprimées.

la **Malibrán** ■ Cantatrice (mezzo-soprano) française d'origine espagnole (1808-1836). Elle fascina les romantiques.

Malines, en néerlandais **Mechelen** ■ Ville de Belgique (province d'*Anvers). 75 700 hab. Centre culturel, métropole religieuse. Cité prospère au XIIIᵉ s. (draps), elle connut son apogée au XVᵉ s. La dentelle fit sa renommée dès le XVIIIᵉ s.

Rodion **Malinovski** ■ Maréchal soviétique (1898-1967). Successeur de *Joukov au ministère de la Défense en 1957.

Bronisław Kasper **Malinowski** ■ Anthropologue et ethnologue britannique d'origine polonaise (1884-1942). Théoricien du fonctionnalisme. Son influence fut très grande.

Stéphane **Mallarmé** ■ Poète symboliste français (1842-1898). Créant une langue poétique allusive et elliptique, il tenta une quête de l'absolu, ayant le projet d'une œuvre ambitieuse qu'il appelait « le Livre ». Il a exercé une influence considérable sur la poésie du XXᵉ s. *"Un coup de dés jamais n'abolira le hasard"*. Sonnets. Traduction des poèmes de *Poe.

Louis **Malle** ■ Cinéaste français (né en 1932). *"Ascenseur pour l'échafaud"* ; *"Au revoir les enfants"*.

Malmédy ■ Ville de Belgique (province de *Liège). 10 000 hab. ⇒ **Eupen.**

Malmö ■ 3ᵉ ville et port de Suède. 232 000 hab. Chantiers navals.

sir Thomas **Malory** ■ Écrivain anglais (v. 1408-1471). *"La Mort d'Ar-*

thur", un des premiers livres imprimés en anglais (1485).

Hector **Malot** ■ Écrivain français (1830-1907). Populaire par ses romans pour la jeunesse. *"Romain Kalbris"* ; *"Sans famille"*.

les îles **Malouines,** en espagnol **Malvinas,** en anglais **Falkland** ■ Colonie britannique située au large des côtes de l'Argentine. 12 173 m². 2 000 hab. Capitale : Port Stanley (1 200 hab.). En 1982, une guerre de revendication territoriale, qui échoua, fut déclenchée par l'Argentine.

Marcello **Malpighi** ■ Médecin et anatomiste italien (1628-1694).

André **Malraux** ■ Écrivain français (1901-1976). Il tira de ses voyages en Extrême-Orient et de son engagement contre le fascisme les sujets de ses romans *("La Condition humaine"* ; *"l'Espoir"*, sur la guerre d'Espagne). Auteur d'une importante réflexion sur l'art et la culture *("le Musée imaginaire")*, ministre de *Gaulle, il a laissé des Mémoires *("Antimémoires"* ; *"le Miroir des limbes")*.

Malte ■ État (république) formé de plusieurs îles (Gozo, Comino et Malte) situées en Méditerranée au sud de la Sicile, dont *l'île de Malte* est la principale. 316 km². 349 000 hab. *(les Maltais)*. Capitale : La Valette. Langues officielles : maltais, anglais. Religion officielle : catholicisme. Monnaie : livre maltaise. Malgré quelques industries, l'économie de Malte dépend de l'étranger. Tourisme. Enjeu stratégique dès l'Antiquité, l'île fut donnée à l'*ordre de Malte* par *Charles Quint en 1530 (⇒ **hospitaliers**). Colonie anglaise en 1800, elle devint indépendante en 1964. Membre du Commonwealth.

Thomas Robert **Malthus** ■ Pasteur et économiste anglais (1766-1834). ▶ *le* **malthusianisme,** doctrine selon laquelle une croissance insuffisante des subsistances impose la limitation des naissances. ▶ *les* **néo-**

malthusiens sont partisans de la contraception. ⟨▶ malthusianisme⟩

Étienne Louis **Malus** ■ Physicien français (1775-1812). Optique *(loi de Malus).*

Malzéville ■ Commune de Meurthe-et-Moselle. 8 500 hab. *(les Malzévillois).*

les **Mamelouks** n. m. ■ Milice d'élite qui prit le pouvoir en Égypte et le détint de 1250 à 1517. Ils gardèrent un rôle important jusqu'au XIXe s. Certains d'entre eux formèrent une compagnie de la garde impériale de Napoléon Ier. ⟨▶ mamelouk⟩

Mamers ■ Sous-préfecture de la Sarthe. 6 100 hab. *(les Mamertins).*

Henri de **Man** ■ Homme politique belge (1885-1953). Théoricien du planisme (introduction du plan dans l'économie).

l'île de **Man** ■ Île près de la Grande-Bretagne, en mer d'Irlande, dépendant du Royaume-Uni. 572 km². 64 300 hab. Chef-lieu : Douglas. Langues : manx, anglais.

Manado ou **Menado** ■ Ville d'Indonésie. 217 100 hab. Port exportateur.

Managua ■ Capitale du Nicaragua sur la rive du *lac de Managua* (1 134 km²). 682 000 hab. Centre administratif, commercial et industriel. La ville a souffert de nombreux tremblements de terre.

Manama ou *al-***Manāmah** ■ Capitale de l'émirat de Bahreïn. 151 000 hab. Commerce de perles. Raffineries de pétrole.

Manaus, autrefois **Manáos** ■ Ville du Brésil, capitale de l'État d'*Amazonas. 613 000 hab. Port fluvial et principal centre commercial de l'*Amazonie. Capitale du caoutchouc au début du XXe s., époque de sa prospérité. Raffinage de pétrole. Tourisme (zone franche).

Mānava ■ ⇒ Manu.

la **Manche,** en espagnol *la* **Mancha** ■ Plateau du centre de l'Espagne, dans le sud-est de la *Castille, immortalisé par *Cervantès *("Don Quichotte").*

la **Manche,** en anglais *the* **Channel** ■ Mer de l'Europe de l'Ouest, entre le sud de la Grande-Bretagne et le nord-ouest de la France. Le trafic maritime y est très intense. ▶ *le tunnel sous la* **Manche,** dont le percement a débuté en 1988, reliera, en 1993, Sheriton (*Kent, en Grande-Bretagne) à Fréthun (*Pas-de-Calais, en France). ▶ *la* **Manche** [50]. Département français de la région Basse-*Normandie, bordé par la Manche. 5 992 km². 479 100 hab. Préfecture : Saint-Lô. Sous-préfectures : Avranches, Cherbourg, Coutances.

Manchester ■ Ville d'Angleterre (comté du Grand Manchester). 449 000 hab. Son développement, dès le XVIIIe s., est lié à l'industrie du coton. ▶ *le comté du* **Grand Manchester.** 1 286 km². 2,58 millions d'hab. Chef-lieu : Manchester.

la **Manchourie** ■ ⇒ Mandchourie.

Mancini ■ Famille italienne apparentée au cardinal *Mazarin.

Manco Cápac Ier ■ Fondateur légendaire de l'Empire *inca qui se fit appeler « fils du Soleil » (XIe s.).

Mandalay ■ Ancienne capitale de la Birmanie. 533 000 hab. Centre culturel et artisanal.

la **Mandchourie** ■ Ancien nom de la Chine du Nord-Est. Capitale : *Shenyang. La région fut occupée par les Japonais qui y établirent un État vassal (le Mandchoukouo) de 1932 à 1945, à la tête duquel ils placèrent *Puyi. ▶ *les* **Mandchous** conquirent la Chine au début du XVIIe s. et établirent la dynastie des *Qing sur le trône.

Nelson **Mandela** ■ Avocat noir sud-africain (né en 1918). Chef historique de l'opposition noire (A.N.C.) au pouvoir blanc sud-africain, en détention de 1962 à février 1990.

Mandelieu-la-Napoule ∎
Commune des Alpes-Maritimes. 16 500 hab. *(les Mandolociens)*. Station balnéaire.

Ossip Mandelstam ∎ Poète
soviétique (1891-1938). Il mourut en déportation. *"Iristia"*.

Mandiargues ∎ ⇒ André
Pieyre de Mandiargues.

les Mandingues ∎ Groupe ethni-
que d'Afrique occidentale, réparti dans les régions du haut Sénégal et du haut Niger (Malinkés en Guinée, Bambaras au Mali).

Louis Mandrin ∎ Brigand fran-
çais (v. 1725 - 1755).

les mânes n. m. ∎ Esprits des morts
dans la religion romaine. ⟨ ▶ mânes ⟩

Alfred Manessier ∎ Peintre fran-
çais d'inspiration chrétienne (né en 1911). Tableaux et vitraux abstraits.

Édouard Manet ∎ Peintre fran-
çais (1832-1883). Il contesta les principes trop rigides de l'enseignement académique et chercha à fixer sur la toile les impressions visuelles fugitives de la vie moderne (⇒ **impressionnisme**), puis à construire des formes amples par le dessin et les couleurs mises à plat. Chef de file des artistes indépendants, il incarna la « modernité » chère aux naturalistes. *"Olympia"* ; *"le Déjeuner sur l'herbe"* ; *"Un bar aux Folies-Bergère"*.

Mangalore ∎ Ville et port de
l'Inde sur la côte de *Malabar (*Karnātaka). 173 000 hab. Tuileries.

Charles Mangin ∎ Général fran-
çais (1866-1925). Après une carrière dans les colonies, il s'illustra lors de la Première *Guerre mondiale (offensives de 1918).

Manhattan ∎ Un des cinq dis-
tricts *(borough)* de *New York. 1,43 million d'hab.

Mani ou Manès ∎ Prophète
perse, fondateur de la religion mani-

chéenne (216-277). ▶ le *mani-chéisme*, religion dualiste, se répandit en Asie, en Europe, en Afrique du Nord et survécut jusqu'au XIVᵉ s. ⟨ ▶ manichéen ⟩

le maniérisme, les manié-
ristes ∎ Courant artistique européen de la fin de la *Renaissance. Ses principaux représentants furent le *Parmesan, *Pontormo, *Bronzino pour l'Italie, les artistes de l'école de *Fontainebleau pour la France, *Spranger à Prague, le sculpteur *Giambologna, l'architecte *Jules Romain. Les peintres maniéristes allongent les formes, choisissent des couleurs acides et traitent leurs sujets dans un style raffiné.

Manille ou Manila ∎ Capitale
de la république des Philippines, située dans l'île de *Luçon. 1,99 million d'hab. Banlieues : *Quezon City, Caloocan (593 000 hab.), Makati (441 000 hab.). Principal centre industriel du pays.

le Manipur ∎ État de l'Inde à la
frontière avec l'Union de *Myanmar (ex-Birmanie). 22 429 km². 1,42 million d'hab. Capitale : Imphāl (157 000 hab.).

le Manitoba ∎ Province (État
fédéré) du centre du Canada. 649 950 km². 1,07 million d'hab. *(les Manitobains)*. Capitale : Winnipeg. Lacs, forêts, minerais. □ *le lac* **Manitoba**. 4 624 km².

Manitou ∎ Nom donné au Grand
Esprit par les Indiens d'Amérique du Nord. ⟨ ▶ manitou ⟩

Manizales ∎ Ville de Colombie.
310 000 hab. Commerce du café.

Joseph Mankiewicz ∎ Cinéaste
américain (né en 1909). *"La Comtesse aux pieds nus"* ; *"Ève"* ∎.

Thomas Mann ∎ Écrivain alle-
mand (1875-1955). L'analyse de la décadence, l'affinité de l'art et de la mort sont les thèmes favoris de ses romans. Avec son frère, il quitta l'Allemagne nazie en 1933. Prix Nobel 1929. *"Les*

Buddenbrooks" ; "la Mort à Venise", porté à l'écran par *Visconti ; "la Montagne magique" ; "Docteur Faustus". □ *Heinrich* **Mann,** son frère, écrivain allemand (1871-1950). "Professeur Unrat", dont *Sternberg tira le film "l'Ange bleu".

Manneken-Pis ■ Sculpture de Jérôme *Duquesnoy le Vieux (1619), ornant une fontaine à Bruxelles. Symbole de la verdeur des Brabançons, elle représente un garçonnet urinant.

Mannheim ■ Ville d'Allemagne (*Bade-Wurtemberg). 2e port fluvial d'Europe. 295 000 hab. Palais baroque. Château du XVIIIe s. Industries mécaniques.

Manolete ■ Matador espagnol (1917-1947). Son style dépouillé en fit le plus célèbre matador de son temps. Tué dans l'arène.

Manosque ■ Commune des Alpes-de-Haute-Provence. 19 500 hab. (les Manosquins).

Emanuel Rabinovitch dit **Man Ray** ■ Peintre et photographe américain (1890-1976). Il participa au mouvement *dada et au *surréalisme. Il réalisa également des films.

Jorge **Manrique** ■ Poète espagnol (1440 - 1479). Stances "Sur la mort de son père".

Le **Mans** ■ Préfecture de la Sarthe. 148 500 hab. (les Manceaux). Enceinte gallo-romaine, cathédrale romane et gothique. Centre commercial, industriel (constructions automobile et ferroviaire), administratif (assurances). Produits alimentaires (rillettes, cidre). Célèbre course automobile des *Vingt-Quatre Heures du Mans*.

François **Mansart** ■ Architecte français (1598-1666). Son style ample et symétrique annonce le *classicisme français. Il généralisa l'emploi de la *mansarde*. Château de Maisons-Laffitte. ‹ ▶ mansarde › □ *Jules Hardouin* dit **Hardouin-Mansart,** son petit-neveu (1646-1708). Architecte français. Le maître du classicisme

français. Il acheva le château de *Versailles (avec le Grand Trianon) et réalisa la place Vendôme et la place des Victoires à Paris.

Katherine **Mansfield** ■ Écrivaine néo-zélandaise (1888-1923). "Pension allemande" ; "la Maison de poupée".

Mansourah ou al-**Manṣūrah** ■ Ville d'Égypte, dans le delta du *Nil. 358 000 hab. Centre commercial et industriel.

Andrea **Mantegna** ■ Peintre et graveur italien (1431-1506). Grand dessinateur, il explora les effets dramatiques de la perspective : "Christ mort".

Mantes-la-Jolie ■ Sous-préfecture des Yvelines. 45 300 hab. (les Mantais). Collégiale (XIIe - XIIIe s.). Centre industriel et commercial. Pétrochimie.

Mantes-la-Ville ■ Commune des Yvelines. 19 100 hab. (les Mantevillois).

Mantoue, en italien **Mantova** ■ Ville d'Italie, en *Lombardie. 60 500 hab. Nombreux monuments dus à la famille Gonzague, qui y régna de 1328 à 1708.

Manu ou **Mānava** ■ En sanskrit, « homme ». Selon la mythologie de l'Inde, ancêtre de la race humaine et premier législateur.

Aldo **Manuce** ■ Imprimeur et *humaniste de Venise (v. 1450-1515). La dynastie d'imprimeurs qu'il fonda est connue sous le nom d'*Aldes ;* leurs éditions d'œuvres antiques furent parmi les plus diffusées de la *Renaissance.

Manuel Ier le Grand ■ Roi du Portugal de 1495 à sa mort (1469-1521). Il encouragea les grandes explorations (⇒ **Cabral, Gama**) et favorisa l'architecture. □ **Manuel II.** Dernier roi du Portugal, de 1908 à 1910 (1889-1932).

Niklaus **Manuel Deutsch** ■ Peintre et graveur suisse (1484-1530).

Scènes mythologiques hantées par l'érotisme et la cruauté.

Manukau ■ Ville de Nouvelle-Zélande. 186 000 hab.

Alessandro Manzoni ■ Écrivain italien (1785-1873). Théoricien du *romantisme, il œuvra pour l'élaboration de la langue nationale et l'unité de l'Italie. *"La Lettre sur le romantisme" ; "les Fiancés"*.

Mao Dun ■ Écrivain chinois (1896-1981). Il fut ministre de la Culture de 1949 à 1964. *"L'Éclipse"*.

les **Maori** ou **Maoris** ■ Population polynésienne de *Nouvelle-Zélande.

Mao Zedong ou **Mao Tsétoung** ■ Homme politique chinois (1893-1976). Dans la tradition chinoise, il fut aussi poète et calligraphe. Un des fondateurs du parti communiste chinois, à sa tête de 1935 à sa mort. Face aux nationalistes de *Jiang Jieshi, il organisa la Longue *Marche qui lui apporta le soutien de la population. Vainqueur des nationalistes (qui se replièrent à *Taïwan), il proclama la république populaire de Chine en 1949. « Grand Timonier » de la révolution (⟹ **Chine**), il prit ses distances avec l'U.R.S.S., donnant le modèle d'un marxisme original, diffusant sa pensée militaire et politique dans le *"Petit Livre rouge"*. Sa mort a été suivie d'une certaine remise en cause de son héritage. ⟨ ▶ maoïsme ⟩

Maputo, avant 1976 **Lourenço Marques** ■ Capitale du Mozambique, sur l'océan Indien. 1,17 million d'hab. Centre industriel. Raffinerie de pétrole.

Maracaibo ■ 2ᵉ ville et port du Venezuela, reliée au *lac Maracaibo* (13 600 km²). 1,17 million d'hab. Centre industriel et pétrolier (80 % de la production nationale).

Maracay ■ Ville du Venezuela. 525 000 hab.

Maradi ■ Ville du Niger. 65 100 hab.

Marin Marais ■ Compositeur français, particulièrement pour la viole (1656-1728).

Jean Marais ■ Comédien français, ami de *Cocteau (né en 1913). *"La Belle et la Bête" ; "Orphée"*.

le **Marais** ■ ⟹ la **Plaine.**

le **Marais** ■ Quartier du centre de Paris. Nombreux édifices anciens (hôtel Carnavalet, le Temple).

l'île de **Marajó** ■ Grande île du Brésil (*Pará), à l'embouchure de l'*Amazone. 52 800 km².

le **Maranhão** ■ État du Brésil (*Nordeste). 329 556 km². 5,07 millions d'hab. Capitale : São Luís.

le **Marañón** ■ Rivière du Pérou, qui forme une des branches mères de l'*Amazone. 1 800 km.

Jean-Paul **Marat** ■ Révolutionnaire français (1743-1793). Ancien médecin, il fonda en 1789 le journal *l'Ami du peuple*, avocat des masses populaires et des mouvements insurrectionnels, réclamant la tête des *Girondins. Son assassinat par Charlotte *Corday en fit le héros des *sans-culottes.

Marathon ■ Ancienne ville de Grèce, au nord-ouest d'Athènes. *Miltiade y vainquit les Perses en 490 av. J.-C. (⟹ guerres **médiques**). Un soldat envoyé à Athènes pour annoncer la victoire serait mort d'épuisement en y arrivant. ⟨ ▶ marathon ⟩

Marbourg, en allemand **Marburg** ■ Ville d'Allemagne (*Hesse). 79 300 hab. Château des landgraves de Hesse (XIIIᵉ s.). Les partisans de *Luther et de *Zwingli s'y réunirent en 1529 pour élaborer une doctrine théologique commune mais échouèrent dans leur entreprise (⟹ **Réforme**).

saint **Marc** ■ Selon la tradition, auteur du IIᵉ Évangile. Patron de *Venise. Son emblème est le lion ailé.

Franz **Marc** ■ Peintre allemand (1880-1916). Membre du *Cavalier bleu, il fut fasciné par le thème de l'animal.

Marc Aurèle ■ Empereur et philosophe romain (121-180). Il succéda à *Antonin en 161. Il rénova l'administration de l'empire et écrivit des "*Pensées*" d'inspiration *stoïcienne.

François Séverin **Marceau** ■ Général révolutionnaire français (1769-1796).

Marcel **Marceau** ■ Mime français (né en 1923). Il a créé le personnage de Bip.

Étienne **Marcel** ■ Prévôt des marchands de Paris (v. 1315-1358). Il prit la tête de la révolte de la capitale contre le Dauphin (futur *Charles V). Il fut vaincu et assassiné.

Gabriel **Marcel** ■ Philosophe et écrivain français (1889-1973). Un des représentants de l'existentialisme chrétien.

Benedetto **Marcello** ■ Compositeur italien (1686-1739). Célèbre pour sa musique vocale.

Georges **Marchais** ■ Homme politique français (né en 1920). Secrétaire général du parti communiste de 1972 à 1994.

Samuel **Marchak** ■ Poète soviétique (1887-1964). Connu comme poète de l'enfance. "*Les Enfants en cage*".

Henri **Marchal** ■ Archéologue français, conservateur des monuments d'*Angkor (1875-1970).

la **Marche** ■ Ancienne province du centre de la France (Creuse et Haute-Vienne actuelles), rattachée à la France par François Ier en 1531.

la Longue **Marche** ■ Mouvement de retraite des communistes chinois, partisans de *Mao Zedong, à travers la Chine, pourchassés par les troupes nationalistes. Long de plus de 1 200 km, ce mouvement dura un an (1934-1935) et apporta à Mao le soutien de la population.

le **Marché commun** ■ ⇒ C.E.E.

les **Marches** n. f. pl., en italien **Marche** ■ Région de l'Italie entre l'*Apennin et l'Adriatique. 9 694 km². 1,43 million d'hab. Chef-lieu : Ancône. Agriculture.

Marck ■ Commune du Pas-de-Calais. 9 100 hab.

Guglielmo **Marconi** ■ Physicien italien qui travailla en Angleterre (1874-1937). Il fabriqua le premier poste de télégraphie sans fil. Prix Nobel 1909.

Marcoule ■ Centre d'énergie atomique français dans le *Gard. Production de plutonium.

Louis Markus dit **Marcoussis** ■ Peintre français d'origine polonaise (1883-1941). *Cubiste, il fit de nombreuses peintures sur verre.

Marcq-en-Barœul ■ Commune du Nord. 36 900 hab. *(les Marcquois).*

Herbert **Marcuse** ■ Philosophe américain d'origine allemande (1898-1979). Théoricien de la révolution permanente, il se réclame de *Freud et de *Marx. Critique de la société de consommation, il eut une grande influence sur les mouvements étudiants de 1968 (⇒ **Mai 1968**).

Mar del Plata ■ Ville et port d'Argentine sur l'Atlantique. 407 000 hab. Pêche. Station balnéaire.

Marengo ■ Ville d'Italie (*Piémont). Le 14 juin 1800, Napoléon y remporta une victoire sur les Autrichiens. 〈 ▶ marengo 〉

Marennes ■ Commune de Charente-Maritime. 4 600 hab. *(les Marennais).* Ostréiculture.

Luca **Marenzio** ■ Compositeur italien (v. 1553-1599). Un des plus grands auteurs de madrigaux du XVIe s.

Étienne Jules **Marey** ■ Physiologiste français (1830-1904). Ses recherches sur l'enregistrement du mouvement (« chronophotographie ») en firent l'un des précurseurs du cinéma.

Marguerite II ■ Reine du Danemark (née en 1940). Elle succéda à son père Frédéric IX en 1972.

Marguerite d'Autriche ■ Duchesse de Savoie, gouvernante des Pays-Bas (1480-1530). Elle joua un rôle important dans la politique européenne.

Marguerite de Navarre ou **d'Angoulême** ■ Reine de Navarre, sœur de François Ier, protectrice des *humanistes et écrivaine (1492-1549). "*L'Heptaméron*".

Marguerite de Valois dite **la reine Margot** ■ Reine de Navarre (1553-1615). Célèbre par ses amours. Son mariage avec *Henri IV fut annulé en 1599.

Marguerite Valdemarsdotter ■ Reine du Danemark, de Norvège et de Suède (1353-1412). Elle réalisa l'union de ces trois États au bénéfice de son neveu *Éric de Poméranie.

Marguerittes ■ Commune du Gard. 7 600 hab. *(les Margueritois).*

Mari ■ Ancienne cité de *Mésopotamie, sur l'*Euphrate (v. 3000 av. J.-C.). Vestiges archéologiques.

Marianne ■ Nom donné à la République française, représentée sous les traits d'une jeune femme coiffée du bonnet phrygien. À l'origine, c'était le nom d'une société secrète républicaine opposée au second Empire.

les **îles Mariannes** ■ Archipel de la *Micronésie, en Océanie, dont l'île principale est *Guam. ▶ *la fosse des Mariannes* est profonde de plus de 10 000 m. ▶ *le Commonwealth des Mariannes du Nord* regroupe 16 îles (à l'exception de Guam) et est un État « librement associé » des États-Unis depuis 1976 (même statut que la fédération des États de *Micronésie). 477 km². 22 600 hab. Capitale : Saipan. Langue officielle : anglais.

Maribor ■ Ville de *Slovénie. 185 700 hab. Centre industriel.

la **Marica** ■ ⇒ **Maritza.**

sainte **Marie** ou la **Vierge Marie** ■ Dans la tradition chrétienne, épouse – demeurée vierge – de *Joseph, elle enfante *Jésus par l'intervention de l'Esprit saint. Son culte s'est développé à partir du IVe s. ; il a été rejeté par la *Réforme et encouragé par la *Contre-Réforme.

Marie II de Bragance ■ Reine du Portugal (1819-1853). Elle reçut la couronne de son père *Pierre Ier en 1826. Évincée en 1828, elle retrouva son pouvoir en 1834.

Marie de France ■ Poétesse française (XIIe s.). Thèmes de l'amour courtois. "*Le Lai de Lanval*".

Marie de l'Incarnation ■ Religieuse française (1566-1618). Avec *Bérulle, elle établit en France les *Carmélites.

Marie de Médicis ■ Reine de France (1573-1642), de la famille italienne des *Médicis. Régente à la mort de son époux Henri IV. Elle entra en conflit avec son fils Louis XIII après le meurtre de *Concini.

Marie Ire Stuart ■ Reine d'Écosse (1542-1587). Mariée à *François II, reine de France en 1559-1560. Réfugiée en Angleterre en 1568, adversaire d'*Élisabeth Ire d'Angleterre qui la fit exécuter.

Marie II Stuart ■ Reine de Grande-Bretagne et d'Irlande de 1689 à sa mort (1662-1694). Fille de *Jacques II et épouse de *Guillaume III d'Orange-Nassau.

Marie Ire Tudor dite **Marie la Catholique** ou **Marie la Sanglante** ■ Reine d'Angleterre, fille d'Henri VIII et de *Catherine d'Aragón (1516-1558). Pendant ses cinq années de règne (de 1553 à sa mort), elle rétablit le catholicisme et persécuta les protestants.

Marie-Antoinette ■ Reine de France (1755-1793). Archiduchesse d'Autriche, mariée au futur Louis XVI. Impopulaire, surnommée « l'Autrichienne », elle fut très opposée à la *Révolution et guillotinée, après un procès pénible.

Marie-Galante ■ Petite île des Antilles françaises, dépendant du département de la Guadeloupe. 158 km². 13 500 hab. Commune principale : *Grand-Bourg.

Marie-Louise de Habsbourg-Lorraine ■ Impératrice des Français (1791-1847). Elle épousa Napoléon Iᵉʳ en 1810 et rejoignit son père François Iᵉʳ d'Autriche en 1814.

sainte **Marie Madeleine** ■ Nom de trois personnages de l'Évangile, que la tradition a confondus : une pécheresse, la sœur de *Lazare et la première femme qui rencontra Jésus ressuscité.

Marie-Thérèse ■ Impératrice d'Autriche de 1740 à sa mort (1717-1780). Fille de Charles VI. Son accession au trône déclencha la guerre de *Succession d'Autriche (1740-1748). Elle mena une politique centralisatrice, associant son fils Joseph II au trône dès 1765. Ayant épousé François Iᵉʳ de Lorraine, elle fonda la dynastie des *Habsbourg-Lorraine.

Marie-Thérèse d'Autriche ■ Reine de France (1638-1683) par son mariage avec Louis XIV en 1660.

Auguste **Mariette** ■ Égyptologue français (1821-1881).

Marignan ■ Ville d'Italie, en *Lombardie. Célèbre victoire de François Iᵉʳ sur les Suisses du duc de Milan en 1515.

Marignane ■ Commune des Bouches-du-Rhône. 32 500 hab. *(les Marignanais).* Aéroport de Marseille.

la république des **Mariis** ■ Une des 16 républiques autonomes de la Fédération de *Russie, sur la Volga. 23 200 km². 750 000 hab. Capitale : *Iochkar-Ola. Agriculture. Industrie. □ *les* **Mariis** participèrent aux révoltes de *Razine et de *Pougatchev.

Michel de **Marillac** ■ Juriste français (1563-1632). Chef du parti dévot, ministre de Louis XIII, écarté par *Richelieu.

Filippo **Marinetti** ■ Écrivain italien (1876-1944). Fondateur et théoricien du *futurisme.

Giambattista **Marini** dit *le* **Cavalier Marin** ■ Poète italien (1569-1625). Son style précieux influença la littérature européenne de son temps. *"Adonis".*

les **Marinides** ■ Dynastie berbère qui régna sur le *Maghreb du XIIIᵉ au XVᵉ s.

l'abbé Edme **Mariotte** ■ Physicien français (v. 1620-1684). *Loi de Boyle-Mariotte.* ⇒ Boyle.

Marioupol de 1948 à 1989 **Jdanov** ■ Ville et port de la C.É.I. (*Ukraine) sur la mer d'Azov, dans le *Donbass. Fondée en 1779.

Jacques **Maritain** ■ Philosophe français (1882-1973). Il a renouvelé le thomisme (⇒ saint **Thomas d'Aquin**).

les provinces **maritimes** ■ Provinces canadiennes de la *Nouvelle-Écosse, du *Nouveau-Brunswick et de l'Île-du-*Prince-Édouard.

la **Maritza** ou **Marica** ■ Fleuve des *Balkans qui se jette dans la mer Égée. 450 km.

Caius **Marius** ■ Général romain (157 - 86 av. J.-C.). Élu consul par le parti populaire (107 av. J.-C.), glorieux vainqueur de *Jugurtha et des *Teutons. Il fut l'adversaire de *Sylla.

Pierre Carlet de **Marivaux** ■ Romancier et auteur dramatique français (1688-1763). Il fut le peintre subtil de l'amour naissant. *"La Vie de Marianne"*, roman ; *"la Double Inconstance"*, théâtre.

Andreï **Markov** ■ Mathématicien russe (1856-1922). Théorie des probabilités.

le duc de **Marlborough** ■ Général et homme politique anglais (1650-

1722). Il s'illustra dans la guerre de *Succession d'Espagne. Il a inspiré la chanson *"Malbrough s'en va-t-en guerre"*.

*Christopher **Marlowe*** ■ Auteur dramatique anglais (1564-1593). Œuvre pathétique qui fait l'apologie de la révolte individuelle. *"La Tragique Histoire du docteur Faust"*.

Marly ■ Commune de la Moselle. 9 600 hab.

Marly ■ Commune du Nord. 12 100 hab. *(les Marlytrons)*. Aéroport de *Valenciennes.

Marly-le-Roi ■ Commune des Yvelines. 16 800 hab. *(les Marlychois)*. Hardouin-*Mansart y construisit un château pour Louis XIV, détruit au XIXe s.

Marmande ■ Sous-préfecture du Lot-et-Garonne. 18 300 hab. *(les Marmandais)*. Fruits, légumes (tomates), tabac. Industrie alimentaire.

*la mer de **Marmara*** ■ Mer située entre les détroits des *Dardanelles et du *Bosphore.

*Auguste Viesse de **Marmont*** ■ Officier français (1774-1852). Maréchal d'Empire, il rallia Louis XVIII et Charles X.

*Jean-François **Marmontel*** ■ Écrivain français des *Lumières (1723-1799). Il a attaqué l'intolérance et l'esclavage. *"Bélisaire"* ; *"Contes moraux"*.

*la **Marne*** ■ Rivière de France qui prend sa source sur le plateau de *Langres et se jette dans la *Seine. 525 km. Pendant la Première *Guerre mondiale (en 1914 [⇒ **Gallieni**] et 1918), d'importantes batailles opposèrent les Français, commandés par *Joffre, aux Allemands. □ *la **Marne*** [51]. Département français de la région *Champagne-Ardenne. 8 196 km². 556 900 hab. Préfecture : Châlons-sur-Marne. Sous-préfectures : Épernay, Reims, Sainte-Menehould, Vitry-le-François. □ *la **Haute-Marne*** [52]. Département français

de la région *Champagne-Ardenne. 6 250 km². 203 500 hab. Préfecture : Chaumont. Sous-préfectures : Langres, Saint-Dizier.

Marne-la-Vallée-Val-Maubué ■ Ville nouvelle créée à l'est de Paris (Seine-et-Marne) en 1970.

*le royaume du **Maroc*** ■ État (monarchie constitutionnelle) d'Afrique du Nord, le plus occidental du *Maghreb. 710 850 km² (y compris le *Sahara occidental). 24,53 millions d'hab. *(les Marocains)*. Capitale : Rabat. Langues : arabe (officielle), berbère, français, espagnol. Religion officielle : islam. Monnaie : dirham. Pays au relief montagneux (le *Rif et l'*Atlas) doté d'importantes ressources minières (3e producteur de phosphates). Son économie est essentiellement agricole, mais l'industrie et le tourisme sont en plein essor. □ **HISTOIRE**. Des colonies phéniciennes puis carthaginoises s'implantèrent au Maroc, jusqu'à l'annexion par Rome, v. 40. Situé à l'extrême ouest de l'Afrique du Nord, le pays fut relativement abandonné durant le Bas-Empire et opposa une forte identité berbère à la conquête arabe. Les dynasties berbères islamisées dominèrent le Maroc de la fin du VIIe au XVe s. : les Idrisides (capitale : *Fès) jusqu'en 985, les *Almoravides (capitale : *Marrakech), conquérants de l'Espagne et du Maghreb, jusqu'en 1147, les *Almohades, qui portèrent l'empire à son apogée, jusqu'en 1269, les *Marinides enfin, qui durent quitter l'Espagne et furent progressivement dominés par elle et le Portugal. Il en résulta, sous l'impulsion des marabouts, un réveil religieux qui porta au pouvoir des dynasties chérifiennes (*chérif* signifie « descendant de *Mahomet »). À la fin du XVIe s., les *Sa'diens entreprirent une guerre sainte pour la reconquête du pays. Ar-Rashīd fonda en 1666 la dynastie des Alaouites, qui règne encore aujourd'hui. Son successeur Ismā'īl, célèbre en Europe, donna un nouvel éclat à la civilisation de son pays (capitale : *Meknès). Mais les difficultés s'accumulaient. Au XIXᵉ s., les puissances européennes n'eurent pas de mal à pénétrer économiquement le royaume, affaibli par ses divisions. En 1912, il devint protectorat français, à l'exception du Nord (*Rif) et du Sud concédés à l'Espagne. Tanger fut dotée d'un statut international en 1923. La résistance d'*Abd el-Krim annonça le mouvement nationaliste (⇒ **Istiqlāl**). Le sultan *Muhammad V, déposé en 1953 puis exilé en 1955, réussit à cristalliser l'opposition à la France. Ayant obtenu l'indépendance (1956), il fut proclamé roi en 1957. Son fils *Hassan II lui succéda en 1961. Il affaiblit l'opposition, échappa à deux tentatives d'attentats militaires (1971, 1972). Depuis 1975, le Maroc combat le Polisario dans le *Sahara occidental. □ *le Maroc espagnol*. Ancien protectorat espagnol sur le *Rif et les zones d'Ifni et Tarfaya. L'Espagne a conservé les présides de *Ceuta et *Melilla. ❬ ▶ marocain, maroquin ❭

Maromme ■ Commune de la Seine-Maritime. 12 800 hab. *(les Marommais).*

Ma Rong ■ ⇒ Ma Jong.

le Maroni ■ Fleuve d'Amérique du Sud, qui sépare la Guyane française et le Surinam avant de se jeter dans l'Atlantique. 680 km.

les maronites ■ Fidèles de l'*Église maronite*, *Église catholique de rite syrien créée v. 700, qui regroupe aujourd'hui les catholiques libanais.

Clément Marot ■ Poète français (1496-1544). Il contribua à épurer la langue de son temps, sans abandonner la truculence et l'ironie. *"Épigrammes" ; "Élégies".*

Marpa ■ Religieux bouddhiste tibétain, maître de *Milarepa (1012-1096).

le Marquenterre ■ Plaine côtière de Picardie entre Étaples et l'embouchure de la Somme. Élevage, céréales. Stations balnéaires.

Albert Marquet ■ Peintre français (1875-1947). Paysages parisiens, ports.

Marquette-lez-Lille ■ Commune du Nord. 11 000 hab.

les îles Marquises ■ Archipel de la *Polynésie française au nord-est de Tahiti. 1 274 km². 6 500 hab. Centre administratif : Taiohae, sur l'île Nuku Hiva. Cocotiers.

Marrakech ■ Ville du Maroc, au pied du Haut *Atlas. 440 000 hab. Centre commercial et touristique. Nombreux édifices : minarets, palais. Ancienne capitale des *Almohades.

Mars ■ Dieu romain de la Guerre, de la Végétation et du Printemps, identifié à l'Arès grec. Père de *Romulus et Remus. □ *Mars*. Planète du système solaire qui tourne autour du Soleil en 687 jours et sur elle-même en 24 h 37 min 23 s. Elle a deux satellites, Deimos et Phobos. Une atmosphère ténue, des températures extrêmes (entre − 100 ⁰C et + 70 ⁰C) et des vents violents y rendent la vie en surface peu probable.

César Chesneau sieur du Marsais ■ Grammairien français (1676-1756). Il collabora à l'"*Encyclopédie". "Traité des tropes".*

Marsala ■ Ville d'Italie (*Sicile). 79 100 hab. Célèbre pour ses vins doux.

Marsannay-la-Côte ■ Commune de la Côte-d'Or. 5 200 hab. *(les Marcenaciens* ou *Pataras).* Vins rouges.

la Marseillaise ■ Chant patriotique dont les paroles et la musique furent composées en 1792 par l'officier *Rouget de Lisle. Il devint l'hymne national français le 14 juillet 1795, après avoir été rendu célèbre par les fédérés marseillais.

Marseille ■ Préfecture des Bouches-du-Rhône et de la région

*Provence-Alpes-Côte d'Azur, elle est la deuxième ville de France. 808 000 hab. *(les Marseillais).* Ville universitaire et culturelle : musées et édifices anciens. Célèbre avenue de la *Canebière. 1er port de commerce français (hydrocarbures) et port de voyageurs. Grand centre industriel : raffinage du pétrole, chimie, agro-alimentaire. □ **HISTOIRE**. *Massalia,* fondée vers 600 av. J.-C. par des Grecs de *Phocée (d'où l'appellation de « Cité phocéenne »), fut très prospère jusqu'à la conquête romaine (49 av. J.-C.). Le commerce avec l'Orient lui donna un nouvel essor au Moyen Âge. Réunie à la France avec la Provence, en 1481. Elle fut décimée par la peste en 1720. En déclin pendant la Révolution et l'Empire, elle retrouva sa prospérité avec l'ouverture du canal de *Suez. ⟨ ▶ marseillais ⟩

*Alfred **Marshall** ■ Économiste anglais (1842-1924). Professeur de *Keynes à Cambridge, il concilia les thèses classiques de *Smith et le marginalisme de *Menger.

*George Catlett **Marshall** ■ Général et homme politique américain (1880-1959). Il proposa en 1947 un plan d'assistance pour la reconstruction de l'Europe qui fut refusé par l'U.R.S.S. et les pays socialistes d'Europe orientale. La France reçut au titre du *plan Marshall* 2,8 milliards de dollars. Prix Nobel de la paix 1953.

*les îles **Marshall** ■ Archipel de *Micronésie. 181 km². 43 900 hab. Capitale : Majuro. Après avoir été sous la tutelle de l'Allemagne, du Japon et des États-Unis, les îles forment, depuis 1980, un État (république) « librement associé » à ces derniers, qui y maintiennent leur présence militaire (bases de missiles ; essais nucléaires à *Bikini).

*Maurice **Martenot** ■ Ingénieur français (1898-1980). Il inventa les *ondes Martenot,* instrument de musique électronique.

*Wilfried **Martens** ■ Homme politique belge (né en 1936). Premier ministre (social-chrétien) de 1979 à 1992.

*José **Martí** ■ Révolutionnaire et écrivain cubain (1853-1895). Ses œuvres et ses idées jouèrent un rôle fondamental dans la libération de l'Amérique latine.

Martial ■ Poète latin (v. 40 - v. 104). Ses *"Épigrammes"* infléchirent le genre vers la satire.

Martigues ■ Commune des Bouches-du-Rhône, sur l'étang de *Berre. 42 900 hab. *(les Martegaux).* Port de pêche. Raffineries.

*saint **Martin** ■ Évêque de Tours (316-397). Selon la tradition, il partagea son manteau avec un pauvre. Il fonda le premier monastère de Gaule (à Ligugé, près de Poitiers) et eut un grand rôle missionnaire.

Martin V ■ Pape élu en 1417 (1368-1431). Son élection mit fin au grand *schisme d'Occident.

*Roger **Martin du Gard** ■ Écrivain français (1881-1958). Auteur de l'importante somme romanesque des *"Thibault"* (1922-1940). Ami et correspondant de *Gide. Prix Nobel 1937.

*André **Martinet** ■ Linguiste français (né en 1908). *"Éléments de linguistique générale",* classique de l'approche « fonctionnaliste ».

*Simone **Martini** ■ Peintre italien (v. 1284-1344). Un des maîtres de l'école de *Sienne. Fresques au dessin et aux couleurs raffinés.

*le père **Martini** ■ Compositeur et musicologue italien (1706-1784). Il fut l'ami et le conseiller des musiciens de son époque (*Mozart, *Gluck, *Rameau).

*la **Martinique** [972] ■ Île des Petites *Antilles (îles du *Vent) formant un département français, à 7 000 km de la métropole, au sud de la Guadeloupe. 1 091 km². 359 800 hab. *(les Martiniquais)*, en majorité des mulâtres. La surpopulation et le manque d'infrastructure ont entraîné une forte émigration vers la métropole. Préfecture : Fort-de-France. Sous-préfectures : Le Marin, La Trinité. Agriculture (café, cacao, épices) et industrie alimentaire (sucreries, rhum). Tourisme. □ **HISTOIRE**. Découverte par Christophe Colomb en 1502, l'île a été colonisée à partir de 1635 par la France, qui utilisa une main-d'œuvre d'esclaves africains. Département d'outre-mer depuis 1946.

Emmanuel de **Martonne** ■ Géographe français (1873-1955). *"Traité de géographie physique"* ; *"Géographie aérienne"*.

André **Marty** ■ Homme politique français (1886-1956). Il participa à une mutinerie sur un bâtiment français, envoyé contre les bolcheviks, en 1919, fut élu député communiste, mais exclu du parti en 1953.

Marvejols ■ Commune de la Lozère. 6 000 hab. *(les Marvejolais)*. Ancienne ville forte.

Karl **Marx** ■ Philosophe, économiste et homme politique allemand (1818-1883). Il critiqua la pensée de *Hegel et de *Feuerbach, et affirma avec *Engels la nécessité d'un dépassement de la philosophie théorique *("l'Idéologie allemande",* 1846). En 1848, Engels et Marx rédigèrent le *"Manifeste du parti communiste"* où se trouve exposée leur conception de la société et de l'action. Dans *"le Capital"* (publié de 1867 à 1909), Marx voulut élaborer une science, le matérialisme historique, qui mît en évidence les contradictions liées au développement du système capitaliste. À la tête de la Ire *Internationale, il joua un rôle éminent dans l'organisation du mouvement ouvrier. *Lénine et les dirigeants soviétiques, *Mao et les dirigeants chinois, *Castro, bien d'autres révolutionnaires et communistes se sont réclamés du *marxisme*. ‹ ▶ marxisme ›

les **Marx Brothers** ■ Acteurs américains : Leonard dit Chico (1891-1961), ses frères Arthur dit Harpo (1893-1964), Julius dit Groucho (1895-1977) et Herbert dit Zeppo (1901-1979). Ils ont introduit au cinéma un univers burlesque. *"Une nuit à l'Opéra"*.

le **Maryland** ■ État de l'est des États-Unis. 27 091 km². 4,22 millions d'hab. Capitale : Annapolis. Le district de Columbia (⟹ **Washington**) est enclavé au sud de l'État. Agriculture. Industrie lourde autour de la baie de *Chesapeake.

Tommaso **Masaccio** ■ Peintre italien, actif à Florence (1401-1428). Il prit conscience de principes qui ont révolutionné la peinture : l'importance plastique de la lumière, le rôle de la composition, l'expressivité des personnages. Fresques de la chapelle Brancacci à Florence.

les **Masaïs** ou **Massaïs** ■ Population d'éleveurs du Kenya et de la Tanzanie.

Tomáš **Masaryk** ■ Homme politique tchécoslovaque (1850-1937). Il fonda la République tchécoslovaque en 1918 et en fut le 1er président jusqu'en 1935.

Pietro **Mascagni** ■ Compositeur vériste italien (1863-1945). *"Cavalleria rusticana"*, opéra.

les îles **Mascareignes** n. f. pl. ■ Archipel de l'océan *Indien, formé principalement par l'île Maurice et l'île de la Réunion.

Mascate ou **Masqat** ■ Ville portuaire, capitale du sultanat d'Oman. 50 000 hab. Elle forme avec ses banlieues (Matrah, Ruwi, Sib) une agglomération de 250 000 hab. Port de commerce.

Le **Mas-d'Azil** ■ Commune de l'Ariège. 1 300 hab. *(les Mas-d'Aziliens)*. Grotte qui servit de refuge aux premiers chrétiens, aux *cathares et aux huguenots, et où furent découverts de nombreux objets préhistoriques.

John Edward **Masefield** ■ Écrivain anglais (1878-1967). "*Les Ballades de la mer*".

Maseru ■ Capitale du Lesotho. 109 000 hab.

Mashhad ■ ⇒ Meshed.

Masinissa ou **Massinissa** ■ Roi de *Numidie (v. 240 - v. 149 av. J.-C.). Il aida les Romains à vaincre Carthage. ⇒ **Jugurtha.**

Masolino da Panicale ■ Peintre italien (1383 - av. 1447). Il travailla avec *Masaccio.

la **Masorah** ■ ⇒ la **Massore.**

Gaston **Maspero** ■ Égyptologue français (1846-1916). Il poursuivit l'œuvre de *Mariette (*Sphinx de Gizeh, temple de Louxor). Henri, son fils, sinologue (1883-1945).

Masqat ■ ⇒ Mascate.

le **Masque de fer** ■ Surnom donné à un mystérieux prisonnier qui mourut à la Bastille en 1703. Selon la tradition, il portait un masque muni d'une fermeture en acier.

le **Massachusetts** ■ État du nord-est des États-Unis, sur la côte atlantique (*Nouvelle-Angleterre). 21 455 km². 5,74 millions d'hab. Capitale : Boston. Universités (dont *Harvard) et centres de recherche (dont le *M.I.T.). C'est là que s'installèrent les puritains anglais venus à bord du *Mayflower (1620) et que commença la guerre d'Indépendance (v. 1770).

Massada ■ Forteresse d'Israël, construite par *Hérode Ier le Grand, au-dessus de la mer Morte, célèbre pour les résistants juifs (les zélotes) qui préférèrent s'y donner la mort plutôt que de se rendre aux Romains (73).

les **Massaïs** ■ ⇒ les **Masaïs.**

André **Masséna** *duc de Rivoli prince d'Essling* ■ Brillant maréchal de Napoléon Ier (1758-1817). Vaincu au Portugal en 1811.

Jules **Massenet** ■ Compositeur français d'opéras (1842-1912). "*Manon*" ; "*Werther*" ; "*Thaïs*".

le **Massif armoricain** ■ ⇒ le Massif **armoricain.**

le **Massif central** ■ Région montagneuse du centre de la France. Massif primaire, soulevé par le contrecoup du plissement alpin au tertiaire (*Morvan, *Charolais, *Beaujolais, *Cévennes) qui provoqua des éruptions volcaniques. Point culminant : le puy de Sancy (dans les monts Dore), 1 886 m. Pour l'économie ⇒ **Auvergne.**

Jean-Baptiste **Massillon** ■ Prédicateur français (1663-1742). Il prononça des *Sermons* à l'éloquence simple et persuasive.

André **Masson** ■ Peintre français (1896-1987). Proche des *surréalistes par son goût de l'ésotérisme et des matières insolites (sable, plumes).

Loÿs **Masson** ■ Écrivain français d'origine mauricienne (1915-1969). "*Les Tortues*".

la **Massore** ou **Masorah** ■ Texte de la Bible hébraïque fixé par les *Massorètes,* docteurs juifs, du VIe au XIIe s.

Le **Mas-Soubeyran** ■ Hameau des *Cévennes, haut lieu de la résistance protestante au XVIIe s. (⇒ les **camisards**). Musée du *Désert*.

Massoukou ■ 3e ville du Gabon. 38 000 hab.

Massy ■ Commune de l'Essonne. 39 000 hab. *(les Massicois).* Plastique. Électronique. Aéronautique.

Mata-Hari ■ Danseuse hollandaise (1876-1917). Elle fut fusillée pour espionnage au profit de l'Allemagne.

Matamoros ■ Ville du Mexique, à la frontière des États-Unis. 239 000 hab.

Matanzas ■ Ville et port de Cuba. 110 000 hab. Sucre. Tourisme.

Mathias Ier Corvin ■ Roi de Hongrie de 1458 à sa mort (1440-1490). Il lutta pour l'indépendance de la Hongrie contre les Autrichiens et les Turcs. Grand mécène, il fonda l'université de Buda (1465).

Georges **Mathieu** ■ Peintre français (né en 1921). Théoricien de l'art abstrait lyrique.

la princesse **Mathilde** ■ ⇒ Bonaparte.

Mathilde de Flandre dite *la reine Mathilde* ■ Épouse de *Guillaume le Conquérant, duchesse de Normandie, puis reine d'Angleterre (morte en 1083). On lui attribue à tort la « tapisserie (broderie) de *Bayeux ».

Mathura ■ Une des sept villes saintes de l'Inde (*Uttar Pradesh). Lieu de naissance de *Kṛiṣna. 147 000 hab. Centre de pèlerinage.

Mathusalem ou **Mathusala** ■ Patriarche de la Bible qui aurait vécu 969 ans. D'où l'expression *vieux comme Mathusalem.*

l'hôtel **Matignon** ■ Hôtel parisien, construit de 1715 à 1720, attribué au président du Conseil (1935) puis au Premier ministre (1958) de la France.

Henri **Matisse** ■ Peintre et sculpteur français (1869-1954). Il ne cessa de tendre vers une plus grande simplification de la ligne et des couleurs pour leur donner toute leur force expressive. Les gouaches découpées (*"Nus bleus")* et les vitraux de la chapelle de *Vence marquent l'aboutissement de cette recherche.

le **Mato Grosso** ■ État du sud-ouest du Brésil. 901 421 km². 1,68 million d'hab. Capitale : Cuiabá. Agriculture (élevage, café, maté). Gisements de minerais. □ *le* **Mato Grosso do Sul.** État voisin du précédent. 357 472 km². 1,75 million d'hab. Capitale : Campo Grande.

Matsumoto ■ Ville du Japon (*Honshū). 200 000 hab. Marché de la soie. Célèbre château fort du xvie s.

Matsuyama ■ Ville industrielle et port du Japon (*Shikoku). 438 000 hab. Château du xviie s. Industrie textile et du papier.

Quentin **Matsys** ■ ⇒ Metsys.

Roberto **Matta** ■ Peintre chilien (né en 1911), *surréaliste.

Giacomo **Matteotti** ■ Homme politique italien (1885-1924). Socialiste, il voulut lutter contre les fascistes, qui l'assassinèrent, discréditant le régime de *Mussolini.

saint **Matthieu** ■ L'un des douze apôtres de Jésus, auteur, selon la tradition, de l'Évangile qui porte son nom. Son emblème est un homme ailé.

Charles Robert **Maturin** ■ Écrivain irlandais (1782-1824). *"Melmoth ou l'Homme errant",* roman noir qui influença *Balzac.

Ana María **Matute** ■ Romancière espagnole (née en 1926). Ses romans ont pour cadre la guerre civile. *"La Trappe".*

Maubeuge ■ Commune du Nord. 35 200 hab. *(les Maubeugeois).*

Jacques **Mauduit** ■ Compositeur français (1557-1627). Ami des poètes *Ronsard et de *Baïf, il composa des pièces vocales.

Somerset **Maugham** ■ Écrivain anglais (1874-1965). Romans, théâtre, nouvelles. *"Servitude humaine".*

Mauguio ■ Commune de l'Hérault. 11 500 hab. *(les Melgoriens).* Vignobles et arbres fruitiers.

Franz Anton **Maulbertsch** ■ Peintre et décorateur allemand (1724-1796). Style *rococo.

Mauléon ■ Commune des Deux-Sèvres. 8 900 hab. *(les Mauléonnais).*

Thierry **Maulnier** ■ Journaliste et écrivain français (1909-1988). Collaborateur de l'*Action française, qu'il quitta pendant l'Occupation.

Mauna Kea ■ Volcan éteint, point culminant de *Hawaï, près du volcan actif Mauna Loa. 4 205 m.

Guy de Maupassant ■ Écrivain français (1850-1893). Proche de *Flaubert, il fut un maître de la nouvelle et du court roman réalistes *("Boule-de-suif" ; "Une vie" ; "Bel-Ami")* ou fantastiques *("le Horla")*.

le chancelier de Maupeou ■ Ministre de Louis XV (1714-1792). Il jugula l'agitation parlementaire (1771) mais son renvoi par Louis XVI anéantit ses réformes.

Pierre Louis Moreau de Maupertuis ■ Mathématicien français (1698-1759). Partisan de *Newton. Il énonça, en mécanique, le principe de moindre action.

Maurepas ■ Commune des Yvelines. 19 800 hab.

les Maures ■ Nom donné par les Romains aux Berbères puis, par extension, aux conquérants musulmans de l'Espagne. ⟨ ▶ maure ⟩

les Maures ■ Ethnie de l'ouest du Sahara. ⇒ **Mauritanie**.

les Maures n. m. pl. ■ Massif côtier de Provence qui s'étend d'Hyères à Fréjus. Il culmine à 780 m.

François Mauriac ■ Écrivain français (1885-1970). Son œuvre, romanesque, critique et journalistique *("Bloc-Notes")* évoque l'inquiétude du chrétien dans sa lutte contre la tentation charnelle et dans son engagement dans le monde, et manifeste une attitude critique face au monde bourgeois. *"Le Baiser aux lépreux" ; "Thérèse Desqueyroux"*. Prix Nobel 1952.

Mauriac ■ Sous-préfecture du Cantal. 4 200 hab. *(les Mauriacois)*.

l'île Maurice ■ État (république depuis 1992) formé de quatre îles de l'archipel des *Mascareignes (océan Indien), dont l'*île Maurice*. 2 040 km². 1,06 million d'hab. *(les Mauriciens)*. Capitale : Port-Louis. Langues : anglais (officielle), français, créole, langues indiennes. Monnaie : roupie mauricienne. Monoculture de la canne à sucre (80 % des terres). □ HISTOIRE. D'abord possession hollandaise, colonie française de 1715 à 1810 *(île de France)*, britannique en 1814, elle devint indépendante en 1968. Membre du *Commonwealth.

Maurice de Nassau ■ Stathouder des Provinces-Unies (1567-1625). Il succéda à son père *Guillaume le Taciturne, en 1584, et fut un grand chef de guerre.

la Mauricie ■ Partie du *Québec (Canada), plaine située entre Montréal et Québec.

la Maurienne ■ Vallée de la Savoie, voie de passage entre la France et l'Italie. Hydro-électricité ; électrométallurgie.

la Mauritanie ■ Dans l'Antiquité, royaume d'Afrique du Nord (à l'ouest de la *Numidie, du Maroc à la Kabylie), conquis au Ier s. par les Romains, puis v. 700 par les Arabes.

la Mauritanie ■ État (république islamique) de l'Afrique de l'Ouest bordé par l'Atlantique. 1 030 700 km². 1,95 million d'hab. *(les Mauritaniens)*. Capitale : Nouakchott. Langues officielles : arabe, français. Religion officielle : islam. Monnaie : ouguiya. Agriculture, élevage, pêche. Minerai de fer. □ HISTOIRE. Envahie par les musulmans et arabisée au XIVe s., elle fut occupée par la France en 1855. Elle devint en 1904 un protectorat et en 1920 l'une des colonies de l'Afrique-Occidentale française. Indépendante en 1960, elle fut en guerre avec le *Polisario jusqu'en 1979 (⇒ **Sahara occidental**). Un processus de démocratisation du régime est en cours depuis 1991 : instauration du multipartisme, adoption d'une nouvelle constitution et élections libres en 1992.

Émile Herzog dit *André Maurois* ■ Écrivain français (1885-1967).

"*Les Silences du colonel Bramble*" ; "*Prométhée ou la Vie de Balzac*".

Pierre **Mauroy** ■ Homme politique français (né en 1928). Maire de Lille depuis 1973. Premier ministre (socialiste) de 1981 à 1984.

Charles **Maurras** ■ Écrivain et homme politique français (1868-1952). Nationaliste, il anima le mouvement de l'*Action française. "*Anthinéa*".

Mausole ■ Satrape de *Carie (mort en 353 av. J.-C.). ▶ *le* **Mausolée**, tombeau magnifique que sa sœur et épouse Artémis II lui éleva, une des Sept *Merveilles du monde. ⟨ ▶ mausolée ⟩

Marcel **Mauss** ■ Sociologue français (1872-1950). Disciple de *Durkheim. L'"*Essai sur le don*" annonce l'anthropologie structurale de *Lévi-Strauss.

Mauthausen ■ Ville d'Autriche (Haute-*Autriche). Camp de concentration nazi de 1938 à 1945 (122 000 personnes y moururent).

Maxéville ■ Commune de Meurthe-et-Moselle. 8 900 hab. *(les Maxévillois).* Mine de fer.

Maximien ■ Empereur romain (v. 250 - 310). Il fut appelé par *Dioclétien pour partager le pouvoir.

Maximilien ■ Empereur du Mexique (1832-1867). Imposé par Napoléon III, il se heurta au nationalisme mexicain (⟹ **Juárez**) et fut fusillé. Sa femme Charlotte (1840-1927) en devint folle.

Maximilien Ier ■ Archiduc d'Autriche, roi des Romains, empereur germanique de 1493 à sa mort (1459-1519). Par sa politique d'alliance, il fonda la puissance des *Habsbourg, léguant à son petit-fils *Charles Quint un empire qui dominait la moitié de l'Europe.

James Clerk **Maxwell** ■ Physicien écossais (1831-1879). Les *équations de Maxwell* formulent les lois du champ électromagnétique. Le concept de champ a motivé l'effort d'*Einstein pour unifier la physique.

les **Mayas** ■ Peuple d'Amérique centrale localisé au Guatemala, Honduras, Mexique (*Yucatán). Leur civilisation connut son apogée du VIIe au IXe s., et brilla par son architecture (pyramides de pierre), son astronomie (premier calendrier), son écriture et ses mathématiques. Elle se mélangea à la civilisation *toltèque *(civilisation toltèque-maya)* et s'effondra devant les conquistadores espagnols (XVIe s.). Principaux sites archéologiques : *Copán, *Palenque, *Chichén Itzá. ⟨ ▶ maya ⟩

Mayence, en allemand **Mainz** ■ Ville et port d'Allemagne, capitale de l'État (land) de *Rhénanie-Palatinat. 172 000 hab. Métropole commerciale. Cathédrale romane (Xe - XIIIe s.).

la **Mayenne** [53] ■ Département français de la région Pays de la *Loire. Il doit son nom à la rivière qui le traverse. 5 214 km². 278 000 hab. Préfecture : Laval. Sous-préfectures : Château-Gontier, Mayenne.

Mayenne ■ Sous-préfecture de la Mayenne. 14 600 hab. *(les Mayennais).*

Julius Robert von **Mayer** ■ Physicien et médecin allemand (1814-1878). Il formula (en même temps que *Joule) le premier principe de la thermodynamique.

Mayerling ■ Localité d'Autriche. Pavillon de chasse où, en janvier 1889, l'archiduc *Rodolphe et la baronne Marie Vetsera furent trouvés morts.

le **Mayflower** ■ Navire qui, en 1620, transporta un groupe de « pèlerins » puritains (les *Pilgrim Fathers*) en Amérique où ils fondèrent Plymouth en *Nouvelle-Angleterre. Leur accord politique est devenu, pour les Américains, le symbole des origines nationales et des libertés.

Elton **Mayo** ■ Psychosociologue américain (1880-1949). Recherches sur le monde du travail.

Félix **Mayol** ■ Chanteur français de café-concert (1872-1941). "_Viens Poupoule_".

Mayotte ■ Collectivité territoriale française des *Comores. 373 km². 67 200 hab. _(les Mahorais)._ Chef-lieu : Dzaoudzi.

Mazamet ■ Commune du Tarn. 12 100 hab. _(les Mazamétains)._ Délainage des peaux de moutons.

Mazār-e Charif ■ Ville d'Afghanistan. 131 000 hab. Centre caravanier. Tombeau d'*Alī.

Jules **Mazarin** ■ Cardinal et homme d'État français d'origine italienne (1602-1661). Collaborateur de *Richelieu, il lui succéda à la fin du règne de Louis XIII et sous la régence d'*Anne d'Autriche. En réprimant la *Fronde, en mettant fin à la guerre de *Trente Ans et à la guerre contre l'Espagne, il assura le triomphe de l'absolutisme. Il acquit une immense fortune, protégea les arts et les lettres.

Mazatlán ■ Ville et port du Mexique. 250 000 hab. Tourisme.

Ivan **Mazeppa** ■ Chef des Cosaques, gouverneur de l'*Ukraine (1644-1709). Il s'allia à la Suède contre *Pierre le Grand mais fut vaincu.

Mazingarbe ■ Commune du Pas-de-Calais. 7 900 hab. _(les Mazingarbois)._ Chimie des produits issus de la houille.

Ivan **Mažuranić** ■ Poète croate (1814-1890). Fondateur de la littérature croate moderne.

_la_ **Mazurie** ■ Région lacustre et boisée du nord-est de la Pologne, riveraine de la Baltique. Polonaise depuis 1945.

Giuseppe **Mazzini** ■ Patriote et révolutionnaire italien (1805-1872). Fondateur du mouvement Jeune Italie (1831), il représenta l'idéal républi-cain, face aux partisans de la monarchie et de *Cavour.

Mbabane ■ Capitale du Swaziland. 38 300 hab.

Mbuji-Mayi ■ Ville du Zaïre. 423 000 hab. Diamants.

George Herbert **Mead** ■ Philosophe et sociologue américain (1863-1931). Pionnier de la psychologie sociale.

Margaret **Mead** ■ Anthropologue américaine (1901-1978). Elle trouva dans l'ethnographie océanienne une remise en cause des modèles occidentaux, en particulier les modèles d'éducation et de relation entre les sexes.

_le_ **Méandre** ■ Fleuve de Turquie (450 km), au cours sinueux. ⟨▶ méandre⟩

Meaux ■ Sous-préfecture de la Seine-et-Marne. 49 400 hab. _(les Meldois)._ Évêché et cathédrale. Tombeau de *Bossuet (évêque de la ville au XVIIᵉ s., surnommé « l'Aigle de Meaux »).

Mécène ■ Chevalier romain (v. 69 - 8 av. J.-C.). Ministre d'*Auguste, il protégea les arts. ⟨▶ mécène⟩

Méchitar ■ ⇒ Mékhitar.

_le_ **Mecklembourg-Poméranie-Occidentale,** en allemand **Mecklenburg-Vorpommern** ■ État (land) du nord-est de l'Allemagne. 22 938 km². 2,1 millions d'hab. Capitale : Schwerin. Tourisme.

_La_ **Mecque** ■ 3ᵉ ville d'Arabie Saoudite, capitale religieuse de l'Islam, interdite aux non-musulmans. 550 000 hab. Berceau du prophète *Mahomet, c'est le plus grand centre de pèlerinage de l'islam. La Grande Mosquée contient al-*Ka'ba.

Medan ■ Ville et port de l'Indonésie (*Sumatra). 1,38 million d'hab.

saint **Médard** ■ Évêque de *Noyon et de *Tournai (v. 456 - v. 545). Invoqué pour la pluie et le beau temps.

Peter Brian **Medawar** ■ Biologiste anglais (1915-1987). Prix Nobel de médecine 1960 pour ses travaux sur les greffes.

Médée ■ Magicienne de la mythologie grecque (cycle des *Argonautes). Elle aide *Jason à s'emparer de la *Toison d'or. Abandonnée, elle se venge en tuant ses propres enfants.

Medellín ■ 2ᵉ ville de Colombie. 1,47 million d'hab. Centre commercial (café) et industriel. Repaire des trafiquants de drogue colombiens *(cartel de Medellín).*

les **Mèdes** ■ Ancien peuple d'Asie occidentale. Leur roi *Cyaxare conquit l'Assyrie (612 av. J.-C.), mais ils furent vaincus par les Perses et Cyrus II (550 av. J.-C.).

les **Médicis** ■ Famille italienne de marchands et de banquiers qui joua un rôle primordial dans l'histoire de Florence et de la Toscane du XVᵉ au XVIIIᵉ s. ainsi que dans la politique, l'économie et les arts d'Europe. Les reines françaises *Catherine de Médicis et *Marie de Médicis en étaient issues. □ *Cosme* ou *Cosimo de* **Médicis** (1389-1464), le « Père de la Patrie ». □**Laurent le Magnifique,** son petit-fils (1449-1492), protégea les artistes, les savants et favorisa l'imprimerie. □*Jules de* **Médicis,** pape sous le nom de *Clément VII. □*Alessandro de* **Médicis** (v. 1510-1537) exerça une dictature sur Florence et fut assassiné par son cousin Lorenzaccio. □ *Lorenzino de* **Médicis** dit **Lorenzaccio** (1514-1548). Cousin et assassin du précédent. Sa vie inspira *Musset.

Médine ■ Ville sainte d'Arabie Saoudite, grand lieu de pèlerinage musulman. 290 000 hab. Tombeaux de *Mahomet et de *Fāṭima.

les guerres **médiques** ■ Conflits qui opposèrent les cités grecques à l'Empire perse au Vᵉ s. av. J.-C. : en 490, les Perses de *Darius le Grand furent battus à *Marathon. En 480, dirigés par *Xerxès Iᵉʳ, battant les Grecs aux *Thermopyles (⇒ **Léoni-** das), les Perses s'emparèrent d'Athènes, mais furent écrasés à *Salamine et à *Platée.

la mer **Méditerranée** ■ Mer intérieure comprise entre l'Afrique du Nord, l'Asie de l'Ouest et l'Europe du Sud. 2,9 millions de km² (avec la mer Noire et la mer d'Azov). Elle communique avec l'Atlantique par le détroit de Gibraltar, avec la mer Noire par les détroits du Bosphore et des Dardanelles, avec la mer Rouge par le canal de Suez. Activité sismique importante, d'où les volcans (*Vésuve, *Stromboli, *Etna) et les cratères sous-marins. Les activités portuaires, déjà favorisées par la configuration des côtes et la faible amplitude des marées, se sont développées avec l'exploitation du pétrole : oléoducs provenant du golfe Persique, industries lourdes dans les ports français (⇒ **Fos-sur-Mer**), italiens et espagnols. Le tourisme, favorisé par un cadre exceptionnel, est une ressource essentielle : *Costa Brava, *Côte d'Azur. □ **HISTOIRE.** Jusqu'au Iᵉʳ s., la Phénicie, Carthage et la Grèce établirent des comptoirs commerciaux sur son pourtour. Pour Rome, qui lui donna le nom de *Mare Nostrum* (« notre mer »), elle fut un facteur d'expansion et d'unification de l'Empire. Après le IVᵉ s., l'activité commerciale, gênée par les pirates sarrasins, reprit avec les croisades (XIᵉ s.) à Venise, Gênes et en Espagne : la Méditerranée servit de lien entre l'Orient et l'Occident. Mais la découverte de la route des Indes puis celle de l'Amérique firent perdre au commerce de son importance. En 1869, l'ouverture du canal de Suez lui fit retrouver une activité commerciale et un rôle stratégique (contrôle de Gibraltar, Malte et Chypre par le Royaume-Uni). Le conflit israélo-arabe et la fermeture du canal de Suez (de 1967 à 1975) en ont renforcé l'importance stratégique. ⟨▶ méditerranéen⟩

le **Médoc** ■ Région française, sur la rive gauche de la Gironde. Vins de Bordeaux réputés.

Méduse ■ L'une des trois *Gorgones. Elle pétrifie ceux qui la regardent. *Persée la tue et orne de sa tête le bouclier d'Athéna. ⟨▶ méduse, méduser⟩

Meerut ■ Ville industrielle de l'Inde (*Uttar Pradesh). 417 000 hab. Camp militaire important.

Le **Mée-sur-Seine** ■ Commune de Seine-et-Marne. 21 000 hab.

Paul **Mefano** ■ Compositeur français (né en 1937).

Megalopolis ■ Ancienne ville de Grèce, en *Arcadie, détruite au Moyen Âge par les Slaves. ▶ *Megalopolis,* qui signifie « grande ville », désigne aujourd'hui de vastes complexes urbains, notamment celui qui s'étend, aux États-Unis, entre Boston et Washington.

Mégare ■ Ville de Grèce, près d'Athènes. Très prospère dans l'Antiquité, elle fonda des colonies, dont Byzance. Importante école de philosophie qui influença le *stoïcisme.

Megève ■ Commune de Haute-Savoie. 4 800 hab. *(les Megévans).* Station de sports d'hiver.

le **Meghālaya** ■ État du nord-est de l'Inde, à la frontière du Bangladesh. 22 429 km². 1,33 million d'hab. Capitale : Shillong (109 000 hab.).

Mehallah el-Koubra ■ Ville d'Égypte, au nord du Caire. 385 000 hab.

Méhémet-Ali ou **Muḥammad 'Alī** ■ Vice-roi d'Égypte de 1805 à sa mort (1769-1849). Fondateur de l'Égypte moderne (réforme de l'agriculture et de l'enseignement). Il conquit le Soudan.

Mehmet II ■ Sultan ottoman (1432-1481). Il prit Constantinople (1453), combattit Venise et fit plusieurs incursions en Europe.

Étienne **Méhul** ■ Compositeur français (1763-1817). Auteur du *"Chant du départ"*, sur des paroles de M.-J. de *Chénier.

Mutsuhito dit **Meiji Tennō** ■ 122ᵉ empereur japonais (1852-1912). Le créateur du Japon moderne (constitution moderne, industrialisation du pays), ouvert sur l'Occident. Il remporta les guerres contre la Chine (1894-1895), ensuite contre la Russie (1904-1905). ▶ *l'ère du Meiji* ou « gouvernement éclairé » désigne l'ère nouvelle qui commence avec lui.

Henri **Meilhac** ■ Auteur dramatique français (1831-1897). Il écrivit avec *Halévy les livrets des opérettes d'*Offenbach.

Antoine **Meillet** ■ Linguiste français (1866-1936). *"Introduction à l'étude comparative des langues indoeuropéennes"*.

Alexius **Meinong** ■ Philosophe et psychologue autrichien (1853-1920). Il voulut élaborer une « théorie de l'objet ».

Golda **Meir** ■ Femme politique israélienne (1898-1978). Elle dirigea le gouvernement (travailliste) de 1969 à 1974.

Meissen ■ Ville d'Allemagne (*Saxe). 38 900 hab. Manufacture de porcelaine créée en 1709.

Ernest **Meissonier** ■ Peintre français (1815-1891). Scènes militaires minutieuses, très appréciées de son vivant.

Mékhitar ou **Méchitar** ■ Moine et théologien arménien, fondateur de la congrégation des *mékhitaristes* (1676-1749).

Meknès ■ Ville du Maroc. 320 000 hab. Ancienne cité royale (XVIIᵉ et XVIIIᵉ s.). Tourisme, commerce.

le **Mékong** ■ Fleuve d'Asie. 4 200 km. Né au Tibet, il arrose l'Union de *Myanmar (ex-Birmanie), le Laos, la Thaïlande, fertilise le

Cambodge et se jette en mer de Chine en formant un immense delta au Viêt-nam. Il est très poissonneux.

Melanchthon ■ Réformateur religieux allemand (1497-1560). Principal disciple de *Luther, auquel il succéda à la tête de l'Église luthérienne. Il rédigea la Confession d'*Augsbourg.

la *Mélanésie* ■ Ensemble d'îles du Pacifique (Océanie), comprenant l'est de la *Nouvelle-Guinée, l'archipel *Bismarck, les îles *Salomon, la république de *Vanuatu, la *Nouvelle-Calédonie et les îles *Fidji. Environ 570 000 km². 3,5 millions d'hab. (les Mélanésiens).

William Lamb lord *Melbourne* ■ Homme politique anglais (1779-1848). Premier ministre au début du règne de *Victoria, qu'il initia à la politique.

Melbourne ■ 2e ville et port d'Australie, capitale de l'État de *Victoria. 2,96 millions d'hab. Centre économique du sud du pays. Universités.

Melchior ■ Un des Rois *mages, dans la tradition chrétienne.

Arnold de *Melchtal* ■ Personnage légendaire suisse. À l'origine de la révolte suisse contre l'Autriche.

Georges *Méliès* ■ Cinéaste et illusionniste français (1861-1938). Il réalisa 500 petits films où se mêlent fantaisie et truquages. "Le Voyage dans la lune".

Melilla ■ Ville et port franc (préside), située au Maroc, sous souveraineté espagnole. 14 km². 55 600 hab. ⇒ Ceuta.

Melk ■ Ville d'Autriche (Basse-*Autriche). 5 100 hab. Abbaye bénédictine reconstruite au XVIIIe s. dans un style baroque.

Melkart ■ Dieu phénicien, appelé aussi Baal de Tyr.

Melpomène ■ Muse de la Tragédie et mère des *Sirènes.

Melun ■ Préfecture de la Seine-et-Marne. 36 500 hab. (les Melunais).

Centre industriel. Monuments. Ancienne cité gallo-romaine, résidence royale sous les premiers *Capétiens. □ *Melun-Sénart*. Ville nouvelle créée en 1969, entre Melun et la forêt de Sénart.

Mélusine ■ Personnage de légende médiévale. À la suite d'une faute, elle est condamnée à devenir tous les samedis femme-serpent.

Herman *Melville* ■ Écrivain américain (1819-1891). "Moby Dick ou la Baleine blanche", roman symbolique, récit d'une chasse forcenée à la baleine.

Jean-Pierre *Melville* ■ Metteur en scène français de cinéma (1917-1973). "Le Silence de la mer" (d'après *Vercors) ; "le Cercle rouge".

Memel ■ Depuis 1923 : *Klaïpeda.

Hans *Memling* ■ Peintre *flamand (v. 1433-1494). Exerçant à Bruges, comme *Van Eyck, il représente l'aboutissement serein, médité, harmonieux de l'art primitif *flamand.

Albert *Memmi* ■ Écrivain tunisien d'expression française (né en 1920). Romans et essais. "La Statue de sel".

les colosses de *Memnon* ■ Nom donné par les Grecs et les Romains aux deux statues colossales d'*Aménophis III situées devant son temple funéraire près de *Thèbes.

Memphis ■ Ancienne ville d'Égypte. Capitale sous l'Ancien Empire : culte de *Ptah, *Apis.

Memphis ■ Ville des États-Unis (*Tennessee). 646 000 hab. Haut lieu du jazz et de la musique populaire américaine.

Menado ■ ⇒ Manado.

Gilles *Ménage* ■ Érudit et écrivain français (1613-1692). Premier dictionnaire étymologique du français.

Ménandre ■ Auteur grec de comédies (342-292 av. J.-C.). Il fut l'ami d'*Épicure. "La Belle aux cheveux coupés".

Mencius ■ ⇒ **Mengzi.**

Mende ■ Préfecture de la Lozère, sur le Lot. 12 700 hab. *(les Mendois).* Centre touristique.

Gregor Johann **Mendel** ■ Botaniste et religieux morave (1822-1884). *Lois de Mendel :* lois fondamentales de la génétique, redécouvertes vers 1900.

Dmitriï **Mendeleïev** ■ Chimiste russe (1834-1907). *Tableau de Mendeleïev :* classification périodique des éléments chimiques selon leur poids atomique.

Moses **Mendelssohn** ■ Philosophe allemand (1729-1786). Judaïsme empreint de l'esprit des *Lumières.

Felix **Mendelssohn-Bartholdy** ■ Compositeur romantique allemand (1809-1847). Œuvre immense pour orchestre *("le Songe d'une nuit d'été"),* piano *("Romances sans paroles").* Il fit revivre les œuvres de *Bach.

Catulle **Mendès** ■ Écrivain français (1841-1909). Membre du *Parnasse. *"Philoméla",* poèmes.

Pierre **Mendès France** ■ Homme politique français (1907-1982). Président du Conseil (radical) en 1954-1955, il mit fin à la guerre d'*Indochine. Symbole, pour la gauche, d'exigence morale dans l'exercice du pouvoir.

Mendoza ■ Ville d'Argentine. 118 000 hab. Vins. Raffinerie de pétrole.

Ménélas ■ Roi mythique de *Sparte, fils d'*Atrée et frère d'*Agamemnon. L'enlèvement de son épouse *Hélène par *Pâris déclencha la guerre de *Troie.

Ménélik II ■ Négus d'Éthiopie de 1889 à sa mort (1844-1913). Il agrandit et modernisa l'empire.

Marcelino **Menéndez y Pelayo** ■ Écrivain espagnol (1856-1912). *"Histoire des idées esthétiques en Espagne".*

Carl **Menger** ■ Économiste autrichien (1840-1921). Un des fondateurs de l'école marginaliste. Théorie de la valeur.

Anton **Mengs** ■ Théoricien et peintre allemand (1728-1779). Il fut à l'origine du mouvement *néoclassique.

Mengzi, en latin *Mencius* ■ Philosophe chinois disciple de *Confucius (v. 372 - 289 av. J.-C.).

Ménilmontant ■ Un des quartiers de Paris (XXᵉ arrondissement). Symbole, avec *Belleville, du Paris populaire.

Ménippe ■ Écrivain grec (IIIᵉ s. av. J.-C.). La *satire ménippée,* genre littéraire imité de Ménippe, mêle la prose et le vers ; un pamphlet français contre la *Ligue porte ce titre.

Mennecy ■ Commune de l'Essonne. 11 100 hab. *(les Mennecois).*

Gian Carlo **Menotti** ■ Compositeur italien naturalisé américain (né en 1911). *"Le Médium",* opéra.

Menton ■ Commune des Alpes-Maritimes. 29 500 hab. *(les Mentonnais).* Un des centres touristiques de la *Côte d'Azur.

Mentor ■ Dans l'"*Odyssée", ami d'*Ulysse. Ce dernier lui confie la gérance de ses biens et l'éducation de son fils *Télémaque. ⟨ ▶ mentor ⟩

sir Yehudi **Menuhin** ■ Violoniste américain d'origine russe (né en 1916).

Gerhard Kremer dit *Gerardus* **Mercator** ■ Géographe flamand (1512-1594). La *projection de Mercator,* système de représentation plane de la Terre, marque les débuts de la cartographie moderne.

Louis Sébastien **Mercier** ■ Écrivain français et théoricien du théâtre (1740-1814). *"Tableau de Paris",* étude minutieuse de la société à la veille de la Révolution.

Mercure ■ Dieu romain, protecteur des commerçants et des voya-

geurs, assimilé à l'*Hermès grec.
□ ***Mercure,*** planète du système
solaire, la plus proche du Soleil,
autour duquel elle tourne en 88 jours
et sur elle-même en 58,6 jours.
4 878 km de diamètre. Atmosphère
composée de gaz rares et de traces
d'hydrogène. ⟨ ▶ mercure ⟩

George **Meredith** ■ Écrivain
anglais (1828-1909). "*L'Égoïste*", roman
psychologique, analyse impitoyable
des relations entre les sexes.

Méricourt ■ Commune du Pas-de-
Calais. 12 400 hab. *(les Méricourtois).*
Houille.

Mérida ■ Ville du Mexique (*Yucatán). 425 000 hab. Centre commercial
et industriel.

Mérignac ■ Commune de la
Gironde. 58 700 hab. *(les Mérigna-
çais).* Aéroport de *Bordeaux.

Prosper **Mérimée** ■ Écrivain
français (1803-1870). Auteur de "*Carmen*" (adapté à l'opéra par *Bizet) et
de "*Colomba*". Inspecteur des Monuments historiques, il soutint *Viollet-
le-Duc et fit redécouvrir l'art *roman.

Maurice **Merleau-Ponty** ■
Philosophe français (1908-1961). Continuateur de la phénoménologie de
*Husserl. Son attention au sujet le rap-
procha des sciences humaines et, comme *Sartre, de l'existentialisme et du
marxisme.

Merlin l'Enchanteur ■ Magicien de la mythologie celtique, épris
de la fée *Viviane.

Jean **Mermoz** ■ Aviateur français
(1901-1936). Héros des débuts de
l'aéropostale.

Mérovée ■ Roi des Francs (mort
v. 458). Aïeul de *Clovis. ▶ *les Mérovingiens.* Première dynastie des
rois de France (rois des Francs).
Après *Dagobert, le pouvoir fut
détenu par les maires du palais.
*Pépin le Bref déposa en 751 le
dernier Mérovingien, Childéric III, et
fonda la dynastie *carolingienne.
⟨ ▶ mérovingien ⟩

Mers el-Kébir, aujourd'hui ***El-
Marsa el-Kebir*** ■ Commune d'Algérie. 23 600 hab. Le 3 juillet 1940,
les Britanniques y bombardèrent une
escadre française après que celle-ci eut
refusé l'ultimatum anglais lui enjoi-
gnant de se laisser désarmer ou de
continuer la guerre contre l'Allemagne. 1 300 marins français y
périrent.

l'abbé Marin **Mersenne** ■ Philosophe et savant français (1588-1648).
Correspondant de *Descartes et de la
plupart des savants de son époque,
auteur de travaux d'acoustique.

Merseyside ■ Comté du nord-
ouest de l'Angleterre. 652 km².
1,45 million d'hab. Chef-lieu :
Liverpool.

Mersin ■ Ville et port de Turquie.
314 000 hab. Site occupé dès le
néolithique et fortifié au IVe millénaire
av. J.-C.

Méru ■ Commune de l'Oise.
12 000 hab. *(les Méruviens).*

les Sept **Merveilles du monde**
■ ⇒ **Babylone, Éphèse, Mausole,
Olympie, Pharos, pyramides,
Rhodes.**

Merville ■ Commune du Nord.
9 100 hab. *(les Mervillois).*

Mesa ■ Ville des États-Unis (*Arizona). 152 000 hab.

Meshed ou ***Mashhad*** ■ Ville
du nord-est de l'Iran. 1,5 million
d'hab. Lieu de pèlerinage *chiite.
Capitale de la *Perse de 1736 à 1747.

Franz **Mesmer** ■ Médecin allemand (1734-1815). Sa thérapie, véritable
panacée qui supposait l'existence d'un
« magnétisme animal », fut très à la
mode à Paris v. 1780.

la **Mésopotamie** ■ Région
d'Asie antérieure située entre le *Tigre
et l'*Euphrate. Son nom vient du grec
mesos (« milieu ») et *potamos*
(« fleuve »). Sa fertilité en fit un
intense foyer de civilisation dès le
Ve millénaire av. J.-C., peu à peu

partagé en cités indépendantes : Kish, *Eridu, *Uruk, *Ur. Des envahisseurs sémites fondèrent la civilisation de *Sumer qui fleurit à *Akkad et à *Babylone. À partir du IIᵉ millénaire se constituèrent de grands empires (*Assyrie) au rayonnement important (⇒ **Hammourabi**). Après avoir résisté aux invasions étrangères (⇒ **Araméens, Élam**), ils furent conquis par les *Mèdes et les *Perses (539 av. J.-C.), puis par les Grecs (331 av. J.-C.). Les *Séleucides contrôlèrent la Mésopotamie jusqu'à sa conquête par les *Parthes (141 av. J.-C.) qui se heurtèrent dès le Iᵉʳ s. à l'expansionnisme de Rome. Elle passa en 224 sous la domination des *Sassanides, puis fut intégrée au royaume de *Palmyre, avant d'être conquise par *Dioclétien (298) et à nouveau par les Perses au IVᵉ s. Après la conquête arabe (637-641), elle devint l'*Irak.

André **Messager** ■ Compositeur et chef d'orchestre français (1853-1929). "*Véronique*" et "*les P'tites Michu*", opérettes.

Ahmed **Messali Hadj** ■ Homme politique algérien (1898-1974). Un des pères du nationalisme algérien, dirigeant du Mouvement national algérien qui fut éliminé par le F.L.N. (⇒ guerre d'**Algérie**).

Messaline ■ Impératrice romaine (morte en 48). Femme de *Claude, célèbre pour ses débauches.

la **Messénie** ■ Région de la ville de *Messène*, en Grèce (*Péloponnèse). Peuplée par les *Achéens, elle fut conquise par *Sparte au VIIIᵉ s. av. J.-C., puis par Rome (146 av. J.-C.).

Willy **Messerschmitt** ■ Ingénieur allemand (1898-1978). Spécialiste d'aéronautique, il mit au point le premier chasseur à réaction (1938).

Olivier **Messiaen** ■ Compositeur français (1908-1992). Curieux de sonorités nouvelles, fasciné par le chant des oiseaux, il s'inspire de symboles religieux et mystiques. "*Quatuor pour la fin du temps*" ; "*Saint François d'Assise*", opéra.

le **Messie** ■ Dans la religion juive, celui qui libérera Israël. Dans la religion chrétienne, *Jésus. ‹ ▶ Messie ›

Messine, en italien **Messina** ■ Ville et port d'Italie, au nord-ouest de la *Sicile. 272 000 hab. Raffinerie. Le *détroit de Messine* sépare la péninsule italienne de la Sicile.

Mestghanem ■ ⇒ **Mostaganem.**

Pierre **Métastase** ■ Poète et librettiste italien (1698-1782). "*La Clémence de Titus*", livret de l'opéra de *Mozart.

Ilya **Metchnikov** ou *Élie* **Metchnikoff** ■ Biologiste russe (1845-1916). Directeur de l'Institut Pasteur de 1895 à sa mort. Prix Nobel de médecine 1908 pour ses travaux sur l'immunité cellulaire.

saint **Méthode** ■ ⇒ saint **Cyrille.**

le **méthodisme** ■ ⇒ John **Wesley.**

Gabriel **Metsu** ■ Peintre hollandais (1629-1667). Scènes de la vie domestique. Natures mortes.

Quentin **Metsys** ou **Matsys** ■ Peintre *flamand actif à Anvers (v. 1466-1530). Ses portraits portent l'empreinte de l'humanisme de la *Renaissance. "*Le Changeur et sa femme*".

le prince de **Metternich** ■ Diplomate et homme politique autrichien (1773-1859). Par crainte de la politique de conquête napoléonienne, il favorisa le rapprochement avec la France ; mais ayant échoué, il se rallia à la Quadruple-*Alliance. Il fut partisan d'une politique d'équilibre européen (congrès de *Vienne ; Sainte-*Alliance), mais, très conservateur, il fut renversé par la révolution de 1848.

Metz ■ Préfecture de la Moselle et de la région de *Lorraine. 123 900 hab. *(les Messins)*. Ville importante de la Gaule romaine, capitale de l'*Austrasie, elle fit partie des *Trois-Évêchés. Elle fut allemande de 1871 à 1918. Aujourd'hui, elle est le centre commercial de la Lorraine, un carrefour autoroutier et fluvial (port sur la *Moselle). Industries mécaniques, alimentaires et chimiques.

Meudon ■ Commune des Hauts-de-Seine. 46 200 hab. *(les Meudonnais).* Observatoire d'astronomie physique.

Meulan ■ Commune des Yvelines. 8 100 hab. *(les Meulanais).*

Meung-sur-Loire ■ Commune du Loiret. 6 000 hab. *(les Magdunois).* Église des XIᵉ-XIIIᵉ s.

Constantin **Meunier** ■ Sculpteur et peintre belge (1831-1905). Il se fit l'interprète de la vie ouvrière. *"Coup de grisou".*

la **Meurthe-et-Moselle** [54] ■ Département français de la région *Lorraine. 5 277 km². 711 100 hab. Il doit son nom aux rivières qui le traversent. Préfecture : Nancy. Sous-préfectures : Briey, Lunéville, Toul.

la **Meuse** ■ Fleuve de France, de Belgique et des Pays-Bas. 950 km. □ *la* **Meuse** [55], département français de la région *Lorraine. 6 241 km². 196 000 hab. Préfecture : Bar-le-Duc. Sous-préfectures : Commercy, Verdun.

Mexicali ■ Ville du Mexique, à la frontière des États-Unis. 511 000 hab. Coton, blé.

Mexico ■ Capitale du Mexique située à 2 277 m d'altitude, sur l'emplacement de l'ancienne capitale aztèque (Tenochtitlán). 8,8 millions d'hab. Conurbation de 18,7 millions d'hab., y compris Netzahualcóyotl (1,3 million d'hab.), Coyoacán, Gustavo A. Madero, Xochimilco, etc. Premier centre industriel du pays (46 % de la production nationale), métropole politique et culturelle. La croissance démographique et la pollution consti-

tuent des problèmes majeurs. Grave séisme en 1985.

les *États-Unis du* **Mexique** ■ État (république fédérale) d'Amérique centrale. 1 958 201 km². 84,3 millions d'hab. *(les Mexicains).* Capitale : Mexico. Langues : espagnol (officielle), diverses langues indiennes. Monnaie : peso mexicain. Plateau central limité au sud par un axe volcanique (⇒ **Popocatépetl**), à l'est par la sierra Madre orientale et à l'ouest par la sierra Madre occidentale. L'isthme de Tehuantepec lie cet ensemble à la péninsule du *Yucatán. Climat chaud et humide dans les parties basses et sec dans le Nord. Face à une agriculture peu productive, qui accuse le retard du monde rural, l'industrie est en plein essor. 1ᵉʳ producteur mondial d'argent. Pétrole. □ **HISTOIRE**. Les plus importantes civilisations précolombiennes se sont épanouies au Mexique entre le 1ᵉʳ s. av. J.-C. et le XVᵉ s. : civilisations *olmèque, *maya, *zapotèque, *mixtèque, *toltèque et *aztèque. De nombreux sites archéologiques subsistent : Chichén Itzá, Monte Albán, Teotihuacán, Palenque, etc. Colonisé par *Cortés, le Mexique devint en 1535 la vice-royauté de la Nouvelle-Espagne. Les Indiens furent réduits en esclavage ou décimés, leurs civilisations détruites. Leur indépendance a été proclamée en 1821 et la Constitution républicaine adoptée en 1824. Une période de troubles et de revers militaires débuta alors : guerre contre les États-Unis, interventions militaires de l'Angleterre, la France et l'Espagne. Napoléon III qui souhaitait créer un empire au bénéfice de la France envoya alors un corps expéditionnaire : *Maximilien Iᵉʳ y fut proclamé empereur en 1863, mais il fut déposé et fusillé par *Juárez en 1867. De 1876 à 1911, période du « Porfiriat » (⇒ **Díaz**), le pays connut un développement économique rapide dont ne bénéficia pas la population paysanne. Celle-ci, soulevée par Emiliano *Zapata et Pancho *Villa, se révolta en 1910, exigeant une réforme agraire. Après la révolution, à partir de 1920, le Mexique se stabilisa et se modernisa grâce à des réformes profondes (réforme agraire, nationalisations). Mais le pays, très endetté, doit actuellement faire face à une véritable explosion démographique. ▶ *le golfe du* **Mexique**. Golfe de l'Atlantique qui baigne la côte sud des États-Unis et est du Mexique. Il est fermé au nord-est par la presqu'île de *Floride et au sud par celle du *Yucatán. ⟨ ▶ mexicain ⟩

Conrad Ferdinand **Meyer** ■ Écrivain suisse d'expression allemande (1825-1898). Poèmes. Récits historiques.

Giacomo **Meyerbeer** ■ Compositeur allemand (1791-1864). Ses opéras furent très appréciés en France de son vivant. *"Robert le Diable"* ; *"les Huguenots"*.

Vsevolod **Meyerhold** ■ Metteur en scène russe (1874-1940). Il renouvela la mise en scène des textes classiques.

Émile **Meyerson** ■ Philosophe et historien des sciences français d'origine polonaise (1859-1933).

Meylan ■ Commune de l'Isère. 17 900 hab. *(les Meylanais).*

Meythet ■ Commune de la Haute-Savoie. 7 600 hab.

Meyzieu ■ Commune du Rhône. 28 200 hab. *(les Majolans).* Chimie.

le **Mezzogiorno** ■ Le « Midi », ensemble des régions du sud de l'Italie, formé par le *Latium méridional, les *Abruzzes, la *Campanie, le *Basilicate, la *Calabre, les *Pouilles, la *Sicile et la *Sardaigne. Les efforts du gouvernement pour développer l'économie n'ont pas encore mis fin à la pauvreté et à l'émigration vers le nord plus industriel.

Miami ■ Ville côtière des États-Unis (*Floride). 347 000 hab. (nombreux Cubains exilés). Tourisme. Université. □ *Miami Beach,* ville et centre touristique sur une île face à Miami. 96 300 hab.

Henri **Michaux** ■ Écrivain et peintre français d'origine belge (1899-1984). En explorant des mondes exotiques, intérieurs et imaginaires, il a cherché, par le poème, le récit et la peinture, à découvrir le fonctionnement et le maniement de la pensée. *"Un barbare en Asie"* ; *"Plume"* ; *"Face à ce qui se dérobe"*.

saint **Michel** ou **Michaël** ■ Archange de la tradition juive et chrétienne. Il a été abondamment représenté en guerrier céleste terrassant un dragon qui symbolise le Mal.

Michel III ■ Premier tsar de la dynastie des *Romanov, élu en 1613 (1596-1645). ⇒ **Philarète.**

Michel VIII Paléologue ■ Empereur de *Nicée (1258-1261) et de Constantinople, de 1261 à sa mort (1224-1282). Fondateur de la dernière dynastie byzantine.

Louise **Michel** ■ Révolutionnaire française (1830-1905). Figure légendaire de la *Commune (la « Vierge rouge »), déportée à Nouméa de 1873 à 1880. *"La Commune, histoire et souvenirs"*.

Michelangelo Buonarroti dit **Michel-Ange** ■ Sculpteur, peintre, architecte de la Renaissance italienne, ingénieur et poète (1475-1564). Son œuvre célèbre le divin à travers le culte de la beauté humaine. La sculpture *("Pietà"* ; *"David")* y tient la première place car sa peinture, dans sa démarche même, reste sculpturale. Entre 1508 et 1512, il peignit les scènes de la Genèse sur la voûte de la chapelle *Sixtine (40 m sur 13 m) puis en 1536 le *"Jugement dernier"*. Il exécuta le mausolée du pape Jules II (avec la sculpture de Moïse) et la chapelle funéraire des *Médicis. Il devint en 1547 l'architecte officiel de la papauté (coupole de Saint-Pierre, palais Farnèse, place du Capitole).

Jules **Michelet** ■ Historien et écrivain français (1798-1874). Il allie une documentation rigoureuse et une écriture poétique, dans une approche romantique et engagée des grandes figures de l'histoire nationale et de la France elle-même. "*Le Peuple*" ; "*Histoire de la Révolution française*" ; "*la Sorcière*".

les **Michelin** ■ Industriels français du pneumatique. Édouard (1859-1940) inventa le pneu démontable. ‹ ▶ micheline ›

Robert **Michels** ■ Sociologue italien d'origine allemande (1876-1936). Un des fondateurs de la sociologie politique.

Albert **Michelson** ■ Physicien américain (1852-1931). Ses expériences sur la vitesse de la lumière sont à l'origine de la théorie de la relativité d'*Einstein. Prix Nobel 1907.

le **Michigan** ■ État du centre nord des États-Unis. 251 493 km². 9,26 millions d'hab. Capitale : Lansing. Gaz naturel. Industrie automobile à Détroit. □ *le lac* **Michigan.** ⇒ Grands Lacs.

la **Michna** ■ ⇒ la **Mishnah.**

Mickey Mouse ■ Personnage de dessins animés, célèbre souris créée par Walt *Disney v. 1928.

Adam **Mickiewicz** ■ Poète polonais (1798-1855). Romantique et patriote, il mit sa célébrité au service de l'indépendance de son pays. "*Monsieur Thadée*".

la **Micronésie** ■ Ensemble d'îlots du Pacifique, à l'est des Philippines. Elle comprend notamment les îles *Mariannes, *Carolines, *Marshall et de *Nauru. ▶ *la fédération des États de* **Micronésie** est constituée de 607 îles (principalement les îles Carolines) regroupées en quatre États (Kosrae, Pohupei, Truk et Yap), mises sous tutelle américaine en 1947, « librement associées » aux États-Unis depuis 1986, ce qui leur donne l'indépendance politique malgré des liens économiques et militaires. 702 km². 105 000 hab. Capitale : Kolonia.

Midas ■ Roi légendaire de Phrygie, fils de Gordias. Il reçut la faculté de changer en or tout ce qu'il touchait et, dès lors, manqua mourir de faim et de soif. Pour y mettre fin, il se lava dans la rivière *Pactole qui, depuis, roule des paillettes d'or. Représenté avec des oreilles d'âne.

Middlesbrough ■ Ville et port du nord-ouest de l'Angleterre, chef-lieu du *Cleveland. 159 000 hab. Centre industriel.

le **Middle West** ■ Région des États-Unis, au sud des *Grands Lacs. Céréales, élevage. Industrie dans le nord.

l'aiguille du **Midi** ■ Un des sommets du massif du Mont-*Blanc. 3 845 m.

le canal du **Midi** ■ Canal qui relie la *Garonne à la Méditerranée, inauguré en 1681. 241 km.

le pic du **Midi de Bigorre** ■ Un des sommets des *Pyrénées (2 877 m). Observatoire et institut de physique. Émetteur.

la région **Midi-Pyrénées** ■ Région administrative et économique du sud-ouest de la France composée de huit départements : *Lot, *Aveyron, *Tarn-et-Garonne, *Tarn, *Gers, Haute-*Garonne, Hautes-*Pyrénées et *Ariège. 45 597 km². 2,43 millions d'hab. Préfecture : Toulouse. Essentiellement agricole (céréales, élevage, vignes), la région a souffert du dépeuplement et du manque d'industries. Toulouse, avec l'aéronautique et l'électronique, est désormais un pôle d'expansion industrielle.

les **Midlands** n. f. pl. ■ Les « terres du milieu », ensemble de plaines du centre de l'Angleterre. Cette région fortement industrialisée (sidérurgie, charbon [⇒ **Black Country**], chimie, textile), durement touchée par la crise, est aujourd'hui en reconversion. Elle est divisée en deux zones : les *Midlands de l'Est* (*East Midlands ;* ⇒ **Nottingham**) et les *Midlands de l'Ouest (West Midlands)*, ces dernières formant un comté : 899 km² ; 2,62 millions d'hab. ; chef-lieu : Birmingham.

les îles **Midway** ■ Îles américaines du Pacifique. Première victoire navale des États-Unis sur le Japon en juin 1942.

Ludwig **Mies van der Rohe** ■ Architecte allemand naturalisé américain (1886-1969). Directeur du *Bauhaus de 1930 à 1933. Il conçut dès 1919 les gratte-ciel à ossature d'acier et paroi vitrée.

Mieszko Iᵉʳ ■ Prince de Pologne (v. 930-992). Il introduisit le catholicisme dans son pays et fonda la dynastie des *Piast.

Mi Fei ou **Mi Fu** ■ Peintre et poète chinois (1051-1107).

Migennes ■ Commune de l'Yonne. 8 300 hab. *(les Migennois).* Carrefour ferroviaire (Laroche-Migennes).

Pierre **Mignard** ■ Peintre et décorateur français (1612-1695). Portraitiste à la mode, peintre du roi à la mort de *Le Brun.

le **Mikado** ■ Ancien terme japonais désignant le palais impérial, puis l'empereur lui-même.

Míkonos ■ ⇒ Mykonos.

Anastase **Mikoyan** ■ Homme politique soviétique (1895-1978). Artisan de la déstalinisation avec *Khrouchtchev, il fut écarté du pouvoir en 1965.

Milan, en italien **Milano** ■ Ville d'Italie du Nord, capitale de la *Lombardie. 1,46 million d'hab. *(les Milanais).* Principal centre industriel (mécanique, textile, chimie) et commercial du pays. Nombreux monuments (cathédrale gothique : le Duomo ; théâtre de la *Scala). □ **HISTOIRE**. Grand centre marchand dès l'Antiquité, elle connut une grande prospérité sous les *Visconti et les *Sforza (xivᵉ- xviᵉ s.). Ruinée par les Espagnols, dominée par les Autrichiens, capitale du royaume d'Italie créé par les Français en 1805, puis du royaume lombard-vénitien créé par les Autrichiens en 1815, elle fut incorpo-

rée au royaume de Piémont-Sardaigne (1859) puis d'Italie (1861).

Milarepa ■ Ascète tibétain, disciple de *Marpa (xiᵉ s.). Il serait à l'origine du lamaïsme (bouddhisme tibétain).

Milet ■ Ville d'Asie Mineure, dans l'Antiquité. Cité grecque puissante et centre d'une école de philosophie (⇒ **Thalès**).

Milford Haven ■ Ville et port du pays de Galles (*Dyfed). 13 900 hab. 1ᵉʳ port pétrolier du Royaume-Uni.

Darius **Milhaud** ■ Compositeur français (1892-1974). Œuvre varié où domine la gaieté. *"Le Bœuf sur le toit"*, ballet.

la **Milice** ■ Organisation paramilitaire française fondée en 1943 par le gouvernement de *Vichy ; militarisée, elle participa activement à la politique de *Collaboration avec l'Allemagne nazie en combattant la *Résistance.

John Stuart **Mill** ■ Philosophe et économiste anglais (1806-1873). Penseur libéral attiré par le socialisme, utilitariste (⇒ **Bentham**) en morale, et logicien empiriste. *"L'Utilitarisme"*.

sir John Everett **Millais** ■ Peintre anglais (1829-1896). Fondateur de la confrérie des *préraphaélites. *"Ophélie"*.

Millau ■ Sous-préfecture de l'Aveyron. 22 500 hab. *(les Millavois).* Industrie du gant.

les **Mille et Une Nuits** ■ Recueil de contes populaires arabes. La traduction française (1704-1717) d'Antoine Galland (1646-1715) les révéla en Europe (⇒ **Schéhérazade**).

Henry **Miller** ■ Écrivain américain (1891-1980). Ses œuvres font l'éloge d'une existence et d'une sexualité libérées. *"Tropique du Cancer"*, roman autobiographique.

Arthur **Miller** ■ Auteur dramatique américain (né en 1915). *"Mort d'un commis voyageur"* ; *"les Sorcières de*

Salem". Il fut l'époux de Marilyn *Monroe.

Alexandre **Millerand** ■ Homme politique français (1859-1943). Chef du *Bloc national, président de la République de 1920 à 1924.

Jean-François **Millet** ■ Peintre français (1814-1875). Sujets paysans d'inspiration allégorique. "*L'Angélus*" ; "*le Semeur*".

le plateau des **Millevaches** ■ Plateau du *Limousin, au nord-ouest du *Massif central.

Robert Andrews **Millikan** ■ Physicien américain (1868-1953). *L'expérience de Millikan* a permis de mesurer la charge de l'électron. Prix Nobel 1923.

Milo, en grec *Mílos* ■ Île grecque des *Cyclades. On y a retrouvé en 1820 la célèbre statue dite *Vénus de Milo,* aujourd'hui au *Louvre.

*Oscar Vladislas de Lubicz-***Milosz** ■ Poète français d'origine lituanienne (1877-1939). "*Miguel Manara*", drame métaphysique.

Czesław **Miłosz** ■ Écrivain polonais (né en 1911). Il s'interroge sur le destin des civilisations. "*Le Salut*", poèmes ; "*la Pensée captive*", essai. Prix Nobel 1980.

Miltiade ■ Stratège athénien (540-489 av. J.-C.). Vainqueur des *Perses à *Marathon (490 av. J.-C.).

John **Milton** ■ Écrivain anglais (1608-1674). Polémiste *puritain, il fit l'apologie du régicide (⇒ **Cromwell**), mais fut surtout l'auteur de poèmes bibliques, dont "*le Paradis perdu*", épopée grandiose qui inspira notamment "*la Création*" de *Haydn.

Milwaukee ■ Ville des États-Unis (*Wisconsin), sur le lac Michigan. 636 000 hab. Brasseries. Industrie automobile.

Mimizan ■ Commune des Landes. 6 700 hab. *(les Mimizan[n]ais).* Station balnéaire à *Mimizan-Plage.*

les **Minamoto** ou *Genji* ■ Clan japonais qui joua un rôle important dans l'histoire féodale du Japon du XIᵉ au XIIIᵉ s., en s'opposant aux *Taira. □ *Minamoto Yoritomo* (1147-1199) devint le premier shogun du Japon en 1185. □ *Minamoto Yoshitsune,* son demi-frère (1159-1189). Ses exploits chevaleresques en font l'un des héros les plus populaires du Japon.

Minas Gerais ■ « Mines générales », État de l'est du Brésil. 586 624 km². 15,6 millions d'hab. Capitale : Belo Horizonte. Riches ressources minières. Villes coloniales historiques (Ouro Prêto, etc.).

Mindanao ■ Grande île, montagneuse et volcanique, située au sud de l'archipel des Philippines. 101 999 km².

Minerve ■ Déesse romaine identifiée à l'*Athéna des Grecs. ⟨ ▶ minerve ⟩

le **Minervois** ■ Région du Languedoc, dans l'Hérault. Vins.

les **Ming** ■ Dynastie chinoise qui supplanta les *Yuan en 1368 et fut remplacée par les *Qing en 1644. Période d'essor commercial et artistique (⇒ **Cheng zu**).

Charlie **Mingus** ■ Musicien de jazz noir américain, contrebassiste (1922-1979). "*Fables of Faubus*".

Miniêh ou *al-Minyā* ■ Ville d'Égypte, sur le Nil. 203 000 hab.

Hermann **Minkowski** ■ Mathématicien allemand d'origine russe (1864-1909). Géométrie des nombres. Formalisme géométrique de la théorie de la relativité d'*Einstein.

George baron **Minne** ■ Sculpteur et dessinateur belge (1866-1941). Sujets religieux.

Minneapolis ■ Ville des États-Unis (*Minnesota), sur le *Mississippi. 371 000 hab. Centre commercial : 1ᵉʳ marché de blé du monde.

Conurbation, avec *Saint Paul, de 2,1 millions d'hab.

Vincente **Minnelli** ■ Cinéaste américain (1910-1986). *"Un Américain à Paris".*

le **Minnesota** ■ État du centre nord des États-Unis. 224 329 km². 4,1 millions d'hab. Capitale : Saint Paul. Agriculture. Ressources minières. Électricité. Commerce.

Minorque, en espagnol **Menorca** ■ Île de l'archipel espagnol des *Baléares. 668 km². 58 700 hab. Pêche.

Minos ■ Roi légendaire de *Crète, fils de *Zeus et d'*Europe, époux de *Pasiphaé. Il fait enfermer le *Minotaure dans le Labyrinthe. Après sa mort, il devient un des juges des *Enfers. ▶ *la civilisation* **minoenne.** ⇒ Crète.

le **Minotaure** ■ Monstre mi-homme, mi-taureau de la mythologie grecque, fils de *Pasiphaé et d'un taureau envoyé par *Poséidon. Enfermé par *Minos dans le Labyrinthe et tué par *Thésée.

Minsk ou **Mensk** ■ Ville de la C.É.I., capitale de la *Biélorussie. 1,59 million d'hab. Centre culturel et économique. En 1944, la ville fut détruite et sa population presque totalement exterminée par les Allemands.

Mions ■ Commune du Rhône. 9 200 hab.

Richard **Mique** ■ Architecte français (1728-1794). Il édifia le hameau de *Marie-Antoinette, à Versailles.

Miquelon ■ Archipel français de l'Atlantique constitué de deux îles. ⇒ **Saint-Pierre-et-Miquelon.**

Victor Riqueti marquis de **Mirabeau** ■ Économiste français (1715-1789). Disciple de *Quesnay ; auteur de *"l'Ami des hommes".* □ *Honoré Gabriel Riqueti comte de* **Mirabeau,** son fils, révolutionnaire français (1749-1791). Personnage ambigu,

intrigant, conseiller secret de Louis XVI, il fut le principal orateur des débuts de la *Constituante.

Miramas ■ Commune des Bouches-du-Rhône. 21 900 hab. *(les Miramasséens).* Industrie chimique.

Francisco de **Miranda** ■ Patriote vénézuélien (1750-1816). Il fit voter la déclaration d'indépendance de son pays (1810).

Mirande ■ Sous-préfecture du Gers. 3 600 hab.

Octave **Mirbeau** ■ Écrivain français (1848-1917). Ses romans comme son théâtre dénoncent les mensonges de la société et de la politique. *"Le Journal d'une femme de chambre".*

Miribel ■ Commune de l'Ain. 7 700 hab.

Joan **Miró** ■ Peintre et décorateur catalan (1893-1983). Ses formes schématisées, au point de devenir des signes, ses couleurs vives, créent un monde ludique. Il fut *surréaliste.

Gaston **Miron** ■ Poète québécois (né en 1928). Il défend l'identité du *Québec. *"Deux sangs" ; "l'Homme rapaillé".*

Mishima Yukio ■ Écrivain japonais (1925-1970). Il a incarné les contradictions du Japon moderne : emprunt de certains critères esthétiques à l'Occident, mais défense extrême (jusqu'au suicide) de la tradition. *"Le Pavillon d'or".*

la **Mishnah** ou **Michna** ■ Dans le judaïsme, commentaires des rabbins sur la *Torah. Ils furent mis par écrit au IIe s.

Miskolc ■ 3e ville de Hongrie. 208 000 hab. Sidérurgie.

les **missi dominici** ■ Envoyés du roi dans les provinces, à l'époque mérovingienne puis carolingienne. Ils furent organisés par Charlemagne avant de disparaître au Xe s.

Mississauga ■ Ville du Canada (*Ontario), banlieue de *Toronto. 374 000 hab.

*le **Mississippi*** ■ Fleuve des États-Unis qui traverse le pays du nord au sud. 3 780 km. Immense delta sur le golfe du Mexique. Il forme avec le Missouri la plus longue artère fluviale du monde (6 800 km). □ *le **Mississippi**.* État du sud des États-Unis. 123 514 km². 2,52 millions d'hab. Capitale : Jackson. Agriculture (coton).

Missolonghi, en grec ***Mesolóngion*** ■ Ville de Grèce. 10 200 hab. Assiégée de 1821 à 1826, elle est devenue le symbole de la résistance grecque à la Turquie.

*le **Missouri*** ■ Rivière des États-Unis. 4 370 km. Affluent du *Mississippi. □ *le **Missouri**.* État du centre des États-Unis. 180 514 km². 4,92 millions d'hab. Capitale : Jefferson City. Agriculture, élevage, richesses minérales.

Jeanne Bourgeois dite ***Mistinguett*** ■ Vedette française de music-hall (1875-1956).

Mistra ■ Site médiéval de Grèce, près de *Sparte. Centre intellectuel byzantin (principauté de Morée de 1348 à 1360). Détruit par les Turcs en 1825.

*Frédéric **Mistral*** ■ Écrivain français d'expression occitane (1830-1914). Artisan de la renaissance de la langue provençale, fondateur, avec *Roumanille et *Aubanel, du mouvement du *Félibrige. "*Mireille*" ("*Mirèio*"). Prix Nobel 1904.

*Gabriela **Mistral*** ■ Poétesse chilienne (1889-1957). Première écrivaine latino-américaine à recevoir le prix Nobel (1945).

*Margaret **Mitchell*** ■ Romancière américaine (1900-1949). "*Autant en emporte le vent*", roman historique sur la guerre de *Sécession.

*Peter **Mitchell*** ■ Chimiste britannique (né en 1920). Spécialiste de bioénergétique. Prix Nobel 1978.

Mithra ■ Dieu solaire de l'ancien Iran. Son culte, le *mithraïsme*, se répandit dans le monde grec et romain.

Mithridate VI Eupator ■ Roi du *Pont (v. 132 - 63 av J.-C.). Il tenta de chasser Rome de l'Asie, mais fut vaincu par *Pompée. Il s'était immunisé contre les poisons. Il inspira une tragédie à *Racine. ⟨ ▶ mithridatiser ⟩

*la **Mitidja*** ■ Plaine d'Algérie, dans l'arrière-pays d'Alger.

Mito ■ Ville du Japon (*Honshū). 233 000 hab. Jardin célèbre.

Mitry-Mory ■ Commune de la Seine-et-Marne. 15 200 hab. *(les Mitryens).*

*Eilhardt **Mitscherlich*** ■ Chimiste allemand (1794-1863). Découverte de l'isomorphisme.

*François **Mitterrand*** ■ Homme politique français (né en 1916). Résistant, plusieurs fois ministre sous la IVe République, chef de l'opposition socialiste au général de Gaulle, élu président de la République en 1981. Il a nommé, durant son premier septennat, trois gouvernements : *Mauroy (quatre ministres communistes ; nationalisations, décentralisation, abolition de la peine de mort), *Fabius (retour des communistes dans l'opposition ; rigueur économique) et *Chirac, après les élections législatives de 1986 qui imposèrent une majorité de droite (privatisations). Premier président de gauche de la Ve République, il a prouvé que les institutions permettaient la « cohabitation» politique. Réélu en 1988, il désigna M. *Rocard pour former un nouveau gouvernement, puis É. *Cresson en 1991 et P. *Bérégovoy en 1992 à qui succéda É. *Balladur après la victoire de la droite aux élections législatives de 1993. En 1990, il engagea la France aux côtés des États-Unis dans la coalition contre l'Irak lors de la guerre du *Golfe.

*les **Mixtèques*** ■ Peuple indien du Mexique *précolombien (près d'*Oaxaca). Ils envahirent le territoire *zapotèque et eurent une civilisation brillante.

Mizoguchi Kenji ■ Cinéaste japonais (1898-1956). *"Les Contes de la lune vague après la pluie"* ; *"l'Intendant Sansho"*.

Mizorām ■ État (depuis 1986) de l'Inde, limitrophe du Bangladesh et de la Birmanie. 21 081 km². 494 000 hab. Capitale : Aizawl (74 500 hab.). 94 % de la population se réclament du christianisme.

Mnémosyne ■ Une des *Titanides. Déesse grecque de la Mémoire et mère des *Muses. 〈 ▶ mnémo- 〉

Ariane Mnouchkine ■ Metteuse en scène française de théâtre (née en 1939).

Moab ■ Fils de *Loth et ancêtre des *Moabites*, dans la *Bible.

Mobile ■ Ville des États-Unis (*Alabama), port sur le golfe du Mexique. 200 000 hab.

August Ferdinand Möbius ■ Mathématicien et astronome allemand (1790-1868). *Ruban de Möbius :* surface à un seul côté.

Sese Seko Mobutu ■ Officier et homme politique du Zaïre (né en 1930). Président depuis le coup d'État de 1965.

Moctezuma ou **Montezuma** ■ Empereur *aztèque (1466-1520). Il fut soumis par *Cortés.

Modane ■ Commune de la Savoie. 4 300 hab. *(les Modanais).* Gare frontière avec l'Italie.

Modène, en italien **Modena** ■ Ville d'Italie (*Émilie-Romagne). 176 800 hab. Université. Cathédrale (XIᵉ s.). Palais ducal.

modern style ■ ⇒ art **nouveau.** 〈 ▶ modern style 〉

Amedeo Modigliani ■ Peintre et sculpteur italien installé à Paris (1884-1920). Portraits inspirés de l'art nègre et du *cubisme. Nus féminins.

Mogadiscio ■ Capitale et port de la Somalie, sur l'océan Indien. 1 million d'hab. Centre commercial du pays.

Moghilev ■ Ville de la C.É.I. (*Biélorussie). 356 000 hab.

les **Moghols** ou **Mogols** ■ Dynastie de souverains musulmans, fondée par *Bābur, qui régna sur le nord de l'Inde de 1526 à 1858. Ils favorisèrent l'architecture et la peinture (école de miniaturistes). Brillante civilisation dont témoigne le *Tāj Mahal. ≠ *Mongols.*

Moḥammed ■ ⇒ Muḥammad, **Mahomet, Méhémet, Mehmet.**

Mohammedia, autrefois **Fedala** ■ Ville et port du Maroc. 105 000 hab. Raffinerie de pétrole.

Mohammed Rezā ou **Muḥammad Rizā** ■ Chah d'Iran (1918-1980). Il succéda à son père *Rezā Chāh Pahlavi, tenta de moderniser le pays de manière autoritaire et fut renversé en 1979.

le désert **Mohave** ■ ⇒ Mojave.

Mohenjo-daro ■ Site archéologique du Pakistan, sur l'*Indus.

les **Mohicans** ■ Ancienne tribu d'Indiens d'Amérique du Nord que Fenimore *Cooper rendit célèbre.

Andrija Mohorovičić ■ Géophysicien croate (1857-1936).

l'*île aux Moines* ■ Île du golfe du Morbihan, formant commune (*L'Île-aux-Moines).* 620 hab. *(les Îlois).*

les **Moires** n. f. ■ Divinités grecques du Destin, représentées comme des fileuses disposant le fil de chaque humain et identifiées aux *Parques romaines.

Moïse, en hébreu **Moché** ou **Moshé** ■ Prophète, fondateur de la religion et de la nation d'Israël qu'il guida jusqu'à la Terre promise (XIIIᵉ s. av. J.-C.). La Bible, dans le *Pentateuque, et la tradition racontent la sortie d'Égypte, la traversée de la mer Rouge, le séjour dans le désert pendant 40 ans et la remise des Tables de la Loi sur le mont *Sinaï* (⟹ **Torah**). ⟨ ▶ moïse ⟩

Moissac ■ Commune du Tarn-et-Garonne. 12 200 hab. *(les Moissagais)*. Cloître et tympan romans de l'église abbatiale. Chasselas renommé.

Henri **Moissan** ■ Chimiste français (1852-1907). Prix Nobel 1906 pour ses travaux sur le fluor.

Igor **Moïsseïev** ■ Danseur et chorégraphe soviétique (né en 1906). Il fonda le plus important groupe folklorique de l'U.R.S.S. *(les ballets Moïsseïev)*.

Abraham de **Moivre** ■ Mathématicien anglais d'origine française (1667-1754). Trigonométrie, calcul des probabilités.

le désert **Mojave** ou **Mohave** ■ Région désertique du sud-est de la Californie (États-Unis).

Moka, en arabe *al-***Mukhā** ■ Ville et port du Yémen. 6 000 hab. Café renommé. ⟨ ▶ moka ⟩

la **Moldavie** ■ Ancienne principauté des *Carpates, unie en 1859 à la *Valachie pour former la *Roumanie. ▶ *la république de* **Moldavie.** État d'Europe orientale, à la frontière de la Roumanie. 33 700 km². 4,34 millions d'hab. *(les Moldaves)*. Capitale : Chisinau. Langues : roumain (off.), russe, ukrainien. Monnaie :leu. Agriculture (vignobles, élevage) et industries dérivées. Tensions interethniques entre les Moldaves et les minorités russe, ukrainienne et gagaouze. Membre de la *C.É.I.

Jean-Baptiste **Poquelin** dit **Molière** ■ Comédien, chef de troupe et auteur dramatique français (1622-1673). En 1643, il fonda la troupe de l'Illustre-Théâtre avec Madeleine *Béjart. Il connut un immense succès avec *"les Précieuses ridicules"* (1659) et fut protégé par Louis XIV, malgré les attaques de ses ennemis et de ses rivaux (en particulier pour *"l'École des femmes"* et *"Tartuffe"*). Il a créé un théâtre remarquable par son sens du comique, sa finesse et son observation des caractères humains. *"L'Étourdi"* (1655) ; *"Sganarelle ou le Cocu imaginaire"* (1660) ; *"l'École des maris"* (1661) ; *"les Fâcheux"* (1661) ; *"l'École des femmes"* (1662) ; *"Tartuffe"* (1664) ; *"Dom Juan"* (1665) ; *"l'Amour médecin"* (1665) ; *"le Misanthrope"* (1666) ; *"le Médecin malgré lui"* (1666) ; *"Amphitryon"* (1668) ; *"George Dandin ou le Mari confondu"* (1668) ; *"l'Avare"* (1668) ; *"Monsieur de Pourceaugnac"* (1669) ; *"le Bourgeois gentilhomme"* (1670) ; *"Psyché"* avec *Corneille (1671) ; *"les Fourberies de Scapin"* (1671) ; *"les Femmes savantes"* (1672) ; *"le Malade imaginaire"* (1673).

Luis de **Molina** ■ Théologien jésuite espagnol (1535-1600). ▶ *le* **molinisme,** sa doctrine, concilie l'action de la grâce divine et la liberté humaine. Elle suscita une controverse avec le *jansénisme.

Tirso de **Molina** ■ ⟹ Tirso de Molina.

Miguel de **Molinos** ■ Théologien espagnol (1628-1696). Sa doctrine, le *quiétisme, fut diffusée en France par Mme *Guyon, mais condamnée par le pape en 1687.

le ou *la* **Molise** ■ Région autonome du centre de l'Italie, sur la côte *adriatique. 4 438 km². 335 000 hab. Capitale : Campobasso (48 300 hab.).

Guy **Mollet** ■ Homme politique français (1905-1975). Président du Conseil (socialiste) en 1956-1957.

Nicolas François comte **Mollien** ■ Homme politique français (1758-1850). Ministre du Trésor public sous l'Empire, il imposa la comptabilité en partie double.

le **Moloch** ■ Divinité mentionnée par la Bible. On lui sacrifiait des enfants.

les **Molosses** ■ Peuple de la Grèce antique. Leur pays donna une race de chiens réputés pour leur sauvagerie. ⟨▶ molosse ⟩

Viatcheslav Scriabine dit **Molotov** ■ Diplomate et homme politique soviétique (1890-1986). Signataire du *pacte germano-soviétique, proche collaborateur de *Staline, évincé en 1956. Il ordonna, durant la Seconde Guerre mondiale, la fabrication de bouteilles contenant un liquide inflammable, auxquelles on donna le nom de *cocktail Molotov.*

Molsheim ■ Sous-préfecture du Bas-Rhin. 8 100 hab. *(les Molsheimiens* ou *Molsheimois).*

le comte Helmuth von **Moltke** ■ Maréchal prussien (1800-1891). Disciple de *Clausewitz, artisan de la réforme militaire décidée par *Bismarck. □ *Helmuth von* **Moltke,** son neveu (1848-1916). Général allemand, chef de l'état-major de 1906 à septembre 1914 (défaite allemande dans la bataille de la Marne).

les **Moluques** n. f. pl. ■ Archipel et province de l'est de l'Indonésie. 74 505 km². 1,4 million d'hab. Capitale : Amboine (209 000 hab.).

Mombasa ou **Mombassa** ■ Ville et principal port du Kenya. 425 000 hab. Raffinerie de pétrole.

Theodor **Mommsen** ■ Historien allemand (1817-1903). Un maître de l'histoire de l'Antiquité romaine. Prix Nobel de littérature 1902.

Federico **Mompou** ■ Compositeur espagnol (1893-1987). Œuvres pour piano.

la principauté de **Monaco** ■ État souverain et indépendant d'Europe, placé sous la protection de la France. Elle forme une encoche dans le département des Alpes-Maritimes sur la côte méditerranéenne. 1,95 km². 29 100 hab. *(les Monégasques).* Capitale : Monaco-Ville. Langues : français (officielle), monégasque. Religion officielle : catholicisme. Monnaie : franc français. La principauté est divisée en quartiers : la Condamine, Fontvieille, *Monte-Carlo, Monaco-Ville. Casino, tourisme, océanographie. *Rainier III en est le prince depuis 1949.

la **monarchie de Juillet** ■ Règne de Louis-Philippe Ier (1830-1848), qui incarnait pour les modérés une voie moyenne (*orléanisme,* ⇒ maison d'**Orléans**) entre les aspirations républicaines de la révolution de juillet 1830 et le royalisme *ultra de *Charles X. Le « roi bourgeois » renforça le parlementarisme, mais sur une base électorale étroite. Avec *Guizot, la France connut (plusieurs décennies après l'Angleterre) sa première révolution industrielle. Le conservatisme politique de ce régime et la crise économique de 1846-1847 provoquèrent la *révolution de 1848.

Monastir ■ Ville de Tunisie. 35 500 hab. Station balnéaire.

Mönchengladbach ■ Ville d'Allemagne (*Rhénanie-du-Nord-Westphalie). 250 000 hab.

Moncton ■ Ville du Canada (*Nouveau-Brunswick). 54 700 hab. Centre culturel français de la province (université francophone).

Mondeville ■ Commune du Calvados. 9 700 hab. *(les Mondevillais).*

Pieter **Mondrian** ■ Peintre et théoricien néerlandais (1872-1944). Il évolua d'un style figuratif à un art abstrait extrême, géométrique.

Claude **Monet** ■ Peintre français (1840-1926). Auteur du premier tableau *impressionniste ("*Impression, soleil levant*", 1872) et principal représentant de ce mouvement. Il fit des séries de paysages (les "*Meules*", les "*Nymphéas*"...) pour traduire les variations de la lumière.

Henry de **Monfreid** ■ Voyageur et écrivain français (1879-1974). "*Les Secrets de la mer Rouge*".

Gaspard **Monge** comte de *Péluse* ■ Mathématicien français (1746-1818). Créateur de la géométrie descriptive, maître de *Poncelet.

Ministre sous la Révolution, il fut l'un des fondateurs des grandes écoles.

les **Mongols** ■ Peuples nomades de Chine et de Sibérie. Ils conquirent la Chine au XIIIᵉ s., puis une partie de l'Europe de l'Est. ⇒ **Gengis Khan, Tamerlan.** ≠ *Moghols.* ▶ *la* **Mongolie,** autrefois **Mongolie-Extérieure.** État (république populaire) du centre est de l'Asie, entre la Russie et la Mongolie-Intérieure. 1 566 500 km². 2,1 millions d'hab. *(les Mongols).* Capitale : Oulan-Bator. Autre ville : Darkhan (80 000 hab.). Langues : mongol, khalkha. Monnaie : tugrik. Climat continental. Élevage. Industrie lourde. La république populaire fut proclamée en 1924, mais elle passa de la tutelle chinoise à l'influence soviétique. Les effets de la perestroïka en U.R.S.S. sur les pays de la sphère d'influence soviétique et la pression populaire ont obligé le gouvernement à entreprendre la libéralisation du régime en 1990 (multipartisme, élections libres). ▶ *la* **Mongolie-Intérieure,** en pinyin **Nemenggu.** Région autonome du nord de la Chine (créée en 1947). 450 000 km². 20,3 millions d'hab. Capitale : Hohhot. 〈 ▶ mongol, mongolien 〉

Monime ■ Reine du *Pont (morte en 72 av. J.-C.). Captive et épouse de *Mithridate VI Eupator.

George **Monk** ■ Général et homme politique anglais (1608-1670). À la mort de *Cromwell, il assura la restauration de la royauté.

Thelonious **Monk** ■ Pianiste et compositeur de jazz noir américain (1920-1982). *"Round About Midnight".*

Blaise de **Monluc** ou **Montluc** ■ Maréchal de France et chroniqueur français (v. 1500-1577). *"Commentaires".*

Jean **Monnet** ■ Économiste et homme politique français (1888-1979). Père de la planification en France et de l'union économique européenne.

Henri **Monnier** ■ Écrivain et caricaturiste français (1799-1877).

"Joseph Prudhomme", type du bourgeois sous Louis-Philippe.

Jacques **Monod** ■ Biochimiste français (1910-1976). *"Le Hasard et la Nécessité".* Prix Nobel de médecine 1965 (⇒ Lwoff).

le **monophysisme** ■ ⇒ Église.

James **Monroe** ■ Homme politique américain (1758-1831). 5ᵉ président des États-Unis, de 1817 à 1825. *Doctrine de Monroe :* politique étrangère fondant l'abstention des États-Unis dans les conflits européens sur la non-ingérence de l'Europe en Amérique.

Norma Jean Baker dite *Marilyn* **Monroe** ■ Actrice américaine de cinéma (1926-1962). *"Certains l'aiment chaud" ; "les Misfits".*

Monrovia ■ Capitale du Liberia. 425 000 hab. (avant 1990). Centre industriel et commercial. Raffineries. Depuis 1990, la ville est ravagée par la guerre civile.

Mons ou **Mons-en-Barœul** ■ Commune du Nord. 23 600 hab. *(les Monsois).* Industrie textile.

Mons ■ Ville de Belgique (*Hainaut). 89 500 hab. *(les Montois).* Monuments (XVIᵉ - XVIIᵉ s.). Pétrochimie.

Monsieur ■ Nom donné en France, à partir de la fin du XVIᵉ s., à l'aîné des frères du roi.

Alexandre **Monsigny** ■ Compositeur français d'opéras-comiques (1729-1817). *"Les Aveux indiscrets".*

Bartolomeo **Montagna** ■ Peintre italien (v. 1450-1523). Madones.

les **Montagnards,** *la* **Montagne** ■ Nom donné, pendant la Révolution française, aux députés qui, à l'*Assemblée législative, siégeaient sur les hauts bancs. Appuyés sur la *Commune de Paris et les *sans-culottes, ils proscrirent les *Girondins et furent les maîtres de la *Convention jusqu'à la chute de *Robespierre. Le nom de Montagnards fut repris par les députés de gauche sous la IIe *République.

Luc Montagnier ■ Médecin français (né en 1932). Découverte en 1983, avec l'Institut *Pasteur, du virus du sida.

Michel Eyquem de **Montaigne** ■ Écrivain français (1533-1592). De ses "*Essais*", méditations sur sa vie et ses lectures, découle une morale empreinte de scepticisme et de tolérance face à la quête humaine de justice et de vérité.

Montaigu, en néerlandais *Scherpenheuvel* ■ Ville de Belgique (*Brabant). 21 000 hab. Église baroque construite par Cobergher (v. 1560-1634). Important pèlerinage.

Eugenio **Montale** ■ Poète italien (1896-1981). "*La Tourmente et autres poèmes*". Prix Nobel 1975.

Charles Forbes comte de **Montalembert** ■ Homme politique et historien français (1810-1870). Un des chefs du catholicisme libéral, proche de *Lacordaire, *Lamennais et *Dupanloup.

le **Montana** ■ État du nord-ouest des États-Unis. 380 847 km². 787 000 hab. Capitale : Helena. Agriculture. Forêts. Richesses minières. Les Indiens y résistèrent à l'immigration jusqu'en 1881.

Ivo Livi dit *Yves* **Montand** ■ Comédien et chanteur français (1921-1991). Nombreux films : "*le Salaire de la peur*" ; "*l'Aveu*".

Montargis ■ Sous-préfecture du Loiret. 16 600 hab. (*les Montargois*). Nombreux canaux.

Montataire ■ Commune de l'Oise. 12 400 hab. Métallurgie.

Montauban ■ Préfecture du Tarn-et-Garonne. 53 300 hab. (*les Montalbanais*). Ville historique (haut lieu du protestantisme au XVIe s.) et culturelle (musée Ingres).

Montbard ■ Sous-préfecture de la Côte-d'Or. 7 400 hab. (*les Montbar-*

dois). Ancien château des ducs de Bourgogne, acquis par *Buffon.

Montbéliard ■ Sous-préfecture du Doubs. 30 600 hab. (*les Montbéliardais*). Centre industriel : construction automobile.

le massif du **Mont-Blanc** ■ ⇒ le mont **Blanc.**

Montbrison ■ Sous-préfecture de la Loire. 14 600 hab. (*les Montbrisonnais*).

le marquis de **Montcalm** *de Saint-Véran* ■ Général français (1712-1759). Commandant l'armée française au Canada, il fut tué par les Anglais devant Québec.

Montceau-les-Mines ■ Commune de Saône-et-Loire. 23 300 hab. (*les Montcelliens*).

Montchanin ■ Commune de Saône-et-Loire. 6 000 hab. (*les Montchaninois*). Gare du T.G.V. Communauté urbaine du *Creusot.

Antoine de **Montchrestien** ■ Auteur dramatique et économiste français (v. 1575 - 1621). "*Sophonisbe*" ; "*Traité d'économie politique*".

Mont-de-Marsan ■ Préfecture des Landes. 31 900 hab. (*les Montois*). Marché agricole. Distilleries de résine.

Montdidier ■ Sous-préfecture de la Somme. 6 300 hab. (*les Mondidériens*). Offensive allemande en 1918.

le massif du **Mont-Dore** ■ Massif volcanique d'Auvergne culminant au puy de *Sancy (1 886 m). ▶ *Le* **Mont-Dore.** Commune du Puy-de-Dôme. 2 000 hab. (*les Mont-Doriens*). Station thermale réputée depuis l'Antiquité.

Monte Albán ■ Site archéologique du Mexique, autrefois centre de la civilisation des *Zapotèques.

Monte-Carlo ■ Quartier de la principauté de *Monaco. Casino. Station de radio-télévision.

Montecristo ■ Petite île montagneuse de l'Italie, au sud de l'île d'Elbe. "*Le Comte de Monte-Cristo*", célèbre roman de *Dumas père.

Montego Bay ■ Ville et station balnéaire de la Jamaïque. 70 300 hab.

Montélimar ■ Commune de la Drôme. 31 400 hab. *(les Montiliens)*. Marché régional. Nougats.

Jorge de **Montemayor** ■ Écrivain espagnol d'origine portugaise (1520-1561). "*La Diane*", roman pastoral imité dans toute l'Europe.

le **Monténégro** ■ République constituant avec la *Serbie, la République fédérale de Yougoslavie. 13 812 km². 632 000 hab. *(les Monténégrins)*. Capitale : Podgorica.

Xavier de **Montépin** ■ Romancier populaire français (1823-1902). "*La Porteuse de pain*".

Montereau-Fault-Yonne ■ Commune de Seine-et-Marne. 18 900 hab. *(les Monterelais)*. Centre industriel.

Monterey ■ Ville des États-Unis (*Californie). 27 600 hab. Ancienne capitale de la Californie. Tourisme.

Monterrey ■ Ville du Mexique. 1,9 million d'hab. Conurbation de 2,33 millions d'hab. Important centre industriel.

la marquise de **Montespan** ■ Maîtresse de Louis XIV de 1667 à 1679 (1641-1707). Elle fut compromise dans l'affaire des *Poisons.

Charles de Secondat, baron de La Brède et de **Montesquieu** ■ Magistrat et écrivain français (1689-1755). Ses "*Lettres persanes*" critiquent l'étroitesse d'esprit chez les Occidentaux. "*De l'esprit des lois*" est un classique de la philosophie politique, avec sa distinction des pouvoirs législatif, exécutif et judiciaire.

Montesson ■ Commune des Yvelines. 12 400 hab. *(les Montessonnais)*.

Maria **Montessori** ■ Pédagogue italienne (1870-1952). Sa méthode privilégie la liberté de l'enfant et l'éducation des sens.

Monteux ■ Commune du Vaucluse. 8 200 hab. *(les Montiliens)*.

Claudio **Monteverdi** ■ Compositeur italien, maître de chapelle à Saint-Marc de Venise (1567-1643). Sa musique vocale (madrigaux et cantates) marque un tournant décisif en Europe. "*Orfeo*" ; "*le Couronnement de Poppée*".

Montevideo ■ Capitale de l'Uruguay, sur le Río de la Plata. 1,25 million d'hab. (40 % de la population du pays). Commerce de laine, viande et peaux. Industries. Fondée par les Espagnols en 1726.

Montezuma ■ ⇒ Moctezuma.

Montfermeil ■ Commune de Seine-Saint-Denis. 25 700 hab. *(les Montfermeillois)*.

Simon IV comte de **Montfort** ■ Chef de la croisade contre les *albigeois (v. 1150-1218).

Montgeron ■ Commune de l'Essonne. 21 800 hab. *(les Montgeronnais)*.

les frères **Montgolfier** ■ Papetiers français, inventeurs des premiers aérostats ou *montgolfières*. Joseph (1740-1810) et Étienne (1745-1799). ⇒ **Pilâtre de Rozier**. ⟨ ▶ montgolfière ⟩

le comte de **Montgomery** ■ Homme de guerre français (v. 1530-1574). Il tua involontairement le roi Henri II lors d'un tournoi, puis devint l'un des chefs protestants. Il fut décapité.

lord **Montgomery** *of Alamein* ■ Maréchal britannique (1887-1976). En 1942, il vainquit *Rommel à el-Alamein.

Montgomery ■ Ville des États-Unis, capitale de l'*Alabama. 178 000 hab. Marché agricole (bétail).

Henry Millon de **Montherlant** ■ Romancier et auteur dramatique français (1895-1972). Moraliste exigeant, il célébra un modèle de vie héroïque. "*Service inutile*" ; "*la Reine morte*".

le comte de **Montholon** ■ Général français (1783-1853). Il suivit Napoléon Ier à Sainte-Hélène et publia avec *Gourgaud des "Mémoires pour servir à l'histoire de France sous Napoléon".*

Vincenzo **Monti** ■ Poète néoclassique italien (1754-1828). Remarquable traduction de l'*"Iliade".*

Montigny-en-Gohelle ■ Commune du Pas-de-Calais. 10 700 hab. *(les Montignynois).* Houille.

Montigny-le-Bretonneux ■ Commune des Yvelines. 31 700 hab.

Montigny-lès-Cormeilles ■ Commune du Val-d'Oise. 17 100 hab. *(les Ignymontains).* Métallurgie.

Montigny-lès-Metz ■ Commune de la Moselle. 23 500 hab. *(les Montigniens).*

Montivilliers ■ Commune de la Seine-Maritime. 17 100 hab. *(les Montivillons).*

Montlhéry ■ Commune de l'Essonne. 5 200 hab. *(les Montlhériens).* L'autodrome de Montlhéry est sur la commune de Linas.

Montlouis-sur-Loire ■ Commune d'Indre-et-Loire. 8 400 hab.

Blaise de **Montluc** ■ ⇒ Monluc.

Montluçon ■ Sous-préfecture de l'Allier. 46 700 hab. *(les Montluçonnais).* Maisons anciennes.

Montmagny ■ Commune du Val-d'Oise. 11 600 hab. *(les Magnymontois).* Industrie chimique. Fonderies.

Montmartre ■ Ancienne commune, rattachée à Paris en 1860, qui forme aujourd'hui un quartier très individualisé du XVIIIe arrondissement (les habitants sont les *Montmartrois).*

▶ *la butte* **Montmartre.** Sommet de Paris (130 m), sur lequel se dresse le *Sacré-Cœur. Vignes, moulins. La Butte inspira les peintres et fut le berceau du *cubisme (⇒ **Bateau-Lavoir**).

les **Montmorency** ■ Famille noble française (XIIe - XVIIe s.). Elle compta des grands officiers de la Couronne, des maréchaux et des connétables. ▫ *Anne duc de Montmorency,* compagnon d'armes de François Ier (1493-1567). ▫ *Henri II de* **Montmorency** (1595-1632), condamné à mort pour complot contre *Richelieu.

Montmorency ■ Sous-préfecture du Val-d'Oise. 21 000 hab. *(les Montmorencéens).* Ville résidentielle.

Montmorillon ■ Sous-préfecture de la Vienne. 7 300 hab. *(les Montmorillonnais).*

Montoire-sur-le-Loir ■ Commune du Loir-et-Cher. 4 100 hab. *(les Montoiriens).* Le 24 octobre 1940, l'entrevue de *Pétain et *Hitler y scella la politique de *Collaboration.

Montparnasse ■ Quartier de Paris (XIVe arrondissement). Ses cafés, dans l'entre-deux-guerres, étaient les lieux de rencontre des milieux artistiques parisiens. Aujourd'hui centre commercial et administratif (tour, gare).

Montpelier ■ Ville des États-Unis, capitale du *Vermont. 8 200 hab.

Montpellier ■ Préfecture de l'Hérault et de la région *Languedoc-Roussillon. 210 900 hab. *(les Montpelliérains).* Hôtels du XVIIe et du XVIIIe s. Ville culturelle et universitaire (faculté de médecine la plus ancienne d'Europe). Marché viticole. Industrie alimentaire. Électronique. Tourisme. Fondée vers 985, la ville a toujours eu une vocation commerçante. Centre protestant pendant les guerres de *Religion.

la duchesse de **Montpensier** *dite* **la Grande Mademoiselle** ■ Nièce de Louis XIII (1627-1693). Elle prit part à la *Fronde et laissa des "*Mémoires*".

Montréal ■ Ville du Canada, la principale du *Québec. 1 million d'hab. *(les Montréalais),* près de 3 millions pour l'agglomération. Population à majorité francophone (2ᵉ ville francophone du monde). Port sur le Saint-Laurent. Centre culturel et économique qui rivalise avec *Toronto. Fondée en 1642 par les Français (⟹ **Maisonneuve**), elle a gardé des édifices anciens, malgré l'aspect nord-américain du centre ville.

Montreuil ■ Commune de Seine-Saint-Denis. 95 000 hab. *(les Montreuillois).* Centre industriel.

Montreuil ■ Sous-préfecture du Pas-de-Calais. 2 500 hab. *(les Montreuillois).* Ancienne place forte (citadelle des XVIᵉ et XVIIᵉ s.).

Montreux ■ Ville de Suisse (*Vaud), sur la rive droite du lac Léman. 19 300 hab. Vignobles. Festival de jazz.

Montrouge ■ Commune des Hauts-de-Seine. 38 300 hab. *(les Montrougiens).* Centre industriel.

Mont-Saint-Aignan ■ Commune de Seine-Maritime. 20 300 hab. *(les Mont-Saint-Aignanais).*

Mont-Saint-Martin ■ Commune de Meurthe-et-Moselle. 8 700 hab.

Le *Mont-Saint-Michel* ■ Commune de la Manche, sur un îlot rocheux (le *mont Saint-Michel*) haut de 78 m. 70 hab. *(les Montois).* Lieu de pèlerinage à saint *Michel. Abbaye bénédictine (XIIᵉ - XIIIᵉ s.) surmontée d'une construction gothique, *la Merveille*.

Montségur ■ Commune de l'Ariège. 120 hab. *(les Montséguriens).* Ruines d'une des dernières places fortes cathares, à 1 207 m d'altitude.

Montserrat ■ Massif montagneux de Catalogne. Abbaye bénédictine. Pèlerinages.

Montserrat ■ Île des *Antilles (îles *Sous-le-Vent), dépendant du Royaume-Uni. 102 km². 12 000 hab. Chef-lieu : Plymouth (3 500 hab.).

Monza ■ Ville d'Italie (*Lombardie), près de Milan. 123 000 hab. Centre industriel. Circuit automobile.

Thomas **Moore** ■ Poète irlandais (1779-1852). "*Lalla Rookh*".

George Edward **Moore** ■ Philosophe britannique (1873-1958).

Henry **Moore** ■ Sculpteur et dessinateur britannique (1898-1986). Il étudia tout particulièrement le rapport des vides et des pleins en sculpture.

Mopti ■ Ville du Mali. 74 000 hab.

Cristóbal de **Morales** ■ Compositeur espagnol de musique religieuse (1500-1553).

Luis de **Morales** ■ Peintre espagnol (v. 1510-1586). Sujets religieux traités dans un style *maniériste.

Paul **Morand** ■ Écrivain français (1888-1976). Récits vifs et rapides sur la vie d'avant-guerre. "*L'Europe galante*" ; "*l'Homme pressé*".

Giorgio **Morandi** ■ Peintre italien (1890-1964). Natures mortes au style dépouillé.

Morang ou **Birātnagar** ■ 2ᵉ ville du Népal. 93 500 hab.

Morangis ■ Commune de l'Essonne. 10 100 hab.

Elsa **Morante** ■ Écrivaine italienne (1912-1985). Romans d'un réalisme hallucinant. "*L'Île d'Arthur*" ; "*La storia*". Elle fut l'épouse de A. *Moravia.

Alberto **Moravia** ■ Écrivain italien (1907-1990). La critique de la vie bourgeoise et la sexualité sont les thèmes de ses romans. "*L'Ennui*" ; "*le Mépris*" (adapté au cinéma par J.-L. *Godard). Il fut l'époux d'Elsa *Morante.

la **Moravie** ■ Partie orientale de la République tchèque (⇒ **Bohême**). 26 095 km². 4 millions d'hab. *(les Moraves).* Villes principales : Brno, Ostrava. Agriculture riche. L'industrie bénéficie de la houille de *Silésie. Royaume indépendant de 830 à 1182. Son histoire se confondit ensuite avec celle de la Bohême.

le **Morbihan** [56] ■ Département français de la région *Bretagne. 6 871 km². 618 700 hab. Préfecture : Vannes. Sous-préfectures : Lorient, Pontivy. ▶ *le golfe du* **Morbihan** communique avec l'Atlantique par un étroit goulet. Tourisme.

la **Mordovie** ■ Une des 16 républiques autonomes de la Fédération de *Russie, à l'ouest de Kazan. 26 200 km². 964 000 hab. Capitale : Saransk. Agriculture (tabac). Industries métallurgiques. ▶ *les* **Mordves** participèrent aux révoltes de *Razine et de *Pougatchev.

saint Thomas **More** ou **Morus** ■ Humaniste anglais, chancelier d'Henri VIII, assassiné pour son opposition à l'*anglicanisme (1477-1535). Son livre "*l'Utopie*" a imposé ce terme, créé pour désigner le territoire de la république imaginaire qu'il décrivait. Ami d'*Érasme.

Jean **Moréas** ■ Poète symboliste français d'origine grecque (1856-1910). "*Les Stances*".

Jean Victor **Moreau** ■ Général français (1763-1813). Proche de *Pichegru, suspecté par Napoléon, il fut arrêté et exilé. Il mourut dans les rangs russes à Dresde.

Gustave **Moreau** ■ Peintre français (1826-1898). Il s'inspire de sujets mythologiques qui mettent en scène des femmes fatales *("Jupiter et Sémélé").* Son enseignement eut une grande influence sur le *symbolisme.

Morée ■ ⇒ **Mistra**.

Morelia ■ Ville du Mexique. 353 000 hab. Industrie alimentaire.

Jacob Levy **Moreno** ■ Psychosociologue américain d'origine roumaine (1890-1974). Créateur de la thérapeutique du psychodrame.

Agustín **Moreto y Cabaña** ■ Auteur dramatique espagnol (1618-1669). "*Dédain pour dédain*".

Lewis Henry **Morgan** ■ Ethnologue américain (1818-1881). Considéré avec *Tylor comme le créateur de l'anthropologie.

John Pierpont **Morgan** ■ Financier et collectionneur américain (1837-1913). □*John Pierpont* **Morgan** *Jr.,* son fils (1867-1943), lui succéda à la tête de la *banque Morgan* et du trust de l'acier qu'il avait créé.

Thomas Hunt **Morgan** ■ Généticien américain (1866-1945). Prix Nobel de médecine 1933 pour ses travaux sur les mutations chez la mouche drosophile.

la fée **Morgane** ■ Personnage fabuleux du cycle breton. Elle recueille *Arthur.

Morgarten ■ Montagne de Suisse, au nord de *Schwyz, où les confédérés suisses remportèrent, en 1315, une victoire décisive sur les Autrichiens.

Oskar **Morgenstern** ■ Économiste américain d'origine autrichienne (1902-1977). Créateur avec le mathématicien *Neumann de la « théorie des jeux ».

Henry **Morgenthau** ■ Homme politique américain (1891-1967). Collaborateur de *Roosevelt, il fut à l'origine de la conférence de *Bretton Woods. Le *plan Morgenthau,* qui fut refusé, visait à faire de l'Allemagne vaincue (1945) une nation exclusivement agricole.

Zsigmond **Móricz** ■ Écrivain hongrois (1879-1942). Romans réalistes et historiques. "*Fange et or*".

Eduard **Mörike** ■ Écrivain allemand (1804-1875). "*Le Voyage de Mozart à Prague*". Hugo *Wolf a mis certains de ses poèmes en musique.

Edgar **Morin** ■ Sociologue français (né en 1921). Étude de la communication de masse. *"L'Esprit du temps"* ; *"la Méthode"*.

Berthe **Morisot** ■ Peintre *impressionniste française (1841-1895). Elle fut le modèle et l'élève de *Manet.

Karl **Moritz** ■ Écrivain allemand (1757-1793). Il influença Goethe. *"Anton Reiser"*.

Morlaix ■ Sous-préfecture du Finistère. 17 600 hab. *(les Morlaisiens).* Églises anciennes. Maison de la duchesse Anne (XVᵉ s.). Manufacture de tabac (depuis le XVIIᵉ s.). Industries.

les **mormons** ■ ⇒ Joseph **Smith**. ⟨ ▶ mormon ⟩

Morne-à-l'Eau ■ Commune de la Guadeloupe. 16 000 hab. *(les Mornaliens).* Rhumeries. Sucreries.

Charles duc de **Morny** ■ Financier et homme politique français (1811-1865). Demi-frère de Napoléon III, il joua un grand rôle sous le second Empire.

Antonio **Moro** ■ Peintre néerlandais (1517-1576). Portraits de cour exécutés pour *Philippe II d'Espagne.

Aldo **Moro** ■ Homme politique italien (1916-1978). Président du parti chrétien-démocrate, enlevé et assassiné par les *Brigades rouges.

Moroni ■ Capitale des Comores. 21 000 hab. Port de pêche.

Morphée ■ Un des enfants d'*Hypnos. Il suscite les rêves, d'où l'expression *être dans les bras de Morphée* « dormir ». ⟨ ▶ morphine ⟩

William **Morris** ■ Écrivain et décorateur britannique (1834-1896). Il renouvela l'art décoratif en Angleterre.

Morsang-sur-Orge ■ Commune de l'Essonne. 19 500 hab. *(les Morsaintois).*

Samuel **Morse** ■ Physicien américain (1791-1872). Il réalisa un télégraphe électrique, qui utilisait l'alphabet conventionnel, qui porte son nom. ⟨ ▶ ② morse ⟩

Jan **Morsztyn** ■ Poète baroque polonais (1613-1693). *"La Canicule" ;* *"le Luth"*.

la vallée de la **Mort,** en anglais **Death Valley** ■ Vallée désertique des États-Unis (*Californie), très aride, au nord du désert *Mojave. Parc national.

Mortagne-au-Perche ■ Sous-préfecture de l'Orne. 4 600 hab. *(les Mortagnais).* Marché aux chevaux.

la **mer Morte** ■ Mer intérieure située entre Israël et la Jordanie, à 395 m environ au-dessous du niveau de la mer. L'eau y est si salée qu'aucune vie animale n'y est possible. □ *les manuscrits de la mer* **Morte.** ⇒ **Qumrān.**

Morteau ■ Commune du Doubs. 6 500 hab. *(les Mortuassiens* ou *Mortuaciens).* Horlogerie. Saucisses fumées.

Roger **Mortimer** *comte de La Marche* ■ Seigneur gallois (v. 1287-1330). Amant de la reine, il fit abdiquer Édouard II (1327) et régna en despote sur l'Angleterre. Condamné à mort sous Édouard III.

le **Morvan** ■ Région montagneuse proche de la *Bourgogne, fragment isolé du *Massif central qui culmine à 902 m. Forêts. Élevage. Tourisme (parc régional).

Morzine ■ Commune de Haute-Savoie. 3 000 hab. *(les Morzinois).* Station de sports d'hiver de Morzine-Avoriaz.

Gaetano **Mosca** ■ Sociologue italien (1858-1941). Théorie des élites.

Moscou ■ Capitale de la Fédération de *Russie (C.É.I.) et de l'ex-U.R.S.S., sur la *Moskova. 8,8 millions d'hab. *(les Moscovites).* Centre administratif, culturel et scientifique. Universités Lomonossov et Patrice-Lumumba (pour les étudiants du tiers monde).

Bibliothèque Lénine, une des plus grandes du monde. Musées. Théâtres (le Bolchoï). Nombreux monuments : *Kremlin, place *Rouge. Églises (Basile-le-Bienheureux). Plaque tournante de voies de communication : trois ports fluviaux reliés à cinq mers (Blanche, Baltique, Caspienne, Noire et d'Azov). Quatre aéroports. Nombreuses industries. Grand centre textile. □ **HISTOIRE.** Vassale de la *Horde d'Or jusqu'à la fin du XVᵉ s. et centre religieux (orthodoxe) de la Russie, elle annexa peu à peu les principautés environnantes (sous Ivan III, Vassili III et Ivan IV le Terrible). Pierre le Grand transféra sa capitale à *Saint-Pétersbourg en 1712 mais Moscou resta capitale religieuse de l'empire. Occupée par les troupes de Napoléon Iᵉʳ, elle fut incendiée et détruite aux trois quarts par les Russes, ce qui contraignit les Français à l'abandonner. Elle participa activement à la révolution de 1905 puis à celle de 1917, et devint en 1918 le siège du gouvernement soviétique. En 1936-1938 eurent lieu à Moscou les procès des opposants de Staline (⇒ **Boukharine, Kamenev, Zinoviev**). En 1941-1942, l'armée allemande connut son premier échec en tentant de l'investir. ▶ *la* **Moscovie.** Nom donné à la principauté de Moscou jusqu'au XVIIᵉ s.

Henry **Moseley** ■ Physicien anglais (1887-1915). Ses travaux sur le nombre atomique ont complété la classification de *Mendeleïev.

la **Moselle** ■ Affluent du Rhin. 550 km. Importante voie de navigation. □ *la* **Moselle** [57]. Département français de la région *Lorraine. 6 251 km². 1,01 million d'hab. *(les Mosellans).* Préfecture : Metz. Sous-préfectures : Bouley-Moselle, Château-Salins, Forbach, Sarrebourg, Sarreguemines, Thionville.

la **Moskova** ■ Rivière de Russie, qui traverse *Moscou. 502 km.

Mohammad **Mossadegh** ■ Homme politique iranien (1880-1967). Il œuvra à l'indépendance économique de son pays (nationalisation des pétroles, 1951) mais fut destitué de son poste de Premier ministre en 1953 et emprisonné.

Mossoul ■ 1ʳᵉ ville industrielle de l'Irak (textile, alimentaire, raffineries). Centre commercial. 571 000 hab.

Mostaganem ou **Mestghanem** ■ Ville et port d'Algérie. 114 000 hab.

La **Motte-Servolex** ■ Commune de la Savoie. 9 900 hab. *(les Motterains).*

Mouans-Sartoux ■ Commune des Alpes-Maritimes. 8 100 hab.

Hosnī **Moubarak** ■ Homme politique égyptien (né en 1928). Élu président de la République après l'assassinat de *Sadate (1981).

Mougins ■ Commune des Alpes-Maritimes. 13 100 hab. *(les Mouginois).* Tourisme.

Le **Moule** ■ Commune de la Guadeloupe. 18 100 hab. *(les Mouliens).* Rhumeries. Sucreries.

Jean **Moulin** ■ Héros de la *Résistance française (1899-1943). Délégué du général de *Gaulle en France, président du *Conseil national de la Résistance, il fut livré aux nazis et torturé. Inhumé au Panthéon en 1964.

Moulins ■ Préfecture de l'Allier. 23 400 hab. *(les Moulinois).* Cathédrale (où se trouve le triptyque du *Maître de Moulins). Industrie alimentaire. Important marché. La ville doit son nom aux moulins établis au bord de l'Allier.

le **Maître de Moulins** ■ ⇒ le **Maître de Moulins.**

Moulmein ■ Ville et port de l'Union de *Myanmar (ex-Birmanie). 220 000 hab. Exportation de teck et de riz.

Moundou ■ Ville du sud-ouest du Tchad. 90 000 hab.

Emmanuel **Mounier** ■ Philosophe français (1905-1950). Chrétien progressiste, fondateur de la revue *Esprit*. "*Le Personnalisme*".

lord **Mountbatten** *of Burma*
■ Amiral britannique, dernier vice-roi de l'Inde (1900-1979).

Mourenx ■ Commune des Pyrénées-Atlantiques. 7 500 hab. *(les Mourenxois)*.

Laurent **Mourguet** ■ Marionnettiste français (1769-1844). Créateur du personnage et du spectacle de Guignol, à Lyon.

Mourmansk ■ Ville et port de la C.É.I. (*Russie), sur la côte nord de la péninsule de Kola, au-delà du cercle polaire. 468 000 hab. Durant les deux guerres mondiales, le port fut utilisé par les Alliés pour ravitailler les Russes.

Mourmelon-le-Grand ■ Commune de la Marne. 4 200 hab. *(les Mourmelonnais)*. Camp militaire.

Mouscron, en néerlandais **Moeskroen** ■ Ville de Belgique (*Hainaut), à la frontière française. 53 500 hab.

Modest **Moussorgski** ■ Compositeur russe (1839-1881). Auteur d'opéras au réalisme puissant ("*Boris Godounov*"), d'œuvres symphoniques ("*Une nuit sur le mont Chauve*") et d'œuvres pour piano ("*Tableaux d'une exposition*").

Mouvaux ■ Commune du Nord. 13 600 hab. *(les Mouvallois)*.

le **Mouvement républicain populaire** ou **M.R.P.** ■ Ancien parti politique français. Fondé en 1944, il s'inspira des principes de la *démocratie chrétienne et joua un rôle majeur sous la IVe *République.

Moyeuvre-Grande ■ Commune de la Moselle. 9 200 hab. *(les Moyeuvriens)*.

les **Mozabites** ■ ⇒ Mzab.

le **Mozambique** ■ État (république populaire) du sud de l'Afrique de l'Est. 799 380 km². 15,3 millions d'hab. *(les Mozambicains)*. Capitale : Maputo. Langues : portugais (officielle), langues bantoues. Monnaie : metical (plur. : meticais). Économie surtout agricole. Importante production d'électricité. □ **HISTOIRE.** Colonisé dès 1498 par les Portugais (avec Vasco de *Gama), le pays est devenu indépendant en 1975. Depuis 1979, le régime prosoviétique a dû affronter une guérilla financée par l'Afrique du Sud mettant le pays au bord de la faillite. Mais un accord de paix a été signé en 1992. ▶ *le canal de* **Mozambique,** bras de mer de l'océan Indien, entre l'Afrique et l'île de Madagascar.

Wolfgang Amadeus **Mozart**
■ Compositeur autrichien (1756-1791). Enfant prodige, virtuose du violon et du clavier, il fit des tournées dans les cours princières d'Europe, se familiarisant avec les différentes formes musicales de son temps, surtout allemandes et italiennes. Malgré la défaveur du public et sa mort prématurée, il a laissé une œuvre immense et admirable, classée par *Köchel : opéras ("*Don Juan*" ; "*la Flûte enchantée*"), concertos, sonates, musique sacrée ("*Requiem*"), etc. Il fut enterré dans la fosse commune. □ *Leopold* **Mozart,** son père (1719-1787), fut son professeur.

le **M.R.P.** ■ ⇒ Mouvement républicain populaire.

Mu'āwiya Ier ■ Fondateur de la dynastie des *Omeyyades de Damas (v. 603-680).

Alfons **Mucha** ■ Peintre et affichiste tchèque installé à Paris (1860-1939). Représentant du style art *nouveau.

Muḥammad V ibn Yūsuf
■ Sultan, puis roi du Maroc (1909-1961). Favorable au nationalisme, il fut déposé en 1953 mais rappelé en 1955. Il obtint de la France l'indépendance et fut couronné. Père de *Hassan II.

Muḥammad ʿAlī ■ ⇒ **Méhé-met-Ali**.

Muḥammad Rizā ■ ⇒ **Mo-ḥammed Rezā**.

al-Mukallā ■ Ville portuaire du Yémen. 154 000 hab.

Mukden ■ ⇒ **Shenyang**.

Mülheim an der Ruhr ■ Ville et port fluvial d'Allemagne (*Rhéna-nie-du-Nord-Westphalie). 176 000 hab. Centrale thermique. Métallurgie.

Mulhouse ■ Sous-préfecture du Haut-Rhin, port fluvial sur l'Ill. 109 900 hab. *(les Mulhousiens)*. Indus-tries (textile, automobile et chimique). Aéroport international *Bâle-Mulhouse. République indépendante au XVIᵉ s., Mulhouse fut rattachée à la France en 1798.

*Friedrich **Müller*** dit *Maler-Müller* ■ Peintre et poète allemand (1749-1825). Représentant du *Sturm und Drang.

*Johannes Peter **Müller*** ■ Phy-siologiste et anatomiste allemand (1801-1858).

*Max **Müller*** ■ Orientaliste et linguiste allemand (1823-1900). Il créa la mythologie comparée.

*Paul Hermann **Müller*** ■ Bio-chimiste suisse (1899-1965). Inventeur du D.D.T. Prix Nobel 1948.

*Brian **Mulroney*** ■ Homme poli-tique canadien (né en 1939). Premier ministre (conservateur) de 1984 à 1993.

Multān ■ Ville du Pakistan. 730 000 hab. Art du bijou.

*Albert de **Mun*** ■ Homme politi-que français (1841-1914). Un des repré-sentants du catholicisme social.

*Edvard **Munch*** ■ Peintre norvé-gien (1863-1944). L'un des maîtres de l'*expressionnisme, obsédé par la mort et le tragique de l'existence.

*Karl baron de **Münchhausen*** ■ Officier allemand (1720-1797). Connu par le récit de ses aventures extraordi-naires, qui en firent un personnage de légende, devenu en français le *baron de Crac*.

Munich, en allemand ***München*** ■ 3ᵉ ville d'Allemagne, capitale de la *Bavière. 1,19 million d'hab. *(les Munichois)*. Nombreux monuments et édifices anciens, notamment baro-ques. Centre financier et bancaire, métropole industrielle et commerciale qui bénéficie d'un important réseau de communications. Nombreux musées. Université. Fêtes réputées (fête de la bière). □ HISTOIRE. Résidence des *Wittelsbach au XIIIᵉ s., capitale histo-rique de la Bavière. La ville fut le foyer du nazisme (putsch manqué de Hitler en 1923). Travaux importants au XXᵉ s. ▶ *les accords de **Munich*** (septembre 1938) : conférence qui réunit les représentants de la France (*Dala-dier), du Royaume-Uni (*Chamber-lain), de l'Italie (*Mussolini) et de l'Allemagne (*Hitler), et qui renforça la politique d'expansion de l'Alle-magne (⇒ **Sudètes**).

Munster ■ Commune du Haut-Rhin. 4 700 hab. *(les Munstériens)*. Fromage réputé.

*le **Munster*** ■ L'une des quatre provinces de l'Irlande. 24 127 km². 1 million d'hab. Ville principale : Cork.

Münster ■ Ville d'Allemagne (*Rhénanie-du-Nord-Westphalie). 246 000 hab. Ville médiévale qui entra dans la *Hanse au XIIIᵉ s. Centre commercial et industriel. Principal foyer du mouvement des *anabap-tistes au XVIᵉ s.

*Thomas **Münzer*** ■ Réformateur religieux allemand (v. 1489-1525). Chef *anabaptiste de la révolte des paysans, exécuté, il apparaît pour la pensée marxiste comme un révolutionnaire.

*la Grande **Muraille de Chine*** ■ Constructions défensives, en terre battue, élevées aux IVᵉ et IIIᵉ s. av. J.-C. entre la Chine et les steppes mongoles, afin d'empêcher les invasions des peuples barbares du nord-ouest. L'empereur *Qin Shi Huangdi en fit une véritable muraille. Environ 3 000 km.

Murano ■ Île et agglomération de la commune de *Venise, célèbre pour ses verreries.

Murasaki Shikibu ■ Romancière japonaise (v. 978 - v. 1014). Le "*Genji monogatari*" (« Dit du Gengi »), immense évocation de la société et des intrigues de la cour de Kyōto.

Joachim Murat ■ Époux de Caroline Bonaparte, maréchal d'Empire, roi de *Naples (1767-1815). Chef de guerre intrépide, mais mauvais politique.

sir Roderick Impey **Murchison** ■ Géologue écossais (1792-1871).

Murcie, en espagnol **Murcia** ■ Ville d'Espagne. 310 000 hab. Cathédrale gothique. Industrie agroalimentaire. ▶ *la région de* **Murcie.** Communauté autonome d'Espagne. 11 317 km². 1 million d'hab. Capitale : Murcie.

Iris **Murdoch** ■ Romancière britannique (née en 1919). "*Dans le filet*".

George Peter **Murdock** ■ Ethnologue américain (né en 1897). "*La Structure sociale*", approche comparative des sociétés.

Les **Mureaux** ■ Commune des Yvelines. 33 400 hab. *(les Muriotins* ou *Muriautins).*

Muret ■ Sous-préfecture de la Haute-Garonne. 18 600 hab. *(les Murétains).*

Henri **Murger** ■ Écrivain français (1822-1861). "*Scènes de la vie de bohème*", dont *Puccini tirera l'opéra "la Bohème".*

Bartolomé Esteban **Murillo** ■ Peintre espagnol (1618-1682). Sujets religieux ("*Immaculée Conception*"). Scènes de genre ("*le Jeune Mendiant*").

Friedrich **Murnau** ■ Cinéaste *expressionniste allemand, naturalisé

américain (1889-1931). "*Nosferatu*" ; "*Tabou*".

Muroran ■ Ville et port de commerce du Japon (*Hokkaidō). 130 000 hab. Sidérurgie.

Henry **Murray** ■ Psychologue américain (1893-1988). Auteur d'un des tests projectifs les plus employés, le T.A.T. "*L'Exploration de la personnalité*".

le **Murray** ■ Fleuve du sud-est de l'Australie. 2 574 km. La vallée du Murray a une grande importance économique.

Mururoa ■ Atoll de l'archipel de *Tuamotu. Base française d'expérimentation d'engins atomiques.

les **Muses** ■ Les neuf filles de *Zeus et de *Mnémosyne, divinités des chants et des sciences : *Calliope, *Clio, *Érato, *Euterpe, *Melpomène, *Polymnie, *Terpsichore, *Thalie, *Uranie. 〈▶ *muse, musée* 〉

Robert von **Musil** ■ Écrivain autrichien (1880-1942). Il a cherché, par le roman, à analyser le domaine de la subjectivité avec la rigueur de la démarche scientifique. "*Les Désarrois de l'élève Törless*" ; "*l'Homme sans qualités*".

Alfred de **Musset** ■ Écrivain romantique français (1810-1857). Auteur de poèmes ("*les Nuits*"), de pièces de théâtre ("*les Caprices de Marianne*" ; "*Lorenzaccio*") et d'un roman ("*les Confessions d'un enfant du siècle*").

Benito **Mussolini** ■ Homme politique italien, le fondateur du *fascisme (1883-1945). Journaliste socialiste jusqu'en 1914, il créa les Faisceaux italiens de combat en 1919. En 1922, le *Duce* (le « Guide »), comme il se faisait appeler, organisa la marche sur Rome à l'issue de laquelle il s'empara du pouvoir. Pendant la Seconde *Guerre mondiale, les revers italiens déclenchèrent de vives critiques contre lui. Arrêté sur ordre du roi et emprisonné (1943), libéré par les Allemands, il fut exécuté par les résistants à la Libération.

Mustafa Kemal dit **Atatürk** ■ Homme politique et nationaliste turc (1881-1938). Dirigeant la Grande Assemblée qu'il avait réunie en 1920, il abolit le sultanat, se fit élire président de la République et affirma l'indépendance de l'État et de la nation contre les grandes puissances et la Grèce. Il appliqua une politique de réformes et de laïcisation.

*al-***Mutanabbī** ■ Poète épique arabe (915-965).

le **mutazilisme** ■ Secte musulmane fondée au VIIIᵉ s.

Mutzig ■ Commune du Bas-Rhin. 4 600 hab. *(les Mutzigeois).* Brasserie.

l'Union de **Myanmar,** jusqu'en 1989 *la* **Birmanie** ■ État (république) d'Asie du Sud-Est, au bord du golfe du Bengale. 676 577 km². 40,8 millions d'hab. Capitale : Yangon. Langue officielle : birman. Monnaie : kyat. Économie essentiellement agricole (riz, bois de tek). Production d'opium dans les montagnes (⇒ **Triangle d'or**). ▢ **HISTOIRE**. Ancienne colonie britannique, indépendante en 1948. Depuis le coup d'État de 1988, le pays est dirigé par des militaires. Le pays changea de nom, *Birmanie* ne se référant qu'aux Birmans alors qu'il existe plus de 60 minorités (*Myanmar* signifie « pays merveilleux »).

Mycènes ■ Ancienne ville de Grèce (*Péloponnèse). Foyer de la première civilisation hellénique, dite **mycénienne**. Site célèbre pour son palais, son enceinte cyclopéenne (XIVᵉ s.

av. J.-C.) et ses sépultures royales découvertes par *Schliemann. Lieu de constitution du Panthéon grec. ⇒ **Argonautes, Héraclès, Ulysse, Persée, Atrée, Pélops, Agamemnon, Clytemnestre, Égisthe, Oreste.** ‹ ▶ mycénien ›

Mykérinos ■ Pharaon de la IVᵉ dynastie (v. 2600 av. J.-C.). Fils et successeur de *Khéphren, il fit construire une des trois grandes pyramides de *Gizeh.

Mykonos ou **Míkonos** ■ Île grecque de la mer Égée (*Cyclades). 75 km². 3 600 hab. Centre touristique.

Karl Gunnar **Myrdal** ■ Homme politique et économiste suédois (1898-1987). *"L'Équilibre monétaire".* Prix Nobel 1974. ▢ *Alva Reimer* **Myrdal,** son épouse (1902-1986). Diplomate, prix Nobel de la paix 1982.

les **Myrmidons** ■ Peuple de *Thessalie. Selon le mythe, ils étaient à l'origine des fourmis que *Zeus transforma en hommes afin de peupler l'île d'*Égine. *Achille fut leur chef pendant la guerre de *Troie.

Myron ■ Sculpteur grec (Vᵉ s. av. J.-C.). *"Discobole".*

Mysore ■ Ville de l'Inde (*Karnātaka). 479 000 hab. Jardin zoologique.

My Tho ■ Ville du Viêt-nam. 101 000 hab. Ancienne base navale française, dans le delta du *Mékong.

Mytilène ■ ⇒ Lesbos.

le **Mzab** ■ Région du Sahara algérien peuplée de *Mozabites* (ou *Mzabites*) et de musulmans *kharidjites d'origine berbère qui conservent une certaine autonomie.

N

les **Nabatéens** ■ Ancien peuple sémitique d'Arabie, soumis par *Trajan en 106. Leur capitale était *Pétra.

Naberejnye Tchelny ■ Ville de Russie, dans la république des *Tatars. 501 000 hab. Industrie lourde. La ville s'est appelée *Brejnev* de 1982 à 1987.

Nabis ■ Tyran de *Sparte de v. 205 à sa mort (192 av. J.-C.).

les **nabis** ■ En hébreu, les « prophètes » ; groupe de peintres, créé à Paris en 1888. Maurice *Denis en fut le théoricien et *Sérusier le chef de file. Les nabis s'inspirent des estampes japonaises et des vitraux ; ils procèdent par aplats cernés de noir (⇒ **Vuillard**). ⟨▶ nabi ⟩

Vladimir **Nabokov** ■ Écrivain russe naturalisé américain (1899-1977). Il a exploré les thèmes de la méprise, de l'incertain et de l'exil. "*Lolita*".

Nabuchodonosor II ■ Roi de *Babylone de 605 à 562 av. J.-C. Grand conquérant et bâtisseur, vainqueur des Égyptiens. La Bible raconte comment il prit Jérusalem et déporta le peuple juif à Babylone.

Félix Tournachon dit **Nadar** ■ Photographe français (1820-1910). Il fit les portraits de *Nerval, *Dumas, George *Sand, etc. Il prit aussi les premières photographies aériennes.

Nāder Chāh ■ Chah de Perse de 1736 à son assassinat, despote et grand conquérant (1688-1747).

an-**Nadjaf** ou **Nedjef** ■ Ville d'Irak. 243 000 hab. Centre de pèlerinage.

Nadjd ou **Nedjd** ■ Vaste plateau désertique d'Arabie Saoudite, patrie des *Wahhābites.

le **Nāgāland** ■ État de l'Inde, situé à la frontière de l'Union de *Myanmar (ex-Birmanie). 16 579 km². 775 000 hab. Capitale : Kohīma (34 300 hab.).

Nagano ■ Ville du Japon (*Honshū). 343 000 hab.

Nagar Haveli ■ ⇒ **Dādra et Nagar Haveli.**

Nāgārjuna ■ Philosophe indien (IIᵉ-IIIᵉ s.) dont l'enseignement révolutionna le *bouddhisme (mahāyāna).

Nagasaki ■ Ville du Japon (*Kyūshū) sur laquelle les Américains lancèrent, en août 1945, la seconde bombe atomique qui fit 80 000 victimes. 448 000 hab. Port actif (constructions navales).

Nagoya ■ Ville du Japon, sur l'île de Honshū. 2,15 millions d'hab. 5ᵉ port du monde. Grande région d'industrie lourde.

Nāgpur ■ Ville de l'Inde (*Mahārāshtra). 1,2 million d'hab. Centre industriel (métallurgie, tissage).

Imre **Nagy** ■ Homme politique hongrois (1896-1958). Président du Conseil de 1953 à 1955, revenu au pouvoir après les émeutes étudiantes de 1956, renversé par les Soviétiques et exécuté par le régime de *Kádár. Réhabilité, il eut des obsèques solennelles en 1989.

Naha ■ Ville du Japon, capitale de l'archipel des *Ryūkyū, sur l'île d'*Okinawa. 306 000 hab. Université. Tourisme.

Vidiadhar Surajprasad **Naipaul** ■ Écrivain de Trinité et Tobago (né en 1932). Auteur d'essais et de romans sur les problèmes du tiers monde.

Nairobi ■ Capitale du Kenya située à 1 600 m d'altitude. 1,1 million d'hab. Université. Archevêché. Industrie du bois, caoutchouc. Tourisme. Aéroport.

Nakasone Yasuhiro ■ Homme politique japonais (né en 1918). Premier ministre de 1982 à 1987.

le **Nakhitchevan** ■ République autonome d'Azerbaïdjan (C.É.I.), totalement enclavée en Arménie. 5 500 km². 295 000 hab. Capitale : Nakhitchevan (37 000 hab.). Agriculture (coton, tabac). La perestroïka (⇒ **U.R.S.S.**) a entraîné l'exacerbation des aspirations nationalistes qui débouchèrent, en 1990, sur une déclaration de sécession qui fut suivie d'un blocus de la république par l'armée soviétique.

Nakhodka ■ Ville de la C.É.I. (*Russie), port sur la mer du Japon. 165 000 hab.

Nakhon Pathom ■ Ville de Thaïlande. 45 200 hab. Immense stûpa du XIXᵉ s.

Nakhon Ratchasima ■ Ville de Thaïlande. 207 000 hab.

Nakuru ■ Ville du Kenya. 102 000 hab.

Naltchik ■ Ville de la C.É.I. (*Russie), capitale de la *Kabardino-Balkarie. 235 000 hab.

le désert du **Namib** ■ Région côtière aride de la Namibie (diamant).

la **Namibie** ■ État (république) d'Afrique, sur la côte atlantique. 824 269 km² (dont l'enclave de Walvis Bay appartenant à l'Afrique du Sud : 1 124 km²). 1,27 million d'hab. *(les Namibiens).* Capitale : Windhoek. Langues officielles : afrikaans, anglais. Monnaie : rand sud-africain. Richesses minières (diamant, uranium) et pêche. □ **HISTOIRE**. Ancienne colonie allemande, conquise par l'Afrique du Sud en 1915, la Namibie s'appela jusqu'en 1968 le Sud-Ouest africain. L'Afrique du Sud, dont l'armée dut affronter la guérilla (S.W.A.P.O.) soutenue par l'O.N.U., accepta de reconnaître l'indépendance du pays et retira ses troupes après les élections constituantes de novembre 1989. Le 21 mars 1990, le pays devint officiellement indépendant et membre du Commonwealth.

Namp'o ■ Ville et port de Corée du Nord. 691 000 hab.

Nampula ■ Ville du Mozambique. 197 000 hab.

Namur, en néerlandais **Namen** ■ Ville de Belgique, chef-lieu de la province du même nom. 103 000 hab. *(les Namurois).* Activités tertiaires, tourisme (monuments XIVᵉ - XVIIIᵉ s.). Ancienne place forte, sa situation stratégique lui donna un rôle important dans le passé. ▶ *la province de* **Namur.** Une des neuf provinces de la Belgique. 3 665 km². 415 000 hab. Chef-lieu : Namur.

Nānak ■ Maître spirituel indien, le premier des gourous, fondateur de la secte des *sikhs (1469-1539).

Nanchang ■ Ville de Chine, capitale du *Jiangxi. 1,19 million d'hab. Important centre industriel : constructions mécaniques, chimie, textile.

Nancy ■ Préfecture de la Meurthe-et-Moselle. 102 400 hab. *(les Nancéiens)*. Centre industriel (métallurgie, textile, chaussures, cristal) et culturel (musée, écoles scientifiques). Capitale des ducs de *Lorraine dès le XIIIe s., embellie par le roi *Stanisław au XVIIIe s. ▶ *l'école de Nancy*, fondée par *Gallé à la fin du XIXe s. pour renouveler les arts décoratifs. Style inspiré des motifs végétaux.

le Nānga Parbat ■ Un des plus hauts sommets de l'*Himalaya, dans le *Cachemire. 8 114 m.

Nanjing ou **Nankin** ■ Ville de Chine, capitale du *Jiangsu. 2,25 millions d'hab. Port fluvial sur le *Yangzi Jiang. Tombeau des empereurs *Ming. La ville fut plusieurs fois capitale du pays. Le *traité de Nankin*, signé par les Chinois et les Anglais en 1842, mit fin à la guerre de l'*Opium. En 1937, l'armée japonaise, après avoir investi la ville, massacra des dizaines de milliers de civils (⇒ **Chine**).

Nanning ■ Ville et port de Chine, capitale du *Guangxi. 660 000 hab.

Nanterre ■ Préfecture des Hauts-de-Seine, dans la banlieue ouest de Paris. 86 600 hab. *(les Nanterriens)*. Université. Industries automobile et chimique.

Nantes ■ Préfecture de la Loire-Atlantique et de la région Pays de la *Loire. 252 000 hab. *(les Nantais)*. Port important (sur l'estuaire de la Loire), base d'une grande activité industrielle : chantiers navals, métallurgie, biscuiteries. Capitale des ducs de *Bretagne à partir du XIIe s., elle se développa au XVIIIe s. grâce au commerce *triangulaire. Massacres pendant la *Terreur par *Carrier. ▶ *l'édit de Nantes*, signé par Henri IV en 1598, mit fin aux guerres de *Religion en donnant aux protestants la liberté de culte et de conscience. ▶ *la révocation de l'édit de Nantes*, signée par Louis XIV en 1685, provoqua l'émigration de plus de 200 000 Français et la révolte des *camisards.

Robert Nanteuil ■ Graveur français (v. 1623-1678). Portraits.

Nantua ■ Sous-préfecture de l'Ain. 3 600 hab. *(les Nantuatiens)*.

John Napier ■ ⇒ **Neper**.

Napier-Hastings ■ Conurbation de Nouvelle-Zélande. 107 000 hab.

Naples, en italien **Napoli** ■ 3e ville d'Italie, port au pied du *Vésuve, capitale de la *Campanie. 1,2 million d'hab. *(les Napolitains)*. Nombreux monuments ; site magnifique, mais avec des zones misérables. Centre économique de la région du *Mezzogiorno : raffinage du pétrole, industries chimique, mécanique. □ *le royaume de* **Naples** puis *royaume des* **Deux-Siciles** s'étendait autrefois sur le sud de l'Italie et la *Sicile. Fondé par les *Normands au XIe s., dominé par les Espagnols à partir de 1442, il fut confisqué par Napoléon Ier et attribué à son frère Joseph puis à *Murat. Les *Bourbons furent restaurés en 1815, puis en 1821. Après la victoire de *Garibaldi en 1860, le royaume fut intégré au nouveau royaume d'Italie. ⟨ ▶ napolitain ⟩

Naplouse, en arabe **Nābulus** ■ Ville de Cisjordanie. 50 000 hab. La ville est occupée par Israël depuis la guerre des Six-Jours (1967).

Napoléon Ier ■ Napoléon *Bonaparte, empereur des Français de 1804 à 1815 (1769-1821). Officier corse rallié, contre *Paoli, à la Révolution française, brillant conquérant de l'Italie où il organisa des républiques (1796-1797), il fut remarqué par *Barras et *Sieyès qui l'utilisèrent pour réprimer leurs adversaires politiques. Après le coup d'État du 18 *Brumaire (1799), il les supplanta immédiatement. Il domina dès lors l'histoire de l'Europe, devenant Premier consul (1799), consul à vie (1802) puis empereur des Français en 1804 (⇒ **Consulat** et premier **Empire**), jusqu'à sa défaite militaire devant l'Autriche, la Prusse, l'Angleterre et la Russie (1814). Forcé d'abdiquer, souverain de l'île d'*Elbe, il réussit à reprendre le pouvoir en 1815 (⇒ **Cent-Jours**), mais fut définitivement vaincu à *Waterloo et déporté à *Sainte-Hélène, où il mourut. Son génie politique et militaire a inspiré un véritable mythe, forgé dès son vivant par des artistes tels que *David, continué par des écrivains (*Hugo, *Béranger) et des mémorialistes (*Las Cases) après sa mort, parallèlement à la « Légende noire » de l'« ogre de Corse » qu'entretenaient ses ennemis, notamment les Anglais. □ ***Napoléon II,*** son fils, roi de Rome, duc de Reichstadt, ne régna pas (1811-1832). Edmond *Rostand en fit le héros de *"l'Aiglon"*. ▶ *la route* **Napoléon.** Route reliant Nice à Grenoble, à travers les Alpes, empruntée par Napoléon Ier lors de son retour de l'île d'Elbe. ⟨ ▶ napoléon, napoléonien ⟩

Napoléon III ■ Louis Napoléon Bonaparte, empereur des Français de 1852 à 1870 (1808-1873). Bénéficiant de l'aura de son oncle Napoléon Ier, il tenta par deux fois de prendre le pouvoir (1836, 1840). Élu président de la IIe *République (1848) avec l'appui des conservateurs, il neutralisa l'Assemblée (coup d'État du 2 décembre 1851), obtint par plébiscite le droit d'établir une constitution renforçant considérablement ses pouvoirs puis, par un second plébiscite, rétablit l'Empire (⇒ second **Empire**). Déchu après la défaite de *Sedan face à la Prusse, il s'exila en Angleterre (*Farnborough), où il mourut.

Nara ■ Ville du Japon, près de Kyōto (*Honshū). 345 000 hab. Capitale du Japon au VIIIe s. Temple *Hōryū-ji.

la ***Narbada*** ■ Un des grands fleuves sacrés de l'Inde.

Narbonne ■ Sous-préfecture de l'Aude. 47 100 hab. *(les Narbonnais).* Important marché du vin. Grand port à l'époque romaine et jusqu'au XVIe s.,

métropole d'une des quatre provinces de la Gaule romaine, la ***Narbonnaise,*** vaste région englobant les villes de Narbonne, Toulouse, Aix-en-Provence, Vienne.

Narcisse ■ Jeune homme de la mythologie grecque, amoureux de son image, reflétée dans l'eau d'une fontaine. ⟨ ▶ narcisse, narcissisme ⟩

Narvik ■ Ville et port du nord-ouest de la Norvège. 18 900 hab. La ville, centre d'exportation de fer, fut le lieu de violents combats pour la maîtrise de la « route du fer », entre Alliés et Allemands, en 1940.

la ***N.A.S.A., National Aeronautics and Space Administration*** ■ Organisme officiel des États-Unis pour la recherche civile spatiale et aéronautique.

Nashville ■ Ville des États-Unis, capitale du *Tennessee. 456 000 hab. Édition et production musicales.

Nāsik ■ Ville de l'Inde (Mahārāshtra), ancienne cité sacrée. 262 000 hab.

les ***Nasrides*** ■ Dernière dynastie arabe d'Espagne. Elle régna à Grenade de 1238 à 1492.

la maison de ***Nassau*** ■ Famille qui s'installa en *Rhénanie au XIIe s. et qui se divisa en plusieurs branches. La ligne d'*Orange-Nassau* domina l'histoire des Provinces-Unies. ⇒ **Guillaume III,** roi d'Angleterre.

Nassau ■ Capitale des Bahamas. 135 000 hab.

Gamal Abdel ***Nasser*** ■ Président de la République égyptienne de 1956 à sa mort (1918-1970). Créateur de l'Égypte moderne et champion de l'unité arabe, malgré sa défaite contre l'armée israélienne en 1967 (⇒ guerres **israélo-arabes**). ▶ *le lac* ***Nasser.*** Retenue formée sur le *Nil par le barrage d'*Assouan.

le ***Natal*** ■ Province d'Afrique du Sud. 55 281 km². 2,14 millions d'hab.

Capitale : Pietermaritzburg (134 000 hab.).

Natal ■ Ville et port du Brésil sur l'Atlantique, capitale du *Rio Grande do Norte. 377 000 hab.

Natanya ou **Netanya** ■ Ville et port d'Israël. 112 000 hab. Centre industriel actif et station balnéaire sur la Méditerranée.

les **Natchez** ■ Ancienne tribu d'Indiens d'Amérique du Nord. Évoqués par *Chateaubriand dans "*Atala*", "*René*" et "*les Natchez*".

le *national-socialisme* ■ ⇒ nazisme.

Natitingou ■ Ville du Bénin. 50 800 hab.

Charles Joseph **Natoire** ■ Peintre et décorateur français (1700-1777). Maître du décor *rococo.

Jean-Marc **Nattier** ■ Peintre français (1685-1766). Portraits précieux à caractère mythologique et allégorique.

le *naturalisme* ■ École littéraire de la fin du XIXᵉ s. Sous l'impulsion de *Zola, elle amplifie le réalisme en ajoutant à la reproduction fidèle du réel une investigation scientifique : le romancier « miroir » devient le romancier « savant ». Il y eut aussi un théâtre naturaliste. ⇒ **Strindberg, Ibsen.** ❬ ▶ naturalisme ❭

Charles **Naudin** ■ Botaniste français (1815-1899). Fondateur, avec *Mendel, de la génétique.

Nauru ■ Île (république) de *Micronésie. L'un des plus petits États du monde (21 km²). 9 100 hab. *(les Nauruans)*. Capitale : Yaren (560 hab.). Monnaie : dollar australien. Langues : nauruan (officielle), anglais. Phosphate. Indépendante depuis 1968, membre spécial du *Commonwealth.

Nausicaa ■ Fille du roi des Phéaciens dans l'"*Odyssée*". Elle recueille *Ulysse naufragé.

les **Navajos** ou **Navahos** ■ La plus grande ethnie indienne des États-Unis. Ils sont environ 100 000 et vivent en *Utah, en *Arizona et au *Nouveau-Mexique.

Navarin ■ ⇒ **Pylos.**

la **Navarre,** en espagnol *Navarra* ■ Communauté autonome d'Espagne. 10 421 km². 513 000 hab. Capitale : Pampelune. Région montagneuse sillonnée de vallées et vouée à l'agriculture (élevage, maïs, olivier). La Navarre fut un royaume indépendant jusqu'à son annexion par *Ferdinand d'Aragón (1515), sauf la *Basse-Navarre* (région de *Saint-Jean-Pied-de-Port), devenue française après l'accession au trône d'Henri IV, roi de Navarre. Population et langue basques.

Náxos ■ Île grecque, la plus grande des *Cyclades. 442 km². 14 000 hab. Dans la mythologie, *Thésée y abandonne *Ariane.

Nazareth ■ Ville d'Israël, en *Galilée. 44 800 hab. D'après les *Évangiles, *Jésus, surnommé « le Nazaréen », y passa son enfance.

Nazca ■ Site archéologique précolombien de la côte sud du Pérou. De gigantesques lignes et dessins incrustés dans le sol constituent, encore aujourd'hui, une énigme.

Nazeret ■ Ville d'Éthiopie. 76 300 hab.

le *nazisme* ou *national-socialisme* ■ Doctrine exposée par *Hitler dans "*Mein Kampf*" (1924), qui se fondait sur l'ultranationalisme, l'apologie de la force et un racisme dirigé surtout contre les juifs. Elle inspira le *parti nazi* et l'Allemagne du IIIᵉ Reich de 1933 à 1945. ⇒ **Hitler.** ▶ *les nazis,* ses partisans. Après la Seconde *Guerre mondiale, ils furent déclarés criminels de guerre et jugés au procès de *Nuremberg. ❬ ▶ nazi ❭

N'Djamena ■ Capitale du Tchad, port sur le fleuve Chari. 512 000 hab.

Autrefois **Fort-Lamy,** fondé par les Français en 1900.

Ndola ■ Ville de Zambie. 443 000 hab.

l'homme de **Neandertal** ou **Néanderthal** ■ Squelette humain découvert en 1856 en Allemagne, dans la vallée de Neander *(Neander-Tal),* et datant du paléolithique (150 000-35 000 av. J.-C.).

Néarque ■ Navigateur grec, lieutenant d'*Alexandre le Grand (IVᵉ s. av. J.-C.).

le **Nebraska** ■ État du centre des États-Unis. 200 349 km². 1,57 million d'hab. Capitale : Lincoln. Vaste plaine agricole (bovins, céréales).

le **Neckar** ■ Rivière d'Allemagne, affluent du *Rhin, en partie navigable. 371 km.

Jacques **Necker** ■ Banquier genevois, ministre de Louis XVI (1732-1804). Rendu populaire par sa politique d'économie et la publication des dépenses de la Cour (1777-1781). Il fut rappelé en 1788. Son renvoi le 11 juillet 1789 précipita le mouvement révolutionnaire. À nouveau rappelé après la prise de la *Bastille, il se retira en 1790.

Nederland ■ Nom néerlandais des *Pays-Bas. ⟨ ▶ néerlandais ⟩

Nedjd ■ ⇒ Nadjd.

Nedjef ■ ⇒ an-Nadjaf.

Néfertiti ■ Reine d'Égypte, épouse du pharaon Aménophis IV *Akhenaton (XIVᵉ s. av. J.-C.). Célèbre pour sa beauté.

le rio **Negro** ■ Rivière d'Amérique du Sud, affluent de l'*Amazone. 2 200 km.

le **Néguev** ■ Région désertique du sud d'Israël mise en valeur grâce aux travaux d'irrigation : coton, oranges, blé.

Jawaharlal **Nehru** ■ Homme politique indien (1889-1964). Il lutta avec *Gandhi pour l'indépendance de l'Inde et devint Premier ministre lors de l'indépendance (1947). Père d'Indira *Gandhi.

le crêt de la **Neige** ■ Point culminant du Jura, dans l'Ain. 1 723 m.

le piton des **Neiges** ■ Ancien volcan, point culminant de l'île de la Réunion. 3 069 m.

Alexander **Neill** ■ Pédagogue britannique (1883-1973). "*Libres enfants de Summerhill*".

la **Neisse** *de Lusace* ■ Rivière qui naît en République tchèque, puis forme en Pologne la frontière avec l'Allemagne, avant de rejoindre l'*Oder *(Oder-Neisse).* 256 km.

Nikolaï **Nekrassov** ■ Poète et journaliste russe (1821-1877). Il a évoqué la misère du peuple. "*Qui vit heureux en Russie ?*".

Émile **Nelligan** ■ Poète québécois (1879-1941). Poèmes d'inspiration parnassienne et symboliste (*Rimbaud, *Baudelaire), mais au ton personnel. "*La Romance du vin*".

Horatio **Nelson** ■ Amiral anglais qui vainquit les Français à *Aboukir et à *Trafalgar, où il fut tué (1758-1805).

Némée ■ Localité de la Grèce antique où étaient célébrés les « jeux Néméens » et où *Héraclès, dans la légende, tue un lion en l'étouffant.

Némésis ■ Déesse grecque de la Vengeance.

Nemours ■ Commune de Seine-et-Marne. 12 100 hab. *(les Nemouriens).* Château remontant au XIIᵉ s.

Nemrod ■ Selon la Bible, roi de *Babel et fondateur de *Ninive. Il est qualifié de « courageux chasseur devant l'Éternel ».

Pietro **Nenni** ■ Homme politique italien (1891-1980). Figure importante du parti socialiste italien.

le **néo-classicisme** ■ Mouvement artistique européen apparu à la fin du XVIIIᵉ s., inspiré par les découvertes archéologiques (⇒ **Winckel-mann**). Il prône un retour aux modèles de l'Antiquité. Ses principaux représentants furent *Mengs, *David et ses élèves en peinture, *Canova en sculpture et *Soufflot en architecture. ⟨ ▶ néo-classique ⟩

la **N.E.P.** ■ « Nouvelle Politique économique », libéralisation temporaire préconisée par *Lénine (1921-1928). ⇒ **U.R.S.S.**

le royaume du **Népal** ■ État (monarchie constitutionnelle) d'Asie, charnière entre le Tibet et l'Inde. 147 181 km². 18,45 millions d'hab. *(les Népalais).* Capitale : Katmandou. Langue : nepali. Religion officielle : hindouisme. Monnaie : roupie népalaise. Pays des plus hautes montagnes du monde, dans l'*Himalaya. Les Népalais vivent dans les plaines : culture du maïs et du riz, élevage de yacks. Leur niveau de vie est bas. Nombreux temples bouddhiques. ▢ **HISTOIRE.** Indépendant depuis 1769, le Népal ayant passé des accords spéciaux avec les Britanniques lorsque ceux-ci colonisèrent l'Inde (XIXᵉ s.). En 1990, à la suite de manifestations violemment réprimées, le roi accepta le rétablissement du multipartisme, supprimé depuis 1960, et la suppression de l'ancienne structure politique et administrative (le *Panchayat).*

John **Neper** *ou* **Napier** ■ Mathématicien écossais (1550-1617). Il découvrit les logarithmes.

Neptune ■ Dieu romain de la Mer. Comme le *Poséidon grec, il est armé d'un trident. ▢ *Neptune* est la huitième planète du système solaire, découverte en 1846. 50 000 km de diamètre. Elle tourne sur elle-même en 15 h et 48 min, et autour du Soleil en 164 ans et 280 jours.

Nérac ■ Sous-préfecture du Lot-et-Garonne. 7 600 hab. *(les Néracais).*

Nérée ■ Dieu grec, appelé « le Vieillard de la mer ». Père des *Néréides,* divinités marines. ⟨ ▶ néréide ⟩

Néron ■ Empereur romain, symbole du tyran fou et sanguinaire (37-68). Il empoisonna *Britannicus et fit assassiner sa mère *Agrippine ; il mit le feu à Rome (64), accusa les chrétiens de ce crime et les fit persécuter.

Pablo **Neruda** ■ Poète chilien (1904-1973). Son œuvre est inséparable de son engagement social et révolutionnaire. *"Chant général".* Prix Nobel 1971.

Gérard Labrunie dit *Gérard de* **Nerval** ■ Écrivain français (1808-1855). Son œuvre, où dominent le mysticisme et le rêve, annonce le surréalisme : *"les Chimères",* poèmes. *"Sylvie" ; "Aurélia" ; "les Filles du feu",* récits. Traduction célèbre du *"Faust"* de *Goethe. Atteint de crises de folie, il se pendit.

Pier Luigi **Nervi** ■ Architecte italien (1891-1979). L'un des maîtres de l'architecture en béton armé.

le loch **Ness** ■ Lac d'Écosse célèbre pour son hypothétique « monstre du loch Ness ».

Nessos *ou* **Nessus** ■ Centaure tué par *Héraclès. Sa tunique, revêtue par Héraclès, lui provoqua de telles douleurs qu'il se donna la mort.

Nestorius ■ Patriarche de Constantinople (v. 380-451). ▶ *le nestorianisme,* sa doctrine – qui affirmait la séparation des deux natures, divine et humaine, du Christ –, fut jugé hérétique, mais se répandit en Orient jusqu'à nos jours.

Netanya ■ ⇒ **Natanya.**

Neubrandenburg ■ Ville d'Allemagne (*Mecklembourg-Poméranie-Occidentale). 80 900 hab.

Neuchâtel, en allemand **Neuenburg** ■ Ville de Suisse sur le *lac de Neuchâtel.* 33 300 hab. *(les Neuchâtelois).* Université. Tourisme. Horlogerie. ▶ *le canton de* **Neuchâtel** s'étend sur le Jura. 797 km². 157 000 hab. Chef-lieu : Neuchâtel.

Neufchâteau ■ Sous-préfecture des Vosges. 8 400 hab. *(les Néocastriens* ou *Neufchâtellois).* Industrie du bois (jouets).

Neufchâtel-en-Bray ■ Commune de Seine-Maritime. 5 300 hab. *(les Neufchâtelois).* Fromages.

Neuilly-Plaisance ■ Commune de Seine-Saint-Denis, à l'est de Paris. 18 200 hab. *(les Nocéens).*

Neuilly-sur-Marne ■ Commune de Seine-Saint-Denis. 31 600 hab. *(les Nocéens).*

Neuilly-sur-Seine ■ Commune des Hauts-de-Seine, à l'ouest de Paris. 62 000 hab. *(les Neuilléens).* Ville résidentielle.

Balthasar **Neumann** ■ Architecte allemand (1687-1753). Nombreux châteaux de style «rococo.

Johann von **Neumann** ■ Mathématicien américain d'origine hongroise (1903-1957). Théorie des ensembles, axiomatisation de la mécanique quantique, théorie ergodique (du travail), théorie des jeux (avec *Morgenstern), programmation, cybernétique.

le lac **Neusiedl** ■ Lac d'Europe centrale, à la frontière austro-hongroise. 200 km².

Neuss ■ Ville et port d'Allemagne (*Rhénanie-du-Nord-Westphalie), sur le Rhin. 142 000 hab.

la **Neustrie** ■ Royaume mérovingien de l'est de la Gaule, réuni à l'*Austrasie à la fin du VIIᵉ s.

Richard Joseph **Neutra** ■ Architecte américain d'origine autrichienne (1892-1970). Auteur de maisons particulières originales.

Neuville-en-Ferrain ■ Commune du Nord. 9 900 hab.

la **Néva** ■ Fleuve de Russie, issu du lac *Ladoga, qui traverse Saint-Pétersbourg et se jette dans le golfe de Finlande. 74 km. Victoire décisive d'*Alexandre Nevski (d'où son nom) sur les Suédois (1242).

la sierra **Nevada** ■ Chaîne montagneuse du sud de l'Espagne, culminant au Mulhacén (3 478 m).

le **Nevada** ■ État de l'ouest des États-Unis. 286 352 km². 800 000 hab. Capitale : Carson City. Villes principales : Las Vegas, Reno. Zones désertiques. Tourisme, jeux d'argent.

Nevers ■ Préfecture de la Nièvre. 43 900 hab. *(les Nivernais).* Cathédrale, palais ducal. Fabrique de faïence d'art depuis le XVIIᵉ s. Constructions mécaniques. ⇒ **Nivernais.**

Alexandre **Nevski** ■ ⇒ Alexandre Nevski.

Newark ■ Ville des États-Unis (*New Jersey) port appartenant à la conurbation de New York. 329 000 hab.

Newcastle ■ Ville d'Angleterre, chef-lieu du *Northumberland et principal centre industriel du nord du pays : extraction de la houille, sidérurgie, raffinage du pétrole. 204 000 hab.

Newcastle ■ Ville et port d'Australie (*Nouvelle-Galles du Sud). 419 000 hab. Sidérurgie, chimie.

le **New Deal** ■ La «nouvelle donne», politique de F.D. *Roosevelt contre la crise de 1929 caractérisée par une intervention de l'État dans la vie économique et sociale.

New Delhi ■ Faubourg moderne de la ville de *Delhi et capitale de l'Inde. 273 000 hab.

Newfoundland ■ ⇒ Terre-Neuve.

le **New Hampshire** ■ État du nord-est des États-Unis. 24 032 km² (dont 80 % en forêts). 921 000 hab. Capitale : Concord.

New Haven ■ Ville des États-Unis (*Connecticut), port du détroit de Long Island, près de *New York. 126 000 hab. Siège de l'université de *Yale.

le **New Jersey** ■ État de l'est des États-Unis. 20 168 km². 7,36 millions d'hab. Capitale : Trenton. État industriel grâce à la proximité de New York et de Philadelphie. Tourisme sur la côte atlantique. Université de Princeton.

John Henry **Newman** ■ Théologien anglais (1801-1890). Membre de l'Église anglicane, il se fit catholique et devint cardinal.

Barnett **Newman** ■ Peintre américain (1905-1970). Champs verticaux de couleurs pures sur de grandes surfaces.

New Orleans ■ ⇒ La **Nouvelle-Orléans.**

Newport ■ Ville et port du pays de Galles (*Gwent). 117 000 hab. Centre industriel.

Newport ■ Ville et port des États-Unis (*Rhode Island). 29 300 hab. Festival de jazz.

Newport News ■ Ville et port des États-Unis (*Virginie). 145 000 hab. Chantiers navals. ⇒ **Hampton.**

sir Isaac **Newton** ■ Mathématicien, physicien et astronome anglais (1642-1727). Grâce à la loi de l'attraction universelle, il accomplit la synthèse, annoncée par *Galilée, de la physique et de l'astronomie, retrouvant les lois de *Kepler et donnant à la science moderne le modèle du rapport entre les mathématiques et l'expérience. On lui doit aussi l'analyse spectrale de la lumière et l'invention, en même temps que *Leibniz, du calcul infinitésimal.

New York ■ La plus grande ville des États-Unis. 7,1 millions d'hab. *(les New-Yorkais).* Conurbation de 16,2 millions d'hab., située à l'embouchure de l'*Hudson, sur l'Atlantique (État de New York). C'est aussi la première agglomération noire du monde (1,1 million de Noirs). La partie la plus célèbre est l'île de *Manhattan* où les Hollandais fondèrent en 1626 la ville de *Nieuwe*

Amsterdam, rebaptisée *New York* par les Anglais en 1664 ; aujourd'hui, elle regroupe les quartiers des affaires et les quartiers résidentiels avec leurs gratte-ciel, le quartier intellectuel *(Greenwich Village),* les villes noire de Harlem et chinoise de Chinatown. Autres districts *(borough) :* le **Bronx, *Brooklyn, *Queens, *Staten Island.* New York est le siège de l'*O.N.U., la capitale financière *(Wall Street)* et économique du pays et un grand centre culturel (musées, opéras). Universités. □ *l'État de* **New York.** État du nord-est des États-Unis. 136 583 km². 17,6 millions d'hab. Capitale : Albany. Villes principales : New York, Buffalo, Rochester. 1er rang industriel, commercial et financier.

Michel **Ney** ■ « Le Brave des braves », le plus populaire des maréchaux d'Empire, duc d'Elchingen, prince de la Moskova (1769-1815). Héros de la retraite de Russie. Rallié à Louis XVIII, il devait arrêter Napoléon Ier mais se remit à son service. Il fut fusillé après les *Cent-Jours.

Nezâmi ■ Poète persan (1141-1209). Il mêla tradition soufie, culture savante et culture populaire. "*Leyla et Madjnun*".

Ngan-houei ■ ⇒ **Anhui.**

Ngô Dinh Diêm ■ Homme politique vietnamien (1901-1963). Il imposa une dictature au Sud-Viêt-nam à partir de 1955 et fut renversé par un putsch et assassiné.

Ngwane ■ ⇒ **Swaziland.**

le **Niagara** ■ Cours d'eau reliant les lacs Érié et Ontario, à la frontière du Canada et des États-Unis. ▶ *les chutes du* **Niagara** sont spectaculaires (50 m de haut). Tourisme. Centrale hydro-électrique.

Niamey ■ Capitale du Niger sur le fleuve *Niger. 398 000 hab. Marché de bétail.

les **Nibelungen** n. m. ■ Nains de la mythologie germanique, habitant le monde souterrain. Ils ont inspiré *Wagner.

le **Nicaragua** ■ État (république) d'Amérique centrale. 130 700 km². 3,74 millions d'hab. *(les Nicaraguayens)*. Capitale : Managua. Langues : espagnol (officielle), langues indiennes. Monnaie : cordoba. Population au niveau très bas. Le café et le coton sont les bases de l'économie. □ **HISTOIRE**. Ancienne colonie espagnole, le pays fut indépendant en 1821. Après un siècle de troubles et de guerres civiles, il fut soumis à la dictature de Somoza (1937-1956), puis de son fils renversé par les *sandinistes en 1979. Ceux-ci instaurèrent un régime socialiste lié à Cuba, en conflit avec les États-Unis, mais perdirent les élections de 1990. ▶ *le lac* **Nicaragua**. 8 400 km².

Nice ■ Préfecture des Alpes-Maritimes, sur la baie des Anges. 345 700 hab. *(les Niçois)*. Grand centre touristique de la Méditerranée : promenade des Anglais, carnaval. Université. Ancienne colonie grecque puis romaine rattachée à la Savoie (1388), au Piémont (1814), enfin à la France en 1860.

Nicée, aujourd'hui **Iznik** ■ Ancienne ville d'Asie Mineure (Turquie). ▶ *le premier concile de* **Nicée** (325) condamna l'*arianisme. ▶ *le second concile de* **Nicée**, réuni en 787 par Constantin et l'impératrice *Irène, condamna les *iconoclastes. ▶ *l'empire de* **Nicée** s'étendit sur une grande partie de l'Asie Mineure de 1204 à 1261.

saint **Nicéphore** ■ Patriarche de *Constantinople (v. 758 - 829). Il se prononça contre les *iconoclastes.

Nicéphore II Phocas ■ Empereur byzantin de 963 à sa mort (v. 912-969). Brillant chef de guerre.

Nicobar ■ Archipel de l'Inde dans l'océan Indien. 1 953 km². 30 500 hab. ⇒ **Andaman et Nicobar.**

saint **Nicolas** ■ Évêque de Myre en Lycie (Asie Mineure), patron de la Russie et des enfants (IVᵉ s.). Dans les pays nordiques et britanniques, il est l'équivalent du Père Noël sous le nom de *Santa Claus*.

Nicolas Iᵉʳ ■ Tsar de Russie de 1825 à sa mort (1796-1855). Surnommé le « Tsar de fer » pour sa politique antiprogressiste. Il écrasa les révoltes polonaise (1831) et hongroise (1849) et déclara la guerre de *Crimée.

Nicolas II ■ Dernier tsar de Russie, de 1894 à 1917 (1868-1918). Partisan de l'autocratie, surnommé « Nicolas le Sanglant » pour sa répression des révoltes, renversé en 1917 et exécuté avec sa famille par les révolutionnaires. ⇒ **Russie.**

Nicolas de Cues ■ Cardinal, théologien et savant allemand (1401-1464). *"La Docte Ignorance"*.

Pierre **Nicole** ■ Moraliste français (1625-1695). Professeur à *Port-Royal, il soutint le *jansénisme. *"Logique de Port-Royal"*, avec *Arnauld.

Charles **Nicolle** ■ Bactériologiste français (1866-1936). Prix Nobel de médecine 1928.

Nicosie ou **Levkosía** ■ Capitale de l'île de Chypre. 167 000 hab. Marché agricole, tourisme.

Jean **Nicot** ■ Diplomate et érudit français (v. 1530 - 1600). *"Trésor de la langue française"*, dictionnaire (1606). Il introduisit en France le tabac, d'abord appelé *herbe à Nicot* ou *nicotiane*. ⟨ ▶ nicotine ⟩

le **Niémen,** en russe **Niéman** ■ Fleuve de Biélorussie, de Lituanie et de la région de Königsberg. 937 km.

Oscar **Niemeyer** ■ Architecte brésilien (né en 1907). Il a réalisé les principaux bâtiments de *Brasilia.

Nicéphore **Niépce** ou **Niepce** ■ Inventeur français de la photographie (1765-1833). Collaborateur de *Daguerre.

Nieppe ■ Commune du Nord. 7 500 hab.

Friedrich **Nietzsche** ■ Penseur allemand (1844-1900). Philologue de formation, il entreprit une critique des valeurs occidentales (esthétiques, philosophiques, religieuses, scientifiques) servie par un style éblouissant. De nombreux thèmes nietzschéens ont influencé la pensée contemporaine : généalogie, volonté de puissance, surhomme, « mort de Dieu », opposition entre *Dionysos et *Apollon, retour aux *présocratiques.

la **Nièvre** [58] ■ Département français de la région *Bourgogne. Il doit son nom à la rivière qui le traverse. 6 873 km². 232 900 hab. Préfecture : Nevers. Sous-préfectures : Château-Chinon, Clamecy, Cosne-Cours-sur-Loire.

le **Niger** ■ 3ᵉ fleuve d'Afrique, navigable toute l'année. 4 200 km. Son cours forme une boucle à travers la Guinée, le Mali, le Niger et le Nigeria. Il se jette dans l'Atlantique.

le **Niger** ■ État (république) d'Afrique de l'Ouest. 1 186 408 km². 7,52 millions d'hab. *(les Nigériens).* Capitale : Niamey. Langue officielle : français. Monnaie : franc CFA. En grande partie désertique, il est doté de l'un des climats les plus chauds du monde. L'élevage est la ressource principale. Le riz et le coton sont cultivés dans la vallée du *Niger. Gisements d'uranium. □ HISTOIRE. Le pays fut partagé entre les *Haoussas et les *Songhaïs, puis dominé et islamisé par les *Peuls, avant d'être colonisé par la France au début du XXᵉ s. (partie de l'Afrique-Occidentale française). Il devint indépendant en 1960. A la suite d'un coup d'État, le pays a été dirigé de 1974 à 1991 par les militaires.

le **Nigeria** ■ État (république) fédérale) d'Afrique de l'Ouest. 923 768 km². 88,515 millions d'hab. *(les Nigérians).* Capitale : Abuja. Langues : anglais (officielle) et 200 langues dont le haoussa, l'ibo et le yoruba. Monnaie : naira. Agriculture commer-

ciale (cacao, palmier à huile) et élevage en voie de sédentarisation. Grand producteur de pétrole, membre de l'*O.P.E.P., il connaît une crise depuis la chute des cours du pétrole. □ HISTOIRE. Avant l'arrivée des colons anglais au XIXᵉ s., deux civilisations s'affrontaient : les féodalités musulmanes du Nord et les royaumes du Sud. Indépendant en 1960, le pays est membre du *Commonwealth. Sous régime militaire depuis le coup d'État de 1983.

Nihon ■ ⇒ Nippon.

Niigata ■ Ville et port du Japon (*Honshū). 483 000 hab. Industries pétrolières.

Vatslav **Nijinski** ■ Danseur et chorégraphe russe (1890-1950). Le plus célèbre interprète des Ballets russes de *Diaghilev.

Nijni Novgorod, de 1932 à 1990 *Gorki* ■ Ville de la C.É.I. (*Russie), grand port sur la Volga. 1,44 million d'hab. Industries. Ville fondée en 1221. Centre culturel et commercial aux foires célèbres de 1817 à 1917.

Nijni Taguil ■ Ville de la C.É.I. (*Russie), dans l'*Oural. 440 000 hab. Industries.

Nikolaïev ■ Ville et port de la C.É.I. (*Ukraine), sur la mer *Noire. 503 000 hab.

le **Nil** ■ Le plus long fleuve du monde. 6 671 km. Né au Burundi, il passe au Soudan où il est appelé le *Nil blanc,* reçoit le *Nil bleu* à Khartoum, puis traverse les déserts de Nubie et d'Égypte par une série de cataractes, et se jette dans la Méditerranée par un vaste delta marécageux. Le fleuve, aujourd'hui régularisé par le barrage d'*Assouan, a façonné l'Égypte, son économie (voie de communication), son agriculture (crues fertilisantes) et sa religion (*Osiris).

Nimègue, en néerlandais *Nijmegen* ■ Ville des Pays-Bas (*Gueldre).

145 000 hab. Les *traités de Nimègue* (1678-1679) mirent fin à la guerre de *Hollande.

Nîmes ■ Préfecture du Gard. 133 600 hab. *(les Nîmois)*. Centre touristique et commercial (fruits, légumes, vins). Ancienne cité de l'Empire romain : arènes, *Maison carrée.

Roger **Nimier** ■ Romancier français (1925-1962). "*Le Hussard bleu*".

Chester **Nimitz** ■ Amiral américain (1885-1966). Commandant en chef de la flotte du Pacifique pendant la Seconde Guerre mondiale, il dirigea les opérations contre les Japonais avec *MacArthur.

Anaïs **Nin** ■ Écrivaine américaine (1903-1977). Connue surtout pour son "*Journal*" et son roman "*la Maison de l'inceste*".

Ningbo ■ Ville et port de Chine (*Zhejiang). 1,03 million d'hab. Pêche.

Ningxia ■ Région autonome du centre de la Chine. 170 000 km². 4,24 millions d'hab. Capitale : Yinchuan (314 000 hab.). Culture du blé et du soja. Artisanat de tapis et de feutre.

Ninive ■ Capitale de l'*Assyrie dans l'Antiquité, détruite en 612 av. J.-C.

Niort ■ Préfecture des Deux-Sèvres. 58 700 hab. *(les Niortais)*. Travail du cuir (gants, chaussures). Industries alimentaire, mécanique, électrique.

le lac **Nipigon** ■ Lac du Canada (*Ontario). 4 450 km².

Nippon ou **Nihon** ■ Nom japonais désignant le Japon. ▶ *les* **Nippons,** les Japonais. 〈▶ nippon 〉

Niš ■ Ville de *Serbie. 231 000 hab. Centre commercial et industriel.

Niterói ■ Ville du Brésil. 386 000 hab. Capitale de l'État de *Rio de Janeiro jusqu'en 1975.

Niue ■ Île du Pacifique, formant un territoire librement associé à la Nouvelle-Zélande. 259 km². 2 200 hab. Capitale : Alofi (810 hab.).

le **Nivernais** ■ Ancienne province du centre de la France, pays de plateaux forestiers. Chef-lieu : Nevers.

Richard **Nixon** ■ Homme politique américain (né en 1913). 37e président (républicain) des États-Unis, de 1969 à 1974. Avec *Kissinger, il amorça la détente avec l'U.R.S.S. et la Chine (fin de la guerre du *Viêt-nam). Le scandale du *Watergate l'obligea à démissionner.

Paul **Nizan** ■ Écrivain français (1905-1940). Auteur d'essais et de romans engagés. "*Aden Arabie*" (célèbre préface de *Sartre) ; "*la Conspiration*".

Nkongsamba ou **N'Kongsamba** ■ Ville du Cameroun. 105 200 hab.

Kwame **Nkrumah** ■ Homme politique ghanéen (1909-1972). Il lutta pour l'indépendance de son pays et en fut le premier président de la République (1960-1966).

le **nô** ■ Forme de théâtre classique japonais, chanté et dansé, créée au XVe s. ≠ *kabuki*. 〈▶ nô 〉

Anna de **Noailles** ■ Poétesse et romancière française (1876-1933). "*Le Cœur innombrable*" ; "*la Nouvelle Espérance*".

Alfred **Nobel** ■ Chimiste et industriel suédois (1833-1896). Il mit au point la dynamite. Il légua sa fortune à la *fondation Nobel*, qui distribue chaque année des *prix Nobel* aux bienfaiteurs de l'humanité : physique, chimie, médecine ou physiologie, littérature, paix et (depuis 1968) économie.

Umberto **Nobile** ■ Aviateur et explorateur italien (1885-1978). Il survola le pôle Nord, avec *Amundsen, dans un dirigeable en 1926.

Charles **Nodier** ■ Écrivain romantique français (1780-1844). Son œuvre mêle la fantaisie et le rêve. "*La Fée aux miettes*".

Noé ■ Patriarche de la Bible (*Genèse). Il est le seul à échapper au déluge, grâce à l'*Arche de Noé*, bateau que *Yahvé lui a ordonné de construire et qui se serait échoué sur le mont *Ararat.

Marie Rouget dite *Marie* **Noël** ■ Poétesse française (1883-1967). Sa foi chrétienne inspira toute son œuvre. "*Le Rosaire des joies*".

Nœux-les-Mines ■ Commune du Pas-de-Calais. 12 400 hab. *(les Nœuxois).*

Nogent-le-Rotrou ■ Sous-préfecture d'Eure-et-Loir. 12 600 hab. *(les Nogentais).*

Nogent-sur-Marne ■ Sous-préfecture du Val-de-Marne. 25 400 hab. *(les Nogentais).* « Fête du petit vin blanc », guinguettes.

Nogent-sur-Oise ■ Commune de l'Oise. 20 100 hab. *(les Nogentais).*

Nogent-sur-Seine ■ Sous-préfecture de l'Aube. 5 500 hab. *(les Nogentais).*

Charles **Noguès** ■ Général français, résident général au Maroc de 1936 à 1943 (1876-1971).

la mer **Noire** ■ Mer intérieure entre la Moldavie, l'Ukraine, la Russie, la Géorgie, la Turquie, la Roumanie et la Bulgarie. 435 000 km². Elle communique avec la Méditerranée par les détroits du *Bosphore et des *Dardanelles. Les Grecs l'appelaient le *Pont-Euxin*.

Noirmoutier ■ Île de l'Atlantique (canton de la *Vendée divisé en quatre communes). 9 200 hab. *(les Noirmoutrins).* Reliée au continent par un pont et par une route (le Gois) dans la mer ouverte à marée basse.

Noisiel ■ Commune de Seine-et-Marne. 16 500 hab. *(les Noisiéliens).*

Noisy-le-Grand ■ Commune de la Seine-Saint-Denis. 54 100 hab. *(les Noiséens).* Église romane et gothique.

Noisy-le-Roi ■ Commune des Yvelines. 8 100 hab.

Noisy-le-Sec ■ Commune de la Seine-Saint-Denis. 36 400 hab. *(les Noiséens).* Centre ferroviaire.

Emil **Nolde** ■ Peintre et graveur allemand (1867-1956). Son style, violent et tourmenté, relève de l'*expressionnisme.

Luigi **Nono** ■ Compositeur italien (1924-1990). Un des principaux représentants de la musique sérielle. "*Intolleranza*".

Nontron ■ Sous-préfecture de la Dordogne. 3 600 hab. *(les Nontronnais).*

le cap **Nord** ■ Point le plus septentrional d'Europe, au nord de la Norvège.

la mer du **Nord** ■ Partie de l'océan Atlantique située entre la Grande-Bretagne, la Belgique, les Pays-Bas, l'Allemagne, le Danemark et la Norvège. 570 000 km². Trafic maritime très dense (⇒ les ports de **Rotterdam, Londres, Anvers, Hambourg**). Gisements de pétrole près de l'Écosse et de la Norvège (*Ekofisk).

le **Nord** [59] ■ Département français de la région *Nord-Pas-de-Calais. 5 744 km². 2,53 millions d'hab. Préfecture : Lille. Sous-préfectures : Avesnes-sur-Helpe, Cambrai, Douai, Dunkerque, Valenciennes.

le passage du **Nord-Est** ■ Route maritime entre le nord de l'Europe et l'Asie, par l'océan Arctique et le détroit de *Béring, ouverte en 1878-1879 par le géologue suédois A. E. Nordenskiöld (1832-1901).

le **Nordeste** ■ Région située au nord-est du Brésil. Elle est surpeuplée (28,7 % de la population sur 18 % de sa superficie) et sous-développée. Une terrible famine eut lieu en 1983.

le passage du **Nord-Ouest** ■ Passage entre l'Atlantique Nord et le Pacifique par l'archipel arctique canadien, ouvert par *Amundsen (1906).

les Territoires du **Nord-Ouest** ■ ⇒ les **Territoires du Nord-Ouest**.

le **Nord-Pas-de-Calais** ■ Région administrative et économique française formée de deux départements : *Nord et *Pas-de-Calais. 12 451 km². 3,96 millions d'hab. Préfecture : Lille. Plaines de la *Flandre et de l'*Artois, une des régions agricoles les plus riches de France : céréales, betteraves, élevage. Grand foyer d'économie textile et commerciale au Moyen Âge (Lille, Roubaix, Tourcoing). Révolution industrielle au XIXᵉ s. avec le charbon : sidérurgie sur le bassin houiller de la Flandre et de l'*Escaut. Depuis plusieurs années, la crise du textile et de la sidérurgie nécessite une reconversion économique.

Norfolk ■ Ville et port des États-Unis (*Virginie). 267 000 hab. ⇒ **Hampton.**

le **Norfolk** ■ Comté du sud-est de l'Angleterre. 5 355 km². 744 000 hab. Chef-lieu : Norwich.

Géo **Norge** ■ Poète belge d'expression française (1898-1990). "*La Langue verte*".

Norilsk ■ Ville de la C.É.I. (*Russie), en Sibérie. 174 000 hab. Cuivre, nickel.

la **Normandie** ■ Ancienne province française. Unifiée lors de la conquête romaine, puis envahie par les *Normands au IXᵉ s., elle comprenait l'Angleterre au XIᵉ s. (⇒ **Guillaume le Conquérant**) puis passa aux *Plantagenêts. Longtemps disputée entre Anglais et Français, elle fut rattachée au domaine royal de France en 1468. Aujourd'hui divisée en deux régions administratives. □ *la région de* **Basse-Normandie** regroupe trois départements : *Calvados, *Manche, *Orne. 17 740 km². 1,39 million d'hab. Préfecture : Caen. Paysage de champs et de bocages au climat doux et pluvieux. Région essentiellement

agricole : élevage bovin, produits laitiers (beurre, fromages), pommiers. Tourisme sur le littoral : *Deauville, *Cabourg. □ *la région de* **Haute-Normandie** comprend les départements de l'*Eure et de la *Seine-Maritime. 12 334 km². 1,74 million d'hab. Préfecture : Rouen. Paysage de plateaux creusés de vallées profondes et tombant en falaises abruptes sur la Manche. Élevage bovin et produits laitiers, mais la région est surtout industrielle grâce aux ports (Le Havre et Rouen) et à la proximité de Paris : raffinage du pétrole, chimie, industries du papier.

les **Normands** ■ « Hommes du Nord », pirates scandinaves (⇒ **Vikings**) auxquels *Charles le Simple céda la future *Normandie* (911), afin de protéger Paris et son royaume. Leurs descendants fondèrent un royaume anglo-normand (⇒ **Guillaume le Conquérant**) et divers États méditerranéens, notamment en *Sicile. ⟨ ▶ normand ⟩

Norodom Sihanouk ■ Roi du Cambodge, en 1941, puis chef du gouvernement en 1955 (né en 1922). Il démissionna en 1976, quitta son pays en 1979 mais continua, depuis l'étranger d'y jouer un rôle important. Il revint dans son pays en 1991 et retrouva son trône en 1993. ⇒ **Cambodge.**

Norrköping ■ Ville et port de Suède. 119 000 hab.

Northampton ■ Ville d'Angleterre, chef-lieu du Northamptonshire. 156 000 hab. Industrie du cuir. ▶ *le* **Northamptonshire.** Comté de l'est de l'Angleterre. 2 367 km². 570 000 hab. Chef-lieu : Northampton.

le **Northumberland** ■ Comté du nord-est de l'Angleterre, à la frontière écossaise. 5 033 km². 301 000 hab. Chef-lieu : Newcastle.

North York ■ Ville du Canada (*Ontario), banlieue de *Toronto. 556 000 hab.

le royaume de **Norvège** ■ État (monarchie constitutionnelle) d'Europe du Nord. Il correspond à la bordure occidentale de la Scandinavie et comprend de nombreuses îles (*Svalbard...). 323 878 km². 4,22 millions d'hab. *(les Norvégiens).* Capitale : Oslo. Langue : norvégien (deux formes : bokmal, nynorsk). Religion officielle : Église évangélique luthérienne. Monnaie : couronne norvégienne. Pays de montagnes, au littoral découpé de fjords. La pêche (premier rang en Europe) et l'exploitation de la forêt sont les bases de l'économie, stimulée en outre par les gisements de gaz naturel et de pétrole en mer du Nord. Aluminium. □ **HISTOIRE.** L'un des pays d'origine des *Vikings. Il fut unifié en 872 et christianisé au XIᵉ s. Il connut son apogée au XIIIᵉ s., possédant le Groenland et l'Islande et dominant le reste de la Scandinavie. Il fut uni au Danemark et à la Suède sous *Marguerite Valdemarsdotter (1397). Puis il passa sous la domination de fait du Danemark en 1523, de la Suède en 1814 (mais avec sa propre Constitution), et devint indépendant en 1905. Pays neutre pendant la Première Guerre mondiale, il fut occupé par les troupes allemandes en 1940, à cause de *Narvik. ⟨ ▶ norvégien ⟩

Norwich ■ Ville d'Angleterre, chef-lieu du *Norfolk. 173 000 hab. Cathédrale romane érigée en 1096.

Michel de Nostre-Dame dit **Nostradamus** ■ Médecin et astrologue français (1503-1566). Célèbre pour ses prédictions, *"les Centuries"*.

Notre-Dame-de-Bondeville ■ Commune de la Seine-Maritime. 7 600 hab.

Notre-Dame-de-Gravenchon ■ Commune de Seine-Maritime. 9 000 hab. *(les Gravenchonnais).*

Notre-Dame de Paris ■ Cathédrale gothique de Paris, dans l'île de la Cité, construite entre 1163 et 1245 (mais on travailla sur l'édifice jusqu'en 1345). Elle fut restaurée par *Viollet-le-Duc au XIXᵉ s.

Nottingham ■ Ville d'Angleterre, chef-lieu du Nottinghamshire. 277 000 hab. Industries mécanique et chimique. Université. ▶ *le Nottinghamshire.* Comté des *Midlands. 2 164 km². 1 million d'hab. Chef-lieu : Nottingham. La région est célèbre par la forêt de Sherwood où s'illustra Robin Hood (Robin des Bois).

Nouadhibou ■ Ville et port de la Mauritanie. 30 000 hab.

Nouakchott ■ Capitale de la Mauritanie, qui fut fondée en 1957. 600 000 hab. Centre administratif et commercial.

Noukous ■ ⇒ **Karakalpakie.**

Nouméa ■ Chef-lieu du territoire d'outre-mer de *Nouvelle-Calédonie, fondé en 1854 sous le nom de Port-de-France. Centre commercial et administratif de l'île. 60 100 hab.

Rudolf **Noureïev** ■ Danseur et chorégraphe soviétique, naturalisé britannique puis autrichien (1938-1993). Danseur étoile du théâtre Kirov de Leningrad, il choisit de rester en Occident. Directeur de la danse à l'Opéra de Paris (1983-1989).

l'art **nouveau** ou **modern style** ■ Mouvement de renouveau dans l'architecture et les arts décoratifs v. 1900 en Europe, dit aussi « style nouille ». Il s'inspire des volutes de la flore et de l'art japonais. Il utilise le fer et le verre, matériaux qui peuvent prendre toutes les formes. ⇒ **Mucha, Horta, Guimard, Gallé.**

Germain **Nouveau** ■ Poète français (1851-1920). Son œuvre oscille entre la sensualité et le mysticisme. *"Valentines".*

le **Nouveau-Brunswick** ■ Province (État fédéré) du Canada. 73 440 km². 710 000 hab. Capitale : Fredericton. Pêche, forêts. Mines. Un tiers de la population est francophone (frontière avec le Québec ; Acadiens).

*le **Nouveau-Mexique*** ■ État du sud-ouest des États-Unis. 314 924 km². 1,3 million d'hab. Capitale : Santa Fe. Ville principale : Albuquerque. Tourisme (canyons), ressources minérales. Ancienne colonie espagnole puis province mexicaine, cédée aux États-Unis en 1848.

*le **Nouveau Monde*** ■ Nom donné au continent américain par les Européens lorsqu'ils le découvrirent en 1492.

*le **nouveau roman*** ■ Mouvement littéraire français (v. 1950) qui se définit comme un refus des composants traditionnels du roman : déroulement chronologique de l'histoire, psychologie des personnages. Ses principaux représentants sont *Robbe-Grillet, C. *Simon, *Butor, *Sarraute.

*l'île de la **Nouvelle-Amsterdam*** ■ Île française, d'origine volcanique, du sud de l'océan Indien, appartenant aux terres *Australes et Antarctiques françaises. 54 km². Station météorologique (35 membres).

*la **Nouvelle-Angleterre*** ■ Nom des six États des États-Unis (Connecticut, Maine, Massachusetts, New Hampshire, Rhode Island, Vermont) correspondant aux colonies anglaises fondées sur la côte atlantique.

*la **Nouvelle-Bretagne*** ■ Île de l'archipel *Bismarck, en *Océanie, appartenant à la Papouasie-Nouvelle-Guinée. 36 500 km². Elle fut sous tutelle australienne de 1946 à 1975.

*la **Nouvelle-Calédonie*** ■ Île française du Pacifique, à l'est de l'Australie, formant, avec les îles environnantes (dont les îles Loyauté), un territoire d'outre-mer. 18 576 km². 164 200 hab. *(les Néo-Calédoniens)*, dont 54 000 Européens (en majorité des Français métropolitains) et 61 900 Mélanésiens (*Kanaks). Capitale : Nouméa. Monnaie : franc des Comptoirs français du Pacifique. Climat subtropical. Le nickel est à la base de l'économie. □ **HISTOIRE**. Découverte par Cook, possession française depuis 1853, l'île fut le lieu d'affrontements chroniques (1878, 1984-1988) entre les Kanaks indépendantistes et les Européens (dits « Caldoches »). Une loi référendaire de 1988 a fixé le statut du territoire jusqu'à un référendum d'autodétermination prévu en 1998. 〈▶ calédonien, néo-calédonien〉

*la **Nouvelle-Écosse*** ■ Province (État fédéré) du Canada, au sud-est du pays. 55 490 km². 873 000 hab. Capitale : Halifax. Pêche en Atlantique.

*la **Nouvelle-Galles du Sud*** ■ État du sud-est de l'Australie. Il englobe le territoire de la capitale fédérale australienne (Canberra). 801 600 km². 5,76 millions d'hab. Capitale : Sydney. Agriculture (élevages ovin et bovin), richesses minières. Industries près de Sydney.

*la **Nouvelle-Guinée*** ■ Immense île de l'océan Pacifique, avec des parties très peu habitées, peuplée en majorité de *Papous. 775 210 km². Montagneuse, volcanique et très humide, partagée entre l'Indonésie (⇒ **Irian Jaya**) et la *Papouasie-Nouvelle-Guinée. Quelques plantations de café, cacao, coprah. Mines d'or.

*La **Nouvelle-Orléans**,* en anglais *New Orleans* ■ Ville des États-Unis (*Louisiane), ancienne capitale de la Louisiane, port actif sur le Mississippi. 558 000 hab. Fondée par les Français v. 1718 (maisons anciennes dans le Vieux *Carré), lieu de naissance du jazz, la ville est très touristique. Pétrochimie. Université.

*les **Nouvelles-Hébrides*** ■ ⇒ **Vanuatu.**

*la **Nouvelle-Zélande*** ■ État (monarchie constitutionnelle) d'*Océanie, formé de plusieurs îles, dont deux grandes. 267 844 km². 3,37 millions d'hab. *(les Néo-Zélandais).* Capitale : Wellington. Langues officielles : anglais, maori. Monnaie : dollar néo-zélandais. Son climat tempéré a favorisé l'élevage ovin (1er exportateur mondial de laine) et bovin. Petite industrie grâce à la houille blanche. □ **HISTOIRE**. Peuplée d'abord de Maoris, découverte par *Tasman en 1642, elle fut une colonie anglaise jusqu'en 1907, et fait, depuis 1931, partie du *Commonwealth. La Nouvelle-Zélande fut l'un des premiers pays au monde à accorder le droit de vote aux femmes (1893).

la **Nouvelle-Zemble** ■ Archipel de Russie, constitué de deux îles situées entre les mers de *Barents et de *Kara. 82 600 km².

Nova Iguaçu ■ Ville du Brésil (État de *Rio de Janeiro). 492 000 hab. Banlieue de Rio de Janeiro.

Friedrich **Novalis** ■ Poète romantique allemand (1772-1801). Ses œuvres exaltent un sentiment mystique de la nature. "*Hymnes à la nuit*" ; "*Henri d'Ofterdingen*", roman inachevé.

Novare, en italien **Novara** ■ Ville d'Italie, située dans le *Piémont. 103 000 hab.

Novgorod ■ Ville de la C.É.I. (*Russie), au sud de Saint-Pétersbourg. 229 000 hab. Ancienne principauté. École d'icônes. Monuments.

Novi Sad ■ Ville de Serbie, capitale de la *Vojvodine, sur le Danube. 258 000 hab.

Novokouznetsk ■ Ville de la C.É.I. (*Russie), dans le *Kouzbass. 600 000 hab. Centre industriel.

Novorossiisk ■ Ville de la C.É.I. (*Russie), port sur la mer Noire. 186 000 hab.

Novossibirsk ■ Ville de la C.É.I. (*Russie), métropole de la *Sibérie, sur l'*Ob. Gare du *Transsibérien. 1,43 million d'hab.

Nowa Huta ■ Ville de Pologne, incluse, administrativement, dans la ville de *Cracovie. 216 000 hab. Sidérurgie.

Noyelles-sous-Lens ■ Commune du Pas-de-Calais. 7 700 hab.

Noyon ■ Commune de l'Oise. 14 600 hab. *(les Noyonnais).* Cathédrale gothique (XIIe - XIIIe s.). Patrie de *Calvin.

la **Nubie** ■ Région désertique du nord de l'Afrique, couvrant une partie du Soudan et de l'Égypte. Cultures le long du *Nil (coton, dattes). Mise en valeur par les pharaons, elle conserva de nombreux vestiges de leur civilisation.

Nuit et Brouillard, en allemand **Nacht und Nebel** ■ Nom donné par les Allemands aux déportés dans les camps de concentration nazis.

Nuits-Saint-Georges ■ Commune de la Côte-d'Or, en *Bourgogne, célèbre pour ses vins. 5 600 hab. *(les Nuitons).*

Nuku'alofa ■ Capitale du royaume des Tongas, sur l'île de Tongatapu. 29 000 hab.

Numa Pompilius ■ Second roi légendaire de Rome, qui régna de 715 à 673 av. J.-C.

la **Numidie** ■ Royaume d'Afrique du Nord (Maghreb) créé par Masinissa en 203 av. J.-C. Après la victoire des Romains à Carthage, il devint une province romaine, fut christianisé au IIe s., puis passa sous domination arabe au VIIIe s.

Charles **Nungesser** ■ Aviateur français (1892-1927). Il disparut avec François Coli (1881-1927) au-dessus de l'Atlantique Nord.

Nuremberg, en allemand **Nürnberg** ■ Ville d'Allemagne (*Bavière). 472 000 hab. Industries mécanique, électrique. Jouets réputés. Possession des *Hohenzollern, métropole commerciale et artistique (*Dürer) du

XIIIe au XVIe s., Hitler en fit le siège du congrès annuel du parti *nazi. En grande partie détruite pendant la Seconde Guerre mondiale. ▶ *le procès de **Nuremberg*** eut lieu pour juger les criminels de guerre nazis (1945-1946).

Nuuk, autrefois ***Godthåb*** ■ Capitale du Groenland. 12 000 hab.

le ***Nyassaland*** ■ ⇒ **Malawi.**

Julius ***Nyerere*** ■ Homme politique tanzanien (né en 1922). Président de la République du *Tanganyika en 1962, il fut, de 1964 à 1985, président de la République de *Tanzanie.

Nyons ■ Sous-préfecture de la Drôme. 6 400 hab. *(les Nyonsais).*

O

Oakland ■ Ville et port des États-Unis, dans la zone urbaine de *San Francisco (*Californie). 339 000 hab. Centre industriel.

l'O.A.S., Organisation armée secrète ■ Dirigée par *Salan, elle s'opposa par la violence à la politique algérienne du général de *Gaulle (1961-1962). ⇒ guerre d'**Algérie.**

Oaxaca de Juárez ■ Ville du Mexique. 157 000 hab. Nombreux édifices baroques. Site de *Monte Albán à proximité.

l'Ob n. m. ■ Fleuve de *Russie. Il traverse la Sibérie occidentale et se jette dans l'Arctique. 4 230 km.

René de Obaldia ■ Écrivain français (né en 1918). Pièces de théâtre à l'humour acide. *"Le Satyre de la Villette".*

el-Obeid ou **al-Ubayyiḍ** ■ Site archéologique de basse *Mésopotamie, près d'*Ur (aujourd'hui en Irak). Vestiges d'une civilisation antésumérienne, la *culture d'Obeid.*

Oberhausen ■ Ville et port d'Allemagne (*Rhénanie-du-Nord-Westphalie), important centre industriel de la *Ruhr. 220 000 hab.

l'Oberland bernois ■ Région montagneuse de Suisse, dans le canton de Berne. Tourisme.

Obernai ■ Commune du Bas-Rhin. 10 100 hab. *(les Obernois).*

Obrenović ■ Dynastie serbe, rivale des *Karadjordjević, qui régna de 1817 à 1903 (sauf de 1842 à 1858).

Sean O'Casey ■ Auteur dramatique irlandais (1880-1964). Son théâtre évoque les problèmes politiques et sociaux de l'Irlande. *"L'Ombre d'un franc-tireur".*

Guillaume d'Occam ■ ⇒ Guillaume d'Occam.

l'empire romain d'Occident ■ État issu du partage de l'Empire romain en 395. ⇒ **Rome.**

l'Occitanie n. f. ■ Ensemble des régions du sud de la France, où l'on parlait la langue d'oc, aujourd'hui maintenue par les dialectes et par la renaissance occitane (provençal, gascon, etc.). ⟨ ▶ occitan ⟩

l'Occupation n. f. ■ Période de la Seconde Guerre mondiale, pendant laquelle la France fut occupée par les armées allemandes (1940-1944).

l'O.C.D.E. n. f. ■ « Organisation de coopération et de développement économique », créée en 1961, dont le but est de coordonner les politiques économiques des pays occidentaux (24 membres).

Océan ■ Divinité grecque dont l'union avec *Téthys permit la nais-

sance des fleuves et des **Océanides.
⟨ ▶ océan ⟩

*les **Océanides*** n. f. ■ Dans la mythologie grecque, nymphes de la Mer et des Eaux.

*l'**Océanie*** n. f. ■ Une des cinq parties du monde (8 970 000 km² ; 25 millions d'hab.), comprenant l'*Australie et une multitude d'îles dans le Pacifique, groupées en trois ensembles : *Mélanésie (dont la *Nouvelle-Guinée), *Micronésie, *Polynésie (dont la *Nouvelle-Zélande). L'art et les civilisations océaniens, découverts par les Occidentaux aux XIXᵉ et XXᵉ s., ont été affectés par la colonisation, l'immigration asiatique, le rôle stratégique de la région, le tourisme ; ils sont menacés de disparition en *Nouvelle-Zélande et en *Australie, où la population et le style de vie européens ou américains sont largement majoritaires. ⟨ ▶ océanien ⟩

*Johannes **Ockeghem*** ■ Compositeur franco-flamand (v. 1420 - v. 1497). Un des maîtres du contrepoint.

*Daniel **O'Connell*** ■ Homme politique irlandais (1775-1847). Catholique, il lutta pour la liberté politique et religieuse de son pays.

Octave ■ Nom d'*Auguste, avant son adoption par *César.

Octavie ■ Impératrice romaine, épouse de *Néron (v. 42 - 62). Ce dernier la répudia pour épouser *Poppée.

Octeville ■ Commune de la Manche. 18 300 hab. *(les Octevillais).*

*la révolution d'**Octobre*** ■ ⟹ révolution russe de 1917.

Odense ■ Ville et port du Danemark, chef-lieu de la *Fionie. 175 000 hab.

*l'**Oder*** n. m. ■ Fleuve qui naît en République tchèque, traverse la Pologne et se jette dans la *Baltique. 848 km. Il forme avec son affluent la *Neisse la ligne de l'*Oder-Neisse* qui sert de frontière entre la Pologne et

l'Allemagne. En 1990, un traité fut signé entre les deux pays, officialisant cette frontière.

Odessa ■ Ville de la C.É.I. (*Ukraine), principal port de la mer Noire. 1,11 million d'hab. Centre culturel et économique.

Odin, en allemand *Wotan* ■ Principal dieu de la mythologie scandinave, dieu de la Guerre, de l'Écriture et de la Poésie.

*l'**Odyssée*** ■ Épopée grecque attribuée, comme l'*"*Iliade",* à *Homère. Elle raconte le retour d'*Ulysse (en grec : *Odusseus*) après la guerre de *Troie : poursuivi par la haine du dieu *Poséidon, il erre dix ans sur les mers avant de retrouver sa patrie, *Ithaque, et son épouse, *Pénélope, dont il élimine les prétendants. ⟨ ▶ odyssée ⟩

Œdipe ■ Personnage de la mythologie grecque. Il tue son père, épouse sa mère et se crève les yeux pour se punir de ses fautes involontaires. Le mythe d'Œdipe a inspiré *Sophocle et *Euripide. Le *complexe d'Œdipe,* amour coupable de l'enfant pour chacun de ses parents, notamment celui du sexe opposé, est au centre de la psychanalyse de Freud.

*Adam **Oehlenschläger*** ■ Poète et dramaturge danois (1779-1850). Chef de file du romantisme national. *"Poèmes du Nord".*

*Hans Christian **Œrsted*** ou *Ørsted* ■ Physicien danois (1777-1851). Son nom a été donné à l'unité d'intensité du champ magnétique.

*Jacques **Offenbach*** ■ Compositeur français d'origine allemande (1819-1880). Célèbre pour ses opérettes enjouées : *"la Belle Hélène"* ; *"la Vie parisienne".* *"Les Contes d'Hoffmann",* opéra-comique.

Offenbach-sur-le-Main, en allemand *Offenbach am Main* ■ Ville d'Allemagne (*Hesse), port sur le Main. 111 000 hab. Cuir.

*l'**Ogaden*** n. m. ■ Région steppique de l'est de l'Éthiopie. Litige territorial avec la Somalie.

Ōgaki ■ Ville du Japon (*Honshū). 148 000 hab. Château du XVIe s.

Ogbomosho ■ Ville du Nigeria. 613 000 hab. Centre commercial (coton).

Ogino Kyūsaku ■ Médecin japonais (1882-1975). Méthode de calcul des cycles d'ovulation chez la femme.

*l'**Ognon*** n. m. ■ Rivière de l'est de la France, affluent de la Saône. 190 km.

*l'**Ogooué*** n. m. ■ Fleuve d'Afrique équatoriale, qui se jette dans l'océan Atlantique. 1 200 km.

*Maurice **Ohana*** ■ Compositeur français d'origine espagnole (né en 1914). *"Syllabaire pour Phèdre"*, opéra de chambre.

*l'**Ohio*** n. m. ■ État du centre nord des États-Unis, entre la rivière Ohio (affluent du Mississippi) et le lac Érié. 115 998 km². 10,8 millions d'hab. Capitale : Colombus. Villes principales : Cincinnati, Cleveland. Industries.

*Georg **Ohm*** ■ Physicien allemand (1789-1854). Son nom a été donné à l'unité de mesure de la résistance électrique. *Loi d'Ohm :* loi fondamentale des courants électriques. ⟨ ▶ ohm ⟩

Ohrid ■ Ville de *Macédoine, sur le *lac d'Ohrid* (348 km²), à la frontière albanaise. 64 300 hab. Églises byzantines.

Oignies ■ Commune du Pas-de-Calais. 10 700 hab. *(les Oignignois).*

*l'**Oisans*** n. m. ■ Région des Alpes françaises, au sud-est de Grenoble. Alpinisme, sports d'hiver.

*l'**Oise*** n. f. ■ Rivière du Bassin parisien, affluent de la Seine. 302 km. Importante voie de navigation. ▶ *l'Oise* [60]. Département français de la région *Picardie. 5 890 km². 724 000 hab. Préfecture : Beauvais.

Sous-préfectures : Clermont, Compiègne, Senlis.

Oissel ■ Commune de la Seine-Maritime. 12 700 hab. *(les Osseliens).*

Ōita ■ Ville industrielle et port du Japon (*Kyūshū). 403 000 hab.

*l'**Oka*** n. f. ■ Rivière de *Russie, affluent de la *Volga. 1 480 km.

Okayama ■ Ville du Japon (*Honshū). 587 000 hab.

*la mer d'**Okhotsk*** ■ Mer à l'est de la Sibérie, entre la presqu'île du *Kamtchatka et l'île de *Sakhaline.

Okinawa ■ Île du Japon, la principale de l'archipel des *Ryūkyū. Ville principale : Naha. Violents combats en 1945.

*l'**Oklahoma*** n. m. ■ État du centre sud des États-Unis. 181 185 km². 3 millions d'hab. Céréales et coton. Pétrole et gaz. □ *Oklahoma City,* sa capitale. 403 000 hab.

Öland ■ Île de Suède, dans la mer *Baltique, reliée au continent par un pont. 1 339 km².

Olav V ■ Roi de Norvège de 1957 à sa mort (1903-1991).

Kamil Zeman dit *Ivan **Olbracht*** ■ Romancier tchécoslovaque (1882-1952). *"L'Étrange Amitié de l'acteur Jesenius".*

*l'**Oldenbourg*** n. m. ■ Ancien État d'Allemagne, au bord de la mer du Nord. Comté au XIe s. puis duché, enfin grand-duché au XIXe s. □ *Oldenbourg,* en allemand *Oldenburg,* sa capitale (140 000 hab.), est aujourd'hui une ville commerciale (marché aux bestiaux) d'Allemagne, située en Basse-*Saxe.

*Claes **Oldenburg*** ■ Artiste américain d'origine suédoise (né en 1929). Un des représentants du *pop'art.

Oldham ■ Ville d'Angleterre (Grand *Manchester). 108 000 hab. Filatures de coton.

*l'île d'**Oléron*** ■ Île française de l'océan Atlantique, près de l'embouchure de la Charente, dépendant de la Charente-Maritime et reliée au continent par un viaduc. 175 km². 18 400 hab. *(les Oléronais)*. Ostréiculture, pêche. Tourisme.

Olinda ■ Ville du Brésil (*Pernambouc), près de *Recife. Monuments des XVIIe-XVIIIe s. 266 000 hab.

le comte-duc d'Olivares ■ Homme d'État espagnol (1587-1645). Favori de Philippe IV, il exerça le pouvoir de 1623 à 1643.

Olivet ■ Commune du Loiret. 18 400 hab. *(les Olivetains)*. Horticulture.

sir Laurence Olivier ■ Acteur et metteur en scène anglais (1907-1989). Brillantes interprétations et mises en scène de *Shakespeare. "*Henry V*"; "*Hamlet*".

le mont des Oliviers ■ Colline à l'est de Jérusalem, où le Christ fut arrêté, selon les *Évangiles. Le jardin de *Gethsémani est au pied de ce mont.

Ollioules ■ Commune du Var. 10 400 hab. *(les Ollioulais)*.

Émile Ollivier ■ Homme politique français (1825-1913). Ministre de Napoléon III en 1870 ; sa tentative pour rétablir un régime parlementaire fut ruinée par la guerre *franco-allemande.

les Olmèques ■ Ancienne civilisation précolombienne de la région du golfe du Mexique, caractérisée par ses monumentales têtes sculptées en pierre.

Olomouc, en allemand *Olmütz* ■ Ville de *Moravie. 106 000 hab.

Olonne-sur-Mer ■ Commune de la Vendée. 9 100 hab.

le gave d'Oloron ■ Torrent des Pyrénées-Atlantiques, qui se jette dans le gave de Pau. 130 km.

Oloron-Sainte-Marie ■ Sous-préfecture des Pyrénées-Atlantiques. 11 800 hab. *(les Oloronais)*. Monuments anciens.

l'O.L.P., Organisation de libération de la Palestine ■ Mouvement nationaliste créé en 1964 dans le but d'obtenir la création d'un État palestinien et présidé par Yāsir *'Arafāt.

l'Olt n. m. ■ Rivière de Roumanie, affluent du *Danube. 700 km.

Olybrius ■ Nom de plusieurs personnages du haut Moyen Âge : un empereur romain d'Occident allié aux Barbares (mort en 472), un gouverneur d'Antioche et un gouverneur des Gaules qui auraient martyrisé, l'un sainte Marguerite, l'autre sainte Reine, d'où la légende médiévale d'un bravache cruel, puis (XVIe s.) d'un fanfaron incapable. ⟨ ▶ olibrius ⟩

l'Olympe n. m. ■ Montagne du nord de la Grèce. 2 917 m. Pour les Grecs de l'Antiquité, c'était le séjour des dieux. ⟨ ▶ olympien ⟩

Olympia ■ Ville des États-Unis, capitale de l'État de *Washington. 27 400 hab.

Olympias ■ Reine de Macédoine et mère d'*Alexandre le Grand (v. 375 - 316 av. J.-C.).

Olympie ■ Centre religieux de la Grèce antique, dans le Péloponnèse, consacré au culte de *Zeus dont la statue était considérée comme l'une des Sept *Merveilles du monde. ▶ *les jeux Olympiques* s'y déroulaient tous les quatre ans, à partir de 776 av. J.-C. jusqu'en 394 apr. J.-C. Le nombre des épreuves passa de 1 (course du stade) à 13 (javelot, pugilat...). Pour les *jeux Olympiques* modernes, ⇒ **Coubertin.** ⟨ ▶ olympiade, olympique ⟩

l'Om n. m. ■ Rivière de *Russie, en *Sibérie. 1 259 km. Affluent de l'*Irtych.

Omaha ■ Ville des États-Unis (*Nebraska), port sur le Missouri. 314 000 hab.

le sultanat d'Oman ■ État (monarchie absolue) de la péninsule Arabique, baigné par le *golfe* et la *mer* d'Oman. 300 000 km² environ. 1,42 million d'hab. *(les Omanais).* Capitale : Mascate. Langue : arabe. Religion officielle : islam. Monnaie : riyal omani. Ancienne colonie portugaise, devenue au XVIIIᵉ s. le *sultanat de Mascate et d'Oman,* et dont l'indépendance fut reconnue par la communauté internationale en 1970. Dattes, arbres fruitiers. Pays producteur de pétrole, il n'est pas membre de l'O.P.E.P.

Omar ou **'Umar Iᵉʳ** ■ Second calife des musulmans après *Abou Bakr (v. 581-644). Il contribua à l'expansion de l'islam.

l'Ombrie n. f., en italien **Umbria** ■ Région autonome du centre de l'Italie. 8 456 km². 820 000 hab. *(les Ombriens).* Capitale : Pérouse. Oliviers, élevage, industries électrochimiques.

Omdourman ou **Umm Durmān** ■ 1ʳᵉ ville du Soudan. 526 000 hab. Banlieue de *Khartoum.

les **Omeyyades** ■ Dynastie de califes arabes qui régna à Damas de 661 à 750. Immense empire qui s'étendit jusqu'à l'Espagne (XIᵉ s.).

Omphale ■ Reine légendaire de *Lydie. *Héraclès fut son esclave, puis son époux.

l'O.M.S. n. f. ■ L'« Organisation mondiale de la santé », fondée en 1946, est une institution spécialisée de l'*O.N.U. Siège : Genève.

Omsk ■ Ville de la C.É.I. (*Russie), pôle historique de la *Sibérie occidentale. 1,14 million d'hab. Port fluvial à la confluence de l'*Om et de l'*Irtych. Pétrole. Le contre-révolutionnaire *Koltchak, après avoir pris le titre de régent suprême, en fit sa capitale en 1918.

le lac **Onega** ■ 2ᵉ lac européen par sa surface, en Russie. 9 900 km².

Eugene O'Neill ■ Auteur dramatique américain (1888-1953). Ses pièces allient le réalisme du quotidien au symbolisme. "*Le Singe velu*". Prix Nobel 1936.

Onet-le-Château ■ Commune de l'Aveyron. 10 200 hab.

Onnaing ■ Commune du Nord. 9 200 hab.

l'Ontario n. m. ■ Province (État fédéré) du Canada. 1 068 580 km². 8,63 millions d'hab. *(les Ontariens),* en grande majorité anglophones (mais il y a 425 000 *Franco-Ontariens*). Capitale : Toronto. Première région économique du pays, et la plus peuplée. ► *le lac* **Ontario.** ⇒ **Grands Lacs.**

l'O.N.U., Organisation des Nations Unies ■ Créée en 1945, elle succéda en 1946 à la *Société des Nations (S.D.N.). Son but est de maintenir la paix et la sécurité dans le monde. L'O.N.U. siège à New York. Elle comprend l'*Assemblée générale* qui rassemble les 159 États membres, le *Conseil de sécurité* (15 membres dont 5 permanents : États-Unis, Russie, Chine, France, Royaume-Uni), le *Conseil économique et social,* le *Conseil de tutelle,* la *Cour internationale de justice,* le *Secrétariat* (dirigé par un secrétaire général) et des organes qui sont spécifiques (*U.N.E.S.C.O., *O.M.S., *F.A.O., etc.). Souvent paralysée dans son action (droit de veto des membres permanents du Conseil de sécurité), l'organisation, avec la fin de la *guerre froide, tenta de restaurer son autorité. En 1990, elle mandata une coalition militaire internationale pour obliger l'Irak à évacuer le Koweït (⇒ guerre du **Golfe**).

l'O.P.E.P., Organisation des pays exportateurs de pétrole ■ Créée en 1960 pour fixer les prix du pétrole, elle regroupe 13 États et siège à Vienne.

*le théâtre de l'***Opéra de Paris** dit *le palais Garnier* ■ Bâtiment de l'Académie de musique et de danse. Construit par *Garnier de 1862 à 1875. Son style fastueux est caractéristique du second Empire. Plafond décoré par *Chagall en 1964. Consacré à la danse depuis la construction de l'*Opéra de la Bastille* (1989).

Max Ophüls ■ Cinéaste allemand naturalisé français (1902-1957). "*Madame de...*" ; "*Lola Montès*".

la guerre de l'Opium ■ Guerre anglo-chinoise (1839-1842), à la suite de la saisie par les Chinois de 2 000 caisses d'opium livrées par les Anglais. Le traité de *Nankin obliga la Chine à ouvrir ses ports au commerce européen. Une seconde *guerre de l'Opium* eut lieu (1856-1860) à laquelle les Français prirent part aux côtés des Anglais.

Opole ■ Ville de Pologne, centre économique de la *Silésie. 128 000 hab.

Robert Oppenheimer ■ Physicien américain (1904-1967). Il dirigea les recherches qui aboutirent à la bombe atomique en 1945 et devint, par ses écrits et son rôle public, le symbole d'une interrogation sur la responsabilité du savant.

Oradea ■ Ville de Roumanie. 214 000 hab. Monuments baroques.

Oradour-sur-Glane ■ Commune de la Haute-Vienne où les Allemands massacrèrent la population en juin 1944. Symbole de la barbarie nazie. 2 000 hab. *(les Radounauds).*

Oran, en arabe *Ouahran* ■ 2e ville et port d'Algérie. 629 000 hab. *(les Oranais).* Évêché. Université. Exportation de produits agricoles et industriels. Ancienne colonie romaine puis espagnole, occupée par les Français en 1831.

Orange ■ Commune du Vaucluse. 28 100 hab. *(les Orangeois).* Théâtre antique et arc de triomphe romains.

l'Orange n. m. ■ Fleuve d'Afrique australe qui se jette dans l'océan Atlantique. 1 860 km.

l'État libre d'Orange ■ Province d'Afrique du Sud. 127 338 km².

1,86 million d'hab. Capitale : Bloemfontein. Mines d'or et de diamants.

Orange-Nassau ■ ⇒ Nassau.

l'Oratoire n. m. ■ Congrégation de prêtres, fondée en Italie par saint Philippe Neri (1575). *Bérulle créa l'*Oratoire de France* en 1611. ▶ *les* *Oratoriens* se consacrent à l'enseignement.

l'Orb n. m. ■ Fleuve côtier du sud de la France qui se jette dans la mer Méditerranée. 145 km.

les îles Orcades n. f. pl., en anglais *Orkney Islands* ■ Archipel britannique au nord-est de l'Écosse. 70 îles dont la principale est Mainland. Elles forment une zone d'autorité insulaire de l'Écosse. 974 km². 19 500 hab. Chef-lieu : Kirkwall (6 000 hab.). Élevage, pêche.

Ordjonikidze ■ ⇒ Vladikavkaz.

Örebro ■ Ville de Suède. 120 000 hab.

l'Oregon n. m. ■ État du nord-ouest des États-Unis. 251 418 km². 2,63 millions d'hab. Capitale : Salem. Élevage. Industries du bois.

Orel ■ Ville de la C.É.I. (*Russie), au sud de Moscou. 337 000 hab. Industries alimentaire et mécanique.

Orenbourg ■ Ville de la C.É.I. (*Russie). 547 000 hab. Centre culturel et économique.

l'Orénoque n. m., en espagnol *Orinoco* ■ Fleuve du Venezuela qui se jette dans l'Atlantique par un vaste delta marécageux. 2 160 km. 4e fleuve du monde par son débit.

Orense ■ Ville d'Espagne (*Galice). 102 000 hab.

Oreste ■ Dans la mythologie grecque, fils d'*Agamemnon et de *Clytemnestre. Poussé par sa sœur *Électre, il tue sa mère pour venger le meurtre de son père. Personnage de nombreuses tragédies, de l'Antiquité à nos jours.

Carl **Orff** ■ Compositeur allemand (1895-1982). Il revint aux sources médiévales de la musique occidentale. *"Carmina burana".*

*l'empire romain d'***Orient** ■ ⇒ **Byzance.**

*la question d'***Orient** ■ ⇒ Empire **ottoman.**

Origène ■ Théologien de langue grecque (v. 185-v. 254). Un des grands penseurs de l'Antiquité chrétienne. ▶ *l'***origénisme** n. m. Doctrine inspirée d'Origène.

Orion ■ Géant de la mythologie grecque qui a donné son nom à une constellation de la zone équatoriale.

*l'***Orissa** n. m. ■ État de l'Inde, sur la côte nord-est. 155 707 km². 26,37 millions d'hab. Capitale : Bhubaneswar. Il est couvert de forêts denses.

*le volcan d'***Orizaba** ou **Citlaltépetl** ■ Point culminant du Mexique. 5 700 m.

Orlando ■ Ville des États-Unis (*Floride). 128 000 hab. À proximité, le parc d'attraction de *Disneyworld.*

*la maison d'***Orléans** ■ Duché donné par quatre fois dans l'histoire au fils cadet du roi de France. PRINCIPAUX REPRÉSENTANTS ▢ *Charles d'***Orléans** (1394-1465), fils de Louis d'Orléans (le frère de Charles VI), grand seigneur et grand poète lyrique, père de *Louis XII (⇒ **Valois**). ▢ *Gaston d'***Orléans** (1608-1660), frère de *Louis XIII, chef de l'opposition à la politique absolutiste de *Richelieu et de *Mazarin (⇒ la **Fronde**). ▢ *Philippe d'***Orléans** dit **Monsieur** (1640-1701), frère de *Louis XIV. ▢ *Philippe* dit **le Régent,** son fils (1674-1723), exerça le pouvoir pendant la minorité de *Louis XV (⇒ la **Régence**). ▢ *Louis Philippe Joseph* dit **Philippe Égalité** (1747-1793), arrière-petit-fils du précédent, rassembla l'opposition libérale à Louis XVI (dont il vota la mort), probablement dans l'espoir de le remplacer, mais fut

guillotiné ; son fils *Louis-Philippe, roi des Français, réalisa un compromis entre la monarchie et la république, l'aristocratie et la bourgeoisie (⇒ **monarchie de Juillet**). On a pu désigner par le terme d'*orléanisme* une constante de la vie politique française : le choix du « gouvernement des élites », c'est-à-dire des notables.

Orléans ■ Préfecture du Loiret et de la région *Centre, sur la Loire. 108 000 hab. *(les Orléanais).* *Jeanne d'Arc délivra la ville des Anglais en 1429. Cathédrale gothique Sainte-Croix, parc floral. Industries alimentaire (vinaigre réputé), mécanique, électrique, chimique.

Orly ■ Commune du Val-de-Marne, au sud de Paris. 21 800 hab. *(les Orlysiens).* Grand aéroport.

Ormesson-sur-Marne ■ Commune du Val-de-Marne. 10 100 hab. *(les Ormessonnais).* Château (XVIe - XVIIIe s.).

Ormuz ■ Île iranienne. ▶ *le détroit d'***Ormuz,** passage entre le golfe *Persique et la mer d'Oman, essentiel au commerce du pétrole.

*l'***Ornain** n. m. ■ Rivière de l'est de la France, affluent de la *Marne. 120 km.

*l'***Orne** [61] n. f. ■ Département français de la région Basse-*Normandie. Il doit son nom au fleuve qui le traverse. 6 144 km². 293 900 hab. Préfecture : Alençon. Sous-préfectures : Argentan, Mortagne-au-Perche.

José Clemente **Orozco** ■ Peintre mexicain (1883-1949). Fresques monumentales d'inspiration politique.

Orphée ■ Poète musicien de la mythologie grecque. Descendu aux Enfers, il obtient de ramener à la vie son épouse Eurydice. Mais il désobéit en se retournant pour la regarder et elle disparaît pour toujours. Le récit a inspiré poètes et musiciens (*Monteverdi, *Gluck). ▶ *l'***orphisme** n. m. Religion initiatique qui se développa

en Grèce à partir du VIᵉ s. av. J.-C.
⟨▶ orphéon, orphisme ⟩

Philibert **Orry** ■ Ministre de Louis XV de 1730 à 1745 (1689-1747).

Orsay ■ Commune de l'Essonne, sur l'Yvette. 14 900 hab. *(les Orcéens).* Laboratoire de physique nucléaire.

Hans Christian **Orsted** ■ ⇒ Œrsted.

José **Ortega y Gasset** ■ Écrivain espagnol (1883-1955). Il exerça une profonde influence sur la pensée de son pays. "*Méditations de don Quichotte*".

Orthez ■ Commune des Pyrénées-Atlantiques. 10 800 hab. *(les Orthéziens).* Nombreux édifices anciens.

l'Église **orthodoxe** ■ Une des trois grandes confessions chrétiennes, avec le catholicisme et le protestantisme (⇒ **Église**). Elle se constitua dans l'empire romain d'Orient (*Byzance), tandis que Rome devenait la capitale de la chrétienté en Occident. Le *schisme d'Orient marqua la rupture avec les catholiques (1054). Après la chute de l'Empire byzantin (1453), la Russie devint son principal foyer, avec le patriarcat de Moscou. Les grands évangélisateurs de l'Église orthodoxe furent les saints *Cyrille et Méthode.

Oruro ■ 4ᵉ ville de Bolivie. 196 000 hab.

l'abbaye d' **Orval** ■ Abbaye cistercienne de Belgique (province de *Luxembourg), datant du XIᵉ s.

Orvault ■ Commune de Loire-Atlantique, banlieue de Nantes. 23 300 hab. *(les Orvaltais).*

Orvieto ■ Ville d'Italie (*Ombrie). 23 600 hab. Nécropole étrusque. Église du XIIIᵉ s. possédant des fresques de *Signorelli et de Fra *Angelico. Vin blanc réputé.

George **Orwell** ■ Écrivain anglais (1903-1950). Auteur de deux satires impitoyables où il dénonce les pratiques totalitaires : "*1984*" ; "*la Ferme des animaux*".

Ōsaka ■ 3ᵉ ville du Japon. 2,64 millions d'hab. (banlieues : Sakai [816 000 hab.], Higashi-Ōsaka [523 000 hab.], Amagasaki [503 000 hab.], Nishinomiya [424 000 hab.], Tokyonaka [407 000 hab.]). Grand port sur l'île de *Honshū. Un des plus grands centres industriels du pays : métallurgie, chimie, électronique, textile.

John **Osborne** ■ Auteur dramatique anglais (né en 1929). "*La Paix du dimanche*".

Oshawa ■ Ville du Canada (*Ontario), port sur le lac Ontario. 124 000 hab., agglomération de 204 000 hab. Automobiles.

Oshima Nagisa ■ Cinéaste japonais (né en 1932). "*L'Empire des sens*" ; "*Furyo*".

Oshogbo ■ Ville du Nigeria. 400 000 hab. Aciéries. Coton.

Andreas Hosemann dit **Osiander** ■ Théologien protestant allemand (1498-1552). Il fut le premier à publier "*l'Astronomie*" de *Copernic.

Osiris ■ Dieu égyptien de la Végétation (notion de fertilité liée au *Nil) et du Bien. Il est le garant de la survie humaine après la mort. Représenté sous la forme d'une momie, coiffé d'une mitre blanche, il tient un sceptre et un fouet. Son culte, associé à celui d'*Isis, sa femme, et d'*Horus, son fils, se répandit dans le monde gréco-romain.

Oslo ■ Capitale de la Norvège, située au fond d'un fjord. 456 000 hab. 1ᵉʳ port industriel du pays : chantiers navals, métallurgie, textile. La ville prit le nom de *Christiania de 1624 à 1877 et *Kristiania de 1877 à 1925.

Osman Iᵉʳ Gazi ■ Sultan turc (1258-1324). Fondateur de la dynastie ottomane. ⇒ Empire **ottoman.**

Osnabrück ■ Ville d'Allemagne (Basse-*Saxe). 151 000 hab.

Osny ■ Commune du Val-d'Oise. 12 300 hab.

l'Ossétie du Nord n. f. ■ Une des républiques autonomes de la Fédération de *Russie, dans le *Caucase. 8 000 km². 634 000 hab. Capitale : Vladikavkaz. Céréales, forêts. □ **l'Ossétie du Sud,** région autonome de *Géorgie. 3 900 km². 99 000 hab. Capitale : Tskhinvali (34 000 hab.). Problèmes interethniques avec la Géorgie. — Ces deux territoires sont peuplés d'*Ossètes* ou *Osses.*

Ossian ■ Barde écossais légendaire du IIIᵉ s. La publication des *"Poèmes d'Ossian"* en 1760 eut un immense succès. On sait aujourd'hui que leur auteur était *Macpherson.

Ostende, en néerlandais **Oostende** ■ Ville et port de Belgique (*Flandre-Occidentale). 68 400 hab. Station balnéaire et thermale.

Ostie ■ Port de Rome dans l'Antiquité, aujourd'hui ensablé. Tourisme *(Ostia antiqua)* : nombreux vestiges, *Lido* (plage) de Rome.

Ostrava ■ Ville de *Moravie. 330 000 hab. Centre d'une conurbation industrielle.

les Ostrogoths ■ Ancien peuple germanique (une des deux branches des *Goths) vaincu par les *Huns en 375. À la mort d'*Attila, ils conquirent l'Italie sous la conduite de *Théodoric le Grand. Le royaume qu'ils fondèrent autour de Ravenne fut renversé par les Byzantins en 555. ⟨ ▶ ostrogoth ⟩

Ostwald ■ Commune du Bas-Rhin. 10 200 hab.

l'O.T.A.N., Organisation du traité de l'Atlantique Nord ■ Structure militaire commune aux États-Unis, au Canada et à leurs alliés européens, issue du traité dit de l'Alliance atlantique (4 avril 1949). La France s'en est retirée en 1966, mais elle reste membre de l'Alliance.

Othon ou **Otton Iᵉʳ le Grand** ■ Fondateur et premier empereur du *Saint Empire romain germanique (912-973). Il triompha des féodaux allemands, des Hongrois et des Slaves (955) et se fit couronner en 962. Il christianisa l'Orient slave. □ **Othon II,** son fils (955-983). □ **Othon III,** son petit-fils (980-1002), fit de Rome sa capitale.

le canal d'Otrante ■ Détroit séparant l'*Adriatique de la mer *Ionienne. 70 km.

Ōtsu ■ Ville du Japon (*Honshū), ancienne cité impériale. 248 000 hab.

Ottawa ■ Capitale fédérale du Canada, à la limite de l'*Ontario et du *Québec. 301 000 hab., agglomération (avec *Hull) de 819 000 hab. Ville administrative et résidentielle.

Nikolaus Otto ■ Ingénieur allemand (1832-1891). Il réalisa le premier moteur à quatre temps, suivant le cycle de *Beau de Rochas.

l'Empire ottoman ■ Une des plus grandes puissances d'Europe et du Proche-Orient, de 1453 (prise de Constantinople) à la naissance de la Turquie moderne. Il fut édifié par la dynastie ottomane turque (⟹ **Osmar Iᵉʳ Gazi**) sur les ruines des empires *seldjoukide et byzantin (⟹ **Byzance**). Les règnes de *Mehmet II et de *Soliman le Magnifique (XVᵉ-XVIᵉ s.) marquent l'apogée de l'Empire qui domine l'Europe balkanique, l'Europe centrale, le Proche-Orient arabe et l'Afrique du Nord. Constantinople est rebaptisée *Istanbul. L'administration est centralisée avec un sultan, souverain absolu, assisté d'un grand vizir et d'une armée de janissaires. La flotte turque fait la loi sur les mers. À partir du XVIIᵉ s. commence le déclin : querelles de succession, avancée des Russes (1713-1774). L'Empire ottoman et le contrôle des détroits (*Bosphore et *Dardanelles) deviennent l'enjeu d'une lutte entre Anglais, Russes, Autrichiens et Français : c'est « la question d'Orient ». L'Empire perd la Grèce (1830) puis la Roumanie, la Serbie et tente de se redresser en pratiquant une politique panislamique ultranationaliste (⟹ **Arménie**). Allié de l'Allemagne, l'Empire ottoman s'effondre après la défaite de la Première Guerre mondiale (1918). ⟹ **Turquie.** ⟨ ▶ ① et ② ottoman ⟩

l'**O.U.A., Organisation de l'Unité africaine** ■ Organisme regroupant 50 États africains. Fondée en 1963, elle se donne pour but de développer l'unité et la coopération entre les pays africains. Siège : Addis-Abeba.

Ouagadougou ■ Capitale du Burkina Faso. 442 000 hab. Industrie légère.

Ouarzazate ■ Ville touristique du sud du Maroc. 11 100 hab.

l'**Oubangui** n. m. ■ Rivière d'Afrique équatoriale. 1 160 km. ▶ l'**Oubangui-Chari** n. m. ⟹ **République centrafricaine.**

l'**Oudmourtie** ou **Udmurtie** n. f. ■ Une des 16 républiques autonomes de la Fédération de *Russie à l'ouest de l'*Oural. 42 100 km². 1,6 million d'hab. *(les Oudmourtes).* Capitale : Ijevsk. Forêts, céréales. Métallurgie.

Jean-Baptiste **Oudry** ■ Peintre français (1686-1755). Célèbre animalier. Cartons de tapisseries des *"Chasses de Louis XV"*.

l'**Ouellé** n. m. ■ Rivière d'Afrique centrale, affluent de l'Oubangui. 1 300 km.

l'**île d'Ouessant** ■ Île et commune *(Ouessant)* de Bretagne (canton du Finistère). 15 km². 1 100 hab. *(les Ouessantins).* Pêche, moutons.

Oufa ■ Ville de la Fédération de *Russie, capitale de la *Bachkirie, dans le second *Bakou. 1,08 million d'hab. Centre culturel. Pétrole.

l'**Ouganda** n. m. ■ État (république) d'Afrique de l'Est. 241 040 km². 16,45 millions d'hab. *(les Ougandais).* Capitale : Kampala. Langues : anglais (officielle), swahili. Monnaie : nouveau shilling ougandais. Pays de hauts plateaux : le café, le coton et le sucre sont les principales ressources. Ancien protectorat anglais, indépendant en 1962 et affaibli par la dictature du général *Amin Dada de 1971 à 1979. Membre du Commonwealth.

Ougarit ■ Importante cité commerciale de la côte syrienne, dans l'Antiquité, fondée v. 3000 av. J.-C. Nombreux vestiges.

les **Ouïgours** ■ Peuple d'origine turque établi en Asie centrale (VIIIᵉ-XIIIᵉ s.) puis, chassé par les Mongols, en Chine.

Ouistreham ■ Commune du Calvados. 6 700 hab. *(les Ouistrehamais).*

Oujda ■ Ville du Maroc. 260 000 hab.

Oulan-Bator ■ Capitale de la république populaire de Mongolie. 548 000 hab. Ville religieuse fondée en 1778, elle est aujourd'hui le principal centre industriel du pays.

Oulan-Oude ■ Ville de la Fédération de *Russie, capitale de la *Bouriatie. 353 000 hab.

Oulianovsk ■ ⟹ **Simbirsk.**

Oullins ■ Commune du Rhône, dans la banlieue sud de Lyon. 26 400 hab. *(les Oullinois).*

Oum Kalsoum ou **Umm Kulthūm** ■ Chanteuse égyptienne dont la popularité s'étendit à l'ensemble du monde arabe (1898-1975).

les **Ouolofs** ou **Wolofs** ■ Peuple noir, musulman, établi principalement au Sénégal.

Our ■ ⟹ **Ur.**

l'**Oural** n. m. ■ Chaîne de montagnes de Russie qui s'étend du nord au sud sur 2 500 km et sépare l'Europe de l'Asie (*Sibérie). Ses richesses minières (fer, cuivre, or) en font un des grands foyers d'industrie lourde du pays. □ *l'Oural* n. m. Fleuve qui se jette dans la mer *Caspienne. 2 534 km.

Ouranos ■ Personnification du Ciel dans la mythologie grecque. *Uranus dans la mythologie latine.

l'Ourcq n. m. ■ Affluent de la *Marne. 80 km. ▶ *le canal de l'Ourcq* le fait communiquer avec la Seine. 108 km.

Ouro Prêto ■ Ville du Brésil (*Minas Gerais). L'une des plus remarquables villes d'art d'Amérique latine. 28 000 hab.

Ourouk ■ ⇒ Uruk.

Ouroumtsi ■ ⇒ **Wulumuqi.**

le grand lac de l'Ours ■ Lac du nord-ouest du Canada (*Territoires du Nord-Ouest). 31 326 km².

les Oustachis ■ Membres d'une société nationaliste croate fondée en 1929. Ils assassinèrent le roi *Alexandre Iᵉʳ Karageorgévitch et soutinrent *Hitler, qui leur avait accordé l'indépendance.

Outreau ■ Commune du Pas-de-Calais, faubourg de *Boulogne-sur-Mer. 15 400 hab. *(les Outrelois).*

l'Ouzbékistan n. m. ou *l'Ouzbékie* n. f. ■ État (république) d'Asie centrale, le *Turkestan. 447 400 km². 19,9 millions d'hab. *(les Ouzbeks).* Capitale : Tachkent. Langues : ouzbek, russe, tadjik. Monnaie : rouble. Pays de déserts, parsemés d'oasis. Cultures irriguées et industries dérivées : coton, soie, canne à sucre. Moutons. Ancienne puissance islamique (⇒ **Boukhara, Samarkand**). Membre de la *C.É.I.

Johann Friedrich Overbeck ■ Peintre allemand (1789-1869). Il s'ins-

pira des maîtres de la *Renaissance italienne. Sujets religieux.

l'Overijssel ■ Province des Pays-Bas. 3 339 km². 1 million d'hab. Chef-lieu : Zwolle. Agriculture. Industries textile, chimique et alimentaire.

Ovide ■ Poète latin (43 av. J.-C. - v. 17). Œuvres d'inspiration érotique *("l'Art d'aimer")* et mythologique *("les Métamorphoses"),* sources d'inspiration de la littérature et de l'art occidentaux.

Oviedo ■ Ville d'Espagne, capitale des *Asturies. 191 000 hab. Métallurgie.

Robert Owen ■ Réformateur et théoricien socialiste britannique (1771-1858).

Oxford ■ Ville du sud de l'Angleterre, sur la Tamise, chef-lieu du comté d'Oxfordshire. 120 000 hab. *(les Oxfordiens).* Son université, fondée en 1133, est une des plus célèbres du monde. À partir du XVIᵉ s., l'université de *Cambridge fut sa rivale. Nombreux collèges d'architecture gothique. ▶ *l'Oxfordshire.* Comté du centre sud de l'Angleterre. 2 611 km². 579 000 hab. Chef-lieu : Oxford.

l'Oyashio ■ Courant froid du Pacifique qui baigne les côtes du Japon avant de se heurter au *Kuroshio.

Oyonnax ■ Commune de l'Ain, dans le *Jura. 24 000 hab. *(les Oyonnaxiens).*

Amos Oz ■ Écrivain israélien (né en 1939). *"Mon Michaël".*

Ozaki Kōyō ■ Écrivain japonais (1869-1903). Il a contribué à l'élaboration de la langue japonaise moderne. *"Le Démon doré".*

Ozoir-la-Ferrière ■ Commune de Seine-et-Marne. 19 100 hab.

Ozu Yasujirō ■ Cinéaste japonais (1903-1963). *"Le Goût du saké".*

P

Georg Wilhelm **Pabst** ■ Cinéaste *expressionniste allemand (1885-1967). "La Rue sans joie" ; "Loulou".

Johann **Pachelbel** ■ Organiste et compositeur allemand, précurseur de J.-S. *Bach (1653-1706).

l'océan **Pacifique** ■ Le plus grand océan de la Terre (180 millions de km², c'est-à-dire environ 30 % de la surface du globe). Il s'étend entre l'Amérique, l'Antarctique, l'Asie et l'Australie. Bordé au nord et à l'ouest par une série d'îles volcaniques, il est parsemé au sud de récifs de corail. Il communique avec l'océan Arctique par le détroit de Béring. Avec l'essor du Japon et de l'Australie, son importance économique et stratégique s'est accrue. ▶ *la guerre du* **Pacifique.** Épisode de la Seconde *Guerre mondiale, conflit entre le Japon et les États-Unis, avec leurs alliés, de 1941 (⇒ **Pearl Harbor**) à 1945 (capitulation du Japon le 2 septembre). ▶ *le centre d'expérimentation du Pacifique.* Ensemble des sites nucléaires dans les territoires français du Pacifique (⇒ **Mururoa**).

le **pacte d'Acier** ■ Alliance défensive et offensive conclue le 22 mai 1939 par l'Allemagne nazie et l'Italie fasciste.

le **pacte germano-soviétique** ■ Traité de non-agression signé par l'Allemagne nazie et l'U.R.S.S. le 23 août 1939. Il comportait un protocole secret qui définissait des sphères d'influence en Europe orientale entre les deux pays : partage de la Pologne, Finlande et pays *baltes dans la zone soviétique.

le **Pactole** ■ ⇒ Midas. 〈▶ pactole〉

Padang ■ Ville et port d'Indonésie. 481 000 hab. Exportations.

Paderborn ■ Ville d'Allemagne (*Rhénanie-du-Nord-Westphalie). 111 000 hab.

Ignacy **Paderewski** ■ Homme politique, pianiste et compositeur polonais (1860-1941). Président du Conseil en 1919. "Humoresques de concert", pour piano.

le gouffre de **Padirac** ■ Gouffre du Lot (commune de *Padirac*, 160 hab. *[les Padiracois]*), qui s'ouvre dans le causse jusqu'à 75 m. Rivière souterraine. Site touristique.

Padoue, *en italien* **Padova** ■ Ville d'Italie, en *Vénétie. 222 000 hab. *(les Padouans).* Basilique avec le tombeau de saint *Antoine. Université depuis le XIIIᵉ s. (important centre *humaniste au XVIᵉ s.). Ville commerciale et industrielle.

Paestum ■ Ville de l'Italie ancienne, colonie grecque puis romaine. Site au sud de Naples. Très beaux temples grecs.

Pagan ■ Site archéologique de Birmanie, réputé pour ses nombreux monuments bouddhiques.

Niccolò Paganini ■ Violoniste et compositeur italien célèbre pour sa virtuosité (1782-1840).

Marcel Pagnol ■ Écrivain et cinéaste français (1895-1974). Comédies qu'il adapta pour le cinéma *("Marius"; "Fanny"; "César"),* romans *("Jean de Florette")* et récits de souvenirs *("la Gloire de mon père")* qui se passent en Provence.

les Pahlavi ■ Dynastie perse fondée par Rezāh Chāh en 1925. Elle régna sur l'Iran jusqu'au renversement du chah en 1979.

Paimpol ■ Commune des Côtes-d'Armor. 8 300 hab. *(les Paimpolais).* Port de pêche.

le Pain-de-Sucre ■ Montagne conique à l'entrée de la baie de Rio de Janeiro, au Brésil. 395 m.

Thomas Paine ■ Homme politique américain d'origine anglaise (1737-1809). Publiciste révolutionnaire, naturalisé français, il fut député (*girondin) à la *Convention française.

Paul Painlevé ■ Mathématicien et homme politique français (1863-1933). Il contribua au développement de l'aviation. Plusieurs fois ministre et président du Conseil entre 1915 et 1929.

Giovanni Paisiello ■ Compositeur italien, auteur d'opéras (1740-1816). *"La Bella Molinara".*

la rivière de la Paix ■ Rivière du nord-ouest du Canada. 1 700 km.

Augustin Pajou ■ Sculpteur français (1730-1809). Portraitiste attitré de Madame *du Barry. *"Psyché abandonnée".*

le Pakistan ■ État (république fédérale islamique) d'Asie du Sud. 879 811 km². 118,82 millions d'hab. *(les Pakistanais).* Capitale : Islamabad. Langues : ourdou (officielle), anglais. Religion officielle : islam. Monnaie :

roupie pakistanaise. Agriculture intensive dans la vallée de l'*Indus (blé, riz, coton). Seule industrie notable : le textile. □ **HISTOIRE**. L'histoire de ce pays s'est longtemps confondue avec celle de l'Inde. En 1947, l'empire britannique des Indes se sépara en deux États indépendants, l'Inde et, créé par les populations musulmanes, le Pakistan (république islamique en 1956). Mais des litiges frontaliers (*Pendjab, *Cachemire) sont, depuis, la cause de relations tendues entre les deux pays. En 1971, le Pakistan oriental se détacha et devint, avec l'appui de l'Inde, la république du *Bangladesh. De 1988 à 1990, Benazir *Bhutto fut la première femme à être élue Premier ministre d'un État musulman. À la frontière de l'Afghanistan et de la Chine, le pays est impliqué dans les conflits régionaux, accueillant notamment de nombreux réfugiés afghans (environ 3 millions en 1987). Membre du Commonwealth.

le Palais-Bourbon ■ ⇒ le palais **Bourbon**.

Palaiseau ■ Sous-préfecture de l'Essonne. 29 400 hab. *(les Palaisiens).*

le Palais-Royal ■ Ensemble de bâtiments (XVIIᵉ - XIXᵉ s.) à Paris. *Lemercier le construisit pour *Richelieu qui le légua au roi (d'où son nom). Jardins. Théâtre de la Comédie-Française.

Kostís Palamás ■ Poète grec (1859-1943). Il œuvra pour l'emploi littéraire de la langue parlée. *"Chants de ma patrie".*

le mont Palatin ■ Une des sept collines de Rome, premier foyer d'habitation de la ville. Quartier aristocratique dans l'Antiquité (résidence d'*Auguste).

le Palatinat ■ Région historique d'Allemagne. Foyer du *calvinisme au XVIᵉ s. Elle fait partie de l'État de Rhénanie-Palatinat depuis 1946.

la princesse Palatine ■ ⇒ Charlotte-Élisabeth de Bavière.

*la république de **Palau*** ■ Territoire du Pacifique constitué d'une partie des îles *Carolines (26 îles et 300 îlots), sous tutelle américaine depuis 1947. 488 km². 14 200 hab. Chef-lieu : Koror (9 400 hab.).

Palavas-les-Flots ■ Commune et station balnéaire de l'Hérault. 4 700 hab. *(les Palavasiens).*

Palembang ■ Ville d'Indonésie, 2ᵉ port du pays. 787 000 hab.

Palenque ■ Site archéologique du Mexique, ancienne cité *maya (dans le *Yucatán). Pyramide des Inscriptions.

*les **Paléologues*** ■ Famille byzantine qui régna sur Constantinople de 1261 à 1453. ⇒ **Byzance.**

Palerme, en italien ***Palermo*** ■ Ville d'Italie, capitale de la *Sicile. 731 000 hab. *(les Palermitains).* Port sur la mer *Tyrrhénienne : exportation d'agrumes et de vin. Monuments byzantins, normands (gothiques), arabes et baroques.

*la **Palestine*** ■ Région du Proche-Orient bordée par la Méditerranée, au sud du Liban. Ville principale : Jérusalem. Pays des *Cananéens puis des *Hébreux conduits par *Moïse. Colonisée par les Romains en 64 av. J.-C., elle vit naître *Jésus-Christ. Elle devint Terre sainte sous l'empire chrétien de *Constantin et fut longuement disputée entre Arabes et croisés (⇒ **croisades).** Elle fut intégrée à l'Empire *ottoman au XVIᵉ s. À la fin du XIXᵉ s. commence l'immigration juive (⇒ **sionisme**) ; les Anglais qui ont un mandat sur la Palestine (1922) soumettent à l'O.N.U. la question de l'affrontement entre juifs et Arabes *(Palestiniens),* qui aboutit en 1948 à la création de l'État d'Israël. La partie arabe de la Palestine prend le nom de *Cisjordanie (⇒ **O.L.P.,** guerres **israélo-arabes**). Il y a 4,84 millions de Palestiniens dans le monde.

*Giovanni Pierluigi da **Palestrina*** ■ Compositeur italien de musique sacrée (v. 1525-1594). Nombreuses messes, motets.

*Bernard **Palissy*** ■ Céramiste et savant français (v. 1510 - v. 1589). Travail des émaux.

*le détroit de **Palk*** ■ Bras de mer séparant l'Inde et le Sri Lanka. 100 km.

*Andrea **Palladio*** ■ Architecte italien (1508-1580). Il travailla surtout à Vicence et dans sa région. Le style *palladien,* inspiré des formes antiques, devint au XVIIIᵉ s. la référence majeure du mouvement *néo-classique. La *"villa Rotonda".*

Pallas ■ Surnom de la déesse grecque *Athéna.

Palma de Majorque, en espagnol ***Palma de Mallorca*** ■ Ville d'Espagne, capitale des *Baléares, dans l'île de *Majorque. 321 000 hab. Important centre touristique.

Palma le Vieux, en italien ***Palma Vecchio*** ■ Peintre italien (v. 1480-1528). Vastes compositions religieuses. Influencé par *Titien. □***Palma le Jeune*** (1544-1628), son petit-neveu, fut surtout un peintre décorateur, représentant du *maniérisme vénitien.

Palm Beach ■ Station balnéaire des États-Unis (*Floride). 9 700 hab.

*Olof **Palme*** ■ Homme politique suédois (1927-1986). Le plus célèbre représentant de la social-démocratie suédoise. Premier ministre de 1969 à 1976, réélu en 1982, il mourut assassiné.

*lord **Palmerston*** ■ Homme politique britannique (1784-1865). Premier ministre de la reine *Victoria de 1855 à 1858 et de 1859 à 1865. Il eut une grande influence sur la politique étrangère de son pays.

Palmyre ■ Oasis du désert de Syrie, ancienne capitale du *royaume de Palmyrène* dévastée par l'empereur *Aurélien en 273. Vestiges.

Pamiers ■ Sous-préfecture de l'Ariège. 14 700 hab. *(les Appaméens).* Cathédrale. Marché agricole.

le **Pamir** ■ Région montagneuse d'Asie centrale qui s'étend principalement sur le *Tadjikistan. Pic du Communisme à 7 495 m.

la **Pampa** ■ Vaste plaine au centre de l'Argentine. Importante zone d'élevage bovin (pays des « gauchos »). ⟨ ▶ pampa ⟩

Pampelune, en espagnol **Pamplona** ■ Ville d'Espagne, capitale de la *Navarre. 184 000 hab. Foires. Industrialisation récente. Tourisme.

Pan ■ Dieu grec des Bergers et des Troupeaux. Les philosophes et les poètes en firent l'incarnation de l'Univers (*Pan* signifie « tout » en grec). L'effroi qu'il suscitait a donné le mot *panique.* ⟨ ▶ pan- ⟩

le **Panama** ■ État (république) d'Amérique centrale, sur l'isthme du même nom qui sépare l'Atlantique du Pacifique. 77 082 km². 2,37 million d'hab. *(les Panaméens).* Capitale : Panama. Langue officielle : espagnol. Monnaie : balboa. L'économie est surtout agricole (plantations de bananes, cacao, canne à sucre). Activité commerciale liée au canal de Panama dont le trafic est intense.
□ HISTOIRE. Ancienne colonie espagnole, unie à la Colombie en 1821, le pays devint indépendant en 1903. Les tensions entre les États-Unis et l'« homme fort » du régime, le général Noriega, accusé de trafic de drogue, provoquèrent une intervention militaire américaine en 1989 et l'extradition de Noriega. □*Panama.* Capitale de la république de Panama située sur le *golfe de Panama,* au nord-est du débouché du canal de Panama. 435 000 hab. (banlieue : San Miguelito, 263 000 hab.). Ville administrative et commerciale. Industries. Université. ▶ *le canal de Panama,* commencé en 1881 par Ferdinand de *Lesseps puis arrêté à cause d'un scandale financier, fut achevé en 1914 ; jusqu'en 1999 sous le contrôle des États-Unis.

Panazol ■ Commune de la Haute-Vienne, dans la banlieue de *Limoges. 8 600 hab.

Pandore ■ Première femme de l'humanité dans la mythologie grecque. Elle ouvrit la boîte (en fait, une jarre) contenant les misères humaines qui se répandirent sur la Terre.

Panetius ■ ⇒ stoïcisme.

la **Pangée** ■ Continent unique formé de toutes les terres émergées qui, en se fracturant à l'ère primaire, marqua le début de la dérive des continents.

René **Panhard** ■ Ingénieur français (1841-1908). Créateur avec *Levassor de l'une des premières sociétés d'industrie automobile.

Pāṇini ■ Célèbre grammairien indien, considéré comme le premier théoricien formaliste du langage (v. Iᵉ s. av. J.-C).

le **Pañjāb** ■ ⇒ Pendjab.

Pan Kou ■ ⇒ Ban Gu.

Pankow ■ Quartier de *Berlin. Ancien siège du gouvernement de la R.D.A.

la **Pannonie** ■ Ancienne province romaine de l'Europe centrale, correspondant à l'ouest de l'actuelle *Hongrie et à une partie de la Croatie.

Pantagruel ■ Titre et personnage d'un roman de *Rabelais, fils du géant *Gargantua. ⟨ ▶ pantagruélique ⟩

Pantalon ■ Personnage de la *commedia dell'arte. ⟨ ▶ pantalon, pantalonnade ⟩

le **Panthéon** ■ Temple de Rome construit par Agrippa (27 av. J.-C.), transformé en église *(Santa Maria Rotonda).* □ *le Panthéon.* Église de Paris (Sainte-Geneviève), construite par *Soufflot puis Rondelet, et qui devint sous la Révolution le lieu de sépulture de grands hommes (*Vol-

taire, *Rousseau, *Hugo, *Jaurès...).
⟨ ▶ panthéon ⟩

Pantin ■ Commune de la Seine-Saint-Denis. 47 400 hab. *(les Pantinois).*

Panurge ■ Personnage du *"Pantagruel"* de *Rabelais, intelligent et immoral. On appelle *mouton de Panurge* un homme qui suit les autres aveuglément, comme des moutons se suivent.

Pasquale ***Paoli*** ■ Patriote corse (1725-1807). Allié de l'Angleterre contre la France.

Konstantine ***Paoustovski*** ■ Écrivain soviétique (1892-1968). *"Le Livre des pérégrinations"*.

Georgios ***Papandréou*** ■ Homme politique grec (1888-1968). Fondateur du parti social-démocrate. □ *Andreas* ***Papandréou***, son fils (né en 1919). Premier ministre (socialiste) de 1981 à 1989.

Papeete ■ Chef-lieu de la *Polynésie française, port de l'île de *Tahiti. 78 800 hab. (avec les banlieues). Base aérienne. Tourisme.

Denis ***Papin*** ■ Physicien français (1647-1712). Il réalisa, à Londres, les premières machines à vapeur. ⇒ **Savery.**

Louis Joseph ***Papineau*** ■ Homme politique canadien (1786-1871). Il fut l'instigateur de la rébellion des Canadiens français contre Londres en 1837.

les ***Papous*** ■ Population de *Nouvelle-Guinée et des îles qui lui sont voisines. ▶ *la* ***Papouasie-Nouvelle-Guinée.*** Territoire de la *Nouvelle-Guinée, devenu, avec les îles environnantes (archipel *Bismarck, île *Bougainville), État indépendant (monarchie constitutionnelle) en 1975. 462 840 km². 3,59 millions d'hab. *(les Papouas).* Capitale : Port Moresby. Langues officielles : papouan, anglais. Monnaie : kina. Recouvert de forêts. Richesses minières et énergétiques. Membre du Commonwealth.

Pappos ou ***Pappus d'Alexandrie*** ■ Mathématicien grec (IVᵉ s.).

l'île de ***Pâques*** ■ Île du Pacifique, à l'ouest du *Chili auquel elle appartient. Célèbre pour ses statues (têtes géantes), d'une civilisation inconnue. 118 km². 1 900 hab.

Pará ■ État du nord du Brésil, en Amazonie. 1 246 833 km². 4,86 millions d'hab. Capitale : Belém.

Paracelse ■ Médecin suisse alémanique (v. 1493-1541). Œuvre très variée, typique de l'hermétisme encyclopédique de la *Renaissance.

le Grand ***Paradis*** ■ Massif des Alpes italiennes occidentales, au-dessus du Val d'*Aoste. 4 061 m. Parc national.

le ***Paraguay*** ■ État (république) d'Amérique du Sud. La rivière Paraguay (2 200 km) le traverse, et le sépare du Brésil et de l'Argentine. 406 752 km². 4,16 millions d'hab. *(les Paraguayens).* Capitale : Assomption. Langues : espagnol (officielle), guarani. Religion officielle : catholicisme romain. Monnaie : guarani. Pays rural vivant de l'exploitation de la forêt (arbre à tanin), d'élevage et de polyculture. □ **HISTOIRE.** Conquis par les Espagnols au XVIᵉ s., colonisé par les *jésuites, il proclama son indépendance en 1811. Une dictature militaire (général Stroessner) fut au pouvoir de 1954 à 1989.

Paraíba ■ État côtier du Brésil (*Nordeste). 53 958 km². 3,2 millions d'hab. Capitale : João Pessoa.

Parakou ■ Ville du Bénin. 65 900 hab.

Paramaribo ■ Capitale du Surinam, sur l'estuaire de la rivière Surinam. 77 600 hab. Centre administratif et commercial. Exportation de bauxite et de produits tropicaux.

le ***Paraná*** ■ Fleuve d'Amérique du Sud. Né au Brésil, il se jette en Argentine dans le Río de *la Plata. 3 300 km. □ *le* ***Paraná.*** État côtier du Brésil, traversé par ce fleuve.

199 324 km². 8,93 millions d'hab. Capitale : Curitiba. Cultures tempérées et tropicales (café). □ ***Paraná.*** Ville d'Argentine, arrosée par le *Paraná.* 162 000 hab.

Paray-le-Monial ■ Commune de Saône-et-Loire. 10 600 hab. *(les Parodiens).* Basilique romane. Pèlerinage.

Pardubice ■ Ville de Bohême. 96 000 hab. Constructions mécaniques.

Ambroise ***Paré*** ■ Chirurgien français (v. 1509-1590). Considéré comme le père de la chirurgie moderne.

Parentis-en-Born ■ Commune des Landes. 4 100 hab. *(les Parentissois).* Exploitation du plus important gisement français de pétrole.

Vilfredo ***Pareto*** ■ Économiste et sociologue italien (1848-1923). Théoricien (après *Walras) de l'économie « pure ». Théorie de la « circulation des élites ».

Paris ■ Ville et département français [75]. 10 540 ha. Capitale de la France et préfecture de la région *Île-de-France. 2,15 millions d'hab. *(les Parisiens).* 8,7 millions avec la banlieue : 1 Français sur 6 habite l'agglomération de Paris. Capitale politique, économique et intellectuelle depuis treize siècles, elle s'est développée sur un site privilégié, où l'on pouvait passer la Seine (grâce aux îles), puis est devenue carrefour des routes et du réseau de chemin de fer. Sa croissance s'est faite à partir de l'île de la Cité, en anneaux concentriques, matérialisée par les enceintes successives et favorisée par l'activité du port puis, au milieu du XIXᵉ s., par l'industrialisation et l'exode rural massif. Progressivement, les anciens faubourgs (*Belleville, *Montmartre...) ont été intégrés à la ville, les usines et la population ouvrière déplacées vers les villes nouvelles d'Île-de-France et la province (décentralisation). Aujourd'hui restent les industries de précision (électronique, mécanique) et

les sièges sociaux des entreprises. Le secteur tertiaire se développe, en particulier dans le nouveau quartier d'affaires de la *Défense. Les problèmes de logement et de transport sont importants. Nombreux monuments (→ ci-dessous), tourisme. ⇒ **Île-de-France.** □ **HISTOIRE.** Fondée par la tribu d'origine celte des *Parisii,* Lutèce fut conquise par les Romains en 52 av. J.-C. et considérablement agrandie. Devenue Paris *(Parisius)* v. 310, elle résista aux invasions des *Huns grâce à sainte *Geneviève (451). Le roi mérovingien *Clovis en fit sa capitale. La dynastie des *Capétiens n'allait cesser de confirmer son rôle politique central. Au XIIIᵉ s., Paris était la plus grande cité de l'Occident chrétien (université de la *Sorbonne, cathédrale *Notre-Dame). Elle se révolta contre le futur Charles V en 1358 (⇒ Étienne **Marcel**). Après la période sanglante des guerres de Religion (massacre de la Saint-Barthélemy en 1572), elle connut un nouvel essor avec Henri IV, qui fit construire la *place des Vosges,* la *place Dauphine* et le *Pont-Neuf,* puis Louis XIV (le *Louvre,* les *Tuileries),* avant que la Cour ne s'installe à *Versailles. Centre intellectuel de l'Europe du temps des *Lumières, Paris joua un grand rôle pendant la *Révolution française. Napoléon y fit des travaux d'embellissement *(*Arc de triomphe,* église de la *Madeleine). Le peuple de Paris fut à nouveau au premier rang des révolutions de 1830 et 1848. Ce fut le second Empire qui donna son visage actuel à Paris, avec *Haussmann : réduction des problèmes d'ordre et d'hygiène grâce à la percée de grands boulevards, construction de nouveaux ponts et des premières gares. Après le siège de Paris par les Prussiens (1870) puis les insurrections de la *Commune, la ville retrouva sa prospérité sous la IIIᵉ République (tour *Eiffel, Grand et Petit Palais). Occupée par les Allemands de 1940 à 1944, elle a connu depuis la Libération de nouveaux travaux d'urbanisme (quartiers *Montparnasse*, *Beaubourg* et *les *Halles*), à Paris même *(le Grand Louvre, l'Opéra de la Bastille)* et à la Défense *(la Grande Arche)*. Paris est aujourd'hui à la fois une commune et un département. Divisée en 20 arrondissements, elle est administrée depuis 1977 par un maire, J. *Chirac, et par le conseil de Paris. La ville a été le lieu de plusieurs traités. Le *traité de Paris* du 10 février 1763 mit fin à la guerre de *Sept Ans et marqua l'abandon de l'Empire colonial français en Amérique. Le *traité de Paris* du 30 mai 1814 et le *second traité de Paris* du 20 novembre 1815 entérinaient l'abandon par la France de ses conquêtes de la Révolution et de l'Empire. Le *traité de Paris* de 1856 marqua la fin de la guerre de *Crimée. ⟨ ▶ parigot, parisien ⟩

Pâris ■ Héros de la mythologie grecque, fils de *Priam et d'Hécube. En enlevant *Hélène, il provoqua la guerre de *Troie.

le Bassin parisien ■ Vaste région géographique française entourée par le *Massif central au sud, le Massif *armoricain à l'ouest, les *Ardennes au nord et les *Vosges à l'est. Paris est au centre de cette cuvette sédimentaire drainée par la Seine, la Loire, la Meuse et la Moselle. ▶ *la région parisienne.* ⇒ Île-de-France.

Park Chung Hee ■ Général et homme politique sud-coréen (1917-1979). Président de la République de 1961 à son assassinat.

Charlie Parker ■ Saxophoniste et compositeur de jazz noir américain (1920-1955). Créateur du style *be-bop* avec D. *Gillespie.

James Parkinson ■ Médecin anglais (1755-1824). *Maladie de Parkinson :* paralysie agitante.

le Parlement ■ ⇒ Assemblée nationale et Sénat.

Parme, en italien **Parma** ■ Ville d'Italie, (*Émilie-Romagne), fondée par les *Étrusques. 175 000 hab. *(les *Parmesans).* Célèbres jambon et fromage (le *parmesan).* Nombreux monuments anciens. Industries diverses. Patrie du *Parmesan. ⟨ ▶ parmesan ⟩

Parménide ■ Penseur grec (Vᵉ s. av. J.-C.). Le père de l'ontologie. Contre *Héraclite, son "*Poème*" pose l'unité et l'éternité de l'être. *Platon a donné son nom à l'un de ses plus importants dialogues.

Antoine Augustin Parmentier ■ Savant français qui répandit la culture de la pomme de terre en France (1737-1813).

le Parmesan ■ Peintre italien (1503-1540). Le maître du *maniérisme. Son influence, due à ses talents de dessinateur et de peintre, fut immense. "*La Vierge au long cou*".

le Parnasse ■ Montagne de Grèce. 2 457 m. Sur son versant sud se trouve *Delphes. Séjour favori des *Muses dans l'Antiquité et lieu d'inspiration des poètes. ▶ *le Parnasse.* Groupe littéraire français de la seconde moitié du XIXᵉ s., en réaction contre le *romantisme, et en opposition au *symbolisme, recherchant la perfection formelle et affirmant la gratuité de l'art. ⇒ **Leconte de Lisle, Heredia, Banville.**

Charles Stewart Parnell ■ Homme politique irlandais (1846-1891). Il lutta pour que son pays ait un gouvernement indépendant *(Home Rule).* ⇒ **Irlande.**

Páros ■ Île grecque (*Cyclades) réputée pour ses carrières de marbre blanc et ses ateliers de sculpture. 195 km². 7 900 hab.

les trois Parques ■ Divinités romaines du Destin. Elles filent et coupent le fil de la vie des humains. Identifiées aux *Moires grecques :

Parthenay ■ Sous-préfecture des Deux-Sèvres. 11 200 hab. *(les Parthenaisiens).* Marché agricole, monuments anciens.

le Parthénon ■ Temple de la déesse *Athéna bâti au Vᵉ s. av. J.-C.

sur le sommet de l'Acropole à Athènes (⟹ **Phidias**). Un des plus prestigieux monuments de l'Antiquité.

les **Parthes** ■ Ancien peuple d'Iran, aristocrates guerriers. Leur empire eut *Rome pour rivale en Orient. Le dernier roi parthe, *Artaban, fut vaincu en 224 par les *Sassanides.

Pārvatī ■ Divinité hindoue, bienveillante, épouse de *Śiva.

Pasadena ■ Ville des États-Unis (*Californie). 119 000 hab. Centre de recherche de la *N.A.S.A.

Blaise **Pascal** ■ Mathématicien, physicien, philosophe et écrivain français (1623-1662). Hydrostatique, machine arithmétique, travaux précurseurs en géométrie projective (⟹ **Poncelet**), analyse infinitésimale (⟹ **Leibniz** et **Newton**) et calcul de probabilités (⟹ **Fermat**, **Huygens**). Proche des *jansénistes, il attaqua leurs adversaires jésuites dans les "*Provinciales*". Les "*Pensées*" (posthume), notes en vue d'une apologie de la religion chrétienne dans une prose puissante et personnelle, sont un chef-d'œuvre de la spiritualité chrétienne. ⟨ ▶ ③ pascal ⟩

le **pas de Calais** ■ ⟹ le pas de Calais. ▶ le **Pas-de-Calais** [62]. Département français de la région du *Nord-Pas-de-Calais. 6 707 km². 1,43 million d'hab. Préfecture : Arras. Sous-préfectures : Béthune, Boulogne-sur-Mer, Calais, Lens, Montreuil, Saint-Omer.

la **Pasionaria** ■ ⟹ Dolores **Ibarruri**.

Pasiphaé ■ Épouse de *Minos, mère de *Phèdre, d'*Ariane et du *Minotaure, dans la mythologie grecque.

Pier Paolo **Pasolini** ■ Cinéaste et écrivain italien (1922-1975). "*Le Décaméron*" ; "*Médée*", films.

Le **Passage** ■ Commune du Lot-et-Garonne. 8 900 hab.

Passy ■ Commune de la Haute-Savoie. 9 500 hab. *(les Passerands).*

Boris **Pasternak** ■ Écrivain soviétique (1890-1960). Auteur de poèmes et du roman "*le Docteur Jivago*". Il fut contraint de refuser le prix Nobel en 1958. Réhabilité en 1987.

Louis **Pasteur** ■ Savant français, un des créateurs de la microbiologie et de la stéréochimie (1822-1895). Ses travaux sur la fermentation ont fait progresser l'industrie et la médecine. Il mit au point le vaccin contre la rage. ▶ l'**Institut Pasteur**. Établissement scientifique fondé en 1888. Fabrication de vaccins, recherche, enseignement. Découverte du virus du sida (Luc *Montagnier) en 1983. ⟨ ▶ pasteuriser ⟩

Pasto ■ Ville de Colombie. 245 000 hab. Université. Centre commercial.

la **Patagonie** ■ Région d'Argentine au sud de la *Pampa. Vaste plateau de pierres au climat sec et froid. 692 905 km². 970 000 hab. *(les Patagons).* Élevage ovin. Pétrole. Le terme est parfois appliqué à l'extrémité sud du continent américain, y compris les provinces du sud du Chili.

Pātan ou **Lalitpur** ■ Ancienne capitale du *Népal. 79 900 hab. Temples.

Paterson ■ Ville des États-Unis, près de New York (*New Jersey). 138 000 hab.

les frères **Pathé** ■ Industriels français, pionniers du disque et du cinéma. Émile (1860-1937) et Charles (1863-1957).

Joachim **Patinir** ou **Patenier** ■ Peintre flamand (v. 1480 - 1524). Sujets bibliques où il fut l'un des premiers à donner une grande place au paysage.

Patna ■ Ville de l'Inde, capitale du *Bihār. 814 000 hab. Important carrefour de communications sur le *Gange.

Patras ■ Ville de Grèce, dans le nord-ouest du *Péloponnèse. Port actif (liens avec l'Italie). 142 000 hab.

saint **Patrick** ou **Patrice** ■ Évangélisateur et patron de l'Irlande (v. 389 - 461).

Patrocle ■ Héros de l'"*Iliade*". Compagnon d'*Achille, il est tué par *Hector devant Troie.

George **Patton** ■ Général américain (1885-1945). Un des principaux artisans de la victoire alliée sur le front occidental durant la Seconde Guerre mondiale.

Pau ■ Préfecture des Pyrénées-Atlantiques, sur le *gave de Pau*. 83 500 hab. *(les Palois)*. Ancienne capitale du *Béarn et des rois de *Navarre, où naquit Henri IV. Centre touristique (château) et commercial. Gisements de gaz près de la ville (*Lacq-Audéjos).

Pauillac ■ Commune de la Gironde. 5 700 hab. *(les Pauillacais)*. Port pétrolier. Grands vignobles.

saint **Paul** ■ Apôtre du christianisme (v. 10 - v. 62). Il écrivit 14 lettres ou "*Épîtres*" aux premières communautés chrétiennes, qui furent intégrées au Nouveau Testament (⇒ **Bible**). Martyrisé à Rome.

Alexandre Farnèse dit **Paul III** ■ Pape élu en 1534 (1468-1549). Il fut à l'origine de la *Contre-Réforme (⇒ **Inquisition**, Compagnie de Jésus) et réunit le concile de *Trente en 1545. Prince humaniste, il employa *Michel-Ange.

Paul VI ■ Pape élu en 1963 (1897-1978). Il réforma la liturgie selon les décisions du deuxième concile du *Vatican (appelé *Vatican II*).

Jean **Paulhan** ■ Écrivain français (1884-1968). Critique, prosateur, théoricien de la langue et de la littérature, figure importante de l'édition. "*Les Fleurs de Tarbes*".

Wolfgang **Pauli** ■ Physicien suisse d'origine autrichienne (1900-

1958). Théorie atomique, formalisme quantique. Prix Nobel 1945.

Linus **Pauling** ■ Chimiste américain (né en 1901). Prix Nobel de chimie en 1954 et prix Nobel de la paix en 1962.

Friedrich **Paulus** ■ Maréchal allemand, vaincu à *Stalingrad en 1942 (1890-1957).

Cesare **Pavese** ■ Écrivain italien (1908-1950). Poèmes, romans (*"le Bel Été"*), journal (*"le Métier de vivre"*).

Pavie, en italien **Pavia** ■ Ville d'Italie du Nord (*Lombardie). 84 600 hab. François Ier y fut vaincu et fait prisonnier par *Charles Quint en 1525.

Pavillons-sous-Bois ■ Commune de la Seine-Saint-Denis. 17 400 hab. *(les Pavillonnais)*.

Ivan **Pavlov** ■ Physiologiste russe (1849-1936). Précurseur de la psychophysiologie, prix Nobel 1904. *Réflexe de Pavlov :* type du réflexe conditionné.

Anna **Pavlova** ■ Ballerine russe, la plus célèbre de son époque (1881-1931).

Paysandú ■ Ville d'Uruguay. 75 100 hab.

les **Pays-Bas,** en néerlandais **Nederland** ■ État (monarchie constitutionnelle) d'Europe, sur la mer du Nord. 41 863 km² (dont 7 929 km² d'eau). 14,85 millions d'hab. *(les Néerlandais)*. Une des populations les plus denses du monde (354 hab./km²). Capitale : Amsterdam. Siège du gouvernement et de la Cour : La Haye. Langue officielle : néerlandais. Monnaie : florin. 12 provinces : la *Hollande-Méridionale et la *Hollande-Septentrionale, la *Drenthe, le *Flevoland, la *Gueldre, le *Limbourg, l'*Overijssel, la province d'*Utrecht, la *Zélande, la *Frise, le *Brabant, la *Groningue. Grande plaine souvent au-dessous du niveau de la mer, traversée par la Meuse, le Rhin et l'Escaut et soumise à un climat humide, les Pays-Bas ont toujours cherché à gagner des terres sur l'eau (ce sont les *polders*) par la construction de digues, de canaux et l'assèchement des marais. Agriculture moderne et intensive : céréales, tulipes, élevage laitier (fromages de Hollande). Immense gisement de gaz naturel en Groningue. Industries sidérurgique, chimique et électronique. Fonction commerciale importante avec *Rotterdam, 1ᵉʳ port mondial. □ **HISTOIRE**. Les Pays-Bas furent réunis à la *Bourgogne en 1384, à la maison de *Habsbourg en 1477 et donc à l'Espagne sous le règne de *Charles Quint. Mais l'Inquisition et les mesures de répression économique prises par les gouverneurs espagnols entraînèrent des soulèvements (⟹ **Guillaume Iᵉʳ d'Orange-Nassau**). En 1579, les provinces calvinistes firent sécession avec l'*union d'*Utrecht*. Celle-ci donna naissance aux *Provinces-Unies, noyau de l'actuel royaume des Pays-Bas. Le XVIIᵉ s. fut une période de développement économique (commerce maritime et colonial), intellectuel et artistique. En 1815, les Pays-Bas devinrent indépendants (comprenant la *Belgique jusqu'en 1830). Ils participèrent à la création du *Benelux, puis (1957) de la *C.E.E.

Octavio **Paz** ■ Poète mexicain (né en 1914). Il a collaboré au mouvement surréaliste. *"Pierre de soleil" ; "l'Arc et la Lyre"*. Prix Nobel 1990.

La **Paz** ■ ⟹ La Paz.

le **P.C.F.** ■ Sigle du parti *communiste français.

Giuseppe **Peano** ■ Mathématicien italien (1858-1932). Formalisation, axiomatique.

Pearl Harbor ■ Base militaire américaine des îles *Hawaï, à l'écart du port d'Honolulu. L'attaque surprise de l'aviation japonaise, le 7 décembre 1941, provoqua l'entrée des États-Unis dans la Seconde *Guerre mondiale.

Lester Bowles **Pearson** ■ Homme politique canadien (1897-1972). Diplomate, prix Nobel de la paix 1957. Premier ministre de 1963 à 1968.

Robert **Peary** ■ Explorateur américain (1856-1920). Il atteignit, le premier, le pôle Nord (1909).

Le **Pecq** ■ Commune des Yvelines, sur la Seine. 17 100 hab. *(les Alpicois)*.

Pécs ■ Ville de Hongrie. 183 000 hab. Évêché depuis le XIᵉ s. Université. Industries.

Pedro ■ ⟹ 1. empereurs du BRÉSIL, Pierre Iᵉʳ.

sir Robert **Peel** ■ Homme politique britannique (1788-1850). Ministre de l'Intérieur (1822-1830), Premier ministre en 1834-1835 et 1841-1846, il créa une police à Londres et fit voter l'émancipation des catholiques en Irlande.

Pégase ■ Cheval ailé de la mythologie grecque, symbole de l'inspiration poétique.

Pegu ■ Ville de l'Union de *Myanmar (ex-Birmanie). 150 000 hab. Pagodes anciennes.

Charles **Péguy** ■ Écrivain français (1873-1914). Socialiste et catholique, il a laissé une œuvre engagée, lyrique (adoptant le verset dans ses poèmes) et souvent polémique. Sa mystique socialiste *("Notre jeunesse")* évolua vers un patriotisme obsédant. Animateur de la revue des *Cahiers de la quinzaine*. *"Jeanne d'Arc"*.

Ieoh Ming **Pei** ■ Architecte américain d'origine chinoise (né en 1917). Aile nouvelle (1978) de la National Gallery of Art de Washington. Pyramide de verre du Grand *Louvre, à Paris.

le lac **Peïpous** *ou* **Tchoudsk** ■ Lac situé entre l'*Estonie et la *Russie. Victoire d'*Alexandre Nevski sur les chevaliers *Teutoniques (1242).

Charles Sanders **Peirce** ■ Philosophe et logicien américain (1839-1914). Fondateur et théoricien de la sémiotique. ⇒ **Saussure.**

Pékin ou *Beijing* ■ Capitale de la Chine formant une municipalité autonome (17 800 km² ; 9,75 millions d'hab.). 5,97 millions d'hab. *(les Pékinois).* Industries sidérurgique, automobile, textile. Universités. Ville très ancienne (vᵉ s. av. J.-C.) qui se développa au temps des Mongols (XIIIᵉ s.). Capitale impériale jusqu'en 1912 (avec la *Cité interdite), elle perdit alors son rôle et ne le retrouva qu'en 1949, quand les communistes y proclamèrent la République. ⟨ ▶ pékinois ⟩

Pélage ■ Moine établi à Rome (v. 360 - v. 422). ▶ le *pélagianisme,* sa doctrine, niait le péché originel et la grâce divine. Il fut combattu par saint *Augustin.

les **Pélasges** ■ Habitants primitifs de la Grèce.

Pelé ■ Footballeur brésilien (né en 1940). Deux fois vainqueur de la Coupe du monde (1958, 1970).

la montagne **Pelée** ■ Volcan de la Martinique (1 430 m). Son éruption, en 1902, détruisit la commune de *Saint-Pierre.

Pélée ■ Roi de la mythologie grecque, époux de *Thétis et père d'*Achille.

Jean Charles **Pellerin** ■ Imprimeur français (1756-1836). ⇒ **Épinal.**

Silvio **Pellico** ■ Écrivain et patriote italien (1789-1854). "*Mes prisons*".

Fernand **Pelloutier** ■ Syndicaliste anarchiste français (1867-1901).

le **Péloponnèse** ■ Presqu'île du sud de la Grèce, rattachée au continent par l'isthme de *Corinthe, formant une des neuf régions géographiques du pays. 21 379 km². 1 million d'hab. Elle comprend, entre autres, l'*Arcadie, *Épidaure, *Mistra,

*Mycènes, *Olympie. À l'époque classique, son histoire se confond avec celle de *Sparte et de la Grèce. ▶ *la guerre du* **Péloponnèse,** de 431 à 404 av. J.-C., opposa Sparte à Athènes pour l'hégémonie de la Grèce. Malgré les succès d'*Alcibiade, privée de sa flotte par *Lysandre (405 av. J.-C.), Athènes assiégée dut capituler.

Pélops ■ Héros éponyme du Péloponnèse (« l'île de Pélops »). Son père, *Tantale, le tua et le donna à manger aux dieux, qui lui rendent la vie.

Pelotas ■ Ville et port du Brésil (*Rio Grande do Sul). 197 000 hab. Conserveries, industrie pharmaceutique.

le **Pelvoux** ■ Massif cristallin des Alpes, proche de Briançon, dans l'*Oisans. Point culminant : barre des Écrins (4 103 m). Parc national.

les **pénates** n. m. ■ Divinités protectrices du foyer dans la religion romaine. ⟨ ▶ pénate ⟩

Krzysztof **Penderecki** ■ Compositeur polonais (né en 1933). "*Psaumes de David*" ; "*les Diables de Loudun*", opéra.

le **Pendjab** ou **Panjâb** ■ Région d'Asie qui s'étend sur l'Inde du Nord-Ouest et le Pakistan. Très fertile, elle abrita de grandes civilisations. Elle fut partagée, en 1947, entre l'Inde et le Pakistan, mais resta (avec le *Cachemire) un objet de conflit entre les deux pays (guerre en 1965). □ *le* **Pendjab pakistanais.** 205 344 km². 53,84 millions d'hab. Capitale : Lahore. □ *le* **Pendjab indien.** État de l'Inde. 50 362 km². 16,8 millions d'hab. Capitale : Chandīgarh. Autre ville : *Amritsar.

Pénélope ■ Femme d'*Ulysse, dans l'"*Odyssée". Symbole de fidélité conjugale.

les îles **P'eng-hou** ■ ⇒ îles **Pescadores.**

Penmarch ■ Commune du Finistère, près de la *pointe de Penmarch.*

6 300 hab. *(les Penmarch'hais)*. Église gothique. Pêche, conserves.

William Penn ■ *Quaker anglais (1644-1718).* Il fonda aux États-Unis une colonie qui prit le nom de *Pennsylvanie.*

Les Pennes-Mirabeau ■ Commune des Bouches-du-Rhône. 18 700 hab. *(les Pennois).*

la chaîne Pennine ■ Ligne de hauteurs du nord de l'Angleterre, orientée nord-sud. Point culminant : Cross Fell (893 m).

la Pennsylvanie ■ État du nord-est des États-Unis. 119 251 km². 11,9 millions d'hab. Capitale : Harrisburg. Villes principales : *Philadelphie, *Pittsburgh. Puissante industrie grâce au charbon et à l'acier (aujourd'hui en crise). Ancienne colonie fondée par W. *Penn, elle joua un rôle important dans la guerre d'*Indépendance.

le Pentagone ■ Bâtiment en forme de pentagone qui abrite l'état-major des forces armées américaines, à Washington.

le Pentateuque ■ Nom grec donné à l'ensemble formé par les cinq premiers livres de la Bible. ⇒ **Torah.**

Penza ■ Ville de la C.É.I. (*Russie), au sud-est de Moscou. 543 000 hab. Industries.

Pépin de Herstal ■ Maire du palais sous Childebert III (mort en 714). Père de *Charles Martel.

Pépin le Bref ■ Roi des Francs, fils de *Charles Martel et père de *Charlemagne (714-768). Maire du palais, il déposa le dernier *Mérovingien. Roi en 751, sacré par le pape en 754, il fonda ainsi la dynastie des *Carolingiens.

Samuel Pepys ■ Mémorialiste anglais (1633-1703). *"Journal".*

Perceval ■ Héros du dernier roman de *Chrétien de Troyes *"Perceval ou le Conte du Graal".* ⇒ **Graal.**

le Perche ■ Région de bocages et de forêts à l'ouest du Bassin parisien. Ville principale : Nogent-le-Rotrou. Célèbres chevaux de trait. ‹ ▶ percheron ›

Charles Percier ■ Architecte français (1764-1838). Auteur avec *Fontaine des principales œuvres du premier Empire.

Georges Perec ■ Écrivain français (1936-1982). Son œuvre allie une grande virtuosité formelle au souci du réel. *"Les Choses" ; "la Vie mode d'emploi".*

Pereira ■ Ville de Colombie. 302 000 hab. Centre commercial. Industries alimentaires.

les frères Pereire ■ Hommes d'affaires français. Notables du second *Empire, ils favorisèrent l'essor des transports et des finances. Jacob-Émile (1800-1875) et Isaac (1806-1880).

le père Lachaise ■ ⇒ le père **La Chaise.**

Shimon Peres ■ Homme politique israélien (né en 1923). Premier ministre (travailliste) de 1984 à 1986, puis plusieurs fois ministre depuis 1986.

Benjamin Péret ■ Écrivain *surréaliste français (1899-1959). Pamphlétaire. *"Le Grand Jeu".*

Javier Pérez de Cuellar ■ Diplomate péruvien (né en 1920). Secrétaire général de l'*O.N.U. de 1982 à 1991.

Benito Pérez Galdós ■ Écrivain espagnol (1843-1920). Il a décrit la vie quotidienne dans une vaste fresque sociale, *"Épisodes nationaux",* qu'on a comparée à l'œuvre de *Balzac.

Pergame, aujourd'hui **Bergama** ■ Ancienne ville d'Asie Mineure (Turquie), capitale d'un puissant royaume hellénistique aux IIIe et IIe s. av. J.-C., célèbre pour sa bibliothèque, rivale de celle d'*Alexandrie. De nombreux monuments subsistent. Sculptures au musée de Berlin.

Louis **Pergaud** ■ Écrivain français (1882-1915). Conteur, il évoqua les animaux et les enfants. *"La Guerre des boutons"*.

Jean-Baptiste **Pergolèse** ■ Compositeur italien (1710-1736). *"La Servante maîtresse"* est le premier opéra bouffe (⇒ querelle des **Bouffons**). Célèbre *"Stabat Mater"*.

Jacopo **Peri** ■ Compositeur italien (1561-1633). Il définit l'opéra comme genre musical. *"Euridice"*.

Gabriel **Péri** ■ Homme politique français (1902-1941). Journaliste, député communiste et résistant, il fut fusillé par les Allemands.

Périclès ■ Homme politique athénien, auteur de grandes réformes démocratiques (v. 495-429 av. J.-C.). Il étendit la domination d'Athènes sur les autres cités grecques et en fit le centre de la civilisation et de l'art classiques (⇒ **Phidias, Parthénon**). Le « siècle de Périclès » désigne l'époque la plus brillante de la civilisation grecque.

Casimir **Perier** ■ Banquier français, ministre de Louis-Philippe (1777-1832). □*Jean* **Casimir-Perier,** son petit-fils. ⇒ Jean **Casimir-Perier.**

dom **Pérignon** ■ Moine bénédictin qui fit connaître la « méthode champenoise » de fabrication du champagne (1638-1715).

le **Périgord** ■ Région historique du Sud-Ouest rattachée à la France par Henri IV. Elle forme la majeure partie du département de la Dordogne. Plateaux calcaires traversés par la *Dordogne. Riches cultures dans la vallée (vin, tabac, maïs). Nombreux sites préhistoriques (*Lascaux, Les *Eyzies-de-Tayac-Sireuil). Les habitants sont les *Périgourdins.*

Périgueux ■ Préfecture de la Dordogne. 32 800 hab. *(les Périgourdins).* Industrie alimentaire active : truffes, foie gras. Arènes romaines, cathédrale romane (restaurée au

xixᵉ s.). Ancienne capitale du *Périgord.

Perm ■ Ville de la C.É.I. (*Russie), dans l'*Oural. 1,09 million d'hab. Centre culturel, ferroviaire et industriel.

Constant **Permeke** ■ Peintre et sculpteur belge (1886-1952). Scènes de la vie paysanne. Nus aux formes monumentales.

Pernambouc, en portugais **Pernambuco** ■ État côtier du Brésil (*Nordeste). 101 023 km². 7,24 millions d'hab. Capitale : Recife. L'ancien territoire *Fernando de Noronha en fait partie depuis 1988.

Pernes-les-Fontaines ■ Commune du Vaucluse. 8 400 hab. Église romane ; enceinte du xvᵉ s.

Juan Domingo **Perón** ■ Homme politique argentin (1895-1974). Élu président de la République en 1946, il établit une dictature populiste, acquit une certaine popularité par ses mesures sociales, mais, en butte à des difficultés économiques, il fut renversé en 1955. Il revint au pouvoir en 1973. Sa troisième femme, Isabel (née en 1931), lui succéda mais dut quitter le pouvoir après le coup d'État militaire de 1976. □*Eva* **Perón,** sa première femme (1919-1952), fut, comme lui, très populaire. ▶ *le péronisme* joue encore un grand rôle dans la vie politique argentine.

Péronne ■ Sous-préfecture de la Somme. 9 200 hab. *(les Péronnais).* Château médiéval. Violents combats en 1916.

Pérotin ■ Compositeur français de l'école de Notre-Dame de Paris (xiiiᵉ s.).

le **Pérou** ■ État (république) d'Amérique du Sud. 1 285 216 km². 21,79 millions d'hab. *(les Péruviens).* Capitale : Lima. Langues officielles : aymara, espagnol, quechua. Religion officielle : catholicisme romain. Monnaie : inti. Trois régions contrastées : la côte pacifique avec les cultures de coton, de riz et la pêche ; les hautes terres des Andes avec l'élevage et la production minière (cuivre, zinc) ; enfin la forêt amazonienne presque inexploitée. □ HISTOIRE. Le Pérou fut le centre de l'Empire *inca, qui disparut sous les coups des conquistadores de *Pizarro au XVIᵉ s. Devenu une colonie espagnole, il accéda à l'indépendance en 1824. Dès 1825, il fut divisé et le haut Pérou prit le nom de *Bolivie. Il connaît une grande instabilité politique depuis le XIXᵉ s. avec une alternance de gouvernements révolutionnaires et conservateurs. Depuis 1978, il traverse une grave crise économique et politique (suspension des garanties constitutionnelles en 1991), à laquelle s'ajoute la guérilla des communistes (maoïstes) du Sentier lumineux.

Pérouse, en italien **Perugia** ■ Ville d'Italie, capitale de l'*Ombrie. 148 000 hab. *(les Pérugins).* Ruines étrusques et romaines. Monuments du Moyen Âge et de la Renaissance. Patrie du *Pérugin.

Perpignan ■ Préfecture des Pyrénées-Orientales. 108 000 hab. *(les Perpignanais).* Commerce actif des fruits cultivés dans la région. Ancienne capitale des rois de Majorque.

Charles **Perrault** ■ Écrivain français (1628-1703). Auteur des célèbres *"Contes de ma mère l'Oye"* (« Cendrillon », « Barbe-Bleue », « Le petit Poucet »...). □ *Claude* **Perrault,** son frère (1613-1688), architecte. On lui attribue la colonnade du *Louvre.

Auguste **Perret** ■ Architecte français (1874-1954). Reconstruction du Havre après la guerre. Théâtre des Champs-Élysées à Paris.

Jacques **Perret** ■ Écrivain français (né en 1901). *"Le Caporal épinglé"*, adapté au cinéma par J. *Renoir.

Le **Perreux-sur-Marne** ■ Commune du Val-de-Marne. 28 500 hab. *(les Perreuxiens).*

Jean **Perrin** ■ Physicien français (1870-1942). *"Les Atomes".* Prix Nobel 1926.

Perros-Guirec ■ Commune des Côtes-d'Armor. 7 600 hab. *(les Perrosiens).* Station balnéaire de Bretagne. ⇒ **Ploumanac'h.**

François **Perroux** ■ Économiste français (1903-1987), dans la lignée de *Schumpeter.

Persan ■ Commune du Val-d'Oise. 10 700 hab. *(les Persanais).*

la **Perse** ■ Ancien nom de l'*Iran. L'Empire perse fut fondé vers 550 av. J.-C. par Cyrus II, qui mit fin à la domination des *Mèdes et annexa *Babylone. Son fils Cambyse II conquit l'Égypte. C'est avec *Darius le Grand que l'Empire est à son apogée : c'est le plus vaste de l'Antiquité ; il est organisé en provinces régies par des gouverneurs (les *satrapes).* Darius fonde *Persépolis. En guerre contre les Grecs, il est vaincu à *Marathon en 490 av. J.-C. ; peu après, son fils *Xerxès Iᵉʳ est battu à *Salamine. L'Empire, affaibli, est conquis et ruiné par *Alexandre le Grand puis soumis aux *Parthes. La Perse connaît une nouvelle période de gloire du IIIᵉ au VIIᵉ s. avec la dynastie des *Sassanides. Conquise par les Arabes au VIIᵉ s., elle se convertit à l'islam. Dominée par les Turcs (1055) puis par les Mongols jusqu'à l'avènement d'Ismāïl Iᵉʳ (1502), qui fait du *chiisme la religion d'État. Sous la dynastie des Qādjārs (1786-1925), la Perse subit l'influence de la Russie puis de l'Angleterre, intéressée par son pétrole. En 1925, Rezāh Chāh Pahlavi prend le pouvoir ; la Perse devient officiellement l'Iran en 1935. ⇒ **Iran.** ⟨ ▶ persan ⟩

Persée ■ Héros grec, fils de *Zeus et de *Danaé, vainqueur de la *Méduse.

Perséphone ■ Divinité grecque enlevée par *Hadès, qui la fit reine des Enfers. Identifiée à la Proserpine des Romains.

Persépolis ■ Ancienne capitale de l'Empire perse, incendiée en 331 av. J.-C. par *Alexandre le Grand. Ruines du palais de *Darius le Grand.

John ***Pershing*** ■ Général américain (1860-1948). Il commanda le corps expéditionnaire américain en France pendant la Première *Guerre mondiale.

le golfe ***Persique*** ou ***Arabique*** ■ Bras de mer entre l'Iran et l'Arabie. Il communique avec l'océan Indien par le détroit d'*Ormuz. Énormes gisements de pétrole, surtout sur la rive arabe.

Perth ■ Ville d'Écosse (*Tayside). 42 900 hab. Capitale de l'Écosse au Moyen Âge.

Perth ■ Ville d'Australie, capitale de l'État d'*Australie-Occidentale. 1,08 million d'hab. Centre commercial et administratif.

le col du ***Perthus*** ■ Passage des Pyrénées-Orientales entre la France et l'Espagne. 290 m.

Pertuis ■ Commune du Vaucluse. 15 900 hab. *(les Pertuisiens).* Église gothique.

le ***Pérugin*** ■ Peintre italien (v. 1445-1523). Né à Perugia (*Pérouse), maître de *Raphaël. Il propagea le goût classique en Italie à la fin du *quattrocento. Il est l'auteur de plusieurs fresques de la chapelle *Sixtine.

Peruwelz ■ Ville de Belgique (*Hainaut), près de la frontière française. 17 000 hab.

Pesaro ■ Ville et port d'Italie, dans les *Marches. 90 600 hab. Palais, musées. Festival Rossini. Station balnéaire sur l'Adriatique.

les îles ***Pescadores*** ou ***Penghu, P'eng-hou*** ■ Archipel du détroit de Taïwan, administré par le gouvernement de Taïwan. 127 km². 99 000 hab.

Pescara ■ Ville d'Italie (*Abruzzes), sur l'Adriatique. 129 000 hab.

Peshāwar ■ Ville du nord-ouest du Pakistan. 556 000 hab. Centre commercial et militaire. Mosquée mongole, musée.

Pessac ■ Commune de Gironde, banlieue de Bordeaux. 51 400 hab. *(les Pessacais).* Vins renommés.

Fernando ***Pessoa*** ■ Poète portugais (1888-1935). Par le recours à des « hétéronymes » (pseudonymes), il a développé une œuvre complexe, à la fois sensible et cérébrale, dont la modernité est apparue après sa mort.

Hélder ***Pessôa*** ***Câmara*** ■ Archevêque brésilien (né en 1909). Il se fit le défenseur des pauvres et des opprimés du tiers monde.

Pest ■ ⇒ Budapest.

la ***Peste noire*** ou *Grande* ***Peste*** ■ Épidémie qui se répandit d'Asie centrale vers la Chine, l'Inde puis l'Europe de 1337 à 1380. Elle fit près de 50 millions de victimes.

Philippe ***Pétain*** ■ Maréchal de France et homme politique français (1856-1951). Héros de *Verdun en 1916, appelé à la présidence du Conseil en 1940, il signa l'armistice avec l'Allemagne et obtint les pleins pouvoirs, mettant fin à la IIIe *République en devenant chef de l'État français (⇒ gouvernement de Vichy). Accusé en 1945 de collaboration avec l'ennemi, il fut condamné à mort (peine commuée en détention à perpétuité).

Pétange ■ Ville du Luxembourg (district de *Luxembourg). 11 600 hab.

Petare ■ Ville du Venezuela. 520 000 hab.

la ***Petchora*** ■ Fleuve de Russie, né dans l'*Oural, qui se jette dans la mer de *Barents. 1 790 km.

Peterborough ■ Ville d'Angleterre (*Cambridgeshire). 115 000 hab.

Anne Alexandre Sabès dit ***Pétion*** ■ Premier président de la république d'Haïti, dont il fut le fondateur en 1807 (1770-1818).

Marius **Petipa** ■ Danseur et chorégraphe français (1818-1910). L'un des créateurs de l'école russe de ballet.

Roland **Petit** ■ Danseur et chorégraphe français (né en 1924).

Petit-Bourg ■ Commune de la Guadeloupe. 14 900 hab. *(les Petit-Bourgeois).*

Le **Petit-Couronne** ■ Commune de la Seine-Maritime. 8 100 hab. *(les Couronnais).* Pétrochimie.

Petite-Île ■ Commune de la Réunion. 8 900 hab.

Le **Petit-Quevilly** ■ Commune de la Seine-Maritime. 22 700 hab. *(les Quevillais).* Métallurgie, chimie.

Simon **Petlioura** ■ Homme politique ukrainien (1879-1926). Il tenta d'établir une Ukraine indépendante, mais fut battu par les bolcheviks en 1920. Ses partisans se signalèrent par d'horribles pogroms.

Sándor **Petőfi** ■ Poète et héros national hongrois (1823-1849). Il a contribué au développement du sentiment national et a renouvelé le genre de l'épopée. *"Jean le Preux".*

Pétra ■ Ancienne capitale des *Nabatéens, située en Jordanie. Tombeaux creusés dans le roc, à l'architecture exceptionnelle.

Pétrarque ■ Poète et humaniste italien (1304-1374). Contre la *scolastique, il chercha à retrouver les sources de la culture antique. Son *"Canzoniere",* dédié à son amour pour Laure, dame provençale, a eu une immense influence sur la poésie lyrique et suscita un courant littéraire, le *pétrarquisme.*

Goffredo **Petrassi** ■ Compositeur italien (né en 1904). Œuvres chorales.

Olaus **Petri** ■ Réformateur suédois (1493-1552). Chancelier du roi, il implanta le luthéranisme dans son pays.

sir William **Petrie** ■ Archéologue et égyptologue anglais (1853-1942).

Petrodvorets, anciennement *Peterhof* ■ Ville de la C.É.I. (*Russie), dans la région de Saint-Pétersbourg. 76 000 hab. Ancienne résidence impériale de style baroque.

Petrograd ■ Nom donné en 1914 à la ville de Saint-Pétersbourg, baptisée *Leningrad de 1924 à 1991.

Pétrone ■ Poète latin (mort en 65). Auteur du *"Satiricon",* œuvre licencieuse et comique qui ridiculise la vanité des hommes.

Petropavlovsk ■ Ville de la C.É.I. (*Kazakhstan). 241 000 hab.

Petropavlovsk-Kamtchatski ■ Ville et port de la C.É.I. (*Russie). 269 000 hab. Pêche. Base navale du *Kamtchatka.

Petrópolis ■ Ville du Brésil (État de *Rio de Janeiro). 149 000 hab. Cathédrale, ancien palais impérial. Centre commercial.

Petrozavodsk ■ Ville et port de la C.É.I. (*Russie), sur le lac *Onega. Capitale de la *Carélie. 270 000 hab.

sir William **Petty** ■ Médecin et économiste anglais (1623-1687). Précurseur de l'économie quantitative.

Armand **Peugeot** ■ Industriel français (1849-1915). Il fonda une importante société d'automobiles.

les **Peuls** ■ Peuple de pasteurs musulmans d'Afrique de l'Ouest.

les **Peuples de la Mer** ■ Nom donné par les Égyptiens aux peuples indo-européens qui, aux XIIIᵉ et XIIᵉ s. av. J.-C., envahirent l'Asie Mineure – où ils détruisirent l'Empire hittite –, la mer *Égée et la Crète. *Ramsès III les repoussa.

la **Grande Peur** ■ Révolte des paysans français en juillet-août 1789, qui, à la suite de la prise de la Bastille et craignant une réaction de la noblesse, mirent à sac les châteaux.

Antoine **Pevsner** ■ Sculpteur français d'origine russe (1886-1962). Frère de Naum *Gabo. Figures géométriques en métal formant un ensemble rythmé de surfaces convexes et concaves.

Pézenas ■ Commune de l'Hérault. 7 900 hab. *(les Piscénois)*. Nombreuses demeures anciennes. Marché viticole.

Pfastatt ■ Commune du haut-Rhin. 8 100 hab.

Pforzheim ■ Ville d'Allemagne (*Bade-Wurtemberg), en *Forêt-Noire. 107 000 hab. Bijouterie.

Phaéton ■ Fils d'*Hélios, foudroyé par *Zeus pour s'être trop approché de la Terre en conduisant le char de son père.

Phaïstos ■ Site archéologique de Crète. Civilisation minoenne (⇒ **Crète**).

les **pharisiens** ■ Membres d'une secte juive apparue au IIᵉ s. av. J.-C., accusés dans les *Évangiles de respect excessif des rites, sans foi sincère. ⟨ ▶ pharisien ⟩

Pharos ■ Île d'ancienne Égypte, près d'Alexandrie. Un feu au sommet d'une haute tour de marbre blanc (une des Sept *Merveilles du monde) guidait les bateaux. ⟨ ▶ phare ⟩

Pharsale ■ Ville de Grèce (*Thessalie). 6 000 hab. *Pompée y fut vaincu par *César en 48 av. J.-C.

Phébus ■ ⇒ **Apollon**.

Phédon ■ Philosophe grec (Iᵛᵉ s. av. J.-C.). L'un des plus fidèles disciples de *Socrate.

Phèdre ■ Dans la mythologie grecque, l'épouse de *Thésée, la fille de *Minos et de *Pasiphaé. Sa passion fatale pour *Hippolyte, son beau-fils, a inspiré *Euripide, *Sénèque, *Sophocle, *Racine.

Phèdre ■ Fabuliste latin (15 av. J.-C. - 50). Il imita *Ésope.

la **Phénicie** ■ Contrée de l'Antiquité, sur la côte méditerranéenne, aujourd'hui partagée entre Israël, le Liban et la Syrie. Les **Phéniciens**, dès le IIIᵉ millénaire av. J.-C., furent des navigateurs et des commerçants actifs : ils créèrent des ports, des colonies, dont *Carthage, en 814 av. J.-C. Le pays était organisé en cités-États (*Tyr, *Byblos, *Sidon) ayant chacune leur roi et leurs dieux, mais unifiées par la langue et l'écriture (c'est la première écriture alphabétique). Dominée par les Assyriens, les Babyloniens puis les Perses, la Phénicie fut conquise par *Alexandre le Grand en 332 av. J.-C. Elle devint une province romaine v. 64. ⟨ ▶ phénicien ⟩

le **Phénix** ■ Oiseau de la mythologie égyptienne qui vit plusieurs siècles, se brûle sur un bûcher et renaît de ses cendres. ⟨ ▶ ① phénix ⟩

Phidias ■ Le plus célèbre sculpteur de l'art classique grec (Vᵉ s. av. J.-C.). Il dirigea le chantier de l'*Acropole et notamment du *Parthénon en ayant sous ses ordres *Ictinos et *Callicratès.

Philadelphie ■ Ville de la côte est des États-Unis (*Pennsylvanie). 1,7 million d'hab. Port et place financière. Centre industriel et culturel (université, musées). Passé prestigieux : signature de la déclaration d'*Indépendance (1776), capitale des États-Unis de 1790 à 1800.

Philae ■ Île du Nil. L'important temple d'*Isis, menacé par le barrage d'*Assouan, a été transféré sur une île voisine par l'U.N.E.S.C.O.

Philarète ■ Père et ministre de *Michel III, patriarche de l'Église de Russie (v. 1554 - 1633). Il sortit le pays du Temps des troubles qui avait suivi la mort d'*Ivan IV le Terrible.

Philémon et Baucis ■ Couple légendaire de la mythologie grecque. Ils auraient offert l'hospitalité à *Zeus et *Hermès, lesquels, pour les récompenser, les transformèrent en arbres, à leur mort, afin qu'ils restent à jamais côte à côte.

François André **Philidor** ■ Compositeur français (1726-1795). Auteur d'opéras-comiques (*"Tom*

Jones"). Il fut aussi le plus célèbre joueur d'échecs de son temps.

Gérard **Philipe** ■ Comédien français (1922-1959). Interprète du *"Cid"* de *Corneille et du *"Prince de Hombourg"* de *Kleist ; acteur de cinéma (*"Fanfan la Tulipe"* ; *"le Diable au corps"*). □*Anne* **Philipe,** son épouse, écrivaine française (1917-1990). *"Temps d'un soupir"* ; *"le Regard de Vincent"*.

saint **Philippe** ■ Apôtre de Jésus qui aurait été crucifié v. 80 à Hiérapolis (*Phrygie).

Philippe ■ NOM DE PLUSIEURS SOUVERAINS EUROPÉENS **1.** ducs de BOURGOGNE □**Philippe II le Hardi** (1342-1404), l'un des régents de Charles VI. □**Philippe III le Bon** (1396-1467) s'allia aux Anglais pour venger le meurtre de son père *Jean sans Peur. Réconcilié avec Charles VII par le traité d'Arras (1435), il constitua un État puissant. **2.** souverains d'ESPAGNE □**Philippe Iᵉʳ le Beau** (1478-1506), souverain des Pays-Bas (1482), roi de Castille (1504). Fils de Maximilien Iᵉʳ, époux de *Jeanne la Folle, père de *Charles Quint. □**Philippe II** (1527-1598), fils de *Charles Quint, roi de Naples (1554), souverain des Pays-Bas (1555), héritier de la couronne d'Espagne en 1556 et roi du Portugal (1580). Voulant faire triompher le catholicisme, il renforça l'*Inquisition et intervint partout contre la *Réforme : il se heurta à l'Angleterre (destruction de l'*Armada, 1588), aux Pays-Bas (formation des *Provinces-Unies, 1579) et à la France (Henri IV). Sa politique ambitieuse fut financée par l'or des Amériques. Son règne correspond au début du « siècle d'or ». – On baptisa, en son honneur, *Philippines* des îles que Magellan venait de découvrir. □**Philippe III** (1578-1621), fils du précédent, auquel il succéda en 1598. Règne marqué par la paix avec l'Angleterre (1604) et par l'alliance avec la France (mariage de sa fille Anne d'Autriche avec Louis XIII,

1615). □**Philippe IV** (1605-1665), fils du précédent, auquel il succéda en 1621. Il fut dominé par le favori *Olivares. Guerre contre les Provinces-Unies et contre la France (guerre de *Trente Ans). □**Philippe V** (1683-1746), petit-fils de Louis XIV. Son arrivée sur le trône (1700) déclencha la guerre de *Succession à l'issue de laquelle il dut céder Gibraltar, Minorque (Baléares), la Sicile et les Pays-Bas. ⇒ guerres de **Succession de Pologne** et **d'Autriche. 3.** rois de FRANCE □**Philippe Iᵉʳ** (1052-1108), roi en 1060, eut à lutter contre l'ascension de son vassal *Guillaume le Conquérant. □**Philippe II Auguste** (1165-1223), roi en 1180, lutta contre la dynastie anglaise des Plantagenêts (Henri II, *Richard Cœur de Lion) et écrasa la coalition de *Jean sans Terre à Bouvines en 1214 ; il agrandit le domaine royal (annexion de la Normandie, Anjou, Maine, Poitou) et renforça le pouvoir du roi (création des fonctions de bailli et de sénéchal). □**Philippe III le Hardi** (1245-1285), roi en 1270, fils de Saint *Louis, acquit le comté de Toulouse, l'Auvergne et le Poitou. □**Philippe IV le Bel,** son fils (1268-1314), roi en 1285. Avec l'aide de ses conseillers, les légistes, il renforça considérablement l'appareil d'État ; en conflit ouvert avec le pape *Boniface VIII, il soutint le transfert du Saint-Siège à Avignon (1309) ; il annexa au royaume la ville de Lyon. □**Philippe V le Long,** deuxième fils de Philippe IV le Bel (1294-1322). Il succéda à son frère Louis X, en 1316, et fut suivi par son frère Charles IV. Comme eux, il se heurta aux difficultés économiques. □**Philippe VI de Valois,** neveu de Philippe IV le Bel (1293-1350), roi en 1328. Charles IV étant mort sans héritier, sa succession opposa Édouard III d'Angleterre, petit-fils par sa mère de Philippe le Bel, et Philippe VI, premier des *Valois ; ce fut le début de la guerre de *Cent Ans ; la crise économique s'aggrava (famines, *Peste noire). **4.** souverain des PAYS-BAS □ *Philippe Ier le Beau.* ⇒ 2. souverains d'ESPAGNE, **Philippe Ier.**

Philippe II ■ Roi de *Macédoine (v. 382 - 336 av. J.-C.). Il conquit la Thrace, vainquit les Thébains et les Athéniens à Chéronée (338) et mourut assassiné. Son fils *Alexandre le Grand lui succéda.

Philippe d'Orléans ■ ⇒ maison d'Orléans.

Philippe de Vitry ■ Compositeur français, célèbre pour sa réforme de la notation musicale (1291-1361).

Philippe Égalité ■ ⇒ maison d'Orléans.

*les **Philippines*** ■ Archipel et État (république) d'Asie du Sud-Est. 300 000 km². 59,9 millions d'hab. *(les Philippins).* 84 % de catholiques. Capitale : Manille. Langues officielles : anglais, tagal. Monnaie : peso philippin. Plus de 7 100 îles au climat tropical. L'économie est surtout agricole (riz, maïs, coco) malgré les ressources minières (or, argent, cuivre). □ **HISTOIRE.** Découvertes par Magellan en 1521, colonisées par les Espagnols (1565), elles reçurent leur nom en hommage à Philippe II. Annexées par les Américains en 1898, elles sont indépendantes depuis 1946. La dictature de Marcos (au pouvoir à partir de 1965) a pris fin avec l'élection à la présidence de Cory *Aquino (1986), qui doit faire face à des difficultés économiques croissantes et une instabilité politique chronique. En 1992, Fidel Ramos lui succède à la tête de l'État.

*les **Philistins*** ■ Peuple de l'Antiquité, un des *Peuples de la Mer, qui donna son nom *(Pelishitim)* à la Palestine et fut soumis par *David. ⟨ ▶ philistin ⟩

Philon d'Alexandrie ■ Philosophe juif de langue grecque (v. 13 av. J.-C. - v. 54). Un des premiers à concilier la *Bible et la pensée grecque.

Philopœmen ■ Stratège et homme d'État grec (v. 252 - v. 183 av. J.-C.). Sa résistance contre Rome lui valut d'être surnommé « le dernier des Grecs ».

Phnom-Penh ■ Capitale du Cambodge sur le *Mékong. 2,5 millions d'hab. en 1970. Après la guerre civile et le régime *khmer rouge (massacres, déportations), la ville s'est considérablement dépeuplée (environ 750 000 hab.) et appauvrie.

Phocée ■ Importante colonie grecque, ville commerciale d'*Ionie dans l'Antiquité. Les ***Phocéens*** fondèrent *Marseille.

Phoenix ■ Ville des États-Unis, capitale de l'*Arizona, dans une oasis. 790 000 hab.

Photios ou ***Photius*** ■ Théologien byzantin (v. 820 - 895). Patriarche de Constantinople, excommunié par le pape, il riposta en faisant excommunier celui-ci par un concile : c'est le *schisme de Photios.*

*la **Phrygie*** ■ Ancienne région d'Asie Mineure. Fondé en 1200 av. J.-C., le royaume des ***Phrygiens*** connut son apogée sous le règne de *Midas. *Cybèle est la grande déesse phrygienne. ⟨ ▶ phrygien ⟩

*les **physiocrates*** ■ Économistes français du XVIIIe s. ▶ *la **physiocratie*** ou « gouvernement de la nature » considère l'agriculture comme la principale source de richesse ; elle influença l'action de *Turgot. Le *"Tableau économique"* de *Quesnay (1758) est le premier exposé systématique d'économie.

Giovanna Gassion dite *Édith **Piaf*** ■ Chanteuse française d'inspiration populaire (1915-1963).

*Jean **Piaget*** ■ Psychologue et épistémologue suisse (1896-1980). Il a développé une approche « génétique » de la connaissance, suscitant de nombreux travaux sur l'enfance.

*les **Piast*** ■ Dynastie de souverains polonais fondée v. 960 par

*Mieszko Ier. Les *Jagellons leur succédèrent en 1370.

Piatra-Neamț ■ Ville du nord-ouest de la Roumanie, en *Moldavie. 108 000 hab.

le **Piauí** ■ État du Brésil (*Nordeste). 251 273 km². 2,6 millions d'hab. Capitale : Teresina. Élevage bovin.

le ou *la* **Piave** ■ Fleuve d'Italie. 220 km. Né dans les Alpes, il se jette dans l'Adriatique.

Giovanni Battista **Piazzetta** ■ Peintre italien (1682-1754). Thèmes populaires et religieux traités avec de forts contrastes d'ombre et de lumière. Remarquables dessins.

Francis **Picabia** ■ Peintre français (1879-1953). Collages *dadaïstes.

Émile **Picard** ■ Mathématicien français (1856-1941). Théorie des fonctions ; intégrales ; théorie des groupes ; méthode des approximations successives. ≠ *A. Piccard.*

la **Picardie** ■ Région administrative et économique française comprenant trois départements : l'*Aisne, l'*Oise et la *Somme. 19 518 km². 1,81 million d'hab. *(les Picards).* Préfecture : Amiens. Agriculture de pointe : plateau crayeux couvert de limon propice aux cultures riches (blé, betterave à sucre) et coupé par des vallées (élevage et cultures maraîchères). Région industrielle malgré l'absence de matières premières : industrie traditionnelle (textile, sucreries) et branches nouvelles (métallurgie, chimie). Au Moyen Âge, la Picardie fut prospère grâce à l'industrie du drap. Région frontière, elle fut le théâtre de nombreux conflits : la guerre de *Cent Ans, les deux guerres mondiales.

Jean **Picart Le Doux** ■ Artiste français (1902-1982). Disciple de *Lurçat, il exécuta de nombreux cartons de tapisserie.

Pablo **Picasso** ■ Peintre, graveur et sculpteur espagnol (1881-1973). Son œuvre est immense et multiforme. Doté d'une grande vitalité créatrice, il transformait les objets qui l'entouraient, imaginait sans cesse de nouvelles formes, avec autant d'aisance dans tous les domaines. Tableaux de la période « bleue » et « rose », œuvres « néo-classiques » *("les Flûtes de Pan"),* « surréalistes » *("Femme dans un fauteuil"),* « expressionnistes » *("la Femme qui pleure" ; "Guernica").* La tauromachie et les portraits de ses compagnes furent parmi ses thèmes favoris. Son influence sur l'art moderne est capitale. Il réalisa la première toile *cubiste de l'histoire de la peinture : *"les Demoiselles d'Avignon"* (1907).

Auguste **Piccard** ■ Physicien belge d'origine suisse (1884-1962). Inventeur du bathyscaphe. ≠ *É. Picard.*

Niccolò **Piccinni** ■ Compositeur italien, auteur d'opéras (1728-1800). Il s'opposa à *Gluck (⟹ querelle des **Bouffons**).

Giovanni **Pic de La Mirandole** ■ *Humaniste chrétien italien (1463-1494). Grand érudit.

Charles **Pichegru** ■ Général français (1761-1804). Passé de la Révolution à la contre-révolution ; arrêté comme complice de *Cadoudal, il se serait suicidé.

Henri **Pichette** ■ Poète français (né en 1924). *"Les Épiphanies" ; "Odes à chacun".*

les **Pictes** ■ Peuple de l'Écosse ancienne.

Pie ■ NOM DE DOUZE PAPES □ *saint* **Pie V,** élu en 1566 (1504-1572). Dominicain, Grand Inquisiteur, il continua la *Contre-Réforme, lança la croisade contre les Turcs et publia le missel et le bréviaire romains. □ **Pie VI,** élu en 1775 (1717-1799). Ses États furent envahis par la France sous le *Directoire et il fut arrêté. □ **Pie VII,** élu en 1800 (1742-1823). Il signa le *concordat de 1801 avec Napoléon et le sacra empereur à Paris (1804). Ses États furent annexés à l'Empire. □ **Pie IX,**

élu en 1846 (1792-1878). Le plus long pontificat de l'histoire. Il se heurta au mouvement unitaire italien qui le dépouilla progressivement de ses États de 1848 à 1870. On lui doit les dogmes de l'« Immaculée Conception » et de l'« infaillibilité pontificale » (⟹ **Vatican I**). □*saint* **Pie X**, élu en 1903 (1835-1914). Il condamna le modernisme, défendant la tradition et l'orthodoxie. □*Pie XI*, élu en 1922 (1857-1939). Il fut le pape de l'Action catholique et des missions. Il signa les accords du *Latran. □*Pie XII*, élu en 1939 (1876-1958). Pendant la Seconde Guerre mondiale, il intervint pour la paix. On lui reproche son silence sur le massacre des juifs.

le **Piémont**, en italien **Piemonte** ■ Région autonome de l'Italie du Nord. 25 399 km². 4,37 millions d'hab. *(les Piémontais)*. Capitale : Turin. Paysages variés : hautes montagnes (Alpes) avec élevage et tourisme, collines et plaines (plaine du *Pô) avec cultures de céréales et vignes. Industries textile et automobile. □ **HISTOIRE**. Possession de la maison de *Savoie, le royaume du Piémont (comprenant la Savoie, Nice et la Sardaigne) fut annexé par la France en 1799 et rendu à Victor-Emmanuel Iᵉʳ en 1815. Devenu monarchie constitutionnelle, le Piémont prit la tête du mouvement d'unification de l'Italie. ⟹ **Cavour, Victor-Emmanuel II**.

Franklin **Pierce** ■ Homme politique américain (1804-1869). 14ᵉ président des États-Unis, de 1853 à 1857.

Gabriel **Pierné** ■ Compositeur français (1863-1937). Oratorios *("l'An mil"),* ballets, musique de chambre.

Piero della Francesca ■ Peintre italien (v. 1416 - 1492). Le plus grand artiste du milieu du *quattrocento. Son influence fut considérable : il fut le premier à appliquer la perspective géométrique à la peinture. Fresques d'*Arezzo.

Piero di Cosimo ■ Peintre italien (1462-1521). Auteur de scènes mythologiques étranges et souvent fantastiques.

saint **Pierre** ■ Le premier des douze apôtres dans les Évangiles. Jésus changea son nom de Simon en Pierre et en fit le fondateur de son Église. Premier évêque de Rome, il fut martyrisé en 64. Il serait enseveli sous la basilique qui porte son nom.

Pierre ■ NOM DE PLUSIEURS SOUVERAINS **1.** empereurs du BRÉSIL □*Pierre Iᵉʳ,* en portugais *Pedro* (1798-1834), proclama l'indépendance du pays (1822) et en devint l'empereur. À la mort de son père Jean VI (1826), il devint roi du Portugal (sous le nom de Pierre IV) mais il laissa ce royaume à sa fille Marie II. □*Pierre II* (1825-1891), son fils, lui succéda au Brésil et abolit l'esclavage en 1888. **2.** roi du PORTUGAL □*Pierre II* (1648-1706). Régent (roi en 1683), il fit reconnaître l'indépendance du Portugal (effective depuis 1640) par l'Espagne en 1668. **3.** tsars de RUSSIE □*Pierre Iᵉʳ* dit *Pierre le Grand* (1672-1725) transforma autoritairement son pays : ouverture à l'Europe, grâce à la victoire sur la Suède (1709), fondation de la nouvelle capitale *Saint-Pétersbourg, réforme des mœurs ; essor économique, dû en particulier à l'industrie de guerre ; nouvelle administration. □*Pierre III*. ⟹ **Pougatchev**.

Pierre ■ Ville des États-Unis, capitale du *Dakota du Sud. 12 000 hab.

Pierre-Bénite ■ Commune du Rhône, près de Lyon. 9 600 hab. *(les Pierre-Bénitains)*. Industries chimiques.

saint **Pierre Damien** ■ Moine et cardinal italien (1007-1072). Il réforma les ordres monastiques.

Pierre de Montreuil ■ Architecte français, l'un des maîtres du style gothique (v. 1200 - 1266). Il participa à la construction de *Notre-Dame de Paris.

Pierrefitte-sur-Seine ■ Commune de la Seine-Saint-Denis. 23 900 hab. *(les Pierrefittois).*

Pierrefonds ■ Commune de l'Oise. 1 500 hab. *(les Pétrifontains).* Château féodal restauré par *Viollet-le-Duc.

Pierrelatte ■ Commune de la Drôme. 11 900 hab. *(les Pierrelattins).* Usines de traitement de l'uranium.

Pierre l'Ermite ■ Religieux français, un des chefs de la première *croisade (v. 1050 - 1115).

Pierre Lombard ■ Théologien lombard enseignant à Paris, le « Maître des sentences » (v. 1100 - 1160).

le gouffre de la **Pierre-Saint-Martin** ■ Le plus profond gouffre terrestre connu, dans les *Pyrénées-Atlantiques.

Pierrot ■ Personnage de la *commedia dell'arte. ⟨ ▶ pierrot ⟩

Pietermaritzburg ■ Ville d'Afrique du Sud, capitale du *Natal. 134 000 hab. Centre commercial et industriel (aluminium).

André **Pieyre de Mandiargues** ■ Écrivain français (1909-1991). Thèmes érotiques. *"Le Musée noir"* ; *"le Lys de mer".*

Jean-Baptiste **Pigalle** ■ Sculpteur français (1714-1785). Il manifesta un goût de la mise en scène (en particulier dans le mausolée du maréchal de Saxe, à Strasbourg), que l'on ne retrouve pas dans ses bustes, d'une grande vérité d'observation.

Arthur Cecil **Pigou** ■ Économiste britannique (1877-1959). Disciple et successeur de A. *Marshall à Cambridge.

Ponce **Pilate** ■ Préfet romain de la Judée (Iᵉʳ s.). Il abandonna Jésus aux Juifs, qui voulaient sa mort, en se lavant symboliquement les mains.

François **Pilâtre de Rozier** ■ Physicien français, le premier aéronaute de l'histoire, pilote des ballons des *Montgolfier (1754-1785).

le río **Pilcomayo** ■ Rivière d'Amérique du Sud, affluent du Paraguay. 2 500 km.

Boris **Pilniak** ■ Écrivain soviétique (1894-1937). Thème du « réalisme socialiste ». Il disparut lors des purges staliniennes. Réhabilité en 1956.

Germain **Pilon** ■ Sculpteur français de la *Renaissance (v. 1537 - 1590). Œuvres religieuses, bustes, médaillons.

Pilsen ■ Nom allemand de *Plzeň.

Józef **Piłsudski** ■ Homme politique et maréchal polonais (1867-1935). Il joua un rôle prépondérant dans la restauration de l'État polonais (de 1918 à sa mort).

Antoine **Pinay** ■ Homme politique français (né en 1891). Président du Conseil (1952), ministre des Finances de 1958 à 1960.

Gregory **Pincus** ■ Médecin américain (1903-1967). Mise au point de la pilule contraceptive (1956).

Pindare ■ Poète grec (518 - v. 438 av. J.-C.), le grand maître de la forme lyrique. On a conservé ses odes qui célèbrent les athlètes vainqueurs aux Grands Jeux de la Grèce (odes *"Olympiques"*, *"Pythiques"*, etc.).

Philippe **Pinel** ■ Médecin français (1745-1826). Un des premiers à s'occuper des malades mentaux.

Robert **Pinget** ■ Écrivain français (né en 1919). Il s'attache à évoquer les artifices de la parole. *"L'Inquisitoire".*

Augusto **Pinochet** ■ Général et homme politique chilien (né en 1915). Auteur du coup d'État de 1973 (mort d'*Allende), président de la République de 1974 à 1990, il exerça un pouvoir dictatorial.

Harold **Pinter** ■ Auteur dramatique anglais (né en 1930). Son théâtre exprime l'ambiguïté des rapports humains. *"Le Gardien"* ; *"le Retour".*

Sebastiano del **Piombo** ■ ⇒ **Sebastiano del Piombo.**

Luigi **Pirandello** ■ Écrivain et auteur dramatique italien (1867-1936). Le rénovateur de la dramaturgie moderne avec *Brecht. Le maître du « théâtre dans le théâtre », thème et technique qui expriment chez lui l'impossibilité du théâtre. *"Six personnages en quête d'auteur"*. Prix Nobel 1934.

Piranèse ■ Graveur italien (1720-1778). Ses dessins, jouant des contrastes de lumière et des effets de perspective, ont un caractère préromantique et visionnaire. *"Les Prisons"* ; *"Vues de Rome"*.

la côte des **Pirates** ■ Nom donné à l'ensemble des *Émirats arabes unis.

Le **Pirée** ■ Ville de Grèce et port d'Athènes (Grand *Athènes) depuis le ve s. av. J.-C. 196 000 hab. Principal port et centre industriel de Grèce : constructions navales, métallurgie, chimie.

Antonio Pisano dit *il* **Pisanello** ■ Peintre et graveur de médailles italien (v. 1395 - 1455). Célèbre pour son habileté à rendre les détails.

Nicola **Pisano** ■ Sculpteur et architecte italien (v. 1220 - v. 1283). Monumentalité et influence antique en font un pionnier de la Renaissance. □ *Giovanni* **Pisano,** son fils (v. 1248 - v. 1314), inspiré par l'expression mouvementée de la sculpture gothique.

Erwin **Piscator** ■ Metteur en scène de théâtre allemand (1893-1966).

Pise, en italien *Pisa* ■ Ville d'Italie, en *Toscane. 103 000 hab. *(les Pisans).* Importante université. Nombreux monuments de style *pisan* : « tour penchée » du XIIe s., cathédrale, baptistère ; palais. Grande puissance maritime jusqu'à la destruction de sa flotte par Gênes en 1284. Patrie des *Pisano.

Pisistrate ■ Tyran d'Athènes (v. 600 - v. 528 av. J.-C.). Son gouvernement marqua une période de prospérité.

Camille **Pissarro** ■ Peintre français (1830-1903). L'un des maîtres de l'*impressionnisme, il eut le souci des compositions structurées. Il influença, par ses conseils, nombre de ses contemporains, dont *Cézanne.

l'île **Pitcairn** ■ Petite île volcanique du Pacifique (*Océanie), dépendant du Royaume-Uni. 4,6 km². 60 hab. Elle fut peuplée par les descendants des mutins du *Bounty* et leurs femmes tahitiennes.

Pitești ■ Ville de Roumanie. 157 000 hab.

Pithiviers ■ Sous-préfecture du Loiret. 9 600 hab. *(les Pithivériens).* Produits alimentaires. 〈 ▶ pithiviers 〉

Georges **Pitoëff** ■ Homme de théâtre français d'origine russe (1884-1939).

William **Pitt** dit *le Premier Pitt* ■ Homme politique britannique (1708-1778). Défenseur du nationalisme anglais face aux Français et aux Espagnols. □ *William* **Pitt** dit *le Second Pitt,* son fils (1759-1806), mena la lutte contre la France révolutionnaire. Malgré les succès d'*Aboukir et de *Trafalgar, cette politique fut ruineuse.

les **Pitti** ■ Famille florentine, rivale des *Médicis. Ils firent construire le *palais Pitti* (1440), à Florence (musée).

Pittsburgh ■ Ville des États-Unis (*Pennsylvanie). 424 000 hab. 1er port fluvial du pays (sur l'*Ohio). Un des plus grands centres sidérurgiques du monde. Universités.

Piura ■ Ville du nord-ouest du Pérou. 297 000 hab.

Francisco **Pizarro** ■ Conquistador espagnol (v. 1475 - 1541). Avec ses frères, Hernando, Gonzalo et Juan, il conquit le Pérou pour le compte du roi d'Espagne en 1533 et soumit l'Empire *inca.

la **Plaine** ou *le* **Marais** ■ Nom donné à la faction la plus modérée de la *Convention.

Plaisance, en italien *Piacenza* ■ Ville d'Italie (*Émilie-Romagne).

104 000 hab. Palais communal gothique.

Plaisance-du-Touch ■ Commune de Haute-Garonne. 10 100 hab.

Plaisir ■ Commune des Yvelines. 25 900 hab.

Max **Planck** ■ Physicien allemand (1858-1947). Créateur de la théorie des quanta. Prix Nobel 1918.

Plan-de-Cuques ■ Commune des Bouches-du-Rhône. 9 900 hab.

Plantagenêt ■ Surnom de Geoffroi V, comte d'Anjou, et de ses descendants. ▶ *les* **Plantagenêts** régnèrent sur l'Angleterre de 1154 à 1485. Ils luttèrent contre les rois de France (⇒ **Angleterre,** guerre de **Cent Ans).** Les *Tudors leur succédèrent, après la guerre des Deux-*Roses. ⇒ **Henri II, Richard Cœur de Lion, Jean sans Terre, Henri III, Édouard III, Richard II, Henri IV, Henri V, Henri VI, Édouard IV, Édouard V, Richard III.**

La **Plata** ■ ⇒ **La Plata.**

Platée ou **Platées** ■ Ancienne ville de Grèce (*Béotie). Victoire des Grecs sur les Perses en 479. ⇒ guerres **médiques.**

Platon ■ Philosophe grec (428 - 348 av. J.-C.). Élève de *Socrate, il en fit le protagoniste de nombreux "*Dialogues",* où il met en œuvre la dialectique, analyse du langage qui permet d'accéder à l'intelligible. Élévation de l'âme, la contemplation des idées est favorisée par l'étude des mathématiques ; elle implique un idéal politique, exprimé dans "*la République*". Platon voulut dépasser dans l'idéalisme les oppositions des penseurs présocratiques (⇒ **Héraclite** et **Parménide).** L'histoire de la philosophie commence véritablement avec Platon, au point que la critique du platonisme s'identifie chez *Nietzsche à la critique de toute la philosophie. La lecture de Platon informe plusieurs philosophies modernes (*Heidegger). ▶ *le* **platonisme,**

ensemble des doctrines pouvant se réclamer de Platon, n'a cessé d'exercer une influence : durant l'Antiquité grâce à l'école fondée par le maître (l'Académie), puis sur la pensée chrétienne à travers saint *Augustin (M. *Psellos à Byzance), et sur la pensée occidentale jusqu'à nos jours. L'enseignement de son élève et premier adversaire *Aristote fut intégré au *néo-platonisme.* ⇒ **Plotin.** ⟨ ▶ platonicien, platonique ⟩

Plaute ■ Auteur latin de comédies (v. 254 - 184 av. J.-C.). La *commedia dell'arte, *Molière, *Goldoni se sont inspirés de sa verve bouffonne. "*Amphitryon" ; "les Ménechmes" ; "le Soldat fanfaron".*

les **Pléiades** n. f. ■ Les sept filles d'*Atlas dans la mythologie grecque, transformées en étoiles par *Zeus. □ *la* **Pléiade.** Groupe de sept poètes français du XVIe s. (dont du *Bellay, *Baïf, *Jodelle, *Ronsard et *Pontus de Tyard) créé par Ronsard. Le manifeste de du Bellay pour la "*Défense et illustration de la langue française*" marque leur ambition de faire de la littérature française l'égale de la latine, par une « imitation originale ». ⟨ ▶ pléiade ⟩

Gueorguiï **Plekhanov** ■ Théoricien socialiste russe (1856-1918). Il introduisit l'œuvre de *Marx en Russie, puis s'opposa à *Lénine.

Plérin ■ Commune des Côtes-d'Armor. 12 300 hab. *(les Plérinais).*

Le **Plessis-Robinson** ■ Commune des Hauts-de-Seine. 21 300 hab. *(les Robinsonnais).*

Le **Plessis-Trévise** ■ Commune du Val-de-Marne. 14 600 hab. *(les Plesséens).*

Pleumeur-Bodou ■ Commune des Côtes-d'Armor, dans l'arrondissement de Lannion. 3 700 hab. *(les Pleumeurois).* Station de télécommunications spatiales.

Pleven ■ Ville de Bulgarie. 134 000 hab.

Ignaz **Pleyel** ■ Compositeur autrichien (1757-1831). Il fonda à Paris une célèbre fabrique de pianos.

Pline l'Ancien ■ Écrivain et naturaliste latin (23-79). Il mourut en observant l'éruption du *Vésuve. *"Histoire naturelle"*. □ *Pline le Jeune,* son neveu et fils adoptif (61 - v. 114). *"Lettres"*.

Charles **Plisnier** ■ Poète et romancier belge d'inspiration marxiste (1896-1952). *"Mariages"*.

Maïa **Plissetskaïa** ■ Ballerine russe (née en 1925).

Ploemeur ■ Commune du Morbihan. 18 000 hab. *(les Ploemeurois)*.

Ploërmel ■ Commune du Morbihan. 7 600 hab. *(les Ploërmelais)*.

Ploiești ou **Ploești** ■ Ville industrielle de Roumanie. 235 000 hab. Pétrole.

Plotin ■ Philosophe de langue grecque (v. 205 - 270). Le maître du *néo-platonisme*. Sa mystique rationnelle, reprise de *Platon avec des éléments d'*Aristote et du *stoïcisme, eut une grande influence, notamment en théologie.

Ploufragan ■ Commune des Côtes-d'Armor. 10 800 hab.

Plougastel-Daoulas ■ Commune du Finistère, sur une presqu'île de la rade de Brest. 11 200 hab. *(les Plougastels)*. Fraises.

Ploumanac'h ■ Station balnéaire des Côtes-d'Armor (commune de *Perros-Guirec).

Ploutos ■ Dieu grec des Richesses. ⟨ ▶ plouto- ⟩

Plouzané ■ Commune du Finistère. 11 400 hab.

Plovdiv ■ Ville de Bulgarie. 357 000 hab. Ancienne ville thrace. Musée. Centre agricole et industriel.

Julius **Plücker** ■ Mathématicien et physicien allemand (1801-1868). Géométrie analytique.

Plutarque ■ Historien et moraliste grec (v. 49-v. 125). Auteur d'*"Œuvres morales"* et de biographies de héros anciens *("Vies parallèles")* particulièrement appréciées pendant la *Renaissance (traduction française d'*Amyot).

Pluton ■ Nom latin du dieu grec des Enfers, *Hadès, devenu le dieu des Morts dans la religion romaine. □ *Pluton,* une des neuf planètes du système solaire, la plus petite (2 200 km de diamètre) et la plus éloignée du Soleil, découverte en 1930. Elle tourne autour du Soleil en 248 ans et 157 jours et sur elle-même en 6 jours et 9 heures. ⟨ ▶ plutonium ⟩

Plymouth ■ Ville du sud de l'Angleterre (*Devon). 243 000 hab. Grand port militaire.

Plzeň, en allemand **Pilsen** ■ Ville industrielle de la République tchèque, en *Bohême. 174 000 hab. Sidérurgie. Brasseries (bière *Pilsen)*.

le **Pô** ■ Fleuve d'Italie. Né dans les Alpes, il se jette dans l'Adriatique. 652 km. La *plaine du Pô* est la première région économique de l'Italie. Elle couvre le *Piémont, la *Lombardie, l'*Émilie et la *Vénétie.

Santa María de **Poblet** ■ Célèbre monastère cistercien d'Espagne, en *Catalogne.

Nikolaï **Podgorny** ■ Homme politique soviétique (1903-1983). Président du Præsidium du Soviet suprême de 1965 à 1977.

Edgar Allan **Poe** ■ Écrivain américain (1809-1849). Poète (*"le Corbeau",* traduit en français par *Mallarmé), critique *("Philosophie de la composition")* et auteur de récits fantastiques, policiers et d'horreur. *"Histoires extraordinaires"* (traduites en français par *Baudelaire).

le **Pogge** ■ Écrivain et humaniste italien (1380-1459). *"Facéties"*.

Henri **Poincaré** ■ Mathématicien français (1854-1912). Son œuvre très riche intéresse notamment la physique mathématique (mécanique céleste) et la topologie algébrique, qu'il a créée. Il a aussi écrit des essais de philosophie des sciences.

Raymond **Poincaré** ■ Homme politique français (1860-1934). Cousin du précédent. Président de la République de 1913 à 1920, président du Conseil (1912, 1922-1924, 1926-1929). Représentant l'Union nationale, partisan de la fermeté envers l'Allemagne (occupation de la Ruhr en 1923), surtout connu pour sa politique financière (« franc Poincaré », dévaluation du franc en 1928 : un cinquième du franc-or).

Pointe-à-Pitre ■ Préfecture de la Guadeloupe. 26 000 hab. *(les Pointois)*. Principal port de l'île. Sucre, tabac.

Pointe-Noire ■ Commune de la Guadeloupe. 7 500 hab.

Pointe-Noire ■ Ville du Congo. 298 000 hab. Port sur l'Atlantique.

Paul **Poiret** ■ Couturier français (1879-1944). Il révolutionna le costume féminin en abandonnant le corset et les dentelles.

l'affaire des **Poisons** ■ Série d'affaires d'empoisonnement (1670-1680) qui compromit plusieurs personnalités de la cour de France, dont Mme de *Montespan.

Denis **Poisson** ■ Mathématicien français (1781-1840). Calcul des probabilités.

Poissy ■ Commune des Yvelines. 36 900 hab. *(les Pisciacais)*. Industries automobiles.

Poitiers ■ Préfecture de la Vienne et de la région *Poitou-Charentes. 82 500 hab. *(les Pictaviens)*. Nombreux monuments (église romane du XIIᵉ s.). *Charles Martel y arrêta l'invasion arabe en 732.

le **Poitou** ■ Ancienne province de France. Un des grands foyers de christianisation en Gaule (monastère de Ligugé fondé par saint *Martin). Les comtes de Poitiers s'imposèrent comme ducs d'Aquitaine (XIᵉ-XIIᵉ s.). Possession anglaise après le remariage d'Aliénor d'Aquitaine (1152), enjeu de la guerre de Cent Ans (bataille de Poitiers, en 1356, au cours de laquelle Jean II le Bon est fait prisonnier), le territoire est définitivement annexé à la France sous Charles V. Le *seuil du Poitou,* plaine qui relie le Bassin aquitain au Bassin parisien. ▶ *la région* **Poitou-Charentes.** Région administrative et économique de la France formée de quatre départements : *Charente, *Charente-Maritime, Deux-*Sèvres, *Vienne. 25 946 km². 1,59 million d'hab. Préfecture : Poitiers. Économie essentiellement agricole : vignobles (cognac, pineau), élevage (beurre réputé, fromages de chèvre). Exploitation du littoral avec le tourisme (îles de Ré et d'Oléron), l'ostréiculture et la pêche.

les régions **polaires** ■ ⇒ **Arctique** et **Antarctique.**

Roman **Polanski** ■ Cinéaste polonais (né en 1933) à la carrière internationale. "*Le Bal des vampires*" ; "*Chinatown*" ; "*Tess*".

Serge **Poliakoff** ■ Peintre français d'origine russe (1906-1969). Surfaces abstraites de tons vifs imbriquées géométriquement.

Polichinelle ■ Personnage du théâtre de marionnettes italien. ⟨ ▶ polichinelle ⟩

Jules Auguste Armand de **Polignac** ■ Homme politique français (1780-1847). Dernier président du Conseil de Charles X.

Poligny ■ Commune du Jura. 4 700 hab. *(les Polinois)*. Monuments anciens.

le Front **Polisario** ■ ⇒ **Sahara occidental.**

Georges **Politzer** ■ Philosophe français d'origine hongroise (1903-1942). Marxiste-léniniste strict.

James **Polk** ■ Homme politique américain (1795-1849). 11e président des États-Unis, de 1845 à 1849.

Jackson **Pollock** ■ Peintre américain (1912-1956). Il créa la peinture « gestuelle », ainsi appelée parce qu'elle traduit le geste du peintre dans sa spontanéité. Tableaux de grand format réalisés par *dripping,* c'est-à-dire en faisant couler la peinture sur la toile posée au sol.

Pollux ■ Frère jumeau de *Castor.

Marco **Polo** ■ Négociant italien qui voyagea de Venise jusqu'en Chine (v. 1254 - 1324). Il fut 17 ans au service de *Qūbilai Khān, à la cour de Pékin. Le *"Livre de Marco Polo",* témoignage précis, passa d'abord pour une fabulation.

la **Pologne** ■ État (république) d'Europe centrale. 312 683 km². 37,87 millions d'hab. *(les Polonais).* Capitale : Varsovie. Langue officielle : polonais. Monnaie : złoty. L'État socialiste avait peu collectivisé l'agriculture : nombreuses fermes individuelles (pomme de terre, betterave à sucre, élevage porcin). Industrialisation récente et intensive grâce au charbon de *Silésie : sidérurgie, industries chimique et mécanique. Crise économique due aux insuffisances de l'agriculture et des industries légères, qui a entraîné un endettement important du pays. □ **HISTOIRE.** Convertie au christianisme sous Mieszko Ier (IXe s.), la Pologne forma en 1024 sous Boleslas Ier un premier État indépendant, qui fut rapidement annexé à l'Empire germanique (1032) puis morcelé. Ladislas Ier restaura partiellement l'unité du pays que Casimir III le Grand acheva. À son apogée sous les *Jagellons (victoire sur les chevaliers Teutoniques en 1410), il forma alors une union avec la Lituanie. Au XVIe s. le pouvoir des nobles et la lutte contre la *Réforme (Étienne Ier Báthory) affaiblirent la monarchie. Au siècle suivant, l'autorité royale devint le jeu des puissances européennes (guerre de la *Succession de Pologne)

malgré les victoires de *Jean III Sobieski. Au terme de trois partages successifs (1772, 1793, 1795), la Pologne fut rayée de la carte de l'Europe. De nombreux Polonais en exil menèrent alors une action patriotique. En 1807, Napoléon Ier créa le grand-duché de Varsovie. À la chute de l'Empire, le congrès de *Vienne (1815) transforma le grand-duché en « royaume de Pologne » (à l'exception de Cracovie) et l'intégra à la Russie. L'action patriotique reprit à l'étranger. L'indépendance de la Pologne fut proclamée en 1918 et ses nouvelles frontières fixées au traité de *Versailles. Durant la Seconde Guerre mondiale, le pays fut envahi par l'Allemagne (⇒ **Dantzig**) et par l'U.R.S.S. puis partagé entre les deux pays (⇒ **pacte germano-soviétique**). Il souffrit de l'oppression nazie : population déportée en Allemagne ou envoyée dans les camps de concentration (plus de 90 % de la population juive polonaise et périt). Après la Libération en 1945, les nouvelles frontières de la Pologne furent fixées et le pays devint en 1952 une république populaire sous influence soviétique. La libéralisation, promue par les syndicats (*Solidarność), a été arrêtée en 1981 par la mise en place de « l'état de guerre » sous l'autorité de *Jaruzelski. Mais la pression populaire (grèves) amena le pouvoir à négocier la démocratisation du régime, en 1989 ; elle aboutit à des élections, que remporta l'opposition, et à la formation d'un gouvernement dirigé par un Premier ministre non communiste, issu de Solidarność, puis, en 1990, à l'élection de L. *Wałęsa à la présidence de la République. Le pays, à la suite de profondes réformes, s'est alors engagé sur la voie de l'économie de marché. ⟨ ▶ polonais ⟩

Poltava ■ Ville de la C.É.I. (*Ukraine). 315 000 hab. Marché agricole. Défaite décisive de Charles XII de Suède face à *Pierre le Grand en 1709.

Polybe ■ Historien grec (v. 202 - v. 120 av. J.-C.). Ses "*Histoires*" tentent d'expliquer avec méthode les raisons de la domination romaine sur la Méditerranée.

Polyclète ■ Sculpteur grec (vᵉ s. av. J.-C.). Il fixa dans son fameux « canon » les règles de proportion pour la représentation du corps humain.

Polygnote ■ Peintre grec, le plus illustre de son siècle (v. 500 - v. 440 av. J.-C.). Il fut l'un des premiers à peindre les expressions du visage.

Polymnie ■ Une des neuf *Muses. Muse de la Pantomime et de la Poésie lyrique.

la **Polynésie** ■ Ensemble d'îles du Pacifique à l'est de l'Australie, la plupart d'origine volcanique. □ *la Polynésie française*, partie de la Polynésie formée par cinq archipels : les îles de la *Société (avec Tahiti), les îles *Marquises, *Tuamotu, *Gambier et *Tubuai. Territoire français d'outre-mer (T.O.M.). 3 521 km². 188 800 hab. *(les Polynésiens)*. Capitale : Papeete (sur l'île de *Tahiti). Monnaie : franc des Comptoirs français du Pacifique. Climat tropical. Tourisme. Pêche, élevage, cultures de coprah et de vanille.

Polyphème ■ Cyclope de l'"*Odyssée*" qui retint *Ulysse prisonnier.

Pomaré ■ Nom d'une dynastie qui régna à *Tahiti de 1762 à 1880.

le marquis de **Pombal** ■ Homme d'État portugais (1699-1782). Premier ministre en 1755, il gouverna en despote éclairé jusqu'en 1777 et réalisa de grandes réformes.

la **Poméranie** ■ Ancienne région sur la Baltique, que se disputèrent la Suède, la Prusse et la Pologne. La majeure partie est devenue polonaise en 1945.

Antoinette Poisson marquise de **Pompadour** ■ Favorite de Louis XV (1721-1764). Elle soutint *Choiseul et protégea les artistes.

Pompée ■ Général et homme d'État romain (106 - 48 av. J.-C.). Ses victoires sur *Sertorius (71 av. J.-C.), sur les pirates en Méditerranée (67 av. J.-C.) et sur *Mithridate (62 av. J.-C.) firent sa gloire. Il forma avec *César et *Crassus le premier triumvirat (⟹ **Rome**), se brouilla avec César et fut vaincu à *Pharsale en 48 av. J.-C..

Pompéi ■ Ville de l'Antiquité, au pied du Vésuve, en Italie. En 79, une éruption du volcan ensevelit la ville et ses habitants. Les travaux de fouilles commencèrent au XVIIIᵉ s. Fresques.

Georges **Pompidou** ■ Homme politique français (1911-1974). Premier ministre de Charles de *Gaulle (de 1962 à 1968), il lui succéda comme président de la République (de 1969 à sa mort).

Jean Victor **Poncelet** ■ Mathématicien français (1788-1867). Élève de *Monge, créateur (après *Desargues) de la géométrie projective.

Ponce Pilate ■ ⟹ Ponce **Pilate.**

Pondichéry ou **Pondicherry** ■ Ville de l'Inde, sur le golfe du Bengale. 162 000 hab. Ancienne capitale des Établissements français de l'*Inde, rendue à celle-ci en 1954. La ville forme, avec les anciens comptoirs Mahe, Kārikāl et Yanam, un territoire de l'Union indienne. 492 km². 604 000 hab.

Francis **Ponge** ■ Écrivain français (1899-1988). Il s'affirme matérialiste, dans l'attention qu'il porte aux choses aussi bien qu'au langage. Avec les "*Proêmes*", il dépasse l'opposition de la poésie et de la prose. "*Le Parti pris des choses*" ; "*la Rage de l'expression*".

le prince Józef ou Joseph **Poniatowski** ■ Général et homme politique polonais (1763-1813). Il fut l'allié de Napoléon qui le fit maréchal de France.

Pierre Alexis **Ponson du Ter-rail** ■ Écrivain français (1829-1871). Maître du roman-feuilleton : "*les Exploits de Rocambole*". ⟨▶ rocambolesque ⟩

le **Pont** ■ Ancien royaume d'Asie Mineure, sur le *Pont-Euxin. Au début du Iᵉʳ s. av. J.-C., avec *Mithridate, il devint un État puissant, mais fut soumis par *Pompée.

Pont-à-Mousson ■ Commune de Meurthe-et-Moselle. 15 300 hab. *(les Mussipontains)*. Centre sidérurgique.

Pontarlier ■ Sous-préfecture du Doubs. 18 900 hab. *(les Pontissaliens)*.

Pont-Audemer ■ Commune de l'Eure. 9 400 hab. *(les Pont-Audemériens)*.

Pontault-Combault ■ Commune de Seine-et-Marne. 26 800 hab. *(les Pontellois-Combalusiens)*.

Pont-Aven ■ Commune du Finistère. 3 000 hab. *(les Pontavenistes)*. ▶ *l'école de* **Pont-Aven** réunit des peintres autour de *Gauguin, à la fin du XIXᵉ s. Elle influença le groupe des *nabis et l'art *nouveau.

Pontchâteau ■ Commune de la Loire-Atlantique. 7 600 hab. *(les Pont-Châtelains)*.

Le **Pont-de-Claix** ■ Commune de l'Isère, dans la banlieue de Grenoble. 12 000 hab. *(les Pontois)*.

Pont-du-Château ■ Commune du Puy-de-Dôme. 8 800 hab. *(les Castelpontins)*.

Le **Pontet** ■ Commune du Vaucluse. 15 900 hab.

le **Pont-Euxin** ■ Nom de la mer *Noire, dans l'Antiquité grecque.

Pontiac ■ Chef indien, allié des Français, qui suscita un soulèvement contre les Anglais, en 1763-1766 (v. 1720-1769).

Pontianak ■ Ville et port d'Indonésie (*Kalimantan). 305 000 hab. Exportation de caoutchouc.

la plaine **Pontine,** anciennement **marais Pontins** ■ Plaine d'Italie (*Latium), au sud-est de Rome. Anciens marais, asséchés sous le régime fasciste.

Pontivy ■ Sous-préfecture du Morbihan. 14 500 hab. *(les Pontivyens)*.

Pont-l'Abbé ■ Commune du Finistère. 7 900 hab. *(les Pont-l'Abbistes)*. Artisanat traditionnel.

Pont-l'Évêque ■ Commune du Calvados. 3 800 hab. *(les Pontépiscopiens)*. Célèbres fromages. ⟨▶ pont-l'évêque ⟩

Pontoise ■ Sous-préfecture du Val-d'Oise. 28 500 hab. *(les Pontoisiens)*. Elle forme avec *Cergy la ville nouvelle de Cergy-Pontoise. Ancienne capitale du *Vexin.

le **Pontormo** ■ Peintre italien (1494-1557). L'un des représentants du *maniérisme : attitudes recherchées, expression dramatique rendue par un dessin sinueux et des coloris rares.

Pontorson ■ Commune de la Manche. 5 400 hab. *(les Pontorsonnais)*.

Pont-Sainte-Maxence ■ Commune de l'Oise. 11 000 hab. *(les Pontois* ou *Maxipontains)*. Métallurgie.

Pont-Saint-Esprit ■ Commune du Gard. 9 400 hab. *(les Spiripontains)*. Pont sur le Rhône.

Les **Ponts-de-Cé** ■ Commune du Maine-et-Loire. 11 400 hab. *(les Ponts-de-Ceais)*. Forteresse. L'importance stratégique de la ville, située sur les deux rives de la Loire, en fit une place forte très disputée.

Pontus de Tyard ■ Poète français (1521-1605). Membre de la *Pléiade. À la fin de sa vie, il écrivit des ouvrages philosophiques et religieux.

Poole ■ Ville et port d'Angleterre, dans le *Dorset. 125 000 hab. Station balnéaire.

Poona ■ ⇒ Pune.

le *pop'art* ■ Courant artistique des années 1950-1970 qui s'intéresse aux objets de la civilisation industrielle et s'inspire du style des images de la publicité, de la bande dessinée et de la télévision. Essentiellement des peintres anglo-américains : *Warhol, *Lichtenstein, *Hockney, *Oldenburg.

Alexander Pope ■ Écrivain anglais (1688-1744). Théoricien du classicisme (*"Essai sur la critique"*, 1711). Son *"Essai sur l'homme"* affirme la bonté naturelle de l'homme.

le *Popocatépetl* ■ Le plus grand volcan du Mexique. 5 452 m.

Alexandre Popov ■ Ingénieur russe (1859-1906). Pionnier de la radiodiffusion.

Poppée ■ Impératrice romaine, épouse de *Néron (morte en 65).

sir *Karl Popper* ■ Philosophe autrichien naturalisé anglais (né en 1902). Il s'est intéressé aux sciences politiques et à l'épistémologie. *"La Logique de la découverte scientifique"*.

Pornic ■ Commune, port et station balnéaire de la Loire-Atlantique. 9 900 hab. *(les Pornicais)*.

Pornichet ■ Commune, port et station balnéaire de la Loire-Atlantique. 8 200 hab. *(les Pornichetins)*.

Nicola Porpora ■ Compositeur italien, célèbre professeur de chant (1686-1768). Opéras, oratorios, cantates.

Porquerolles ■ Une des îles d'*Hyères, en Méditerranée. Réserve naturelle. Tourisme.

Le *Port* ■ Commune de la Réunion. 34 700 hab. *(les Portois)*.

Jean Portalis ■ Juriste français, principal rédacteur du Code civil (1746-1807).

Port-Arthur ■ ⇒ Lüshun.

Port-au-Prince ■ Capitale et port d'Haïti. 473 000 hab. Industrie et commerce : sucre, rhum, tabac. La ville a subi plusieurs tremblements de terre.

Port Blair ■ Ville de l'Inde, capitale du territoire de l'Union *Andaman et Nicobar. 49 600 hab.

l'île de *Port-Cros* ■ Une des îles d'*Hyères, en Méditerranée. Parc national.

Port-de-Bouc ■ Commune des Bouches-du-Rhône. 18 900 hab. *(les Port-de-Boucains)*. Port de pêche.

Le *Portel* ■ Commune et port de pêche du Pas-de-Calais. 10 700 hab. *(les Portelois)*.

Port Elizabeth ■ Ville et port d'Afrique du Sud (province du *Cap). 273 000 hab.

les *Portes de fer* n. f. pl. ■ Nom donné au défilé du *Danube, entre la Serbie et la Roumanie.

Portes-lès-Valence ■ Commune de la Drôme. 7 900 hab. *(les Portais)*.

Portet-sur-Garonne ■ Commune de la Haute-Garonne. 8 000 hab.

Port-Gentil ■ Ville et port du Gabon. 164 000 hab.

Port Harcourt ■ Ville et port du Nigeria sur le Niger. 344 000 hab. Raffineries et exportation de pétrole.

Portland ■ Ville des États-Unis, métropole de l'*Oregon. 366 000 hab. Port fluvial, commerce. Université. Musée.

Port-Louis ■ Capitale de l'île Maurice. 139 000 hab. Fondée par les Français en 1735. Exportation de sucre.

Port Moresby ■ Capitale et port de la Papouasie-Nouvelle-Guinée. 152 000 hab. Exportation d'or, argent, cuivre.

Porto ■ 2ᵉ ville du Portugal, au nord du pays. 347 000 hab. Port sur l'estuaire du *Douro. Commerce des vins de la vallée, les *portos.* ‹ ▶ porto ›

Pôrto Alegre ■ Principale ville industrielle et port du sud du Brésil, capitale du *Rio Grande do Sul. 1,11 million d'hab. Constructions navales, raffineries de pétrole.

Port of Spain, en français *Port d'Espagne* ■ Capitale des îles de Trinité et Tobago. 58 300 hab. Port exportateur de sucre et de cacao.

Porto-Novo ■ Capitale du Bénin, sur le golfe de Guinée. 208 000 hab.

Porto Rico ou *Commonwealth of Puerto Rico* ■ Île des Grandes *Antilles. 9 104 km². 3,3 millions d'hab. *(les Portoricains).* Capitale : San Juan. Langues : espagnol, anglais. Climat tropical : culture du sucre, du cacao, du café, du tabac. □ **HISTOIRE.** Découverte en 1493 par Christophe Colomb et colonisée par les Espagnols qui la cédèrent aux États-Unis en 1898. Depuis 1952, Porto Rico est un État associé aux États-Unis : les Portoricains ont la nationalité américaine, mais pas le droit de vote aux États-Unis.

Porto-Vecchio ■ Commune et port de Corse-du-Sud. 9 400 hab. *(les Porto-Vecchiais).* Centre touristique.

l'abbaye de **Port-Royal** ■ Abbaye de femmes fondée en 1204 près de Chevreuse et réformée par Angélique *Arnauld en 1609. L'abbaye se dédoubla en *Port-Royal des Champs* et *Port-Royal de Paris.* Elle fut le siège du *jansénisme (⇒ **Saint-Cyran**) et accueillit les « messieurs de Port-Royal » : *Pascal, *Nicole. Détruite par ordre de Louis XIV (1710).

Port-Saïd ■ Ville d'Égypte, port sur la Méditerranée à l'entrée du canal de *Suez. 382 000 hab.

Port-Saint-Louis-du-Rhône ■ Commune des Bouches-du-Rhône. 8 600 hab. *(les Saints-Louisiens).*

Portsmouth ■ Ville du sud de l'Angleterre (*Hampshire), port de guerre sur la Manche. 178 000 hab. Constructions navales.

Portsmouth ■ Ville et port des États-Unis (*Virginie). 105 000 hab. ⇒ **Hampton.**

Port-Soudan ■ Ville et port principal du Soudan, sur la mer Rouge. 207 000 hab.

le **Portugal** ■ État (république) d'Europe constitué de la partie sud-ouest de la péninsule Ibérique, des *Açores et de *Madère. 92 389 km². 10,37 millions d'hab. *(les Portugais).* Capitale : Lisbonne. Langue : portugais. Monnaie : escudo. Pays peu industrialisé. Culture d'olives, de maïs. Vins réputés (porto, madère). Pêche (sardine, thon, morue). 1ᵉʳ producteur mondial de liège. Tourisme. □ **HISTOIRE.** Le Portugal devint un royaume indépendant en 1143 et connut au XIIIᵉ s. un remarquable développement économique. Aux XVᵉ et XVIᵉ s., grâce aux expéditions maritimes dirigées en partie par *Henri le Navigateur (⇒ B. **Dias,** V. de **Gama, Cabral**), il se trouva à la tête d'un vaste empire colonial. Mais, n'ayant su organiser cet empire et dirigé par une monarchie affaiblie, il passa aux mains des Espagnols en 1580. En 1640, Jean IV, fondateur de la dynastie de Bragance qui régna jusqu'en 1910, le libéra. Reconnu indépendant par l'Espagne en 1668, le pays dut s'allier aux Anglais en 1703, ce qui l'entraîna dans les guerres napoléoniennes. Durant cette période, il devint le terrain des rivalités franco-anglaises et la Cour se réfugia au Brésil. En 1821, Jean VI reprit le pouvoir ; son fils proclama l'indépendance du Brésil (1822) et en devint l'empereur sous le nom de Pierre Iᵉʳ. Celui-ci reçut, en 1826, la couronne du Portugal et abdiqua en faveur de sa fille Marie II de Bragance. Le règne de celle-ci ouvrit une période d'instabilité politique qui se poursuivit après la proclamation de la république en 1910 et à laquelle mit fin le régime autoritaire et conservateur du maréchal *Carmona et de *Salazar (1928-1968). En 1974, la « révolution des œillets » mit fin à la dictature ; le général Spínola reconnut l'indépendance de la Guinée-Bissau, du Mozambique et de l'Angola. Le général Eanes fut élu président de la République en 1976 et le socialiste Mário Soares lui succéda en 1986. Le Portugal adhéra à la C.E.E. la même année. ⟨ ▶ portugais ⟩

Port-Vendres ■ Commune des Pyrénées-Orientales. Port de pêche. Tourisme. 5 400 hab. *(les Port-Vendrais).*

Port-Vila ■ Capitale du Vanuatu. 15 100 hab.

Poséidon ■ Dieu grec de la Mer, armé d'un trident. Il correspond au Neptune des Romains.

Georges **Posener** ■ Égyptologue français (1906-1988). *"De la divinité du pharaon".*

Posidonius ■ ⇒ stoïcisme.

la **Posnanie** ou **Poznanie** ■ Région de Pologne, ancienne province de Prusse de 1793 à 1945. Capitale : Poznań.

La **Possession** ■ Commune de la Réunion. 15 600 hab.

le **Potala** ■ Colline de Lhassa (*Tibet), sur laquelle fut construit le palais des dalaï-lamas.

Grigoriï **Potemkine** ■ Feldmaréchal et homme politique russe, favori de Catherine II (1739-1791). Gouverneur des provinces allant de l'Ukraine à la mer Noire, il créa une flotte de guerre et annexa la Crimée. Son nom fut donné à un cuirassé où une mutinerie révolutionnaire éclata en 1905 (sujet d'un célèbre film d'*Eisenstein).

Jan **Potocki** ■ Écrivain polonais (1761-1815). Il écrivit, en français, un récit fantastique : *"Manuscrit trouvé à Saragosse".*

le **Potomac** ■ Fleuve du nord-est des États-Unis qui arrose Washington avant de se jeter dans l'Atlantique. 640 km.

Potosí ■ Ville de Bolivie. 114 000 hab. Raffinerie d'étain, cuivre et argent. La mine d'argent fut, entre le milieu du XVIᵉ s. et le début du XVIIᵉ s., une importante source de richesse pour l'Espagne.

Potsdam ■ Ville d'Allemagne, capitale du *Brandebourg. 143 000 hab. Industries. Palais de Sans-Souci élevé par Frédéric II dans le style de Versailles. En 1945, la *conférence de Potsdam,* entre *Truman, *Staline et *Churchill, prépara les traités de paix.

Eugène **Pottier** ■ Homme politique et poète français (1816-1887). Il participa à la *Commune (1870) et rédigea les paroles de *"l'Internationale".*

Eugène René **Poubelle** ■ Préfet de la Seine de 1883 à 1896, qui imposa l'usage des *poubelles* (1831-1907). ⟨ ▶ poubelle ⟩

Alexandre **Pouchkine** ■ Écrivain russe (1799-1837). Il est souvent considéré comme le plus grand poète classique russe. Poèmes, romans *("Eugène Onéguine"),* drames *("Boris Godounov"),* nouvelles *("la Dame de pique").*

Pouchkine ■ Ville de la C.É.I. (*Russie), près de Saint-Pétersbourg. 90 000 hab. Ancienne *Tsarskoïe Selo,* résidence impériale du XVIIIᵉ s., où Pouchkine étudia. Ainsi nommée en 1937.

Vsevolod **Poudovkine** ■ Cinéaste soviétique (1893-1953). *"La Mère",* d'après *Gorki.

Iémélian **Pougatchev** ■ Chef cosaque (v. 1742-1775). Il se proclama tsar sous le nom de Pierre III et leva une armée de paysans, auxquels il promit l'abolition du servage, contre Catherine II (1773-1774).

les **Pouilles** n. f. pl., en italien **Puglia** ■ Région autonome du sud de l'Italie. 19 347 km². 4,06 millions d'hab. Capitale : Bari. Importante région agricole : céréales, vignes, olivier. Nombreux monuments d'art roman. Bauxite.

Pierre **Poujade** ■ Homme politique français (né en 1920). ▶ *le poujadisme,* opposition des petits commerçants et artisans aux mutations de l'économie française, qui s'organisa en un mouvement politique (droite nationale) éphémère (1955-1956).

Francisque **Poulbot** ■ Dessinateur français (1879-1946). Il créa un type célèbre de gamin montmartrois. ⟨ ▶ poulbot ⟩

Francis **Poulenc** ■ Compositeur français (1899-1963). Opéras (*"le Dialogue des carmélites"* d'après *Bernanos ; "la Voix humaine"* d'après *Cocteau),* œuvres pour piano, mélodies.

Ezra **Pound** ■ Poète et critique américain (1885-1972). Il chercha la fusion des cultures (*"l'Esprit des littératures romanes")* et des langues (*"Cantos"),* et critiqua violemment la civilisation américaine et la démocratie.

Franz **Pourbus le Jeune** ■ Peintre flamand (1569-1622). Portraits officiels (Henri IV, Marie de Médicis).

Henri **Pourrat** ■ Écrivain français (1887-1959). Nombreux contes. *"Gaspard des montagnes",* cycle auvergnat.

le col du **Pourtalet** ■ Col des Pyrénées-Atlantiques, à la frontière espagnole. 1 792 m.

Nicolas **Poussin** ■ Peintre français, maître du *classicisme (1594-1665). Profondément marqué par Rome où il séjourna longtemps. Scènes historiques (*"l'Enlèvement des Sabines"),* bibliques (*"Moïse sauvé des eaux"),* mythologiques (*"Orion aveugle"),*

allégoriques (*"les Bergers d'Arcadie")* et paysages (*"les Quatre Saisons").*

P'ou-yi ■ ⇒ Puyi.

le **Powys** ■ Comté du centre est du pays de Galles. 5 077 km². 115 000 hab. Chef-lieu : Llandrindod Wells (4 200 hab.).

Poznań ■ Une des plus anciennes villes de Pologne, en *Posnanie. 586 000 hab. Centre culturel, industriel (métallurgie, chimie) et commercial (foires).

Andrea **Pozzo** ■ Peintre italien (1642-1709). Grand décorateur *baroque. Plafond de l'église Saint-Ignace, à Rome.

Charles André **Pozzo di Borgo** ■ Diplomate corse (1764-1842). Proche de *Paoli, conseiller d'Alexandre Ier contre Napoléon, ambassadeur de Russie à Paris de 1815 à 1834.

Prades ■ Sous-préfecture des Pyrénées-Orientales. 6 000 hab. (*les Pradéens).*

Le **Pradet** ■ Commune du Var. 9 800 hab.

le **Prado** ■ Un des plus riches musées d'Europe, situé à Madrid (Espagne).

Michael **Praetorius** ■ Compositeur et organiste allemand, auteur d'un ouvrage de théorie réputé (1571-1621).

Prague ■ Capitale de la République tchèque et de l'ex-Tchécoslovaquie. 1,2 million d'hab. (*les Pragois).* Centre industriel (métallurgie, chimie, textile). Résidence des ducs de *Bohême dès le XIe s. Foyer historique du nationalisme tchèque depuis le XVe s. Célèbre pour ses monuments gothiques et baroques. *Coup de Prague, Printemps de Prague.* ⇒ **Tchécoslovaquie.**

Praia ■ Capitale de l'archipel du Cap-Vert. 49 500 hab. Port de pêche.

la **Prairie** ■ Région des plaines du sud du Canada entre les *Grands Lacs et les *Rocheuses, parfois appelée

Alsama (*Al*berta, *Sa*skatchewan, *Ma*nitoba), une des plus vastes zones céréalières du monde.

Ludwig Prandtl ■ Physicien allemand (1875-1953). Mécanique des fluides, aérodynamique.

Prato ■ Ville d'Italie (*Toscane). 166 000 hab.

Praxitèle ■ Sculpteur athénien (ɪᴠᵉ s. av. J.-C.). Ses statues eurent une grande influence sur la sculpture grecque. "*Aphrodite de Cnide*".

les **Préalpes** n. f. pl. ■ Montagnes qui bordent les Alpes ; moins ensoleillées et plus humides, elles ne dépassent pas 3 000 m d'altitude. Forêts, herbages.

Auguste Préault ■ Sculpteur français (1809-1879). Sujets littéraires et historiques, dans un style lyrique et fougueux.

les civilisations **précolombiennes** ■ Civilisations de l'Amérique du Sud et centrale antérieures à l'arrivée de Christophe *Colomb, qui marqua le début de leurs destructions par les conquistadores espagnols. Les principales furent celles des *Mayas*, des *Incas* et des *Aztèques*. ⇒ **Olmèques, Toltèques, Zapotèques, Huaxtèques, Mixtèques, Chavín de Huántar, Teotihuacán, Tiahuanaco.** ⟨▶ précolombien⟩

Otto Preminger ■ Cinéaste américain d'origine autrichienne (1906-1986). "*Laura*" ; "*Carmen Jones*".

les **préraphaélites** ■ Groupe de peintres anglais du XIXᵉ s. qui cherchèrent à retrouver la pureté de la peinture italienne du *quattrocento (avant *Raphaël). Thèmes littéraires et bibliques. ⇒ D. G. **Rossetti, Millais, Hunt.** ⟨▶ préraphaélite⟩

Le Pré-Saint-Gervais ■ Commune de la Seine-Saint-Denis. 15 600 hab. *(les Gervaisiens)*.

Elvis Presley ■ Chanteur américain de rock (1935-1977).

les **présocratiques** ■ Penseurs grecs antérieurs à *Socrate. Les plus célèbres sont *Parménide et *Héraclite.

Preston ■ Ville du centre de l'Angleterre, chef-lieu du *Lancashire. 168 000 hab.

Pretoria ■ Ville et siège du gouvernement d'Afrique du Sud, capitale du *Transvaal. 443 000 hab. Conurbation de 823 000 hab. Centre métallurgique. Mines de diamants.

Jacques Prévert ■ Poète français (1900-1977). Son goût pour la liberté et le jeu sur le langage sont hérités du *surréalisme : "*Paroles*" ; "*Spectacle*". Dialogues de films pour *Carné : "*Quai des brumes*" ; "*les Enfants du paradis*".

l'abbé **Prévost** ■ Écrivain français (1697-1763). Nombreux romans, dont "*les Mémoires et aventures d'un homme de qualité*" où se trouve la célèbre histoire de Manon Lescaut.

Priam ■ Dernier roi de *Troie, père d'*Hector, de *Cassandre et de *Pâris.

Priape ■ Dieu grec de la Fécondité, fils de *Dionysos et d'*Aphrodite, adopté par les Romains.

Joseph Priestley ■ Chimiste anglais (1733-1804). Analyse des gaz (découverte du rôle de l'oxygène). Il était aussi théologien.

Ilya Prigogine ■ Chimiste belge d'origine russe (né en 1917). Prix Nobel 1977 pour ses travaux de thermodynamique.

le **Primatice** ■ Peintre et décorateur italien (1504-1570). Il succéda au *Rosso pour décorer le château de *Fontainebleau.

Miguel Primo de Rivera ■ Général et homme politique espagnol (1870-1930). Il exerça un pouvoir dictatorial de 1923 à 1930. □ *José Antonio* **Primo de Rivera,** son fils (1903-1936), fondateur de la Phalange (qui devint le parti de *Franco), fusillé par les républicains. ⇒ **Espagne.**

l'île du **Prince-Édouard** ■ Île de l'est du Canada formant une province (État fédéré ; *l'Île-du-Prince-Édouard*). 5 660 km². 127 000 hab. Capitale : Charlottetown. Pêche, agriculture. Tourisme.

le **Prince Noir** ■ Surnom d'*Édouard d'Angleterre.

Princeton ■ Célèbre université des États-Unis (*New Jersey).

Priscillien ■ Hérétique espagnol condamné à mort et exécuté en 385 pour sa doctrine, le *priscillianisme*.

Priština ■ Ville de *Serbie, capitale du *Kosovo. 210 000 hab.

Privas ■ Préfecture de l'Ardèche. 10 500 hab. *(les Privadois)*. Moulinage de la soie. Confiserie (marrons glacés).

le **Proche-Orient** ou **Moyen-Orient** ■ Région de la Méditerranée orientale, appelée aussi Levant. Elle comprend des pays arabes (Égypte, Liban, Syrie, Irak, Arabie Saoudite, Jordanie, Yémen) ainsi que la Turquie, Israël et l'Iran. 2ᵉ région productrice de pétrole. Important réseau d'oléoducs. Conflits politiques et religieux.

Proclus ■ Philosophe grec néoplatonicien (v. 412-485).

Procuste ■ Brigand de la mythologie grecque qui torturait les voyageurs.

Sergueï **Prokofiev** ■ Compositeur russe (1891-1953). Auteur du célèbre *"Pierre et le loup"*, de ballets (*"Roméo et Juliette"*), d'opéras (*"l'Amour de trois oranges"*), de symphonies et de concertos pour piano. Son œuvre oscille entre la modernité occidentale et la tradition russe.

Prokopievsk ■ Ville de la C.É.I. (*Russie). 274 000 hab. Centre houiller du *Kouzbass.

Prométhée ■ *Titan de la mythologie grecque. Il dérobe le feu du ciel afin de le donner aux hommes. Pour le punir, *Zeus le fait enchaîner sur le Caucase : un aigle vient dévorer son foie qui se reforme sans cesse.

Properce ■ Poète latin (v. 47 - 15 av. J.-C.). Auteur d'*"Élégies"*. Protégé par *Mécène. Ami de *Tibulle.

la **Propontide** ■ Ancien nom de la mer de *Marmara.

Proserpine ■ Nom latin de *Perséphone.

Protagoras ■ Philosophe et sophiste grec (485 - 411 av. J.-C.).

Protée ■ Dieu grec marin, fils de Poséidon. Il avait le don de changer de forme. ⟨ ▶ protéiforme ⟩

le **protestantisme** ■ Ensemble des doctrines et communautés chrétiennes apparues au XVIᵉ s. avec *Luther (Église luthérienne) et *Calvin (Église réformée ou presbytérienne). ⇒ **Réforme, Église.** ▶ *les* **protestants** refusent l'autorité du pape et dénoncent comme des déviations certains aspects du catholicisme. ⇒ guerres de **Religion, Augsbourg, anglicanisme.**

Pierre Joseph **Proudhon** ■ Théoricien socialiste français, précurseur de l'anarchisme (1809-1865). *"Qu'est-ce que la propriété ?"* ▶ *le* **proudhonisme,** sa doctrine, parti d'une critique radicale de la propriété, a évolué vers un réformisme autogestionnaire critiqué par *Marx.

Joseph Louis **Proust** ■ Chimiste et pharmacien français (1754-1826). *Loi de Proust :* loi des proportions définies.

Marcel **Proust** ■ Écrivain français (1871-1922). *"À la recherche du temps perdu"*, fresque romanesque consacrée aux relations amoureuses et sociales et à la quête de la vérité dans l'art, est une œuvre essentielle de la littérature du XXᵉ s.

William **Prout** ■ Chimiste anglais (1785-1850). Il proposa l'hypothèse selon laquelle tous les éléments sont formés d'atomes d'hydrogène.

la **Provence** ■ Région du sud-est de la France. Ses habitants sont les *Provençaux.* ▫ **HISTOIRE.** Occupée par les Ligures, la Provence fut colonisée par les Grecs (Phocéens) dès le VIIe s. av. J.-C. Province romaine (*Provincia Romana,* d'où son nom) intégrée et prospère, scindée en *Narbonnaise* et *Viennoise* (IIIe s.), elle passa sous l'influence des Goths d'Espagne, puis de la Bourgogne (royaume d'*Arles). Au XIIe s., les comtes de Provence en firent un État puissant. Avec Aix-en-Provence pour capitale et les papes en Avignon (XIVe s.), la Provence connut alors un grand essor économique et culturel (⟹ René Ier le Bon). Annexée à la France en 1481. Au XIXe s., *Mistral et le *Félibrige firent renaître sa littérature. ▫ *la région* **Provence-Alpes-Côte d'Azur.** Région administrative du sud-est de la France. Six départements : *Alpes-de-Haute-Provence, Hautes-*Alpes, *Alpes-Maritimes, *Bouches-du-Rhône, *Var et *Vaucluse. 31 804 km². 4,26 millions d'hab. Préfecture : Marseille. Paysages variés : montagnes (*Préalpes), massifs anciens (*Maures, *Esterel), plaines (*Camargue). Climat méditerranéen. Olives, vins, riz. 1re région française pour la production de fruits et légumes (marchés de Cavaillon et Châteaurenard) et pour le tourisme avec la Côte d'Azur. Industrie liée aux activités portuaires : chantiers navals, raffineries de pétrole (étang de *Berre), chimie. ⟨▶ provençal ⟩

Providence ■ Ville des États-Unis, capitale du *Rhode Island. 157 000 hab.

la république des **Provinces-Unies.** ■ Ancien État fédéral, formé par la sécession du nord des Pays-Bas espagnols en 1579 (union d'*Utrecht) et devenu les *Pays-Bas en 1795.

Provins ■ Sous-préfecture de la Seine-et-Marne. 12 200 hab. *(les Provinois).* Ancienne résidence des comtes de Champagne. Nombreux monuments.

Pierre-Paul **Prud'hon** ■ Peintre français (1758-1823). Ses œuvres mythologiques *("l'Enlèvement de Psyché")* et allégoriques *("la Justice et la Vengeance divine poursuivant le crime")* font la transition entre *classicisme et *romantisme.

Bolesław **Prus** ■ Écrivain polonais (1847-1912). *"La Poupée".*

la **Prusse** ■ Ancien État d'Allemagne du Nord, formé dans une région située le long de la Baltique. Conquise par les chevaliers *Teutoniques au XIIIe s., elle atteignit au début du XVe s. une grande prospérité (⟹ la **Hanse**). Mais, en 1410 (défaite de Grunwald-*Tannenberg), elle devint un duché sous suzeraineté polonaise, puis elle fut rattachée au Brandebourg en 1618 par Sigismond de Hohenzollern. Le Grand Électeur *Frédéric-Guillaume est le véritable fondateur de l'État prussien. Son fils, Frédéric Ier, se fit couronner roi de Prusse en 1701. Il renforça l'administration et l'armée. La Prusse fut à son apogée avec Frédéric II. Dépossédée de la moitié de son territoire par les guerres napoléoniennes (traités de Tilsit, 1807), elle ne retrouva sa puissance qu'avec Guillaume Ier ; ce dernier, grâce à la politique de *Bismarck, conclut une alliance avec les États allemands du Nord, renforça l'armée puis remporta une série de victoires décisives (Autriche, 1866 ; France, 1870) qui lui permirent de se faire proclamer empereur d'Allemagne en 1871. L'histoire de la Prusse se confondit alors avec celle de l'*Allemagne. La Prusse fut symboliquement dissoute en 1947. ▫ *la* **Prusse-Occidentale.** Province de l'ancienne Prusse restituée à la Pologne en 1945. Capitale : Dantzig. ▫ *la* **Prusse-Orientale.** Province de l'ancienne Prusse qui fut partagée entre l'U.R.S.S. et la Pologne en 1945. Capitale : Königsberg. ⟨▶ prussique ⟩

Stanisław **Przybyszewski** ■ Écrivain polonais (1868-1927). *"Les Enfants de Satan".*

Michel **Psellos** ■ Écrivain et homme d'État byzantin (1018 - v. 1078). Artisan d'une renaissance du *platonisme.

le **Pseudo-Denys** ■ Théologien de langue grecque (Vᵉ-VIᵉ s.). Son œuvre, attribuée à tort à un disciple de saint Paul, Denys l'Aréopagite (d'où son nom), a joui de ce fait d'un prestige considérable au Moyen Âge, imposant les thèmes et la mystique néo-platoniciens à la pensée chrétienne.

Pskov ■ Ville de la C.É.I. (*Russie). 204 000 hab. Ancienne principauté (monuments).

Psyché ■ Jeune fille aimée par *Éros, dans la mythologie grecque. Symbole de l'âme en quête d'idéal, elle a longtemps inspiré la littérature et l'art. ⟨▶ psyché⟩

Ptah ■ Dieu de l'ancienne Égypte adoré à *Memphis. Patron des artisans, identifié par les Grecs à *Héphaïstos.

Claude **Ptolémée** ■ Savant grec d'*Alexandrie (v. 90 - v. 168). Sa description mathématique du ciel a dominé l'astronomie jusqu'à *Galilée.

la dynastie des **Ptolémées** ou des **Lagides** ■ Famille de 15 rois macédoniens qui régna en Égypte de 323 à 30 av. J.-C. □ **Ptolémée Iᵉʳ Sôtêr** (367 - 283 av. J.-C.), un des généraux d'*Alexandre le Grand, la fonda en 323 av. J.-C. : il reçut l'Égypte à la mort d'Alexandre et en fit une grande puissance militaire et économique. □ **Ptolémée II Philadelphe**, son fils (v. 309 - 246 av. J.-C.), fit d'*Alexandrie le pôle culturel de la Méditerranée orientale. □ **Ptolémée XIII** et **Ptolémée XIV**, frères de *Cléopâtre. La dynastie s'acheva avec cette dernière et la mort du fils [**Ptolémée XV** dit Césarion (47-30 av. J.-C.)] qu'elle eut de *César.

Valerius **Publicola** ■ Homme politique romain (mort v. 503 av. J.-C.). Un des fondateurs de la République, selon la tradition.

Giacomo **Puccini** ■ Compositeur italien (1858-1924), maître de l'opéra réaliste (« vériste »). *"La Bohème"* ; *"la Tosca"* ; *"Madame Butterfly".*

Jean **Pucelle** ■ Enlumineur français du XIVᵉ s. Il eut de nombreux disciples. *"Le Bréviaire de Belleville".*

Puebla ■ Ville du Mexique, au sud de Mexico. 836 000 hab. Un des plus grands centres industriels du pays (métallurgie, chimie, textile). Université. Monuments coloniaux.

les **Pueblos** ■ Anciens Indiens du sud-ouest des États-Unis. Les Hopi et les Zuñi maintiennent leur langue et leur civilisation.

Puerto Rico ■ ⇒ Porto Rico.

Samuel von **Pufendorf** ■ Juriste allemand, philosophe du contrat social (1632-1694).

Pierre **Puget** ■ Sculpteur français, architecte et peintre (1620-1694). L'un des plus puissants sculpteurs *baroques après le *Bernin. *"Milon de Crotone".*

le **Puget Sound** ■ Détroit et golfe sur la côte américaine du Pacifique, qui sépare l'île de Vancouver du continent. Ports de Seattle et Tacoma aux États-Unis, et de Vancouver au Canada.

Manuel **Puig** ■ Écrivain argentin (1933-1990). *"Le Baiser de la femme-araignée".*

Joseph **Pulitzer** ■ Journaliste américain (1847-1911). Il fonda une école de journalisme qui décerne les *prix Pulitzer*, en littérature et en journalisme.

George Mortimer **Pullman** ■ Industriel américain (1831-1897). Il conçut les premiers wagons-lits, symboles du confort. ⟨▶ pullman⟩

Pune ou **Poona** ■ Ville de l'Inde (Mahārāshtra). 1,2 million d'hab. Les

Britanniques en firent une de leurs capitales d'été.

les guerres **puniques** ■ Nom de trois guerres qui opposèrent Rome et Carthage, rivales en Méditerranée occidentale. À l'issue de la première (264 - 241 av. J.-C.), Carthage dut céder la Sicile aux Romains. La deuxième (218 - 201 av. J.-C.) fut marquée par *Hannibal : il passa les Alpes et battit les Romains (victoires de Tessin, Trébie et Trasimène). Mais il s'attarda à *Capoue, dut renoncer à prendre Rome, et fut vaincu par *Scipion l'Africain à Zama en 202 av. J.-C. La troisième (149 - 146 av. J.-C.) s'acheva par la destruction de Carthage ; l'Afrique, la Macédoine et la Grèce devinrent des provinces romaines.

Punta Arenas ■ Ville du sud du Chili, sur le détroit de *Magellan. 112 000 hab.

Henry **Purcell** ■ Compositeur anglais, l'un des plus importants de son époque (1659-1695). Œuvres religieuses, musique de cour (odes, cantates) et de scène (*"King Arthur"*), un opéra (*"Didon et Énée"*).

les **puritains** ■ Membres d'une secte protestante fondée en Angleterre (1647-1649). Ils luttèrent contre Charles Ier et portèrent *Cromwell au pouvoir. Beaucoup émigrèrent aux États-Unis.

le **Purus** ■ Rivière du Pérou et du Brésil, affluent de l'Amazone. 3 380 km.

Pusan ■ 2e ville et principal port de la Corée du Sud. 3,5 millions d'hab. Pêche. Industrie textile. Base navale.

Puteaux ■ Commune des Hauts-de-Seine. 42 900 hab. *(les Putéoliens)*. Centre industriel et résidentiel.

Pierre **Puvis de Chavannes** ■ Peintre français (1824-1898). Auteur de décorations murales à sujets allégoriques. L'un des représentants du *symbolisme en France.

Le **Puy-en-Velay** ■ Préfecture de la Haute-Loire. 23 400 hab. *(les Ponots)*. Cathédrale romane (ancien pèlerinage à la Vierge noire). Centre français de la dentelle.

le **Puy-de-Dôme** [63] ■ Département français de la région *Auvergne. 8 012 km². 597 200 hab. Préfecture : Clermont-Ferrand. Sous-préfectures : Ambert, Issoire, Riom, Thiers.

Puyi ou *P'ou-yi* ■ Dernier empereur de Chine (1906-1967). Il abdiqua en 1912 (proclamation de la République). B. *Bertolucci évoque sa vie dans le film *"le Dernier Empereur"*.

le col de **Puymorens** ■ Passage dans les Pyrénées orientales à 1 931 m d'altitude. Il relie l'Ariège à la *Cerdagne.

Pygmalion ■ Roi légendaire de Chypre. Il épousa une statue (Galatée) qu'il avait sculptée et à laquelle *Aphrodite avait donné la vie.

les **Pygmées** ■ Peuple de petite taille, vivant de chasse et de pêche dans la forêt équatoriale africaine (environ 120 000). Dans la mythologie grecque, les Pygmées étaient un peuple de nains vivant près du Nil. ⟨ ▶ pygmée ⟩

Pylos ou *Navarin* ■ Site archéologique mycénien de Grèce (*Péloponnèse).

Pyongyang ■ Capitale de la Corée du Nord. 2,64 millions d'hab. Ville fondée par les Chinois. Important centre sidérurgique, métallurgique et chimique, près de mines de charbon.

Pyrame ■ Jeune Babylonien célèbre pour ses amours légendaires avec Thisbé.

les **pyramides** n. f. ■ Monuments servant de tombeaux aux pharaons de l'ancienne Égypte. Les plus grandes sont celles de *Khéops, *Khéphren et *Mykérinos situées à *Gizeh. Elles sont la seule des Sept *Merveilles du monde à avoir subsisté. ▶ *la bataille* *des* **Pyramides** remportée par Napoléon sur les *Mamelouks, en 1798. ▶ *les* **pyramides à degrés** (fausses pyramides). Celle de *Ṣāqqarah en est un exemple. ▶ *les* **pyramides** des *Aztèques et des *Mayas, construites en gradins, servaient de support à des temples établis sur leur sommet. Les plus hautes sont à *Teotihuacán et à *Tikal.

les **Pyrénées** n. f. pl. ■ Chaîne de montagnes de l'ère tertiaire qui sépare la France et l'Espagne, et s'étend de l'Atlantique à la Méditerranée sur 430 km. La zone correspond au nord de la Catalogne et de la Navarre, au Pays basque et aux départements français cités ci-dessous. Point culminant : pic d'Aneto (3 404 m). Nombreux cols : Roncevaux, Tourmalet, Pourtalet, Puymorens. Climat varié : doux et humide dans l'ouest, continental et rude dans la partie centrale (la plus élevée), méditerranéen dans les Pyrénées orientales. L'économie repose sur l'élevage laitier et la polyculture. Industrialisation lente. Tourisme en croissance avec les stations thermales (Luchon) et les sports d'hiver. ▶ *le traité des* **Pyrénées** mit fin au conflit entre la France et l'Espagne, le 7 novembre 1659 : attribution du Roussillon à la France et signature du contrat de mariage entre Louis XIV et Marie-Thérèse, infante d'Espagne. ▶ *les* **Pyrénées-Atlantiques** [64]. Département français de la région *Aquitaine. 7 676 km². 579 900 hab. Préfecture : Pau. Sous-préfectures : Bayonne, Oloron-Sainte-Marie. ▶ *les* **Hautes-Pyrénées** [65]. Département français de la région *Midi-Pyrénées. 4 521 km². 224 100 hab. Préfecture : Tarbes. Sous-préfectures : Argelès-Gazost et Bagnères-de-Bigorre. ▶ *les* **Pyrénées-Orientales** [66]. Département français de la région *Languedoc-Roussillon. 4 141 km². 362 000 hab. Préfecture : Perpignan. Sous-préfectures : Céret, Prades.

Pyrrhon ■ Philosophe grec (v. 365 - v. 275 av. J.-C.). Fondateur du scepticisme ou *pyrrhonisme*. 〈 ▶ pyrrhonisme 〉

Pyrrhos ■ Héros de la mythologie grecque, fils d'*Achille et époux d'*Andromaque.

Pyrrhus ou **Pyrrhos** ■ Roi d'Épire (319 - 272 av. J.-C.). Il vainquit les Romains à Héraclée (280 av. J.-C.) au prix de lourdes pertes humaines (d'où l'expression « victoire à la Pyrrhus ») puis fut vaincu en 275 av. J.-C.

Pythagore ■ Penseur et mathématicien grec (vⁱᵉ s. av. J.-C.). En proclamant l'accord divin entre les nombres et les choses, ses disciples les *pythagoriciens* ont profondément stimulé la pensée grecque (doctrine du **pythagorisme**). *Théorème de Pythagore :* le carré de l'hypoténuse est égal à la somme des carrés des deux autres côtés.

la **Pythie** ■ Dans l'Antiquité, prêtresse d'*Apollon à *Delphes chargée de transmettre les oracles du dieu Apollon. 〈 ▶ pythie 〉

Python ■ Serpent de la mythologie grecque. Apollon le tua et fonda les *jeux Pythiques.* 〈 ▶ python 〉

Q

les **Qādjārs** ■ Dynastie perse qui régna de 1786 à 1925.

l'État de **Qatar** ■ État (émirat) d'Arabie, sur le golfe *Persique. 11 337 km². 427 000 hab. *(les Qataris)*. Capitale : Doha. Langue : arabe. Religion officielle : islam. Monnaie : riyal du Qatar. Ancien protectorat britannique, indépendant depuis 1971. Pays désertique qui s'est enrichi grâce au pétrole et au gaz. Pêche des perles.

Qazvīn ou **Kazvin** ■ Ville d'Iran. 249 000 hab. Grand marché agricole. Capitale de la Perse au XVIᵉ s.

les **Qing** ou **Ch'ing** ■ Dynastie mandchoue d'empereurs de *Chine qui régna de 1644 à 1912.

Qingdao ■ Ville et port de Chine (*Chantoung). 2 millions d'hab.

Qing Hai ■ La « mer bleue », le plus grand lac chinois au nord-est du Tibet. 4 420 km².

Qinghai ■ Province du centre de la Chine. 721 000 km². 4,12 millions d'hab. Capitale : Xining.

Qin Shi Huangdi ■ Le premier empereur de Chine. Il régna de 221 à 210 av. J.-C. et fonda la dynastie des **Qin**. Bâtisseur de la Grande *Muraille de Chine.

Qiqihar ■ Ville industrielle du nord-est de la Chine (*Heilongjiang). 1,3 million d'hab.

Qom ou **Qum** ■ Ville sainte d'Iran. 543 000 hab. Haut lieu de pèlerinage musulman : tombeau de *Fāṭima ; école de théologie.

les **quakers** ■ Membres d'un groupement protestant fondé par G. *Fox en Angleterre. Ils refusent toute liturgie, tout clergé, ne s'attachant qu'à la présence de l'Esprit-Saint dans les consciences individuelles. À partir du XIXᵉ s., avec W. *Penn, ils eurent une grande influence aux États-Unis (lutte contre l'esclavage, secours pendant les guerres). ⟨ ▶ quaker ⟩

Johann **Quantz** ■ Compositeur et flûtiste allemand (1697-1773).

le **Quartier latin** ■ Un des plus anciens quartiers de Paris (Vᵉ-VIᵉ arrondissements), consacré aux activités universitaires (⇒ **Sorbonne**) et intellectuelles depuis le XIIIᵉ s.

Enguerrand **Quarton** ou **Charonton** ■ Peintre français d'origine picarde, actif en Provence de 1444 à 1466. *"Couronnement de la Vierge"* ; *"Pietà"* de Villeneuve-lès-Avignon.

Salvatore **Quasimodo** ■ Poète italien (1901-1968). Représentant du symbolisme, avec *Montale et *Ungaretti, puis poète de la Résistance. *"La Terre incomparable"*. Prix Nobel 1959.

le lac des **Quatre-Cantons** ■ Lac de Suisse entre les cantons de

*Lucerne, *Schwyz, *Uri et *Unterwald. 114 km².

le quattrocento ■ Mot désignant le XVᵉ s. italien (1401-1500). ⇒ **Renaissance.**

Qūbilai Khān ■ Empereur mongol, de 1260 à sa mort, qui acheva la conquête de la Chine (1215-1294). Son règne fut une période de prospérité. Il reçut Marco *Polo à sa cour de Pékin.

le Québec ■ Province (État fédéré) du Canada. 1 540 680 km². 6,54 millions d'hab. (*les Québécois,* francophones à 80 %). Capitale : Québec. La plaine de *Montréal concentre l'essentiel de la population et de l'activité économique, grâce au trafic du *Saint-Laurent et aux bonnes conditions climatiques pour l'agriculture. Importantes ressources minières et hydro-électriques, exploitation du bois. □ **HISTOIRE.** Ce fut avec l'*Acadie la première région du pays explorée et exploitée par des Occidentaux (⇒ la **Nouvelle-France**). Colonie anglaise en 1763, devenue le Bas-Canada en 1791, elle revendiqua son caractère francophone. Supprimée par l'acte d'union de 1840, elle retrouva son autonomie avec la création de la Confédération du Canada en 1867. Depuis 1974, le français est reconnu langue officielle de la province et du pays. En 1982, le Québec n'a pas ratifié la nouvelle constitution, puis a rejeté en 1992 les accords prévoyant un statut de "société distincte" pour la province. □ *Québec.* La plus ancienne ville du Canada, capitale de la province du Québec, fondée par le Français *Champlain en 1608. 165 000 hab. *(les Québécois).* Agglomération de 603 000 hab. Centre économique et culturel. Port actif sur le Saint-Laurent. Université *Laval dans l'agglomération.

les Quechuas ■ Le plus grand groupe d'Indiens d'Amérique du Sud (6 millions). Le *quechua* fut la langue de l'Empire *inca.

Queens ■ Un des cinq districts *(borough)* de New York. 1,89 million d'hab.

le Queensland ■ État du nord-est de l'Australie. 1 727 200 km². 2,83 millions d'hab. Capitale : Brisbane. Élevage, agriculture. Productions minières importantes.

José Maria Eça de Queirós ■ Écrivain portugais (1845-1900). Auteur de romans réalistes. "*Le Cousin Basile*".

Quémoy ou *Kinmen Tao* ■ Île chinoise en face d'Amoy (*Xiamen), dépendante de Taïwan. 45 000 hab. Garnison militaire.

Raymond Queneau ■ Écrivain français (1903-1976). Son œuvre (romans, poèmes, essais) mêle réflexion et jeu sur le langage, poésie et humour. "*Zazie dans le métro*" ; "*Exercices de style*".

le Quercy ■ Région de plateaux calcaires, au sud-ouest de la France (Lot, Tarn-et-Garonne).

Querétaro ■ Ville du Mexique. 294 000 hab. Aqueduc.

François Quesnay ■ Économiste français (1694-1774). Médecin de Louis XV, chef de file des *physiocrates. "*Tableau économique*".

Adolphe Quételet ■ Mathématicien belge (1796-1874). Promoteur des statistiques et, à ce titre, un des pères de la sociologie.

Quetigny ■ Commune de la Côte-d'Or. 9 600 hab.

Quetzalcóatl ■ Divinité *précolombienne du Mexique représentée comme un vieillard masqué ou un serpent à plumes. Vénérée par les *Toltèques puis les *Aztèques.

La Queue-en-Brie ■ Commune du Val-de-Marne. 9 900 hab.

Henri Queuille ■ Homme politique français (1884-1970). Ministre radical-socialiste sous la IIIᵉ *République, membre de la *Résistance à Londres, ministre et président du Conseil (1948-1949).

Francisco Gómez de **Quevedo y Villegas** ■ Écrivain espagnol (1580-1645). Auteur de satires, de pamphlets et d'un roman picaresque : "*Histoire de don Pablo de Ségovie*".

Quéven ■ Commune du Morbihan. 9 000 hab.

le **Queyras** ■ Région pittoresque des Alpes françaises (Hautes-Alpes) où se trouve Saint-Véran, la plus haute commune d'Europe.

Quezaltenango ■ Ville du Guatemala. 89 000 hab.

Quezon City ■ Ville des Philippines, près de Manille. 1,32 million d'hab. Capitale du pays jusqu'en 1976.

Quiberon ■ Commune du Morbihan, au sud de la *presqu'île de Quiberon*. 4 600 hab. *(les Quiberonnais).* Port de pêche et station balnéaire.

le **quiétisme** ■ Doctrine religieuse fondée au XVIIe s. par *Molinos : l'âme, imprégnée de Dieu, ne saurait pécher même si l'homme semble enfreindre les commandements. Elle fut condamnée par le pape (1687).

Quiévrain ■ Commune de Belgique (*Hainaut), à la frontière française. 7 000 hab. Pour les Français, l'expression *outre-Quiévrain* désigne la Belgique.

Quimper ■ Préfecture du Finistère. 62 500 hab. *(les Quimpérois).* Centre touristique (cathédrale gothique). Industries alimentaires (lait), faïences, machines agricoles.

Quimperlé ■ Commune du Finistère. 11 400 hab. *(les Quimperlois).*

Philippe **Quinault** ■ Auteur dramatique français (1635-1688). Il a écrit les livrets d'opéra de *Lully.

Thomas De **Quincey** ■ ⇒ Thomas **De Quincey.**

Willard Van Orman **Quine** ■ Philosophe, épistémologue et logicien américain (né en 1908).

Edgar **Quinet** ■ Historien et écrivain français, un des maîtres à penser de la république laïque (1803-1875).

Quintilien ■ Rhéteur latin (v. 30-v. 100). "*Institution oratoire*", manuel de l'éducation classique.

le **Quirinal** ■ Une des sept collines de Rome. Le palais du *Quirinal* est actuellement le palais de la présidence de la République.

Quito ■ Capitale de l'Équateur, située à 2 850 m d'altitude. 1,23 million d'hab. Ville *inca puis espagnole de 1534 à 1831. Beaux monuments de style colonial. Industries textiles et alimentaires.

Qum ■ ⇒ Qom.

Qumrān ■ Site archéologique de Palestine près de la mer Morte où l'on découvrit, entre 1946 et 1956, les plus anciens manuscrits connus de la Bible (« les manuscrits de la mer Morte ») dont un manuel de discipline de la Communauté essénienne (secte puritaine juive installée sur le site du IIe s. av. J.-C. au Ier s. apr. J.-C.).

R

Râ ■ ⟹ Rê.

Rabat ■ Capitale du Maroc.
519 000 hab. Port sur l'Atlantique,
entouré de remparts. Textile. Siège du
résident général français de 1912
à 1956 (⟹ **Maroc**).

François Rabelais ■ Écrivain
français (v. 1494-1553). Moine, médecin,
figure éminente de l'humanisme, il est
l'auteur d'épopées truculentes, animées par des géants, où se mêlent culture savante et traditions populaires.
"*Pantagruel*"; "*Gargantua*"; "*Tiers-
Livre*"; "*Quart-Livre*"; "*Cinquième-
Livre*". ⟨ ▶rabelaisien ⟩

Yitzhak Rabin ■ Officier et
homme politique israélien (né en 1922).
Chef d'état-major durant la guerre des
six jours. Premier ministre (travailliste) de 1974 à 1977 et depuis 1992.

Racan ■ Poète français (1589-1670).
Auteur d'élégies. "*Les Bergeries*".

Rachel ■ Épouse de *Jacob, dans
la Bible.

Élisabeth Rachel Félix dite
Mlle Rachel ■ Tragédienne française (1821-1858).

Salomon ben Isaac dit **Rachi**
ou **Rashi** ■ Savant juif de Troyes,
le plus important commentateur du
*Talmud (1040-1105).

Serguëi Rachmaninov ou
Rakhmaninov ■ Compositeur
et pianiste russe (1873-1943). Le dernier
des *romantiques par le lyrisme tourmenté de sa musique pour piano.

Jean Racine ■ Poète dramatique
français, le maître de la tragédie
classique française (1639-1699). *Janséniste fervent (⟹ **jansénisme**). Il
conçoit la passion amoureuse comme
une force qui conduit ses personnages
à la mort. "*La Thébaïde*" (1664),
"*Alexandre le Grand*" (1665), pièces
de jeunesse ; "*Andromaque*" (1667) ;
"*les Plaideurs*" (1668), comédie ; "*Britannicus*" (1669) ; "*Bérénice*" (1670) ;
"*Bajazet*" (1672) ; "*Mithridate*"
(1673) ; "*Iphigénie en Aulide*" (1674) ;
"*Phèdre*" (1677) ; deux tragédies chrétiennes, "*Esther*" (1689) et "*Athalie*"
(1691).

Ann Radcliffe ■ Romancière
anglaise (1764-1823). Auteur de romans
noirs. "*Les Mystères d'Udolphe*".

**Alfred Reginald Radcliffe-
Brown** ■ Anthropologue et ethnologue britannique (1881-1955). Le plus
influent de son époque avec
*Malinowski.

Sarvepalli Radhakrishnan
■ Philosophe et homme politique
indien (1888-1975). Président de 1962
à 1967.

**le parti radical et radical-
socialiste** ■ Parti politique français qui domina la vie publique sous
la IIIe *République (⟹ **Clemenceau,
Herriot, Daladier, Mendès France**).

Créé en 1901, il rassemblait alors tous les tenants d'un régime républicain qui se réclamaient du programme radical (d'extrême gauche) de *Gambetta. Au fur et à mesure que l'idée républicaine s'imposait en France, son évolution vers des positions modérées lui permit de conquérir une large part de l'électorat. L'émergence rapide à sa gauche d'un parti *socialiste (création de la S.F.I.O. dès 1905) et l'échec de ses gouvernements à la veille de la Seconde Guerre mondiale marquèrent son déclin, accentué par la crise du régime parlementaire durant la IVᵉ République. Sous la Vᵉ République, il s'est divisé en deux petits partis, de centre-gauche (Mouvement des radicaux de gauche) et de centre-droit (radicaux « valoisiens »).

Raymond **Radiguet** ■ Écrivain français (1903-1923). *"Le Diable au corps",* qu'il écrivit à 18 ans ; *"le Bal du comte d'Orgel".*

Radom ■ Ville de Pologne. 222 000 hab. Centre industriel. Manufacture de cigarettes.

la **R.A.F., Royal Air Force** ■ Armée de l'air britannique.

Raguse ■ Ancienne colonie grecque d'*Épidaure. Aujourd'hui *Dubrovnik en Croatie.

Jules Muraire dit **Raimu** ■ Acteur français (1883-1946). Célèbre interprète des films de *Pagnol : *"Marius", "la Femme du boulanger".*

Le **Raincy** ■ Sous-préfecture de la Seine-Saint-Denis. 13 700 hab. *(les Raincéens).* Église construite par Auguste *Perret.

Rainier III ■ Prince de Monaco depuis 1949 (né en 1923).

Raipur ■ Ville de l'Inde (*Madhya Pradesh). 338 000 hab.

Gilles de **Rais** ou **Retz** ■ Maréchal de France (1404-1440). Lieutenant de *Jeanne d'Arc. Coupable de magie noire et de crimes sur des enfants, il fut exécuté. Son nom est associé à l'histoire de Barbe-Bleue. ≠ *Retz.*

le **Rājasthān** ■ État du nord-ouest de l'Inde, limitrophe du Pakistan. 342 239 km². 34,3 millions d'hab. Capitale : Jaipur. Désert à l'ouest. Élevage. Industrie du coton et de la laine. Monuments moghols.

Rājkot ■ Ville de l'Inde occidentale (*Gujarāt). 444 000 hab.

Rājshāhi ■ Ville du Bangladesh. 254 000 hab.

Rakhmaninov ■ ⇒ **Rachmaninov.**

Mátyás **Rákosi** ■ Homme politique hongrois (1892-1971). Il domina la vie politique du pays, de 1949 à 1953, et imposa un régime stalinien. Il fut remplacé à la présidence du Conseil par Imre *Nagy.

sir Walter **Raleigh** ■ Courtisan et navigateur anglais, favori de la reine Élisabeth Iʳᵉ (v. 1552-1618).

Raleigh ■ Ville des États-Unis, capitale de la *Caroline du Nord. 150 000 hab. Centre industriel et commercial. Universités.

Rāma ■ Nom de règne des souverains thaïlandais depuis 1782.

Paul **Ramadier** ■ Homme politique français (1888-1961). Socialiste, il constitua le premier gouvernement de la IVᵉ *République, dont il évinça les communistes (1947).

Rāmakriṣṇa ■ Mystique hindou (1834-1886).

sir Chandrasekhara Venkata **Raman** ■ Physicien indien (1888-1970). Prix Nobel 1930. L'*effet Raman* est très utilisé en spectrochimie.

Rambouillet ■ Sous-préfecture des Yvelines, dans la *forêt de Rambouillet.* 25 300 hab. *(les Rambolitains).* Château (XIVᵉ - XVIIIᵉ s.).

Madame de **Rambouillet** ■ Femme de lettres française (1588-1655). Son salon joua un grand rôle dans la vie littéraire du XVIIᵉ s.

le comte de **Rambuteau**
■ Administrateur et homme politique
français (1781-1869). Préfet de la Seine
(1833-1848), il réalisa d'importants
travaux d'assainissement à Paris.

Jean Philippe **Rameau** ■ Compositeur français (1683-1764). Auteur
de pièces pour clavecin, d'opéras-
ballets, où il perfectionne le style « à
la française » défini par *Lully ("les
Indes galantes"),* et d'une théorie de
l'harmonie.

Ramonville-Saint-Agne ■
Commune de la Haute-Garonne.
12 000 hab.

sir William **Ramsay** ■ Chimiste
anglais (1852-1916). Il découvrit l'ensemble des gaz rares, dont l'hélium. Prix
Nobel 1904.

Ramsès ■ NOM DE 11 PHARAONS DU
NOUVEL EMPIRE ÉGYPTIEN □ *Ramsès II,* le plus célèbre, pharaon de
1304 à sa mort en 1235 av. J.-C. Après
ses victoires (notamment sur les *Hittites), il instaura la paix et fit
construire *Abou Simbel, *Karnak et
*Louxor. □ *Ramsès III* régna de
1198 av. J.-C. à sa mort (1166 av. J.-C.)
et défendit l'empire contre les
menaces d'invasions, notamment des
*Peuples de la Mer.

Ramsgate ■ Ville et port du
sud-est de l'Angleterre (*Kent).
39 600 hab. Importante station balnéaire sur la côte de la mer du Nord.

Pierre de La **Ramée** *dit* **Ramus**
■ Humaniste français (1515-1572). Logicien hostile à *Aristote et à la
*scolastique.

Charles Ferdinand **Ramuz**
■ Écrivain suisse d'expression française (1878-1947). *"La Grande Peur dans
la montagne" ; "Histoire du soldat",*
mise en musique par *Stravinski.

la **Rance** ■ Fleuve de Bretagne qui
arrose Dinan avant de se jeter dans
la Manche. 100 km. Une usine marémotrice ferme son estuaire.

l'abbé de **Rancé** ■ Religieux
français qui réforma la *Trappe (1626 -

1700). *Chateaubriand a écrit une *"Vie
de Rancé".*

Rānchi ■ Ville de l'Inde (*Bihār).
490 000 hab.

la **Randstad** ■ Ensemble urbain
des Pays-Bas réunissant des villes aux
activités complémentaires : La Haye,
Amsterdam, Rotterdam.

Rangoun *ou* **Rangoon** ■ ⇒
Yangon.

Otto **Rank** ■ Psychiatre autrichien
(1884-1939). *"Le Traumatisme de la
naissance".*

Leopold von **Ranke** ■ Historien
allemand, spécialiste des XVIᵉ et XVIIᵉ s.
(1795-1886).

Raoul *ou* **Rodolphe de Bourgogne** ■ Roi de France (mort en 936).
Gendre de Robert Iᵉʳ, auquel il
succéda en 923.

saint **Raphaël** ■ Un des sept
archanges de la Bible.

Raffaello Sanzio dit **Raphaël**
■ Peintre italien de la Renaissance
(1483-1520). Né à Urbino, artiste précoce, il assimila la leçon des plus
grands maîtres : *Pérugin, *Léonard
de Vinci, *Michel-Ange. Très vite
célèbre, il fut appelé à Rome par le
pape Jules II pour lequel il réalisa ses
plus belles œuvres : les *chambres* et
loges du Vatican. Par son sens de
l'équilibre et de l'harmonie (dans les
madones et les portraits notamment),
il est la référence suprême de l'art
*classique.

Rashi ■ ⇒ Rachi.

Rasmus Kristian **Rask** ■ Linguiste danois (1787-1832), comparatiste.
L'un des fondateurs avec *Bopp de
la linguistique moderne.

Knud **Rasmussen** ■ Explorateur
danois (1879-1933). Il fit de nombreuses
expéditions dans l'Arctique et étudia
les tribus inuites du Groenland.

François-Vincent **Raspail** ■
Chimiste et homme politique français
(1794-1878), républicain engagé.

Grigorïï **Raspoutine** ■ Aventurier et thaumaturge russe qui eut une influence néfaste sur Nicolas II et la cour de Russie (v. 1872-1916).

le **Rassemblement du peuple français** ou **R.P.F.** ■ Mouvement politique français, fondé par le général de *Gaulle, en 1947, qui connut une influence grandissante jusqu'en 1951 avant de décliner rapidement.

Rastadt ou **Rastatt** ■ Ville d'Allemagne (*Bade-Wurtemberg). 41 000 hab. □ le **traité de Rastatt** mit fin à la guerre de *Succession d'Espagne (1714). □ le **congrès de Rastatt** (1797-1799), auquel participaient la France, la Prusse et l'Autriche, devait fixer le sort de la rive gauche du Rhin, mais se solda par le massacre des envoyés français perpétré par les Autrichiens.

Bartolomeo Francesco **Rastrelli** ■ Architecte et décorateur italien (1700-1771). Il travailla pour *Catherine II de Russie : palais d'Hiver à Saint-Pétersbourg (⇒ **Ermitage**), palais de Tsarskoïé Selo (*Pouchkine).

Ratisbonne, en allemand **Regensburg** ■ Ville d'Allemagne (*Bavière). 124 000 hab. Autrefois capitale des ducs de *Bavière, prospère au XIVᵉ s. (foires). *Charles Quint y réunit une première diète, qui fut un échec, en 1541, pour restaurer l'unité entre catholiques et protestants. Siège de la diète d'Empire de 1663 à 1806.

Friedrich **Ratzel** ■ Géographe allemand (1844-1904). "*Anthropogéographie*".

Robert **Rauschenberg** ■ Peintre américain (né en 1925). Initiateur du *pop'art. Il incorpore des objets hétéroclites à ses toiles *(combine painting)*.

Ravachol ■ Anarchiste français (1859-1892), condamné à mort pour ses crimes et attentats.

François **Ravaillac** ■ Assassin d'Henri IV (1578-1610). Il voulait sauver la religion catholique. Il mourut écartelé.

Maurice **Ravel** ■ Compositeur français (1875-1937), mondialement célèbre grâce à son "*Boléro*". Il a écrit des pièces pour piano *("Miroirs")*, pour orchestre *("la Valse")*, un ballet *("Daphnis et Chloé")* et des opéras *("l'Enfant et les Sortilèges")*.

Ravenne, en italien **Ravenna** ■ Ville d'Italie (*Émilie-Romagne). 136 000 hab. Ville romaine, puis capitale d'un royaume ostrogoth (⇒ **Théodoric le Grand**), enfin possession byzantine, elle garde de nombreuses traces de son riche passé (mosaïques byzantines ; basiliques et mausolée). Centre touristique et industriel.

Ravensbrück ■ Localité d'Allemagne (*Brandebourg), camp de concentration nazi, réservé aux femmes, pendant la Seconde Guerre mondiale.

Rāwalpindi ■ Ville du Pakistan. 928 000 hab.

Man **Ray** ■ ⇒ Man Ray.

Nicholas **Ray** ■ Cinéaste américain (1911-1979). "*Johnny Guitar*" ; "*la Fureur de vivre*".

Satyajit **Ray** ■ Cinéaste indien (1921-1992). "*Le Monde d'Apu*" ; "*le Salon de musique*".

lord **Rayleigh** ■ Physicien anglais (1842-1919). Étude des phénomènes ondulatoires : son, lumière, électricité. Prix Nobel 1904 avec *Ramsay (découverte de l'argon).

Raymond ■ NOM DE SEPT COMTES DE TOULOUSE □ **Raymond IV** dit **Raymond de Saint-Gilles** (1042-1105), un des chefs de la première *croisade. □ **Raymond VII** (1197-1249), dernier comte de Toulouse. ⇒ guerre des **albigeois**.

Raymond Lulle ■ ⇒ Raymond Lulle.

la pointe du **Raz** ■ Cap breton à l'extrémité ouest du Finistère, face à l'île de Sein.

Stenka **Razine** ■ Chef cosaque (v. 1630-1671). Il prit la tête de la guerre paysanne de 1667 à 1671.

la **R.D.A.**, *République démocratique allemande* ou *Allemagne de l'Est*, en allemand **D.D.R.**, *Deutsche Demokratische Republik* ■ Ancien État d'Europe centrale (1949-1990), sur la Baltique. 108 333 km². 16,6 millions d'hab. *(les Allemands de l'Est)* en 1989. Capitale : Berlin-Est. Langue : allemand. Monnaie : Mark de la R.D.A. Dans le cadre d'une économie socialiste, où les trois quarts des échanges commerciaux s'effectuaient avec les pays de la *C.A.E.M., la R.D.A. avait entièrement planifié l'agriculture (Charte de la révolution agraire en 1970) et l'industrie (chimique, mécanique de précision). □ HISTOIRE. La socialisation, dès 1945, de la zone d'occupation soviétique en Allemagne aboutit à la création d'un État socialiste en 1949. En 1961, le mur de *Berlin fut construit pour arrêter l'hémorragie de la population active vers l'Ouest, et une nouvelle planification fut lancée qui a donné à la R.D.A. la 5e place en Europe et la 2e dans le monde socialiste. En 1972, le pays rétablit les relations diplomatiques et commerciales régulières avec la R.F.A. En 1989, les bouleversements dans les pays d'Europe orientale, mais surtout l'émigration massive de population vers la R.F.A. et la pression populaire obligèrent les dirigeants à de profondes réformes visant à la démocratisation du régime (rétablissement du multipartisme...). Ceux-ci annoncèrent, également, l'ouverture de la frontière interallemande (⇒ **Berlin**). Les deux Allemagnes furent réunifiées en octobre 1990, la R.D.A. disparaissant. ⇒ république fédérale d'**Allemagne.**

l'île de **Ré** ■ Île du littoral atlantique (Charente-Maritime), reliée au continent par un pont depuis 1988. 85 km². 14 000 hab. *(les Rétais).* Ostréiculture. Tourisme.

Rê ou **Râ** ■ Dieu du Soleil, dans l'ancienne Égypte, représenté avec un corps d'homme et une tête de faucon. La principale divinité avec *Amon.

Charles **Reade** ■ Auteur dramatique et romancier réaliste anglais (1814-1884). Surnommé le « Zola anglais ».

Reading ■ Ville du sud de l'Angleterre, chef-lieu du *Berkshire. 198 000 hab. Centre européen de météorologie.

Ronald **Reagan** ■ Homme politique américain (né en 1911). Ancien acteur, il fut gouverneur de Californie. 40e président (républicain) des États-Unis, de 1981 à 1989.

le **réalisme,** *les* **réalistes** ■ Mouvement artistique et littéraire qui se développa dans la seconde moitié du XIXe s. en réaction contre le *romantisme. Les réalistes choisissent leurs sujets dans la vie contemporaine et cherchent à reproduire la réalité le plus fidèlement possible. *Courbet, *Millet, peintres. Les *Goncourt, *Flaubert, *Champfleury, *Dickens, *Gorki, écrivains. □ *le* **réalisme socialiste** désigna l'art officiel en U.R.S.S. jusqu'en 1989.

René Antoine Ferchault de **Réaumur** ■ Savant français (1683-1757). Il s'intéressa notamment aux sciences naturelles et aux métaux. *Échelle de Réaumur :* échelle thermométrique à 80 degrés.

Rébecca ■ Épouse d'*Isaac dans la Bible.

Madame **Récamier** ■ Femme de lettres, amie de Mme de *Staël et de *Chateaubriand (1777-1849). Elle tint un salon littéraire célèbre sous la *Restauration.

Recife ■ Ville du Brésil fondée par les Portugais, port sur l'Atlantique et capitale du *Pernambouc. 1,18 million d'hab.

Recklinghausen ■ Ville d'Allemagne, dans la *Ruhr (*Rhénanie - du - Nord - Westphalie). 120 000 hab.

Élisée Reclus ■ Géographe français et théoricien de l'anarchisme (1830-1905). Il prit part à la *Commune. *"Géographie universelle"*.

Odilon Redon ■ Peintre français (1840-1916). Il exploita différentes techniques (fusains, gravures, pastels) avec une inspiration fantastique.

Redon ■ Sous-préfecture de l'Ille-et-Vilaine. 10 500 hab. *(les Redonnais)*.

la Red River ■ Fleuve du sud des États-Unis dont l'une des branches rejoint le Mississipi et l'autre se jette dans le golfe du *Mexique. Environ 2 000 km.

John Reed ■ Écrivain et journaliste américain (1887-1920). Témoin de la révolution russe de 1917. *"Dix jours qui ébranlèrent le monde"*.

la Réforme ■ Mouvement de réforme de l'Église catholique, qui aboutit v. 1530 à un schisme avec d'importantes conséquences politiques (⇒ **Allemagne, anglicanisme,** guerres de **Religion**), à la naissance des Églises réformées ou protestantes (⇒ **protestantisme**) et à la réaction de la *Contre-Réforme (ou Réforme catholique). Les réformateurs (*Luther, *Calvin, *Zwingli, *Bucer) invitaient à une lecture directe de la Bible. Ils critiquaient le pape et sa hiérarchie, l'importance des cultes et des sacrements religieux. □ *la Réforme catholique.* ⇒ **Contre-Réforme**.

la Régence ■ Période correspondant à la minorité de Louis XV (1715-1723), caractérisée par une réaction aux mœurs austères de la fin du règne de Louis XIV, dont témoignent par exemple les scènes galantes de *Watteau. Pour obtenir le pouvoir, le *Régent (⇒ Philippe d'**Orléans**) dut ménager les Parlements et l'opposition aristocratique, qui ont paralysé les tentatives de réformes de ses successeurs (⇒ **Louis XV** et aussi

Louis XVI). Il eut cependant l'audace d'encourager *Law et mena avec *Dubois une habile politique étrangère.

Regensburg ■ ⇒ **Ratisbonne**.

Max Reger ■ Compositeur allemand de tendance néo-classique (1873-1916).

Reggane ou *Reggan* ■ Poste du Sahara algérien où fut expérimentée, en 1960, la première bombe atomique française.

Reggio de Calabre, en italien *Reggio di Calabria* ■ Ville du sud de l'Italie (*Calabre). 179 000 hab.

Reggio nell'Emilia ■ Ville d'Italie (*Émilie-Romagne). 130 000 hab.

Regina ■ Ville du Canada, capitale de la *Saskatchewan. 175 000 hab. Raffinerie de pétrole.

Johann Müller dit *Regiomontanus* ■ Astronome et mathématicien allemand (1436-1476).

Jean-François Regnard ■ Écrivain et auteur dramatique français (1655-1709). *"Le Légataire universel"* et *"le Joueur"*, pièces qui annoncent *Marivaux. *"Voyage en Laponie"*.

Jean-Baptiste Regnault ■ Peintre français (1754-1829). Il se voulut le rival de *David : sujets inspirés de l'Antiquité.

Mathurin Régnier ■ Poète français (1573-1613). Auteur de *"Satires"* vigoureuses contre la littérature et les mœurs de son temps.

Reich n. m. ■ Mot allemand signifiant « empire ». Le *Ier Reich* correspond au Saint Empire romain germanique (962-1806). Le *IIe Reich* est l'empire fondé par *Bismarck (1871-1918). L'Allemagne nazie de Hitler (1933-1945) s'est intitulée *IIIe Reich*.

Wilhelm Reich ■ Psychanalyste autrichien émigré aux États-Unis (1897-1957). Il a tenté la synthèse entre marxisme et psychanalyse. ≠ *Reik*.

Hans **Reichenbach** ■ Philosophe et logicien allemand, membre du cercle de *Vienne (1891-1953).

Reichshoffen ■ Commune du Bas-Rhin. 5 100 hab. *(les Reichshoffennois).* Les charges des cuirassiers français, le 6 août 1870, lors de la bataille de Frœschwiller, ont été appelées *charges de Reichshoffen,* bien qu'elles aient eu lieu aux alentours.

le **Reichstag** ■ Nom du Parlement allemand de 1867 à 1945. Le bâtiment du Reichstag, à Berlin, fut détruit dans un incendie par les nazis en 1933. Il est, depuis 1990, le siège du *Bundestag de l'Allemagne réunifiée.

Thomas Mayne dit *Captain Mayne* **Reid** ■ Écrivain anglais (1818-1883). Romans d'aventures. "*Le Cavalier sans tête*".

Theodor **Reik** ■ Psychanalyste autrichien naturalisé américain (1888-1969). Élève de *Freud. ≠ *Reich.*

Reims ■ Sous-préfecture de la Marne. 185 200 hab. *(les Rémois).* Célèbre cathédrale gothique du XIIIe s. Université. Industries liées à la fabrication du champagne. Métropole de la province de Gaule Belgique en l'an 17, elle fut fortifiée par Philippe le Bel en 1295 ; la plupart des rois de France y furent sacrés.

Salomon **Reinach** ■ Archéologue et philologue français (1858-1932). Histoire des religions.

Max **Reinhardt** ■ Metteur en scène et directeur de théâtre autrichien (1873-1943).

Django **Reinhardt** ■ Guitariste de jazz français, d'origine tzigane (1910-1953). "*Nuages*".

Mikoɬaj **Rej** ■ Écrivain polonais (1505-1569). Le premier à avoir écrit exclusivement dans la langue nationale.

Le **Relecq-Kerhuon** ■ Commune du Finistère. 10 600 hab. *(les Relecquois* ou *Kerhorres).*

les guerres de **Religion** ■ Guerre civile qui opposa en France catholiques et protestants, marquée par une succession de conflits entre 1562 et 1598. Elle se compliqua d'enjeux diplomatiques et politiques : les protestants (*Coligny) soutenaient les Pays-Bas et l'Espagne était l'alliée de la *Ligue. La monarchie hésitait entre la répression (massacre de la *Saint-Barthélemy, 1572) et la conciliation avec les protestants, pour réduire l'influence du parti ultracatholique des *Guises. Dans un pays lassé et dévasté par la guerre, l'hostilité envers l'ingérence espagnole dans les affaires françaises l'emporta sur le fanatisme religieux. Henri IV mit fin au conflit par l'édit de *Nantes (1598). Le pouvoir royal sortit renforcé de la crise et évolua vers l'absolutisme.

Erich Maria **Remarque** ■ Romancier allemand naturalisé américain (1898-1970). "*À l'Ouest rien de nouveau*", roman sur l'horreur de la Première *Guerre mondiale.

Rembrandt *Harmenszoon van Rijn* ■ Peintre, dessinateur et graveur hollandais (1606-1669). La force de ses tableaux, d'inspiration souvent biblique, s'explique par le traitement du mouvement et de la lumière qui met en valeur les parties essentielles de la toile. "*L'Adoration des bergers*" ; "*la Ronde de nuit*" ; "*les Pèlerins d'Emmaüs*".

saint **Remi** ■ Évêque de Reims qui convertit *Clovis (v. 437 - v. 530).

Remiremont ■ Commune des Vosges. 9 900 hab. *(les Romarimontains).*

Alexeï **Remizov** ■ Romancier et conteur russe émigré à Paris (1877-1957). "*Les Yeux tondus*".

Remscheid ■ Ville d'Allemagne, dans la *Ruhr (*Rhénanie-du-Nord-Westphalie). 120 000 hab.

Remus ■ Dans la légende romaine, frère de *Romulus qui le tua.

Jean Pierre Abel Rémusat ■ Sinologue français (1788-1832).

la Renaissance ■ Vaste mouvement culturel dans l'Europe des XVᵉ et XVIᵉ s. Les élites de cette époque avaient conscience de vivre une seconde naissance de la civilisation, après l'intermède du Moyen Âge qui les séparait de l'Antiquité. Les Florentins, *Dante en littérature, *Cimabue et *Giotto en peinture, avaient amorcé ce retour aux valeurs grecques et romaines. Les maîtres du *quattrocento* (XVᵉ s.) furent *Botticelli, *Piero della Francesca, *Mantegna, les sculpteurs *Ghiberti et *Donatello. Vinrent ensuite *Bramante, *Léonard de Vinci, *Raphaël, *Michel-Ange, enfin les *maniéristes. L'école *flamande, le travail érudit des *humanistes (encouragé par l'invention de l'imprimerie, la redécouverte des manuscrits grecs et latins de l'Antiquité), l'art de *Dürer et *Cranach en Allemagne, de *Holbein en Angleterre, le succès de la *Réforme sont autant de manifestations de ce renouveau, au XVIᵉ s., qu'illustrent en France l'école de *Fontainebleau, les écrivains *Rabelais, *Ronsard, *Montaigne. La Renaissance se caractérise par une curiosité universelle, un sens nouveau de la beauté du monde et de la valeur de l'homme, l'amour des lettres, des arts et des sciences. Elle marque le début des *Temps modernes*.

Ernest Renan ■ Écrivain français (1823-1892). Rationaliste, historien des religions (*"la Vie de Jésus"*), spécialiste des langues sémitiques. Auteur de *"Souvenirs d'enfance et de jeunesse"*, notables par leur poésie.

Jules Renard ■ Écrivain français au style économe, à la fois cruel et drôle (1864-1910). *"Poil de carotte"* ; *"Histoires naturelles"*.

Madeleine Renaud ■ Actrice française (née en 1900). Fondatrice avec Jean-Louis *Barrault, son mari, de la *compagnie Renaud-Barrault*.

Théophraste Renaudot ■ Médecin français, fondateur de la presse en France avec la création de *la Gazette de France* (1586-1653). Le *prix Renaudot* est un prix littéraire fondé en 1925.

Louis Renault ■ Ingénieur et industriel français, pionnier de l'industrie automobile (1877-1944). Ses usines furent nationalisées en 1945.

René Iᵉʳ le Bon dit **le bon roi René** ■ Duc de Bar, de Lorraine et d'Anjou, comte de Provence, roi de Naples de 1438 à 1442, mécène et poète (1409-1480).

Guido Reni dit **le Guide** ■ Peintre italien (1575-1642). Œuvre d'une grande inspiration lyrique, vouée au culte de la beauté et de la grâce. Sujets religieux et mythologiques.

Rennes ■ Préfecture de l'Ille-et-Vilaine et de la région *Bretagne. 203 500 hab. *(les Rennais)*. Université. Centre administratif et commercial. Région agricole. Industries automobile et électronique. Capitale de la Bretagne au XIᵉ s., rivale de *Nantes, la ville fut reconstruite au XVIIIᵉ s. après un incendie. Au XVIᵉ s., son parlement se montra indépendant à l'égard du pouvoir royal.

Reno ■ Ville des États-Unis (*Nevada). 101 000 hab. Connue pour ses lois très libérales, qui facilitent mariages et divorces. Tourisme, casinos, spectacles.

Auguste Renoir ■ Peintre français (1841-1919). L'un des grands maîtres de l'*impressionnisme. Il traite avec prédilection la figure humaine, donnant dans ses scènes populaires (*"le Moulin de la galette"*) et ses scènes bourgeoises (*"le Bal à la ville"*) une vision insouciante de la société de son temps. *"Les Baigneuses"* aux formes sensuelles célèbrent son plaisir de peindre. □*Jean Renoir* (1894-1979), son fils. Cinéaste français. *"La Bête humaine"* ; *"la Règle du jeu"* ; *"la Grande Illusion"*.

La **Réole** ■ Commune de la Gironde. 4 300 hab. *(les Réolais).* Monuments des XIIᵉ-XVᵉ s.

Ilya **Repine** ■ Peintre russe (1844-1930). Nombreux portraits et œuvres à caractère historique ou social.

le parti **républicain** ■ Un des deux grands partis des États-Unis, fondé en 1854. *Lincoln, *Nixon, *Reagan et *Bush sont quatre présidents républicains.

la **République française,** *régime politique de la France.* □ *la première* **République** (1792-1804). ⇒ **Révolution française** et **Consulat.** □ *la deuxième* **République** (1848-1852). Proclamée par les auteurs de la *révolution de 1848, elle mit fin à la *monarchie de Juillet. On appela « quarante-huitards » les socialistes du gouvernement provisoire. Après la répression de l'agitation populaire par *Cavaignac (juin 1848), le *parti de l'Ordre* domina la vie politique. Son candidat Louis Napoléon Bonaparte fut élu président de la République (10 décembre 1848). Le coup d'État du 2 décembre 1851 lui permit de renforcer l'exécutif, puis de rétablir l'Empire (2 décembre 1852) et de prendre le nom de *Napoléon III. □ *la troisième* **République** (1870-1940). Instaurée par le gouvernement de *Défense nationale après la défaite de Napoléon III face à la Prusse, elle dut réprimer la *Commune et affronter une opinion qui n'était pas encore acquise à l'idée républicaine ; mais elle sut progressivement l'imposer au pays (⇒ **France**). Elle prit fin avec le vote des pleins pouvoirs au maréchal *Pétain (10 juillet 1940). □ *la quatrième* **République** (1944-1958) succéda au *G.P.R.F. et prit fin avec le retour au pouvoir du général de *Gaulle. □ *la cinquième* **République** (depuis 1958). ⇒ **France.**

la **Résistance** ■ Pendant la Seconde Guerre mondiale, ensemble des actions que les habitants des pays occupés menèrent contre l'occupation nazie et les autorités qui acceptaient de collaborer avec Hitler. En France, il y avait la résistance extérieure de la *France libre* (général de *Gaulle) avec les *Forces françaises libres* (F.F.L.), et la résistance intérieure, dont l'activité (renseignement, distribution de tracts et journaux, aide aux juifs, sabotage) évolua progressivement vers des opérations militaires et où s'illustrèrent des hommes et des femmes venus de tous horizons, notamment du parti communiste et ses *Francs-Tireurs et Partisans* (F.T.P.), intégrés en 1944 aux *Forces françaises de l'intérieur* (F.F.I.). L'unification se fit autour de de Gaulle grâce à Jean *Moulin, au *Conseil national de la Résistance (C.N.R.), puis au *G.P.R.F.

Resistencia ■ Ville d'Argentine, capitale du *Chaco. 218 000 hab.

Alain **Resnais** ■ Cinéaste français (né en 1922). "*Hiroshima mon amour*" ; "*l'Année dernière à Marienbad*" ; "*Providence*".

Ottorino **Respighi** ■ Compositeur italien (1879-1936).

la **Restauration** ■ Période de l'histoire de France qui correspond à une restauration de la monarchie après la Révolution et l'Empire. La *première Restauration* va de la chute du Iᵉʳ Empire aux *Cent-Jours (1814-1815). La *seconde Restauration* va de la fin des Cent-Jours à la révolution de juillet 1830. Par la charte de 1814, Louis XVIII instaura la monarchie constitutionnelle, voulant préserver l'unité de la nation. Mais la réaction des *ultras domina la vie politique à partir de 1820, et plus encore après l'avènement de Charles X (1824). Le durcissement du régime provoqua sa chute, au bénéfice de Louis-Philippe.

Restif de la Bretonne ■ Écrivain français (1734-1806). Il a décrit son époque avec verve et réalisme.

Rethel ■ Sous-préfecture des Ardennes. 8 600 hab. *(les Rethélois).*

Rethondes ■ Commune de l'Oise (600 hab. *[les Rethondois]*) où furent signés les armistices du 11 novembre 1918 et du 22 juin 1940 entre l'Allemagne et les Alliés.

Gilles de **Retz** ■ ⇒ **Rais.**

Paul de Gondi cardinal de **Retz** ■ Prélat, homme politique et écrivain français (1613-1679). Ses *"Mémoires"*, d'un style remarquable, sont un précieux témoignage sur la *Fronde.

l'île de la **Réunion,** autrefois *île Bourbon* [974] ■ Île française de l'océan Indien, à l'est de Madagascar, (2 510 km²) formant avec les îles environnantes inhabitées (Bassas de India, Europa, Juan de Nova, Glorieuses et Tromelin) un département d'outre-mer depuis 1946. 515 800 hab. *(les Réunionnais),* concentrés sur le littoral. Préfecture : Saint-Denis. Sous-préfectures : Saint-Benoît, Saint-Paul, Saint-Pierre. Langues : français, créole. Île montagneuse (point culminant : piton des Neiges, 3 069 m) au climat tropical. Économie agricole (canne à sucre). Découverte par les Portugais en 1513, possession française en 1638, l'île a une population très mélangée : descendants des esclaves noirs et des colons blancs, Indiens et Chinois, métis.

la **Reuss** ■ Rivière de Suisse, affluent de l'*Aar. 160 km.

Revel ■ Commune de la Haute-Garonne. 7 800 hab. *(les Revélois).*

Pierre **Reverdy** ■ Poète français (1889-1960). Avec *Apollinaire et Max *Jacob, un des initiateurs de la poésie moderne et du *surréalisme. *"Plupart du temps".*

Revin ■ Commune des Ardennes. 9 500 hab. *(les Revinois).*

la **révolution culturelle chinoise** ■ Vaste mouvement de masse (1965-1969) lancé par *Mao Zedong afin de lutter contre la formation d'une bureaucratie sclérosée. Les partisans maoïstes (Gardes rouges) lui donnèrent une ampleur et une violence répressive telles que cette remise en cause menaça de désorganiser totalement le pays.

la **Révolution française** ■ Période de l'histoire de France allant de la réunion des *états généraux par Louis XVI au *Consulat (1789-1799). En 1789, une série d'événements (prise de la *Bastille, nuit du 4 *Août, Déclaration des *droits de l'homme et du citoyen...) mit fin à la monarchie absolue (⇒ **Ancien Régime**). De 1789 à 1791, la *Constituante mit en place la monarchie constitutionnelle. Mais la confiance dans le nouveau régime fut ébranlée, avant même l'élection de l'*Assemblée législative, par la fuite du roi (20 juin 1791). La déclaration de guerre à l'Autriche (20 avril 1792) puis la chute du roi (insurrection de la *Commune de Paris, 10 août 1792) obligèrent à réunir la *Convention. L'abolition de la royauté (21 septembre 1792) marqua les débuts de la Iʳᵉ République. L'exécution de Louis XVI (21 janvier 1793), les soulèvements en *Vendée, la poursuite de la guerre et la pression des *sans-culottes provoquèrent la chute des *Girondins (2 juin 1793) et l'instauration de la *Terreur par les *Montagnards. Le gouvernement révolutionnaire et la Terreur prirent fin le 9 *Thermidor (27 juillet 1794) avec l'élimination de *Robespierre. La Convention thermidorienne voulut instaurer un gouvernement modéré : le *Directoire (octobre 1795). Mais la double opposition des royalistes et des *Jacobins le rendait fragile. Les chefs militaires, qui organisaient des « républiques-sœurs » aux frontières, prenaient de plus en plus d'importance. Par le coup d'État du 18 *Brumaire (9 novembre 1799), le général Bonaparte instaura un pouvoir fort : le *Consulat.

la **révolution française de 1830** ■ Insurrection populaire des 27, 28 et 29 juillet 1830 à Paris (« les Trois Glorieuses »). Elle provoqua l'abdication de Charles X et permit l'avènement de Louis-Philippe.

la *révolution française de 1848* ■ Insurrection des 22, 23 et 24 février 1848. Elle mit fin à la *monarchie de Juillet (règne de Louis-Philippe) et marqua le début de la IIᵉ République. □ *les révolutions de 1848,* mouvements libéraux et nationalistes qui éclatèrent en Europe en 1848. Ils furent durement réprimés, mais préparèrent la naissance de nouveaux États (Italie, Allemagne, Hongrie...).

la *révolution communale de 1871* ■ ⇒ la **Commune.**

la *révolution russe de 1905* ■ Première révolution « démocratique bourgeoise » en Russie. Elle échoua dans sa tentative d'instaurer la monarchie parlementaire.

la *révolution russe de 1917* ■ Mouvement révolutionnaire qui donna naissance au régime soviétique. En février, la seconde révolution « démocratique bourgeoise » conduisit à l'abdication du tsar Nicolas II. Puis la *révolution d'Octobre* porta les *bolcheviks au pouvoir. Leur chef *Lénine instaura la « dictature du prolétariat » en Russie. Le régime s'étendit progressivement aux autres régions de l'empire, créant ainsi des républiques, et aboutissant à la proclamation de l'Union des républiques socialistes soviétiques (*U.R.S.S.) en 1922.

Louis *Reybaud* ■ Écrivain français (1799-1879). "*Jérôme Paturot à la recherche d'une position sociale*".

Reykjavik ■ Ville principale et capitale de l'Islande. 95 800 hab. Fondée par les *Vikings au sud de l'île en 875. Port de pêche. Centre industriel.

Władysław Stanisław *Reymont* ■ Romancier polonais (1868-1925). "*Les Paysans*". Prix Nobel 1924.

Émile *Reynaud* ■ Inventeur et dessinateur français, pionnier du dessin animé (1844-1918).

Paul *Reynaud* ■ Homme politique français (1878-1966). Président (centre-droit) du Conseil (1940), opposé à l'armistice, il céda la place à *Pétain.

sir Joshua *Reynolds* ■ Peintre anglais (1723-1792). Portraitiste favori de la haute société britannique.

Reynosa ■ Ville du nord-est du Mexique. 211 000 hab.

Rezā Chāh Pahlavi ■ Chah d'Iran de 1925 à 1941 (1878-1944). Il chassa les *Qādjārs du pouvoir et voulut faire de la Perse, devenue l'Iran en 1935, un pays moderne. Père de *Moḥammed Rezā. ⇒ les **Pahlavi.**

Rezé ■ Commune de la Loire-Atlantique, faubourg industriel de Nantes. 33 700 hab. *(les Rezéens).*

la *R.F.A.* ■ ⇒ la république fédérale d'**Allemagne.**

Rhéa ■ Épouse de *Cronos et mère de *Zeus dans la mythologie grecque.

Rhea Silvia ■ Dans la mythologie romaine, mère de *Remus et *Romulus.

le *massif schisteux rhénan* ■ Ensemble de plateaux de l'ère primaire, situés de part et d'autre du Rhin en Allemagne. Forêts, vignobles.

la *Rhénanie* ■ Ancienne région de l'Allemagne située de part et d'autre du Rhin. Ancienne province romaine, comprise dans le royaume de *Clovis, elle fit partie de l'*Austrasie puis fut réunie (traité de Verdun en 843) à la *Lotharingie et intégrée au royaume de *Germanie (925). Prospère au XIVᵉ s. avec l'essor de ses cités (Heidelberg, Mayence, Strasbourg). Foyer de la *Réforme, pénétrée par la culture française (XVIIᵉ - XVIIIᵉ s.), elle fut démilitarisée et occupée par les Alliés (traité de *Versailles, 1919). Remilitarisée par *Hitler (1936), elle fut divisée, en 1946, entre les États de Rhénanie-du-Nord-Westphalie et Rhénanie-Palatinat. L'État de la *Sarre fut formé en 1957. □ *la Rhénanie-du-Nord-Westphalie,* en allemand *Nordrhein-Westfalen.* État (land) le plus peuplé d'Allemagne. 34 068 km². 16,71 millions d'hab. Capitale : Düsseldorf. Pièce maîtresse de l'économie de l'Allemagne avec une agriculture riche et, surtout, une industrie puissante dans le bassin houiller de la *Ruhr. □ *la Rhénanie-Palatinat,* en allemand *Rheinland-Pfalz.* État (land) d'Allemagne. 19 848 km². 3,6 millions d'hab. Capitale : Mayence. Vins du Rhin réputés. Tourisme.

Constantin Rhigas ■ Patriote et poète grec (1757-1798).

le Rhin ■ Fleuve d'Europe occidentale. Né dans les Alpes suisses, il se jette dans la mer du Nord par quatre bras à la hauteur de Rotterdam. 1 320 km. Régime alpin jusqu'au lac de Constance, puis régulier à partir de Bâle. Il marque la frontière entre la France et l'Allemagne et joue un grand rôle économique. C'est la plus importante voie navigable de l'Europe occidentale (transport de houille et d'autres matières premières) pourvue d'aménagements hydro-électriques. *Duisbourg est le premier port fluvial du monde. ⇒ massif schisteux **rhénan, Rhénanie.** □ *le Bas-Rhin* [67], département français de la région *Alsace. 4 799 km². 951 000 hab. Préfecture : Strasbourg. Sous-préfectures : Haguenau, Molsheim, Saverne, Sélestat-Erstein, Strasbourg-Campagne, Wissembourg. □ *le Haut-Rhin* [68]. Département français de la région Alsace. 3 533 km². 671 000 hab. Préfecture : Colmar. Sous-préfectures : Altkirch, Guebwiller, Mulhouse, Ribeauvillé, Thann. ⟨ ▶ rhénan ⟩

le sillon ou *couloir rhodanien* ■ Région où coule le Rhône, située entre le Massif central et les Alpes.

le Rhode Island ■ Le plus petit État des États-Unis, en *Nouvelle-Angleterre. 3 139 km². 947 000 hab. Capitale : Providence. Ancien centre de pêche à la baleine.

Cecil Rhodes ■ Administrateur colonial et homme d'affaires britannique (1853-1902). Il voulut faire du sud de l'Afrique un Empire britannique. Il laissa son nom à la *Rhodésie* (aujourd'hui la Zambie et le Zimbabwe).

Rhodes ■ Île grecque de la mer Égée (*Dodécanèse). 1 398 km². 40 400 hab. *Rhodes,* chef-lieu de l'île de Rhodes, port fondé en 408 av. J.-C., très prospère dans l'Antiquité. Le *colosse de Rhodes,* une des Sept *Merveilles du monde, s'élevait à l'entrée du port. L'île fut gouvernée par les chevaliers de l'ordre des *Hospitaliers de 1309 à 1522.

la Rhodésie ■ ⇒ Cecil **Rhodes, Zambie, Zimbabwe.**

Rhondda ■ Ville du pays de Galles (*Glamorgan du Centre). 71 600 hab. Bassin houiller.

le Rhône ■ Fleuve de France et de Suisse, le plus puissant des fleuves français. 812 km. Il se jette dans la Méditerranée en formant un delta, la *Camargue. Principal affluent : la Saône (qui conflue à Lyon). Son régime est complexe, son cours rapide. La Compagnie nationale du Rhône a fait des travaux pour faciliter la navigation et irriguer les plaines du Languedoc. Vignobles sur les coteaux de la vallée : les *côtes du Rhône.* □ *le Rhône* [69], département français de la région *Rhône-Alpes. 3 259 km². 1,5 million d'hab. Préfecture : Lyon. Sous-préfecture : Villefranche-sur-Saône. □ *Rhône-Alpes.* Région administrative et économique du sud-est de la France, la seconde par la population et la superficie. Huit départements : Ain, Ardèche, Drôme, Isère, Loire, Rhône, Savoie et Haute-Savoie. 44 967 km². 5,34 millions d'hab. Préfecture : Lyon. Grand essor industriel lié à sa situation de carrefour et à l'abondante production d'électricité (provenant du Rhône et des Alpes) : textile, chimie, électronique autour de Lyon ; métallurgie dans le bassin de la Loire, électrochimie et électrométallurgie près de Grenoble. Tourisme avec les sports d'hiver dans les Alpes. Élevage, fruits et vignobles dans la vallée du Rhône. ⟨▶ rhodanien⟩

Riazan ■ Ville de la C.É.I. (*Russie). 515 000 hab. Centre culturel et économique. Monuments (XVIᵉ-XVIIᵉ s.).

Joachim von *Ribbentrop* ■ Homme politique allemand (1893-1946). Ministre des Affaires étrangères du IIIᵉ Reich (nazi) de 1938 à 1945. Condamné à *Nuremberg et exécuté.

Ribeauvillé ■ Sous-préfecture du Haut-Rhin. 4 800 hab. *(les Ribeauvillois)*.

José de *Ribera* ■ Peintre espagnol (1591-1652). Œuvres religieuses et mythologiques très expressives. Ses modèles sont aussi des gens misérables ou étranges *("la Femme à barbe")*.

Théodule *Ribot* ■ Philosophe et psychologue français (1839-1916).

La *Ricamarie* ■ Commune de la Loire. 10 300 hab. *(les Ricamandois)*.

David *Ricardo* ■ Financier et économiste anglais (1772-1823). Son analyse classique de la production, favorable au libéralisme, a eu une grande influence, notamment sur Marx.

Luigi *Riccoboni* ■ Homme de théâtre italien (v. 1675-1753). Installé en France, il y rénova la comédie italienne et influença *Marivaux.

Richard ■ NOM DE TROIS ROIS D'ANGLETERRE □ *Richard Iᵉʳ Cœur de Lion* (1157-1199), fils d'Henri II et d'*Aliénor d'Aquitaine, régna de 1189 à sa mort. Il se distingua à la troisième *croisade. Il lutta contre son frère *Jean sans Terre et contre Philippe-Auguste. □ *Richard II* (1367-1400), fils du *Prince Noir, monta sur le trône en 1377 et tenta d'instaurer l'absolu-

tisme. □ *Richard III* (1452-1485) régna à partir de 1483. Sa vie criminelle, qui le rendit très impopulaire, et sa forte personnalité inspirèrent *Shakespeare.

Samuel *Richardson* ■ Écrivain anglais (1689-1761). Ses romans épistolaires eurent un grand succès en France, auprès de *Diderot notamment. *"Clarisse Harlowe"*.

La *Riche* ■ Commune d'Indre-et-Loire, près de Tours. 7 900 hab. *(les Larichois)*. Château de Plessis-lès-Tours.

César Pierre *Richelet* ■ Lexicographe français (v. 1631-1698). Auteur d'un *"Dictionnaire français"* (1680).

Armand Jean du Plessis cardinal de *Richelieu* ■ Prélat et homme d'État français (1585-1642). Ministre de Louis XIII de 1624 à sa mort. *Mazarin lui succéda. Son action fut décisive : réduire les oppositions intérieures au pouvoir royal (protestants, grande noblesse) ; assurer l'indépendance de la France par une politique extérieure offensive (guerre de *Trente Ans) ; réorganiser l'Administration et la fiscalité, obtenir du pays le maximum de richesses, au prix même de la misère du peuple ; protéger, voire diriger la culture (création de l'*Académie française, 1635). □ *le maréchal de Richelieu* (1696-1788), son petit-neveu, grand seigneur spirituel, libertin et élégant, très représentatif de son siècle. □ *le duc de Richelieu* (1766-1822), petit-fils du précédent, ministre de Louis XVIII.

Jean *Richepin* ■ Écrivain français (1849-1926). Romans populaires, poèmes à la langue argotique. *"La Chanson des gueux"*.

Ligier *Richier* ■ Sculpteur français d'inspiration à la fois tragique et profondément religieuse (v. 1500-1567).

Germaine *Richier* ■ Sculptrice française (1904-1959). Œuvres expressives, qui mêlent le grotesque et le tragique.

Mordecai **Richler** ■ Romancier canadien (né en 1931). Il explore les dilemmes et les valeurs fondamentales de l'homme. *"L'Apprentissage de Duddy Kravitz"*.

Richmond ■ Ville des États-Unis, capitale de la *Virginie. 219 000 hab. Pendant la guerre de *Sécession, les sudistes en firent leur capitale. Monuments (capitole).

Richmond-upon-Thames ■ Bourg *(borough)* du Grand *Londres. 161 000 hab.

Jeremias Benjamin **Richter** ■ Chimiste allemand (1762-1807). Il généralisa la notion des proportions *(stœchiométrie)*.

Johann Paul **Richter** dit **Jean-Paul** ■ Écrivain *romantique allemand (1763-1825). Il explore le monde des rêves.

Hans **Richter** ■ Peintre et cinéaste américain d'origine allemande (1888-1976). Représentant du *surréalisme et précurseur du cinéma d'avant-garde.

Charles Francis **Richter** ■ Sismologue américain (1900-1985). *Échelle de Richter :* échelle de mesure des séismes.

Sviatoslav **Richter** ■ Pianiste soviétique (né en 1915).

Paul **Ricœur** ■ Philosophe français (né en 1913). Essais d'herméneutique (philosophie de l'interprétation).

Jehan **Rictus** ■ Poète français (1867-1933). Auteur de poèmes en argot.

Riedisheim ■ Commune du Haut-Rhin. 12 000 hab.

Leni **Riefenstahl** ■ Actrice, photographe et cinéaste allemande (née en 1902). *"Les Dieux du stade"*, film à la gloire des jeux Olympiques organisés par les nazis à Berlin en 1936.

Louis **Riel** ■ Révolutionnaire canadien (1844-1885). Métis indien, il forma un gouvernement contre le pouvoir blanc. Il fut vaincu et pendu.

Bernhard **Riemann** ■ Mathématicien allemand (1826-1866), élève de *Gauss. Il a donné à la géométrie non euclidienne un développement sans précédent, fondé la géométrie différentielle et introduit la topologie en analyse *(surfaces de Riemann)*.

Tilman **Riemenschneider** ■ Sculpteur allemand (v. 1460-1531). Nombreux retables.

le **Rif** ■ Arc montagneux du nord du Maroc (habitants : les *Rifains*). Ancien territoire du *Maroc espagnol. Pendant la Première Guerre mondiale, les Rifains, dirigés par *Abd el-Krim, s'opposèrent aux Espagnols qu'ils vainquirent (1921), puis aux Français avant d'être battus par les forces franco-espagnoles dirigées par *Pétain (1926).

le **rift africain** ■ Suite de plaines d'effondrement de l'Afrique orientale s'étendant de la mer *Rouge au cours inférieur du Zambèze. 4 000 km.

Riga ■ Capitale et port de la république de *Lettonie. 915 000 hab. Le plus grand centre culturel des pays baltes.

Hyacinthe **Rigaud** ■ Peintre français (1659-1743). Portraits de cour somptueux. *"Louis XIV"*.

Rijeka, en italien **Fiume** ■ Ville et port de *Croatie. 193 000 hab. Elle appartint à l'Italie entre 1920 et 1947.

Rainer Maria **Rilke** ■ Écrivain autrichien (1875-1926). Le sentiment de la difficulté de vivre domine ses poèmes *("Élégies")*. Importante correspondance *("Lettres à un jeune poète")*.

la **Rille** ■ ⇒ Risle.

Rillieux-la-Pape ■ Commune du Rhône. 31 100 hab. *(les Rilliards)*.

Arthur **Rimbaud** ■ Poète français (1854-1891). Son génie précoce, sa révolte sociale et morale ont fait de lui un mythe. Il définit le poète comme « voyant ». Il fut considéré comme un précurseur par les surréalistes.

"Poésies". Poèmes en prose : *"Une saison en enfer"* ; *"les Illuminations"*.

Rimini ■ Ville d'Italie (*Émilie-Romagne). 131 000 hab. Station balnéaire sur l'Adriatique.

Nikolaï **Rimski-Korsakov** ■ Compositeur russe (1844-1908). Grand maître de l'orchestration, il est l'auteur d'œuvres symphoniques colorées *("Schéhérazade")* et d'opéras *("le Coq d'or")*.

Rio de Janeiro ■ Ville et port du Brésil, capitale de l'État du même nom (14 653 km² ; 13,84 millions d'hab.). 5,1 millions d'hab. Agglomération de 11,14 millions d'hab. 2ᵉ centre industriel et commercial du pays. Tourisme : site montagneux (Pain-de-Sucre, mont Corcovado), plages (Copacabana, Ipanema), célèbre carnaval.

le **Rio Grande,** en espagnol **Río Bravo** ■ Fleuve d'Amérique du Nord qui forme la frontière entre les États-Unis et le Mexique avant de se jeter dans le golfe du *Mexique. 2 896 km².

le **Rio Grande do Norte** ■ État côtier du Brésil (*Nordeste). 53 167 km². 2,27 millions d'hab. Capitale : Natal. Marais salants.

le **Rio Grande do Sul** ■ État côtier du sud du Brésil, limitrophe de l'Uruguay. 280 674 km². 9 millions d'hab. Capitale : Pôrto Alegre. Productions agricoles, élevage.

la **Rioja** ■ Communauté autonome du centre nord de l'Espagne. 5 034 km². 263 000 hab. Capitale : Logroño. Vins renommés.

Riom ■ Sous-préfecture du Puy-de-Dôme. 19 300 hab. *(les Riomois).* ▶ *le procès de* **Riom** fut organisé par le gouvernement de *Vichy pour juger les responsables présumés de la défaite de 1940 (*Blum, *Daladier, *Gamelin), mais il tourna au désavantage de *Pétain et fut interrompu (1942).

Jean-Paul **Riopelle** ■ Peintre et sculpteur québécois (né en 1923). Œuvre abstraite, puissamment rythmée et structurée.

Riorges ■ Commune de la Loire. 9 900 hab.

Riquewihr ■ Commune du Haut-Rhin. 1 080 hab. *(les Riquewihriens).* Maisons alsaciennes typiques. Vins blancs.

la **Risle** ou **Rille** ■ Rivière de *Normandie, affluent de la Seine. 140 km.

Ris-Orangis ■ Commune de l'Essonne. 24 800 hab. *(les Rissois).*

le **Risorgimento** ■ Terme italien signifiant « renaissance » ou « résurrection ». Mouvement patriotique d'indépendance et d'unification de l'Italie au XIXᵉ s. ⇒ **Garibaldi, Mazzini, Cavour.**

Ghiánnis **Rítsos** ■ Poète grec (1909-1990). *"Épitaphe"* ; *"Grécité"*.

Carl **Ritter** ■ Géographe allemand, un des pères de la géographie moderne (1779-1859).

le comte de **Rivarol** ■ Écrivain français, polémiste royaliste (1753-1801). *"Discours sur l'universalité de la langue française".*

le duc de **Rivas** ■ Homme politique et écrivain espagnol (1791-1865). *"La Force du destin",* drame romantique.

Rive-de-Gier ■ Commune de la Loire. 15 700 hab. *(les Ripagériens).*

Diego **Rivera** ■ Peintre mexicain, auteur de décorations murales d'inspiration sociale et populaire (1886-1957).

Rivesaltes ■ Commune des Pyrénées-Orientales. 7 300 hab. *(les Rivesaltais).* Vins.

Paul **Rivet** ■ Ethnologue, anthropologue et homme politique (socialiste) français (1876-1958).

la **Riviera** ■ « Le littoral », nom donné au littoral italien du golfe de Gênes, et parfois à la *Côte d'Azur.

Jacques **Rivière** ■ Écrivain français (1886-1925). Directeur de *la Nouvelle Revue française* de 1919 à sa mort. ⇒ **Alain-Fournier**.

Rivière-Pilote ■ Commune de la Martinique. 12 600 hab. *(les Pilotins)*.

Rivière-Salée ■ Commune de la Martinique. 8 800 hab.

Rivoli ■ Localité d'Italie, près de Vérone. Bonaparte y battit les Autrichiens en janvier 1797.

Rixheim ■ Commune du Haut-Rhin. 11 700 hab.

Riyad ■ Capitale de l'Arabie Saoudite, dans une oasis. 1,3 million d'hab. Raffineries de pétrole, industries alimentaires.

Roanne ■ Sous-préfecture de la Loire. 42 800 hab. *(les Roannais)*. Important centre textile.

Alain **Robbe-Grillet** ■ Écrivain et cinéaste français, chef de file du *nouveau roman (né en 1922). "Les Gommes" ; "le Voyeur" ; "la Jalousie" ; "Dans le labyrinthe"*.

Jerome **Robbins** ■ Chorégraphe américain (né en 1918). *"West Side Story"*.

Howard Chandler **Robbins Landon** ■ Musicologue américain (né en 1926). Ouvrages sur *Haydn et *Mozart.

Robert ■ NOM DE PLUSIEURS SOUVERAINS EUROPÉENS **1.** rois de FRANCE □ **Robert I**er (v. 865 - 923), fils de *Robert le Fort, frère d'*Eudes, il régna de 922 à sa mort. □ **Robert II le Pieux** (v. 970-1031), fils d'*Hugues Capet, roi de 996 à sa mort. **2.** ducs de NORMANDIE □ **Robert I**er **le Magnifique** (mort en 1035), père de *Guillaume le Conquérant. Il a été confondu avec le légendaire *Robert le Diable*. □ **Robert II Courteheuse** (v. 1054-1134), fils de Guillaume le Conquérant.

Hubert **Robert** ■ Peintre français qui travailla en Italie (1733-1808). Il mit à la mode la peinture de ruines. *"La Grande Galerie du Louvre en ruine"*.

Paul **Robert** ■ Lexicographe et éditeur français (1910-1980).

Le **Robert** ■ Commune de la Martinique. 17 700 hab. *(les Robertins)*.

saint **Robert Bellarmin** ■ Cardinal italien (1542-1621), jésuite, théologien, champion de la *Contre-Réforme.

Robert d'Arbrissel ■ Moine breton qui fonda l'abbaye de *Fontevrault (v. 1045 - 1117).

Robert de Boron ■ Trouvère normand des légendes bretonnes (XIIe - XIIIe s.).

Robert de Courçon ■ Théologien d'origine anglaise (v. 1160-1219). Un des fondateurs de la *scolastique, à Paris.

saint **Robert de Molesmes** ■ Fondateur de l'abbaye de *Cîteaux (v. 1029-1111).

Jean Eugène **Robert-Houdin** ■ Prestidigitateur français (1805-1871). Il écrivit des ouvrages d'initiation à la prestidigitation. *"Comment on devient sorcier"*.

Ercole de' **Roberti** ■ Peintre italien de Ferrare (v. 1450-1496).

Robert le Fort ■ Comte franc (mort en 866), ancêtre des Capétiens. Père des *Robertiens :* *Eudes et *Robert Ier.

Gilles Personne de **Roberval** ■ Mathématicien et physicien français (1602-1675). Il mit au point la *balance de Roberval*.

Maximilien de **Robespierre** ■ Révolutionnaire français (1758-1794). Chef des *Montagnards, il évinça les *Girondins de la *Convention et voulut instaurer par la *Terreur la démocratie, la vertu et le culte de l'Être suprême. Membre du *Comité de salut public, renversé le 9 *Thermidor et guillotiné.

Robin des Bois, en anglais **Robin Hood** ■ Héros légendaire saxon basé sur un personnage historique (v. 1160 - v. 1247). Ses aventures inspirèrent écrivains et cinéastes.

Robinson Crusoé ■ ⇒ Daniel Defoe.

Emmanuel **Roblès** ■ Écrivain français (né en 1914). "*Cela s'appelle l'aurore*".

Rocamadour ■ Commune du Lot. 630 hab. *(les Amadouriens).* Site pittoresque, très touristique. Pèlerinage à la Vierge noire.

Rocambole ■ ⇒ **Ponson du Terrail.** ⟨ ▶ rocambolesque ⟩

Michel **Rocard** ■ Homme politique français (né en 1930). Ministre (socialiste) de 1981 à 1985. Premier ministre de 1988 à 1991.

saint **Roch** ■ Sa vie (xiveᵉ s.) est l'objet de légendes. On l'invoque contre la peste.

le comte de **Rochambeau** ■ Maréchal de France (1725-1807). ⇒ guerre d'**Indépendance américaine.**

Rochechouart ■ Sous-préfecture de la Haute-Vienne. 4 000 hab. *(les Rochechouartais).*

Henri **Rochefort** ■ Journaliste français (1831-1913). Brillant pamphlétaire de *la Lanterne* contre Napoléon III.

Rochefort ■ Sous-préfecture de la Charente-Maritime. 26 900 hab. *(les Rochefortais).* Port de guerre fortifié par Vauban au xviiᵉ s.

Roche-la-Molière ■ Commune de la Loire. 10 100 hab. *(les Rouchons).*

La **Rochelle** ■ Préfecture de la Charente-Maritime. 73 700 hab. *(les Rochelais).* Port de pêche et de commerce. Grande prospérité du xivᵉ s. au xviiᵉ s. (échanges avec l'Amérique). Bastion protestant détruit par *Richelieu après un long siège en 1628.

Rochester ■ Ville des États-Unis (État de *New York). 242 000 hab. Photographie, optique.

La **Roche-sur-Foron** ■ Commune de Haute-Savoie. 7 800 hab. *(les Rochois).*

La **Roche-sur-Yon** ■ Préfecture de la Vendée. 48 500 hab. *(les Yonnais).* Ville créée par Napoléon en 1804 après les guerres de *Vendée.

Waldeck **Rochet** ■ Homme politique français (1905-1983). Secrétaire général du parti communiste de 1964 à 1972.

les montagnes **Rocheuses** ■ Chaîne montagneuse à l'ouest de l'Amérique du Nord, qui s'étend du Mexique à l'*Alaska.

John Davison **Rockefeller** ■ Industriel américain (1839-1937). La réussite de sa *Standard Oil Company* et son activité philanthropique en ont fait un symbole du capitalisme.

le **rococo** ■ Style artistique dérivé du *baroque qui se répandit en Europe au xviiiᵉ s., caractérisé par l'exubérance et la préciosité. ⟨ ▶ rococo ⟩

Rocroi ■ Commune des Ardennes. 2 600 hab. *(les Rocroyens).* Dans une célèbre bataille, *Condé y écrasa les Espagnols en 1643.

Georges **Rodenbach** ■ Écrivain belge d'expression française (1855-1898). "*Vies encloses*", poèmes ; "*Bruges-la-Morte*", roman.

Rodez ■ Préfecture de l'Aveyron. 26 800 hab. *(les Ruthénois).* Ancienne ville gauloise, occupée par les Romains, elle fut une cité importante au Moyen Âge. Cathédrale (xiiiᵉ - xvᵉ s.). Musée Toulouse-Lautrec.

Auguste **Rodin** ■ Sculpteur français (1840-1917). Tempérament indépendant, il domina la sculpture de son temps. Il donna aux figures humaines un réalisme (nu de "*l'Âge d'airain*") et une expressivité (portrait de *Balzac ; groupe des "*Bourgeois de*

Calais") encore jamais atteints. Projet monumental de "*la Porte de l'Enfer*" (inachevé), dont "*le Penseur*" et "*le Baiser*" sont des motifs exécutés isolément. *Musée Rodin* à Paris.

le lac Rodolphe ■ ⇒ **Turkana.**

Rodolphe de Bourgogne ■ ⇒ **Raoul de Bourgogne.**

Rodolphe Iᵉʳ de Habsbourg ■ Empereur germanique de 1273 à sa mort (1218-1291). Il renforça la puissance des *Habsbourg par ses conquêtes.

Rodolphe de Habsbourg ■ Unique héritier de l'empire d'Autriche (1858-1889), fils de *François-Joseph. Il se suicida avec sa maîtresse dans le pavillon de chasse de *Mayerling.

David **Roentgen** ■ Ébéniste allemand (1743-1807). Ses œuvres furent célèbres dans toute l'Europe. ≠ *Röntgen.*

Rognac ■ Commune des Bouches-du-Rhône. 11 100 hab.

Édouard prince de **Rohan** ■ Grand aumônier de France, évêque de Strasbourg, cardinal (1734-1803). ⇒ l'affaire du **Collier.**

Géza **Róheim** ■ Anthropologue et psychanalyste hongrois naturalisé américain (1891-1953).

Ernst **Röhm** ■ Officier allemand (1887-1934). Commandant des *S. A. Considéré comme gênant par Hitler, il fut éliminé avec ses hommes lors de la « Nuit des longs couteaux ».

Éric **Rohmer** ■ Cinéaste français (né en 1920). Série des "*Contes moraux*" et des "*Comédies et proverbes*".

le **Roi-Soleil** ■ Surnom de *Louis XIV.

Roissy-en-Brie ■ Commune de Seine-et-Marne. 18 800 hab.

Roissy-en-France ■ Commune du Val-d'Oise. 2 100 hab. *(les Roisséens).* Aéroport Charles-de-Gaulle (le plus important de Paris) mis en service en 1974.

Fernando de **Rojas** ■ Écrivain espagnol (v. 1465 - v. 1541). Auteur supposé du roman "*la Célestine*", qui exerça une influence considérable sur le théâtre européen.

Francisco de **Rojas Zorrilla** ■ Auteur dramatique espagnol qui a influencé le théâtre français du XVIIᵉ s. (1607-1648).

Roland ■ Le plus célèbre des compagnons légendaires de *Charlemagne, et son neveu. La "*Chanson de Roland*" (fin du Xᵉ s.) en fit le modèle du chevalier chrétien, mort héroïquement à *Roncevaux, face aux *Sarrasins (778).

Jean-Marie **Roland de La Platière** ■ Révolutionnaire français (1734-1793). □ *Manon* dite *Madame* **Roland** (1754-1793), sa femme et, comme lui, un des chefs des *Girondins. Son exécution entraîna le suicide de son mari.

Romain **Rolland** ■ Écrivain français (1866-1944). Musicologue, historien de l'art, il fut pacifiste ("*Au-dessus de la mêlée*", 1916) et proche des communistes (revue *Europe*). Son œuvre abondante eut une audience internationale. Prix Nobel 1915. "*Jean-Christophe*" ; "*Colas Breugnon*" (romans). "*Beethoven*" ; "*Mahatma Gandhi*" ; "*Péguy*" (biographies).

les **Rolling Stones** n. m. pl. ■ Groupe anglais de musique rock, fondé dans les années 1960.

Romagnat ■ Commune du Puy-de-Dôme. 8 600 hab.

la **Romagne** ■ ⇒ **Émilie.**

Giulio **Romano** dit *Jules* **Romain** ■ ⇒ **Jules Romain.**

Louis **Farigoule** dit *Jules* **Romains** ■ Écrivain français (1885-1972). Il exalta la défense des valeurs humanistes. "*Les Hommes de bonne volonté*", grande fresque romanesque.

"*Knock*", célèbre pièce de théâtre où il raille la crédulité humaine.

Romainville ■ Commune de la Seine-Saint-Denis. 23 600 hab. *(les Romainvillois).*

l'art roman ■ Art religieux qui s'épanouit en Europe du Xe au XIIe s. L'architecture est caractérisée par des voûtes en pierre, souvent en plein cintre, des nefs étroites, des murs épais et peu ouverts, de solides contreforts. La sculpture est limitée aux chapiteaux et aux tympans. La peinture était abondante. L'enluminure des manuscrits, le travail des métaux et l'orfèvrerie ont aussi marqué la période romane.

les Romanches ■ Population de Suisse (*Grisons) parlant une langue romane, le *romanche.* ‹ ► roman-che ›

les Romanov ■ Famille qui régna sur la *Russie de 1613 à la fin de l'empire tsariste (1917).

Romans-sur-Isère ■ Commune de la Drôme. 33 500 hab. *(les Romanais).*

le romantisme, les romantiques ■ Plus qu'un mouvement artistique, c'est une nouvelle forme de la sensibilité européenne qui privilégie l'expression du « moi », l'imagination contre la raison, le rêve contre la réalité. Né en Angleterre à la fin du XVIIIe s. (*Blake, *Wordsworth puis *Byron, *Scott), il se développa en Allemagne avec *Goethe (⟹ **Sturm und Drang**), *Schiller, *Novalis pour la littérature, C.D. *Friedrich pour la peinture, *Schumann, *Schubert et *Brahms en musique. En France (⟹ **Cénacle**), les grands romantiques furent les écrivains *Chateaubriand, Mme de *Staël, *Lamartine, *Hugo, *Musset, *Vigny, le musicien *Berlioz, les peintres *Delacroix et *Géricault.

Rombas ■ Commune de la Moselle. 10 900 hab. *(les Rombasiens).*

Rome ■ Avant d'être la capitale de l'Italie, Rome fut un des plus grands États de l'Antiquité, étendant sa puissance à tout le Bassin méditerranéen. □ ***La royauté*** (753 - 509 av. J.-C.). Selon la légende, *Romulus fonde Rome en 753 av. J.-C. (la *Roma quadrata* du Palatin). Aux quatre rois latins et sabins succèdent trois rois étrusques (épisode de l'enlèvement des Sabines). □ ***La république*** (509 - 27 av. J.-C.) dura cinq siècles, dominés par les luttes politiques et les guerres de conquête. Deux consuls remplacent le roi. Rome est peu à peu maîtresse de l'Italie. Elle entre en guerre contre *Carthage : ce sont les trois guerres *puniques (264 - 146 av. J.-C.) qui lui permettent d'annexer la Sicile et l'Afrique du Nord. L'Espagne, la Grèce et la Macédoine deviennent aussi des provinces romaines. La fin de la république est marquée par les guerres civiles : *Crassus et *Pompée succèdent au dictateur *Sylla, vainqueur de *Marius. En 60 av. J.-C., ils forment avec Jules *César le premier triumvirat. Victorieux contre les Gaulois, César devient le véritable maître du pouvoir mais il est assassiné (44 av. J.-C.) par *Brutus. Son fils adoptif, Octave, devient l'empereur *Auguste en 27 av. J.-C. □ ***L'empire*** (27 av. J.-C. - 476). Auguste pratique une politique de paix et de prospérité. Période de triomphe de la littérature latine (*Virgile, *Ovide, *Tite-Live). Avec lui commence la dynastie des Julio-Claudiens (*Tibère, *Caligula, *Claude, *Néron) à laquelle succède, après le règne des généraux (Galba, Othon, Vitellius), la dynastie des Flaviens (*Vespasien, *Titus, *Domitien). Le règne des Antonins avec *Trajan et *Hadrien marque l'apogée de l'empire, qui atteint sa plus grande extension, consolidant ses frontières : mur d'Hadrien en Bretagne (Angleterre), *limes* du Rhin et du Danube. Après la mort de *Marc Aurèle s'ouvre une période d'anarchie, rompue seulement par la dynastie des *Sévère (193-235). La mise en place d'un régime autoritaire par *Dioclé-

tien (v. 285) caractérise le *Bas-Empire*.
*Constantin fait, en 313, du christia-
nisme la religion d'État. En 395,
*Théodose partage l'empire entre ses
deux fils. L'empire d'Occident (avec
Rome pour capitale) disparaît en 476.
L'empire d'Orient (avec Constantinople pour capitale) subsiste jusqu'en
1453 (⇒ **Byzance**). ▶ *Rome,* capitale de l'Italie sur le Tibre, capitale
spirituelle de l'Église catholique avec
la résidence du pape au *Vatican.
2,82 millions d'hab. *(les Romains)*.
Célèbre site des sept collines : Palatin,
Capitole, Aventin, Quirinal, Viminal,
Esquilin, Cælius. Née de la fusion d'un
groupe de villages latins et étrusques,
Rome devint la capitale d'un vaste
empire (→ ci-dessus) ; elle comptait
près de 1 million d'hab. sous
*Hadrien. Nombreux monuments ins-
pirés de l'art grec : Colisée, arcs de
triomphe, Forum, Panthéon, thermes,
colonne Trajane, château Saint-Ange.
Dévastée plusieurs fois par les Barbares aux IVᵉ et Vᵉ s. Sa prise en 476
marque la fin de l'Empire romain. La
ville perd son rôle politique (elle ne
comptait plus que 100 000 hab. au
Moyen Âge) mais maintient son prestige comme capitale du christianisme
en Occident. Les papes de la Renaissance (*Jules II, notamment) lui rendent son prestige en faisant venir les
meilleurs artistes (*Michel-Ange,
*Raphaël). En 1870, Rome devient
capitale de l'Italie unifiée ; depuis, sa
population a décuplé. Tourisme, activités administratives. Industries ; studios de cinéma *(Cinecittà)*. ▶ *le traité
de Rome,* signé le 25 mars 1957 par
la France, l'Italie, la R.F.A. et le
*Benelux, est l'acte de naissance de
la *C.E.E. ⟨ ▶ romain ⟩

Jean-Baptiste **Romé de l'Isle**
■ Minéralogiste français, précurseur
de la cristallographie (1736-1790).

Olaus **Römer** ■ Astronome danois
(1644-1710). Détermination de la vitesse
de la lumière. Invention de la lunette
méridienne.

Romilly-sur-Seine ■ Commu-
ne de l'Aube. 15 800 hab. *(les Romil-
lons)*.

Erwin **Rommel** ■ Maréchal allemand (1891-1944). Chargé des rapports
avec les jeunesses nazies en 1935, chef
des opérations militaires en Afrique
du Nord. Devenu hostile à *Hitler, il
fut contraint de se suicider.

Romorantin-Lanthenay ■
Sous-préfecture de Loir-et-Cher.
18 500 hab. *(les Romorantinais)*. Vestiges du château royal (XVᵉ - XVIᵉ s.).

Romulus ■ Fondateur légendaire
de Rome. Fils de *Mars et de la
vestale *Rhea Silvia, il est élevé par
une louve avec son frère jumeau
*Remus, le tue et devient le premier
roi de Rome.

le col de **Roncevaux** ■ Col des
Pyrénées espagnoles. Selon la tradition, *Roland, neveu de Charlemagne,
y fut tué par les Sarrasins ; en réalité,
l'arrière-garde de Charlemagne fut
massacrée par des montagnards basques en 778.

Ronchin ■ Commune du Nord.
18 100 hab. *(les Ronchinois)*.

Roncq ■ Commune du Nord.
12 100 hab. *(les Roncquois)*.

Ronda ■ Ville d'Espagne (*Andalousie). 31 400 hab. Site pittoresque.
Monuments.

le **Rondônia** ■ État du centre
ouest du Brésil, limitrophe de la
Bolivie. 238 379 km². 1 million d'hab.
Capitale : Pôrto Velho (102 000 hab.).

Pierre de **Ronsard** ■ Poète
français (1524-1585). Chef de file de la
*Pléiade. L'amour, les thèmes *huma-
nistes et la défense des catholiques
servent tour à tour son inspiration :
*"les Amours" ; "la Franciade" ; "Dis-
cours des misères de ce temps"*.

Wilhelm Conrad **Röntgen**
■ Physicien allemand (1845-1923). Pre-
mier prix Nobel de physique (1901).
Il découvrit les rayons X en 1895.
≠ *Roentgen*.

Roodepoort-Maraisburg ■
Ville d'Afrique du Sud (*Transvaal).
142 000 hab. Mines d'or.

le comte Albrecht von **Roon**
■ Maréchal et homme d'État prussien
(1803-1879). Il réorganisa l'armée avec
*Moltke, selon les vœux de *Bismarck.

Theodore **Roosevelt** ■ Homme
politique américain (1858-1919). 26ᵉ président (républicain) des États-Unis,
de 1901 à 1909. Sa politique extérieure
fut autoritaire et interventionniste.
Prix Nobel de la paix en 1906.

Franklin Delano **Roosevelt**
■ Homme politique américain (1882-
1945). 32ᵉ président (démocrate) des
États-Unis de 1933 à sa mort, trois
fois réélu. Son programme économique et social, le *New Deal,* contribua
à faire sortir le pays de la crise
de 1929. Il joua un rôle décisif dans
la Seconde Guerre mondiale.

Félicien **Rops** ■ Peintre et graveur
belge (1833-1898). Œuvre d'inspiration
littéraire, fantastique et érotique.

Roquebrune-Cap-Martin ■
Commune des Alpes-Maritimes.
12 600 hab. *(les Roquebrunois).*

Roquebrune-sur-Argens ■
Commune du Var. 10 400 hab.

Roquefort-sur-Soulzon ■
Commune de l'Aveyron. 790 hab. *(les
Roquefortais).* Célèbre fromage de
brebis affiné dans les grottes calcaires.
〈 ▶ roquefort 〉

le **Roraima** ■ État (depuis 1990)
du nord du Brésil, limitrophe du
Venezuela et de la Guyana.
225 017 km². 117 000 hab. Capitale :
Boa Vista (43 100 hab.). Recouvert en
majeure partie par la forêt amazonienne. Caoutchouc.

Cyprien de **Rore** ■ Compositeur
flamand, maître du madrigal italien
(1516-1565).

Hermann **Rorschach** ■ Psychiatre et neurologue suisse (1884-1922).
Test de Rorschach : interprétation de
taches d'encre.

Salvator **Rosa** ■ Peintre, poète et
musicien italien (1615-1673).

Rosario ■ Ville d'Argentine.
876 000 hab. Port fluvial actif sur le
*Paraná. Industrie alimentaire. Sidé-
rurgie.

Roscoff ■ Commune du Finistère.
3 700 hab. *(les Roscovites).*

le Mont- **Rose** ■ Massif des Alpes,
à la frontière italo-suisse. Nombreux
sommets (*Cervin, *Dufour).

Roseau ■ Capitale de la république
de la Dominique. 22 000 hab.

la **Rose-Croix** ■ Société secrète
(à but initiatique), créée en Europe
au XVᵉ s. autour de Christian Rosen-
kreutz.

Alfred **Rosenberg** ■ Théoricien
allemand du nazisme, jugé et exécuté
à Nuremberg (1893-1946).

les époux **Rosenberg** ■ Citoyens
juifs américains, accusés sans preuve
solide d'avoir livré des secrets atomiques à l'U.R.S.S., et exécutés. Julius
(1918-1953) et Ethel (1915-1953).

la guerre des Deux- **Roses**
■ Guerre civile anglaise de 1455
à 1485. Elle opposa les maisons
d'York et de Lancastre.

la pierre de **Rosette** ■ Pierre
gravée en égyptien et en grec. Elle doit
son nom à la ville de Basse-Égypte où
elle fut découverte et permit à *Champollion de déchiffrer les hiéroglyphes.

Roskilde ■ Capitale du Danemark
jusqu'au XVᵉ s., sur l'île *Sjaelland.
39 700 hab.

Alexander **Roslin** ■ Portraitiste
suédois (1718-1793).

Joseph Henri Boex dit **Rosny
aîné** ■ Écrivain français d'origine
belge (1856-1940). "*La Guerre du feu*".
□ *Séraphin Justin Boex* dit **Rosny
jeune**, son frère, également écrivain,
et son collaborateur jusqu'en 1908
(1859-1948).

Rosny-sous-Bois ■ Commune
de la Seine-Saint-Denis. 37 800 hab.

(les Rosnéens). Centre national français d'information routière.

Rosporden ■ Commune du Finistère. 6 500 hab. *(les Rospordinois).*

sir John **Ross** ■ Navigateur anglais qui localisa le pôle Nord magnétique (1777-1856). □ *sir James Clarke* **Ross** (1800-1862), son neveu, découvrit la terre Victoria, dans l'Antarctique. Ils donnèrent leur nom à la *barrière de Ross,* à l'*île de Ross* et à la *mer de Ross,* dans l'Antarctique.

Roberto **Rossellini** ■ Cinéaste italien (1906-1977). Maître du néoréalisme. *"Rome, ville ouverte"* ; *"la Prise du pouvoir par Louis XIV"* ; *"le Messie".*

Dante Gabriel **Rossetti** ■ Peintre et poète anglais (1828-1882). Fondateur du groupe des *préraphaélites. *"La Damoiselle élue",* poème ; *"Beata Beatrix",* qui représente sa femme, Elizabeth Siddal.

Luigi **Rossi** ■ Compositeur italien (1598-1653). Nombreux opéras et oratorios.

Tino **Rossi** ■ Célèbre chanteur de charme français [corse] (1907-1983).

Gioacchino **Rossini** ■ Compositeur italien (1792-1868). Ses opéras sont célèbres pour leur humour, leur rythme endiablé et leurs vocalises virtuoses. *"Le Barbier de Séville"* ; *"Guillaume Tell".*

le **Rosso** ■ Peintre italien de la Renaissance (1494-1540). Il dirigea la décoration du château de *Fontainebleau et fut le maître de la *première école de Fontainebleau.* Le *Primatice lui succéda.

Edmond **Rostand** ■ Auteur dramatique français (1868-1918). *"Cyrano de Bergerac"* et *"l'Aiglon"* sont ses pièces les plus célèbres. □ *Jean* **Rostand** (1894-1977), son fils, biologiste et essayiste.

Rostock ■ Ville et port d'Allemagne (*Mecklembourg-Poméranie-Occidentale), près de la Baltique. 254 000 hab.

le comte Fedor **Rostopchine** ■ Général et homme politique russe, père de la comtesse de *Ségur (1763-1826).

Rostov-sur-le-Don ■ Ville de la C.É.I. (*Russie). Grand port fluvial sur le *Don, près de la mer d'*Azov. 1 million d'hab. Centre culturel et économique.

Walt **Rostow** ■ Économiste américain (né en 1916). *"Les Étapes de la croissance industrielle".*

Mstislav **Rostropovitch** ■ Violoncelliste et chef d'orchestre soviétique naturalisé suisse (né en 1927).

Joseph **Roth** ■ Écrivain autrichien (1894-1939). Il a pressenti la montée du *nazisme. *"La Marche de Radetzky".*

Philip **Roth** ■ Romancier américain (né en 1933). *"Goodbye, Columbus"* ; *"Portnoy et son complexe".*

Rotherham ■ Ville du nord de l'Angleterre (*Yorkshire du Nord). 123 000 hab.

Mark **Rothko** ■ Peintre américain d'origine russe (1903-1970). Tableaux d'un style abstrait, dépouillé.

les **Rothschild** ■ Famille de banquiers européens (France, Allemagne, Angleterre). □ *Mayer Amschel* **Rothschild** (1743-1812) fonda la maison mère à Francfort.

Jean de **Rotrou** ■ Auteur dramatique français (1609-1650). *"Le Véritable Saint Genest".*

Rotterdam ■ Ville des Pays-Bas (*Hollande-Méridionale), dotée du plus grand port du monde (par le trafic), dans le delta du Rhin et de la Meuse. Reliée à la mer du Nord par un canal. 576 000 hab. Pétrochimie, sidérurgie. Centre financier international.

Louis Oscar **Roty** ■ Graveur en médailles français (1846-1911). Il a créé l'effigie de *la Semeuse* pour les pièces de monnaie françaises.

Georges **Rouault** ■ Peintre français (1871-1958). Vision religieuse et tragique du monde. Style qui évoque les vitraux. "*Songe creux*" ; "*la Sainte Face*".

Roubaix ■ Commune du Nord. 98 200 hab. *(les Roubaisiens)*. Elle forme une conurbation avec Lille et Tourcoing. Premier centre lainier de France. Industries textiles.

Jacques **Roubaud** ■ Poète français (né en 1932), mathématicien.

Andreï **Roublev** ■ Peintre et moine orthodoxe russe (v. 1360 - v. 1430). Auteur d'icônes, notamment de l'une des plus célèbres, "*la Trinité*". Sa vie inspira un film à A. *Tarkovski.

Rouen ■ Préfecture de la Seine-Maritime et de la région Haute-*Normandie. 105 500 hab. *(les Rouennais)*. Port important. Centre industriel (chimie, textile) et touristique : cathédrale gothique (XIVe-XVe s.), Gros-Horloge (1527). Rouen fut longtemps disputée entre Français et Anglais. Jeanne d'Arc y fut brûlée vive en 1431.

le **Rouergue** ■ Région du sud de la France, correspondant au département de l'*Aveyron. Ville principale : Rodez. Les habitants sont les *Rouergats*.

la mer **Rouge** ■ Mer du Proche-Orient entre l'Arabie et l'Afrique, reliée à la Méditerranée par le canal de *Suez. La Bible raconte *la traversée de la mer Rouge* par *Moïse et les Hébreux.

la place **Rouge** ■ Place principale et centre historique de Moscou, où se trouvent le *Kremlin, le mausolée de *Lénine et l'église de Saint-Basile-le-Bienheureux.

Denis de **Rougemont** ■ Essayiste suisse d'expression française (1906-1985). "*L'Amour et l'Occident*".

Claude **Rouget de Lisle** ■ Officier français (1760-1836). En garnison à Strasbourg, il composa le "*Chant de guerre pour l'armée du Rhin*" (1792) qui devint "*la *Marseillaise*".

Eugène **Rouher** ■ Homme politique français (1814-1884). Ministre de Napoléon III.

Roulers, en néerlandais **Roeselare** ■ Ville de Belgique (*Flandre-Occidentale). 52 100 hab. Victoire française sur les Autrichiens en 1794.

la **Roumanie** ■ État (république) du sud-est de l'Europe. 237 500 km². 23,17 millions d'hab. *(les Roumains)*. Capitale : Bucarest. Langue officielle : roumain. Monnaie : leu (plur. : lei). La chaîne des *Carpates domine les plaines de *Valachie et de *Moldavie. Climat continental. L'agriculture (blé, maïs, vignes) fut collectivisée en 1949. L'industrie, nationalisée, exploite les richesses du sous-sol (pétrole, charbon, gaz naturel) : sidérurgie, chimie, textile. Pêche. □ **HISTOIRE.** Province romaine au IIe s. (la *Dacie), le pays fut successivement occupé par les Hongrois, les Turcs, les Autrichiens et les Russes. Au XIXe s. éclata le mouvement national qui fit de la Roumanie un État (par la réunion de la Valachie et de la Moldavie), autour du prince Alexandre *Cuza (1859), mais elle ne devint indépendante qu'en 1878. Démocratie parlementaire après la Première Guerre mondiale, le régime devint une dictature (1938) qui fut renversée en 1944. Le parti communiste étant peu à peu maître du pays, la république populaire de Roumanie fut proclamée en 1948. Elle fut dirigée à partir de 1965 par Nicolae *Ceau*s*escu. La politique autocratique qu'il mena et les graves difficultés économiques créèrent une situation intolérable pour la population. Il fut renversé par la révolution de décembre 1989 qui mit fin au régime communiste, et exécuté avec sa femme. Malgré la tenue d'élections libres en 1990, des tensions politiques subsistent. ❬ ▶roumain ❭

Joseph **Roumanille** ■ Écrivain français de langue provençale (1818-

1891). Un des fondateurs du *Félibrige. ⇒ **Mistral**.

Roussé ■ ⇒ **Ruse**.

Jean-Jacques **Rousseau** ■ Écrivain et philosophe, citoyen de Genève (1712-1778). Il a dénoncé l'aliénation de l'homme et la contradiction entre la nature et la société. Collaborateur de l'*Encyclopédie jusqu'à sa rupture avec *Diderot, il est l'auteur d'une œuvre diverse qui influença les révolutionnaires de 1789 et le romantisme. *"Discours sur l'origine de l'inégalité"* ; *"Julie ou la Nouvelle Héloïse"* (roman) ; *"le Contrat social"* (traité politique) ; *"Émile ou De l'éducation"* ; *"les Confessions"* et *"les Rêveries du promeneur solitaire"* (autobiographie).

Henri **Rousseau** dit *le Douanier* **Rousseau** ■ Peintre français (1844-1910). Autodidacte, marginal, il est l'auteur de tableaux naïfs, qui mêlent simplicité et mystère. *"Le Rêve"* ; *"la Charmeuse de serpents"*.

Albert **Roussel** ■ Compositeur français (1869-1937). Influencé par ses voyages en Orient, il écrivit des symphonies, un opéra-ballet *("Padmâvatî"),* de la musique de chambre.

Raymond **Roussel** ■ Écrivain français (1877-1933). Son œuvre témoigne d'une réflexion originale sur les procédés littéraires. *"Impressions d'Afrique"* ; *"Locus Solus"* ; *"Comment j'ai écrit certains de mes livres"*.

le **Roussillon** ■ Ancienne province du sud de la France (*Pyrénées-Orientales), à laquelle elle fut rattachée en 1659. ⇒ **Languedoc-Roussillon**.

Rouvroy ■ Commune du Pas-de-Calais. 9 200 hab.

Jacques **Roux** ■ Révolutionnaire français (1752-1794). Curé défroqué, le « Prêtre des *sans-culottes* », porte-parole des *Enragés.

Émile **Roux** ■ Médecin et bactériologiste français (1853-1933). Collaborateur de *Pasteur.

Roxane ■ Épouse d'*Alexandre le Grand, mise à mort avec son fils sur l'ordre de *Cassandre en 311 av. J.-C.

Gabrielle **Roy** ■ Écrivaine canadienne (Manitoba) d'expression française (1909-1983). *"Bonheur d'occasion"*.

Claude **Roy** ■ Écrivain français (né en 1915). Poèmes, essais, récits de voyages, romans.

Royan ■ Commune de la Charente-Maritime, importante station balnéaire. 17 500 hab. *(les Royannais).*

le **Royaume-Uni**, en anglais **United Kingdom** ■ État (monarchie parlementaire) d'Europe occidentale formé par l'Angleterre, le pays de Galles, l'Écosse et l'Irlande du Nord (nom officiel : *Royaume-Uni de Grande-Bretagne et d'Irlande du Nord*). 244 110 km². 57,22 millions d'hab. *(les Britanniques).* Capitale : Londres. Langue officielle : anglais. Religions : en Angleterre et en Écosse, les Églises sont sous la protection de l'État mais non officielles. Monnaie : livre sterling. Le Parlement est composé de la Chambre des *communes et de la Chambre des *lords. Le Premier ministre, chef de la majorité aux Communes, dirige le gouvernement et définit les options politiques du pays. La reine est le chef de l'État et du Commonwealth. ⇒ **Angleterre, Écosse,** pays de **Galles, Grande-Bretagne, Irlande**.

Royaumont ■ Localité du Val-d'Oise (commune d'Asnières-sur-Oise) où se trouvent d'importants restes d'une abbaye fondée en 1228 par Saint *Louis.

le **Ruanda** ■ ⇒ **Rwanda**.

Peter Paul **Rubens** ■ Peintre flamand (1577-1640). Tableaux immenses, grands effets de mouvements et de couleurs. Nus plantureux. Couvert d'honneur de son vivant. Nombreuses compositions *baroques pour les églises et les cours européennes. *"La Descente de croix"* ; *"l'Enlèvement des filles de Leucippe"*.

le **Rubicon** ■ Rivière séparant l'Italie de la Gaule cisalpine. C'est en le franchissant avec son armée (49 av. J.-C.) que César dit : *alea jacta est*, « le sort en est jeté ». De là l'expression « franchir le Rubicon » : commencer une action par une décision irrévocable, notamment en politique.

Anton **Rubinstein** ■ Pianiste et compositeur russe (1829-1894).

Ida **Rubinstein** ■ Danseuse et mécène russe de la danse (1885-1960).

Artur **Rubinstein** ■ Pianiste polonais naturalisé américain (1887-1982). Célèbre interprète de Chopin.

Friedrich **Rückert** ■ Poète et orientaliste allemand (1788-1866). *"Chants des enfants morts"*, mis en musique par *Mahler.

Rūdakī ■ Poète persan (v. 859-v. 941). Considéré comme le premier grand poète lyrique persan.

François **Rude** ■ Sculpteur français (1784-1855). *"La Marseillaise"*, décoration de l'Arc de triomphe, à Paris.

Adolf **Rudnicki** ■ Écrivain polonais (1912-1990). L'extermination des juifs polonais pendant la Seconde Guerre mondiale constitue l'objet essentiel de son œuvre. *"Les Fenêtres d'or"*.

Rueil-Malmaison ■ Commune des Hauts-de-Seine. 67 300 hab. *(les Ruellois)*. Célèbre château (la Malmaison) où séjournèrent Bonaparte et *Joséphine. ■

Rugby ■ Ville du sud de l'Angleterre (*Warwickshire). 59 600 hab. Un des collèges les plus réputés du pays où fut inventé, en 1823, le *rugby*. ⟨ ▶ rugby ⟩

Rügen ■ Île d'Allemagne (*Mecklembourg-Poméranie-Occidentale), située dans la Baltique. 926 km². Pêche, tourisme.

la **Ruhr** ■ Région d'Allemagne (*Rhénanie-du-Nord-Westphalie), qui doit son nom à la rivière qui la traverse. Le plus grand bassin houiller d'Allemagne : extraction de 75 millions de tonnes par an. Une des plus fortes densités humaines et industrielles du monde. Acier, chimie, industries mécaniques, textile. Déclin du charbon depuis 1960. Villes principales : Essen, Düsseldorf, Duisbourg, Dortmund. ▶ *l'occupation de la* **Ruhr.** Mesure de répression prise par R. *Poincaré, en 1923, pour contraindre l'Allemagne à honorer les clauses sur les réparations décidées par le traité de *Versailles, qui se traduisit par l'occupation militaire française de la région. Le plan *Dawes entraîna le retrait des troupes françaises.

Jacob van **Ruisdael** ou **Ruysdael** ■ Peintre, dessinateur et graveur hollandais (v. 1628-1682). Maître du paysage.

Rumford ■ ⇒ Benjamin **Thompson** comte de Rumford.

Rumilly ■ Commune de Haute-Savoie. 10 300 hab. *(les Rumilliens)*.

Johan Ludvig **Runeberg** ■ Poète finlandais de langue suédoise (1804-1877).

Rungis ■ Commune du Val-de-Marne. 2 900 hab. *(les Rungissois)*. Énorme marché de ravitaillement de la région parisienne, construit pour se substituer aux *Halles de Paris en 1969.

Ruse ou **Roussé** ■ Ville de Bulgarie, port sur le Danube. 190 000 hab.

le mont **Rushmore** ■ Grand centre touristique des États-Unis (*Dakota du Sud). Les visages immenses de *Washington, *Lincoln et Th. *Roosevelt y sont sculptés dans le granite.

John **Ruskin** ■ Critique d'art et sociologue anglais (1819-1900). Il défendit les *préraphaélites.

Bertrand **Russell** ■ Mathématicien, logicien et philosophe britannique (1872-1970). Il écrivit avec son maître *Whitehead le traité fondateur de la logique moderne et en formula l'ambition philosophique : le *logicisme*. Moraliste et militant progressiste, il créa le « tribunal Russell » pour condamner tout acte de guerre.

Henry Norris **Russell** ■ Astronome et astrophysicien américain (1877-1957).

la **Russie** ■ État fédéral d'Europe et d'Asie, comprenant 16 républiques autonomes : la *Bachkirie, la *Bouriatie, la *Carélie, le *Daghestan, l'*Iakoutie, la *Kabardino-Balkarie, la *Kalmoukie, la république des *Komis, la république des *Mariis, la *Mordovie, l'*Ossétie du Nord, l'*Oudmourtie, la république des *Tatars, la *Tchétchéno-Ingouchie, la *Tchouvachie et la *Touva (principales minorités ethniques : les Tatars, les Tchouvaches et les Bachkirs). 17 075 000 km². 147,4 millions d'hab. *(les Russes).* Capitale : Moscou. Langue : russe (off.). Monnaie : rouble. Ce fut le cœur de l'empire des tsars, lequel atteignit à peu près les frontières de l'U.R.S.S. □ **HISTOIRE**. Après les invasions successives des peuples nomades (Cimmériens, Scythes, Sarmates, puis Goths, Huns, Avars, Khazars, Varègues), les régions comprises entre les Carpates et l'Oural s'organisèrent autour de *Kiev (IXᵉ s.), où se développa un État chrétien, proche culturellement de *Byzance, mais politiquement de la Scandinavie. Cet empire ne résista pas aux Mongols de la *Horde d'Or (XIIIᵉ s.). Seule la principauté de *Novgorod resta indépendante grâce à *Alexandre Nevski. Il fallut ensuite attendre la fin du XVᵉ s. pour voir s'organiser un État puissant et centralisé autour de Moscou, Ivan III ayant libéré la Russie du joug mongol. La ville devint une nouvelle Rome pour les *orthodoxes, après la chute de Constantinople (1453). Ivan le Terrible (Ivan IV) prit le titre de tsar (César) en 1547. Il développa la conquête de territoires à l'est et l'ouverture commerciale et diplomati-

que avec la Turquie. Le règne de *Boris Godounov (1598-1605), avec ses dures répressions et ses famines, affaiblit la Russie. Avec l'élection du tsar Michel Romanov en 1613 commencèrent la reconstruction et la modernisation du pays. Les membres les plus importants de la dynastie des *Romanov furent *Pierre le Grand et Catherine II. Le premier (1682-1725) fit de la Russie un État moderne en développant l'économie, la culture et en réformant les institutions ; il construisit une nouvelle capitale, Saint-Pétersbourg, et ouvrit son pays à l'Occident. Alors que ses prédécesseurs avaient neutralisé, après une guerre de deux siècles, la Pologne et la Lituanie (paix d'Androussovo, 1667), il vainquit l'empire de Suède à Poltava (1709). Le règne (1741-1762) de sa fille Élisabeth Petrovna marqua un développement culturel. Avec Catherine II (1762-1796), la Russie devint une monarchie éclairée (⇒ **Lumières**). Sa politique d'expansion territoriale aboutit à l'annexion de la Crimée et de la Lituanie. Le pays était désormais une des premières puissances d'Europe et d'Asie. Alexandre Iᵉʳ, alors vainqueur des armées napoléoniennes (⇒ **Berezina**), conclut le pacte de la Sainte-*Alliance avec la Prusse et l'Autriche (1815). À l'intérieur du pays, l'opinion s'éleva contre le pouvoir autocratique et le servage ; des officiers, les *décabristes, tentèrent d'instaurer la monarchie constitutionnelle en 1825. Nicolas Iᵉʳ écrasa le coup d'État ; la répression et la réaction absolutiste caractérisèrent son règne (1825-1855). Son successeur Alexandre II abolit le servage (1858) ; il fut tué dans un attentat nihiliste en 1881. Il avait développé le capitalisme, d'où la naissance d'un prolétariat et d'une intelligentsia révolutionnaire où les populistes, partisans de l'action terroriste, s'opposèrent aux marxistes. La guerre de *Crimée, la défaite de Nicolas II dans la guerre russo-japonaise et les problèmes économiques et sociaux allaient faire chanceler le tsarisme. Après la *révolution de 1905, la tentative de monarchie parlementaire (élection de la *douma* ou assemblée en 1906) se heurta à la politique réactionnaire de Nicolas II et à l'impopularité de son conseiller *Raspoutine. L'entrée de la Russie dans la Première Guerre mondiale, les défaites et manifestations ouvrières aggravèrent la situation. Le tsar fut contraint d'abdiquer en février 1917. En octobre, les révolutionnaires *bolcheviks prirent le pouvoir. Leur chef *Lénine décida la paix avec l'extérieur, concentrant ses forces dans la guerre civile, contre les adversaires de la Révolution. Il lança la première politique socialiste de l'histoire (distribution des terres, « dictature du prolétariat ») et proclama, le 30 décembre 1922, l'Union des républiques socialistes soviétiques. Après la dissolution de l'*U.R.S.S., la Russie devint une république indépendante (Fédération de Russie), présidée par B. *Eltsine et membre de la *C.É.I. 〈 ▶ russe 〉

la Russie Blanche ■ ⇒ Biélorussie.

Rutebeuf ■ Trouvère français (XIIIᵉ s.). Auteur de fabliaux, de poèmes et d'un des plus anciens miracles de Notre-Dame.

Ruth ■ Épouse de *Booz dans la Bible. Elle est l'ancêtre de *David.

lord **Rutherford** ■ Physicien anglais (1871-1937). Ses travaux sur la radioactivité marquent les débuts de la physique nucléaire. Prix Nobel de chimie 1908.

le **Rütli** ■ Prairie de *Suisse où aurait été scellée en 1291 l'alliance de trois cantons, à l'origine de la Confédération helvétique.

Jan van **Ruysbroeck** ■ Théologien et mystique brabançon (1293-1381). Auteur des premières grandes œuvres écrites en néerlandais. Surnommé « l'Admirable ».

Ruysdael ■ ⇒ Ruisdael.

Michiel Adriaanszoon de **Ruyter** ■ Amiral néerlandais (1607-1676). Victorieux des Anglais, battu par *Duquesne.

Angelo Beolco dit **Ruzzante** ■ Auteur italien de comédies réalistes truculentes (1502-1542).

le **Rwanda** ou **Ruanda** ■ État (république) d'Afrique de l'Est. 26 338 km². 6,99 millions d'hab. *(les Rwandais)*. Capitale : Kigali. Langues officielles : kinyarwanda, français. Monnaie : franc rwandais. Café, coton, tabac. Ancienne colonie allemande administrée par la Belgique après la Première Guerre mondiale, indépendante en 1962. Sous régime militaire depuis l'indépendance, le pays est divisé par l'opposition des ethnies hutu et tutsi.

Rybinsk ■ Ville industrielle de la C.É.I. (*Russie), sur la Volga. 252 000 hab.

les îles **Ryūkyū** ■ Archipel japonais. 2 254 km². Plus de 1,2 million d'hab. Pêche, canne à sucre. Île la plus grande : Okinawa.

S

la **S. A., Sturm Abteilung** ■ « Section d'assaut », formation paramilitaire de l'Allemagne nazie, dirigée par Ernst *Röhm.

Saadi ou **Saʿdi** ■ Poète persan (v. 1200 - 1291). Très populaire en Orient, traduit en français dès 1634. *"Le Golestan"*.

Saʿadia ou **Saʿdia** ■ Grammairien, philosophe et théologien juif de langue arabe (v. 885 - 942).

Eero **Saarinen** ■ Architecte américain, d'origine finlandaise (1910-1961). Il prôna la liberté formelle contre le systématisme du style international des années 1930.

Saba ■ Royaume de l'Antiquité, situé en Arabie. □ *la reine de Saba,* personnage de la Bible qui vient rendre visite à *Salomon.

Sabadell ■ Ville d'Espagne (*Catalogne). 186 000 hab. Centre textile.

les **Sabins** ■ Ancien peuple de l'Italie centrale. Ils déclarèrent la guerre à *Romulus qui avait enlevé les *Sabines* pour donner des épouses à ses compagnons (753 av. J.-C.).

Les **Sables-d'Olonne** ■ Sous-préfecture de la Vendée. Station balnéaire. 16 200 hab. *(les Sablais).*

Sablé-sur-Sarthe ■ Commune de la Sarthe. 13 000 hab. *(les Saboliens).*

Antonio **Sacchini** ■ Compositeur italien (1734-1786). Opéras.

l'affaire **Sacco et Vanzetti** ■ Affaire judiciaire américaine. Immigrés italiens, militants anarchistes, Sacco et Vanzetti furent condamnés, sans preuves certaines, pour assassinat et exécutés en 1927, ce qui provoqua une vague de protestations aux États-Unis et dans le monde.

Paul **Sacher** ■ Mécène et chef d'orchestre suisse (né en 1906).

Leopold von **Sacher-Masoch** ■ Écrivain autrichien (1836-1895). Il décrit une forme d'érotisme liée à l'humiliation. ⟨▶ masochisme ⟩

Hans **Sachs** ■ Poète et auteur dramatique allemand (1494-1576). Il est devenu le héros d'un opéra de Richard *Wagner.

Nelly **Sachs** ■ Écrivaine suédoise d'origine allemande (1891-1970). Elle s'inspire des traditions juive et biblique. *"Présence à la nuit"*. Prix Nobel 1966.

Maurice **Sachs** ■ Écrivain français (1906 - 1945). *"Le Sabbat"*.

Saclay ■ Commune de l'Essonne. 2 900 hab. *(les Saclaysiens).* Centre d'études nucléaires.

Sacramento ■ Ville des États-Unis, capitale de la *Californie. 276 000 hab.

la basilique du **Sacré-Cœur** ■ Église de Paris sur la butte *Montmartre, construite de 1876 à 1910.

*Anouar al-***Sadate** ■ Homme politique égyptien (1918-1981). Président de la République égyptienne de 1970 à son assassinat. Prix Nobel de la paix en 1978, avec *Begin. ⇒ **Égypte.**

le marquis de **Sade** ■ Écrivain français, condamné à la prison pour « débauche outrée » (1740-1814). Il prône la jouissance et décrit une forme d'érotisme qui inflige la souffrance. *"Justine ou les Malheurs de la vertu"*. ⟨ ▶ sadisme ⟩

les **Sadiens** ou **Saadiens** ■ Dynastie qui régna au Maroc de 1554 à 1659.

Sadowa ou **Sadová** ■ Localité de Bohême, près de Hradec Králové. Victoire remportée par les Prussiens sur les Autrichiens (juillet 1866) qui révéla la puissance et l'efficacité de leur armement.

Sâ'eb-è-Tabrizi ■ Un des grands poètes de la littérature persane (1607-1670).

les **Safavides** ou **Séfévides** ■ Dynastie arabe qui régna sur la Perse de 1501 à 1736.

Safi ■ Ville et port du Maroc. 198 000 hab.

Françoise **Sagan** ■ Romancière et auteur dramatique française (née en 1935). *"Bonjour tristesse"* (1954), son premier roman, eut un immense succès.

le **Sahara** ■ Le plus vaste désert du monde, situé dans le nord de l'Afrique. 8 millions de km². Il s'étend d'ouest en est, des côtes de l'Atlantique à la mer Rouge et, du nord au sud, depuis le sud du Maghreb (Tunisie, Algérie, Maroc) et de la Libye jusqu'au *Sahel. C'est une région au climat aride, dont le relief est varié : cuvettes, plateaux, amoncellements de pierres, dunes et massifs montagneux (Hoggar, Tibesti). Le Sahara est une terre de contact entre la race blanche

(Arabes, Berbères) et la race noire. Les sahariens (⇒ **Maures, Touaregs, Toubous**) sont des nomades pasteurs ou bien des agriculteurs sédentaires dans les oasis. La principale culture est le palmier-dattier, mais la richesse de cette région réside dans le sous-sol : gisements de pétrole (Hassi Messaoud), de gaz naturel, d'uranium, de minerai de fer, de minerai de cuivre et de charbon. □ *le*

Sahara occidental, ancienne province espagnole située au sud du Maroc. 252 120 km². 195 000 hab. Ville principale : La Youn (96 800 hab.). Phosphates. Partagée en 1975 entre la Mauritanie et le Maroc, évacuée en 1979 par la Mauritanie, actuellement administrée par le Maroc. Un conflit entre les nationalistes du Front Polisario, appuyé par l'Algérie, réclamant la création d'un État sahraoui indépendant, et le Maroc, persista jusqu'à la signature d'un cessez-le-feu en 1991. ⟨ ▶ saharienne ⟩

le **Sahel** ■ MOT ARABE SIGNIFIANT « LE RIVAGE » **1.** Bordure sud du Sahara (Mali, Niger, Tchad...), s'étendant du nord de l'Éthiopie à la côte sénégalaise. **2.** Régions proches de la côte en Tunisie et en Algérie.

Saïda ■ ⇒ Sidon.

Saigon ■ Ville principale de la *Cochinchine, capitale du Sud-Viêtnam (1954-1975), devenue *Hô Chi Minh-Ville.

Saint-Affrique ■ Commune de l'Aveyron. 8 300 hab. *(les Saint-Affricains).*

Saint-Amand-les-Eaux ■ Commune du Nord. 16 900 hab. *(les Amandinois).*

Saint-Amand-Montrond ■ Sous-préfecture du Cher. 12 400 hab. *(les Saint-Amandois).*

Marc Antoine Girard de **Saint-Amant** ■ Poète français (1594-1661). Poèmes d'inspiration épique, lyrique, ou bouffonne. *"Moïse sauvé"*, épopée biblique.

Jacques d'Albon, seigneur de **Saint-André** ■ Maréchal de France (v. 1505 - 1562). Il fut l'un des principaux chefs catholiques des guerres de *Religion.

Saint-André ■ Commune du Nord. 10 100 hab. *(les Andrésiens).*

Saint-André ■ Commune de la Réunion. 35 000 hab. *(les Saint-Andréens).*

Saint-André-de-Cubzac ■ Commune de la Gironde. 6 300 hab.

Saint-André-les-Vergers ■ Commune de l'Aube. 11 400 hab. *(les Dryats).*

le château **Saint-Ange** ■ Ancien mausolée d'*Hadrien, à Rome, sur le Tibre, plusieurs fois remanié.

Achille Leroy de **Saint-Arnaud** ■ Maréchal de France, après avoir aidé Napoléon III à devenir empereur (1798 - 1854).

Gabriel de **Saint-Aubin** ■ Dessinateur et peintre français (1724-1780). Chroniques de la vie parisienne.

Saint-Aubin-lès-Elbeuf ■ Commune de Seine-Maritime. 8 700 hab.

Saint Augustine ■ La plus ancienne ville des États-Unis, fondée par les Espagnols en 1565 (*Floride). 12 000 hab.

Saint-Avertin ■ Commune d'Indre-et-Loire. 12 200 hab.

Saint-Avold ■ Commune de la Moselle. 17 100 hab. *(les Saint-Avoldiens* ou *Naboriens).*

la **Saint-Barthélemy** ■ Massacre des protestants sur l'ordre de *Charles IX et à l'instigation de *Catherine de Médicis, dans la nuit du 23 au 24 août 1572 à Paris. Il y eut plus de 3 000 morts, dont *Coligny. Les guerres de *Religion furent relancées.

Saint-Barthélemy ■ Île des *Antilles françaises (îles du *Vent), dépendant de la Guadeloupe. 21 km². 5 000 hab. Tourisme actif.

Saint-Barthélemy-d'Anjou ■ Commune du Maine-et-Loire. 9 800 hab.

Saint-Benoît ■ Sous-préfecture de la Réunion. 23 700 hab.

Saint-Benoît-sur-Loire ■ Commune du Loiret. 1 900 hab. *(les Bénédictins).* L'abbaye, fondée au VIIᵉ s., abrita les reliques de saint Benoît et fut l'un des grands lieux de pèlerinage des chrétiens au Moyen Âge.

*le Grand-***Saint-Bernard** ■ Col des Alpes, entre la Suisse (*Valais) et l'Italie (Val d'*Aoste). 2 473 m. Il fut franchi par *Bonaparte en 1800. □ *le Petit-***Saint-Bernard,** col des Alpes, entre la France (*Tarentaise) et l'Italie (Val d'*Aoste). 2 188 m. Probablement emprunté par *Hannibal et ses armées en 218 av. J.-C.

Saint-Bertrand-de-Comminges ■ Commune de Haute-Garonne, célèbre pour son église romane du XIIᵉ s. (cloître). 220 hab. *(les Saint-Bertranais).*

Saint-Boniface ■ Ancienne ville du Canada (*Manitoba), aujourd'hui district de *Winnipeg. Centre culturel francophone.

Saint-Brévin-les-Pins ■ Commune de la Loire-Atlantique. 8 800 hab. *(les Brévinois).*

Saint-Brice-sous-Forêt ■ Commune du Val-d'Oise. 11 700 hab. *(les Saint-Bricéens).*

Saint-Brieuc ■ Préfecture des Côtes-d'Armor. 47 400 hab. *(les Briochins).* Brosserie.

Saint Catharines ■ Ville du Canada (*Ontario). 123 000 hab. Agglomération de 343 000 hab.

Saint-Chamas ■ Commune des Bouches-du-Rhône. 5 400 hab. *(les*

Saint-Chamassens). Centrale hydro-électrique.

Saint-Chamond ■ Commune de la Loire. 39 300 hab. *(les Saint-Chamonais* ou *Couramiauds).* Église (XVIIe s.).

Saint Christopher (ou **Saint Kitts) and Nevis** ■ Archipel et État (monarchie parlementaire) des Petites *Antilles (îles *Sous-le-Vent). 269 km². 44 100 hab. *(les San-Cristobaliens).* Capitale : Basseterre. Langue officielle : anglais. Monnaie : dollar des Caraïbes de l'Est. Ancienne colonie britannique jusqu'en 1983. Membre du *Commonwealth. Canne à sucre, coton, pêche.

Saint-Clair-sur-Epte ■ Commune du Val-d'Oise. 780 hab. *(les Saint-Clairois).* Par le *traité de Saint-Clair-sur-Epte* (911), Charles III le Simple céda au chef des Normands, Rollon, la province qui plus tard fut appelée *Normandie.*

Saint-Claude ■ Sous-préfecture du Jura. 13 300 hab. *(les Sanclaudiens* ou *San-Claudiens).* Fabrication de pipes.

Saint-Claude ■ Commune de la Guadeloupe. 10 300 hab.

Saint-Cloud ■ Commune des Hauts-de-Seine. 28 700 hab. *(les Clodoaldiens).* L'ancien château, édifié par Hardouin-*Mansart et *Mignard, fut incendié pendant la guerre de 1870. Parc dessiné par *Le Nôtre.

l'abbé de **Saint-Cyran** ■ Théologien français (1581-1643). Lié à Jansénius, confesseur des religieuses de *Port-Royal, il fit figure de martyr du *jansénisme.

Saint-Cyr-l'École ■ Commune des Yvelines. 15 800 hab. *(les Saint-Cyriens).* Napoléon Ier y créa en 1808 l'école militaire de Saint-Cyr, chargée de former les officiers, et qui se trouve aujourd'hui à Coëtquidan, en Bretagne. ⟨ ▶ saint-cyrien ⟩

Saint-Cyr-sur-Loire ■ Commune d'Indre-et-Loire. 15 300 hab.

Saint-Denis ■ Préfecture de la Réunion. 109 600 hab. *(les Dionysiens).*

Saint-Denis ■ Commune de la Seine-Saint-Denis. 90 800 hab. *(les Dionysiens).* Centre industriel (métallurgie, chimie, mécanique). Basilique du XIIe s. où la plupart des rois *capétiens ont leur tombeau.

Saint-Dié ■ Sous-préfecture des Vosges. 23 700 hab. *(les Déodatiens).* Imprimerie dès le XVe s.

Saint-Dizier ■ Sous-préfecture de la Haute-Marne. 35 600 hab. *(les Bragards).*

Saint-Domingue ■ Capitale de la République *dominicaine (sur l'île d'Hispaniola). 1,4 million d'hab. Fondée en 1496, elle est la plus ancienne ville du continent américain et fut le centre de la colonisation espagnole en Amérique au XVIe s.

Saint-Doulchard ■ Commune du Cher. 9 200 hab. *(les Dolchardiens).*

Sainte-... ■ Voir plus loin, dans l'ordre alphabétique, après *Saint-Yrieix-la-Perche.

Saint-Égrève ■ Commune de l'Isère, dans la banlieue de Grenoble. 15 900 hab. *(les Saint-Égrevois).* Électronique.

Saint-Élie, en anglais **Saint Elias** ■ Massif des montagnes *Rocheuses s'étendant du Canada à l'*Alaska et culminant au mont Logan (5 950 m).

Saint-Émilion ■ Commune de la Gironde. 2 800 hab. *(les Saint-Émilionnais).* Vins rouges réputés (bordeaux).

le **Saint Empire romain germanique** ■ Empire fondé par *Othon Ier en 962 qui, s'inspirant de Charlemagne, voulait réunir le pouvoir spirituel de la papauté à celui de l'empereur. ⇒ **Allemagne, Autri-**

che. Il fut dissous en 1806 par Napoléon Iᵉʳ.

Saint-Estève ■ Commune des Pyrénées-Orientales. 9 900 hab.

Saint-Étienne ■ Préfecture de la Loire. 201 600 hab. *(les Stéphanois)*. Sa manufacture d'armes et de cycles fut célèbre.

Saint-Étienne-du-Rouvray ■ Commune de la Seine-Maritime. 31 000 hab. *(les Stéphanais)*.

Charles de **Saint-Évremond** ■ Moraliste et critique français (v. 1615-1703). Exilé à Londres. Le modèle de l'esprit libertin.

Antoine de **Saint-Exupéry** ■ Écrivain français (1900-1944). Inspiré par son métier d'aviateur, il a cherché dans l'action et l'exaltation des relations humaines une morale pour son époque. *"Vol de nuit" ; "la Citadelle" ; "le Petit Prince"*, récit pour enfants.

Saint-Fargeau-Ponthierry ■ Commune de Seine-et-Marne. 10 700 hab.

Saint-Florent-sur-Cher ■ Commune du Cher. 7 500 hab. *(les Florentais)*.

Saint-Flour ■ Sous-préfecture du Cantal. 8 300 hab. *(les Sanflorains)*.

Saint-Fons ■ Commune du Rhône. 15 800 hab. *(les Saint-Foniards)*.

Saint-Gall, en allemand **Sankt Gallen** ■ Ville de Suisse. 73 200 hab. Abbaye *baque. ▶ le canton de* **Saint-Gall.** 2 014 km². 411 000 hab. Chef-lieu : Saint-Gall. Industrie textile, commerce, tourisme.

Saint-Gaudens ■ Sous-préfecture de la Haute-Garonne. 11 900 hab. *(les Saint-Gaudinois)*.

Saint-Genis-Laval ■ Commune du Rhône, dans la banlieue de Lyon. 19 200 hab. *(les Saint-Gemois)*.

Saint George's ■ Capitale de l'État de Grenade. 7 500 hab.

Saint-Germain-des-Prés ■ Quartier de Paris, sur la rive gauche de la Seine. Il doit son nom à une ancienne abbaye dont il ne subsiste que le palais abbatial et l'église (xiᵉ s.). Dans les années 1950, ses cafés étaient les lieux de rencontre des intellectuels existentialistes.

Saint-Germain-en-Laye ■ Sous-préfecture des Yvelines. 41 700 hab. *(les Sangermanois* ou *Saint-Germanois)*. Charles V y fit construire un château, que fit reconstruire François Iᵉʳ, et qui fut agrandi sous le règne de Louis XIV. Terrasse dessinée par *Le Nôtre. ▶ le traité de* **Saint-Germain,** signé en 1919, après la Première *Guerre mondiale, entre l'Autriche et les Alliés, consacra le démantèlement de l'Empire austro-hongrois.

Saint-Germain-lès-Arpajon ■ Commune de l'Essonne. 7 700 hab.

Saint-Gilles ■ Commune du Gard. 11 800 hab. *(les Saint-Gillois)*. Église romane.

Saint-Gilles-Croix-de-Vie ■ Commune de la Vendée. 6 300 hab. *(les Gillocruciens)*. Station balnéaire et port de pêche.

Saint-Girons ■ Sous-préfecture de l'Ariège. 7 100 hab. *(les Saint-Gironnais)*.

Saint-Gobain ■ Commune de l'Aisne. 2 300 hab. *(les Gobanais)*. Siège de la *Compagnie de Saint-Gobain*, ancienne *Manufacture des glaces* (xviiᵉ s.).

le **Saint-Gothard** ou **Gothard** ■ Massif des Alpes suisses, percé par un tunnel ferroviaire doublé d'un tunnel routier, qui relie la Suisse à l'Italie.

le **Saint-Graal** ■ ⇒ le Graal.

Saint-Gratien ■ Commune du Val-d'Oise. 19 400 hab. *(les Gratiennois)*.

Saint-Guilhem-le-Désert ■
Commune de l'Hérault. 190 hab. *(les Santa-Rocs)*. Abbaye fondée au IXᵉ s.

Saint Helens ■ Ville d'Angleterre (*Merseyside). 115 000 hab. Importante industrie du verre.

Saint-Hélier ■ Ville et port des îles *Anglo-Normandes, chef-lieu de l'île de *Jersey. 24 000 hab.

Saint-Herblain ■ Commune de Loire-Atlantique. 43 400 hab. *(les Herblinois)*.

Saint-Hilaire ■ Commune de l'Aude. 650 hab. *(les Saint-Hilairois)*. Monuments. Vignobles (blanquette de *Limoux). – Plusieurs communes plus peuplées (Isère, Manche) portent le nom de *Saint-Hilaire*.

Saint-Hilaire-de-Riez ■ Commune de Vendée. 7 500 hab.

Saint-Jacques-de-Compostelle, en espagnol **Santiago de Compostela** ■ Ville d'Espagne, capitale de la *Galice, et métropole religieuse. 104 000 hab. Pèlerinage à saint Jacques, l'un des plus importants de l'Occident chrétien depuis le IXᵉ s. Évêché. Université. Nombreux monuments (XIIᵉ-XVIIIᵉ s.).

Saint-Jean ■ ⇒ Saint John's.

Saint-Jean-d'Acre ■ ⇒ Acre.

Saint-Jean-d'Angély ■ Sous-préfecture de la Charente-Maritime. 8 900 hab. *(les Angériens)*. Lieu de pèlerinage au Moyen Âge et centre protestant au XVIᵉ s.

Saint-Jean-de-Braye ■ Commune du Loiret. 16 700 hab.

Saint-Jean-de-la-Ruelle ■ Commune du Loiret. 16 700 hab. *(les Stéoruellans)*.

Saint-Jean-de-Luz ■ Commune des Pyrénées-Atlantiques. 13 200 hab. *(les Luziens)*. Station balnéaire, port thonier.

Saint-Jean-de-Maurienne ■ Sous-préfecture de la Savoie.
9 800 hab. *(les Saint-Jeannais)*. Cathédrale (XIIᵉ - XVᵉ s.).

Saint-Jean-de-Monts ■ Commune de la Vendée. 5 900 hab. *(les Montois)*. Station balnéaire.

Saint-Jean-Pied-de-Port ■ Commune des Pyrénées-Atlantiques, située au pied du col de *Roncevaux. 1 400 hab. *(les Saint-Jeannais)*.

Saint John, en français **Saint-Jean** ■ Ville du Canada (*Nouveau-Brunswick). 76 400 hab. Agglomération de 121 000 hab.

Alexis Léger dit **Saint-John Perse** ■ Poète français, diplomate (1887-1975). Il célèbre avec lyrisme la beauté du monde et le pouvoir de l'homme. "Amers". Prix Nobel 1960.

Saint John's, en français **Saint-Jean** ■ Capitale de l'État d'Antigua et Barbuda. 30 000 hab.

Saint John's, en français **Saint-Jean** ■ Ville du Canada, capitale de *Terre-Neuve. 80 500 hab.

Saint-Joseph ■ Commune de la Martinique. 14 000 hab. *(les Saint-Josephois)*.

Saint-Joseph ■ Commune de la Réunion. 23 400 hab. *(les Saint-Joséphois* ou *Séraphins)*.

Saint-Julien-en-Genevois ■ Sous-préfecture de la Haute-Savoie. 8 000 hab. *(les Saint-Juliennois)*.

Saint-Junien ■ Commune de la Haute-Vienne. 11 000 hab. *(les Saint-Juniauds)*.

Louis de **Saint-Just** ■ Révolutionnaire français (1767-1794). Membre du *Comité de salut public, très proche de *Robespierre avec lequel il fut guillotiné (⇒ 9 **Thermidor**). Théoricien de la *Terreur et de la République idéale. Grand orateur.

Saint-Just-Saint-Rambert ■ Commune de la Loire. 12 400 hab. *(les Pontrambertois)*.

Saint Kitts and Nevis
■ ⇒ Saint Christopher and Nevis.

Louis Stephen **Saint-Laurent**
■ Homme politique canadien (1882-1973). Premier ministre de 1948 à 1957, il fut l'un des fondateurs de l'*O.T.A.N.

Yves **Saint-Laurent** ■ Couturier français (né en 1936).

le **Saint-Laurent** ■ Fleuve d'Amérique du Nord. À la frontière du Canada et des États-Unis, puis au Canada (*Québec), navigable sur toute sa longueur (3 058 km) du lac Supérieur à l'Atlantique, il joue un rôle économique considérable. ⇒ Grands Lacs, Montréal, Québec.

Saint-Laurent-du-Maroni
■ Chef-lieu d'arrondissement de la Guyane française, situé près de l'embouchure du *Maroni. 13 600 hab. Ancien lieu de déportation des condamnés aux travaux forcés.

Saint-Laurent-du-Var ■ Commune des Alpes-Maritimes, proche de Nice. 24 500 hab. *(les Laurentins).*

Saint-Léonard-de-Noblat
■ Commune de la Haute-Vienne. 5 000 hab. *(les Miauletous).* Église romane (XIᵉ - XIIIᵉ s.).

Saint-Leu ■ Commune de la Réunion. 20 900 hab. *(les Saint-Leusiens).*

Saint-Leu-la-Forêt ■ Commune du Val-d'Oise. 14 500 hab. *(les Saint-Loupiens).*

Saint-Lizier ■ Commune de l'Ariège. 1 600 hab. *(les Licérois).* Monuments romans et classiques.

Saint-Lô ■ Préfecture de la Manche. 22 800 hab. *(les Saint-Lois* ou *Laudiniens).* Marché agricole, produits laitiers.

Saint Louis ■ ⇒ Louis IX, roi de France.

Saint Louis ■ Ville des États-Unis (*Missouri). 453 000 hab. Centre universitaire et industriel.

Saint-Louis ■ Commune du Haut-Rhin. 19 800 hab. *(les Ludoviciens).* Industries.

Saint-Louis ■ Commune de la Réunion. 37 400 hab.

Saint-Louis ■ Ville et port du Sénégal. 91 500 hab. Ancienne capitale de la colonie française.

l'île **Saint-Louis** ■ Île pittoresque sur la Seine, à Paris, en amont de l'île de la *Cité.

Saint-Maixent-l'École ■ Commune des Deux-Sèvres. 8 600 hab. *(les Saint-Maixentais).* École militaire.

Saint-Malo ■ Sous-préfecture d'Ille-et-Vilaine, entourée de remparts. 49 300 hab. *(les Malouins).* La ville connut un grand essor du XVIᵉ au XIXᵉ s. grâce à la pêche, aux armateurs et aux marins (*Cartier, *Duguay-Trouin, *Surcouf). Tombeau de *Chateaubriand sur l'îlot du Grand Bé.

Saint-Mandé ■ Commune du Val-de-Marne. 19 000 hab. *(les Saint-Mandéens).*

Saint-Marcellin ■ Commune de l'Isère. 6 700 hab. *(les Saint-Marcellinois).* Fromages.

Saint-Marin, en italien **San Marino** ■ Un des plus petits et des plus anciens États (république) de l'Europe, enclavé en Italie. 61 km². 22 900 hab. *(les San-Marinais).* Capitale : Saint-Marin (2 400 hab.). Langue officielle : italien. Monnaie : lire italienne. Fondé au IVᵉ s. par l'ermite saint Marin, le pays est dirigé par deux capitaines-régents, élus pour 6 mois, et par le congrès d'État. Tourisme, agriculture.

Saint-Martin ■ Île des Petites *Antilles (îles du *Vent), partagée depuis 1648 entre la France et les Pays-Bas. La partie française, au nord, a 54 km² (avec l'îlot Tintamarre, inhabité). 28 500 hab. Chef-lieu : Marigot. Elle dépend de la Guadeloupe. La partie néerlandaise, au sud, a 34 km². 27 000 hab. Chef-lieu : Philipsburg (6 000 hab.). Tourisme.

Saint-Martin-Boulogne ■ Commune du Pas-de-Calais. 11 300 hab. *(les Saint-Martinois).*

Saint-Martin-de-Crau ■ Commune des Bouches-du-Rhône. 11 100 hab.

Saint-Martin-d'Hères ■ Commune de l'Isère, dans la banlieue de Grenoble. 34 500 hab. *(les Martinérois).*

Saint-Martin-Vésubie ■ Commune des Alpes-Maritimes. 1 000 hab. *(les Saint-Martinois).* Station d'altitude, à 960 m.

Saint-Maur-des-Fossés ■ Commune du Val-de-Marne. 77 500 hab. *(les Saint-Mauriens).* Commune résidentielle. Centre universitaire.

Saint-Maurice ■ Commune du Val-de-Marne. 11 200 hab. *(les Mauriciens ou Saint-Mauriciens).*

Saint-Max ■ Commune de Meurthe-et-Moselle, dans la banlieue de Nancy. 11 100 hab. *(les Maxois).*

Saint-Maximin-la-Sainte-Baume ■ Commune du Var. 9 700 hab. *(les Saint-Maximinois).* Basilique gothique. Centre culturel.

Saint-Médard-en-Jalles ■ Commune de la Gironde. 22 100 hab. *(les Saint-Médardais).* Cru du *Médoc.

Saint-Michel-sur-Orge ■ Commune de l'Essonne. 20 800 hab. *(les Saint-Michellois).*

Saint-Mihiel ■ Commune de la Meuse. 5 400 hab. *(les Sammiellois ou Saint-Mihielois).* Sculptures de Ligier *Richier.

Saint-Moritz ■ Ville de Suisse (*Grisons), la plus importante station de sports d'hiver du pays. 5 900 hab.

Saint-Nazaire ■ Sous-préfecture de la Loire-Atlantique, avant-port de Nantes. 66 100 hab. *(les Nazairiens).* Commerce. Pêche. Constructions navales.

Saint-Nectaire ■ Commune du Puy-de-Dôme. 660 hab. *(les Saint-Nectériens).* Église romane. Fromage réputé. ⟨ ▶ saint-nectaire ⟩

Saint-Nicolas, en néerlandais **Sint-Niklaas** ■ Ville de Belgique (*Flandre-Orientale). 68 100 hab. Place pittoresque, la plus vaste de Belgique. Centre de la bonneterie.

Alain Saint-Ogan ■ Dessinateur français (1895-1974). Auteur de la bande dessinée *"Zig et Puce"*, créée en 1925.

Saint-Omer ■ Sous-préfecture du Pas-de-Calais. 15 300 hab. *(les Audomarois).* Centre ville pittoresque. Travail du jute.

la **Saintonge** ■ ⇒ **Saintes.**

Saint-Ouen ■ Commune de la Seine-Saint-Denis. 42 600 hab. *(les Audoniens).*

Saint-Ouen-l'Aumône ■ Commune du Val-d'Oise, sur l'Oise. 18 800 hab. *(les Saint-Ouennais).*

Saint Paul ■ Ville des États-Unis, capitale du *Minnesota. 270 000 hab. Forme une conurbation avec *Minneapolis.

Saint-Paul ■ Sous-préfecture de la Réunion. 71 700 hab. *(les Saint-Paulois).*

l'île **Saint-Paul** ■ Île volcanique du sud de l'océan Indien, qui fait partie des terres *Australes et Antarctiques françaises. 7 km². Inhabitée.

Saint-Paul ou **Saint-Paul-de-Vence** ■ Commune des Alpes-Maritimes. 2 900 hab. *(les Saint-Paulois).* Centre artistique (Fondation Maeght).

Saint-Paul-lès-Dax ■ Commune des Landes. 9 600 hab. *(les Saint-Paulois).*

Saint-Paul-Trois-Châteaux
■ Commune de la Drôme. 6 800 hab.
(les Tricastins). Église romane.

Saint Peter Port ■ ⇒ Saint-Pierre-Port.

Saint-Pétersbourg, de 1924 à
1991 **Leningrad** ■ 2ᵉ ville de la
C.É.I. (*Russie), 1ᵉʳ port maritime et
fluvial, sur l'embouchure de la *Neva.
4,45 millions d'hab. Centre culturel
(musée de l'*Ermitage) et industriel.
Fondée en 1703, par *Pierre le Grand,
capitale de l'Empire russe de 1715 à
1917, rebaptisée *Petrograd* de 1914 à
1924. Résistance héroïque aux nazis
(1941-1944).

Saint Petersburg ■ Ville des
États-Unis (*Floride). 239 000 hab.
Station balnéaire.

Marie-Agnès dite *Niki de*
Saint-Phalle ■ Sculptrice et
peintre française (née en 1930). Taberna-
cles bariolés, énormes "*nanas*" faites
de déchets et de polyester. Œuvre
provocante.

Saint-Pierre ■ Commune de la
Martinique. 5 000 hab. *(les Pierrotins).*
Détruite par une éruption volcanique
de la montagne Pelée en 1902.

Saint-Pierre ■ Sous-préfecture
de la Réunion. 58 800 hab. *(les Saint-
Pierrois).* Centre administratif et
commercial.

Saint-Pierre de Rome ■ Basilique pontificale, construite au *Vatican sur le tombeau présumé de saint
Pierre, à partir de 1506, selon les plans
de *Bramante, puis de *Michel-Ange
et de *Maderno. Place avec colonnade
du *Bernin.

Saint-Pierre-des-Corps ■
Commune d'Indre-et-Loire. 18 200
hab. *(les Corpopétrussiens).* Gare de
triage.

Saint-Pierre-et-Miquelon ■
Archipel français situé au sud de
*Terre-Neuve. 242 km². 6 300 hab.
Pêche. Occupé par les Français depuis

1604, il acquit le statut de département
en 1976 et de collectivité territoriale
en 1985. □ **Saint-Pierre,** préfecture
de Saint-Pierre-et-Miquelon, sur l'*île
Saint-Pierre.* 5 400 hab. *(les Saint-
Pierrais).*

Saint-Pierre-Port ou **Saint
Peter Port** ■ Chef-lieu de l'île de
*Guernesey. 17 000 hab.

Saint-Pol-de-Léon ■ Commu-
ne du Finistère. 7 500 hab. *(les Saint-
Politains).* Ancienne cathédrale (XIIIᵉ -
XVIᵉ s.). Centre commercial.

Paul Roux dit **Saint-Pol Roux**
■ Poète français (1861-1940). Considéré
par les *surréalistes comme un précurseur. "*Les Féeries intérieures*".

Saint-Pol-sur-Mer ■ Commune du Nord, dans la banlieue de Dunkerque. 24 000 hab. *(les Saint-Polois).*

Saint-Pourçain-sur-Sioule
■ Commune de l'Allier. 5 200 hab.
(les Saint-Pourcinois ou *Sanpourcinois).*
Église des XIᵉ - XVIIIᵉ s.

Saint-Priest ■ Commune du
Rhône, dans la banlieue de Lyon.
42 100 hab. *(les San-Priots).*

Saint-Quentin ■ Sous-préfecture de l'Aisne. 62 100 hab. *(les Saint-
Quentinois).* Industries textile et métallurgique. Hôtel de ville gothique. Le
canal de Saint-Quentin, le plus important de France par le trafic, relie
l'Oise, la Somme et l'Escaut.

Saint-Quentin-en-Yvelines
■ Ville nouvelle des Yvelines.
76 800 hab.

Saint-Raphaël ■ Commune du
Var. 26 800 hab. *(les Raphaëlois).*
Station balnéaire.

Saint-Rémy-de-Provence
■ Commune des Bouches-du-Rhône.
9 400 hab. *(les Saint-Rémois).* Tourisme.

Saint-Rémy-lès-Chevreuse
■ Commune des Yvelines. 5 600 hab.
(les Saint-Rémois).

Camille **Saint-Saëns** ■ Compositeur français (1835-1921). Il fut partisan d'un retour à la rigueur classique, en réaction au *romantisme. "*La Danse macabre*" ; "*le Carnaval des animaux*" ; "*Samson et Dalila*", opéra.

Saint-Saulve ■ Commune du Nord. 11 200 hab.

Saint-Savin ■ Commune de la Vienne, sur la Gartempe. 1 100 hab. *(les Saint-Savinois).* Ancienne abbatiale (XIᵉ - XIIIᵉ s.) possédant de remarquables fresques romanes.

Saint-Sébastien, en espagnol **San Sebastián,** en basque **Donostia** ■ Ville d'Espagne, capitale de la province basque de *Guipúzcoa. 180 000 hab. Station balnéaire.

Saint-Sébastien-sur-Loire ■ Commune de la Loire-Atlantique. 22 800 hab. *(les Sébastiennais).*

le **Saint-Sépulcre** ■ Le plus important sanctuaire chrétien de Jérusalem, élevé sur le tombeau du Christ.

le **Saint-Siège** ■ Gouvernement de l'Église catholique. □ *les États du Saint-Siège.* ⇒ États de l'**Église.**

le duc de **Saint-Simon** ■ Mémorialiste français (1675-1755). Dans un style remarquable, ses "*Mémoires*" évoquent la vie de cour et les grands personnages de la fin du règne de Louis XIV.

le comte de **Saint-Simon** ■ Philosophe et économiste français (1760-1825). Il élabora une doctrine sociale adaptée à la société industrielle naissante, le *saint-simonisme,* qui annonce le socialisme.

Saint-Tropez ■ Commune du Var. 5 800 hab. *(les Tropéziens).* Célèbre station balnéaire de la Côte d'Azur.

Saint-Valery-en-Caux ■ Commune de la Seine-Maritime. 4 600 hab. *(les Valeriquais).* Tourisme.

Saint-Vallier ■ Commune de Saône-et-Loire. 10 100 hab.

le cap **Saint-Vincent** ■ Cap du Portugal, à l'extrémité sud-ouest de la péninsule Ibérique.

Saint-Vincent et (les) Grenadines ■ État (monarchie constitutionnelle) des Petites *Antilles (îles du *Vent), comprenant l'île de Saint-Vincent et une partie des îles Grenadines. 389 km². 114 000 hab. *(les Saint-Vincentais).* Capitale : Kingstown. Langue officielle : anglais. Monnaie : dollar des Caraïbes de l'Est. Agriculture. Ancienne possession britannique, indépendante depuis 1979. Membre du *Commonwealth.

Saint-Yrieix-la-Perche ■ Commune de la Haute-Vienne. 8 100 hab. *(les Arédiens).* Manufacture de porcelaine.

Sainte-Adresse ■ Commune de la Seine-Maritime, dans la banlieue du Havre. 8 200 hab. Siège du gouvernement belge durant la Première Guerre mondiale.

Sainte-Anne ■ Commune et port de la Guadeloupe. 16 900 hab. Sucreries.

Sainte-Anne-de-Beaupré ■ Localité du Québec (Canada) dont la basilique est le siège d'un important pèlerinage. 3 300 hab.

Sainte-Beuve ■ Écrivain français (1804-1869). Il renouvela la critique littéraire. "*Port-Royal*" ; "*Causeries du lundi*".

Sainte-Catherine-du-Sinaï ■ Monastère du mont Sinaï, fondé en 530, où se trouve une importante collection de manuscrits grecs et arabes.

Henri **Sainte-Claire Deville** ■ Chimiste français (1818-1881). Procédés de dissociation. Fabrication de l'aluminium.

Sainte-Foy-lès-Lyon ■ Commune du Rhône. 21 600 hab. *(les Fidésiens).*

Sainte-Geneviève-des-Bois ■ Commune de l'Essonne. 31 400 hab. *(les Génovéfains).* Cimetière où sont enterrés de nombreux exilés russes et soviétiques (*Bounine, *Tarkovski...).

Sainte-Hélène, en anglais **Saint Helena** ■ Île d'origine volcanique, située à l'ouest des côtes de l'Afrique (122 km² ; 5 600 hab.), qui forme, avec les îles Ascension (88 km² ; 1 000 hab.), *Tristan da Cunha et des îlots épars, une colonie britannique (412 km²). Ville principale : Jamestown (1 500 hab.). Napoléon Ier y fut déporté par les Anglais de 1815 à sa mort.

la **Sainte-Ligue** ■ ⇒ la **Ligue.**

Sainte-Luce-sur-Loire ■ Commune de la Loire-Atlantique. 9 700 hab.

Sainte-Lucie, en anglais **Saint Lucia** ■ Île et État (monarchie constitutionnelle) des Petites *Antilles (îles du *Vent). 617 km². 150 000 hab. Capitale : Castries. Langue officielle : anglais. Monnaie : dollar des Caraïbes de l'Est. Produits exotiques. Tourisme. Ancienne possession française puis britannique. Indépendante en 1979. Membre du *Commonwealth.

Sainte-Marie ■ Commune de la Martinique. 19 700 hab. *(les Samaritains).*

Sainte-Marie ■ Commune de la Réunion. 20 200 hab.

Sainte-Marie-aux-Mines ■ Commune du Haut-Rhin. 5 800 hab. *(les Sainte-Mariens).* Anciennes mines d'argent et de plomb.

Sainte-Maxime ■ Commune du Var, proche de Saint-Tropez. 10 000 hab. *(les Maximois).* Station balnéaire.

Sainte-Menehould ■ Sous-préfecture de la Marne. 5 200 hab. *(les Ménéhildiens).*

Sainte-Rose ■ Commune de la Guadeloupe. 14 000 hab. *(les Sainte-Rosiens).*

Saintes ■ Sous-préfecture de la Charente-Maritime. 27 500 hab. *(les Saintais).* Monuments romains, églises romanes. Marché agricole important. Cité florissante sous l'occupation romaine, centre calviniste actif à l'époque de la *Réforme. ▶ *la* **Saintonge.** Région dont Saintes était la capitale, réunie à la couronne de France en 1375 ; ses habitants sont les *Saintongeais.*

les îles des **Saintes** ■ Petit archipel des *Antilles françaises (îles du *Vent), dépendant de la Guadeloupe. 13 km ². 2 900 hab.

Sainte-Savine ■ Commune de l'Aube, faubourg de Troyes. 9 800 hab. *(les Saviniens).*

Saintes-Maries-de-la-Mer ■ Commune des Bouches-du-Rhône, en Camargue. 2 200 hab. *(les Saintois).* Lieu de pèlerinage important pour les gitans.

Sainte-Sophie ■ Basilique de *Constantinople érigée au vi^e s. Plusieurs fois restaurée, elle fut transformée en mosquée au xve s. et flanquée de deux minarets. Musée depuis 1935.

Sainte-Suzanne ■ Commune de la Réunion. 14 700 hab. *(les Suzannais).*

la **Sainte-Union** ■ ⇒ la **Ligue.**

la montagne **Sainte-Victoire** ■ Massif calcaire à l'est d'Aix-en-Provence, que *Cézanne aimait peindre.

Sakhaline ■ Grande île russe (76 400 km²), à l'est de la Sibérie, au nord du Japon. La partie sud de l'île appartint au Japon jusqu'en 1945.

Andreï **Sakharov** ■ Physicien soviétique (1921-1989). Prix Nobel de la paix 1975, symbole de la lutte pour les droits de l'homme.

Sakkarah ■ ⇒ Ṣaqqārah.

Armand Salacrou ■ Auteur dramatique français (1899-1989). Ses pièces de théâtre oscillent entre le vaudeville et le drame métaphysique. "*L'Inconnue d'Arras*".

Saladin ■ Sultan de la dynastie *ayyûbide (1138-1193). Il régna de 1171 à sa mort et réunit sous son autorité l'Égypte, la Syrie, une partie de l'Irak et de l'Arabie. Il reprit Jérusalem aux croisés (1187), déclenchant la troisième *croisade.

Salamanque, en espagnol **Salamanca** ■ Ville d'Espagne (*Castille et Léon). 167 000 hab. Université (XIIIᵉ s.). Nombreux monuments (XIIᵉ - XVIIIᵉ s.).

Salamine ■ Île de Grèce, sur la côte ouest de l'*Attique. 95 km². 28 600 hab. Célèbre victoire navale des Grecs sur les Perses en 480 av. J.-C. (⇒ guerres **médiques**).

Raoul Salan ■ Général français (1899-1984). Commandant en Indochine puis en Algérie. Après le 13 *mai 1958, il devint le chef de l'*O.A.S. Il fut condamné à perpétuité en 1962, libéré en 1968 et amnistié en 1982.

António de Oliveira Salazar ■ Homme politique portugais (1889-1970). Appelé par *Carmona en 1928, il exerça le pouvoir jusqu'en 1968 ; il mit en place un régime autoritaire, fondé sur une éthique chrétienne conservatrice. Il stabilisa l'économie mais refusa toute modernisation et industrialisation du pays.

Salé ■ Ville du Maroc, face à Rabat. 289 000 hab. Remparts.

Salem ■ Ville des États-Unis (*Massachusetts). 38 200 hab. Fondée en 1626 (maisons anciennes), foyer du puritanisme, célèbre pour ses procès de sorcellerie au XVIIᵉ s.

Salem ■ Ville des États-Unis, capitale de l'*Oregon. 89 200 hab. Université fondée en 1842.

Salem ■ Ville de l'Inde (*Tamil Nādu), au sud de Madras. 361 000 hab.

Roger Salengro ■ Homme politique français (1890-1936). Ministre de l'Intérieur du *Front populaire, il se suicida après une campagne de presse infamante dirigée contre lui.

Salerne ■ Ville du sud de l'Italie (*Campanie). 153 000 hab. Cathédrale du XIᵉ s.

les Saliens, en latin **Salii** ■ Prêtres du culte de *Mars à Rome.

Antonio Salieri ■ Compositeur italien (1750-1825). Selon une légende reprise par un opéra ("*Mozart et Salieri*") de *Rimski-Korsakov sur un livret de *Pouchkine, il aurait empoisonné *Mozart, son rival à la cour de Vienne. "*Les Danaïdes*", opéra.

Salies-de-Béarn ■ Commune des Pyrénées-Atlantiques. 5 000 hab. (les Salisiens). Station thermale.

Jerome David Salinger ■ Romancier américain (né en 1919). "*L'Attrape-Cœur*".

la loi salique ■ Recueil de lois des *Francs, publié sous Clovis (508). La monarchie française en retint l'exclusion des femmes de la succession à la couronne. ⟨ ▶ salique ⟩

lord Salisbury ■ Homme politique britannique (1830-1903). Chef du parti conservateur à la mort de *Disraeli. Premier ministre pendant 14 ans (1885-1886, 1886-1892, 1895-1902). Il mena une politique coloniale active, particulièrement en Égypte.

Salisbury ■ Ville du sud-ouest de l'Angleterre (*Wiltshire). 35 400 hab. Nombreux monuments médiévaux dont une cathédrale du XIIIᵉ s.

les Saljūqides ■ ⇒ les **Seldjoukides.**

Sallanches ■ Commune de Haute-Savoie. 13 000 hab. (les Sallanchards).

Sallaumines ■ Commune du Pas-de-Calais. 11 100 hab. (les Sallauminois).

Marie **Sallé** ■ Danseuse et chorégraphe française (1707 - 1756). Elle rénova l'art de la danse.

Salluste ■ Historien latin (v. 86 - 35 av. J.-C.). Proche de Jules *César, témoin de la fin de la république.

Salmanasar III ■ Roi d'Assyrie (859 - 824 av. J.-C.). Il tenta, en vain, d'établir l'hégémonie du royaume assyrien sur les régions voisines.

André **Salmon** ■ Écrivain français (1881 - 1969). Ami des cubistes, il est l'auteur de poésies et de romans.

Salomé ■ Princesse juive, fille d'*Hérodiade (morte v. 72). D'après l'Évangile, elle danse devant son oncle, *Hérode Antipas, pour obtenir la tête de saint *Jean-Baptiste. Elle a inspiré de nombreux artistes (*Titien, *Moreau, *Wilde, *Strauss).

Salomon ■ Roi d'Israël (v. 972 - v. 932 av. J.-C.). Fils et successeur de *David. Sous son règne, la puissance d'Israël fut à son apogée (construction du temple de Jérusalem). Célèbre pour sa sagesse : le « jugement de Salomon », dans la Bible, est donné comme exemple d'équité et de perspicacité.

Ernst von **Salomon** ■ Écrivain allemand (1902 - 1972). " *Les Réprouvés*" ; "*le Questionnaire*".

les îles **Salomon** ■ Archipel de la *Mélanésie (Océanie), dans le sud-ouest du Pacifique. Découvertes au XVIᵉ s., elles furent partagées entre l'Allemagne et le Royaume-Uni à la fin du XIXᵉ s. La partie allemande (Bougainville, Buka) fut placée sous mandat australien en 1921 et rattachée ensuite à la Papouasie-Nouvelle-Guinée. La partie britannique *(îles Salomon du Sud)* devint indépendante en 1978 et forma un État : les îles Salomon. ▶ *les îles* **Salomon**. Monarchie constitutionnelle. 28 370 km². 308 000 hab. *(les Salomoniens).* Capitale : Honiara. Langue officielle : anglais. Monnaie : dollar des îles

Salomon. Membre du *Commonwealth. Exportation de coprah, bois.

Salon-de-Provence ■ Commune des Bouches-du-Rhône. 35 000 hab. *(les Salonais).* École de l'air.

Salonique ■ ⇒ **Thessalonique.**

Salta ■ Ville d'Argentine, dans les *Andes. 261 000 hab.

Saltillo ■ Ville du nord du Mexique. 322 000 hab. Métallurgie.

Salt Lake City ■ Ville des États-Unis, capitale de l'*Utah. 163 000 hab. Foyer des *mormons. Université.

Salto ■ Ville de l'Uruguay. 81 000 hab.

Mikhaïl **Saltykov-Chtchedrine** ■ Écrivain russe (1826-1889). Descriptions satiriques de la noblesse provinciale. "*Ces messieurs de Tachkent*".

le (ou *la*) **Saluen** ou **Salouen** ■ Fleuve d'Asie, né au Tibet, qui se jette dans l'océan Indien après avoir traversé la Chine, la Thaïlande et la Birmanie. 2 414 km.

les îles du **Salut** ■ Groupe de trois îles françaises (Royale, Saint-Joseph, du Diable) au large de la Guyane. Ancien centre pénitentiaire où fut notamment enfermé *Dreyfus.

l'Armée du **Salut** ■ Organisation religieuse (protestante) créée en 1865 par William *Booth. Elle unit l'évangélisation à l'action sociale et charitable.

le **Salvador** ■ Le plus petit État (république) d'Amérique centrale (21 041 km²) et celui où la densité est la plus forte : 5,38 millions d'hab. *(les Salvadoriens).* Capitale : San Salvador. Langue officielle : espagnol. Monnaie : colon du Salvador. Population métissée, en majorité rurale, concentrée à l'intérieur du pays. Principales cultures : café et sucre. □ **HISTOIRE**. Ancienne colonie espagnole, devenue une république indépendante en 1841.

La guerre contre le *Honduras (1969-1980) puis la guerre civile entre la junte militaire (qui prit le pouvoir en 1960) et l'opposition ont gravement affecté l'économie qui ne s'est maintenue que grâce à l'aide américaine. Malgré le retour au pouvoir civil en 1984 et les négociations pour le rétablissement de la paix (cessez-le-feu en 1992), le pays reste dans une situation précaire.

Salvador, autrefois ***Bahia*** ■ Ville et port du Brésil ; capitale de l'État de *Bahia, sur la baie de Tous-les-Saints. 1,5 million d'hab. Centre religieux et touristique. Importantes activités industrielles et commerciales (export).

Salzbourg, en allemand ***Salzburg*** ■ Ville d'Autriche, capitale de l'État (land) du même nom (7 154 km² ; 465 000 hab.). 139 000 hab. Monuments médiévaux et baroques. Tourisme. Festival de musique. Patrie de *Mozart.

Salzgitter ■ Ville d'Allemagne (Basse-*Saxe). 111 000 hab. Sidérurgie.

les **Sāmānides** ■ Dynastie iranienne qui régna en Perse de 874 à 999.

Samara, de 1935 à 1990 ***Kouïbychev*** ■ Ville de la C.É.I. (*Russie), sur la Volga. 1,26 million d'hab. Industrie mécanique. Chimie du pétrole.

Samarie ■ Ancienne capitale du royaume d'Israël (v. 880 av. J.-C.). □ *la* **Samarie,** province centrale de la *Palestine. Ses habitants, les *Samaritains,* ont un rôle important dans les Évangiles : *le bon Samaritain,* modèle de charité ; *la Samaritaine,* femme à qui Jésus révèle sa qualité de Messie.

Samarkand ■ Ville de la C.É.I. (*Ouzbékistan). 566 000 hab. Centre culturel et économique. Connue dès l'Antiquité sous le nom de *Maracanda.* Capitale de l'empire musulman de *Tamerlan vers 1400. Nombreux monuments.

la **Sambre** ■ Rivière du nord de la France, affluent de la Meuse. 190 km. "*Sambre et Meuse*", célèbre marche militaire.

Giovanni Battista **Sammartini** ■ Compositeur italien (v. 1700 - 1775). Il eut une grande influence sur la musique symphonique.

les **Samnites** ■ Ancien peuple de l'Italie centrale qui s'opposa aux Romains (⇒ **Caudium**) avant d'être vaincu.

les îles **Samoa** ■ Archipel de la *Polynésie partagé en deux groupes depuis 1900. □ *l'État indépendant* (sorte de monarchie constitutionnelle) *des* **Samoa occidentales.** 2 831 km². 164 000 hab. *(les Santoméens).* Capitale : Apia. Langues officielles : anglais, samoan. Monnaie : talá. Protectorat allemand de 1899 à 1914, placé sous tutelle néo-zélandaise en 1920, indépendant en 1962. Membre du *Commonwealth. Tourisme. □ *les* **Samoa américaines** ou ***orientales.*** 199 km². 38 200 hab. Siège du gouvernement : Fagatogo. Les Samoa orientales sont sous administration américaine depuis 1900.

Samory Touré ■ Chef soudanais (v. 1837-1900). Il forma à partir de 1868 un empire qui s'étendait sur la partie orientale de la Guinée actuelle. Il se heurta à l'expansion française et fut capturé en 1898.

Samos ou **Sámos** ■ Île grecque de la mer *Égée. Un des principaux centres commerciaux dans l'Antiquité. 476 km². 40 500 hab. *(les Samiens* ou *Samiotes).*

Samothrace ■ Île grecque de la mer *Égée, près de la côte Thrace. 178 km². 2 900 hab. En 1863, on y trouva une admirable statue : la *Victoire de Samothrace,* actuellement au Louvre.

les **Samoyèdes** ■ Peuplades d'origine mongole et de langues ouraliennes, établies dans la toundra sibérienne.

Samson ■ Personnage de la Bible. Sa chevelure est le siège de sa force. *Dalila le rase et le livre aux *Philistins.

Samsun ■ Ville et port de Turquie, sur la mer Noire. 280 000 hab.

Samuel ■ Prophète et juge d'*Israël dans la Bible (xiᵉ s. av. J.-C.), vainqueur des *Philistins.

Paul Anthony **Samuelson** ■ Économiste américain (né en 1915). Conseiller de John *Kennedy. Prix Nobel 1970.

Sanaa ■ Capitale du Yémen, située à 2 500 m d'altitude. 427 000 hab. Architecture remarquable.

la **Sanaga** ■ Principal fleuve du *Cameroun, qui se jette dans le golfe de *Guinée. 520 km.

Sanā'ī ■ Mystique persan (v. 1080 - v. 1131). Introducteur du *soufisme dans la poésie persane.

Frédéric Dard dit **San Antonio** ■ Auteur français et personnage principal d'une série de romans policiers ironiques et truculents (né en 1921). F. Dard est aussi, sous son nom réel, un romancier notable.

San Antonio ■ Ville des États-Unis (*Texas). 786 000 hab. Architecture coloniale. Centre militaire. Universités.

Sanary-sur-Mer ■ Commune du Var. 14 900 hab. (les Sanaryens). Station balnéaire.

San Bernardino ■ Ville des États-Unis (*Californie). 117 000 hab. Centre d'une riche région agricole.

Sanche ■ Nom de sept rois de Navarre de 905 à 1234.

le puy de **Sancy** ■ Point culminant du massif du Mont-*Dore et du *Massif central. 1 886 m.

Aurore Dupin dite George **Sand** ■ Écrivaine française (1804-1876). Célèbre pour ses récits champêtres ("François le Champi" ; "la Mare au diable"), ses nombreux romans ("Mauprat" ;

"les Maîtres sonneurs"), ses correspondances et journaux autobiographiques. Elle fut aussi une des grandes figures du xixᵉ s. par sa vie tapageuse (ses amours avec *Musset, *Chopin) et son engagement politique (défense de la cause des femmes et du peuple).

Carl **Sandburg** ■ Poète américain (1878-1967). "Fumée et acier".

San Diego ■ Ville et port des États-Unis (*Californie), sur l'océan Pacifique. 876 000 hab. Tourisme.

Augusto **Sandino** ■ Héros populaire nicaraguayen (1893-1934). Son nom fut repris en 1961 par le Front sandiniste, qui fut au pouvoir de 1979 à 1990.

John Montagu, comte de **Sandwich** ■ Premier lord de l'Amirauté (1718-1792). Des îles furent baptisées en son honneur et il est à l'origine du mot sandwich. ⟨▶ sandwich⟩

les îles **Sandwich** ■ Ancien nom des îles *Hawaï.

les îles **Sandwich du Sud** ■ Archipel britannique de l'Antarctique. Dépendance des *Malouines.

San Francisco ■ Ville des États-Unis (*Californie), port sur la côte pacifique. 679 000 hab. Centre commercial, financier, touristique et culturel (universités de Berkeley et de Palo Alto). ▶ la conférence de San Francisco, en juin 1945, élabora la charte des Nations unies (⇒ O.N.U.). ▶ le traité de San Francisco. Traité de paix entre les États-Unis et le Japon (1951).

Sangatte ■ Commune du Pas-de-Calais. 3 300 hab. (les Sangattois). Station balnéaire.

Frederick **Sanger** ■ Biochimiste britannique (né en 1918). Détermination des séquences de l'A.D.N. Prix Nobel 1958 et 1980.

San Gimignano ■ Ville d'Italie (*Toscane). 7 400 hab. La ville a gardé son aspect médiéval avec ses remparts et ses bâtiments.

Marc **Sangnier** ■ Journaliste et homme politique français (1873-1950). Il milita pour un christianisme social (mouvement *le Sillon*), fut condamné par Pie X (1910) et se soumit. Fondateur de la Ligue française des auberges de la jeunesse (1930).

les îles **Sanguinaires** ■ Îles de Corse à l'entrée du golfe d'Ajaccio.

San Isidro ■ Ville d'Argentine, dans la banlieue de Buenos Aires. 287 000 hab. Centre industriel et station balnéaire.

San Jose ■ Ville des États-Unis (*Californie). 629 000 hab. Fruits.

San José ■ Capitale du Costa Rica. 241 000 hab. Grand centre commercial. Carrefour routier et ferroviaire.

San Juan ■ Ville d'Argentine. 118 000 hab. Industries alimentaires. Pétrole.

San Juan ■ Capitale de Porto Rico. 435 000 hab. Centre touristique, commercial et industriel.

Śaṅkarācārya ■ Penseur indien (v. 788 - v. 820). Il développa le non-dualisme du *Vedānta*.

Sankt Pölten ■ Ville d'Autriche (Basse-*Autriche). 50 400 hab. Maisons et églises baroques.

San Luis Potosí ■ Ville du Mexique. 407 000 hab. Cathédrale baroque. Centre commercial. La ville est célèbre depuis le XVIᵉ s. pour les mines d'argent de la région.

José de **San Martín** ■ Général et homme politique argentin (1778-1850). Héros de l'indépendance de l'Amérique latine.

San Miguel de Tucumán ■ Ville du nord-ouest de l'Argentine. 393 000 hab.

Jacopo **Sannazzaro** ■ Poète italien (1456 - 1530). Son roman "*l'Arcadie*" eut une influence capitale sur le genre pastoral aux XVIᵉ et XVIIᵉ s.

Sannois ■ Commune du Val-d'Oise. 25 700 hab. *(les Sannoisiens).*

San Pedro Sula ■ 2ᵉ ville du Honduras. 400 000 hab. Centre commercial. Industries alimentaires.

San Remo ou **Sanremo** ■ Ville d'Italie (*Ligurie). 62 700 hab. Station balnéaire.

San Salvador ■ Capitale du Salvador. 459 000 hab. Principal centre intellectuel et économique du pays. Forte croissance démographique.

les **sans-culottes** ■ Nom donné, à partir de 1792, aux révolutionnaires qui, par refus de la « culotte » des aristocrates, serrée sous le genou, portaient le pantalon.

Santa Ana ■ Ville des États-Unis (*Californie). 204 000 hab.

Santa Ana ■ Ville du Salvador. 138 000 hab.

Antonio López de **Santa Anna** ■ Homme politique mexicain (1794-1876).

Santa Catarina ■ Petit État côtier du sud du Brésil. 95 318 km². 4,39 millions d'hab. Capitale : Florianópolis.

Santa Clara ■ Ville de Cuba. 188 000 hab.

Santa Coloma de Gramanet ■ Ville d'Espagne (*Catalogne), près de Barcelone. 134 000 hab.

Santa Cruz ■ Ville de Bolivie. 628 000 hab. Centre commercial et industriel.

Santa Cruz de Tenerife ■ Ville d'Espagne, sur l'île de Tenerife. Capitale (siège du Parlement) de la communauté autonome des *Canaries (⇒ **Las Palmas**). 211 000 hab. Raffinerie de pétrole.

Santa Fe ■ Ville d'Argentine. 287 000 hab. Port fluvial sur un bras du *Paraná.

Santa Fe ■ Ville des États-Unis, capitale du *Nouveau-Mexique.

49 300 hab. Monuments coloniaux et hispano-indiens.

Santa Marta ■ Ville de Colombie. 218 000 hab. L'un des plus grands ports bananiers du monde. Tourisme.

Santa Monica ■ Ville des États-Unis (*Californie), proche de *Los Angeles. 88 000 hab. Station balnéaire.

Santander ■ Ville et port du nord de l'Espagne, capitale de la *Cantabrie. 189 000 hab. Port de pêche et de commerce. Industries. Station balnéaire. Université. Cathédrale gothique.

Santiago ■ Capitale du Chili. 422 000 hab. Agglomération de 4,86 millions d'hab. Métropole culturelle et économique (54 % des industries de transformation du pays). Contraste de modernisme et de pauvreté.

Santiago ou ***Santiago de Cuba*** ■ Ville et port de Cuba. 390 000 hab. Important centre industriel et commercial.

Santiago ou ***Santiago de los Caballeros*** ■ Ville de la République dominicaine. 285 000 hab.

le marquis de ***Santillana*** ■ Homme de guerre et poète espagnol (1398-1458). Il introduisit le sonnet dans la poésie espagnole.

Santorin ou ***Théra*** ■ Île grecque de la mer *Égée (*Cyclades), issue d'une éruption volcanique. 76 km². 7 100 hab. Vestiges archéologiques d'*Akrotiri*.

Santos ■ Ville et 1er port du Brésil (État de *São Paulo). Exportation de café. 411 000 hab. Industrie en essor.

Alberto ***Santos-Dumont*** ■ Pionnier brésilien de l'aviation, établi en France (1873-1932).

le ***São Francisco*** ■ Fleuve du Brésil, qui se jette dans l'Atlantique. 3 161 km.

São Luís ou ***São Luís de Maranhão*** ■ Ville et port du Brésil, capitale de l'État du *Maranhão. 182 000 hab. Centre administratif, commercial et industriel.

São Miguel ■ La plus importante île des *Açores. 747 km². 150 000 hab.

la ***Saône*** ■ Rivière de l'est de la France, le plus important affluent du Rhône. 480 km. □ *la* ***Haute-Saône*** [70]. Département français de la région *Franche-Comté. 5 390 km². 230 000 hab. Préfecture : Vesoul. Sous-préfecture : Lure. □ *la* ***Saône-et-Loire*** [71]. Département français de la région *Bourgogne. 8 614 km². 559 000 hab. Préfecture : Mâcon. Sous-préfectures : Autun, Chalon-sur-Saône, Charolles, Louhans.

São Paulo ■ La plus grande ville du Brésil. 7 millions d'hab. *(les Paulistes)*. Elle forme avec ses banlieues une agglomération de 16 millions d'hab. ; quatre fois la superficie de Paris. Métropole économique, commerciale et industrielle du pays, mais nombreux quartiers pauvres (bidonvilles ou *favelas*). Carrefour de communications. Capitale de l'*État de São Paulo* (248 256 km² ; 32,36 millions d'hab.).

São Tomé et (ou ***e) Príncipe*** ■ Archipel et État (république démocratique) du golfe de *Guinée, formé des îles de São Tomé, de Príncipe et de plusieurs îlots. 1 001 km². 118 000 hab. Capitale : São Tomé (35 000 hab.). Langues : portugais (officielle), fang (langue bantoue). Monnaie : dobra. Colonie portugaise à partir de 1522, indépendant depuis 1975.

Edward ***Sapir*** ■ Linguiste et anthropologue américain d'origine allemande (1884-1939). ⇒ **Bloomfield.**

Sappho ou ***Sapho*** ■ Poétesse grecque, créatrice du lyrisme érotique (v. 600 av. J.-C.). Poèmes de la passion amoureuse, adressés à des femmes de *Lesbos. "*Ode à Aphrodite*".

Sapporo ■ Ville du Japon, chef-lieu de l'île de *Hokkaidō. 1,62 million d'hab.

Ṣaqqārah ou **Sakkarah** ■ Site archéologique d'Égypte. Nécropole de l'ancienne ville de *Memphis, où se trouve la célèbre pyramide à degrés de *Djoser construite par *Imhotep.

Saragosse, en espagnol **Zaragoza** ■ Ville d'Espagne, sur l'*Èbre, capitale de la communauté autonome d'*Aragón. 596 000 hab. Cathédrale (XIIᵉ - XVIᵉ s.). Université créée en 1474. Essor industriel récent. □ HISTOIRE. La ville forma le royaume arabe de Saragosse (XIᵉ s.) avant d'être prise par Alphonse Iᵉʳ le Grand au siècle suivant. Elle devint alors la capitale de l'Aragón.

Sarah ou **Sara** ■ Épouse d'*Abraham dans la Bible, miraculeusement mère d'*Isaac à quatre-vingt-dix ans.

Sarajevo ■ Capitale de la *Bosnie-Herzégovine. 449 000 hab. Centre administratif, commercial et industriel. L'assassinat de l'archiduc *François-Ferdinand à Sarajevo, en juin 1914, déclencha la Première Guerre mondiale. Depuis 1992, Sarajevo a été le théâtre d'une guerre civile opposant les Bosniaques et les Serbes qui ont assiégé la ville.

Saran ■ Commune du Loiret. 13 600 hab.

Saransk ■ Ville de la C.É.I. (*Russie), capitale de la république autonome de *Mordovie. 312 000 hab.

Saratoga Springs ■ Ville des États-Unis (État de *New York). 23 900 hab. Victoire décisive des Américains sur les Anglais au cours de la guerre d'*Indépendance.

Saratov ■ Ville de la C.É.I. (*Russie). 905 000 hab. Important port fluvial sur la Volga. Centre culturel.

Sarcelles ■ Commune du Val-d'Oise. 57 100 hab. *(les Sarcellois).* À côté de l'ancienne bourgade (église gothique), grand ensemble résidentiel, typique de l'urbanisme des cités-dortoirs.

la **Sardaigne,** en italien **Sardegna** ■ Île et région italienne, au sud de la Corse. 24 090 km². 1,66 million d'hab. *(les Sardes).* Capitale : Cagliari. Charbon. Élevage ovin. Malgré le développement du tourisme, la région reste pauvre, d'où la forte émigration. Au XVIIIᵉ s., elle passa à la maison de Savoie, formant avec le Piémont les « États sardes », amorce du royaume d'Italie. ⇒ **Victor-Emmanuel** II.

Sardanapale ■ Roi légendaire chez les Grecs, personnage inspiré par le roi d'Assyrie, *Assourbanipal.

Sardes ■ Ancienne ville d'*Asie Mineure (aujourd'hui en Turquie), capitale du royaume de *Lydie, célèbre pour sa richesse. Ruines (surtout romaines).

Victorien **Sardou** ■ Auteur français de vaudevilles (1831-1908). *"Madame Sans-Gêne".*

la mer des **Sargasses** ■ Partie occidentale de l'Atlantique Nord, près des *Bermudes.

John **Sargent** ■ Peintre américain (1856-1925). Portraits mondains. Grandes décorations murales.

Sargon II ■ Roi d'Assyrie (de 721 à 705 av. J.-C.). Durant son règne, l'*Assyrie fut à son apogée.

Sarh, anciennement **Fort-Archambault** ■ Ville du sud-est du Tchad. 124 000 hab.

Sarlat-la-Canéda ■ Sous-préfecture de la Dordogne. 10 600 hab. *(les Sarladais).* Vieille ville pittoresque. Marché agricole.

les **Sarmates** ■ Peuple nomade d'origine indo-iranienne qui s'installa au IIIᵉ s. entre le *Don et la mer Caspienne avant d'en être chassé par les envahisseurs germaniques.

Sārnāth ■ Site bouddhique indien (*Uttar Pradesh) où *Bouddha prêcha pour la première fois.

William Saroyan ■ Romancier et auteur dramatique américain (1908-1981). "*Matière à rire*", roman ; "*Ça s'appelle vivre*", théâtre.

les Sarrasins ■ Au Moyen Âge, un des noms donnés par les Occidentaux aux musulmans. ❮ ▶ ① sarrasin ❯

Nathalie Sarraute ■ Écrivaine française d'origine russe (née en 1902). Partie du *nouveau roman, elle expérimente le langage et son pouvoir de communication à travers le dialogue, le jeu. "*L'Ère du soupçon*", essai ; "*Tropismes*", roman ; "*Pour un oui ou pour un non*", théâtre ; "*Enfance*", autobiographie.

la Sarre, en allemand **Saarland** ■ État (land) d'Allemagne qui doit son nom à la rivière qui le traverse. 2 569 km². 1,05 million d'hab. (*les Sarrois*). Capitale : Sarrebruck. Importantes ressources de houille, sidérurgie, chimie, constructions mécaniques, métallurgiques. Textile. ▭ **HISTOIRE**. La région, en grande partie française au XVIIᵉ s., devint prussienne en 1815. L'industrie houillère s'y développa à la fin du XIXᵉ s. En 1919, elle fut reprise à l'Allemagne et placée sous l'administration de la *S.D.N., tandis que la France obtenait la propriété des mines. En 1935, un plébiscite décida de son rattachement à l'Allemagne. Indépendante en 1947, elle fut économiquement intégrée à la France mais se rapprocha progressivement de l'Allemagne (alors R.F.A.), dont elle fait partie depuis 1957 à la suite d'un référendum.

Sarrebourg ■ Sous-préfecture de la Moselle, sur la Sarre. 14 500 hab. (*les Sarrebourgeois*).

Sarrebruck, en allemand **Saarbrücken** ■ Ville d'Allemagne, capitale de la *Sarre. 187 000 hab. (*les Sarrebruckois*). Industries (houille, sidérurgie, chimie, machines...). Banques.

Sarreguemines ■ Sous-préfecture de la Moselle, sur la Sarre, à proximité de la frontière allemande. 23 700 hab. (*les Sarregueminois*). Céramiques.

Sartène ■ Sous-préfecture de la Corse-du-Sud. 3 500 hab. (*les Sartenais*). Ville ancienne.

la Sarthe [72] ■ Département français de la région Pays de la *Loire, qui doit son nom à la rivière qui le traverse. 6 245 km². 514 000 hab. Préfecture : Le Mans. Sous-préfectures : La Flèche, Mamers.

Jean-Paul Sartre ■ Philosophe et écrivain français (1905-1980). Penseur existentialiste ("*l'Être et le Néant*" ; "*l'Idiot de la famille*", sur *Flaubert), marqué par *Hegel, *Marx, *Husserl et *Heidegger, il a analysé les situations concrètes dans lesquelles l'homme engage sa liberté et son action. Nombreuses œuvres. "*La Nausée*", roman ; "*Huis clos*", "*les Mouches*", théâtre ; "*les Mots*", autobiographie.

Sartrouville ■ Commune des Yvelines, sur la Seine. 50 400 hab. (*les Sartrouvillois*).

la Saskatchewan ■ Province (État fédéré) du Canada, dans la *Prairie. 652 330 km². 1 million d'hab. Capitale : Regina. Région agricole qui doit son nom à la rivière qui la traverse. Pétrole, potasse, uranium.

Saskatoon ■ Ville du Canada (*Saskatchewan). 178 000 hab. Université.

les Sassanides ■ Dynastie perse qui renversa les *Parthes et régna sur un vaste empire en Orient (224-651).

Sassari ■ Ville d'Italie (*Sardaigne). 120 000 hab.

Sassenage ■ Commune de l'Isère. 10 100 hab. (*les Sassenageois*). Grottes.

Satan ■ « L'accusateur », en grec *diabolos*, le diable, chef des démons dans les traditions juive et chrétienne. ⟨▶ satané, satanique ⟩

Erik **Satie** ■ Compositeur français (1866-1925). Par son style dépouillé, son humour, il occupe une place à part dans la musique. *"Gymnopédies"* ; *"Morceaux en forme de poire"*, pour piano ; *"Parade"*, ballet.

Satu Mare ■ Ville de Roumanie. 130 000 hab.

Saturne ■ Dieu romain des Semailles identifié au *Cronos grec, dieu du Temps. On célébrait en son honneur les *saturnales*. □ **Saturne.** Planète du système solaire, entourée d'anneaux et de nombreux satellites. 744 fois le volume de la Terre. Diamètre : 107 200 km. Elle tourne autour du Soleil en 29 ans 167 jours et sur elle-même en 10 h 14 min.

les **Satyres** n. m. ■ Démons de la mythologie grecque, formant le cortège de *Dionysos. Ils ont le buste d'un homme et le bas d'un bouc. ⟨▶ satyre ⟩

Henri **Sauguet** ■ Compositeur français (1901-1989). *"Les Forains"*, ballet.

Saül ■ Premier roi des Hébreux (de 1020 à 1000 av. J.-C.), vaincu par les *Philistins.

la **Sauldre** ■ Rivière de *Sologne, affluent du Cher. 166 km.

Saumur ■ Sous-préfecture du Maine-et-Loire. 31 900 hab. *(les Saumurois).* Château (xve - xvie s.) sur la Loire. Un des bastions du protestantisme aux xvie et xviie s. École militaire de cavalerie (« Cadre noir »). Vins.

Carlos **Saura** ■ Cinéaste espagnol (né en 1932). *"Ana et les loups"* ; *"Noces de sang".*

Ferdinand de **Saussure** ■ Linguiste suisse (1857-1913). Son œuvre marque le début de la linguistique générale et de l'approche structurale des signes, ou sémiologie (⇒ **Peirce**). *"Cours de linguistique générale"* (posthume).

Alfred **Sauvy** ■ Démographe, économiste et sociologue français (1898-1990).

Savannah ■ Ville des États-Unis (*Géorgie). 141 000 hab. Port sur l'Atlantique. Capitale de la Géorgie avant 1785.

Savannakhét ■ Ville du Laos, sur le *Mékong. 53 000 hab.

la **Save** ■ Rivière de Slovénie, Croatie, Bosnie-Herzégovine et de la république fédérale de Yougoslavie, affluent du *Danube. 940 km.

la **Save** ■ Rivière d'*Aquitaine, affluent de la Garonne. 150 km.

Saverne ■ Sous-préfecture du Bas-Rhin. 10 400 hab. *(les Savernois).* Palais des Rohan (xviiie s.). Située sur le canal de la Marne au Rhin, à l'entrée du *col de Saverne,* qui fait communiquer le plateau lorrain et la plaine d'Alsace.

Thomas **Savery** ■ Mécanicien anglais (v. 1650-1715). Il réalisa la première pompe à vapeur dépassant le stade expérimental de *Papin.

Savigny-le-Temple ■ Commune de Seine-et-Marne. 18 500 hab.

Savigny-sur-Orge ■ Commune de l'Essonne. 33 700 hab. *(les Saviniens).*

Alberto **Savinio** ■ Écrivain italien, frère de *de Chirico (1891-1952).

la **Savoie** ■ Région du sud-est de la France, au nord des Alpes, habitée par les *Savoyards.* Lieu de passage entre la France, l'Italie et la Suisse, elle joua un grand rôle historique. □ **HISTOIRE.** Au xve s., le comte Amédée VIII de Savoie prit Genève (perdue en 1530) et le *Piémont. Devenue un duché, la Savoie fut progressivement annexée par la France ; ses souverains, régnant sur le Piémont et la Sardaigne, la cédèrent définitivement en 1860, quand ils eurent obtenu l'unité de l'Italie (⇒ **Victor-Emmanuel II**). Elle correspond aujourd'hui à deux départements. □ *la* **Savoie** [73]. Département français de la région *Rhône-Alpes, à la frontière italienne. 6 270 km². 348 000 hab. Préfecture : Chambéry. Sous-préfectures : Albertville, Saint-Jean-de-Maurienne. □ *la* **Haute-Savoie** [74]. Département français de la région *Rhône-Alpes, à la frontière suisse. 4 839 km². 568 000 hab. Préfecture : Annecy. Sous-préfectures : Bonneville, Saint-Julien-en-Genevois, Thonon-les-Bains.

Jérôme **Savonarole** ■ Dominicain italien (1452-1498). Il entreprit une réforme radicale à Florence, s'attaqua au pape, qui l'excommunia et le condamna au bûcher.

Savone, en italien **Savona** ■ Ville et port d'Italie (*Ligurie), sur le golfe de Gênes. 75 100 hab.

Sax ■ FAMILLE DE FACTEURS D'INSTRUMENTS □*Adolphe* **Sax** (1814-1894) inventa le *saxophone*. ⟨ ▶ saxophone ⟩

Maurice comte de **Saxe** dit *le* **Maréchal de Saxe** ■ Maréchal de France (1696-1750). Célèbre pour ses talents militaires et l'agitation de sa vie privée.

la **Saxe,** en allemand **Sachsen** ■ Région d'Allemagne, qui doit son nom aux Saxons (→ ci-dessous). □ HISTOIRE. La Saxe fut un duché intégré au royaume de *Germanie au IXᵉ s. et devint au XIVᵉ s. la « Saxe électorale ». Elle adhéra à la *Réforme au XVIᵉ s. Au XVIIIᵉ s., elle connut un essor artistique important (porcelaine de Meissen). Elle forma un royaume de 1806 à 1918, intégré à l'Empire allemand en 1871, puis une république. □*la* **Saxe,** en allemand **Sachsen.** État (land) d'Allemagne (depuis 1990). 18 300 km². 5 millions d'hab. Capitale : Dresde. Industries. □*la* **Basse-Saxe,** en allemand **Niedersachsen.** État (land) d'Allemagne. 47 438 km². 7,2 millions d'hab. Capitale : Hanovre. Sous-sol riche (fer, lignite, pétrole) qui favorise

l'industrie (sidérurgie, mécanique, chimie). □*la* **Saxe-Anhalt,** en allemand **Sachsen-Anhalt.** État (land) d'Allemagne (depuis 1990). 20 669 km². 3 millions d'hab. Capitale : Magdebourg. Industrie chimique, constructions mécaniques. Berceau de la *Réforme. ▶ *les* **Saxons.** Peuple germanique qui s'établit en Angleterre v. 450 (avant les *Angles). ⟨ ▶ anglo-saxon ⟩

Jean-Baptiste **Say** ■ Économiste libéral et industriel français (1767-1832). Loi des débouchés : « C'est la production qui ouvre des débouchés aux produits. »

la **Scala** ■ Célèbre théâtre de Milan, construit en 1778.

la **Scandinavie** ■ Région de l'Europe du Nord comprenant le *Danemark, la *Suède et la *Norvège. Forêts et lacs. Ses habitants sont les Scandinaves. La notion de *pays nordiques* est plus large : elle inclut l'Islande et la Finlande. ⟨ ▶ scandinave ⟩

la **Scanie** ■ Riche province de l'extrême sud de la Suède. Ville principale : Malmö.

Scapin ■ Personnage de la *commedia dell'arte, repris par *Molière dans *"les Fourberies de Scapin"*.

Scaramouche ■ Personnage de la *commedia dell'arte.

Alessandro **Scarlatti** ■ Compositeur italien (1660-1725). Son œuvre est très abondante : 115 opéras, des cantates, des oratorios... Il a fixé la forme de l'opéra napolitain et annoncé la symphonie classique. □*Domenico* **Scarlatti** (1685-1757), son fils, claveciniste réputé. Il composa 555 pièces (sonates) pour le clavecin et de nombreuses pièces de musique sacrée. Ami de *Händel, il domina la vie musicale italienne de son temps.

la **Scarpe** ■ Rivière du nord de la France, affluent de l'*Escaut. 100 km.

Paul Scarron ■ Écrivain français (1610-1660). "*Le Roman comique*", récit satirique.

Sceaux ■ Commune des Hauts-de-Seine. 18 200 hab. *(les Scéens)*. Château et parc (aménagé par *Le Nôtre).

Maurice Scève ■ Poète français (1501 - v. 1564). Poésie savante et symbolique caractéristique de la *Renaissance. Poèmes amoureux. "*Blasons*" ; "*Délie, objet de plus haute vertu*" ; "*Microcosme*".

Hjalmar Schacht ■ Financier allemand (1877-1970). Président de la Reichsbank de 1923 à 1930 et de 1933 à 1939, ministre de l'Économie de 1934 à 1937, il redressa la situation financière du pays. Il soutint *Hitler jusqu'en 1938. Acquitté à *Nuremberg en 1946.

Pierre Schaeffer ■ Compositeur français, initiateur de la « musique concrète » (né en 1910).

Schaerbeek, en néerlandais **Schaarbeek** ■ Ville de Belgique (*Brabant), près de Bruxelles. 106 000 hab.

Schaffhouse, en allemand **Schaffhausen** ■ Ville de Suisse. 34 400 hab. ▶ *le canton de Schaffhouse*. 298 km². 70 300 hab. Chef-lieu : Schaffhouse.

Carl Wilhelm Scheele ■ Chimiste suédois (1742-1786).

Ary Scheffer ■ Peintre français d'origine néerlandaise (1795-1858).

Georges Schéhadé ■ Poète et dramaturge libanais d'expression française (1910-1989).

Schéhérazade ■ Personnage des "*Mille et Une Nuits*". Le sultan, son époux, convaincu de son infidélité, décide de la faire étrangler, mais elle lui raconte chaque nuit des histoires si captivantes (⇒ **Sindbad, Ali Baba, Aladin**) qu'il remet sans cesse au lendemain l'échéance fatidique, et ce jusqu'à la mille et unième nuit, où il décide de renoncer à son projet.

Johann Schein ■ Compositeur allemand, considéré comme le plus important prédécesseur de *Bach (1586-1630).

Christoph Scheiner ■ Astronome et mathématicien allemand (1575-1650). Précurseur de l'astrophysique.

Friedrich Wilhelm Joseph von Schelling ■ Philosophe allemand (1775-1854). Le principal représentant de l'idéalisme allemand avec *Fichte et *Hegel.

Scherpenheuvel ■ ⇒ **Montaigu.**

Elsa Schiaparelli ■ Couturière française d'origine italienne (1896-1973).

Egon Schiele ■ Peintre autrichien (1890-1918). Portraits et paysages *expressionnistes dont le graphisme nerveux exprime une grande tension.

Friedrich von Schiller ■ Écrivain allemand, le grand réformateur du théâtre allemand (1759-1805). Ses premiers drames sont influencés par *Rousseau. Puis il se consacra à l'étude de l'histoire : écrits théoriques et drames historiques ("*Marie Stuart*" ; "*Guillaume Tell*" ; "*Don Carlos*"). Proche de *Goethe.

Schiltigheim ■ Commune du Bas-Rhin. 29 300 hab. *(les Schilikois).*

Schirmeck ■ Commune du Bas-Rhin. 2 200 hab. *(les Schirmeckois).* Camp de concentration nazi pendant la Seconde Guerre mondiale. ⇒ **Struthof.**

le schisme d'Occident ■ Période pendant laquelle il y eut plusieurs papes à la fois (de 1378 à 1417). Il éclata avec la double élection d'Urbain VI (pape à Rome) et de Clément VII (qui s'installa à Avignon).

le schisme d'Orient ■ Rupture entre l'Église de Rome et l'Église de Byzance (qui devint l'Église *orthodoxe). L'opposition commença au IVe s., se renforça au IXe s. avec *Photios et aboutit à la séparation en 1054, sous le patriarcat de Michel *Cérulaire. ⇒ querelle du **filioque.**

August Wilhelm von **Schlegel** ■ Critique littéraire allemand (1767-1845). Défenseur du *romantisme contre le *classicisme. Il fit découvrir la littérature allemande à Mme de *Staël. □ *Friedrich von* **Schlegel,** son frère (1772-1829). Théoricien du romantisme allemand, linguiste.

Friedrich **Schleiermacher** ■ Théologien protestant allemand (1768-1834). Sous son influence, la théologie a centré le fait religieux sur la piété plus que sur le dogme.

Oscar **Schlemmer** ■ Peintre et sculpteur allemand, professeur au *Bauhaus (1888-1943). Ses personnages sont schématisés selon des lignes géométriques. Costumes et décors de théâtre.

le **Schleswig-Holstein** ■ État (land) d'Allemagne, limitrophe du Danemark. 15 727 km². 2,6 millions d'hab. Capitale : Kiel. Pays rural. Essor industriel depuis 1950. Ancien duché danois, puis prussien (1866). Le Schleswig du Nord passa au Danemark en 1920.

Moritz **Schlick** ■ Philosophe allemand (1882-1936). Physicien de formation, épistémologue. ⇒ cercle de **Vienne.**

Heinrich **Schliemann** ■ Archéologue allemand (1822-1890). Il découvrit le site le plus vraisemblable de *Troie.

le col de la **Schlucht** ■ Col des *Vosges très fréquenté. 1 139 m.

Helmut **Schmidt** ■ Homme politique ouest-allemand (né en 1918). Chancelier (social-démocrate) de la R.F.A. de 1974 à 1982.

Karl **Schmidt-Rottluff** ■ Peintre *expressionniste allemand (1884-1976). Un des fondateurs du groupe *die *Brücke*. Gravures sur bois.

Florent **Schmitt** ■ Compositeur français (1870-1958). Musique de chambre. "*Le petit elfe ferme l'œil*", ballet.

les **Schneider** ■ Industriels français. D'origine lorraine, ils développèrent considérablement la sidérurgie au Creusot. □ *Eugène* **Schneider** (1805-1875), un des notables du second Empire.

Arthur **Schnitzler** ■ Écrivain et auteur dramatique autrichien (1862-1931). "*La Ronde*" ; "*Terre étrangère*".

Victor **Schœlcher** ■ Homme politique français (1804-1893). Membre du gouvernement en février 1848, il contribua à faire voter le décret sur l'abolition de l'esclavage dans les colonies.

Schœlcher ■ Commune de la Martinique. 19 800 hab. *(les Schœlchérois)*.

Nicolas **Schöffer** ■ Sculpteur hongrois naturalisé français (né en 1912). Mobiles animés d'impulsions sonores et lumineuses.

Arnold **Schönberg** ■ Compositeur autrichien, naturalisé américain (1874-1951). Il révolutionna la musique en mettant fin au système tonal pour un nouveau système : le dodécaphonisme (⇒ **Webern**). "*La Nuit transfigurée*" ; "*Pierrot lunaire*".

Schönbrunn ■ Château du XVIIIe s. situé dans la banlieue de Vienne. Ancienne résidence d'été des *Habsbourg.

Martin **Schongauer** ■ Artiste alsacien (v. 1445-1491). Connu surtout par ses gravures qui influencèrent *Dürer.

Arthur **Schopenhauer** ■ Philosophe allemand (1788-1860). Présenté comme une suite critique à *Kant, son œuvre pessimiste a marqué le XIXe s. "*Le Monde comme volonté et comme représentation*".

Erwin **Schrödinger** ■ Physicien autrichien (1887-1961). Il a donné à la mécanique ondulatoire de de *Broglie un formalisme mathématique équivalant à celui de *Heisenberg, permettant l'unification de la mécanique quantique. Prix Nobel 1933 avec *Dirac.

Franz **Schubert** ■ Compositeur romantique autrichien (1797-1828). Bien que mort jeune, il a laissé une œuvre immense : 600 mélodies ou *lieder* (*"la Belle Meunière" ; "le Voyage d'hiver"*), neuf symphonies et de la musique de chambre (*"la Truite"*, quintette ; *"la Jeune Fille et la Mort"*, quatuor).

Robert **Schuman** ■ Homme politique français (1886-1963). Démocrate-chrétien, il chercha le rapprochement avec l'Allemagne d'*Adenauer et fut l'un des pères de la *C.E.E.

Robert **Schumann** ■ Compositeur allemand (1810-1856). Épris de littérature et de philosophie, il a laissé une œuvre profondément romantique : musique pour piano (*"Kreisleriana" ; "Scènes de la forêt"*), musique de chambre, mélodies (*"les Amours du poète"*), musique symphonique (quatre symphonies, concertos). Il sombra dans la folie. □ *Clara* **Schumann,** son épouse (1819-1896), née *Clara Wieck,* pianiste renommée, fut son inspiratrice.

Joseph Alois **Schumpeter** ■ Économiste autrichien émigré aux États-Unis (1883-1950). Il intégra à la théorie économique la sociologie, l'histoire et la statistique.

Kurt von **Schuschnigg** ■ Homme politique autrichien (1897-1977). Chancelier de 1934 à 1938, il tenta en vain de maintenir l'indépendance de l'Autriche face à l'Allemagne nazie (⇒ **Anschluss**).

Heinrich **Schütz** ■ Compositeur allemand (1585-1672). Il opéra la fusion des cultures allemande et italienne dans une musique essentiellement religieuse. *"Psaumes de David"*.

Theodor **Schwann** ■ Naturaliste allemand (1810-1882). Sa théorie cellulaire en fait le père de l'histologie.

Elisabeth **Schwarzkopf** ■ Cantatrice allemande, soprano (née en 1915).

Albert **Schweitzer** ■ Théologien protestant, musicologue, organiste et médecin français (1875-1965). Fondateur de l'hôpital de Lambaréné au Gabon. Prix Nobel de la paix 1952.

Schwerin ■ Ville d'Allemagne, capitale du *Mecklembourg-Poméranie-Occidentale. 131 000 hab. Chimie.

Kurt **Schwitters** ■ Peintre et sculpteur allemand (1887-1948). Collages *dada.

Schwyz ■ Ville de Suisse. 12 300 hab. ► *le canton de* **Schwyz.** 908 km². 106 000 hab. Chef-lieu : Schwyz. Il forma le noyau de la Confédération helvétique avec les cantons d'*Uri et d'*Unterwald en 1291 (⇒ **Suisse**). Le nom de la *Suisse* vient du sien.

Leonardo **Sciascia** ■ Écrivain italien (1921-1989). Auteur de brefs récits inspirés par la politique italienne et la mafia sicilienne. *"L'Affaire Moro"*.

les îles **Scilly** ■ Archipel britannique de la Manche (⇒ **Cornouailles**).

Scipion l'Africain ■ Général romain (v. 235 - 183 av. J.-C.). Consul en 205 av. J.-C., il prit *Carthage (204 av. J.-C.) et vainquit *Hannibal à Zama (202 av. J.-C.), mettant fin à la deuxième guerre *punique.

Scipion Émilien ■ Général romain (v. 185 - 129 av. J.-C.). Il détruisit *Carthage et acheva la troisième guerre *punique. Il favorisa l'introduction de la culture grecque à Rome.

la scolastique ■ Méthode d'enseignement qui se développa en Europe, au XIe et surtout au XIIe s., dans les universités. Elle avait pour but la recherche de Dieu par la raison et la science, en opposition à la voie mystique de la culture monastique (⇒ saint **Thomas d'Aquin**).

Scopas ■ Sculpteur et architecte grec (milieu du IVe s. av. J.-C.). Il donna à l'art grec un sens nouveau du rythme et de l'expression.

Jean Duns Scot ■ ⇒ Duns Scot.

Jean Scot Érigène ■ Théologien et philosophe écossais ou irlandais à la cour de Charles III le Chauve (v. 810 - v. 877). Il a écrit l'œuvre philosophique la plus importante entre le *Pseudo-Denys et saint *Anselme ; d'inspiration platonicienne, elle fut jugée panthéiste par l'Église et condamnée comme hérétique.

les Scots ■ Peuple irlandais de l'Antiquité. Au vᵉ s., ils émigrèrent en *Calédonie, s'imposèrent au détriment des *Pictes et donnèrent leur nom au pays conquis (*Scotland*, en français *Écosse*).

Walter Scott ■ Écrivain écossais (1771-1832). Il créa un genre narratif, le roman historique, et eut une grande influence sur son époque. *"Ivanhoé"*.

Robert Scott ■ Explorateur anglais (1868-1912). Il dirigea deux expéditions dans l'Antarctique.

Scranton ■ Ville des États-Unis (*Pennsylvanie). 88 100 hab. Bassin houiller des *Appalaches.

Alexandre Scriabine ■ Compositeur russe (1872-1915). Chef de file du courant moderniste au début du xxᵉ s. *"Prométhée"*, pour orchestre. Sonates, impromptus et préludes pour piano.

Eugène Scribe ■ Auteur dramatique français (1791-1861). Il a aussi écrit de nombreux livrets d'opéras.

Madeleine de Scudéry ■ Romancière française (1607-1701). Ses romans, parfois écrits avec son frère Georges (1601-1667), furent appréciés par la société précieuse. *"Le Grand Cyrus"* ; *"Clélie"* (où se trouve la « Carte du Tendre »).

Scylla ■ ⇒ Charybde et Scylla.

les Scythes ■ Tribus semi-nomades d'origine iranienne vivant au nord de la mer Noire et qui disparurent au IIᵉ s. Remarquables cavaliers et archers. Travail artistique de l'or et de l'argent.

la S.D.N. ■ Sigle de la *Société des Nations.

Seattle ■ Ville des États-Unis, port sur le *Puget Sound (Pacifique), principal centre urbain et économique de l'État de *Washington. 494 000 hab. Aéronautique.

Sebastiano del Piombo ■ Peintre italien (v. 1485-1547). Admirateur de *Michel-Ange. Sujets religieux, portraits.

saint Sébastien ■ Officier romain martyrisé au IIIᵉ s. Patron des archers. Il inspira de nombreux peintres.

Sébastopol ■ Ville et port de la C.É.I. (*Ukraine). 356 000 hab. Constructions navales. Arsenal. Point stratégique sur la mer Noire, enjeu de la guerre de *Crimée (1855), de la guerre civile (dernier bastion de *Wrangel, 1920), de la guerre russo-allemande (1942-1944).

la guerre de Sécession ■ Guerre civile aux États-Unis, de 1861 à 1865. Elle opposa les États du Sud (les sudistes), dont l'économie cotonnière s'appuyait sur l'emploi d'esclaves noirs et le libre-échange, et les États du Nord (les yankees), industriels et protectionnistes. L'élection de l'anti-esclavagiste *Lincoln provoqua la sécession des États du Sud. Cette guerre, remportée par le Nord, par l'importance de ses effectifs, la mobilisation de toutes les ressources, l'utilisation des premiers cuirassés, mines et torpilles, par les pertes considérables qu'elle entraîna, est considérée comme la première guerre moderne.

Seclin ■ Commune du Nord, près de Lille. 12 300 hab. *(les Seclinois).*

Charles Secrétan ■ Philosophe suisse (1815-1895). *"Théologie et religion"*.

Michel Sedaine ■ Auteur dramatique français, disciple de *Diderot (1719-1797). *"Le Philosophe sans le savoir"*.

Sedan ■ Sous-préfecture des Ardennes, sur la Meuse. 22 400 hab.

(les Sedanais). Textile, métallurgie. Défaite de Napoléon III contre les Prussiens le 2 septembre 1870, qui entraîna la chute du second Empire. En mai 1940, offensive allemande.

Sées ■ Commune de l'Orne. 4 500 hab. *(les Sagiens).* Cathédrale gothique.

Georges Séféris ■ Poète grec (1900-1971). "*Stances*". Prix Nobel 1963.

les Séfévides ■ ⇒ les Safavides.

le Ségala ■ Région humide du *Massif central, entre le Tarn et l'Aveyron.

Victor Segalen ■ Écrivain français (1878-1919). Ses voyages (Tahiti, la Chine) et sa confrontation critique à l'exotisme nourrissent son œuvre. "*Stèles*", poèmes ; "*les Immémoriaux*" et "*René Leys*", romans.

Ségou ■ Ville du Mali. 88 900 hab. Ancienne capitale du *royaume de Ségou* (XVIIᵉ-XIXᵉ s.).

Andrés Segovia ■ Guitariste espagnol (1893-1987). Interprétation et transcription de pièces classiques pour la guitare.

Ségovie, en espagnol *Segovia* ■ Ville d'Espagne (*Castille-et-León). 64 900 hab. Aqueduc romain. Monuments.

Segré ■ Sous-préfecture du Maine-et-Loire. 7 100 hab. *(les Segréens).*

le chancelier Pierre Séguier ■ Magistrat français, ministre de Louis XIII et de Louis XIV (1588-1672).

Marc Seguin ■ Ingénieur français, pionnier des chemins de fer (1786-1875).

la comtesse de Ségur née *Sophie Rostopchine* ■ Écrivaine française d'origine russe (1799-1874). Pour distraire et éduquer ses petits-enfants, elle écrivit une vingtaine de romans destinés à être lus ou joués. "*Les Petites Filles modèles*" ; "*les Malheurs de Sophie*".

Jaroslav Seifert ■ Poète tchécoslovaque (1901-1986). "*Mozart à Prague*". Prix Nobel 1984.

Seikan ■ Tunnel sous-marin japonais reliant les îles *Honshū et *Hokkaidō. 54 km.

l'île de Sein ■ Île de l'Atlantique qui forme une commune *(Île-de-Sein)* dépendant du Finistère. 350 hab. *(les Sénans* ou *Îliens).*

la Seine ■ Fleuve français (776 km) qui prend sa source sur le plateau de *Langres, traverse Paris, Rouen, et se jette dans la Manche par un large estuaire où se trouve Le Havre. Rôle économique essentiel : le trafic fluvial, particulièrement intense entre le Bassin parisien et la Manche, a entraîné un fort développement industriel de la *Basse-Seine,* région entre Le Havre et Rouen (raffinage du pétrole, pétrochimie, industries mécaniques). □ *la Seine-et-Marne* [77]. Département français de la région *Île-de-France. 5 928 km². 1,08 million d'hab. Préfecture : Melun. Sous-préfectures : Meaux, Provins. □ *la Seine-Maritime* [76]. Département français de la région Haute-*Normandie. 6 304 km². 1,22 million d'hab. Préfecture : Rouen. Sous-préfectures : Dieppe, Le Havre. □ *la Seine-Saint-Denis* [93], département français de la région *Île-de-France, créé en 1964. 236 km². 1,38 million d'hab. Préfecture : Bobigny. Sous-préfecture : Le Raincy. □ *les Hauts-de-Seine.* ⇒ Hauts-de-Seine.

Ignaz Seipel ■ Prélat et homme politique autrichien (1876-1932). Chancelier (chrétien-social) de 1922 à 1924 et de 1926 à 1929, il redressa l'économie et créa le schilling.

Sei Shōnagon ■ Poétesse japonaise (fin Xᵉ s.). "*Notes de chevet*".

Sekhmet ■ « La Puissante », déesse de l'ancienne Égypte représentée par une femme à tête de lionne. Épouse de *Ptah. Son culte était à *Memphis.

les **Seldjoukides** ou **Saljūqides** ■ Dynastie turque sunnite (Xᵉ-XIIIᵉ s.). Ils conquirent Bagdad, fondèrent un empire en Asie Mineure et vainquirent les Byzantins.

Sélestat-Erstein ■ Sous-préfecture du Bas-Rhin formée de deux communes, *Erstein et Sélestat.
□ **Sélestat.** Commune du Bas-Rhin. 15 900 hab. *(les Sélestadiens).* Église (XIIᵉ s.). Célèbre école d'humanistes germaniques aux XVᵉ et XVIᵉ s.

les **Séleucides** ■ Dynastie hellénistique qui régna sur un empire allant de l'Indus à la Méditerranée (305 - 64 av. J.-C.). □ **Séleucos Iᵉʳ Nikator,** fondateur de la dynastie (v. 358 - 281 av. J.-C.). Il reçut la Babylonie au partage de l'empire d'*Alexandre le Grand et se fit proclamer roi en 305 av. J.-C. Fondation de grandes villes : Antioche, Séleucie.

Sélim Iᵉʳ ■ Sultan ottoman de 1512 à sa mort (1470-1520). Il conquit la Palestine, la Syrie et l'Égypte.

Sélinonte ■ Site archéologique grec sur la côte sud-ouest de la Sicile. Temple d'*Apollon (VIᵉ s. av. J.-C.).

Selles-sur-Cher ■ Commune du Loir-et-Cher. 4 800 hab. *(les Sellois).* Église. Château.

Sem ■ Fils de *Noé, dans la Bible. Ancêtre supposé des peuples sémitiques. ‹ ▶ sémite ›

Semarang ■ Ville et port d'Indonésie (*Java). 1,03 million d'hab.

Sémélé ■ Déesse de la mythologie grecque. Aimée de *Zeus, elle conçoit *Dionysos.

Sémiramis ■ Reine et fondatrice légendaire de *Babylone. Elle fit construire les fameux jardins suspendus, terrasses superposées arrosées par les eaux de l'Euphrate.

la **Semois** ou **Semoy** ■ Rivière de Belgique et de France, affluent de la Meuse. 198 km.

Sempach ■ Localité de Suisse où les confédérés remportèrent une victoire sur les Habsbourg en 1386.

Semur-en-Auxois ■ Commune de la Côte-d'Or. 4 500 hab. *(les Semurois).* Vestiges médiévaux.

Jean **Sénac** ■ Poète algérien d'expression française (1926-1973). "*Matinales de mon peuple*".

Étienne Pivert de **Senancour** ■ Écrivain français (1770-1846). Célèbre pour son roman autobiographique "*Oberman*".

le **Sénat** ■ En France, assemblée législative élue par les représentants des collectivités territoriales et qui constitue, avec l'*Assemblée nationale, le Parlement de la Vᵉ *République. □ *le* **Sénat romain.** Dans l'Antiquité, principale assemblée du gouvernement de la République romaine ; sous l'Empire, elle eut surtout un rôle honorifique.

Sendai ■ Ville du Japon (*Honshū). 884 000 hab.

Aloys **Senefelder** ■ Ingénieur allemand (1771-1834). Inventeur de la lithographie.

le **Sénégal** ■ État (république) d'Afrique occidentale, bordé par l'Atlantique, situé au sud du fleuve Sénégal. 196 722 km². 7,4 millions d'hab. *(les Sénégalais).* Capitale : Dakar. Langues : français (officielle), ouolof, sérère, peul, mandingue, joola (ou dioula), soninké. Monnaie : franc CFA. Pays plat au climat tropical. Économie agricole dont la ressource principale est l'arachide. Industrie peu développée malgré la présence de phosphates. □ **HISTOIRE.** Ancien royaume *toucouleur, islamisé par les *Almoravides (XIᵉ s.), puis dominé par le Mali (XIVᵉ s.), le pays fut colonisé par les Français à partir du XVIIᵉ s., et surtout dans la deuxième moitié du XIXᵉ s. (⇒ **Faidherbe**) ; intégré à l'A.-O.F. en 1902. En 1960, il obtient son indépendance et *Senghor est élu président de la République. Abdou Diouf lui succède en 1980. En 1989, rupture des relations diplomatiques avec la Mauritanie et tensions à la frontière à la suite de violences entre les deux populations. ▶ *la Sénégambie,* région d'Afrique de l'Ouest englobant le Sénégal et la *Gambie ; les deux États créèrent une confédération en 1981, dissoute en 1989.

Sénèque ■ Philosophe, écrivain et homme politique romain (4 av. J.-C. - 65), précepteur de *Néron, qui le contraignit au suicide. Son œuvre de moraliste a beaucoup influencé le *stoïcisme chrétien.

Léopold Sédar **Senghor** ■ Homme politique sénégalais et poète de langue française (né en 1906). Il a exalté avec lyrisme la grandeur de la négritude. *"Chants d'ombre"*. Président de la République du Sénégal de 1960 à 1980.

Senlis ■ Sous-préfecture de l'Oise. 15 200 hab. *(les Senlisiens)*. Cathédrale gothique.

Mack **Sennett** ■ Cinéaste américain (1880-1960). Pionnier de son art, maître du film comique muet.

Sens ■ Sous-préfecture de l'Yonne. 27 800 hab. *(les Sénonais)*. Cathédrale gothique.

Seo de Urgel ■ ⇒ Urgel.

Séoul ■ Capitale de la Corée du Sud. 9,64 millions d'hab. Important centre commercial et industriel. Capitale du royaume de Corée au XIVᵉ s., occupée par les Japonais de 1910 à 1945, partiellement détruite pendant la guerre de *Corée (1950-1951).

la guerre de **Sept Ans** ■ Guerre européenne qui opposa la Grande-Bretagne et la Prusse à la France, l'Autriche et à leurs alliés, de 1756 à 1763. Elle révéla la puissance de la Prusse de *Frédéric II et marqua le renoncement de la France à son empire colonial, au profit de la Grande-Bretagne (⇒ traité de **Paris**).

les massacres de **septembre 1792** ■ Exécutions sommaires de personnes supposées être des ennemis de la Révolution, notamment des prêtres. Le mouvement partit de la *Commune de Paris (1 100 victimes) et s'étendit en province. Il annonce la *Terreur.

Septèmes-les-Vallons ■ Commune des Bouches-du-Rhône. 10 400 hab. *(les Septémois)*. Vestiges romains.

Septime Sévère ■ Empereur romain (146-211). Il exerça un pouvoir autoritaire de 193 à sa mort.

Seraing ■ Ville de Belgique (province de *Liège). 61 400 hab.

Sérapis ■ Divinité gréco-égyptienne dont le culte était célébré à *Memphis.

la **Serbie** ■ République constituant avec le Monténégro, la république fédérale de Yougoslavie. Elle comprend les provinces du *Kosovo et de la *Vojvodine. 88 361 km². 9,76 millions d'hab. *(les Serbes)*. Capitale : Belgrade. □ **HISTOIRE**. État le plus puissant des Balkans au début du XIVᵉ s., soumis par les Turcs en 1389, il maintint une forte conscience nationale jusqu'au XIXᵉ s. et obtint l'indépendance en 1878. Pierre Iᵉʳ de Serbie prit le titre de roi des Serbes, des Croates et des Slovènes en 1918, agrandissant le royaume des territoires slaves de l'ancienne Autriche-Hongrie ; le nouveau pays prit le nom de Yougoslavie en 1929. ⇒ **Yougoslavie**.

Sercq, en anglais *Sark* ■ Petite île *Anglo-Normande. 5,2 km². 550 hab. Gouvernée, depuis l'époque féodale, par un « seigneur » ou une « dame » qui relève du bailliage de *Guernesey.

le **Serein** ■ Rivière de *Bourgogne, affluent de l'Yonne. 186 km.

Serekunda ■ Ville de Gambie. 103 000 hab.

Serge de Radonège ■ Moine russe (v. 1314-1392). Patron de la Russie.

Sergiev-Possad ■ ⇒ Zagorsk.

le *Sergipe* ■ Petit État côtier de l'est du Brésil. 21 863 km². 1,39 million d'hab. Capitale : Aracaju.

Olivier de *Serres* ■ Agronome français, pionnier de l'industrie de la soie (v. 1539-1619). Son livre, *"Théâtre d'agriculture"*, préfigure la révolution agricole du XIXᵉ s.

Sertorius ■ Général romain, partisan de *Marius (123 - 72 av. J.-C.).

Paul *Sérusier* ■ Peintre et théoricien français (1863-1927). Ami de *Gauguin à *Pont-Aven, il exerça une grande influence sur les *nabis.

Michel *Servet* ■ Théologien espagnol brûlé à l'instigation de *Calvin (1511-1553).

Sésostris III ■ Pharaon égyptien du Moyen Empire (de 1878 à 1843 av. J.-C.). Il acheva la conquête de la *Nubie. Célébré comme un héros, il fut divinisé.

Sesshū ■ Peintre et moine japonais (1420-1506). Paysages.

Sestrières ■ Station de sports d'hiver d'Italie (*Piémont).

Sète ■ Commune de l'Hérault. 41 900 hab. *(les Sétois).* 2ᵉ port français sur la Méditerranée. Tourisme.

Seth ■ Dieu du Mal dans l'ancienne Égypte. Il a un corps de lévrier.

Sétif ■ ⇒ Stif.

Setúbal ■ Ville et port du Portugal, en *Estrémadure. 77 900 hab. Pêche. Conserveries.

Georges *Seurat* ■ Peintre et dessinateur français (1859-1891). Il radicalisa les recherches des *impressionnistes sur la lumière en s'appuyant sur des bases scientifiques. Sa théorie, le *divisionnisme* ou *pointillisme,* donnera naissance au néo-impressionnisme.

le lac *Sevan* ■ Lac d'Arménie (C.É.I.), à 1 900 m d'altitude. 1 400 km².

les *Sévères* ■ Dynastie d'empereurs romains qui régna de 193 à 235.

□*Septime Sévère.* ⇒ Septime Sévère.

Gino *Severini* ■ Peintre italien installé à Paris (1883-1966). *Futuriste, puis *cubiste, il revint à un certain classicisme.

la *Severn* ■ Rivière de Grande-Bretagne. Née au pays de Galles, elle se jette dans le canal de *Bristol. 338 km.

la marquise de *Sévigné* ■ Écrivaine française (1626-1696). Les 1 500 lettres qu'elle écrivit à sa fille, Mme de Grignan, d'un style brillant et spontané, font d'elle un des grands prosateurs du XVIIᵉ s.

Séville, en espagnol *Sevilla* ■ Ville d'Espagne, capitale de la communauté autonome d'*Andalousie. 668 000 hab. *(les Sévillans).* Archevêché. Grand centre touristique, célèbre pour ses monuments (tour arabe de la *Giralda*) et ses fêtes (les *ferias*). Principal port fluvial du pays, sur le *Guadalquivir. Métallurgie. Textile. Centre important de la chrétienté sous les Romains puis sous les Wisigoths. Capitale maure des *Abbassides. Principal port de commerce avec l'Amérique du Sud du XVᵉ au XVIIᵉ s., évincé au XVIIIᵉ s. par *Cadix.

Sevran ■ Commune de la Seine-Saint-Denis. 48 600 hab. *(les Sevranais).*

la *Sèvre nantaise* ■ Rivière de l'ouest de la France, affluent de la Loire. 125 km. □*la* *Sèvre niortaise.* Fleuve côtier de l'ouest de la France, qui se jette dans l'Atlantique. 150 km. ▶ *les* *Deux-Sèvres* n. f. pl. [79]. Département français de la région *Poitou-Charentes. 6 037 km². 346 000 hab. Préfecture : Niort. Sous-préfectures : Bressuire, Parthenay.

Sèvres ■ Commune des Hauts-de-Seine. 22 100 hab. *(les Sévriens).* Manufacture nationale et musée de la céramique.

les *Deux-Sèvres* ■ ⇒ Sèvre.

les **Seychelles** n. f. pl. ■ État (république) formé par un archipel de l'océan Indien au nord-est de Madagascar. Îles : Mahé, Praslin, la Digue, etc. 453 km². 67 100 hab. *(les Seychellois).* Capitale : Victoria. Langues officielles : créole, anglais, français. Monnaie : roupie des Seychelles. Le tourisme représente 90 % des ressources. D'abord françaises, les îles sont anglaises en 1814, et indépendantes en 1976. Membre du *Commonwealth.

La **Seyne-sur-Mer** ■ Commune du Var, sur la rade de Toulon. 60 600 hab. *(les Seynois).* Constructions navales.

Seynod ■ Commune de la Haute-Savoie. 14 800 hab.

Seyssinet-Pariset ■ Commune de l'Isère. 13 300 hab. *(les Seyssinet-tois).*

Sfax ■ 2ᵉ ville et port de Tunisie. 232 000 hab. Métropole économique du sud du pays (phosphates, pêche).

la **S.F.I.O., Section française de l'Internationale ouvrière** ■ ⇒ parti socialiste français.

les **Sforza** ■ Famille italienne, ducs de Milan de 1450 à 1535.

Shaanxi ■ Province du centre de la Chine. 195 800 km². 30,4 millions d'hab. Capitale : Xian.

Shaba, anciennement **Katanga** ■ Province du Zaïre dénommée *Shaba* depuis 1972. Riche région minière qui tenta une sécession sous la direction de M. Tshombé (1960-1963).

Shāh Jahān ■ Empereur moghol de l'Inde (1592-1666). Il fit construire le *Tāj Mahal en souvenir de son épouse.

William **Shakespeare** ■ Acteur et écrivain anglais (1564-1616). Un des plus grands auteurs dramatiques de tous les temps : il conjugue une vision poétique, un réalisme populaire et truculent, le sens du tragique et de

l'histoire. On regroupe traditionnellement ses 37 pièces en trois périodes : une période de jeunesse (*"Roméo et Juliette"*, tragédie ; *"la Mégère apprivoisée"*, comédie ; *"Richard II"*, drame historique) ; une période noire (les grandes tragédies : *"Hamlet"* ; *"Macbeth"* ; *"le Roi Lear"*) ; une période romanesque (*"la Tempête"*).

Yitzhak Shamir ■ Homme politique israélien (né en 1915). Ministre des Affaires étrangères de 1980 à 1986, il est Premier ministre en 1983, 1984 et de 1986 à 1992. ⇒ Shimon **Peres.**

Shandong ■ ⇒ Chantoung.

Shanghai ou **Chang-hai** ■ La plus grande ville de Chine. 7,1 millions d'hab. Elle forme une zone municipale : 5 800 km² ; 12,32 millions d'hab. 1ᵉʳ port (sur l'estuaire du *Yangzi Jiang), 1ᵉʳ centre industriel et commercial du pays. Universités. Base des échanges entre l'Europe et la Chine, elle se développa au XIXᵉ s.

le **Shannon** ■ Principal fleuve d'Irlande. 360 km. Il se jette dans l'Atlantique à Limerick.

Shantou ou **Chan-t'eou** ■ Ville et port de Chine (*Guangdong). 513 000 hab.

Shanxi ■ Province du centre de la Chine. 157 100 km². 26,6 millions d'hab. Capitale : Taiyuan.

Sharaku ■ ⇒ Tōshūsai Sharaku.

George Bernard **Shaw** ■ Écrivain et dramaturge irlandais (1856-1950). Dans ses satires vigoureuses de la société victorienne, il mêle humour et pessimisme. *"Pygmalion ;" "Androclès et le lion".* Prix Nobel 1925.

Shawinigan ■ Ville du Canada (*Québec). 23 000 hab. Industries liées à l'hydro-électricité.

Sheffield ■ Ville du nord de l'Angleterre (*Yorkshire du Sud). 477 000 hab. Un des premiers centres métallurgiques et sidérurgiques d'Europe.

Percy Bysshe **Shelley** ■ Poète *romantique anglais (1792-1822). Ami de *Keats et de *Byron, il célébra la révolte, l'amour et la liberté. *"Prométhée délivré"*. □*Mary* **Shelley** (1797-1851), sa femme, romancière anglaise, fille de W. Godwin et de M. *Wollstonecraft. Créatrice du célèbre personnage de Frankenstein qui fabriqua un monstre androïde. *"Frankenstein ou le Prométhée moderne"*.

Shenyang, autrefois **Mukden** ou **Moukden** ■ 4e ville de Chine, capitale du *Liaoning. 4,29 millions d'hab. Puissante cité industrielle. Elle joua un rôle important dans la guerre russo-japonaise.

Thomas **Sheraton** ■ Ébéniste anglais. Son nom caractérise un style de mobilier (1751-1806).

Sherbrooke ■ Ville du Canada (*Québec). 74 400 hab. Agglomération de 130 000 hab. Centre de communications. Université.

Richard **Sheridan** ■ Auteur dramatique et homme politique anglais (1751-1816). *"L'École de la médisance"*, dénonciation de l'hypocrisie mondaine.

Sherlock Holmes ■ ⇒ Conan Doyle.

William **Sherman** ■ Général américain (1820-1891). Un des meilleurs chefs nordistes de la guerre de *Sécession.

les **Sherpas** ■ Peuple montagnard du *Népal. ⟨ ▶ sherpa ⟩

sir Charles **Sherrington** ■ Physiologiste anglais (1857-1952). Prix Nobel de médecine (1932) pour ses travaux sur le système nerveux.

les îles **Shetland** ■ Archipel et zone d'autorité insulaire écossaise, au nord de la Grande-Bretagne. 1 427 km². 22 400 hab. Chef-lieu : Lerwick (7 900 hab.). Pêche et élevage de poneys. ⟨ ▶ shetland ⟩

les îles **Shetland du Sud** ■ Archipel de l'Atlantique, dépendant du territoire de l'Antarctique britannique.

le **shi'isme** ■ ⇒ le chiisme.

Shijiazhuang ■ Ville de Chine, capitale du *Hebei. 1,19 million d'hab. Industrie textile.

Shikoku ■ Une des quatre principales îles du Japon. 18 808 km². 4,2 millions d'hab. Chef-lieu : Matsuyama. Agriculture, pêche et industries dans les plaines côtières.

Shillong ■ Ville de l'Inde, capitale du *Meghālaya. 109 000 hab.

Shimonoseki ■ Ville du Japon (*Honshū). Port important (pêche, sidérurgie). 266 000 hab.

le **shintoïsme** ■ Religion qui s'est développée au Japon à partir du VIIe s. av. J.-C., en liaison avec le culte des morts. Au VIe s. av. J.-C., il y eut concurrence puis amalgame avec le bouddhisme venu de Chine. Ce syncrétisme est aujourd'hui la religion traditionnelle du pays.

Shīrāz ■ ⇒ Chirāz.

Shiva ■ ⇒ Śiva.

Shizuoka ■ Ville du Japon (*Honshū). 473 000 hab.

Shkodra ou **Shkodër,** en italien **Scutari** ■ Ville d'Albanie. 76 000 hab.

Avraham **Shlonsky** ■ Poète israélien (1900-1973). *"Douleur, tourbillon, solitude"*.

la **Shoah** ■ Terme hébreu désignant le génocide juif perpétré par les nazis pendant la Seconde *Guerre mondiale.

Sholāpur ■ Ville de l'Inde (*Mahārāshtra). 515 000 hab. Coton.

Shreveport ■ Ville des États-Unis (*Louisiane). 206 000 hab.

le **Shropshire** ■ Comté d'Angleterre, limitrophe du pays de Galles.

3 490 km². 401 000 hab. Chef-lieu : Shrewsbury (59 800 hab.).

Shubrā al-Khaymah ■ Ville d'Égypte. 533 000 hab.

le **Siam** ■ Ancien nom de la *Thaïlande. ⟨ ▶ siamois ⟩

Sian ■ ⇒ Xian.

Sībawayh ■ Grammairien arabe (v. 750-v. 795). Auteur d'un traité fondamental de grammaire arabe.

Jean **Sibelius** ■ Compositeur finlandais (1865-1957). Auteur de la célèbre *"Valse triste"*.

la **Sibérie** ■ Région de la C.É.I. (*Russie) qui s'étend de l'*Oural à l'océan Pacifique et de l'océan Arctique à l'Asie centrale. 12 764 800 km² (23 fois la France). 39,7 millions d'hab. *(les Sibériens)*. Lieu de déportation sous le régime tsariste (qui en amorça la conquête au XVIIᵉ s.), de nombreux camps d'internement (le *Goulag*) s'y trouvent encore. Les conditions naturelles (énormité des distances, rigueur du climat) rendent difficile le peuplement, encouragé par la construction du *Transsibérien au début du siècle. Mais les ressources forestières, minières (⇒ **Kouzbass**) et énergétiques sont considérables. □ *la* **Sibérie occidentale** est la mieux équipée, la plus urbanisée (Novossibirsk, Omsk) ; son agriculture se développe (céréales, élevage). □ *la* **Sibérie orientale** reste sous-exploitée, à l'exception de quelques régions minières (Krasnoïarsk, Irkoutsk, Norilsk) et des ports. □ *la* **Sibérie d'Extrême-Orient,** que les montagnes rendent particulièrement inhospitalière, est d'un intérêt stratégique capital (⇒ **Vladivostok,** île de **Sakhaline**) : contrôle du Pacifique, frontières avec le Japon et les États-Unis (*Alaska). ⟨ ▶ sibérien ⟩

Sibiu ■ Ville de Roumanie (*Transylvanie). 178 000 hab. Ville historique.

Sichuan ■ Province du sud-ouest de la Chine. 569 000 km². 103,2 millions d'hab. Capitale : Chengdu.

la **Sicile** ■ Île italienne de la Méditerranée formant une région autonome. 25 708 km². 5,16 millions d'hab. *(les Siciliens)*. Capitale : Palerme. Séparée de l'Italie continentale par le détroit de Messine. Point culminant : massif volcanique de l'Etna (3 296 m). Climat méditerranéen. Ancien grenier à blé de Rome, la Sicile est aujourd'hui un pays de pauvreté et d'émigration, malgré l'aide de l'État, l'exploitation du pétrole et le tourisme. L'État y lutte contre la mafia. □ **HISTOIRE**. Colonisée par les Phéniciens (IXᵉ s. av. J.-C.) et les Grecs (VIIIᵉ s. av. J.-C.), menacée par Carthage, la Sicile fut conquise par les Arabes (IXᵉ s.) puis par les Normands (XIᵉ s.). Elle devint la résidence préférée de Frédéric II Hohenstaufen. Passée à l'Aragón, elle forma avec Naples le *royaume des Deux-Siciles* (1442). ⇒ **Naples.**

Sidi bel Abbès ■ Ville de l'ouest de l'Algérie. 187 000 hab. Ancien centre de la Légion étrangère française (1843-1962). Centre agricole.

Sidi Bou Saïd ■ Ville de Tunisie, où séjournèrent de nombreux écrivains et artistes français. 19 200 hab.

sir Philip **Sidney** ■ Écrivain et diplomate anglais (1554-1586). *"Arcadia"*.

le **Sidobre** ■ Région granitique du sud-ouest du *Massif central.

Sidon ■ Ancienne cité phénicienne (importantes nécropoles). Aujourd'hui **Saïda,** au Liban. 27 400 hab.

Siegen ■ Ville d'Allemagne (*Rhénanie-du-Nord-Westphalie). 106 000 hab. Patrie de *Rubens.

André **Siegfried** ■ Économiste et géographe français (1875-1959). Sociologie électorale.

la ligne **Siegfried** ■ Fortifications allemandes érigées du Luxembourg à la frontière suisse (1936-1938).

Siemens ■ Famille d'industriels allemands.

Henryk **Sienkiewicz** ■ Romancier polonais (1846-1916). _"Quo Vadis ?"_. Prix Nobel 1905.

Sienne, en italien **Siena** ■ Ville d'Italie (*Toscane). 61 300 hab. _(les Siennois)._ Rivale de *Florence au Moyen Âge. Elle a gardé son architecture médiévale (place du Campo, églises, palais). ▶ _l'école_ **siennoise** représente le mieux, avec l'école florentine de *Giotto, l'art primitif italien : tableaux religieux, aux très belles couleurs sur fond d'or, témoignant d'un souci des proportions et de la ressemblance. Son principal représentant est *Duccio di Buoninsegna (v. 1300).

_la_ **Sierra Leone** ■ État (république) d'Afrique de l'Ouest, bordé par l'Atlantique. 71 740 km². 3,96 millions d'hab. _(les Sierra-Leonais)._ Capitale : Freetown. Autre ville : Bo (26 000 hab.). Langue officielle : anglais. Monnaie : leone. Le sous-sol est la principale richesse : diamants, fer. ▢ **HISTOIRE**. Explorée par les Portugais dès le XVe s., la Sierra Leone fut la terre d'accueil des esclaves affranchis par les Anglais (1787), avant de devenir colonie puis protectorat britannique (1896). En 1961, elle acquit l'indépendance dans le cadre du Commonwealth.

l'abbé **Sieyès** ■ Révolutionnaire français (1748-1836). Sa brochure _"Qu'est-ce que le tiers état ?"_ (1789) le rendit célèbre. Membre du *Directoire, il prépara le coup d'État du 18 *Brumaire mais fut supplanté par Bonaparte.

Sigebert ■ NOM DE TROIS ROIS MÉRO-VINGIENS ▢ **Sigebert Ier** (535-575), roi d'*Austrasie de 561 à son assassinat. ▢ **Sigebert II** (601-613). Roi de Bourgogne et d'Austrasie, il ne régna que quelques semaines avant d'être assas-

siné. ▢ **Sigebert III** (631-656), roi d'Austrasie (de 634 à sa mort), fils de Dagobert Ier.

Sigismond ■ NOM DE TROIS ROIS DE POLOGNE ▢ **Sigismond Ier Jagellon** (1467-1548), roi de Pologne de 1506 à sa mort. ▢ **Sigismond II Auguste Jagellon** (1520-1572), fils du précédent, roi de Pologne de 1548 à 1572. ▢ **Sigismond III Vasa** (1566-1632), neveu du précédent, roi de Pologne de 1587 à sa mort et roi de Suède de 1592 à 1599.

Sigismond de Luxembourg ■ Roi de Bohême et de Hongrie, empereur germanique (1368-1437). En 1414, il convoqua le concile de *Constance qui mit fin au *schisme d'Occident.

Paul **Signac** ■ Peintre et théoricien français (1863-1935). Il élabora avec *Seurat les bases théoriques du néo-impressionnisme et les mit en application.

Luca **Signorelli** ■ Peintre italien (v. 1450 - v. 1523). Il fut l'élève de *Piero della Francesca et l'un des grands auteurs de fresques du XVe s.

Simone **Signoret** ■ Comédienne française (1921-1985). _"Casque d'or"_, film. _"Adieu Volodia"_, roman.

Norodom **Sihanouk** ■ ⟹ Norodom Sihanouk.

Angelos **Sikelianós** ■ Un des plus grands poètes de la Grèce moderne (1884-1951). _"Pâques grecques"_.

les **sikhs** ■ Secte indienne à caractère religieux et politique, fondée au XVe s. par *Nānak. Aujourd'hui, ils constituent 2 % de la population indienne. La majorité vit dans le *Pendjab. Violents affrontements avec les hindous en 1984.

Si-kiang ■ ⟹ Xijiang.

_le_ **Sikkim** ■ Petit État de l'*Himalaya, rattaché à l'Inde depuis 1975. 7 096 km². 316 000 hab. Capitale : Gangtok. Royaume fondé par des

Tibétains en 1641, il fut colonisé par les Anglais au XIXe s.

Silène ■ Père nourricier de *Dionysos, dans la mythologie grecque, célèbre pour sa laideur et son ivresse.

la *Silésie* ■ Région d'Europe centrale partagée entre la République tchèque (région d'*Ostrava) et la Pologne (majeure partie), où elle est divisée entre *basse Silésie* et *haute Silésie* : activités agricoles, importantes ressources minières, concentration industrielle exceptionnelle, forte concentration urbaine (*Czemstochowa, *Cracovie, *Wrocław...). Disputée entre la Pologne, la Bohême et les États allemands dès le Moyen Âge, annexée par les *Habsbourg en 1526, puis par la Prusse au XVIIIe s., elle fut attribuée, pour l'essentiel, à la Pologne en 1945.

Étienne de Silhouette ■ Ministre des Finances de Louis XV (1709-1767). Les caricatures qu'on fit de lui sous forme d'ombres chinoises donnèrent le nom commun *silhouette*. 〈 ▶ silhouette 〉

Silicon Valley ■ « La vallée du silicium », zone industrielle de l'ouest de la Californie, s'étendant de *San Jose à *San Francisco (500 km²), où est concentré l'essentiel de l'industrie électronique des États-Unis. En déclin depuis quelques années.

Frans Eemil Sillanpää ■ Écrivain finlandais (1888-1964). *"Sainte Misère"*. Prix Nobel 1939.

le *Sillon* ■ Mouvement socialiste chrétien de Marc *Sangnier. Précurseur de la démocratie chrétienne.

le *Sillon alpin* ■ Large couloir de plaines encaissé entre les *Préalpes et les *Alpes. Ville principale : Grenoble.

Israël Silvestre ■ Dessinateur et graveur français (1621-1691). Il travailla au service de Louis XIV.

Simbirsk, de 1924 à 1991 *Oulianovsk* ■ Ville de la C.É.I.

(*Russie). 625 000 hab. Patrie de *Lénine (V.I. Oulianov).

Georges Simenon ■ Écrivain belge de langue française (1903-1989). Créateur du personnage du commissaire Maigret. Son œuvre romanesque fut immense, et souvent adaptée au cinéma.

Simferopol ■ Ville de la C.É.I. (*Ukraine), en Crimée. 344 000 hab. Centre commercial. Industries (tabac).

Georg Simmel ■ Philosophe et sociologue allemand, s'inspirant de *Kant (1858-1918).

Michel Simon ■ Comédien français d'origine suisse (1895-1975). *"Drôle de drame"* ; *"le Vieil Homme et l'Enfant"*.

Claude Simon ■ Écrivain français (né en 1913). Un des principaux représentants du *nouveau roman. *"La Route des Flandres"*. Prix Nobel 1985.

Simon le Magicien ■ Personnage des Actes des Apôtres (⇒ **Bible**) qui voulut acheter à *Pierre le pouvoir d'évoquer le Saint-Esprit.

saint *Simon le Zélote* ■ Apôtre de Jésus. Il aurait été crucifié en Perse.

le *Simplon* ■ Passage des Alpes faisant communiquer la Suisse (*Valais) et l'Italie (*Piémont). Voies ferroviaires et routières très fréquentées.

le *Sinaï* ■ Péninsule montagneuse et désertique d'Égypte, à l'est du canal de Suez, qui fut le terrain de violents combats durant les guerres *israélo-arabes. Occupé par Israël en 1967, il fut remis à l'Égypte en 1982. □ *le mont Sinaï.* Ensemble montagneux de la péninsule du Sinaï où, selon la Bible, *Moïse reçut les Dix Commandements de *Yahvé.

Mimar Sinan ■ Architecte turc (1489-1588). Le plus célèbre représentant de l'époque ottomane classique. Nombreuses mosquées, notamment à *Andrinople.

Sindbad ■ Personnage des "*Mille et Une Nuits*", marin, héros d'aventures merveilleuses.

Singapour ■ État (république) d'Asie du Sud-Est, formé d'une île, reliée à la *Malaysia par un pont, et de 57 îlots. 622 km². 2,67 millions d'hab. *(les Singapouriens)*. Capitale : Singapour. Langues officielles : anglais, chinois, malais, tamoul. Monnaie : dollar de Singapour. 3ᵉ port du monde. Grand centre industriel (électronique, pétrochimie, construction navale), commercial et bancaire. Occupée (1819) puis achetée par les Anglais, l'île devint une colonie britannique (1867). Elle est indépendante depuis 1965 et fait partie du *Commonwealth.

Isaac Bashevis Singer ■ Écrivain américain d'expression yiddish (1904-1991). "*Le Manoir*". Prix Nobel 1978.

Sin-le-Noble ■ Commune du Nord. 16 600 hab.

le Sinn Féin ■ Mouvement nationaliste irlandais, fondé en 1902, pour lutter contre la présence anglaise. Il fut dirigé par E. *De Valera.

Sinuhiju ■ Ville de Corée du Nord. 500 000 hab.

Sion ■ Colline de Jérusalem. *Sion* désigne aussi la ville tout entière. ▶ *le* **sionisme.** Mouvement nationaliste juif qui se forma à la fin du XIXᵉ s. avec *Herzl pour principal théoricien. Il revendiquait le retour des juifs du monde entier dans le pays de leurs ancêtres, la *Palestine. Cette revendication trouva son aboutissement avec la création de l'État d'*Israël en 1948. On appelle *sionistes* les partisans de l'État d'Israël.

Sion, en allemand **Sitten** ■ Ville de Suisse, chef-lieu du canton du *Valais. 23 000 hab.

la Sioule ■ Rivière d'*Auvergne, affluent de l'Allier. 150 km.

les Sioux ou **Dakotas** ■ Indiens d'Amérique du Nord qui vivaient dans les grandes plaines. Ils luttèrent contre les Blancs pour garder leur terre mais furent soumis en 1890-1891.

Sioux Falls ■ Ville des États-Unis, la plus grande du *Dakota du Sud. 81 100 hab.

David Alfaro Siqueiros ■ Peintre mexicain (1896-1974). Peintures murales expressionnistes.

les Sirènes n. f. ■ Démons marins de la mythologie grecque représentés comme des femmes-oiseaux. Par leurs chants, elles attiraient les navigateurs sur les récifs puis les dévoraient. *Ulysse et les *Argonautes passèrent sans succomber à leur charme grâce à d'habiles stratagèmes. – Les sirènes à corps de poisson viennent des mythologies germaniques. ⟨ ▶ sirène ⟩

Sirius ■ Étoile la plus brillante du ciel.

Alfred Sisley ■ Peintre anglais de l'école *impressionniste française (1839-1899).

Sisteron ■ Commune des Alpes-de-Haute-Provence. 6 600 hab. *(les Sisteronais)*. Cathédrale du XIIᵉ s.

Sisyphe ■ Roi légendaire de *Corinthe. Après sa mort, il fut condamné à rouler éternellement, sur le versant d'une montagne, un rocher qui retombait sans cesse, d'où l'expression « rocher de Sisyphe » pour désigner une tâche interminable.

Śiva, Shiva ou **Çiva** ■ Une des trois principales divinités hindoues (⟹ **Brahmā, Vishnou**). C'est à la fois le Destructeur et le Créateur, roi de la danse ; il a trois yeux et quatre bras. Ses épouses : Durgā, Pārvatī, Kālī.

Sivas ■ Ville de Turquie. 197 000 hab. C'est l'ancienne *Sébaste*. Monuments seldjoukides.

le groupe des Six ■ Compositeurs français du XXᵉ s. : *Auric, *Honegger, *Milhaud, *Poulenc, Germaine *Tailleferre et Louis Durey (1888-1979).

Six-Fours-les-Plages ■ Commune du Var. 29 200 hab. *(les Six-Fournais).*

la guerre des **Six-Jours** ■ ⇒ guerres **israélo-arabes.**

Sixte ■ NOM DE CINQ PAPES □ **Sixte IV,** élu en 1471 (1414-1484), adversaire des Médicis, fit construire la chapelle Sixtine (→ ci-dessous). □ **Sixte V** dit **Sixte Quint,** élu en 1585 (1520-1590), poursuivit l'œuvre de la *Contre-Réforme et embellit Rome. ▶ *la chapelle* **Sixtine,** chapelle du *Vatican. Fresque du *"Jugement dernier"* par *Michel-Ange.

Sjaelland ■ Principale île du Danemark : elle concentre 42 % de la population nationale et abrite la capitale du pays, Copenhague. 7 027 km².

Piotr **Skarga** ■ Le plus grand prédicateur et prosateur polonais du xvie s. (1536-1612). Partisan de la *Contre-Réforme.

Skikda, autrefois *Philippeville* ■ Ville et port d'Algérie. 141 000 hab. Pétrochimie.

Burrhus Frederic **Skinner** ■ Psychologue américain, théoricien du comportementalisme (1904-1990).

Skopje ou **Skoplje** ■ Capitale de la *Macédoine. 505 000 hab.

les **Slaves** ■ Groupe de peuples de souche indo-européenne, parlant des langues de même origine (russe, ukrainien, polonais, bulgare, serbe...) et occupant la majeure partie de l'Europe centrale et orientale. ⟨ ▶ slave ⟩

Slough ■ Ville d'Angleterre (*Berkshire). 107 000 hab.

la **Slovaquie** ■ État d'Europe centrale, au Sud de la Pologne. 49 035 km². 5,26 millions d'hab. *(les Slovaques).* Capitale : Bratislava. Région montagneuse (chaîne des *Carpates) à l'économie principalement agricole. □ **HISTOIRE**. Conquise par les Hongrois au xe s., la région passa aux Habsbourg au xvie s.

(⇒ **Hongrie**). En 1918, séparée de l'Autriche-Hongrie, la Slovaquie s'unit aux pays tchèques pour former un seul État, la *Tchécoslovaquie (avec une interruption de 1938 à 1945 pendant laquelle elle forma un État sous protectorat allemand). La Slovaquie fut l'un des deux États fédérés en 1969 puis devint indépendante en 1993.

la **Slovénie** ■ État (république) d'Europe méridionale. 20 251 km². 1,94 million d'hab. *(les Slovènes).* Capitale : Ljubljana. Langues : slovène (off.), italien. Monnaie : tolar. Ancienne principauté des *Habsbourg, fortement germanisée du xiiie au xve s. Elle fut intégrée au royaume des Serbes, des Croates et des Slovènes (⇒ **Yougoslavie**) en 1918. Devenue en 1945 l'une des six républiques fédérées de Yougoslavie, elle a proclamé son indépendance en 1991.

Juliusz **Słowacki** ■ Poète *romantique et auteur dramatique polonais (1809-1849). *"Anhelli".*

Claus **Sluter** ■ Sculpteur hollandais au service des ducs de Bourgogne (v. 1350 - 1406). Le « réalisme slutérien », eut une grande influence. Le *puits de Moïse,* près de Dijon.

Bedřich **Smetana** ■ Compositeur et patriote tchèque (1824-1884). Représentant de la musique romantique de Bohême. *"La Fiancée vendue",* opéra.

Adam **Smith** ■ Économiste écossais (1723-1790). Le père de l'économie politique. *"La Richesse des nations"* (1776).

Joseph **Smith** ■ Fondateur de la secte des *mormons (1805-1844). La secte compte aujourd'hui 5,9 millions de fidèles dans le monde. Le temple principal est à *Salt Lake City.

Smolensk ■ Ville de la C.É.I. (*Russie). 341 000 hab. Une des plus anciennes villes russes (ixe s.), monuments, remparts. Industries.

Tobias George **Smollett** ■ Romancier écossais (1721-1771). *"Les Aventures de Roderick Random"*.

Smyrne, en turc **İzmir** ■ 3ᵉ ville et port de Turquie, sur la mer Égée. 1,5 million d'hab. *(les Smyrniotes).*

la **Snake River** ■ Fleuve du nord-ouest des États-Unis, affluent de la *Columbia. 1 450 km.

Willebrord **Snel Van Royen** dit *Willebrordus Snellius* ■ Astronome et mathématicien hollandais (v. 1580-1626). Il formula avant *Descartes les lois sur la réfraction de la lumière.

le **Snowdon** ■ Massif du nord-ouest du pays de Galles. Parc national où se trouve le *mont Snowdon* (1 085 m), le sommet le plus élevé d'Angleterre et du pays de Galles.

Frans **Snyders** ou **Snijders** ■ Peintre flamand (1579-1657). Natures mortes d'inspiration *baroque.

Mário **Soares** ■ Homme politique portugais (né en 1924). Premier ministre (socialiste) de 1976 à 1978 et de 1983 à 1985, élu président de la République en 1986.

Sochaux ■ Commune du Doubs, dans l'agglomération de Montbéliard. 4 400 hab. *(les Sochaliens).* Constructions automobiles.

la **social-démocratie** ■ Courant politique qui s'inspire d'un socialisme réformiste et modéré, respectueux des institutions. De grands partis sociaux-démocrates existent en Europe du Nord et en Allemagne.

le parti **socialiste** *français* ■ Parti politique créé en 1905 comme section française de l'*Internationale ouvrière (S.F.I.O.). Les partisans d'un socialisme révolutionnaire, proches de *Lénine, s'en séparèrent, en 1920 au congrès de Tours, pour fonder le parti *communiste. Plus à gauche que le parti *radical, la S.F.I.O. soutint les gouvernements du Cartel des gauches (1924), participa à ceux du *Front populaire (1936 ; ⇒ **Blum**) et de la IVᵉ *République. La crise de la décolonisation et l'arrivée au pouvoir du général de *Gaulle marquèrent son déclin (scission du P.S.U., parti socialiste unifié, en 1958). La S.F.I.O. fut dissoute en 1969 et remplacée par un nouveau parti socialiste (le P.S.), réorganisé par F. *Mitterrand. Ce dernier fut élu président de la République en 1981, puis en 1988. Les gouvernements socialistes de Pierre *Mauroy et Laurent *Fabius dirigèrent le pays de 1981 à 1986, ceux de Michel *Rocard, Édith *Cresson et Pierre *Bérégovoy de 1988 à 1993.

les îles de la **Société** ■ Archipel le plus peuplé de la Polynésie française (Océanie), composé des îles du *Vent et des îles *Sous-le-Vent. 1 598 km². 145 300 hab. La principale île est *Tahiti.

la **Société des Nations** ou **S.D.N.** ■ Organisation internationale créée en 1920 pour le maintien de la paix et le développement de la coopération entre les peuples. Remplacée en 1946 par l'*O.N.U.

Socrate ■ Philosophe grec (470 - 399 av. J.-C.). Il n'a rien écrit, mais son élève Platon en a fait la figure centrale de ses *"Dialogues"*, le père de la dialectique et par là de toute la philosophie, le maître de la « maïeutique » ou art d'accoucher les esprits. Personnage insaisissable, semblant douter de tout, ironique, suspect à la cité, il fut condamné à boire la ciguë pour impiété. ⇒ **Platon, Xénophon.** ⟨ ▶ socratique ⟩

Frederick **Soddy** ■ Chimiste britannique (1877-1956). On lui doit la notion d'isotopie. Prix Nobel 1921.

il **Sodoma** ■ Peintre italien (1477-1549). Fresques d'un style gracieux et inquiétant, proche du *maniérisme.

Sodome ■ Cité biblique détruite, selon la légende, avec Gomorrhe par Dieu, à cause de la dépravation de ses habitants. ⟨ ▶ sodomie ⟩

Soekarno ■ ⇒ Sukarno.

Sofia ■ Capitale de la Bulgarie. 1,13 million d'hab. Grand centre commercial et premier centre industriel du pays.

Soho ■ Un des quartiers les plus animés du centre de Londres.

Shihāboddīn Yahyā **Sohrawardī** ■ Philosophe et mystique iranien *chiite, le maître de la théosophie orientale (1155-1191).

la route de la **soie** ■ Piste caravanière qui reliait, du IIᵉ s. av. J.-C. au XIIIᵉ s., la Chine (Xian, Canton) à l'Europe (Odessa, Constantinople). Elle était jalonnée de caravansérails (Samarkand, Tachkent, Boukhara) et fut une voie d'échanges entre les civilisations européenne et extrême-orientale.

Soissons ■ Sous-préfecture de l'Aisne. 32 100 hab. *(les Soissonnais).* Monuments (XIIIᵉ et XVᵉ s.). Victoire de Clovis (486), à laquelle est liée l'anecdote du vase de Soissons. Ancienne capitale de la *Neustrie.

Soisy-sous-Montmorency ■ Commune du Val-d'Oise. 16 600 hab. *(les Soiséens).*

Sokodé ■ Ville du Togo. 48 100 hab. Égrenage du kapok et du coton.

le **Soldat inconnu** ■ Soldat d'identité inconnue, mort pendant la Première Guerre mondiale, dont les cendres ont été transférées sous l'arc de triomphe de Paris, le 11 novembre 1920, afin d'honorer tous les soldats de l'armée française morts pendant ce conflit. Plusieurs nations imitèrent cet exemple.

le **Soleil** ■ Astre autour duquel gravitent les planètes du système solaire : en s'éloignant, Mercure, Vénus, la Terre, Mars, Jupiter, Saturne, Uranus, Neptune et Pluton, plus d'petites planètes et astéroïdes. Son diamètre est de 1,39 million de km. Situé à 150 millions de km de la Terre, le Soleil est une étoile jaune, sphère de gaz incandescent. La température du noyau atteint 15 millions de degrés, celle de la couronne 1 million de degrés. Les taches sombres découvertes par *Galilée sont des zones moins chaudes. Le Soleil serait vieux de 5 milliards d'années. Parce qu'il est l'astre le plus brillant de notre ciel, celui qui donne la lumière et la chaleur, qui règle l'alternance du jour et de la nuit, il fut adoré et vénéré dans de nombreuses religions (⇒ **Phébus, Rê**).

l'abbaye de **Solesmes** ■ Abbaye bénédictine, dans la Sarthe (commune de *Solesmes,* 1 300 hab. *[les Solesmiens]*), à la tête de la Congrégation bénédictine de France. Foyer de la redécouverte du chant grégorien au XIXᵉ s.

Soleure, en allemand **Solothurn** ■ Ville de Suisse. 15 600 hab. □ *le canton de* **Soleure.** 791 km². 221 000 hab. Chef-lieu : Soleure.

Solferino ■ Village d'Italie, en *Lombardie. L'armée française y remporta une victoire (peu décisive) sur les Autrichiens, en juin 1859.

Solidarność ■ « Solidarité », union de syndicats polonais (Gdańsk, 1980), présidée par Lech *Wałęsa, mise hors la loi (1982-1989), puis participant au gouvernement de la Pologne.

Soliman le Magnifique ■ Sultan ottoman de 1520 à sa mort (v. 1494 - 1566). Fils de *Sélim Iᵉʳ. Grand conquérant, bâtisseur (⇒ **Sinan**) et législateur. Sous son règne, l'empire connut la période la plus riche de son histoire.

Solingen ■ Ville d'Allemagne (*Rhénanie-du-Nord-Westphalie), dans la *Ruhr. 159 000 hab. Coutellerie.

Alexandre **Soljenitsyne** ■ Écrivain soviétique (né en 1918). À travers la description des prisons politiques, son œuvre dénonce le régime de *Staline et le matérialisme. Prix Nobel 1970. Expulsé d'U.R.S.S. et déchu de sa nationalité en 1974, il s'établit aux États-Unis. *"Une journée d'Ivan Denissovitch"* ; *"l'Archipel du Goulag"*.

Philippe Sollers ■ Écrivain français (né en 1936). Fondateur de la revue *Tel quel*. Œuvre d'avant-garde *("H")*. Romans *("Femmes")*.

Solliès-Pont ■ Commune du Var. 9 600 hab.

la **Sologne** ■ Région sableuse et argileuse du sud du Bassin *parisien, habitée par *les Solognots*. Chasse et pêche.

le comte **Solomós** ■ Poète grec (1798-1857). Son *"Hymne à la liberté"* est devenu l'hymne national de la Grèce moderne.

Solon ■ Législateur athénien (v. 640 - v. 558 av. J.-C.). Son nom est attaché aux réformes qui permirent l'essor d'Athènes et la mise en place de la démocratie.

Somain ■ Commune du Nord. 12 000 hab.

la **Somalie** ■ État (république démocratique) du nord-est de l'Afrique. Elle dispute à l'Éthiopie la région frontière d'*Ogaden. 637 657 km². 7,34 millions d'hab. *(les Somaliens)*. Capitale : Mogadiscio. Langues officielles : somali, arabe. Religion officielle : islam. Monnaie : shilling somali. Pays de savane où domine l'élevage nomade. Cultures tropicales. Ancienne colonie partagée entre le Royaume-Uni et l'Italie, devenue entièrement britannique en 1941, puis placée sous administration italienne en 1950, elle est indépendante depuis 1960. Depuis 1991, une violente guerre civile a renversé les militaires qui avaient pris le pouvoir en 1969, déchiré le pays et entraîné une intervention militaire de l'*O.N.U. destinée à sauver la population de la famine.

le **Somerset** ■ Comté du sud-ouest de l'Angleterre. 3 458 km². 458 000 hab. Chef-lieu : Taunton (45 000 hab.). Région laitière et touristique.

la **Somme** [80] ■ Département français de la région *Picardie. Il doit son nom au fleuve qui le traverse et se jette dans la Manche (estuaire de la *baie de Somme*). 6 208 km². 549 100 hab. Préfecture : Amiens. Sous-préfectures : Abbeville, Montdidier, Péronne. □ *les batailles de la* **Somme** (1916, 1940).

le col du **Somport** ■ Col des Pyrénées-Atlantiques, à la frontière espagnole. 1 632 m.

les îles de la **Sonde** ■ Îles formant l'Indonésie dont *Java, *Sumatra et les îles *Célèbes sont les principales. L'île de *Bornéo, partagée entre la Malaysia et l'Indonésie (*Kalimantan), en fait également partie.

le **Sonderbund** ■ Ligue séparatiste formée par les cantons suisses catholiques contre la majorité parlementaire, anticléricale, de la Confédération (1845). Vaincue par les troupes fédérales du général *Dufour (1847), elle fut dissoute.

les **Song** ■ Dynastie chinoise qui régna de 960 à 1279. ⇒ **Chine.**

les **Songhaïs** ou **Sonrhaïs** ■ Peuple d'Afrique occidentale, métissé de Peuls et de Touaregs. Ils fondèrent un royaume, avec *Gao pour capitale, qui devint un empire et fut anéanti par les Marocains à la fin du XVIᵉ s.

Sophocle ■ Poète tragique grec (496 - 406 av. J.-C.). Il porta la tragédie grecque à son plus haut degré de perfection en modifiant la technique dramatique (nombre d'acteurs, rôle du chœur). Il ne reste de lui que huit pièces : *"Ajax"* ; *"Antigone"* ; *"Œdipe Roi"* ; *"les Limiers"* ; *"Électre"* ; *"les Trachiniennes"* ; *"Philoctète"* ; *"Œdipe à Colone"*.

la **Sorbonne** ■ Établissement public d'enseignement supérieur, à Paris, partagé en plusieurs universités. Créée en 1257 par Robert de Sorbon

Sorel

(1201-1274) pour l'enseignement de la théologie, elle fit office de tribunal ecclésiastique jusqu'au XVIIIᵉ s.

Agnès **Sorel** ■ Favorite du roi de France Charles VII (1422-1450).

Charles **Sorel** ■ Écrivain français (1602-1674). "*La Vraie Histoire comique de Francion*", chef-d'œuvre du burlesque.

Georges **Sorel** ■ Publiciste français (1847-1922). Sa pensée influença le syndicalisme révolutionnaire mais fut également utilisée par des mouvements plus réactionnaires, en particulier le fascisme italien. "*Réflexions sur la violence*".

Søren **Sørensen** ■ Chimiste danois (1868-1939). On lui doit l'échelle de pH, mesure de l'acidité.

Sorgues ■ Commune du Vaucluse. 17 300 hab. *(les Sorguais).*

Sorrente ■ Ville d'Italie (*Campanie), célèbre pour son site admirable. 17 300 hab.

Sosnowiec ■ Ville de Pologne, en *Silésie. 260 000 hab.

Sotchi ■ Ville et port de la C.É.I. (*Russie), sur la mer Noire. 337 000 hab. Station balnéaire.

Sotteville-lès-Rouen ■ Commune de Seine-Maritime. 30 000 hab. *(les Sottevillais).*

la **Souabe,** en allemand *Schwaben* ■ Région historique d'Allemagne, aujourd'hui partagée entre la *Bavière et le *Bade-Wurtemberg. Érigée en duché au VIᵉ s., la Souabe passa à la famille des *Hohenstaufen. Alliée de l'Autriche au XVIᵉ s., elle fut démantelée au traité de Westphalie (⇒ guerre de **Trente Ans**). ▶ *le bassin de* **Souabe-Franconie,** bassin sédimentaire d'Allemagne, s'étendant de la Forêt-Noire à la forêt de *Bohême. Partagé entre la Bavière, le Bade-Wurtemberg et la *Hesse.

le **Soudan** ■ État (république) du nord-est de l'Afrique, occupant la région du haut Nil et bordé par la mer Rouge. 2 503 890 km² (le plus vaste pays d'Afrique). 27,27 millions d'hab. *(les Soudanais).* Capitale : Khartoum. Langue officielle : arabe. Religion officielle : islam. Monnaie : livre soudanaise. Arabes et Berbères dans le Nord, Noirs dans le Sud. Élevage et culture irriguée. Exportation de coton. □ **HISTOIRE.** Dans l'Antiquité, le pays fut sous l'influence de l'Égypte pharaonique. Christianisé au VIᵉ s. puis islamisé au XVᵉ s., il fut conquis par *Méhémet-Ali en 1820, mais se souleva contre la domination anglo-égyptienne v. 1880 (⇒ **Mahdī**). Vaincu, il ne devint indépendant qu'en 1956. Sous régime militaire, le pays est en proie à de graves difficultés (famine) résultant de la diversité ethnique et religieuse de la population qui le compose.

le **Soudan** ou *zone soudanaise* ■ Région climatique de l'Afrique qui fait la transition entre le *Sahel et la zone équatoriale humide.

le **Soudan français** ■ Nom du *Mali avant son indépendance.

Germain **Soufflot** ■ Architecte français (1713-1780). *Le Panthéon, à Paris, premier monument du *néoclassicisme français.

le **soufisme** ■ Courant mystique musulman apparu au VIIᵉ s. Plus qu'une doctrine, c'est un style de vie et de pensée, fondé sur le *Coran. La littérature soufie est très importante (les grands poètes soufis : *Ibn al-Fāriḍ, *Ibn al-'Arabī).

la **Soufrière** ■ Volcan de la Guadeloupe (Basse-Terre). 1 484 m.

Soukhoumi ■ Ville de *Géorgie, capitale de la république autonome d'*Abkhazie et port sur la mer Noire. 121 000 hab.

Pierre **Soulages** ■ Peintre français (né en 1919). Œuvre abstraite fondée sur l'utilisation presque exclusive des noirs et de la ligne.

Nicolas Jean de Dieu **Soult** *duc de Dalmatie* ■ Maréchal de

France (1769-1851). Il s'illustra à *Austerlitz. Président du Conseil sous la *monarchie de Juillet.

Soumgaït ■ Ville de la C.É.I. (*Azerbaïdjan). 248 000 hab. Complexe chimique et industriel.

Philippe **Soupault** ■ Écrivain *surréaliste français (1897-1990). "*Les Champs magnétiques*", écrits avec Breton.

les îles **Sous-le-Vent** ■ Ensemble d'îles appartenant au groupe des Petites *Antilles et comprenant, au nord, les îles *Vierges, *Anguilla, *Saint Christopher and Nevis, *Antigua et Barbuda, *Montserrat ; au sud, les îles situées au large des côtes vénézuéliennes dont une partie est néerlandaise (*Aruba, Bonaire, *Curaçao) et l'autre vénézuélienne.

les îles **Sous-le-Vent** ■ Archipel de la *Polynésie française (Océanie) formant, avec les îles du *Vent, l'archipel de la *Société. 404 km². 22 200 hab. Chef-lieu : Uturoa.

Sousse ■ Ville et port de Tunisie. 85 300 hab. Olives. Station balnéaire.

Jacques **Soustelle** ■ Homme politique et ethnologue français, grand spécialiste du Mexique (1912-1990). Il prit position pour l'Algérie française.

Southampton ■ Ville d'Angleterre (*Hampshire), important port de commerce et de voyageurs sur la Manche. 215 000 hab.

Southend-on-Sea ■ Ville d'Angleterre (*Essex), station balnéaire proche de Londres. 157 000 hab.

Southport ■ Ville, port et station balnéaire du nord-ouest de l'Angleterre (*Merseyside). 91 000 hab. Terrains de golf réputés.

Chaïm **Soutine** ■ Peintre français d'origine lituanienne (1894-1943). Il a pratiqué un *expressionnisme violent et tourmenté. Portraits.

Alexandre **Souvorov** ■ Maréchal russe (1729-1800). Vainqueur de *Pou-gatchev (1775) et des Français en Italie du Nord (1799).

Soweto ■ Agglomération d'Afrique du Sud, réservée aux Noirs, dans la banlieue de Johannesburg. 864 000 hab.

Soyaux ■ Commune de Charente. 10 700 hab. *(les Sojaldiciens).* Chaussures.

Wole **Soyinka** ■ Écrivain africain d'expression anglaise (né en 1934). Le premier écrivain noir à recevoir le prix Nobel (1986). "*Une saison d'anomie*".

Spa ■ Commune de Belgique (province de *Liège). 9 600 hab. Station thermale réputée.

Paul Henri **Spaak** ■ Homme politique belge (1899-1972). Il participa à la construction de l'Europe (⟹ C.E.E.).

Spanish Town ■ Ville de Jamaïque. 89 100 hab.

Spartacus ■ Chef de la grande révolte d'esclaves contre Rome (mort en 71 av. J.-C.). Ancien berger, échappé d'une école de gladiateurs, il leva une armée mais fut vaincu par *Crassus et tué. Son personnage est un symbole révolutionnaire.

Spartakus ■ Groupe de socialistes allemands (K. *Liebknecht, R. *Luxemburg...) qui, lors de la Première Guerre mondiale, se séparèrent de la social-démocratie. En décembre 1918, cette ligue devint le parti communiste allemand et tenta, en 1919, une insurrection à Berlin qui fut durement réprimée.

Sparte ou **Lacédémone** ■ Ville de la Grèce antique dans le Péloponnèse, fondée par les *Doriens au IXᵉ s. av. J.-C. Les *Spartiates,* organisés suivant une stricte discipline militaire, eurent une politique d'expansion qui fit de leur ville une puissante cité. Au Vᵉ s. av. J.-C., elle entra en conflit avec Athènes (⟹ guerre du **Péloponnèse**) et en sortit victorieuse. Mais sa prédominance sur le monde grec prit fin au IVe s. av. J.-C. ⟨ ▶ spartiate, spartiates ⟩

Herbert **Spencer** ■ Philosophe anglais (1820-1903). Anthropologie évolutionniste.

Oswald **Spengler** ■ Philosophe allemand (1880-1936). Sa vision pessimiste de l'histoire a été utilisée abusivement par l'idéologie *nazie.

Edmund **Spenser** ■ Poète anglais (v. 1552-1599). La construction de la *"Reine des fées"* influencera *Keats, *Shelley et *Byron.

Olga **Spessivtseva** ■ Danseuse russe (1895-1991). Elle appartenait à la troupe des Ballets russes de *Diaghilev.

La **Spezia** ■ Ville et port d'Italie en *Ligurie. 106 000 hab. Raffinage de pétrole.

le **Sphinx** ■ Monstre fabuleux de la mythologie égyptienne, formé d'un corps de lion et d'une tête humaine. Sa plus célèbre représentation se trouve en Égypte, à proximité des pyramides de *Gizeh. Il devint la *sphynge* dans la mythologie grecque. ⟨ ▶ ① et ② sphinx ⟩

Léon **Spilliaert** ■ Peintre belge (1881-1946). Autodidacte, proche du symbolisme belge et de l'expressionnisme de *Munch.

António Ribeiro de **Spínola** ■ Maréchal et homme politique portugais (né en 1910). Organisateur du coup d'État d'avril 1974 qui le porta à la présidence, il dut démissionner cinq mois plus tard et s'exiler. Revenu en 1976, il fut promu maréchal en 1981.

Baruch **Spinoza** ■ Philosophe hollandais (1632-1677). Exclu de la communauté juive en raison de ses positions rationalistes, esprit solitaire et indépendant, critique de *Descartes. Son approche des textes sacrés et des croyances annonce l'exégèse scientifique et la notion d'idéologie. Son ouvrage majeur, *"l'Éthique"*, est d'interprétation difficile : on a vu

successivement dans le *spinozisme* une forme d'athéisme ou un panthéisme.

Carl **Spitteler** ■ Poète suisse d'expression allemande (1845-1924). Prix nobel en 1919.

Split, en italien **Spalato** ■ Ville et port de *Croatie, en *Dalmatie. 181 000 hab. Palais romain de Dioclétien.

le col de **Splügen** ■ Col des Alpes entre la Suisse (*Grisons) et l'Italie (*Lombardie). 2 117 m.

Ludwig **Spohr** ■ Violoniste, compositeur et chef d'orchestre allemand (1784-1859).

Spokane ■ Ville des États-Unis (État de *Washington). 171 000 hab. Région agricole.

Jean de **Sponde** ■ Humaniste et poète français (1557-1595). Poésie baroque.

Gaspare **Spontini** ■ Compositeur italien (1774-1851). *"La Vestale"*, opéra.

les **Sporades** n. f. pl. ■ Îles grecques de la mer Égée.

Spoutnik ■ Nom donné aux trois premiers satellites artificiels soviétiques. Spoutnik 1, lancé en 1957, fut le premier satellite artificiel de la Terre.

Bartholomeus **Spranger** ■ Peintre *maniériste flamand (1546-1611). Il travailla à Rome, Paris, Vienne et Prague.

Springfield ■ Ville des États-Unis, capitale de l'*Illinois. 99 600 hab.

Springfield ■ Ville des États-Unis (*Massachusetts). 151 000 hab.

Sri **Jayawardenapura** ■ Capitale législative et judiciaire du Sri Lanka. 106 000 hab.

Sri **Lanka,** autrefois **Ceylan** ■ État (république socialiste démocratique) d'Asie du Sud, dans l'île de Sri Lanka séparée de l'Inde par le détroit de *Palk. 65 610 km². 16,84 millions d'hab. *(les Sri Lankais)*. Capitales : Colombo (administrative), Sri Jayawardenapura (législative et judiciaire). Langues officielles : cingalais, tamoul. Monnaie : roupie de Sri Lanka. Économie essentiellement agricole : riz, thé (3e producteur mondial), latex. ▢ HISTOIRE. Très prospère au XIIe s., le royaume cingalais, fondé au Ve s. av. J.-C., fut colonisé par les Portugais (XVIe s.), puis par les Hollandais (XVIIe s.), enfin par les Britanniques (paix d'Amiens, 1802). Indépendant depuis 1948, le pays a pris le nom de Ceylan jusqu'en 1972. Il souffre de conflits ethniques (Tamouls et Cingalais), guerre désastreuse qui fait reculer le tourisme et les exportations. En 1987, une intervention militaire indienne, à la demande du Sri Lanka, tenta de mettre un terme à ces affrontements mais elle fut un échec (retrait en 1990).

Srĩnagar ■ Ville de l'Inde, capitale de l'État de *Jammu et *Cachemire. 595 000 hab.

la **S. S., Schutzstaffel** ■ « Section de protection », police militarisée du parti *nazi. Elle supplanta la *S. A. en 1934. Créées en 1940, les *Waffen S. S.* étaient des unités militaires d'élite ; leurs méthodes férocement impitoyables de combat et de répression en ont fait un symbole de barbarie.

Madame de **Staël** ■ Écrivaine française, fille de *Necker (1766-1817). Elle tint un salon littéraire et politique célèbre sous la Révolution et la Restauration. Son livre *"De l'Allemagne"* (⟹ **Schlegel**) eut une grande influence sur le romantisme français.

Nicolas de **Staël** ■ Peintre français d'origine russe (1914-1955). Il a suivi une ligne très personnelle, à mi-chemin de l'abstrait et du figuratif, travaillant surtout la matière picturale et le rythme.

Staffordshire ■ Comté d'Angleterre, dans les *Midlands. 2 716 km².

1,03 million d'hab. Chef-lieu : Stafford (55 500 hab.).

Georg Ernst **Stahl** ■ Chimiste allemand (1660-1734). Sa théorie du « phlogistique » est la première systématisation cohérente de la chimie. Elle sera réfutée par *Lavoisier.

Stains ■ Commune de la Seine-Saint-Denis. 35 100 hab. *(les Stanois)*.

Joseph Djougachvili dit **Staline** ■ Homme politique soviétique, de nationalité géorgienne (1879-1953). Successeur de *Lénine (1924), il devint le maître absolu du pays, l'organisant et le développant par la force, écartant *Trotski, faisant exécuter ou déporter ses rivaux et opposants (*purges staliniennes,* ⟹ **Kirov, Kamenev, Zinoviev, Boukharine**). Allié, puis grand adversaire de Hitler, il obtint en 1945, après la victoire, l'hégémonie sur les pays de l'Europe de l'Est (⟹ **Yalta**). Il engagea l'U.R.S.S. dans la *guerre froide. Le culte de sa personnalité fut critiqué après sa mort par *Khrouchtchev, puis par *Gorbatchev qui entreprit une campagne de réhabilitation des anciens opposants. Son nom caractérise les abus autocratiques extrêmes du socialisme léniniste. ⟨ ▶ stalinien, stalinisme ⟩

Stalingrad ■ Nom de *Volgograd de 1925 à 1961. ▶ *la bataille de* **Stalingrad** (août 1942 - février 1943) marqua le début des victoires soviétiques sur l'Allemagne nazie.

Stamford ■ Ville des États-Unis (*Connecticut), port près de New York. 102 000 hab. Université. Recherches chimiques.

saint **Stanislas** ■ Évêque de Cracovie (1030-1079). Il fut assassiné. Canonisé en tant que patron de la Pologne.

Konstantin **Stanislavski** ■ Homme de théâtre soviétique, l'un des initiateurs de la mise en scène moderne (1863-1938). *"La Formation de l'acteur"*.

Stanisław Ier Leszczyński
■ Roi de Pologne (1677-1766). Chassé
par Auguste II en 1709, soutenu par
son gendre Louis XV dans la guerre
de *Succession de la Pologne (1733),
il fut vaincu et reçut les duchés de Bar
et de Lorraine en 1738 (⇒ **Nancy**).
À sa mort, les duchés passèrent à la
France.

sir Henry Morton **Stanley**
■ Explorateur britannique (1841-1904).
Il retrouva *Livingstone au Tanga-
nyika.

Wendell Meredith **Stanley**
■ Biochimiste américain (1904-1971).
Prix Nobel 1946 pour ses travaux
fondamentaux en virologie.

Stanleyville ■   ⇒ **Kisangani.**

Stara Zagora ■ Ville de Bulgarie. 156 000 hab. Centre commercial,
culturel et industriel.

Staten Island ■ Île des États-
Unis. Un des cinq districts *(borough)*
de *New York. 352 000 hab.

le comte von **Stauffenberg**
■ Officier allemand (1907-1944). Il parti-
cipa au complot manqué contre
*Hitler (20 juillet 1944) et fut exécuté.

Stavanger ■ Ville de Norvège.
97 100 hab. Port.

l'affaire **Stavisky** ■ Scandale
financier et politique de la IIIᵉ République au cœur duquel se trouvait
Serge **Stavisky**, homme d'affaires
français véreux (1886-1934). Il déboucha
sur la manifestation antiparlementaire
du 6 février 1934 et contribua à
discréditer le régime.

Stavropol ■ Ville de la C.É.I.
(*Russie). 318 000 hab. Industries.

sir Richard **Steele** ■ Journaliste,
écrivain et homme politique irlandais
(1672-1729). ⇒ **Addison.**

Jan **Steen** ■ Peintre hollandais
(1626-1679). Il représenta surtout des
scènes de la vie populaire, dans la
tradition de l'école *flamande.

Josef **Stefan** ■ Physicien autrichien (1835-1893). Théorie du rayonnement.

Gertrude **Stein** ■ Écrivaine américaine (1874-1946). Établie à Paris, elle
défendit les peintres d'avant-garde et
soutint les jeunes écrivains. "*Autobiographie d'Alice B. Toklas*".

John **Steinbeck** ■ Romancier
américain (1902-1968). Il décrit avec
réalisme l'inhumanité des mutations
économiques. "*Les Raisins de la
colère*" ; "*À l'est d'Éden*" ; "*Des souris
et des hommes*". Prix Nobel 1962.

Jakob **Steiner** ■ Mathématicien
suisse (1796-1863). Un des créateurs de
la géométrie projective (⇒ **Poncelet**).

Rudolf **Steiner** ■ Philosophe et
pédagogue autrichien (1861-1925). Il a
nommé *anthroposophie* sa doctrine
spiritualiste.

Ernst **Steinitz** ■ Mathématicien
allemand (1871-1928). Un des fondateurs
de l'algèbre moderne (théorie des
corps).

Théophile **Steinlen** ■ Dessinateur et peintre français (1859-1923).
Illustrations d'ouvrages et affiches.

Henri Beyle dit **Stendhal** ■ Écrivain français (1783-1842). Après une
carrière dans la Grande Armée, pas-
sionné par l'Italie et influencé par le
romantisme, il écrivit des essais *("De
l'amour")* et des romans célèbres pour
leur réalisme psychologique, leur critique de la société libérale et leur style
incisif : "*Le Rouge et le Noir*" ;
"*Lucien Leuwen*" ; "*la Chartreuse de
Parme*". Œuvres autobiographiques.

Stentor ■ Personnage mythique de
l'"*Iliade*", mentionné pour l'ampleur
de sa voix. ⟨ ▶ stentor ⟩

George **Stephenson** ■ Ingénieur
anglais (1781-1848). Pionnier des chemins de fer.

Daniel **Stern** ■ Pseudonyme de
Marie d'*Agoult.

Isaac **Stern** ■ Violoniste russe
naturalisé américain (né en 1920).

Josef von **Sternberg** ■ Cinéaste américain, d'origine autrichienne (1894-1969). *"L'Ange bleu", "l'Impératrice rouge"*, avec Marlène *Dietrich.

Laurence **Sterne** ■ Romancier anglais (1713-1768). Un des premiers à transformer la forme narrative classique. *"Vie et opinions de Tristram Shandy" ; "Voyage sentimental"*.

Robert Louis Balfour dit **Stevenson** ■ Écrivain britannique (1850-1894). Romans d'aventures écrits dans un style admirable. *"L'Île au trésor" ; "Docteur Jekyll et Mr. Hyde"*.

Stif ou **Sétif** ■ Ville d'Algérie. 187 000 hab.

Stiring-Wendel ■ Commune de la Moselle. 13 800 hab. *(les Stiringeois).*

Max **Stirner** ■ Philosophe allemand (1806-1856). Son principal ouvrage *("l'Unique et sa propriété")* est une critique du libéralisme politique, social et humain.

Karlheinz **Stockhausen** ■ Compositeur allemand (né en 1928). L'un des chefs de file, avec *Boulez, de l'avant-garde musicale contemporaine. *"Klavierstücke"*.

Stockholm ■ Capitale de la Suède. 669 000 hab. Résidence royale (château du XVIIe s., sépultures). Métropole administrative, industrielle et commerciale. Port de commerce important, relié autrefois à la *Hanse.

Stockport ■ Ville d'Angleterre (Grand *Manchester). 137 000 hab.

Stockton ■ Ville des États-Unis (*Californie). 150 000 hab.

Jean Nicolas **Stofflet** ■ Chef vendéen contre-révolutionnaire (1753-1796). Il participa à la prise de Cholet (1793), puis fut capturé et exécuté.

le **stoïcisme** ■ Une des principales écoles de pensée de l'Antiquité, celle des *stoïciens*. Né en Grèce au IIIe s. av. J.-C. (Zénon, Cléanthe, Chrysippe), transporté à Rome par Panetius et Posidonius (IIe s. av. J.-C.), le

stoïcisme imprégna complètement la culture latine avec *Sénèque, *Épictète et *Marc Aurèle (Ier - IIe s. après J.-C.). À travers l'influence de *Cicéron, puis celle de *Montaigne, il n'a cessé de marquer la littérature et la philosophie occidentales. Il désigne à la fois une doctrine très technique (physique, logique redécouverte par *Łukasiewicz) et une morale où la conscience cherche à faire la part du déterminisme et à l'admettre dans la vie. Aussi le mot a-t-il pris un sens plus large. ❬ ▶ stoïque ❭

Stoke-on-Trent ■ Ville d'Angleterre (*Staffordshire), dans les *Midlands. 275 000 hab. Poteries et porcelaines.

Bram **Stoker** ■ Écrivain irlandais (1847-1912). *"Dracula"*, histoire romancée du comte Vlad Tepesk (« l'empaleur »), prince roumain du XVe s., guerrier nationaliste et tyran cruel, dont on fit un vampire.

sir George Gabriel **Stokes** ■ Physicien et mathématicien irlandais (1819-1903). Loi de la viscosité. Théorie de la fluorescence.

Piotr **Stolypine** ■ Homme politique russe (1862-1911). Premier ministre de Nicolas II, il procéda à de profondes réformes, notamment agraires, avant d'être assassiné.

Stonehenge ■ Le plus important site mégalithique (protohistorique) de Grande-Bretagne (sud de l'Angleterre, dans le comté du *Wiltshire).

Strabon ■ Historien et géographe grec (v. 60 av. J.-C.- v. 25). On ne connaît que sa *"Géographie"*.

Stradivari ■ Le plus célèbre luthier italien (v. 1644-1737).

Strasbourg ■ Préfecture du Bas-Rhin (et également sous-préfecture, *Strasbourg-Campagne*, depuis 1984) et de la région *Alsace. 255 900 hab. *(les Strasbourgeois).* Siège du Conseil de l'Europe et de l'Assemblée européenne (⇒ **C.E.E.**). Ville universitaire. Cathédrale en grès rose (XIIe -

xvᵉ s.). Palais des Rohan. Port actif sur le Rhin. Centre industriel (industries métallurgique et alimentaire) et touristique (quartiers pittoresques). □ **HISTOIRE**. Ville germanique à partir de 855, elle est réunie à la France en 1681, puis sous domination allemande de 1870 à 1918. Important foyer de l'*humanisme et de la *Réforme, où *Gutenberg mit au point la technique de l'imprimerie (v. 1450).

les **Stratèges** n. m. ■ Institution politique de l'Athènes antique. Au nombre de dix, ils étaient élus par l'*Ecclésia pour commander l'armée et appliquer les lois.

Stratford-upon-Avon ■ Ville d'Angleterre (*Warwickshire), où naquit *Shakespeare. 24 000 hab. Festival de théâtre.

le **Strathclyde** ■ Région administrative du centre-ouest de l'Écosse. 13 856 km². 2,32 millions d'hab. Chef-lieu : Glasgow.

Johann **Strauss** ■ Compositeur autrichien (1804-1849). Auteur de nombreuses valses, polkas et de "*la Marche de Radetzky*". □*Johann* **Strauss** (1825-1899), son fils. Compositeur célèbre pour ses valses ("*le Beau Danube bleu*"), ses opérettes ("*la Chauve-Souris*")

Richard **Strauss** ■ Compositeur allemand (1864-1949). Il utilisa toutes les possibilités de l'orchestre wagnérien, créant une musique d'une grande richesse mélodique. Poèmes symphoniques. "*Le Chevalier à la rose*", "*Salomé*", opéras.

Igor **Stravinski** ■ Compositeur russe, naturalisé français puis américain (1882-1971). Le musicien le plus célèbre du début du xxᵉ s. Sa musique est à l'égal de sa personnalité : sans cesse en renouvellement. Ses premières œuvres firent scandale ("*le Sacre du printemps*", 1913). Il composa des ballets ("*l'Oiseau de feu*" ; "*Petrouchka*"), des opéras

("*Œdipus Rex*"), des œuvres symphoniques et de la musique de chambre.

Gustav **Stresemann** ■ Homme politique allemand (1878-1929). Ministre des Affaires étrangères de 1923 à sa mort. Il favorisa le rapprochement avec la France (*Briand), signa le pacte Briand-*Kellogg (1928). Prix Nobel de la paix 1926.

August **Strindberg** ■ Auteur dramatique suédois (1849-1912). Il passa du *naturalisme ("*Mademoiselle Julie*") au mysticisme ("*le Songe*"). Son œuvre fait le constat de la décadence d'une civilisation ("*la Danse de mort*").

Erich von **Stroheim** ■ Réalisateur et acteur autrichien naturalisé américain (1885-1957). Un des grands cinéastes de l'époque du muet ("*les Rapaces*"), puis comédien du cinéma parlant ("*la Grande Illusion*").

Stromboli ■ Une des îles Éoliennes, au nord de la Sicile. Volcan en activité.

Struthof ■ Camp de concentration nazi établi de 1941 à 1944 près de *Natzwiller (Bas-Rhin ; 630 hab.) et de *Schirmeck.

John **Stuart Mill** ■ ⇒ John Stuart **Mill**.

les **Stuarts** ■ Famille qui régna sur l'Écosse de 1371 à 1714 (avec Robert II, Robert III, Jacques Iᵉʳ, Jacques II, Jacques III, Jacques IV, Jacques V, Marie Iʳᵉ Stuart) et sur l'Angleterre de 1603 à 1714 (avec Jacques Iᵉʳ, Charles Iᵉʳ, Charles II, Jacques II, Marie II Stuart et Anne Stuart). Les Stuarts succédèrent aux Tudors.

le **Sturm und Drang** ■ « Tempête et élan », mouvement littéraire allemand (1770-1790). Influencé par *Rousseau, il marque le début du *romantisme. ⇒ **Klinger, Goethe, Lenz, Schiller.**

Stuttgart ■ Ville d'Allemagne, capitale du *Bade-Wurtemberg, sur le *Neckar. Port fluvial. 552 000 hab.

Centre industriel (automobile, électronique), administratif et intellectuel.

*la **Styrie,*** en allemand *Steiermark* ■ État (land) d'Autriche méridionale. 16 387 km². 1,18 million d'hab. Capitale : Graz. Productions agricoles. Richesses minières.

*le **Styx*** ■ Un des fleuves des Enfers dans la mythologie grecque.

*les guerres de **Succession*** ■ Guerres déclenchées à la mort d'un souverain, éclatant entre les différents prétendants à sa succession et leurs alliés. □ *la guerre de **Succession** d'Autriche* (1740-1748). Les puissances européennes refusant de reconnaître la « pragmatique sanction » des *Habsbourg, selon laquelle la fille unique de Charles VI, *Marie-Thérèse, devait lui succéder, cette dernière combattit Charles VII et réussit à l'évincer. □ *la guerre de **Succession** d'Espagne* (1701-1714) opposa la France et l'Espagne à une coalition européenne, et aboutit à la reconnaissance de *Philippe V. □ *la guerre de **Succession** de Pologne* (1733-1738), provoquée par l'élection au trône de *Stanisław Leszczyński, soutenu par la France, opposa ce dernier à Auguste III de Saxe et ses alliés austro-russes, qui l'emportèrent.

*Antonio José de **Sucre*** ■ Patriote vénézuélien (1795-1830). Il lutta pour l'indépendance de l'Amérique du Sud aux côtés de *Bolívar. Président de la Bolivie de 1826 à 1828.

Sucre ■ Capitale constitutionnelle de la Bolivie. 96 000 hab. Le siège du gouvernement et l'essentiel des activités sont à *La Paz.

Sucy-en-Brie ■ Commune du Val-de-Marne. 25 900 hab. *(les Sucyciens).*

*les Allemands des **Sudètes*** ■ Nom donné entre les deux guerres mondiales à la minorité de langue allemande en Tchécoslovaquie. Leurs territoires furent annexés par l'Allemagne en 1938 après les accords de *Munich, puis rendus à la Tchécoslovaquie en 1945. L'immense majorité de ces Allemands fut expulsée immédiatement.

*les **sudistes*** ■ ⇒ guerre de **Sécession.**

*Eugène **Sue*** ■ Romancier français (1804-1857). Auteur des premiers romans-feuilletons, où il décrit les bas-fonds parisiens et exprime des revendications sociales et humanitaires. *"Les Mystères de Paris".*

*le royaume de **Suède*** ■ État (monarchie constitutionnelle) d'Europe du Nord comprenant la partie orientale de la péninsule *scandinave, les îles d'*Öland et de *Gotland. 449 964 km². 8,5 millions d'hab. *(les Suédois).* Capitale : Stockholm. Langue : suédois. Religion : Église de Suède (luthérienne). Monnaie : couronne suédoise. Industrie liée au bois et aux importantes ressources minières (sidérurgie, chimie) ; techniques de pointe. Activités commerciales et touristiques importantes. Élevage. □ **HISTOIRE.** La Suède s'étendit vers l'est (côtes de la Baltique, sud de la Russie) sous l'impulsion des *Vikings du VIIIᵉ s. au XIᵉ s., se christianisa au XIIᵉ s. (*Uppsala), se développa avec *Birger et la *Hanse. En 1397, elle fut réunie au Danemark et à la Norvège (⇒ **Marguerite Valdemarsdotter**), mais fit sécession en 1523, avec Gustave Vasa, et passa à la *Réforme. Le règne de Gustave II Adolphe (1611-1632) fit de la Suède la première puissance d'Europe du Nord, jusqu'aux défaites de Charles XII face à la Russie, en 1709. Au XVIIIᵉ s., l'économie fut relancée par le chancelier *Horn. Le règne autoritaire de Gustave III mit fin (1771) à une période d'instabilité politique. Charles XIII reconnut la monarchie constitutionnelle en 1809 et fit de Bernadotte son successeur, sous le nom de Charles XIV. Celui-ci, victorieux dans la coalition contre Napoléon (1813-1814), obtint la Norvège (qui devint indépendante en

1905). Le XIXᵉ s. fut une période de libéralisation politique et de progrès économiques. Les sociaux-démocrates restèrent au pouvoir de 1932 à 1976 (⟹ **Palme**) et furent réélus de 1982 à 1991. Soucieuse de sa neutralité (qu'elle a maintenue durant les deux guerres mondiales), la Suède n'a adhéré ni à l'*O.T.A.N., ni à la *C.E.E. Elle dispose de lois sociales très avancées. ⟨ ▶ suédé, suédois ⟩

Suétone ■ Historien latin (v. 70 - apr. 128), érudit et biographe. *"Vies des douze Césars".*

Suez ■ Ville et port d'Égypte, sur la mer Rouge, au fond du golfe de Suez. 268 000 hab. Raffineries de pétrole. ▶ *le canal de* **Suez** (161 km), construit par Ferdinand de *Lesseps (de 1859 à 1869), relie la Méditerranée à la mer Rouge ; il permet aux navires d'aller d'Europe en Orient sans contourner l'Afrique, d'où son importance économique et stratégique. D'abord contrôlé par les Britanniques, nationalisé par *Nasser en 1956, il fut fermé de 1967 à 1975 à cause des guerres *israélo-arabes. ▶ *l'isthme de Suez* sépare l'Afrique de l'Asie.

le Suffolk ■ Comté du sud-est de l'Angleterre. 3 800 km². 639 000 hab. Chef-lieu : Ipswich. Productions agricoles.

Pierre André de **Suffren de Saint-Tropez** ■ Célèbre marin français (1729-1788). Commandeur et bailli de l'ordre de *Malte, il combattit pendant la guerre d'Amérique, au Maroc et aux Indes.

Suger ■ Abbé de Saint-Denis, conseiller de Louis VI et de Louis VII, régent de France de 1147 à 1149 (v. 1081 - 1151). Il fut l'initiateur et le premier théoricien de l'art gothique.

le général **Suharto** ■ Homme politique indonésien (né en 1921). Président de la République depuis 1968. ⟹ **Sukarno.**

la **Suisse** ou *Confédération helvétique,* en allemand **Schweiz,** en italien **Svizzera** ■ État à la charnière de l'Europe occidentale et de l'Europe centrale. 41 293 km². 6,69 millions d'hab. *(les Suisses).* Capitale : Berne. Langues officielles : allemand, français, italien, romanche. Monnaie : franc suisse. 23 cantons : *Appenzell, *Argovie, *Bâle, *Berne, *Fribourg, *Genève, *Glaris, *Grisons, *Jura, *Lucerne, *Neuchâtel, *Saint-Gall, *Schaffhouse, *Schwyz, *Soleure, *Tessin, *Thurgovie, *Unterwald, *Uri, *Valais, *Vaud, *Zoug, *Zurich. La Suisse est dirigée par un Conseil fédéral (gouvernement), à la tête duquel se trouve un président (chef de l'État) qui est élu par un parlement composé du Conseil des États (cantons) et du Conseil national. Le territoire est exigu, montagneux (les Alpes occupent 60 %, le Jura 10 %), mais le pays a su exploiter son potentiel hydro-électrique et faire de sa position géographique un privilège, renforcé par le statut international de neutralité armée (nombreuses institutions internationales ; concentration de capitaux). La population, qui a un des niveaux de vie les plus élevés du monde, se concentre sur les plateaux et dans les villes (Berne, Zurich, Bâle, Lausanne, Genève...). Très importantes activités bancaires. Industrie traditionnelle de grande qualité (horlogerie, alimentation, textile). Chimie, électrométallurgie, constructions mécaniques. Tourisme. ⬜ HISTOIRE. Vassaux des *Habsbourg, les villages d'Uri, de Schwyz et d'Unterwald, qui contrôlaient certains cols des Alpes, s'unirent en 1291 contre l'Empire germanique : c'est l'origine de la Confédération, avec ses héros (⟹ **Guillaume Tell**) et leur légende. D'autres cantons se joignirent à eux, et ils gagnèrent progressivement leur indépendance : victoire sur Maximilien Iᵉʳ (1499), paix perpétuelle avec les Français (1516). La *Réforme, dont la Suisse fut un des foyers les plus actifs (⟹ **Zwingli**), affaiblit le pays en provoquant une division religieuse entre cantons protestants (Zurich, Bâle, Berne, Schaffhouse) et cantons catholiques. Genève devint avec *Calvin le centre du protestantisme. Le XVIIIᵉ s. fut une période de prospérité économique, intellectuelle et artistique. En 1798, la France révolutionnaire organisa une République helvétique très centralisée. Napoléon rétablit le fédéralisme en 1803, mais Mulhouse (alliée de la Suisse), Genève et le Valais étaient annexés. En 1815, la Confédération reçut ses frontières actuelles. La guerre civile du *Sonderbund (1847) permit la victoire des libéraux sur les conservateurs et l'instauration de la Constitution actuelle (1848, révisée en 1874), qui fait une large place à la démocratie directe et aux diversités régionales (langue, religion). Nation au glorieux passé mercenaire et militaire, la Suisse a su préserver depuis 1815 sa neutralité, y compris durant les deux guerres mondiales. ⟨ ▶ suisse ⟩

Sukarno ■ Homme politique, héros de l'indépendance de l'Indonésie et premier président de son pays (1901-1970). Renversé en 1967 par *Suharto, qui lui succéda. ▶ *le pic Sukarno,* aujourd'hui *le mont Jaya,* est le point culminant de la Nouvelle-Guinée (*Irian Jaya). Alt. : 5 040 m.

Sukhothai ■ Ville du nord de la Thaïlande. 20 700 hab. Ancienne capitale du premier royaume thaï (XIIIᵉ s.). Elle fut célèbre pour ses céramiques.

Sulawesi ■ ⇒ Célèbes.

*as-***Sulaymāniyah** ■ Ville d'Irak. 279 000 hab.

Süleyman ■ ⇒ Soliman.

Maximilien de Béthune baron de Rosny duc de **Sully** ■ Homme d'État français (1560-1641). Ministre du roi Henri IV, protestant. Il rétablit les finances de l'État, en privilégiant l'agriculture (« labourage et pâturage »).

Sully Prudhomme ■ Poète français (1839-1907). "*Les Épreuves*". Le premier prix Nobel de littérature (1901).

Sully-sur-Loire ■ Commune du Loiret. 5 800 hab. *(les Sullylois).* Château (XIIIᵉ - XIVᵉ s.) sur la Loire.

Sumatra ■ Île d'*Indonésie. 473 606 km². 28 millions d'hab. Cultures commerciales et vivrières. Pétrole, charbon.

Sumer ■ Région de la basse *Mésopotamie, sur le golfe *Persique, qui connut une brillante civilisation. ▶ *les* **Sumériens,** peuple asiatique établi dans cette région au IVᵉ millénaire av. J.-C. Ils fondèrent les premières cités (*Ur, *Eridu, *Uruk...), développèrent l'irrigation, l'architecture, la sculpture et inventèrent l'écriture.

Sunderland ■ Ville industrielle et port d'Angleterre (*Tyne and Wear), sur la mer du Nord. 196 000 hab.

le **Sundgau** ■ Région du sud de l'Alsace, ancien comté rattaché à la France en 1648.

la **sunna** ■ Nom arabe signifiant « tradition », transmise dans des recueils qui s'ajoutent au *Coran et servent de règles de vie aux musulmans. ▶ *les* **sunnites** s'opposent aux *chiites à partir de la question du califat (succession du prophète *Mahomet, à la tête de l'islam). Ils forment la majorité des musulmans. ⟨ ▶ sunnite ⟩

Sun Yixian ou **Sun Yat-sen** ■ Homme politique chinois (1866-1925). Président de la République en 1911-1912, puis de 1921 à sa mort. Considéré comme le « père de la République » et de la Chine moderne. Fondateur du *Guomindang.

le lac **Supérieur** ■ ⇒ Grands Lacs.

Jules **Supervielle** ■ Écrivain français (1884-1960). Son art de la simplicité et de la transparence tend à rendre naturel le fantastique. "*Gravi-*

tations" et "*le Forçat innocent*", poèmes ; "*le Voleur d'enfants*", nouvelles.

Surabaya ■ 2e ville d'Indonésie (*Java). 2 millions d'hab. Port important (activités industrielles variées).

Surakarta ■ Ville d'Indonésie (*Java). 470 000 hab. Capitale culturelle. Commerce.

Surat ■ Ville et port de l'Inde (*Gujarāt). 913 000 hab. Textile.

Robert Surcouf ■ Corsaire et armateur français (1773-1827).

la **Sûre** ■ Rivière de Belgique et du Luxembourg, affluent de la *Moselle. 173 km.

Suresnes ■ Commune des Hauts-de-Seine, à l'ouest de Paris. 37 000 hab. *(les Suresnois).*

Surgères ■ Commune de Seine-Maritime. 6 000 hab. Église romane.

le **Surinam** ■ État (république) d'Amérique du Sud, limitrophe de la Guyane, aux deux tiers couvert par la forêt. 163 820 km². 405 000 hab. *(les Surinamiens).* Capitale : Paramaribo. Langue officielle : néerlandais. Monnaie : florin du Surinam. Ancienne *Guyane hollandaise* (cédée par les Anglais en 1667), le pays est indépendant depuis 1975. Importante production de bauxite, destinée à l'exportation. Cultures tropicales. Industries du sucre.

le **surréalisme,** *les* **surréalistes** ■ Le surréalisme n'est pas seulement un courant de la littérature et de la peinture, mais un état d'esprit qui se développa dans l'entre-deux-guerres en Europe : rejet de la rationalité, nouvel humanisme fondé sur le rêve, la toute-puissance de l'imagination et de l'amour. À la suite du mouvement *dada, autour de *Breton, de nombreux écrivains furent surréalistes : *Aragon, *Éluard, *Char, *Desnos... Les peintres : *Ernst, *Dalí, *Magritte.

le **Surrey** ■ Comté du sud de l'Angleterre. 1 655 km². 1 million

d'hab. Chef-lieu : Kingston upon Thames (132 000 hab.).

Suse ■ Site archéologique d'Iran, capitale de l'*Élam. Palais de *Darius.

Heinrich Suso ■ Théologien et mystique suisse (v. 1295 - 1366). Disciple d'*Eckhart.

le **Sussex** ■ Région du sud de l'Angleterre divisée en deux comtés. □ *le* **Sussex-Oriental** *(East Sussex).* 1 795 km². 713 000 hab. Chef-lieu : Lewes (13 800 hab.). □ *le* **Sussex-Occidental** *(West Sussex).* 2 016 km². 703 000 hab. Chef-lieu : Chichester (24 200 hab.). Des falaises crayeuses bordent la côte de la Manche. Tourisme.

Franz Xaver Süssmayer ■ Compositeur autrichien (1766-1803). Il acheva le "*Requiem*" qu'entreprit son maître et ami Mozart peu de temps avant sa mort.

Suva ■ Capitale et principal port des îles *Fidji. 71 600 hab.

Suwohn ■ Ville de la Corée du Sud. 431 000 hab. Ancienne capitale de la Corée, de 1392 à 1910.

le **Svalbard** ■ Archipel norvégien de l'océan Arctique. 62 000 km². 3 900 hab. On y pratiqua la chasse à la baleine. Station radio et météorologique.

Sverdlovsk ■ Nom donné de 1924 à 1991 à la ville d'*Ekaterinenbourg.

Italo Svevo ■ Romancier italien (1861-1928). Originaire de *Trieste, à la charnière des cultures austro-allemande et italienne, il composa, encouragé par *Joyce, une œuvre d'introspection lucide et ironique. "*La Conscience de Zeno*".

Swansea ■ Ville et port du pays de Galles, chef-lieu du *Glamorgan de l'Ouest. 175 000 hab. Métallurgie, raffinerie de pétrole.

le royaume du **Swaziland** ■ État (monarchie parlementaire) d'Afrique australe entre le Mozambique et l'Afrique du Sud. 17 364 km².

746 000 hab. *(les Swazis).* Capitales : Mbabane (capitale administrative), Lobamba (capitale royale et législative). Autre ville : Manzini (52 000 hab.). Langues officielles : anglais, swazi. Monnaie : lilangeni (plur. : emalangeni). Agriculture variée. Élevage important. Richesses minières (fer, amiante). Ancien protectorat britannique, indépendant depuis 1968. Membre du Commonwealth.

Emanuel **Swedenborg** ■ Savant et théosophe suédois (1688-1772). Il fonda une secte mystique qui eut de nombreux adeptes, surtout en Angleterre et aux États-Unis.

Jan Pieterszoon **Sweelinck** ■ Organiste et compositeur néerlandais (1562-1621). Il renouvela la musique pour orgue et clavecin.

Jonathan **Swift** ■ Écrivain irlandais (1667-1745). Auteur des célèbres *"Voyages de Gulliver"* et de pamphlets d'un humour féroce et pessimiste où il prend la défense de son pays.

Algernon Charles **Swinburne** ■ Poète et critique anglais, héritier de la tradition romantique (1837-1909). Il célébra la révolte pour la liberté totale. *"Lesbia Brandon"*, roman (posthume).

Swindon ■ Ville du sud de l'Angleterre (*Wiltshire). 130 000 hab.

Sybaris ■ Ancienne ville d'Italie, célèbre pour son luxe et les mœurs libres de ses habitants. ⟨ ▶ sybarite ⟩

Thomas **Sydenham** ■ Médecin anglais (1624-1689). Il fut surnommé « l'*Hippocrate d'Angleterre ».

Sydney ■ 1ʳᵉ ville et 1ᵉʳ port d'Australie, capitale de l'État de *Nouvelle-Galles du Sud, sur l'océan Pacifique. 3,53 millions d'hab. Premier marché mondial de la laine. Industries.

Syktyvkar ■ Ville de la Fédération de *Russie (C.É.I.), capitale de la république des *Komis. 233 000 hab. Port fluvial. Industries du bois.

Sylla ■ Général et homme d'État romain (138 - 78 av. J.-C.). Maître de Rome, après avoir mené des campagnes victorieuses en Grèce et en Asie, nommé « dictateur à vie » en 82 av. J.-C., il se retira en 79 av. J.-C. Sa rivalité avec *Marius marqua le début des troubles qui entraînèrent la fin de la république.

Sylvestre II ■ ⇒ Gerbert d'Aurillac.

le *symbolisme*, les *symbolistes* ■ Mouvement qui apparut en France en 1886 et se développa en Europe. D'abord littéraire, issu de l'atmosphère désenchantée et décadente de la fin du siècle, il privilégie l'analogie et le pouvoir de suggestion du langage, qui met en rapport la réalité et l'idée. Nombreux poètes : *Mallarmé, *Moréas, Gustave *Kahn, *Yeats. *Maeterlinck, auteur dramatique. Les peintres symbolistes s'adressent à l'esprit autant qu'au regard, dans des œuvres d'inspiration littéraire ou biblique : *Puvis de Chavannes, *Moreau.

Arthur **Symons** ■ Poète anglais (1865-1945). Il introduisit le *symbolisme dans son pays.

John Millington **Synge** ■ Auteur dramatique irlandais (1871-1909). Ses pièces mêlent le réel et la légende. *"Deirdre des douleurs"* ; *"le Baladin du monde occidental".*

Syra ou *Syros* ■ Île grecque de la mer *Égée (*Cyclades). 84 km². 19 700 hab.

Syracuse ■ Ville et port d'Italie, en *Sicile. 124 000 hab. *(les Syracusains).* Fondée en 734 av. J.-C. par les Grecs, Syracuse étendit son influence aux cités grecques de l'Italie avec *Denys l'Ancien. Elle devint romaine en 212 av. J.-C. Nombreux vestiges antiques grandioses.

Syracuse ■ Ville des États-Unis (*New York). 170 000 hab. Université.

le *Syr-Daria* ■ Fleuve d'Asie (Kirghizistan et Kazakhstan). 3 019 km. Il se jette dans la mer d'*Aral.

la **Syrie** ■ État (république) du Proche-Orient. 185 180 km². 11,72 millions d'hab. *(les Syriens)*. Population principalement musulmane. Capitale : Damas. Langue officielle : arabe. Monnaie : livre syrienne. ▢ **HISTOIRE**. Appelée aussi Aram dans la Bible, la Syrie abrita les grandes civilisations antiques (Égyptiens, Hittites, Séleucides). Dominée par les Perses, les Byzantins, les Turcs, elle passa sous mandat français en 1920, acquit son indépendance officielle en 1941 et effective en 1946. Elle prit part au conflit *israélo-arabe depuis 1948 et, à partir de 1976, intervint au Liban où elle renforça son influence depuis 1985. L'économie du pays est en proie à de graves difficultés, liées à la faiblesse de l'agriculture et aux dépenses militaires importantes. Faible production de pétrole.

Syrinx ■ Nymphe de la mythologie grecque, aimée de *Pan.

Szczecin, en allemand **Stettin** ■ Ville et port important de Pologne, situé sur l'estuaire de l'*Oder. 396 000 hab. Forte activité industrielle (métallurgie).

Szeged ■ Ville de Hongrie. 189 000 hab. Ville administrative et industrielle. Université.

Székesfehérvár ■ Ville de Hongrie. 114 000 hab. Monuments baroques et néo-classiques.

Albert **Szent-Györgyi** ■ Biochimiste hongrois (1893-1986). Travaux sur les vitamines B6 et C. Prix Nobel de médecine 1937.

Karol **Szymanowski** ■ Compositeur polonais (1882-1937) "*Stabat Mater*".

T

Éric Tabarly ■ Officier de marine et navigateur français (né en 1931).

le mont Tabor ■ ⇒ le mont Thabor.

Tabrīz ■ Ville du nord-ouest de l'Iran. Elle fut capitale de l'Empire mongol puis de la Perse. 971 000 hab. Magnifique mosquée bleue.

Tachkent ■ Ville de la C.É.I., capitale de l'*Ouzbékistan. 2,07 millions d'hab. Important centre culturel et industriel de l'Asie centrale soviétique.

Tacite ■ Historien latin (v. 55 - v. 120). Les *"Annales"* et les *"Histoires"* font le procès de la décadence des mœurs politiques, avec un art de psychologue et de portraitiste, dans un style dépouillé, elliptique.

Tacoma ■ Ville des États-Unis (État de *Washington), port du *Puget Sound (Pacifique). 159 000 hab.

le Tadjikistan ■ État (république) d'Asie centrale, près de l'Afghanistan. 143 100 km². 5,11 millions d'hab. Capitale : Douchanbe. Langues : tadjik, russe. Monnaie : rouble. Pays montagneux (⇒ **Pamir**), partie du *Turkestan. Vallées cotonnières (industries textiles). Depuis 1990, le pays a été le théâtre de violents affrontements entre Tadjiks et Russes, puis entre anciens communistes et opposants islamistes et démocrates. Membre de la *C.É.I.

Tadj Mahal ■ ⇒ Tāj Mahal.

Taegu ■ Ville de la Corée du Sud. 2 millions d'hab. Grand centre commercial et industriel.

Taejohn ■ Ville de la Corée du Sud. 866 000 hab.

William Howard Taft ■ Homme politique américain (1857-1930). 27e président (républicain) des États-Unis, de 1909 à 1913.

les Tagals ■ Peuple des Philippines (*Luçon) qui parle le *tagal*. Ils sont 10 millions.

Taganrog ■ Ville et port de la C.É.I. (*Russie), sur la mer d'Azov. 291 000 hab.

le Tage ■ Le plus long fleuve de la péninsule Ibérique. 1 006 km. Né en Espagne, il traverse Tolède et se jette dans l'Atlantique à Lisbonne.

Rabindranath Tagore ■ Écrivain indien de langue bengali, célèbre dans le monde entier (1861-1941). *"L'Offrande lyrique"*, poèmes. Prix Nobel 1913.

Taha Hussein ■ Écrivain égyptien (1889-1973). *"Le Livre des jours"*, autobiographie.

Tahiti ■ La plus grande île du territoire d'outre-mer de la Polynésie française (archipel de la *Société).

Chef-lieu : Papeete. 1 042 km². 115 800 hab. *(les Tahitiens)*. Île formée de deux volcans éteints, entourés d'un récif de corail. Pêche. Tourisme.

aṭ-Ṭā'if ■ Ville d'Arabie Saoudite, près de La Mecque. 205 000 hab.

Germaine **Tailleferre** ■ Compositrice française *(1892-1983)*. Élève de *Milhaud, membre du groupe des *Six.

le **Taïmyr** ■ Presqu'île de *Sibérie (Russie). Environ 400 000 km².

T'ai-nan ■ Ville et port de Taïwan. 657 000 hab.

Hippolyte **Taine** ■ Philosophe, historien et critique français *(1828-1893)*. "*Les Origines de la France contemporaine*".

Tain-l'Hermitage ■ Commune de la Drôme. 5 000 hab. *(les Tainois)*. Vignobles.

T'ai-pei ou **Taibei** ■ Capitale de Taïwan. 2,64 millions d'hab. Industries textile, électronique. Riche musée.

la révolte des **Taiping** ■ Mouvement populaire, contre la dynastie *mandchoue, qui agita la Chine de 1851 à 1864.

les **Taira** ■ Famille féodale japonaise qui conquit le pouvoir au XIIᵉ s.

le **Tai Shan** ■ Célèbre montagne de Chine, dans le *Chantoung. Lieu de pèlerinage (plus de 250 temples).

T'ai-tchong ou **Taizhong** ■ Ville de Taïwan. 715 000 hab.

Taïwan ou **Formose** ■ Île de l'Asie formant avec les îles environnantes (*Quémoy, *Pescadores) un État (république), considéré par la Chine et par l'*O.N.U. comme une province chinoise. 36 179 km². 20 millions d'hab. *(les Taïwanais)*. Capitale : T'ai-pei. Langue : chinois. Monnaie : nouveau dollar de Taïwan. Climat tropical : riz, canne à sucre. Secteur industriel important (électronique, textile), grâce aux exportations vers les États-Unis, à l'organisation économique et au faible coût de la main-d'œuvre. □ **HISTOIRE**. Occupée par les Portugais, les Hollandais, puis intégrée à l'empire de Chine en 1683. En 1949, *Jiang Jieshi, vaincu par *Mao Zedong, s'y réfugie avec ses partisans et fonde une république chinoise indépendante, au régime autoritaire.

Taiyuan ■ Ville de Chine, capitale du *Shanxi. 1,93 million d'hab. Sidérurgie.

Taizé ■ Commune de Saône-et-Loire. 120 hab. *(les Taizéens)*. Communauté religieuse œcuménique, « concile des jeunes ».

el-Tajín ■ Site archéologique du Mexique (Iᵉʳ s. av. J.-C. - XIIIᵉ s.). Nombreux monuments (pyramide à niches).

le **Tāj Mahal** ■ Immense mausolée de marbre blanc construit à *Āgra (Inde) au XVIIᵉ s., pour l'épouse de *Shāh Jahān.

Takamatsu ■ Ville du Japon (*Shikoku). 330 000 hab. Port actif. Château (XVIᵉ s.) et jardin (XVIIIᵉ s.).

Takarazuka ■ Station balnéaire du Japon (*Honshū). 201 000 hab. Célèbre théâtre féminin.

Takatsuki ■ Ville du Japon (*Honshū). 358 000 hab. Centre industriel.

Talange ■ Commune de la Moselle. 8 100 hab. *(les Talangeois)*.

Talant ■ Commune de la Côte-d'Or. 12 900 hab. *(les Talantais)*. Église du XIIIᵉ s.

lord **Talbot** ■ Homme de guerre anglais qui s'illustra pendant la guerre de *Cent Ans *(1384-1453)*.

William Henry Fox **Talbot** ■ Physicien anglais, pionnier de la photographie *(1800-1877)*.

Talcahuano ■ Ville portuaire du Chili. 231 000 hab.

Talence ■ Commune de la Gironde, dans la banlieue de *Bordeaux. 36 200 hab. *(les Talençais).* Vignobles.

Tallahassee ■ Ville des États-Unis, capitale de la *Floride. 81 500 hab.

Gédéon **Tallemant des Réaux** ■ Mémorialiste français (1619-1692). *"Historiettes".*

Charles Maurice de **Talley-rand-Périgord** prince de Bénévent ■ Diplomate et homme politique français (1754-1838). Évêque rallié à la *Constituante, il quitta l'Église pour diriger les Affaires étrangères de 1797 (*Directoire) à 1807. Passé au service de l'Autriche et de la Russie contre Napoléon, il devint le représentant de Louis XVIII au congrès de *Vienne, puis fut écarté par les *ultras.

Jean-Lambert **Tallien** ■ Révolutionnaire français (1767-1820). Un des chefs de la réaction *thermidorienne. □ *Madame* **Tallien,** son épouse (1773-1835), alors célèbre et influente, fut surnommée « Notre-Dame de *Thermidor ».

Tallinn ■ Capitale et port de l'*Estonie sur le golfe de Finlande. 482 000 hab. Métallurgie. Centre culturel et historique (⇒ pays **baltes**). Monuments.

François Joseph **Talma** ■ Tragédien français (1763-1826). Il imposa au théâtre plus de naturel et de vérité historique.

le **Talmud** ■ Le livre le plus important du judaïsme, après la *Torah. Rédigé du IIIe au VIIe s., il interprète la Bible et fixe les règles de la vie civile et religieuse. 〈 ▶ Talmud 〉

Tamale ■ Ville du Ghana. 151 000 hab.

Tamanrasset ■ Oasis du Sahara algérien dans le *Hoggar. Ermitage de Charles de *Foucauld.

Tamatave ■ Ancien nom de *Toamasina.

Rufino **Tamayo** ■ Peintre mexicain (1899-1991). Peintures d'inspiration *précolombienne.

Tambov ■ Ville de la C.É.I. (*Russie). 305 000 hab. Industries.

Tamerlan ■ Célèbre conquérant d'Asie centrale (1336-1405). Il s'empara de l'Iran, de la Syrie et de la Turquie d'Europe, fondant un Empire musulman qui fut partagé après sa mort.

Tamil Nādu ■ État du sud-est de l'Inde. 130 058 km². 48,4 millions d'hab. Capitale : Madras. Population en majorité tamoule.

la **Tamise,** en anglais **Thames** ■ Principal fleuve anglais. 338 km. Elle traverse Oxford et, de Londres à la mer du Nord, forme un large estuaire très industrialisé.

Tammuz ■ Dieu de la Fertilité, dans la religion babylonienne.

les **Tamouls** ■ Groupe ethnique de l'Inde du Sud et du Sri Lanka (grave conflit avec la majorité cingalaise).

Tampa ■ Ville et port des États-Unis (*Floride). 272 000 hab. Principal centre agricole et industriel de l'État. Université.

Tampere ■ 2e ville de Finlande. 171 000 hab. Centre industriel et culturel.

Tampico ■ Ville et port du Mexique. 268 000 hab. Grand centre de raffinage du pétrole.

Le **Tampon** ■ Commune de la Réunion. 47 600 hab. *(les Tamponnais).*

Tanagra ■ Ancienne ville de Grèce (*Béotie), célèbre pour ses figurines en terre cuite qu'on appelle les *tanagras.*

Tananarive ■ ⇒ Antananarivo.

Tancarville ■ Commune de la Seine-Maritime. 1 300 hab. *(les Tancarvillais).* En 1959, on construisit sur la Seine un des plus grands ponts suspendus d'Europe (1 410 m).

Tancrède ■ Prince de Galilée (mort en 1112). Un des chefs de la première croisade, devenu un héros de l'épopée du *Tasse.

les **Tang** ou **T'ang** ■ Dynastie chinoise qui régna de 618 à 907 (22 souverains) et qui constitua l'empire le plus puissant de l'époque. Grande période de l'histoire et de l'art chinois.

le lac **Tanganyika** ■ 2e lac d'Afrique. 31 900 km². Il sert de frontière entre le Zaïre, le Burundi et la Tanzanie. □ *le* **Tanganyika**. Ancienne colonie allemande, qui fut sous mandat britannique de 1920 à 1946 et devint une république indépendante en 1961. Elle fut unie à Zanzibar en 1964 pour former la république de *Tanzanie.

Tange Kenzō ■ Architecte japonais (né en 1913). Il s'inspire des formes de l'architecture japonaise traditionnelle.

Tanger ■ Ville du Maroc, port franc sur le détroit de Gibraltar. 266 000 hab. Zone internationale de 1923 à 1956.

Tangshan ■ Ville industrielle de Chine (*Hebei). 1,41 million d'hab.

Yves **Tanguy** ■ Peintre surréaliste français naturalisé américain (1900-1955). Évocations désertiques ou sous-marines avec des figures.

Tanis, aujourd'hui **Ṣān al-Ḥajar al-Qiblīyah** ■ Site archéologique, ville de l'ancienne Égypte brillante au temps de *Ramsès II.

Tanit ■ Une des formes de la déesse *Ishtar, vénérée à Carthage.

Tanizaki Jun'ichirō ■ Écrivain japonais (1886-1965). Chef de file de l'école néo-romantique japonaise. *"Le Journal d'un vieux fou"*.

Tanjore ■ ⇒ Thanjāvūr.

Tannenberg ■ Ancienne localité de Prusse-Orientale (aujourd'hui en Pologne [Ste*m*bark]). Victoire des Polonais et des Lituaniens sur les chevaliers Teutoniques (1410). Victoire des Allemands sur l'armée russe (août 1914).

Tannhäuser ■ Poète allemand (v. 1205 - v. 1270). Il est devenu un héros de légendes, puis d'un opéra de *Wagner.

Tantah ou **Ṭanṭā** ■ Ville d'Égypte, la plus grande du delta du Nil. 382 000 hab. Centre commercial et religieux.

Tantale ■ Roi de la mythologie grecque. Il fut condamné à subir une faim et une soif perpétuelles, à côté d'eau ou de fruits qui se dérobaient sans cesse à lui : c'est le « supplice de Tantale ».

la **Tanzanie** ■ État (république) d'Afrique de l'Est, bordé par l'océan Indien. 945 037 km². 23,73 millions d'hab. *(les Tanzaniens)*. Capitale : Dodoma. Langues officielles : swahili, anglais. Monnaie : shilling tanzanien. Plaine côtière dominée par de hauts massifs (*Kilimandjaro). Cultures tropicales : café, coton, sisal, clous de girofle. Mines de diamants, or, étain. La république fédérale de Tanzanie est née en 1964 de la réunion du *Tanganyika, de l'île Pemba (984 km² ; 257 000 hab.) et de *Zanzibar, sous la présidence de *Nyerere.

Tao Hongjing ou **T'ao Hong-king** ■ Médecin, calligraphe et astronome, surnommé en Occident le « Léonard de Vinci chinois » (451 - 536).

le **taoïsme** n. m. ■ Une des religions chinoises. Fondée par *Laozi dans son ouvrage *"Daodejing"* (ou *"Tao-tö-king"*). Elle s'opposa au *confucianisme. □ *le* **tao** (« la voie ») est formé par l'alternance de deux principes contraires, le *yin* et le *yang*.

Tao Qian ou **Tao Yuanming** ■ Un des plus célèbres poètes chinois (365-427).

Taormina ■ Ville de *Sicile, au pied de l'*Etna. Centre touristique. 10 100 hab. Ruines antiques. Château médiéval.

Tao Yuanming ■ ⇒ Tao Qian.

le **Tapajós** ■ Rivière du Brésil, affluent de l'Amazone. 1 980 km.

Antonio **Tàpies** ■ Peintre espagnol (né en 1923). Recherches de matière. Grandes surfaces travaillées.

Tarare ■ Commune du Rhône. 10 800 hab. *(les Tarariens).*

Tarascon ■ Commune des Bouches-du-Rhône. 11 200 hab. *(les Tarasconnais).* Château des comtes de Provence. Le roman de A. *Daudet "Tartarin de Tarascon"* en a fait un symbole de la Provence.

Tarawa ■ Atoll de la république de *Kiribati au nord de l'équateur, sur lequel se trouve la capitale *Bairiki. 24 600 hab.

Tarbes ■ Préfecture des Hautes-Pyrénées. 50 200 hab. *(les Tarbais).* Industries électromécanique et chimique.

Gabriel **Tarde** ■ Sociologue français (1843-1904). *"Les Lois de l'imitation".*

André **Tardieu** ■ Homme politique français (1876-1945). Plusieurs fois ministre et président du Conseil (centre droit) sous la IIIᵉ République. Ses propositions pour la réforme des institutions inspirèrent de *Gaulle en 1958. *"La Révolution à refaire".*

Jean **Tardieu** ■ Poète et auteur dramatique français (né en 1903). *"Une voix sans personne" ; "Un mot pour un autre".*

la **Tarentaise** ■ Région de Savoie. Ville principale : Moutiers. Élevage bovin. Électrométallurgie.

Tarente, en italien **Taranto** ■ Ville d'Italie du Sud (*Pouilles), port sur la mer Ionienne. 245 000 hab. *(les Tarentins).* Une des plus grandes cités grecques de l'Antiquité. Centre industriel (sidérurgie, chantiers navals). ‹ ▶ tarentelle, tarentule ›

le **Tarim** ou **Dalimu He** ■ Fleuve de Chine, né dans le *Karakorum, qui se jette dans le lac marécageux du Lob Nor, en Asie centrale. 2 190 km.

Andreï **Tarkovski** ■ Cinéaste soviétique (1932-1986). *"Andreï *Roublev" ; "Stalker" ; "le Sacrifice".*

le **Tarn** ■ Rivière de France. Elle prend sa source dans les Cévennes, coule dans des gorges profondes (tourisme) et se jette dans la Garonne. 375 km. □ *le* **Tarn** [81]. Département français de la région *Midi-Pyrénées. 5 781 km². 341 800 hab. Préfecture : Albi. Sous-préfecture : Castres. □ *le* **Tarn-et-Garonne** [82]. Département français de la région *Midi-Pyrénées. 3 731 km². 199 800 hab. Préfecture : Montauban. Sous-préfecture : Castelsarrasin.

Tarnos ■ Commune des Landes. 9 200 hab.

Tarnów ■ Ville de Pologne. 118 000 hab. Carrefour ferroviaire. Monuments.

Tarpeia ■ Jeune vestale romaine. ▶ *la roche* **Tarpéienne,** crête depuis laquelle on précipitait les criminels, à Rome.

Tarquinia ■ Ville d'Italie (*Latium). 13 100 hab. Nécropole, fresques (vɪᵉ - ɪᵉʳ s. av. J.-C.).

Tarquin l'Ancien ■ Cinquième roi de Rome, de 616 à 578 av. J.-C., grand bâtisseur. □ *Tarquin le Superbe,* son neveu, septième et dernier roi de Rome, de 534 à 509 av. J.-C.

Tarragone, en espagnol **Tarragona** ■ Ville d'Espagne, sur la Méditerranée (*Catalogne). 110 000 hab. 1ᵉʳ port du pays. Monuments.

Tarrasa ■ Ville d'Espagne (*Catalogne). 160 000 hab. Textile. Église du haut Moyen Âge.

Alfred **Tarski** ■ Logicien polonais naturalisé américain (1902-1983). Méta-mathématique, sémantique (théorie des modèles).

Tarsus ■ Ville de Turquie. 57 000 hab. Vestiges de l'ancienne *Tarse.*

Niccolò Fontana dit **Tartaglia** ■ Mathématicien italien (1499-1557).

le **Tartare** ■ Dans la mythologie grecque, région des *Enfers où sont châtiés les grands criminels.

les **Tartares** ■ ⇒ la république des **Tatars.** 〈▶ tartare 〉

le détroit de **Tartarie** ■ Bras de mer entre la Sibérie extrême-orientale et l'île de *Sakhaline.

Tartu ou **Tartou,** en allemand et en suédois **Dorpat** ■ Ville d'*Estonie. 114 000 hab. Centre culturel (université) et industriel.

Tarzan ■ ⇒ E.R. **Burroughs.**

Abel Janszoon **Tasman** ■ Navigateur hollandais (1603-1659). ▶ *la* **Tasmanie,** île qu'il découvre, de même que la Nouvelle-Zélande, séparée par le détroit de *Bass de l'Australie dont elle constitue le plus petit État fédéral. 67 800 km². 451 000 hab. Capitale : Hobart. Productions agricoles. Richesses minières. ▶ *la* **mer de Tasmanie** baigne les côtes sud-est de l'Australie.

le **Tasse** ■ Poète italien (1544-1595). Auteur d'une œuvre abondante, d'un retentissement immense en Europe. Sa folie est restée célèbre. "*Aminta*" ; "*la Jérusalem délivrée*".

les grottes de **Tassili** ■ Site préhistorique du Sahara *(Tassili des Ajjer),* dans le *Hoggar. Nombreuses peintures rupestres.

Tassin-la-Demi-Lune ■ Commune du Rhône, près de Lyon. 15 500 hab. *(les Tassilunois).*

la république des **Tatars** ou **Tatarie** ■ Une des 16 républiques autonomes de la Fédération de *Russie, sur la Volga. 68 000 km². 3,64 millions d'hab. Capitale : Kazan. Agriculture. Pétrole (⇒ **Bakou**). ▶ *les* **Tatars,** d'origine euro-mongole, sont aujourd'hui majoritairement musulmans. Il existait également, en Crimée, une forte communauté tatare qui fut déportée en Asie centrale par *Staline après la Seconde Guerre mondiale.

Jacques **Tati** ■ Cinéaste comique français (1908-1982). "*Les Vacances de M. Hulot*" ; "*Mon oncle*".

les **Tatras** n. f. pl. ■ Massif montagneux d'Europe orientale, le plus élevé des Carpates, culminant au pic Gerlach (2 663 m).

les **Tauern** n. m. pl. ■ Massif des Alpes autrichiennes (culminant à 3 796 m).

le **Taunus** ■ Partie sud-est du massif schisteux *rhénan en Allemagne.

la **Tauride** ■ Ancien nom de la *Crimée.

le **Taurus** ■ Chaîne de montagnes du sud de la Turquie (*Anatolie). Nombreux nomades.

Tautavel ■ Commune des Pyrénées-Orientales. 740 hab. En 1971 on découvrit le crâne d'un homme, dit de Tautavel, âgé de plus de 300 000 ans, ancêtre de l'homme de *Neandertal.

Tavant ■ Commune d'Indre-et-Loire. 230 hab. *(les Tavantais).* L'église (XIIe s.) comporte des fresques, chef-d'œuvre de l'art *roman.

Taverny ■ Commune du Val-d'Oise. 25 200 hab. *(les Tabernaciens).*

Brook **Taylor** ■ Mathématicien anglais (1685-1731). Calcul infinitésimal.

Zachary **Taylor** ■ Homme politique américain (1784-1850). 12e président des États-Unis, de 1849 à sa mort.

Frederick Winslow **Taylor** ■ Ingénieur et économiste américain (1856-1915). Pour augmenter le rendement des ouvriers et des machines, il imposa le *taylorisme,* qu'il définissait comme l'organisation scientifique du travail dans les usines. ❬ ► taylorisme ❭

le Tayside ■ Région administrative du centre de l'Écosse. 7 668 km². 394 000 hab. Chef-lieu : Dundee.

Haroun Tazieff ■ Volcanologue français, secrétaire d'État de 1984 à 1986 (né en 1914).

Tbessa, anciennement *Tébessa* ■ Ville d'Algérie. 69 200 hab. Ruines romaines.

Tbilissi, autrefois *Tiflis* ■ Capitale et ville industrielle de la *Géorgie. Centre historique et culturel. 1,26 million d'hab. Nombreux monuments.

le Tchad ■ État (république) d'Afrique centrale. 1 284 000 km². 5,54 millions d'hab. *(les Tchadiens).* Capitale : N'Djamena. Langues officielles : français, arabe. Langue véhiculaire : haoussa. Monnaie : franc CFA. Zone désertique au nord (*Tibesti), sahélienne au centre et tropicale au sud. Pays d'agriculture (coton) et d'élevage. ▭ **HISTOIRE.** Les *Toubous formèrent au IXᵉ s. dans la région un royaume, qui fut intégré au royaume de *Bornou au XVIᵉ s. En 1910, le Tchad fut incorporé à l'Afrique-Équatoriale française. En 1960, il devint indépendant. Il subit depuis 1968 des soulèvements séparatistes, qui ont entraîné l'intervention militaire française (en faveur du gouvernement officiel d'Hissène *Habré) et libyenne (en faveur des opposants). En 1989, un accord a été signé entre le Tchad et la Lybie mettant fin à plus de seize ans de conflit. En 1990, le gouvernement d'Hissène Habré fut renversé par les forces rebelles dirigées par Idriss Déby (né en 1952). ▭ *le lac Tchad,* grand lac d'Afrique, au sud du Sahara (de 10 000 à 25 000 km² suivant le régime des pluies).

Piotr Ilitch Tchaïkovski ■ Compositeur russe (1840-1893). Musiques de ballets *("le Lac des cygnes",* *"Casse-Noisette"),* opéras *("Eugène Onéguine"),* symphonies et concertos.

Tchang Kaï-chek ■ ⇒ Jiang Jieshi.

Tcheboksary ■ Ville de Russie, capitale de la *Tchouvachie. 420 000 hab.

Pafnoutiï Lvovitch Tchebychev ■ Mathématicien russe (1821-1894). Théorie des nombres. Théorie des fonctions. Probabilités.

la Tchécoslovaquie ■ Ancien État (« République fédérative tchèque et slovaque ») d'Europe centrale. 127 903 km². 15,64 millions d'hab. *(les Tchécoslovaques)* en 1991. Capitale : Prague. Langues officielles : tchèque, slovaque. Monnaie : couronne tchécoslovaque. Trois grandes régions historiques : la *Moravie, la *Bohême et la *Slovaquie. République fédérale constituée par la République tchèque et la République slovaque. Céréales, élevage, forêts. Houille. Sidérurgie, industries mécanique, chimique et textile. ▭ **HISTOIRE.** Les Tchèques et les Slovaques se sont émancipés de l'Empire austro-hongrois pour former un État indépendant en 1918. En 1938, Hitler annexa les régions de Tchécoslovaquie où la population allemande était majoritaire (⇒ **Sudètes, Munich**) ; son armée entra à Prague le 15 mars 1939. Après la Libération, les communistes prirent le pouvoir : c'est le « coup de Prague » de février 1948. En 1968, l'évolution vers un socialisme libéral (le « printemps de Prague ») fut arrêtée par une intervention militaire soviétique. En 1989, la pression populaire et l'opposition (Forum civique) contraignirent le gouvernement à procéder à de profondes réformes. Cette "révolution de velours" qui mit fin au régime communiste, porta au pouvoir les principaux dirigeants de l'opposition (V. *Havel). Mais les dissensions entre Tchèques et Slovaques ont entraîné en 1993, la partition du pays en deux États indépendants : la *Slovaquie et la

République *tchèque ‹ ▶ tchécoslovaque ›

Anton **Tchekhov** ■ Écrivain russe (1860-1904). Dans ses pièces de théâtre, il décrit un monde désenchanté avec un grand art de la suggestion et du dépouillement : "*la Mouette*", "*Oncle Vania*", "*Trois sœurs*", "*la Cerisaie*".

Tcheliabinsk ■ Ville de la C.É.I. (*Russie). Plus de 1,14 million d'hab. Porte d'entrée de la *Sibérie, pôle urbain de l'*Oural du Sud.

la République **tchèque** ■ État d'Europe centrale. 78 864 km². 10,23 millions d'hab. *(les Tchèques).* Capitale : Prague. Langue : tchèque. Climat continental. Agriculture. Houille. Sidérurgie et industries mécaniques. □ **HISTOIRE.** Réunissant la *Bohême et la *Moravie, elle forma en 1969, l'un des deux États fédérés de la *Tchécoslovaquie, puis devint indépendante en 1993.

Pavel **Tcherenkov** ■ Physicien soviétique (né en 1904). *L'effet Tcherenkov* est utilisé pour la détection des particules de haute énergie. Prix Nobel 1958.

Tcherkassy ■ Ville de la C.É.I. (*Ukraine). 290 000 hab. Industries textile et alimentaire.

les **Tcherkesses** ■ Peuple musulman du Caucase du Nord.

Konstantin **Tchernenko** ■ Homme politique soviétique (1911-1985). Il succéda à *Andropov à la tête de l'État (1984-1985).

Tchernigov ■ Ville de la C.É.I. (*Ukraine). 296 000 hab. Monuments religieux (XIᵉ - XIIᵉ s.). Région agricole et forestière.

Tchernobyl ■ Ville de la C.É.I. (*Ukraine). Centrale nucléaire ; l'explosion d'un des quatre réacteurs, en avril 1986, provoqua une pollution radioactive importante de la région qui se ressentit sur l'ensemble du continent européen et entraîna de vives réactions dans le monde entier.

Tchernovtsy ■ Ville de la C.É.I. (*Ukraine). 257 000 hab. Ville roumaine en 1919-1940 et 1941-1944. Marché agricole.

la **Tchétchéno-Ingouchie** ■ Une des 16 républiques autonomes de la Fédération de Russie, dans le *Caucase. 19 300 km². 1,28 million d'hab. *(les Tchétchènes, les Ingouches).* Capitale : Groznyï. Céréales. Pétrole et industries dérivées. Population musulmane. En 1992, les Tchétchènes ont proclamé leur indépendance (non reconnue par la Russie) et un conflit territorial a opposé les Ingouches aux Ossètes.

Tchimkent ■ Ville de la C.É.I. (*Kazakhstan). 393 000 hab. Centre industriel. Nœud ferroviaire.

Tchita ■ Ville de la C.É.I. (*Russie). 366 000 hab. Charbon.

le lac **Tchoudsk** ■ ⇒ le lac **Peïpous.**

la **Tchouvachie** ■ Une des 16 républiques autonomes de la Fédération de *Russie, sur la *Volga. 18 300 km². 1,34 million d'hab. *(les Tchouvaches).* Capitale : Tcheboksary. Forêts, agriculture, industries dérivées.

Tébessa ■ ⇒ Tbessa.

Tegucigalpa ■ Capitale du Honduras, à 1 000 m d'altitude. 605 000 hab.

Téhéran ■ Capitale de l'Iran (ancienne Perse) depuis le XVIIIᵉ s. 6 millions d'hab. Peu d'industries ; secteur tertiaire important. Peu de monuments anciens. Une conférence, en novembre 1943, y réunit *Staline, *Churchill et *Roosevelt afin de décider d'actions communes contre l'Allemagne. Prélude à la conférence de *Yalta.

Le **Teil** ■ Commune de l'Ardèche. 8 100 hab. *(les Teillois).*

Pierre **Teilhard de Chardin** ■ Jésuite français, philosophe et paléontologue (1881-1955). Il a tenté de concilier la conception scientifique de l'évolution avec la foi catholique.

Tel-Aviv-Jaffa ■ Ville d'Israël, fondée en 1909, sur la Méditerranée, et capitale du pays (⟹ **Jérusalem**). 320 000 hab. Elle forme avec ses banlieues (Bat Yam, Petaḥ Tiqwa, Ramat Gan) une agglomération de 1 million d'hab.

Georg Philipp **Telemann** ■ Compositeur allemand (1681-1767). Auteur de nombreux opéras, cantates et passions.

Télémaque ■ Fils d'*Ulysse et de *Pénélope dans l'"*Odyssée". Le personnage a inspiré *Fénelon.

Guillaume **Tell** ■ ⟹ **Guillaume Tell.**

Tell el-Amarna ■ Site archéologique d'Égypte. *Akhenaton y fonda sa nouvelle capitale en l'honneur du dieu Aton (v. 1362 av. J.-C.). Son style marqua un renouvellement de l'art égyptien traditionnel.

les **Templiers** n. m. ■ Chevaliers de la milice du *Temple,* ordre de moines-soldats fondé en 1119 à Jérusalem pour protéger les pèlerins en route pour la Terre sainte. Ils devinrent de puissants banquiers. Pour s'emparer de leurs richesses, *Philippe le Bel les fit arrêter, torturer, condamner à mort, et obtint la suppression de l'Ordre en 1312.

Temuco ■ Ville du Chili. 218 000 hab. Centre touristique.

Temüjin ■ ⟹ **Gengis Khan.**

Tende ■ Commune des Alpes-Maritimes. 2 100 hab. *(les Tendasques).* Rattachée à la France par référendum en 1947.

le **Ténéré** ■ Plateau de grès du Sahara nigérien.

Tenerife ■ La plus grande île de l'archipel espagnol des Canaries. 2 058 km². 659 000 hab. Ville principale : Santa Cruz de Tenerife.

David **Teniers le Jeune** ■ Peintre flamand (1610-1690). Scènes populaires, au contenu anecdotique, d'une grande virtuosité.

le **Tennessee** ■ Rivière des États-Unis (1 600 km), affluent de l'*Ohio. ▶ *la* **Tennessee Valley Authority** *(T.V.A.),* créée en 1933 pour l'aménagement de 21 barrages (électricité, industries), fut une pièce maîtresse du *New Deal de F.D. Roosevelt. ▶ *le* **Tennessee.** État du sud-est des États-Unis. 109 152 km². 4,6 millions d'hab. Capitale : Nashville. Élevage, coton.

lord Alfred **Tennyson** ■ Poète anglais (1809-1892). *"Idylles du roi".*

Tenochtitlán ■ Ancienne capitale des *Aztèques, conquise et détruite par *Cortés en 1521. C'est sur son emplacement que fut édifiée *Mexico.

Teotihuacán ■ Site archéologique du Mexique. Centre d'une importante civilisation *précolombienne qui connut son apogée entre 300 et 650. Immenses pyramides du Soleil et de la Lune.

Gerard **Ter Borch** ou **Terborch** ■ Peintre hollandais (1617-1681). Scènes de la vie bourgeoise et populaire.

Hendrik **Ter Brugghen** ou **Terbrugghen** ■ Peintre hollandais (1588-1629). L'un des principaux disciples du *Caravage.

Térence ■ Auteur latin de comédies, ancien esclave affranchi (v. 190-159 av. J.C.). Ses intrigues et ses personnages sont plus nuancés que ceux de *Plaute. *"L'Hécyre" ; "l'Eunuque".*

mère **Teresa** ■ Religieuse indienne d'origine yougoslave (née en 1910). Prix Nobel de la paix 1979 pour son action humanitaire.

Teresina ■ Ville du Brésil, capitale de l'État de *Piauí. 339 000 hab.

Tergnier ■ Commune de l'Aisne. 11 800 hab. *(les Ternois).*

Terni ■ Ville d'Italie (*Ombrie). 110 000 hab. Industries chimique, textile, alimentaire.

Terpsichore ■ *Muse de la Danse et de la Poésie lyrique, dans la mythologie grecque, représentée avec une lyre.

l'abbé Joseph-Marie **Terray** ■ Ministre de Louis XV (1715-1778).

la **Terre** ■ Une des planètes du système solaire (à 150 millions de km du Soleil). Elle tourne autour du Soleil en 365 jours un quart, et sur elle-même en 23 h 56 min ; d'où l'alternance du jour et de la nuit. La Terre est un globe légèrement aplati aux pôles (sphéroïde), de plus de 12 500 km de diamètre. Composée de plusieurs couches (la croûte, le manteau, le noyau et la « graine ») et entourée d'une atmosphère, elle a pour satellite la Lune. Son âge serait de 4,6 milliards d'années.

la **Terre de Feu** ■ Archipel situé au sud de l'Amérique latine et séparé du continent par le détroit de Magellan. Climat froid et brumeux. Montagnes et steppes. Élevage, pêche, pétrole. On réserve parfois le nom de *Terre de Feu* à la principale île de l'archipel, partagée entre l'Argentine et le Chili.

Terre-Neuve, en anglais **Newfoundland** ■ Île du Canada, dans l'Atlantique. Avec une partie du Labrador, elle forme la *province* (État fédéré) *de Terre-Neuve* depuis 1949 (405 720 km². 568 000 hab., *les Terre-Neuviens*. Capitale : Saint John's. Pêche, forêt. Fer). On appelle *terre-neuvas* les pêcheurs qui exercent dans les parages. ⟨▶ terre-neuvas, terre-neuve ⟩

la **Terreur** ■ Série de mesures extraordinaires (Tribunal révolutionnaire, loi des suspects), d'arrestations et d'exécutions (près de 40 000 personnes) décrétées par la *Convention en 1793-1794, pour éliminer les ennemis de la Révolution française. Elle finit par atteindre tous les adversaires des *Montagnards et culmina avec la loi du 22 prairial an II (10 juin 1794) ; cette *Grande Terreur* prit fin le 9 *Thermidor (27 juillet) avec la chute de *Robespierre. □ *la* **Terreur blanche** désigne deux périodes : une réaction contre-révolutionnaire à la Terreur (1795) ; la politique répressive et les mouvements populaires qui suivirent les *Cent-Jours (1815).

le **Territoire de Belfort** [90] ■ Département français de la région de *Franche-Comté, créé en 1922. 611 km². 134 200 hab. Préfecture : Belfort.

les **Territoires du Nord-Ouest,** en anglais **Northwest Territories** ■ Province (État fédéré) du Canada, s'étendant de la baie d'*Hudson au *Yukon et à l'*Alaska. Très vaste (3 426 320 km²) mais peu peuplée (52 200 hab.) à cause du froid. Capitale : Yellowknife. Ressources minières. Parcs, réserves écologiques.

Tertullien ■ Écrivain latin chrétien (v. 155 - v. 220). *"Apologétique"*.

Tessin l'Ancien et **Tessin le Jeune** ■ Architectes suédois. Le père (1615-1681) et son fils (1654-1728).

le **Tessin,** en italien **Ticino** ■ Rivière de la Suisse et de l'Italie, affluent du Pô. 248 km. ▶ *le canton du* **Tessin.** Canton suisse. 2 811 km². 281 000 hab. (*les Tessinois*, de langue italienne). Chef-lieu : Bellinzona. Tourisme (lac Majeur).

l'Ancien et le Nouveau **Testaments** ■ Les deux grandes parties de la *Bible pour les chrétiens. *Testamentum*, en latin, traduisait le grec *diathêkê*, « alliance ».

La **Teste** ■ Commune de la Gironde, sur le bassin d'Arcachon. 21 200 hab. *(les Testerins)*. Ostréiculture.

la **Têt** ■ Fleuve côtier des Pyrénées-Orientales. 120 km.

le **Têt** ■ Fête du premier jour de l'année lunaire, au Viet-nâm (entre le 20 janvier et le 19 février).

Téthys ■ Déesse grecque de la Mer, épouse de l'*Océan. ≠ *Thétis*.

Tétouan ■ Ville du Maroc, ancienne capitale de la zone espagnole. 200 000 hab.

les chevaliers Teutoniques ■ Ordre hospitalier (1190), puis militaire (1198) fondé à Jérusalem. Recrutés dans la noblesse allemande, ils conquièrent un vaste État en Prusse (capitale : Marienburg). Leur puissance fut brisée par les Polonais en 1410 à *Tannenberg. L'Ordre, supprimé par Napoléon I*er* en 1809, subsiste sous la forme d'une chevalerie ecclésiastique en Autriche.

les Teutons ■ Peuple de Germanie qui envahit la Gaule et dont l'armée fut exterminée par *Marius à Aix-en-Provence en 102 av. J.-C. ⟨▶ teuton⟩

le Texas ■ Le plus grand État des États-Unis après l'Alaska. 691 027 km². 14,2 millions d'hab. *(les Texans).* Capitale : Austin. Villes principales : Houston, Dallas. Importantes productions agricoles (élevage, coton, riz). Gaz, pétrole et industries dérivées. Aéronautique. Possession espagnole, puis république indépendante (1836) avant d'être intégrée à l'Union en 1845.

le mont Thabor ■ Montagne de Galilée en Israël, où la tradition situe la transfiguration du Christ.

William Makepeace Thackeray ■ Écrivain anglais (1811-1863). Satires contre la société. *"La Foire aux vanités"* ; *"Barry Lyndon"*.

Thadée ■ ⇒ saint **Jude**.

le royaume de Thaïlande ■ État (monarchie parlementaire) d'Asie du Sud-Est entouré par l'Union de Myanmar (ex-Birmanie), le Laos, le Cambodge et la Malaysia. 513 115 km². 55,26 millions d'hab. *(les Thaïlandais).* Capitale : Bangkok. Langue : thaï. Religion officielle : bouddhisme. Monnaie : baht. Climat de mousson. Malgré une économie en expansion (riz, maïs, caoutchouc, pétrole), le pays souffre d'un déficit commercial, comblé en partie par le tourisme (nombreux temples, ruines et sites). □ **HISTOIRE.** Ancienne région de l'Empire *khmer. Le premier royaume de Siam fut fondé en 1220, après l'arrivée de peuples *thaïs* venus de Chine. Contrairement aux pays voisins, le royaume n'a pas été colonisé par l'Europe. En 1939, le Siam devint la Thaïlande, puis suivit une politique pro-américaine dans le conflit vietnamien (⇒ **Viêt-nam**). La Thaïlande a accueilli de nombreux réfugiés cambodgiens dans des camps. L'armée, qui occupe une place prépondérante dans le régime depuis le coup d'État de 1932, renversa le gouvernement civil en 1991.

les Thaïs ■ Groupe d'ethnies de l'Asie du Sud-Est : Thaïlande, Chine du Sud, Viêt-nam, Laos et Union de Myanmar (ex-Birmanie).

Thalès de Milet ■ Penseur, astronome et mathématicien grec (v. 600 av. J.-C.). Il aurait été le premier géomètre à exiger des démonstrations.

Thalie ■ *Muse de la Comédie, dans la mythologie grecque.

Thanatos ■ Dieu de la Mort, dans la mythologie grecque. Souvent opposé à *Éros.

Thanjāvūr ou **Tanjore** ■ Ville de l'Inde méridionale (*Tamil Nādu). 184 000 hab. Nombreux monuments, temple de Śiva (x*e* s.).

Thann ■ Sous-préfecture du Haut-Rhin. 7 800 hab. *(les Thannois).* Église collégiale Saint-Thiébaut (XIV*e* s.).

Thaon-les-Vosges ■ Commune des Vosges. 7 700 hab. *(les Thaonnais).*

Thasos ■ Île grecque du nord de la mer Égée. 379 km². 13 100 hab. Ruines antiques.

Margaret Thatcher ■ Femme politique britannique (née en 1925). Premier ministre (conservateur) de 1979 à sa démission en 1990, elle mit en place une politique d'inspiration libérale.

l'étang de Thau ■ Étang du *Languedoc relié à la Méditerranée par le canal de Sète. Ostréiculture. Industries (pétrole, chimie).

Thèbes ■ Ville de l'Égypte ancienne. Capitale religieuse, administrative et militaire du Nouvel Empire. Surnommée « la ville aux cent portes » par les Grecs à cause du nombre de colonnes devant les temples, elle constitue le plus grand site archéologique du pays : temples de Louxor et de Karnak, colosse de Memnon, site de Deir el-Bahari.

Thèbes ■ Ville de Grèce (*Béotie), célèbre par la légende d'*Œdipe. Ses habitants sont *les Thébains.* Ennemie d'Athènes, puis de Sparte. Détruite par *Alexandre le Grand en 336 av. J.-C. Ville moderne (18 700 hab.) reconstruite après les tremblements de terre de 1853 et 1893.

Thémis ■ Déesse grecque de la Justice. Unie à *Zeus, elle mit au monde les *Parques.

Thémistocle ■ Général et homme d'État athénien. Il fit de sa cité une grande puissance navale et vainquit les Perses à *Salamine (v. 525 - v. 460 av. J.-C.).

Théocrite ■ Poète bucolique grec (v. 315 - v. 250 av. J.-C.). *"Idylles".*

Théodora ■ Impératrice byzantine (morte en 548). Épouse de *Justinien Ier, sur qui elle eut une grande influence.

Mikis Theodorakis ■ Compositeur grec (né en 1925). Musique du film *"Zorba le Grec".*

Théodoric le Grand ■ Roi des Ostrogoths (455-526). Il fonda un royaume italien en 488, dont Ravenne était la capitale. Se voulant l'héritier des empereurs romains, il développa l'économie et les arts.

Théodose Ier le Grand ■ Empereur romain (346-395). Il fit du christianisme la religion officielle. À sa mort, l'empire fut divisé entre ses deux fils (⇒ **Rome**).

Théophile de Viau ■ ⇒ Théophile de **Viau.**

Théophraste ■ Philosophe grec (v. 372 - v. 287 av. J.-C.). Il dirigea le *Lycée après *Aristote. *"Les Caractères"* inspirèrent La Bruyère.

Théra ■ ⇒ Santorin.

Théramène ■ Un des trente tyrans établis par Sparte à Athènes (450 - 404 av. J.-C.).

sainte Thérèse d'Ávila ■ Religieuse espagnole (1515-1582). Par ses écrits mystiques, elle est un des plus grands écrivains de l'Espagne. Elle réforma l'ordre du *Carmel.

sainte Thérèse de l'Enfant-Jésus ■ Religieuse française (1873-1897). Pèlerinage sur sa tombe, au carmel de *Lisieux.

la journée du 9 Thermidor an II ■ Le 27 juillet 1794, tournant dans l'histoire de la Révolution française : arrestation de *Robespierre, fin de la *Terreur. ▶ *la réaction **thermidorienne,*** changement qui s'ensuivit dans la politique de la *Convention, en réaction contre les *Montagnards.

les Thermopyles ■ Défilé de la Grèce. Célèbre résistance aux Perses, sacrifice de *Léonidas Ier et des Spartiates (480 av. J.-C.).

Thésée ■ Héros de la mythologie grecque. Roi d'Athènes et époux de *Phèdre. Grâce à *Ariane, il tua le *Minotaure dans le Labyrinthe.

Thespis ■ Poète tragique grec (VIe s. av. J.-C.). Il serait le créateur de la tragédie grecque.

la Thessalie ■ Région du nord de la Grèce. 14 037 km². 696 000 hab. Elle fut occupée par les Turcs à partir de 1393 avant d'être rendue à la Grèce en 1881. Plaine céréalière. Olives. Vignobles. Betterave à sucre. Ville principale : Larissa.

Thessalonique ou **Salonique** ■ 2ᵉ ville de Grèce (*Macédoine), port sur la mer *Égée. 406 000 hab. Université. Centre industriel. Importants monuments byzantins.

Thétis ■ Divinité marine grecque, épouse de Pélée, mère d'*Achille. ≠ *Téthys*.

Thiais ■ Commune du Val-de-Marne. 27 900 hab. *(les Thiaisiens).*

Thibaud IV ■ Comte de Champagne, guerrier et trouvère (1201-1253).

Jacques **Thibaud** ■ Violoniste français (1880-1953). Il a fondé avec Marguerite *Long le concours de musique Long-Thibaud.

Albert **Thibaudet** ■ Critique littéraire français à la *Nouvelle Revue française* (1874-1936).

Thierry ■ NOM DE QUATRE ROIS MÉROVINGIENS □ **Thierry Iᵉʳ,** roi de Reims de 511 à sa mort, fils de Clovis (mort v. 534). □ **Thierry II** (587-613), roi de Bourgogne (de 595 à sa mort) et d'Austrasie (de 612 à sa mort). □ **Thierry III,** roi de Neustrie et de Bourgogne (mort v. 691). □ **Thierry IV,** roi des Francs, dominé par *Charles Martel (mort en 737).

Augustin **Thierry** ■ Historien français (1795-1856). *"Récits des temps mérovingiens".*

Thiers ■ Commune du Puy-de-Dôme. 15 400 hab. *(les Thiernois).* Centre français de la coutellerie.

Adolphe **Thiers** ■ Homme politique et historien français (1797-1877). Ministre de Louis-Philippe, chef de l'opposition libérale à Napoléon III, il négocia avec *Bismarck la capitulation de la France (1870-1871) et forma un gouvernement d'union nationale qui réprima impitoyablement la *Commune. Premier président de la IIIᵉ *République, il s'opposa de plus en plus à une Assemblée majoritairement monarchique et démissionna en 1873 (⇒ **Mac-Mahon**).

Thiès ■ Ville du Sénégal, à l'est de Dakar. 156 000 hab.

Thimbou ou **Thimphu** ■ Capitale du Bhoutan. 20 000 hab.

Thio ■ Commune de Nouvelle-Calédonie. 2 900 hab. Gisement de nickel.

Thionville ■ Sous-préfecture de la Moselle. 40 800 hab. *(les Thionvillois).* Anciennes fortifications. Métallurgie.

Marcel **Thiry** ■ Écrivain belge d'expression française (1897-1977). *"Nouvelles du grand possible"*, roman ; nombreux poèmes.

Thisbé ■ ⇒ **Pyrame.**

Thoiry ■ Commune des Yvelines. 840 hab. *(les Thoirysiens).* Parc zoologique.

René **Thom** ■ Mathématicien et philosophe français (né en 1923). Modèles de morphogenèse (« théorie des catastrophes »).

saint **Thomas** ■ Apôtre de Jésus. Dans l'Évangile, il refuse de croire à la résurrection du Christ avant de l'avoir vu et touché. *"L'Évangile de Thomas"*, important texte apocryphe (IIIᵉ s.).

Ambroise **Thomas** ■ Compositeur français (1811-1896). *"Mignon"* et *"Hamlet"*, opéras.

Dylan **Thomas** ■ Écrivain gallois (1914-1953). Nouvelles (influence de *Joyce), théâtre et surtout poèmes.

saint **Thomas Becket** ■ Archevêque anglais de Canterbury (1118-1170). Il s'opposa au roi *Henri II qui le fit assassiner.

saint **Thomas d'Aquin** ■ Dominicain, théologien italien enseignant à Paris (v. 1224-1274). L'Église catholique, qui le nomme *Docteur angélique,* considère son œuvre, très inspirée d'*Aristote, comme la meilleure expression de la « philosophie chrétienne » : accord de la foi et de la raison, de la théologie et de la philosophie. ⇒ **scolastique.** ▶ *thomisme* et *néo-thomisme,* qui s'inspirent de sa doctrine, ont une part capitale dans l'histoire de la pensée chrétienne (déclarés philosophies officielles de l'Église catholique par *Léon XIII).

saint **Thomas More** ■ ⇒ saint Thomas **More.**

sir Benjamin **Thompson** *comte* *Rumford* ■ Physicien américain (1753-1814). Son approche mécanique de la chaleur annonce la thermodynamique.

sir William **Thomson** *lord Kelvin* ■ Physicien anglais (1824-1907). Électrostatique. Contributions fondamentales à la thermodynamique. On appelle *degré Kelvin* l'unité de température absolue.

sir Joseph John **Thomson** ■ Physicien anglais (1856-1940). Il découvrit l'électron et proposa un modèle de l'atome. Prix Nobel 1906.

Thonon-les-Bains ■ Sous-préfecture de la Haute-Savoie. 30 700 hab. *(les Thononais).* Station thermale. Château de Sonnaz (XVIIᵉ s.).

Thor *ou* **Tor** ■ Dans la mythologie scandinave, dieu guerrier, maître du tonnerre.

la **Thora** ■ ⇒ Torah.

Henry **Thoreau** ■ Écrivain américain (1817-1862). Proche d'*Emerson, il eut comme lui une grande influence sur la pensée américaine. "*Walden*"; "*la Désobéissance civile*".

Maurice **Thorez** ■ Homme politique français (1900-1964). Secrétaire général du parti communiste de 1930 à sa mort, partisan du *Front populaire, ministre de 1945 à 1947.

Thorigny-sur-Marne ■ Commune de Seine-et-Marne. 8 400 hab.

Bertel **Thorvaldsen** ■ Sculpteur danois (v. 1768-1844). Œuvres mythologiques et religieuses inspirées de l'Antiquité.

Thot ■ Divinité égyptienne à tête d'oiseau (ibis). Dieu du Savoir, de l'Écriture et de la Magie.

Thouars ■ Commune des Deux-Sèvres. 11 300 hab. *(les Thouarsais).* Monuments anciens.

le **Thouet** ■ Rivière de l'ouest de la France, affluent de la Loire. 140 km.

Thoune, en allemand **Thun** ■ Ville de la Suisse (canton de *Berne). 36 500 hab. Bâtiments médiévaux, château (XIIᵉ s.).

Thoutmosis ■ Nom de quatre pharaons égyptiens de la XVIIIᵉ dynastie (Nouvel Empire).
□ **Thoutmosis III** (v. 1504-1450 av. J.-C.) Grand conquérant, il porta l'empire à son apogée.

la **Thrace** ■ Région du sud-est de l'Europe partagée entre la Grèce (*Thrace occidentale.* 8 578 km². 345 000 hab.), la Bulgarie (1919; *Thrace septentrionale*) et la Turquie (1923; *Thrace orientale,* la partie européenne de la Turquie).

Thrasybule ■ Général athénien (mort en 388 av. J.-C.). En renversant les *Trente, il rétablit la démocratie.

Thucydide ■ Historien grec (v. 470 - v. 395 av. J.-C.). Son récit de la guerre du *Péloponnèse, qu'il vécut, est un modèle d'intelligence critique des événements.

les **thugs** ■ Secte de fanatiques de l'Inde, adorateurs de *Kālī (XIIᵉ - XIXᵉ s.). Ils pratiquaient le meurtre rituel par étranglement.

Thuir ■ Commune des Pyrénées-Orientales. 6 600 hab. *(les Thuirinois).* Apéritifs (Byrrh).

Thulé ■ Terre fabuleuse marquant la limite nord du monde connu dans l'Antiquité.

Thunder Bay ■ Ville du Canada (*Ontario). 112 000 hab. Région minière.

le canton de **Thurgovie,** en allemand **Thurgau** ■ Canton suisse bordé par le lac de Constance. 1 013 km². 198 000 hab. Chef-lieu : Frauenfeld. Économie agricole.

la Thuringe, en allemand **Thüringen** ■ État (land) de l'est de l'Allemagne. 16 200 km². 1,6 million d'hab. Capitale : Erfurt. Forêts. Constructions automobiles, appareils scientifiques.

August **Thyssen** ■ Industriel allemand, fondateur d'une importante entreprise sidérurgique (1842-1926).

Tiahuanaco ■ Site archéologique de Bolivie situé à 3 900 m. Célèbre porte du Soleil. Civilisation précolombienne (200 av. J.-C. - 1100).

Tianjin ou **T'ien-tsin** ■ Ville et 2ᵉ port de Chine au confluent de cinq rivières. 5,46 millions d'hab. Elle constitue une zone municipale (4 000 km² ; 8,2 millions d'hab.). 2ᵉ centre industriel et commercial du pays.

le Tian Shan ■ Chaîne montagneuse de Chine, du Kirghizistan et du Kazakhstan, en Asie centrale. 2 500 km de long.

Tibère ■ Empereur romain, fils adoptif et successeur d'Auguste (42 av. J.-C. - 37). Administrateur sévère des régions et des finances, il mena une politique de paix.

le lac de Tibériade ■ Lac d'Israël relié à la mer Morte par le Jourdain, appelé *mer de Galilée* dans l'Évangile. 200 km². Il permet l'irrigation du désert du *Néguev.

le Tibesti ■ Massif montagneux du Sahara, dans le nord du Tchad.

le Tibet, en chinois **Xizang** ■ Région autonome de la Chine, dans l'*Himalaya. On l'appelle « le Toit du monde ». 1 221 600 km². 2 millions d'hab. *(les Tibétains).* Capitale : Lhassa. Hautes montagnes, climat froid. Élevage de yacks. Grand foyer du *bouddhisme. Le pays fut gouverné par le dalaï-lama, chef du *bouddhisme tibétain* ou *lamaïsme,* jusqu'à son occupation par les Chinois

en 1950, qui doivent, depuis 1959, affronter une vive résistance des Tibétains. Le dalaï-lama actuel, en exil depuis 1959, a reçu en 1989 le prix Nobel de la paix. 〈▶ tibétain 〉

les Tibous ■ ⇒ les **Toubous.**

le Tibre ■ Fleuve d'Italie qui naît en *Toscane, traverse Rome et se jette dans la mer *Tyrrhénienne. 396 km.

Tibulle ■ Poète élégiaque latin (v. 50 - v. 19 av. J.-C.).

Ludwig **Tieck** ■ Écrivain romantique allemand (1773-1853). Contes populaires, romans historiques et réalistes.

Giambattista **Tiepolo** ■ Peintre italien (1696-1770). Grand décorateur, auteur de fresques sur des sujets bibliques, mythologiques et allégoriques.

Tiflis ■ ⇒ **Tbilissi.**

Tignes ■ Commune de la Savoie. 2 000 hab. *(les Tignards).* Station de sports d'hiver.

Tigrane le Grand ■ Roi d'Arménie (v. 140 - v. 55 av. J.-C.). Sa puissance inquiéta les Romains.

le Tigre ■ Fleuve de Turquie et d'Irak qui se jette dans le golfe Persique en formant avec l'*Euphrate, le *Chatt al-'Arab. 1 950 km. Barrages. Cultures dans la vallée (dattes).

le Tigré ■ Province du nord de l'Éthiopie.

Tijuana ■ Ville du Mexique. 461 000 hab. Centre touristique pour les habitants des villes proches de la Californie.

Tikal ■ Un des sites archéologiques *mayas les plus grandioses, au Guatemala.

Tilburg ■ Ville des Pays-Bas (*Brabant-Septentrional). 155 000 hab.

Tilimsen, autrefois **Tlemcen** ■ Ville d'Algérie. 146 000 hab. Foyer de culture et de religion islamiques depuis le xiiᵉ s., capitale d'un royaume berbère (xiiiᵉ - xviᵉ s.). Mosquées.

Tilsit ■ Ville de Prusse-Orientale (aujourd'hui *Sovietsk,* en Russie) où furent signés en 1807 deux traités d'alliance entre la France (Napoléon Ier) et la Russie (Alexandre Ier).

Timgad ■ Commune d'Algérie. Importants vestiges romains.

Timiskoara ■ Ville de Roumanie. 325 000 hab. Centre industriel. En décembre 1989, la violente répression des manifestations déclencha la révolution. ⇒ **Roumanie.**

Timor ■ Île de la *Sonde, à l'extrémité de l'archipel indonésien. 30 724 km². 1,38 million d'hab. Découverte par les Portugais au XVIᵉ s., l'île fut abordée par les Hollandais, en 1613, qui repoussèrent les Portugais au Nord et à l'Est. Deux traités (1860, 1914) délimitèrent les frontières jusqu'en 1975. Le *Timor occidental* est, depuis lors, une province indonésienne ; la partie orientale, après s'être déclarée, en 1975, *république démocratique du Timor oriental,* a été envahie par les troupes indonésiennes qui l'annexèrent, malgré les protestations internationales, et en firent une province en 1976.

Tīmūr Lang ■ ⇒ Tamerlan.

Jan **Tinbergen** ■ Économiste néerlandais (né en 1903). Économétrie. Prix Nobel (avec *Frisch) 1969.

Jean **Tinguely** ■ Sculpteur suisse (1925-1991). Sculptures mobiles (« machines ») qui mêlent l'humour et la dérision.

Tinqueux ■ Commune de la Marne. 10 200 hab.

le **Tintoret** ■ Peintre italien, l'un des rivaux de *Titien à Venise (1518-1594). Effets spectaculaires fondés sur les contrastes de lumière, les perspectives renversées et les mises en scène tumultueuses. Grandes compositions (fresques de la *Scuola Grande di San Rocco).* Portraits.

Tioumen ■ Ville de la C.É.I. (*Russie), sur la ligne du *Transsibérien. 477 000 hab.

Tipasa ■ Ville d'Algérie, sur la côte méditerranéenne. 4 600 hab. Ruines romaines. Tourisme.

Tipperary ■ Ville du sud-ouest de la république d'Irlande (*Munster). 5 000 hab.

Tirana ■ Capitale de l'Albanie. 226 000 hab. Centre administratif, commercial et industriel. Université.

Tirésias ■ Devin aveugle de la mythologie grecque qui intervient dans l'histoire d'*Œdipe et d'*Ulysse.

Tîrgu Muresk ■ Ville de Roumanie. 159 000 hab. Gaz. Chimie. Monuments baroques.

Tirso de Molina ■ Religieux et auteur dramatique espagnol (v. 1583-1648). Dans *"le Trompeur de Séville"* apparaît pour la première fois au théâtre le personnage de don Juan.

Tiruchchirāppalli ou **Trichinopoly** ■ Ville de l'Inde du Sud (*Tamil Nādu). 362 000 hab.

Tirynthe ■ Ancienne ville de Grèce, en *Argolide (*Péloponnèse). Murailles cyclopéennes (XIIIᵉ s. av. J.-C.).

la **Tisza** ■ Rivière d'Europe orientale, affluent du *Danube. 966 km.

le **Titanic** ■ Paquebot britannique qui coula au large de Terre-Neuve, en 1912, après avoir heurté un iceberg.

les **Titans** n. m. ■ Fils de la Terre dans la mythologie grecque. Ils s'unirent à leurs sœurs, les *Titanides.* Ils tentèrent d'atteindre le ciel et furent vaincus par *Zeus. ⟨ ▶ titan ⟩

Tite-Live ■ Historien latin (v. 59 av. J.-C. - 17). Le premier livre de son *"Histoire de Rome"* fait le récit des temps légendaires.

le lac **Titicaca** ■ Lac des Andes à 3 800 m d'altitude, le plus élevé du monde. 8 340 km². Partagé entre la Bolivie et le Pérou.

Titien ■ Peintre italien (v. 1490-1576). Il domina pendant soixante ans la peinture vénitienne, travaillant pour les grands de son époque (portraits de *Charles Quint, de François Ier). Au style équilibré de la *"Vénus d'Urbin"*, qui traduit la profonde influence de *Giorgione, succéda une facture plus dramatique, d'influence *maniériste.

Josip Broz dit **Tito** ■ Maréchal et homme politique yougoslave (1892-1980). Communiste, il mena la lutte contre le nazisme, devint président du Conseil en 1945 puis président de la République de 1953 à sa mort. Il élabora un socialisme original et conserva son indépendance à l'égard de l'U.R.S.S. ▶ **Titograd** auj. **Podgorica.** Capitale du *Monténégro. 132 000 hab.

Titus ■ Empereur romain, successeur de son père *Vespasien en 79 (v. 40 - 81). Vainqueur de la guerre de Judée (destruction de Jérusalem en 70). Pendant son règne, qui fut libéral, se produisit la catastrophique éruption du *Vésuve.

Tivoli, autrefois **Tibur** ■ Ville d'Italie (*Latium), près de Rome. 52 200 hab. Jardins de la villa d'Este.

Tizi Ouzou ■ Ville d'Algérie, en *Kabylie. 101 000 hab.

Tlaloc ■ Dieu de la Pluie et de la Végétation, dans les civilisations *précolombiennes.

Tlemcen ■ ⟹ **Tilimsen.**

Toamasina, autrefois **Tamatave** ■ Ville et 1er port de Madagascar. 139 000 hab. Pétrole. Café.

Tobago ■ ⟹ **Trinité et Tobago.**

le **Tobol** ■ Rivière de Sibérie occidentale, affluent de l'*Irtych. 1 670 km.

Tobrouk ■ Ville et port de Libye. 34 200 hab. Violents combats entre Alliés et Allemands en 1941-1942.

le **Tocantins** ■ Fleuve du Brésil, qui se jette dans l'Atlantique. 2 640 km. ▶ *le* **Tocantins.** Ancienne partie nord de l'État de *Goiás, au Brésil, qui accéda au rang d'État en 1988. 286 706 km².

960 000 hab. Capitale : Miracema do Tocantins.

Alexis de **Tocqueville** ■ Écrivain et homme politique français (1805-1859). Remarquable analyste de *"la Démocratie en Amérique"*, il a profondément marqué les sciences politiques et l'historiographie de la Révolution française. *"L'Ancien Régime et la Révolution"*.

Rodolphe **Toepffer** ■ Écrivain et dessinateur suisse (1799-1846). Albums comiques illustrés, ancêtres de la bande dessinée.

Palmiro **Togliatti** ■ Une des principales figures du communisme italien (1893-1964). Il soutint la déstalinisation. ▶ **Togliatti.** Ville de la C.É.I. (*Russie). 630 000 hab. Industries (automobiles).

le **Togo** ■ État (république) d'Afrique de l'Ouest. 56 785 km². 3,62 millions d'hab. *(les Togolais).* Forte densité de population. Capitale : Lomé. Langues : français (officielle), éwé, kabye. Monnaie : franc CFA. Cacao, café, coton. Élevage. Phosphates. □ HISTOIRE. Soumis au commerce des esclaves au XVIIIe s., le pays devint un protectorat allemand (1884), partagé entre Français et Anglais en 1922. Le nord de la partie britannique *(Togoland)* fut rattaché au *Ghana. Le Togo français devint une république indépendante en 1960.

la **Toison d'or** ■ Dans la mythologie grecque, toison d'un bélier ailé. *Jason la vola avec l'aide de *Médée.

Tōjō Hideki ■ Général et homme politique japonais (1884-1948). Il dirigea le Japon de 1941 à 1944. Jugé comme criminel de guerre, il fut condamné et exécuté.

Tokaj, en français **Tokay** ■ Village de Hongrie où se produit le célèbre vin de *Tokay* depuis le XIIIe s.

les **Tokugawa** ■ Famille noble japonaise qui domina le Japon pendant trois siècles, jusqu'à *Meiji. □ **Tokugawa Ieyasu** (1543-1616) fut le premier des 15 shoguns de la dynastie. Il fit d'Edo (aujourd'hui Tokyo) sa capitale.

Tokyo ■ Capitale du Japon, port sur l'île de *Honshū. 8,32 millions d'hab. Elle forme avec ses banlieues (*Yokohama, *Kawasaki, Chiba [815 000 hab.], Funabashi [527 000 hab.], Sagamihara [511 000 hab.]) une agglomération de 14 millions d'hab. Centre commercial et administratif du pays. Industries de pointe, pétrole. La ville, immense et formée de quartiers très variés, connaît des problèmes liés au développement : surpopulation, circulation, pollution. Tremblement de terre en 1923.

Tolède, en espagnol **Toledo** ■ Ville d'Espagne, capitale de la communauté autonome de *Castille-la Manche. 61 800 hab. Armes blanches réputées. Archevêché. Tourisme. Capitale des *Wisigoths (VIe - VIIIe s.), siège de l'Église espagnole au VIIe s., occupée du VIIIe au XIe s. par les Arabes (monuments mauresques), puis capitale des rois de Castille (palais de l'*Alcazar*, églises).

Juan Bautista de **Toledo** ■ Architecte espagnol (mort en 1567). Il commença la construction de l'*Escurial.

Toledo ■ Ville des États-Unis (*Ohio), port sur le lac Érié. 355 000 hab. Charbon.

John **Tolkien** ■ Écrivain britannique (1892-1973). *"Le Seigneur des anneaux"*.

Léon **Tolstoï** ■ Écrivain russe (1828-1910). Contestataire, mystique, il fut l'idole de la jeunesse russe. Ses romans *"Guerre et paix"* et *"Anna Karénine"* lui apportèrent une célébrité mondiale. *"La Mort d'Ivan Ilitch"* ; *"la Sonate à Kreutzer"*.

Alexis Nikolaïevitch **Tolstoï** ■ Écrivain soviétique (1883-1945). *"Ivan le Terrible"*.

les **Toltèques** ■ Peuple d'Indiens du Mexique. Brillante civilisation du IXe au XIIe s., qui influença les *Mayas (site maya-toltèque de Chichén Itzá).

Toluca ■ Ville du Mexique central. 357 000 hab. Région agricole.

Tomblaine ■ Commune de Meurthe-et-Moselle. 8 400 hab. *(les Tomblainois)*.

Tombouctou ■ Ville du Mali, près du fleuve Niger. 20 500 hab. Point de départ des caravanes vers le Sahara.

Tomsk ■ Ville de la C.É.I. (*Russie). 502 000 hab. Centre de recherches du *Kouzbass.

Tonatiuh ■ Dieu du Soleil des civilisations *précolombiennes.

les îles **Tonga** ■ Archipel et État (royaume [monarchie constitutionnelle] de Polynésie. 780 km². 95 900 hab. *(les Tongais)*. Capitale : Nuku'alofa. Langues officielles : tonga, anglais. Monnaie : pa'anga. État indépendant au sein du *Commonwealth depuis 1970. Coprah, bananes.

Tongres, en néerlandais **Tongeren** ■ Ville de Belgique (*Limbourg). 26 200 hab. Nombreux monuments. Industries alimentaires.

le **Tonkin** ■ Région du nord du Viêt-nam, sur la mer de Chine méridionale, habitée par les *Tonkinois*. Ville principale : Hanoi. Ancienne colonie française (⇒ **Indochine**).

Tonnay-Charente ■ Commune de Charente-Maritime. 6 800 hab. *(les Tonnacquois)*. Église du XIIe-XVIe s.

Tonneins ■ Commune du Lot-et-Garonne. 9 600 hab. *(les Tonneinquais)*.

Tonnerre ■ Commune de l'Yonne. 6 000 hab. *(les Tonnerrois)*. Source de la Fosse-Dionne. Vins.

Ferdinand **Tönnies** ■ Sociologue allemand (1855-1936). *"Communauté et société"*.

Topeka ■ Ville des États-Unis (*Kansas), connue pour son urbanisme. 115 000 hab.

Roland **Topor** ■ Dessinateur et écrivain français (né en 1938). Humour noir. *"La Planète sauvage"*, dessin animé.

Tor ■ ⇒ Thor.

la **Torah** ■ En hébreu, la « Loi ». Les cinq premiers livres de la Bible, appelés *Pentateuque* par les chrétiens. Elle comprend notamment les textes de la Loi, révélés à *Moïse par Yahvé sur le Sinaï. C'est la partie la plus importante de la Bible dans le judaïsme. ⟨ ▶ Torah ⟩

Torcello ■ Île de la lagune de Venise. Cathédrale romano-byzantine.

Torcy ■ Commune de Seine-et-Marne. 18 700 hab.

Tordesillas ■ Ville d'Espagne (*Castille-et-Léon). Monastère du XIVᵉ s. ▶ *le traité de Tordesillas*, en 1394, fixait la ligne de partage des colonies entre l'Espagne et le Portugal.

Giuseppe **Torelli** ■ Violoniste et compositeur italien (1658-1709). Un des créateurs du genre concerto.

Torgau ■ Ville d'Allemagne (*Saxe). 21 000 hab. *Luther et ses compagnons y rédigèrent, en 1530, les *Articles de Torgau*, base de la Confession d'*Augsbourg. En 1945, point de jonction entre les troupes soviétiques et américaines.

les **tories** ■ Nom donné en Angleterre aux conservateurs jusqu'en 1832, par opposition aux *whigs*. ⟨ ▶ tory ⟩

Toronto ■ Ville et port du Canada, capitale de l'*Ontario, sur la rive nord du lac Ontario. 612 000 hab. *(les Torontais)*. La plus importante agglomération du pays (3,4 millions d'hab.). Elle rivalise avec *Montréal comme métropole économique et culturelle (université). Ancienne capitale du haut Canada (Canada anglais).

Torquay ■ Ancienne ville d'Angleterre (dans l'agglomération de Torbay ; 113 000 hab.), dans le *Devon. Station balnéaire sur la Manche. Ancienne abbaye (XIIᵉ-XIVᵉ s.).

Tomás de **Torquemada** ■ Dominicain espagnol, chef de l'*Inquisition pour la péninsule Ibérique (1420-1498). Symbole du fanatisme religieux.

Torre del Greco ■ Ville d'Italie méridionale (*Campanie), près de *Naples, au pied du Vésuve. 104 000 hab. Travail du corail.

Torreón ■ Ville du Mexique septentrional. 364 000 hab. Textile.

le détroit de **Torres** ■ Bras de mer séparant l'Australie de la Nouvelle-Guinée et reliant l'océan Indien à l'océan Pacifique.

Evangelista **Torricelli** ■ Physicien et mathématicien italien (1608-1647). *L'expérience de Torricelli* mit en évidence l'existence de la pression atmosphérique.

Jacopo **Torriti** ■ Peintre et mosaïste italien (fin du XIIIᵉ s.).

l'île de la **Tortue** ■ Petite île de l'Atlantique, au nord d'*Hispaniola. Repaire de pirates au XVIIᵉ s.

Toruń, en allemand **Thorn** ■ Ville de Pologne, port fluvial sur la *Vistule. 197 000 hab. Elle fit partie de la *Hanse. Foyer de la *Réforme. Ville prussienne au XIXᵉ s.

le parti **tory** ■ ⇒ les tories.

l'école **Tosa** ■ École de peinture japonaise. □ *Tosa Mitsunobu* (1434-1525) en fut le fondateur. □ *Tosa Mitsuyoshi* (1539-1613) en fut l'un des derniers représentants.

la **Toscane,** en italien **Toscana** ■ Région autonome du nord-ouest de la péninsule italienne. 22 992 km². 3,57 millions d'hab. *(les Toscans)*. Capitale : Florence. Zone de transition entre le nord et le sud du pays. Région vallonnée, à l'agriculture méditerranéenne : céréales, olives, vignes (chianti). Ressources minières : fer, mercure, marbre (*Carrare). Industrie lourde. Tourisme important. Foyer de la *Renaissance. Le *toscan* est devenu la forme officielle de la langue italienne. ⇒ **Florence,** les **Médicis.**

Arturo **Toscanini** ■ Chef d'orchestre italien (1867-1957). Réputé pour sa fougue et son lyrisme.

Tōshūsai Sharaku ■ Peintre japonais qui se spécialisa dans les portraits d'acteurs de *kabuki (fin du XVIIIᵉ s.).

les **Touaregs** ■ Population nomade du Sahara, d'origine *berbère (au singulier : un *Targui* ou, francisé, un *Touareg*). Les difficultés à s'intégrer dans les structures des États modernes de l'Afrique, notamment en Algérie, au Mali et au Niger, les conduisent à de fréquentes rébellions. 〈 ▶ touareg 〉

les **Toubous** ou **Tibous** ■ Population nomade noire du Sahara (*Tibesti...).

les **Toucouleurs** ■ Peuple du Sénégal et de Guinée, de religion musulmane. Ils sont environ 300 000.

Tou Fou ■ ⇒ Du Fu.

Touggourt ■ Oasis du Sahara algérien. 75 600 hab.

Mikhaïl **Toukhatchevski** ■ Maréchal soviétique (1893-1937). Victime des purges de *Staline. Réhabilité en 1961.

Toul ■ Sous-préfecture de Meurthe-et-Moselle. 17 700 hab. *(les Toulois).* Cathédrale gothique. Toul, avec Metz et Verdun, fit partie des *Trois-Évêchés. Constructions mécaniques, confection.

Toula ■ Ville de la C.É.I. (*Russie). 540 000 hab. Centre houiller proche de Moscou. Samovars.

Paul-Jean **Toulet** ■ Écrivain français (1867-1920). "*Les Contrerimes*", poèmes.

Toulon ■ Préfecture du Var, important port militaire sur la Méditerranée (rade de Toulon). 170 200 hab. *(les Toulonnais).* Arsenal. Chantiers navals.

Toulouse ■ Préfecture de la Haute-Garonne et de la région *Midi-Pyrénées. 365 900 hab. *(les Toulousains).* Ancienne capitale du royaume d'Aquitaine puis du *comté de Toulouse*, rattachée à la France après la croisade des *albigeois, en 1271. Nombreux monuments : basilique romane Saint-Sernin, cathédrale (XIIᵉ - XIIIᵉ s.), Capitole. Musées. Université ; École nationale supérieure de l'aéronautique et de l'espace. Industries aéronautique et chimique. ⇒ **Languedoc.**

Henri de **Toulouse-Lautrec** ■ Peintre et lithographe français (1864-1901). Affiches ("*le Bal du Moulin-Rouge*" ; "*Aristide Bruant*"). Scènes de mai sons closes ("*Femme tirant son bas*"), d'un dessin aigu.

la **Toungouska** ■ Nom de trois rivières de Sibérie, affluents de l'*Iénisseï.

les **Toungouzes** ■ Groupe de tribus de Sibérie orientale.

la **Touques** ■ Fleuve de Normandie, qui se jette dans la Manche. 108 km.

Le **Touquet-Paris-Plage** ■ Commune du Pas-de-Calais, station balnéaire sur la Manche. 5 600 hab. *(les Touquettois).*

la **Touraine** ■ Région du sud-ouest du Bassin parisien. Ses habitants sont les *Tourangeaux*. Ville principale : Tours. L'organisation politique de la France du XIVᵉ au XVIᵉ s. a entraîné la construction de châteaux dans la vallée de la Loire. La douceur du climat a favorisé le développement agricole et la culture de la vigne.

Tourcoing ■ Commune du Nord qui forme avec *Lille et *Roubaix une conurbation. 94 400 hab. *(les Tourquennois).* Industries textiles.

la **Tour de Londres** ■ Forteresse construite à Londres par *Guillaume le Conquérant au XIᵉ s. Elle servit de prison d'État : exécutions d'Henri VI, *Anne Boleyn, Thomas *More.

La **Tour-du-Pin** ■ Sous-préfecture de l'Isère. 6 800 hab. *(les Turripinois)*.

Sékou Touré ■ Homme politique guinéen (1922-1984). Marxiste, il obtient l'indépendance de la Guinée dès 1958 et en fut le président jusqu'à sa mort. Son pouvoir devint dictatorial.

Ivan Tourgueniev ■ Écrivain russe (1818-1883). Proche des écrivains français de son temps. Romans, nouvelles. *"Récits d'un chasseur"* ; *"Premier amour"*.

Tourlaville ■ Commune de la Manche, dans la banlieue de Cherbourg. 17 700 hab. *(les Tourlavillais)*.

le col du **Tourmalet** ■ Le plus haut col routier des Pyrénées françaises, dans les Hautes-Pyrénées (2 114 m).

Tournai, en néerlandais **Doornik** ■ Ville de Belgique (*Hainaut), sur l'*Escaut. 66 700 hab. *(les Tournaisiens)*. Cathédrale (XIIᵉ - XIIIᵉ s.). Prise par Louis XIV (fortifiée par *Vauban). Célèbre pour ses porcelaines au XVIIIᵉ s.

Tournefeuille ■ Commune de la Haute-Garonne. 16 700 hab.

Joseph Pitton de **Tournefort** ■ Botaniste français (1656-1708). Grand voyageur.

Cyril **Tourneur** ■ Auteur dramatique anglais de l'époque élisabéthaine (1575-1626). *"La Tragédie de l'athée"*.

Michel **Tournier** ■ Écrivain français (né en 1924). Le recours à de grands mythes donne à ses romans une portée philosophique. *"Vendredi ou les Limbes du Pacifique" ; "le Roi des aulnes" ; "les Météores"*.

Tournon-sur-Rhône ■ Sous-préfecture de l'Ardèche. 10 200 hab.

(les Tournonais). Collège (XVIᵉ-XVIIIᵉ s.).

Tournus ■ Commune de Saône-et-Loire. 7 000 hab. *(les Tournusiens)*. Magnifique église romane (Xᵉ - XIᵉ s.).

Tours ■ Préfecture d'Indre-et-Loire, sur la Loire. 133 400 hab. *(les Tourangeaux)*. Saint Martin en fit un des foyers religieux du IIIᵉ s. Cathédrale Saint-Gatien (XIIᵉ - XVᵉ s.). Industries mécanique et chimique. Commerce du vin. ⇒ **Touraine.**

Toussaint-Louverture ■ Homme politique haïtien (1743-1803). Ancien esclave, héros de l'indépendance d'Haïti. Il tenta de créer une république noire.

Toutankhamon ■ Pharaon du Nouvel Empire de 1361 à 1352 av. J.-C. Le trésor découvert dans sa tombe était exceptionnellement préservé (musée du Caire).

Touthmosis ■ ⇒ Thoutmosis.

la république autonome de **Touva** ■ Une des 16 républiques autonomes de la Fédération de *Russie, à la frontière de la *Mongolie. 170 500 km². 309 000 hab. *(les Touvas)*. Capitale : Kyzyl (80 000 hab.). Région agricole.

Arnold **Toynbee** ■ Historien britannique (1889-1975). Étude du devenir des civilisations fondée sur l'histoire universelle.

Toyota ■ Ville du Japon (*Honshū), connue pour ses usines automobiles. 322 000 hab.

Tommaso **Traetta** ■ Compositeur italien d'opéras (1727-1779).

le cap **Trafalgar** ■ Cap d'Espagne où l'amiral anglais *Nelson vainquit la flotte franco-espagnole en 1805.

Trajan ■ Empereur romain (53-117). Grand conquérant, remarquable administrateur, il porta l'empire à son extension extrême. Il entreprit de grands travaux. *Hadrien lui succéda.

Georg **Trakl** ■ Poète autrichien (1887-1914). Hanté par la mort et le désir d'innocence. "*Chant d'un merle prisonnier*".

les **Transamazoniennes** n. f. ■ Routes brésiliennes construites à travers la forêt de l'*Amazonie sur des milliers de kilomètres.

la **Transjordanie** ■ Ancien État du Proche-Orient devenu, en 1949, la *Jordanie. Sous mandat britannique entre 1922 et 1946.

le **Transkei** ■ *Bantoustan (république) créé par l'*Afrique du Sud pour regrouper les populations noires du pays (Xhosas) et proclamé indépendant en 1976. 43 653 km². 3,22 millions d'hab. Capitale : Umtata (24 800 hab.).

le **Transsibérien** ■ La plus longue voie ferrée du monde : 9 297 km, 8 jours de parcours. Elle traverse la *Sibérie et relie Moscou à Vladivostok. Elle fut construite de 1891 à 1916.

le **Transvaal** ■ Province du nord-est de l'Afrique du Sud. 262 499 km². 7,53 millions d'hab. Capitale : Pretoria. Grande région minière (or, diamant, fer) qui fut l'enjeu de guerres entre Anglais et *Boers. Intégrée à l'Union sud-africaine en 1910.

la **Transylvanie** ■ Région de Roumanie. Minorités hongroise et allemande. Chef-lieu : Cluj-Napoca. Paysage de collines entourées par les *Carpates. Élevage.

la **Trappe** ■ Ordre des *Trappistes*, moines cisterciens réformés par *Rancé au XVIIᵉ s. Abbaye mère de l'Ordre, dans l'Orne. ⟨ ▶ ② Trappe ⟩

Trappes ■ Commune des Yvelines. 30 900 hab. *(les Trappistes)*. Gare de triage.

Trasimène ■ Lac d'Italie (*Ombrie). Victoire d'*Hannibal sur les Romains en 217 av. J.-C.

Alexandre **Trauner** ■ Décorateur de films français d'origine hongroise (1906-1993). "*Le jour se lève*" ; "*les Enfants du paradis*" ; "*Subway*".

le parti **travailliste**, en anglais **Labour Party** ■ Parti politique anglais, issu des syndicats, fondé en 1893 (officiellement en 1906).

Trébizonde, en turc **Trabzon** ■ Ville et port de Turquie sur la mer Noire. 156 000 hab. Capitale d'un Empire grec du XIIIᵉ au XVᵉ s. Églises byzantines et mosquées.

le **Trégorrois** ■ Région de Bretagne, autour de *Tréguier, entre Saint-Brieuc et Morlaix.

Tréguier ■ Commune des Côtes-d'Armor. 2 800 hab. *(les Trégorrois ou Trécorrois)*. Cathédrale gothique.

Trélazé ■ Commune du Maine-et-Loire. 10 600 hab. *(les Trélazéens)*. Ardoisières les plus importantes de France.

Tremblay-en-France, avant 1989 **Tremblay-lès-Gonesse** ■ Commune de la Seine-Saint-Denis. 31 400 hab. *(les Tremblaysiens)*.

Charles **Trenet** ■ Auteur, compositeur et chanteur français (né en 1913).

Trente, en italien **Trento** ■ Ville d'Italie. 101 000 hab. *(les Trentins ou Tridentins)*. Capitale de la région autonome du *Trentin-Haut-Adige. ▶ *le concile de* **Trente,** convoqué par le pape Paul III et *Charles Quint, se tint en trois périodes de 1545 à 1563 et définit la politique de l'Église catholique contre la *Réforme. ⇒ **Contre-Réforme.**

les **Trente** ou *les* **Trente Tyrans** ■ Nom donné aux magistrats que Sparte imposa à Athènes après sa victoire dans la guerre du Péloponnèse (404 av. J.-C.). Ils furent chassés par *Thrasybule.

la guerre de **Trente Ans** ■ Conflit né en 1618 de l'opposition entre les catholiques et les protestants dans le *Saint Empire romain germanique. La France, pour s'opposer à la puissance des *Habsbourg, intervint aux côtés de la Suède, protestante, contre l'empereur Ferdinand II et son alliée l'Espagne. Le traité de *Westphalie (1648) marqua le retrait du pouvoir impérial en Allemagne, son repli sur l'Autriche et la Bohême ; la lutte entre la France et l'Espagne continua jusqu'en 1659 (traité des *Pyrénées).

le **Trentin-Haut-Adige,** en italien **Trentino-Alto Adige** ■ Région autonome de l'Italie septentrionale. 13 613 km². 884 000 hab. Capitale : Trente. La région, qui a été rattachée à l'Italie en 1919, comprend, au nord, une forte communauté germanophone (Tyroliens du Sud) qui revendique son indépendance.

Trenton ■ Ville des États-Unis, capitale du *New Jersey. 92 100 hab.

Le **Tréport** ■ Commune et port de pêche de la Seine-Maritime. 6 200 hab. *(les Tréportais).*

Trets ■ Commune des Bouches-du-Rhône. 7 900 hab.

Trèves, en allemand **Trier** ■ Ville d'Allemagne (*Rhénanie-Palatinat). 94 700 hab. Elle fut une des résidences des empereurs romains : nombreux vestiges (*Porta nigra,* amphithéâtre). Cathédrale (IVᵉ - XIIIᵉ s.).

Trévise, en italien **Treviso** ■ Ville d'Italie, en *Vénétie. 86 500 hab. Monuments médiévaux.

Trévoux ■ Commune de l'Ain. 6 100 hab. *(les Trévoltiens).* Célèbre imprimerie des jésuites au XVIIIᵉ s., produisant le *Journal* (scientifique) et les *Dictionnaires* dits *de Trévoux.*

le **Triangle d'or** ■ Zone de forme triangulaire qui s'étend sur une partie de l'Union de Myanmar (ex-Birmanie), de la Thaïlande et du Laos. Lieu privilégié de la production et du trafic de l'opium.

le *commerce* **triangulaire** ■ Commerce d'esclaves pratiqué entre les côtes françaises et anglaises, la Guinée et les Antilles aux XVIIᵉ et XVIIIᵉ s.

Trianon ■ ⇒ le château de Versailles.

le **Tribunal révolutionnaire** ■ Pendant la Révolution française, tribunal d'exception créé par la *Convention en 1792. Composé de douze jurés, cinq juges et un accusateur public. Il fut l'instrument de la *Terreur.

le **Tribunat** ■ Assemblée législative instituée sous le *Consulat (1800) et supprimée sous le Iᵉʳ Empire (1807).

Trichinopoly ■ ⇒ **Tiruchchirāppalli.**

Triel-sur-Seine ■ Commune des Yvelines. 9 600 hab. *(les Triellois).*

Trieste ■ Ville d'Italie du Nord, capitale de la région autonome de *Frioul-Vénétie Julienne, qui a été rattachée tour à tour à l'Autriche, à la Yougoslavie et à l'Italie. 235 000 hab. *(les Triestins).* Port sur l'Adriatique. Chantiers navals. Industrie chimique.

Trimurtī ■ Trinité hindoue, composée des trois grandes divinités du panthéon brahmanique, *Brahmā le Créateur, *Śiva le Destructeur et *Vishnou le Conservateur.

La **Trinité** ■ Commune de la Martinique. 11 100 hab.

La **Trinité** ■ Commune des Alpes-Maritimes. 10 200 hab. *(les Trinitaires).*

Trinité et Tobago ■ État (république) des Antilles formé par les îles de la Trinité (ou Trinidad ; 4 821 km²) et de Tobago (303 km²), près des côtes du Venezuela. 5 128 km². 1,28 million d'hab. *(les Trinidiens).* Capitale : Port of Spain. Langue officielle : anglais. Monnaie : dollar de Trinité et Tobago. Pétrole, rhum, canne à sucre. État membre du *Commonwealth, indépendant depuis 1962.

Elsa Triolet ■ Romancière française d'origine russe (1896-1970). *"Le Cheval blanc"*; *"le Grand Jamais"*. Épouse et inspiratrice d'*Aragon.

Tripoli ■ Capitale et port de la Libye. 591 000 hab. *(les Tripolitains).* Colonie phénicienne puis romaine, base des corsaires turcs au XVIᵉ s. ▶ *la* **Tripolitaine,** province dont elle est la capitale et qui, réunie à la *Cyrénaïque, a formé la Libye.

Tripoli ■ Ville et port du Liban, sur la Méditerranée. 500 000 hab. *(les Tripolitains).*

le **Tripura** ■ État de l'Union indienne, à la frontière orientale du Bangladesh. 10 486 km². 2,05 millions d'hab. Capitale : Agartala (132 000 hab.). Productions agricoles. Forêt.

Flora Tristan ■ L'initiatrice française du féminisme, influencée par le socialisme utopique (1803-1844).

Tristan da Cunha ■ Archipel britannique du sud de l'Atlantique, découvert en 1506, dépendant de la colonie britannique de *Sainte-Hélène. Un massif volcanique culmine sur l'île principale. 98 km². 300 hab.

Tristan et Iseult ■ Légende du Moyen Âge. Victimes d'un philtre magique et unis par une passion fatale, Tristan et Iseult deviennent coupables devant leurs conjoints respectifs. Seule la mort réunira les amants.

François dit **Tristan l'Hermite** ■ Poète lyrique français (1601-1655). *"Le Page disgracié"*; *"les Amours de Tristan".*

Triton ■ Dieu marin grec, mi-homme mi-poisson, fils de *Poséidon. ⟨ ▶ ① et ② triton ⟩

Trivandrum ■ Ville du sud-ouest de l'Inde, capitale de l'État du *Kerala. 500 000 hab.

Jiří Trnka ■ Cinéaste d'animation tchécoslovaque (1912-1969). Films avec des poupées. *"La Main".*

Trocadéro ■ Localité d'Espagne, proche de *Cadix, que l'armée française prit d'assaut en 1823 pour déloger les insurgés.

Louis Trochu ■ Général français (1815-1896). Gouverneur de Paris et chef du gouvernement de *Défense nationale en 1870.

Troie ou **Ilion** ■ Ancienne ville d'Asie Mineure immortalisée par Homère dans l'*"*Iliade". Elle a été identifiée au site d'Hissarlik, en Turquie, par *Schliemann. ▶ *la guerre de* **Troie,** déclenchée par l'enlèvement d'*Hélène, opposa Grecs et *Troyens*. Après un siège de dix ans, les Grecs prirent la ville grâce à *Ulysse qui conçut la ruse du *cheval de Troie.*

les **Trois-Évêchés** ■ *Verdun, *Metz et *Toul, villes occupées par Henri II en 1552, officiellement françaises à partir de 1648, et formant une enclave dans le duché de Lorraine (lequel fut annexé seulement en 1766).

Trois-Rivières ■ Ville du Canada (*Québec), sur le *Saint-Laurent, entre *Montréal et *Québec. 50 100 hab. Agglomération de 129 000 hab. Port actif. Papeteries.

Trois-Rivières ■ Commune de la Guadeloupe. 8 600 hab.

François Tronchet ■ Juriste français, un des défenseurs de Louis XVI (1726-1806). Il collabora à la rédaction du Code civil.

Trondheim ■ 3ᵉ ville et port de Norvège. 137 000 hab. Pêche, métallurgie.

Léon Trotski ■ Homme politique et révolutionnaire russe (1879-1940). Chef de l'Armée rouge de 1918 à 1920, théoricien de la « révolution permanente » et de l'internationalisme (fondateur de la IVᵉ *Internationale en 1938), chassé par *Staline en 1929 et assassiné au Mexique.

Nikolaï Troubetskoï ■ Linguiste russe (1890-1938). Il est avec *Jakobson le créateur de la phonologie.

Trouville-sur-Mer ■ Commune du Calvados, sur la Manche. 5 600 hab. *(les Trouvillais).* Station balnéaire proche de *Deauville.

Henri **Troyat** ■ Écrivain français d'origine russe (né en 1911). *"La Lumière des justes",* cycle romanesque. Biographies.

Troyes ■ Préfecture de l'Aube. 60 800 hab. *(les Troyens).* Industries textile (bonneterie) et mécanique. Foire de Champagne au Moyen Âge. Cathédrale gothique.

Pierre Elliott **Trudeau** ■ Homme politique canadien (né en 1919). Partisan du bilinguisme et du fédéralisme, Premier ministre (libéral) de 1968 à 1979 et de 1980 à 1984.

François **Truffaut** ■ Cinéaste français (1932-1984). Un des principaux représentants de la nouvelle vague. *"Les Quatre Cents Coups"* ; *"Jules et Jim"* ; *"la Nuit américaine".*

Trujillo ■ Ville du Pérou, port sur le Pacifique. 491 000 hab. Industrie sucrière.

Rafael **Trujillo y Molina** ■ Homme politique dominicain (1891-1961). Dictateur de 1930 à son assassinat.

Harry S. **Truman** ■ Homme politique américain (1884-1972). 33e président (démocrate) des États-Unis, de 1945 à 1953. Il prit la décision de lancer la bombe atomique sur *Hiroshima ; responsable du plan *Marshall et de la politique de *guerre froide.

la **Truyère** ■ Rivière du *Massif central, affluent du Lot. 160 km.

Ts'ao Ts'ao ■ ⇒ Cao Cao.

Tsarskoïé Selo ■ Ancien nom de la ville de *Pouchkine.

Ts'eu-Hi ■ ⇒ Cixi.

les **Tsiganes** ou **Tziganes** ■ Nomades originaires de l'Inde (XIe s.), aujourd'hui dispersés à travers l'Europe. Ils parlent une langue (le *romani*) qui n'a pas d'écriture. On distingue traditionnellement les Manouches (France), les Gitans (Espagne) et les Roms (Europe orientale : Hongrie, Roumanie...). 〈 ▶ tsigane 〉

Konstantin **Tsiolkovski** ■ Savant et inventeur russe, précurseur de l'astronautique contemporaine (1857-1935).

Philibert **Tsiranana** ■ Premier président de la République de Madagascar, de 1959 à 1972 (1912-1978).

Tsitsihar ■ ⇒ Qiqihar.

Tsubouchi Shōyō ■ Écrivain et traducteur japonais (1859-1935). Un des fondateurs de la littérature et du théâtre japonais modernes.

le détroit de **Tsugaru** ■ Bras de mer qui sépare les îles japonaises de *Honshū et de *Hokkaidō.

Marina **Tsvetaïeva** ■ Poétesse russe (1892-1941). Sa poésie, puissante et recherchée, est influencée par *Maïakovski. Elle se suicida.

les îles **Tuamotu** ■ Archipel et circonscription de la Polynésie française. 690 km². 11 800 hab.

Tübingen ■ Ville d'Allemagne (*Bade-Wurtemberg). 71 000 hab. Université créée en 1477.

l'archipel des **Tubuaï** ■ Archipel de la *Polynésie française. 148 km². 6 500 hab. Appelé parfois *îles Australes. ≠ terres *Australes.*

le **Tuc-d'Audoubert** ■ Site préhistorique de l'Ariège (commune de Montesquieu-Avantès ; 270 hab.). Gravures, sculptures (au musée de Saint-Germain-en-Laye).

Tucson ■ Ville des États-Unis (*Arizona). 331 000 hab. Marché agricole. Université.

les **Tudors** ■ Famille qui régna sur l'Angleterre de 1485 (fin de la guerre des Deux-*Roses) à 1603 (avènement des *Stuarts) : ⇒ **Henri VII, Henri VIII, Édouard VI, Marie Ire** et **Élisabeth Ire.** Ils succédèrent aux *Plantagenêts.

Tu Duc ■ Empereur d'*Annam (1829-1883). Il céda la *Cochinchine à la France.

le palais des **Tuileries** ■ Ancienne résidence des rois de France, à Paris, commencée en 1564 par Philibert *Delorme, poursuivie par Jacques II *Androuet Du Cerceau puis par *Le Vau. Siège de la *Convention pendant la Révolution. Il fut incendié lors de la *Commune (1871) puis détruit en 1882. Seuls subsistent les jardins (*Le Nôtre).

Tula ■ Localité du Mexique. Ancienne capitale des *Toltèques. Vestiges importants.

Tulle ■ Préfecture de la Corrèze. 18 700 hab. *(les Tullistes* ou *Tullois).* Cathédrale, maisons Renaissance.

Tullus Hostilius ■ Troisième roi semi-légendaire de Rome. Il régna de 673 à 642 av. J.-C. Belliqueux, il mena deux guerres contre *Albe (épisode des *Horaces et des Curiaces).

Tulsa ■ Ville des États-Unis (*Oklahoma). 361 000 hab. Grand centre pétrolier.

Tunis ■ Capitale de la Tunisie, port sur la Méditerranée (la Goulette). 597 000 hab. *(les Tunisois).* Centre industriel (sidérurgie) et commercial.

la **Tunisie** ■ État (république) d'Afrique du Nord. 154 530 km². 7,97 millions d'hab. *(les Tunisiens).* Capitale : Tunis. Langues : arabe (officielle), berbère, français. Religion officielle : islam. Monnaie : dinar tunisien. Économie surtout agricole (blé, olives, élevage). Tourisme. Pétrole et phosphates. □ **HISTOIRE**. Les Phéniciens y établirent des colonies autour du IXᵉ s. av. J.-C. La plus puissante, *Carthage, devint une rivale de Rome (⇒ guerres **puniques**). Rasée en 146 av. J.-C., la ville, reconstruite, fut la métropole de la province romaine d'Afrique. La résistance de la *Numidie une fois réduite, la région, prospère et fortement urbanisée, devint l'un des plus importants foyers des lettres (*Apulée) et du christianisme (*Tertullien, saint *Cyprien) latins. Au Vᵉ s., les Vandales y fondèrent un royaume ; ils furent vaincus par Byzance en 533. Mais des tribus berbères contrôlaient l'intérieur du pays. L'expansion de l'islam au VIIᵉ s. aboutit à la chute définitive de Carthage et à la fondation de Kairouan (670). *L'Ifrīqiya* se trouva dès lors englobée dans des empires musulmans, d'ailleurs convoités par les croisés (Saint *Louis mourut à Tunis), mais elle gagna plusieurs fois son autonomie : la dynastie ziride s'affranchit des Fatimides d'Égypte (XIᵉ s.), la dynastie hafside s'affranchit des Almohades du Maroc (XIIIᵉ s.) et régna jusqu'au XVIᵉ s. Alors objet de conflits entre l'Espagne de *Charles Quint et l'Empire ottoman, la Tunisie (qu'on appelle ainsi à partir du moment où Tunis est sa capitale : 1160) devint, comme l'Algérie, une régence aux mains de corsaires vassaux de Constantinople. Au cours du XVIIᵉ s. se mit en place un régime monarchique. La dynastie husséinite (ou husaynite) régna de 1705 à 1957. Affaiblie par des luttes internes et par l'expansionnisme européen, elle dut admettre progressivement l'ingérence de la France, présente en Algérie dès 1830. Muhammad al-Sādiq, bey de Tunis de 1852 à 1882, mena une politique ambitieuse de réformes qui l'endetta auprès de l'Angleterre, de la France et de l'Italie. Il dut accepter le protectorat français en 1881 (traité du Bardo). Les premières décennies de la colonisation furent heureuses. Le mouvement nationaliste (création du Néo-*Destour par *Bourguiba en 1934) ne prit tout son essor qu'avec la Seconde Guerre mondiale. Après la perte du Viêt-nam, Pierre *Mendès France accorda l'autonomie en 1954, et l'indépendance fut obtenue en 1956. Le bey fut renversé et la république proclamée en 1957 par Bourguiba, chef du parti unique, élu président à vie en 1975. D'abord aidé par la France et les États-Unis, le pays s'engagea dans une politique collectiviste (1965-1970) puis revint à une libéralisation (1983, instauration officielle du multipartisme). Confronté à des difficultés économiques (« émeutes du pain », 1984), politiques et religieuses (intégrisme chiite), le gouvernement écarta Bourguiba, trop âgé, en 1987, lequel fut remplacé par *Ben Ali.

Andreï **Tupolev** ■ Ingénieur soviétique (1888-1972). Aéronautique et aérodynamique. Son nom a été donné à des avions.

Cosmè **Tura** ■ Peintre italien (v. 1430-1495). Un des maîtres de la *Renaissance à Ferrare.

les **Jeunes-Turcs** ■ Groupe de jeunes intellectuels et officiers turcs, fondé en 1864, partisans de la modernisation, notamment celle des institutions, du pays. Ils prirent le pouvoir en 1909, entraînèrent l'Empire ottoman dans la Première Guerre mondiale aux côtés de l'Allemagne. Après la défaite, l'arrivée au pouvoir de *Mustafa Kemal les fit disparaître.

Henri de La Tour d'Auvergne vicomte de **Turenne** ■ Maréchal de France (1611-1675). Le plus illustre chef de guerre des débuts du règne de Louis XIV, avec *Condé qu'il vainquit pendant la *Fronde.

Anne Robert Jacques **Turgot** ■ Ministre de Louis XVI (1727-1781). Ses réformes économiques (liberté du commerce et du travail) heurtèrent les privilèges et provoquèrent sa disgrâce en 1776. Écrits économiques, politiques et littéraires.

Turin, en italien *Torino* ■ Ville d'Italie du Nord, capitale du *Piémont, sur le *Pô. 1 million d'hab. (les Turinois). Grand centre industriel : constructions automobiles, aéronautique, chimie. Nœud de communication (tunnel du Mont-Blanc). Saint suaire (considéré naguère comme celui du Christ) dans la cathédrale.

le lac **Turkana,** autrefois *lac Rodolphe* ■ Lac du nord du Kenya. 8 500 km².

le **Turkestan** ■ Région de l'Asie centrale comprise entre la Sibérie et le Tibet, cœur de l'ancien empire de *Tamerlan. Divisée entre les influences russe (C.É.I. actuelle) et chinoise.

le **Turkménistan** ou *la* **Turkménie** ■ État (république) d'Asie centrale, sur la mer Caspienne, partie du *Turkestan. 488 100 km². 3,53 millions d'hab. (les Turkmènes). Capitale : Achkhabad. Langues : turkmène, russe. Monnaie : rouble. Coton, moutons. Pétrole. Membre de la *C.É.I.

les îles **Turks et Caicos** ■ Archipel britannique des *Antilles, au sud des *Bahamas. 500 km². 13 500 hab. Capitale : Grand Turk.

Turku ■ La plus ancienne ville de Finlande, port sur la Baltique. 160 000 hab. Cathédrale (xiiiᵉ s.).

Henri le Grand dit **Turlupin** ■ Comédien français (1587-1637). Farceur sur les tréteaux de la Foire. ‹ ▶ turlupiner ›

William **Turner** ■ Peintre anglais (1775-1851). Dans ses paysages, la lumière, la couleur et le mouvement finissent par absorber les formes et le dessin ; c'est un grand précurseur de l'art abstrait.

Turnhout ■ Ville de Belgique (province d'*Anvers). 37 600 hab.

la **Turquie** ■ État (république) du Proche-Orient. 779 452 km². Le pays est partagé entre l'Europe (*Thrace orientale ; 23 764 km²) et l'Asie (755 688 km²) par la région des détroits (*Bosphore, *Dardanelles), ce qui lui donna dans l'histoire une position stratégique. 55,54 millions d'hab. (les Turcs). Capitale : Ankara. Langue officielle : turc. Monnaie : livre turque. Villes principales : Istanbul, İzmir (Smyrne). Climat méditerranéen. Économie surtout agricole : élevage (chèvres, moutons), céréales, coton. Nombreux gisements miniers. Tourisme. ◻ **HISTOIRE.** Le pays connut un riche passé : *Byzance, l'Empire *ottoman. Ce dernier, après la défaite de la Première Guerre mondiale, fut démantelé par le traité de Sèvres (1920). *Mustafa Kemal refusa le traité ; il abolit le sultanat, devint président de la République et créa (1923) la Turquie moderne, faisant de nombreuses réformes (écriture, mœurs). Membre de l'O.T.A.N. depuis 1952. Les difficultés économiques chroniques, malgré de réels progrès, l'agitation des Kurdes séparatistes à l'Est et la crainte du communisme ont donné à l'armée un rôle primordial ; elle prit le pouvoir de 1960 à 1966 puis de 1980 à 1983. Cette année-là, un gouvernement civil fut instauré. ⟨ ► turc ⟩

Desmond **Tutu** ■ Évêque noir sud-africain (né en 1931). Il soutient la lutte non violente contre l'apartheid. Prix Nobel de la paix 1984.

les **Tuvalu,** autrefois *îles* **Ellice** ■ Archipel indépendant de la *Micronésie. 24 km². 8 900 hab. Capitale : Fongafale (sur l'atoll de Funafuti). Langues : tuvalien, anglais. Monnaie : dollar de Tuvalu. Ancienne colonie britannique, indépendant en 1978. Membre spécial du *Commonwealth.

Alexandre **Tvardovski** ■ Poète russe (1910-1971). "*Le Pays de Mouravia*". Il prit la défense de *Soljenitsyne.

Tver, de 1931 à 1990 **Kalinine** ■ Ville d'U.R.S.S. (*Russie), port sur la *Volga. 451 000 hab.

Mark **Twain** ■ Écrivain américain (1835-1910). Romancier admiré par *Hemingway, évocateur de l'enfance. "*Les Aventures de Tom Sawyer*".

la **Tweed** ■ Rivière d'Écosse, qui se jette dans la mer du Nord. 156 km. Célèbres tissages de laine, dits *tweeds*, dans sa vallée. ⟨ ► tweed ⟩

Pontus de **Tyard** ■ ⇒ **Pontus de Tyard.**

John **Tyler** ■ Homme politique américain (1790-1862). 10e président des États-Unis, de 1841 à 1845.

sir Edward Burnett **Tylor** ■ Ethnologue anglais (1832-1917). Un des fondateurs de l'anthropologie avec *Morgan.

Tyne and Wear ■ Comté du nord de l'Angleterre. 540 km². 1,13 million d'hab. Chef-lieu : Newcastle upon Tyne.

Typhon ■ Monstre de la mythologie grecque, fils de la Terre, vaincu par *Zeus.

Tyr ■ Ancienne cité phénicienne. Un des principaux ports de la Méditerranée dans l'Antiquité. Très florissante, elle fut détruite par Alexandre le Grand en 332 av. J.-C.

le **Tyrol** ■ État (land) d'Autriche. 12 647 km². 614 000 hab. *(les Tyroliens).* Capitale : Innsbruck. Pays de hautes montagnes (les Alpes). Élevage, artisanat et tourisme. ⟨ ► tyrolienne ⟩

la mer **Tyrrhénienne** ■ Partie de la Méditerranée comprise entre l'Italie, la Sicile, la Sardaigne et la Corse.

Tristan **Tzara** ■ Écrivain français d'origine roumaine (1896-1963). Un des fondateurs du mouvement *dada. "*L'Homme approximatif*".

les **Tziganes** ■ ⇒ les **Tsiganes.**

U

al-**Ubayyid** ■ ⇒ el-**Obeid**.

l' **Ucayali** n. m. ■ Rivière du Pérou oriental, branche mère de l'Amazone. 1 600 km.

Paolo **Uccello** ■ Peintre et mosaïste italien (1397-1475). Les jeux savants de la perspective associés à une stylisation des formes donnent à son œuvre un caractère fantastique.

Uccle, en néerlandais **Ukkel** ■ Commune de Belgique (*Brabant), banlieue de Bruxelles. 75 600 hab. Observatoire royal. Cathédrale orthodoxe.

Uckange ■ Commune de la Moselle. 9 200 hab. *(les Uckangeois).*

Udaipur ■ Ville de l'Inde (*Rājasthān). 233 000 hab. Palais royal (xvie - xviiie s.).

Udine ■ Ville de l'Italie du Nord, dans le *Frioul. 102 000 hab.

Udmurtie ■ ⇒ **Oudmourtie**.

Ueda Akinari ■ Romancier japonais (1734-1809). "*Contes de pluie et de lune*".

Ugine ■ Commune de la Savoie. 7 500 hab. *(les Uginois).* Électrométallurgie.

le pic **Uhuru** ■ Nom actuel du *Kilimandjaro.

Uji ■ Ville japonaise (Honshū). 175 000 hab. Sanctuaire bouddhique

Byōdō-in : temple-palais en forme d'oiseau intégré au paysage.

Ujjain ■ La plus ancienne cité sacrée de l'Inde (*Madhya Pradesh). 282 000 hab. Université. Observatoire (xviiie s.).

Ujung Pandang, autrefois **Macassar** ■ Ville d'Indonésie, au sud des Célèbes. 709 000 hab. Centre commercial.

l' **Ukraine** n. f. ■ État (république) d'Europe orientale, bordée au sud par la mer Noire. 603 700 km². 51,7 millions d'hab. *(les Ukrainiens).* Capitale : Kiev. Langues : ukrainien, russe, biélorusse. Monnaie : grivna. 2e puissance économique de la C.É.I. (après la Russie). Houille (⇒ **Donbass**). Fer. Production agricole. Kiev fut à la tête d'un État avant Moscou (⇒ **Russie**), dès le ixe s., mais l'Ukraine et Kiev furent cédées à la Russie en 1667. Le nationalisme ukrainien resta très vif (tentative d'indépendance entre 1917 et 1921). L'Ukraine obtint son indépendance en 1991. Membre de la *C.É.I. ⟨ ▶ ukrainien ⟩

Walter **Ulbricht** ■ Homme politique allemand (1893-1973). L'un des fondateurs du parti communiste allemand (1918). Chef d'État de la R.D.A. de 1960 à 1973.

Ulhāsnagar ■ Ville de l'Inde (*Mahārāshtra). 274 000 hab.

Les Ulis ■ Commune de l'Essonne, ville nouvelle créée en 1977. 27 200 hab. *(les Ulissiens).*

Ulm ■ Ville d'Allemagne (*Bade-Wurtemberg). 104 000 hab. Cathédrale gothique. Victoire de l'armée française sur l'armée autrichienne en octobre 1805.

Ulsan ■ Ville et port de Corée du Sud. 551 000 hab. Centre industriel.

l'Ulster n. m. ■ Province d'Irlande partagée depuis 1922 entre la république d'Irlande (8 012 km² ; 236 000 hab.) et le Royaume-Uni.
□ *l'Ulster* ou *Irlande du Nord* (nom officiel). 13 483 km². 1,58 million d'hab. Capitale : Belfast. La population est majoritairement protestante. La minorité catholique, d'origine irlandaise (un tiers de la population), revendiqua, à partir de 1968, la reconnaissance de ses droits civiques (politiques, économiques). Des affrontements entre les deux communautés – protestants, d'origine écossaise ou anglaise, et catholiques, soutenus par la république d'Irlande – provoquèrent l'intervention de l'armée britannique et le maintien du statu quo (⇒ I.R.A.).

les ultras ■ Nom donné aux ultra-royalistes sous la *Restauration, opposés à la monarchie constitutionnelle.

Ulysse, en grec *Odusseos* ■ Héros grec, roi légendaire d'Ithaque, époux de *Pénélope et père de *Télémaque. *Homère raconte comment, grâce à sa ruse, il permit aux Grecs de s'emparer de *Troie (l'"*Iliade"). L'"*Odyssée" raconte son retour à Ithaque.

'*Umar Ier* ■ ⇒ Omar Ier.

les Umayyades ■ ⇒ les Omeyyades.

Umm Durmān ■ ⇒ Omdourman.

Umm Kulthūm ■ ⇒ Oum Kalsoum.

Miguel de Unamuno ■ Écrivain espagnol (1864-1936). Essais philosophiques, romans, théâtre. "*Le Sentiment tragique de la vie*".

Sigrid Undset ■ Écrivaine norvégienne (1882-1949). Romans historiques et récits d'inspiration religieuse. "*Le Buisson ardent*". Prix Nobel 1928.

l'U.N.E.S.C.O., United Nations Educational, Scientific and Cultural Organization ■ « Organisation des Nations Unies (⇒ O.N.U.) pour l'éducation, la science et la culture », créée en 1946. Par l'enseignement et la diffusion du savoir, elle œuvre pour le rapprochement entre les peuples. Sauvegarde du patrimoine culturel mondial.

Giuseppe Ungaretti ■ Poète italien (1888-1970). Sa poésie recherche la densité de l'expression. "*La Vie d'un homme*".

l'Unicef, United Nations International Children Emergency Fund ■ Organe de l'*O.N.U., créé en 1946, spécialisé dans l'aide à l'enfance dans les pays en voie de développement. Bien que le sigle soit resté le même, le nom est, depuis 1950, *United Nations Children's Fund.*

Unieux ■ Commune de la Loire. 8 100 hab.

L'Union ■ Commune de la Haute-Garonne. 11 800 hab.

l'Union française n. f. ■ Nom donné, de 1946 à 1958, à l'ensemble formé par la France et les pays d'outre-mer.

l'Union Jack n. m. ■ Drapeau du Royaume-Uni.

Unterwald, en allemand *Unterwalden* ■ Canton de Suisse formé de deux demi-cantons : *Nidwald* (276 km² ; 31 600 hab. ; chef-lieu : Stans) et *Obwald* (491 km² ; 27 900 hab. ; chef-lieu : Sarnen). Le canton forma avec les cantons d'Uri et de Schwyz le noyau de la Confédération helvétique (⇒ **Suisse**).

John **Updike** ■ Écrivain américain (né en 1932). Peinture des mythes de la société américaine. *"Couples".*

Uppsala ■ Ville de Suède. 162 000 hab. La plus ancienne ville religieuse et universitaire du pays.

Ur ou **Our** ■ Ancienne cité de *Mésopotamie, fondée au IIIe millénaire av. J.-C. Sa prospérité et son prestige apparaissent dans les ruines aujourd'hui dégagées.

Uranie ■ *Muse de l'Astronomie, dans la mythologie grecque.

Uranus ■ Planète du système solaire, à 2 880 millions de km du Soleil. Environ 53 000 km de diamètre. Sa révolution autour du Soleil dure 84 ans. Elle tourne sur elle-même en 10 h 49 min.

Urbain ■ NOM DE HUIT PAPES □ *Urbain II,* élu en 1088 (v. 1035-1099). À l'issue du concile de Clermont (1095), il annonça la première *croisade. □ *Urbain VIII,* élu en 1623 (1568-1644). Ami de *Galilée, il dut pourtant le condamner. Adversaire du jansénisme.

Urbino ■ Ville d'Italie, dans les *Marches. 15 900 hab. Brillant foyer artistique au XVe s. Nombreux monuments. Université.

Harold Clayton **Urey** ■ Chimiste américain (1893-1981). Découverte de l'eau lourde. Prix Nobel 1934.

Urfa ■ Ville de Turquie, près de la frontière syrienne (ancienne *Édesse). 206 000 hab.

*Honoré d'***Urfé** ■ Écrivain français (1567-1625). Le premier des romanciers français classiques. Dans *"l'*Astrée",* il fixa un code de l'amour mondain dont tout le XVIIe s. se réclama.

Seo de **Urgel** ■ Ville d'Espagne (*Catalogne), dont l'évêque est co-prince d'*Andorre avec le président

de la République française. 10 200 hab. Cathédrale romane du XIIe s.

Uri ■ Canton de Suisse. 1 076 km². 33 500 hab. Chef-lieu : Altdorf. Il forma les cantons d'Unterwald et de Schwyz le noyau de la Confédération helvétique (⇒ **Suisse**).

Marie-Anne de La Trémoille princesse des **Ursins** ■ Dame française, intrigante à la cour d'Espagne (1642-1722). Elle joua un rôle politique important auprès de *Philippe V.

*l'***U.R.S.S.** ■ « Union des républiques socialistes soviétiques » (en russe S.S.S.R., qui s'écrit CCCP en cyrillique). Ancien État situé en Asie et en Europe orientale, créé en 1922 et disparu en 1991. Il fut le plus vaste État du monde, depuis les plaines d'Europe bordées par les *Carpates, le *Caucase et l'*Oural, jusqu'aux montagnes d'Asie centrale et d'Extrême-Orient, depuis le climat méditerranéen de la *Crimée jusqu'aux neiges de la *Sibérie. Il était formé de 15 républiques socialistes soviétiques fédérées représentant les principales des quelque 330 nationalités (dont une centaine reconnue comme des minorités) composant le pays : Arménie (*Arméniens), Azerbaïdjan (*Azerbaïdjanais* ou *Azéris), Biélorussie (*Biélorusses), Estonie (*Estoniens), Géorgie (*Géorgiens), Kazakhstan (*Kazakhs), Kirghizistan (*Kirghiz), Lettonie (*Lettons), Lituanie (*Lituaniens), Moldavie (*Moldaves), Ouzbékistan (*Ouzbeks), Russie (*Russes), Tadjikistan (*Tadjiks), Turkménie (*Turkmènes), Ukraine (*Ukrainiens). 22 403 000 km². 287,8 millions d'hab. (les *Soviétiques). Capitale : Moscou. Villes principales : Leningrad, Kiev, Tachkent. Langue officielle : russe. Chaque république avait, en plus du russe, sa langue nationale officielle. Monnaie : rouble. La domination politique de la Russie s'est traduite aux XVIIIe - XIXe s. par la russification des autres peuples, mais les disparités restaient importantes (rôle de l'islam en Asie). L'organisation socialiste de l'économie (propriété collective des moyens de production, planification de la production) donnait la priorité à l'équipement sur la consommation, au détriment du niveau de vie des Soviétiques, inférieur à celui des pays occidentaux. L'U.R.S.S., 2ᵉ puissance mondiale aux prodigieuses richesses minières et énergétiques (pétrole, charbon, gaz, fer, cuivre, plomb, or...), était d'abord un pays industriel, qui finançait un énorme effort militaire et technique (espace), a connu une crise de l'agriculture et a souffert de sa bureaucratie. □ **HISTOIRE.** Proclamée en 1922, l'U.R.S.S. prit en fait naissance avec la *révolution d'octobre 1917, qui instaura le communisme en Russie en pleine guerre, passant en quelques décennies d'une agriculture arriérée à l'industrie lourde. La paix fut rapidement signée avec l'Allemagne (traité de *Brest-Litovsk), permettant à l'Armée rouge de liquider la contre-révolution (*Denikine, *Koltchak, *Wrangel, etc.). En 1921, *Lénine inaugura la nouvelle politique économique (N.E.P.), poursuivie par *Staline qui élimina ses rivaux *Trotski, *Zinoviev, *Kamenev et *Boukharine. Le niveau de production d'avant-guerre fut retrouvé. Les plans quinquennaux de 1928 à 1939 donnèrent la priorité à l'industrie, complètement étatisée. Progressivement accepté à l'extérieur, le régime devint totalitaire à l'intérieur. L'impérialisme russe trouva à s'exprimer en 1939, quand Staline, ayant signé le *pacte germano-soviétique avec Hitler, envahit la Pologne, la Finlande et annexa les pays *baltes. Mais en 1941 l'armée allemande pénétrait en U.R.S.S. La bataille de *Stalingrad marqua un tournant de la Seconde *Guerre mondiale. Après la défaite des nazis, la conférence de *Yalta (1945) se réunit pour décider du sort de l'Europe. Pourtant, la double hégémonie de l'U.R.S.S. et des États-Unis allait évoluer vers la *guerre froide : refus du plan *Marshall et création de la

*C.A.E.M., formation des deux Allemagnes, constitution de l'*O.T.A.N. et signature du pacte de *Varsovie. *Khrouchtchev, successeur de Staline, prôna la détente, mais laissa la situation économique se dégrader et fut évincé par *Brejnev (1964). Le vieillissement des dirigeants, la sclérose de la vie politique, la révélation des conditions faites aux dissidents (le Goulag), les interventions militaires dans des pays « frères » et en Afghanistan, la rupture avec la Chine communiste, provoquèrent, dans une large part de l'opinion occidentale, le discrédit de l'idéologie soviétique et contribuèrent à faire des droits de l'homme un enjeu diplomatique important. Les thèmes de la modernisation et de la libéralisation du régime ont hanté la succession de Brejnev (1982), avec *Andropov puis surtout (après une interruption sous *Tchernenko) avec *Gorbatchev. Ce dernier, plus jeune que ses prédécesseurs, lança diverses réformes et mena sur le plan international une action diplomatique en faveur du désarmement. Son action interne visait à atteindre plusieurs objectifs : reconstruction *(en russe perestroïka)* de l'économie du pays par la décentralisation des responsabilités et par l'introduction de mécanismes de l'économie de marché (coopératives) ; démocratisation du régime par la transparence *(glasnost)* de l'information et le renouvellement des cadres (élections ouvertes aux candidats non communistes). Si sa politique extérieure a été un succès (accord de désarmement avec les États-Unis, retrait d'Afghanistan, soutien de la démocratisation des pays de l'Europe orientale), en revanche les difficultés internes se sont accrues : pénurie et aggravation de la situation économique, et surtout exacerbation des revendications nationalistes (pays *baltes, *Arménie, *Azerbaïdjan, *Nakhitchevan). La Constitution soviétique distinguait le chef de l'État (ou président du Præsidium du Soviet suprême), le chef du gouvernement (ou président du Conseil des ministres) et le secrétaire général (ou premier secrétaire) du parti communiste. Jusqu'en 1988, ce dernier détenait l'essentiel du pouvoir, mais une réforme constitutionnelle a transféré le pouvoir effectif vers le chef de l'État (élection de Gorbatchev à bulletins secrets). En 1990, des amendements constitutionnels instaurèrent un régime présidentiel, la pluralité des partis et la propriété privée. Les revendications nationales gagnèrent le pays entier et, après le putsch conservateur avorté d'août 1991, le pouvoir central reconnaissait l'indépendance des trois républiques *baltes. Les autres républiques ayant alors toutes proclamé leur indépendance, l'U.R.S.S. cessa d'exister en décembre 1991. Gorbatchev dut démissionner, tandis que se créait la Communauté des États indépendants (⇒ **C.É.I.**), réunissant toutes les républiques sauf la Géorgie, et que la Russie obtenait le siège de membre permanent jusqu'alors occupé par l'U.R.S.S., à l'O.N.U.

sainte **Ursule** ■ Selon la légende, princesse anglaise (IIIᵉ s.), martyrisée avec onze mille autres vierges près de Cologne.

les **Ursulines** n. f. ■ Congrégation de religieuses fondée par sainte Angèle Merici en 1535.

l' **Uruguay** n. m. ■ État (république) d'Amérique du Sud. 176 215 km². 3 millions d'hab. *(les Uruguayens).* Capitale : Montevideo. Langue officielle : espagnol. Monnaie : nouveau peso uruguayen. L'économie est essentiellement agricole (élevage, céréales). □ **HISTOIRE**. Colonisé par les Espagnols au XVIIIᵉ s., il fut indépendant en 1828. Il connut alors une grande instabilité politique. Guerres civiles, dictatures, mis à part l'intermède démocratique du président Batlle y Ordóñez (de 1903 à 1907 puis de 1911 à 1917). En 1973, les militaires prirent le pouvoir pour mettre fin aux guérillas, mais leur dictature ruina le pays. Depuis 1985 la démocratie est rétablie. □ *le río* **Uruguay**, fleuve qui sépare le Brésil et l'Uruguay de l'Argentine.

Uruk, aujourd'hui **Tall al-Warkā'** (Irak) ■ Ancienne ville de Mésopotamie (⇒ **Sumer**), sur l'Euphrate. La civilisation d'Uruk (environ 3 000 ans av. J.-C.) vit la naissance de l'écriture.

Ushuaia ■ Ville d'Argentine. 11 000 hab. C'est la ville la plus australe du monde.

Ussel ■ Sous-préfecture de la Corrèze. 12 000 hab. *(les Ussellois).*

l' **Utah** n. m. ■ État de l'ouest des États-Unis. 219 887 km². 1,46 million d'hab. Capitale : Salt Lake City. Élevage, ressources minières. La religion des *mormons s'y développa.

Utamaro ■ Peintre japonais (1753-1806). Estampes érotiques.

'Uthmān ibn 'Affān ■ Troisième calife musulman, de 644 à 656. Successeur d'*Omar Iᵉʳ, il fit établir la version définitive du *Coran.

Utrecht ■ Ville des Pays-Bas, chef-lieu de la *province d'Utrecht* (1 363 km² ; 1 million d'hab.). 231 000 hab. Métropole religieuse, intellectuelle et commerciale. Industries textile (célèbre pour le velours depuis le XVIIᵉ s.) et alimentaire. Les *traités d'Utrecht* (1713-1715) mirent fin à la guerre de *Succession d'Espagne. □ *l'union d'***Utrecht**, union des sept provinces protestantes des Pays-Bas (1579) qui ripostèrent ainsi à l'union d'*Arras formée entre les provinces catholiques restées fidèles à l'Espagne. Elle fut le noyau central des *Provinces-Unies.

Maurice **Utrillo** ■ Peintre français (1883-1955). Fils de Suzanne *Valadon. Vues de Montmartre et paysages de la banlieue parisienne.

Utsunomiya ■ Ville du Japon (*Honshū). 420 000 hab.

l' **Uttar Pradesh** n. m. ■ État le plus peuplé de l'Inde. 294 411 km². 110,9 millions d'hab. Capitale : Lucknow.

Uzès ■ Commune du Gard. 8 000 hab. *(les Uzétiens).* Évêché depuis le Vᵉ s. Château des ducs d'Uzès (XIᵉ - XVIᵉ s.).

V

le **Vaal** ■ Rivière d'Afrique du Sud, affluent de l'Orange. 1 200 km. Son cours délimite la province du *Transvaal.

l'étang de **Vaccarès** ■ Le plus grand étang de la *Camargue, séparé de la Méditerranée par une digue. 6 000 ha et 50 cm seulement de profondeur. Réserve naturelle.

Vadodara ■ Ville du nord-ouest de l'Inde (*Gujarāt). 734 000 hab.

Vaduz ■ Capitale du Liechtenstein. 4 900 hab.

Roger **Vailland** ■ Écrivain français (1907-1965). Romancier engagé et figure du libertin moderne. "*Drôle de jeu*" ; "*la Loi*".

Paul **Vaillant-Couturier** ■ Homme politique et journaliste français (1892-1937). Communiste, il fut député et rédacteur en chef de *l'Humanité*.

Vaires-sur-Marne ■ Commune de Seine-et-Marne. 11 200 hab. *(les Vairois).* Centrale thermique.

Vaison-la-Romaine ■ Commune du Vaucluse. 5 700 hab. *(les Vaisonnais).* Centre commercial et touristique : ruines romaines, basilique romane.

la **Valachie** ■ Ancienne principauté située au sud des *Carpates, unie à la *Moldavie en 1859 pour former la Roumanie.

Suzanne **Valadon** ■ Peintre française (1865-1938). Nus féminins aux contours accentués. Mère de Maurice *Utrillo.

le **Valais** ■ Canton de la Suisse. 5 226 km². 239 000 hab. *(les Valaisans).* Chef-lieu : Sion. Hydro-électricité.

Valbonne ■ Commune des Alpes-Maritimes. 9 700 hab.

Le **Val-d'Ajol** ■ Commune des Vosges. 4 900 hab. *(les Ajolais).*

le **Val d'Aoste** ■ ⇒ le Val d'Aoste.

le **Val de Loire** ■ Partie de la vallée de la Loire entre le confluent de l'Allier et celui de la Vienne (Chinon). Riche région agricole (Nevers).

le **Val-de-Marne** [94] ■ Département français de la région *Île-de-France. 246 km². 1,22 million d'hab. Préfecture : Créteil. Sous-préfectures : L'Haÿ-les-Roses, Nogent-sur-Marne.

Val-de-Reuil ■ Commune de l'Eure. 11 800 hab.

Pierre **Valdès** ou **Valdo** dit *Pierre de* **Vaux** ■ ⇒ les **vaudois.**

Juan de **Valdés Leal** ■ Peintre espagnol (1622-1690). Un des maîtres baroques du « siècle d'or ». Sujets religieux.

Val-d'Isère ■ Commune de la Savoie. 1 700 hab. *(les Avalins)*. Station de sports d'hiver.

Pedro de **Valdivia** ■ Conquistador espagnol, compagnon de Pizarro, il acheva la conquête du Chili (v. 1497-1554). ► **Valdivia.** Ville du sud du Chili. 117 200 hab.

le **Val-d'Oise** [95] ■ Département français de la région *Île-de-France. 1 253 km². 1,05 million d'hab. Préfecture : Cergy. Sous-préfectures : Argenteuil, Montmorency, Pontoise.

Valence, en espagnol **Valencia** ■ 3ᵉ ville d'Espagne, capitale de la communauté autonome de Valence (23 305 km² ; 3,77 millions d'hab.). 739 000 hab. *(les Valenciens)*. Université. Archevêché. Centre commercial très actif. Port sur la Méditerranée. Industries. Nombreuses églises et monuments du XIIIᵉ au XVIIIᵉ s. Capitale d'un royaume maure au XIᵉ s.

Valence ■ Préfecture de la Drôme, sur le Rhône. 65 000 hab. *(les Valentinois)*. Marché agricole important. Située au centre d'un réseau de communication. Industries.

Valencia ■ Ville du Venezuela. 922 000 hab. Centre commercial d'une riche région agricole. Industries textile et alimentaire.

Pierre Henri de **Valenciennes** ■ Peintre français (1750-1819). Paysages historiques dans la tradition de *Poussin.

Valenciennes ■ Sous-préfecture du Nord, sur l'*Escaut. 39 300 hab. *(les Valenciennois)*. La ville forme avec *Denain un centre industriel.

Valentigney ■ Commune du Doubs, sur le Doubs, dans l'agglomération de Montbéliard. 13 200 hab. *(les Boroillots)*. Cycles.

saint **Valentin** ■ Prêtre martyr (IIIᵉ s.). Patron des amoureux depuis le XVᵉ s. (fêté le 14 février).

Valentin de Boulogne ■ Peintre français, installé à Rome (1591-1632). Disciple du *Caravage. "*Judith*".

Rudolph **Valentino** ■ Acteur américain d'origine italienne, idole du cinéma des années 1920 (1895-1926).

Valenton ■ Commune du Val-de-Marne. 11 200 hab. *(les Valentonnais)*. Industrie aéronautique.

le mont **Valérien** ■ Colline dans la banlieue ouest de Paris (*Suresnes). Entre 1941 et 1944, plus de 4 500 Français y furent fusillés. Mémorial.

Paul **Valéry** ■ Écrivain français (1871-1945). Il a marqué la littérature contemporaine par un scepticisme aigu, l'intérêt pour les problèmes formels de l'écriture, les qualités d'une prose abstraite et intellectuelle. "*Monsieur Teste*" ; "*Variétés*" ; "*Tel quel*". C'est aussi le poète sensible du "*Cimetière marin*" et de "*la Jeune Parque*".

La **Valette,** en anglais **Valletta** ou **Valetta** ■ Capitale de la république de Malte, fondée en 1565. 9 200 hab. Base navale et militaire.

La **Valette-du-Var** ■ Commune du Var. 20 900 hab.

Lorenzo **Valla** ■ Philosophe italien, un des premiers *humanistes (1407-1457). Il contribua à la redécouverte des œuvres latines et grecques.

Valladolid ■ Ville d'Espagne, capitale de la communauté autonome de *Castille-et-Léon. 341 000 hab. Université. Monuments des XVᵉ et XVIᵉ s. Essor industriel.

Vallauris ■ Commune des Alpes-Maritimes. 24 400 hab. *(les Vallauriens)*. Céramique.

la **Vallée des Rois** ■ Site archéologique d'Égypte, près de l'ancienne *Thèbes, où furent découvertes de nombreuses nécropoles (*Toutankhamon, etc.). □*la* **Vallée des Reines,** *la* **Vallée des Nobles,** sites voisins.

Ramón del **Valle-Inclán** ■
Écrivain espagnol (1866-1936). Auteur
d'œuvres réalistes où se mêlent le
macabre et le comique. "*Les Comédies
barbares*".

César **Vallejo** ■ Poète péruvien
(1892-1938). "*Poèmes humains*".

Jules **Vallès** ■ Écrivain et journaliste français (1832-1885). Révolté contre
l'injustice sociale et l'autorité, il fut
membre de la *Commune. "*L'En-
fant*" ; "*le Bachelier*" ; "*l'Insurgé*".

Félix **Vallotton** ■ Peintre et
graveur français d'origine suisse (1865-
1925). Proche des *nabis.

Valmy ■ Commune de la Marne.
290 hab. *(les Valmeysiens).* Victoire
des Français sur les Prussiens (septembre 1792).

Valognes ■ Commune de la Manche. 7 700 hab. *(les Valognais).*

la maison de **Valois** ■ Famille
de seigneurs du *Valois* (aux confins des
départements actuels de l'Oise et de
l'Aisne), branche cadette des *Capétiens. Elle régna sur la France de
l'avènement de Philippe VI (1328) à
celui du *Bourbon Henri IV (1589).
Elle est elle-même divisée en deux
branches, les petits-fils de Charles V
ayant reçu le duché d'Orléans et le
comté d'Angoulême. □ *les* **Valois-
Orléans** ont donné un seul roi,
Louis XII. □ *les* **Valois-Angou-
lême** ont donné François Ier et ses
successeurs jusqu'au dernier Valois,
Henri III.

Valparaíso ■ Ville et 1er port du
Chili. 279 000 hab. Industries alimentaire, mécanique, pétrolière. Cuir,
pêcheries, tabac.

Valréas ■ Commune du Vaucluse.
9 200 hab. *(les Valréassiens).*

le lac de **Van** ■ Lac de Turquie
orientale, près de la frontière arménienne. 3 740 km².

Martin **Van Buren** ■ Homme
politique américain (1782-1862). 8e président des États-Unis, de 1837 à 1841.

George **Vancouver** ■ Navigateur
anglais (1757-1798). Il prit possession du
littoral ouest du Canada (1791-1795).

Vancouver ■ Ville du Canada
(*Colombie-Britannique).
431 000 hab. (1,38 million dans
l'agglomération). Métropole économi-
que et culturelle de l'ouest du pays.
Port sur le Pacifique, face à l'*île
Vancouver* (32 137 km²) où se trouve
*Victoria.

les **Vandales** ■ Ancien peuple
germanique. Au ve s., ils envahirent
la Gaule, l'Espagne et fondèrent en
Afrique romaine un royaume (Tunisie
actuelle) qui s'étendait à la Sicile et
qui disparut lors de la conquête de
l'Afrique par Byzance en 533.
⟨ ▶ vandale ⟩

Hugo **Van der Goes** ■ Peintre
et miniaturiste flamand (v. 1440 - 1482).
Ses personnages religieux expriment
des sentiments intenses et graves.
"*L'Adoration des bergers*".

Bartholomeus **Van der Helst**
■ Peintre hollandais (1613-1670). Auteur
de nombreux portraits collectifs.

Johannes Diderik **Van der
Waals** ■ Physicien hollandais (1837-
1923). *Forces de Van der Waals* : forces
d'attraction entre molécules. Prix
Nobel 1910.

Rogier **Van der Weyden** ou
Roger de **La Pasture** ■ Peintre
flamand (v. 1399 - 1464). Le maître de
l'école *flamande avec *Van Eyck.
Retables ("*le Jugement dernier*", à
Beaune).

les **Van de Velde** ■ FAMILLE DE
PEINTRES HOLLANDAIS DU XVIIe S. □ *Esaias*
Van de Velde. Peintre hollandais
(v. 1591-1630), paysagiste.

Henry **Van de Velde** ■ Architecte, peintre et théoricien belge (1863-
1957). L'un des créateurs de l'art
*nouveau, il évolua vers un style
géométrique et dépouillé.

Karel **Van de Woestijne**
■ Écrivain belge d'expression

flamande (1878-1929). Poèmes et récits d'inspiration mystique.

Vandœuvre-lès-Nancy ■
Commune de la Meurthe-et-Moselle. 34 400 hab. *(les Vandopériens).*

Kees Van Dongen ■ Peintre
néerlandais naturalisé français (1877-1968). La rapidité de son trait, les couleurs violentes de ses débuts rappellent les *expressionnistes allemands. Portraits mondains.

Antoine Van Dyck ■ Peintre
flamand (1599-1641). Élève de *Rubens. Portraitiste à la cour de Charles Ier, il marqua profondément la peinture anglaise.

Charles Vanel ■ Acteur français
(1892-1989). *"Le Salaire de la peur" ; "l'Aîné des Ferchaux".*

le lac Vänern ■ Le plus grand lac
de Suède. 5 546 km².

Jan Van Eyck ■ Peintre flamand
(v. 1390 - 1441). Le fondateur de l'école *flamande. Il fit des découvertes techniques capitales qui l'aidèrent à représenter le monde sensible avec une fascinante vérité. Portraits *("les Époux Arnolfini")* et scènes religieuses *("l'Agneau mystique").*

Arnold Van Gennep ■ Ethnologue et folkloriste français (1873-1957).
"Rites de passage".

Vincent Van Gogh ■ Peintre
hollandais (1853-1890). Par son utilisation de la couleur et son geste mouvementé, il donna à ses portraits, ses natures mortes et ses paysages une intensité qui annonce les *fauves et les *expressionnistes.

Jan Van Goyen ■ Peintre hollandais (1596-1656). Paysages.

Jan Baptist Van Helmont
■ Médecin, physiologiste et chimiste flamand (1579-1644). Précurseur de l'analyse des gaz.

Pieter Van Laer ou *Van Laar*
dit *il Bamboccio* ■ Peintre hollandais (v. 1592 - v. 1642). Scènes de la vie populaire appelées, d'après son surnom italien, « bambochades ».

Antonie Van Leeuwenhoek
■ Naturaliste hollandais (1632-1723). Il perfectionna le microscope, grâce auquel il découvrit les spermatozoïdes.

Carle Van Loo ■ Peintre et
décorateur français (1705-1765). Artiste officiel de Louis XV, représentant du « grand style » (sujets d'histoire, effets déclamatoires).

Vannes ■ Préfecture du Morbihan.
48 500 hab. *(les Vannetais).* Remparts, cathédrale (XVe - XVIIe s.).

le massif de la Vanoise ■ Massif
des Alpes de *Savoie, entre la *Maurienne et la *Tarentaise. Parc national.

Bernard Van Orley ■ Peintre
flamand, connu surtout pour ses cartons de vitraux et de tapisseries (1488-1541).

Adriaen Van Ostade ■ Peintre
hollandais (1610-1685). Scènes d'intérieur pittoresques.

Jacobus Henricus Van't Hoff
■ Chimiste néerlandais (1852-1911). Premier prix Nobel de chimie (1901), créateur avec *Le Bel de la stéréochimie. Théorie des solutions. Thermochimie.

Vanuatu, autrefois *les Nouvelles-Hébrides* ■ Archipel et État
(république) de *Mélanésie. 12 190 km². 154 000 hab. *(les Vanuatuans).* Capitale : Port-Vila. Langues officielles : français, anglais, bislama. Monnaie : vatu. Cacao, coprah.
◻ **HISTOIRE.** Découvertes par les Portugais en 1606, les Nouvelles-Hébrides, qui doivent leur nom à *Cook, ne furent colonisées qu'au XIXe s. Condominium franco-britannique en 1906, elles devinrent indépendantes en 1980 et prirent le nom de république de Vanuatu.

Vanves ■ Commune des Hauts-de-Seine. 26 200 hab. *(les Vanvéens).*

le Var [83] ■ Département français
de la région *Provence-Alpes-Côte

d'Azur. Il doit son nom au fleuve qui le traversait (arrondissement de Grasse, qui fait partie depuis 1860 des *Alpes-Maritimes). 6 033 km². 813 300 hab. Préfecture : Toulon. Sous-préfectures : Brignoles, Draguignan.

Vārānasi ou **Bénarès** ■ Ville sacrée de l'Inde (*Uttar Pradesh), sur le *Gange. Lieu de pèlerinage pour tous les hindous. 721 000 hab.

Agnès **Varda** ■ Cinéaste française (née en 1928). "*Cléo de cinq à sept*" ; "*Sans toit ni loi*".

les **Varègues** ■ Vikings de Scandinavie qui pénétrèrent en Russie, où ils fondèrent les principautés de Novgorod et de Kiev.

Varennes-en-Argonne ■ Commune de la Meuse. 680 hab. *(les Varennois).* Louis XVI y fut arrêté lors de sa fuite vers l'étranger (en juin 1791), dite *fuite de Varennes.*

Varennes-Vauzelles ■ Commune de la Nièvre. 10 700 hab. *(les Vauzelliens).*

Edgar **Varèse** ■ Compositeur français naturalisé américain (1883-1965). Sa musique électro-acoustique provoqua le scandale. "*Déserts*" ; "*Poème électronique*".

Ievguenii **Varga** ■ Économiste soviétique d'origine hongroise (1879-1964).

Getúlio **Vargas** ■ Homme politique brésilien (1883-1954). Président de la République de 1934 à 1945 et de 1950 à son suicide.

Mario **Vargas Llosa** ■ Écrivain péruvien (né en 1936). Ses romans donnent une vision ironique de la société péruvienne. "*La Ville et les Chiens*".

Varna ■ Ville et port de Bulgarie, sur la mer Noire. 306 000 hab. Université. Industries (chantiers navals). Principal centre touristique du pays.

Varron ■ Érudit latin (116 - 27 av. J.-C.). Auteur d'une œuvre encyclopédique,

comprenant notamment "*la Langue latine*".

Varsovie, en polonais **Warszawa** ■ Capitale de la Pologne, sur la *Vistule. 1,67 million d'hab. Archevêché. Université. Centre culturel, scientifique, commercial et industriel (métallurgie, textile). Important nœud de communication. Capitale de la république polonaise en 1918, après avoir subi plusieurs dominations étrangères. □ **HISTOIRE**. Capitale du pays en 1596, puis du *grand-duché de Varsovie* (⇒ **Pologne**) en 1807, enfin du royaume de Pologne rattaché à la Russie, en 1815. Elle se souleva en vain contre le tsar en 1830. Capitale de la Pologne libérée en 1918. Elle fut pratiquement détruite par les Allemands durant la Seconde Guerre mondiale (sièges de 1939 et 1944, extermination des juifs du ghetto en 1943). Libérée par les troupes soviéto-polonaises en 1945. ▶ *le pacte de* **Varsovie**. Pacte de défense réciproque signé en 1955 entre l'U.R.S.S., l'Albanie, la Bulgarie, la Hongrie, la Pologne, la R.D.A., la Roumanie et la Tchécoslovaquie. L'Albanie s'en retira en 1968. En 1991, les pays membres décidèrent de la dissolution des structures militaires du pacte, puis du pacte lui-même.

Vasa ■ ⇒ Gustave Iᵉʳ Vasa.

Victor **Vasarely** ■ Peintre français d'origine hongroise (né en 1908). Il crée l'illusion du mouvement par des procédés optiques sur des formes abstraites simples, répétitives.

Giorgio **Vasari** ■ Historien d'art, peintre et architecte italien (1511-1574). Auteur d'un précieux recueil de biographies sur les artistes italiens de la *Renaissance.

le **Vatican** ■ Résidence des papes, siège des services pontificaux, à Rome. Après le retour de la papauté d'Avignon à Rome (1377), il remplaça progressivement le *Latran. Important musée. Bibliothèque. Chapelle *Sixtine (*Michel-Ange) ; loges peintes par *Raphaël. ▶ *l'État du Vatican* s'étend autour de cette résidence (44 ha ; environ 1 000 hab.). Créé par les accords du *Latran, conclus entre *Mussolini et la papauté en 1929, c'est le plus petit État du monde ; le pape en est le souverain. Célèbre basilique Saint-Pierre où eurent lieu deux conciles. ▶ *Vatican I,* réuni en 1869 par Pie IX, affirma le dogme de l'infaillibilité pontificale. ▶ *Vatican II,* réuni par Jean XXIII et Paul VI de 1962 à 1965 pour moderniser l'Église.

Sébastien Le Prestre de Vauban ■ Ingénieur militaire, maréchal de France (1633-1707). Responsable des fortifications sous le règne de Louis XIV. Son "*Projet d'une dîme royale*", critique franche de la fiscalité royale, fut interdit en 1707.

Jacques de Vaucanson ■ Ingénieur français (1709-1782). Célèbres automates. Il inventa le premier métier à tisser automatique.

le Vaucluse [84] ■ Département français de la région *Provence-Alpes-Côte d'Azur. 3 575 km². 466 900 hab. Préfecture : Avignon. Sous-préfectures : Apt, Carpentras.

Vaucresson ■ Commune des Hauts-de-Seine. 8 300 hab. *(les Vaucressonnois).*

le canton de Vaud, en allemand *Waadt* ■ Canton francophone de Suisse. 3 218 km². 565 000 hab. *(les Vaudois).* Chef-lieu : Lausanne. Tourisme (stations thermales, sports d'hiver).

les vaudois ■ Membres d'une secte dissidente de l'Église catholique, fondée à la fin du XIIᵉ s. par Pierre Valdès (v. 1140 - v. 1217). Précurseurs de la réforme protestante, ils furent persécutés par Innocent III et l'Inquisition, puis décimés par les guerres de Religion.

Claude Favre seigneur de Vaugelas ■ Grammairien français (1585-1650). Il régla la langue d'après le « bon usage » de la Cour. "*Remarques sur la langue française*".

Sarah Vaughan ■ Chanteuse américaine de jazz (1924-1990).

Ralph Vaughan Williams ■ Compositeur anglais (1872-1958). Il puisa son inspiration dans le folklore national.

Vaulx-en-Velin ■ Commune du Rhône, dans la banlieue de Lyon. 44 600 hab. *(les Vaudais).* La pauvreté et de mauvaises conditions de logement y causèrent des troubles sociaux en 1990.

Vauréal ■ Commune du Val-d'Oise. 11 800 hab.

Luc de Clapiers marquis de Vauvenargues ■ Moraliste français (1715-1747). Il critiqua l'esprit de salon et alla à l'encontre du pessimisme de *Pascal et de *La Rochefoucauld. "*Maximes et réflexions*".

Vauvert ■ Commune du Gard. 10 300 hab. *(les Vauverdois).*

Vaux-le-Pénil ■ Commune de Seine-et-Marne. 8 200 hab.

Vaux-le-Vicomte ■ Château situé près de Melun, construit de 1656 à 1661 par *Le Vau pour *Fouquet. Décoration de *Le Brun, jardins de *Le Nôtre.

Ivan Vazov ■ Écrivain bulgare (1850-1921). Une des grandes figures du roman moderne bulgare. "*Sous le joug*".

le Veau d'or ■ Dans la Bible, idole adorée par Israël au pied du mont Sinaï, détruite par *Moïse.

Thorstein Veblen ■ Économiste américain (1857-1929). Son œuvre critique la société américaine.

les Veda ■ En sanskrit « le Savoir ». Textes sacrés de l'hindouisme, écrits entre 2000 et 600 av. J.-C. ▶ *le védisme* ou *religion védique* est à l'origine de l'hindouisme.

Lope de Vega ■ ⇒ Lope de Vega.

Véies ■ Cité étrusque qui fut longtemps en lutte contre Rome avant de capituler en 396 av. J.-C.

Simone Veil ■ Femme politique française (née en 1927). Ministre de la Santé (1974-1979), elle élabora la loi autorisant l'interruption volontaire de grossesse (I.V.G.). Présidente de l'Assemblée européenne de 1979 à 1982 et ministre des Affaires sociales et de la Santé depuis 1993. ≠ *S. Weil.*

Diego Vélasquez, en espagnol **Velázquez** ■ Peintre espagnol (1599-1660). Peintre de Philippe IV (1623), il fit des portraits du souverain, de sa famille et des gens de la Cour, favoris, bouffons et nains. Inversant la hiérarchie des valeurs espagnoles, il préféra les thèmes profanes aux sujets sacrés. Il suggéra admirablement la matière, la lumière et fit de prodigieuses inventions de composition *("les Ménines").*

Vélizy-Villacoublay ■ Commune des Yvelines. 22 000 hab. *(les Véliziens).* Constructions aéronautique et automobile. Base aérienne militaire.

le comtat **Venaissin** ■ ⇒ le comtat **Venaissin.**

Vence ■ Commune des Alpes-Maritimes. 15 400 hab. *(les Vençois).* Chapelle décorée par *Matisse. Centre commercial, touristique et artisanal.

Venceslas ■ ⇒ **Wenceslas.**

Venda ■ *Bantoustan sud-africain, déclaré indépendant en 1979. 7 176 km². 506 000 hab. Capitale : Thohoyandou.

la **Vendée** [85] ■ Département français de la région Pays de la *Loire. 6 756 km². 509 500 hab. Il doit son nom à la rivière qui le traverse. Préfecture : La Roche-sur-Yon. Sous-préfectures : Fontenay-le-Comte, Les Sables-d'Olonne. ▶ *la guerre de* **Vendée.** Insurrection contre-révolutionnaire de Vendée et d'Anjou. Comme les *chouans, les Vendéens catholi-

ques refusèrent la Constitution civile du clergé (⇒ **Constituante**). Le peuple, dirigé par *Cathelineau, se souleva contre le décret ordonnant le recrutement de 300 000 hommes par l'armée de la *Convention (1793). Les nobles royalistes fournirent des généraux : *Charette, *Elbée, La *Rochejaquelein, *Stofflet. Vaincus par les républicains (*Kléber, *Marceau) en 1793 et en 1795-1796 (*Hoche). Le conflit fut sanglant et impitoyable. Les Vendéens se soulevèrent encore durant les *Cent-Jours (1815) et en 1832 (⇒ duchesse de **Berry**).

Vendôme ■ Sous-préfecture du Loir-et-Cher. 18 400 hab. *(les Vendômois).* ▶ *le duc de* **Vendôme.** Titre donné au fils naturel d'Henri IV, César (1594-1665), et aux aînés de sa descendance. ▶ *Louis-Joseph de* **Vendôme** (1654-1712), illustre général au service de Philippe V d'Espagne.

les **Vénètes** ■ Peuple indo-européen de l'Antiquité qui s'établit principalement en Armorique et sur l'Adriatique, au Ier millénaire av. J.-C.

la **Vénétie** ■ Région du nord-est de l'Italie, ancien territoire de la république de Venise cédé à l'Autriche en 1797 par le traité de Campo Formio et rattaché à l'Italie en 1866. On distingue la *Vénétie Julienne,* formant avec le *Frioul une région administrative, la *Vénétie Tridentine* intégrée au *Trentin-Haut-Adige, et la *Vénétie Euganéenne* ou *Vénétie* proprement dite. □ *la* **Vénétie,** en italien *Veneto.* Région administrative de l'Italie. 18 364 km². 4,38 millions d'hab. Capitale : Venise. Productions agricoles. Industries dans la zone portuaire de *Venise.

Domenico Veneziano dit *le* **Vénitien** ■ Peintre italien (v. 1400-1461). Maître de *Piero della Francesca. *"L'Adoration des mages".*

le **Venezuela** ■ État (république) du nord de l'Amérique du Sud, sur la mer des Antilles. 912 050 km². 19,25 millions d'hab. *(les Vénézué-*

liens). Capitale : Caracas. Langue officielle : espagnol. Monnaie : bolivar (plur. : bolivares). Quatre régions géographiques : le littoral, la région montagneuse au nord (*Andes), les plaines au centre et le plateau de la Guyane au sud-est. Pays à économie faiblement industrialisée mais grand exportateur de pétrole (*Maracaibo). Le Venezuela est membre de l'*O.P.E.P. □ **HISTOIRE.** Découvert par Christophe Colomb en 1498, le pays fut colonisé par les Espagnols entre le XVIᵉ et le XVIIIᵉ s. La lutte pour l'indépendance, commencée par *Miranda en 1810, se poursuivit avec *Bolívar et aboutit à l'expulsion des Espagnols en 1821. Jusqu'en 1830, il fut intégré à la fédération de Grande-Colombie. Le XIXᵉ s. fut une période de dictatures successives. À partir de 1920, l'essor pétrolier transforma le pays tandis que les États-Unis jouaient un rôle politique croissant. En 1958, l'élection du président démocrate Rómulo *Betancourt mit fin aux dictatures et ouvrit une période de réformes. Le développement économique, dû au pétrole, reste depuis 1984 fragile et mal réparti dans la population (émeute de la faim en 1988).

Venise, en italien **Venezia** ■ Ville d'Italie, capitale de la *Vénétie, bâtie sur un groupe d'îlots dans la lagune de Venise sur l'Adriatique. 324 000 hab. *(les Vénitiens).* Un des plus grands centres touristiques au monde en raison de son site exceptionnel (env. 200 canaux dont le *Grand Canal,* plus de 400 ponts dont le *Rialto*) et de son passé artistique très riche : palais des Doges, place et basilique Saint-Marc, nombreuses églises du Moyen Âge et de la Renaissance, peintures (musées de l'Académie, Scuola [« école »] di San Rocco, etc.). Industries de luxe, festival de cinéma, biennale. Station balnéaire au *Lido de Venise. Industrie en plein essor (métallurgie, chimie) sur la terre ferme (Mestre). 3ᵉ port d'Italie (Porto Marghera-Mestre). Mais la ville est menacée par l'eau et la pollution. □ **HISTOIRE.** Fondée au VIᵉ s. et dirigée par un chef élu, le doge, la *république de Venise* fait partie de l'Empire byzantin au IXᵉ s. Du Xᵉ au XIIᵉ s., elle fonde sa puissance sur les échanges commerciaux maritimes, notamment entre l'Orient et l'Occident (*Byzance lui octroie des privilèges commerciaux considérables). De 1204 (prise de Constantinople par les croisés) jusqu'au conflit avec les *Ottomans (XVᵉ s.), c'est l'apogée : Venise est la maîtresse des mers et bâtit un véritable empire colonial. Une période de décadence économique et de plaisirs (XVIIIᵉ s.) s'ensuit. Du XIVᵉ s. à la fin du XVIIIᵉ s., l'art est florissant : architecture, puis peinture (école vénitienne ⟹ **Bellini, Giorgione, Tintoret, Titien, Véronèse ; Tiepolo**), musique (⟹ **Vivaldi**). En 1797, Bonaparte dissout l'État vénitien et le cède à l'Autriche. ⟹ **Vénétie.** ⟨ ▶ vénitien ⟩

Vénissieux ■ Commune du Rhône, dans la banlieue de Lyon. 60 700 hab. *(les Vénissians).* Centre industriel et résidentiel.

Eleuthérios **Venizélos** ■ Homme politique grec (1864-1936). Plusieurs fois Premier ministre, il est l'artisan de la Grèce moderne.

les îles du **Vent** ■ Partie orientale des Petites *Antilles, comprenant les îles françaises de la *Guadeloupe, *Saint-Martin et de la *Martinique, ainsi que les îles *Dominique, *Sainte-Lucie, *Saint-Vincent et les Grenadines, *Grenade, *Barbade, *Trinité et Tobago.

les îles du **Vent** ■ Archipel de la Polynésie française franç., avec les îles *Sous-le-Vent, l'archipel de la Société. 1 183 km². 140 300 hab.

les îles *Sous-le-Vent* ■ ⟹ îles **Sous-le-Vent.**

le mont **Ventoux** ■ Montagne des *Préalpes du Sud. 1 909 m.

Vénus ■ Déesse de la Beauté et de l'Amour, dans la mythologie romaine, identifiée à l'*Aphrodite grecque.

☐ **Vénus.** Planète du système solaire, très brillante, appelée aussi « étoile du berger ». Diamètre : 12 000 km. Elle décrit une orbite autour du Soleil en 225 jours et tourne sur elle-même en 243 jours environ.

Veracruz ■ Ville, port et station balnéaire du Mexique, sur le golfe du Mexique. 305 000 hab. Centre industriel. Monuments de l'époque coloniale.

Verceil, en italien **Vercelli** ■ Ville d'Italie (*Piémont). 55 000 hab. Nombreux monuments.

Vercingétorix ■ Chef des *Arvernes (v. 72 - 46 av. J.-C.). Il mena une coalition des peuples gaulois contre *César, en 52 av. J.-C. : après avoir battu les Romains devant *Gergovie, il fut encerclé dans *Alésia, dut se rendre et fut exécuté à Rome.

Jean Bruller dit **Vercors** ■ Écrivain français (1902-1991). *Le Silence de la mer*, célèbre roman publié clandestinement pendant la *Résistance (1942).

le **Vercors** ■ Massif des *Préalpes françaises. Parc naturel régional. Maquis de la *Résistance en 1944.

Giuseppe **Verdi** ■ Un des plus célèbres compositeurs italiens, en même temps qu'un héros national (1813-1901). Dans ses opéras, la musique est au service d'une action dramatique intense : *"Rigoletto" ; "la Traviata" ; "le Trouvère".*

le **Verdon** ■ Rivière des Alpes, affluent de la *Durance. 200 km. Gorges profondes très touristiques.

Verdun ■ Sous-préfecture de la Meuse, sur la Meuse. 23 400 hab. *(les Verdunois).* ▶ *le traité de* **Verdun** (843), partage de l'Empire *carolingien. ▶ *la bataille de* **Verdun.** La bataille la plus meurtrière de la Première *Guerre mondiale, résistance victorieuse des Français, commandés par *Pétain, à l'offensive allemande (1916).

Verdun ■ Ville du Canada (*Québec). 60 200 hab. Banlieue sud-est de *Montréal.

Vereeniging ■ Ville d'Afrique du Sud (*Transvaal). 129 000 hab. Métallurgie.

Charles Gravier comte de **Vergennes** ■ Diplomate français (1719-1787). Ministre des Affaires étrangères de Louis XVI.

Pierre Victurnien **Vergniaud** ■ Révolutionnaire français (1753-1793). Orateur *girondin, il fut guillotiné.

Émile **Verhaeren** ■ Poète belge d'expression française (1855-1916). Il s'inspire du monde moderne et de son pays natal. *"Les Villes tentaculaires" ; "Toute la Flandre".*

Verkhoïansk ■ Ville de Russie (*Iakoutie), en Sibérie extrême-orientale. Une des régions les plus froides du globe (jusqu'à - 70 ºC).

Paul **Verlaine** ■ Poète français (1844-1896). Il a lui-même défini son art comme « de la musique avant toute chose », apte à suivre d'infimes émotions, avec un accent de mélancolie et d'échec. Il conjugue l'érotisme, le sens du péché et la foi chrétienne. *"Poèmes saturniens" ; "Fêtes galantes" ; "Sagesse".*

Jan **Vermeer** dit **Vermeer de Delft** ■ Peintre hollandais (1632-1675). Un des grands maîtres du XVIIᵉ s. Scènes de genre où il rend avec raffinement et profondeur les jeux de lumière et les matières. *"Vue de Delft" ; "la Laitière".*

le **Vermont** ■ État rural du nord-est des États-Unis (*Nouvelle-Angleterre). 24 900 km². 511 000 hab. Capitale : Montpelier.

Jules **Verne** ■ Écrivain français (1828-1905). Ses récits, à mi-chemin de l'épopée et du rêve, l'amènent à explorer le temps, les espaces, les océans, avec une vision à la fois optimiste et angoissée du progrès scientifique. Mais il partage les préjugés de son époque. *"Voyage au centre* *de la Terre" ; "le Tour du monde en quatre-vingts jours" ; "Vingt mille lieues sous les mers".*

Joseph **Vernet** ■ Peintre français (1714-1789). Série des ports de France. □ *Carle* **Vernet,** son fils (1758-1836). Scènes de chasse. □ *Horace* **Vernet,** fils du précédent (1789-1863). Scènes de batailles.

Verneuil-sur-Avre ■ Commune de l'Eure. 6 400 hab. *(les Vernoliens).* Monuments des XIIᵉ-XVIᵉ s.

Verneuil-sur-Seine ■ Commune des Yvelines. 12 700 hab. *(les Vernoliens).* Église et donjon du Moyen Âge.

Vernon ■ Commune de l'Eure, sur la Seine. 24 900 hab. *(les Vernonnais).*

Vernouillet ■ Commune des Yvelines. 8 700 hab. Église des XIIᵉ-XIIIᵉ s.

Vernouillet ■ Commune de l'Eure-et-Loire. 11 800 hab.

Vérone, en italien **Verona** ■ Ville d'Italie, en *Vénétie. 259 000 hab. Arènes romaines. Marché agricole, tourisme (nombreux monuments). République indépendante aux XIIIᵉ et XIVᵉ s., elle fut gouvernée par *Venise de 1405 à 1797. Réunie à l'Italie en 1866.

Véronèse ■ Peintre italien de l'école vénitienne (1528-1588). Célèbre pour la richesse de ses coloris et ses grandes compositions : *"les Noces de Cana" ; "le Repas chez Lévi".*

sainte **Véronique** ■ Selon la légende, elle aurait essuyé le visage du Christ, lorsqu'il monta au calvaire, avec un linge qui en conserva les traits.

Verrès ■ Homme d'État romain accusé de corruption (v. 119 - 43 av. J.-C.). Au cours de son procès, *Cicéron l'attaqua avec talent (les *"Verrines").*

Verrières-le-Buisson ■ Commune de l'Essonne. 15 800 hab. *(les Verriérois* ou *Védrariens).* Horticulture.

Andrea del **Verrocchio** ■ Sculpteur, peintre et orfèvre italien (1435-1488). Célèbre statue du condottiere *le Colleone* à Venise.

Versailles ■ Préfecture des Yvelines. 91 000 hab. *(les Versaillais).* Centre administratif, militaire et touristique. Nombreux édifices classiques. Les rois de France y résidèrent de 1682 à la Révolution, lui donnant un rôle de capitale (réunion des états généraux en 1789, occupation par les Prussiens en 1870, élections présidentielles jusqu'en 1953). La ville doit sa création à la construction d'un ambitieux château, sur ordre de Louis XIV, à partir d'un pavillon de chasse bâti par Louis XIII. ▶ *le château de* **Versailles.** Les travaux commencèrent en 1661 et se firent en trois étapes, sous la direction de *Le Vau puis d'Hardouin-*Mansart pour l'architecture, de *Le Brun pour la décoration intérieure, et de *Le Nôtre pour les jardins. Avec sa cour de Marbre, ses Trianons, sa galerie des Glaces, son opéra (par *Gabriel) et ses jardins « à la française », c'est le modèle de l'art classique français. ▶ *le traité de* **Versailles** (1919) mit fin à la Première *Guerre mondiale et comportait les clauses territoriales, militaires et financières imposées à l'Allemagne vaincue par la France (*Clemenceau) et ses alliés : États-Unis (*Wilson), Italie (*Orlando), Royaume-Uni (*Lloyd). ▶ *les* **versaillais,** nom donné aux forces du gouvernement *Thiers, installé à Versailles, qui réprimèrent la *Commune.

le cap **Vert** ■ Promontoire le plus occidental d'Afrique, sur l'Atlantique (*Sénégal). ▶ *les îles du Cap-***Vert.** ⇒ les îles du **Cap-Vert.**

Vertou ■ Commune de la Loire-Atlantique. 18 500 hab. *(les Vertaviens).* Vignobles, industries chimiques.

Dziga **Vertov** ■ Cinéaste soviétique (1896-1954). *"L'Homme à la caméra".*

Verviers ■ Ville de Belgique (province de *Liège). 53 400 hab. *(les Verviétois).* Ancien centre textile.

André Vésale ■ Anatomiste flamand (v. 1514-1564). Il a publié le premier traité de l'anatomie moderne, fondée sur l'observation et la dissection du corps humain.

Le Vésinet ■ Commune des Yvelines. 16 100 hab. *(les Vésigondins).*

la Vesle ■ Rivière du Bassin parisien, affluent de l'Aisne. 140 km.

Vesoul ■ Préfecture de la Haute-Saône. 19 400 hab. *(les Vésuliens).* Centre administratif et commercial. Métallurgie.

Vespasien ■ Empereur romain de 69 à sa mort (9-79). Il restaura l'ordre après les guerres civiles, entreprit de grands travaux (*Capitole, *Colisée) et assainit les finances. Il établit un impôt sur les urinoirs, d'où le mot *vespasienne*. Il institua la succession dynastique héréditaire. ⟨ ▶ vespasienne ⟩

Amerigo Vespucci ■ Navigateur italien (1454-1512). Le Nouveau Monde fut baptisé *Amérique* en son honneur (1507), bien que Christophe *Colomb y eût abordé avant lui.

Vesta ■ Divinité italique et romaine, gardienne du feu et du foyer domestique. ⟨ ▶ vestale ⟩

Simon Vestdijk ■ Écrivain néerlandais (1898-1971). *"Le Cinquième Sceau".*

les Vestris ■ FAMILLE DE DANSEURS ITALIENS □ *Gaétan* **Vestris** (1729-1808), fut considéré comme le plus doué des danseurs de son temps. □*Auguste* **Vestris** (1760-1842), son fils.

la Vésubie ■ Rivière des Alpes-Maritimes, affluent du Var. 48 km. Gorges. Tourisme.

le Vésuve ■ Volcan actif du sud de l'Italie, en *Campanie. En 79 une éruption ensevelit Herculanum et *Pompéi.

Vevey ■ Ville de Suisse (canton de *Vaud). 16 000 hab. *(les Veveysans).* Centre touristique et industriel.

le Vexin ■ Région française aux confins de la Normandie et de l'Île-de-France.

Vézelay ■ Commune de l'Yonne. 570 hab. *(les Vézéliens).* Basilique romane du XIIe s. restaurée par *Viollet-le-Duc. Sculptures. La ville a pour origine un monastère bénédictin fondé au IXe s. Elle devint au XIe s. un haut lieu de pèlerinage.

la Vézère ■ Rivière du *Limousin et du *Périgord, affluent de la Dordogne. 192 km.

Boris Vian ■ Écrivain français (1920-1959). Son œuvre variée une critique parodique et inquiète de la société. *"L'Arrache-Cœur"* ; *"l'Écume des jours".*

saint Jean-Marie Vianney ■ ⇒ saint **Jean-Marie Vianney.**

Pauline Viardot ■ Cantatrice française (1821-1910). Sœur de la *Malibrán. Célèbre voix de mezzo.

Viatka ■ ⇒ Kirov.

Théophile de Viau ■ Poète français (1590-1626). S'opposant au classicisme de *Malherbe, il exalte l'amour de la nature. *"Pyrame et Thisbé",* tragédie.

Vicence, en italien **Vicenza** ■ Ville d'Italie, en *Vénétie. 110 000 hab. Théâtre et palais de *Palladio.

Gil Vicente ■ Auteur dramatique portugais (v. 1465 - v. 1537). Médiateur entre le Moyen Âge et la *Renaissance. Œuvre tantôt religieuse, tantôt profane. ■

Vichy ■ Sous-préfecture de l'Allier, sur l'Allier. 28 000 hab. *(les Vichyssois).* Station thermale. ▶ *le gouvernement de* **Vichy.** Gouvernement de la France de 1940 à 1944 (entre l'armistice et la Libération), établi à Vichy. Le maréchal *Pétain, chef de l'État investi des pleins pouvoirs le

10 juillet 1940 (⇒ IIIe **République**), voulut une « révolution nationale », dont la devise était « Travail, Famille, Patrie ». Au nationalisme et au catholicisme réactionnaire de l'*Action française s'ajoutèrent l'antisémitisme (« statut des juifs » promulgué en octobre 1940) et l'antibolchevisme qui rapprochèrent le régime du fascisme italien et du nazisme. *Laval organisa la *Collaboration, mais fut écarté en décembre 1940. *Darlan mena une politique plus ambiguë (1941-1942), mais l'Allemagne obtint le retour de Laval puis envahit la zone dite libre (qui comprenait Vichy). Le gouvernement de Vichy fut amené de force en Allemagne en 1944. La *Résistance lui substitua le *Gouvernement provisoire de la République française (G.P.R.F.), dirigé par de *Gaulle. 〈 ▶ vichy 〉

Giambattista **Vico** ■ Écrivain, historien et philosophe italien (**1668-1744**). Sa *Scienza nuova* (« science nouvelle ») en fait le précurseur de la philosophie de l'histoire.

Paul-Émile **Victor** ■ Explorateur français (né en 1907). Il parcourut et décrivit les régions polaires.

Victor-Emmanuel II ■ Roi de Sardaigne, proclamé roi d'Italie en 1861 (**1820-1878**). Un des artisans de l'unité italienne avec son ministre *Cavour. Il annexa la Vénétie en 1866 et prit Rome en 1870.

Victor-Emmanuel III ■ Roi d'Italie de 1900 à 1946, empereur d'Éthiopie et roi d'Albanie (**1869-1947**). Entre 1922 et 1943 il laissa le pouvoir réel à *Mussolini, qui développa le *fascisme en Italie. En 1943, il fit arrêter Mussolini mais, déconsidéré, dut abdiquer.

Tomás Luis de **Victoria** ■ Compositeur espagnol (v. 1549 - 1611). Œuvre uniquement religieuse, au lyrisme grave.

Victoria ■ Reine du Royaume-Uni de Grande-Bretagne et d'Irlande de 1837 à sa mort (**1819-1901**). Assistée par ses Premiers ministres (*Melbourne, *Peel, *Palmerston, *Disraeli, *Gladstone), elle gouverna avec énergie et autorité. Son règne, l'*ère victorienne,* marque l'apogée de la puissance impérialiste anglaise. Victoria fut couronnée impératrice des Indes en 1876. 〈 ▶ victoria 〉

Victoria ■ Capitale de la colonie anglaise de *Hong-Kong, sur une île. 502 000 hab. Port important.

Victoria ■ Capitale des Seychelles, sur l'île de Mahé. 23 000 hab.

Victoria ■ Ville et port du Canada, capitale de la *Colombie-Britannique, sur l'île Vancouver. 66 300 hab. Conurbation de 256 000 hab.

le **Victoria** ■ État du sud-est de l'Australie. 227 600 km². 4,2 millions d'hab. Capitale : Melbourne. Productions agricoles. Élevage important. Charbon.

l'île **Victoria** ■ Île du Canada (*Territoires du Nord-Ouest), dans l'océan Arctique. 217 291 km².

le lac **Victoria** ■ Le plus important lac d'Afrique, en amont duquel le Nil prend sa source. 68 100 km².

les chutes **Victoria** ■ Chutes spectaculaires du *Zambèze, sur la frontière de la Zambie et du Zimbabwe.

Paul **Vidal de La Blache** ■ Géographe français (1845-1918). Principes de géographie humaine.

François **Vidocq** ■ Aventurier français (1775-1857). Il fut forçat, puis policier. *Balzac s'en est inspiré pour créer son personnage de Vautrin dans "*Splendeurs et misères des courtisanes*".

King **Vidor** ■ Cinéaste américain (1894-1982). "*La Grande Parade*".

le **Vidourle** ■ Fleuve côtier du *Languedoc. 100 km.

Paul **Vieille** ■ Ingénieur français (1854-1934). Inventeur de la poudre B (poudre sans fumée).

António **Vieira** ■ Écrivain portugais, jésuite (1608-1697). *"Sermons"*.

Maria Elena **Vieira da Silva** ■ Peintre portugaise naturalisée française (1908-1992). Style raffiné, proche de l'abstraction.

Joseph Marie **Vien** ■ Peintre français (1716-1809), chef de file du *néo-classicisme et maître de *David.

Vienne ■ Sous-préfecture de l'Isère, sur le Rhône. 30 400 hab. *(les Viennois).* Vestiges gallo-romains, églises médiévales. Capitale de la province romaine de la *Viennoise,* elle fut l'un des premiers foyers du christianisme en Gaule (évêché au IIIᵉ s.).

la **Vienne** [86] ■ Département français de la région *Poitou-Charentes. Il doit son nom à la rivière qui le traverse. 7 042 km². 380 600 hab. Préfecture : Poitiers. Sous-préfectures : Châtellerault, Montmorillon. □ *la* **Haute-Vienne** [87]. Département français de la région *Limousin. 5 558 km². 354 000 hab. Préfecture : Limoges. Sous-préfectures : Bellac, Rochechouart.

Vienne, en allemand **Wien** ■ Capitale de l'Autriche formant également un État (land) fédéré (415 km²). 1,48 million d'hab. *(les Viennois).* □ **HISTOIRE.** Capitale des Habsbourg, embellie au XVIIIᵉ s. (Hofburg, château de *Schönbrunn, palais du Belvédère), elle devint le foyer européen du théâtre et de la musique sous les règnes de Marie-Thérèse et Joseph II. Elle fut agrandie et transformée au XIXᵉ s. par *François-Joseph. Malgré la chute de l'empire (1918), elle connut, jusqu'à l'annexion par l'Allemagne (1938), une exceptionnelle activité artistique et intellectuelle : école viennoise en musique (⇒ **Schönberg, Berg, Webern**), en peinture (⇒ **Klimt, Schiele**), naissance de la psychanalyse (⇒ **Freud**). Célèbre opéra. ▶ *le congrès de* **Vienne** (1814-1815). Sommet diplomatique réuni par *Metternich après

la défaite de Napoléon, pour redéfinir les frontières européennes au bénéfice des vainqueurs (Autriche, Prusse, Royaume-Uni, Russie). *Talleyrand y représenta avec habileté la France de la Restauration. ▶ *le cercle de* **Vienne.** Groupement de savants et de philosophes autour de *Schlick (v. 1930), à l'origine du néo-positivisme. ⟨ ▶ viennois ⟩

Vientiane ■ Capitale du Laos, port fluvial sur le *Mékong. 377 000 hab. Centre commercial. Peu d'industries.

la **Vierge Marie** ■ ⇒ sainte **Marie.**

les îles **Vierges** ■ Archipel des Petites *Antilles. Une partie est britannique (130 km² ; 13 200 hab.), l'autre américaine (352 km² ; 107 000 hab.).

Vierzon ■ Commune du Cher, sur le Cher. 32 900 hab. *(les Vierzonnais).*

François **Viète** ■ Mathématicien français (1540-1603). Conseiller au Parlement de Paris sous Henri IV. Créateur de l'algèbre moderne.

le **Viêt-minh** ■ Organisation politique vietnamienne (communiste et nationaliste), créée en 1941 par *Hô Chi Minh pour libérer le pays des Japonais et des Français. Cette organisation constitua le premier gouvernement vietnamien indépendant de Hanoi en 1945 et entra en guerre contre les Français, remportant une victoire définitive à Diên Biên Phu en 1954.

le **Viêt-nam** ■ État (république socialiste) d'Asie du Sud-Est, bordé au nord par la Chine, à l'est par la mer de Chine et à l'ouest par le Laos et le Cambodge. 331 688 km². 64,75 millions d'hab. *(les Vietnamiens).* Capitale : Hanoi. Villes principales : Hô Chi Minh-Ville (ancienne Saigon), Haiphong. Langue : vietnamien. Monnaie : nouveau dông. Il fut membre de la *C.A.E.M. □ **HISTOIRE.** Le pays fut sous domination chinoise jusqu'au XIᵉ s. Indépendant, il connut la lutte de dynasties rivales. Il fut intégré à l'*Indochine française à la fin du XIXᵉ s. : les provinces de l'*Annam et du *Tonkin devinrent en 1883 des protectorats français, auxquels fut réunie la *Cochinchine en 1887. La guerre d'indépendance, menée par *Hô Chi Minh de 1946 à 1954, se solda par une défaite française. Les accords de Genève (juillet 1954) instituèrent une division temporaire du Viêt-nam en une partie nord et une partie sud jusqu'à des élections qui n'eurent pas lieu et qui devaient précéder une réunification du pays. Le conflit, latent jusqu'en 1962, se transforma en guerre ouverte entre le Sud (soutenu par les Américains) et le Nord (dirigé par *Hô Chi Minh). Résistant aux troupes et aux bombardements américains, les armées communistes du Nord soumirent le Sud en avril 1975, le pays fut alors réunifié (juillet 1976) et devint une république socialiste. Les guerres (1978, invasion du Cambodge ; 1979, conflit avec la Chine) ont ruiné l'économie qui reste déséquilibrée (riz, maïs, coton, peu d'industries) ; les conditions de vie et la politique du régime ont entraîné l'exode clandestin de nombreux habitants (« boatpeople »).

Vieux-Condé ■ Commune du Nord. 10 900 hab. *(les Vieux-Condéens).* Métallurgie.

Vieux-Habitants ■ Commune de la Guadeloupe. 7 400 hab.

Élisabeth **Vigée-Lebrun** ■ Peintre française (1755-1842). Portraits : *"Marie-Antoinette et ses enfants", "Madame Vigée-Lebrun et sa fille".*

Gilles **Vigneault** ■ Chanteur et compositeur québécois (né en 1928).

le **Vignemale** ■ Point culminant des Pyrénées françaises, dans les Hautes-Pyrénées. 3 298 m.

Vigneux-sur-Seine ■ Commune de l'Essonne. 25 300 hab. *(les Vigneusiens).*

Vignole ■ Architecte italien (1507-1573). Son plan de l'église du Gesù à Rome (église mère de l'ordre des Jésuites) servit de modèle à l'architecture de la *Contre-Réforme.

Claude **Vignon** ■ Peintre et graveur français (1593-1670). Travaux de décoration et tableaux religieux.

Alfred de **Vigny** ■ Écrivain romantique français (1797-1863). Il évoqua l'humiliation de la noblesse *("Cinq-Mars")*, la solitude du créateur *("Chatterton")* et le drame moral du soldat *("Servitude et grandeur militaires")*. Il est aussi l'auteur de nombreux poèmes : *"Moïse"*, d'inspiration biblique.

Jean **Vigo** ■ Cinéaste français (1905-1934). *"Zéro de conduite"* ; *"l'Atalante"*.

Vigo ■ Ville et port d'Espagne (*Galice), sur l'Atlantique. 264 000 hab.

Vijayawāda ou *Bezwāda* ■ Ville de l'Inde (*Andhra Pradesh). 462 000 hab.

les **Vikings** ■ Peuples scandinaves qui connurent, du VIIIᵉ au XIᵉ s., une grande expansion maritime. Vers l'ouest (où on les appelle plutôt *Varègues), les Suédois envahirent le monde slave et menacèrent même Constantinople. Vers le sud, les Danois s'implantèrent en Angleterre et dans la future Normandie, ainsi nommée d'après *Normand*, « homme du nord », nom des Vikings en France. Les Norvégiens descendirent jusqu'en Méditerranée (Italie du Sud, Sicile). Au nord, ils atteignirent l'Islande et probablement l'Amérique (*Vinland). On en a gardé l'image de guerriers sanguinaires, conquérants, pillards, mais ils implantèrent des gouvernements durables (Ukraine, Normandie) et laissèrent les traces d'un art raffiné, surtout décoratif. ⟨ ► viking ⟩

Vila ■ ⇒ **Port-Vila.**

la **Vilaine** ■ Fleuve de l'est de la Bretagne qui passe à Rennes, où il reçoit l'Ille, et se jette dans l'Atlantique. 225 km.

Jean Vilar ■ Homme de théâtre français (1912-1971). Créateur du Théâtre national populaire (T.N.P.) et du festival d'Avignon.

Pancho Villa ■ Révolutionnaire mexicain (1878-1923).

Villach ■ Ville d'Autriche (*Carinthie). 52 700 hab. Nœud ferroviaire.

Villacoublay ■ ⇒ Vélizy-Villacoublay.

Villahermosa ■ Ville du Mexique. 251 000 hab. Centre d'une région pétrolière. Industrie alimentaire. Tabac. Université.

Heitor Villa-Lobos ■ Compositeur brésilien (1887-1959). Autodidacte, il s'inspira de la musique folklorique de son pays. "*Bachianas brasileiras*".

Villard de Honnecourt ■ Architecte français (XIIIᵉ s.). Célèbre carnet de croquis, précieux pour la connaissance de l'art *gothique.

Claude Louis Hector duc de **Villars** ■ Maréchal de France (1653-1734). On lui doit les dernières victoires du règne de Louis XIV.

Villars ■ Commune de la Loire. 8 300 hab.

Villebon-sur-Yvette ■ Commune de l'Essonne. 9 200 hab.

Villecresnes ■ Commune du Val-de-Marne. 8 000 hab. *(les Villecresnois).*

Ville-d'Avray ■ Commune des Hauts-de-Seine. 11 600 hab. *(les Dagovéraniens* ou *Ville-d'Avraysiens).* Cité résidentielle.

Villefontaine ■ Commune de l'Isère. 16 300 hab.

Villefranche-de-Rouergue ■ Sous-préfecture de l'Aveyron. 13 300 hab. *(les Villefranchois).* Chartreuse (XVᵉ s.).

Villefranche-sur-Mer ■ Commune des Alpes-Maritimes. 8 100 hab. *(les Villefranchois).* Port de pêche. Ancien quartier (XVIᵉ - XVIIᵉ s.). Station balnéaire.

Villefranche-sur-Saône ■ Sous-préfecture du Rhône. 29 900 hab. *(les Caladois).* Métallurgie, chimie, textile.

Geoffroi de **Villehardouin** ■ Chroniqueur français (v. 1148 - v. 1213). "*Histoire de la conquête de Constantinople*".

Villejuif ■ Commune du Val-de-Marne. 48 700 hab. *(les Villejuifois).* Centre médical cancérologique.

Jean-Baptiste de **Villèle** ■ Homme politique français (1773-1854). Président du Conseil (*ultra) de 1822 à 1828.

Villemomble ■ Commune de la Seine-Saint-Denis. 27 000 hab. *(les Villemomblois).*

Villenave-d'Ornon ■ Commune de la Gironde, proche de Bordeaux. 26 000 hab. *(les Villenavais).*

l'amiral **Villeneuve** ■ Amiral français (1763-1806). Il fut vaincu par *Nelson à *Trafalgar.

Villeneuve-d'Ascq ■ Commune du Nord, dans la banlieue de Lille, formée en 1970 par la fusion de trois communes. 65 700 hab. *(les Villeneuvois).* Musée d'Art moderne.

Villeneuve-la-Garenne ■ Commune des Hauts-de-Seine. 23 900 hab. *(les Villenogarennois).* Port fluvial.

Villeneuve-le-Roi ■ Commune du Val-de-Marne. 20 400 hab. *(les Villeneuvois).*

Villeneuve-lès-Avignon ■ Commune du Gard, face à Avignon. 10 800 hab. *(les Villeneuvois).* Résidence d'été de nombreux cardinaux d'Avignon au XIVᵉ s.

Villeneuve-Loubet ■ Commune des Alpes-Maritimes. 11 600 hab.

Villeneuve-Saint-Georges ■ Commune du Val-de-Marne, sur la Seine. 27 500 hab. *(les Villenevois).*

Villeneuve-sur-Lot ■ Sous-préfecture du Lot-et-Garonne. 23 800 hab. *(les Villeneuvois).* Marché agricole.

Villeneuve-sur-Yonne ■ Commune de l'Yonne. 5 100 hab. *(les Villeneuviens).* Monuments du XIIe s.

Villeneuve-Tolosane ■ Commune de la Haute-Garonne. 7 600 hab.

Villeparisis ■ Commune de Seine-et-Marne. 18 900 hab. *(les Villeparisiens).*

Villepinte ■ Commune de la Seine-Saint-Denis. 30 400 hab. *(les Villepintois).* Sanatorium.

Villepreux ■ Commune des Yvelines. 8 800 hab. *(les Villepreusiens).*

Villers-Cotterêts ■ Commune de l'Aisne. 8 900 hab. *(les Cotteréziens).* ▶ *l'ordonnance de* **Villers-Cotterêts,** édit de François Ier imposant le français au lieu du latin pour les textes officiels et juridiques (1539).

Villers-lès-Nancy ■ Commune de Meurthe-et-Moselle, près de Nancy. 16 600 hab. *(les Villarois).*

Villerupt ■ Commune de Meurthe-et-Moselle. 10 100 hab. *(les Villeruptiens).*

Villetaneuse ■ Commune de la Seine-Saint-Denis. 11 200 hab. *(les Villetaneusiens).* Université de Paris-XIII.

la **Villette** ■ Ancienne commune de la banlieue de Paris, incluse aujourd'hui dans le XIXe arrondissement. Sur le site des anciens abattoirs ont été construites la Cité des sciences et de l'industrie et la Cité de la musique. Un parc de 35 ha y a été aménagé.

Villeurbanne ■ Commune du Rhône, dans la banlieue de Lyon. 119 800 hab. *(les Villeurbannais).* Centre industriel important. Théâtre national populaire.

Auguste comte de **Villiers de L'Isle-Adam** ■ Écrivain français (1838-1889). Son œuvre est à la limite du sarcasme et de la fascination. *"L'Ève future",* roman ; *"Axel",* drame ; *"Contes cruels".*

Villiers-le-Bel ■ Commune du Val-d'Oise. 26 200 hab. *(les Beauvilésois).* Matières plastiques.

Villiers-sur-Marne ■ Commune du Val-de-Marne. 22 800 hab. *(les Villiérains).*

François **Villon** ■ Poète français (1431 - apr. 1463). Sa vie aventureuse (il risqua la potence) en a fait une figure mythique. Sa poésie, qui mêle une langue très pure et des expressions triviales, exprime un lyrisme rare à l'époque, mais recouvre une grande science rhétorique. *"Le Testament"* (avec « *La ballade des pendus* »).

Gaston Duchamp dit *Jacques* **Villon** ■ Peintre et graveur français (1875-1963). Artiste subtil et original, frère de Raymond *Duchamp-Villon et de Marcel *Duchamp.

Vilnius, autrefois **Vilna** ■ Capitale de la *Lituanie. 582 000 hab. Centre culturel et économique. Enjeu des guerres russo-polonaises (⇒ **Lituanie**).

Vilvorde, en néerlandais **Vilvoorde** ■ Ville de Belgique (*Brabant). 32 900 hab. Centre industriel.

Viña del Mar ■ Ville du Chili, faubourg de Valparaíso. 297 000 hab. Station balnéaire. Exportation de nitrate et de cuivre.

Vincennes ■ Commune du Val-de-Marne, au nord du *bois de Vincennes.* 42 700 hab. *(les Vincennois).* Donjon du XIVe s., château transformé au XVIIe s. Le duc d'*Enghien fut exécuté par ordre de Napoléon dans les fossés du château en 1804. Université transférée à Saint-Denis.

saint **Vincent de Paul** ■ Prêtre français (1581-1660). Il se mit au service des pauvres (galériens, enfants trouvés) et fonda plusieurs congrégations de charité, dont les filles de la Charité avec Louise de Marillac.

Léonard de **Vinci** ■ ⇒ **Léonard de Vinci.**

le **Vinland** ■ Pays découvert, en Amérique du Nord, par les *Vikings vers l'an mil. Peut-être *Terre-Neuve.

Vinnitsa ■ Ville de la C.É.I. (*Ukraine). 374 000 hab. Industries (sucre, mécanique).

Ivan **Vinogradov** ■ Mathématicien soviétique (1891-1983). Théorie des nombres.

le mont **Vinson** ■ Point culminant de l'*Antarctique. 5 140 m.

Vintimille, en italien **Ventimiglia** ■ Ville d'Italie (*Ligurie). 26 000 hab. Important nœud ferroviaire entre la France et l'Italie.

Eugène **Viollet-le-Duc** ■ Architecte français (1814-1879). Il restaura plusieurs monuments du Moyen Âge (Vézelay, Notre-Dame de Paris, Pierrefonds, les remparts de Carcassonne) et laissa une œuvre théorique importante.

Giovanni Battista **Viotti** ■ Violoniste et compositeur italien (1755-1824).

Vire ■ Sous-préfecture du Calvados. 13 900 hab. *(les Virois).* Industrie alimentaire (andouilles).

la **Vire** ■ Fleuve de *Normandie, qui se jette dans la Manche. 118 km.

Virgile ■ Poète latin (70 - 19 av. J.-C.). Admiré par *Auguste de son vivant, il est considéré comme le plus grand poète romain. Il a donné, dans *"l'Énéide"*, le récit mythique des origines de Rome. Il a façonné notre sentiment de la nature, inquiétante dans *"les Bucoliques"*, bienveillante dans *"les Géorgiques"*.

Virginia Beach ■ Ville des États-Unis (*Virginie). 262 000 hab.

la **Virginie** ■ État de l'est des États-Unis, sur l'Atlantique. 105 586 km². 5,35 millions d'hab. Capitale : Richmond. Tabac. Ce fut la première colonie anglaise et le centre des États sudistes (⇒ guerre de Sécession). □ *la* **Virginie-Occidentale.** État voisin du précédent. 62 758 km². 1,95 million d'hab. Capitale : Charleston. Antiesclavagiste, elle se sépara de la Virginie au moment de la guerre de Sécession.

Viroflay ■ Commune des Yvelines. 14 700 hab. *(les Viroflaysiens).* Commune résidentielle.

Viry-Châtillon ■ Commune de l'Essonne. 30 700 hab. *(les Castelvirois).*

les **Visconti** ■ Famille italienne qui régna à Milan de 1277 à 1447.

Louis Tullius Joachim **Visconti** ■ Architecte français d'origine italienne (1791-1853). Tombeau de Napoléon aux Invalides. Fontaines (à Paris).

Luchino **Visconti** ■ Cinéaste italien (1906-1976). Après des débuts néo-réalistes *("La terre tremble" ; "Rocco et ses frères"),* il filme l'Italie du XIXᵉ s. avec le regard d'un philosophe et d'un poète *("Senso" ; "le Guépard" ; "Mort à Venise").* Son esthétique évoque l'opéra.

Vishākhapatnam ■ Ville de l'Inde (*Andhra Pradesh). 584 000 hab. Chantiers navals.

Vishnou ou **Viṣṇu** ■ Une des plus grandes divinités de l'hindouisme. Il constitue, avec *Brahmā et *Siva, une triade (⇒ **Trimūrtī**). On le vénère sous de nombreuses formes ou *avatāra (par exemple, *Kṛṣṇa).

les **Visigoths** ■ ⇒ **Wisigoths.**

Viṣṇu ■ ⇒ **Vishnou.**

la **Vistule** ■ Fleuve de Pologne, navigable sur presque toute sa longueur. 1 092 km.

Vitebsk ■ Ville de la C.É.I. (*Biélorussie), sur la Dvina occidentale. 350 000 hab. Industries mécanique, textile.

Vitoria ■ Ville d'Espagne, capitale de la province basque d'*Álava et du Pays basque espagnol. 208 000 hab. Essor industriel.

Vitória ■ Ville et port du Brésil, capitale de l'État d'*Espírito Santo. 144 000 hab. Métallurgie.

Roger **Vitrac** ■ Poète et auteur dramatique français (1899-1952). Précurseur du théâtre de l'absurde. "*Les Mystères de l'amour*".

Vitré ■ Commune d'Ille-et-Vilaine. 15 100 hab. *(les Vitréens).* Monuments médiévaux (château, remparts).

Vitrolles ■ Commune des Bouches-du-Rhône, près de l'étang de Berre. 35 600 hab. *(les Vitrollais).* Zone industrielle et commerciale.

Vitruve ■ Architecte romain (Iᵉʳ s. av. J.-C.). Auteur d'un traité d'architecture qui servit de référence aux artistes de la *Renaissance.

Vitry-le-François ■ Sous-préfecture de la Marne. 17 500 hab. *(les Vitrayats).* Industrie du bois.

Vitry-sur-Seine ■ Commune du Val-de-Marne. 82 800 hab. *(les Vitriots).* Centrale thermique.

Vittel ■ Commune des Vosges. 6 300 hab. *(les Vittellois).* Station thermale depuis le XIXᵉ s.

Elio **Vittorini** ■ Écrivain italien (1908-1966). Ses romans mêlent la réalité et le rêve, l'engagement politique et le lyrisme. "*Conversation en Sicile*".

Antonio **Vivaldi** ■ Compositeur italien de Venise (1678-1741). Violoniste virtuose, auteur de musique sacrée et d'opéras, il eut un rôle considérable dans l'histoire de la musique instrumentale (c'est le véritable créateur du concerto). 768 œuvres dont les célèbres "*Quatre Saisons*".

le **Vivarais** ■ Région du sud-est de la France, en bordure du Massif central. Elle fut l'un des bastions du protestantisme en France.

Juan Luis **Vives** ■ Humaniste espagnol (1492-1540). Opposant à la *scolastique, ami d'*Érasme et précepteur de Marie *Tudor.

Viviane ■ Fée du cycle breton. Elle révèle à *Lancelot les règles de la chevalerie.

Vix ■ Commune de la Côte-d'Or (95 hab. *[les Vixois]*) où fut découvert un trésor datant du Vᵉ s. av. J.-C.

Vizille ■ Commune de l'Isère. 7 300 hab. *(les Vizillois).* Château de Lesdiguières (états du Dauphiné, 1788, prélude aux états généraux).

Vladikavkaz, de 1954 à 1990 **Ordjonikidze** ■ Ville de la C.É.I. (Fédération de *Russie), capitale de l'Ossétie du Nord. 300 000 hab.

Vladimir ■ Ville de la C.É.I. (*Russie), au nord-est de Moscou. 350 000 hab. Capitale de la principauté de Vladimir-Souzdal et métropole religieuse (nombreux monuments) absorbée par la Moscovie au XIVᵉ s.

Vladimir Iᵉʳ le Saint ou *le* **Grand** ■ Prince de Novgorod, grand-prince de *Kiev de 980 à sa mort (956-1015). Il imposa le christianisme de rite byzantin à son peuple.

Vladimir II Monomaque ■ Grand-prince de *Kiev, de 1113 à sa mort, et écrivain russe (1053-1125).

Vladivostok ■ Ville et port de la C.É.I. (*Russie) en *Sibérie extrême-orientale, sur la mer du Japon. 648 000 hab. Port d'attache de la flotte soviétique d'Extrême-Orient. Point terminus du *Transsibérien.

Maurice de **Vlaminck** ■ Peintre *fauve français (1876-1958). D'abord construits par la couleur, ses tableaux devinrent plus sombres et plus traditionnels.

Vlorë ou **Vlora** ■ Ville portuaire d'Albanie. 61 000 hab.

la **Vltava,** en allemand **Moldau** ■ Rivière de la République tchèque, affluent de l'*Elbe. 430 km. Elle arrose Prague.

Voiron ■ Commune de l'Isère. 19 200 hab. *(les Voironnais).* Textile. Papeterie. Liqueurs.

la **Voisin** ■ ⇒ l'affaire des **Poisons.**

Voisins-le-Bretonneux ■ Commune des Yvelines. 11 200 hab.

la **Vojvodine** ■ Province de Serbie. 21 506 km². 2 millions d'hab. Capitale : Novi Sad. Première région agricole du pays.

la **Volga** ■ Fleuve de Russie, le plus long d'Europe. 3 690 km. Il prend sa source au nord-ouest de Moscou et se jette dans la mer Caspienne. Rôle économique important (cours navigable, barrages, canal Volga-Baltique et Volga-Don, usines dans la vallée). ▶ *la* **république des Allemands de la Volga.** Ancienne république autonome de Russie (U.R.S.S.) entre 1924 et 1941. Fondée par des colons allemands sous le règne de Catherine II, ses habitants furent persécutés pendant la Première Guerre mondiale puis déportés en Sibérie, sur ordre de *Staline, pendant la Seconde Guerre mondiale.

Volgograd ■ Ville de la C.É.I. (*Russie), sur la *Volga. 999 000 hab. Centre industriel (métallurgie, construction mécanique, raffinerie). Port fluvial actif, séparé de *Voljski* (269 000 hab.) par le fleuve. Centrale hydro-électrique. La ville s'appela *Stalingrad* de 1925 à 1961. ⇒ **Stalingrad.**

Vsevolod Eichenbaum dit **Voline** ■ Anarchiste russe (1882-1945).

Ambroise **Vollard** ■ Marchand de tableaux et éditeur d'art français (1868-1939). Il fit connaître les principaux artistes du début du XXᵉ s. (Picasso, Matisse...).

Constantin François de **Volney** ■ ⇒ **Idéologues.**

Vologda ■ Ville de la C.É.I. (*Russie). 283 000 hab. Centre agricole (lait). Port fluvial.

Alessandro **Volta** ■ Physicien italien (1745-1827). Son invention de la pile électrique (dite *voltaïque*) révolutionna l'étude de l'électricité (1800). ⟨ ▶ volt, voltage ⟩

la **Volta** ■ Fleuve du Ghana. ▶ *le lac* **Volta.** Le plus grand lac artificiel du monde : 8 500 km². Il fut formé par un barrage (⇒ **Akosombo**) sur la Volta. ▶ *la* **Haute-Volta.** ⇒ **Burkina Faso.**

François Marie Arouet dit **Voltaire** ■ Écrivain français des *Lumières (1694-1778). Polémiste vigoureux, il dénonce les institutions politiques et sociales (intervenant dans l'affaire Calas) et le fanatisme religieux. La bourgeoisie libérale anticléricale du XIXᵉ s. se reconnut dans son nouvel humanisme (c'est l'esprit *voltairien*). Son œuvre est multiple : théâtre, pamphlets, essais philosophiques *("Zadig" ; "Candide")*. Il fut l'écrivain le plus célèbre de son temps et on donna son nom à des objets, tel le fauteuil *voltaire.* ⟨ ▶ voltaire ⟩

Volta Redonda ■ Ville du Brésil (État de *Rio de Janeiro). 178 000 hab. Centre sidérurgique.

Volubilis ■ Site archéologique du Maroc, près de Meknès. Site romain.

Joost Van den **Vondel** ■ Poète dramatique hollandais d'inspiration religieuse (1587-1679).

Vô Nguyên Giap ■ Général vietnamien, théoricien de la guerre révolutionnaire (né en 1912). Il battit les troupes françaises à *Diên Biên Phu en 1954.

le **Vorarlberg** ■ État (land) d'Autriche. 2 601 km². 316 000 hab. Capitale : Bregenz. Industries. Tourisme.

Voreppe ■ Commune de l'Isère. 8 700 hab.

Vorochilovgrad ■ ⇒ Lougansk.

Voronej ■ Ville de la C.É.I. (*Russie). 887 000 hab. Centre culturel. Centrale nucléaire.

Mihály **Vörösmarty** ■ Poète hongrois (1800-1855). Poèmes épiques. "*La Fuite de Zalán*".

les **Vosges** n. f. pl. ■ Massif montagneux du nord-est de la France ; le versant occidental s'incline vers la Lorraine et le versant oriental tombe abruptement sur la plaine d'Alsace, qui le sépare de la *Forêt-Noire. Les Vosges cristallines (sud) s'opposent aux Vosges gréseuses (nord). La population se concentre dans les vallées (Saint-Dié, Remiremont). Les principales ressources de la région sont la forêt (scierie, papeterie) et le tourisme.
□ *les* **Vosges** [88]. Département français de la région *Lorraine. 5 899 km². 385 900 hab. Préfecture : Épinal. Sous-préfectures : Neufchâteau, Saint-Dié.

Simon **Vouet** ■ Peintre français (1590-1649). Premier peintre de Louis XIII. Ses compositions théâtrales, influencées par le *baroque italien, ont marqué la « grande peinture », allégorique, mythologique ou religieuse.

Vouziers ■ Sous-préfecture des Ardennes. 4 800 hab. *(les Vouzinois).*

Hugo de **Vries** ■ Botaniste hollandais (1848-1935). Sa "*Théorie de la mutation*" rejoint *Darwin. Il redécouvrit les lois de *Mendel.

Édouard Jean **Vuillard** ■ Peintre français (1868-1940). Il fut membre du groupe des *nabis. Grand coloriste : scènes intimistes, panneaux décoratifs, portraits. Lithographies.

Vulcain ■ Dieu du Feu et des Forgerons, dans la mythologie romaine, identifié à l'*Héphaïstos des Grecs. 〈▶ vulcaniser 〉

la **Vulgate** ■ Traduction latine de la *Bible, faite par saint *Jérôme. Elle devint la version officielle de la Bible catholique au concile de *Trente (1546). 〈▶ vulgate 〉

W

Richard **Wagner** ■ Compositeur allemand (1813-1883). Auteur de la musique, des livrets et de la mise en scène de ses opéras, il a cherché l'œuvre d'art totale. Il s'inspira des légendes germaniques. *"Le Vaisseau fantôme"* ; *"Lohengrin"* ; *"la Tétralogie"* ; *"Parsifal"*. □ *Siegfried* **Wagner** (1869-1930), son fils, compositeur et chef d'orchestre allemand, anima le festival de *Bayreuth consacré à son père. □ *Wieland* **Wagner** (1917-1966), fils du précédent, mit en scène les œuvres de Wagner.

Otto **Wagner** ■ Architecte et théoricien autrichien (1841-1918). D'abord inspiré par l'art *nouveau, il devint, par ses innovations, l'un des pionniers de l'architecture moderne.

Wagram ■ Village d'Autriche, au nord-est de Vienne, où Napoléon remporta une éclatante victoire sur les Autrichiens, en 1809.

les **Wahhābites** ■ Membres d'un mouvement musulman puritain fondé par Muḥammad ibn 'Abd al-Wahhāb (1703-1792) dans le *Nadjd. Leur théorie devint la doctrine d'État de l'Arabie Saoudite (1932).

Andrzej **Wajda** ■ Cinéaste polonais (né en 1926). *"Le Bois de bouleaux"* ; *"l'Homme de marbre"*.

Wakayama ■ Ville et port du Japon (*Honshū). 399 000 hab. Grand centre industriel.

Selman **Waksman** ■ Microbiologiste américain d'origine russe (1888-1973). Prix Nobel de médecine et de physiologie en 1952 pour sa découverte de la streptomycine.

Derek **Walcott** ■ Écrivain antillais d'expression anglaise (né en 1930). *"Le Royaume du fruit étoile"*, poèmes. Prix Nobel 1992.

Pierre **Waldeck-Rousseau** ■ Homme politique français (1846-1904). Président du Conseil de 1899 à 1902 (loi de 1901 sur les associations ; révision du procès de *Dreyfus).

Kurt **Waldheim** ■ Homme politique autrichien (né en 1918). Secrétaire général de l'O.N.U. de 1972 à 1981. Président de la République de 1986 à 1992. ⇒ **Autriche.**

Lech **Wałęsa** ■ Syndicaliste polonais (né en 1943). Leader du mouvement de grève de Gdańsk en 1980, président en 1981 du syndicat indépendant *Solidarność, opposant au pouvoir communiste, il fut élu président de la République en 1990. Prix Nobel de la paix 1983.

*al-***Walīd II** ■ Calife omeyyade et poète arabe (v. 708 - 744).

les **Walkyries** ■ Divinités féminines de la mythologie germanique, messagères de *Wotan.

sir Richard **Wallace** ■ Philanthrope anglais (1818-1890). Il fit installer à Paris une centaine de fontaines, appelées *fontaines Wallace.*

Albrecht von **Wallenstein** ■ Homme de guerre d'origine tchèque (1583-1634). Un des généraux de Ferdinand II dans la guerre de *Trente Ans. Suspect de trahison, il fut assassiné.

John **Wallis** ■ Mathématicien britannique (1616-1703). Son *"Arithmétique de l'infini"* fait le lien entre *Cavalieri et *Newton.

Wallis-et-Futuna ■ Territoire français d'outre-mer (T.O.M.) formé de deux archipels de la Polynésie : les îles de Horn, dont les îles principales sont *Futuna et Alofi*, et l'archipel *Wallis*. 274 km². 12 400 hab. Capitale : Mata Utu (820 hab.), sur l'île Uvéa (Wallis).

Henri **Wallon** ■ Psychologue, pédagogue et homme politique français (1879-1962). Son œuvre, inspirée par *Marx, est un classique de la psychologie de l'enfant.

la **Wallonie** ■ Région linguistique de Belgique, située au sud du pays. On y parle le français et les dialectes romans, dont le *wallon*. Ville principale : Liège. ⟨▶ wallon⟩

Wall Street ■ ⇒ New York.

Robert **Walpole** ■ Homme politique anglais (1676-1745). Député *whig, il contribua à la création du régime parlementaire britannique. □ *Horace* **Walpole**, son fils (1717-1797), fut l'un des initiateurs du « roman noir ». *"Le Château d'Otrante".*

Léon **Walras** ■ Économiste français enseignant à Lausanne (1834-1910). Un des fondateurs de l'économie mathématique.

Walsall ■ Ville industrielle d'Angleterre (*Midlands de l'Ouest). 179 000 hab. Métallurgie.

Ernest Thomas **Walton** ■ Physicien britannique (né en 1903). ⇒ **Cockcroft.**

Wang Wei ■ Peintre et poète chinois (699-759).

Warangal ■ Ville de l'Inde (*Andhra Pradesh). 335 000 hab.

Andy **Warhol** ■ Peintre et cinéaste américain (1930-1987). Surnommé le « prophète du *pop'art ». Portraits de Marilyn *Monroe.

Warren ■ Ville des États-Unis (*Michigan), banlieue de Detroit. 161 000 hab.

le **Warwickshire** ■ Comté d'Angleterre, dans les *Midlands. 1 981 km². 485 000 hab. Chef-lieu : Warwick (21 900 hab.). Centre industriel.

George **Washington** ■ Homme d'État américain (1732-1799). Il fut le héros de la guerre d'*Indépendance, puis le premier président des États-Unis, de 1789 à 1797. En son honneur, on a donné son nom à la capitale du pays.

Washington ■ Capitale fédérale des États-Unis, située sur la côte est. Elle occupe le district fédéral de *Columbia (D.C.). 638 000 hab. (zone urbaine : 3 millions). Ville essentiellement administrative abritant la résidence du président des États-Unis (Maison Blanche) et le siège du Congrès américain (Capitole). Centre culturel et scientifique (musées, universités, recherche). ≠ *le Washington.*

le **Washington** ■ État du nord-ouest des États-Unis, bordé par le Pacifique et le Canada. 176 479 km². 4,13 millions d'hab. Capitale : Olympia. 1er centre urbain : Seattle. Agriculture. Industries du bois. Productions minière et hydro-électrique.

Wasquehal ■ Commune du Nord, près de Lille. 18 100 hab. *(les Wasquehaliens).*

Waterford, en irlandais **Port Láirge** ■ Ville de la république d'Irlande (*Munster). 41 100 hab.

le **Watergate** ■ Nom d'un immeuble de Washington utilisé par le parti *démocrate en 1972. Il fut cambriolé au profit des républicains ; le scandale accula le président (républicain) *Nixon à la démission (1974).

Waterloo ■ Commune de Belgique (*Brabant), au sud de Bruxelles. 17 700 hab. La défaite de Napoléon Ier devant les Anglais et les Prussiens, le 18 juin 1815, mit fin aux *Cent-Jours et provoqua la chute définitive de l'empire.

John Broadus **Watson** ■ Psychologue américain (1878-1958). Initiateur de la psychologie du comportement (behaviorisme).

James Dewey **Watson** ■ Biologiste américain (né en 1928). Prix Nobel de médecine 1962 avec *Crick et *Wilkins pour la découverte de la structure de l'A.D.N. "La Double Hélice".

James **Watt** ■ Ingénieur et mécanicien écossais (1736-1819). Créateur des premières machines à vapeur fabriquées industriellement. Son nom a été donné à l'unité de puissance électrique. ‹ ► watt ›

Antoine **Watteau** ■ Peintre et dessinateur français (1684-1721). Il a représenté les fêtes galantes, les comédiens et musiciens, avec un art fait de grâce, de virtuosité dans les coloris et le dessin, et de sensibilité poétique. "L'Embarquement pour Cythère" ; "l'Enseigne de Gersaint" ; "Gilles".

Wattignies ■ Commune du Nord, près de Lille. 14 600 hab. (les Wattignisiens).

Wattrelos ■ Commune du Nord, à la frontière belge. 43 800 hab. (les Wattrelosiens). Important centre industriel.

Evelyn **Waugh** ■ Romancier anglais (1903-1966). Auteur de satires de la société contemporaine. "Black Mischief".

Wavrin ■ Commune du Nord. 7 500 hab.

Waziers ■ Commune du Nord, dans la banlieue de Douai. 8 900 hab. (les Waziérois).

Carl Maria von **Weber** ■ Compositeur romantique allemand (1786-1826). Un des créateurs de l'opéra national allemand. "Le Freischütz" ; "Obéron".

Max **Weber** ■ Sociologue allemand (1864-1920). Sa réflexion sur les valeurs, le « désenchantement du monde » et la place du religieux dans l'histoire, sa distinction entre comprendre et expliquer, sa notion d'« idéaltype » ont marqué les sciences humaines.

Anton von **Webern** ■ Compositeur autrichien (1883-1945). Un des pionniers de la musique sérielle. Élève de *Schönberg. Pièces brèves. "Variations pour piano" ; "Première cantate".

David **Wechsler** ■ Psychologue américain (1896-1981). Tests de mesure de l'intelligence.

Frank **Wedekind** ■ Auteur dramatique allemand (1864-1918). Chef de file de l'*expressionnisme, auteur d'un théâtre de contestation, il créa le personnage de Lulu adapté au cinéma (*Pabst) et à l'opéra (*Berg).

Josiah **Wedgwood** ■ Céramiste et industriel britannique (1730-1795). Créateur de la faïence fine.

la **Wehrmacht** ■ Ensemble des forces armées de l'Allemagne de 1935 à 1945.

Karl **Weierstrass** ■ Mathématicien allemand (1815-1897). Analyse (théorie des fonctions, calcul des variations).

Simone **Weil** ■ Philosophe française (1909-1943). Son œuvre traduit une quête mystique et le souci de justice sociale. "La Pesanteur et la Grâce". ≠ S. Veil.

Kurt **Weill** ■ Compositeur allemand, naturalisé américain (1900-1950). Il collabora avec *Brecht, notamment pour "l'Opéra de quat'sous".

Weimar ■ Ville d'Allemagne (*Thuringe). 63 900 hab. Centre culturel, universitaire et touristique. Foyer intellectuel et artistique aux XVIIIᵉ et XIXᵉ s. grâce à l'action de *Goethe auprès du grand-duc Charles-Auguste. □ *la république de* **Weimar** (1919-1933). ⇒ **Allemagne.**

August **Weismann** ■ Biologiste allemand (1834-1914). Initiateur du néo-darwinisme (⇒ **Darwin**).

Orson **Welles** ■ Cinéaste et acteur américain (1915-1985). Personnalité puissante et singulière, il passe de la description de personnages corrompus ou hors du commun (*"Citizen Kane" ; "la Dame de Shanghaï"*) à l'adaptation de pièces de Shakespeare (*"Othello" ; "Macbeth" ; "Falstaff"*).

le duc de **Wellington** ■ Général britannique et homme politique (1769-1852). Il s'illustra en Espagne et au Portugal avant d'être le vainqueur de Napoléon Iᵉʳ à Waterloo.

Wellington ■ Capitale et port de la Nouvelle-Zélande. 136 000 hab. Conurbation de 325 000 hab.

Herbert George **Wells** ■ Écrivain anglais (1866-1946). Un des créateurs de la science-fiction moderne. "*L'Homme invisible*" ; "*la Guerre des mondes*".

Wels ■ Ville d'Autriche (Haute-*Autriche). 51 100 hab. Monuments anciens (château, église).

Wembley ■ Partie du bourg *(borough)* de Brent (256 000 hab.), dans le Grand *Londres. Stade de football.

Wenceslas ■ Roi de Bohême sous le nom de Wenceslas IV et empereur germanique (1361-1419). Il dut combattre Jan *Hus.

les de **Wendel** ■ Famille d'industriels français, maîtres de forges en Lorraine depuis le XVIIIᵉ s.

Wim **Wenders** ■ Cinéaste allemand (né en 1945). "*Paris, Texas*" ; "*les Ailes du désir*". Il contribua, avec R. W. *Fassbinder, au renouveau du cinéma ouest-allemand.

Abraham Gottlob **Werner** ■ Géologue et minéralogiste allemand (1750-1817).

Max **Wertheimer** ■ Psychologue allemand naturalisé américain (1880-1943). ⇒ **Köhler.**

la **Weser** ■ Fleuve d'Allemagne centrale, qui arrose Brême avant de se jeter dans la mer du Nord. 440 km.

John **Wesley** ■ Réformateur religieux anglais (1703-1791). En réaction contre les compromissions de l'Église *anglicane, il fonda le *méthodisme*, retour aux sources de la *Réforme.

le **Wessex** ■ Ancien royaume saxon fondé au Vᵉ s. au sud de l'Angleterre.

Benjamin **West** ■ Peintre américain (1738-1820). Il fit une carrière officielle à Londres. Portraits, scènes historiques, scènes religieuses.

West Bromwich ■ Ville industrielle d'Angleterre (*Staffordshire), près de Birmingham. 155 000 hab.

le **West End** ■ Quartiers résidentiels de la partie ouest de Londres, réputés pour leur élégance.

George **Westinghouse** ■ Inventeur et industriel américain (1846-1914). Chemins de fer. Électricité.

Westminster ■ Quartier du centre de Londres et bourg *(borough)* du Grand *Londres, sur la Tamise. 173 000 hab. Le palais du Parlement (Chambre des lords et Chambre des communes) fut détruit par un incendie en 1512 et reconstruit en style gothique au XIXᵉ s., avec sa célèbre horloge, Big Ben. □ **Westminster Abbey,** abbaye de Westminster, où sont couronnés les rois d'Angleterre.

la **Westphalie,** en allemand **Westfalen** ■ Ancienne région d'Allemagne, comprise dans l'État fédéré de Rhénanie-du-Nord-Westphalie depuis 1946. Duché (1180), royaume de 1807 à 1813, elle devint province prussienne en 1815. Les *traités de West-*

phalie mirent fin à la guerre de *Trente Ans (1648).

West Point ■ Siège d'une académie militaire américaine fondée en 1802 (État de *New York).

Maxime **Weygand** ■ Général français (1867-1965). Adjoint de *Foch en 1914, généralissime en 1940, favorable à l'armistice, il incarna, dans la politique de *Pétain, les velléités de résistance à l'Allemagne.

Hermann **Weyl** ■ Mathématicien allemand (1885-1955). Son œuvre, très variée, aborde notamment les groupes de *Lie.

Edith **Wharton** ■ Romancière américaine (1862-1937). Elle décrit les mœurs de la haute société. "*L'Âge de l'innocence*".

le parti **whig** ■ Nom du parti libéral anglais du XVIIᵉ au XIXᵉ s. Les *whigs* s'opposaient aux *tories*.

James Abbott McNeill **Whistler** ■ Peintre et graveur américain (1834-1903). Proche des artistes français de son époque, admirateur, comme son ami *Rossetti, de l'art japonais. "*Portrait de la mère de l'artiste*".

Patrick **White** ■ Écrivain australien (1912-1990). "*Mystérieux Mandala*". Prix Nobel 1973.

Alfred North **Whitehead** ■ Philosophe, mathématicien et logicien britannique (1861-1947). ⇒ B. **Russell**.

Whitehorse ■ Ville du nord-ouest du Canada, capitale du *Yukon. 20 000 hab.

Walt **Whitman** ■ Un des plus grands poètes américains (1819-1892). Auteur d'un unique recueil, "*les Feuilles d'herbe*", qu'il retravailla toute sa vie, et qui a profondément marqué le lyrisme moderne.

William Dwight **Whitney** ■ Linguiste américain (1827-1894). Il eut une influence sur *Saussure.

le mont **Whitney** ■ Montagne des États-Unis (*Californie). 4 418 m.

sir Frank **Whittle** ■ Inventeur, anglais, de l'avion à réaction en 1941 (né en 1907).

Wichita ■ Ville des États-Unis (*Kansas). 279 000 hab. Région agricole. Université.

Knut **Wicksell** ■ Économiste suédois (1851-1926). Théorie de l'intérêt.

Charles **Widor** ■ Organiste et compositeur français (1844-1937). Symphonies pour orgue.

Christoph Martin **Wieland** ■ Écrivain allemand (1733-1813). Il eut une grande influence sur *Goethe et les écrivains allemands. "*Obéron*", poème.

Wilhelm **Wien** ■ Physicien allemand (1864-1928). Lois du rayonnement. Prix Nobel 1911.

Wiesbaden ■ Ville d'Allemagne, capitale de la *Hesse. 252 000 hab. Station thermale. Chimie et textile.

Elie **Wiesel** ■ Écrivain juif américain d'origine hongroise et d'expression française (né en 1928). "*Le Testament du poète juif assassiné*". Prix Nobel de la paix 1986.

l'île de **Wight** ■ Île britannique de la Manche, formant un comté de l'Angleterre. 381 km². 130 000 hab. Chef-lieu : Newport (23 600 hab.).

Oscar **Wilde** ■ Écrivain britannique (1854-1900). Dandy, il fut adulé pour son esthétisme raffiné, mais condamné pour ses mœurs homosexuelles, alors scandaleuses. "*Le Portrait de Dorian Gray*", roman ; "*Salomé*", théâtre (en français).

Billy **Wilder** ■ Cinéaste américain d'origine autrichienne (né en 1906). "*Certains l'aiment chaud*".

Wilhelmshaven ■ Ville d'Allemagne (Basse-*Saxe). 99 200 hab. Port pétrolier.

Charles **Wilkes** ■ Explorateur américain des régions antarctiques (1798-1877). ▶ *la terre de* **Wilkes,** qu'il découvrit, ne fut explorée qu'en 1940. (⇒ terre **Adélie**).

Maurice **Wilkins** ■ Biophysicien néo-zélandais d'origine britannique (né en 1916). ⇒ J.D. **Watson.**

Willemstad ■ Capitale des Antilles néerlandaises, sur l'île *Curaçao. 50 000 hab. Agglomération de 125 000 hab.

Tennessee **Williams** ■ Auteur dramatique du sud des États-Unis (1911-1983). Les héros de ses pièces sont les victimes d'une société qui les pousse à la destruction des autres et d'eux-mêmes. *"Un tramway nommé désir" ; "la Chatte sur un toit brûlant".*

Wilmington ■ Ville des États-Unis (70 200 hab.), seule zone urbaine (464 000 hab.) et industrielle dans le *Delaware.

Thomas Woodrow **Wilson** ■ Homme politique américain (1856-1924). 28e président des États-Unis, de 1913 à 1921. Démocrate, il mena une politique sociale et engagea son pays dans la Première Guerre mondiale. Père de la *Société des Nations, prix Nobel de la paix en 1919.

sir Harold **Wilson** ■ Homme politique britannique (né en 1916). Premier ministre (travailliste) de 1964 à 1970 puis de nouveau en 1974. Il démissionna en 1976 et fut remplacé par J. *Callaghan.

le **Wiltshire** ■ Comté du sud de l'Angleterre. 3 481 km². 557 000 hab. Chef-lieu : Trowbridge (23 000 hab.).

Wimbledon ■ Partie du bourg *(borough)* de Merton (164 000 hab.), dans le Grand *Londres. Championnats internationaux de tennis.

Wimereux ■ Commune du Pas-de-Calais. 7 100 hab. *(les Wimereusiens).* Station balnéaire.

Winchester ■ Ville de l'Angleterre méridionale, chef-lieu du *Hampshire. 30 600 hab. Cathédrale (XIIe - XIVe s.) ornée de fresques. Collège.

Johann **Winckelmann** ■ Historien d'art allemand (1717-1768). Ses écrits contribuèrent à l'émergence du *néo-classicisme. Un des pionniers de l'archéologie et de l'histoire de l'art.

Windhoek ■ Capitale de la Namibie. 115 000 hab. Centre commercial et administratif.

Windsor ■ Ville de l'Angleterre centrale (*Berkshire), près d'*Eton. 28 300 hab. Château (XIIe-XIXe s.), résidence royale. La dynastie régnante a pris le nom de *Windsor.*

Windsor ■ Ville du Canada (*Ontario). 193 000 hab. Conurbation de 254 000 hab. Port fluvial. Industrie automobile.

Wingles ■ Commune du Pas-de-Calais. 8 800 hab.

Donald Woods **Winnicott** ■ Pédiatre et psychanalyste britannique (1896-1971).

Winnipeg ■ Ville du Canada, capitale du *Manitoba, sur les rives du *lac Winnipeg* (24 650 km²). 625 000 hab. *(les Winnipegois).* Métropole du centre du pays.

Serguei **Winogradsky** ■ Microbiologiste russe (1856-1953). Travaux sur les bactéries anaérobies.

Winston-Salem ■ Ville des États-Unis (*Caroline du Nord). 132 000 hab. Tabac.

Franz Xaver **Winterhalter** ■ Peintre allemand (1805-1873). Portraitiste mondain apprécié en France sous le second Empire.

Winterthur ■ Ville de Suisse (canton de *Zurich). 84 400 hab. Centre industriel. Musées d'art.

le **Wisconsin** ■ État du centre des États-Unis. 171 496 km². 4,7 millions d'hab. Capitale : Madison. Agriculture (élevage laitier), industries du bois.

les **Wisigoths** ou *Visigoths* ■ Ancien peuple germanique, l'une des deux branches des *Goths au IVe s. Conduits par *Alaric Ier, ils envahirent l'Italie (pillage de Rome en 410), puis la Gaule. Ils fondèrent un royaume en

Espagne, qui fut anéanti par les Arabes en 711.

Wissembourg ■ Sous-préfecture du Bas-Rhin. 7 500 hab. *(les Wissembourgeois).*

Stanisl̸aw **Witkiewicz** ■ Peintre et écrivain polonais (1885-1939), obsédé par la décadence de la culture européenne.

Johan ou *Jean de Witt* ■ Homme d'État hollandais (1625-1672). Opposé à la maison d'*Orange, il fut le symbole de la lutte contre le despotisme. Massacré dans une émeute avec son frère Cornelis (1623-1672).

les **Wittelsbach** ■ Famille qui régna sur le duché de *Bavière de 1180 à 1918.

Wittelsheim ■ Commune du Haut-Rhin. 10 500 hab. *(les Wittelsheimois).* Potasse.

Witten ■ Ville d'Allemagne (*Rhénanie-du-Nord-Westphalie), dans le *Ruhr. 103 000 hab.

Wittenberg ■ Ville d'Allemagne (*Saxe-Anhalt). 54 000 hab. La ville fut le berceau de la *Réforme luthérienne.

Wittenheim ■ Commune du Haut-Rhin. 14 400 hab. *(les Wittenheimois).*

Ludwig **Wittgenstein** ■ Philosophe et logicien autrichien naturalisé britannique (1889-1951). Convaincu de l'importance du langage pour l'activité de la pensée, il étudia les rapports entre langue et logique *("Tractatus logico-philosophicus")* puis les langues naturelles (thèse des « jeux de langage »).

Konrad **Witz** ■ Peintre allemand installé à Bâle (v. 1400 - v. 1445). *"La Pêche miraculeuse".*

la **Woëvre** ■ Plaine fertile de l'est de la France (Meuse et Meurthe-et-Moselle).

Woippy ■ Commune de Moselle. 14 400 hab. *(les Woippyciens).* Château (XIIIᵉ-XVIᵉ s.), maisons anciennes.

Hugo **Wolf** ■ Compositeur autrichien (1860-1903). Un des maîtres de la mélodie (ou *lied*) romantique. Inspiration tantôt humoristique, tantôt tragique. Il mourut fou.

Heinrich **Wölfflin** ■ Historien et critique d'art suisse de langue allemande (1864-1945).

Wolfsburg ■ Ville d'Allemagne (Basse-*Saxe). 125 000 hab. Industrie automobile.

Wollongong ■ Ville d'Australie (*Nouvelle-Galles du Sud). Centre industriel. 234 000 hab. Sidérurgie.

Mary **Wollstonecraft** ■ Philosophe anglaise (1759-1797). Pionnière du féminisme, auteur des célèbres *"Revendications des droits de la femme".* Mère de Mary *Shelley.

Thomas **Wolsey** ■ Prélat et homme d'État anglais (v. 1473-1530). Cardinal et lord-chancelier d'Henri VIII, de 1515 à 1529.

Woluwe-Saint-Lambert, en néerlandais **Sint-Lambrechts-Woluwe** ■ Ville de Belgique (*Brabant), dans la banlieue de Bruxelles. 48 000 hab. Université catholique. □ **Woluwe-Saint-Pierre,** en néerlandais **Sint-Pieters-Woluwe.** Ville de Belgique (*Brabant), dans la banlieue de Bruxelles. 40 000 hab. Parc.

Wolverhampton ■ Ville industrielle d'Angleterre (*Midlands de l'Ouest). 266 000 hab.

Wohnsan ■ Ville et port de la Corée du Nord, sur la mer du Japon. 350 000 hab.

Woodstock ■ Localité des États-Unis (État de *New York) où se tint, en 1969, le premier grand rassemblement de la pop'music.

Robert **Woodward** ■ Chimiste américain (1917-1979). Prix Nobel 1965.

Virginia **Woolf** ■ Écrivaine anglaise (1882-1941). Influencée par

*Proust et par *Joyce, elle brise les conventions du roman traditionnel pour créer le « roman de l'avenir », où elle explore la conscience et ses transformations par des monologues intérieurs, pensées intimes. *"Mrs. Dalloway"* ; *"les Vagues"*.

Worcester ■ Ville d'Angleterre, chef-lieu du *Hereford-et-Worcester. 76 000 hab. Cathédrale gothique (XIIIe s.). Maisons anciennes (XVe-XVIe s.).

Worcester ■ Ville des États-Unis (*Massachusetts). 162 000 hab.

William **Wordsworth** ■ Poète romantique anglais (1770-1850). Sa foi en une libération sociale (il soutint la Révolution française) devint expérience d'une libération intérieure. *"La Ballade du vieux marin"* ; *"le Reclus"*, biographie en vers. ⇒ **Coleridge**.

Worms ■ Ville d'Allemagne (*Rhénanie-Palatinat). 73 200 hab. Cathédrale de style *roman rhénan (XIIe-XIIIe s.). Synagogue la plus ancienne d'Europe (1034). ► *le concordat de Worms* (1122) mit fin à la querelle des *Investitures. ► *la diète de Worms* (1521) prononça la condamnation de *Luther (bannissement) et de ses thèses par *Charles Quint.

Wotan ■ ⇒ **Odin**.

Piotr **Wrangel** ■ Général russe (1878-1928). Dernier chef de l'armée contre-révolutionnaire (1920).

sir Christopher **Wren** ■ Architecte britannique (1632-1723). *Cathédrale Saint Paul* à Londres.

Wrexham, en gallois **Wrecsam** ■ Ville du nord-ouest du pays de Galles (*Clwyd). 114 000 hab.

Frank Lloyd **Wright** ■ Architecte et théoricien américain (1867-1959). Il construisit le musée Guggenheim à New York.

les frères **Wright** ■ Pionniers américains de l'aviation. Wilbur (1867-1912) et Orville (1871-1948).

Richard **Wright** ■ Écrivain noir américain (1908-1960). Il dénonce la condition des Noirs aux États-Unis. *"Les Enfants de l'oncle Tom"*.

Wrocɬaw, en allemand **Breslau** ■ Ville de Pologne, en basse *Silésie. 640 000 hab.

Wuhan ■ Conurbation de la Chine centrale, capitale du *Hubei. 3,49 millions d'hab. Cité historique, aujourd'hui un grand complexe sidérurgique.

Wulumuqi ou **Ouroumtsi** ■ Ville de Chine. Capitale du *Xinjiang. 1,04 million d'hab.

Wilhelm **Wundt** ■ Psychologue allemand (1832-1920). Physiologiste de formation, il créa la psychologie expérimentale.

Wuppertal ■ Ville d'Allemagne (*Rhénanie-du-Nord-Westphalie), dans la *Ruhr. 365 000 hab. Industries textile, chimique, métallurgique, mécanique.

Wurtemberg ■ Ancien État de l'Allemagne du Sud-Ouest. Issu du duché de *Souabe, le Wurtemberg devint duché en 1495, et en 1599 fief direct du Saint Empire. Le royaume de Wurtemberg fit partie de l'Empire allemand de 1871 à 1918, puis devint république et fut intégré au IIIe *Reich en 1934. ⇒ **Bade-Wurtemberg.**

Würzburg ■ Ville d'Allemagne (*Bavière) et port sur le *Main. 123 000 hab. Monuments baroques, musée. Industrie alimentaire.

Wu Wei ■ Peintre chinois (1459-1508). Scènes de genre, paysages.

Wuxi ■ Ville de Chine (*Jiangsu). 752 000 hab. Commerce (riz, soie).

John **Wyclif** ou **Wycliffe** ■ Théologien anglais (v. 1320-1384). Il prêcha une réforme de l'Église en envoyant ses disciples, les *lollards, à travers le pays. Par sa démarche, il se rapproche des vaudois et fait figure de précurseur de la *Réforme.

le **Wyoming** ■ État de l'ouest des États-Unis. 253 324 km². 470 000 hab.

Capitale : Cheyenne. Élevage extensif, forêts. Pétrole.

Stanisław **Wyspiański** ■ Auteur dramatique polonais (1869-1907). *"La Varsovienne".*

Johann David **Wyss** ■ Pasteur et écrivain suisse (1743-1818). *"Le Robinson suisse".*

X

Xanthos ■ Ancienne ville de l'Asie Mineure. Nombreux vestiges antiques et byzantins.

Iannis Xenakis ■ Compositeur grec naturalisé français (né en 1922). Un des premiers à utiliser l'ordinateur dans la composition. *"Métastasis"*, œuvre pour 61 instruments.

Xénophon ■ Écrivain et chef militaire grec (v. 430 - v. 352 av. J.-C.). Auteur de traités relatifs à *Socrate dont il fut l'élève *("les Mémorables")*, de récits historiques *("l'Anabase")*, d'ouvrages de philosophie politique et morale.

Xerxès Ier ■ Roi de Perse (v. 519 - 465 av. J.-C.) de 486 à 465 av. J.-C., fils de *Darius le Grand. Il battit les Spartiates de *Léonidas aux *Thermopyles en 480 av. J.-C., mais fut vaincu à *Salamine. ⇒ guerres **médiques.**

Xiamen ou **Amoy** ■ Petite île et port de Chine, en face de Taïwan. 360 000 hab.

Xian ou **Sian,** autrefois **Chang an** ■ Ville de Chine, capitale du *Shaanxi. 2,39 millions d'hab. Ancienne capitale des *Tang. Centre d'industries textile et chimique. Tourisme : important site archéologique (tombe de *Qin Shi Huangdi) à *Xianyang* (ou *Hsien-yang* ; 312 000 hab.).

Xiangtan ■ Ville de Chine (*Hunan). 411 000 hab. Port fluvial important.

Xi Jiang ou **Si-kiang** ■ Fleuve de Chine du Sud. 2 100 km.

le Xingu ■ Rivière du Brésil, affluent de l'Amazone. Près de 2 000 km.

Xining ■ Ville de Chine, capitale du *Qinghai. 527 000 hab.

le Xinjiang ou **Sin-kiang** ■ Région autonome du nord-ouest de la Chine, riche en pétrole. 1 646 800 km². 13,8 millions d'hab. Capitale : Wulumuqi.

le Xizang ■ Nom chinois du *Tibet.

Xuzhou ou **Süchou** ■ Ville de Chine (*Jiangsu) appelée « la Venise de Chine », à cause de ses nombreux canaux. 753 000 hab.

Y

Kateb **Yacine** ■ ⇒ Kateb Yacine.

Yahvé ■ Nom du Dieu d'Israël dans la Bible, révélé à *Moïse au Sinaï.

Yale ■ L'une des plus célèbres et anciennes (1701) universités américaines, à New Haven (Connecticut).

Yalta ■ Ville de la C.É.I. (*Ukraine), en *Crimée. Station balnéaire. 84 000 hab. ▶ *la conférence de Yalta* réunit *Roosevelt, *Churchill et *Staline du 4 au 11 février 1945 pour établir les nouvelles frontières politiques de l'Europe : occupation de l'Allemagne vaincue en quatre zones (soviétique, américaine, britannique et française), fixation des frontières occidentales de l'U.R.S.S. (au détriment de la Pologne), promesse de l'U.R.S.S. d'entrer en guerre contre le Japon, projet de l'*O.N.U.

Yamagata ■ Ville du Japon (*Honshū). 248 000 hab.

Yamamoto Isoroku ■ Amiral japonais, chef des forces aéronavales de 1939 à sa mort (1884-1943).

Yamoussoukro ■ Capitale de la Côte-d'Ivoire depuis 1983, au centre du pays. 120 000 hab. Basilique Notre-Dame de la Paix, inaugurée en 1989, réplique plus grande et en béton de Saint-Pierre de Rome.

le **Yamunā** ou *Jamnā* ■ Rivière de l'Inde, affluent du Gange. 1 370 km. Un des sept fleuves sacrés des hindous.

Yanam ou **Yanaon** ■ Ancien établissement français de l'*Inde, sur la côte sud-est du pays.

Yangon, jusqu'en 1989 *Rangoun* ou *Rangoon* ■ Capitale de l'Union de Myanmar (ex-Birmanie). 2,46 millions d'hab. Principal port du pays.

Yangzhou ■ Ville de Chine (*Jiangsu). 284 000 hab. Textile. Musée. Monuments et jardins.

le **Yangzi Jiang** ou *Yang-Tsé-Kiang,* en français *le fleuve Bleu*. ■ Le plus long fleuve de Chine. 5 500 km. Né au Tibet, il arrose Wuhan, Nankin et se jette dans la mer de Chine, par un large delta à Shanghaï. Trafic intense, rôle économique essentiel.

Yaoundé ■ Capitale du Cameroun, en altitude (700 m). 712 000 hab. Activités tertiaires.

Yapurá ■ ⇒ Japurá.

Yaskar Kemal ■ Écrivain turc (né en 1922). *"Terre de feu, ciel de cuivre"*.

Yazd ■ ⇒ Yezd.

William Butler **Yeats** ■ Écrivain irlandais (1865-1939). Artisan du renouveau littéraire de son pays, fondateur de l'*Abbey Theatre*. Poèmes et pièces de théâtre d'inspiration mystique et folklorique. Prix Nobel 1923.

Yellowknife ■ Ville du Canada, capitale des *Territoires du Nord-Ouest. 11 100 hab.

Yellowstone ■ Le premier parc national américain (fondé en 1872), au nord-ouest du *Wyoming. Il est traversé par la rivière *Yellowstone,* affluent du Missouri (1 600 km).

le **Yémen** ■ État (république) du sud-ouest de la péninsule Arabique, bordé par la mer Rouge et le golfe d'*Aden. 531 869 km². 11,24 millions d'hab. *(les Yéménites).* Capitale : Sanaa. Langue : arabe. Religion officielle : islam. Monnaie : riyal yéménite. Café (base des exportations), qat (stupéfiant), élevage ovin. □ **HISTOIRE**. Islamisé au VIIIᵉ s., le Yémen fut dirigé par une dynastie chiite de 893 à 1962, lorsque fut proclamée la *république arabe du Yémen*. En 1967, les possessions britanniques d'Aden et de l'Arabie du Sud accédèrent à l'indépendance (*république démocratique et populaire du Yémen du Sud ;* capitale : Aden). Une guerre éclata entre les deux pays en 1969. Après des années de négociations, les deux Yémens créèrent un État unique en 1990.

Yerres ■ Commune de l'Essonne. 27 300 hab. *(les Yerrois).*

Alexandre **Yersin** ■ Microbiologiste français (1863-1943). Il découvrit le bacille de la peste (1894).

l'île d'**Yeu** ■ Île française de l'océan Atlantique, au large de la Vendée. 23 km². ⇒ L'**Île-d'Yeu.**

Yezd ou **Yazd** ■ Ville d'Iran. 230 000 hab. Grande mosquée du XIVᵉ s.

Yinchuan ■ Ville de Chine, capitale du *Ningxia. 314 000 hab.

Yokohama ■ Ville du Japon (*Honshū), près de Tokyo. 3,15 millions d'hab. 4ᵉ port du monde. Nombreux échanges avec les États-Unis :

importation de pétrole, exportation de produits manufacturés.

Yokosuka ■ Ville et port du Japon (*Honshū), au sud de Tokyo. Chantiers navals. 431 000 hab.

Yongle ■ ⇒ Cheng zu.

Yonkers ■ Ville des États-Unis, faubourg de New York (État de *New York). 195 000 hab.

l'**Yonne** [89] n. f. ■ Département français de la région *Bourgogne. Il doit son nom à la rivière qui le traverse. 7 462 km². 322 900 hab. Préfecture : Auxerre. Sous-préfectures : Avallon, Sens.

la maison d'**York** ■ Famille noble anglaise fondée au XIVᵉ s. □ *Richard d'York* (1411-1460), prétendant au trône, provoqua la guerre des Deux-*Roses.

York ■ Ville d'Angleterre (*Yorkshire du Nord) au passé très riche. 126 000 hab. Ancienne colonie romaine. Centre culturel important : son archevêché rivalisa avec celui de *Canterbury. Au Moyen Âge, c'était la 2ᵉ ville du royaume après Londres. Cathédrale remarquable (XIIIᵉ - XVᵉ s.). □ *le* **Yorkshire**. Ensemble de trois comtés de l'Angleterre : le *Yorkshire du Nord* (8 317 km² ; 713 000 hab. ; chef-lieu : Northallerton [9 600 hab.]) ; le *Yorkshire du Sud* (1 560 km² ; 1,3 million d'hab. ; chef-lieu : Barnsley [73 600 hab.]) ; le *Yorkshire de l'Ouest* (2 039 km² ; 2 millions d'hab. ; chef-lieu : Wakefield [60 500 hab.]).

Yorktown ■ Localité des États-Unis (*Virginie). Le siège victorieux de la place (tenue par les Anglais) par Washington et ses alliés français mit fin à la guerre d'*Indépendance américaine (1781).

les **Yoroubas** ■ Peuple noir d'Afrique de l'Ouest, dont l'art et la civilisation dominèrent le Nigeria, le Bénin et le Togo actuels du XIIIᵉ au XVIᵉ s.

la **Yougoslavie** ■ Ancien État (république socialiste) des Balkans, formé par six républiques fédérées : la *Bosnie-Herzégovine, la *Croatie, la *Macédoine, le *Monténégro, la *Serbie, la *Slovénie. 255 804 km². 23,71 millions d'hab. (*les Yougoslaves*, dont 36 % de Serbes et 20 % de Croates) en 1990. Capitale : Belgrade. Langues officielles : macédonien, serbo-croate, slovène. Monnaie : nouveau dinar yougoslave. Autres villes importantes : Zagreb, Skopje, Sarajevo. Les richesses minières (bauxite, cuivre, lignite) favorisèrent un essor rapide de l'industrie lourde, dans le cadre d'une économie de type socialiste, tandis que l'agriculture était encore largement dans le secteur privé (céréales, élevage). □ **HISTOIRE**. Le royaume de *Serbie, agrandi de certains territoires de l'ancien Empire austro-hongrois, devint en 1918 le royaume des Serbes, Croates et Slovènes, qui prit le nom de Yougoslavie en 1929. La coexistence des nationalités fut et reste difficile. Alexandre Iᵉʳ instaura une dictature favorable aux Serbes. Les Croates formèrent de 1941 à 1945 un État indépendant, proche de l'Allemagne nazie. Le communiste *Tito dirigea la résistance dans le reste du pays, envahi par Hitler en 1941. La république fut créée en 1945 et Tito développa un socialisme original, autogestionnaire, indépendant de l'U.R.S.S. À sa mort (1980), le pouvoir appartint à une présidence collégiale qui dut faire face à une détérioration de la situation économique, sociale et politique du pays et à une résurgence des conflits interethniques (*Kosovo). Les tensions entre les républiques et le pouvoir central aboutirent à une guerre civile en 1991 et 1992 et à la proclamation d'indépendance de la Croatie et de la Slovénie, puis de la Macédoine et de la Bosnie-Herzégovine, tandis que la Serbie et le Monténégro décidèrent de former une nouvelle république fédérale de Yougoslavie (non reconnue internationalement). ⟨ ▶ yougoslave ⟩

Edward **Young** ■ Poète anglais (1683-1765). *"Nuits"*.

Arthur **Young** ■ Économiste et agronome anglais (1741-1820), influencé par W. *Petty. Son *"Voyage en France"* est un témoignage précieux sur la France avant et au début de la Révolution.

Brigham **Young** ■ Chef religieux américain (1801-1877). Chef des mormons après la mort de *Smith ; il fonda *Salt Lake City.

le plan **Young** ■ Plan concernant le paiement par l'Allemagne des réparations exigées par le traité de *Versailles. Il remplaça le plan *Dawes, en 1930, mais ne fut jamais totalement appliqué.

Marguerite **Yourcenar** ■ Écrivaine de nationalités américaine et française (1903-1987). Dans un style pur et dense, elle mêle une exploration érudite de l'histoire et de la culture ; à la recherche d'un perfectionnement intérieur. *"Mémoires d'Hadrien"* ; *"l'Œuvre au noir"*. Première femme à entrer à l'Académie française (1980).

Ypres, en néerlandais **Ieper** ■ Ville de Belgique (*Flandre-Occidentale). 34 600 hab. *(les Yprois)*. Métropole des Flandres au Moyen Âge, grâce à l'importance de son industrie drapière. Sa situation stratégique lui valut de nombreux sièges et batailles, notamment en 1914-1918 (première utilisation de l'*ypérite*). ⟨ ▶ ypérite ⟩

Ys ■ Cité légendaire bretonne qui aurait été submergée par les flots (au ivᵉ ou vᵉ s.).

l'Yser n. m. ■ Fleuve côtier de Belgique qui se jette dans la mer du Nord. 78 km. La *bataille de l'Yser* eut lieu en octobre 1914.

Yssingeaux ■ Sous-préfecture de la Haute-Loire. 6 100 hab. *(les Yssingelais)*.

les **Yuan** ■ Dynastie mongole qui régna sur la Chine de 1279 à 1368.

Yuan Shikài ou **Yuan Che-k'ai** ■ Homme d'État chinois (1859-1916). Il obtint de *Sun Yixian la présidence de la République (1912). Sa tentative de restaurer l'empire à son profit (1915) échoua.

le **Yucatán** ■ Presqu'île du Mexique, entre le golfe du Mexique et la mer des Antilles. Ancien centre de la civilisation *maya. Nombreux vestiges : Chichén Itzá, Uxmal, etc.

le **Yukon** ■ Fleuve du nord-ouest de l'Amérique du Nord. 3 185 km. □ le **Yukon.** Territoire du Canada, entre les *Territoires du Nord-Ouest et l'Alaska. 483 450 km². 23 500 hab.

Capitale : Whitehorse. Climat très rigoureux. Ruée vers l'or v. 1900.

le **Yunnan** ■ Province du sud-ouest de la Chine. 436 200 km². 34,56 millions d'hab. Capitale : Kunming. Région montagneuse arrosée de nombreux fleuves (*Mékong, *Saluen), c'est le « château d'eau » de l'Asie du Sud-Est.

Yutz ■ Commune de la Moselle. 14 000 hab. *(les Yussois).*

les **Yvelines** [78] ■ Département français de la région *Île-de-France, créé en 1964. 2 307 km². 1,31 million d'hab. Préfecture : Versailles. Sous-préfectures : Mantes-la-Jolie, Rambouillet, Saint-Germain-en-Laye.

Yvetot ■ Commune de la Seine-Maritime. 11 000 hab. *(les Yvetotais).*

Yzeure ■ Commune de l'Allier. 13 900 hab. *(les Yzeuriens).*

Z

Zaanstad ■ Ville des Pays-Bas (*Hollande-Septentrionale). 130 000 hab.

Zabrze ■ Ville de Pologne (haute *Silésie). 199 000 hab. Important centre industriel et minier.

Ossip Zadkine ■ Sculpteur russe naturalisé français (1890-1967). Il a su concilier la rigueur du *cubisme avec un lyrisme très personnel.

Zagazig ■ Ville d'Égypte, sur le delta du Nil. 274 000 hab.

Zagorsk, depuis 1991 **Sergiev-Possad** ■ Ville de la C.É.I. (*Russie), au nord de Moscou. 115 000 hab. Monastère de la Trinité-Saint-Serge (xvᵉ-xviiiᵉ s.).

Zagreb ■ Capitale de la *Croatie. Agglomération de 1,17 million d'hab. *(les Zagrebois).* Important centre administratif, culturel, commercial et industriel.

Zahlé ou **Zahleh** ■ Ville du Liban, dans la plaine de la *Bekaa. 46 800 hab.

le Zaïre, ancien **Congo belge** puis **Congo-Kinshasa** ■ État (république) de l'Afrique équatoriale, en bordure de l'Atlantique, englobant le bassin du Zaïre. 2 345 095 km². 33,34 millions d'hab. *(les Zaïrois).* Capitale : Kinshasa. Langue officielle : français. Monnaie : zaïre. Cultures d'exportation dans les plantations (palmier à huile, café) et agriculture traditionnelle (manioc, riz). Le soussol, riche en minerais (cuivre, zinc, or, diamants) a fait naître une industrie de transformation. □ **HISTOIRE.** Propriété personnelle de Léopold II de Belgique (1885), le pays devint *colonie du Congo belge* en 1908. Il obtint l'indépendance en 1960. La même année, le Katanga (⇒ **Shaba**) tenta de faire sécession mais échoua (1963). Avec le président Mobutu, au pouvoir depuis 1965, le pays prit le nom de Zaïre en 1971. Les troubles séparatistes reprirent en 1977 dans le Shaba (intervention militaire franco-belge, en 1978, à Kolwezi). En 1990, le gouvernement instaura un multipartisme limité à trois formations. □ *le Zaïre* ou *Congo,* fleuve de 4 371 km de long. Énorme potentiel électrique. Pêche.

le Zambèze ■ Fleuve du sud de l'Afrique. 2 740 km. Chutes spectaculaires (*Victoria). Barrages.

la Zambie ■ État (république) du sud de l'Afrique. 752 614 km². 8,15 millions d'hab. *(les Zambiens).* Capitale : Lusaka. Langues : anglais (officielle), bemba. Monnaie : kwacha zambien. Le cuivre est la principale richesse (90 % des exportations), mais la fluctuation des cours déséquilibre l'économie. □ **HISTOIRE.** Après avoir été une colonie britannique (sous le nom de *Rhodésie du Nord),* le pays devint indépendant et membre du *Commonwealth en 1964, prenant le nom de *Zambie*. En 1990, sous la pression populaire, le président Kenneth Kaunda, au pouvoir depuis l'indépendance, instaura le multipartisme et F. Chiluba, chef de l'opposition, lui succéda démocratiquement en 1991.

Zamboanga ■ Ville et port des Philippines (*Mindanao). 423 000 hab. Nacre.

Zanzibar ■ Île de Tanzanie, dans l'océan Indien. 1 660 km². 314 000 hab. Ville principale : Zanzibar (111 000 hab.). Girofliers. Tourisme. Sultanat arabe au XVIIe s., protectorat britannique de 1890 à 1963, l'île s'associa au Tanganyika et à l'île de Pemba pour former la république unie de *Tanzanie en 1964.

Emiliano **Zapata** ■ Révolutionnaire mexicain (1879-1919). À la tête des paysans, il voulut imposer une réforme agraire, mais fut assassiné sur ordre de *Carranza.

les **Zaporogues** ■ Cosaques qui vivaient (du XVIe au XVIIIe s.) sur le Dniepr.

Zaporojié ■ Ville de la C.É.I. (*Ukraine). 884 000 hab. Métallurgie.

les **Zapotèques** ■ Ancien peuple indien du Mexique (vallée d'Oaxaca, IVe s.). Il fut soumis par les Aztèques. Les principaux vestiges de sa civilisation sont à *Monte Albán.

Zarathoustra ou **Zoroastre** ■ Prophète et réformateur religieux de Perse (VIe s. av. J.-C.). ▶ *le zoroastrisme* ou *mazdéisme*, religion dualiste qu'il fonda et dont la doctrine est contenue dans l'*Avesta.

Zaria ■ Ville du Nigeria. 318 000 hab. Ancienne capitale haoussa.

Zarqá' ■ Ville de Jordanie. 306 000 hab.

*al-*Zarqālī** ■ Astronome et mathématicien arabe (v. 1029-1087). Tables astronomiques dites tables tolédanes.

Zeami Motokiyo ■ Prêtre shinto japonais (1363-1443), créateur du théâtre *nô dans sa forme actuelle.

Zeebrugge ■ Port de Belgique (*Flandre-Occidentale), relié à Bruges par un canal. Station balnéaire. Pêche.

Pieter **Zeeman** ■ Physicien néerlandais (1865-1943). *L'effet Zeeman* permet l'étude des niveaux d'énergie des atomes. Prix Nobel 1902.

Bernard **Zehrfuss** ■ Architecte français (né en 1911).

la **Zélande** ■ Province des Pays-Bas. 1 793 km². 356 000 hab. *(les Zélandais).* Chef-lieu : Middelburg (39 400 hab.). Nombreuses îles.

le **zen** ■ École bouddhique dérivée du ch'an chinois et introduite au Japon en 1192. ⇒ **Bouddha.** 〈 ▶ zen 〉

Zénobie ■ Reine de *Palmyre de 267 à 272. Elle conduisit Palmyre à son apogée, inquiétant Rome qui la vainquit.

Zénon de Citium ■ ⇒ stoïcisme.

Zénon d'Élée ■ Philosophe grec (Ve s.), disciple de Parménide. Paradoxes sur la notion de mouvement et la nature du continu.

Zéphyr ■ Personnification du vent d'ouest dans la légende grecque. 〈 ▶ zéphyr 〉

Ferdinand von **Zeppelin** ■ Industriel allemand (1838-1917). Il construisit des ballons dirigeables qui portent son nom.

Zermatt ■ Commune de Suisse (*Valais). Station de sports d'hiver, au pied du Cervin. 3 500 hab.

Ernst **Zermelo** ■ Mathématicien allemand (1871-1953). Axiomatique de la théorie des ensembles.

Zeus ■ Dieu le plus important du Panthéon grec. Dieu de la Lumière et de la Foudre, il maintient l'ordre et la justice dans le monde. À Rome, il fut identifié à Jupiter.

Zhangjiakou ■ ⇒ Kalgan.

Zhao Ziyang ou *Chao Tzu-yang* ■ Homme politique chinois (né en 1919). Premier ministre de 1980 à 1987, puis secrétaire général du parti communiste en 1987 ; de tendance libérale, il fut jugé responsable de la révolte étudiante de mai 1989 et démis de ses fonctions.

le **Zhejiang** ■ Province côtière de l'est de la Chine. 101 800 km². 40,7 millions d'hab. Capitale : Hangzhou. Agriculture (riz, blé). Production de soie. Sous-sol riche en antimoine.

Zhengzhou ■ Ville de Chine, capitale du *Henan. 1,61 million d'hab. Filatures de coton.

les **Zhou** ou *Tcheou* ■ Dynastie chinoise qui régna de 1050 à 221 av. J.-C. et organisa un royaume féodal.

Zhou Enlai ou *Chou En-lai* ■ Compagnon de *Mao Zedong, Premier ministre de la république populaire de Chine de 1949 à sa mort (1898-1976).

Zhu De ou *Tchou-tö* ■ Homme politique et maréchal chinois (1886-1976). Il fut l'un des principaux compagnons de *Mao Zedong.

Zibo ■ Ville de Chine (*Chantoung). Grand centre houiller. 2,33 millions d'hab.

Ziguinchor ■ Ville portuaire du Sénégal, en basse Casamance. 107 000 hab. Tourisme.

Zimbabwe ■ Ancienne ville d'Afrique australe (État du Zimbabwe), fondée vers le Ve s., développée après le Xe s., devenue la capitale d'un État (XIIIe-XVe s.) connu ensuite en Europe sous le nom de Monomotapa (mines d'or). Site archéologique.

le **Zimbabwe** ■ État (république) d'Afrique subtropicale. 390 759 km². 9,12 millions d'hab. (les Zimbabwéens). Capitale : Harare. Langues : anglais (officielle), shone, ndebele.

Monnaie : dollar zimbabwéen. Agriculture diversifiée, ressources minières (chrome, amiante, cuivre, or) et énergétiques (barrage de Kariba). □ **HISTOIRE**. Le Zimbabwe est issu de l'ancienne colonie anglaise de la Rhodésie (⇒ Cecil **Rhodes**), qui s'était scindée en Rhodésie du Nord et Rhodésie du Sud. Après que la Rhodésie du Nord fut devenue la *Zambie, la Rhodésie du Sud, aux mains d'une minorité blanche, proclama son indépendance (1965). Quand les Noirs obtinrent le pouvoir (1980), la république de Rhodésie disparut et l'indépendance du Zimbabwe fut proclamée. Mais le pays reste économiquement lié à l'Afrique du Sud et aux intérêts des Blancs.

Bernd Alois Zimmermann ■ Compositeur allemand (1918-1970). Son œuvre mêle le désespoir et le calme mystique. "*Les Soldats*", opéra. Nombreuses compositions pour violoncelle.

Zinder ■ Ville du Niger. 82 800 hab.

Grigorii Apfelbaum dit **Zinoviev** ■ Homme politique russe (1883-1936). Compagnon de *Lénine, il fut jugé puis exécuté (avec *Kamenev) sous *Staline. Réhabilité en 1988.

Mikhaïl Zochtchenko ■ Écrivain soviétique (1895-1958). Courts récits satiriques dénonçant les imperfections des institutions soviétiques.

le **Zohar** ■ Traité ésotérique juif du XIIIe s., interprétation mystique du *Pentateuque, ouvrage fondamental de la *Kabbale.

Émile **Zola** ■ Écrivain français (1840-1902). Journaliste et romancier, il soutint les impressionnistes (*Manet) et prit courageusement la défense de *Dreyfus dans son article "*J'accuse*". Chef de file du *naturalisme, auteur de la fresque romanesque des "*Rougon-Macquart, Histoire naturelle et sociale d'une famille sous le second Empire*" ("*l'Assommoir*", "*Germi-

nal"*)*, il fut violemment attaqué pour son réalisme sans compromis.

Deutscher *Zollverein* ■ « Union douanière allemande », association douanière des États allemands sous la conduite de la Prusse, qui fut à l'origine de l'unité politique allemande (1828-1888).

Zoroastre ■ ⇒ **Zarathoustra.**

Zoug, en allemand ***Zug*** ■ Ville de Suisse. 21 400 hab. □ *le canton de* ***Zoug.*** 239 km². 83 400 hab. Chef-lieu : Zoug.

les ***Zoulous*** ■ Peuple de l'Afrique australe, parlant une langue bantoue. Leur organisation politico-militaire (XVᵉ s.) aboutit à une confédération (1818). □ *le* ***Zoulouland,*** région d'Afrique du Sud (bantoustan de *KwaZulu*). ⟨ ▶ zoulou ⟩

le ***Zuiderzee*** ■ Mer intérieure des Pays-Bas (3 500 km²), endiguée en 1932.

les ***Zuñi*** ■ Groupe des Indiens *Pueblos.*

Francisco de ***Zurbarán*** ■ Peintre espagnol (1598-1664). Subtil coloriste. Sujets religieux traités de manière réaliste et émouvante.

Zurich, en allemand ***Zürich*** ■ Ville de Suisse. 347 000 hab. *(les Zurichois).* Située sur le *lac de Zurich* (89 km²). Principal centre industriel et financier du pays. □ *le canton de* ***Zurich.*** 1 729 km². 1,14 million d'hab. Chef-lieu : Zurich.

Stefan ***Zweig*** ■ Écrivain autrichien (1881-1942). L'analyse psychologique, l'étude des motivations humaines sont au cœur de son œuvre. Nouvelles *("la Confusion des sentiments"),* biographies romancées *("Marie-Antoinette").*

Zwickau ■ Ville d'Allemagne (*Saxe). 122 000 hab.

Ulrich ***Zwingli*** ■ Réformateur religieux suisse (1484-1531). Ses idées ont influencé *Calvin.

Zwolle ■ Ville des Pays-Bas, chef-lieu de l'*Overijssel. 92 500 hab.

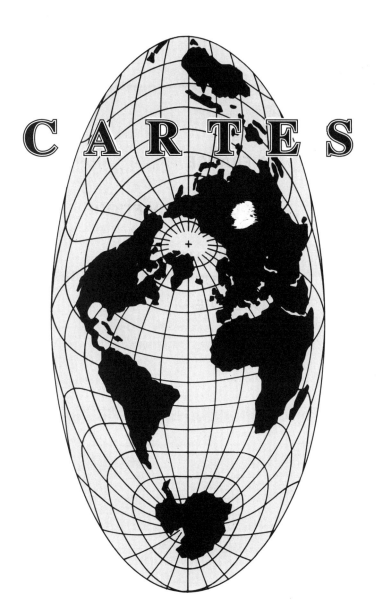

LA FRANCE
L'EUROPE
L'EX-UNION SOVIÉTIQUE
L'ASIE
L'AMÉRIQUE
L'AFRIQUE
L'OCÉANIE

LA FRANCE

LA FRANCE ADMINISTRATIVE

La France métropolitaine est divisée administrativement en 22 *régions*, elles-mêmes composées de 96 *départements* (précédés, dans le tableau ci-dessous, de leur numéro et suivis du nom de la préfecture). Chaque région est dotée d'une *préfecture régionale* (notée en caractères gras), qui est également la préfecture de l'un des départements qui composent cette région.

ALSACE
- 67 Bas-Rhin
  Strasbourg
- 68 Haut-Rhin
  Colmar

AQUITAINE
- 24 Dordogne
  Périgueux
- 33 Gironde
  Bordeaux
- 40 Landes
  Mont-de-Marsan
- 47 Lot-et-Garonne
  Agen
- 64 Pyrénées-Atlantiques
  Pau

AUVERGNE
- 03 Allier
  Moulins
- 15 Cantal
  Aurillac
- 43 Haute-Loire
  Le Puy
- 63 Puy-de-Dôme
  Clermont-Ferrand

BOURGOGNE
- 21 Côte-d'Or
  Dijon
- 58 Nièvre
  Nevers
- 71 Saône-et-Loire
  Mâcon
- 89 Yonne
  Auxerre

BRETAGNE
- 22 Côtes-d'Armor
  Saint-Brieuc
- 29 Finistère
  Quimper
- 35 Ille-et-Vilaine
  Rennes
- 56 Morbihan
  Vannes

CENTRE
- 18 Cher
  Bourges
- 28 Eure-et-Loir
  Chartres
- 36 Indre
  Châteauroux

- 37 Indre-et-Loire
  Tours
- 45 Loiret
  Orléans
- 41 Loir-et-Cher
  Blois

CHAMPAGNE-ARDENNE
- 08 Ardennes
  Charleville-Mézières
- 10 Aube
  Troyes
- 51 Marne
  Châlons-sur-Marne
- 52 Haute-Marne
  Chaumont

CORSE
- 2A Corse-du-Sud
  Ajaccio
- 2B Haute-Corse
  Bastia

FRANCHE-COMTÉ
- 25 Doubs
  Besançon
- 39 Jura
  Lons-le-Saulnier

70 Haute-Saône
Vesoul
90 Territoire de Belfort
Belfort

ÎLE-DE-FRANCE
91 Essonne
Évry
92 Hauts-de-Seine
Nanterre
75 Paris
Paris
77 Seine-et-Marne
Melun
93 Seine-Saint-Denis
Bobigny
94 Val-de-Marne
Créteil
95 Val-d'Oise
Cergy-Pontoise
78 Yvelines
Versailles

**LANGUEDOC-
ROUSSILLON**
11 Aude
Carcassonne
30 Gard
Nîmes
34 Hérault
Montpellier
48 Lozère
Mende
66 Pyrénées-Orientales
Perpignan

LIMOUSIN
19 Corrèze
Tulle
23 Creuse
Guéret
87 Haute-Vienne
Limoges

LORRAINE
54 Meurthe-et-Moselle
Nancy
55 Meuse
Bar-le-Duc
57 Moselle
Metz
88 Vosges
Épinal

MIDI-PYRÉNÉES
09 Ariège
Foix
12 Aveyron
Rodez
31 Haute-Garonne
Toulouse
32 Gers
Auch
46 Lot
Cahors
65 Hautes-Pyrénées
Tarbes
81 Tarn
Albi
82 Tarn-et-Garonne
Montauban

NORD-PAS-DE-CALAIS
59 Nord
Lille
62 Pas-de-Calais
Arras

BASSE-NORMANDIE
14 Calvados
Caen
50 Manche
Saint-Lô
61 Orne
Alençon

HAUTE-NORMANDIE
27 Eure
Évreux
76 Seine-Maritime
Rouen

PAYS DE LA LOIRE
44 Loire-Atlantique
Nantes
49 Maine-et-Loire
Angers
53 Mayenne
Laval
72 Sarthe
Le Mans
85 Vendée
La Roche-sur-Yon

PICARDIE
02 Aisne
Laon
60 Oise
Beauvais
80 Somme
Amiens

POITOU-CHARENTES
16 Charente
Angoulême
17 Charente-Maritime
La Rochelle
79 Deux-Sèvres
Niort
86 Vienne
Poitiers

**PROVENCE-ALPES-
CÔTE D'AZUR**
04 Alpes-de-Haute-
Provence
Digne
05 Hautes-Alpes
Gap
06 Alpes-Maritimes
Nice
13 Bouches-du-Rhône
Marseille
83 Var
Toulon
84 Vaucluse
Avignon

RHÔNE-ALPES
01 Ain
Bourg-en-Bresse
07 Ardèche
Privas
26 Drôme
Valence
38 Isère
Grenoble
42 Loire
Saint-Étienne
69 Rhône
Lyon
73 Savoie
Chambéry
74 Haute-Savoie
Annecy

Aux 22 régions métropolitaines s'ajoutent :

D.O.M.
quatre *régions d'outre-
mer*, qui sont également
*départements d'outre-
mer*.

97-1 Guadeloupe
Basse-Terre
97-2 Martinique
Fort-de-France
97-3 Guyane
Cayenne
97-4 Réunion
Saint-Denis

T.O.M.
quatre *territoires d'outre-
mer*

Nouvelle-Calédonie
Nouméa
Polynésie française
Papeete
Terres Australes et
Antarctiques françaises
Wallis-et-Futuna
Mata-Utu

**DEUX COLLECTIVITÉS
TERRITORIALES**
deux *collectivités* aux
statuts particuliers

Mayotte
Dzaoudzi
97-5 Saint-Pierre et
Miquelon
Saint-Pierre

1 - LA FRANCE ADMINISTRATIVE

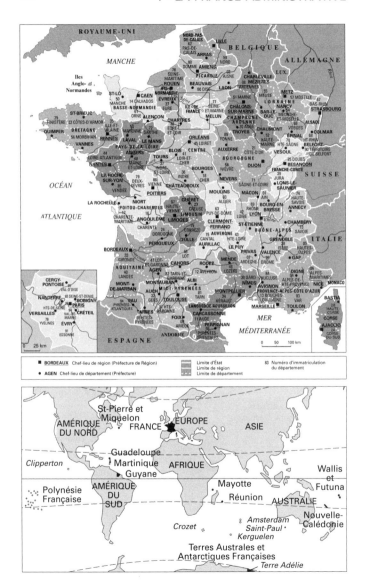

■ **BORDEAUX** Chef-lieu de région (Préfecture de Région)

● AGEN Chef-lieu de département (Préfecture)

Limite d'État
Limite de région
Limite de département

83 Numéro d'immatriculation du département

la France

nom officiel	République française
forme de gouvernement	république avec un parlement comprenant deux assemblées législatives (Sénat et Assemblée nationale)
chef de l'État	président
chef du gouvernement	Premier ministre
capitale	Paris
superficie	551 602 km^2
population	54 335 000 hab. (recensement de 1982) taux de natalité : 13,4 ‰ taux de mortalité : 9,4 ‰ taux de mortalité infantile : 7,4 ‰ accroissement naturel : 0,4 %/an
densité	98,5 hab./km^2
langue officielle	français autres langues régionales : alsacien, basque, breton, catalan, corse, flamand, occitan (gascon, provençal)
unité monétaire	1 franc français = 100 centimes

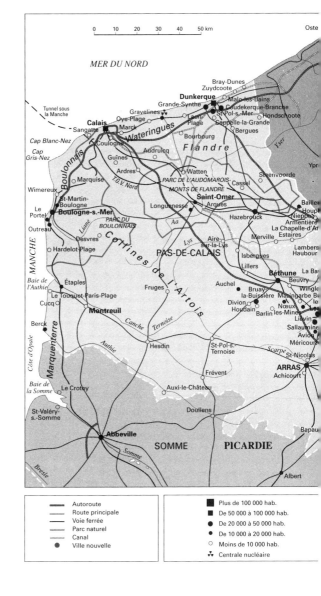

MER DU NORD

0 10 20 30 40 50 km

Oste

Bray-Dunes
Zuydcoote
Dunkerque
Malo-les-Bains
Grande-Synthe · Coudekerque-Branche
Gravelines · St-Pol-s.-Mer · Hondschoote
Oye-Plage · Leon · Coudekerque-Grande
Tunnel sous la Manche
Calais · Marck · Plage · Bergues
Sangatte · Coulogne
Cap Blanc-Nez
Cap Gris-Nez
Bourbourg
Flandre
Audruicq
Guînes
Steenvoorde
Marquise · Ardres · Watten
T.G.V. Nord · *PARC DE L'AUDOMAROIS* · Cassel · Ypr
MONTS DE FLANDRE
Wimereux
St-Martin-Boulogne · Longuenesse · **Saint-Omer** · Baille
Boulogne-s.-Mer · Arques · Houp
Le Portel · *PARC DU* · Nieppe
BOULONNAIS · Hazebrouck · Armentière
Outreau · *Aa* · La Chapelle-d'Ar
Desvres · *Lys* · Aire-sur-la-Lys · Merville · Estaires
Hardelot-Plage · Lambers
Cottines de l'Artois · **PAS-DE-CALAIS** · Haubour
Isberques
Lillers · La Ba
Béthune
MANCHE
Baie de l'Authie · Étaples · Fruges · Auchel · Beuvry
Le Touquet-Paris-Plage · Bruay · Wingle
Cucq · la-Buissière · Mazingarbe B
Berck · Divion · Nœux · le
Montreuil · Houdain · Barlin les-Mines
Canche · *Ternoise* · Liévin
Côte d'Opale · Sallaumin
Authie · Avion
Marquenterre · Hesdin · St-Pol-s.- · Méricour
Baie de l'Authie · Ternoise · *Scarpe* · St-Nicolas
ARRAS
Frévent · Achicourt
Le Crotoy · Auxi-le-Château
Baie de la Somme
St-Valéry-s.-Somme · Doullens · Bapau
Abbeville · *Somme*
Bresle · **SOMME** · **PICARDIE** · Albert

═══ Autoroute	■ Plus de 100 000 hab.
─── Route principale	■ De 50 000 à 100 000 hab.
─── Voie ferrée	● De 20 000 à 50 000 hab.
═══ Parc naturel	● De 10 000 à 20 000 hab.
┅┅┅ Canal	○ Moins de 10 000 hab.
● Ville nouvelle	☢ Centrale nucléaire

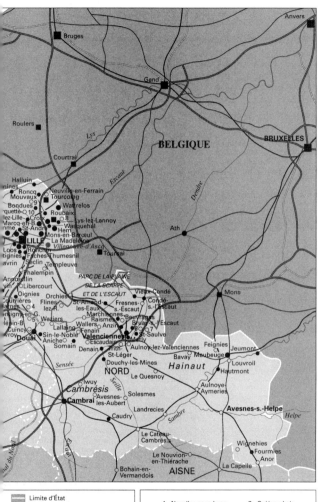

Anvers

Bruges

Gand

Roulers

BELGIQUE

BRUXELLES

Courtrai

Lys

Halluin

nines

Roncq   Neuville-en-Ferrain

Mouvaux   Tourcoing

Bondues   Wattrelos

quette   10   Croi

lez-Lille   8   Lys-lez-Lannoy

Marcq-en-B   Wasquehal

nme   St-André   Hem

Mons-en-Barœul

LILLE   La Madeleine

Villeneuve-d'Ascq

Loos   Ronchi

tignies   Faches Thumesnil

avrin   Seclin   Templeuve

Thalempin

Angellin

vin   Libercourt

Oignies   Orchies

ourrieres   Flines

gnes   4   lez-R.

nignysG.   Watiers

lenin-B   Lallaing

Cuincy   Sin-le-Noble

wroy   Aniche   Somain

Douai

Sensée

Escaut

Deûle

Ath

Dendre

PARC DE LA PLAINE
DE LA SCARPE
ET DE L'ESCAUT

Vieux-Condé

Mons

St-Amand-   Fresnes-   Condé

les-Eaux   s.-Escaut   s.-l'Escaut

Marchiennes   Beuvrages

Raismes   Anzin   Bruay-s.-l'Escaut

Fenain   Vicq

Escaudain   St-Saulve

Mny

Valenciennes

Trith-   Aulnoy-lez-Valenciennes   Feignies   Jeumont

St-Léger   Bavay   Maubeuge   Louvroil

Denain   Douchy-les-Mines   Hautmont

Iwuy   Le Quesnoy   *Hainaut*

NORD

Cambrésis   Aulnoye-

Avesnes-   Solesmes   Aymeries

Cambrai   les-Aubert

Landrecies   **Avesnes-s.-Helpe**

Caudry   *Sambre*   *Helpe*

Le Cateau-
Cambrésis

Wignehies

Le Nouvion-   Fourmies

en-Thiérache   Anor

Bohain-en-   La Capelle

Vermandois   **AISNE**

Selle

Sambre

Escaut

al du Nord

Limite d'État		
Limite de région		
Limite de département		
LILLE	Chef-lieu de région	
ARRAS	Chef-lieu de département	
Calais	Chef-lieu d'arrondissement	

1 - Noyelles-sous-Lens	7 - Quiévrechain
2 - Fouquières-lès-Lens	8 - Leers
3 - Billy-Montigny	9 - Linselles
4 - Leforest	10 - Wambrechies
5 - Auby	11 - Pérenchies
6 - Onnaing	

MANCHE
Berck •
Baie d'Authie
Fort-Mahon-
Plage ○
Baie de
la Somme ★
Rue ○
Le Crotoy ○
Cayeux-s-Mer ○
○ Ault
○ Friville-E.
○ Mers-les-B.
Le ○ ○ Eu
Tréport
Gamaches ○

Montreuil

PAS-DE-CAL

Canche

Collines

Crécy-en-
Ponthieu
○

Authie

Ponthieu

St-Valéry-s-Somme

Doullens ○

Bea

Vimeu

● Abbeville

SOMME

Fressenneville ○

Longpré-
les-Corps-Saints ○

Somme

St-Léger-lès-Dor ○

Flixecourt ○

Vignacou ○

Airaines ○

P I C A R D I

Bresle

Ailly-s-S ○

Cathédrale d'Amiens ★

Saloue ○

AMIE

Ri

Camon
Longue
Boves

SEINE-
MARITIME

Béthune

Neufchâtel-
en-Bray ○

Poix-de-Picardie ○

S a n e

Ailly-s-N

Pays de Bray

Formerie ○

Crèvecœur- ○
le-Grand

Grandvilliers ○

Breteuil ○

Thérain

St-Just-
Chauss

Brèche

HAUTE-

BEAUVAIS

OISE

Bresles

Auneuil ○

Clermon

Hermes ○ Lianc

Mouy ○

Laigne

NORMANDIE

Sérifontaine ○

Andelle

Les Andelys

Gisors ○

Chaumont-
en-Vexin ○

Méru ○

Cires-lès-Mello ○

Montata

St-Leu-
Bornel ○ /Précy-
Chambly ○ s.-O.

Lamor

Cathédrale

EURE

Epte

Vexin
français

Vernon •

VAL-D'OISE

PONTOISE ● *Oise* ÎLE -
Montmore

Montmore

Eure

Mantes-
la-Jolie ●

Argenteuil ■

Saint-Germain-
en-Laye ●

PA

YVELINES NANTERRE

VERSAILLES ■

	Limite d'État
	Limite de région
	Limite de département
AMIENS	Chef-lieu de région
LAON	Chef-lieu de département
Senlis	Chef-lieu d'arrondissement

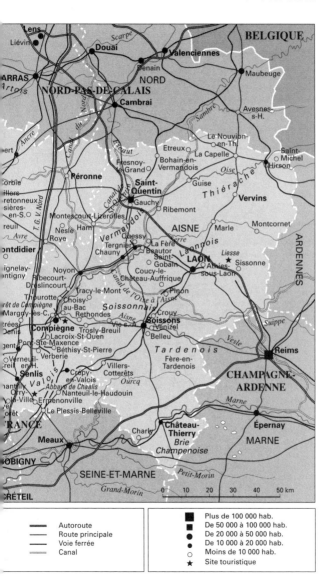

▬▬	Autoroute
—	Route principale
—	Voie ferrée
══	Canal

■	Plus de 100 000 hab.
■	De 50 000 à 100 000 hab.
●	De 20 000 à 50 000 hab.
●	De 10 000 à 20 000 hab.
○	Moins de 10 000 hab.
★	Site touristique

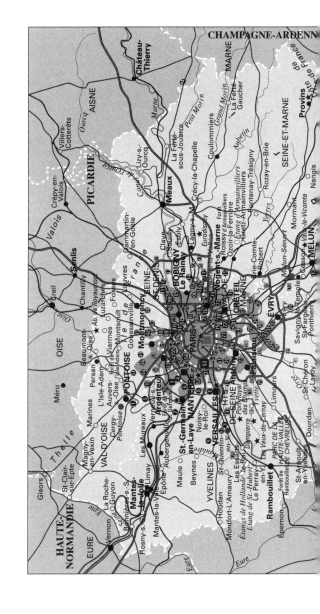

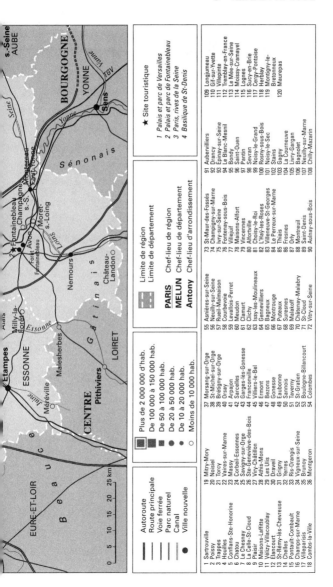

Légende

- Autoroute
- Route principale
- Voie ferrée
- Parc naturel
- Canal
- ● Ville nouvelle

Plus de 2 000 000 d'hab.
De 100 000 à 150 000 hab.
De 50 à 100 000 hab.
De 20 à 50 000 hab.
De 10 à 20 000 hab.
○ Moins de 10 000 hab.

Limite de région
Limite de département

PARIS Chef-lieu de région
MELUN Chef-lieu de département
Antony Chef-lieu d'arrondissement

★ Site touristique

1 Palais et parc de Versailles
2 Palais et parc de Fontainebleau
3 Paris, rives de la Seine
4 Basilique de St-Denis

1 Sartrouville
2 Poissy
3 Trappes
4 Houilles
5 Conflans-Ste-Honorine
6 Chatou
7 Le Chesnay
8 La Celle-St-Cloud
9 Plaisir
10 Maisons-Laffitte
11 Vélizy-Villacoublay
12 Élancourt
13 St-Rémy-lès-Chevreuse
14 Chelles
15 Pontault-Combault
16 Champs-sur-Marne
17 Villeparisis
18 Combs-la-Ville
19 Mitry-Mory
20 Noisiel
21 Torcy
22 Vaires-sur-Marne
23 Massy
24 Corbeil-Essonnes
25 Savigny-sur-Orge
26 Ste-Geneviève-des-Bois
27 Viry-Châtillon
28 Athis-Mons
29 Les Ulis
30 Brunoy
31 Grigny
32 Yerres
33 Ris-Orangis
34 Vigneux-sur-Seine
35 Brunoy
36 Montgeron
37 Morsang-sur-Orge
38 St-Michel-sur-Orge
39 Brétigny-sur-Orge
40 Orsay
41 Arpajon
42 Sarcelles
43 Garges-lès-Gonesse
44 Franconville
45 Villiers-le-Bel
46 Bezons
47 Bezons
48 Gonesse
49 Eaubonne
50 Sannois
51 Taverny
52 St-Gratien
53 Boulogne-Billancourt
54 Colombes

55 Asnières-sur-Seine
56 Neuilly-sur-Seine
57 Rueil-Malmaison
58 Courbevoie
59 Levallois-Perret
60 Meudon
61 Clamart
62 Clichy
63 Issy-les-Moulineaux
64 Gennevilliers
65 Bagneux
66 Montrouge
67 Puteaux
68 Suresnes
69 Malakoff
70 Châtenay-Malabry
71 St-Cloud
72 Vitry-sur-Seine
73 St-Maur-des-Fossés
74 Champigny-sur-Marne
75 Ivry-sur-Seine
76 Fontenay-sous-Bois
77 Villejuif
78 Maisons-Alfort
79 Vincennes
80 Alfortville
81 Choisy-le-Roi
82 L'Haÿ-les-Roses
83 Villeneuve-St-Georges
84 Le Perreux-sur-Marne
85 Thiais
86 Fresnes
87 Orly
88 Montreuil
89 Saint-Denis
90 Aulnay-sous-Bois

91 Aubervilliers
92 Drancy
93 Épinay-sur-Seine
94 Le Blanc-Mesnil
95 Bondy
96 Saint-Ouen
97 Pantin
98 Sevran
99 Noisy-le-Grand
100 Rosny-sous-Bois
101 Noisy-le-Sec
102 Stains
103 Gagny
104 La Courneuve
105 Livry-Gargan
106 Bagnolet
107 Neuilly-sur-Marne
108 Chilly-Mazarin
109 Longjumeau
110 Gif-sur-Yvette
111 Villepinte
112 Tremblay-en-France
113 La Mée-sur-Seine
114 Moissy-Cramayel
115 Lognes
116 Sucy-en-Brie
117 Cergy-Pontoise
118 Herblay
119 Montigny-le-Bretonneux
120 Maurepas

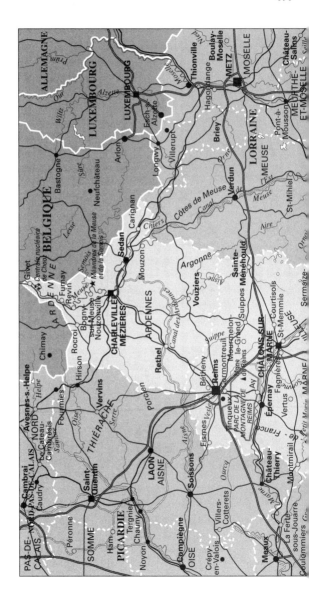

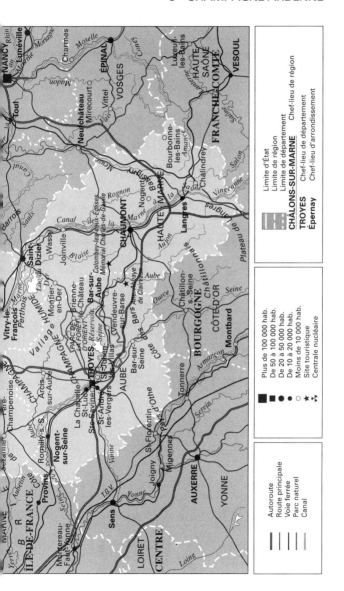

Légende:

Autoroute
Route principale
Voie ferrée
Parc naturel
Canal

Plus de 100 000 hab.
De 50 à 100 000 hab.
De 20 à 50 000 hab.
De 10 à 20 000 hab.
Moins de 10 000 hab.
Site touristique
Centrale nucléaire

Limite d'État
Limite de région
Limite de département

CHÂLONS-SUR-MARNE   Chef-lieu de région
TROYES   Chef-lieu de département
Épernay   Chef-lieu d'arrondissement

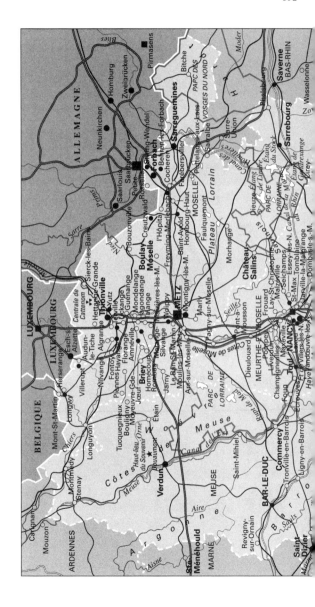

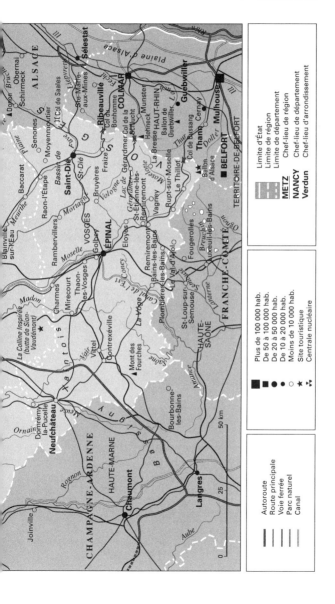

Autoroute
Route principale
Voie ferrée
Parc naturel
Canal

Plus de 100 000 hab.
De 50 à 100 000 hab.
De 20 à 50 000 hab.
De 10 à 20 000 hab.
Moins de 10 000 hab.
Site touristique
Centrale nucléaire

Limite d'État
Limite de région
Limite de département
Chef-lieu de région
METZ Chef-lieu de département
NANCY
Verdun Chef-lieu d'arrondissement

0   25   50 km

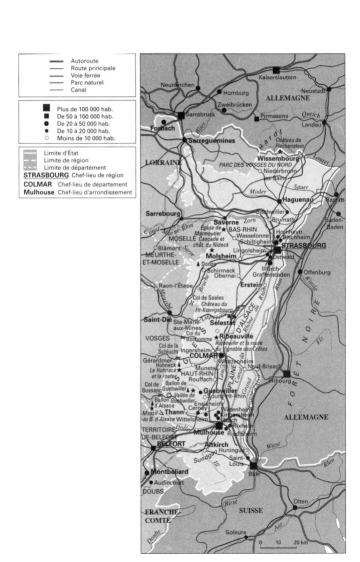

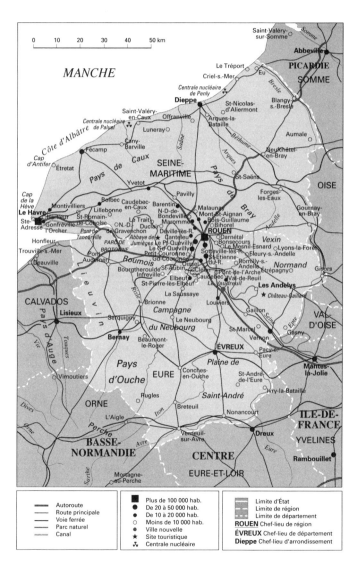

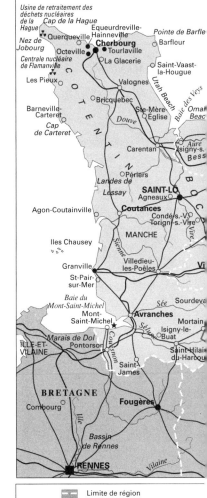

Usine de retraitement des
déchets nucléaires
de la Hague   Cap de la Hague

Nez de
Jobourg

Centrale nucléaire
de Flamanville

Equeurdreville-
Hainneville
Querqueville
Octeville
Cherbourg
Tourlaville
La Glacerie

Pointe de Barfle
Barflour

Les Pieux

Saint-Vaast-
la-Hougue

Valognes

Utah Beach

Baie des Veys

Bricquebec

Barneville-
Carteret

Ste-Mère-
Eglise

Douve

Omal
Beac

Cap
de Carteret

Carentan

Aure
Isigny-s.
Bess

Périers

Landes de
Lessay

SAINT-LÔ

Agon-Coutainville

Agneaux

Coutances

Condés.-V
Torigni-s.-Vire

Vire

MANCHE

Iles Chausey

Granville

Villedieu-
les-Poêles

Vi

Sienne

St-Pair-
sur-Mer

Baie du
Mont-Saint-Michel

Sée   Sourdeva

Mont-
Saint-Michel

Avranches

Mortain

ILLE-ET-
VILAINE

Marais de Dol
Pontorson

Sée

Isigny-le-
Buat

Sée

Couesnon

Saint-Hilai
du-Harou

Saint-
James

BRETAGNE

Combourg

Fougères

Ille

Bassin
de Rennes

RENNES

Vilaine

	Limite de région
	Limite de département
CAEN	Chef-lieu de région
SAINT-LÔ	Chef-lieu de département
Bayeux	Chef-lieu d'arrondissement

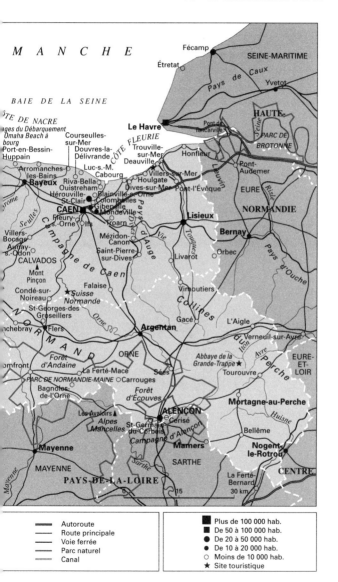

MANCHE

Côte d'

Trégast
Île de Pleumeur-Bod
Anse de Goulven Batz Trébeurde
Roscoff Baie d
Lanni

Aber Wrach St-Pol-
Aber Benoit Pays de Léon de-Léon
Ploudalmézeau Plabennec **Morlaix**
Île d'Ouessant Guipavas Elorn Landivisiau
St-Renan Landerneau
Île de Plouzané **Brest** Montagne
Molène Plougastel-Daoulas d'Arrée PARC
Pointe Rade D'ARMORIQUE
St-Mathieu de Brest FINISTÈRE Av
Camaret-s.-M. Crozon Bassin de Châteaul
MER Cap de Presqu'île **Châteaulin** Carha
D'IROISE la Chèvre de Crozon Ménez Plougu
Baie de Hom Montagne Noire
Baie des Douarnenez
Trépassés Douarnenez
Île de Cap Sizun **QUIMPER** Isole
Sein Pte du Aven Odet
Raz Audierne Cornouaille Rosporde
Plouhinec
Baie d'Audierne Bénodet Concarneau
Pont-l'Abbé Quimper
Penmarc'h Anse Beg-Meil Pont-
Pointe de de Bénodet Aven
Penmarc'h Loctudy Moëlan-s.-M.
Ploëme
Îles de Glénan Larmor-Plac

Île de Groi

OCÉAN

ATLANTIQUE

| 0 | 25 | 50 km |

	Limite de région
	Limite de département
RENNES	Chef-lieu de région
VANNES	Chef-lieu de département
Brest	Chef-lieu d'arrondissement

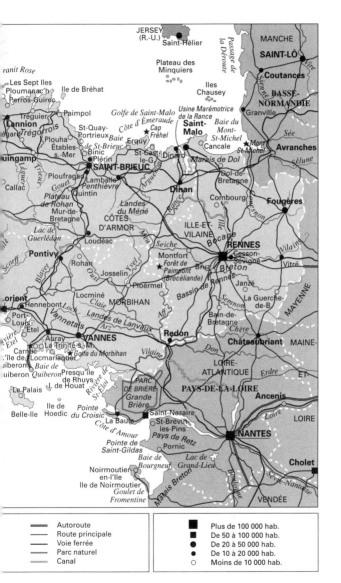

JERSEY
(R.-U.) Saint-Hélier

Passage de
la Déroute

MANCHE

SAINT-LÔ

Plateau des
Minquiers

Iles
Chausey

Coutances

Sienne

Vire

BASSE-
NORMANDIE

ranit Rose

Les Sept Iles
Ploumanac'h
Perros-Guirec

Ile de Bréhat

Usine Marémotrice
de la Rance

Granville

Baie du
Mont-
St-Michel

Avranches

Paimpol

Golfe de Saint-Malo

Côte d'Émeraude

**Saint-
Malo**

Mont
St-Michel

Sée

célune

Tréguier

St-Quay-
Portrieux

Cap
Fréhel

Lannion

Trégor

rois

Baie Erquy

Dinard

Cancale

Marais de Dol

Léguer

Plouha

Étables-
s.-Mer

St-Cast-
le-G.

uingamp

Plouaret

Binic

SAINT-BRIEUC

de St-Brieuc

uez

Callac

Ploufragan

Lamballe
Penthièvre

Quintin

Plérin

Gouet

*Plateau
de Rohan*

Mur-de-
Bretagne

*Landes
du Ménée*

**CÔTES
D'ARMOR**

Trieux

*Lac de
Guerlédan*

Loudéac

Blavet

Pontivy

Rohan

Josselin

Ploërmel

MORBIHAN

Locminé

Oust

Claie

lorient

Hennebont

Loc'h

Scorff

Blavet

Vannetais

Landes de Lanvaux

Port-
Louis

Etel

VANNES

Auray

La Trinité-s.-M.

Golfe du Morbihan

Carnac

Ile de Locmariaquer

*Rivière
d'Étel*

uiberon

Baie de

Quiberon

Quiberon

Presqu'île
de Rhuys

de Houat

Le Palais

Belle-Ile

Ile de
Hoedic

Pointe
du Croisic

Côte d'Amour

Pointe de
Saint-Gildas

Noirmoutier-
en-l'Île
Ile de Noirmoutier

*Goulet de
Fromentine*

Dol-de-
Bretagne

Combourg

Fougères

**ILLE-ET-
VILAINE**

Bocage

RENNES

Cesson-
Sévigné

Vitré

Montfort

*Forêt de
Paimpont
(Brocéliande)*

Bruz

Meu

Seiche

Rance

Argaon

Oust

Yvel

Aff

Janzé

La Guerche-
de-B.

Bain-de-
Bretagne

Redon

Châteaubriant

Bassin de Rennes

Semnon

Chère

Vilaine

PAYS-DE-LA-LOIRE

*PARC
DE BRIÈRE
Grande
Brière*

Saint-Nazaire

St-Brévin-
les-Pins

Pays de Retz

Pornic

La Baule

*Baie de
Bourgneuf*

*Lac de
Grand-Lieu*

Marais Breton

NANTES

Ancenis

Loire

LOIRE

Cholet

Sèvre-Nantaise

VENDÉE

Don

LOIRE-
ATLANTIQUE

Erdre

MAINE-

ET-

MAINE

MAYENNE

Vilaine

═══ Autoroute	■ Plus de 100 000 hab.
─── Route principale	■ De 50 à 100 000 hab.
─── Voie ferrée	● De 20 à 50 000 hab.
─── Parc naturel	● De 10 à 20 000 hab.
══ Canal	○ Moins de 10 000 hab.

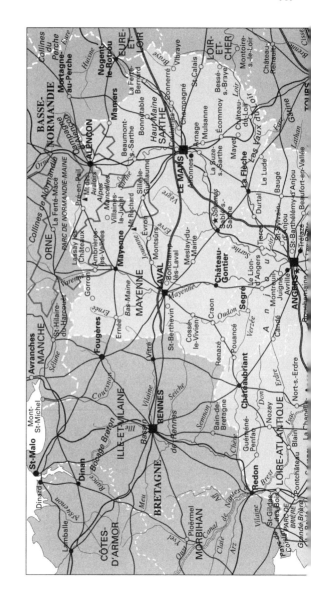

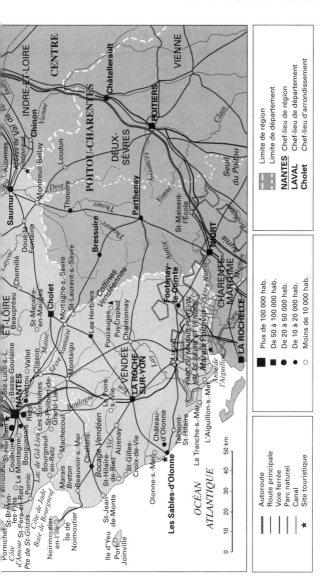

Légende :

Autoroute
Route principale
Voie ferrée
Parc naturel
Canal
★ **Site touristique**

0 10 20 30 40 50 km

- ■ Plus de 100 000 hab.
- ■ De 50 à 100 000 hab.
- ● De 20 à 50 000 hab.
- ● De 10 à 20 000 hab.
- ○ Moins de 10 000 hab.

Limite de région
Limite de département

NANTES Chef-lieu de région
LAVAL Chef-lieu de département
Cholet Chef-lieu d'arrondissement

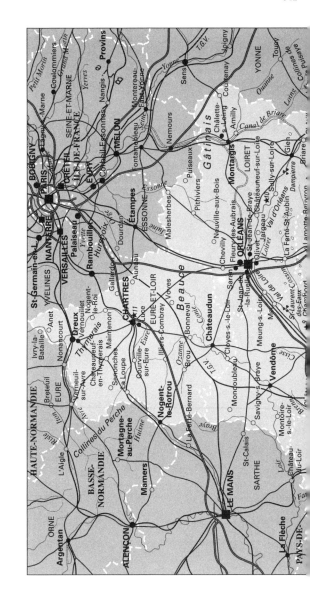

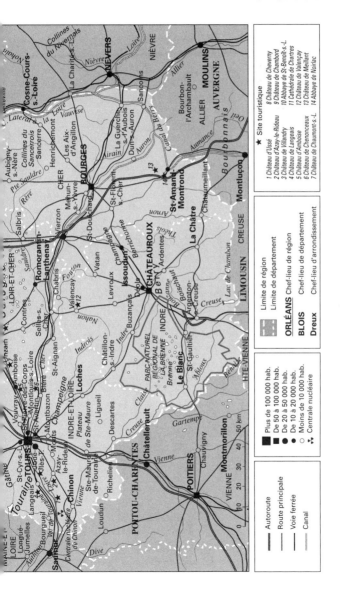

Limite de région
Limite de département

ORLÉANS Chef-lieu de région
BLOIS Chef-lieu de département
Dreux Chef-lieu d'arrondissement

■ Plus de 100 000 hab.
■ De 50 à 100 000 hab.
● De 20 à 50 000 hab.
● De 10 à 20 000 hab.
○ Moins de 10 000 hab.
☢ Centrale nucléaire

Autoroute
Route principale
Voie ferrée
Canal

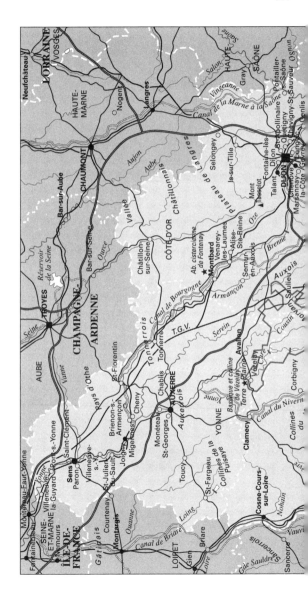

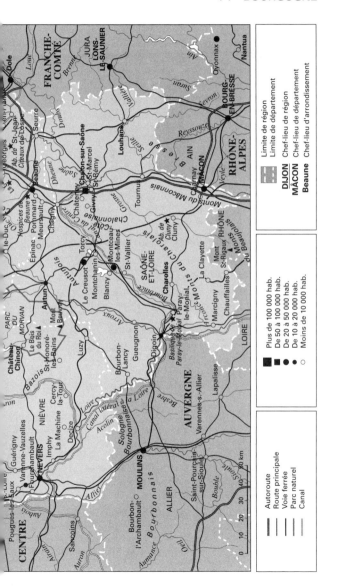

Autoroute
Route principale
Voie ferrée
Parc naturel
Canal

Plus de 100 000 hab.
De 50 à 100 000 hab.
De 20 à 50 000 hab.
De 10 à 20 000 hab.
Moins de 10 000 hab.

Limite de région
Limite de département
DIJON Chef-lieu de région
MÂCON Chef-lieu de département
Beaune Chef-lieu d'arrondissement

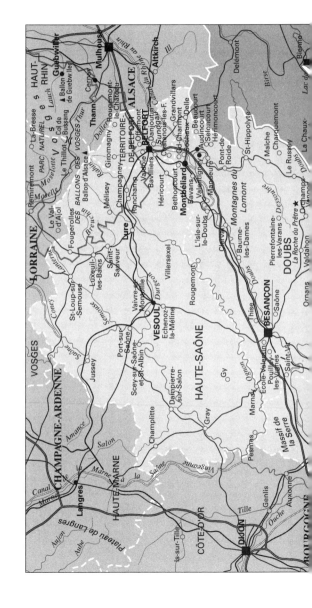

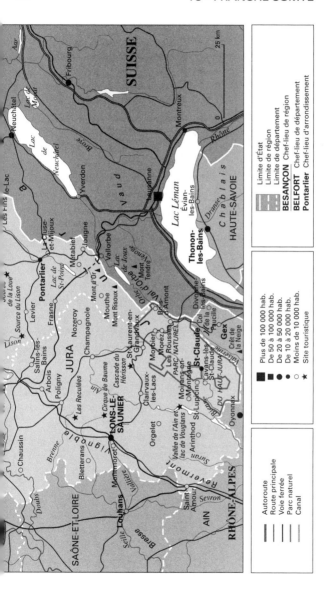

SUISSE

Fribourg
Neuchâtel
Lac de Neuchâtel
Yverdon
Les Fins le-Lac
Lausanne
Montreux
Lac Léman
Évian-les-Bains
Thonon-les-Bains
Drranse
Chablais
HAUTE-SAVOIE

La Cluse-et-Mijoux
Jougne
Vallorbe
Métabief
Pontarlier
Mont d'Or
Mouthe
Mont Risoux
Val d'Oibe
Lac de Joux
Mont Tendre
Bois d'Amont
Divonne-les-Bains
La Faucille
Col de la Faucille
Gex
Crêt de la Neige
Valserine

Source de la Loue
Source du Lison
Lison
Levier
Frasne
Lac de St-Point
Salins-les-Bains
Arbois
Poligny
Nozeroy
Champagnole
JURA
St-Laurent-en-Grandvaux
Morbier
Morez
Les Rousses
Lavans-lès-St-Claude
St-Claude
Morbier

Cascade du Hérisson
Cirque de Baume
Clairvaux-les-Lacs
Les Reculées
LONS-LE-SAUNIER
PARC NATUREL RÉGIONAL DU HAUT-JURA
Morbier
Morez
Moirans-en-Montagne
St-Lupicin
Arinthod
Oyonnax

Orgelet
Vallée de l'Ain et lac de Vouglans
Montrevel
Bletterans

Chaussin
Brenne
Bresse
Vinoble
Revermont
Suran
Montmorot
Louhans
Saint-Amour
Sevron
AIN
SAÔNE-ET-LOIRE
RHÔNE-ALPES
Seille
Vallière
Doubs

SUISSE
V a u d
Aar
La Morta
Broye
Rhône

25 km

Limite d'État
Limite de région
Limite de département
BESANÇON Chef-lieu de région
BELFORT Chef-lieu de département
Pontarlier Chef-lieu d'arrondissement

Plus de 100 000 hab.
De 50 à 100 000 hab.
De 20 à 50 000 hab.
De 10 à 20 000 hab.
Moins de 10 000 hab.
★ Site touristique

Autoroute
Route principale
Voie ferrée
Parc naturel
Canal

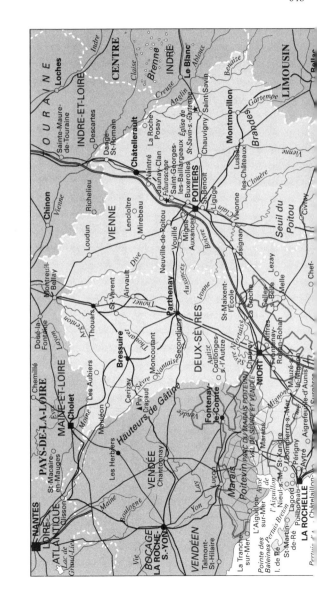

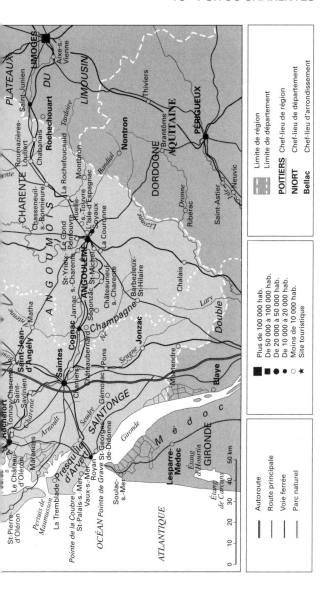

Limite de région
Limite de département
POITIERS Chef-lieu de région
NIORT Chef-lieu de département
Bellac Chef-lieu d'arrondissement

Plus de 100 000 hab.
De 50 000 à 100 000 hab.
De 20 000 à 50 000 hab.
De 10 000 à 20 000 hab.
Moins de 10 000 hab.
Site touristique

Autoroute
Route principale
Voie ferrée
Parc naturel

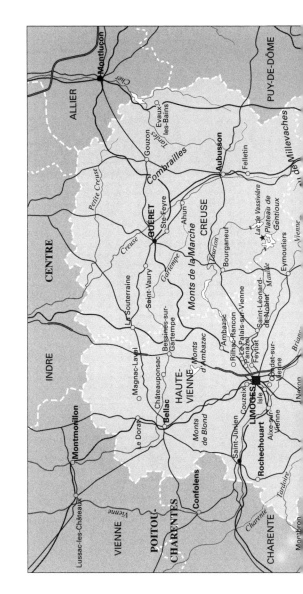

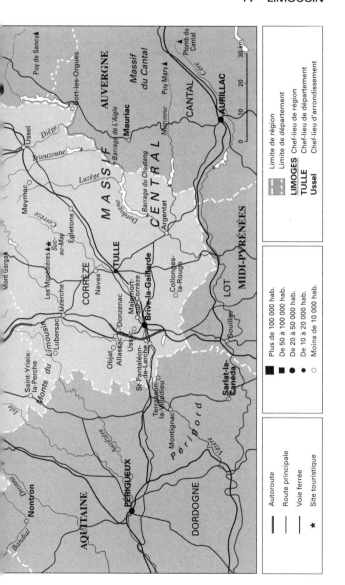

Puy de Sancy▲

Sort-les-Orgues

AUVERGNE

Massif du Cantal

Plomb du Cantal▲

Puy Mary▲

Ussel

Diège

Barrage de L'Aigle

Mauriac

CANTAL

AURILLAC

Triouzoune

Luzège

Barrage du Chastang

Cère

30 km

Corrèze

Meymac

M A S S I F

Dordogne

Argentat

C E N T R A L

Maronne

0   10   20

Mont Gargan

Les Monédières

Suc-au-May

Égletons

TULLE

Naves

CORRÈZE

Malemort-sur-Corrèze

Collonges-la-Rouge

MIDI-PYRÉNÉES

Uzerche

Donzenac

Brive-la-Gaillarde

LOT

Monts du Limousin

Lubersac

Ussac

Saint-Yrieix-la-Perche

Objat

Allassac

St-Pantaléon-de-Larche

Souillac

Isle

Sarlat-la-Canéda

Terrasson-la-Villedieu

P é r i g o r d

Auvézère

Montignac

Vézère

PÉRIGUEUX

DORDOGNE

Dronne

AQUITAINE

Nontron

Bandiat

	Autoroute
	Route principale
	Voie ferrée
★	Site touristique

	Plus de 100 000 hab.
	De 50 à 100 000 hab.
	De 20 à 50 000 hab.
	De 10 à 20 000 hab.
○	Moins de 10 000 hab.

	Limite de région
	Limite de département
LIMOGES	Chef-lieu de région
TULLE	Chef-lieu de département
Ussel	Chef-lieu d'arrondissement

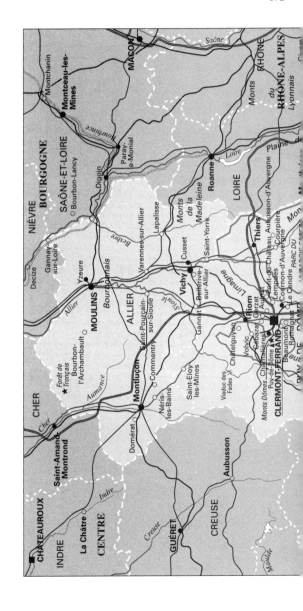

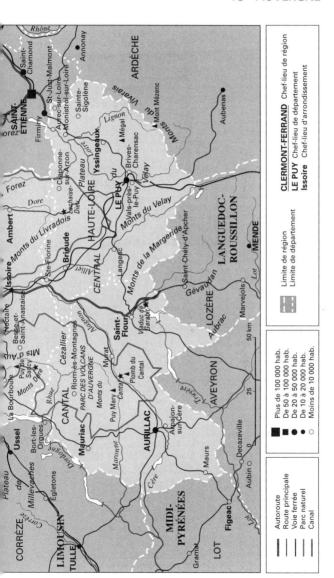

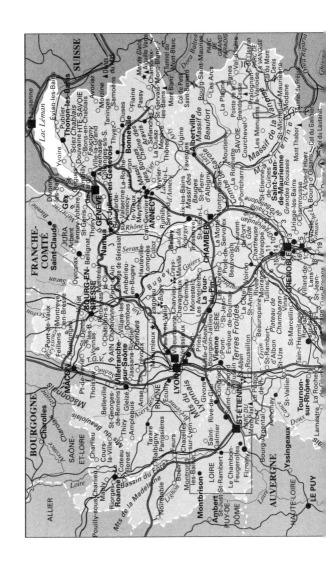

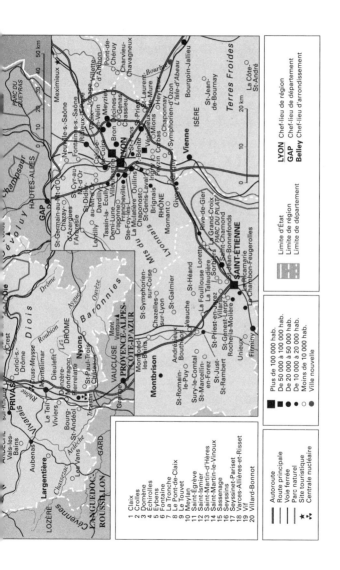

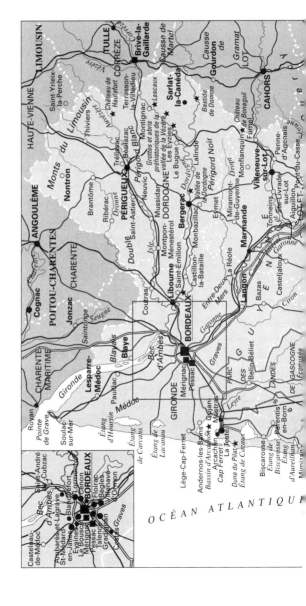

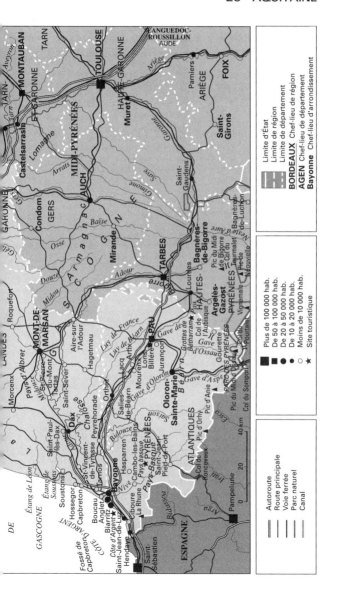

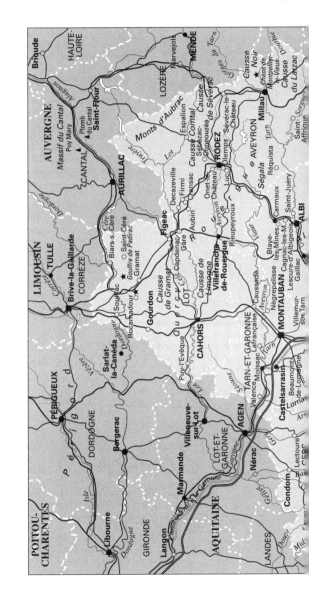

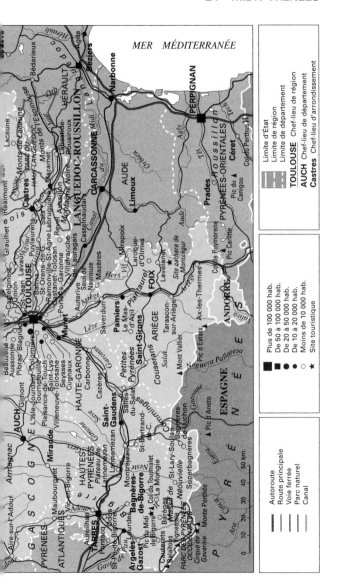

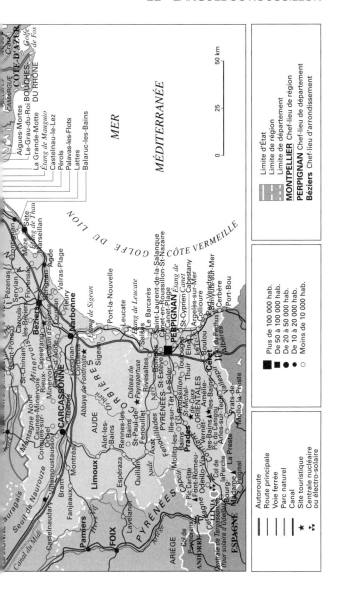

MÉDITERRANÉE

MER

GOLFE DU LION

CÔTE VERMEILLE

Aigues-Mortes
Le-Grau-du-Roi
La Grande-Motte
Castelnau-le-Lez
Pérols
Palavas-les-Flots
Lattes
Balaruc-les-Bains

Limite d'État
Limite de région
Limite de département
MONTPELLIER Chef-lieu de région
PERPIGNAN Chef-lieu de département
Béziers Chef-lieu d'arrondissement

0   25   50 km

Autoroute
Route principale
Voie ferrée
Canal
Parc naturel
Site touristique
Centrale nucléaire
ou électro-solaire

Plus de 100 000 hab.
De 50 à 100 000 hab.
De 20 à 50 000 hab.
De 10 à 20 000 hab.
Moins de 10 000 hab.

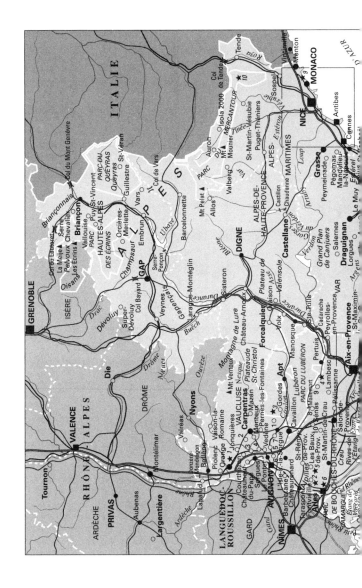

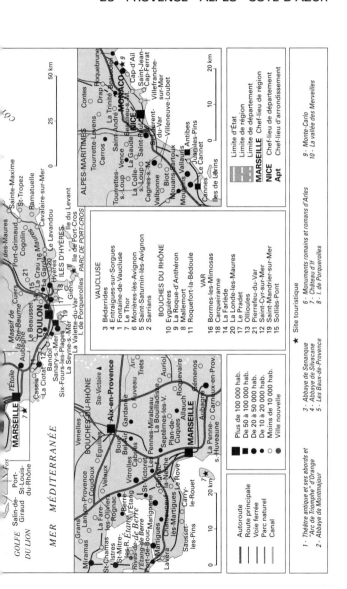

VAUCLUSE

3 Bédarrides
4 Entraigues-sur-Sorgues
7 Fontaine-de-Vaucluse
6 Le Thor
5 Morières-lès-Avignon
     Saint-Saturnin-lès-Avignon
2 Sarrians

BOUCHES DU RHÔNE

10 Eyguières
9   La Roque-d'Anthéron
8   Mallemort
11 Roquefort-la-Bédoule

VAR

16 Bormes-les-Mimosas
     Carqueiranne
18 La Farlède
20 La Londe-les-Maures
17 Le Pradet
13 Ollioules
21 Pierrefeu-du-Var
12 Saint-Cyr-sur-Mer
19 Saint-Mandrier-sur-Mer
15 Solliès-Pont

ALPES-MARITIMES

★ Site touristique

Plus de 100 000 hab.
De 50 à 100 000 hab.
De 20 à 50 000 hab.
De 10 à 20 000 hab.
Moins de 10 000 hab.
Ville nouvelle

Autoroute
Route principale
Voie ferrée
Parc naturel
Canal

Limite d'État
Limite de région
Limite de département
MARSEILLE Chef-lieu de région
NICE Chef-lieu de département
Apt Chef-lieu d'arrondissement

1 - *Théâtre antique et ses abords et*
     "Arc de Triomphe" d'Orange
2 - *Abbaye de Montmajour*
3 - *Abbaye de Senanque*
4 - *Abbaye de Silvacane*
5 - *Les Baux-de-Provence*
6 - *Monuments romains et romans d'Arles*
7 - *Château d'If*
8 - *I. de Porquerolles*
9 - *Monte-Carlo*
10 - *La vallée des Merveilles*

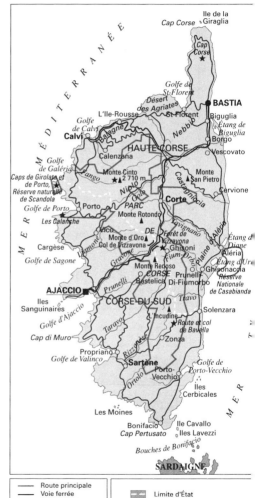

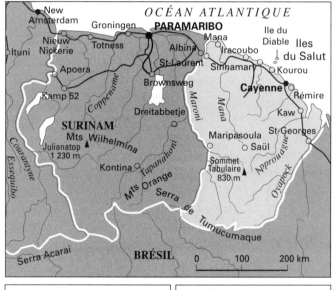

Route ou piste principale	● Plus de 100 000 hab.
Voie ferrée	● De 10 000 à 50 000 hab.
	○ Moins de 10 000 hab.

—— Route principale	● Plus de 50 000 hab. ● De 10 000 à 50 000 hab. ○ Moins de 10 000 hab.

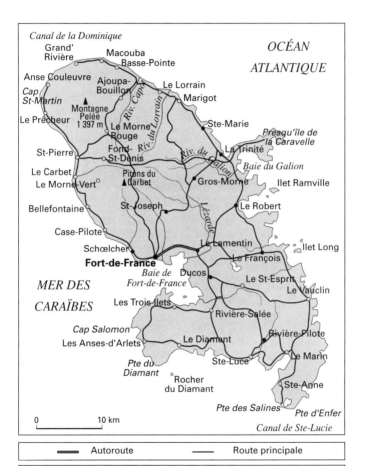

Canal de la Dominique

OCÉAN ATLANTIQUE

Grand' Rivière
Macouba
Basse-Pointe
Anse Couleuvre
Ajoupa-Bouillon
Le Lorrain
Cap St-Martin
Marigot
Le Prêcheur
Montagne Pelée 1 397 m
Le Morne-Rouge
Ste-Marie
Presqu'île de la Caravelle
St-Pierre
Fond-St-Denis
La Trinité
Riv. du Lorrain
Riv. Capot
Riv. du Galion
Baie du Galion
Le Carbet
Pitons du Carbet
Gros-Morne
Ilet Ramville
Le Morne-Vert
Bellefontaine
St-Joseph
Le Robert
Lézarde
Case-Pilote
Schœlcher
Le Lamentin
Ilet Long
Fort-de-France
Le François
MER DES CARAÏBES
Baie de Fort-de-France
Ducos
Le St-Esprit
Le Vauclin
Les Trois-Ilets
Rivière-Salée
Cap Salomon
Les Anses-d'Arlets
Le Diamant
Rivière-Pilote
Le Marin
Pte du Diamant
Ste-Luce
Rocher du Diamant
Ste-Anne
Pte des Salines
Pte d'Enfer
Canal de Ste-Lucie

0   10 km

══════ Autoroute   ─────── Route principale

● Plus de 100 000 hab.
● De 10 000 à 100 000 hab.   **Fort-de-France**   Chef-lieu
○ Moins de 10 000 hab.

OCÉAN Côte INDIEN

au Vent

Côte sous le Vent

Saint-Denis
Ste-Marie
Ste-Suzanne
Pte des Galets
La Possession
Le Port
Baie de
La rivière
des-Galets
St-Paul
St-Paul
Cap la Houssaye
Pte des Aigrettes
St-Gilles-les-Bains
Trois-Bassins
St-Leu
Pte de Bretagne
Les Avirons
L'Étang-Salé-les-Bains
L'Étang-Salé
St-Louis
St-Pierre
Petite-Ile
St-Joseph

Riv. St-Denis
Riv. des Pluies
Riv. Ste-Suzanne
St-André
du Mât
Bras-Panon
St-Benoît
Plaine des Galets
Plaine des Chicots
Plaine des Fougères
La Roche Écrite
Grand-Ilet
Salazie
Cirque de Mafate
Cirque de Salazie
Plaine des Lianes
Piton Maïdo
Le Gros Morne
Hell-Bourg
Le Grand Étang
Piton 3 070 m
Plaine des Marsoins
Ste-Rose
Le Grand Bénare
Plaine des Palmistes
Cirque de Cilaos
Cilaos
La Plaine-des-Palmistes
Plaine des Makes
Plaine des Cafres
Pte des Cascades
L'Entre-Deux
2 632 m
Piton de la Fournaise
Le Tampon
Pte de la Table
Langevin
St-Philippe
Pte de Langevin

Ravine du Bernica
Riv. des Galets
Riv. des Marsoins
Dimitile
Bras de la Plaine
Riv. d'Abord
Riv. St-Étienne
Riv. des Remparts
Riv. de l'Est
Le Grand Brûlé

0   10 km

───── Route principale

● Plus de 100 000 hab.   • De 20 000 à 50 000 hab.
● De 50 000 à 100 000 hab.   ○ Moins de 20 000 hab.

Saint-Denis Chef-lieu

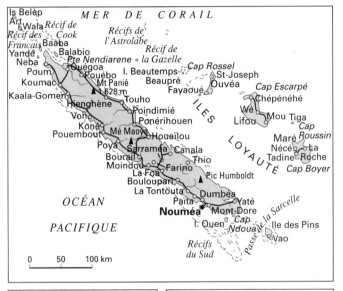

Is Belèp
Art
Wala *Récif de*
Récif des Cook   *Récifs de*
Français Baaba   *l'Astrolabe*
Yandé   *Récif de*
Neba   Balabio   *la Gazelle*
Poum   Ouégoa   Pte Nendiarene
           Pouébo   I. Beautemps-   *Cap Rossel*
Koumac   Mt Panié   Beaupré   St-Joseph
           1 628 m   Fayaoué   Ouvéa   *Cap Escarpé*
Kaala-Gomen   Chépénéhé
         Hienghène   Touho   Wé
Voh   Poindimié   Lifou   Mou Tiga
Koné   Ponérihouen   *Cap*
Pouembout   Mé Maoya Houaïlou   Maré *Roussin*
      Poya   Nécé   La
   Bourail Sarraméa Canala   Tadine   Roche
   Moindou   Thio   *Cap Boyer*
       La Foa Farino
    Bouloupari   Pic Humboldt
    La Tontouta   Dumbéa
         Paîta   Yaté
         Nouméa Mont-Dore
OCÉAN   I. Ouen *Cap*   Ile des Pins
                        Ndoua   Vao
PACIFIQUE   *Récifs*
                    du Sud

MER DE CORAIL

ÎLES LOYAUTÉ

Passe de la Sarcelle

0   50   100 km

———— Route principale

● De 50 000 à 100 000 hab.
○ Moins de 50 000 hab.

L'EUROPE

nom	Europe
superficie	10 500 000 km^2
	fleuve le plus long : Volga (Russie), 3 690 km
	lac (ou mer intérieure) le plus vaste : lac Ladoga (Russie), 18 100 km^2
	point culminant : mont Blanc, 4 807 m
population	taux de natalité le plus élevé : 25 ‰ (Albanie)
	le plus bas : 10 ‰ (Italie)
	taux de mortalité le plus élevé : 14 ‰ (Hongrie)
	le plus bas : 6 ‰ (Albanie)
	taux de mortalité infantile le plus élevé : 35 ‰ (Macédoine)
	le plus bas : 5 ‰ (Islande)
	accroissement naturel le plus élevé : 1,9 %/an (Albanie)
	le plus bas : - 0,2 %/an (Hongrie)

OCÉAN GLACIAL ARCTIQUE

Cap Horn

ISLANDE
• REYKJAVIK
Vatnajökull

Cercle Polaire Arctique

Is. Lofoten

MER DE
NORVÈGE

Trondheim

SUÈDE

Is. Féroé
(Dan.)

NORVÈGE

Is. Shetland

Sogne
Fjord
Bergen

OSLO

STOCKHOLM

Uppsala

Is. Hébrides

Is. Orcades

L. Vänern

Cap Lindesnes

Skagerrak

Göteborg

Gotland

Öland

Dundee

Glasgow

Edimbourg

DANEMARK

COPENHAGUE

Canal du Nord

Belfast

Kattegat

Malmö

Bornholm

OCÉAN

IRLANDE

MER
D'IRLANDE

Leeds

MER DU

NORD

Arhus

Jutland

DUBLIN

Manchester

Liverpool

Sheffield

Hambourg

Gdańsk

Cork

Canal St-George

ROYAUME-UNI

Birmingham

PAYS-

Brême

PL. Germano-Polonaise

Poznań

VARS

Swansea

AMSTERDAM

BAS

Hanovre

BERLIN

Łódź

Cardiff

La Haye

Essen

POLO

Cap Land's End

MANCHE

Rotterdam

Düsseldorf

Leipzig

Breslau

Is. Anglo-Normandes

Lille

BELGIQUE

Anvers

Cologne

Dresde

Brest

BRUXELLES

Bonn

PRAGUE

Crac

MER

Rouen

LUXEMBOURG LUX.

Francfort

RÉP.TCHÈQUE

D'IROISE

Bretagne

PARIS

ALLEMAGNE

Ostrava

ATLANTIQUE

FRANCE

Strasbourg

Stuttgart

Munich

VIENNE SLOVA.

Brno

Nantes

Tours

Bâle

Danube

Linz

Zürich

AUTRICHE

BRATISLAVA

Deb

Limoges

SUISSE

LIE.

VADUZ

Inn

Graz

BUDAF

Cap Finistère

Golfe de
Gascogne

Bordeaux

Genève

Jura

Mt-Blanc

Milan

Venise

LJUBLJANA

HONGRI

Bilbao

Massif
Central

Lyon

4 807 m

Turin

Plaine du

SLOV.

ZAGREB

Toulouse

Alpes

Gênes

Bologne

CROATIE

Porto

Mts
Cantabriques

Ebre

Pyrénées

G. du

MONACO

Florence

BOSNIE-

BELG

PORTUGAL

Douro

P. d'Aneto
3 408 m

Lion

Marseille

LIGURIENNE

HERZÉGOVINE

SARAJEVO

SEI

LISBONNE

Cordillère Centrale

ANDORRE

Barcelone

CORSE

Elbe

MON

MARIN

MADRID

Saragosse

Ajaccio

VATICAN

PODGA

ESPAGNE

Valence

ROME

Apennin

ADRIATIQUE

SK

Guadiana

IS. BALÉARES

Sassari

TIRAN

Sierra Morena

Minorque

SARDAIGNE

Naples

Bari

ALB

Cap

Séville

Cordillère Bétique

Palma

Majorque

TYRRHÉNIENNE

ITALIE

St-Vincent

Málaga

Sa. Mulhacén 3 478 m

Ibiza

Formentera

Cagliari

Cor

Gibraltar(R.U.)

Nevada

Is. Lipari

MER

D. de Gibraltar

Tanger

Ceuta(Esp.)

MER

Palerme

Etna

Messine

IONIENN

RABAT

Rif

Melilla(Esp.)

ALGER

Chélif

3 265 m

Détroit de

Ionier

Meknès

Fès

Atlas Tellien

Oran

Annaba

TUNIS

Catane

SICILE

Messine

Constantine

Cap

LA VALETTE

MÉDITERRANÉE

MAROC

ALGÉRIE

TUNISIE

MALTE

OCÉAN

Tage

Guadalquivir

Medjerda

Bon

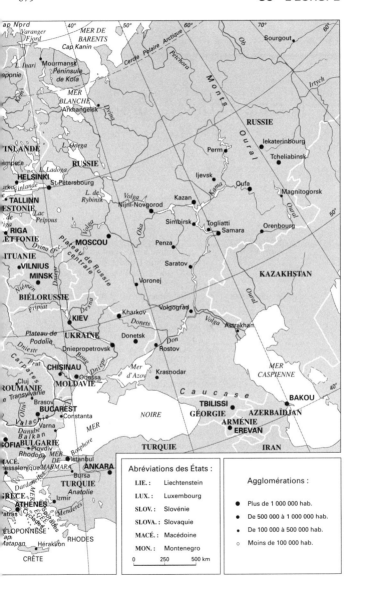

Abréviations des États :

LIE. :   Liechtenstein
LUX. :   Luxembourg
SLOV. :   Slovénie
SLOVA. : Slovaquie
MACÉ. :   Macédoine
MON. :   Montenegro

0   250   500 km

Agglomérations :

● Plus de 1 000 000 hab.
● De 500 000 à 1 000 000 hab.
• De 100 000 à 500 000 hab.
○ Moins de 100 000 hab.

la C.E.E./ l'Union européenne

nom	la Communauté économique européenne (fondée le 25 mars 1957) devenue l'Union européenne en 1994
pays adhérents	◊ Belgique, France, Italie, Luxembourg, Pays-Bas, R.F.A. (membres fondateurs) ◊ Danemark, république d'Irlande, Royaume-Uni (1973) ◊ Grèce (1981) ◊ Espagne, Portugal (1986)
institutions	◊ la Commission : 17 membres ; siège : Bruxelles ◊ le Conseil de la Communauté : composé des représentants de États (ministres ou chefs de gouvernement) ◊ l'assemblée européenne : 518 membres ; siège Strasbourg ◊ la Cour de justice : 13 juges et 6 avocats généraux ; siège : Luxembourg

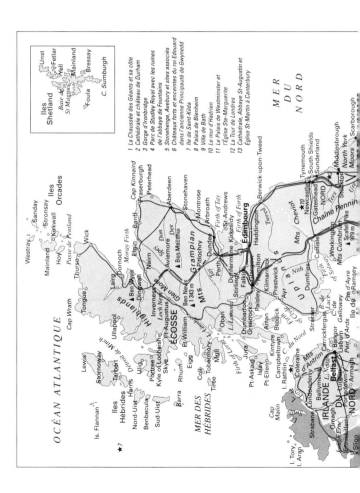

Iles Shetland

Unst
Yell
Fetlar
Mainland
Bressay
Baie de St Magnus
Foula
C. Sumburgh

1 La Chaussée des Géants et sa côte
2 Cathédrale et château de Durham
3 Gorge d'Ironbridge
4 Parc de Studley Royal avec les ruines de l'abbaye de Fountains
5 Stonehenge, Avebury et sites associés
6 Châteaux forts et enceintes du roi Edouard dans l'ancienne Principauté de Gwynedd
7 Ile de Saint-Kilda
8 Palais de Blenheim
9 Ville de Bath
10 Le mur d'Hadrien
11 Le Palais de Westminster et l'Eglise Ste-Marguerite
12 La Tour de Londres
13 Cathédrale, Abbaye St-Augustin et Eglise St-Martin à Canterbury

OCÉAN ATLANTIQUE

MER DU NORD

Westray
Sanday
Stronsay
Iles Orcades
Mainland
Hoy
Kirkwall
Passe de Pentland
Cap Kinnaird
Fraserburgh
Peterhead

Cap Wrath
Thurso
Wick
Dornoch
Moray Firth
Elgin
Banff
Aberdeen
Stonehaven

Lewis
Stornoway
Tongue
Lairg
Dingwall
Nairn
Montrose
Arbroath

Iles Hébrides
Harris
Tarbert
Ullapool
Détroit de Minch
Portree
Skye
Inverness
Ft-Augustus
Loch Ness
Aviemore
Don
Dee
Spey
Grampian Mts
Ben Macdhui
Firth of Tay
St-Andrews
Dundee
Firth of Forth

Nord-Uist
Benbecula
Sud-Uist
Barra
Rhum
Eigg
Kyle of Lochalsh
Loch Ness
Ben Wyvis
Glen More
Ben Nevis
1343 m
Perth
Pitlochry
Edimbourg
Haddington
Berwick-upon-Tweed

MER DES HÉBRIDES
Coll
Tobermory
Mull
Oban
Firth of Lorne
Loch Linnhe
Ft-William
Dumbarton
Stirling
Dunfermline
Falkirk
Kirkcaldy

Tiree
Colonsay
Jura
Pt-Askaig
Islay
Pt-Ellen
Kintyre
Campbeltown
Arran
Brodick
Firth of Clyde
Greenock
Paisley
Hamilton
Glasgow
Kilmarnock
Tweed
Cheviot
Chaine Pennine

Cap Malin
I. Rathin
Coleraine
Ballymena
Mts d'Antrim
Londonderry
Stranraer
Ayr
Prestwick
Dumfries
Nith
Firth of Solway
Carlisle
Newcastle
NORD
Gateshead
Tynemouth
South Shields
Sunderland

I. Tory
I. Aran
Strabane
Omagh
IRLANDE DU NORD
Armagh
Belfast
Bangor
Newtownards
Pén. d'Ards
B. de Luce
Cde de Galloway
Pén. d'Ayre
Ramsey
Ile de Man
Mts Cumbria
Scafell Pike
979 m
Workington
Penrith
Eden
Middlesbrough
North York
Moors
Scarborough

Sligo
Enniskillen
Lisburn
Carrickfergus
Lurgan
Portadown
Lough Neagh

MER DU NORD

(tableau page suivante)

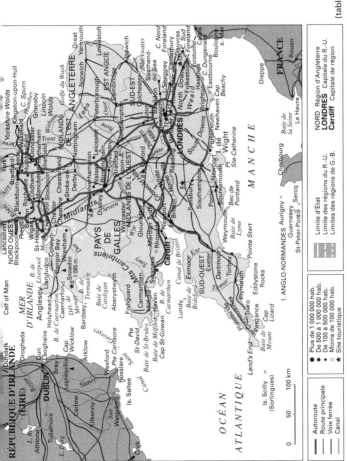

le Royaume-Uni

nom officiel	Royaume-Uni de Grande-Bretagne et d'Irlande du Nord
forme de gouvernement	monarchie parlementaire avec deux assemblées législatives (Chambre des lords et Chambre des communes)
chef de l'État	reine
chef du gouvernement	Premier ministre
capitale	Londres
superficie	244 110 km^2
population	57 220 000 hab. taux de natalité : 14 ‰ taux de mortalité : 11 ‰ taux de mortalité infantile : 8 ‰ accroissement naturel : 0,2 %/an
densité	234,4 hab./km^2
langue officielle	anglais
religion	en Angleterre et en Écosse, les Églises sont sous la protection de l'État mais non officielles
unité monétaire	1 livre sterling = 100 pence (sing. : penny)

(carte page précédente)

l'Irlande

nom officiel	république d'Irlande
forme de gouvernement	république à structure étatique unitaire et à régime multipartis avec un parlement comprenant deux chambres (Sénat et Chambre des représentants)
chef de l'État	président
chef du gouvernement	Premier ministre
capitale	Dublin
superficie	70 285 km^2
population	3 537 000 hab. taux de natalité : 15 ‰ taux de mortalité : 9 ‰ taux de mortalité infantile : 8 ‰ accroissement naturel : 0,9 %/an
densité	50,3 hab./km^2
langues officielles	anglais, gaélique
religion officielle	catholicisme
unité monétaire	1 livre irlandaise = 100 nouveaux pence (sing. : penny)

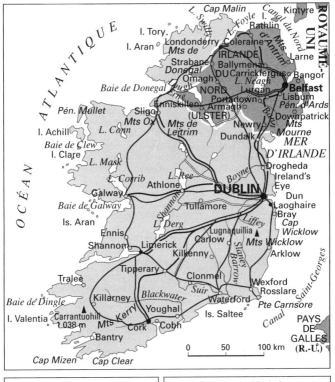

	Route principale
	Voie ferrée
	Canal

- ● Plus de 500 000 hab.
- ● De 100 000 à 500 000 hab.
- • De 50 000 à 100 000 hab.
- ○ Moins de 50 000 hab.

l'Islande

nom officiel	république d'Islande
forme de gouvernement	république à structure étatique unitaire et à régime multipartis avec un parlement comprenant deux chambres (Chambre haute et Chambre basse)
chef de l'État	président
chef du gouvernement	Premier ministre
capitale	Reykjavik
superficie	103 000 km^2
population	252 000 hab.
	taux de natalité : 18 ‰
	taux de mortalité : 7 ‰
	taux de mortalité infantile : 6 ‰
	accroissement naturel : 0,9 %/an
densité	2,4 hab./km^2
langue officielle	islandais
religion officielle	Église luthérienne évangélique
unité monétaire	1 couronne islandaise (krona, plur. : kronus) = 100 aurar (sing. : eyrir)

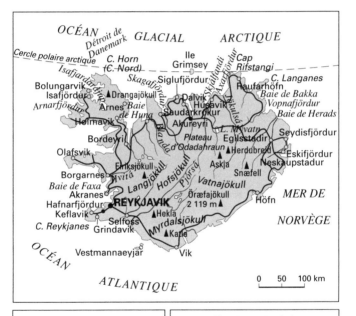

	Route principale

- Plus de 100 000 hab.
- De 10 000 à 20 000 hab.
- Moins de 10 000 hab.

la Norvège

nom officiel	royaume de Norvège
forme de gouvernement	monarchie constitutionnelle avec un parlement comprenant deux sections
chef de l'État	roi
chef du gouvernement	Premier ministre
capitale	Oslo
superficie	323 878 km^2
population	4 220 000 hab. taux de natalité : 14 ‰ taux de mortalité : 11 ‰ taux de mortalité infantile : 6 ‰ accroissement naturel : 0,3 %/an
densité	13 hab./km^2
langue officielle	bokma (« langue des livres ») et nynorsk (néo-norvégien)
religion officielle	Église luthérienne évangélique
unité monétaire	1 couronne norvégienne (krone, plur. : kroner) = 100 ore

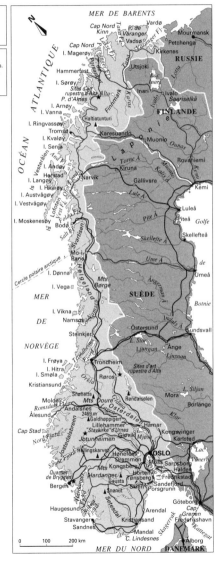

Autoroute
Route principale
Bacs
Voie ferrée

● Plus de 1 000 000 hab.
● De 100 000 à 500 000 hab.
● De 50 000 à 100 000 hab.
○ Moins de 50 000 hab.
★ Site touristique

la Suède

nom officiel	royaume de Suède
forme de gouvernement	monarchie constitutionnelle avec un Parlement
chef de l'État	roi
chef du gouvernement	Premier ministre
capitale	Stockholm
superficie	449 964 km^2
population	8 500 000 hab.
	taux de natalité : 14 ‰
	taux de mortalité : 11 ‰
	taux de mortalité infantile : 6 ‰
	accroissement naturel : 0,2 %/an
densité	18,9 hab./km^2
langue officielle	suédois
religion officielle	Église de Suède (luthérienne)
unité monétaire	1 couronne suédoise (krona, plur. kroner) = 100 öre

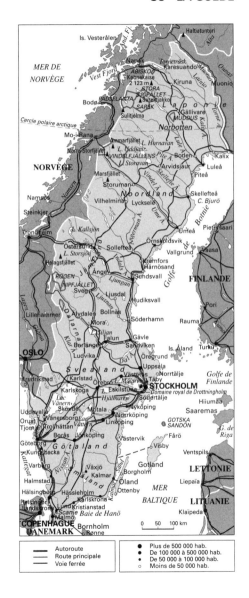

la Finlande

nom officiel	république de Finlande
forme de gouvernement	république à régime parlementaire multipartis
chef de l'État	président
chef du gouvernement	Premier ministre
capitale	Helsinki
superficie	338 145 km^2
population	4 960 000 hab. taux de natalité : 13 ‰ taux de mortalité : 10 ‰ taux de mortalité infantile : 5 ‰ accroissement naturel : 0,2 %/an
densité	14,7 hab./km^2
langues officielles	finnois, suédois
unité monétaire	1 mark finlandais (markka, plur. : markkaa) = 100 pennis (sing. : pennia)

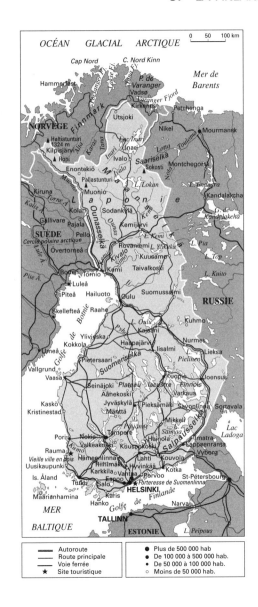

OCÉAN   GLACIAL   ARCTIQUE

0   50   100 km

Cap Nord   C. Nord Kinn

Mer de
Barents

Hammerfest   P. de
                                Varanger
                                Vadsö
                        Varanger Fjord
                        Kirkenes
                                        Petchenga

NORVÈGE   Utsjoki
                                    Nikel   Mourmansk

▲ Haltiatunturi   Lac Inari
1324 m   Inari   Lotta   Touloma
Kilpisjärvi   Ivalo   Montchegorsk
▲ Ropi   Sarriselkä
Enontekiö   Sokosti
Pallastunturi   L. Lokan
Kiruna   Muonio   L. Imandra   Kandalakcha
                                                        G. de
Kolari   Sodankylä   Kandalakcha
Gällivare   Pajala
                    Kemijärvi
SUÈDE   Pello   L. Kemi   L. Pia
Cercle polaire arctique
Övertorneå   Rovaniemi L. Viukka
                            Kuusamo   L. Top
Boden   Tornio   Taivalkoski
★ Luleå   L. Kuito
Piteå   Hailuoto   Oulu
Skellefteå Raahe   RUSSIE

                    L. Oulu   Kuhmo
        Ylivieska   Kajaani
Kokkola   Haapajärvi Iisalmi   Nurmes
Umeå   Lieksa
        Pietarsaari   Pielinen
Vallgrund
Vaasa   Kuopio   Joensuu
        Seinäjoki Plateau lacustre Finnois
        Äänekoski   Varkaus
Kaskö   Jyväskylä Pieksämäki Savonlinna Sortavala
Kristinestad   Mänttä
                                Mikkeli   Lac
                                            Ladoga
        Pori   Nokia Tampere Heinola   Imatra
Rauma   Valkeakoski Kuusankoski Lappeenranta
Vieille ville en bois Riihimäki Hyvinkää Vyborg
Uusikaupunki Hämeenlinna Lahti   Kouvola
            Karkkila Vantaa Porvoo Kotka
Is. Åland   Turku Salo Espoo   St-Pétersbourg
            Karis   HELSINKI   Forteresse de Suomenlinna
Maarianhamina Hanko   Narva
MER   Golfe   de   Finlande
BALTIQUE   TALLINN
                    ESTONIE   L. Peipous

━━━	Autoroute	●	Plus de 500 000 hab
───	Route principale	●	De 100 000 à 500 000 hab.
───	Voie ferrée	●	De 50 000 à 100 000 hab.
★	Site touristique	○	Moins de 50 000 hab.

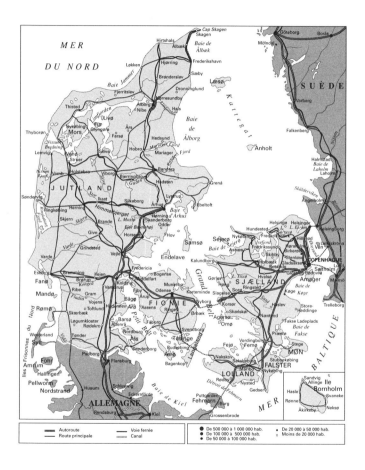

Autoroute — Voie ferrée
Route principale — Canal

● De 500 000 à 1 000 000 hab.
● De 100 000 à 500 000 hab.
● De 50 000 à 100 000 hab.
● De 20 000 à 50 000 hab.
○ Moins de 20 000 hab.

le Danemark

nom officiel	royaume du Danemark
forme de gouvernement	monarchie constitutionnelle à régime parlementaire avec une chambre législative
chef de l'État	roi
chef du gouvernement	Premier ministre
capitale	Copenhague
superficie	43 092 km^2
population	5 130 000 hab.
	taux de natalité : 12 ‰
	taux de mortalité : 12 ‰
	taux de mortalité infantile : 6 ‰
	accroissement naturel : 0 %/an
densité	119 hab./km^2
langue officielle	danois
religion officielle	Église luthérienne évangélique
unité monétaire	1 couronne danoise (krone, plur. : kroner) = 100 ore

l'Allemagne

nom officiel	république fédérale d'Allemagne
forme de gouvernement	république fédérale (16 *Länder*) à régime multipartis avec un parlement comprenant deux chambres, le Bundestag (diète fédérale) et le Bundesrat (Conseil fédéral)
chef de l'État	président fédéral
chef du gouvernement	chancelier
capitale	Berlin (Bonn étant le siège du gouvernement)
superficie	357 042 km^2
population	78 700 000 hab.
	taux de natalité : 11 ‰
	taux de mortalité : 11 ‰
	taux de mortalité infantile : 8 ‰
	accroissement naturel : - 0,1 %/an
densité	220,4 hab./km^2
langue officielle	allemand
unité monétaire	1 deutsche Mark = 100 Pfennige

(carte page suivante)

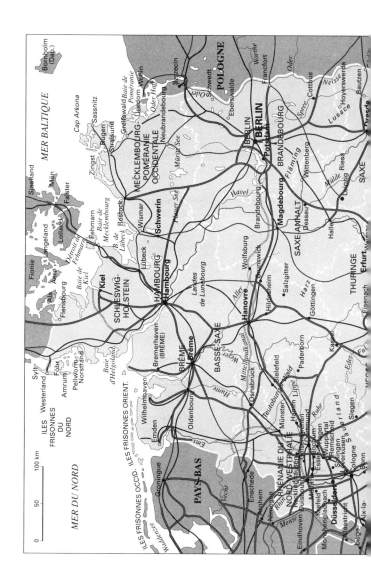

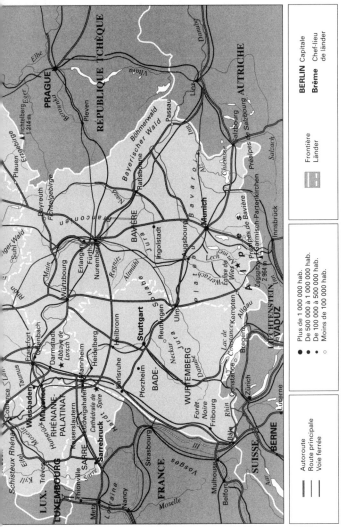

(tableau page précédente)

(tableau page suivante)

692

MER

DU

NORD

ÎLES DE LA FRISE OCCIDENTALE

Rottumeroog
Schiermonnikoog
Lauwersoog
Delfzijl
Emden
G. de Dollart

Ameland
Holwerd
Groningue
GRONINGUE
DRENTHE
Emmen

Terschelling
Harlingen
Leeuwarden
Canal van Starkenborgh
Smallingerland
Asse

Vlieland
F R I S E
Heerenveen
Hoogeveen
Vecht

Texel
Den Burg
Waddenzee
Sneek
Staveren
Nord-Oost Polder
Meppel
Kampen
Zwolle
OVERIJSSEL
Almelo
Canal de la Twente
Enschede
Bergelo

De Koog
Den Oever
IJsselmeer
Enkhuizen
Urk
Flevoland
Dronten
IJ
Deventer
Zutphen

Den Helder
Digue du Nord
Hoorn
Medemblik
Markerwaard
Edam
Lelystad
Markermeer
Zuid-Flevoland
Almere
Apeldoorn
Barneveld
GUELDRE

Alkmaar
HOLLANDE
SEPTENTRIONALE
Purmerend
Volendam
Zaandam
AMSTERDAM
FLEVOLAND
Amersfoort

Velsen
IJmuiden
Haarlem
Amstel
Bussum
Hilversum
Amersfoort
UTRECHT
Utrecht
Canal d'Amsterdam
Zeist

Zandvoort
Canal de Nord Hollande

Noordwijk-aan-Zee
Alphen
Zoetermeer

Katwijk-aan-Zee
HOLLANDE MÉRIDIONALE
Scheveningen

Nord-Ost Polder

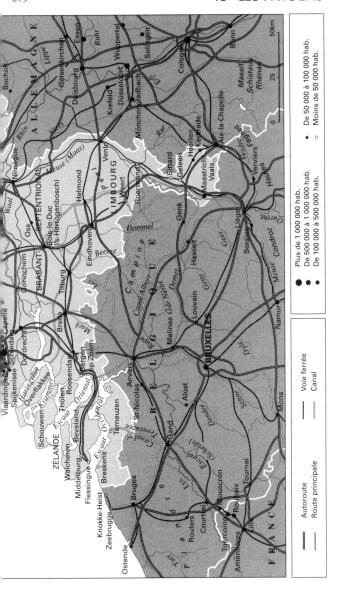

les Pays-Bas

nom officiel	royaume des Pays-Bas
forme de gouvernement	monarchie constitutionnelle avec des états généraux comprenant deux assemblées législatives (Première Chambre et Deuxième Chambre)
divisions administratives	12 provinces
chef de l'État	reine
chef du gouvernement	Premier ministre
capitale	Amsterdam (La Haye est la résidence de la Cour, des pouvoirs publics et du corps diplomatique)
superficie	41 863 km^2
population	14 850 000 hab.
	taux de natalité : 13 ‰
	taux de mortalité : 9 ‰
	taux de mortalité infantile : 7 ‰
	accroissement naturel : 0,5 %/an
densité	354,7 hab./km^2
langue officielle	néerlandais
unité monétaire	1 gulden (florin) = 100 cents

(carte page précédente)

le Luxembourg

nom officiel	grand-duché de Luxembourg
forme de gouvernement	monarchie constitutionnelle avec une chambre législative (Chambre des députés)
chef de l'État	grand-duc
chef du gouvernement	président du Gouvernement
capitale	Luxembourg
superficie	2 586 km^2
population	377 000 hab.
	taux de natalité : 12 ‰
	taux de mortalité : 11 ‰
	taux de mortalité infantile : 9 ‰
	accroissement naturel : 0 %/an
densité	145,7 hab./km^2
langue officielle	français (officielle), allemand (langue de culture), luxembourgeois (langue nationale)
unité monétaire	1 franc luxembourgeois = 100 centimes

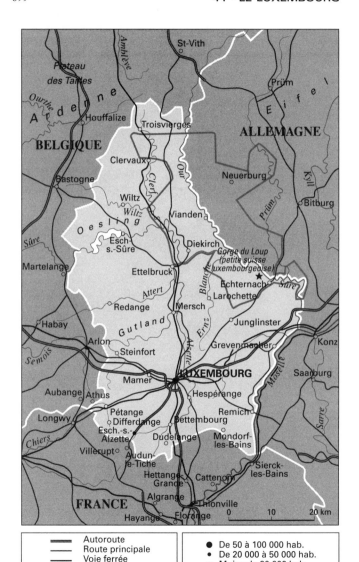

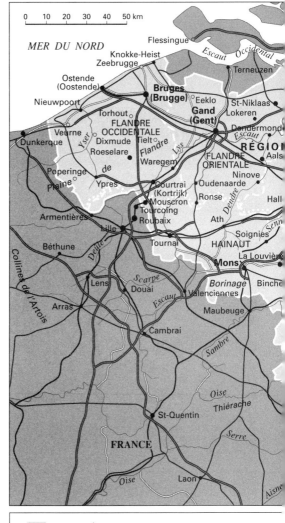

(tableau page suivante)

Limite d'État
Limite de province
Frontière linguistique

BRUXELLES Capitale d'Etat
Liège Chef-lieu de province

▬▬▬ Autoroute	● Plus de 100 000 hab.
── Route principale	● De 50 000 à 100 000 hab.
── Voie ferrée	• De 20 000 à 50 000 hab.
▬▬ Canal	○ Moins de 20 000 hab.

la Belgique

nom officiel	royaume de Belgique
forme de gouvernement	monarchie constitutionnelle et fédérale avec deux assemblées législatives (Sénat et Chambre des représentants) ; la Constitution reconnaît l'existence de trois communautés culturelles distinctes et de trois régions aux compétences propres (flamande, wallonne et bruxelloise)
divisions administratives	9 provinces
chef de l'État	roi
chef du gouvernement	Premier ministre
capitale	Bruxelles
superficie	30 525 km²
population	9 870 000 hab.
	taux de natalité : 12 ‰
	taux de mortalité : 11 ‰
	taux de mortalité infantile : 8 ‰
	accroissement naturel : 0 %/an
densité	323,4 hab./km²
langues officielles	français, néerlandais, allemand
unité monétaire	1 franc belge = 100 centimes

(carte page précédente)

la Suisse

nom officiel	Confédération suisse ou Confédération helvétique
forme de gouvernement	république fédérale (23 cantons) avec une assemblée fédérale comprenant deux assemblées législatives (Conseil des États et Conseil national)
chef de l'État	président du Conseil fédéral
chef du gouvernement	Conseil fédéral
capitale	Berne
superficie	41 293 km^2
population	6 690 000 hab.
	taux de natalité : 12,5 ‰
	taux de mortalité : 9,5 ‰
	taux de mortalité infantile : 7 ‰
	accroissement naturel : 0,2 %/an
densité	162 hab./km^2
langues officielles	français, allemand, italien, romanche
unité monétaire	1 franc suisse = 100 centimes

(carte page suivante)

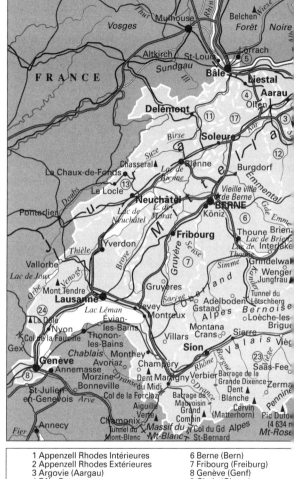

1 Appenzell Rhodes Intérieures
2 Appenzell Rhodes Extérieures
3 Argovie (Aargau)
4 Bâle-Campagne
  (Basel-Landschaft)
5 Bâle-Ville (Basel-Stadt)

6 Berne (Bern)
7 Fribourg (Freiburg)
8 Genève (Genf)
9 Glaris (Glaris)
10 Grisons
   (Graubünden)

 Limite d'État · **BERNE** Capitale d'État
Limite de canton · **Bâle** Chef-lieu de canton

(tableau page précédente)

11 Jura	16 Schwyz	21 Unterwald Nidwald
12 Lucerne (Luzern)	17 Soleure (Solothurn)	22 Unterwald Obwald
13 Neuchâtel (Neuenburg)	18 Tessin (Ticino)	23 Valais (Wallis)
14 St-Gall (Sankt Gallen)	19 Thurgovie	24 Vaud (Waadt)
15 Schaffhouse	(Thurgau)	25 Zoug (Zug)
(Schaffhausen)	20 Uri	26 Zurich (Zürich)

═══	Autoroute	● Plus de 100 000 hab.
────	Route principale	● De 50 000 à 100 000 hab.
────	Voie ferrée	● De 20 000 à 50 000 hab.
═══	Canal	• De 10 000 à 20 000 hab.
★	Site touristique	○ Moins de 10 000 hab.

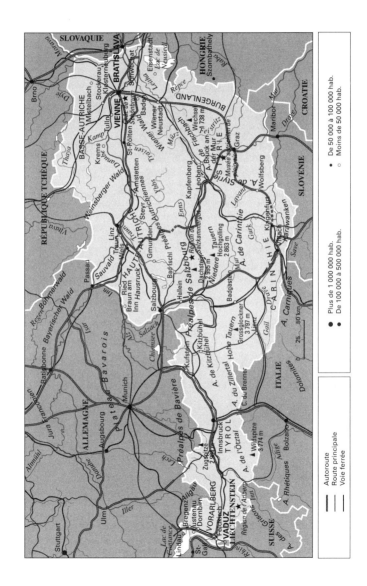

l'Autriche

nom officiel	république d'Autriche
forme de gouvernement	république fédérale (9 *Länder*) à régime multipartis avec deux chambres, le Bundesrat (Conseil fédéral) et le Nationalrat (Conseil national)
chef de l'État	président
chef du gouvernement	chancelier
capitale	Vienne
superficie	83 857 km^2
population	7 600 000 hab. taux de natalité : 12 ‰ taux de mortalité : 11 ‰ taux de mortalité infantile : 9 ‰ accroissement naturel : 0 %/an
densité	91 hab./km^2
langue officielle	allemand
unité monétaire	1 Schilling = 100 Groschen

l'Italie

nom officiel	République italienne
forme de gouvernement	république avec deux assemblées législatives (Sénat et Chambre des députés) accordant une certaine autonomie aux 20 régions
chef de l'État	président
chef du gouvernement	président du Conseil des ministres
capitale	Rome
superficie	301 277 km^2
population	57 400 000 hab. taux de natalité : 10 ‰ taux de mortalité : 10 ‰ taux de mortalité infantile : 9 ‰ accroissement naturel : 0 %/an
densité	190,5 hab./km^2
langue officielle	italien autres langues : allemand, albanais, ladino, grec, français
unité monétaire	1 lire (lira, plur. : lire) = 100 centesimi (sing. : centesimo)

(carte page suivante)

(tableau page précédente)

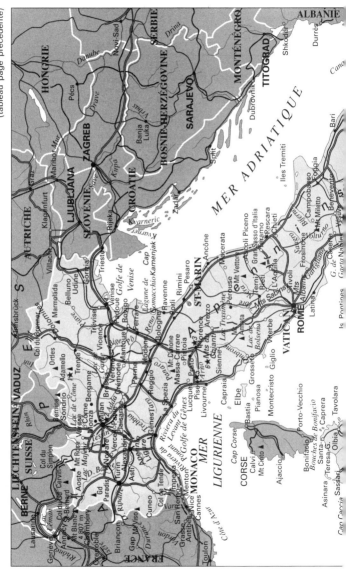

ALBANIE

HONGRIE

SERBIE

Novi-Sad

Danube

Drina

MONTÉNÉGRO

TITOGRAD

Shkodër

Durrës

Pécs

Drave

BOSNIE-HERZÉGOVINE

SARAJEVO

Vrbas

Banja
Luka

Dubrovnik

Cana

Bari

AUTRICHE

Graz

Maribor

Mura

ZAGREB

CROATIE

Kupa

Split

Iles Tremiti

Foggia

LJUBLJANA

SLOVÉNIE

Klagenfurt

Rijeka

Kvarneric

Kvarner

Zadar

MER ADRIATIQUE

Benevent

Villach

Trieste

Cap

Ancône

Ascoli Piceno

Gran Sasso d'Italia

Pescara

Chieti

Campobasso

Mt Miletto

Vésuve

G. de
Gaéta
Naple

Innsbruck

S

Gorizia

Golfe de
Venise

Lagune de
Venise

Reno

Comacchio Kamenjak

Rimini

Mt Vettore

Mts Sabins

Terni

L'Aquila

Frosinone

Alban

VATICAN

Pontins

Col du Brenner

E

Belluno

Udine

Marmolada

Ortles

Piave

Padoue

Vicence

Trévise

Venise

Rovigo

Ferrare

Ravenne

Forli

Pérouse

Mt Vettore

Mts Sabins

Amatri

Tivoli

ROME

Latina

Is Pontines

Adamello

Trente

Adige

Mantoue

Bologne

Lac de
Trasimène

Amatri

P

Bernina

Sondrio

Lac de Côme

Bergame

Vérone

Modène

Reggio

Parme

Carpi

Mts
Chianti

Arezzo

Lac de
Bolsena

Viterbe

Col du
Simplon

Mt Rose

Adda

Lecco

Monza

MILAN

Crémone

Mts
Apennins

Mts d'
Arno

Florence

Pistoia

Lac de

Sienne

Grosseto

Arno

Mt Cervin

Trebbia

Plaisance

Massa-Carrare

Pise

Giglio

VADUZ

LIECHTENSTEIN

Rhin

Inn

Lac Majeur

Novare

Verceil

Pavie

Pô

Tanaro

Spezia

Livourne

Capraia

Elbe

Pianosa

Montecristo

BERNE

SUISSE

Aoste

Col du Gd
St-Bernard

Turin

Asti

Alexandrie

Riviera
du Levant

Gênes

Golfe de Gênes

MER
LIGURIENNE

Cap Corse

Bastia

Calvi

Mt Cinto

CORSE

Porto-Vecchio

Lausanne

Genève

Annecy

Mt Blanc
4 807 m

Gd
Paradis

Doire

Ripaille

Mt Viso

Cuneo

Col de la
Maddalena

San Remo

Imperia

Riviera du
Ponant

MONACO

Menton

Nice

Bonifacio

Bouches de Bonifacio

Santa-
Teresa-G.

Calvi

Mt Cinto

Caprera

Olbia

Tavolara

Rhône

Chambéry

Grenoble

Isère

Briançon

Gap

Durance

Grasse

Antibes

Cannes

Col de
Larche

Col de tende

Col de la
Maddalena

Var

Verdon

Toulon

Côte d'Azur

FRANCE

Asinara

Cap Garcia

Sassari

Cap Garcia

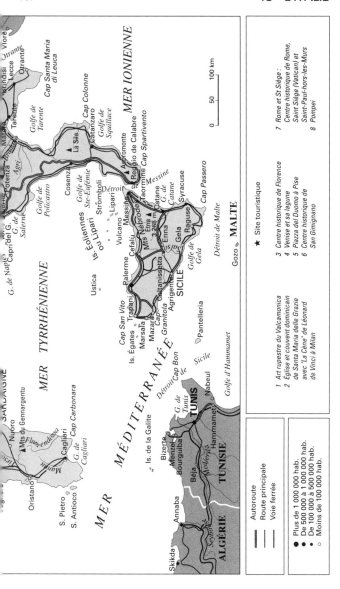

MER IONIENNE

MER TYRRHÉNIENNE

MER MÉDITERRANÉE

MER

Cap Santa Maria di Leuca

Otrante
Lecce
Brindisi
Taranto
Tarente
Golfe de Tarente
Cap Colonne
Golfe de Squillace
Catanzaro
Aspromonte
Reggio de Calabre
Cap Spartivento
La Sila
Cosenza
Golfe de Ste-Eufémie
Golfe de Policastro
Golfe de Salerne
G. de Naples
Capri
Détroit de Messine
Taormine
Messine
Catane
Catania
Syracuse
Cap Passero
Gela
Golfe de Gela
Raguse
Enna
G. de Catania
Stromboli
Vulcano
Lipari
Is. Éoliennes ou Lipari
Cefalù
Palerme
Mts Nébrodes
Etna 3295 m
Caltanissetta
Agrigente
SICILE
Ustica
Cap San Vito
Is. Égates
Trapani
Marsala
Mazara
Cap Granitola
Pantelleria
Sicile
Golfe de Hammamet
Nabeul
Hammamet
Détroit de Malte
Gozo
MALTE

SARDAIGNE
Nuoro
Mts du Gennargentu
Oristano
S. Pietro
S. Antioco
Cagliari
G. de Cap Carbonara
G. de Cagliari

Cap Bon
Détroit Cap Bon
G. de Tunis
TUNIS
Bizerte
Menzel-Bourguiba
Béja
TUNISIE
Medjerda
Annaba
Skikda
Seybouse
ALGÉRIE

Is. de la Galite

0	50	100 km

★ *Site touristique*

1 *Art rupestre du Valcamonica*
2 *Église et couvent dominicain de Santa Maria delle Grazie avec "La Cène" de Léonard de Vinci à Milan*
3 *Centre historique de Florence*
4 *Venise et sa lagune*
5 *Piazza del Duomo à Pise*
6 *Centre historique de San Gimignano*
7 *Rome et St Siège : Centre historique de Rome, Saint Siège (Vatican) et Saint-Paul-hors-les-Murs*
8 *Pompei*

(tableau
page suivante)

0   100 km

| Autoroute |
| Route principale |
| Voie ferrée |

● Plus de 1 000 000 hab.
● De 500 000 à 1 000 000 hab.
● De 100 000 à 500 000 hab.
○ Moins de 100 000 hab.

★ **Sites naturels ou culturels remarquables**

1 Mosquée de Cordoue
2 L'Alhambra et le Generalife à Grenade
3 Cathédrale de Burgos
4 Monastère et site de l'Escurial
5 Parc et Palais Güell, Casa Mila à Barcelone
6 Grotte d'Altamira
7 Vieille ville de Ségovie, et son aqueduc
8 Églises du royaume des Asturies

9   Vieille ville de St-Jacques de Compostelle
10 Vieille ville d'Avila, avec ses églises extra-muros
11 Architecture mudéjare de Teruel
12 Ville historique de Tolède
13 Vieille ville de Cáceres
14 Cathédrale, Alcazar et Archivo de Indias de Séville
15 Vieille ville de Salamanque
16 Monastère de Poblet

l'Espagne

nom officiel	royaume d'Espagne
forme de gouvernement	monarchie constitutionnelle avec un parlement composé de deux assemblées législatives (Sénat et Congrès des députés) ; la Constitution reconnaît « le droit d'autonomie des nationalités et des régions » (17 communautés autonomes auxquelles s'ajoutent les présides sur la côte marocaine, Ceuta et Melilla)
chef de l'État	roi
chef du gouvernement	Premier ministre
capitale	Madrid
superficie	504 783 km²
population	39 150 000 hab. taux de natalité : 13 ‰ taux de mortalité : 8 ‰ taux de mortalité infantile : 9 ‰ accroissement naturel : 0,3 %/an
densité	78 hab./km²
langue officielle	espagnol (castillan) autres langues : basque (euskarien), catalan (valencien), galicien
unité monétaire	1 peseta = 100 céntimos

(carte page précédente)

le Portugal

nom officiel	République portugaise
forme de gouvernement	république avec une chambre législative (Assemblée de la République) ; l'État respecte l'autonomie de l'archipel des Açores et de Madère (régions autonomes)
chef de l'État	président
chef du gouvernement	Premier ministre
capitale	Lisbonne
superficie	92 389 km²
population	10 370 000 hab. taux de natalité : 12 ‰ taux de mortalité : 9 ‰ taux de mortalité infantile : 13 ‰ accroissement naturel : 0,3 %/an
densité	112 hab./km²
langue officielle	portugais
unité monétaire	1 escudo = 100 centavos

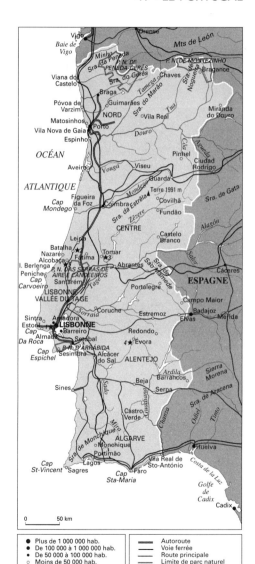

0 ___ 50 km

- ● Plus de 1 000 000 hab.
- ● De 100 000 à 1 000 000 hab.
- ● De 50 000 à 100 000 hab.
- ○ Moins de 50 000 hab.

—— Autoroute
—— Voie ferrée
—— Route principale
—— Limite de parc naturel

★ Site touristique

1 - Monastère des Hiéronymites
et tour de Belem à Lisbonne
2 - Monastère de Batalha

3 - Couvent du Christ à Tomar
4 - Centre historique d'Évora
5 - Monastère d'Alcobaça

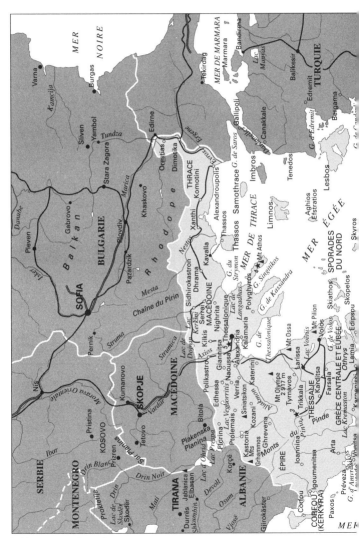

(tableau page suivante)

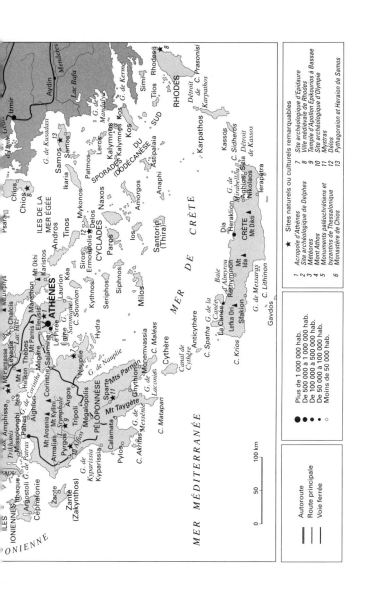

RHODES

Détroit
de C. Prasonisi

Sites naturels ou culturels remarquables

★

1	Acropole d'Athènes	7	Site archéologique d'Épidaure
2	Site archéologique de Delphes	8	Ville médiévale de Rhodes
3	Météores	9	Temple d'Apollon Epikourios à Bassae
4	Mont Athos	10	Site archéologique d'Olympie
5	Monuments paléochrétiens et	11	Mystras
	byzantins de Thessalonique	12	Délos
6	Monastère de Chios	13	Pythagoreion et Heraion de Samos

Plus de 1 000 000 hab. ●
De 500 000 à 1 000 000 hab. ●
De 100 000 à 500 000 hab. ●
De 50 000 à 100 000 hab. ·
Moins de 50 000 hab. ○

Autoroute
Route principale
Voie ferrée

MER   MÉDITERRANÉE

0   50   100 km

la Grèce

nom officiel	République hellénique
forme de gouvernement	république à structure étatique unitaire et à régime multipartis avec une assemblée législative (Chambre des députés)
chef de l'État	président
chef du gouvernement	Premier ministre
capitale	Athènes
superficie	131 957 km²
population	10 090 000 hab.
	taux de natalité : 11 ‰
	taux de mortalité : 9 ‰
	taux de mortalité infantile : 13 ‰
	accroissement naturel : 0,2 %/an
densité	76,5 hab./km²
langue officielle	grec
religion officielle	Église orthodoxe grecque
unité monétaire	1 drachme = 100 lepta (sing. : lepton)

(carte page précédente)

l'Albanie

nom officiel	république d'Albanie
forme de gouvernement	république à régime multipartis avec une chambre législative (Assemblée nationale)
chef de l'État	président
chef du gouvernement	Premier ministre
capitale	Tirana
superficie	28 748 km²
population	3 180 000 hab.
	taux de natalité : 25 ‰
	taux de mortalité : 5 ‰
	taux de mortalité infantile : 32 ‰
	accroissement naturel : 1,8 %/an
densité	110,7 hab./km²
langue officielle	albanais
unité monétaire	1 nouveau lek = 100 quindars

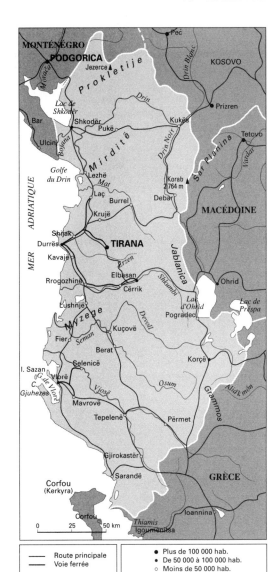

—— Route principale	● Plus de 100 000 hab.
—— Voie ferrée	● De 50 000 à 100 000 hab.
	○ Moins de 50 000 hab.

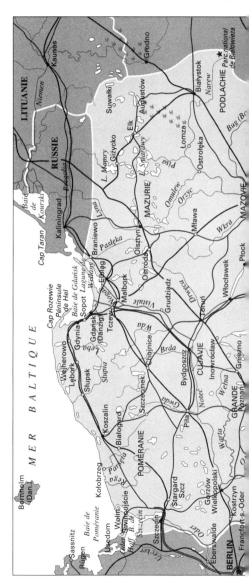

(tableau
page suivante)

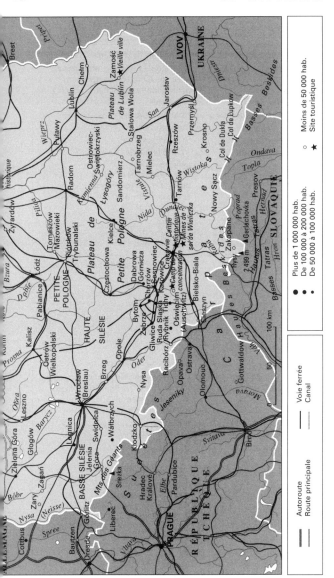

la Pologne

nom officiel	république de Pologne
forme de gouvernement	république à régime multipartis avec un Congrès comprenant deux chambres (Sénat et Diète)
chef de l'État	président
chef du gouvernement	Premier ministre
capitale	Varsovie
superficie	312 683 km^2
population	37 870 000 hab.
	taux de natalité : 15 ‰
	taux de mortalité : 10 ‰
	taux de mortalité infantile : 16 ‰
	accroissement naturel : 0,5 %/an
densité	121 hab./km^2
langue officielle	polonais
unité monétaire	1 zloty = 100 groszy (sing. : grosz)

(carte page précédente)

la Slovaquie

nom officiel	république de Slovaquie
forme de gouvernement	république à régime multipartis avec une assemblée législative (Conseil national)
chef de l'État	président
chef du gouvernement	Premier ministre
capitale	Bratislava
superficie	49 035 km^2
population	5 260 000 hab.
	taux de natalité : 15 ‰
	taux de mortalité : 10 ‰
	taux de mortalité infantile : non disponible
	accroissement naturel : 0,5 %/an
densité	107,3 hab./km^2
langue officielle	slovaque
unité monétaire	1 couronne slovaque

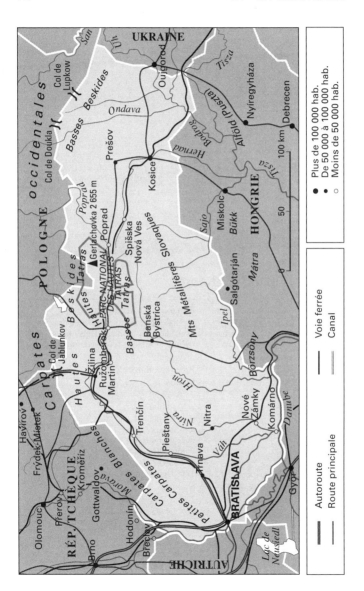

la République tchèque

nom officiel	République tchèque
forme de gouvernement	république à régime multipartis avec deux assemblées législatives (Sénat et Chambre des députés)
chef de l'État	président
chef du gouvernement	Premier ministre
capitale	Prague
superficie	78 864 km^2
population	10 230 000 hab.
	taux de natalité : 14 ‰
	taux de mortalité : 12 ‰
	taux de mortalité infantile : non disponible
	accroissement naturel : 0,06 %/an
densité	129,7 hab./km^2
langue officielle	tchèque
unité monétaire	1 couronne (koruna) tchèque = 100 haléry (sing. : halér)

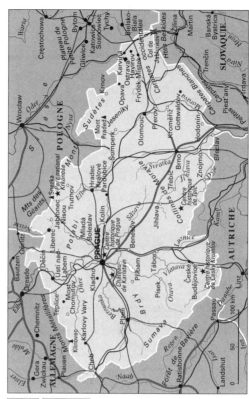

Autoroute
Route principale
Voie ferrée

Plus de 1 000 000 hab.
De 500 000 à 1 000 000 hab.
De 100 000 à 500 000 hab.
De 50 000 à 100 000 hab.
Moins de 50 000 hab.
Site touristique

la Hongrie

nom officiel	République hongroise
forme de gouvernement	république à régime multipartis avec une chambre législative (Assemblée nationale)
chef de l'État	président
chef du gouvernement	Président du Conseil des ministres
capitale	Budapest
superficie	93 033 km²
population	10 580 000 hab.
	taux de natalité : 12 ‰
	taux de mortalité : 14 ‰
	taux de mortalité infantile : 17 ‰
	accroissement naturel : − 0,2 %/an
densité	113,7 hab./km²
langue officielle	hongrois
unité monétaire	1 forint = 100 fillér

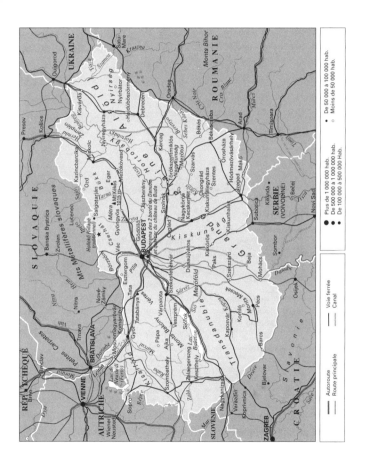

la Roumanie

nom officiel	République de Roumanie
forme de gouvernement	république à régime multipartis avec une assemblée législative comprenant deux chambres (Assemblée nationale et Sénat)
chef de l'État	président
chef du gouvernement	Premier ministre
capitale	Bucarest
superficie	237 500 km^2
population	23 170 000 hab.
	taux de natalité : 16 ‰
	taux de mortalité : 11 ‰
	taux de mortalité infantile : 19 ‰
	accroissement naturel : 0,5 %/an
densité	97,6 hab./km^2
langue officielle	roumain
unité monétaire	1 leu (plur. : lei) = 100 bani (sing. : ban)

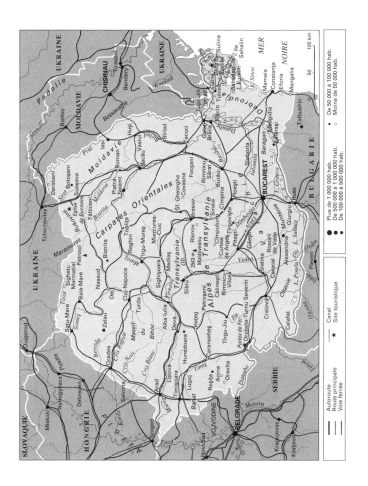

la Bulgarie

nom officiel	république de Bulgarie
forme de gouvernement	république à régime multipartis avec une chambre législative (Assemblée nationale)
chef de l'État	président
chef du gouvernement	Premier ministre
capitale	Sofia
superficie	110 994 km^2
population	8 980 000 hab.
	taux de natalité : 11 ‰
	taux de mortalité : 12,6 ‰
	taux de mortalité infantile : 14 ‰
	accroissement naturel : 0,1 %/an
densité	80,9 hab./km^2
langue officielle	bulgare
unité monétaire	1 lev lourd (plur. leva) = 100 stotinki (sing. : stotinka)

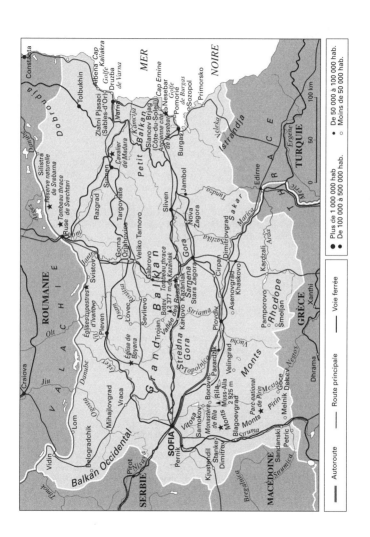

la Slovénie

nom officiel	république de Slovénie
forme de gouvernement	république à régime multipartis avec un parlement comprenant deux chambres (Assemblée nationale et Conseil d'État)
chef de l'État	président
chef du gouvernement	Premier ministre
capitale	Ljubljana
superficie	20 251 km^2
population	1 940 000 hab. taux de natalité : 9,5 ‰ taux de mortalité : 11,5 ‰ taux de mortalité infantile : 9 ‰ accroissement naturel : 0,3 %/an
densité	95,8 hab./km^2
langue officielle	slovène
	autres langues : italien, hongrois, croate
unité monétaire	1 tolar

(carte page suivante)

la Croatie

nom officiel	république de Croatie
forme de gouvernement	république à régime multipartis avec un parlement comprenant trois chambres
chef de l'État	président
chef du gouvernement	Premier ministre
capitale	Zagreb
superficie	56 538 km^2
population	4 700 000 hab. taux de natalité : 12 ‰ taux de mortalité : 11 ‰ taux de mortalité infantile : 10 ‰ accroissement naturel : 0,1 %/an
densité	83,1 hab./km^2
langue officielle	croate
	autres langues : italien, serbe, hongrois
unité monétaire	1 couronne croate (kuna)

(carte page suivante)

la Bosnie-Herzégovine

nom officiel	république de Bosnie-Herzégovine
forme de gouvernement	république à régime multipartis avec un parlement comprenant deux chambres (Assemblée des citoyens et Chambre des communes)
chef de l'État	présidence collégiale avec 1 président et 6 vice-présidents
chef du gouvernement	Premier ministre
capitale	Sarajevo
superficie	51 129 km^2
population	4 120 000 hab.
	taux de natalité : 15 ‰
	taux de mortalité : 6,5 ‰
	taux de mortalité infantile : 15 ‰
	accroissement naturel : 0,9 %/an
densité	80,6 hab./km^2
langue officielle	serbo-croate
unité monétaire	1 dinar = 100 para

(carte page 730)

la Macédoine

nom officiel	république de Macédoine
forme de gouvernement	république à régime multipartis avec une chambre législative (Assemblée nationale)
chef de l'État	président
chef du gouvernement	Premier ministre
capitale	Skopje
superficie	25 713 km^2
population	1 900 000 hab.
	taux de natalité : 17 ‰
	taux de mortalité : 7 ‰
	taux de mortalité infantile : 35 ‰
	accroissement naturel : 1 %/an
densité	73,9 hab./km^2
langue officielle	macédonien
	autres langues : albanais, serbo-croate, turc
unité monétaire	1 dinar = 100 para

(carte page 731)

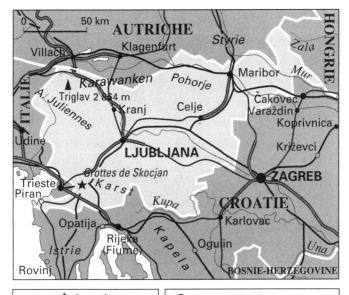

▬▬ Autoroute	● Plus de 1 000 000 hab.
── Route principale	● De 100 000 à 500 000 hab.
── Voie ferrée	• De 50 000 à 100 000 hab.
★ Site touristique	○ Moins de 50 000 hab.

(tableau page précédente)

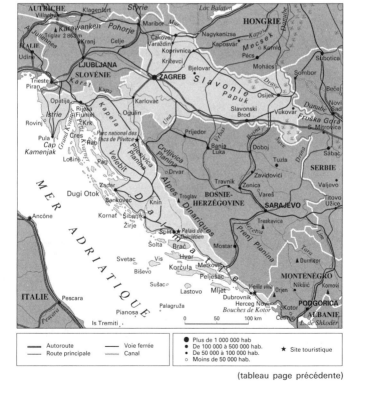

▤▤▤ Autoroute	● Plus de 100 000 hab
— Route principale	● De 50 000 à 100 000 hab.
— Voie ferrée	○ Moins de 50 000 hab.
▤▤ Canal	

(tableau page 727)

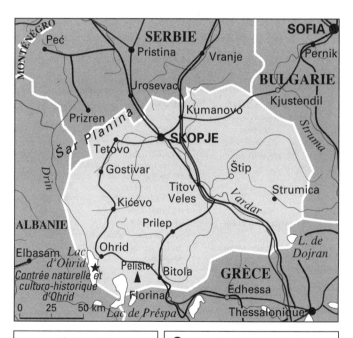

══════ Autoroute	● Plus de 1 000 000 hab.
──── Route principale	● De 500 000 à 1 000 000 hab.
─── Voie ferrée	● De 100 000 à 500 000 hab.
★ Site touristique	• De 50 000 à 100 000 hab.
	○ Moins de 50 000 hab.

(tableau page 727)

la Serbie

nom officiel	république de Serbie
forme de gouvernement	république à régime multipartis avec une chambre législative (Assemblée nationale) ; la Serbie constitue avec le Monténégro la nouvelle république fédérale de Yougoslavie non reconnue
chef de l'État	président
chef du gouvernement	Premier ministre
capitale	Belgrade
superficie	88 361 km^2
population	9 760 000 hab.
	taux de natalité : non disponible
	taux de mortalité : non disponible
	taux de mortalité infantile : 25 ‰
	accroissement naturel : 0,6 %/an
densité	110,5 hab./km^2
langue officielle	serbe
	autres langues : albanais, hongrois
unité monétaire	1 nouveau dinar yougoslave = 100 para

(carte page suivante)

le Monténégro

nom officiel	république du Monténégro
forme de gouvernement	république à régime multipartis avec une chambre législative (Assemblée nationale) ; le Monténégro constitue avec la Serbie la nouvelle république fédérale de Yougoslavie non reconnue
chef de l'État et du gouvernement	présidence collégiale avec 1 président et 4 vice-présidents
capitale	Podgorica
superficie	13 812 km²
population	632 000 hab.
	taux de natalité : non disponible
	taux de mortalité : non disponible
	taux de mortalité infantile : 12 ‰
	accroissement naturel : 1 %/an
densité	45,8 hab./km²
langue officielle	serbe
	autre langue : albanais
unité monétaire	1 dinar = 100 para

(carte page suivante)

Échelle : 0 — 50 — 100 km

Légende :

- ═════ Autoroute
- ──── Route principale
- ──── Voie ferrée
- ──── Voie ferrée
- ★ Site touristique

- ● Plus de 1 000 000 hab.
- ● De 500 000 à 1 000 000 hab.
- ● De 100 000 à 500 000 hab.
- • De 50 000 à 100 000 hab.
- ○ Moins de 50 000 hab.

(tableau page précédente)

	Route principale	●	Plus de 100 000 hab
	Voie ferrée	●	De 50 000 à 100 000 hab.
★	Site touristique	○	Moins de 50 000 hab.

(tableau page précédente)

LES PAYS DE

L'EX-UNION SOVIÉTIQUE

la Russie

nom officiel	Fédération de Russie
forme de gouvernement	république fédérale à régime multipartis avec une chambre législative (Congrès des députés du Peuple)
chef de l'État	président
chef du gouvernement	Premier ministre
capitale	Moscou
superficie	17 075 000 km²
population	147 400 000 hab.
	composition : 38 nationalités
	taux de natalité : 15 ‰
	taux de mortalité : 10 ‰
	taux de mortalité infantile : 25 ‰
	accroissement naturel : 0,6 %/an
densité	8,6 hab./km²
langue officielle	russe
unité monétaire	1 rouble = 100 kopecks

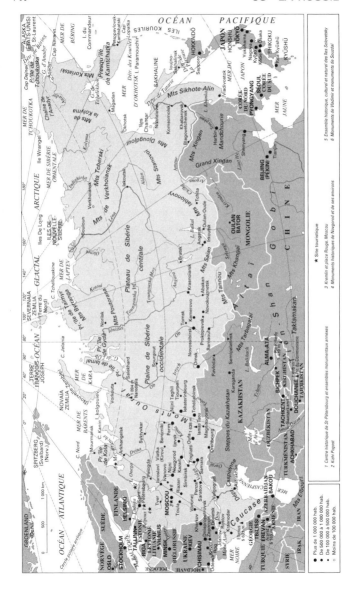

Légende :

- ● Plus de 1 000 000 hab.
- ● De 500 000 à 1 000 000 hab.
- ● De 100 000 à 500 000 hab.
- ○ Moins de 100 000 hab.

★ Site touristique

1 Centre historique de St-Pétersbourg et ensembles monumentaux annexes
2 Kiji Pogost
3 Kremlin et place Rouge, Moscou
4 Monuments historiques de Novgorod et de ses environs
5 Ensemble historique, culturel et naturel des Solovetsky
6 Monuments de Vladimir et monuments de Souzdal

L'ASIE

nom	Asie
superficie	44 600 000 km^2
	fleuve le plus long : Yangzi Jiang (Chine), 5 500 km
	lac (ou mer intérieure) le plus vaste : mer Caspienne, env. 400 000 km^2
	point culminant : mont Everest (Chine, Népal), 8 846 m
population	3,24 milliards d'hab.
	taux de natalité le plus élevé : 51 ‰ (Yémen)
	le plus bas : 10 ‰ (Japon)
	taux de mortalité le plus élevé : 22‰ (Afghanistan)
	le plus bas : 3 ‰ (Émirats arabes unis)
	taux de mortalité infantile le plus élevé : 162 ‰ (Afghanistan)
	le plus bas : 4,5 ‰ (Japon)
	accroissement naturel le plus élevé : 3,8 %/an (Syrie)
	le plus bas : 0,3 %/an (Japon)

ALL. 20° LET. 40° 60° 8
POLOGNE LIT. MOSCOU Plaine de
TCH. MINSK Sibérie Occidenta
SLO. BIÉLORUSSIE Plateau Nijni Novgorod Iekaterinbourg
H. KIEV Central Russe Tchéliabinsk RUSSIE
ROUMANIE UKRAINE Kharkov Samara Novossibirs
CHISINAU MOL. Odessa Dniepropetrovsk Volga Ural Tobol Omsk
Y. Danube Irtych
BULGARIE Steppes du
G. Kazakhstan Karaganda
MER NOIRE Elbrous Caucase Mer KAZAKHSTAN Lac Balkhach
Istanbul Chaîne Pontique Plateau Mer
ANKARA GÉORGIE 9 d'Oust- d'Aral Tchou Ili
TURQUIE Mts Taurus Ararat 10 Ourt Syr-Daria ALMA-ATA
CHYPRE ARMÉNIE AZ. BAKOU OUZBÉKISTAN 13
NICOSIE SYRIE Karakoum Kyzylkoum KIRG.
LIBAN 2 DAMAS 11 Tian
ISRAËL 2 DAMAS Demavend TURKMÉNISTAN Communisme Taklamaka
JORDANIE AMMAN IRAK Elbourz ACHKHABAD 12 TAD. Pamir
Sinaï 3 Mts Zagros TÉHÉRAN Meshed K 2
ÉGYPTE Hedjaz Tigre IRAN KABOUL 8.611 m
Nil Euphrate AFGHANISTAN ISLAMABAD
KOWEÏT Golfe Faisalabad Lahore Himalay
Persique PAKISTAN NEW DELHI
RIYAD 4 BAHREÏN Karachi Jaipur Lucknov
La Mecque QATAR Détroit Kanpur
ARABIE 5 6 E.A.U. d'Ormuz INDE
SAOUDITE MASCATE Ahmedabad Nagp
MER ROUGE Golfe d'Oman Godava
Erythrée SANAA OMAN Bombay
YÉMEN Puna Hyderaba
DJIBOUTI Aden
DJIBOUTI Golfe d'Aden C. Guardafui MER D'OMAN Madra
ADDIS- Socotra Is. Laquedives
ABÉBA SOMALIE (Yémen) (Inde) Bangalore
ÉTHIOPIE
C. Comorin
MOGADISCIO COLUMBO
MALDIVES MALÉ
O C É A N I N
SEYCHELLES
VICTORIA Is. Chagos
(G.B.)

- ● Plus de 5 000 000 hab.
- ● De 1 000 000 à 5 000 000 hab.
- ● De 500 000 à 1 000 000 hab.
- ○ Moins de 500 000 hab.

1 BEYROUTH	6 ABU DHABI
2 JÉRUSALEM	7 KATMANDOU
3 BAGDAD	8 THIMBU
4 MANAMA	9 TBILISSI
5 DOHA	10 EREVAN

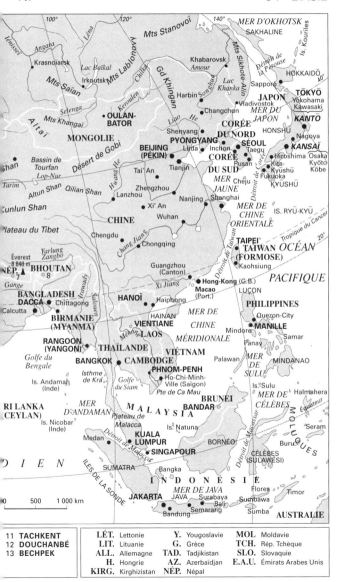

11	**TACHKENT**	**LÉT.**	Lettonie	**Y.**	Yougoslavie	**MOL**	Moldavie
12	**DOUCHANBÉ**	**LIT.**	Lituanie	**G.**	Grèce	**TCH.**	Rép. Tchèque
13	**BECHPEK**	**ALL.**	Allemagne	**TAD.**	Tadjikistan	**SLO.**	Slovaquie
		H.	Hongrie	**AZ.**	Azerbaïdjan	**E.A.U.**	Émirats Arabes Unis
		KIRG.	Kirghizistan	**NÉP.**	Népal		

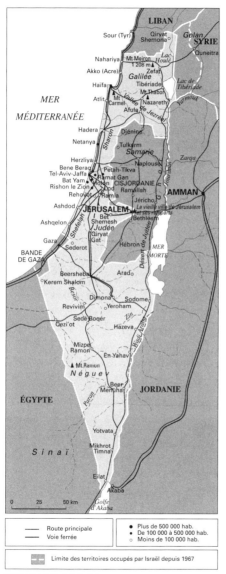

—— Route principale	● Plus de 500 000 hab.
—— Voie ferrée	● De 100 000 à 500 000 hab.
	○ Moins de 100 000 hab.

Limite des territoires occupés par Israël depuis 1967

(tableau page suivante)

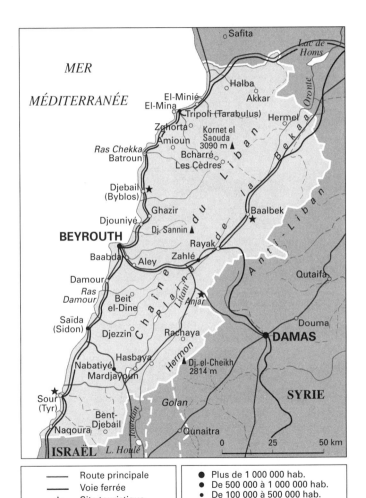

——	Route principale
——	Voie ferrée
★	Site touristique

●	Plus de 1 000 000 hab.
●	De 500 000 à 1 000 000 hab.
●	De 100 000 à 500 000 hab.
○	Moins de 100 000 hab.

(tableau page suivante)

Israël

nom officiel	État d'Israël
forme de gouvernement	république à régime multipartis avec une chambre législative
chef de l'État	président
chef du gouvernement	Premier ministre
capitale	Tel-Aviv (Jérusalem a été déclarée capitale en 1980)
superficie	20 770 km²
population	4 560 000 hab.
	taux de natalité : 22 ‰
	taux de mortalité : 6 ‰
	taux de mortalité infantile : 10 ‰
	accroissement naturel : 2,1 %/an
densité	219,6 hab./km²
langues officielles	arabe, hébreu
unité monétaire	1 nouveau shekel = 100 nouveaux agorot

(carte page précédente)

le Liban

nom officiel	République libanaise
forme de gouvernement	république à régime multipartis avec une assemblée législative (Assemblée nationale)
chef de l'État	président
chef du gouvernement	Premier ministre
capitale	Beyrouth
superficie	10 230 km²
population	2 900 000 hab.
	taux de natalité : 28 ‰
	taux de mortalité : 7 ‰
	taux de mortalité infantile : 44 ‰
	accroissement naturel : 2,2 %/an
densité	283,5 hab./km²
langue officielle	arabe
	autres langues : français, anglais
unité monétaire	1 livre libanaise = 100 piastres

(carte page précédente)

l'Inde

nom officiel	république de l'Inde
forme de gouvernement	république fédérale à régime multi-partis avec un parlement comprenant deux chambres (Conseil des États et Chambre du peuple)
divisions administratives	25 États et 7 territoires de l'Union
chef de l'État	président
chef du gouvernement	Premier ministre
capitale	New Delhi
superficie	3 166 414 km^2
population	835 800 000 hab. taux de natalité : 30 ‰ taux de mortalité : 10 ‰ taux de mortalité infantile : 88 ‰ accroissement naturel : 2,1 %/an
densité	264 hab./km^2
langues officielles	hindi, anglais
unité monétaire	1 roupie indienne = 100 paise (sing. : paisa)

(carte page suivante)

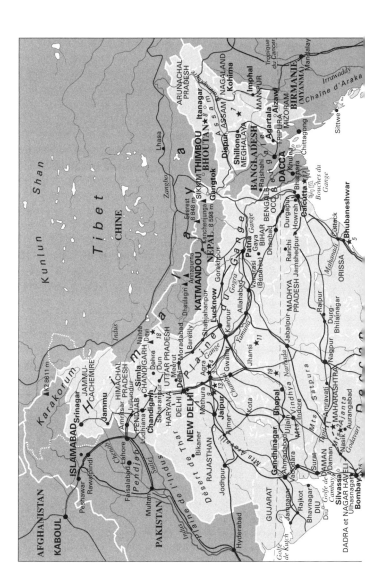

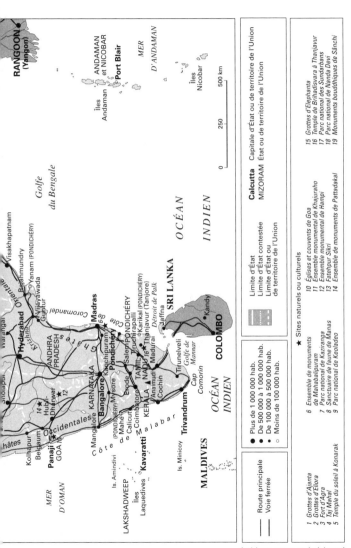

RANGOON
(Yangon)

ANDAMAN
et NICOBAR
Port Blair

Îles
Andaman

MER
D'ANDAMAN

Îles
Nicobar

0   250   500 km

Calcutta Capitale d'État ou de territoire de l'Union
MIZORAM État ou de territoire de l'Union

Golfe
du Bengale

OCÉAN

INDIEN

Visakhapatnam

Brahmundry

Yanam (PONDICHÉRY)

Vijayawada
Guntur

Krishna

Hyderabad

ANDHRA
PRADESH

Madras

Côte de Coromandel

KARNATAKA

Bangalore

Mysore

Kanchipuram

PONDICHÉRY

Salem

Erode

Coimbatore

Karikal (PONDICHÉRY)

TAMIL
NADU

Tiruchirapalli

Thanjavur (Tanjore)

Madurai

Anaimudi

KERALA

Cochin

Tirunelveli

Cap
Comorin

SRI LANKA

Kandy

COLOMBO

Jaffna

Détroit de Palk

Golfe de
Mannar

Trivandrum

OCÉAN

INDIEN

Côte de Malabar

Calicut

Mahé (PONDICHÉRY)

Mangalore

KARNATAKA

Hubli★14
Dharwar

GOA

Panaji

Belgaum

Kolhapur

hâtes

Ghâts Occidentales

Îs. Amindivi

LAKSHADWEEP
Îles
Laquedives

Is. Minicoy

Kavaratti

MALDIVES

MER
D'OMAN

Sholapur

Limite d'État
Limite d'État contesté
Limite d'État ou
de territoire de l'Union

★ Sites naturels ou culturels

● Plus de 1 000 000 hab.
● De 500 000 à 1 000 000 hab.
● De 100 000 à 500 000 hab.
○ Moins de 100 000 hab.

—— Route principale
—— Voie ferrée

1 Grottes d'Ajanta
2 Grottes d'Ellora
3 Fort d'Agra
4 Taj Mahal
5 Temple du soleil à Konarak

6 Ensemble de monuments
   de Mahabalipuram
7 Parc national de Kaziranga
8 Sanctuaire de faune de Manas
9 Parc national de Keoladeo

10 Églises et couvents de Goa
11 Ensemble monumental de Khajuraho
12 Ensemble monumental de Hampi
13 Fatehpur Sikri
14 Ensemble de monuments de Pattadakal

15 Grottes d'Elephanta
16 Temple de Brihadisvara à Thanjavur
17 Parc national des Sundarbans
18 Parc national de Nanda Devi
19 Monuments bouddhiques de Sânchi

(tableau page précédente)

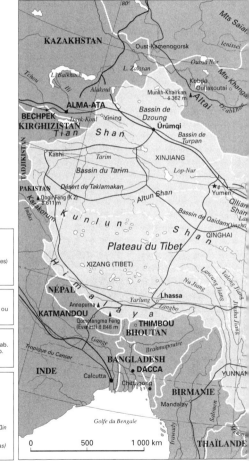

Route principale
Voie ferrée
Muraille de Chine
(section ouverte aux touristes)
Limite de province ou
de région autonome

BEIJING Capitale d'État
Hefei Capitale de province ou
de région

● Plus de 5 000 000 hab.
● De 1 000 000 à 5 000 000 hab.
● De 500 000 à 1 000 000 hab.
○ Moins de 500 000 hab.

★ Sites naturels ou culturels

1 Mont Taishan
2 La Grande Muraille
3 Le Palais Impérial
  des dynasties Ming et Qing
4 Grottes de Mogao
5 Le Mausolée du Premier Empereur Qin
6 Site de l'Homme de Pékin
7 Karst de Guilin
8 Réserve naturelle de Wolong (pandas)

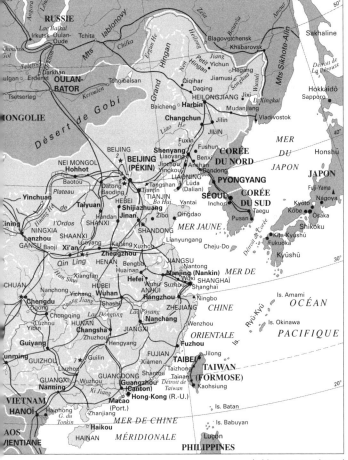

(tableau page suivante)

la Chine

nom officiel	république populaire de Chine
forme de gouvernement	république populaire à régime de parti unique avec un organe suprême (Assemblée nationale populaire)
divisions administratives	23 provinces, 5 régions autonomes et 3 municipalités (Pékin, Shanghaï, Tianjin)
chef de l'État	président
chef du gouvernement	Président du Conseil d'État
capitale	Pékin
superficie	9 572 900 km^2
population	1 150 000 000 hab.
	taux de natalité : 21 ‰
	taux de mortalité : 6,7 ‰
	taux de mortalité infantile : 27 ‰
	accroissement naturel : 1,4 %/an
densité	120 hab./km^2
langue officielle	chinois (mandarin de Pékin)
	autres langues : huit dialectes (dont le cantonais, parlé aussi à Hong-Kong) avec de nombreuses variantes ; les minorités nationales ont leur propre langue
unité monétaire	1 renminbi yuan = 10 jiao ou 100 fen

(carte page précédente)

le Japon

nom officiel	Japon
forme de gouvernement	monarchie constitutionnelle avec une diète comprenant deux assemblées (Chambre des conseillers et Chambre des représentants)
chef de l'État	empereur
chef du gouvernement	Premier ministre
capitale	Tokyo
superficie	377 835 km^2
population	123 100 000 hab.
	taux de natalité : 10 ‰
	taux de mortalité : 6,7 ‰
	taux de mortalité infantile : 5 ‰
	accroissement naturel : 0,3 %/an
densité	325,8 hab./km^2
langue officielle	japonais
unité monétaire	1 yen = 100 sen

(carte page suivante)

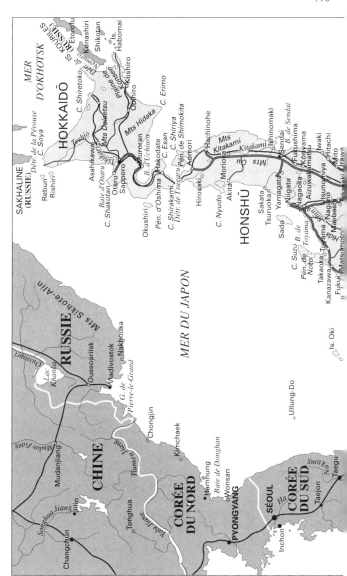

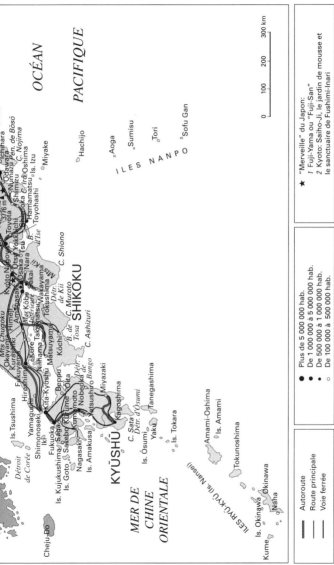

OCÉAN

PACIFIQUE

MER DE
CHINE
ORIENTALE

KYŪSHŪ

SHIKOKU

Détroit
de Corée

Cheju-Do

Is. Tsushima

Fukuoka
Yamaguchi
Shimonoseki
Iki
Is. Kujukushima / Sagoda
Is. Goto
Nagasaki
Is. Amakusa
Saebo
Kita-Kyūshū
Kumamoto
Matsushiro Bungo
Oita
Beppu
Miyazaki
Kagoshima
C. Sata
Détr. d'Ōsumi
Is. Ōsumi
Yaku
Tanegashima
Is. Tokara

Mts Chūgoku
Okayama
Kurashiki
Himeji
Hiroshima
Kure
Amagasaki
Kōbe
Niihama
Takamatsu
Matsuyama
Tokushima
Kōchi
Détr.
de Kii
B. de
Tosa
C. Ashizuri
C. Muroto

Kyōto Nagoya
Osaka Tsu
Nara
Wakayama
Détr.
de Kii
C. Shiono

376 m ▲ Toyota
Ichi
Otsu Yok
Sakai
Mts Kii
Iª Ise

Ichihara
Odawara
Numazu Pén. de Bōsō
Shimizu C. de Nojima
Shizuoka C. d'Oshima
Hamamatsu Is. Izu
Toyohashi
°Miyake

ᵒHachijo

°Aoga

°Sumisu

ILES NANPO

ᵒTori

ᵒSofu Gan

Amami-Oshima
Is. Amami

Tokunoshima

Is. Okinawa
Okinawa
Naha

Kume

(ILES RYŪKYŪ (is. Nansei))

| 0 | 100 | 200 | 300 km |

Autoroute

Route principale

Voie ferrée

● Plus de 5 000 000 hab.
● De 1 000 000 à 5 000 000 hab.
∙ De 500 000 à 1 000 000 hab.
ᵒ De 100 000 à 500 000 hab.

★ "Merveille" du Japon:
1 Fuji-Yama ou "Fuji-San"
2 Kyoto: Saiho-Ji, le jardin de mousse et
  le sanctuaire de Fushimi-Inari

(tableau page précédente)

L'AMÉRIQUE

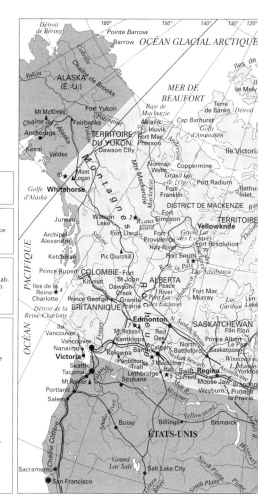

Route principale
Voie ferrée

Limite d'État
Limite de province
Limite de district

● Plus de 1 000 000 hab.
● De 500 000 à 1 000 000 hab.
● De 100 000 à 500 000 hab.
● De 50 000 à 100 000 hab.
○ Moins de 50 000 hab.

★ Patrimoine naturel ou culturel

1 Parc national historique de l'Anse aux Meadows
2 Parc national Nahanni
3 Parc provincial des Dinosaures
4 Île Anthony
5 Précipice à bisons
6 Parc national de Wood Buffalo
7 Parcs des Rocheuses Canadiennes
8 Arrondissement historique de Québec
9 Parc national du Gros Morne
10 Parc national de Kluane

(tableau page suivante)

le Canada

nom officiel	Canada
forme de gouvernement	État fédéral à régime parlementaire multipartis avec un parlement comprenant deux chambres (Sénat et Chambre des communes)
divisions administratives	10 provinces et 2 territoires
chef de l'État	reine d'Angleterre représentée par un gouverneur général
chef du gouvernement	Premier ministre
capitale	Ottawa
superficie	9 970 610 km^2
population	26 180 000 hab.
	taux de natalité : 15 ‰
	taux de mortalité : 7 ‰
	taux de mortalité infantile : 7 ‰
	accroissement naturel : 0,8 %/an
densité	2,6 hab./km^2
langues officielles	anglais, français
unité monétaire	1 dollar canadien = 100 cents

(carte page précédente)

le Québec

nom officiel	province de Québec
capitale	Québec
superficie	1 540 680 km^2
population	6 540 000 hab.
densité	4,2 hab./km^2

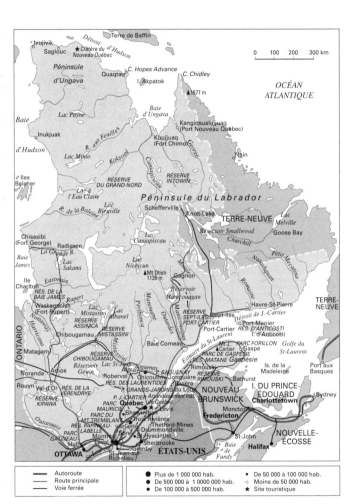

Ivujivik · Saglouc · ★ Cratère du Nouveau-Québec · Détroit d'Hudson · Terre de Baffin · Péninsule d'Ungava · Quaqtaq · C. Hopes Advance · C. Chidley · I. Akpatok · ▲1677 m · OCÉAN ATLANTIQUE · Baie · Lac Payne · Baie d'Ungava · Kangiqsualujjuaq (Port Nouveau Québec) · Inukjuak · R. aux Feuilles · Kuujjuaq (Fort Chimo) · George · Nain · d'Hudson · Lac Minto · Koksoak · Caniapiscau · Îles Belcher · RÉSERVE DU GRAND-NORD · RÉSERVE INTOWIN · Lac à l'Eau Claire · Lac Bienville · Péninsule du Labrador · R. de la Baleine · Schefferville · Knob Lake · TERRE-NEUVE · Lac Melville · Chisasibi (Fort George) · Radisson · Lac Caniapiscau · Réservoir Smallwood · Churchill · Goose Bay · La Grande R. · Baie James · Lac Sakami · Lac Nichicun · ▲Mt Otish 1128 m · Gagnon · Petit Mécatina · Natashquan · Île Charlton · Eastmain · Mistassibi · Manouane · Réservoir Manicouagan · Romaine · TERRE-NEUVE · RÉS. DE LA BAIE JAMES · Rupert · Lac Mistassini · Lac Albanel · Péribonca · Manicouagan · RÉSERVE SEPT-ILES · Sept-Îles · Havre-St-Pierre · Détroit de J.-Cartier · Waskaganish (Fort Rupert) · Harricana · RÉSERVE ASSINICA · RÉSERVE MISTASSINI · Outardes · PORT-CARTIER · Port-Cartier · Port-Menier · RÉS. D'ANTICOSTI · I. d'Anticosti · Chibougamau · Baie Comeau · Estuaire du St-Laurent · ONTARIO · Nottaway · Matagami · Réservoir Gouin · Lac St-Jean · PARC FORILLON · Golfe du St-Laurent · Mt-J.-Cartier · Gaspé · Noranda · Amos · Roberval · Saguenay · SAGUENAY · PARC DE GASPÉSIE · RÉS. MATANE · Gaspésie · Rouyn · Val-d'Or · RÉS. DE LA VÉRENDRYE · Chicoutimi · Jonquière · RÉSERVE RIMOUSKI · Rimouski · Rivière · Bathurst · Is. de la Madeleine · Port aux Basques · RÉSERVE KIPAWA · RÉS. DES LAURENTIDES · P. GRANDS-JARDINS · Rivière du Loup · I. DU PRINCE-ÉDOUARD · Sydney · Outaouais · PARC MAURICIE · P. J.-CARTIER · Arrondissement hist. · NOUVEAU-BRUNSWICK · Charlottetown · PARC DU MT-TREMBLANT · Québec · Lévis · RÉS. PAPINEAU-LABELLE · Shawinigan · Trois-Rivières · Thetford-Mines · Drummondville · Moncton · Fredericton · PARC GATINEAU · Montréal · Joliette · St-Hyacinthe · Sherbrooke · St-John · NOUVELLE-ÉCOSSE · OTTAWA · Hull · Laval · Granby · ÉTATS-UNIS · Baie de Fundy · Halifax · St-Jean-sur-Richelieu

0   100   200   300 km

═══	Autoroute	● Plus de 1 000 000 hab.	● De 50 000 à 100 000 hab.
───	Route principale	● De 500 000 à 1 000 000 hab.	○ Moins de 50 000 hab.
───	Voie ferrée	● De 100 000 à 500 000 hab.	★ Site touristique

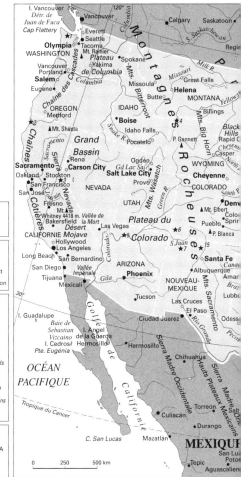

Plus de 1 000 000 hab.
De 500 000 à 1 000 000 hab.
De 100 000 à 500 000 hab.
Moins de 100 000 hab.

Limite d'État
Limite d'État de l'Union

WASHINGTON Capitale d'État

Denver Capitale d'État de l'Union

★ Site naturels ou culturels
remarquables
1 Parc national Olympic
2 Parc national Redwood
3 Parc national de Yosemite
4 Yellowstone
5 Parc national de Grand Canyon
6 Mesa Verde
7 Parc national historique de Chaco
8 Site historique des Cahokia Mounds
9 Parc national de Mammoth Cave
10 Statue de la Liberté
11 Independence Hall
12 Monticello et université de Virginie
   à Charlottesville
13 Parc nat. des Great Smoky Mountains
14 Parc national des Everglades
15 Pueblo de Taos

CONN. : CONNECTICUT
DEL.   : DELAWARE
D.C.   : DISTRICT DE COLUMBIA
MAR.   : MARYLAND
MASS. : MASSACHUSETTS
R.I.   : RHODE ISLAND

(tableau page suivante)

les États-Unis

nom officiel	États-Unis d'Amérique
forme de gouvernement	république fédérale avec un congrès comprenant deux assemblées législatives (Sénat et Chambre des représentants)
divisions administratives	50 États et 1 district fédéral
chef de l'État et du gouvernement	président
capitale	Washington
superficie	9 529 063 km²
population	248 700 000 hab.
	taux de natalité : 16 ‰
	taux de mortalité : 9 ‰
	taux de mortalité infantile : 8 ‰
	accroissement naturel : 0,7 %/an
densité	26 hab./km²
langue officielle	anglais
unité monétaire	1 dollar = 100 cents

(carte page précédente)

le Mexique

nom officiel	États-Unis du Mexique
forme de gouvernement	république fédérale avec un Congrès de l'Union comprenant deux chambres (Sénat et Chambre des députés)
chef de l'État et du gouvernement	président
capitale	Mexico
superficie	1 958 201 km^2
population	84 300 000 hab.
	taux de natalité : 29 ‰
	taux de mortalité : 6 ‰
	taux de mortalité infantile : 43 ‰
	accroissement naturel : 2,4 %/an
densité	43 hab./km^2
langue officielle	espagnol
unité monétaire	1 peso mexicain = 100 centavos

(carte page suivante)

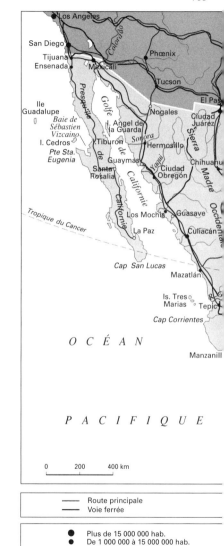

Route principale
Voie ferrée

- ● Plus de 15 000 000 hab.
- ● De 1 000 000 à 15 000 000 hab.
- ● De 500 000 à 1 000 000 hab.
- ● De 100 000 à 500 000 hab.
- ○ Moins de 100 000 hab.

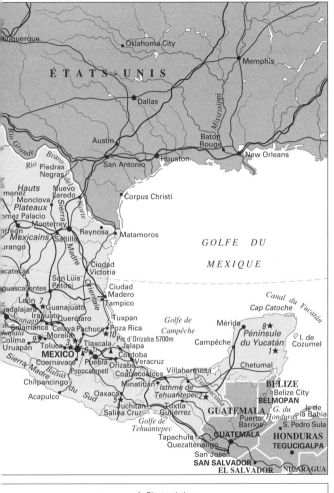

★ Site touristique

1 Sian Ka'an
2 Cité préhispanique et parc national de Palenque
3 Centre historique de Mexico et Xochimilco
4 Cité préhispanique de Téotihuacan
5 Centre historique de Oaxaca et zone
   archéologique de Monte Alban
6 Centre historique de Puebla
7 Ville historique de Guanajuato
   et mines adjacentes
8 Ville préhispanique de Chichen Itza
9 Centre historique de Morélia
10 El Tajin, cité pré-hispanique

(tableau page précédente)

les Antilles

nom	Antilles
superficie	240 000 km^2
population	35 millions d'hab.
	taux de natalité le plus élevé : 37 ‰ (Grenade)
	le plus bas : 16 ‰ (Antigua et Barbuda)
	taux de mortalité le plus élevé : 16 ‰ (Haïti)
	le plus bas : 5 ‰ (Bahamas)
	taux de mortalité infantile le plus élevé : 86 ‰ (Haïti)
	le plus bas : 10 ‰ (Barbade, Martinique)
	accroissement naturel le plus élevé : 2 %/an (Haïti, République dominicaine)
	le plus bas : – 0,4 %/an (Grenade)

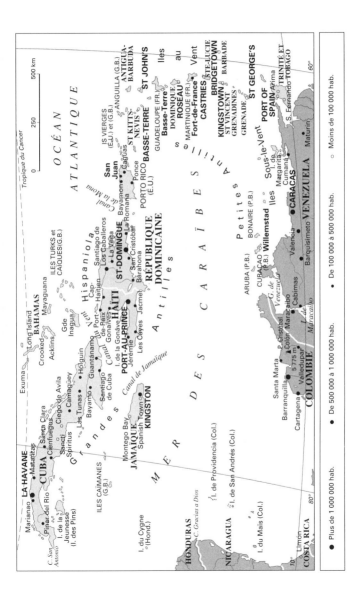

Tropique du Cancer

OCÉAN

ATLANTIQUE

OCÉAN

20°

10°

0°

10°

Golfe du Mexique

MEXIQUE

BELIZE
BELMOPAN
GUATEMALA
GUATEMALA
SALVADOR
SAN SALVADOR

HONDURAS
TEGUCIGALPA
MANAGUA
NICARAGUA
SAN JOSÉ
COSTA RICA

LA HAVANE
CUBA
Santiago

BAHAMAS
Îles Turks et Caïcos (G.-B.)

Grandes
JAMAÏQUE
KINGSTON

HAÏTI
PORT-AU-
PRINCE

RÉP. DOMINICAINE
ST-DOMINGUE

PORTO RICO
(E.-U.)

ST-KITTS - NEVIS
ANTIGUA - BARBUDA
GUADELOUPE (Fr.)
DOMINIQUE
MARTINIQUE (Fr.)
STE-LUCIE
BARBADE
ST-VINCENT - GRENADINES
GRENADE
TRINITÉ-ET-TOBAGO

Petites Antilles

Antilles

Mer des Caraïbes

PANAMA
Canal de Panamá
PANAMA
G. de
Darién

P. Cristóbal
Barranquilla
Cartagena

Maracaibo
L. de
Maracaibo
Valencia
CARACAS
Barcelona

Margarita

Guajira

Colón

Cúcuta
Bucaramanga

Medellín
Manizales
Pereira
Cali

New del Huila

BOGOTÁ
COLOMBIE

Meta
Apure

Guaviare

Caquetá

VENEZUELA
Barquisimeto Orénoque Ciudad
Guayana
San Cristóbal

Roraima

Boa Vista

Plateau des
Guyanes

GUYANA
GEORGETOWN

Caura

Caroní

Río Negro

Branco

SURINAM
PARAMARIBO

GUYANE (Fr.)
Cayenne

Maroni

Oyapock

Bouches de
l'Amazone

Belém

São Luis

Teresina

Fortaleza

Cap São
Roque
Natal

João Pessoa
Recife
Maceió

Aracaju

Salvador
B. de tous les Saints

BRASILIA

Goiânia

BRÉSIL

Mato Grosso

Cuiabá

Plateau du
Mato Grosso

Plateau
du

Tocantins

Xingú

Tapajós

Teles Pires

Arinos

Juruena

Madeira

Guaporé

BOLIVIE
La Paz
Illimani
CochabambaÓ

Mamoré

Beni

Madre de Dios

L. Titicaca
Cuzco

Arequipa

PÉROU
LIMA
Callao

Huascarán
Chimbote
Trujillo
Chiclayo

Cap Aguja

Pte Aguja

G. de Guayaquil
Guayaquil
Cuenca

ÉQUATEUR
QUITO
Chimborazo
Cotopaxi
Ambato

Cali

Napo

Putumayo

Marañón

Ucayali

Huallaga

Iquitos

Juruá

Purús

Amazone

Caquetá

Japurá

Negro

Pires

Îles Galápagos (Éq.)

Équateur 0°

20°

10°

0°

10°

Caatingas
São Francisco
Sa. do Espinhaço

Cap S. Branco

Pantanal

Paraguay

San Cristóbal

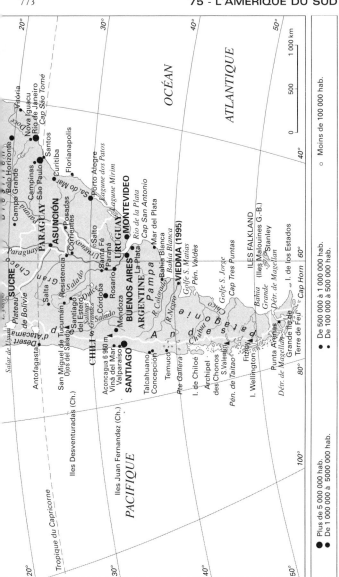

(tableau page suivante)

Plus de 5 000 000 hab.
De 1 000 000 à 5000 000 hab.

De 500 000 à 1 000 000 hab.
De 100 000 à 500 000 hab.

○ Moins de 100 000 hab.

0   500   1 000 km

l'Amérique du Sud

nom	Amérique latine
superficie	20 500 000 km²
	fleuve le plus long : Amazone (Pérou, Brésil), 6 400 km
	lac (ou mer intérieure) le plus vaste : lac Maracaïbo (Venezuela), 13 600 km²
	point culminant : Aconcagua (Argentine), 6 959 m
population	421 millions d'hab.
	taux de natalité le plus élevé : 42 ‰ (Nicaragua)
	le plus bas : 18 ‰ (Uruguay)
	taux de mortalité le plus élevé : 14 ‰ (Bolivie)
	le plus bas : 4 ‰ (Venezuela, Costa-Rica, Panama)
	taux de mortalité infantile le plus élevé : 93 ‰ (Bolivie)
	le plus bas : 19 ‰ (Chili)
	accroissement naturel le plus élevé : 3,5 %/an (Nicaragua)
	le plus bas : 0,7 %/an (Uruguay)

(carte page précédente)

le Brésil

nom officiel	république fédérative du Brésil
forme de gouvernement	république fédérale à régime multi-partis avec un congrès comprenant deux assemblées législatives (Sénat fédéral et Chambre des députés)
divisions administratives	26 États et 1 district fédéral
chef de l'État et du gouvernement	président
capitale	Brasilia
superficie	8 511 965 km²
population	147 400 000 hab. taux de natalité : 27 ‰ taux de mortalité : 8 ‰ taux de mortalité infantile : 57 ‰ accroissement naturel : 2 %/an
densité	17,3 hab./km²
langue officielle	portugais
unité monétaire	1 cruzado = 100 centavos

(carte page suivante)

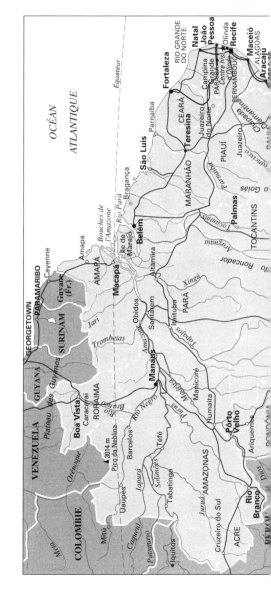

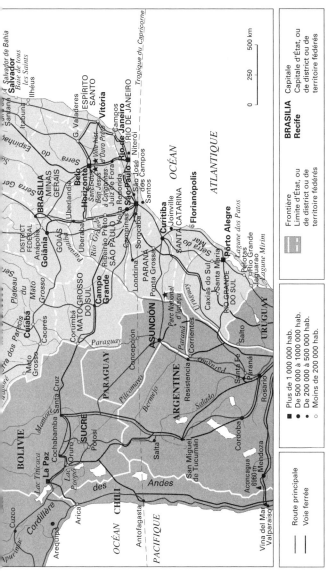

(tableau page précédente)

L'AFRIQUE

nom **superficie**	Afrique 30 318 000 km²
	fleuve le plus long : Nil, 6 671 km
	lac (ou mer intérieure) le plus vaste : lac Victoria, 68 100 km²
	point culminant : Kilimandjaro (Tanzanie), 5 895 m
population	646 millions d'hab.
	taux de natalité le plus élevé : 52 ‰ (Malawi)
	le plus bas : 20 ‰ (Maurice)
	taux de mortalité le plus élevé : 23 ‰ (Guinée-Bissau)
	le plus bas : 6 ‰ (Algérie, Tunisie)
	taux de mortalité infantile le plus élevé : 159 ‰ (Mali)
	le plus bas : 18 ‰ (Seychelles)
	accroissement naturel le plus élevé : 3,8 %/an (Côte-d'Ivoire)
	le plus bas : 1,2 %/an (Maurice)

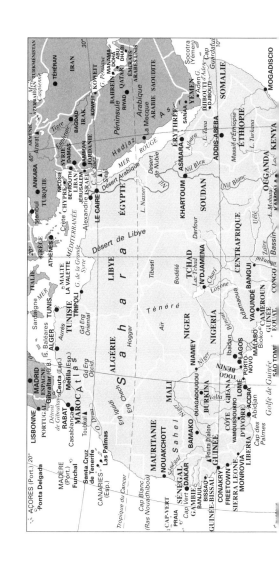

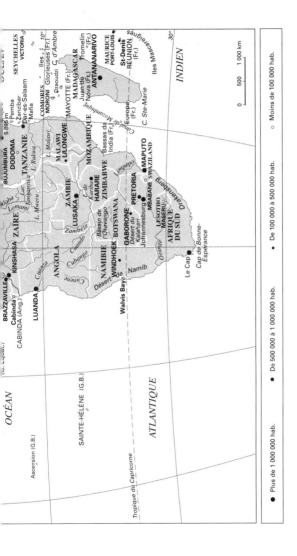

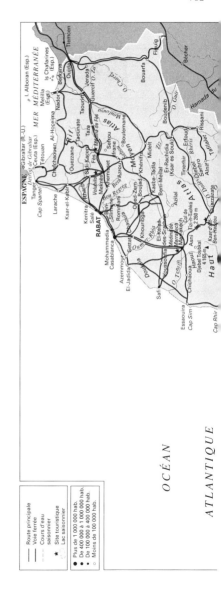

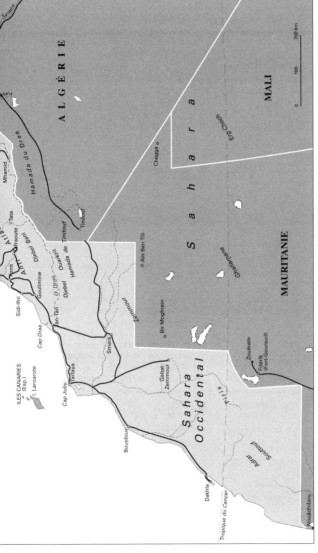

(tableau page suivante)

le Maroc

nom officiel	royaume du Maroc
forme de gouvernement	monarchie constitutionnelle avec une chambre législative (Chambre des représentants)
chef de l'État et du gouvernement	roi
capitale	Rabat
superficie	710 850 km^2 (y compris le Sahara occidental)
population	24 530 000 hab. taux de natalité : 34 ‰ taux de mortalité : 9 ‰ taux de mortalité infantile : 68 ‰ accroissement naturel : 2,4 %/an
densité	34,5 hab./km^2
langue officielle	arabe
	autres langues : berbère, français, espagnol
religion officielle	islam
unité monétaire	1 dirham marocain = 100 centimes

(carte page précédente)

l'Algérie

nom officiel	République algérienne démocratique et populaire
forme de gouvernement	république à régime provisoire dirigé par le Haut Comité d'État assisté par le Conseil consultatif national
chef de l'État	président du Haut Comité d'État
chef du gouvernement	Premier ministre
capitale	Alger
superficie	2 381 741 km^2
population	24 500 000 hab. taux de natalité : 31 ‰ taux de mortalité : 6 ‰ taux de mortalité infantile : 61 ‰ accroissement naturel : 2,5 %/an
densité	10,3 hab./km^2
langue officielle	arabe
	autres langues : berbère, français
religion officielle	islam
unité monétaire	1 dinar algérien = 100 centimes

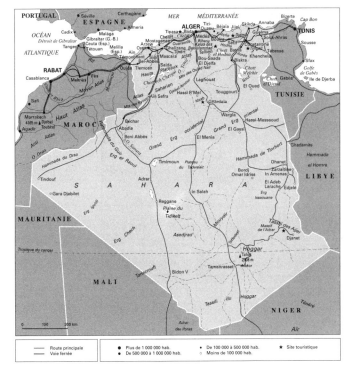

	Route principale	●	Plus de 1 000 000 hab.	●	De 100 000 à 500 000 hab.	★ Site touristique
	Voie ferrée	●	De 500 000 à 1 000 000 hab.	○	Moins de 100 000 hab.	

MER   Iles de la Galite   MÉDITERRANÉE

Cap Blanc
Mogods   Bizerte
Skikda   Annaba Tabarka   Menzel-Bourguiba
                               ol. Zembra
                          2 Carthage 5 Cap Bon
                    L'Ariana   La Goulette
Kroumirie   Béja   le Bardo   Kelibia
Mts de la Medjerda Téboursouk **TUNIS**
Medjerda Jendouba 4   Hammam-Lif
Souk-   Le Kef   Nabeul
Ahras   Siliana 7 Zaghouan Hammamet

             Maktar   G. de Hammamet
                     Kairouan   Kalaa-Kebira
Tébessa   Médina Sousse Iles Kuriate
Mts de Tébessa Djebel Sbeïtla   Monastir
         Chambi   Msaken Moknine
ALGÉRIE 1 544 m Kasserine   El Djem Amphithéâtre
                    Hautes   Ras Kaboudia
         Fériana   Sidi Bouzid
              Steppes
         Gafsa Meknassy   I. Chergui
                        Sfax Iles
Metlaoui   I. Gharbi Kerkenna
Chott el Gharsa   La Skhira
Tozeur
Nefta   Golfe de Gabès
       Chott   Gabès Houmt-Souk
       el Djerid Chott el Fedjadj
         Kebili   Ile de Djerba
              Matmata
         Douz   Zarzis
              Médenine

Grand Erg   Ben
Oriental   Gardane
              Tataouine   Zuara
Plateau   Djebel Demer Djeffara

   du   Nalut
         Remada
Dahar
    Bordj Djenein

                LIBYE

S   a   h   a   r   a
    Bordj El
    Khadra
0   50   100 km
         Ghadamès

▬▬▬ Autoroute	★ Site touristique
―――― Route principale	1 Médina de Tunis
―――― Voie ferrée	2 Site archéologique de Carthage
	3 Parc national de l'Ichkeul
● Plus de 1 000 000 hab.	4 Dougga
● De 100 000 à 300 000 hab.	5 Cité punique de Kerkouane
● De 20 000 à 100 000 Hab.	et sa nécropole
○ Moins de 20 000 hab.	6 Bulla Regia
	7 Thuburbo Majus

la Tunisie

nom officiel	République tunisienne
forme de gouvernement	république à régime multipartis avec une chambre législative (Assemblée nationale)
chef de l'État	président
chef du gouvernement	Premier ministre
capitale	Tunis
superficie	154 530 km^2
population	7 970 000 hab. taux de natalité : 25 ‰ taux de mortalité : 6 ‰ taux de mortalité infantile : 44 ‰ accroissement naturel : 2,1 %/an
densité	51,6 hab./km^2
langue officielle	arabe autres langues : berbère, français
religion officielle	islam
unité monétaire	1 dinar tunisien = 1000 millimes

l'Égypte

nom officiel	république arabe d'Égypte
forme de gouvernement	république avec une assemblée législative (Assemblée populaire)
chef de l'État	président
chef du gouvernement	Premier ministre
capitale	Le Caire
superficie	997 739 km^2
population	51 700 000 hab. taux de natalité : 32 ‰ taux de mortalité : 8 ‰ taux de mortalité infantile : 57 ‰ accroissement naturel : 2,2 %/an
densité	51,8 hab./km^2
langue officielle	arabe
religion officielle	islam
unité monétaire	1 livre égyptienne = 100 piastres

(carte page suivante)

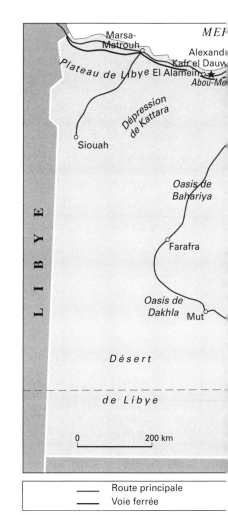

Route principale
Voie ferrée

- ● Plus de 1 000 000 hab.
- ● De 500 000 à 1 000 000 hab.
- ● De 100 000 à 500 000 hab.
- ○ Moins de 100 000 hab.

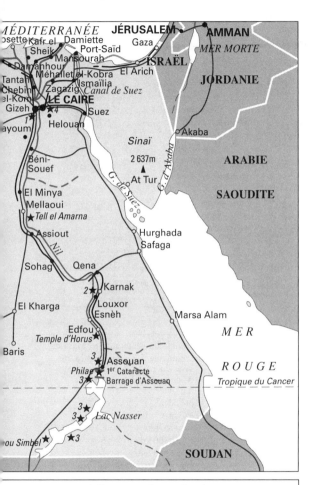

★ Sites naturels ou culturels

1 Pyramides de Gizeh à Dachour et Memphis et sa nécropole
2 La Thèbes antique et sa nécropole : sanctuaires de Louxor et
  Karnak, vallées des Rois et des Reines, temples funéraires royaux
3 Monuments de Nubie : de Philae et les temples de
  l'île Éléphantine à Abou Simbel
4 Le Caire islamique

(tableau page précédente)

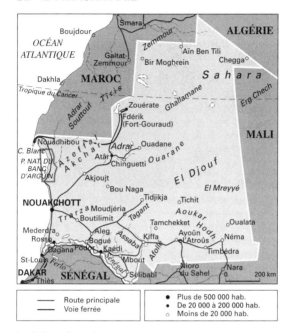

——— Route principale	● Plus de 500 000 hab.
——— Voie ferrée	● De 20 000 à 200 000 hab.
	○ Moins de 20 000 hab.

la Mauritanie

nom officiel	république islamique de Mauritanie
forme de gouvernement	république à régime multipartis avec un parlement comprenant deux assemblées (Assemblée nationale et Sénat)
chef de l'État	président
chef du gouvernement	Premier ministre
capitale	Nouakchott
superficie	1 030 700 km²
population	1 950 000 hab.
	taux de natalité : 46 ‰
	taux de mortalité : 19 ‰
	taux de mortalité infantile : 117 ‰
	accroissement naturel : 2,9 %/an
densité	1,9 hab./km²
langues officielles	arabe, français
religion officielle	islam
unité monétaire	1 ouguiya = 5 khoums

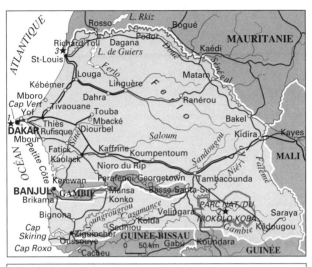

—— Route principale	—— Voie ferrée

● Plus de 1 000 000 hab.	★ Site touristique
● De 100 000 à 500 000 hab.	*1 Ile de Gorée*
○ Moins de 100 000 hab.	*2 Parc national du Niokolo-Koba*
	3 Parc national des Oiseaux du Djoudj

le Sénégal

nom officiel	république du Sénégal
forme de gouvernement	république avec une assemblée législative (Assemblée nationale)
chef de l'État	président
chef du gouvernement	Premier ministre
capitale	Dakar
superficie	196 722 km²
population	7 400 000 hab.
	taux de natalité : 46 ‰
	taux de mortalité : 18 ‰
	taux de mortalité infantile : 82 ‰
	accroissement naturel : 2,7 %/an
densité	37,6 hab./km²
langue officielle	français
	autres langues : ouolof, mandingue, dioula, sérère, soninké, peul
unité monétaire	1 franc CFA

le Mali

nom officiel	république du Mali
forme de gouvernement	république à structure étatique unitaire et à régime multipartis avec une chambre législative (Assemblée nationale)
chef de l'État	président
chef du gouvernement	Premier ministre
capitale	Bamako
superficie	1 240 192 km^2
population	7 900 000 hab.
	taux de natalité : 51 ‰
	taux de mortalité : 21 ‰
	taux de mortalité infantile : 159 ‰
	accroissement naturel : 3 %/an
densité	6,4 hab./km^2
langue officielle	français
	autres langues : bambara, songhaï, soninké, peul
unité monétaire	1 franc CFA

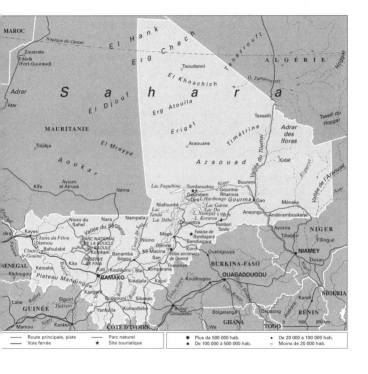

— — — Route principale, piste	Plus de 500 000 hab.
——— Voie ferrée	De 100 000 à 500 000 hab.
——— Parc naturel	De 20 000 à 100 000 hab.
★ Site touristique	Moins de 20 000 hab.

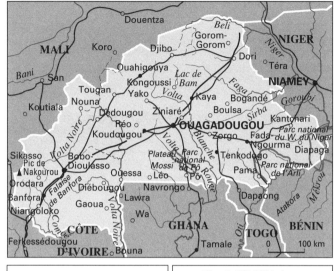

——— Route principale	● Plus de 200 000 hab.
——— Voie ferrée	● De 20 000 à 200 000 hab.
	○ Moins de 20 000 hab.

le Burkina-Faso

nom officiel	république du Burkina-Faso
forme de gouvernement	république à régime multipartis avec une assemblée (Assemblée du peuple)
chef de l'État et du gouvernement	président
capitale	Ouagadougou
superficie	274 200 km²
population	8 710 000 hab.
	taux de natalité : 50 ‰
	taux de mortalité : 17 ‰
	taux de mortalité infantile : 127 ‰
	accroissement naturel : 2,9 %/an
densité	31,7 hab./km²
langue officielle	français
	autres langues : moré, dioula, gourmantché
unité monétaire	1 franc CFA

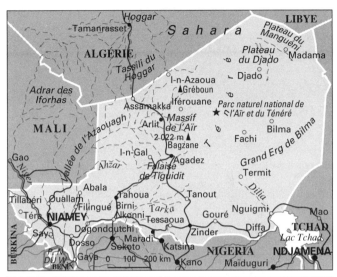

——	Route principale
★	Site touristique

- De 100 000 à 500 000 hab.
- De 20 000 à 100 000 hab.
○ Moins de 20 000 hab.

le Niger

nom officiel	république du Niger
forme de gouvernement	république à régime multipartis avec une assemblée législative (Assemblée nationale)
chef de l'État	président
chef du gouvernement	premier ministre
capitale	Niamey
superficie	1 186 408 km²
population	7 520 000 hab.
	taux de natalité : 51 ‰
	taux de mortalité : 22 ‰
	taux de mortalité infantile : 135 ‰
	accroissement naturel : 3 %/an
densité	6,3 hab./km²
langue officielle	français
	autres langues : haoussa, songhaï, zarma
unité monétaire	1 franc CFA

le Tchad

nom officiel	république du Tchad
forme de gouvernement	régime militaire provisoire, dirigé par le Conseil supérieur de la transition
chef de l'État et du gouvernement	président
capitale	N'Djamena
superficie	1 284 000 km^2
population	5 540 000 hab.
	taux de natalité : 44 ‰
	taux de mortalité : 19 ‰
	taux de mortalité infantile : 122 ‰
	accroissement naturel : 2,5 %/an
densité	4,3 hab./km^2
langues officielles	arabe, français
unité monétaire	1 franc CFA

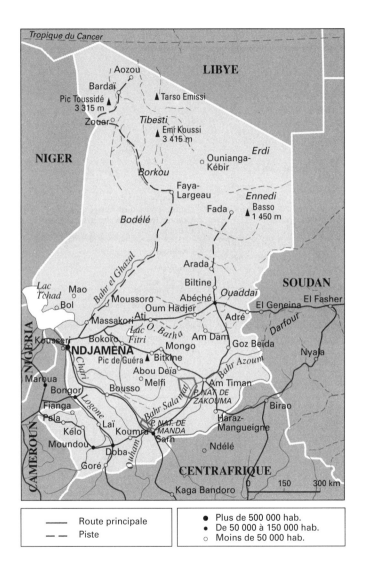

Tropique du Cancer

LIBYE

Aozou

Bardaï

Pic Toussidé
3 315 m

Zouar

▲ Tarso Emissi

Tibesti

Emi Koussi
3 415 m

Erdi

Ounianga-
Kébir

NIGER

Borkou

Faya-
Largeau

Fada

Ennedi

Basso
▲ 1 450 m

Bodélé

Arada

Biltine

Ouaddaï

SOUDAN

*Lac
Tchad*

Mao

Bol

Moussoro

Abéché

El Geneina

El Fasher

Oum Hadjer

Bahr el Ghazal

Massakori

Ati

*Lac
O. Batha*

Fitri

Adré

Am Dam

Goz Beïda

Darfour

NIGERIA

Kousseri

Bokoro

Mongo

Nyala

NDJAMENA

Pic de Guéra ▲ Bitkine

Chari

Abou Deïa

Bahr Azoum

Maroua

Bongor

Bousso

Melfi

Am Timan

P. NAT. DE
ZAKOUMA

Fianga

Pala

Kélo

Laï

Koumra

Bahr Salamat

P. NAT. DE
MANDA

Logone

Haraz-
Mangueigne

Birao

Moundou

Doba

Sarh

Ndélé

Goré

Ouham

CENTRAFRIQUE

CAMEROUN

Kaga Bandoro

0   150   300 km

	Route principale	●	Plus de 500 000 hab.
	Piste	●	De 50 000 à 150 000 hab.
		○	Moins de 50 000 hab.

la Guinée

nom officiel	république de Guinée
forme de gouvernement	régime provisoire, dirigé par le Comité transitoire de redressement national
chef de l'État et du gouvernement	président
capitale	Conakry
superficie	245 857 km^2
population	6 700 000 hab.
	taux de natalité : 48 ‰
	taux de mortalité : 22 ‰
	taux de mortalité infantile : 134 ‰
	accroissement naturel : 3 %/an
densité	27,3 hab./km^2
langue officielle	français
	autres langues : malinké, peul, basari
unité monétaire	1 franc guinéen = 100 cauris

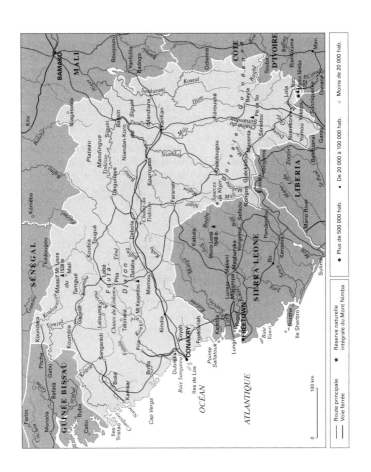

la Côte-d'Ivoire

nom officiel	république de Côte-d'Ivoire
forme de gouvernement	république à régime multipartis avec une assemblée législative (Assemblée nationale)
chef de l'État et du gouvernement	président
capitale	Yamoussoukro
superficie	320 763 km²
population	12 100 000 hab. taux de natalité : 50 ‰ taux de mortalité : 15 ‰ taux de mortalité infantile : 88 ‰ accroissement naturel : 3,8 %/an
densité	37,7 hab./km²
langue officielle	français autres langues : dioula, baoulé, bété, sénoufo
unité monétaire	1 franc CFA

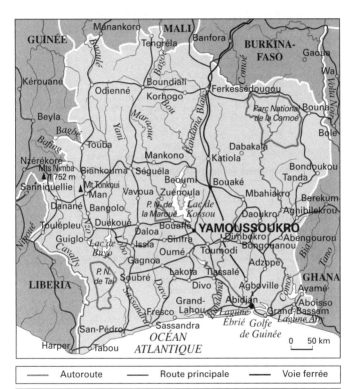

——— Autoroute	——— Route principale	——— Voie ferrée

● Plus de 1 000 000 hab. ● De 100 000 à 500 000 hab. ○ Moins de 100 000 hab.

le Togo

nom officiel	République togolaise
forme de gouvernement	république à régime multipartis avec un organe législatif (Haut Conseil de la République)
chef de l'État et du gouvernement	président
capitale	Lomé
superficie	56 785 km²
population	3 620 000 hab.
	taux de natalité : 50 ‰
	taux de mortalité : 14 ‰
	taux de mortalité infantile : 100 ‰
	accroissement naturel : 3,2 %/an
densité	63,7 hab./km²
langues officielles	français
	autres langues : éwé, kabye
unité monétaire	1 franc CFA

le Bénin

nom officiel	république du Bénin
forme de gouvernement	république à structure étatique unitaire et à régime multipartis avec une assemblée (Assemblée nationale)
chef de l'État	président
chef du gouvernement	Premier ministre
capitale	Porto-Novo (capitale officielle) ; Cotonou (capitale de fait)
superficie	112 600 km²
population	4 590 000 hab.
	taux de natalité : 49 ‰
	taux de mortalité : 19 ‰
	taux de mortalité infantile : 110 ‰
	accroissement naturel : 3,1 %/an
densité	40,8 hab./km²
langue officielle	français
	autres langues : fon, adja, bariba, yorouba, peul, somba, aizo
unité monétaire	1 franc CFA

(carte page suivante)

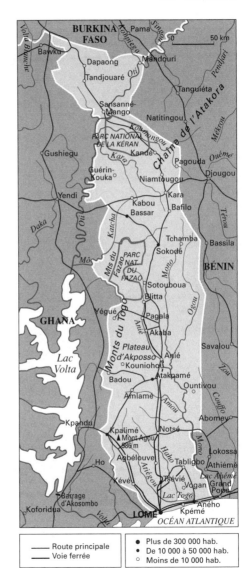

Route principale
Voie ferrée

● Plus de 300 000 hab.
● De 10 000 à 50 000 hab.
○ Moins de 10 000 hab.

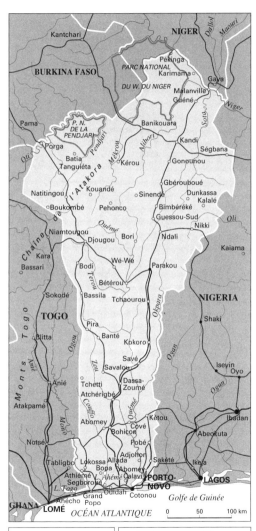

(tableau
page précédente)

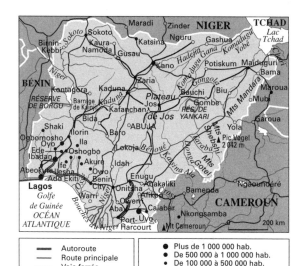

▬▬▬	Autoroute
▬▬▬	Route principale
▬▬▬	Voie ferrée

●	Plus de 1 000 000 hab.
●	De 500 000 à 1 000 000 hab.
●	De 100 000 à 500 000 hab.
○	Moins de 100 000 hab.

le Nigeria

nom officiel	république fédérale du Nigeria
forme de gouvernement	république fédérale à régime multipartis avec un Parlement comprenant deux chambres (Chambre des représentants et Sénat)
chef de l'État et du gouvernement	président
capitale	Abuja
superficie	923 768 km²
population	88 515 000 hab. taux de natalité : 44 % taux de mortalité : 17 ‰ taux de mortalité infantile : 96 ‰ accroissement naturel : 3,3 %/an
densité	95,8 hab./km²
langue officielle	anglais autres langues : haoussa, ibo, yorouba
unité monétaire	1 naira = 100 kobo

le Cameroun

Nom officiel	république du Cameroun
forme de gouvernement	république avec une assemblée législative (Assemblée nationale)
chef de l'État et du gouvernement	président
capitale	Yaoundé
superficie	465 458 km^2
population	11 400 000 hab. taux de natalité : 43 ‰ taux de mortalité : 16 ‰ taux de mortalité infantile : 86 ‰ accroissement naturel : 3,4 %/an
densité	24,5 hab./km^2
langues officielles	français, anglais autres langues : béti, douala, basaa
unité monétaire	1 franc CFA

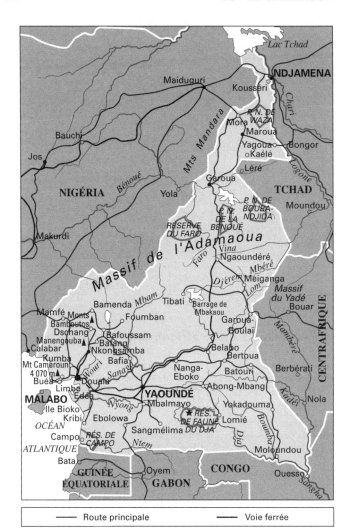

Route principale   Voie ferrée

● Plus de 1 000 000 hab.   ○ Moins de 100 000 hab.
● De 500 000 à 1 000 000 hab.   ★ Site touristique
● De 100 000 à 500 000 hab.

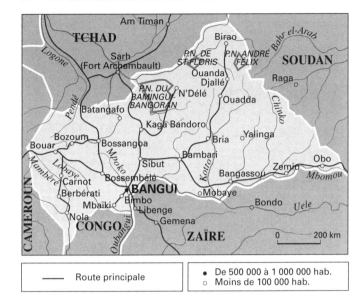

—— Route principale	● De 500 000 à 1 000 000 hab. ○ Moins de 100 000 hab.

la République Centrafricaine

nom officiel	République centrafricaine
forme de gouvernement	république à structure étatique unitaire et à régime multipartis dirigée par un Conseil Provisoire de la République
chef de l'État	président
chef du gouvernement	Premier ministre
capitale	Bangui
superficie	622 436 km²
population	2 810 000 hab. taux de natalité : 44 ‰ taux de mortalité : 16 ‰ taux de mortalité infantile : 95 ‰ accroissement naturel : 2,9 %/an
densité	4,5 hab./km²
langue officielle	français autre langue : sango
unité monétaire	1 franc CFA

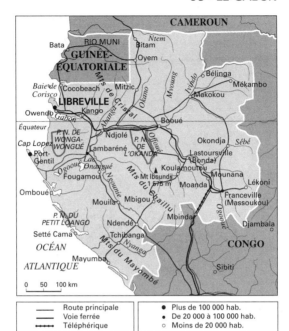

———	Route principale	● Plus de 100 000 hab.
———	Voie ferrée	● De 20 000 à 100 000 hab.
+-+-+-	Téléphérique	○ Moins de 20 000 hab.

le Gabon

nom officiel	République gabonaise
forme de gouvernement	république à structure étatique unitaire et à régime multipartis avec une assemblée législative (Assemblée nationale)
chef de l'État et du gouvernement	président
capitale	Libreville
superficie	267 667 km²
population	1 240 000 hab.
	taux de natalité : 36 ‰
	taux de mortalité : 17 ‰
	taux de mortalité infantile : 94 ‰
	accroissement naturel : 3,3 %/an
densité	4,6 hab./km²
langue officielle	français
unité monétaire	1 franc CFA

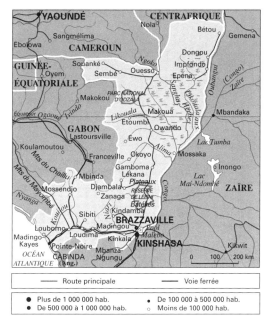

——— Route principale   ——— Voie ferrée

● Plus de 1 000 000 hab.   • De 100 000 à 500 000 hab.
● De 500 000 à 1 000 000 hab.   ○ Moins de 100 000 hab.

le Congo

nom officiel	république du Congo
forme de gouvernement	république à régime multipartis avec une assemblée législative (Assemblée nationale)
chef de l'État	président
chef du gouvernement	Premier ministre
capitale	Brazzaville
superficie	342 000 km²
population	2 240 000 hab.
	taux de natalité : 47 ‰
	taux de mortalité : 14 ‰
	taux de mortalité infantile : 65 ‰
	accroissement naturel : 3,3 %/an
densité	6,5 hab./km²
langue officielle	français
	autres langues : monokutuba, lingala, lari, kikongo
unité monétaire	1 franc CFA

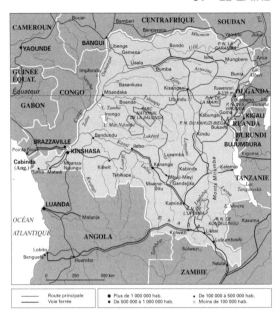

le Zaïre

nom officiel	république du Zaïre
forme de gouvernement	république à régime multipartis avec une assemblée (Haut Conseil de la République)
chef de l'État	président
chef du gouvernement	Premier ministre
capitale	Kinshasa
superficie	2 345 095 km^2
population	33 340 000 hab.
	taux de natalité : 46 ‰
	taux de mortalité : 14 ‰
	taux de mortalité infantile : 75 ‰
	accroissement naturel : 3 %/an
densité	14,2 hab./km^2
langue officielle	français
	autres langues : lingala, swahili, tshiluba, kikongo
unité monétaire	1 zaïre = 100 makuta (sing. : likuta)

le Kenya

nom officiel	république du Kenya
forme de gouvernement	république à structure étatique unitaire et à régime multipartis avec une assemblée législative (Assemblée nationale)
chef de l'État et du gouvernement	président
capitale	Nairobi
superficie	582 646 km^2
population	23 900 000 hab.
	taux de natalité : 46 ‰
	taux de mortalité : 17 ‰
	taux de mortalité infantile : 69 ‰
	accroissement naturel : 3,7 %/an
densité	41 hab./km^2
langues officielles	swahili, anglais
unité monétaire	1 shilling kenyan = 100 cents

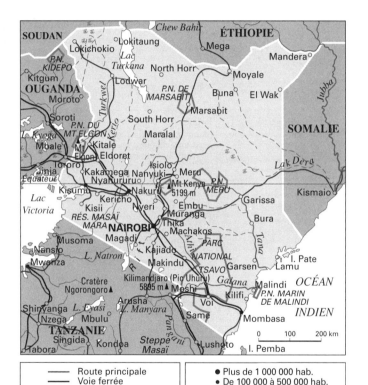

SOUDAN
Chew Bahir   ÉTHIOPIE
Lokichokio   °Lokitaung   °Mega
P.N.   Lac   °Moyale   Mandera°
KIDEPO   Turkana   North Horr
Kitgum   °Lodwar   °Buna   °El Wak
OUGANDA   P.N. DE
Moroto   MARSABIT   °Marsabit   SOMALIE
Soroti   P.N. DU   South Horr
L. Kyoga   MT ELGON   Maralal
Mbale°   Mt Kitale   Lak Dera
Tororo Ekon° Eldoret
Jinja Kakamega Nanyuki °Isiolo °Meru P.N.
Équateur Nyahururuo °Mt Kenya MERU   Kismaio
Kisumu° Kericho °Nakuru 5199 m
Lac   Kisii Nyeri °Embu   Garissa
Victoria RÉS. MASAÏ Muranga
MARA NAIROBI Thika   Bura
Musoma Magadi° Machakos
Nansio°   PARC
Mwanza L. Natron °Kajiado   NATIONAL   °I. Pate
Makindu °TSAVO Garsen Lamu
Cratère Kilimandjaro (Pic Uhuru) Galana Malindi OCÉAN
Ngorongoro▲ 5895 m▲ °Moshi   Kilifi P.N. MARIN
Shinyanga L. Eyasi Arusha   °Voi   DE MALINDI INDIEN
Nzega Mbulu L. Manyara °Same   Mombasa
TANZANIE Singida° Kondoa Steppe   °Lushoto
°Tabora   Masaï   I. Pemba

0   100   200 km

———— Route principale   ● Plus de 1 000 000 hab.
———— Voie ferrée   ● De 100 000 à 500 000 hab.
———— Parc naturel   ○ Moins de 100 000 hab.

Madagascar

nom officiel	République malgache
forme de gouvernement	république à régime multipartis avec une chambre législative (Assemblée nationale)
chef de l'État	président
chef du gouvernement	Premier ministre
capitale	Antananarivo
superficie	587 041 km^2
population	11 600 000 hab.
	taux de natalité : 44 ‰
	taux de mortalité : 16 ‰
	taux de mortalité infantile : 110 ‰
	accroissement naturel : 3,2 %/an
densité	19,8 hab./km^2
langue officielle	malgache (merina)
	autre langue : français
unité monétaire	1 franc malgache = 100 centimes

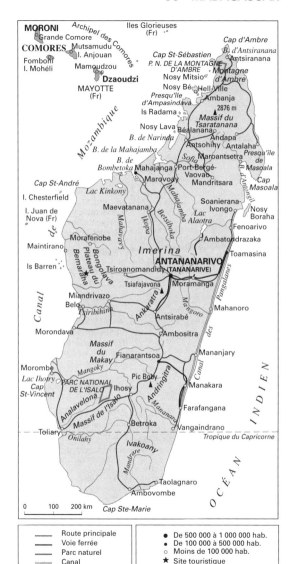

MORONI · Archipel des Comores · Iles Glorieuses (Fr)
Grande Comore
COMORES · Mutsamudu · Cap d'Ambre
Fomboni · I. Anjouan · B. d'Antsiranana
I. Mohéli · Mamoudzou · Cap St-Sébastien · Antsiranana
Dzaoudzi · P. N. DE LA MONTAGNE D'AMBRE · Montagne d'Ambre
MAYOTTE (Fr) · Nosy Mitsio · Hell-Ville
Nosy Bé · Ambanja
Presqu'île d'Ampasindava · 2876 m
Is Radama · Massif du Tsaratanana
Nosy Lava · Béalanana
B. de Narinda · Andapa
Antsohihy · Antalaha
B. de la Mahajamba · Sofia · Maroantsetra · Presqu'île de Masoala
B. de Bombetoka · Mahajanga · Port-Bergé-Vaovao · B. d'Antongil · Cap Masoala
Cap St-André · Marovoay · Mandritsara
I. Chesterfield · Lac Kinkony
Maevatanana · Soanierana-Ivongo · Nosy Boraha
I. Juan de Nova (Fr)
Fenoarivo
Morafenobe · Ambatondrazaka
Maintirano · Imerina · Toamasina
Is Barren · Bongolava Plateau du Bemaraha
ANTANANARIVO (TANANARIVE)
Tsiroanomandidy
Tsiafajavona · Moramanga
Miandrivazo
Belo · Tsiribihina · Antsirabé · Mahanoro
Morondava · Ambositra
Massif du Makay · Fianarantsoa · Mananjary
Morombe · Mangoky
Lac Ihotry · PARC NATIONAL DE L'ISALO · Pic Boby · Manakara
Cap St-Vincent · Ihosy
Analavelona · Farafangana
Massif de l'Isalo · Betroka · Vangaindrano
Toliary · Onilahy · Tropique du Capricorne
Ivakoany
Taolagnaro
Ambovombe
0   100   200 km · Cap Ste-Marie

Mozambique
Canal de Mozambique
Mahavavy
Ikopa
Betsiboka
Lac Alaotra
Mania
Pangalanes
Mangoro
Canal des Pangalanes
Mananara
Mandrare
Andringitra

OCÉAN INDIEN

──── Route principale   ● De 500 000 à 1 000 000 hab.
──── Voie ferrée   ● De 100 000 à 500 000 hab.
──── Parc naturel   ○ Moins de 100 000 hab.
──── Canal   ★ Site touristique

l'Afrique du Sud

nom officiel	république d'Afrique du Sud
forme de gouvernement	république fédérale (4 provinces) à régime multipartis avec trois assemblées législatives (l'Assemblée, la Chambre des représentants et la Chambre des délégués)
chef de l'État et du gouvernement	président
capitale	Prétoria (siège administratif) Le Cap (siège législatif) Bloemfontein (siège judiciaire)
superficie	1 225 815 km^2
population	36 690 000 hab.(dont 6,7 millions d'habitants dans les bantoustans déclarés indépendants) taux de natalité : 35 ‰ taux de mortalité : 8 ‰ taux de mortalité infantile : 62 ‰ accroissement naturel : 2 %/an
densité	30 hab./km^2
langues officielles	afrikaans, anglais autres langues : xhosa, zoulou
unité monétaire	1 rand = 100 cents

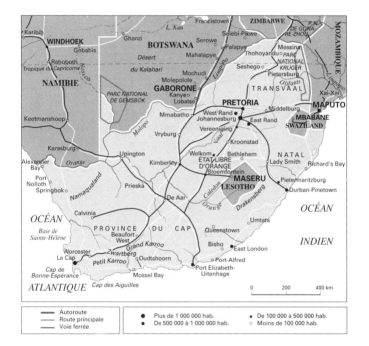

Autoroute
Route principale
Voie ferrée

● Plus de 1 000 000 hab.
● De 500 000 à 1 000 000 hab.

● De 100 000 à 500 000 hab.
○ Moins de 100 000 hab.

L'OCÉANIE

nom	Océanie
superficie	8 970 000 km^2
	fleuve le plus long : Murray (Australie), 2 574 km
	lac (ou mer intérieure) le plus vaste : lac Eyre (Australie), 8 880 km^2
	point culminant : mont Jaya (Nouvelle-Guinée), 5 040 m
population	25 millions d'hab.
	taux de natalité le plus élevé : 42 ‰ (îles Salomon)
	le plus bas : 15 ‰ (Australie)
	taux de mortalité le plus élevé : 12 ‰ (Papouasie-Nouvelle-Guinée)
	le plus bas : 4 ‰ (Fidji)
	taux de mortalité infantile le plus élevé : 68 ‰ (Kiribati)
	le plus bas : 7 ‰ (Australie)
	accroissement naturel le plus élevé : 3 %/an (îles Salomon)
	le plus bas : − 0,2 %/an (Tonga)

Plus de 1 000 000 hab. • De 500 000 à 1 000 000 hab.

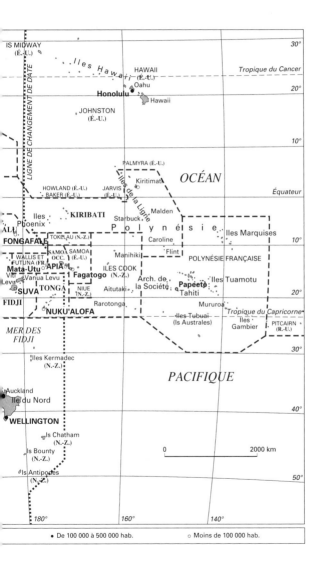

IS MIDWAY
(É.-U.)

Îles Hawaii

HAWAII
(É.-U.)
Oahu
Honolulu
Hawaii

Tropique du Cancer

JOHNSTON
(É.-U.)

LIGNE DE CHANGEMENT DE DATE

PALMYRA (É.-U.)

Kiritimati

OCÉAN

HOWLAND (É.-U.)
BAKER (É.-U.)

JARVIS
(É.-U.)

Îles de la Ligne

Équateur

Îles
Phoenix

KIRIBATI

Starbuck

Malden

P o l y n é s i e

Îles Marquises

ALU

FONGAFALE

TOKELAU (N.-Z.)

Caroline

Flint

WALLIS ET
FUTUNA (FR.)

SAMOA
OCC.
APIA

SAMOA
(É.-U.)

Manihiki

ÎLES COOK

POLYNÉSIE FRANÇAISE

Mata-Utu

Viti
Levu
Vanua Levu

Fagatogo

(N.-Z.)

Arch. de
la Société

Îles Tuamotu

Papeete
Tahiti

SUVA

TONGA

NIUE
(N.-Z.)

Aitutaki

FIDJI

NUKU'ALOFA

Rarotonga

Mururoa

Tropique du Capricorne

Îles Tubuaï
(Is Australes)

Îles
Gambier

PITCAIRN
(R.-U.)

MER DES
FIDJI

Îles Kermadec
(N.-Z.)

PACIFIQUE

Auckland
Île du Nord

WELLINGTON

Is Chatham
(N.-Z.)

0   2000 km

Is Bounty
(N.-Z.)

Is Antipodes
(N.-Z.)

180°   160°   140°

● De 100 000 à 500 000 hab.   ○ Moins de 100 000 hab.

la Nouvelle-Zélande

nom officiel	Nouvelle-Zélande
forme de gouvernement	monarchie constitutionnelle à régime multipartis avec une assemblée législative (Chambre des représentants)
chef de l'État	reine d'Angleterre représentée par un gouverneur général
chef du gouvernement	Premier ministre
capitale	Wellington
superficie	267 844 km^2
population	3 371 000 hab.
	taux de natalité : 17,4 ‰
	taux de mortalité : 7,7 ‰
	taux de mortalité infantile : 9 ‰
	accroissement naturel : 0,8 %/an
densité	12,6 hab./km^2
langues officielles	anglais, maori
unité monétaire	1 dollar néo-zélandais = 100 cents

l'Australie

nom officiel	commonwealth d'Australie
forme de gouvernement	monarchie constitutionnelle à régime multipartis avec un Parlement fédéral comprenant deux chambres législatives (Sénat et Chambre des représentants)
divisions administratives	6 États et 2 territoires
chef de l'État	reine d'Angleterre représentée par un gouverneur général
chef du gouvernement	Premier ministre
capitale	Canberra
superficie	7 682 300 km^2
population	16 800 000 hab.
	taux de natalité : 15 ‰
	taux de mortalité : 7 ‰
	taux de mortalité infantile : 7 ‰
	accroissement naturel : 1,2 %/an
densité	2,2 hab./km^2
langue officielle	anglais
unité monétaire	1 dollar australien = 100 cents

(carte page suivante)

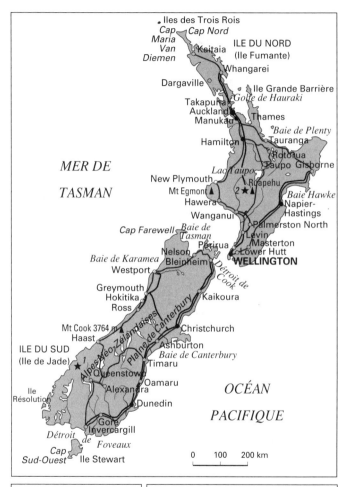

Iles des Trois Rois

Cap Nord

Cap Maria Van Diemen

ILE DU NORD
(Ile Fumante)

Kaitaia

Whangarei

Dargaville

Ile Grande Barrière

Golfe de Hauraki

Takapuna
Auckland
Manukau

Thames

Baie de Plenty

Hamilton

Tauranga

Rotorua
Taupo   Gisborne

*MER DE
TASMAN*

Lac Taupo

New Plymouth

Ruapehu

Mt Egmont   2 ★ ▲

Baie Hawke

Hawera

Napier-
Hastings

Wanganui

Palmerston North

Cap Farewell

*Baie de
Tasman*

Levin
Masterton

Porirua

Lower Hutt

Nelson

WELLINGTON

Baie de Karamea

Bleinheim

Westport

*Détroit de
Cook*

Greymouth
Hokitika
Ross

Kaikoura

Mt Cook 3764 m
Haast

Alpes Néo-Zélandaises

Plaine de Canterbury

Christchurch

ILE DU SUD
(Ile de Jade)   1 ★

Ashburton

Baie de Canterbury

Timaru

Queenstown

Oamaru

Ile
Résolution

Alexandra

OCÉAN

Dunedin

PACIFIQUE

Gore
Invercargill

*Détroit de
Foveaux*

Cap
Sud-Ouest   Ile Stewart

0   100   200 km

—— Route principale —— Voie ferrée	★ Site touristique *1 -Te Wahipounamu ;* *zone Sud-ouest de la Nouvelle-Zélande* *(le parc national de Weshand,* *le Mt Cook et le parc national de Fiorland)* *2 -Parc national de Tongariro*
● Plus de 500 000 hab. ● De 100 000 à 500 000 hab. ○ Moins de 100 000 hab.	

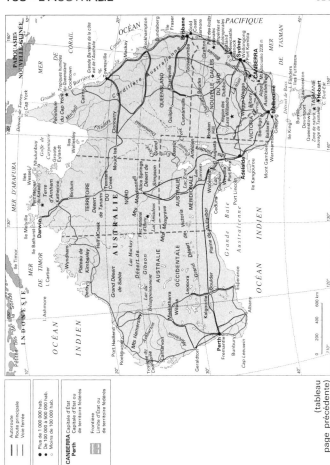

(tableau
page précédente)

chronologie

Cette chronologie tente la mise en perspective de données historiques et culturelles. L'information est répartie en cinq colonnes, autour de la mention d'événements politiques, militaires et sociaux.

On trouvera la religion et la philosophie (puis, à partir du XIXᵉ siècle, les sciences humaines), les techniques et les sciences, la littérature, les arts et la musique.

À la lecture horizontale des événements simultanés qui révèle l'unité (parfois hasardeuse) d'un moment, on peut ajouter la lecture verticale et historique ; on pourra aussi pratiquer une lecture qui met en rapport des domaines entre eux ; ainsi, au XVIᵉ siècle, le politique (Henri VIII, Charles Quint, la Saint-Barthélemy...) ne se dissocie pas du religieux (la Réforme), de la littérature (Clément Marot) ou des arts (Dürer).

Le lecteur est invité à se reporter, pour plus de détails, aux articles du dictionnaire des noms propres. Cependant, certains noms moins importants figurent ici à titre complémentaire et ne sont pas repris dans le dictionnaire.

L'HISTOIRE GÉOLOGIQUE

> ### HISTOIRE DE LA TERRE
>
> Formée il y a environ 4,6 milliards d'années, la Terre n'a une histoire géologique connue qu'à partir de - 570 millions d'années, avec l'apparition de fossiles attestant des formes de vie diversifiées. Toute la période précédant cette histoire est nommée *précambrien* ou *antécambrien*. L'histoire géologique est divisée en quatre grandes ères, de durée de plus en plus courte, elles-mêmes divisées en *périodes,* divisées à leur tour en *époques* ou *étages* qui tirent leurs noms de la région géographique où l'on a retrouvé des fossiles leur correspondant (ex. : le *permien*) ou des caractères physiques des roches (ex. : le *crétacé*).

le précambrien
(– 4,6 milliards à
– 570 millions d'années)

l'ère primaire
(– 570 à – 225
millions d'années)

L'ère *primaire* ou *paléozoïque* (ère de la vie ancienne), env. 345 millions d'années, est marquée par la fracturation de la Pangée (continent unique formé de toutes les terres émergées) et le début de la dérive des continents, la formation des chaînes calédoniennes et hercyniennes et l'apparition d'organismes invertébrés et vertébrés relativement simples.

l'ère secondaire
(– 225 à – 65
millions d'années)

L'ère *secondaire* ou *mésozoïque* (ère de la vie moyenne), env. 160 millions d'années, voit des transgressions et des régressions marines dans les bassins sédimentaires et le développement des vertébrés (reptiles, oiseaux, premiers mammifères).

l'ère tertiaire
(– 65 à – 2,5
millions d'années)

L'ère *tertiaire* ou *cénozoïque* (ère de la vie moderne), env. 62 millions d'années, correspond à la formation des chaînes de montagnes jeunes — accompagnée de séismes et d'éruptions volcaniques (phénomènes qui se poursuivent à l'ère quaternaire) — et au règne des mammifères.

l'ère quaternaire
(– 2,5 millions
d'années à nos jours

L'ère *quaternaire,* souvent considérée comme une période du *cénozoïque,* dure moins de 3 millions d'années ; elle connaît une alternance de périodes glaciaires et interglaciaires et surtout l'apparition de l'homme, d'où le nom d'*anthropozoïque* (ère de l'homme) qui lui est souvent donné. Du point de vue de la préhistoire humaine, cette période correspond au *paléolithique*.

ÉCHELLE DU TEMPS GÉOLOGIQUE

ÈRE	PÉRIODE SYSTÈME	ÉPOQUE ÉTAGE	DURÉE (en millions d'années)

Précambrien	Archéozoïque ou Archéen Protérozoïque ou Algonkien		4 030
Paléozoïque	Cambrien Ordovicien Silurien Dévonien Carbonifère [1] Permien		70 70 35 50 65 55 } 345
Mésozoïque	Trias Jurassique Crétacé		35 54 71 } 160
Cénozoïque	Tertiaire	Paléocène Éocène Oligocène Miocène Pliocène	11 16 12 19 4,5 } 62,5
	Quaternaire	Pléistocène Holocène	2,5 0,01 } 2,51

1. Le *carbonifère* est le terme employé par les géologues européens. Les géologues américains divisent cette période en deux : le *pennsylvanien* (qui dure 45 millions d'années) et le *mississippien* (qui dure 20 millions d'années).

la Préhistoire (– 6 000 000 à – 3 000)

I. LE PALÉOLITHIQUE (– 6 000 000 à – 11 000)

le paléolithique inférieur de – 6 000 000 à – 100 000	– 6 000 000	Apparition des premiers hominidés, les *australo-pithèques* (ils disparaissent v. – 1 000 000).
	– 3 000 000	« Lucie », australopithèque.
	– 2 500 000	*Homo habilis* : premiers outils (galets taillés).
	– 1 800 000	*Homo erectus* : position debout.
	– 1 700 000	Homme de Yuanmu (Chine) ; traces de feu domestique.
	– 1 500 000	Dissémination : présence attestée en Europe, et non plus seulement en Afrique.
	– 1 100 000	Premiers bifaces (outils obtenus en taillant un galet sur les deux faces) ; ils n'apparaîtront en Europe que v. – 700 000.
	– 700 000	Pithécanthrope de Java.
	– 600 000	Maîtrise du feu ; début de la chasse aux grands animaux (nécessitant une organisation).
	– 300 000	Présence attestée en Indonésie, en Asie *(sinan-thropes)*.
	– 250 000	Évolution de l'outillage : le galet est taillé en fonction d'une forme prédéterminée.
	– 200 000	*Homo erectus presapiens* : boîte crânienne de 1 200 cm³, transition entre l'*homo erectus* (825 cm³) et l'*homo sapiens* (1 500 cm³, soit notre capacité actuelle).
	– 130 000	Apparition de la cabane, d'un habitat construit remplaçant les abris naturels.
le paléolithique moyen de – 100 000 à – 35 000	– 80 000	**Homo sapiens neandertalensis** ou **homme de Neandertal** ; premières sépultures : le rapport à la mort marque la naissance de la religion ; outillage plus varié et plus fonctionnel (lames, pointes, racloirs).
	– 50 000	**Homo sapiens sapiens** (humain actuel) ; présence de l'homme attestée en Australie, en Sibérie.
	– 40 000/– 25 000	Les premiers humains, venus d'Asie, pénètrent en terre canadienne.
le paléolithique supérieur (de – 35 000 à – 11 000)	– 35 000	Nouveaux outils, en matières animales dures (os, ivoire, bois de cerf) ; c'est l'époque, entre autres types, de l'homme de Cro-Magnon.
	– 30 000	Naissance de l'art.
	– 25 000	Sculpture des « Vénus », statuettes féminines aux traits sexuels accentués.
	– 15 000	Extension de la chasse aux petits animaux (oiseaux, poissons), liée à des progrès techniques (invention de l'arc). Peintures de Lascaux. Outils et sculptures en os du magdalénien.
	– 12 000	Peintures de la grotte d'Altamira (Espagne).

II. LE NÉOLITHIQUE (– 11 000 à – 3 000)

MÉSOLITHIQUE, NÉOLITHIQUE, PROTOHISTOIRE

Les changements qui caractérisent la « révolution néolithique » n'ont pas affecté au même moment tous les endroits du globe. Aussi distingue-t-on une période de transition entre le *paléolithique* (ou *âge de la pierre taillée*) et le *néolithique* (ou *âge de la pierre polie*) : le *mésolithique*, période moyenne *(méso-)* de l'âge de la pierre.

De même, l'histoire n'a pas commencé partout au même instant. La découverte de l'écriture (v. – 3000) est parallèle aux « âges des métaux » : le cuivre, puis le bronze (jusque v. – 1500), enfin le fer (jusque v. – 600) ; on appelle *protohistoire* ce moment des civilisations qui, bien que contemporaines de l'écriture, ne l'ont pas connue – période se situant entre la préhistoire et l'histoire.

– 11 000	Sédentarisation, formation de villages, début de la cueillette et du stockage des denrées. Apparition de la céramique au Japon.
– 10 000	En Syrie-Palestine, premiers villages circulaires. Début de l'agriculture et de la domestication des animaux (le chien). Pierres polies, notamment pour des parures.
– 8 000	« Révolution néolithique » en Syrie et en Palestine : premières céréales ; tissus, vannerie ; techniques médicales (trépanation) ; techniques de construction (fortifications de Jéricho, l'une des plus anciennes villes connues) ; perfectionnement des outils. Mexique : pyramide de Cuicuilco (la plus ancienne construction connue sur le continent nord-américain).
– 7 000	Domestication de la chèvre et du mouton, puis (VIIᵉ millénaire av. J.-C.) du bœuf. « Invention » de la poterie céramique.
– 6 000	Établissements néolithiques là où apparaîtront les premières grandes civilisations : au bord de l'Indus, du Tigre, de l'Euphrate et du Nil.
– 5 500	Dans les Andes, en Grèce, début du néolithique. En Anatolie, début de la métallurgie du cuivre.
– 4 500	Premiers dolmens et menhirs, sur la façade atlantique de l'Europe.
– 4 000	Inventions de la roue et de la charrue en Mésopotamie, développement rapide de la poterie au tour ; premières villes sumériennes. Cultures du riz et du millet en Chine. Âge du cuivre en Grèce. Art rupestre saharien (Tassili).
– 3 500	Domestication du cheval. Début de l'âge de bronze au Proche-Orient.
– 3 100	Unification de l'Égypte et fondation des monarchies de Haute et Basse-Égypte ; Iʳᵉ dynastie des pharaons.
– 3 000	Naissance de l'écriture à Sumer : commencement de l'histoire. L'Europe et l'Asie centrale passent progressivement à l'âge du bronze ; le fer apparaît en Anatolie.

RELIGION – PHILOSOPHIE

HISTOIRE GÉNÉRALE

v. – 3000 Le polythéisme et l'animisme dominent la vie religieuse de l'humanité. ◊ Panthéon à Sumer.

v. – 3000 Essor des civilisations du Croissant fertile. ◊ Installation des Phéniciens en Méditerranée orientale. ◊ Peuplement de l'Indonésie par des populations proto-malaises (jusqu'en - 1500).

v. – 2800 Début de l'Ancien Empire en Égypte. Développement de Suse, dont le réseau commercial s'étend de l'Égypte à l'Indus. Nombreux échanges entre la Palestine et l'Égypte : le tracé de la route qui relie ces deux régions n'a pas varié depuis 5 000 ans. ◊ Essor probable de la ville de Troie. ◊ Développement de la civilisation d'Élam. ◊ Période des « dynasties légendaires » chinoises (dans le Nord).
v. – 2700 Début de la civilisation minoenne en Crète.

v. – 2600 À Sumer, premiers textes religieux connus. ◊ En Égypte, premier pharaon, adoré comme le fils du Soleil.

v. – 2500 Civilisation des Mégalithes en Europe occidentale. ◊ Inde : début de la civilisation dite de l'Indus. ◊ Afrique : assèchement du Sahara et migrations vers le sud des pasteurs éthiopides (ancêtres des Peuls) et d'agriculteurs négrides. ◊ Installation des premières dynasties d'Ur et de Lagash, en Mésopotamie : construction de nombreux monuments liés aux pouvoirs temporel et spirituel des rois.
– 2350 Akkad : le roi Sargon Ier entreprend de nombreuses conquêtes. L'akkadien devient la langue diplomatique du Proche-Orient.

v. – 2300 Essor politique et culturel de l'empire d'Akkad.

v. – 2300 Installation des peuples indo-européens en Asie Mineure. ◊ Naissance de la civilisation hittite.
v. – 2200 Fondation, en Chine, de la dynastie des Xia (dans le Sud). ◊ Soulèvement populaire en Égypte et décadence de l'Ancien Empire (– 2181).

v. – 2160/– 2040 Textes des sarcophages, première forme du Livre des Morts.
v. – 2100 Début du culte d'Osiris.

v. – 2065 Égypte : début du Moyen Empire.

SCIENCES – TECHNIQUES	LITTÉRATURES	ARTS – MUSIQUE

v. – 3000 L'écriture à Sumer ; cités-États, calendrier lunaire. ◊ En Égypte, où se développe une importante économie agricole, calendrier solaire de 365 jours. ◊ Développement de l'agriculture dans le moyen Niger (riz).
v. – 2800 Début de l'âge du bronze dans les Cyclades. ◊ Début de la céramique peinte dans le monde égéen.

v. – 3000 Égypte : v. – 3000 prépondérance des artistes de Memphis ; peintures dans les tombeaux ; progrès de l'architecture. ◊ Chine : culture des Poteries rouges.

v. – 2800 Pyramide à degrés de Ṣaqqārah, par Imhotep, le premier architecte connu. Première utilisation de la pierre qui remplace la brique. ◊ Sumer : construction de la première ziggourat (tour à étages).

v. – 2640 Découverte de la soie en Chine.

v. – 2600 En Égypte, premières pyramides en pierre.

v. – 2613/– 2494 IVe dynastie égyptienne : construction des grandes pyramides (la pyramide classique [Khéops, Khéphren et Mykérinos] remplace la pyramide à degrés). Construction du sphinx de Gizeh, et apparition de l'art de la momification. Premiers « scribes accroupis ».
v. – 2500 La colonne cylindrique à chapiteau apparaît.

v. – 2500 Développement du commerce en Mésopotamie. ◊ Apparition des bateaux de mer égyptiens. ◊ Civilisation de l'Indus : céréales et coton ; outils en cuivre et en bronze ; importantes cités (constructions en brique).

v. – 2400 Début de la construction de l'ensemble mégalithique de Stonehenge. ◊ Chine : culture de Longshan (Poterie noire).

v. – 2200 Domestication du cheval pour l'attelage.

v. – 2200 Égypte : textes des sarcophages, *Dialogue du désespéré*.

v. – 2200 Égypte : fin de l'âge des pyramides. Début des hypogées (sépultures souterraines) : les plus célèbres sont ceux de la vallée des Rois et ceux de la vallée des Reines.

v. – 2100 Début de l'âge du bronze en Europe centrale.
v. – 2065 Creusement d'un canal du Nil à la mer Rouge.

v. – 2100 *Conte du paysan* en Égypte.

RELIGION – PHILOSOPHIE	HISTOIRE GÉNÉRALE

– 2040

– 2001

xxᵉ siècle – xvɪᵉ siècle av. J.-C.

– 2000

– 1991 Culte d'Amon à Thèbes et diffusion des croyances osiriennes en Égypte.

v. – 2000 Les Indo-Européens, originaires de l'est de l'Europe, du sud de la Russie et du Kazakhstan, se divisent en peuples distincts et envahissent le Proche-Orient (invasions hourrites en Mésopotamie, essor de la civilisation assyrienne) ainsi que le nord de l'Inde. Leur arrivée en Europe y marque le début de l'âge du bronze. ◊ Empire hittite en Anatolie.

v. – 1900 Arrivée des Indo-Européens en Grèce. Ils apportent le cheval.

v. – 1800 Fondation de l'empire d'Assyrie par Shamshi-Adad Iᵉʳ.

v. – 1792 Avènement d'Hammourabi qui fonde l'Empire babylonien (fin du règne des cités-États) et unifie la Palestine.

v. – 1780 Développement de la pensée religieuse à Babylone : textes sumériens et akkadiens.

v. – 1770 Chine : dynastie des Shang.

v. – 1720 Égypte : développement du culte de Seth.

v. – 1720 Égypte : invasion des Hyksos, peuple d'origine asiatique. Fin du Moyen Empire.

v. – 1700 Destruction de la civilisation de l'Indus.

v. – 1650 Apparition de la brillante civilisation de Mycènes. La marine crétoise domine la Méditerranée. (La légende de Minos, et du tribut que lui verse Athènes, est un souvenir de cette puissance.)

v. – 1600 Invasions aryennes dans l'Inde du Nord. Elles repoussent les populations dravidiennes vers le sud.

v. – 1580 Égypte : le Nouvel Empire. Politique de conquête (Nubie, Syrie, Euphrate).

v. – 1530 Prise et occupation de Babylone par les Kassites.

– 1505

| SCIENCES – TECHNIQUES | LITTÉRATURES | ARTS – MUSIQUE |

– 2040/– 1786 Début de la construction du temple de Karnak.

– 2040

– 2001

– 2000

v. – 2000 Début de l'âge du bronze dans le midi de la France. ◊ Tablettes astronomiques assyriennes.

v. – 2000 Construction des premiers palais en Crète.

v. – 1950 Développement d'une littérature égyptienne de récits : *Histoire de Sinouhé ; le Conte du naufragé.*

v. – 1900/– 1800 Début de la civilisation des tumuli en Gaule.

v. – 1900 Apogée de l'art crétois : construction du Labyrinthe. Renouveau de la sculpture.

v. – 1792 Avènement d'Hammourabi à Babylone : développement des institutions (célèbre Code de lois) et des techniques.

v. – 1770 Chine : connaissance de l'écriture.
v. – 1750 Écriture linéaire A en Crète. ◊ Écriture cunéiforme en Syrie, venue de Mésopotamie. ◊ Existence en Chine du Nord de deux grands ensembles de culture néolithique (vallée du fleuve Jaune).

v. – 1770 Chine : naissance de l'art du bronze.

v. – 1700 Cycles des poèmes de Gilgamesh en Mésopotamie.

v. – 1600/– 1550 Tombes à fosse de Mycènes (le masque d'Agamemnon).

v. – 1570/– 1400 Apogée de la civilisation minoenne (palais de Cnossos, Phaïstos...).

– 1567/– 1085 Deuxième période (la plus importante) de la construction du temple de Karnak.

.·1505

| RELIGION – PHILOSOPHIE | | HISTOIRE GÉNÉRALE |

- 1504

- 1501

■■■■■■■ xvᵉ siècle – xiᵉ siècle av. J.-C. ■■■■■■■

- 1500

v. – 1500 La religion égyptienne reste étroitement liée au gouvernement des pharaons : culte d'Amon à Karnak. ◇ Les Patriarches d'Israël. ◇ La religion chinoise (dynastie des Shang) est dominée par le culte des ancêtres royaux, objets de sacrifices fastueux.

v. – 1450 Développement du culte brahmane.

v. – 1500 Développement des échanges : entre l'Égypte et l'Afrique noire, entre l'Inde et le Proche-Orient.

- 1417 Avènement d'Aménophis III. Apogée de l'Empire égyptien.
- 1400 Ruine de la civilisation minoenne et début de la diffusion de la civilisation mycénienne en Méditerranée orientale.

v. – 1380 Extension maximale de l'Empire hittite, jusqu'en Égypte. Relation avec les Achéens.

v. – 1379/– 1362 Culte d'Aton imposé par Aménophis IV Akhenaton.

v. – 1379 Égypte : avènement d'Aménophis IV et de Néfertiti.

v. – 1361 Avènement du pharaon Toutankhamon.

v. – 1343 Restauration de la puissance religieuse du dieu Amon sous le pharaon Toutankhamon.

- 1304 Avènement de Ramsès II.

v. – 1300 Europe : début de la migration des peuples de la civilisation des « champs d'urnes » – caractérisée par la crémation des morts – vers le sud, la Grèce puis l'Asie Mineure et l'Égypte. Liée sans doute à ces migrations, construction des fortifications mycéniennes, composées de blocs énormes pesant plusieurs tonnes. Formation de l'essentiel des récits qui donneront naissance à l'épopée homérique.

v. – 1250 Exode des Hébreux : guidés par Moïse, ils quittent l'Égypte et atteignent la « Terre promise » en Palestine ; thème de « l'Alliance » entre un peuple et son Dieu.
v. – 1200/– 1020 Israël : période des Juges.

v. – 1250 Début de l'installation des Hébreux en terre de Canaan (Moïse).

v. – 1234 Destruction de Babylone par les Assyriens.
v. – 1200 Civilisation des Terramates en Italie. ◇ Disparition brutale de l'Empire hittite. ◇ Grèce : invasions doriennes qui entraînent la ruine de la civilisation mycénienne (disparition du commerce et de l'écriture). ◇ Égypte : les Peuples de la Mer ravagent le delta du Nil. ◇ Disparition de la civilisation crétoise. ◇ Installation des Philistins en Palestine.

- 1199

| SCIENCES − TECHNIQUES | LITTÉRATURES | ARTS − MUSIQUE |

v. − 1504 Temple █ 1504
d'Hatshepsout à Deir el-Bahari.

█ 1501

█ 1500

v. − 1500 Les Hittites travaillent le fer. ◊ Développement d'un « berceau agricole » sénégambien.

v. − 1500/−1400 Écriture idéographique en Chine ; écriture linéaire B en Grèce et en Crète ; écriture hittite cunéiforme en Anatolie.

v. − 1500 Chine : inscriptions divinatoires sur os et écailles de tortue dans le Honan manifestant une intense activité culturelle dans la civilisation néolithique de la dynastie des Shang.

v. − 1450 Début de la composition des Veda, première littérature indienne.

v. − 1500 Inde : prédominance du bas-relief, qui illustre les faits royaux. Développement de l'art de l'ivoire.

v. − 1500/−1400 Tombes à coupole de Mycènes.

v. − 1400 Apogée de l'art chinois du bronze.

v. − 1400 Égypte : hymne à Aton.

v. − 1400 Début de la construction du temple de Louxor ; commencé sous le règne d'Aménophis III, l'ensemble est achevé sous Ramsès II ; la partie romaine du temple sera construite sous Auguste.

v. − 1365 Grand temple d'Aton à Tell el-Amarna. Bustes de Néfertiti.

v. − 1350/−1200 Construction de la forteresse de Mycènes (la porte des Lionnes).

v. − 1343 Trésor de la tombe de Toutankhamon, dans la vallée des Rois.

v. − 1330 Tholos d'Atrée à Mycènes.

v. − 1300 Domestication du cheval pour la monte. ◊ En Égypte, canal creusé entre la Méditerranée et la mer Rouge.

v. − 1300/−1200 *Conte des démêlés d'Horus et de Seth.* ◊ *Conte des deux frères.*

v. − 1300 Début de la construction du temple d'Abou-Simbel.

v. − 1200 Début de l'âge du fer en Palestine.

█ 1199

RELIGION – PHILOSOPHIE	HISTOIRE GÉNÉRALE

- 1198

- 1198 Avènement de Ramsès III, dernier grand pharaon.
v. - 1183 Prise de Troie par les Achéens-Mycéniens.
- 1166 Mort de Ramsès III ; début de la décadence de l'Égypte.
v. - 1150 Début de la civilisation olmèque au Mexique.

v. - 1120 *Poème de la création,* grand texte religieux babylonien.

v. - 1137 Nabuchodonosor Ier redresse la situation de Babylone.

v. - 1100 Chine : dynastie des Zhou occidentaux ; expansion de la civilisation du bronze.

v. - 1050 Prophète Samuel.

v. - 1020 Saül, roi des Juifs.

- 1001

xe siècle – vi^e siècle av. J.-C.

- 1000

v. - 1000 Âge d'or du royaume de Jérusalem, sous l'autorité de David ; la tradition biblique en fera l'auteur des *Psaumes* et attribuera à son fils Salomon *l'Ecclésiaste, le Cantique des cantiques* et *la Sagesse.*

v. - 962/- 931 Sous le règne de Salomon sont rédigés les plus anciens textes bibliques.

v. - 820 Le prophète juif Élisée réclame la suppression de l'esclavage.

v. - 800 Apparition de la cité en Grèce : élaboration d'une mythologie (Homère, Hésiode). ◊ En Inde, le métier de médecin n'est plus réservé aux prêtres. Début de la composition des Upanishads (traités des équivalences), traités sanskrits de religion védique.

v. - 1000 David, roi d'Israël. Conquête de Jérusalem, qui devient cité royale et capitale religieuse. L'empire s'étend de la frontière égyptienne à l'Euphrate. ◊ Inde : formation d'une société de castes fondée sur les textes des Veda.

v. - 962 Israël : Salomon, roi.

- 931 Division de la Palestine en deux royaumes : Israël et Juda.

- 900 Installation des Étrusques, arrivant d'Asie Mineure, en Italie et des Celtes en Gaule.

- 814 Fondation de Carthage.
v. - 800 Essor du royaume de Lydie. Opposition entre l'Attique, peuplée d'hommes libres descendants des Achéens, et Sparte, centre d'origine dorienne fondé sur le travail des ilotes (les esclaves de l'État).

SCIENCES – TECHNIQUES	LITTÉRATURES	ARTS – MUSIQUE

v. – 1150 Début de l'âge du fer en Grèce.

v. – 1100 En Syrie-Palestine, apparition de l'écriture alphabétique, répandue ensuite par les Phéniciens, et base de toutes les écritures européennes modernes.

v. – 1100 En Grèce, céramiques.

v. – 1050 Début de la céramique dite « proto-géométrique » en Grèce.

v. – 1000 Début de l'âge du fer en Europe de l'Ouest ◊ Première trace écrite de l'alphabet phénicien.

v. – 1000 Développement probable dans les civilisations sénégambiennes, en Afrique de l'Ouest, d'une littérature orale abondante : récits épiques ; cycles légendaires et mythiques. ◊ Sarcophage d'Ahiram à Byblos, premier monument de l'alphabet phénicien.

v. – 1000 Urnes funéraires de la civilisation de Villanova en Italie. ◊ Apparition du cheval domestique dans l'art rupestre saharien.

v. – 962 Début de la construction du premier temple de Jérusalem.

v. – 900 Alphabets dérivés du phénicien : hébreu, araméen, grec (introduit les voyelles). ◊ Début de la céramique grecque de style géométrique.

– 900/– 200 Civilisation de Nok (Afrique de l'Ouest subtropicale) ; figurines d'argile : premières manifestations d'un art plastique d'Afrique noire.

v. – 800 L'alphabet phénicien est introduit en Inde.

v. – 800 Des poètes parcourent les villes ioniennes d'Asie Mineure pour chanter les exploits de héros légendaires. ◊ Chine : rédaction des trois recueils – *Documents* (Shu), *Poèmes* (Shi) et *Mutations* (Yi) – qui sont à la base de la tradition littéraire chinoise.

– 800/– 400 Troisième période de la construction du temple de Karnak.

L'invention tardive d'un système de notation musicale explique que nous ne connaissons pas les œuvres musicales de l'Antiquité. La musique de la Grèce ancienne était monodique ; le chant, son mode d'expression naturel, bientôt accompagné par des instruments à cordes (lyre, cithare) et à vent (syrinx, aulos).

v. – 790 Les Égyptiens protègent les sabots des chevaux par des fibres tressées.

v. – 780 Essor de l'orfèvrerie dans l'Europe septentrionale.

v. – 776 Fondation des jeux Olympiques.

v. – 772 Chine : dynastie des Zhou orientaux ; période troublée des « Printemps et Automnes ».
– 753 Date légendaire de la fondation de Rome par Romulus. Établissement de la royauté.
– 750 Les Scythes envahissent l'Asie Mineure, l'Europe centrale et l'Italie : ils transmettent de nombreux éléments des civilisations du Proche-Orient, notamment de nouvelles techniques guerrières.

v. – 740 Le prophète Osée enseigne que les péchés sont rachetés par le repentir.

– 735/– 716 Première guerre de Messénie.
– 733 Fondation de Syracuse.

– 721 Annexion du royaume d'Israël par l'Assyrie, difficile survie du royaume de Juda : prophétie d'Isaïe.

– 721 Samarie est prise par Sargon II : fin du royaume d'Israël.

v. – 675 Législation de Lycurgue à Sparte.

– 669 Répression du soulèvement de Babylone contre l'Assyrie.
– 668 Avènement d'Assourbanipal. ◊ Début de la deuxième guerre de Messénie (jusqu'en – 654).
– 666 Conquête de l'Égypte par les Assyriens.
– 660 Fondation de Byzance. ◊ Date légendaire de la fondation de l'Empire japonais.

v. – 625 Prophétie de Jérémie aux Juifs sur la destruction de Jérusalem. ◊ Époque présumée de Zoroastre (ou Zarathoustra), réformateur de la religion iranienne.
– 622 Découverte à Jérusalem du « Livre de la loi » : début de l'élaboration de la Torah (le Pentateuque pour les chrétiens).
– 605/– 520 Vie de Laozi (Laotseu), fondateur du taoïsme.

v. – 621 Législation de Dracon à Athènes.
v. – 616 Avènement des Tarquins à Rome.
– 612 Les Mèdes et les Babyloniens s'emparent de Ninive : fin de l'Empire assyrien et essor de la puissance mède.

SCIENCES − TECHNIQUES	LITTÉRATURES	ARTS − MUSIQUE

v. − 750 En Grèce, progrès de la technique du bronze (chaudrons, bijoux, statuettes) ; les cités fondent leurs premières colonies. La rose, venue des Indes, y est cultivée.

v. − 750 Les traditions orales donnent naissance aux premières œuvres littéraires : *l'Iliade,* épopée attribuée à un auteur à demi mythique, Homère ; les poèmes d'Hésiode.

v. − 738 Calendrier romain.

v. − 725/− 625 Céramique proto-corinthienne.

v. − 700 *L'Odyssée,* épopée attribuée à Homère.

v. − 700 Naissance de la grande statuaire, d'inspiration égyptienne. Premiers bas-reliefs. Fixation de la forme du temple (la colonne en est l'élément caractéristique).

v. − 690 Construction du palais de Sennacherib à Ninive.

v. − 680 Invention de la monnaie, en Lydie, par les Grecs d'Asie Mineure.
v. − 675 Diffusion de la technique de la phalange en Grèce.

v. − 680 Activité littéraire de Terpandre.

v. − 650 Le roi Assourbanipal constitue à Ninive la plus célèbre des bibliothèques (maison où sont réunies des tablettes) de Mésopotamie. ◊ Début de la poésie lyrique grecque.

v. − 625/− 550 Céramique corinthienne.

v. − 605 Reconstruction de Babylone : les jardins suspendus de Sémiramis (une des Sept Merveilles du monde), la porte d'Ishtar, la ziggourat à sept étages (tour de Babel), murailles.

– 600 En Chine, développement des institutions : apparition d'un droit écrit.

– 594 Athènes : réforme sociale de Solon.

– 586 Début de la captivité de Babylone (jusqu'en 539 apr. J.-C.). Prophètes Daniel, Ézéchiel, Zacharie. Début de la diaspora.

– 585 Début de la philosophie rationaliste grecque.

– 582 Jeux Pythiques.

– 573 Jeux Néméens.

– 570 Fondation par Thalès de la philosophie de la nature grecque.

– 566 Création des Panathénées.

v. – 560 Naissance de Gautama, dit Bouddha, fondateur du bouddhisme.

v. – 551/– 479 Vie de Confucius.

v. – 550 Anaximandre voit dans les contraires le moteur du développement.

v. – 540 Isaïe prêche pendant son exil à Babylone.

– 527 Mort de Mahavīrā Jina, fondateur du jaïnisme.

v. – 520 Prédication de Bouddha en Inde. ◇ Répression du zoroastrisme en Perse.

– 501 Pénétration des oracles grecs (Livres sibyllins) à Rome.

– 600 Expansion étrusque en Italie. ◇ Fondation de Massilia (Marseille) par les Phocéens.

– 587 Prise de Jérusalem par Nabuchodonosor II ; fin du royaume de Juda ; exil des Juifs à Babylone.

– 561 Athènes : Pisistrate s'empare du pouvoir.

– 551 Hiram, roi phénicien, établit des comptoirs en Angleterre et en Afrique occidentale.

– 546 Crésus, roi de Lydie, est vaincu par Cyrus II : l'Empire perse soumet et administre l'Asie Mineure, puis l'Iran et l'Égypte.

– 539 Mésopotamie : chute de Babylone, prise par Cyrus II.

– 537 Fin de la captivité des Juifs à Babylone et retour en Israël.

– 533/– 522 Polycrate, tyran de Samos.

– 525 Conquête de l'Égypte par Cambyse. ◇ Étrusques établis dans la vallée du Pô.

– 510 Chute de la tyrannie à Athènes.

– 509 Proclamation de la République romaine.

– 508/– 507 Réforme de Clisthène à Athènes ; préparation à la mise en place de la démocratie.

v. – 506 Affaiblissement de la suprématie étrusque en Italie centrale.

SCIENCES – TECHNIQUES

v. – 600 Enseignement de Thalès de Milet : début d'une astronomie distincte de l'astrologie, exigence de démonstrations en géométrie. ◊ Selon Hérodote, des Phéniciens auraient, à cette époque, navigué autour de l'Afrique.

v. – 585 Éclipse calculée par le mathématicien Thalès de Milet.

v. – 530 École de Pythagore, dans la Grande Grèce (Crotone) : géométrie, mystique du nombre.

– 518 Voie royale de 2 683 km à travers la Perse.

v. – 505 Fondation à Crotone (Italie) d'une école de médecine.

LITTÉRATURES

v. – 600 Épanouissement et prestige de la poésie lyrique grecque : Alcée, Sapho (poète et poétesse de Lesbos), Archiloque célèbre pour ses iambes, Anacréon pour ses odes. ◊ Progrès de la prose durant le VIᵉ s. (Ésope, écrits philosophiques).

– 571 Ésope compose en Grèce des fables d'animaux instructives.

– 534 Création d'un concours de tragédie à Athènes, les Dionysies.

– 502 Premières grandes *Odes pythiques* de Pindare.

ARTS – MUSIQUE

v. – 600 Premières tombes étrusques à chambre. ◊ L'*Héraïon* d'Olympie.

v. – 570 Apparition de l'ordre ionique en Grèce, qui coexiste avec l'ordre dorique, plus ancien. L'ordre corinthien apparaîtra v. – 335 et sera surtout utilisé par les Romains. ◊ Temple d'Artémis à Éphèse (une des Sept Merveilles du monde).

v. – 550 Premières korês (statues de jeunes filles) de l'Acropole d'Athènes.

– 530 La céramique grecque, décorée de figures, domine toute la Méditerranée. ◊ Sculptures de Persépolis.

v. – 526 Construction du premier temple en marbre à Delphes (dédié à Apollon).

v. – 520 Apogée de l'art étrusque.

– 515 Construction du second temple de Jérusalem.

– 509 Achèvement du temple de Jupiter à Rome.

RELIGION – PHILOSOPHIE

HISTOIRE GÉNÉRALE

V᷍ siècle

Apogée de la civilisation grecque classique qui résiste à l'attaque de l'Europe par l'Empire perse (guerres médiques). Épanouissement de la philosophie, de la poésie et des arts. Début de l'unifica-

– 500

v. – 500 Les « physiciens » grecs, à la fois poètes et philosophes, marquent les débuts de la pensée spéculative occidentale (Héraclite, Parménide). ◊ Chine : enseignement de Laozi (taoïsme) et de Confucius qui définit l'idéal aristocratique de l'« honnête homme » chinois.

– 499 Révolte des cités grecques d'Ionie contre les tyrans installés par les Perses : début de la première guerre médique.

– 494 Création du tribunat de la plèbe à Rome.
– 490 Défaite des Perses, menés par Darius, contre les Grecs, à Marathon.

– 480 Seconde guerre médique : victoire de Xerxès aux Thermopyles (défendues par Léonidas). Incendie d'Athènes. Victoire navale des Grecs, menés par Thémistocle, à Salamine. Cet échec des Perses marque le début de leur déclin. ◊ Bataille d'Himère contre Carthage.
– 479 Batailles de Platées et du cap Mycale.

– 478 Athènes étend sa domination sur les autres cités grecques (ligue de Délos).

v. – 470 Héraclite : le principe du monde est mouvement, non matière originelle. ◊ Anaxagore sépare les sciences naturelles de la philosophie.

– 468 Bataille de l'Eurymédon.

– 464 Révolte des ilotes à Sparte.

| SCIENCES – TECHNIQUES | LITTÉRATURES | ARTS – MUSIQUE |

tion et développement économique de la Chine qui relie ses grands fleuves par des canaux. Naissance du bouddhisme en Inde.

– 500

v. – 500 Civilisation du fer (Hallstatt) chez les Celtes. ◊ En Grèce, « physique » des présocratiques. ◊ Usage de la monnaie en Inde, en Chine, autour de la Méditerranée : intensification du commerce et des échanges, croissance démographique. ◊ Civilisation du bronze en Asie. ◊ En Amérique centrale, calendrier et mathématiques olmèques. ◊ Première écriture hiéroglyphique au Mexique.
v. – 490 Achèvement du grand canal Nil - mer Rouge. ◊ Construction de canaux entre les grands fleuves chinois.

v. – 500 Formation de l'École de Confucius, centre de transmission des écrits situé à Lu (Chine du Nord).

v. – 500 Pétra, capitale des Nabatéens : développement d'une architecture rupestre exceptionnelle. Palais et tombe de Darius à Persépolis : frises sculptées *(le Défilé des tributaires)*.

– 495 Temple d'Égine.

– 479 La mort de Confucius met un terme à la rédaction du *Chun Qiu,* chronologie événementielle de la province de Lu depuis – 722.
– 476 *Les Phéniciennes* de Phrynichos.
– 472 Triomphe des *Perses* d'Eschyle. C'est le siècle où la littérature classique grecque est à son apogée : la tragédie, institution sociale à Athènes, prend le relais de l'épopée. L'éloquence, la philosophie et l'histoire acquièrent leur forme définitive.
– 468 Sophocle l'emporte pour la première fois sur Eschyle au concours de tragédie.
– 467 *Les Sept contre Thèbes* d'Eschyle.

v. – 470/– 430 Carrière du sculpteur Myron.

– 468/– 456 Construction du temple de Zeus à Olympie.

– 461 Réforme des institutions d'Athènes.
v. – 460/v. – 377 Vie d'Hippocrate.

– 460 Création d'un concours de comédie à Athènes.
– 458 Eschyle fonde la tragédie classique avec son *Orestie.*

v. – 460/– 420 Carrière du sculpteur Polyclète.
– 460 Polygnote peint la victoire grecque sur les Perses à Marathon ; le *Discobole* de Myron. Début du « style libre » en céramique.

– 457

| RELIGION – PHILOSOPHIE | HISTOIRE GÉNÉRALE |

– 456

– 455 Début de la carrière du sophiste Protagoras.
– 451 Zénon fixe les règles du dialogue philosophique (dialectique).
v. – 450 En Grèce, enseignement des sophistes : humanisme, approche critique du discours ; Périclès encourage à Athènes le travail intellectuel (Anaxagore) ; enseignement d'Empédocle ; rédaction des *Histoires* d'Hérodote.

v. – 450 Chine : période dite des « Royaumes combattants ». Réorganisation politique et militaire.

– 449/– 448 Paix de Callias : la mer Égée devient un lac athénien. Fin des guerres médiques. La Perse reconnaît l'inviolabilité de la Grèce.

– 444 Rédaction du code sacerdotal hébraïque.
– 443 Socrate : la conscience est la voix du bien dans l'homme.

– 443 Périclès élu stratège d'Athènes. Il le restera jusqu'à sa mort (– 429).

– 441/– 439 Guerre de Samos.

– 428 Naissance de Platon.

– 431 Grèce : début de la guerre du Péloponnèse (jusqu'en – 404) ; lutte décisive entre la démocratique Athènes et l'aristocratique Sparte pour l'hégémonie dans le monde grec.

v. – 420 Enseignement de Démocrite à Athènes.

– 413 Démocrite démontre que la civilisation est fonction des besoins humains.
– 408 Rencontre entre Socrate et Platon.

– 412 Alliance de Sparte et de la Perse.

– 405 Bataille d'Aigos-Potamos.
– 404 Fin de la guerre du Péloponnèse : déclin d'Athènes.

– 404 *Histoire de la guerre du Péloponnèse* de Thucydide : comment la volonté humaine et non divine est à l'origine des événements historiques.

SCIENCES – TECHNIQUES	LITTÉRATURES	ARTS – MUSIQUE

– 456 Premières tragédies d'Euripide.

v. – 450 À Rome, mise par écrit du droit : les Douze Tables. ◊ Paradoxes de Zénon d'Élée ; développement des machines simples : vis, poulie (Archytas de Tarente). ◊ Machines de guerre à Syracuse : la première artillerie.

v. – 450 Épanouissement de l'art classique grec : recherche de l'harmonie, de l'équilibre et de la pureté. Le temple est la forme la plus achevée de l'architecture : Parthénon (– 447/– 438) à Athènes par Phidias. L'agora, caractéristique de l'organisation de la cité, prend sa forme régulière à la fin du IVe s. av. J.-C. Théâtres (Delphes). Fortifications. En sculpture, recherche des justes proportions (le « canon » de Polyclète, illustré par le *Diadumène*, – 430) et du type universel (l'*Aurige* de Delphes, – 478). Statues de dieux incrustées de matières précieuses (*Zeus* à Olympie, – 430, et *Athéna Parthénos*, – 438, par Phidias). Frises sculptées (*les Panathénées* par Phidias, – 442/– 438). En peinture, Polygnote introduit la distinction des plans.

– 446 Hérodote à Athènes.

– 444 En Chine, calcul de l'année solaire.

– 442 *Antigone* de Sophocle.

– 437/– 432 Construction des Propylées.

– 438 *Alceste* d'Euripide ; mort de Pindare.

– 432 L'astronome Méton réforme le calendrier.

– 431 *Médée* d'Euripide.

– 427 Première comédie d'Aristophane.
v. – 425 *Œdipe roi* de Sophocle.
– 423 Aristophane raille les philosophes dans les *Nuées*.
– 422 *Les Guêpes* d'Aristophane.

v. – 420 Démocrite professe l'atomisme.

– 415 *Les Troyennes* d'Euripide.
– 414 *Les Oiseaux*, comédie d'Aristophane.

– 412 Hippocrate : le cœur est l'organe central de la circulation du sang.
– 407 Fonte de monuments en or à Athènes pour la fabrication de monnaie.

– 412 *Électre* d'Euripide.

– 405 *Les Bacchantes* d'Euripide ; *les Grenouilles* d'Aristophane.

| RELIGION – PHILOSOPHIE | | HISTOIRE GÉNÉRALE |

IVᵉ siècle

Conquête de la Grèce par la Macédoine. L'extension de l'empire d'Alexandre le Grand à la Perse et à l'Inde introduit en Asie l'influence hellénisti-

– 400

v. – 400 Réforme d'Esdras à Jérusalem : la Torah fixée et imposée comme loi d'État.

– 399 Condamnation à mort de Socrate pour athéisme ; son élève Platon en fera dans ses écrits la figure exemplaire et initiale de la philosophie. Le IVᵉ s. av. J.-C. est le grand siècle philosophique d'Athènes.
– 396 Premiers dialogues de Platon.

v. – 400 Au Mexique, début de la civilisation zapotèque (agriculteurs sédentaires) qui durera jusque vers le XIIIᵉ siècle.

v. – 387 Développement de la philosophie grecque : Platon fonde son école, l'Académie ; son œuvre deviendra, avec celle d'Aristote, une référence obligée pour la pensée occidentale : idéalisme platonicien. Développement de l'école rivale des Cyniques. ◊ Aristippe fonde en Afrique du Nord (Cyrène) son école philosophique.
– 384 Naissance d'Aristote.

– 372 Naissance de Mengzi (Mencius), disciple et continuateur de Confucius.

– 390 Les Celtes de la vallée du Pô, commandés par Brennus, occupent et incendient Rome (sauf le Capitole, sauvé par les oies sacrées).

– 371 Grèce : victoire d'Épaminondas sur Sparte et Athènes : Thèbes étend son hégémonie sur la Grèce.

– 362 Bataille de Mantinée ; mort d'Épaminondas. Effondrement de l'hégémonie de Thèbes en Grèce.
– 359 Avènement de Philippe II de Macédoine.

– 357 Chute de la tyrannie de Denys le Jeune à Syracuse.

v. – 350 Ruine de l'Empire étrusque.

– 347 Mort de Platon.

– 344 L'Indien Pāṇini achève une grammaire classique du sanskrit.

– 341

– 348 Carthage reconnaît l'hégémonie de Rome en Italie centrale.

SCIENCES – TECHNIQUES	LITTÉRATURES	ARTS – MUSIQUE

(– 400 à – 301)

que. En Chine, la doctrine de Confucius va transformer profondément la société.

v. – 400 L'enseignement d'Hippocrate marque la naissance de la médecine occidentale.

v. – 400 Le *Mahābhārata,* épopée indienne (jusque v. 400 apr. J.-C.).

v. – 400 Frise des Archers de Suse. ◊ Mexique : débuts de l'art zapotèque dominé par le culte de la mort.

– 393 Histoire romancée de l'Asie antérieure par Ctésias : *Persiques.*
– 391 *L'Assemblée des femmes* d'Aristophane.
– 390 *L'Anabase* de Xénophon.

v. – 385/– 340 Carrière du sculpteur grec Scopas.

v. – 380 À Athènes, développement des sciences autour de Platon ; les géomètres Théétète et Eudoxe sont ses disciples.

v. – 370 Temple de Diane à Rome.
– 370/– 330 Carrière du sculpteur Praxitèle.

– 358/– 330 Construction du théâtre d'Épidaure.

v. – 350 Traités scientifiques d'Aristote : analyse du langage (logique), sciences de la nature et de la vie. ◊ Métallurgie du fer en Afrique noire.

– 351/– 341 En Grèce, les trois *Philippiques* de Démosthène : l'art de l'éloquence. ◊ *Daode Jing,* ouvrage attribué à Laozi et à Zhuangzi, chef-d'œuvre du taoïsme.

– 349/– 348 *Olynthiennes* de Démosthène.

– 346 *Philippe* d'Isocrate.

RELIGION – PHILOSOPHIE	HISTOIRE GÉNÉRALE

– 340

– 338 Chéronée : victoire de Philippe de Macédoine sur les cités grecques. Préparation de l'invasion de l'Empire perse. ◊ Les Romains sont maîtres du Latium.

– 336 Naissance d'Épicure.

– 335 Destruction de Thèbes par Alexandre le Grand.

v. – 335 Aristote, ayant fait la critique de son maître Platon, fonde sa propre école : le Lycée ; démarche encyclopédique.

– 334 Alexandre franchit l'Hellespont avec 37 000 hommes. Victoire du Granique sur Darius III.
– 332/– 331 Alexandre en Égypte et fondation d'Alexandrie (– 331).

– 331 Alexandre se fait reconnaître, en Égypte, fils du dieu Amon.

– 331 Alexandre occupe l'Empire perse.
– 327 Alexandre en Inde.
– 323 Égypte : dynastie des Ptolémées. ◊ Mésopotamie : mort d'Alexandre à Babylone.

– 314 Zénon à Athènes.

– 313 Chandragupta Maurya, premier empereur de l'Inde, fonde la dynastie des Gupta qui imposa sa domination sur le nord de l'Inde, jusqu'au VIᵉ siècle.
– 311 Séleucos Iᵉʳ Nikator reçoit la Babylonie et fonde la dynastie des Séleucides.

– 306 Épicure à Athènes.
– 302 Fondation de l'école stoïcienne par Zénon.

– 301

– 300

IIIᵉ siècle

Extension territoriale de la République romaine. En Égypte, épanouissement de la civilisation hellénistique à Alexandrie. Renforcement du pouvoir central

v. – 300 Chine : l'enseignement de Mengzi infléchit le confucianisme vers l'économie, la chose publique. ◊ La conquête d'Alexandre a permis autour de la Méditerranée la rencontre des pensées grecque et orientale, le développement de l'hellénisme.
– 293 Mégasthènes achève son histoire de l'Inde.
– 292 Introduction du culte d'Esculape, dieu de la Santé, à Rome.

– 299 Dernière incursion victorieuse des Celtes, alliés aux Étrusques, en territoire romain. Ils sont écrasés en – 283 à la bataille du lac Vadimon.

– 290 Rome achève la conquête de l'Italie centrale.
– 282 Fondation du royaume hellénistique de Pergame.

SCIENCES – TECHNIQUES	LITTÉRATURES	ARTS – MUSIQUE

v. – 340 Époque − 340
hellénistique en Grèce : goût du colossal (*colosse de Rhodes*, − 280, une des Sept Merveilles du monde) ; tendance lyrique en sculpture (*Victoire de Samothrace*, − 200) ou classique (*Vénus de Milo*, v. − 110). Apelle, peintre officiel d'Alexandre.

– 339 *Panathénaïque* d'Isocrate.

v. – 335 Physique atomiste d'Épicure. Le savant grec Héraclide du Pont émet l'hypothèse que la Terre tourne sur elle-même. ◊ Introduction de la monnaie à Rome.

v. – 335 Apparition de l'ordre corinthien.

– 323/– 30 Achèvement de la construction du temple de Karnak.

v. – 320 Âge d'or de la sculpture indienne, qui diffuse ses modèles dans l'Asie bouddhiste.

– 315 Construction à Alexandrie du musée pour artistes et savants.

– 312 Les ingénieurs romains entreprennent la construction de routes stratégiques ; premier aqueduc romain.

v. – 310 Principales comédies de Ménandre.

(– 300 à – 201)

en Chine, avec l'achèvement de la Grande Muraille et l'unification des Poids et Mesures.

− 301

− 300

v. – 300 Naissance de l'école d'Alexandrie : en géométrie, les *Éléments* d'Euclide donnent le modèle de l'exposition mathématique, à partir de définitions, de postulats et d'axiomes ; en astronomie, début d'une lignée prestigieuse (Aristarque, Ératosthène, Hipparque) qui aboutira près de cinq siècles plus tard à Ptolémée.

v. – 300 *Les Caractères* de Théophraste, étude des types moraux.

v. – 300 Les Mayas construisent leurs premières pyramides ; ils commencent à utiliser la voûte en encorbellement typique de leur architecture.

v. – 290 Civilisation olmèque au Mexique (têtes géantes de pierre).

v. – 289 Mort de Qu Yuan, premier grand poète chinois.

v. – 280 Le phare d'Alexandrie, une des Sept Merveilles du monde.

− 276

RELIGION – PHILOSOPHIE	HISTOIRE GÉNÉRALE

– 275

– 270 Le zoroastrisme, religion d'État en Perse.

– 260 Propagation du bouddhisme en Inde.

– 251 Chine : Siun Zeu enseigne que l'homme est naturellement mauvais.

– 245 Grèce : satire des philosophes par Timon.

v. – 237 Fondation du temple d'Horus à Edfou, un des plus grands édifices religieux d'Égypte.

– 217 Introduction à Rome des cultes de Baal et de Tanit.

– 204 Introduction du culte oriental de Cybèle à Rome ; les Romains ont une religion composite : ils ont adapté le panthéon grec dès le Ve s. av. J.-C.

– 275 Bataille de Bénévent : Pyrrhus, qui tente d'envahir le centre de l'Italie, est vaincu par Rome, qui contrôlera toute l'Italie après la prise de Tarente en – 272.

– 264 Début de la première guerre punique.

– 250 Arsace Ier fonde la dynastie des Parthes arsacides.

– 241 Fin de la première guerre punique : Rome vainc Carthage lors de la bataille des îles Égates et annexe la Sicile.

– 237 Début de la conquête de l'Espagne par Carthage.

– 221 Unification des pays chinois : Shi Huangdi, empereur ; la dynastie des Qin mettra en place la première unification politique et administrative ; début de la construction de fortifications (la future Grande Muraille) pour protéger le pays des invasions barbares.

– 219 L'expansion carthaginoise en Espagne provoque la deuxième guerre punique.

– 218 Menés par Hannibal, les Carthaginois passent les Alpes avec leurs éléphants.

– 217 Défaite romaine au lac Trasimène.

– 216 Défaite romaine à Cannes, en Italie méridionale. Néanmoins, le manque de renforts ne permet pas à Hannibal de marcher sur Rome.

– 215 Début de la première guerre de Macédoine. ◊ Achèvement de la Grande Muraille de Chine, dans son premier état (série de défenses fortifiées).

– 212/– 205 Expédition du Séleucide Antiochos III Mégas jusqu'en Inde.

– 206 Chine : dynastie des Han (jusqu'en 220 apr. J.-C.).

– 202 Scipion l'Africain défait les Carthaginois à Zama.

– 201 Fin de la deuxième guerre punique : par le traité de paix, Carthage devient un État vassal de Rome.

| SCIENCES – TECHNIQUES | LITTÉRATURES | ARTS – MUSIQUE |

v. – 275 *Hymne à Zeus* de Callimaque.
– 274 *Alexandra* de Lycophron.

v. – 256 Grande statuaire en Chine.

v. – 250 Chrysippe développe la logique stoïcienne. ◊ Chine : unification des systèmes de mesure, de la monnaie et de l'écriture.

v. – 250 *Les Argonautiques* d'Apollonios de Rhodes ; *les Idylles* de Théocrite.

– 240 Un ancien esclave fait représenter à Rome une pièce traduite du grec : naissance de la littérature latine.

– 237 Adoption en Égypte de l'année de 365 jours avec un jour intercalaire (le *bissexte*).

v. – 237 Un stupa, temple voûté, est élevé à Ceylan pour une relique de Bouddha.

– 213 En Chine, l'empereur Qin Shi Huangdi fait brûler les livres pour mettre fin à l'opposition des lettrés traditionalistes.

– 212 Mort du grand savant Archimède au siège de Syracuse, qui grâce à ses inventions avait résisté trois ans aux Romains.

v. – 210 Buste idéalisé d'Homère (anonyme).
– 207 Représentation plastique à Pergame des Celtes vaincus (« Gladiateur mourant »).

RELIGION – PHILOSOPHIE

HISTOIRE GÉNÉRALE

Hégémonie de Rome sur le bassin méditerranéen, après les guerres puniques et la conquête de la Grèce. Développement des relations commer-

– 200

v. – 200 Élaboration, dans le milieu juif hellénisé d'Alexandrie, d'une version grecque de la Bible : la Septante. Elle intégrera des textes écrits directement en grec, dont la *Sagesse* (v. 50 av. J.-C.), le livre le plus récent de l'Ancien Testament.
◊ Chine : développement du rituel impérial ; interprétation cosmologique et cabalistique des « classiques » ; profonde influence de la philosophie de Mengzi, idéal égalitaire et altruiste. ◊ Vie du philosophe indien Patañjali, fondateur de la doctrine yoga.
– 186 Scandale des Bacchanales à Rome.

– 166 Livre de Daniel.
– 166/– 165 Judas Maccabée, chef des juifs révoltés.
– 161 Philosophes et rhéteurs sont chassés de Rome.
v. – 160 Rédaction des *Histoires* par Polybe.

– 148 Apollodore écrit la première histoire de la religion grecque : *Des Dieux.*

v. – 140 Fondation de la secte juive des Esséniens, au bord de la mer Morte.

– 200 Début de la seconde guerre de Macédoine.

– 197 Bataille de Cynoscéphales : victoire de la légion romaine, plus mobile, sur la phalange macédonienne.
– 192 Antiochos III occupe la Grèce.

– 170 Fondation du royaume de Parthes.
– 168 Bataille de Pydna : Rome met fin à l'indépendance de la Macédoine.
– 167/– 165 Palestine : révolte des Maccabées contre les Séleucides.

– 146 Fin de la troisième et dernière guerre punique (commencée en – 149) : ruine définitive de Carthage. La Grèce et la Macédoine deviennent des provinces romaines.
– 144 Arrivée des Parthes à Babylone : effacement politique de la Mésopotamie.

– 133 Après la conquête de l'Espagne, les Romains sont maîtres de toute la Méditerranée (« Mare nostrum »). Les frères Gracchus tentent une réforme agraire.

– 113 Invasion des Cimbres et des Teutons en Narbonnaise.
– 112 Rome : guerre contre le roi numide Jugurtha, qui menace les provinces romaines d'Afrique.
– 111/– 110 Conquête du Tonkin par les Chinois.

SCIENCES – TECHNIQUES	LITTÉRATURES	ARTS – MUSIQUE

(– 200 à – 101)

ciales entre l'Europe et la Chine. Extension vers l'Asie centrale de l'Empire chinois qui devient puissance mondiale.

– 200

v. – 200 Apparition du moulin à eau (Chine, bassin méditerranéen).

v. – 200 *Le Soldat fanfaron,* comédie de Plaute ; les *Annales,* épopée à la gloire de Rome, par Quintus Ennius, le « père » de la poésie latine. ◊ Chine : établissement de la « nouvelle écriture » chinoise ; transcription de la tradition orale, des classiques : théories classificatoires prépondérantes à la cour (système des 4 éléments, théorie du Yin et du Yang) qui font l'objet de nombreux commentaires.

v. – 190 Usage du fer à cheval en Europe.

v. – 189 *Amphitryon,* comédie de Plaute.

– 180 Achèvement de l'autel de Pergame avec la « gigantomachie » ou combat des Géants (bas-relief).

v. – 168 Éclipse de Lune prédite par l'astronome romain Gallus.

– 162 Système carthaginois de plantation introduit dans l'Empire romain.

v. – 161 *L'Eunuque,* comédie de Térence.

v. – 160 *De agri cultura* de Caton.

– 160 Comédie de Térence, *les Adelphes,* illustrant le conflit des générations. ◊ Fondation de la bibliothèque de Pergame, rivale de celle d'Alexandrie.

v. – 150 Invention du parchemin à Pergame (peau tannée de brebis).

– 149 Mort de Caton le Censeur, le premier prosateur latin (il a écrit *De l'agriculture* en latin et non en grec).

– 145 Construction, à Rome, du premier théâtre sur le modèle grec (signe de l'influence des familles nobles, très hellénisées).

v. – 143 *Chronique universelle* d'Apollodore intégrant lettres, arts et philosophie.

– 138 Hipparque détermine un lieu par longitude et par latitude.

– 132 Satires de Lucilius, premier genre littéraire propre à Rome.

– 129/– 128 Hipparque découvre la précession des équinoxes.

v. – 120 Première utilisation du ciment dans le temple de la Concorde, à Rome. ◊ « Route de la soie » de la Chine à l'Empire parthe.

v. – 120 Temple d'Apollon à Pompéi.

v. – 110 Statue grecque en marbre : la *Vénus de Milo.*

– 108

RELIGION – PHILOSOPHIE		HISTOIRE GÉNÉRALE

– 107

v. – 105 Version grecque de l'Ancien Testament (version des Septante). On découvrira en 1947 dans leur monastère de Qumrãn les plus anciens manuscrits connus de la Bible. Ils semblent avoir été proches des premiers chrétiens.

– 107 Marius, nommé consul, crée à Rome une armée de métier. ◊ Mithridate, roi du Bosphore.

– 101

I⁰ siècle

Avènement à Rome du pouvoir impérial et unification de l'Empire par le déve-

– 100

v. – 100 Développement d'une philosophie rationaliste en Chine. Wang Chong prône l'observation et critique les superstitions.

– 100 Chine : les Han font la conquête de l'Asie centrale ; les peuples chassés se déplacent vers l'ouest et avancent jusqu'aux limites de l'Empire romain.

– 90 Rome : la loi Julia permet aux alliés italiens de Rome d'obtenir le droit de cité.
– 82 Rome : Sylla au pouvoir.

– 73/– 71 Révolte des esclaves menés par Spartacus.
– 70 Rome : début de l'affaire Verrès, plaidée par Cicéron. Consulat de Pompée et Crassus.

v. – 66 Introduction du culte de Mithra, à Rome, à la suite de la guerre contre Mithridate VI.
v. – 65 Chine : première communauté bouddhique.

– 66 Mithridate VI est vaincu par Lucullus et par Pompée.

– 64 Annexion de la Syrie par les Romains : fin de l'Empire séleucide.
– 63 Consulat de Cicéron, conjuration de Catilina, protectorat romain sur les Juifs.
– 60 Premier triumvirat : Crassus, Pompée, César.
– 59 César, consul.
– 58 Début de la conquête des Gaules par César.

– 56 Poème matérialiste de Lucrèce *De rerum natura* (« De la nature des choses »).

– 54 César conquiert l'Angleterre.
– 53 Mort de Crassus vaincu par les Parthes.
– 52 Vercingétorix, enfermé par César dans Alésia, se rend.

SCIENCES – TECHNIQUES	LITTÉRATURES	ARTS – MUSIQUE

- 107

(– 100 à la naissance de J.-C.)

loppement d'un réseau routier jusqu'au Danube et à la Manche.

- 101

- 100

v. – 100 Expansion et essor économique et culturel de la Chine sous la dynastie des Han (Han occidentaux) ; développement du commerce, diffusion du moulin à eau. ◊ Technique du soufflage du verre en Orient.
v. – 90 Invention du chauffage par air chaud.

- 90 Temple rond de Tivoli.
- 90/- 50 Carrière du sculpteur Pasitélès à Rome.

- 81 Premier discours de Cicéron.

v. – 80 Suppression des masques de théâtre à Rome ; les rôles féminins sont tenus par des femmes.
v. – 75 Sculptures d'Apollonios : *le Pugiliste,* le *Torse du Belvédère ;* le *Taureau Farnèse* (la plus grande œuvre conservée de l'Antiquité).

- 70 Les *Verrines,* discours prononcés par Cicéron contre Verrès : depuis la seconde moitié du IIᵉ s. av. J.-C., l'éloquence connaît son âge classique.

v. – 70 Achèvement du temple de Kārli (Inde).

- 63 *Catilinaires* de Cicéron.

v. – 60 L'excès d'offre fait baisser le prix de l'or de 25 % à Rome.

- 55 Cicéron édite le *De rerum natura* (« De la nature des choses ») de Lucrèce.

- 60 Poèmes élégiaques et épigrammes satiriques de Catulle, qui prend la tête des « nouveaux poètes ».

- 55 Théâtre de Pompéi à Rome (premier théâtre en pierre à Rome).
- 54/- 34 Basilique Æmilia à Rome.

- 51

RELIGION – PHILOSOPHIE	HISTOIRE GÉNÉRALE

v. – 50 Crise de l'idéologie républicaine à Rome ; œuvre politique et philosophique de Cicéron : éclectisme, primat des valeurs civiques, éloquence de l'argumentation.

– 49 César franchit le Rubicon avec son armée et déclenche une guerre civile à Rome.
– 48 Bataille de Pharsale : défaite de Pompée, principal adversaire de César, désormais maître de l'empire.
– 46 César, dictateur romain pour dix ans.

– 45 Divinisation de César.

– 44 César est assassiné, alors qu'il allait recevoir le titre de roi. Antoine s'empare du pouvoir absolu à Rome.

– 43 Second triumvirat : Octave, Antoine, Lépide.

v. – 40 Virgile prophétise la naissance d'un Sauveur du Monde. ◊ Le bouddhisme acquiert sa forme définitive à Ceylan (Canon pâli).
– 35 Le livre de la *Sagesse* de Salomon unit l'idée juive de Dieu et la pensée grecque.

– 40 Antoine, Octave et Lépide se partagent l'Empire romain.

– 36 Lépide éliminé par Octave.

– 31 Bataille d'Actium. Suicides d'Antoine et de Cléopâtre.
– 30 L'Égypte, province romaine. Réunification de l'empire par Octave.
– 29 Le Sénat accorde tous les pouvoirs à Octave. Première manifestation du culte impérial.

– 27 Octave reçoit le titre d'Auguste, jusque-là réservé aux dieux : début de l'idéologie impériale à Rome ; Auguste recevra le titre de « grand pontife » en 12 av. J.-C.
– 21 Agrippa exclut de Rome les cultes égyptiens.

– 25 Expédition romaine en Arabie.
– 23 Le Sénat accorde à Auguste le pouvoir à vie.

– 15 Les Romains battent les peuples sicambre et rhète entre les Alpes et le Danube. Début de la conquête de la Germanie.
– 12/– 8 Conquête de la Germanie par Tibère et Drusus.

| SCIENCES – TECHNIQUES | LITTÉRATURES | ARTS – MUSIQUE |

v. – 50 La charrue gauloise est utilisée dans la plaine du Pô.

– 50 *Commentaire sur la guerre des Gaules* de César : succès du genre historique.

– 48 Incendie de la bibliothèque d'Alexandrie.

v. – 50 Épanouissement de l'art romain (jusqu'à la fin du IIᵉ s.). L'architecture, considérée comme un instrument de domination, est imposante. Le Forum se couvre d'édifices (temples, basiliques, curie).

– 46 César promulgue la réforme du calendrier (calendrier julien, légèrement modifié en 1582 pour devenir le calendrier actuel).

– 45 Varron est chargé par César d'organiser les bibliothèques de Rome.

– 44 *La Guerre civile* de César. Après l'assassinat de César, Salluste se retire de la vie politique et se consacre à l'histoire.

– 43 Assassinat de Cicéron, sur l'ordre d'Antoine.

– 42 Composition des *Bucoliques* de Virgile (jusqu'en – 38).

– 41 Premières *Épodes* d'Horace.

– 46 Dédicace de la basilique Julia et du Forum de César.

– 37 Varron voit la cause des maladies dans des microorganismes.

– 39 Première bibliothèque publique à Rome (composée de prises de guerre).

– 33 Horace reçoit de Mécène, son protecteur, une villa : il y écrira la plupart de ses recueils.

– 29 Virgile achève *les Géorgiques* et commence *l'Énéide*, épopée relatant les origines de Rome et préfigurant la victoire d'Auguste, fils d'Énée ; le « siècle d'Auguste » marque l'âge d'or de la poésie latine, le déclin de l'art oratoire et l'épanouissement de l'inspiration nationale.

v. – 30/– 25 *Traité d'architecture* de Vitruve, qui sera une source d'inspiration capitale pour les artistes de la Renaissance.

– 28 Construction du mausolée d'Auguste.

– 27 *Les Élégies* de Properce, poète du cercle de Mécène.

– 26 Rome développe une flotte de commerce avec l'Inde.

– 23 *Odes* d'Horace. ◊ Diodore achève sa *Bibliothèque historique* en 40 volumes.

v. – 27 Le Panthéon à Rome ; il sera reconstruit sous Hadrien (117) puis transformé en église au VIIᵉ s.

v. – 20 Lyon, point de convergence du réseau routier gallo-romain ; construction du pont du Gard pour alimenter Nîmes en eau.

– 19 Publication de *l'Énéide* à la mort de Virgile.

– 20 Spectacles avec musique et danse à Rome (pantomimes).

– 20/63 Reconstruction du temple de Jérusalem par Hérode le Grand ; il sera détruit en 70 par Titus.

– 18 Statue d'Auguste dite de Primaporta.

– 17 *Chant séculaire* d'Horace.

v. – 16 La Maison carrée à Nîmes.

– 15 Carte routière de l'Empire romain par Agrippa ; institution de l'étalon or à Rome pour la monnaie.

– 13 Achèvement du théâtre de Marcellus à Rome.

| RELIGION – PHILOSOPHIE | HISTOIRE GÉNÉRALE |

– 7 , – 6 ou – 4 Naissance présumée de Jésus ; au VIᵉ s., un calcul approximatif de Denys le Petit fera commencer l'ère chrétienne (an 1) quelques années plus tard.

– 2 Auguste reçoit le titre de père de la patrie.

– 1

1

Iᵉʳ siècle

Le développement des relations entre l'Extrême-Orient et l'Occident est favorisé par la paix romaine et le renforce-

4 Adoption de Tibère par Auguste.

6 Introduction du bouddhisme en Chine.

9 Les légions de Varus défaites en Germanie.

14 Mort d'Auguste.
14-16 Campagne de Germanicus en Germanie.
14-68 Rome : dynastie des Julio-Claudiens (Tibère, Caligula, Claude et Néron).
17 Soulèvement numide : combat pour la libération des Numides d'Afrique du Nord contre la domination romaine.
22 Chine : dynastie éphémère des Xin, emportée par des révoltes paysannes, suivies de la restauration des Han postérieurs (23-220).

27 Jean-Baptiste prépare et annonce la prédication de Jésus de Nazareth.
v. 28-30 Prédication de Jésus en Galilée : le sermon sur la montagne, miracles, paraboles.
v. 30 Passion et crucifixion de Jésus, scènes fondatrices du christianisme.

37-41 Philon d'Alexandrie, ambassadeur des Juifs à Rome ; son œuvre marque la première rencontre de la culture biblique avec la philosophie grecque.

37 Mort de Tibère.
40 La Mauritanie (Algérie, Maroc) est annexée par Rome et divisée en deux provinces.
41 Assassinat de Caligula.

43 Début de la conquête des îles Britanniques (la Bretagne).

49 Expulsion des Juifs de Rome ; introduction du culte d'Attis.

v. 50 Début de l'expansion du royaume d'Aksoum (Éthiopie).

SCIENCES – TECHNIQUES	LITTÉRATURES	ARTS – MUSIQUE

– 7

– 4 Construction d'un temple d'Ise à Yamada (Japon), siège du shintoïsme.
– 2 Aménagement du Forum d'Auguste.

– 1 Traité sur *l'Art d'aimer* d'Ovide.

(1 à 100)

– 1

ment du pouvoir impérial en Chine. Naissance et croissance urbaine du christianisme, en Orient et en Occident.

1

1 Vitres en verre dépoli à Rome.

2-8 *Les Métamorphoses*, poème mythologique d'Ovide, qui influencera les poètes et les artistes jusqu'au XIXᵉ s.
8 Ovide banni de Rome par Auguste sous prétexte d'immoralité.

11 Mosaïque en couleurs de la bataille d'Alexandre à Pompéi.
14 Auguste achève le monument d'Ancyre.

v. 20 *Géographie* de Strabon.
◊ L'abricotier, venu d'Asie, est cultivé en Italie.

25 Arc de triomphe romain d'Orange.

30 Phèdre, d'origine thrace, traduit les *Fables* d'Ésope et compose des fables originales.
35 Fables et contes indiens consignés à Ceylan *(Jātaka)*.

42 Début des travaux du port d'Ostie.
v. 45 5 000 signes sténographiques notés par Sénèque.
v. 50 Machines de Héron d'Alexandrie. ◊ L'utilisation du chameau se répand au Sahara.

v. 50 Pont du Gard ; théâtre d'Orange ; basilique de la porte Majeure à Rome.

50

51 Première épître de saint Paul ; progrès du christianisme dans la diaspora juive de langue grecque ; l'ensemble du Nouveau Testament *(Évangiles, Épîtres, Actes des Apôtres, Apocalypse)* est rédigé entre cette date et la fin du siècle.
55-65 Stoïcisme de Sénèque

51 Plus d'un million d'habitants à Rome.

54 Assassinat de Claude.

64-67 À Rome, persécutions contre les chrétiens : martyres de saint Pierre et saint Paul.
66 Révolte des Juifs.

64 Incendie de Rome.

68 Mort de Néron ; Galbe, empereur.
69-96 Dynastie des Flaviens (Vespasien, Titus, Domitien).
70 Prise de Jérusalem par Titus.

70 Destruction du temple de Jérusalem par Titus ; seul subsiste le judaïsme pharisien : rejet de la Septante, version grecque de la Bible, au profit du seul texte hébreu de la Bible (écart grandissant avec le christianisme).
73 Les Juifs, réfugiés dans la forteresse de Massada, préféreront se suicider plutôt que de se rendre aux Romains (Pâques).

73-97 Conquêtes de Pan Chao, homme de guerre des Han, en Asie centrale et jusqu'au golfe Persique.

79 Éruption du Vésuve : Pompéi et Herculanum disparaissent.

85 Concile bouddhique à Peshāwar : schisme entre les deux formes de cette religion : le Hīnayāna et le Mahāyāna (« petit » et « grand » véhicule).
v. 90 Récit poétique de la vie de Bouddha par Aśvaghoṣa.

84 L'île Britannique jusqu'à la frontière de l'Écosse devient province romaine.

86 Désastre romain face aux Daces.

96-192 Rome : dynastie des Antonins.
98 Trajan, empereur. Il donne à l'empire sa plus grande extension.

v. 100 Premier dictionnaire chinois.

SCIENCES – TECHNIQUES	LITTÉRATURES	ARTS – MUSIQUE

51

52 Pline l'Ancien fait l'histoire des guerres de Germanie.

54-62 Tragédies de Sénèque.

56 Savon fait de graisse et de cendre pour soins capillaires, en Gaule.

60 Néron contraint Pétrone, auteur du *Satiricon* où il dénonce les débauches de la cour impériale, à se suicider.

v. 65 « Maison dorée » à Rome.
66 À Rome, figures de bronze de Germains à genoux.
69 Aménagement du Forum de Vespasien.
v. 70 Fresques de Pompéi.

v. 70 En Chine, pont suspendu en chaînes de fer.

72 Vespasien fonde des chaires d'éloquence à Rome.

75-79 *Histoire de la guerre des Juifs* par Flavius Josèphe.

79 L'éruption du Vésuve cause la mort de Pline l'Ancien, auteur de l'*Histoire naturelle*.

80 *Épigrammes I* de Martial.

v. 80 Achèvement du Colisée de Rome, aux dimensions colossales.
81 Arc de triomphe de Titus.

85 Invention de la poudre en Chine : feux d'artifice.

90-94 *Vies parallèles* de Plutarque, moraliste grec installé à Rome : il présente, en vis-à-vis, les biographies des grandes figures de l'Antiquité grecque et romaine. La littérature tend à se scléroser alors que l'histoire se développe.
93 *Les Antiquités judaïques* de Flavius Josèphe.
96 *Dialogue des orateurs* de Tacite.

99 Les miroirs de verre avec feuille d'étain remplacent les miroirs métalliques.

100-128 *Satires* de Juvénal, condamnation des mœurs romaines : le genre satirique est très prisé par la Rome intellectuelle de l'époque.

v. 100 Invention de la voûte d'arête qui remplace parfois la voûte en berceau.

100

RELIGION – PHILOSOPHIE

HISTOIRE GÉNÉRALE

IIᵉ siècle

Apogée de l'Empire romain (cent millions d'habitants du golfe Persique à l'Atlantique, et de l'Écosse au Sahara). Affaiblissement du pouvoir impérial en

101

101-106 Victoires de Trajan sur les Daces.

v. 109 L'Église chrétienne se déclare universelle.
v. 110 Lettres de Pline le Jeune ; œuvre de Plutarque et Suétone ; enseignement stoïcien d'Épictète. Trajan proscrit le christianisme dans l'Empire romain.

114 Toute l'Arménie devient province romaine à la suite des guerres parthiques.
117 Hadrien, empereur ; il renforce les frontières de l'empire (construction du mur entre l'Angleterre et l'Écosse de 122 à 126).

131 Les bases du droit fixées par écrit par les juges romains : *Édit perpétuel.*
132 Hadrien se heurte à une révolte juive sous la conduite de Bar Kocheba ; Jérusalem redevient capitale juive jusqu'en 134.
134 Hadrien détruit Jérusalem ; la nouvelle colonie, Ælia Capitolana, est interdite aux Juifs tandis que s'y installent des païens venus de tout l'empire.
138-192 Rome : Antonin, Marc Aurèle et Commode.

v. 136 Hérésie de Valentin à Rome.

144 Excommunication de Marcion et des marcionites.

165 Persécution des chrétiens à Rome.
168 Les prêtres chrétiens renoncent au mariage (institution du célibat).
170 Le christianisme pénètre en Germanie.

161 Invasion parthe en Syrie et en Arménie.

166 Première invasion des Germains en Italie.

169 Début des campagnes de Marc Aurèle en Germanie.

171

| SCIENCES – TECHNIQUES | LITTÉRATURES | ARTS – MUSIQUE |

(101-200)

Chine (qui n'empêche pas le développement des arts et des sciences) et renforcement de la féodalité.

101

102 Sucre dans les urines, signe de maladie pour les Indiens.
105 Découverte du papier par le Chinois Cai Lun ; l'invention ne parviendra que dix siècles plus tard en Occident.

105 *Histoires* de Tacite.

112 Dédicace du Forum de Trajan.
113 La colonne Trajane à Rome.

116 Publication partielle des *Annales* de Tacite : l'histoire est plus proche de la littérature que de l'activité scientifique.

118 À Trèves, théâtre romain en plein air (30 000 places).

120 Ouvrage fondamental de Soranus d'Éphèse sur les maladies des femmes.
122-126 Construction du mur d'Hadrien en Bretagne.
125 *Géographie* de Ptolémée.

120-138 *Vie des douze Césars* de Suétone : vogue de l'histoire anecdotique et érudite.

123-124 Construction de la villa d'Hadrien à Tibur.

132 Début de la construction du mausolée d'Hadrien (aujourd'hui château Saint-Ange) à Rome.

141 *Manuel d'harmonique* par Nicomaque de Gérase.

v. 150 Œuvre de Ptolémée, somme des connaissances de l'école d'Alexandrie : son astronomie, transmise par l'Islam à l'Occident latin, fera référence jusqu'au XVIᵉ s. (révolution de Copernic). ◊ Première inscription sanskrite connue (Inde).

150 *Les Métamorphoses ou l'Âne d'or,* roman d'Apulée.

158 Histoire, en 24 livres, des peuples de Rome par Appien *(Histoire romaine).*

150 Fusion des arts grec et indien à Gandhāra : art gréco-bouddhique.
155 Construction du théâtre d'Aspendos (l'un des mieux conservés de l'Antiquité).
162 Odéon d'Hérode Atticus à Athènes.

171

| RELIGION – PHILOSOPHIE | HISTOIRE GÉNÉRALE |

172 Début de l'hérésie monta-niste. ◊ Tatien fond les quatre Évangiles en un seul récit, le *Diatessaron*.
177 Persécution des chrétiens de Lyon.
v. 180 *Dialogues des morts* de Lucien. *Pensées* de Marc Aurèle.

184 Chine : révolte populaire des Turbans jaunes réprimée en 185.

v. 189-199 Sous l'autorité du pape saint Victor, affirmation de la primauté romaine.

192 À la mort de Commode, troubles de succession.
193-235 Rome : dynastie des Sévères (Septime, Caracalla, Héliogabale, Alexandre).
195 La Mésopotamie du Nord sous gouvernement romain.
196 Usurpation de Cao Cao en Chine, qui prélude à la chute des Han.

197 Œuvre apologétique de Tertullien ; la confrontation entre le christianisme et la philosophie va dominer la pensée occidentale jusqu'à la Renaissance. Gnoses, tendances initiatiques chez les chrétiens.

v. 200 Judaïsme : achèvement de la Mishnah.

200 Naissance de l'empire des Goths sur les bords de la mer Noire.

200

201

IIIᵉ siècle

Le christianisme triomphe des persé-cutions. Haut développement scientifi-que et littéraire de la Chine et de la

202 Interdiction des conversions au christianisme (édit de Septime Sévère).
216 Naissance de Mani (fondateur du manichéisme).
218 L'empereur Héliogabale tente d'imposer le culte de Baal (dieu du Soleil en Syrie) à Rome.

212 Édit de Caracalla : la citoyenneté romaine est accordée à tous les provinciaux libres.

220 Chine : chute de la dynastie des Han ; l'empire se disloque en trois royaumes.
224 Perse : les Sassanides renversent les Arsacides.

v. 230 Alexandrie, phare de la vie intellectuelle dans le monde méditerranéen : formation du néo-plato-nisme de Plotin ; exégèse philoso-phique de la Bible par Origène.
248 *Contre Celse* d'Origène.
249-250 Intenses persécutions de Dèce contre les chrétiens.

235 Début de troubles politiques à Rome : succession d'empereurs éphémères. Les premières invasions font des armées la seule source de pouvoir.
238 Incursions victorieuses des Goths dans le territoire de l'Empire romain.
249 Dèce, empereur.

249

| SCIENCES – TECHNIQUES | LITTÉRATURES | ARTS – MUSIQUE |

v. 180 Œuvre de Galien, référence de la médecine occidentale jusqu'à la Renaissance.
184 Cléomède découvre la réfraction des rayons lumineux dans l'atmosphère.

186 Achèvement de l'épopée indienne de Rāma *(Rāmāyaṇa)*.

197 Grand ouvrage de Galien sur les médicaments.

197 *L'Apologétique* de Tertullien, plaidoyer en faveur de la liberté de religion. C'est désormais par l'inspiration chrétienne que la littérature latine continuera à vivre (saint Jérôme, saint Augustin) et que le latin restera jusqu'à la Renaissance la langue des intellectuels de l'Occident.

200 Apparition de l'écriture runique.

v. 200 Développement d'une importante critique littéraire en Chine.

200 Pyramides du Soleil et de la Lune en Amérique centrale.

(201-300)

Grèce hellénistique (Alexandrie). Art monumental de la civilisation maya en Amérique centrale.

200

201

v. 210 Premier art chrétien des catacombes.

217 Thermes de Caracalla.

v. 225 Première anesthésie générale par le médecin chinois Hua Tuo.

230 *Théagène et Chariclée,* roman grec traditionnel d'Héliodore.

238 *Traité d'astrologie* de Censorinus.

RELIGION – PHILOSOPHIE	HISTOIRE GÉNÉRALE

v. 250 Développement de la religion dualiste de Mani, le manichéisme, en Perse.

253 Invasion des Francs et des Alamans en Gaule.

258 Le pape Sixte II brûlé pour refus d'offrande à l'empereur.

264 Christianisation des Goths dans la plaine du Danube.
265 Fondation de la dynastie Qin qui rétablit progressivement l'unité chinoise.
268 Invasion des Goths dans les Balkans. Avènement des empereurs illyriens.

271 *Contre les Chrétiens* de l'orphyre.

273 Destruction du royaume de Palmyre par Aurélien : Zénobie est emmenée à Rome.
284 Dioclétien se proclame empereur de droit divin.

v. 285 Introduction du confucianisme au Japon.

293 Formation de la tétrarchie pour tenter de mettre fin aux usurpations.

v. 300 Développement du christianisme en Asie Mineure ; émergence progressive d'une doctrine, parmi de multiples tendances hétérodoxes ou hérétiques ; développement du monachisme et de l'érémitisme chrétiens (moines et ermites), particulièrement en Égypte (saint Antoine).

v. 300 Affirmation de la civilisation maya en Amérique du Sud. ◊ Brève restauration de l'unité chinoise pour la dynastie des Xi Jin.

300

301

IVe siècle

Partage de l'Empire romain en deux (Rome/Constantinople) ; le christianisme, d'abord autorisé, y devient la religion d'État. Importantes migrations des peuples d'Asie centrale favorisées

303-305 Persécution des chrétiens sous Dioclétien.

306 Constantin, empereur ; mais il doit partager l'empire avec Licinius jusqu'à la mort de ce dernier en 324.

312 Victoire de Constantin au pont de Milvius, date symbolique de la conversion de l'empire au christianisme. L'édit de Milan (313) assure la liberté de culte.

314 Premier partage de l'Empire romain.
316 Après l'invasion des Huns en Chine du Nord, nouveau partage de la Chine entre dynasties du Nord et du Sud (366-589).
320 Inde : fondation de l'Empire gupta (jusqu'en 500).

323 Fondation du premier couvent.

324

SCIENCES – TECHNIQUES	LITTÉRATURES	ARTS – MUSIQUE

v. 250 Apparition en Europe occidentale du houblon, rendant possible la fabrication de la bière.
253 Le médecin chinois Hua Tuo opère le crâne.

v. 250 En Chine, émergence de la poésie régulière (le « shi ») ; développement du « fu », récitatif descriptif, et du « yuefu », ballade chantée. Prose historique classique (*Shiji* de Sima Qian).

255 *Les Ennéades* de Plotin.

v. 250 À partir du **v. 250** IIIe s., développement de la sculpture en Inde : symbolisme propre au brahmanisme, avant le tantrisme. La peinture en détrempe, apparue depuis deux siècles, se perfectionne.
◊ Chine : Xi Kang, poète et musicien développe un art anti-conformiste.

v. 260 L'usage du thé s'établit à la cour impériale en Chine.

v. 260 Mani illustre ses textes par des images.

271 Utilisation de la boussole magnétique en Chine.

283 Fin de la construction du mur d'Aurélien, à Rome.

290 Arènes de Vérone.

v. 300 Invention de l'étrier en Asie.

v. 300 Traduction en latin du *Timée* de Platon par Chalcidius.

v. 300 L'architecture romaine couvre l'Europe : palais de Dioclétien à Salone (Split) ; *Porta nigra* (porte Noire) à Trèves.

(301-400)

par la création de l'empire des Huns en Europe orientale. Pénétration de la civilisation chinoise au Japon. Premiers royaumes indiens à Java.

300

301

307 Début de la construction de la basilique de Maxence.

v. 310-320 Les *Institutions divines* de Lactance, le « Cicéron chrétien ». Après Tertullien (mort v. 222), Arnobe et Lactance, la rhétorique latine est au service du christianisme.

v. 310 L'agneau devient le symbole de Jésus dans l'art.

315 Constructions d'immenses bains à Trèves (thermes de l'empereur).

315 Arc de Constantin, à Rome.

v. 320 Les mathématiciens chinois savent réduire les fractions, résoudre des systèmes d'équations linéaires.

v. 320 *Les Aventures du jeune Krishna,* drame indien.

v. 320 Développement de l'art gupta, en Inde. À l'architecture excavée, qui aura son apogée plus tard, s'ajoute la construction : premiers sanctuaires avant l'épanouissement des Ve et VIe s.
324-336 Construction de la « nouvelle Rome », Constantinople, sur le site de Byzance.

324

RELIGION – PHILOSOPHIE	HISTOIRE GÉNÉRALE

325 Concile de Nicée, contre l'arianisme.

328 Les chrétiens d'Afrique du Nord se séparent définitivement du catholicisme sous Donat.

335 Le bouddhisme officiellement toléré en Chine.

325 Constantin, seul empereur, instaure l'Empire chrétien. Jérusalem devient un centre de pèlerinage pour l'Église.

330 Fondation de Constantinople, capitale de l'Empire romain, sur le site de l'ancienne Byzance : elle sera la cité la plus importante du monde médiéval.

337 Mort de Constantin et partage de l'empire entre ses fils.

354-430 Vie de saint Augustin.

356 Fermeture des temples et interdiction des rites païens.

359 Concile de Rimini contre l'hérésie d'Arius (arianisme).

363 Mort de Julien l'Apostat ; sa tentative pour restaurer le paganisme dans l'empire ne lui survivra pas.

370 Début de l'hérésie priscillienne.

373 Saint Martin, évêque de Tours ; son œuvre missionnaire (fondation des monastères de Ligugé et de Marmoutier) en fait l'apôtre de la Gaule, et le plus populaire des saints de France (patronymes, noms de lieu...). Saint Ambroise, évêque de Milan.

381 Édits de Constantinople rendant le christianisme obligatoire et interdisant les cultes païens.

386-387 *Dialogues philosophiques* de saint Augustin.

389 Le *De magistro* de saint Augustin expose la théorie du signe et de la communication la plus élaborée depuis les stoïciens et avant l'époque moderne.

390 Saint Ambroise, évêque de Milan, contraint l'empereur Théodose à une expiation publique ; l'Église a conquis les élites de l'empire, sa domination religieuse sur l'Occident est acquise ; elle devient religion d'État (interdiction du paganisme en 391).

390-405 Traduction latine de la Bible (la Vulgate) par saint Jérôme.

394 Suppression des jeux Olympiques.

351 L'Empire romain de nouveau réuni sous un seul empereur : Constance II.

357 Bataille de Strasbourg : Julien l'Apostat repousse les Alamans.

361 Julien l'Apostat, empereur.

362-363 L'empereur Julien autorise le retour des Juifs à Jérusalem et les préparatifs pour la reconstruction du Temple (il meurt en 363).

369 La Corée incorporée à l'Empire japonais.

v. 370 Les Huns, arrivant d'Asie, se regroupent sur la Volga.

378 Poussés par les Huns, les Goths victorieux sur Rome : bataille d'Andrinople.

379 Théodose Ier, empereur romain ; il rétablit l'unité de l'empire en 394.

SCIENCES – TECHNIQUES	LITTÉRATURES	ARTS – MUSIQUE

325

336 Constantin fait bâtir l'église du Saint-Sépulcre.

v. 340 Œuvre de Pappus, un des derniers grands mathématiciens, après Diophante, de l'école d'Alexandrie.

v. 350 Le parchemin commence à concurrencer le papyrus, qui restera fabriqué jusqu'au XIᵉ s. ◊ Culture du coton en Chine. ◊ Les Mayas utilisent la brique de terre cuite.

v. 350 Vie du poète indien Kālidāsa. ◊ Floraison de la poésie chinoise (genre bucolique : Tao Qian).

v. 350 Chine : œuvres du premier peintre paysagiste Gu Kaizhi.

360 Hymnes composées par Hilaire de Poitiers.

v. 375 *Les Idylles* du poète latin Ausone.

v. 380 Introduction de l'écriture chinoise au Japon.

RELIGION – PHILOSOPHIE	HISTOIRE GÉNÉRALE

397-398 *Confessions* de saint Augustin.

395 Mort de Théodose Ier. L'empire est partagé définitivement en deux entre ses deux fils : Honorius en Occident, Arcadius en Orient (Byzance). Première invasion des Huns dans l'Empire romain.

v. 400 En Chine, après quatre siècles d'assimilation, le bouddhisme s'impose au détriment du confucianisme. ◊ Rédaction du Talmud de Babylone, texte essentiel du judaïsme rabbinique. ◊ Pères de l'Église grecs (saint Jean Chrysostome) et latins. ◊ Saint Augustin définit la culture du christianisme latin pour les siècles à venir, imprégnée de Platon et Cicéron.
v. 400-650 En Inde, âge classique de l'hindouisme. Influence du *Mahābhārata*.

v. 400 Les nomades du Turkestan et de Mongolie envahissent la Chine du Nord.
400 Les Bretons émigrent en Armorique. ◊ Rome évacue la Grande-Bretagne. ◊ Les Huns sur l'Elbe.

400

401

Vᵉ siècle

Effondrement de l'Empire romain d'Occident sous l'assaut des Barbares (Germains et Slaves). Les Huns sont re-

405-406 Invasion saxonne en Bretagne.
406 Le Rhin est franchi par les Vandales et les Burgondes.
410 Les Wisigoths menés par Alaric prennent Rome.
412 Les Wisigoths passent en Gaule.

418 Concile de Carthage définissant la doctrine de la grâce.
419 Traité dogmatique de saint Augustin sur la Trinité.

420 Chine : la dynastie Qin est remplacée au sud par les dynasties Nan Chao et au nord par les dynasties Bei Chao.
429 Les Vandales envahissent l'Afrique.
430 Les Francs occupent le nord de la Gaule.

431 Concile d'Éphèse : condamnation de Nestorius (une personne et deux natures en Jésus-Christ) ; Marie est dite mère de Dieu.

431

SCIENCES – TECHNIQUES	LITTÉRATURES	ARTS – MUSIQUE

395 Mesrop dote l'arménien d'un alphabet de 38 lettres.

397-401 Les *Confessions* de saint Augustin, outre leur lecture religieuse, apportent le modèle littéraire d'une biographie sincère.

398 Poème indien de Kālidāsa, *Cycle des six saisons*.

v. 397 Saint Ambroise compose lui-même des hymnes d'allure populaire pour son diocèse. Jusqu'à la fin du Moyen Âge, la musique est d'abord religieuse ; seule la voix est acceptée (les instruments, considérés comme « outils de Satan », sont proscrits) ; le chant de l'Église chrétienne prolonge le langage modal de l'Antiquité grecque ; il empruntera au rite hébraïque la technique de la psalmodie et au répertoire païen les hymnes.

v. 397

400 Soins médicaux gratuits aux indigents, en Inde. ◊ Développement en Asie de la médecine et des mathématiques indiennes.

v. 400 Influence de la sculpture bouddhique de style hellénistique (Inde, Asie centrale, Chine du Nord, Corée et Japon).

(401-500)

poussés vers les Indes. L'Église catholique fixe son dogme et ses rites.

400

401

403 *Histoire sacrée* de Sulpice Sévère.

À partir du Vᵉ s., développement en Rhodésie d'une civilisation de mineurs travaillant l'or, le cuivre, le bronze.

408 Épopée de Kālidāsa sur le roi solaire Rāma.

413 Construction du mur de Théodose à Constantinople.
414 Fondation de l'église Saint-Jean-l'Évangéliste à Ravenne.

416 *Histoires contre les païens* d'Orose.

431

RELIGION – PHILOSOPHIE

HISTOIRE GÉNÉRALE

432 Début de la conversion de l'Irlande (saint Patrick) ; essor du monachisme irlandais.

448 Début de l'hérésie monophysite.

451 Concile de Chalcédoine, condamnation du monophysisme ; après le concile d'Éphèse, il marque la rupture des Églises chrétiennes orientales (Syrie, Égypte...) avec Rome et Constantinople.

449 Conquête de l'Angleterre par les Angles, les Saxons et les Jutes.

451 Sainte Geneviève sauve Paris de l'invasion des Huns. ◊ Aux champs Catalauniques, près de Châlons-sur-Marne, victoire des Romains, des Francs, des Burgondes et des Wisigoths contre Attila.

453 Mort d'Attila, dislocation de son empire. ◊ Les Huns d'Asie fondent un empire au lac d'Aral (Ouzbékistan).

455 Pillage de Rome par les Vandales, partis d'Afrique du Nord.

470 Le néo-platonicien Proclus : « Tout naît, passe et repasse dans un cycle éternel. »

470 Les Ostrogoths s'installent en Dacie.

476 Romulus Augustule, le dernier empereur d'Occident, est déposé par des Barbares germaniques, les Hérules.

| SCIENCES – TECHNIQUES | LITTÉRATURES | ARTS – MUSIQUE |

432

v. 450 Les Arabes domestiquent et utilisent le chameau. ◊ Premier emploi de nombres négatifs, en Orient.

v. 450 Début de la poésie épique germanique (légende de Sigurd, chant d'Ingold).

463 La plus ancienne basilique chrétienne datée : Saint-Jean-de-Stoudion, à Constantinople.

466 Le jeu d'échecs conçu aux Indes comme un « jeu de guerre » royal.

475 Le recueil de lois gothiques achevé sous le roi Euric.

476

le Moyen Âge (de 477 à 1453)

483 Les Perses chrétiens (nestoriens) fondent une église nationale.
◊ Fondation de la laure (monastère) de Saint-Sabas, à Jérusalem.

484 Victoire des Huns sur les Perses ; la Perse du Nord est incorporée à l'Empire hun.

486 Bataille de Soissons : anecdote du vase rapportée par Grégoire de Tours.
493 Première invasion « bulgare » (Huns) en Thrace.

496 Clovis, roi d'un royaume franc entre l'Escaut et la Loire, bat les Alamans à Tolbiac puis conquiert l'Aquitaine sur les Wisigoths.

498 Baptême de Clovis ; il devient le champion du catholicisme contre l'arianisme des Goths.
499 Rédaction définitive du Talmud à Babylone.
v. 500-522 Introduction du bouddhisme au Japon.

500 Les Bulgares s'installent dans les Balkans. ◊ Les Danois s'installent dans le Jütland.

500

501

VIᵉ siècle

Développement scientifique de l'Inde (mathématiques et astronomie), de la Chine (impression du papier, agrono-

509 Clovis reconnu roi par les Francs du Rhin.

v. 510 Œuvre de Boèce et du Pseudo-Denys.

511 Mort de Clovis.

520 Chine : apparition du bouddhisme chan dont est issu le zen japonais (XIIᵉ s.).

520 Achèvement de l'unité du Japon par Keitai-tennō.

526 Mort de Théodoric le Grand : fin du royaume ostrogoth d'Italie.
527 Justinien Iᵉʳ, empereur romain d'Orient : conquête de l'Afrique du Nord et de l'Italie ; son œuvre législative aura une influence considérable.

528

SCIENCES – TECHNIQUES	LITTÉRATURES	ARTS – MUSIQUE

v. 485 Peintures rupestres dans les grottes d'Ajanta (Inde).

494 Début de l'aménagement des cryptes bouddhiques de Longmen (Chine).

v. 500 Essor de la métallurgie, de l'orfèvrerie et des techniques agricoles (Chine, Byzance, Inde, Europe...). ◇ Apparition de la numérotation décimale en Inde, et donc du zéro.

v. 500 Inde : achèvement des livres sacrés des Jaina, *Siddān-tha ;* pièces de théâtre satiriques de Kālidāsa ; le *Kāmasūtra,* traité des règles de l'amour. ◇ Développement en Chine d'une importante littérature bouddhique (exégèse, histoire, littérature populaire).

(501-600)

mie) et de Byzance (codification du droit). L'Église catholique établit son pouvoir temporel.

500

501

501 Āryabhaṭa explique la cause des éclipses du Soleil et de la Lune, et donne la valeur de π avec quatre décimales.

506 Publication du *Bréviaire d'Alaric.*

515 Le chant de l'*Ave Maria* est introduit dans le culte.

RELIGION – PHILOSOPHIE	HISTOIRE GÉNÉRALE

529

529 Publication du Code justinien.

532-534 Les Francs conquièrent le royaume burgonde.

534 Règle de saint Benoît ; elle inspirera tout le monachisme en Occident.

535 Début de la reconquête de l'Italie par les Byzantins.

536 Condamnation des monophysites par le pape Agapet.
537 Dédicace de sainte Sophie de Constantinople.

539 La première cloche d'église venue d'Afrique du Nord en Europe.

539 Prise de Rome par les Goths.

540 Arrivée d'Irlandais en Amérique du Nord (jusqu'en 983).
541-545 Invasion perse dans l'Empire byzantin.

548 Invasion des Slaves jusqu'à l'Adriatique.
550 Formation de l'empire des Avars.

555 Capitulation des derniers Goths en Italie.
559 Les Bulgares assiègent Constantinople.
562 Les Japonais chassés de Corée.

563 Évangélisation des Pictes par saint Colomban.

568 Invasion des Lombards en Gaule et en Italie du Nord.

570 Naissance de Muḥammad (Mahomet), prophète et fondateur de l'islam.

581 Chine : dynastie des Sui qui, jusqu'en 618, travaille à la réunification de la Chine.
590 Échec des Francs en Italie.

590 Élection de Grégoire Iᵉʳ à la papauté, dont il affirme la primauté sur les évêques ; réorganisation de l'Église et de la liturgie (chant grégorien), évangélisation de la Grande-Bretagne, puis de la Germanie.

590

SCIENCES – TECHNIQUES	LITTÉRATURES	ARTS – MUSIQUE

529 Le *Kyrie* et le *Sanctus* **529** sont chantés à toutes les messes.

533-546 Premier traité chinois d'agronomie.

535 L'Arabe Imru' al-Qays écrit ses poèmes d'amour.

537 Église Sainte-Sophie, à Constantinople, caractéristique de l'architecture byzantine : plan en croix grecque, primauté du décor (revêtements précieux, mosaïques à fonds d'or), coupoles.

543 Construction à Paris de l'église Saint-Vincent (qui devint Saint-Germain-des-Prés).

v. 550 Usage du haut fourneau en Chine ; cette technique sera réinventée en Europe 900 ans plus tard. ◊ Le ver à soie est élevé à Constantinople.
554 La culture du ver à soie arrive d'Asie en Europe.

v. 550 Début du développement du roman, langue issue du latin parlé en Gaule.

v. 565 Le poète Fortunat en France.

v. 575 *Histoire des Francs* de Grégoire de Tours (10 livres en latin) : la première chronique française (achevée en 591).

590 Pontificat de saint Grégoire : réagissant contre l'infiltration de l'art profane dans la messe, il impose le rituel romain pour toutes les églises du monde : le plain-chant sera appelé plus tard « chant grégorien ».

| RELIGION – PHILOSOPHIE | HISTOIRE GÉNÉRALE |

591

v. 600 Apogée de la civilisation maya (jusque vers 950) : cités-temples de Palenque et de Tikal.

591 Paix victorieuse de l'Empire byzantin avec la Perse.
600 Mexique : début de la civilisation zapotèque.

600

601

VIIe siècle

Naissance et développement de l'islam qui, de l'Arabie, s'étend à l'Asie antérieure et à l'Afrique du Nord. Réorganisation de l'Empire chinois. Migration de

605-615 Nouvelles invasions perses contre l'Empire byzantin.

v. 610 Saint Gall évangélise les Helvètes. ◊ Début de la révélation de l'ange Jibraïl (Gabriel) à Mahomet ; début de sa prédication à La Mecque.

614 L'empereur de Perse Chosroès II assiège Jérusalem, aidé par les juifs de Galilée.
617 Les Slaves ravagent les Balkans, et les Avars assiègent Constantinople.
618 Chine : avènement de la dynastie des Tang, qui régnera jusqu'en 907.
620 L'Inde est divisée entre royaumes du Nord et royaumes du Sud.
621-622 Mahomet arbitre les conflits entre tribus (pacte d'Akaba) ; il échappe aux Mecquois qui voulaient l'assassiner et se réfugie à Médine.

622 L'hégire, an 1 de l'ère musulmane ; la prédication de Mahomet (recueillie dans le Coran, v. 650) se présente comme révélation divine ; elle donne naissance à l'islam, qui se répand très rapidement (Arabie, Égypte, Syrie, Iran).

622-629 Héraclius Ier, empereur byzantin, détruit l'Empire perse sassanide.

623-630 Luttes armées entre les partisans de Mahomet et les Mecquois ; victoire finale du prophète, qui occupe La Mecque.

629 Dagobert, roi des Francs ; il est conseillé par saint Éloi. ◊ Héraclius revient à Jérusalem, l'entrée de la ville est interdite aux juifs et les églises sont reconstruites.

v. 630 Déclin du bouddhisme en Inde. Apparition du bouddhisme tibétain.

630 Menaces des Lombards sur Rome ; la papauté cherche à s'allier aux Francs. ◊ Premiers contacts entre Byzantins et musulmans. ◊ Les Chinois détruisent l'État turc de Mongolie.

632 Mort de Mahomet.

632 Abū Bakr, calife, succède à Mahomet.
634 Omar Ier, deuxième calife ; début des conquêtes musulmanes.

637

| SCIENCES – TECHNIQUES | LITTÉRATURES | ARTS – MUSIQUE |

591

v. 600 Apogée de l'art maya (architecture grandiose des pyramides de Palenque).
600-620 Fondation de l'abbaye bénédictine de Westminster (Londres) et, par saint Colomban, des abbayes de Bregenz (Autriche) et de Bobbio (Italie).

(601-700)

la brillante civilisation maya dans la presqu'île du Yucatán. Introduction du bouddhisme à Java par les princes indiens.

600

601

605-610 Construction du Grand Canal en Chine.

v. 620 Chine : ouverture d'une banque d'État pour le crédit.

v. 625 Les *Etymologiæ,* encyclopédie d'Isidore de Séville.
629 Poème sur la création du monde par Georgios Pisides.

v. 630 Inde : apparition du calcul avec des nombres négatifs.

637

RELIGION – PHILOSOPHIE	HISTOIRE GÉNÉRALE

638

638 Omar se présente devant Jérusalem qui se rend sans combat. Il promulgue un édit de tolérance à l'égard des « gens du livre » : juifs, chrétiens et musulmans. Prise d'Antioche.

640-660 Saint Éloi, évêque de Noyon.

642 Prise d'Alexandrie, conquête de l'Égypte par les Arabes.

644 Omar est assassiné, 'Uthmān lui succède.

v. 645 Le bouddhisme au Tibet.
650 Les cultes étrangers, islam, christianisme, se développent en Chine.

v. 650 Empire de Śrivijaya à Sumatra et Java.
650-750 Règne des rois francs dits « fainéants » : le pouvoir royal recule devant l'aristocratie et les maires du palais.

651 Achèvement de la conquête arabe en Perse.

653 Conversion des Lombards.

656 Le calife 'Uthmān est assassiné ; 'Alī lui succède mais son califat sera violemment contesté. Première guerre civile entre musulmans.

658 Crise dans la succession des califes : naissance des principales divisions de l'islam après la bataille de Siffin (sunnite, chiite, kharidjite).

661 Assassinat d''Alī ; Mu'āwiya Ier fonde la dynastie des Omeyyades.
664 Premiers raids arabes en Inde.
670 Fondation de Kairouan. ◊ La Tunisie incorporée à l'Afrique du Nord.

678 Les Arabes sont repoussés de Byzance grâce au feu grégeois ; ils ne peuvent entrer en Europe par l'Orient.
680 Formation du parti chiite.
680 Invasion des Balkans par les Bulgares.

685 Apparition de la secte des kharidjites.

687 Pépin de Herstal, maire du palais d'Austrasie, étend sa domination sur tout le royaume franc.

690

SCIENCES – TECHNIQUES	LITTÉRATURES	ARTS – MUSIQUE

638

644 Première référence connue d'un moulin à vent en Perse.

v. 650 Apparition du parchemin en Europe. ◊ Premiers navires de commerce en Scandinavie. ◊ En Amérique centrale, les Mayas développent leur propre mode de calcul ; un réseau de routes est construit au Yucatán ; les civilisations précolombiennes connaissent la soudure métallique.

v. 650 De nouveaux genres poétiques apparaissent en Chine ; quatre « princes » de la poésie dominent la vie littéraire.

v. 650 Fresques d'Ajanta, apogée de la peinture indienne.

654 Fondation de l'abbaye de Jumièges.

670-675 Construction de la Grande Mosquée de Kairouan.

674 Premier usage du feu grégeois contre la flotte arabe qui cherche à investir Constantinople.

683 Poèmes d'amour arabes par Ibn 'Abd Rabbihi.

690

RELIGION – PHILOSOPHIE	HISTOIRE GÉNÉRALE

691

692 Édification à Jérusalem d'une mosquée à l'endroit où Mahomet est monté au ciel.

v. 700 Le bouddhisme se mêle à la religion traditionnelle du Japon, le shintoïsme.

700 Les musulmans ont conquis le Pendjab, l'Afghanistan ; l'arabe, langue du Coran, devient seule langue officielle dans tout l'Empire arabe.

700

701

VIIIᵉ siècle

L'Europe de l'Ouest est unifiée par Charlemagne. Rayonnement de la civilisation chinoise : philosophie, architecture, peinture, littérature. L'Empire

703 Toute l'Afrique du Nord devient arabe, y compris la côte marocaine.

705 L'église chrétienne de Damas devient la mosquée des Omeyyades.

v. 710 Développement de la législation en Asie : élaboration des codes japonais et chinois, qui resteront en vigueur jusqu'au XIXᵉ s.

711 Le pape Constantin fait reconnaître sa suprématie au patriarche de Constantinople et à l'empereur. ◊ Les Arabes envahissent l'Espagne : l'expansion de l'islam, extrêmement rapide en Afrique du Nord et en Asie Mineure, atteint l'Europe.

711 Conquête de l'Espagne par les Omeyyades : fin du royaume wisigoth. ◊ Naissance du royaume du Cachemire.

712

| SCIENCES – TECHNIQUES | LITTÉRATURES | ARTS – MUSIQUE |

691 Le calife omeyyade **691** 'Abd al-Malik fait construire à Jérusalem la coupole du Rocher (lieu de pèlerinage pour les musulmans qui y rattachent les souvenirs d'Abraham et du prophète Muḥammad [Mahomet]) ; construction de la mosquée dite mosquée d''Umar (Omar) auprès de la coupole du Rocher.

v. 700 Disparition du latin comme langue parlée en France, sauf en milieu clérical.
apr. 700 Chine : le VIIIe s. est l'âge d'or de la poésie classique, avec les grands poètes Li Bo et Wang Wei.

v. 700 Les évangéliaires des monastères irlandais servent de modèles dans toute l'Europe.

(701-800)

arabe s'étend à l'Inde et à l'Espagne. Fondation du royaume de Mataram à Java.

700

701

701 Introduction de l'*Agnus Dei* dans la messe chantée.

705 Grandes Mosquées de Jérusalem et de Damas : abondance de l'ornemental (l'islam interdit la représentation de l'homme et de l'animal).

v. 708 Reconstruction du temple bouddhique d'Hōryū-ji, près de Nara (Japon) : le plus ancien édifice connu construit en bois.

712 Rédaction du *Kojiki*, la plus ancienne histoire du Japon.

712

| RELIGION – PHILOSOPHIE | HISTOIRE GÉNÉRALE |

713

717 Début de la crise iconoclaste : les chrétiens, surtout à Byzance, sont divisés en partisans et adversaires des images.

719-738 Campagnes de Charles Martel contre les Saxons.

720 Charles Martel bat les Aquitains.

725 La région de la Loire aux mains des Arabes ; Autun saccagé.

726 Début du pouvoir temporel de la papauté.

727 Condamnation de l'iconoclasme par le pape.

732 Arrêtés à Poitiers, les Arabes musulmans se replient sur l'Espagne, où ils s'installent durablement. ◊ Saint Boniface, archevêque d'Alémanie, de Bavière et de Saxe.

732 Bataille de Poitiers : Charles Martel donne un coup d'arrêt à l'expansion arabe.

742 Pépin le Bref et Carloman soumettent l'Aquitaine et les Alamans. ◊ Venise : gouvernement des doges.

747 Abdication de Carloman : Pépin seul maire du palais.

v. 750 Chine : retour au « style antique », proscrivant les influences étrangères.

750 Coup d'État abbasside contre les Omeyyades.

751 Pépin se fait élire roi à l'assemblée de Soissons (les Carolingiens succèdent aux Mérovingiens) et est sacré roi des Francs l'année suivante, par le pape, à Saint-Denis. ◊ Byzance perd Ravenne, pris par les Lombards ; le pape, ne pouvant plus compter sur la protection byzantine, se tourne vers les Francs et cesse de se considérer comme un sujet de l'empereur d'Orient. ◊ Bataille du Talas : défaite chinoise ; délimitation des frontières de la Chine et du califat abbasside.

754 Martyre de saint Boniface.

756 Donation de Pépin, par laquelle sont institués les États pontificaux.

756 'Abd ar-Raḥmān fonde le califat omeyyade de Cordoue.

SCIENCES – TECHNIQUES	LITTÉRATURES	ARTS – MUSIQUE

713 Au Japon, l'impôt est payé en espèces et non en marchandises.

713

v. 720 *Annales* du Japon avec chants populaires et poèmes.

v. 720 Chine : école d'art dramatique pour 400 garçons et filles.

v. 735 Mise au point des syllabaires au Japon.

v. 750 Perfectionnement de l'attelage en Europe. ◊ Les musulmans fabriquent du papier de chiffon.

v. 750 *Beowulf,* épopée anglo-saxonne : un des premiers textes profanes en langue vulgaire de cette époque.

v. 750 Apogée de l'art rupestre indien, à Ellora et construction du temple de Kailāsanātha. L'art « post-gupta » voit le développement de l'architecture et de la sculpture architecturale. Premiers temples hindous en pays dravidien (au sud). Sanctuaires rupestres en Chine (depuis le VIIe s.) : peintures et sculptures.

757 Service de renseignements et d'espionnage organisé en Arabie.

757 L'empereur Constantin envoie un orgue à Pépin le Bref. Il faudra attendre le IXe s. pour que l'orgue, proscrit comme les autres instruments, soit accepté dans les églises.

759

| RELIGION – PHILOSOPHIE | HISTOIRE GÉNÉRALE |

760

762 Fondation de Bagdad, capitale abbasside.

769 Concile du Latran qui condamne les iconoclastes.

774 Annexion de la Lombardie par Charlemagne (capitulation de Pavie).

778 Échec de Charlemagne en Espagne ; défaite et mort de Roland à Roncevaux. ◊ La dynastie des Śailendra à Java (jusqu'en 870).

785 *Histoire des évêques de Metz* de Paul Diacre.

785 Conquête de la Saxe par Charlemagne.

786 Premier raid normand en Angleterre.

787 Deuxième concile de Nicée : orthodoxie du culte des images.

788 Le Maroc, royaume berbère indépendant.

789 Fondation des écoles monastiques par Charlemagne.

794 Kyōto, capitale du Japon.

795 Mort de Sībawayh, dont le *Kitāb* (« le Livre ») restera la plus célèbre grammaire arabe.

796 Les Avars se reconnaissent vassaux des Francs.

799 Premier raid normand en Gaule.

| SCIENCES – TECHNIQUES | LITTÉRATURES | ARTS – MUSIQUE |

760

v. 760 Adoption par les Arabes du système numéral indien.

v. 770 Culture du coton en Espagne. ◊ Imprimerie xylographique en Chine pour la diffusion des textes bouddhiques.
773 Apparition en Europe de la numération arabe, adaptée de l'Inde.

777 *Musica,* traité de musicographie d'Alcuin.
778 L'Anglo-Saxon Cynewulf chante l'Ascension du Christ.

780 Chine : l'impôt remplace les corvées au service de l'État.

v. 785 Œuvres de l'historien Paul Diacre.

785 Grande Mosquée de Cordoue.

793 Apparition du papier à Bagdad.

v. 795 Han Yu, écrivain confucéen, réforme la prose chinoise.

796 Début de la construction d'Aix-la-Chapelle (jusqu'en 805) : inspiration byzantine.

799

800 Charlemagne sacré à Rome : alliance étroite du pape et de l'empereur, restauration d'une culture chrétienne en Occident, « renaissance carolingienne » (Alcuin).
◊ Kairouan, capitale de l'Ifrīqīyah (Tunisie), foyer culturel important.
◊ Œuvre de Śankara en Inde ; la culture sanskrite (hindoue) est encouragée dans le royaume du Cachemire.

800 Charlemagne couronné empereur d'Occident à Rome.

VIIIᵉ - IXᵉ Formation des premiers royaumes noirs du Soudan : les écrivains arabes ont décrit l'opulence de cette civilisation, principale source d'approvisionnement de l'Europe en or, et la beauté de ses villes.

800

801

IXᵉ siècle

En Europe, éclatement de l'empire de Charlemagne, naissance des États (France, Allemagne, Angleterre, Hongrie) et formation des langues natio-

809 Concile d'Aix-la-Chapelle sur la question du filioque (« ... et du Fils »), des rapports entre les personnes et la Trinité.

v. 810 Traduction en arabe du *Politique* de Platon.

812 Traité d'Aix-la-Chapelle : Charlemagne est reconnu empereur d'Occident par l'empereur d'Orient. Importantes relations de l'Occident avec Constantinople et Bagdad, où règne Hārūn ar-Rashīd ; l'Islam se morcelle en royaumes concurrents.

814 Louis Iᵉʳ le Pieux, empereur d'Occident.

825 Les Arabes conquièrent la Crète.

827 Byzance perd la Sicile, conquise par les Arabes (prise de Palerme en 831, de Syracuse en 878).

828 Translation des cendres de saint Marc à Venise.

830 On découvre le corps de saint Jacques à Compostelle.

831

| SCIENCES – TECHNIQUES | LITTÉRATURES | ARTS – MUSIQUE |

v. 800 « Renaissance carolingienne » en Europe (copies de manuscrits) ; apparition de l'étrier. ◊ Les Arabes connaissent l'horloge à eau ; alchimie (préhistoire de la chimie) de Jābir ibn Ḥayyān ; traduction en arabe de la *Géographie* de Ptolémée. ◊ Commerce (caravanes) entre le Maghreb et le Soudan (or, ivoire, esclaves).

v. 800 Construction du temple bouddhique de Barabudur à Java.

800

(801-900)

nales. Apogée de l'Empire et de la civilisation arabes (mathématiques, philosophie, arts et histoire). Croissance du brahmanisme en Inde.

800

801

v. 810 Chine : la monnaie de papier reconnue à côté du métal.

812 Le concile de Tours décide de transposer les homélies en langue romane rustique : fondation de la littérature française.

820 En Arabie, les femmes ont accès aux études.

829 Construction de l'observatoire de Bagdad ; continuateurs des Grecs, les Arabes développent l'astronomie, les mathématiques (al-Khwārizmī), l'optique, la médecine... Ils adoptent la numération indienne, d'où l'appellation de « chiffres arabes » : « chiffre » et « zéro » sont des mots d'origine arabe.

v. 830 *La Vie de Charlemagne* d'Éginhard. ◊ L'éducation religieuse du peuple : *Heliand,* poème biblique, probablement le premier texte de la littérature allemande ; traduction des textes sacrés en anglo-saxon.

831

RELIGION – PHILOSOPHIE

HISTOIRE GÉNÉRALE

832 Fondation de la « maison de la Sagesse » à Bagdad ; par un intense travail de traduction, les musulmans vont assimiler la pensée grecque ; ils connaissent, jusqu'au XIIIᵉ s., un âge d'or philosophique et théologique.

836 Fondation de Sāmarrā', capitale des Abbassides.

839 Formation d'un royaume normand en Irlande.

840 Début des grandes invasions normandes en Angleterre. ◊ Mort de Louis Iᵉʳ le Pieux.

842 Le clergé bouddhique s'empare du pouvoir au Tibet.

842 Serments de Strasbourg : alliance de Louis le Germanique et de Charles II le Chauve.

843 Méthode devient patriarche ; restauration du culte des images par le pouvoir à Byzance ; le conflit de l'iconoclasme a opposé le haut clergé et les moines, creusé l'écart entre Byzance et Rome (excommunication du pape par Photios en 867).

843 Traité de Verdun : l'Empire carolingien est divisé en trois ; Charles II devient le premier roi de France.

844 Incursion victorieuse des Normands au Maroc et en Espagne.

845 Proscription du bouddhisme en Chine.

845 Siège de Paris par les Normands (scandinaves).

850 Les Normands prennent Londres et Canterbury, et s'installent à demeure aux embouchures de la Seine et de la Loire.

860 Fondation de Novgorod par les Normands, qui colonisent le nord de la Russie.

862 Premiers raids hongrois en Germanie.

863 Mission de Cyrille et Méthode en Moravie ; à terme, la conversion des Slaves par les Byzantins fera de Moscou une capitale religieuse (XVIᵉ s.).

863-864 Charles le Chauve soumet l'Aquitaine.

863

| SCIENCES – TECHNIQUES | | LITTÉRATURES | | ARTS – MUSIQUE |

833 Première mention d'un moulin à vent en Europe, où ce procédé ne s'implantera durablement qu'au XIIᵉ s.

842 *Serments de Strasbourg* : premier texte en roman, qui deviendra le français, et en germanique.

842 Construction de la Grande Mosquée de Sāmarrā'.

843 Restauration du culte des images à Byzance ; l'art des icônes se développe en Orient et influence l'Occident (Venise) ; à partir du XVIᵉ s., il s'intégrera à la spiritualité russe.

846 *Bible de Charles le Chauve,* miniature de l'école de Tours.

v. 850 Fondation de l'école de médecine de Salerne, première forme d'université en Europe. ◊ Découverte des vertus du caféier par un berger arabe, intrigué par l'agitation des chèvres qui en avaient brouté. Compilations géographiques arabes. ◊ Chine : usage de la poudre.

v. 850 Début du genre des « miroirs », traités d'éducation ou de vulgarisation nombreux au Moyen Âge.

v. 857 Fresques de l'église Saint-Germain d'Auxerre (les plus anciennes peintures murales de France).

v. 860 *Psautier de Charles le Chauve,* miniature.

860 *Livre des artifices,* somme des connaissances mécaniques des Arabes.

863 Création de l'alphabet cyrillique par Cyrille et Méthode.

| RELIGION – PHILOSOPHIE | HISTOIRE GÉNÉRALE |

864 Conversion du tsar des Bulgares, Boris, à l'orthodoxie byzantine.

865 *De la division de la nature* de Jean Scot Érigène ; il traduit le Pseudo-Denys.

v. 870 Traduction en arabe de l'Ancien Testament.

870-880 Révolte des esclaves noirs à Bassora, où ils fondent un État « communiste », rapidement écrasé par les armées arabes.

871 Alfred le Grand, vainqueur des Normands, roi d'Angleterre.

877 Louis II le Bègue, roi de France.

879 Louis III et son frère Carloman règnent conjointement sur la France.

882 Carloman, seul roi de France. ◊ Fondation du royaume de Kiev par les Normands : unification de la Russie (capitale : Kiev) et attaque de Byzance.

v. 884 Exégèse du Coran par aṭ-Ṭabarī.

884 Charles III le Gros, empereur d'Occident, régent du royaume de France.

885-886 Siège de Paris par les Normands.

888 Eudes, défenseur victorieux de Paris, élu roi de France.

v. 895 Ouvrages chrétiens traduits en arabe.

895 Sous la pression des Petchenègues, les Hongrois s'établissent dans la vallée du Danube.

896 Arnulf, roi de Germanie, sacré empereur d'Occident.

898 Charles III le Simple, roi de France.

899 Les Hongrois, conduits par Árpád, ravagent l'Italie, la France, la Lorraine, la Bourgogne, l'Espagne et Byzance.

SCIENCES – TECHNIQUES	LITTÉRATURES	ARTS – MUSIQUE

868 Le plus ancien livre xylographié connu : traité bouddhiste du *Véhicule du diamant*.

v. 880 Al-Battānī, mathématicien et astronome arabe, réfute Ptolémée, détermine l'orbite solaire et fonde la trigonométrie sphérique.

v. 880 La *Cantilène* ou *Séquence de sainte Eulalie,* premier texte en langue d'oïl (ancien français).

v. 880 Achèvement de la mosquée d'Ibn Tūlūn au Caire.

881 Édification du Bakheng, pyramide à degrés d'Angkor.

883 Fondation de l'abbaye Saint-Michel-de-Cuxa, en Catalogne.

v. 890 *Les Vantardises d'Isé,* recueil de 125 récits japonais d'aventures.

892 Composition de la *Chronique saxonne*.

v. 890 Premiers chœurs polyphoniques en Europe.

896 Récit du siège de Paris par les Normands, par le moine Abbon.

RELIGION – PHILOSOPHIE

HISTOIRE GÉNÉRALE

v. 900 Installation de couvents au mont Athos, qui deviendra le principal foyer monastique de l'orthodoxie.

900

901

X⁰ siècle

Bouleversements sociaux et politiques dans le monde arabe et européen. Les Normands envahissent les côtes de l'Europe et atteignent l'Amérique. Prestige de Cordoue, capitale arabe de

907 Chine : fin de la dynastie des Tang ; morcellement de la Chine : début de la « période des cinq dynasties (au nord) et des dix royaumes (au sud) » qui prendra fin en 960.

909 L'empire arabe d'Afrique du Nord, indépendant de Bagdad.

910 Fondation de l'abbaye de Cluny ; les clunisiens compteront v. 1100 près de 1 200 prieurés et abbayes, étroitement liés à la réforme grégorienne de 1075.

910 Fondation de la dynastie des Fatimides.

911 Baptême du chef normand Rollon.

911 Traité de Saint-Clair-sur-Epte : fondation de la Normandie.

920 Établissement des Toltèques au Mexique ; effondrement de la civilisation maya.

922 Martyre d'al-Halladj : développement du soufisme en Islam ; œuvre philosophique d'al-Fārābī.

922 Robert Iᵉʳ, roi de France.

923 Raoul de Bourgogne, roi de France.

929 Fondation du califat de Cordoue.

935 Début de l'évangélisation du Danemark. ◊ Fin de la rédaction du Coran.

936 Louis IV, roi de France.

941 Échange de traités commerciaux entre Kiev et Constantinople ; début de la fusion entre Slaves et Normands, grâce à la culture byzantine.

949

| SCIENCES – TECHNIQUES | LITTÉRATURES | ARTS – MUSIQUE |

v. 900 Apparition du fer à cheval en Europe.

v. 900 Premier dictionnaire de la langue arabe par Ibn Durayd.

v. 900 Début de l'architecture romane en Europe ; un siècle plus tard, elle se caractérise par l'utilisation de l'arc en plein cintre et du plan basilical, favorise le développement de la sculpture (chapiteaux, tympan) et de la fresque. ◊ Naissance de l'école chinoise de paysage : art de la suggestion plutôt que de la représentation.

900

(901-1000)

l'Europe, et déclin du pouvoir royal dans le reste de l'Europe au profit de la féodalité seigneuriale. Intense production intellectuelle en Chine.

900

901

910 Fondation de l'abbaye de Cluny, chef d'œuvre de l'art roman et l'un des centres musicaux du Moyen Âge.

922 Rédaction de *la Bhāgavata-Purāṇa,* poème des dieux de l'Inde.

v. 930 Traité d'al-Fārābī sur la musique orientale.

931 Premier examen de qualification des médecins de Bagdad.

948 À Clermont-Ferrand, le premier exemple de déambulatoire à chapelles rayonnantes.

949

| RELIGION – PHILOSOPHIE | HISTOIRE GÉNÉRALE |

v. 950 Réforme sociale et religieuse d'influence manichéenne des Bogomiles, en Bulgarie.

951 Les Hongrois en Aquitaine.

954 Lothaire, roi de France.

955 La bataille du Lechfeld met fin aux invasions hongroises en Occident.

959 Unification de l'Angleterre sous Edgar le Pacifique.

960 Fondation de la Pologne par Mieszko Ier. ◇ Chine : avènement de la dynastie des Song (jusqu'en 1279).

962 Création du Saint Empire romain germanique, dans un contexte de crise pour l'Église (simonie, indignité du clergé).

962 Couronnement d'Othon Ier le Grand : fondation du Saint Empire romain germanique.

966 Mieszko Ier, par son baptême, fait entrer la Pologne dans la chrétienté romaine.

969 Les Fatimides s'emparent de l'Égypte et envahissent la Syrie, définitivement conquise en 988.

971 Annexion de la Bulgarie et de la Phénicie par Byzance.

976 Les Byzantins perdent la Palestine.

980-982 Les Vikings, partis de Norvège, s'installent au Groenland.

982 Saint Romuald fonde l'ordre des Bénédictins.

985 Baptême du futur Étienne Ier de Hongrie.

986 Louis V, dernier roi de France carolingien.

987 Début de l'évangélisation de la Hongrie.

987 Hugues Capet, élu roi de France : fondation de la dynastie des Capétiens, qui régnera jusqu'en 1328.

987

| SCIENCES – TECHNIQUES | LITTÉRATURES | ARTS – MUSIQUE |

v. 950 En Europe, progrès des techniques agricoles (défrichements, meunerie, charrue à avant-train), expansion démographique, constructions en pierre ; début de la renaissance des villes en Italie. ◊ En Amérique, culture du coton, céramiques et forges toltèques, constructions en terre des Indiens pueblos.

Xᵉ-XIVᵉ s. Renaissance de l'art maya sous l'influence des Toltèques (Chichén Itzá).

v. 956 Premières mentions des *Mille et Une Nuits,* recueil de contes arabes.

960 Statue reliquaire de Sainte-Foy-de-Conques.

v. 970 Première mention d'un drame liturgique à Fleury : mise en scène du texte sacré à l'occasion des messes de Pâques et de Noël.

972 Inauguration de la mosquée al-Azhar au Caire.

v. 980 Enseignement à Reims de Gerbert d'Aurillac (le futur pape Sylvestre II), le plus savant des clercs occidentaux, formé notamment en Catalogne, à la lisière de l'Islam ; il introduit les chiffres arabes, l'abaque, certains procédés de calcul. ◊ En Chine, invention d'un « téléphone » par fil.

v. 980 La bibliothèque arabe de Cordoue compte 400 000 volumes.

v. 980 Fondation de la ville-temple de Khajurāho (Inde du Nord).

987 Imprimerie avec des bois gravés, en Chine.

RELIGION – PHILOSOPHIE

HISTOIRE GÉNÉRALE

988 Baptême de Vladimir, prince de Kiev : début de la conversion de la Russie à l'orthodoxie.

996 Robert II le Pieux, roi de France. ◊ Othon III, sacré empereur à Rome.

999 Othon III établit sa capitale à Rome. Il rêve avec Sylvestre II de restaurer un empire chrétien universel.

v. 1000 Le couronnement d'Étienne Iᵉʳ par le pape fait entrer la Hongrie dans la famille des nations de l'Europe chrétienne. ◊ Civilisation toltèque au Mexique ; culte de Quetzalcóatl. ◊ L'islam atteint l'Inde (recueil de voyages d'al-Bīrūnī) et se répand en Afrique noire.

v. 1000 Fondation de l'Empire inca par Manco Cápac Iᵉʳ.
1000 Venise établit son protectorat sur l'Istrie et la Dalmatie. ◊ Étienne Iᵉʳ, fondateur de l'État hongrois, est couronné roi de Hongrie par le pape. ◊ Leif Eriksson explore la terre de Baffin, le Labrador et Terre-Neuve. ◊ Invasions musulmanes en Inde.

1000

1001

XIᵉ siècle

Avec les croisades, l'Europe découvre et convoite la richesse de civilisations supérieures : Byzance, monde arabe. Conflit entre le pouvoir impérial tempo-

1005 Terrible famine en Occident.

1006 Destruction du royaume de Mataram à Java.

1009 Début des conquêtes normandes en Italie du Sud.

1014 Basile II le Bulgaroctone vainc définitivement les Bulgares. L'Empire byzantin apparaît comme la plus grande puissance d'Europe orientale et d'Asie Mineure.

1019 Knut le Grand fait l'union du Danemark, de l'Angleterre et de la Norvège.

v. 1020 École de Chartres (Fulbert). ◊ Chine : développement de la philosophie ; Fan Zhongyan puis, v. 1070, Wang Anshi proposent une réforme du système social. ◊ En Islam, œuvre encyclopédique d'Avicenne.

1021

SCIENCES – TECHNIQUES	LITTÉRATURES	ARTS – MUSIQUE

994 Premier donjon français à Langeais.

v. 1000 Les nouvelles techniques agricoles (herse, charrue) provoquent un tournant économique. ◊ Culture du riz aquatique en Chine.

v. 1000 *Le Dit de Genji*, roman japonais d'une dame d'honneur à la cour : étude de la société à travers la peinture de quelque 300 personnages.

v. 1000 Grande pagode de Tanjore (Inde) ; mausolée d'Ismāʿīl le Samanide, à Boukhara (Ouzbékistan).

(1001-1100)

rel du pape et celui des empereurs germaniques. En Amérique du Sud, apogée de la civilisation des Incas.

1009 Construction de l'église de Saint-Martin-du-Canigou.

1010 Publication du *Livre des rois* du poète persan Firdousi, chef-d'œuvre de la littérature épique.

v. 1010 Le théâtre d'ombres chinois est introduit à Java.

1015 Pose de la première pierre de la partie romane de la cathédrale de Strasbourg.

v. 1020 Œuvre scientifique d'Avicenne, notamment en médecine ; les Arabes élaborent une optique distincte de la théorie de la vision.

1021 Sculptures du linteau de Saint-Genis-des-Fontaines : première œuvre de la sculpture romane.

| RELIGION – PHILOSOPHIE | HISTOIRE GÉNÉRALE |

1022 Apparition de la secte chrétienne des cathares dans le midi de la France.

1024 Conrad II, empereur d'Occident ; il nomme et investit du pouvoir spirituel les évêques et les abbés.

1031 Henri Ier, roi de France. ◊ Disparition de la dynastie omeyyade d'Espagne.

1039 Henri III, roi de Germanie. ◊ Les Turcs seldjoukides dépossèdent les Ghaznévides.

1045 La Bohême, la Pologne et la Hongrie deviennent fiefs du Saint Empire.

1049 Concile romain contre les clercs coupables de trafic intéressés (simonie).

1054 Excommunications mutuelles du pape et de Michel Cérulaire : schisme entre les chrétiens d'Occident (Rome) et les chrétiens d'Orient (Constantinople), le catholicisme et l'orthodoxie ; l'Église romaine se réforme ; apparition des premières hérésies populaires en Europe.

1055 Les Turcs seldjoukides établis à Bagdad menacent Byzance.
1056 Henri IV, roi de Germanie. ◊ Fin de la dynastie macédonienne à Byzance, remplacée par les Comnènes.

1058-1111 Vie du théologien al-Ghazālī.
1058

SCIENCES – TECHNIQUES	LITTÉRATURES	ARTS – MUSIQUE

1023-1034 Construction de l'abbatiale du mont Saint-Michel.

v. 1025 Guido d'Arezzo invente un système de notation musicale : les notes de la gamme. Au XIᵉ s., la polyphonie est codifiée, après deux siècles de pratique.

v. 1037 Construction de la cathédrale Sainte-Sophie à Kiev.
1037 Début de la construction de l'abbatiale de Jumièges.

v. 1040 *Vie de saint Alexis,* l'un des plus anciens textes en langue française, d'après une *Vie* latine ; genre littéraire important, équivalent religieux de l'épopée guerrière.

1041 Début de la construction de Sainte-Foy-de-Conques.

v. 1050 En Europe, premiers moulins (à eau) à foulon.
◊ Usage en Chine des caractères mobiles d'imprimerie ; la technique chinoise de fabrication du papier, importée par les Arabes, fait son apparition en Espagne.

| RELIGION – PHILOSOPHIE | HISTOIRE GÉNÉRALE |

1059

1060 Philippe Ier, roi de France. ◊ Début de la conquête de la Sicile par les Normands.

1064 Émigration arménienne en Cilicie après l'invasion seldjoukide.
1066 Conquête de l'Angleterre par les Normands de France, conduits par Guillaume le Conquérant (bataille d'Hastings).

1069 Conquête du Maroc par les Almoravides.
1070 Guillaume le Conquérant chasse les Danois d'Angleterre.

v. 1070 Fondation d'un monastère de prêtresses par les Mayas à Chichén Itzá (Mexique).

1071 Les Turcs seldjoukides enlèvent Jérusalem aux Arabes d'Égypte. Les pèlerins venus d'Occident subissent des vexations (à la différence des chrétiens de Palestine). C'est dans ce contexte que naît l'idée de croisade dans l'Europe chrétienne.
1075 En refusant à l'empereur Henri IV l'investiture des clercs et toute influence sur l'élection du pape, Grégoire VII lance la « réforme grégorienne » : asseoir l'autorité de l'Église, pour instaurer une république chrétienne. École rabbinique de Rachi à Troyes.

1071 Les Normands font la conquête de l'Italie byzantine. Les Byzantins sont défaits par les Turcs à Manzikert : début du déclin militaire de l'Empire byzantin.

1075 Début de la querelle du Sacerdoce et de l'Empire.

1077 L'empereur germanique Henri IV fait amende honorable à Canossa.
1078 Guerre civile dans l'Empire byzantin.

1079

SCIENCES – TECHNIQUES	LITTÉRATURES	ARTS – MUSIQUE

1059 *Histoire des Berbères et Arabes d'Afrique du Nord* par Ibn Ḥazm.

1063-1072 Niẓām al-Mulk, homme d'État persan et véritable maître de l'Empire seldjoukide, rédige son *Seyāsat-nāmeh* (« Traité de gouvernement ») qui est l'équivalent pour l'Orient musulman de ce que sera pour l'Occident, quatre siècles plus tard, *le Prince* de Machiavel.

1063-1094 Église Saint-Marc de Venise, reconstruite selon un plan d'inspiration byzantine ; début de la construction de la cathédrale de Pise.

1067-1071 Construction de l'abbatiale du mont Cassin.

v. 1070 Premiers fabliaux, récits brefs, savants dans la forme, satiriques quant au fond : un genre qui prolifère pendant un siècle.
1071 Naissance de Guillaume IX d'Aquitaine, le premier troubadour connu ; créateur de la « fin'amor », la première poésie profane en langue d'oc qui se développera au XIIe s.

v. 1070 Construction du sanctuaire de la Grande Mosquée d'Ispahan. ◊ Diffusion par les Arabes de la trompette en Europe.

v. 1075 Travaux d'Omar Khayyam en algèbre et en astronomie.

1079 Abbatiale de Saint-Benoît-sur-Loire.
1079-1093 Cathédrale de Winchester (Angleterre).

| RELIGION – PHILOSOPHIE | HISTOIRE GÉNÉRALE |

1080

1080 Fondation de la principauté arménienne de Cilicie.

1081 Les Normands envahissent les Balkans. ◊ Alexis Iᵉʳ Comnène, empereur de Byzance. L'Asie Mineure est entre les mains des Turcs.

1082 Venise aide Byzance contre les Normands et reçoit d'importants privilèges commerciaux. Début du déclin commercial de Byzance.

1084 Fondation du couvent de la Grande-Chartreuse par saint Bruno ; le début du XIIᵉ s. sera marqué par l'essor de l'érémitisme, la création d'ordres prédicateurs (Prémontré, 1120) et militaires (Templiers, 1118). ◊ Révolte des Bogomiles en Thrace.

1085 Alexis Iᵉʳ chasse les Normands des Balkans.

1087 Les villes de Pise et Gênes obtiennent des privilèges commerciaux avec l'Afrique du Nord.

1090 Formation de la secte chiite ismaélite des « Assassins » (les fidèles au « fondement » *[asaz]*, « gardiens » de la foi).

1091 Les musulmans prennent la Corse.

1093 Saint Anselme, primat d'Angleterre. Dans son œuvre, il énonce une preuve de l'existence de Dieu, discutée jusqu'à nos jours.

1094 Le Cid, chef chrétien, s'empare de Valence.

1095 Concile de Clermont, prédication de la première croisade.

1096 Départ de la première croisade et échec de la croisade populaire ; la croisade féodale traverse l'Europe ; les XIIᵉ et XIIIᵉ s. seront ceux des croisades : fondation d'États latins en Orient. En Europe, nombreux mouvements hérétiques.

1096 Départ de la première croisade (qui se terminera en 1099).

1097

SCIENCES – TECHNIQUES	LITTÉRATURES	ARTS – MUSIQUE

v. 1080 *La Chanson de Roland,* anonyme : l'une des plus anciennes chansons de geste françaises (avec la *Chanson de Guillaume, Gormont et Ysembart*), poème épique narrant les hauts faits des héros que leur nom rattache à l'histoire des pays de France, exaltant leur patriotisme et leur foi.

1080 Début de la **1080** construction de la cathédrale Saint-Sernin de Toulouse (le plus grand édifice roman subsistant).

Fin XI⁺ s. Chine : le développement de l'imprimerie permet une large diffusion de la culture.

v. 1088 Fondation à Bologne de la première université européenne.

1088 Agrandissement de l'abbaye de Cluny, qui sera la plus grande église de la chrétienté jusqu'à la construction de Saint-Pierre de Rome ; les sculptures des chapiteaux représentent un tournant de l'art roman.

1090 Tour-horloge astronomique à Kaifeng (Chine).

1096-1104 Église de la Madeleine à Vézelay.

1097

| RELIGION – PHILOSOPHIE | HISTOIRE GÉNÉRALE |

1098 Fondation de l'ordre de Cîteaux ; les cisterciens, dont saint Bernard, vont dominer la vie monastique du XIIᵉ s. (530 maisons en Europe v. 1200).

1099 Avec la prise de Jérusalem par les croisés, implantation en Palestine d'un patriarcat latin (tensions avec les juridictions chrétiennes déjà existantes).

1098 Les croisés prennent Édesse et Antioche.

1099 Henri V, roi de Germanie. ◊ Prise de Jérusalem par les croisés ; la ville est soumise au pillage et au carnage.

v. 1100 Économie rurale centrée sur le système féodal, mais développement d'une économie urbaine (foires de Champagne). ◊ Conquête du Soudan (royaume du Ghāna) par les Almoravides.

1100 Baudouin Iᵉʳ, roi de Jérusalem.

1100

1101

XIIᵉ siècle

Lent renouveau d'une civilisation urbaine en Europe où les nombreuses traductions d'ouvrages arabes en latin préparent la Renaissance. Chute de

1108 Louis VI le Gros, roi de France.

1109 Les croisés prennent Tripoli et Beyrouth.

1112 Révolte de la commune de Laon contre son seigneur-évêque ; le mouvement communal progresse irrésistiblement au XIIᵉ s. : statuts des métiers, essor du commerce et de l'artisanat.

1115 Saint Bernard, abbé de Clairvaux, illustre représentant de la spiritualité monastique, hostile au renouveau intellectuel des villes, conseiller des puissants. ◊ Aventure d'Héloïse et Abélard.

1118 Basile, chef des Bogomiles, brûlé à Constantinople.

1118 Fondation de l'ordre du Temple.

1120 Création de l'université de Paris.

1119 Début de la guerre entre Pise et Gênes.

1122 Concordat de Worms : fin de la querelle des Investitures. ◊ Suger, abbé de Saint-Denis.

1122 Bataille navale d'Ascalon : les Vénitiens maîtres de la Méditerranée orientale. ◊ Maroc : révolte des Almohades contre les Almoravides.

1125 Lothaire III empereur germanique.

1126 Baudouin II aux portes de Damas.

1127 Roger II de Sicile fait l'unité des États normands d'Italie.

1127

SCIENCES – TECHNIQUES	LITTÉRATURES	ARTS – MUSIQUE

v. 1098 Abbaye de **1098** Cîteaux : style cistercien, austère.

v. 1100 Premiers polders en Flandre. ◊ Emploi de l'aiguille aimantée pour la navigation, en Chine (la boussole ne sera inventée que vers 1305).

v. 1100 Poésies en langue d'oc des troubadours des cours du Midi.

1100 Sculptures du cloître de Moissac.

(1101-1200)

l'Empire toltèque du Mexique. « Démocratisation » de la culture en Chine par la création d'un système simplifié d'écriture à l'usage du peuple.

1100

1101

v. 1113 Début de la construction du temple d'Angkor Wat : apogée de l'art khmer.

v. 1120 Mosaïques de l'église de Daphni, près d'Athènes.
1120 Début de la construction de la cathédrale de Chartres, qui sera reconstruite à partir de 1194 à la suite d'un incendie.

1127 le plus ancien moulin à vent d'Europe, à Hondschoote (nord de la France).

1127 Œuvre de Foucher de Chartres qui raconte l'histoire de la première croisade.

1127 Minaret Kalian à Boukhara (Ouzbékistan).

1127

| RELIGION – PHILOSOPHIE | HISTOIRE GÉNÉRALE |

1128

v. 1130 Point culminant de la « renaissance » du XIIᵉ s. : redécouverte d'Aristote (qui heurte la pensée chrétienne, jusqu'alors essentiellement augustinienne), développement de la logique dans les écoles parisiennes, véritables débuts de la théologie rationnelle avec Abélard.

1133 Fondation de l'université d'Oxford. ◊ Ibn Bājjah : *Guide du solitaire,* ouvrage à tendances sociales.

v. 1140 Saint Bernard obtient la condamnation d'Abélard au concile de Sens.

1128 Indépendance du Portugal.

1130 Italie méridionale et Sicile réunies dans le royaume normand de Naples sous la souveraineté du pape.

1135 Louis VI achève la pacification du domaine royal capétien.

1137 Louis VII le Jeune, roi de France ; il a pour conseiller Suger.

1138 Conrad III de Hohenstaufen (seigneur de Waibligen – ou « gibelin »), empereur germanique. Henri, duc de Bavière et de Saxonie (de la famille des Welfen – ou « guelfes ») tente, en vain, de lui disputer la couronne. La lutte entre guelfes, partisans du pape, et gibelins, partisans de l'empereur, s'étend bientôt à l'Italie.

1142 L'émir seldjoukide Zankī écrase les croisés sur l'Oronte.

SCIENCES – TECHNIQUES	LITTÉRATURES	ARTS – MUSIQUE

1128

v. 1130 La découverte par les Latins des cultures grecque et arabe touche aussi les sciences : traductions d'Euclide, Ptolémée, al-Khwārizmī (dont le nom a donné le mot *algorithme*).
◊ Fabrication de poudre à base de salpêtre en Chine.

v. 1130 Icône de la Vierge de Vladimir (Russie).

v. 1135 Abbatiale de Saint-Denis : début du gothique, qui se caractérise par l'utilisation de la croisée d'ogives et de l'arc brisé ; l'importance donnée à la lumière et à la hauteur, autorisée par l'évolution technique, correspond à un symbolisme religieux ; l'augmentation des ouvertures favorise le développement de la peinture sur vitrail.

v. 1136 *Histoire des Bretons* de Geoffroy de Monmouth (en latin) : création de la légende du roi Arthur.

1137 Mariage d'Aliénor d'Aquitaine avec Louis VII : début du rayonnement des troubadours (jusqu'à la fin du XIIIᵉ s.) ; instruits dans les monastères, ils animent les cours des châteaux avec des sujets d'inspiration religieuse.

v. 1140 Le poème épique du *Cid,* proche des chansons de geste françaises : la plus ancienne œuvre connue en espagnol.

v. 1140 Début de la construction de la cathédrale de Sens.

1142 Début de la construction du Krak des chevaliers (Syrie).

1144 Les sculptures du portail royal de Chartres (statues-colonnes) sont un des premiers grands ensembles plastiques d'une cathédrale.

1145 Traduction d'arabe en latin du livre d'Algèbre d'al-Khwarizmī (déb. IXᵉ s.) par Robert de Chester (Ségovie).

1145 Construction de la cathédrale gothique de Noyon.

1145

RELIGION – PHILOSOPHIE

1146 Arnaud de Brescia prend le pouvoir à Rome et entreprend une réforme du clergé.
1146 Saint Bernard prêche la deuxième croisade à l'assemblée de Vézelay.
1147 Commentaire hébraïque de la Bible par Ibn Ezra.

HISTOIRE GÉNÉRALE

1147 Départ de la deuxième croisade (qui se terminera en 1149). ◊ Les Almohades s'emparent de l'Espagne.
1148 Échec de la croisade devant Damas.
v. 1150 Destruction du Ghāna.

1152 Mariage d'Henri II Plantagenêt et d'Aliénor d'Aquitaine. ◊ Frédéric Barberousse, roi de Germanie.

1154 Henri II, roi d'Angleterre. Conflit avec la France.

1155 Enjeu des relations entre le pape et Frédéric Barberousse, Arnaud de Brescia est exécuté ; Barberousse est sacré empereur ; il suscite l'élection d'un antipape en 1159 et chasse le pape qui se réfugie en France (1161-1165).

1155 Frédéric Barberousse couronné empereur à Rome.

1160 Les Berbères dominent toute l'Afrique du Nord.

1164 Angleterre : l'autonomie de l'Église est limitée par l'État.

1164

SCIENCES – TECHNIQUES	LITTÉRATURES	ARTS – MUSIQUE

v. 1150 À Strasbourg, enlèvement des ordures par la municipalité.

v. 1150 Début des cours poétiques des trouvères dans le nord de la France ; *Floire et Blanchefleur* : récit idyllique (en français), d'après un conte arabe des *Mille et Une Nuits.* ◊ *Le Roman d'Alexandre,* récit exotique et merveilleux inspiré de la vie d'Alexandre, à mi-chemin du roman antique et de la chanson de geste. Il a donné son nom à l'« alexandrin ».

v. 1150 Épanouissement de l'enluminure dans toute l'Europe.

1152 Médecine homéopathique de Hildegard.

v. 1152 *Le Roman de Thèbes :* apparition d'un genre nouveau, le « roman », versifié, en langue vulgaire, dit « antique » (inspiré d'œuvres antiques) ; il mêle l'héritage épique de l'Antiquité et les obsessions du monde féodal : épisodes amoureux, goût du merveilleux.

v. 1153 Traduction de l'œuvre d'Euclide d'arabe en latin.

1154 Carte d'al-Idrīsī, somme des connaissances géographiques des Arabes.

1154 Expansion de l'architecture gothique en Europe occidentale.

v. 1155 *Le Roman de Brut :* premier roman arthurien et apparition des chevaliers de la Table ronde ; dans la littérature française, source d'inspiration importante aux XIIᵉ et XIIIᵉ s.

1155 Cathédrale de Senlis ; Grande Mosquée de Konya (Turquie).

1160-1170 *Lais* de Marie de France.

1161 Emploi de la poudre noire par les Chinois.

1163 Début de la construction de Notre-Dame de Paris (jusqu'en 1345). ◊ Léonin, organiste de Notre-Dame de Paris : le premier compositeur polyphoniste ; l'école de Notre-Dame, avec Pérotin et Adam de la Halle, exposera, au siècle suivant, son idéal esthétique avec l'*Ars Antiqua :* le style français s'impose en Italie et en Espagne.

| RELIGION – PHILOSOPHIE | HISTOIRE GÉNÉRALE |

1165-1240 Vie du philosophe arabe espagnol Ibn al-'Arabī.

1168 Échec d'Amaury Ier, roi de Jérusalem ; Nūr al-Dīn Maḥmūd s'empare du Caire. ◊ Établissement des Aztèques au Mexique.

1170 Assassinat de Thomas Becket.

1170 Début de la conquête de l'Irlande par les Anglais.

1171 Saladin fonde la dynastie des Ayyubides. Début de la contre-croisade musulmane.

1172 L'Irlande tombe sous domination anglaise.

1173 Naissance du mouvement vaudois à Lyon ; son fondateur, Pierre Valdès, a trente ans.
1173-1263 Vie de Shinran, fondateur de la secte shin au Japon.

1174 Saladin s'empare du pouvoir en Syrie.

1177 Paix de Venise : Frédéric Barberousse reconnaît toute liberté aux cardinaux pour élire le pape.
1179 Troisième concile du Latran : condamnation des cathares comme hérétiques.

1180 Philippe II Auguste, roi de France.

v. 1182-1226 Vie de saint François d'Assise.

1182 Massacre des Latins et réaction anti-occidentale à Constantinople.

1187 Prise de Jérusalem par Saladin ; il mène une « guerre sainte » victorieuse contre les croisés.

1187 Saladin écrase les croisés à Ḥaṭṭin et les chasse de Jérusalem qui redevient musulmane (et où s'établit un climat de tolérance).
1188 Unité des Mongols par Gengis Khān.

1189-1192 Troisième croisade.

1189 Début de la troisième croisade (qui se terminera en 1192) dirigée par Frédéric Barberousse, Philippe Auguste et Richard Cœur de Lion. Richard Cœur de Lion, roi d'Angleterre (jusqu'en 1199).

SCIENCES – TECHNIQUES	LITTÉRATURES	ARTS – MUSIQUE

1165

1169 Mosaïques de l'église de la Nativité à Bethléem.

1170 Fondation d'une faculté de médecine à Damas.

v. 1170 *Lancelot ou le Chevalier à la charrette* de Chrétien de Troyes : version narrative et chevaleresque de l'amour courtois ; premiers récits du *Roman de Renart,* parodie de la chanson de geste avec des animaux pour héros et satire sociale.

1171 Averroès, médecin à Cordoue.

1174 Construction de la Tour de Pise.
v. 1175 Construction de l'Alcázar de Séville, palais arabe.
1175-1192 Construction du chœur de la cathédrale de Canterbury.

v. 1175 France : représentation du premier drame liturgique (mise en scène du texte sacré) en langue vulgaire.

v. 1177 *Yvain ou le Chevalier au lion,* roman de Chrétien de Troyes.

1180 Maimonide, médecin de Saladin.

v. 1180 *Perceval ou le Conte du Graal,* roman de Chrétien de Troyes (inachevé) : apparition du thème de la quête du Graal, l'une des principales sources d'inspiration du Moyen Âge.

1180 Début de la reconstruction de la cathédrale de Strasbourg.

1185 Les Normands construisent une cathédrale à la place de la mosquée de Palerme.

1187 Traduction de l'arabe du *Canon de la médecine* d'Avicenne, par Gérard de Crémone.

1188 *Portique de la gloire* à Saint-Jacques-de-Compostelle.

RELIGION – PHILOSOPHIE

HISTOIRE GÉNÉRALE

v. 1190 Fondation de l'ordre des chevaliers Teutoniques.
1190 *Guide des égarés* de Maimonide. ◊ Développement du bouddhisme au Japon.

1191 Henri VI le Cruel, empereur germanique. ◊ Saladin accorde aux chrétiens la liberté de pèlerinage à Jérusalem.

1192 Les musulmans deviennent maîtres du nord-est de l'Inde.

1193 Fondation de l'ordre zen au Japon.

1198 Mort d'Averroès, le plus célèbre en Europe des commentateurs arabes d'Aristote.

1198 Union de l'Empire germanique et du royaume de Sicile.

1199 Prédication de la quatrième croisade.

1199 Jean sans Terre, roi d'Angleterre (jusqu'en 1216).

1200 Ruine de la civilisation maya. Les Aztèques occupent la vallée de Mexico. ◊ Essor de l'empire du Mali en Afrique occidentale.

1200

1201

XIII° siècle

Après un développement foudroyant, l'Empire mongol, de l'Asie antérieure à l'Inde et à la mer du Japon, le plus grand empire de tous les temps, se replie sur l'Asie centrale. Fondation de l'Empire ottoman. Les hérésies chré-

1202 Le pape Innocent III affirme la vocation du Saint-Siège à la souveraineté universelle ; il se donne le droit d'intervenir dans l'élection de l'empereur germanique.

1202 Départ de la quatrième croisade (qui se terminera en 1204) qui traite son transport avec Venise. ◊ Gengis Khān extermine les Tatars.

1204 Philippe Auguste conquiert la Normandie et le Poitou. ◊ Prise puis pillage de Constantinople par la quatrième croisade à l'instigation du doge vénitien Dandolo. ◊ Fondation de l'Empire byzantin de Nicée, qui étend son autorité sur l'Asie Mineure, et fondation de l'empire latin d'Orient.

1205 Philippe Auguste conquiert la Touraine et l'Anjou.

1206 L'Inde s'islamise (sultanat de Delhi).

1206 Gengis Khān, maître de la Mongolie ; les Mongols commencent la conquête de la Chine et de l'Asie centrale avant d'avancer vers l'Occident. ◊ En Inde, création du sultanat (musulman) de Delhi (jusqu'en 1290).

1206

SCIENCES – TECHNIQUES	LITTÉRATURES	ARTS – MUSIQUE

v. 1190 *Le Roman de Tristan,* la plus ancienne version (fragmentaire) des amours de Tristan et Iseult. Les trouvères, de langue d'oïl, et les poètes allemands adaptent dans leur langue la poésie de langue d'oc.

1190 Début de la construction du Louvre et de la première enceinte de Paris sous Philippe Auguste.

1190

1193 Fabrication de balles de jeu en caoutchouc, en Amérique centrale.

1193 Au Gabon, de longs rouleaux illustrés de scènes historiques.

1194 Début de la reconstruction de la cathédrale de Chartres, incendiée.

1200 Entreprises de tissage à Florence.

v. 1200 *La Chanson des Nibelungen,* poème épique en moyen haut allemand, qui sera repris par Wagner (l'*Anneau du Nibelung*).

v. 1200 Grande vogue des ménestrels en Allemagne.

(1201-1300)

tiennes sont persécutées par l'Église catholique. Le rayonnement en Europe de l'université de Paris coïncide avec l'apogée de la pensée médiévale européenne (Thomas d'Aquin, Maître Eckhart, Dante, R. Bacon...).

1200

1201

1201 Début de la construction de la halle aux draps à Ypres.

1202 *Liber abaci,* premier des traités par lesquels Léonard de Pise fait aux Arabes des emprunts décisifs pour la renaissance des mathématiques.

1205 Fabriques de soie à Venise.

1206

1207 Saint Dominique fonde l'ordre des Frères prêcheurs ; prédication en Languedoc.

1208 Innocent III appelle à la croisade contre les albigeois (hérésie cathare) à la suite de l'assassinat du légat Pierre de Castelnau. ◊ Saint François fonde l'ordre des Frères mineurs ; la règle est approuvée en 1223.

1210 Interdiction à Paris d'enseigner la métaphysique d'Aristote (renouvelée sans effet par le pape en 1231, 1245 et 1263) ; le conflit entre la faculté des arts (enseignement profane) et la faculté de théologie nourrit la pensée du XIIIᵉ s. ◊ 80 cathares brûlés à Strasbourg.

1215 Quatrième concile du Latran : lutte contre les hérésies, condamnation des juifs et de l'usure, obligation de la confession « auriculaire » (examen de conscience). ◊ Statuts de l'université de Paris : sous l'autorité directe du pape, elle jouit d'un prestige considérable (développement de la scolastique au XIIIᵉ s.).

1220 Frédéric II, en Sicile, favorise les échanges entre chrétiens, juifs et musulmans ; il fonde l'université de Naples en 1224.

1207 Le pape Innocent III doit négocier avec les princes allemands.

1211 La Mandchourie devient mongole.

1212 Espagne : bataille de Las Navas de Tolosa ; les Maures sont chassés de Castille ; début de la Reconquista (reconquête chrétienne).

1213 Bataille de Muret entre croisés et albigeois.

1214 Bataille de Bouvines, premier signe de l'unité française : Philippe Auguste bat une coalition.

1215 Angleterre : les barons anglais imposent à Jean sans Terre la Grande Charte, qui garantit leurs droits. ◊ Pékin dévasté par les Mongols.

1216 Henri III, roi d'Angleterre.

1217 Début de la cinquième croisade (qui s'achèvera en 1221).

1218 Échec de Simon de Montfort devant Toulouse.

1219 Gengis Khân conquiert la Perse, l'Asie centrale et atteint la Crimée en 1223.

1220 Frédéric II, empereur germanique (jusqu'en 1250).
v. 1220 Fondation du premier royaume thaï (Sukhothai).

1221 Désastre de la cinquième croisade devant Le Caire.

1223 Louis VIII le Lion, roi de France.

1224 Louis VIII conquiert le Poitou.

SCIENCES – TECHNIQUES	LITTÉRATURES	ARTS – MUSIQUE

1207-1213 *La Conquête de Constantinople* de Villehardouin, première chronique en prose française.

1207 *La Cascade* par **1207** le peintre chinois Xia Gui.

v. 1210 Généralisation, en Europe, de l'attelage du collier d'épaule et diffusion de la charrue à roues, en remplacement de l'araire. ◊ Chine : albums d'agriculture, de tissage.

v. 1210 *Parzival* de Wolfram von Eschenbach.

1210 Début de la construction de la cathédrale de Reims. ◊ Obtention d'un son de cloche idéal par le tracé gothique.

1211 Début de la construction de la *Merveille* au mont Saint-Michel.

1213 Début de la construction de la cathédrale de Tournai.

v. 1215-1230 Traité d'al-Jazari sur les automates et les clepsydres.

v. 1215-1230 Rédaction du *Lancelot-Graal,* immense ensemble romanesque qui donne à la quête du Graal la dimension d'une histoire de la destinée humaine ; les chansons de geste sont réunies en cycles et commencent à être mises en prose *(Tristan* et *Lancelot).*

1218 En France du Nord se répandent les chansons dites chansons de toile.

1220 Statuts de la faculté de médecine de Montpellier.

1220 Début de la construction de la cathédrale d'Amiens (jusqu'en 1288) ; début de la construction des parties gothiques de la cathédrale de Strasbourg.

1224

| RELIGION – PHILOSOPHIE | HISTOIRE GÉNÉRALE |

1225-1274 Vie de saint Thomas d'Aquin.

1225 Louis VIII atteint la frontière de la Gascogne et menace Bordeaux.

1226 Croisade de Louis VIII en Languedoc.

1226 Louis VIII, chef de la croisade contre les albigeois, soumet le Languedoc. Louis IX (Saint Louis), roi de France ; régence de Blanche de Castille. Les chevaliers Teutoniques en Prusse.

1227 Mort de Gengis Khān : partage de son empire.

1228 Sixième croisade (qui s'achèvera l'année suivante). ◊ Constitution du parti guelfe en Italie.

1229 Fondation de l'université de Toulouse.

v. 1230 Traduction de la *Métaphysique* d'Aristote.

1229 Frédéric II obtient par la négociation Jérusalem, Bethléem et Nazareth.

1230 Fondation de la Hanse.

1230-1240 Afrique : lutte pour le pouvoir et règne de Soundiata, empereur du Mali, créateur du plus vaste ensemble politique d'Afrique de l'Ouest.

1231 Organisation de l'Inquisition, prise en main par les Dominicains en 1232.

1234 Chine : destruction de l'Empire jin par les Mongols.

1236 À Damas, enseignement d'Ibn al-'Arabī.

1236 Chute de l'émirat de Cordoue en Espagne.

v. 1237 Ouverture du col du Saint-Gothard, qui favorise les échanges commerciaux avec l'Italie.

1239 Grégoire IX prêche la sixième croisade.

1239 Les Mongols prennent Moscou et Vladimir.

1240 Débat à la cour de France entre juifs et chrétiens ; le Talmud est mis au bûcher.

1241 Les Mongols détruisent le royaume hongrois ; leur retraite, à la mort du grand khan, sauve le reste de l'Europe.

1242 Défaite des chevaliers Teutoniques devant Alexandre Nevski, sur le lac Peïpous.

1244 Chute de Montségur, dernière citadelle cathare importante.

1245 Le concile de Lyon dépose Frédéric II.

1248 *Commentaires sur les Sentences* de saint Bonaventure.

1248 Départ de Saint Louis pour la septième croisade.

| SCIENCES – TECHNIQUES | LITTÉRATURES | ARTS – MUSIQUE | : |

1225 Château de **1225** Coucy (France) : l'architecture fortifiée médiévale ; cathédrale de Beauvais : le « gothique flamboyant » (contour des fenêtres en forme de flammes) ; début du travail des mosaïques du baptistère de Florence ; début de la construction de la cathédrale de Tolède.

1226 Le plus ancien recensement de population conservé (Pistoia, en Italie).

1228 Début de la construction de la cathédrale de Gand.

v. 1230 Traduction des *Commentaires sur Aristote,* texte arabe d'Averroès, par Michael Scot.

1230 Début de la construction de Notre-Dame de Dijon.

1231 L'empereur germanique Frédéric II réintroduit (en Sicile) l'usage de la monnaie. ◊ Les Chinois inventent la grenade (arme).
1232 Les Chinois utilisent la poudre dans la guerre contre les Mongols.

1233 Roman guerrier japonais : *Histoire de la famille de Hei.*

v. 1235 Première partie du *Roman de la Rose :* apparition de la fiction allégorique.

Dans la première moitié du XIIIᵉ s., les architectes gothiques construisent des nefs de plus en plus élevées : Amiens (dès 1228), Saint-Denis, Beauvais, Le Mans, Bourges, la Sainte-Chapelle de Paris (1245-1248).

1237 Recueil de chants épiques islandais *(Edda).*

1239 Enseignement anatomique et pratique prescrit pour les médecins par Frédéric II.
v. 1240 Le gouvernail d'étambot (représenté sur des sceaux allemands).

1240 Robert Grossetête traduit du grec l'*Éthique à Nicomaque.*

v. 1245 Poème espagnol du *Miracle de Marie* par Berceo.

1248

le Moyen Âge

| RELIGION – PHILOSOPHIE | HISTOIRE GÉNÉRALE |

1249

v. 1250 Le christianisme romain est prêché en Mongolie et à Pékin.
1250 La mort de Frédéric II met fin à une lutte de deux siècles entre la papauté et le Saint Empire.
◊ Développement des ordres mendiants (Franciscains, Dominicains) ; leur influence est grande dans l'Université (Bonaventure, Thomas d'Aquin).

1249 Saint Louis prend Damiette.
v. 1250 En Europe, vague d'affranchissement des paysans, liée à l'émergence d'une économie monétaire.
◊ Déclin du pouvoir des Turcs seldjoukides et constitution d'émirats autonomes.
1250 La mort de Frédéric II laisse vacant le trône impérial : début du Grand Interrègne. Constitution du Parlement de Paris. ◊ Les Mamelouks chassent définitivement les chrétiens de Jérusalem. Ils supplantent les Ayyubides. Bataille de Mansourah : Louis IX, prisonnier.

1250
■■■ XIIIᵉ siècle ■■■
1251

1252 Le pape ordonne l'application de la torture aux adversaires de l'Église pour obtenir des aveux.
1252-1253 Saint Thomas d'Aquin enseigne à Paris.
1252-1257 Roger Bacon enseigne à Oxford.
1253 Fondation de la Sorbonne.

1252 Frappe du florin d'or à Florence.

1253 La France envoie un ambassadeur à la cour mongole.
1254 Retour de Saint Louis en France.
1254-1259 Premier voyage des frères Polo en Chine.

1257 Saint Bonaventure, général des Franciscains ; il écarte de l'ordre les tendances messianiques des « spirituels » ; son œuvre théologique prolonge la tradition d'Augustin. ◊ Fondation du collège de théologie de la Sorbonne.

1259-1260 *Somme contre les gentils* de saint Thomas d'Aquin.

v. 1260 Au Japon, le développement du zen fait que le bouddhisme cesse d'être perçu comme une idéologie étrangère.
1260 Rétablissement du califat abbasside au Caire.

1258 Les barons anglais imposent à Henri III les « Provisions d'Oxford ». ◊ Les Mongols s'emparent de Bagdad (fin de la dynastie des Abbassides).
1259 Traité de Paris : Henri III Plantagenêt renonce à la Normandie, au Maine, à la Touraine et au Poitou. Le royaume de France s'étend jusqu'à la Méditerranée. Louis IX devient le souverain le plus puissant d'Europe.
1260 Chine : Qūbilai Khān fonde la dynastie mongole des Yuan. Nouvelles invasions mongoles de la Horde d'Or arrêtées par les Mamelouks.

1260

| SCIENCES – TECHNIQUES | LITTÉRATURES | ARTS – MUSIQUE |

1249

v. 1250 Âge d'or des mathématiciens chinois.
v. 1250-1254 Traités anglais d'agriculture. ◊ Traité d'hippiatrie de Giordano Ruffo.

v. 1250-1300 Formation de l'épopée de Soundiata Keita, empereur du Mali.

1250

1251

v. 1251 *Le Couronnement de Renart*, conte satirique : amorce d'un mouvement parodique dont la deuxième partie du *Roman de la Rose* sera une éclatante manifestation.

1252 *Tables Alphonsines* (du nom d'Alphonse X le Sage) : tables astronomiques utiles à la navigation ; apparition des portulans (cartes où figurent les directions magnétiques).

1254 Début de la construction de la cathédrale de Sienne.

v. 1255 *La Légende dorée*, lecture (en latin) de vies de saints suivant le calendrier ; elle sera abondamment reproduite dès l'invention de l'imprimerie.

1257 Construction de l'aqueduc de Sulmona (Italie).

v. 1258 *Le Golestan* de Sa'dī, en prose persane et vers.

v. 1260 Généralisation du moulin à vent en Europe et de l'emploi du zéro et des chiffres arabes.
1260 Émission de papier-monnaie par les Mongols, en Chine.

v. 1260 Traduction des œuvres d'Hippocrate et d'Aristote en latin.

1260 Sculptures du portail de la Vierge de Notre-Dame de Paris ; sculptures de N. Pisano pour le baptistère de Pise.

1260

1261 Reprise de Constantinople par les Byzantins ; malgré un irréversible déclin politique, brillant renouveau intellectuel. ◊ *Commentaires sur Aristote* de saint Thomas d'Aquin.

1264 En Pologne, statut favorable aux juifs, renouvelé en 1344 ; développement de la culture yiddish.
1265-1321 Vie de Dante.
1266-1268 *Opus majus, Opus minus, Opus tertium* de Roger Bacon.

1270 En Espagne, où les juifs forment une importante communauté, début de la rédaction du *Zohar.*

1274 Concile d'union (entre orthodoxes et catholiques) à Lyon ; mais l'éloignement entre les deux confessions ira grandissant, malgré une nouvelle tentative en 1438 (concile de Florence).
v. 1275 Le *Zohar,* œuvre principale de la doctrine secrète juive (Kabbale).

1261 Reconquête de Constantinople par les Byzantins ; Gênes reçoit d'importants privilèges commerciaux. ◊ Fondation de la dynastie des Paléologues.

1266 Charles d'Anjou conquiert le royaume de Sicile.

1270 Départ de la huitième et dernière croisade. Mort de Louis IX devant Tunis. Philippe III le Hardi, roi de France.

1271-1295 Second voyage des frères Polo en Chine.
1274 Philippe III impose son protectorat à la Navarre.

SCIENCES – TECHNIQUES	LITTÉRATURES	ARTS – MUSIQUE

v. 1261-1267 Distillation de l'alcool de grain, en Chine.

1261 *Le Miracle de Théophile* de Rutebeuf, modèle du miracle, genre dramatique bref d'inspiration religieuse qui sera remplacé par le mystère ; les *Poésies* de Rutebeuf annoncent par le ton celles de Villon.

1262 Début de la construction de la cathédrale de Valence (Espagne) ; construction du temple solaire de Konārak (Inde) : « la Pagode noire ».

1264 Découverte de la circulation pulmonaire par Ibn an-Nafis.

1266 *Le Livre des métiers* d'Étienne Boileau.

1267 *Opus majus* de Roger Bacon ; dans le cadre d'une pensée qui unifie la théologie et les sciences, les Franciscains d'Oxford promeuvent l'expérimentation, les mathématiques, la technique ; Bacon développe en particulier la logique.
1269 Perfectionnement de la boussole par Pierre de Maricourt.

v. 1270 *Le Garçon et l'Aveugle,* la plus ancienne farce française connue.

v. 1270-1272 Achèvement des travaux du chœur de la cathédrale de Beauvais (clés de voûte à 47 m de hauteur).

v. 1275 Moulins hydrauliques pour le traitement de la soie.

v. 1275 Deuxième partie du *Roman de la Rose* de Jean de Meung : parodie, dans un style allégorique, du premier *Roman de la Rose* et, à travers elle, de la poésie courtoise ; suivie d'une réflexion théologique et philosophique ; ce goût de la parodie se retrouve dans la poésie lyrique d'oc qui produit des « contre-textes » burlesques. *Jeu de Robin et Marion* d'Adam de la Halle.
v. 1276 *Jeu de la feuillée,* œuvre dramatique d'Adam de la Halle destinée au public d'Arras : les foyers de culture se déplacent des cours princières aux cités commerçantes, et du sud vers le nord.

RELIGION – PHILOSOPHIE

HISTOIRE GÉNÉRALE

1277 Condamnation de l'averroïsme par l'évêque de Paris ; la *Somme théologique* de Thomas d'Aquin (publiée de 1266 à 1273), qui concilie Aristote et la pensée chrétienne, paraît alors suspecte.

1277 Charles Iᵉʳ d'Anjou s'empare d'Acre. ◇ Les Visconti, maîtres de Milan.

1278 Autriche, Styrie et Carniole échoient aux Habsbourg.

1279 Chine : les Mongols achèvent la conquête du Sud.

1281 Fondation de la dynastie ottomane par Osman Iᵉʳ Gazi. ◇ Échec de Qūbilai Khän contre le Japon.

1282 Vêpres siciliennes (massacre des Français en Sicile).

1283 Les Teutoniques achèvent la conquête de la Prusse.

1284 Fondation de l'université de Cambridge.

1284 Ruine de Pise. Premiers ducats à Venise.

1285 *Complaincte de saincte Église* de Rutebeuf.

1285 Philippe IV le Bel, roi de France. Avec ses « légistes », il renforce considérablement le pouvoir central, s'opposant notamment au pape.

1289 Fondation de l'université de Montpellier.

1290 En Angleterre, expulsion des juifs.

1291 Formation de la Confédération helvétique. ◇ Chute de Saint-Jean-d'Acre, dernière possession chrétienne en Palestine. ◇ Les Ottomans accroissent leur puissance ; déclin de Byzance.

1293 Le prince Vijaya, ayant repoussé les Mongols, fonde l'empire de Madjapahit qui s'étendra sur toute l'Indonésie au XIVᵉ s.

1294 Traduction de parties de la Bible en chinois par Giovanni de Montecorvino ; construction de la première église à Pékin.

1294 Philippe le Bel conquiert la Guyenne.

1296 Engagé dans des réformes administratives et fiscales, Philippe le Bel met à contribution le clergé français : début d'un conflit ouvert avec la papauté.

1296-1297 Khmers et Birmans se reconnaissent vassaux des Mongols.

1297 Louis IX, canonisé par Boniface VIII qui est en conflit avec le petit-fils de Saint Louis, Philippe le Bel.

1297

| SCIENCES – TECHNIQUES | LITTÉRATURES | ARTS – MUSIQUE |

1277 Début de la **1277** construction de la façade occidentale de la cathédrale de Strasbourg : le « gothique rayonnant » (rosaces).

v. 1278 Début de la construction de Santa Maria Novella à Florence.
1278 *La Fontana maggiore* de Pérouse par Nicola Pisano.

v. 1280 *Lohengrin,* poème en moyen allemand.

1282 Début de la construction de Sainte-Cécile d'Albi.

1284 Description du maïs (« turquet »).

v. 1285 Les premières lunettes ; la brouette.

v. 1290-1310 Diffusion en Europe de dispositifs techniques, comme le dévidoir, l'ourdissoir à dents, etc.

v. 1290 *La Vita nuova* de Dante (en italien).

v. 1290 Le *Crucifix* de Giotto pour l'église Santa Maria Novella à Florence renouvelle la représentation du Christ mort.

v. 1292 *Aucassin et Nicolette,* œuvre lyrique et parodique.

1294 Début de la construction de la cathédrale Santa Maria del Fiore à Florence.

v. 1296 Fresques de la vie de saint François d'Assise par Giotto : anatomie, expression, composition ; il libère la peinture occidentale de l'hiératisme byzantin.

1297

RELIGION – PHILOSOPHIE

HISTOIRE GÉNÉRALE

1298

1299 Début de l'expansion des Turcs ottomans en Anatolie.

v. 1300 Repli de la spiritualité byzantine sur le mont Athos ; naissance d'une doctrine mystique développée ensuite par Grégoire Palamas.

v. 1300 L'Europe entre dans une période de difficultés économiques (jusque vers 1450) : déclin démographique, disettes, premières revendications ouvrières (textile des Flandres et d'Italie), insurrections dans les campagnes et dans les villes, recherche d'un équilibre entre les salaires et les prix, élaboration d'une fiscalité. Des navigateurs génois s'avancent jusqu'à l'embouchure du Sénégal. ◊ Byzance attaquée par les Serbes et les Turcs ; les mercenaires à son service ravagent l'Asie Mineure. ◊ Début de l'expansion de l'Empire inca.
1300-1400 Apogée de l'empire du Mali.

1300

1301

XIVᵉ siècle

Le déclin de la féodalité, l'essor de la bourgeoisie et, en Italie, les débuts de la Renaissance transforment lentement une Europe ravagée par la guerre, les

1302 Bulle *Unam Sanctam* : affirmation théorique de l'autorité absolue du pape (théocratie) par Boniface VIII.

1302 À Courtrai, la chevalerie française est écrasée par les milices bourgeoises des Flandres : cette défaite marque le début du déclin de la féodalité. Philippe le Bel utilise les états généraux pour faire approuver sa politique envers le pape. ◊ Les guelfes s'emparent du pouvoir à Florence.

1303 « Attentat d'Anagni », épisode de la lutte entre le roi de France et Boniface VIII.

1303 Philippe le Bel charge Guillaume de Nogaret d'arrêter le pape.

1305 Élection d'un pape profrançais, Clément V, qui s'installe à Avignon (1309).

1306 Enseignement de Duns Scot à Paris. ◊ France : bannissement des juifs. Ils sont dépossédés de leurs biens.

1307 Philippe le Bel fait arrêter les Templiers et confisque leurs biens. ◊ Le pape nomme G. de Montecorvino archevêque de Pékin.
1307-1314 *La Divine Comédie* de Dante.

1307 Édouard II, roi d'Angleterre.

1309 Les papes à Avignon (jusqu'en 1377).

1309 Les Hospitaliers s'emparent de Rhodes.

1309

SCIENCES – TECHNIQUES	LITTÉRATURES	ARTS – MUSIQUE

1298 Liaison maritime régulière entre la Méditerranée et la Manche ; rapides progrès de la navigation.

1298 Marco Polo commence, en français et en vénitien, *le Livre des merveilles du monde,* récit de ses voyages en Asie.

1298 Mosaïque de **1298** Saint-Pierre de Rome de Giotto.

v. 1300 L'usage du rouet et de la brouette se généralise en Europe.

1300 *Les Trois Empires,* premier roman chinois.

v. 1300 *Stabat mater dolorosa,* poème de Jacopone da Todi : il sera mis en musique par la plupart des musiciens baroques.

(1301-1400)

troubles sociaux et la peste noire. La Chine, décimée par la famine, se libère de la domination mongole.

1300

1301

1302 Paris : reconstruction du palais royal de la Cité (l'actuelle Conciergerie).

1303 Fresques de Giotto à la chapelle de l'Arena, à Padoue.

1305 Fabrication, en Italie du Sud, de la première boussole complète.

v. 1305 Giotto achève la *Madone à l'enfant et aux anges.*

1306 Dans *le Banquet,* Dante conseille aux prêtres l'usage de la langue maternelle.

1307 *L'Enfer* de Dante, début de *la Divine Comédie* en italien.

1309 *Livre des saintes paroles et des bons faits de notre saint roi Louis* par Joinville : multiplication des chroniques écrites pour le compte des Grands, signe d'un goût pour l'histoire et d'un souci de la vérité des faits ; première représentation de la Passion à Rouen.

1309 Début de la construction du palais des Doges à Venise.

1309

1310 Concile de Sens : condamnation et supplice des Templiers.
1310 Le sultanat de Delhi étend la domination de l'islam sur tout le nord de l'Inde.

1312 Concile de Vienne : dissolution de l'ordre des Templiers par le pape Clément V et fermeture des béguinages.

1316 Élection du pape Jean XXII ; il s'oppose à Louis de Bavière et aux Franciscains (dont Guillaume d'Occam), partisans de la pauvreté absolue (influence des « Fraticelles »). Naissance de l'occamisme : critique de la théologie rationnelle.

1318 La secte des vaudois se répand en Bohême et en Pologne.

1323 Canonisation de saint Thomas d'Aquin : le thomisme s'impose comme doctrine officielle de l'Église ; à sa suite, l'enseignement d'Aristote deviendra obligatoire en théologie (1366).

1326 Moscou, siège du patriarcat russe à la place de Kiev.

1310 Institution du Tribunal des Dix à Venise. ◊ Expédition allemande d'Henri VII en Italie.

1311 Annexion de Lyon par Philippe le Bel.

1312 Henri VII, empereur germanique : fin de la politique italienne de l'empire. Les électeurs empêchent la reconstitution d'une dynastie impériale.

1314 Louis X le Hutin, roi de France.

1315 La Ligue des cantons suisses commence la lutte pour son indépendance politique : victoire sur les Habsbourg au Morgarten.

1316 Jean Ier, roi de France (fils posthume de Louis X, il ne vécut que quelques jours). Philippe V le Long, régent, est couronné roi en 1317.

1319 Échec des Castillans devant Grenade.

1322 Charles IV le Bel, roi de France. ◊ Conflit entre les guelfes et les gibelins : le pape Jean XXII refuse de couronner l'empereur Louis de Bavière.

1325 Fondation de Mexico par les Aztèques.

1326 Famine en Chine : environ 30 millions de morts ; déclin de l'Empire yuan.

1326

SCIENCES – TECHNIQUES	LITTÉRATURES	ARTS – MUSIQUE

1310 *Le Roman de Fauvel,* parodie du personnage de Renart.

1311 La *Maestà* (Christ en majesté) de Duccio pour la cathédrale de Sienne.

1314 À Caen, une des premières horloges mécaniques.

1314 *Le Purgatoire* de Dante.

1315 Le médecin Mondino dissèque à Bologne des cadavres de femmes. ◊ Les Génois envoient des agents commerciaux en Inde.

1317 *De Monarchia* de Dante.

v. 1320 Les premiers canons apparaissent en Europe occidentale.

v. 1320 L'*Ars Nova,* traité musical de Philippe de Vitry : les réformes qu'il y expose seront diffusées dans toute l'Europe.

v. 1325 Innovations techniques en Europe : avec les moulins, le coût de fabrication du papier devient inférieur à celui du papyrus, progressivement abandonné ; « réveil » de la métallurgie, avec l'emploi de l'énergie hydraulique pour les souffleries et l'apparition du haut fourneau.

1325 Premières constructions des palais royaux de l'Alhambra de Grenade.

1326 Première fabrication d'armes à feu en Europe.

| RELIGION – PHILOSOPHIE | HISTOIRE GÉNÉRALE |

1327

1328 Mort de Charles IV. Les Capétiens directs n'ont pas d'héritier mâle ; proclamation de la loi salique. Philippe VI de Valois, roi de France (le choix de Philippe VI aux dépens d'Édouard III va provoquer la guerre de Cent Ans). Recensement de la population (entre 16 et 17 millions d'habitants).

1329 Condamnation (posthume) de Maître Eckhart, qui n'empêche pas le développement de la mystique rhénane : Suso, Ruysbroeck.
v. 1330-1384 Vie de Wyclif, précurseur de la Réforme en Angleterre.

1333 Début du règne de Casimir III le Grand en Pologne.

1336 Fondation d'un royaume hindou au sud de l'Inde ; durant deux siècles, il va encourager l'hindouisme, le reste du pays étant dominé par l'islam (chute du royaume du Cachemire en 1339).
1337 L'université de Paris condamne les doctrines nominalistes de G. d'Occam.

1337 Édouard III d'Angleterre revendique le trône de France. Début de la guerre de Cent Ans.

1338 Japon : début de la domination du clan Ashikaga.

1341 Guerre civile et religieuse à Byzance. Les Turcs menacent l'empire et atteignent le Bosphore.

1342 Massacre des missions chrétiennes au Turkestan.

1343 Achat du Dauphiné par Philippe VI.

1346 Bataille de Crécy : première utilisation des canons en Occident. ◇ Début de la peste noire en Europe.
1347 Prise de Calais par les Anglais.

1347 Essor intellectuel de l'Europe centrale : création d'une université à Prague, à Varsovie en 1364, à Vienne en 1365.
1348-1350 De nombreuses communautés juives, rendues responsables du fléau de la peste noire, sont anéanties par des pogroms.

1348-1350 Peste noire en Europe (25 millions de morts, près du tiers de la population).

1349

SCIENCES – TECHNIQUES	LITTÉRATURES	ARTS – MUSIQUE

1327-1330 Recueil de machines et engins de guerre, par Guy de Vigevano.

1327 Pétrarque commence la rédaction des *Rimes,* poèmes en italien inspirés par son amour pour Laure.

1329 Achèvement de la cathédrale (gothique) de Limoges.

1331 *Abrégé de l'histoire du monde* par l'Arabe Abū al-Fidā'.

1334 Première horloge publique à Paris.

1334 Construction du palais des Papes à Avignon ; Giotto commence la construction du campanile de Florence.

1337-1339 *Le Bon et le Mauvais Gouvernement,* peinture murale du Palais communal de Sienne, de A. Lorenzetti.

1340 Buridan : lois de l'inertie.

1341 Pétrarque couronné « prince des poètes » à Rome pour la perfection de sa poésie en langue moderne.

1342 Abbatiale de la Chaise-Dieu.

1343 Le cardage se diffuse.

1344 Début de la construction de la cathédrale Saint-Vitus à Prague.

1348-1350 Peste noire en Europe : observations médicales et chirurgicales de Guy de Chauliac.

1348 Le *Décaméron,* recueil de nouvelles de Boccace (jusqu'en 1353), tableau de la société italienne sur le mode des contes des *Mille et Une Nuits ;* il inaugure le genre de la nouvelle.

RELIGION – PHILOSOPHIE	HISTOIRE GÉNÉRALE

1350

1350 Jean II le Bon, roi de France.

1350

━━━━ xive siècle ━━━━

1351

1353 Les Ottomans pénètrent en Europe par les Balkans.

1356 Bataille de Poitiers : Jean le Bon, prisonnier. ◊ Charles IV fixe par la Bulle d'or les règles de l'élection des empereurs germaniques. ◊ Colonisation des pays baltes avec l'ordre Teutonique.

1357 Le cardinal Albornoz donne une Constitution à l'État pontifical.
1357-1419 Vie de Tsong-kha-pa, fondateur du lamaïsme jaune.

1358 Soulèvement des Parisiens, dirigés par Étienne Marcel. Répression des jacqueries dans la campagne française.

1360 Croisade contre les cathares de Bosnie.

1360 Paix de Brétigny : l'ouest de la France est abandonné aux Anglais.

1363 Début des conquêtes de Tamerlan.
1364 Fondation de l'université de Cracovie par Casimir le Grand.

1364 France : Charles V le Sage, roi. Réorganisation de l'armée sous la conduite de Du Guesclin. Début de la politique indépendante de la Bourgogne avec Philippe III le Hardi.

1367 Urbain V quitte Avignon pour Rome (jusqu'en 1370).

1368 Chine : fondation de la dynastie des Ming (elle régnera jusqu'en 1644), qui chasse les Mongols.
1369 Succès de Du Guesclin contre les Anglais commandés par le Prince Noir.
1370 Catherine de Sienne exhorte l'Église à la pauvreté et à la pureté.

1370 Du Guesclin, connétable, reconquiert le Limousin. ◊ Le roi du Danemark reconnaît la Hanse, organisation des villes maritimes du nord de l'Europe, alors à son apogée.
1371-1373 Charles V reconquiert le Poitou, l'Aunis et la Saintonge.
v. 1372-1415 Vie de Jan Hus.

1372 Les Anglais occupent la Bretagne.

1372

SCIENCES – TECHNIQUES	LITTÉRATURES	ARTS – MUSIQUE

v. 1350 Voyages en Afrique et description de l'empire du Mali par Ibn Baṭṭūṭah.

v. 1350 Construction **1350** de la mosquée du sultan Hassan, au Caire. ◊ *Portrait de Jean le Bon* (anonyme) : apparition du tableau en France. ◊ L'ancêtre du piano : un instrument appelé l'« échiquier ».

1350

de 1351 à 1400

1351

1352 Construction de la cathédrale d'Anvers.

1353 Pétrarque termine *les Hommes illustres* et commence à rédiger *les Triomphes* (poèmes) ; restaurateur des belles lettres, il est le premier humaniste.

v. 1359 En Aragón, on équipe des bateaux avec des armes à feu.

v. 1360 Naissance du drame japonais (nô) sur le modèle chinois.

1361 Le papier commence à remplacer le parchemin en Europe.

v. 1364 *La Messe « Notre-Dame »* de Guillaume de Machaut : la première messe conçue comme un tout et par un seul compositeur.

1366 Le *Canzoniere* (« Livre des chants ») de Pétrarque.
1367 *L'Épinette amoureuse* de Jean Froissart.
1368 *Le Divan* du Persan Ḥāfeẓ.

1372

RELIGION – PHILOSOPHIE

HISTOIRE GÉNÉRALE

1373

1375 L'islam en crise (progrès de la reconquête chrétienne en Espagne, expansion des Mongols et des Ottomans).

1375 Destruction du royaume de Petite Arménie.

1377 Retour de la papauté à Rome ; intrigues.
1378 Grand schisme d'Occident ; élection de deux papes, un à Rome et un à Avignon ; l'autorité des États sur le clergé augmente et les fidèles aspirent à une vie religieuse plus personnelle ; mouvements radicaux qui annoncent la Réforme (Wyclif en Grande-Bretagne).

1377 Ladislas II Jagellon, duc de Lituanie.

1380 Charles VI, roi de France. ◊ Dimitri Donskoï, grand-prince de Moscou, remporte la bataille de Koulikovo sur les Mongols.
1381 Angleterre : importante révolte paysanne contre les impôts.
1382 Ladislas II Jagellon, roi de Pologne.
1386 Union de la Lituanie et de la Pologne.

1387 Début de la conversion de la Lituanie au catholicisme.

1389 Bataille de Kosovo : fin de l'autonomie serbe.

1390 La doctrine de Wyclif se répand en Bohême.
1391 En Espagne, conversions forcées des juifs au catholicisme.

1392 Charles VI sombre dans la folie.
1392-1394 Bajazet occupe la Serbie et la Bulgarie.
1393 Tamerlan s'empare de Bagdad.

1394 Nouvelle expulsion des juifs de France.

1396 La Bulgarie devient une province turque et sert de tête de pont pour les tentatives d'invasions en Europe.
1398 Pillage de Delhi par les armées de Tamerlan.

1399 Henri de Lancastre renverse Richard II et est couronné roi sous le nom d'Henri IV.

1399

SCIENCES – TECHNIQUES	LITTÉRATURES	ARTS – MUSIQUE

1373 *Chroniques* de Froissart (jusqu'en 1400).

v. 1375 Ibn Khaldūn, témoin du déclin scientifique et culturel de l'Islam et précurseur de la sociologie.
1375 Réalisation de l'*Atlas catalan* pour le roi de France Charles V, en tenant compte des informations de Marco Polo.

1377 Début de la construction de la cathédrale d'Ulm.

v. 1378 *Le Songe du verger :* le songe devient une forme privilégiée de discours polémique.

1378 Construction de l'église de la Transfiguration à Novgorod (Russie). ◊ L'*Apocalypse d'Angers,* tapisserie de Nicolas Bataille.

1379 Début de la construction de l'hôtel de ville de Bruges, jusqu'en 1398.

1386 Début de la construction de la cathédrale de Milan.

1387 Aménagement de la première route carrossable à travers un col des Alpes (col de Selt).

1387 *Le Livre de la chasse* de Gaston III de Foix en occitan. ◊ *Les Contes de Canterbury,* recueil de contes anglais en prose et en vers de Chaucer (écrit jusqu'en 1400, édité en 1478) inspiré du cadre du *Décaméron ;* il présente une chronique sociale de l'Angleterre de la fin du XIVe s. avec un souci nouveau de réalisme.

v. 1390 Premier moulin à papier à Nuremberg.

v. 1390 Début de la construction du château de Pierrefonds.

1398 Corporation des papetiers en France.

1399-1404 Mosquée Bibi-Khanym de Samarkand.

| RELIGION – PHILOSOPHIE | HISTOIRE GÉNÉRALE |

1400 La jeune université de Prague attaque la papauté et critique les abus de l'Église tchèque.

v. 1400 Mexique : début de l'expansion de l'Empire aztèque.
1400 Richard II d'Angleterre (capturé et mis en prison l'année précédente par Henri de Lancastre, proclamé roi sous le nom d'Henri IV) meurt ; ses partisans se soulèvent, mais sont écrasés.

1400

1401

XVᵉ siècle

Renaissance et humanisme s'étendent à l'Europe. Fin de la guerre de Cent Ans. Découverte de l'Amérique par les Européens qui exterminent les grandes civilisations indiennes (aztèques et in-

1401 Damas et la Syrie au pouvoir de Tamerlan.

1402 Jan Hus, recteur de l'université de Prague.

1402 Les Ottomans battus par Tamerlan à Ankara.
◇ Chine : Cheng zu, empereur ; nombreuses expéditions maritimes, jusqu'en Afrique.

1403 Fondation du sultanat de Malacca.

1405 L'université de Padoue passe sous l'autorité de la république de Venise ; indépendante du pouvoir religieux, elle développe une école de pensée originale.

1405 Mort de Tamerlan et ruine de son empire.

1407 France : Jean sans Peur fait assassiner le duc d'Orléans. Guerre civile entre les Bourguignons et les Armagnacs, partisans des Orléans.
1409 La couronne de Sicile passe au roi d'Aragón.

1410 Bataille de Tannenberg : les Polonais arrêtent l'expansion des chevaliers Teutoniques en Lituanie.
1411 Révolte et excommunication de Jan Hus.
1411 Frédéric VI Hohenzollern, margrave de Brandebourg.
1412 Naissance de Jeanne d'Arc.

1412

SCIENCES – TECHNIQUES	LITTÉRATURES	ARTS – MUSIQUE

v. 1400 Exploitation de l'alun, près de Rome. ◊ Taille du cristal de roche par les Aztèques.

v. 1400 Chine : multiplication des grands romans en langue moderne *(Au bord de l'eau ; le Roman des trois royaumes)*.
1400 *La Mutation de fortune,* œuvre poétique de Christine de Pisan : l'auteur raconte sur un ton allégorique son changement de sexe pour se justifier de s'être vouée au travail viril de l'écriture ; *les Quinze Joies du mariage,* parodie des prières à la Vierge *(les Quinze Joies de Notre Dame) :* le courant antiféministe est important aux XIVᵉ et XVᵉ s.

v. 1400 Peinture : **1400** usage de la toile et développement du tableau de chevalet. ◊ Naissance de Guillaume Dufay à Cambrai : un des grands noms avec Ockeghem et Josquin des Prés de l'école musicale franco-flamande ; celle-ci, héritière de l'*Ars Nova,* prépare l'esthétique de la Renaissance.

(1401-1500)

cas). Chute de l'Empire byzantin et essor de l'Empire turc en Europe orientale. Expansion de l'islam en Indonésie (sauf à Bali, qui reste hindouiste).

1400

1401

1401 Début de la construction de l'hôtel de ville de Bruxelles.
1402 Le roi de France autorise la représentation des mystères. ◊ *Les Très Belles Heures du duc de Berry* de J. de Hesdin.

1403 Premiers caractères métalliques d'imprimerie, en Corée.

1403 Portes en bronze de Ghiberti pour le baptistère de Florence (jusqu'en 1452) : travail de l'anatomie, du drapé, de la perspective.
1404 *Le Puits de Moïse* de Sluter, à Dijon : début du courant réaliste qui marquera la sculpture et la peinture du XVᵉ s.

1405 Chine : l'organisation de grands voyages maritimes jusqu'aux côtes d'Afrique témoigne de la supériorité des méthodes de navigation chinoises (jusqu'en 1433).

v. 1405 *Les Mille et Une Nuits* prennent une forme définitive au Caire.

1405 Mausolée de Tamerlan à Samarkand.

1409 Pierre d'Ailly publie *Imago mundi,* ouvrage de géographie qui servit à C. Colomb.
1410 Première figuration du système bielle-manivelle.

v. 1409 *Les Grandes Heures du duc de Berry* de J. de Hesdin. ◊ *La Pêche au poisson-chat* du peintre japonais Taikō Josetsu.
1410 *La Trinité,* icône d'autel de Roublev.

1412

| RELIGION – PHILOSOPHIE | HISTOIRE GÉNÉRALE |

1413

1413 Les Armagnacs chassent les Bourguignons de Paris.

1414-1418 Concile de Constance : condamnation et exécution de Jan Hus (1415), fin du schisme d'Occident (1417) par l'élection du pape romain aux pouvoirs affaiblis, soumis aux décisions des conciles.

1415 Bataille d'Azincourt : les archers anglais déciment la chevalerie française.

v. 1417 Les Portugais, sous l'impulsion d'Henri le Navigateur, entreprennent de nombreux voyages d'exploration en Afrique.

1418 Massacre des Armagnacs.

1419 Meurtre de Jean sans Peur ; Philippe le Bon, son fils, duc de Bourgogne.

v. 1420 Première diffusion de l'*Imitation de Jésus-Christ,* sans doute le livre de spiritualité le plus lu en Occident.
1420 Début de la croisade contre les hussites. ◊ Retour du pape à Rome.

1420 Le traité de Troyes livre la France à l'Angleterre.

1422 Charles VII, roi de France. ◊ Henri VI, roi d'Angleterre, déclaré irresponsable : il est emprisonné ; début d'une crise de succession.

1424 Mort du chef des hussites Zizka.

1424 L'Empire byzantin se reconnaît vassal du sultan ottoman.

1428 Mexique : avènement du souverain aztèque Itzcoatl. ◊ Les Annamites chassent les Chinois d'Indochine.

1429 Jeanne d'Arc délivre Orléans.

1429

SCIENCES – TECHNIQUES	LITTÉRATURES	ARTS – MUSIQUE

1413 *Les Très Riches* **1413** *Heures du duc de Berry,* manuscrit enluminé des frères Limbourg : sommet de l'art aristocratique courtois.

1415 Statue en marbre de *Saint Marc* par Donatello.

v. 1417 Début des explorations d'Henri le Navigateur en Afrique occidentale.

1418 Alchimie de Nicolas Flamel. ◊ Premières impressions xylographiques apparues aux Pays-Bas.

1418-1422 Début de l'aménagement de la place du Réghistan à Samarkand.

v. 1420 Les premières caravelles portugaises.

v. 1420 Découverte du procédé de la peinture à l'huile par les peintres flamands ; paysages japonais de Shūbun.

1420 Premiers mystères (représentation de la vie du Christ en plusieurs tableaux qui dérive du drame liturgique) à Arras.

1420 Dôme de la cathédrale Santa Maria del Fiore à Florence par Brunelleschi ; début de la Renaissance en architecture : éléments antiques (coupole), recherche d'équilibre et d'harmonie ; construction de la cathédrale de Séville ; temple du Ciel à Pékin.

1422 Construction de la Ca' d'Oro à Venise.

1423 Horloge astronomique de Bourges.

1423 Retable de l'*Adoration des Mages* de Gentile de Fabriano.

1427 Fresques de l'église Santa Maria del Carmine à Florence par Masaccio : introduction de la perspective et du clair-obscur ; début de la Renaissance en peinture, dans le prolongement des découvertes de Giotto.

1429 *La Dittié de Jeanne d'Arc* de Christine de Pisan, un des rares textes contemporains célébrant Jeanne d'Arc.

| RELIGION – PHILOSOPHIE | HISTOIRE GÉNÉRALE |

1430

1431 Jeanne d'Arc condamnée pour hérésie ; réhabilitée en 1456, elle sera canonisée et déclarée patronne de la France en 1920.

1431 Jeanne d'Arc brûlée à Rouen.

1434 Nicolas de Cues enseigne que l'univers n'a ni centre ni limites.

1434 Cosme de Médicis dirige les affaires de Florence, qui devient un centre politique et culturel important.

1435 Paix d'Arras : réconciliation temporaire de la France et de la Bourgogne. René, duc d'Anjou, est roi de Naples (jusqu'en 1442). ◊ « Paix perpétuelle » entre la Pologne et l'ordre Teutonique.

1438 La nomination des évêques de France est soumise à l'approbation du roi. ◊ Ouverture du concile « œcuménique » de Florence : union éphémère des catholiques et des orthodoxes.

1439 France : création d'une armée nationale, dotée d'une infanterie (1448) et d'un corps d'artillerie (1449).

1440 *De la docte ignorance* de Nicolas de Cues. ◊ Fondation de l'Académie platonicienne à Florence : émergence dans la seconde moitié du siècle d'un platonisme chrétien, caractéristique de la Renaissance (Marsile Ficin, Pic de La Mirandole). ◊ Humanisme de Lorenzo Valla.

1440 Procès et exécution de Gilles de Rais. Jacques Cœur, argentier du roi.

1443-1445 Concile de Rome : reconnaissance de la supériorité pontificale sur le Concile.

1444 Bataille de Varna : les armées d'Occident, venues secourir Constantinople, sont écrasées par les Turcs. ◊ Première vente d'esclaves africains au Portugal. Les Portugais atteignent le cap Vert.

1447 Dge-'dun-grub-pa, premier dalaï-lama.

1448

SCIENCES – TECHNIQUES	LITTÉRATURES	ARTS – MUSIQUE

1430 Les techniques de gravure sur cuivre se développent.

v. 1430 *David*, sculpture de Donatello à Florence : **1430** traitement antiquisant d'un thème biblique.

1432 *L'Adoration de l'Agneau mystique* de Hubert et Jan Van Eyck : éclosion de l'école flamande.

v. 1434 Premiers travaux d'impression typographique par Gutenberg, à Strasbourg.

1434 Construction de la cathédrale de Nantes. ◊ *Arnolfini et sa femme* de Jan Van Eyck : première scène intimiste bourgeoise de la peinture occidentale ; apparition du miroir qui deviendra un thème fréquent dans la peinture flamande. ◊ À Florence, début du mécénat des Médicis.

v. 1435 Création des premiers polders du Zuiderzee.

v. 1435 *Descente de croix* de R. Van der Weyden.

v. 1438 *Libro dell'arte* de C. Cellini : technique des colorants.

v. 1440 La caravelle, vaisseau plus fin que le galion, est normalement en service. ◊ Renaissance du platonisme (Nicolas de Cues) : nouvel intérêt pour les mathématiques, par opposition au « naturalisme » des aristotéliciens. ◊ Afflux de capitaux en Italie : le ducat de Venise comme monnaie-étalon ; création de succursales bancaires par les Médicis à Lyon, Genève, Londres, etc.

1440 *Les Rondeaux* de Charles d'Orléans.

1443 L'Hôtel-Dieu de Beaune : un monument civil gothique ; hôtel Jacques-Cœur à Bourges.

1445 *La Vierge à l'enfant entourée d'anges* de Fouquet.

1447 Début de la construction de la mosquée Bleue à Tabriz.

1448

| RELIGION – PHILOSOPHIE | HISTOIRE GÉNÉRALE |

1449 Dissolution du concile de Bâle par le pape : l'autorité de ce dernier est rétablie, mais limitée au domaine spirituel par l'émergence de l'État moderne (France, Angleterre).

1449 Charles VII reconquiert la Normandie.

v. 1450 Chine : transfert de la capitale de Nankin à Pékin.
1450 Sforza, duc de Milan.

1451 Arrestation de Jacques Cœur, accusé de malversations.
1452 Couronnement impérial de Frédéric III, dernier empereur germanique couronné par le pape.

1452 Fondation des Carmélites.
1452-1498 Vie de Savonarole.

1453 Chute de Constantinople ; le christianisme d'Orient est balayé par l'islam ; l'exil des érudits byzantins en Italie contribue à la redécouverte de la culture antique (Renaissance).

1453 Fin de la guerre de Cent Ans. Les Anglais conservent Calais. ◊ Les Turcs prennent Constantinople. La chute de l'Empire byzantin a des conséquences décisives : émergence d'un immense Empire turc qui menace l'Occident, transfert de l'héritage culturel byzantin en Italie (début de l'humanisme) et à Moscou.

1453

SCIENCES – TECHNIQUES	LITTÉRATURES	ARTS – MUSIQUE

1449 *Traité des machines* de Mariano Taccola.

1449 *Portrait des dominicains d'Urbin* de L. Della Robbia. **1449**

1450 Gutenberg ouvre un atelier d'imprimerie à Mayence.

v. 1450 *Le Vrai Mystère de la Passion* d'Arnoul Gréban.

v. 1450-1470 *L'Abusé en cour* du roi René (?), roman satirique de la vie de cour, caractéristique du style des « grands rhétoriqueurs » : mélange de vers et de prose, allégorie, rhétorique de l'énumération et du jeu de mots.

v. 1450 Le Machu Picchu, citadelle inca. ◊ *Jugement dernier* de R. Van der Weyden. ◊ Vogue du luth, qui joue dans la société de la Renaissance le rôle que jouera le piano dans celle du XIXe s.

1452 L'Angleterre embauche des mineurs bohémiens hongrois.

1453 Première grande statue équestre depuis l'Antiquité : statue du condottiere *Gattamelata,* à Padoue par Donatello.

1453

les Temps modernes (de 1454 à 1789)

RELIGION – PHILOSOPHIE

HISTOIRE GÉNÉRALE

1454 Saint François de Paule fonde l'ordre des Minimes.
1454-1459 Échec des tentatives pour organiser une croisade contre les Turcs.
v. 1455 Bible imprimée par Gutenberg.

1454 Le duc d'York devient « protecteur » du royaume d'Angleterre.

1455 Angleterre : nouvelle crise de succession qui entraîne le début de la guerre des Deux-Roses entre la maison (famille) d'York et celle de Lancastre.

1458 Mathias Corvin, roi de Hongrie ; il résiste aux Habsbourg. ◊ Les Turcs occupent Athènes.

1459 Fondation d'une académie pour l'étude de Platon à Florence.

1461 Louis XI, roi de France ; il lutte contre les grands féodaux, notamment le duc de Bourgogne.

1462 Ivan III, grand-prince de Moscou, unifie les royaumes slaves et rejette la suzeraineté de la Horde d'Or.

1463-1494 Vie de Pic de La Mirandole.

1466 ou 1469-1536 Vie d'Érasme.

1467-1540 Vie de Guillaume de Budé.
1469-1527 Vie de Machiavel.

1467 Charles le Téméraire, duc de Bourgogne.

1469 Unification de l'Espagne par le mariage de Ferdinand d'Aragón avec Isabelle de Castille.

SCIENCES – TECHNIQUES	LITTÉRATURES	ARTS – MUSIQUE
		1454 Topkapı, palais **1454** des sultans ottomans à Istanbul. ◊ Premières messes de Guillaume Dufay.
v. 1455 *Bible* dite de Gutenberg ; l'apparition du livre imprimé est une révolution technique qui contribue à l'essor de l'humanisme puis de la Réforme et à la fixation des langues nationales.		**1455** *La Pietà d'Avignon*, tableau attribué à Enguerrand Quarton.
	1456 *Les Lais* de Villon.	**1456** *La Bataille de San Romano* d'Uccello : traitement savant de la perspective.
		1457 *Saint Jean-Baptiste* de Donatello.
	v. 1458 *La Passion du Palatinus,* l'un des plus anciens mystères connus.	
1459 Globe terrestre de deux mètres de diamètre de Fra Mauro.	**v. 1459** *Le Petit Jehan de Saintré* d'Antoine de La Sale, chronique imaginaire d'un chevalier contemporain et premier « roman » au sens moderne.	
	v. 1461 *Le Grand Testament* de Villon inaugure une poésie plus personnelle.	**1461** *Résurrection de Lazare* de N. Froment.
	v. 1462 *La Ballade des pendus* de Villon.	
1463 Canon de 6 m de long, utilisé à Constantinople par Mehmet II.		
	v. 1464 *La Farce de Maître Pierre Pathelin,* premier chef-d'œuvre (anonyme) de notre théâtre comique ; la farce est la principale forme du théâtre dans la seconde moitié du XVe s.	
		1465 Ockeghem, compositeur franco-flamand, est « maistre de la chapelle du chant du roi » (Louis XI).
1466 Premiers métiers à tisser la soie à Lyon.		**1466** Achèvement à Arezzo de *la Légende de la Sainte Croix* par Piero della Francesca.
		1467 *Le Couronnement* de Filipo Lippi.
		1469 *Judith et Holopherne* de Botticelli.
1470 Les premiers laminoirs, puis le haut fourneau (1474) en Occident.	**1470** Édition du *Canzoniere* de Pétrarque en italien (regroupe *les Rimes* et *les Triomphes*) ; il est le premier des grands humanistes par son retour aux sources antiques et il restera le modèle du classicisme pour l'Occident ; il sera connu en France au XVIe s.	**v. 1470** Décadence du paysage dans l'art pictural en Chine et développement de la représentation de la figure humaine. ◊ L'enseignement de la musique passe du domaine mathématique au domaine artistique.

RELIGION – PHILOSOPHIE	HISTOIRE GÉNÉRALE

1471

1472-1529 Vie du philosophe chinois Wang Yangming.

1471 L'extrémité nord-ouest de l'Afrique du Nord (Tanger) sous domination portugaise.

1472 Siège de Beauvais par Charles le Téméraire ; Jeanne Hachette défend la ville.

1477 Charles le Téméraire meurt devant Nancy en combattant les Suisses soutenus par la France ; Maximilien de Habsbourg hérite de ses fiefs, sauf la Bourgogne qu'acquiert Louis XI.

1478-1480 Ivan III soumet Novgorod et rejette le joug mongol.

1479-1531 Vie du philosophe hindou Vallabha.

1480 Mort de René d'Anjou. Louis XI occupe l'Anjou.

1481 Institution de l'Inquisition en Espagne : Torquemada, Grand Inquisiteur.

1481 Louis XI soumet la Franche-Comté et acquiert la Provence et le Maine.

1482-1484 Guerre générale en Italie, provoquée par Venise qui fait appel à Charles VIII.

1483-1546 Vie de Martin Luther.

1483 Charles VIII, roi de France.

1484-1531 Vie de Zwingli.

1485 Angleterre : Henri VII, héritier des Lancastres, triomphe de Richard III et fonde la dynastie des Tudors ; la féodalité anglaise est anéantie par les guerres.

1486-1489 Prédications de Savonarole.

1486

| SCIENCES – TECHNIQUES | LITTÉRATURES | ARTS – MUSIQUE |

1471

1472 Emploi des chiffres arabes pour paginer les livres.

1473 Début de la construction de la chapelle Sixtine. ◊ *Vierge au buisson de roses* de Martin Schongauer.

1474 *Saint Sébastien* de Botticelli.
1474-1482 Traité de perspective de Piero della Francesca.

v. 1475 Diffusion du système bielle-manivelle.

1475 Début de la construction de la cathédrale de la Dormition à Moscou, par des architectes italiens.

1476 L'imprimerie en Angleterre.

1476 *Triptyque du buisson ardent* de N. Froment.

1477 *Le Printemps,* tableau de Botticelli : une interprétation allégorique et personnelle de la mythologie antique.

v. 1480 Perfectionnement du machinisme dans les mines.

v. 1480 Essor de l'imprimerie : plus de 110 villes sont équipées (50 en Italie, 9 en France) ; environ 20 millions de livres sont imprimés entre 1450 et 1500 ; l'imprimerie reflète dans sa sélection le goût et les besoins de l'époque (les ouvrages de piété populaire comme *la Légende dorée* se multiplient) ; elle favorise la fixation des langues modernes.

1481 Construction d'écluses, près de Venise.

1482 Premiers dessins techniques de Léonard de Vinci.

1482 Construction de la cathédrale de l'Annonciation et du palais des Facettes, à Moscou, par des architectes italiens.

1483 *Le Christ et saint Thomas,* sculpture de Verrocchio.

1485 Traité d'architecture d'Alberti : référence à Vitruve et à l'antique ; début de la construction des murailles du Kremlin de Moscou (jusqu'en 1508). ◊ *La Naissance de Vénus* de Botticelli.

1486 Pic de La Mirandole rédige son questionnaire.

1486

| RELIGION – PHILOSOPHIE | HISTOIRE GÉNÉRALE |

1487 Condamnation de Pic de La Mirandole par le pape. ◊ 62 000 sacrifices humains à l'inauguration d'un temple aztèque.

1488 Le pape marie au Vatican son fils naturel avec Marie de Médicis.

1489 Massacre des derniers vaudois du Dauphiné.

1488 Les Portugais (Bartolomeu Dias) atteignent le cap des Tempêtes, bientôt nommé cap de Bonne-Espérance.

1490 *Introduction à la Métaphysique d'Aristote* de Lefèvre d'Étaples.

1491-1556 Vie de saint Ignace de Loyola.

1492 Chute du dernier État musulman d'Espagne : l'émirat de Grenade ; les juifs, expulsés par les Rois Catholiques, formeront d'importantes communautés dans l'Empire ottoman ; soudée par le catholicisme, l'Espagne apparaît comme une nation.

1493 Accord de l'Espagne et du Portugal pour le partage du monde. Le pape Alexandre VI, choisi comme arbitre, propose une ligne de partage qui passe à 100 lieues au-delà des Açores (reportée à 370 lieues en 1494 [traité de Tordesillas]).

1494 Réforme du moine Savonarole à Florence ; il dénonce l'indignité d'Alexandre VI, qui l'excommunie en 1497 ; il sera exécuté en 1498.

1491 Anne de Bretagne épouse Charles VIII.

1492 Christophe Colomb aborde aux Bahamas : découverte de l'île d'Hispaniola et de l'Amérique ; les Espagnols vont en 50 ans explorer et occuper le Mexique, l'Amérique centrale, le Pérou, le Chili. ◊ Espagne : fin de la « Reconquista » par la prise de Grenade. ◊ Séparation de la Pologne et de la Lituanie à la mort de Casimir Jagellon.

1493 Maximilien Ier, empereur germanique ; il réorganise et agrandit considérablement l'empire ; début du conflit entre les Habsbourg et la France.

1494 Allié à Ludovic Sforza, Charles VIII entre en Italie et réclame le royaume de Naples, héritage de la maison d'Anjou. Début des guerres d'Italie.

1496 Conversion forcée des juifs et des Maures portugais.

1497-1560 Vie de Melanchthon.

1496 Capitulation des Français à Naples.

1497 Découverte de Terre-Neuve par Jean Cabot. ◊ Vasco de Gama parvient aux Indes en passant par le cap de Bonne-Espérance.

1498 Louis XII, de Valois-Orléans, roi de France. ◊ C. Colomb découvre le Venezuela.

1499 Louis XII en Italie : prises de Milan et de Gênes.

| SCIENCES – TECHNIQUES | LITTÉRATURES | ARTS – MUSIQUE |

1487

1488 Voyage des Portugais Covilhã et Paiva dans l'océan Indien.

1489 *Heptaplus* de Pic de La Mirandole.
1489-1498 *Mémoires* de Philippe de Commynes.

v. 1490 Recherches scientifiques de Léonard de Vinci : anatomie, mécanique (publiées aux XIXᵉ et XXᵉ s.).

1490 *Le Couronnement de la Vierge* de Botticelli.

1491 Botticelli illustre *la Divine Comédie* de Dante.

1492 Les progrès de la navigation maritime et de la cartographie permettent la découverte par l'Occident du reste du monde.

v. 1495-1500 Fabrication des acides chlorhydrique et sulfurique.

1495 Charles VIII revient d'Italie avec des artistes qui travaillent à la construction du château d'Amboise : influence de la Renaissance italienne en France. ◊ *La Madone de la victoire* de Mantegna.

1497 Mort d'Ockeghem en pleine gloire ; *Déploration de J. Ockeghem, en hommage à son maître* de Josquin des Prés ; *la Cène,* fresque de Léonard de Vinci à Milan.
1498 Le Triptyque de Moulins par le Maître de Moulins. ◊ Petrucci, le premier éditeur de musique à Venise.

1498 Vasco de Gama importe la cannelle.

1499 *Pietà* en marbre de Michel-Ange pour Saint-Pierre de Rome.

1499

RELIGION – PHILOSOPHIE	HISTOIRE GÉNÉRALE

v. 1500 Chine : développement d'une philosophie affirmant l'unité de l'action et de la connaissance (Wang Yangming).

1500 Le Portugais Pedro Álvares Cabral aborde au Brésil. ◊ Début de la traite des Noirs en Amérique. ◊ Le Portugais Diogo Dias reconnaît Madagascar, où les Arabes avaient des comptoirs depuis le XIIᵉ s.

1500

1501

XVIᵉ siècle

Première vague de colonisation européenne dans le monde. L'essor de la

v. 1501 En Inde, naissance de la communauté sikh : aspirations à un syncrétisme hindou-musulman. ◊ Premières missions européennes en Afrique et en Amérique ; la découverte d'un « Nouveau Monde » bouleverse les mentalités.

1501 Fondation de la dynastie séfévide en Perse.

1503 Bayard s'illustre au Garigliano (fleuve d'Italie) dans un combat où les Espagnols battent les Français. ◊ Albuquerque aux Indes : début de la formation de l'Empire portugais.
1504 Fondation de l'empire commercial portugais aux Indes.
v. 1505 Découverte des îles nommées aujourd'hui Maurice et des Seychelles, par les Portugais, qui ne les abordent pas.
1505 Par la constitution Nihil Novi, la noblesse polonaise s'impose à la monarchie.

1506 Début de la construction de Saint-Pierre de Rome.

1507 Luther, ordonné prêtre.

1508 Par la bulle *Universalis Ecclesiae,* le pape Jules II confirme l'attribution à l'Espagne du monopole des missions dans la zone ouest (à l'ouest des Açores).
1509 *Éloge de la folie* d'Érasme ; les humanistes tendent à un christianisme plus proche des Écritures (qu'ils traduisent et commentent).
1509-1564 Vie de Calvin.

1508 Le pape Jules II suscite une ligue contre Louis XII.

1509 Henri VIII, roi d'Angleterre : il va renforcer le pouvoir royal, fonder l'Église anglicane et créer la puissance maritime anglaise. ◊ Thomas Aubert de Dieppe ramène en France des Indiens de Terre-Neuve.

1509

| SCIENCES – TECHNIQUES | LITTÉRATURES | ARTS – MUSIQUE |

1500

(1501-1600)

Réforme, puis de la Contre-Réforme, y déchaîne les guerres de Religion.

1500

1501

v. 1501 Projet de machine volante par Léonard de Vinci.
1501 Séjour de Copernic à Padoue, où se développe un enseignement scientifique inspiré d'Aristote, mais séparé du dogme (alors que l'Église lie étroitement physique et métaphysique, science et théologie).

1501 *L'Arcadie,* roman en italien de Sannazzaro : début du genre pastoral.

v. 1501 *Le Jardin des délices,* tableau de J. Bosch, témoin de la crise spirituelle. ◊ Les premières épinettes, petits clavecins.
1501 *La Nativité mystique* de Botticelli. ◊ *Harmonie musices Odhecaton,* recueil de compositeurs franco-flamands parmi les premiers imprimés musicaux.
1502 *Tempietto de San Pietro in Montorio* de l'architecte Bramante.
1503 *La Joconde* de Léonard de Vinci : sommet de la technique du clair-obscur.

1504 *Enchiridion* d'Érasme.

1504 *David,* marbre de Michel-Ange à Florence.

1505 Recherches aérodynamiques de Léonard de Vinci.

1505 Josquin des Prés à la cour de Louis XII. ◊ Le mécénat papal à Rome : Jules II fait venir Michel-Ange puis Raphaël (1508) ; *la Tempête* de Giorgione.

1506 *De Rudimentis hebraicis* de Reuchlin.

1506 Apogée de la Renaissance en architecture. ◊ Début de la construction de Saint-Pierre de Rome par Bramante ; Dürer séjourne en Italie : il favorisera la pénétration de la Renaissance italienne en Allemagne.

1507 Le carthographe allemand Waldseemüller publie la première carte du monde mentionnant le nom « Amérique », tiré du prénom du navigateur italien Amerigo Vespucci.

1507 Espagne : *Amadís de Gaule,* roman de chevalerie.

1508 Michel-Ange commence de peindre la voûte de la chapelle Sixtine ; décoration des chambres du Vatican par Raphaël (l'école d'Athènes).

1509 Invention de la montre, à Nuremberg.

1509

RELIGION – PHILOSOPHIE	HISTOIRE GÉNÉRALE

1510

1510 Prise de Goa par Albuquerque. L'Inde devient un champ de rivalités pour les pays occidentaux. ◊ Comptoirs espagnols en Afrique du Nord. ◊ Colonisation de l'isthme de Darién (Panama) par les Espagnols.

1511 Formation de la deuxième Sainte Ligue. ◊ Albuquerque occupe Malacca. ◊ Domination espagnole sur Cuba, découverte par C. Colomb en 1492.

1512 Lefèvre d'Étaples édite les *Épîtres* de saint Paul.

1512 Louis XII chassé d'Italie.

1513 Balboa découvre le Pacifique après avoir franchi l'isthme de Darién (Panama). ◊ Le premier bateau portugais arrive à Macao.

1515-1582 Vie de sainte Thérèse d'Ávila.

1516 *Le Prince* de Machiavel, naissance de la pensée politique moderne. ◊ *Utopie* de Thomas More. ◊ Érasme : édition critique du Nouveau Testament en grec. ◊ Concordat de Bologne : hégémonie du roi sur l'Église de France, qui porte en germe le gallicanisme. ◊ Fondation de l'ordre de l'Oratoire.

1517 Le moine Luther expose ses « 95 thèses » à Wittenberg, pour réformer l'Église.

1518 Zwingli, prédicateur à Zurich.

1515 François Ier, d'Orléans-Angoulême, roi de France : il lutte contre les féodaux et crée des parlements en province ; bataille de Marignan ; reconquête du Milanais.

1516 Charles Quint, roi d'Espagne. Le concordat de Bologne abandonne au roi de France la désignation des évêques. ◊ Díaz de Solís débarque au Río de la Plata (future Argentine).

1517 Les Portugais à Canton. ◊ Les Turcs s'installent à Jérusalem (après les mamelouks) et en Égypte ; ils y resteront jusqu'en 1917.

1519 *Commentaire sur l'épître aux Romains* de Melanchthon.

1519 Charles Quint élu empereur grâce à l'appui financier des Fugger ; contre les puissances nationales (France), les princes allemands alliés à la Réforme et les Turcs, il tentera d'établir un empire chrétien unifié. ◊ Conquête brutale de l'Empire aztèque par les Espagnols, commandés par Cortés.

1519-1522 Expédition de Magellan autour du monde.

1520 Rupture de Luther avec Rome : naissance de la Réforme.

1520 Entrevue du Camp du Drap d'or (François Ier et Henri VIII). ◊ Soliman le Magnifique, empereur ottoman : apogée de l'empire et développement de la puissance navale, avec Barberousse.

1521 Diète de Worms ; Luther mis au ban du Saint Empire.

1521 Perte du Milanais par la France. ◊ Chute de Mexico (détruite par Cortés) et fin de l'Empire aztèque. ◊ Magellan atteint les Philippines, ancienne dépendance de royaumes indo-malais ; l'Espagne va les coloniser sous l'autorité du vice-roi du Mexique.

1522 Rupture entre Luther et Müntzer.

1522 Allemagne : début des soulèvements paysans contre les princes. ◊ Conquête de Rhodes par les Turcs.

1523 Extension de la Réforme en Suisse (Zwingli) et à Strasbourg (Bucer). ◊ Apparition de l'anabaptisme (doctrine du baptême des adultes) en Allemagne.

1523 Gustave Vasa rend la Suède indépendante du Danemark et devient roi de Suède.

1523

SCIENCES – TECHNIQUES	LITTÉRATURES	ARTS – MUSIQUE

1510

v. 1510 Progrès des techniques de fortifications en Italie : Fra Giocondo (Padoue, Trévise), G. da Sangallo.

1513 Début de la construction du château de Chenonceaux. ◊ *Le Cavalier, la Mélancolie,* gravures de Dürer, largement diffusées ; *Madone de saint Sixte* de Raphaël.

1514 *Madone de Saint-François* du Corrège.

1515 *Le Temple de Cupido* de Clément Marot.

v. 1515 Retable d'Isenheim par Grünewald : le gothique tardif germanique.

1516 Ouverture d'une manufacture d'armes à Saint-Étienne. Plein essor de l'industrie minière et métallurgique (liée à de gros investissements), transformation de l'industrie textile.

1516 *Roland furieux* d'Arioste.

1516 Début de la construction de l'aile François Ier au château de Blois. ◊ Léonard de Vinci à la cour de France ; *Amour sacré, amour profane* de Titien.

1517 *Dispute de la Trinité* de A. del Sarto.

1518 Arrivée en Europe de la porcelaine de Chine. ◊ Importation de la cochenille du Mexique.

1518 Début de la construction du château d'Azay-le-Rideau. ◊ *L'Assomption* de Titien.

1519 Début de la construction du château de Chambord pour François Ier. ◊ *Portrait d'Amerbach* de Holbein le Jeune.

1520 La haquebute, ancêtre du fusil.

1520 Premiers paysages dans la peinture flamande ; les artistes commencent à se spécialiser dans certains genres.

1521 *Dialogues sur l'art de la guerre* de Machiavel. ◊ *Lois communes* de Melanchthon.

1521 *Le Christ mort,* tableau de Holbein le Jeune.

1522 *Les Colloques* d'Érasme.

1523-1524 *Portrait d'Érasme* de Holbein le Jeune.

1523

| RELIGION – PHILOSOPHIE | HISTOIRE GÉNÉRALE |

1524

1524 Le navigateur florentin Verrazano, mandaté par François Ier, donne au Canada, cette terre encore inconnue, le nom de « Nouvelle-France ». ◊ Expédition de Pizarro dans l'Empire inca.

1525 Luther publie *Du serf arbitre* (en réponse à *Du libre arbitre* d'Érasme, 1524) ; dans la « guerre des paysans », il approuve la répression du réformisme extrême de Müntzer, se conciliant les princes allemands.

1525 Défaite française à Pavie : François Ier est fait prisonnier, il sera libéré par le traité de Madrid. ◊ Allemagne : les princes écrasent la révolte des paysans.

1525
xviᵉ siècle
1526

1526 Première édition des *Exercices spirituels* d'Ignace de Loyola. ◊ Fondation de l'ordre des Capucins. ◊ Organisation de l'Église luthérienne par Melanchthon.

1527 Fondation de la première université protestante, à Marburg (Allemagne). ◊ Le luthéranisme, religion d'État au Danemark et en Suède.

1526 Bataille des Mohács : la Hongrie perd son indépendance et est occupée par les Turcs. ◊ Bâbur, prince türk, fonde l'Empire moghol. ◊ Le Portugais Jorge de Meneses découvre l'île qui sera nommée Nouvelle-Guinée en 1546 par l'Espagnol Ortiz de Retez.

1527 Pillage de Rome par l'armée de Charles Quint. ◊ Espagne : les Cortes dénoncent la trop grande richesse du clergé. ◊ Angleterre : Henri VIII annonce à Wolsey sa volonté de divorcer, et d'épouser Anne Boleyn.

1528 *L'Homme de cour,* traité de Baldassare Castiglione, politiquement influent en Europe.

1529 Siège de Vienne par les Turcs.

v. 1530 Melanchthon formule les principes du protestantisme *(Confession d'Augsbourg).*

1530 Fondation de l'ordre des Barnabites. ◊ Début des guerres de Religion en Allemagne.

1531 Guerre de Religion en Suisse.

1530 Soliman donne à la Turquie une législation unique.

1531 Rupture d'Henri VIII avec Rome. ◊ Pizarro conquiert l'Empire inca ; exécution d'Atahualpa.

1532 Pizarro et Almagro au Pérou.

v. 1533 Conquête de l'Ecuador (Équateur) par Pizarro et Benalcázar.

1533 Adhésion de Calvin à la Réforme.

1533-1592 Vie de Montaigne.

1533 Russie : avènement d'Ivan IV (futur Ivan le Terrible) qui n'a que trois ans : régence. ◊ Pérou : Pizarro s'empare de Cuzco.

1533

| SCIENCES – TECHNIQUES | LITTÉRATURES | ARTS – MUSIQUE |

1524

v. 1525 Utilisation du ressort en horlogerie. ◊ Intense développement du commerce : avec l'Inde et l'Asie (épices), avec l'Afrique et l'Amérique (sucre, esclaves). ◊ Rôle international d'Anvers.

1525 *Le Blason du beau tétin*, poème de C. Marot, lance le genre du blason.

1525

1526

1526 Les *Épîtres* de C. Marot renouvellent le genre de l'épître.

1526 Dürer peint *les Quatre Apôtres* : expression esthétique d'une foi et d'une morale nouvelles.

1527-1528 Paracelse enseigne la médecine à Bâle ; il brûle en public les livres de Galien et d'Avicenne. La médecine, la chirurgie (assimilée à un artisanat) et l'anatomie (confrontée à l'interdit de la dissection) préparent la révolution scientifique des Temps modernes : Copernic, Rabelais, Cardan furent médecins. ◊ *Traité sur les proportions du corps humain* de Dürer, grand anatomiste : les fondements scientifiques de la représentation artistique.

1527 Début de la construction des châteaux de Chantilly et de Fontainebleau : François Ier fait venir des artistes italiens qui forment la première « école de Fontainebleau ». ◊ *La Cène* de A. del Sarto.

1528 *Chansons* de Clément Janequin, maître de ce genre profane.

1529 *Commentaires sur la langue grecque* de Guillaume Budé.

1530 François Ier encourage le travail des érudits (Budé) sur les langues anciennes en fondant le Collège des lecteurs royaux, actuel Collège de France.

1530 Apparition d'un nouveau genre : le madrigal, synthèse des arts franco-flamand et italien ; l'Italie jouera de plus en plus un rôle de pionnier dans l'évolution des formes musicales.

1531 Fondation de la Bourse d'Anvers.

1532 *Pantagruel* de Rabelais, condamné par la Sorbonne, mêle tradition populaire et culture humaniste.

1532 Arrivée de Holbein le Jeune en Angleterre. ◊ *Vénus* de Cranach.

1533 Le palais Corner, à Venise, par l'architecte J. Sansovino.

1533

1534 En France, « Affaire des placards » : François Ier passe de la tolérance à la répression du protestantisme. ◊ Henri VIII s'instaure chef suprême de l'Église d'Angleterre, le pape ayant refusé son remariage. ◊ Luther achève la traduction complète de la Bible en allemand : la Réforme et l'imprimerie permettront la diffusion massive de la Bible dans les langues modernes. ◊ En Inde, fondation de l'évêché de Goa par les Portugais.

1535 Allemagne : écrasement de la révolte anabaptiste de Münster.

1534 François Ier s'allie avec les princes protestants allemands de la ligue Smalkalde. ◊ Conquête de la Perse par les Turcs : administration autoritaire de l'empire. ◊ Amérique du Nord : découverte du Canada et du Labrador : Jacques Cartier entre dans le golfe du Saint-Laurent ; première tentative de colonisation par Roberval sans succès.

1535-1536 Le nom « Canada » entre dans les langues européennes.

1536 Fondation de Buenos Aires. Les Espagnols sont définitivement maîtres du Pérou.

1538 Calvin, chassé de Genève. ◊ « Sainte alliance », en Allemagne, contre les protestants.

1538 L'Espagnol Jiménez de Quesada fonde Santa Fe de Bogotá, en Nouvelle-Grenade (Colombie, Venezuela, Équateur). ◊ Le haut Pérou, conquis par Pizarro, passe sous domination espagnole.

1539 Par l'ordonnance de Villers-Cotterêts, François Ier impose l'usage du français (au lieu du latin) pour les ordonnances et jugements des tribunaux ; le droit écrit (inspiré du droit romain) va progressivement remplacer le droit coutumier.

1540 Institution par le pape de la Compagnie de Jésus (les jésuites), fondée par Ignace de Loyola en 1534.

1541 Calvin s'installe à Genève et publie en français son *Institution de la religion chrétienne* ; à la différence des « hérésies » antérieures, le protestantisme s'impose comme une nouvelle confession (répercussions politiques considérables).

1542 Rétablissement de l'Inquisition en Italie. ◊ Arrivée de saint François Xavier en Inde ; confronté au bouddhisme au Japon (1549), il meurt en tentant de se rendre en Chine (1552).

1541 Les Turcs conquièrent une partie de la Hongrie : prise de Buda. ◊ Fondation de Santiago del Nuevo Estremo par P. de Valdivia ; la ville deviendra la capitale du Chili.

1542 Création des généralités en France.

1543 Le servage adouci dans le domaine royal en France. ◊ Création de la vice-royauté espagnole du Pérou : elle comprend toute l'Amérique du Sud espagnole.

SCIENCES – TECHNIQUES	LITTÉRATURES	ARTS – MUSIQUE

1534-1540 Les aliments venus d'Amérique se répandent en Europe (haricot, tomate, pomme de terre ; le dindon).

1534 *La Bible* de Luther marque la naissance de l'allemand moderne. *Gargantua* de Rabelais.

1535 Dissection par l'anatomiste hollandais Vésale, à Paris.

1535 *Ragionamenti* (études de mœurs) de l'Arétin.

1536-1541 *Le Jugement dernier*, fresque de Michel-Ange pour la chapelle Sixtine.

1537 Fondation du premier conservatoire de musique à Naples. ◊ *La Madone au long cou* du Parmesan : expression typique du maniérisme.

1538 Carte du monde dressée par Mercator.

1538 *La Présentation de la Vierge au Temple* de Titien.

1540 Traité de la métallurgie italien : *De la pirotechnia* de V. Biringuccio.

1540 François Clouet, peintre officiel de François Ier, à la mort de son père Jean.

1541 *Trente psaumes de David* traduits par C. Marot ; le texte révèle ses sympathies huguenotes, ce qui le contraint à l'exil.

1542 *Brevísima relación de la destrucción de las Indias* de Bartolomé de Las Casas.

1543 *Fabrica* de Vésale, premier traité d'anatomie moderne ; parution du traité de Copernic, qui bouleverse l'astronomie (héliocentrisme) et ouvre la « révolution copernicienne » : *Des révolutions des corps célestes.*

RELIGION – PHILOSOPHIE	HISTOIRE GÉNÉRALE

1544 Fondation du premier collège de jésuites.

1544 François Ier renonce définitivement à ses droits sur Naples et Milan. Il abandonne les princes protestants allemands ; en échange, Charles Quint renonce à ses revendications sur la Bourgogne (traité de Crépy [-en-Laonnois]). ◇ Le Guatemala, capitainerie générale espagnole, gouverne toute l'Amérique centrale conquise.

1545 *Lettre sur l'usure* de Calvin. ◇ Ouverture du concile de Trente : début de la Contre-Réforme. ◇ Vaine tentative de l'Église romaine pour établir l'unité de la foi en Europe.

1546 Le concile de Trente approuve la Vulgate, qui devient la version officielle de l'Église latine. ◇ Les jésuites au Brésil.

1546 Début de la guerre entre Charles Quint et la ligue de Smalkalde.

1547 François Ier crée les secrétaireries d'État ; avènement d'Henri II. ◇ Angleterre : mort d'Henri VIII. ◇ Russie : Ivan IV prend le titre de tsar.

1548 Les jésuites au Maroc et au Congo.

1549 Premier *Book of Common Prayer* adopté par le Parlement anglais.

1549 Mort de Paul III, adversaire de Charles Quint.

v. 1550 Rayonnement du bouddhisme tibétain en Mongolie.

1550 Dynastie arabe des Saadiens, au Maroc.

1550

1551
■ xvie siècle ■

1552 Profonde révision du *Book of Common Prayer* de 1549.

1552 La France s'empare des Trois-Évêchés (Metz, Toul et Verdun).

1552

SCIENCES – TECHNIQUES	LITTÉRATURES	ARTS – MUSIQUE

1544 *Cosmographia* de Sebastian Münster.

1544 Poèmes amoureux de Maurice Scève : *Délie,* dont le symbolisme parfois obscur inspirera le XIXᵉ s.

1545 *Ars magna,* traité mathématique de Cardan. ◊ Contre la tradition catholique, Calvin légitime le prêt à intérêt ; les mentalités et la législation des pays réformés s'adaptent rapidement à l'économie nouvelle, au contraire des pays catholiques.

1545 *Bref récit et succincte narration de la navigation faicte ès îles de Canada, Hochelaga & Saguenay et autres* de Jacques Cartier.

1545 Construction de l'hôtel Carnavalet par Lescot. ◊ Premier grand nu dans la peinture française, par Jean Cousin le Père.

1546 *Le Tiers Livre* de Rabelais.

1546 Début de la reconstruction du Louvre par Lescot : recherche de symétrie et d'équilibre qui annonce le classicisme français du XVIIᵉ s. ; cour Carrée du Louvre par Lescot et Goujon.

1547 Michel-Ange achève la façade du palais Farnèse à Rome. ◊ *La Cène* du Tintoret. ◊ Premières chansons à strophes qu'on appellera « airs ».

1548 *Le Quart Livre* de Rabelais.

1548 Interdiction des mystères en France. ◊ *Portrait de Charles Quint à Mühlberg* de Titien.

1549 Tréfilerie hydraulique du fer.

1549 En France, le français devient la langue de culture et la langue littéraire au détriment du latin ; *Défense et illustration de la langue française* par du Bellay : manifeste de la Pléiade ; *l'Olive* de du Bellay : première illustration du programme de la Pléiade.

1549 La Fontaine des Innocents par Lescot et Goujon, à Paris.

1550 *Description de l'Afrique* de Léon l'Africain.

1550 *Les Odes* de Ronsard : imitation de Pindare et d'Horace par un poète de la Pléiade.

v. 1550 Cariatides du Louvre.
1550 *Vies des plus excellents peintres, sculpteurs et architectes* de Vasari : premier recueil de biographies d'artistes et théorie de l'art.
1550-1551 La villa Rotonda par Palladio : influence du style palladien en Europe jusqu'au début du XIXᵉ s. ◊ Portrait de *Philippe II* par Titien.
1550-1557 Mosquée de Soliman à Constantinople.

1552 *Cléopâtre* de Jodelle, première tragédie française ; *les Amours de Cassandre* de Ronsard, inspiré de Pétrarque.

1552 *La Tentation de saint Antoine* de Véronèse.

| RELIGION – PHILOSOPHIE | HISTOIRE GÉNÉRALE |

1553-1558   Réaction catholique de Marie Tudor en Angleterre.

1553   Marie Tudor, reine d'Angleterre ; elle appuie la politique de Charles Quint et tente de rétablir le catholicisme en Angleterre.

1555   Paix d'Augsbourg : Charles Quint admet l'existence d'États protestants dans le Saint Empire ; fin de l'idéologie d'un Occident chrétien unifié.

1555   Paix d'Augsbourg : elle marque le déclin du Saint Empire et le début du morcellement de l'Allemagne.

1556   Abdication de Charles Quint. ◊ Le Venezuela est rattaché à la couronne d'Espagne. ◊ Inde : Akbar devient empereur et renforce le pouvoir moghol.

1558   Les Français reprennent Calais, dernière place forte anglaise. ◊ Élisabeth Iʳᵉ, reine d'Angleterre : intensification de la lutte, sur terre et sur mer, contre l'Espagne.

1559   L'Inquisition achève d'étouffer le protestantisme espagnol.

1559   Traités du Cateau-Cambrésis : fin des ambitions françaises en Italie ; reconnaissance, par les Anglais, de l'appartenance de Calais à la France. François II, roi de France.

1560   Naissance de l'Église presbytérienne d'Écosse (John Knox).

1561   Colloque de Poissy : échec de la conciliation entre protestants et catholiques français (Michel de L'Hospital).

1560   Charles IX, roi de France ; régence de Catherine de Médicis (jusqu'en 1563). Conjuration d'Amboise.

1562   France : le massacre de Wassy déclenche les guerres de Religion.

1563   Élisabeth Iʳᵉ d'Angleterre réprime les catholiques, en Angleterre et en Irlande, et organise l'anglicanisme par les « Trente-Neuf Articles ». ◊ Clôture du concile de Trente ; renouveau du catholicisme, particulièrement en Italie (avec saint Charles Borromée) et en Espagne (avec sainte Thérèse d'Ávila et saint Jean de la Croix).

1564   Russie : Ivan IV impose un régime de terreur.

1565   Les Espagnols s'établissent aux Philippines (Cebu). ◊ Ivan IV écrase la révolte des boyards. ◊ Chute du dernier royaume hindou de l'Inde : domination des Moghols.

SCIENCES – TECHNIQUES	LITTÉRATURES	ARTS – MUSIQUE

1553

1554 Invention de l'amalgame pour le traitement du minerai d'argent. ◊ Carte d'Europe par Mercator. ◊ Ouverture du premier café d'Europe à Constantinople.

1554 *Vénus et Adonis* de Titien.

1555 *Les Œuvres* de Louise Labé ; *les Amours de Marie* de Ronsard.

1555 *Premier livre de madrigaux à cinq voix,* écrit par Roland de Lassus, après dix ans passés en Italie.
1555-1561 Construction, sur l'ordre d'Ivan IV le Terrible, de la cathédrale Basile-le-Bienheureux à Moscou.

1556 Publication posthume de *De re metallica,* ouvrage sur la minéralogie, de Georg Bauer dit Agricola.

1558 *Les Regrets, Divers jeux rustiques, les Antiquités de Rome* de du Bellay.

1559 Introduction du tabac en France (Jean Nicot). On rapporte aussi des Amériques le maïs et la pomme de terre, qui ne sera appréciée qu'au XVIIIᵉ s. (Parmentier) ; le haricot est cultivé en Italie (v. 1560).

1559 L'*Heptaméron* de Marguerite de Navarre (posthume), recueil de nouvelles sur le modèle du *Décaméron* de Boccace ; traduction des *Vies des hommes illustres* de Plutarque, par J. Amyot.

1560 *Les Pèlerins d'Emmaüs* de Véronèse.

1561 Publication de l'*Histoire d'Italie* de Guichardin.

1561 Reconstruction de l'église Sainte-Marie-des-Anges par Michel-Ange. ◊ Construction de l'hôtel de ville d'Anvers.

1562 *Discours* de Ronsard : polémique contre les horreurs de la guerre. ◊ Première tragédie anglaise : début de l'essor du théâtre dit élisabéthain.

1562 Premières académies de peinture en Italie ; *les Noces de Cana,* tableau de Véronèse ; *le Triomphe de la mort* de Bruegel.

1563 Recherche d'Eustachi sur l'anatomie de l'oreille (la « trompe d'Eustache »).

1563 Construction du palais de l'Escurial, près de Madrid. ◊ Le concile de Trente encourage les arts plastiques ; en musique, il annonce un style polyphonique sobre : retour à l'authenticité du chant grégorien et à l'intelligibilité du texte.

1564 *Cinquième Livre* de Rabelais (d'une authenticité incertaine).

1564 Début de la construction du palais des Tuileries par Philibert Delorme. ◊ *Glorification de saint Roch* du Tintoret.

1565 *Traité de la conformité du langage français avec le grec* de H. Estienne.

1565 Forteresse d'Āgra, en Inde.

1565

RELIGION – PHILOSOPHIE

1566 Publication de *Catéchisme du concile de Trente* par saint Charles Borromée, principal organisateur de la réforme catholique ou Contre-Réforme. ◇ Sainte Thérèse d'Ávila : *Pensées sur l'amour divin.* ◇ Synode d'Anvers : naissance de l'Église calviniste des Pays-Bas. L'Espagne de Philippe II se veut la championne du catholicisme : répression aux Pays-Bas, lutte contre les infidèles, missions en Amérique.

1567-1622 Vie de saint François de Sales.

1568 Saint Jean de la Croix fonde l'ordre des Carmes déchaussés.

1572 Massacre de protestants à Paris, le jour de la Saint-Barthélemy ; mort de Ramus, adversaire déclaré de l'enseignement scolastique.

1574-1576 L'empereur moghol des Indes, Akbar, organise un colloque œcuménique qui reconnaît la parenté et l'égalité de toutes les religions.

1574

HISTOIRE GÉNÉRALE

1566 Début de la révolte des Pays-Bas contre l'Espagne (jusqu'en 1579). ◇ Mort de Soliman le Magnifique.

1567 Le duc d'Albe, gouverneur des Pays-Bas.

1568 Déchéance de Marie Stuart. ◇ Pays-Bas : exécution d'Egmont et de Hoorne. Insurrection générale contre l'Espagne, réprimée par le duc d'Albe. ◇ Fondation de Rio de Janeiro. ◇ L'Espagnol Mendaña de Neira découvre les îles Salomon (Mélanésie).

1569 Union de Lublin entre la Pologne et la Lituanie. ◇ Le Siam, vassal de la Birmanie.

1570 Les Portugais sont chassés d'Indonésie, après l'assassinat du sultan de Ternate.

1571 Bataille de Lépante : fin de la domination de la flotte turque sur la Méditerranée. ◇ Les Espagnols fondent Manille et commencent à commercer avec la Chine.

1572 France : massacre de la Saint-Barthélemy. ◇ Révolte des Gueux aux Pays-Bas. ◇ Extinction de la dynastie des Jagellon de Pologne.

1573 Henri d'Anjou (futur Henri III de France) devient roi de Pologne pour un an. ◇ Fin de l'anarchie féodale au Japon : Oda Nobunaga s'empare du pouvoir.

1574 Henri III, roi de France (couronné à Reims en 1575).
1574-1576 Akbar conquiert le Bengale.

SCIENCES – TECHNIQUES	LITTÉRATURES	ARTS – MUSIQUE

1566 Invention du crayon à mine de plomb.

1567 Naissance de la commedia dell'arte.

1567 *La Messe du pape Marcel* de Palestrina aurait « sauvé » la musique liturgique en prouvant à l'Église qu'on peut être savant en restant simple.

1568 Jean Bodin expose la théorie de l'inflation, due à l'afflux en Europe de l'argent extrait par les colonisateurs de l'Amérique.

1568 Église du Gesù à Rome : prototype des églises jésuites dans le monde entier.

1569 Perfectionnement du tour par Jacques Besson. ◊ *Atlas* de Mercator (où il emploie, pour la première fois, la projection qui portera son nom). ◊ Interdiction de l'industrie textile dans les colonies espagnoles.

1570 *Les Quatre Livres d'architecture* de Palladio.

v. 1570 Chine : parution du *Voyage en Occident,* roman satirique relatant l'histoire d'un singe accompagnant un prêtre bouddhiste lors d'un voyage en Inde.

1571 Horloge astronomique de la cathédrale de Strasbourg.

1571-1573 *Le Printemps* de D'Aubigné.

1571 Premier recueil d'airs de cour : la polyphonie vocale évolue vers le chant à une voix (monodie), accompagné d'un instrument.

1572 Montaigne commence à rédiger ses *Essais* ; *la Franciade* de Ronsard. ◊ L'épopée *les Lusiades* de Camões, poème national du Portugal, célèbre la découverte des Indes par Vasco de Gama.

1573 Publication des premières observations astronomiques de Tycho Brahe.

1573 *Aminta,* fable pastorale du Tasse.

1573 *Le Repas chez Lévi* de Véronèse.

les Temps modernes

| RELIGION – PHILOSOPHIE | HISTOIRE GÉNÉRALE |

1575 Fondation de l'Oratoire d'Italie par saint Philippe Neri.

1576 En France, formation de la Ligue (des catholiques), soutenue par l'Espagne. *La République* de Jean Bodin : aspiration à la tolérance, à une communauté de religions qui surmonterait les divergences d'opinions.

1576 France : les Guises animent le camp des extrémistes catholiques (la Ligue, soutenue par l'Espagne) et revendiquent le trône. ◊ Révolte de la Belgique contre Philippe II.

1578 Échec d'une croisade portugaise au Maroc : déclin de la puissance coloniale du Portugal au profit de la Hollande et de l'Angleterre.

1579 Les provinces protestantes des Pays-Bas (union d'Utrecht) se séparent des provinces catholiques (union d'Arras).

1579 Union d'Utrecht : formation des Provinces-Unies (Pays-Bas).

1580 L'Espagne annexe le Portugal.

1581 L'empereur Akbar essaie de tirer une synthèse des diverses religions ; il accueille des jésuites ; hindous et musulmans sont traités en égalité par le pouvoir.
1581-1660 Vie de saint Vincent de Paul.

1581 Les Espagnols au Nouveau-Mexique.

1582 Mise en vigueur du calendrier grégorien.

1583 Le concile de Lima ordonne la traduction des Évangiles dans les langues indiennes.

1583 Premier établissement anglais en Amérique du Nord, à Terre-Neuve ; c'est un échec.

1584 Raleigh fonde la première colonie anglaise en Amérique, la Virginie ; l'Angleterre devient la première puissance protestante. ◊ Mort d'Ivan IV le Terrible ; son fils Fédor Ier devient tsar. ◊ Création du Siam indépendant par Phra Naret.

1585-1638 Vie de Jansénius, fondateur du jansénisme.

1585

SCIENCES – TECHNIQUES	LITTÉRATURES	ARTS – MUSIQUE

1575 La protection du roi permet la publication des *Œuvres* d'Ambroise Paré (qui vulgarisent l'emploi du français au lieu du latin en médecine) ; les guerres de Religion lui ont donné l'occasion de faire progresser la chirurgie ; Palissy publie ses expériences de céramiste.

1575 Palais et jardins **1575** d'Aranjuez (Espagne). ◊ Véronèse commence la décoration du palais des Doges, à Venise.

1576 Tycho Brahe construit l'observatoire Uraniborg sur l'île danoise de Ven (aujourd'hui suédoise).

1576 À Florence, formation d'un foyer musical qui sera à l'origine de l'opéra.

1577 Voyage de Drake autour du monde.

1577-1579 Le Greco peint l'*Assomption.*

1578 *Sonnets pour Hélène* de Ronsard.

1579 Viète introduit l'écriture algébrique moderne.

1579 *Le Calendrier du berger* de Spenser.

1580 Première édition des *Essais* de Montaigne ; *Discours admirables* de Bernard Palissy ; *la Nuit obscure,* poème mystique de saint Jean de la Croix. ◊ *La Jérusalem délivrée,* épopée du Tasse.

1580-1582 *Le Martyre de saint Maurice* du Greco.

1581 Création de la Compagnie anglaise du Levant ; dans les décennies qui suivent, création des autres grandes compagnies commerçantes, en Angleterre et aux Pays-Bas puis, avec un certain retard (1670, Compagnie du Levant), en France.

1581 En France, *le Ballet comique de la reine,* premier ballet de cour.

1582 Le pape Grégoire XIII promeut une réforme du calendrier julien : le calendrier grégorien est notre calendrier actuel.

1583 *Les Juives* de R. Garnier : tragédie biblique dans l'esprit de la Contre-Réforme.

1583 Monteverdi compose des madrigaux à plusieurs voix.

1584 *De l'univers infini et des mondes* de Giordano Bruno, un des premiers à décrire l'univers infini, par opposition au monde clos de la physique d'Aristote.
1584-1589 Expédition de W. Raleigh sur la côte atlantique de l'Amérique du Nord.

1585 *La Galatée* de Cervantès.

RELIGION – PHILOSOPHIE	HISTOIRE GÉNÉRALE

1586

1587 Angleterre : exécution de Marie Stuart. ◊ Écrasement du khanat de Sibérie et fondation de postes par les Russes. ◊ Perse : 'Abbās Iᵉʳ, chah séfévide.

1588 Œuvre théologique de Molina ; au XVIIᵉ s., molinisme et jansénisme s'opposeront.

1588 France : assassinat du duc de Guise. ◊ Défaite de l'« Invincible Armada » face aux Anglais, nouvel échec de la politique de Philippe II contre les adversaires du catholicisme.

1589 Création du patriarcat de Moscou, qui se considère comme « la troisième Rome », nouvelle capitale de l'orthodoxie.

1589 Mort d'Henri III. Henri IV, Bourbon, lui succède, mais doit s'imposer aux catholiques.

1590 Grande mosquée d'Ispahan.

1590 France : bataille d'Ivry. Siège de Paris par Henri IV (c'est un échec).

1591 Première expédition anglaise aux Indes orientales. ◊ Les Marocains envahissent l'Empire noir songhaï et prennent Tombouctou.

1592 Édition définitive de la Vulgate « sixtine » (du pape Sixte Quint).

1592 Union de la Suède et de la Pologne avec Sigismond III Vasa.

1593 Henri IV abjure le protestantisme.

1594 Henri IV, converti au catholicisme (1593), est sacré roi de France et entre dans Paris.

1596-1650 Vie de Descartes.

1596 La Compagnie des Indes orientales s'implante en Indonésie ; les Hollandais vont fonder Batavia (Djakarta).

1598 Édit de Nantes : fin des guerres de Religion en France ; Henri IV décrète la liberté de culte pour les protestants.

1598 France : édit de Nantes, fin des guerres de Religion, les protestants conservent des places fortes. ◊ Traité de Vervins : paix entre la France et l'Espagne. ◊ Espagne : mort de Philippe II. ◊ Russie : Boris Godounov, tsar.

1599 Les Hollandais au Japon. ◊ Déchéance de Sigismond III Vasa en Suède.

1599

SCIENCES – TECHNIQUES	LITTÉRATURES	ARTS – MUSIQUE

1586-1588 *L'Enterre-* **1586** *ment du comte d'Orgaz* du Greco : le mysticisme dans la peinture espagnole par opposition à la tendance réaliste.

1587 Fondation de l'imprimerie vaticane et du Banco de Rialto, à Venise.

1587 *Discours politiques et militaires* de de La Noue. ◊ *Tamerlan* de Marlowe.

1588 Bright invente la sténographie.

1588 *La Tragique Histoire du docteur Faust* de Marlowe.

1589-1592 *La Reine des fées* de Spenser ; *Henry VI* de Shakespeare.

1589 *Cantiones Sacrae* de William Byrd, composés pour remercier la reine Élisabeth, qui venait d'accorder à l'auteur l'exclusivité de la musique imprimée en Angleterre.

1590 Monteverdi au service du duc de Mantoue comme joueur de viole ; son *Deuxième Livre de madrigaux* le fait connaître.

1592 *Édouard II* de Marlowe.
1592-1593 *Richard III* de Shakespeare.
1593-1594 *Titus Andronicus* et *la Mégère apprivoisée* de Shakespeare.
1594-1595 *Roméo et Juliette* de Shakespeare.

1594 Morts de Lassus à Munich et de Palestrina à Rome : fin de la Renaissance en musique.

1595 Premier blindage des navires par des plaques de fonte, en Corée.

1595 Troisième édition (posthume) des *Essais* de Montaigne.
1595-1596 *Richard II* et *Songe d'une nuit d'été* de Shakespeare.

1596 Première publication de Kepler : il démontre la supériorité du système de Copernic.

1596 *Ode au roi pour la prise de Marseille* de Malherbe. ◊ Chine : édition d'un grand traité illustré de pharmacopée.
1596-1597 *Le Marchand de Venise* de Shakespeare.

1597 Galilée fabrique le premier thermomètre.

1597-1604 Fresques de la galerie du palais Farnèse par Annibale Carracci (Carrache) : apparition du baroque dans la peinture décorative, que Rubens portera à son apogée.

1598 *La arcadia* de Lope de Vega.
1598-1599 *Henry V* de Shakespeare.

| RELIGION – PHILOSOPHIE SCIENCES HUMAINES | HISTOIRE GÉNÉRALE |

1600

1600 Giordano Bruno condamné et brûlé pour hérésie ; liée à la métaphysique, sa conception d'un univers infini annonce la pensée moderne.

v. 1600 Inde : installations de compagnies commerciales anglaises ; début de la colonisation ; Akbar conquiert le Deccan.

1600

1601

XVIIᵉ siècle

L'Europe, déchirée par les guerres de Religion, est partagée en deux zones d'influence : tandis que le Nord et les pays anglo-saxons sont en majorité sous l'influence de la Réforme, le Sud et les pays latins sont fidèles au catho-

1601-1603 Famine en Russie.

1602 *La Cité du Soleil,* utopie politique de Campanella (publiée en 1623).

1602 Création de la Compagnie des Indes orientales : début de la puissance commerciale des Pays-Bas.

1603 Angleterre : mort d'Élisabeth Iʳᵉ, dernière Tudor ; Jacques VI Stuart, roi : avec l'union des couronnes d'Angleterre et d'Écosse naît la Grande-Bretagne. Soumission définitive de l'Irlande. ◇ Voyage de Champlain au Canada. ◇ Japon : le clan des Tokugawa prend le pouvoir jusqu'en 1867.

1604 Fondation du Carmel français par Mme Acarie (Marie de l'Incarnation).

1604 France : les charges publiques deviennent héréditaires (institution de la paulette).

1605 Échec définitif de la Réforme en Autriche et en Hongrie. ◇ Échec en Angleterre de la conspiration catholique dite « conjuration des poudres ».

1605 Russie : mort de Boris Godounov et début du Temps des troubles (jusqu'en 1613). ◇ La fondation de Port-Royal (où est ouverte, la même année, la première librairie en Amérique du Nord), par F. Gravé et Champlain, et celle de Québec (1608), par Champlain, ouvrent l'âge de la présence française au Canada. ◇ Le Hollandais Willem Janszoon aborde le continent australien au golfe de Carpentarie.

1606

| SCIENCES – TECHNIQUES | LITTÉRATURES | ARTS – MUSIQUE |

v. 1600 Début du théâ- **1600**
tre kabuki, au Japon.

1600 *Théâtre d'agriculture* par Olivier de Serres. ◊ William Gilbert, médecin anglais, découvre et décrit les propriétés du magnétisme terrestre.

1600-1601 *Hamlet*, tragédie de Shakespeare : l'apogée du théâtre élisabéthain.

1600 Le Temple d'or, sanctuaire des sikhs, à Amritsar en Inde. ◊ Rubens en Italie jusqu'en 1608. ◊ *Euridice* de Peri à Florence (naissance de l'opéra) et *la Représentation de l'âme et du corps* de Cavaliere à Rome (naissance de l'oratorio) ; ce retour à la sobriété antique, en réaction contre la polyphonie franco-flamande, marque le début de la renommée musicale de l'Italie.

(1601-1700)

licisme. La révolution anglaise marque l'échec de l'absolutisme royal en Angleterre, alors qu'il triomphe en France et en Espagne. La Chine, affaiblie par les troubles sociaux, tombe sous la domination des Mandchous.

1600

1601

1601 *La Conversion de saint Paul* du Caravage, renouveau pictural et iconographique : réalisme de l'image, notamment religieuse ; naissance du caravagisme dont l'influence est capitale au XVIIe s.

1602 Fondation de la manufacture des Gobelins. ◊ Bayer achève son atlas du ciel.

1603 Galilée : lois de la chute des corps.

1603 *Des Sauvages* de Samuel de Champlain. ◊ Première comédie de Lope de Vega.

1604 Début du creusement du canal de Briare entre la Seine et la Loire.

1605 Gaspard Bauhin rédige *Theatrum anatomicum*.

1604 *Advancement of Learning* de F. Bacon.
1604-1605 *Othello* de Shakespeare.
1605 Malherbe, poète officiel à la cour de France. ◊ Grand succès de *Don Quichotte* de Cervantès : le roman picaresque en bénéficiera.
1605-1606 *Macbeth* et *le Roi Lear* de Shakespeare.

1605-1610 *Les Apôtres*, du Greco, dans la sacristie de la cathédrale de Tolède.

1606 *Trésor de la langue française* de Jean Nicot : le premier dictionnaire de langue française (mais avec traductions latines). ◊ *Volpone*, comédie de Ben Jonson.

1606 Première représentation théâtrale au Canada (à Port-Royal).

1606

| RELIGION – PHILOSOPHIE SCIENCES HUMAINES | HISTOIRE GÉNÉRALE |

1607

1608 *Introduction à la vie dévote* de saint François de Sales, qui propose une spiritualité accessible aux gens du monde.

1608 Formation de l'Union évangélique des princes et villes d'Allemagne. ◊ Fondation de Québec par Champlain.

1609 Naissance du mouvement baptiste en Angleterre. Expulsion des morisques (musulmans théoriquement convertis au catholicisme) d'Espagne. ◊ Début des « réductions » (missions) jésuites au Paraguay ; relations amicales nouées avec les Indiens hurons ; développement de religions syncrétistes en Amérique latine, influence grandissante du catholicisme.

1610 France : assassinat d'Henri IV par Ravaillac ; régence de Marie de Médicis ; ministère de Concini : Louis XIII est tenu à l'écart du pouvoir. ◊ Amérique : Hudson découvre la baie qui porte aujourd'hui son nom. ◊ Afrique : fondation du royaume du Dahomey.

1611 Fondation de l'Oratoire de France par Bérulle ; le XVIIe s. est le grand siècle de la spiritualité française.

1611 Suède : avènement de Gustave II Adolphe ; il réorganise les institutions de l'État ainsi que l'armée, faisant de son pays la première puissance d'Europe du Nord. ◊ Varsovie devient capitale de la Pologne. ◊ Les Polonais occupent Moscou.

1612 *L'Aurore* de Jakob Böhme.

1613 Russie : avènement des Romanov.

1614 Expulsion des chrétiens du Japon ; les Tokugawa favorisent la doctrine de Confucius.

1614 France : réunion des états généraux (ils ne seront plus réunis jusqu'en 1789). ◊ Les premiers Hollandais arrivent à Manhattan.

1616 L'Église condamne l'œuvre de Copernic et interdit à Galilée d'enseigner ; le cardinal Bellarmin considère que les savants émettent seulement des hypothèses et non des vérités sur le système du monde. ◊ Première école en Nouvelle-France.

1617 Saint Vincent de Paul, aumônier général des galères de France ; il développe l'apostolat auprès des pauvres : à partir de 1625, il s'emploie à former le clergé.

1617 France : assassinat de Concini. Louis XIII prend le pouvoir.

1617

SCIENCES – TECHNIQUES	LITTÉRATURES	ARTS – MUSIQUE

1607 Début de la publication de *l'Astrée*, roman-fleuve d'Honoré d'Urfé : le genre romanesque, décrié, est encore sans règles.

1607 *Orfeo,* premier **1607** opéra de Monteverdi à Mantoue.

1608 Hans Lippershey invente le télescope.

1608 *Satires* de Mathurin Régnier.
1608-1645 La marquise de Rambouillet réunit dans son salon les plus grands noms de la noblesse et des lettres : un haut lieu de la préciosité.

1609 Fondation de la banque d'Amsterdam. ◊ *Astronomie nouvelle* de Kepler : lois des mouvements des planètes autour du Soleil.

1609 *Histoire générale du Pérou* par Garcilaso de la Vega.

1609 *La Résurrection de Lazare* du Caravage ; *Portrait de l'artiste et de sa femme* de Rubens.

1610 *Le Message céleste* de Galilée, où il présente sa lunette astronomique et démontre la compatibilité du mouvement de la Lune autour de la Terre avec le système de Copernic.
1611 Télescope dioptrique de Kepler.

v. 1610 Célèbres pour ses imprimeurs (Elzevir), les Pays-Bas, terre d'accueil des réfugiés politiques et religieux, sont la « librairie générale de l'Europe ».
v. 1611 *La Tempête* de Shakespeare.

1610 *Descente de Croix* de Rubens.
1611-1614 *Jugement dernier* de Rubens.

1612-1613 *Henry VIII* de Shakespeare.
1613 *Les Voyages* de Champlain. ◊ *Nouvelles exemplaires* de Cervantès.

1613 Mosquée du sultan Ahmed à Constantinople. ◊ Monteverdi, maître de chapelle à Saint-Marc de Venise, une des plus importantes maîtrises (ensemble de chantres) d'Europe.

1614 Napier publie sa découverte des logarithmes.

1616 Mise à l'index de l'œuvre de Copernic, malgré l'intervention de Galilée et l'opinion de nombreux savants, y compris des religieux.

1616 Publication des *Tragiques,* épopée lyrique d'Agrippa d'Aubigné : un témoignage sur la foi et le combat des huguenots.

1616-1617 *La Joyeuse Compagnie* de Frans Hals.

RELIGION – PHILOSOPHIE SCIENCES HUMAINES	HISTOIRE GÉNÉRALE

1618

1618 Conflit entre les princes allemands et Ferdinand II de Habsbourg au sujet de la Bohême : début de la guerre de Trente Ans. ◊ Défenestration de Prague.

1619 Création du mouvement mystique des rose-croix.

1620 *Novum Organum* de Francis Bacon. ◊ Les « Pilgrim Fathers » (Pères pèlerins) embarqués sur le « Mayflower » arrivent en Amérique. ◊ En Angleterre, le puritanisme nourrit l'opposition aux Stuarts qui portera Cromwell au pouvoir (1645).

1620 Devenu empereur d'Allemagne (1619), Ferdinand II envahit la Bohême et bat les princes protestants à la Montagne Blanche. ◊ Fondation de la colonie anglaise du Massachusetts.

1621 Révolte des protestants français : siège de Montauban.

1621 Chine : les Mandchous s'établissent à Moukden.

1622 Création de la Congrégation pour la propagation de la foi.

1623-1662 Vie de Pascal.

1623 'Abbās Ier s'empare de Bagdad.

1624 France : Richelieu, ministre ; il combat les prétentions de la haute noblesse et les droits politiques des protestants (exécutions de Montmorency [1632] et Cinq-Mars [1642]) ; révoltes paysannes.

1625 Arrivée des jésuites au Canada.

1625 Charles Ier, roi d'Angleterre, d'Écosse et d'Irlande.

1625

■■■■■■■■■ xviie siècle ■■■■■■■■■

1626

1626 *Philosophie sacrée* de Robert Fludd ; développement des rose-croix en Allemagne, courants alchimistes et occultistes.

1626 France : édit de Richelieu contre les duels. ◊ Wallenstein soumet les princes protestants de l'Allemagne du Nord : recatholicisation violente. ◊ Fondation de La Nouvelle-Amsterdam (New York) par les Hollandais (par achat du territoire aux Indiens).

1627 *La Nouvelle Atlantide* de F. Bacon. ◊ Fondation de la Compagnie du Saint-Sacrement.

1627 France : siège et prise de La Rochelle, dernière place forte protestante. Richelieu fonde la compagnie des Cent-Associés qui reçoit la propriété du pays, à charge pour elle d'amener au Canada 200 à 300 colons par an.

1628 *Entretiens spirituels* de saint François de Sales.

1628 Fondation de la Société de commerce française pour l'exploitation du Canada.

1628-1644 Chine : guerre civile qui ne cessera qu'avec l'établissement de l'Empire mandchou.

1629 Paix d'Alès avec les protestants. ◊ Occupation temporaire de Québec par les Anglais.

1629

SCIENCES – TECHNIQUES	LITTÉRATURES	ARTS – MUSIQUE

v. 1618 *Enlèvement des* **1618** *filles de Leucippe* par Rubens.

1619 *Le Manneken-Pis*, à Bruxelles, sculpture de H. Duquesnoy le Vieux.

1620 Parution du premier journal hebdomadaire en Europe (Amsterdam).

v. 1620 Début de la construction du palais du Luxembourg, à Paris. ◊ Décoration de l'église jésuite de Saint-Charles-Borromée à Anvers, par Rubens : triomphe de l'illusionnisme baroque. ◊ Naissance de la cantate en Italie.

1621 Salomon de Caus entreprend le nettoiement des rues de Paris et l'équipement de la ville en fontaines alimentées par l'eau de la Seine.

1623 Traité de botanique de G. Bauhin (plantes classées par genres et espèces).

1623 *Histoire comique de Francion,* roman burlesque de Ch. Sorel.

1624 Agrandissement du Louvre : apparition du plan en U (un corps central, deux ailes en retour), typique du classicisme français en architecture (pavillon de chasse de Versailles). ◊ Baldaquin pour Saint-Pierre de Rome par le Bernin : l'apogée du baroque en sculpture.

1625 *De Jure Belli ac Pacis* de Grotius : une des premières grandes contributions au droit international moderne.

1625 *Utopia,* esquisse d'un État idéal, de F. Bacon.

1625

1626 Création du Jardin des Plantes à Paris.

1626 Chapelle de la Sorbonne par J. Lemercier : premier dôme réalisé en France.

1627 *Tables rudolphines* de Kepler ; elles rendent les données observées (Tycho Brahe) utilisables dans le système de Copernic.

1628 Harvey publie sa découverte de la circulation du sang.

1627 *Daphné* de Schütz : premier opéra allemand.

1629 Construction du Palais-Royal, à Paris, par J. Lemercier.

1629

RELIGION – PHILOSOPHIE SCIENCES HUMAINES	HISTOIRE GÉNÉRALE

1630

1630 France : journée des Dupes. ◇ Intervention de Gustave II Adolphe de Suède dans la guerre de Trente Ans, en faveur du camp protestant ; il délivre l'Allemagne du Nord et marche sur Vienne, mais meurt à la bataille de Lützen (1632). ◇ Brésil : les Hollandais à Pernambouc.

1632 Fondation de l'ordre des Lazaristes.
1632-1677 Vie de Spinoza.
1632-1704 Vie de Locke.

1633 Condamnation de Galilée ; elle accentue le repli de l'Église sur sa propre tradition doctrinale et creuse un écart durable entre elle et l'Europe intellectuelle ; la métaphysique se détache de la théologie.
1634 Procès de sorcellerie à Loudun ; entre 1570 et 1650, l'Europe, qui subit un changement profond des mentalités, connaît plusieurs affaires de ce genre. ◇ Fondation des filles de la Charité.
1635 Ouverture du premier collège jésuite au Canada.

1634 Assassinat de Wallenstein. ◇ Jean Nicolet explore l'intérieur du Canada.

1635 Sous l'impulsion de Richelieu, la France intervient dans la guerre de Trente Ans aux côtés de la Suède, contre l'Autriche et l'Espagne. ◇ Les Français à la Guadeloupe. ◇ Fermeture du Japon : interdiction aux Japonais de quitter l'archipel.

1636 *Harmonie universelle* de Mersenne. ◇ Fondation, près de Boston (à Cambridge) de l'université de Harvard.

1637 *Discours de la méthode* de Descartes, publié avec ses traités scientifiques ; sa philosophie, qui assume la révolution de la physique, connaît un écho immense ; Malebranche, Spinoza, Leibniz, Locke se situeront nécessairement par rapport à elle. ◇ Formation de la société des Solitaires de Port-Royal.

1637 France : révolte des croquants (paysans pauvres) du Limousin. ◇ Ferdinand III, empereur d'Allemagne. ◇ Amérique : les Anglais offrent une prime pour tout Indien tué, moyennant la remise du scalp. ◇ Fondation de Cayenne, en Guyane. ◇ Des marchands d'esclaves français s'établissent au Sénégal.

1637

SCIENCES – TECHNIQUES | LITTÉRATURES | ARTS – MUSIQUE

v. 1630 Georges de **1630**
La Tour peint *le Nouveau-né.*

1630 *Le Trompeur de Séville et le Convive de pierre* de Tirso de Molina : naissance du mythe de don Juan.

1630 *La Bohémienne* de Frans Hals, auteur de tableaux novateurs par le modernisme du traitement ; *la Forge de Vulcain* de Vélasquez. ◇ Carissimi, réputé pour son art de l'oratorio, maître de chapelle à Rome.

1631 Théophraste Renaudot fonde *la Gazette de France* sous la protection de Richelieu qui en fera l'organe officieux du pouvoir.

1632 Galilée publie le *Dialogue sur les deux principaux systèmes du monde, Ptolémée et Copernic,* ouvrage magistral de vulgarisation et de polémique, qui entraîne sa condamnation par l'Église en 1633.

1632 *Le Grand Voyage au pays des Hurons* de Gabriel Sagard, naturaliste et ethnographe.

1632 Gravures de Jacques Callot, évoquant les horreurs de la guerre de Trente Ans ; *la Leçon d'anatomie du Dr Nicolaes Tulp,* tableau qui fonde la renommée de Rembrandt.
1632-1649 Construction du Tāj Mahal, en Inde.
1633 *Portrait d'une vieille femme* de F. Hals ; *saint Sébastien pleuré par sainte Irène* de G. de La Tour.

1634 Première séance de l'Académie française, créée par Richelieu pour régenter la langue et la littérature.

1635 *Traité des indivisibles* de Cavalieri ; la réflexion mathématique sur le continu (géométrie) occupe Descartes, Roberval, Fermat, Pascal, Wallis... Elle aboutira au calcul infinitésimal avec Leibniz et Newton.

1635 *La vie est un songe,* comédie baroque de Calderón de la Barca.

1635 Portrait du *Cardinal de Richelieu,* par Philippe de Champaigne ; *Charles Iᵉʳ à la chasse,* tableau de Van Dyck, qui influencera l'école anglaise du portrait. ◇ Publication à Venise des *Fiori Musicali* de Frescobaldi, promoteur du style fugué pour la musique d'orgue.

1636 *L'Illusion comique* et *le Cid* de Corneille ; cette dernière pièce, une tragédie, déclenche une querelle parce qu'elle ne respecte pas les règles du théâtre (arbitrage de l'Académie française). Le théâtre, pour lequel on construit de nombreuses salles, est à cette époque le genre le plus noble.

1637 *Dioptrique, Météores* et *Géométrie* de Descartes, présentés comme des essais de sa méthode « analytique » : lois de réfraction de la lumière, physique mécaniste, géométrie analytique ; par son étendue, et par son arrière-plan philosophique, son œuvre scientifique eut une influence considérable.

1637 Ouverture à Venise du premier théâtre lyrique public : l'opéra cesse d'être un divertissement de cour et devient un genre mondain.

1638 Richelieu fait emprisonner l'abbé de Saint-Cyran. ◊ Saint Vincent de Paul fonde l'œuvre des Enfants trouvés.
1638-1715 Vie de Malebranche.

1639 Arrivée des Ursulines au Canada ; elles y fondent le premier hôpital.

1639 À la suite de la guerre de Trente Ans, l'Alsace passe sous l'influence française ; révolte des va-nu-pieds de Normandie. ◊ Les Anglais à Madras.

1640 *Augustinus* de Jansénius (posthume), exposé de la doctrine augustinienne de la grâce, immédiatement critiqué par les jésuites, défendu par Antoine Arnauld, qui fait de Port-Royal le foyer du jansénisme.

1640 Prise d'Arras par les Français. ◊ Opposition du Parlement à Charles Ier. ◊ Le Portugal se sépare de l'Espagne.

1641 Les *Méditations* de Descartes (écrites en latin), avec ses réponses aux objections de Hobbes et Gassendi notamment.

1642 Mort de Richelieu. Occupation du Roussillon par la France. ◊ Les Français à Madagascar. ◊ Guerre civile en Angleterre (jusqu'en 1646) qui prépare l'arrivée de Cromwell au pouvoir. ◊ Canada : Paul de Maisonneuve fonde Ville-Marie (Montréal).
1642-1643 A. Tasman découvre la Nouvelle-Zélande, peuplée de Maoris, puis l'île qui portera son nom, la Tasmanie.

1643 Condamnation de Jansénius par le pape.

1643 France : mort de Louis XIII ; avènement de Louis XIV ; régence d'Anne d'Autriche (jusqu'en 1651) ; son ministre Mazarin exerce le pouvoir. ◊ Victoire de Rocroi (Condé). ◊ Fondation, par la France, de Fort-Dauphin à Madagascar.

1644 *Principia philosophiae* de Descartes.

1644 Chine : fin de la dynastie des Ming ; avènement de la dynastie mandchoue des Qing (jusqu'en 1911).

1645 Angleterre : Charles Ier est vaincu par Cromwell et les puritains à Naseby. ◊ Russie : avènement d'Alexis Romanov.

1646-1716 Vie de Leibniz.

1647 Charles Ier livré par les Écossais au Parlement. Cromwell s'empare de Londres.

SCIENCES – TECHNIQUES	LITTÉRATURES	ARTS – MUSIQUE

1638 *Discours sur les sciences nouvelles* de Galilée : démonstration rigoureuse des lois de la mécanique (chute des corps) qui ouvre la voie à la physique moderne. Polémique entre Descartes et Fermat sur l'invention de la géométrie analytique.

1639 *Brouillon project d'une atteinte aux événemens des rencontres d'un cône avec un plan* de Desargues (géométrie projective).

1640 Fondation de l'Imprimerie royale à Paris ; *Essai sur les coniques* de Pascal (il a 16 ans), prélude à son *Traité des sections coniques* aujourd'hui perdu.

1638 Portrait du *Duc* 1638 *de Modène* par Vélasquez.
1638-1641 Église Saint-Charles-des-Quatre-Fontaines, à Rome, par Borromini, œuvre typique du baroque italien.

1640 *Horace* de Corneille.

1641 Les puritains anglais ferment les théâtres. ◊ *Le Diable boiteux* de Vélez de Guevara.

1641 *Vénus dans la forge de Vulcain* des frères Le Nain.

1642 *Cinna* de Corneille.

1642 *La Ronde de nuit* de Rembrandt : le plein épanouissement de la peinture hollandaise coïncide avec le déclin de la peinture flamande. ◊ *Le Couronnement de Poppée*, dernier opéra de Monteverdi (écrit à 75 ans).

1643 Baromètre de Torricelli.

1643 *Polyeucte* de Corneille ; Jean-Baptiste Poquelin fonde la troupe de l'Illustre-Théâtre et prend un an plus tard le pseudonyme de Molière.

1643 *Famille de paysans* des frères Le Nain, dont l'œuvre sera redécouverte par le courant réaliste au XIXe s.

1644 Mort de Van Helmont : son œuvre marque le passage de l'alchimie à la chimie. ◊ Début de la culture de la canne à sucre aux Antilles.

1644 *Nativité*, tableau de G. de La Tour.

1645 Machine à calculer de Pascal.

1645 Début de la construction du Val-de-Grâce par Mansart.

1646 *Paysage d'hiver* de Rembrandt.

1647 *Remarques sur la langue française* de Vaugelas : il définit les règles du « bon usage » (celui de la Cour).
1647-1658 *Cléopâtre*, roman de La Calprenède (où apparaît le personnage d'Artaban).

1647 *L'Extase de sainte Thérèse*, sculpture du Bernin.

RELIGION – PHILOSOPHIE
SCIENCES HUMAINES

HISTOIRE GÉNÉRALE

1648

1648 Les traités de Westphalie mettent fin à la guerre de Trente Ans : ils marquent la fin de l'hégémonie des Habsbourg sur la majeure partie de l'Europe, ainsi que le morcellement de l'Allemagne. ◊ France : début de la Fronde (jusqu'en 1653). ◊ Angleterre : Parlement « Croupion » et début de la dictature de Cromwell. ◊ Traité de Münster : l'Espagne reconnaît l'indépendance des Provinces-Unies. ◊ Découverte, par les Russes, du détroit qui sépare l'Asie de l'Amérique.
1648-1649 Refonte de la législation russe. ◊ Destruction par les Iroquois de la confédération huronne, alliée de la France.

1649 Les *Passions de l'âme,* dernier traité de Descartes. ◊ Fondation de la secte protestante des quakers par George Fox.

1649 Angleterre : exécution de Charles Ier.

1650 Russie : crise religieuse et idéologique dont la cause est la traduction-révision des textes liturgiques.

1650 Révolte de Condé, début de la Fronde nobiliaire. ◊ Début de la conquête de Java par les Hollandais.

1650

━━━━ xviie siècle ━━━━
1651

1651 Le *Léviathan* de Hobbes, réflexion sur « l'état de nature », l'institution de la société et le pouvoir politique. ◊ Fondation de la société des Missions étrangères.

1651 Alliance des princes et du Parlement de Paris ; exil de Mazarin. ◊ Grande-Bretagne : Acte de navigation qui réserve à la marine anglaise le monopole du commerce (sauf pour l'Europe) avec les îles Britanniques ; l'acte ne sera aboli qu'au XIXe s. avec l'institution du libre-échange. ◊ Prise de Canton par les Mandchous. ◊ Les Russes atteignent l'Amour.

1652 Défaite et trahison de Condé ; Louis XIV à Paris. ◊ Les Hollandais en Afrique du Sud (colonie du Cap).

1653 Condamnation pontificale de certaines thèses jansénistes.

1653 Cromwell, lord-protecteur de la république : l'Angleterre devient une dictature militaire.

1654 Conversion de Pascal.

1654 Suède : abdication de la reine Christine, qui se convertit au catholicisme. ◊ Les Provinces-Unies, battues par l'Angleterre, doivent reconnaître l'Acte de navigation. ◊ Union des Russes et des Cosaques ukrainiens contre la Pologne.

1655 Dispersion des jansénistes de Port-Royal.
1656 Arnauld jugé en Sorbonne ; première des *Provinciales* de Pascal, brillante défense du jansénisme contre les jésuites. ◊ Spinoza, déjà connu pour ses tendances rationalistes, est excommunié par les rabbins d'Amsterdam. ◊ Achèvement de Saint-Pierre de Rome.

1656

SCIENCES – TECHNIQUES	LITTÉRATURES	ARTS – MUSIQUE

1648 Expérience de Pascal au puy de Dôme (« la nature n'a aucune répugnance pour le vide »).

1648 Création à Paris **1648** de l'Académie royale de peinture et de sculpture, qui érige les règles de l'art classique en doctrine et favorise ainsi une éclosion de textes théoriques ; instrument de la politique absolutiste de Louis XIV sur la production artistique.

1648-1659 *Le Virgile travesti en vers burlesques* de Scarron.

1649 Début de la publication du *Grand Cyrus*, roman précieux de Madeleine de Scudéry.

1650 Otto von Guericke réalise la première pompe pneumatique.

1650 *Origines de la langue française* de Ménage.

1650 Paravents peints du Japonais Tanyu (vagues, pins, tigres et bambous).

1650

1651

1651-1653 Pascal rédige un *Traité de la pesanteur de la masse de l'air* et un *Traité de l'équilibre des liqueurs* qui théorisent les expériences des années précédentes (Galilée, Torricelli, Roberval) sur l'existence du vide et la pression atmosphérique.

1651 *Nicomède* de Corneille.

1651 *La Toilette de Vénus* de Vélasquez.

1652 Façade de l'église Sainte-Agnès de Rome par Borromini, chef-d'œuvre du baroque.

1653 *Les Bergers d'Arcadie*, tableau de Poussin : le classicisme français le plus pur, imprégné de l'esprit antique et italien.

1654 *Traité du triangle arithmétique* de Pascal ; début du calcul des probabilités.

1654 *Le Pédant joué* de Cyrano.

1656 Huygens invente l'horloge à balancier.

1656 *Les Ménines* de Vélasquez : le point culminant de la peinture espagnole du « siècle d'or » (analyse des problèmes de la représentation, réflexion sur la composition).
1656-1661 Construction du château de Vaux-le-Vicomte par Le Vau.

1656

| RELIGION – PHILOSOPHIE SCIENCES HUMAINES | HISTOIRE GÉNÉRALE |

1657 Pascal commence à rédiger des notes pour une apologie de la religion chrétienne ; elles seront publiées en 1669 et appelées *Pensées*.

1658 Bataille des Dunes : victoire, près de Dunkerque, de Turenne sur Condé et les Espagnols. ◊ Mort de Cromwell. ◊ Paix de Roskilde : apogée de la Suède. ◊ Aurangzeb, empereur moghol : il mène l'empire à son apogée, mais ne peut empêcher son rapide déclin (révoltes indiennes).

1659 Le traité des Pyrénées marque le déclin de l'Espagne, au profit de la France, qui devient la première puissance européenne et reçoit le Roussillon, la Cerdagne, l'Artois et diverses places des Flandres ; l'infante Marie-Thérèse est promise en mariage à Louis XIV. ◊ Reprise de la guerre civile en Angleterre.

1660 Louis XIV fait brûler les *Provinciales*.

1660 Monk restaure la monarchie en Angleterre ; Charles II roi : l'événement est appelé, en anglais, *revolution*. ◊ 2 300 colons français au Canada.

1661-1667 Concile de Moscou.

1661 France : mort de Mazarin ; début du règne personnel de Louis XIV, qui marque l'apogée de l'absolutisme ; arrestation de Fouquet par d'Artagnan ; Colbert, ministre.

1662 Réforme de l'ordre cistercien de la Trappe par l'abbé de Rancé. ◊ Bossuet prêche le carême à la cour de Louis XIV. ◊ Première édition de la *Logique de Port-Royal* (Arnauld et Nicole), traité majeur de la pensée classique, lié à la théorie du langage.

1662 Le Portugal cède Bombay et Tanger à l'Angleterre, qui cède Dunkerque à la France.

1663 Descartes est mis à l'Index. Spinoza rédige les *Principes de la philosophie de Descartes*. ◊ Fondation du séminaire de Québec.

1663 Colbert réintègre la Nouvelle-France (Canada) dans le domaine royal. ◊ Début de la grande guerre de Turquie, tentative des Turcs pour conquérir le Sud-Est européen qui s'achèvera par leur défaite définitive à Zenta en 1697. ◊ L'île Bourbon (future Réunion) est occupée par les Français.

1664 Dispersion des religieuses de Port-Royal.

1664 Création, par Colbert, de la Compagnie française des Indes orientales. ◊ Les Anglais occupent La Nouvelle-Amsterdam (administrée par le Hollandais Peter Stuyvesant) qui devient New York.

SCIENCES – TECHNIQUES	LITTÉRATURES	ARTS – MUSIQUE

1657 *Cours de chimie* de Lémery.

1657-1666 Colonnade **1657** de Saint-Pierre par le Bernin.

1658 Découverte des globules rouges par Swammerdam.

1658 *La Vue de Delft* de Vermeer : le seul panorama de ville de la peinture du XVIIᵉ s.

1659 L'Italien Procopio met au point la crème glacée.

1659 *Les Précieuses ridicules* valent à Molière son premier succès.

1659 *Ballet de la raillerie* de Lully.

1660 Publication des travaux de Boyle sur la compressibilité des gaz. ◊ Guericke réalise la première machine électrostatique.

1660 *Grammaire générale et raisonnée contenant les fondements de l'art de parler* d'Arnauld et Lancelot (appelée aussi « Grammaire de Port-Royal »).

1661 Malpighi identifie et décrit les utricules (vésicules dont l'assemblage forme le tissu utriculaire).

1661 Transformation du château de Versailles par Louis XIV (jusqu'à la fin de son règne) ; il représente l'apogée de l'art classique français, par son architecture (Le Vau), son décor intérieur (Le Brun), ses sculptures (Coysevox), son « jardin à la française » (Le Nôtre). ◊ Lully est nommé surintendant de la musique de la chambre du roi et domine la vie musicale française : développement de la musique de cour.

1662 Fondation de la Société royale de Londres. ◊ Loi de Boyle-Mariotte sur les gaz.

1662 *L'École des femmes* de Molière soulève une polémique à propos de la condition féminine.

1662 *Ex-Voto,* tableau de Philippe de Champaigne : la rigueur et l'austérité issues du jansénisme de Port-Royal ; *l'Histoire d'Alexandre,* cartons de tapisserie de Le Brun pour Versailles ; *Les Syndics des drapiers* de Rembrandt. ◊ *Ercole amante* (« Hercule amoureux »), opéra commandé par Mazarin à Cavalli, à Paris.

1663 *La Critique de l'École des femmes* et *l'Impromptu de Versailles* de Molière.

1664 Première version de *Tartuffe* de Molière : la pièce, attaquant les dévots, fait scandale et est interdite.

1664 *Weihnachtshistorie,* oratorio de Noël de Schütz : il crée un style musical adapté à la liturgie luthérienne.

| RELIGION – PHILOSOPHIE SCIENCES HUMAINES | HISTOIRE GÉNÉRALE |

1665 Début de l'organisation paroissiale en Nouvelle-France (Canada).

1665 Colbert, contrôleur général des Finances. Les Français à Saint-Domingue. ◊ Grave épidémie de peste à Londres.

1666 Mesures contre les catholiques et les non-conformistes en Angleterre.

1666 Le Parlement de Paris perd son droit de remontrances. ◊ Incendie de Londres. ◊ Maroc : début de la dynastie alaouite.

1667 Les raskolniki (« schismatiques », vieux-croyants de l'Église orthodoxe) se détachent de l'Église russe.

1667 France : guerre de Dévolution contre l'Espagne. **1667-1672** Aurangzeb, le Grand Moghol, étend sa domination à l'Afghanistan, mais ses conquêtes épuisent l'Inde.

1668 « Paix de l'Église » entre le pape et les jansénistes.

1668 Le traité d'Aix-la-Chapelle donne une partie de la Flandre à la France. ◊ Traité de Lisbonne : l'Espagne reconnaît l'indépendance du Portugal.

1669 Publication des *Pensées* de Pascal.

1669-1671 Russie : révolte paysanne et cosaque dirigée par Stenka Razine.

1670 En Europe, mode de la Chine : *la Chine illustrée* du père Kircher ; début des polémiques sur les missions. ◊ *Traité théologico-politique* de Spinoza, une des premières manifestations de la critique textuelle de la Bible, qui triomphera au XIXᵉ s. après avoir été rudement combattue.

1670 Les troupes françaises occupent le duché de Lorraine. Création de la Compagnie du Levant par Colbert. ◊ Fondation en Amérique du Nord (nord du Canada) de la Compagnie britannique de la baie d'Hudson.

1672 France : guerre de conquête contre la Hollande, qui offre une vigoureuse résistance (ouverture des digues). L'Autriche oblige la France à se retirer.

1673 Exploration de la vallée du Mississippi par le père Marquette.

SCIENCES – TECHNIQUES	LITTÉRATURES	ARTS – MUSIQUE

1665 Fondation de la Manufacture royale de glaces de Saint-Gobain ; fondation du *Journal des savants*. ◊ Huygens : principe du thermomètre.

1665 *Réflexions ou Sentences et maximes morales* de La Rochefoucauld : le moralisme pessimiste de la noblesse française ; *Contes et nouvelles en vers* de La Fontaine ; *Dom Juan* de Molière.

1666 Fondation de l'Académie des sciences par Colbert ; début du creusement du canal du Midi. ◊ Newton réalise la décomposition de la lumière. ◊ *De l'art combinatoire* de Leibniz (écrit à 20 ans), point de départ d'une réforme profonde de la logique et d'importantes recherches mathématiques.

1666 Premières *Satires* de Boileau à l'imitation des Anciens (Horace, Juvénal) : il dénonce les mœurs du temps ; *le Roman bourgeois* de Furetière ; *le Misanthrope* de Molière.

1666 Création du Prix de Rome par Colbert. ◊ *L'Homme au chapeau mou* de F. Hals. ◊ Antonio Stradivari commence à signer les violons qu'il fabrique, réputés pour leur perfection acoustique liée au secret du vernis.
1666-1670 La colonnade du Louvre : le classicisme français d'inspiration antique.

1667 Début de la construction de l'observatoire de Paris.

1667 *Andromaque,* premier succès de Racine. *Le Paradis perdu,* épopée chrétienne de Milton.

1667 En France, l'Académie royale de peinture et de sculpture fixe la hiérarchie des genres et organise sa première exposition publique.

1668 Premier recueil des *Fables* de La Fontaine, sur le modèle d'Ésope ; *l'Avare* et *Amphitryon* de Molière ; *les Plaideurs* de Racine.

1669 *Britannicus* de Racine. ◊ *Les Aventures de Simplicissimus* de Grimmelshausen.

1669 *Le Retour du fils prodigue* de Rembrandt ; premier Salon de peinture en France. ◊ Fondation à Paris de l'Académie royale de musique, pour représenter des opéras en français.

v. 1670 Création par Colbert des grandes manufactures royales (canons, verreries, draps, tapisseries), encouragement à l'industrie et au commerce en France.

1670 *Oraison funèbre d'Henriette-Anne d'Angleterre* de Bossuet : l'art oratoire et le modèle de l'éloquence classique ; *le Bourgeois gentilhomme* de Molière ; *Bérénice* de Racine.

1670 Début de la construction des Invalides à Paris. ◊ *Le Coup de soleil* de Ruisdael : apogée du paysage hollandais. ◊ *Le Bourgeois gentilhomme,* comédie-ballet de Molière et de Lully, à Chambord.

1671 *Théorie du mouvement* de Leibniz.

1671 *Les Fourberies de Scapin* de Molière ; Mme de Sévigné commence une abondante correspondance avec sa fille : ses lettres seront lues dans les salons puis publiées.

1672 *Les Femmes savantes* de Molière ; *Bajazet* de Racine.

1672 Le premier concert public payant en Angleterre : la musique instrumentale se vulgarise.

1673 *Traité des horloges* de Huygens.

1673 *Le Malade imaginaire,* dernière pièce de Molière, qui meurt au cours de la quatrième représentation ; *Mithridate* de Racine. ◊ *L'Histoire de Montréal* de Dollier de Casson.

1673 Début de la construction du château de Saint-Germain-en-Laye. ◊ *Cadmus et Hermione :* Lully crée la tragédie lyrique et le récitatif français.

les Temps modernes

1674 *De la recherche de la vérité* de Malebranche.

1674 La France s'établit aux Indes (à Pondichéry). ◊ Conquête de la Franche-Comté par Condé.

1675 *La Guide spirituelle* de Molinos, qui deviendra la bible des quiétistes. *Le Pèlerin chérubinique* d'Angelus Silesius.

1675 Frédéric Guillaume de Brandebourg prend la Poméranie occidentale à la Suède.

1675
━━━━━━━━ xviiᵉ siècle ━━━━━━━━
1676

1676 Leibniz, esprit conciliant et artisan de l'unité des Églises chrétiennes, rend visite à Spinoza, alors plus ou moins suspect d'athéisme.
1677 Publication (posthume) de l'*Éthique* et du *Traité politique* de Spinoza.

1677 Prise de Saint-Omer, Cambrai et Valenciennes par les Français.

1678 *Voyage du pèlerin* de John Bunyan. ◊ Début du conflit entre Louis XIV et le pape au sujet de la Régale.

1678 La paix de Nimègue met fin à la guerre de Hollande et donne la Franche-Comté à la France : apogée du règne de Louis XIV.

1679 Réaction dans l'Empire moghol : rétablissement de l'impôt sur les non-musulmans qu'avait supprimé Akbar en 1572 ; l'islam atteint les limites de son extension en Asie, mais il progresse en Afrique noire.

1679 Début du système de fortifications de Vauban. ◊ Établissement en Grande-Bretagne de l'*habeas corpus,* qui protège les Anglais contre l'arbitraire.

1680 Fondation des Frères des écoles chrétiennes : apparition en France d'un véritable enseignement primaire gratuit, différent de celui des collèges fondé sur la culture latine. ◊ *Traité de la nature et de la grâce* de Malebranche.

1680 France : exécution de La Voisin à la suite de l'affaire des Poisons.

1681 Début des dragonnades contre les protestants français.

1681 Strasbourg annexée par Louis XIV.

1682 Déclaration des Quatre Articles, préparée par Bossuet, manifeste du gallicanisme ; le pape se heurtera à l'Église de France jusqu'en 1693. ◊ *Pensées sur la Comète* de Bayle.

1682 France : installation de la Cour à Versailles. ◊ Le Français Cavelier de La Salle fonde la Louisiane. ◊ Russie : Pierre le Grand, tsar. ◊ La Chine tombe entièrement sous la domination mandchoue.

1682

| SCIENCES – TECHNIQUES | LITTÉRATURES | ARTS – MUSIQUE |

1674 *L'Art poétique,* poème didactique de Boileau : le triomphe des règles appelées plus tard « classiques » ; une querelle oppose alors les Anciens (Boileau), qui défendent les écrivains de l'Antiquité, aux Modernes (Perrault), partisans des écrivains du siècle de Louis XIV ; *Iphigénie* de Racine.

1675 Fondation de l'Observatoire Royal de Greenwich. ◊ Leibniz invente le calcul infinitésimal.

1675 Début de la construction de la cathédrale Saint Paul à Londres, par C. Wren. ◊ En Chine, Li Yu rédige une encyclopédie de la peinture.

1676 *Essai sur l'air* de Mariotte. ◊ Le Danois Rømer calcule la vitesse de la lumière.

1677 Van Leeuwenhoek découvre les spermatozoïdes ; les microscopes qu'il a mis au point vont transformer la médecine et les sciences de la vie : naissance de l'histologie.

1677 Échec de *Phèdre,* tragédie de Racine ; il devient historiographe du roi et se détourne un temps du théâtre.

1678 *La Princesse de Clèves* de Mme de La Fayette, modèle du roman d'analyse psychologique. **1678-1680** Matsuo Bashō renouvelle l'art du haiku au Japon.

1678 Château de Marly. ◊ *L'Immaculée Conception* de Murillo, symbole du zèle de la Contre-Réforme en faveur du culte de la Vierge.

1679 Principe de Fermat en optique ; *Essai sur la végétation des plantes* de Mariotte ; digesteur (ancêtre de l'autocuiseur) de Denis Papin.

1679 Jules Hardouin-Mansart, architecte à Versailles, crée la galerie des Glaces (avec Le Brun), l'Orangerie (1686), le Grand Trianon, la chapelle (1687).

1680 Fondation de 27 laboratoires pour l'empereur de Chine.

1680 *Dictionnaire* de Richelet : le premier entièrement en français (sans latin).

1680 Fondation de la Comédie-Française.

1681 Ouverture du canal du Midi.

1681 *Discours sur l'histoire universelle* de Bossuet. ◊ *Absalom and Architophel* de Dryden.

1681 Publication des douze premières *Sonates en trio* de Corelli, le maître de la sonate baroque.

1682 Première apparition observée de la comète dite de Halley. ◊ Newton découvre la gravitation universelle.

RELIGION – PHILOSOPHIE
SCIENCES HUMAINES

HISTOIRE GÉNÉRALE

1683

1683 Les Ottomans menacent une dernière fois l'Europe : échec du siège de Vienne.

1684 La France occupe Luxembourg (jusqu'en 1697). ◊ Sainte Ligue de l'Autriche, la Pologne et Venise contre les Turcs.

1685 Révocation de l'édit de Nantes (édit de Fontainebleau) : l'absolutisme royal rétablit la monarchie dans son catholicisme de principe, mais il provoque l'exil d'au moins 100 000 protestants français (en Allemagne, aux Pays-Bas, etc.).

1685 France : à la suite de la révocation de l'édit de Nantes ; de nombreuses familles huguenotes quittent le pays. ◊ Grande-Bretagne : Jacques II Stuart, roi.

1686 Massacre des vaudois par les troupes de Louis XIV.

1686 Formation de la ligue d'Augsbourg par les États menacés par les ambitions de Louis XIV. ◊ La Russie, le Brandebourg et la Suède se joignent à la Sainte Ligue contre les Turcs : prise de Buda.

1687 Début des déportations de huguenots (calvinistes français) non convertis. ◊ Condamnation du quiétisme de Molinos. ◊ *Principia* de Newton.

1687 Siège d'Athènes par les Vénitiens. ◊ Victoire des Autrichiens sur les Turcs à Mohács.

1688 Leibniz adresse à Arnauld son *Discours sur la métaphysique.* ◊ *Histoire des variations des Églises protestantes* de Bossuet. ◊ *Entretiens sur la métaphysique* de Malebranche. ◊ Madame Guyon, mystique, publie sa *Vie* et, rencontrant Fénelon, l'initie à la doctrine quiétiste du « pur amour ». ◊ *Lettre sur la tolérance* de Locke.

1688 La France revendique le Palatinat : début de la guerre de la ligue d'Augsbourg. ◊ Jacques II, catholique, chassé d'Angleterre par les princes protestants, se réfugie en France.

1689 *Traité sur le gouvernement civil* de Locke.
1689-1755 Vie de Montesquieu.

1689 La France dévaste le Palatinat, provoquant l'hostilité des Allemands. ◊ Angleterre : couronnement de Guillaume III d'Orange-Nassau. ◊ La Russie et la Chine fixent leurs frontières par traité. ◊ Russie : Pierre le Grand, après deux régences, devient maître du pouvoir.

1690 *Essai sur l'entendement humain* de Locke, approche empiriste de la connaissance qui va marquer la philosophie du langage et de la pensée rationnelle jusqu'à nos jours. Leibniz y répondra par les *Nouveaux Essais,* publiés en 1765 (posthumes).

1692 Procès de sorcellerie à Salem, l'un des derniers de l'Amérique coloniale. ◊ Un décret royal autorise le christianisme en Chine.

1692 Bataille de la Hougue : la flotte française est battue par les Anglais et les Hollandais ; fin des prétentions de Louis XIV sur l'Angleterre. Développement de la « guerre de course » (Jean Bart, Duguay-Trouin...).

1692

SCIENCES – TECHNIQUES	LITTÉRATURES	ARTS – MUSIQUE

1684 Publication de Leibniz sur le calcul infinitésimal.

1684 Le *Milon de Crotone* de Puget : influence du baroque italien sur la sculpture française.

1685 Naissance de J.-S. Bach et de Händel en Saxe, et de Domenico Scarlatti à Naples.

1686 *Entretiens sur la pluralité des mondes* de Fontenelle, ouvrage de vulgarisation scientifique qui annonce la philosophie des Lumières. ◊ Ouverture du premier café parisien par F. Procopio (qui deviendra le Procope). ◊ Travaux de Leibniz en dynamique.

1686 Le Japonais Ihara Saikaku écrit *Vie d'une femme,* roman de mœurs.

1687 Première machine à vapeur de D. Papin. ◊ *Principes mathématiques de la philosophie naturelle* de Newton, synthèse magistrale de la physique classique, déterministe.

1687 *Le Siècle de Louis le Grand,* de Perrault, fait éclater la querelle des Anciens et des Modernes.

1687 Explosion du Parthénon d'Athènes lors du bombardement de l'Acropole par les Vénitiens.

1688 *Les Caractères* de La Bruyère, présentés comme des remarques en marge de l'œuvre du moraliste grec Théophraste.
1688-1697 *Parallèles des Anciens et des Modernes* de Perrault.

1689 *Esther* de Racine.

1689 *Didon et Énée,* opéra de Purcell, musicien officiel de la monarchie anglaise ; son écriture annonce le XVIIIᵉ s.

1690 *Nouvelle méthode pour obtenir à bas prix des forces très grandes* de D. Papin. ◊ *Traité de la lumière* de Huygens : théorie ondulatoire, perçue jusqu'au XXᵉ s. comme incompatible avec la théorie corpusculaire de Newton ; reprise par Euler, elle sera dominante au XIXᵉ s. (Fresnel, Maxwell).

1690 *Dictionnaire universel* de Furetière : une description globale du français.

1691 *Athalie* de Racine.

1691 *Le Roi Arthur,* musique de scène de Purcell.

| RELIGION – PHILOSOPHIE SCIENCES HUMAINES | HISTOIRE GÉNÉRALE |

1693

1694 Première édition du *Dictionnaire de l'Académie française*.

1696 *Bible de Mons,* traduction de la Bible en français par Lemaistre de Sacy.

1696 Victoire de la Chine sur la Mongolie occidentale ; la Mongolie devient vassale de la Chine.

1697 *Explication sur les maximes des saints,* où Fénelon marque son soutien au quiétisme. Bossuet y répond par sa *Relation sur le quiétisme* (1698).

1697 Traités de Ryswick : ils mettent fin à la guerre de la ligue d'Augsbourg et marquent le coup d'arrêt de l'impérialisme français en Europe. ◊ Le prince Eugène de Savoie remporte une victoire définitive sur les Turcs à Zenta. ◊ Charles XII, roi de Suède. ◊ Premier voyage de Pierre le Grand en Occident.

1699 Condamnation du quiétisme et de Fénelon. ◊ En Inde, la communauté sikh est organisée en théocratie militaire pour résister aux Moghols ; ainsi devient-elle une « nation », qui refusera l'assimilation à l'hindouisme dans l'État moderne.

1699 Traité de Karlowitz : les Habsbourg reprennent la Hongrie aux Turcs ; fin des ambitions européennes de la Turquie.

1700 Point culminant de la « querelle des rites », sur la possibilité de modifier les rites catholiques pour convertir la Chine.

1700 Avènement de Philippe V d'Espagne. ◊ Pologne, Russie et Danemark entrent en guerre contre la Suède (jusqu'en 1721) ; victoire suédoise de Narva.

XVIIIe siècle

Avec le triomphe de la rationalité des Lumières et de l'esprit scientifique, l'Europe assied son empire commercial, économique et politique sur le monde. Avènement de l'État bourgeois démocratique et affirmation des droits de l'homme avec la Révolution française,

1700

1701

1701 Fondation de la Society for Promoting Christian Knowledge et de l'université de Yale.

1701 Développement du commerce Triangulaire en Europe. ◊ Guerre de Succession d'Espagne (jusqu'en 1714). ◊ Frédéric Ier, roi de Prusse.

1702 Les protestants cévenols (appelés « camisards ») se révoltent contre Louis XIV et son armée.

1702 Prise de Cracovie par Charles XII.

1702

SCIENCES – TECHNIQUES	LITTÉRATURES	ARTS – MUSIQUE

1693 François Coupe- **1693**
rin, organiste de la chapelle
royale, chargé de composer la
musique religieuse ; après le règne de Lully, il fera la synthèse
des deux styles dominants :
français et italien.

1694 Fondation de la Banque **1694** Avec le *Dictionnaire de* **1694** Opéras napolitains
d'Angleterre qui inaugure le *l'Académie française* (plus nor- d'Alessandro Scarlatti, qui
crédit moderne. matif que ceux de Richelet et de contribue à fixer le genre, no-
Furetière) s'achève un processus tamment par l'intervention de
de contrôle de la langue par le l'« ouverture à l'italienne ».
pouvoir.

1697 Théorie du phlogistique **1697** *Histoires ou contes du*
de Stahl. *temps passé* de Charles Perrault,
écrits contre la tradition pédante
de l'imitation des Anciens.
◊ *Dictionnaire historique et criti-*
que de Bayle.

1698 Début de la construction
de la chapelle du château de
Versailles (jusqu'en 1710) par
R. de Cotte.

1699 Création en Russie des **1699** *Les Aventures de Télé-*
premières fonderies, dans l'Ou- *maque* de Fénelon, roman « an-
ral et en Sibérie. tique » pédagogique.

1700 Début des études des **v. 1700** Laques d'Ogata Kō-
Cassini sur la mesure du méri- rin, au Japon. ◊ La première
dien de Paris. ◊ *Considérations* clarinette.
sur le numéraire et le commerce
de J. Law. ◊ Construction de
l'Observatoire de Berlin.

(1701-1800)

tandis qu'en Angleterre, à la faveur de
la première révolution industrielle, une **1700**
ploutocratie financière et industrielle
contrôle la monarchie constitutionnelle. **1701**
La déclaration et la guerre d'Indépendance permettent aux États-Unis de
s'émanciper de la tutelle britannique.

1701 *Portrait de Louis XIV en*
costume de sacre de Hyacinthe
Rigaud.

1702 Fondation du premier
journal quotidien anglais.

1702

les Temps modernes ━━━━━━━━━━━━

1703 *Nouveaux Essais sur l'entendement humain* de Leibniz.

1703 Russie : la fondation de Saint-Pétersbourg illustre l'ouverture à l'Occident.

1704 Début des Églises afro-chrétiennes.

1704 Les Anglais s'installent à Gibraltar. ◊ Révolte des Camisards. ◊ Stanisław Ier Leszczyński, roi de Pologne.

1706 Conquête de la Belgique par Marlborough ; victoires de Marlborough et du prince Eugène sur la France. ◊ Philippe V chassé de Madrid.

1707 L'Acte d'union donne un parlement unique aux royaumes d'Angleterre et d'Écosse : naissance du royaume de Grande-Bretagne.

1708 *Entretiens d'un philosophe chrétien et d'un philosophe chinois* de Malebranche.

1708 Bataille d'Audenarde : défaite française dans la guerre de Succession d'Espagne.

1709 Persécution des jansénistes en France.

1709 Bataille de Poltava : Pierre le Grand bat les Suédois alliés au Cosaque ukrainien Mazeppa ; la Russie s'impose comme une puissance militaire. ◊ Terrible famine en France : soulèvements paysans.

1710 L'abbaye de Port-Royal, foyer du jansénisme, est rasée. ◊ Leibniz publie ses *Essais de Théodicée. Traité sur les principes de la connaissance humaine* de Berkeley, exposé de son « immatérialisme » (idéalisme).

1711-1776 Vie de David Hume.

1711 Grande-Bretagne : ministère Bolingbroke.

1712-1778 Vie de J.-J. Rousseau.

1712 Dislocation de la coalition contre la France ; victoire de Denain qui rétablit la situation française.

SCIENCES – TECHNIQUES	LITTÉRATURES	ARTS – MUSIQUE
		1703 Pierre le Grand **1703** fonde Saint-Pétersbourg et fait appel à des architectes étrangers, notamment italiens, ouvrant son pays aux influences occidentales.
1704 *Optique* de Newton (théorie de la lumière, théorie des couleurs).	**1704** *Dictionnaire de Trévoux* (du nom de la ville où il fut imprimé), œuvre des jésuites tirée de Furetière. **1704-1717** La traduction des *Mille et Une Nuits* par Galland lance la mode de l'Orient en France.	
1705 Halley prédit, en application des lois de Newton, le retour pour 1758 d'une comète observée en 1682 ; avec Newton, la science est entrée dans son âge adulte : multiplication rapide des découvertes, observations et innovations techniques.		
1707 D. Papin construit un bateau à vapeur.		
1708 Réaumur est chargé d'éditer la *Description générale des arts et métiers de France*.	**1708** *Le Légataire universel* de Regnard.	**1708** J.-S. Bach, organiste à la cour de Weimar (jusqu'en 1717), cour luthérienne, où il compose chaque mois une cantate.
1709 Mise au point de la fonte au coke, par Darby ; au cours du XVIIIᵉ s., les ingénieurs anglais créent les machines et les procédés qui permettent, avec l'exploitation du fer et du charbon, la révolution industrielle. ◊ Invention du thermomètre à alcool par Fahrenheit.	**1709** *Turcaret* de Lesage.	**1709** Le premier pianoforte.
	1711 Steele et Addison fondent *The Spectator*, périodique anglais.	
1712 Newcomen construit la première grande machine à vapeur utilisable par l'industrie.	**1712** *The Rape of the Lock* d'Alexander Pope.	**1712** *L'Embarquement pour Cythère*, tableau de Watteau : l'art charmant de la « fête galante », encouragé par une société de plaisirs. ◊ Händel se fixe à Londres après le triomphe de son opéra *Rinaldo* : il deviendra compositeur officiel de la Couronne.

RELIGION – PHILOSOPHIE
SCIENCES HUMAINES

HISTOIRE GÉNÉRALE

1713 Louis XIV obtient du pape la condamnation complète du jansénisme (bulle *Unigenitus*). ◊ *Trois dialogues entre Hylas et Philonous* de Berkeley. ◊ Expulsion des missionnaires du Tonkin.
1713-1784 Vie de Diderot.

1714 Leibniz entreprend une correspondance avec Clarke, porte-parole de Newton en philosophie, et publie la *Monadologie,* synthèse de ses théories.

1715-1771 Vie d'Helvétius.

1717 Création de la Grande Loge de Londres ; la franc-maçonnerie se développe rapidement (Russie, Belgique, France, Espagne, Amérique du Nord, Italie, Allemagne). ◊ Interdiction de la prédication du christianisme en Chine.
1717-1783 Vie de d'Alembert.

1721 Première loge maçonnique en France.

1713 Traités d'Utrecht (jusqu'en 1715) mettant fin à la guerre de Succession d'Espagne : victoire de la politique britannique. ◊ Fin de la lutte franco-anglaise en Amérique du Nord ; l'Acadie, Terre-Neuve et la baie d'Hudson passent aux mains des Anglais. ◊ Prusse : avènement de Frédéric-Guillaume Ier.

1714 Grande-Bretagne : avènement de la dynastie de Hanovre (George Ier, roi). ◊ Conquête de la Finlande par Pierre le Grand.

1715 France : mort de Louis XIV ; avènement de Louis XV (régence de Philippe d'Orléans jusqu'en 1723 qui rend au Parlement le droit de remontrances). ◊ Conquête de la Poméranie suédoise par les Russes. ◊ Les Français occupent l'île dite de France (future Maurice).

1716 France : le financier écossais Law crée le papier-monnaie pour résorber la dette publique.

1717 Révolte du Tibet contre la Chine.

1718 Autriche-Hongrie : grâce aux victoires du prince Eugène sur les Turcs, l'empire des Habsbourg atteint sa plus grande expansion territoriale. ◊ Mort de Charles XII et déclin de la Suède. ◊ Fondation de La Nouvelle-Orléans.

1719 La Colombie devient vice-royauté espagnole indépendante.

1720 France : banqueroute de Law, émeutes à Paris ; à Marseille, épidémie de peste. ◊ Inde : début de la désintégration de l'empire des Grands Moghols. ◊ Le Tibet soumis à la Chine ; le Texas à l'Espagne.

1721 France : exécution de Cartouche. ◊ Après la paix de Nystadt, déclin de la puissance suédoise au profit de la Russie ; Pierre Ier le Grand prend le titre de « tsar de toutes les Russies ». ◊ Grande-Bretagne : ministère Walpole.

1722 Pierre le Grand crée le *tchin* qui « fonctionnarise » la noblesse. ◊ Découverte des îles Samoa (Polynésie) par le Hollandais Roggeveen.

SCIENCES – TECHNIQUES	LITTÉRATURES	ARTS – MUSIQUE

1713 *Ars Conjectandi* de J. Bernoulli (posthume), sur le calcul des probabilités.

1714 Polémique entre Leibniz et Newton sur le calcul infinitésimal. ◊ Invention du thermomètre à mercure par Fahrenheit.

1714 Relance de la querelle des Anciens et des Modernes à propos de la traduction des épopées d'Homère.

1714 Publication posthume des *Concertos* de Corelli.

1715 France : création du corps des Ponts & Chaussées.

1715-1735 *Histoire de Gil Blas de Santillane*, roman satirique de Lesage : l'exotisme des romans picaresques.

1715 Concertos de Vivaldi.

1716 Paris compte plus de 300 cafés, lieux sociaux et littéraires (le Procope, fondé en 1686).

1717 *L'Art de toucher le clavecin*, traité de François Couperin.

1718 *Réflexions critiques sur la poésie et la peinture* de l'abbé Du Bos.

1718 Édification du palais de l'Élysée.

1719-1722 *Robinson Crusoé* de Defoe : le mythe de l'Occident moderne.

1719 Les écuries du château de Chantilly par Aubert : le style Régence français, période de transition entre le style classique et le style Louis XV ; début de la construction du palais épiscopal de Würzburg (Allemagne).

1721 Les *Lettres persanes*, roman philosophique satirique de Montesquieu : l'Occident vu par un regard exotique.

1721 Édification de l'hôtel Matignon. ◊ *L'Enseigne de Gersaint* de Watteau, son dernier tableau. ◊ Six *Concertos brandebourgeois*, de style italien, de J.-S. Bach.

1722 Note de Réaumur sur la fabrication de l'acier, qu'il lance en France ; début de la fabrication des toiles de coton, en Normandie.

1722 *La Surprise de l'amour* de Marivaux, qui destine ses pièces aux Comédiens-Italiens.

1722 Construction du Palais-Bourbon. ◊ Première partie du *Clavier bien tempéré* de J.-S. Bach ; le *Traité de l'harmonie réduite à ses principes naturels*, de Rameau, fixe les bases du classicisme musical.

les Temps modernes

1723 Angleterre : les francs-maçons fixent leurs principes (« Old Charges »).

1723 Mort du régent Philippe d'Orléans. ◊ Prise de Bakou par les Russes.

1724-1804 Vie de Kant.

1724 Création de la Bourse de Paris.

1725 *Principes de la philosophie de l'histoire* par l'Italien Vico.

1725 Mariage de Louis XV avec Marie Leszczyńska ; il entraînera la France dans la guerre de Succession de Pologne (1733). ◊ Mort de Pierre le Grand : avènement de Catherine Iʳᵉ, sa femme.

1725
━━━━━━━━━ xvıııᵉ siècle ━━━━━━━━━
1726

1726 France : début du ministère Fleury ; redressement économique (jusqu'en 1743). ◊ Fondation de Montevideo par les Espagnols.

1727-1732 « Convulsions de Saint-Médard » à Paris, guérisons miraculeuses qui entraînent des mouvements populaires favorables au jansénisme. ◊ Zinzendorf fonde en Saxe la communauté des Frères moraves.

1727 Grande-Bretagne : George II, roi. ◊ Russie : avènement de Pierre II.

1728 Publication à Londres par Chambers du premier dictionnaire encyclopédique moderne, qui suscita en France l'*Encyclopédie*.

1728 Découverte du détroit de Béring.

1729 Fondation du méthodisme par les frères Wesley.

1729 Fondation des colonies anglaises des Carolines en Amérique du Nord. ◊ Troisième révolte des Natchez de la Louisiane.

1730 Russie : avènement d'Anna Ivanovna, nièce de Pierre le Grand.

1731

| SCIENCES – TECHNIQUES | LITTÉRATURES | ARTS – MUSIQUE |

1723 *La Double Inconstance* de Marivaux ; début de la rédaction des *Mémoires* de Saint-Simon. ◊ *Teatro italiano* de Maffei.

1723 J.-S. Bach, « cantor » à Leipzig (jusqu'à sa mort). **1723**

1724 Fondation de la Bourse de Paris.

1724 *La Passion selon saint Jean* de J.-S. Bach.

1725 Achèvement de la plus grande encyclopédie chinoise (1 628 tomes).

1725 Fondation, à Paris, du Concert spirituel, un des grands foyers musicaux d'Europe jusqu'à la Révolution ; *les Quatre Saisons* : Vivaldi impose le concerto pour soliste, en réaction contre le concerto grosso de Corelli, et annonce la musique descriptive.

1725

1726

1726 Première montre à échappement.

1726 Voltaire à la Bastille à cause de ses allusions aux amours du Régent ; il s'exilera ensuite en Angleterre. *Les Voyages de Gulliver,* satire fantastique de l'Irlandais Swift, publiée anonymement.

1727 Bradley découvre l'aberration de la lumière des étoiles.

1728 Construction du palais de Rohan à Strasbourg par R. de Cotte. ◊ *The Beggar's Opera,* pièce de John Gay, satire de la société londonienne, et tableau de W. Hogarth.

1729 *La Passion selon saint Matthieu* de J.-S. Bach ; D. Scarlatti suit en Espagne l'infante Maria Bárbara, pour laquelle il compose plus de 500 sonates pour clavecin.

1730 Échelle thermométrique de Réaumur. ◊ Du Fay distingue deux types d'électricité.

1730 *Le Jeu de l'amour et du hasard* de Marivaux ; ouverture du salon de la marquise du Deffand.

1731 Gray distingue corps conducteurs d'électricité et isolants.

1731 Avec *l'Histoire du chevalier des Grieux et de Manon Lescaut* de l'abbé Prévost, *la Vie de Marianne,* roman de Marivaux (jusqu'en 1741), et *Moll Flanders* de Defoe (1722), émergence du sujet féminin dans la littérature ; *Histoire de Charles XII* de Voltaire.

1731

| RELIGION – PHILOSOPHIE SCIENCES HUMAINES | HISTOIRE GÉNÉRALE |

1732

1732 France : conflit entre Fleury et le Parlement. ◊ Fondation de la colonie anglaise de Géorgie. ◊ Dupleix fait des comptoirs français de l'Inde de véritables colonies.

1733 Guerre de Succession de Pologne (jusqu'en 1738).

1734 *Lettres philosophiques* de Voltaire ; avec les Lumières, le XVIIIᵉ s. marque la fin de la métaphysique, le triomphe de Newton (que Voltaire fait connaître en France) et de la philosophie de l'expérience sur Descartes.

1735 Chine : début du règne de l'empereur Qianlong de la dynastie mandchoue, dont il va porter la puissance à son apogée.

1736 Fin de la dynastie séfévide en Perse ; Nāder Chāh, nouveau roi.

v. 1737 Naissance en Arabie du mouvement wahhabite (du nom de son fondateur 'Abd al-Wahhāb).
1737 Première loge maçonnique allemande à Hambourg.

1738 Condamnation des francs-maçons par le pape ; elle sera renouvelée jusqu'à nos jours. ◊ Début de la prédication de Whitefield.

1738 Fin de la guerre de Succession de Pologne : traité de Vienne ; Stanisław Leszczyński, beau-père de Louis XV, reçoit la Lorraine. ◊ Les Perses, dirigés par Nāder Chāh, envahissent l'Inde.

1739-1740 *Traité de la nature humaine* de David Hume, empiriste et positiviste.

1739 Traité de Belgrade entre la Russie, l'Autriche et l'Empire turc : redressement ottoman. ◊ Nāder Chāh s'empare de Delhi.

1739

SCIENCES – TECHNIQUES

1732 *Discours sur les différentes figures des astres* de Maupertuis.

1733 John Kay invente la navette volante pour les métiers à tisser.

1735 Voyage de La Condamine, Godin, Maupertuis et Bouguer en Amérique du Sud pour déterminer la figure de la Terre. ◊ Darby invente la métallurgie au charbon. ◊ Classification de Linné en sciences naturelles.

1736 Calcul du méridien terrestre sous la direction de Maupertuis, qui établit (contre les Cassini mais d'accord avec le système de Newton) l'aplatissement de la Terre aux pôles. ◊ Invention de la machine à filer par Paul et Wyatt. ◊ Le navire à vapeur de J. Hulls. ◊ *Mécanique* d'Euler.

1737-1748 *Mémoires pour servir à l'histoire des insectes* de Réaumur.

1738 Fondation de la manufacture de porcelaine de Vincennes (puis de Sèvres) ; le premier automate de Vaucanson. ◊ D. Bernoulli expose les principes de la cinétique des gaz et de l'hydrodynamique. ◊ Mesure de la vitesse du son.

LITTÉRATURES

1732 *Les Serments indiscrets* de Marivaux ; *Zaïre* de Voltaire : le prolongement de la tragédie classique.

1734 *Considérations sur les causes de la grandeur des Romains et de leur décadence* de Montesquieu.
1734-1753 *Mémoires* de Saint-Simon.

1736 *L'Orphelin de la famille Zhao*, premier drame chinois, traduit en Europe par le père Prémare, et qui servira de trame à *l'Orphelin de la Chine* de Voltaire.

1737 *Les Fausses Confidences* de Marivaux.

1738 *Discours sur l'homme* de Voltaire.

ARTS – MUSIQUE

1732 Nicolò Salvi **1732** commence les travaux de la Fontaine de Trevi, à Rome, qui ne sera achevée qu'en 1762, après sa mort. ◊ *Le Mariage à la mode* de Hogarth, peinture de genre satirique qui marque le point de départ de l'école anglaise.

1733 *L'Oratorio de Noël* de J.-S. Bach ; *la Servante maîtresse* de Pergolèse à Naples : naissance de l'opéra-bouffe ; *Hippolyte et Aricie*, opéra de Rameau, connaît un accueil mitigé pour sa trop grande richesse musicale ; les trente *Exercices* pour clavier de D. Scarlatti.

1734 Décoration de la *Chambre de la reine* à Versailles par F. Boucher. ◊ *La Clémence de Titus*, mélodrame musical italo-viennois de l'Italien Metastasio.

1735 Début du style « rocaille » qui régnera jusque vers 1760 ; la fontaine de la rue de Grenelle à Paris, par Bouchardon : début d'un retour vers l'antique, par réaction contre la fantaisie du style Louis XV. ◊ *Les Indes galantes* de Rameau : l'apogée de l'opéra-ballet.

1736 Portrait de Voltaire par M.-Q. de La Tour.

1737 Premiers Salons de peinture annuels organisés par l'Académie. ◊ *Castor et Pollux* de P.-J. Bernard et de J.-P. Rameau.

1738 *Messe en si mineur* de J.-S. Bach.

1739 Achèvement du pavillon d'Amalienburg par Cuvilliés : le rococo en architecture.

RELIGION – PHILOSOPHIE
SCIENCES HUMAINES

HISTOIRE GÉNÉRALE

1740 Suppression de la torture et tolérance religieuse en Prusse.

1740 Autriche : Marie-Thérèse, impératrice ; guerre de Succession d'Autriche dans laquelle s'engage la France. Début de la rivalité austro-russe dans les Balkans. ◊ Prusse : Frédéric II le Grand devient roi ; despote éclairé, il accueille la philosophie des Lumières. Les Prussiens envahissent la Silésie. ◊ Russie : avènement d'Ivan VI.

1741 *Essais moraux et politiques* de Hume.

1741 Russie : Élisabeth, impératrice.

1742 Le pape condamne la politique des jésuites en Chine.

1742 Dupleix, directeur des comptoirs français en Inde. ◊ Prusse : Frédéric II fait valoir ses droits sur la Silésie. Début des conflits entre Habsbourg et Hohenzollern pour l'hégémonie en Allemagne. ◊ Le Chili, jusqu'alors inclus dans la vice-royauté espagnole du Pérou, devient capitainerie générale. ◊ Les Français occupent les Seychelles.

1743 France : mort de Fleury ; Louis XV gouverne lui-même ; influence des favorites (Mme de Pompadour, puis Mme du Barry). ◊ Défaite française à Dettingen dans la guerre de Succession d'Autriche.

1744 Édition définitive de *la Science nouvelle* de Vico. ◊ Le wahhabisme est adopté par la famille de Sa'ūd, en Arabie.

1744 Début des guerres coloniales entre la France et l'Angleterre.

1745 François Ier, empereur germanique. ◊ Bataille de Fontenoy. ◊ Débarquement en Écosse du prétendant Stuart, Charles Édouard.

1746 *Essai sur l'origine des connaissances humaines* de Condillac. ◊ *Pensées philosophiques* de Diderot.

1746 Défaite de Charles Édouard à la bataille de Culloden. ◊ Espagne : mort de Philippe V.

1747 Création du royaume d'Afghanistan par Aḥmad Chāh Durrānī.

SCIENCES – TECHNIQUES	LITTÉRATURES	ARTS – MUSIQUE

1740 *Pamela,* roman de Richardson : le roman par lettres devient le procédé le plus courant des récits.

1740 Début de l'érection des *Chevaux de Marly* de Coustou : le style rocaille en sculpture. ◊ *Le Triomphe de Vénus* de Boucher lance la mode de la peinture mythologique galante ; *le Benedicite* de J.-B. S. Chardin.

1741 *Éléments de géométrie* et *Mémoire sur le problème des trois corps* de Clairaut.

1742 *Lettre sur la comète* de Maupertuis. ◊ Échelle thermométrique de Celsius.

1742 L'abbé Prévost traduit *Pamela* en français.

1742 Gabriel, architecte du roi. ◊ Première exécution et triomphe du *Messie,* oratorio de Händel, à Dublin.

1743 Traité de dynamique de d'Alembert.

1744 Principe de moindre action de Maupertuis.

1744 *Histoire et description générale de la Nouvelle-France* par le père Charlevoix. ◊ Bhārat-candra écrit un roman bengali en vers.

1744 Fin des aménagements du château de Schönbrunn (construit de 1690 à 1711) ; *les Prisons* de Piranèse : le fantastique préromantique. ◊ *Mercure attachant ses talonnières,* sculpture de Pigalle ; *Saint-Bruno* de M.A. Slodtz à Saint-Pierre de Rome : le baroque tardif. ◊ Deuxième partie du *Clavier bien tempéré* de J.-S. Bach ; *Sophonisbe* de Gluck.

v. 1745 Métier à tisser mécanique de Vaucanson. ◊ Invention du condensateur électrique (« bouteille de Leyde »).

1745 Le « goût Pompadour » influence la vie artistique française : un art de boudoir, baroque et gracieux. ◊ Construction du château de Sans-Souci (près de Potsdam), surnommé le « Versailles prussien », pour Frédéric II ; renouveau de la vie artistique allemande sous l'impulsion des petites cours princières qui font appel à des artistes étrangers. ◊ *Platée* de Rameau.

1746 Maupertuis appelé par Frédéric II à la tête de l'Académie des sciences de Berlin. ◊ Procédé de fabrication de l'acide sulfurique.

1746 *Les Bijoux indiscrets* de Diderot : la vague du roman libertin ; *Introduction à la connaissance de l'esprit humain,* suivi de *Réflexions critiques sur quelques poètes,* de Vauvenargues expriment une morale optimiste qui conteste les thèses de Pascal et de La Rochefoucauld.

1747 Fondation de l'École des mines de Paris. ◊ Benjamin Franklin découvre le principe du paratonnerre. ◊ Le sucre de betterave.

1747 *Zadig,* conte philosophique de Voltaire. ◊ *Clarissa Harlowe,* roman par lettres de Richardson.

| RELIGION – PHILOSOPHIE SCIENCES HUMAINES | HISTOIRE GÉNÉRALE |

1748 *Recherche sur l'entendement humain* de Hume. ◊ *L'Homme-machine* de La Mettrie ; essor du matérialisme et du scepticisme en Europe. ◊ *De l'esprit des lois* de Montesquieu, classique de la pensée politique.

1748 Publication du premier journal canadien. ◊ Le traité d'Aix-la-Chapelle met fin à la guerre de Succession d'Autriche.

1749 Swedenborg, savant mystique et théosophe suédois, publie *les Arcanes célestes.*

1749 France : création de l'impôt du vingtième par Machault d'Arnouville (opposition des privilégiés).

1750-1753 Voltaire invité par Frédéric II à Berlin.
1750 *Discours sur les sciences et les arts* de Rousseau. ◊ Diderot lance l'*Encyclopédie.*

1750 Portugal : début du ministère de Pombal. ◊ Agression des colons anglais contre l'Acadie.

1750

━━━ xviiiᵉ siècle ━━━

1751

1751 Publication du premier volume de l'*Encyclopédie,* avec le *Discours préliminaire* rédigé par d'Alembert. ◊ *Enquête sur les principes de la morale* de Hume.

1752 Première condamnation de l'*Encyclopédie.*

1751 La Pennsylvanie, premier État d'Amérique à abolir l'esclavage.

1753 *Le Christianisme de la raison* de Lessing, caractéristique de l'Aufklärung.

1753 France : Louis XV exile le parlement de Paris, citadelle du jansénisme et de l'opposition aristocratique au roi. ◊ Les Canadiens français occupent la vallée de l'Ohio.

1754 *Traité des sensations* de Condillac.

1754 Machault d'Arnouville, peu soutenu par le roi dans sa lutte contre les privilégiés, abandonne le pouvoir.

1755 *Discours sur l'origine et les fondements de l'inégalité parmi les hommes* de Rousseau. ◊ Expulsion des jésuites du Paraguay.

1755 France : exécution de Mandrin. ◊ Portugal : tremblement de terre à Lisbonne. ◊ Hostilités anglo-françaises en Inde (rappel de Dupleix) et en Amérique (les Anglais occupent l'Acadie).

1755

| SCIENCES – TECHNIQUES | LITTÉRATURES | ARTS – MUSIQUE |

1748 Bradley découvre le mouvement (appelé « nutation ») de l'axe de rotation de la Terre. ◊ *Introduction à l'analyse infinitésimale* d'Euler, qui marque l'essor du calcul fonctionnel.

1748 L'extension des **1748** fouilles d'Herculanum et de Pompéi accroît le retour du goût vers l'antique : débuts du néo-classicisme. ◊ Portrait de Louis XV par Quentin de La Tour ; *Vénus,* sculpture de Pigalle ; première exposition publique des tableaux du roi en France.

1749 Parution des trois premiers volumes de l'*Histoire naturelle* de Buffon.

1749 La *Lettre sur les aveugles* vaut à Diderot l'emprisonnement à Vincennes. ◊ *Tom Jones,* roman de Fielding.

1749 *Mr. and Mrs. Andrews* de Gainsborough : début de l'école du portrait en Angleterre. ◊ *L'Art de la fugue,* dernière œuvre (inachevée) de J.-S. Bach.

v. 1750 Mise au point de la fabrication de l'acier au creuset. ◊ En France (physiocrates) et en Angleterre, intérêt pour de nouvelles techniques agraires.

1750 *Discours sur les sciences et les arts* de Rousseau. ◊ *Comédies vénitiennes* de Goldoni.

v. 1750 Naissance d'un nouveau genre musical : la symphonie.
1750 Mort de J.-S. Bach à Leipzig.

1750

1751

1751 Découverte du nickel.
1751-1754 Écrits sur l'électricité et la météorologie de B. Franklin.

1751 Voltaire, reçu au château de Sans-Souci par Frédéric II, achève *le Siècle de Louis XIV.*

1752 Ouverture du zoo de Schönbrunn, le premier d'Europe.

1752 Gabriel commence la construction de l'École militaire à Paris ; place Royale (place Stanislas) à Nancy : le style Louis XV. ◊ « Querelle des Bouffons », après la représentation de *la Servante maîtresse* de Pergolèse à Paris.

1753 Début de la correspondance littéraire de Grimm (jusqu'en 1790). ◊ *La Locandiera* de Goldoni.

1753 *Lettre sur la musique française,* où Rousseau prend à partie Rameau et défend la musique française contre la musique italienne.

1754 Black identifie le gaz carbonique ; Wilkinson fonde sa première usine métallurgique à Bradley.

1754 Naissance du style Chippendale dans le mobilier anglais.
1754-1762 Construction du palais d'Hiver à Saint-Pétersbourg par B. Rastrelli.

v. 1755 Essor du mouvement des physiocrates : Dupont de Nemours, Gournay, Mirabeau, Quesnay, Turgot. ◊ *Institutiones calculi differentialis* d'Euler.

1755 Samuel Johnson termine son *Dictionnaire de la langue anglaise :* le premier dictionnaire moderne.

1755 Place Louis-XV (la Concorde) à Paris : le style Louis XVI. ◊ *Père lisant la Bible à ses enfants,* tableau de Greuze ; *Réflexion sur l'imitation des œuvres des Grecs en peinture et en sculpture* par Winckelmann : le fondement théorique du néo-classicisme.

1755

RELIGION – PHILOSOPHIE
SCIENCES HUMAINES

HISTOIRE GÉNÉRALE

1756 Expulsion des jésuites du Portugal, puis de France (1764) et d'Espagne (1767).

1756 Début de la guerre de Sept Ans. ◊ Grande-Bretagne : ministère du Premier Pitt. ◊ La dynastie husaynite fait de la Tunisie un État prospère. ◊ Montcalm au Canada.

1757 Les Français sont battus à Rossbach par la Prusse. ◊ Bataille de Plassey : prise du Bengale par les Anglais.

1758 *De l'esprit* d'Helvétius (ouvrage qui sera condamné au feu, l'année suivante, pour athéisme).

1758 France : début du ministère Choiseul. ◊ Canada : prise de Louisbourg et de Frontenac par les Anglais.

1759 Suspension de la parution de l'*Encyclopédie* (condamnée par le pape en septembre) ; Malesherbes sauve l'entreprise en autorisant la publication des « Planches » (à partir de 1762). ◊ *Candide ou l'Optimisme,* conte philosophique de Voltaire, qui s'oppose à l'optimisme théologique de Leibniz.

1759 Les Anglais prennent Québec puis Montréal (1760). Mort de Montcalm.

1760 Grande-Bretagne : George III, roi. ◊ Pillage de Berlin par les Russes dans la guerre de Sept Ans. ◊ Les territoires français d'Amérique du Nord comptent 85 000 habitants.

1761 Capitulation française à Pondichéry. ◊ Russie : avènement du tsar Pierre III qui sauve la Prusse de la défaite, par la paix et l'alliance signées entre les deux pays.

1762 L'*Émile* (condamné par l'archevêque de Paris) et *Du contrat social* de Rousseau. ◊ Le parlement de Paris ordonne la suppression des jésuites. ◊ Procès et exécution du calviniste Calas, défendu par Voltaire.

1762 Russie : Catherine II, impératrice. ◊ La France abandonne à l'Espagne la partie occidentale de la Louisiane, rétrocédée en 1800.

1763 *Traité sur la tolérance* de Voltaire.

1763 Traité de Paris : la France perd le Canada, le Mississippi et l'Inde ; fin du premier empire colonial français. ◊ Les Britanniques s'établissent en Inde. Ils écrasent un soulèvement au Bengale (en 1764). ◊ Canada : formation de la Nouvelle-Écosse.

1764 *Dictionnaire philosophique* de Voltaire. ◊ *Des délits et des peines* de Beccaria.

1764 France : « bête du Gévaudan ». ◊ Stanisław II Poniatowski, roi de Pologne ; occupation du pays par les Russes. ◊ La France rachète l'île Bourbon, future Réunion, à la Compagnie des Indes.

SCIENCES – TECHNIQUES	LITTÉRATURES	ARTS – MUSIQUE

1756 Fabrication du ciment.

1756 *Essais sur les mœurs* de Voltaire.

1756 Église Sainte-Geneviève (le Panthéon) à Paris, par Soufflot : un des premiers monuments néo-classiques. ◊ *La Marquise de Pompadour,* portrait de Quentin de La Tour ; gravures romaines de Piranèse. ◊ Naissance de Mozart à Salzbourg.

1757 *Le Fils naturel* de Diderot : la naissance du drame bourgeois (ni comédie, ni tragédie) que Beaumarchais développera.

1757 *La Baigneuse,* sculpture de E.-M. Falconet.

1758 Invention du concasseur à vapeur. ◊ *Tableau économique* de Quesnay.

1758 *Lettre à d'Alembert sur les spectacles* de Rousseau.

1759 Création de la manufacture de toiles imprimées d'Oberkampf.

1759-1767 *La Vie et les opinions de Tristram Shandy, gentleman* de Laurence Sterne : les prémices du roman moderne.

1759 Ouverture au public du British Museum, à Londres. ◊ *Les Salons* de Diderot (jusqu'en 1781) : la première critique d'art.

1760 Travaux de Black sur la calorimétrie.

1760 *La Religieuse* de Diderot (publiée en 1796). ◊ Macpherson présente la traduction des poèmes d'un barde celte fictif : Ossian. ◊ *Les Rustres,* comédie de Goldoni.

1761 Lambert démontre l'irrationalité du nombre π.

1761 Immense succès de *la Nouvelle Héloïse,* roman par lettres de Rousseau. ◊ *L'Amour des trois oranges,* pièce italienne de Gozzi.

1761 *L'Accordée de village* de Greuze, peinture de genre édifiant. ◊ Haydn entre au service des princes Esterházy ; il déterminera l'histoire de la musique de la fin du baroque au début du romantisme, donnant à la symphonie, au quatuor et à la sonate leurs lettres de noblesse.

1762 Diderot écrit un dialogue : *le Neveu de Rameau* (publié au XIXᵉ s.).

1762 Le Petit Trianon de Gabriel, pureté des lignes et harmonie du style Louis XV. ◊ Statue de Louis XV, de Pigalle ; portrait de *Nelly O'Brien* de Reynolds. ◊ *Orphée et Eurydice* à Vienne : Gluck y dépasse le cadre de l'opéra traditionnel.

1763 Gabriel réaménage le château de Versailles ; début de la construction de l'église de la Madeleine, à Paris (les travaux seront arrêtés et un nouveau projet sera mis en chantier en 1806).

1764 Machine à filer de Hargreaves. ◊ Première imprimerie à Québec.

1764 *Histoire de l'art de l'Antiquité* de Winckelmann : fondement de l'histoire de l'art.

| RELIGION – PHILOSOPHIE SCIENCES HUMAINES | HISTOIRE GÉNÉRALE |

1765 L'action de Voltaire contre l'intolérance religieuse suscite un certain écho officiel : réhabilitation de Calas. ◊ Publication du premier livre imprimé au Canada : le *Catéchisme* du diocèse de Sens.

1766 *Réflexion sur la formation et la destruction des richesses* de Turgot. ◊ Reprise de la publication de l'*Encyclopédie*.

1767 *Le Christianisme dévoilé* d'Holbach.

1768-1771 Publication de la première édition de l'*Encyclopaedia Britannica*.

1769 Diderot rédige *le Rêve de d'Alembert*. ◊ Au Japon, le shintoïsme est décrété religion d'État.

1770-1831 Vie de Hegel.

1772 *Essais sur l'origine du langage* de Herder. ◊ *De l'homme* d'Helvétius (posthume).

1765 Joseph II, empereur germanique.

1766 La Lorraine est intégrée à la monarchie française.

1767 Samuel Wallis, premier Européen à Tahiti.

1768 La Corse devient française. ◊ Guerre entre la Russie et les Austro-Turcs. ◊ Soulèvement des patriotes polonais : confédération de Bar (jusqu'en 1772) contre les Russes.

1769 Naissance de Napoléon Bonaparte. ◊ Conquête des principautés roumaines par les Russes. ◊ Canada : l'île du Prince-Édouard (ancienne île Saint-Jean), séparée de la Nouvelle-Écosse. ◊ J. Cook établit l'insularité de la Nouvelle-Zélande.

1770 France : disgrâce de Choiseul. ◊ « Massacre de Boston » : début du mouvement d'indépendance dans les colonies anglaises. ◊ J. Cook vérifie le caractère insulaire de la Nouvelle-Guinée (découverte par l'Espagnol Vaez de Torres) et prend possession d'une baie australienne (proche de l'actuel Sydney) au nom du roi d'Angleterre.
1770-1776 2 000 Britanniques s'installent au Québec : 15e colonie britannique de l'Amérique du Nord.

1771 Pour briser l'opposition des magistrats à la monarchie, Maupeou fait exiler le parlement de Paris ; réforme de la justice. ◊ Conquête de la Crimée par les Russes.

1772 Premier partage de la Pologne entre la Russie, l'Autriche et la Prusse. ◊ Coup d'État de Gustave III en Suède. ◊ L'Angleterre développe la vente de l'opium en Chine.

SCIENCES – TECHNIQUES	LITTÉRATURES	ARTS – MUSIQUE

1765 L'Écossais Watt, améliorant la machine à vapeur de Newcomen, met au point le condenseur (déposé en 1769).

1765 *Le Château d'Otrante* de Walpole : la vogue du roman noir.
1765-1769 *Commentaires sur les lois d'Angleterre* de Blackstone.

1765 *Le Fils prodigue,* 1765 tableau de Greuze.

1766 Début du voyage de Bougainville autour du monde. ◊ Le Britannique Cavendish isole l'hydrogène.

1766 *Le Vicaire de Wakefield* de Goldsmith. ◊ *Laokoon,* essai sur les rapports de la poésie et de la peinture, de Lessing, en réponse à Winckelmann.

1766 *La Balançoire,* tableau de J.-H. Fragonard.
1766-1778 Sur une commande de Catherine II, Falconet exécute son *Monument à Pierre le Grand* à Saint-Pétersbourg.

1767 *L'Histoire et L'état actuel de l'électricité* de Priestley.

1767 Japon : estampes de Suzuki Harunobu. ◊ Édition d'*Alceste* : Gluck y expose sa « réforme de l'opéra ».

1768 *Physiocratie* de Quesnay. ◊ Début du premier voyage de Cook en Océanie (jusqu'en 1771). ◊ Mise au point d'une alimentation contre le scorbut : la notion de carence en médecine.
1768-1770 *Institutiones calculi integralis* d'Euler.

1768 Sterne écrit le *Voyage sentimental en France et en Italie.*

1769 *Essais sur l'analyse* de Condorcet. ◊ Arkwright invente le *water frame.*

1769 Premier roman canadien anglais : *History of Emily Montague* de Frances Brooke, femme du chapelier de la garnison de Québec.

v. 1770 Début de la révolution industrielle : machines à vapeur de Watt, première usine de filature, etc.

1770 Rousseau termine les *Confessions,* œuvre autobiographique : le « moi » n'est plus haïssable. ◊ Naissance de Hölderlin.

1770 Naissance de Beethoven à Bonn.

1771 Cugnot réalise le fardier, premier véhicule à vapeur ; expériences de Lavoisier sur la composition de l'air ; Monge invente la géométrie analytique ; début du voyage de Kerguelen de Trémarec dans les mers du Sud. ◊ Cavendish définit les notions de potentiel et de charge électrique.

1771 Publication du récit de voyage de Bougainville.

1771 Buste de Diderot par Houdon ; *Voltaire nu* de Pigalle : le souci de vérité prime sur l'élégance.

1772 Invention du chronomètre de précision et du tour à aléser. ◊ *Addition à l'algèbre d'Euler* de Lagrange ; *Essai de cristallographie* de Romé de l'Isle. ◊ *Observations sur l'air* de Priestley.
1772-1775 Deuxième voyage de Cook dans les mers du Sud.

1772 Poèmes du Japonais Buson.

1772 Les salines d'Arc-et-Senans de Ledoux : la conception visionnaire d'une cité industrielle.

| RELIGION – PHILOSOPHIE SCIENCES HUMAINES | HISTOIRE GÉNÉRALE |

1773 Catherine II reçoit Diderot en Russie. ◊ Formation du Grand Orient de France. ◊ Dissolution de l'ordre des Jésuites par Clément XIV.

1774 Herder publie *le Langage*.

1773 France : mort de Louis XV ; désordre complet des finances et du gouvernement. ◊ Boston Tea Party : des Américains, déguisés en Indiens, jettent à la mer une cargaison de thé britannique (dernier soulèvement avant la guerre d'Indépendance). ◊ Russie : révolte de Pougatchev.

1774 France : Louis XVI, roi de France ; ministère Turgot et rappel du Parlement. ◊ Amérique du Nord : révolte des colonies anglaises. ◊ Après ses victoires sur la Turquie, la Russie contrôle la mer Noire (paix de Koutchouk-Kaïnardji). ◊ Canada : le Quebec Act accorde un statut aux Canadiens français. ◊ J. Cook donne le nom de Nouvelles-Hébrides à un archipel du Pacifique et nomme l'île de la Nouvelle-Calédonie qu'il vient de découvrir.

1775 Amérique du Nord : guerre d'Indépendance ; aide de la France aux insurgés (La Fayette, Rochambeau). ◊ Canada : invasion américaine ; les Franco-Canadiens se désolidarisent de leurs chefs.

1775
■■■■ xviiie siècle ■■■■
1776

1776 *Enquête sur la nature et les causes de la richesse des nations* d'Adam Smith, naissance de l'économie moderne. ◊ Publication du premier volume de l'*Histoire du déclin et de la chute de l'Empire romain* de Gibbon, qui fonde l'histoire moderne.

1776 France : Turgot, disgracié, est remplacé par Necker. ◊ Premier syndicat ouvrier en Angleterre. ◊ Débarquement d'une armée anglaise au Canada : le peuple doit se soumettre au gouvernement. ◊ La vice-royauté espagnole du Río de la Plata est détachée de celle du Pérou. ◊ États-Unis : proclamation de l'indépendance.

1777 Victoire américaine de Saratoga, tournant de la guerre d'Indépendance. La Fayette arrive en Amérique.

1778 Intervention officielle de la France en Amérique ; cette intervention soulève de grands espoirs dans toute la population canadienne.

1779 Publication (posthume) des *Dialogues sur la religion naturelle* de Hume.

v. 1780 Essor de l'illuminisme (Mesmer à Paris). ◊ Renouveau évangélique dans le protestantisme anglais et écossais ; le mouvement gagnera l'Allemagne et l'Amérique (v. 1800), la France et la Suisse (v. 1820).

1780 Rochambeau en Amérique.

1781 *Critique de la raison pure* de Kant, le plus grand philosophe du xviiie s. (le dernier des Lumières) et le premier de l'époque contemporaine ; fin de l'unité de culture entre savants et philosophes, rejet de la métaphysique spéculative, substitution de la morale à la théologie, développement de la philosophie du droit et de l'histoire... L'Allemagne, pays d'élection de la philosophie.

1781 France : démission de Necker. ◊ Capitulation anglaise à Yorktown : Washington vainqueur ; fin de la guerre d'Indépendance américaine.

1781

SCIENCES – TECHNIQUES	LITTÉRATURES	ARTS – MUSIQUE

v. 1773 Découverte de l'oxygène par le Suédois Scheele.

1773 Diderot écrit *Jacques le Fataliste et son maître* (publié en 1796).

v. 1774 Priestley identifie l'oxygène. ◊ Découverte du chlore.

1774 Immense succès des *Souffrances du jeune Werther,* roman de Goethe : le renouveau de la littérature vient d'Allemagne.

1774 Version française d'*Orphée et Eurydice* de Gluck.

1775 Jenner découvre le principe du vaccin (il ne tentera la première inoculation qu'en 1796). ◊ La batteuse à grains.

1775 *Le Barbier de Séville* de Beaumarchais ; *le Paysan perverti* de Restif de La Bretonne. ◊ *Les Rivaux* de Sheridan.

1776 Adam Smith expose la théorie de l'économie libérale. ◊ Premier chemin de fer (pour le transport du charbon). **1776-1779** Troisième voyage et mort de Cook.

1776 Le « Sturm und Drang » en Allemagne : Schiller, Goethe et Novalis seront les modèles spirituels du romantisme ; traduction de *Werther* en français.

1777 Lavoisier étudie la composition de l'air. **1777-1779** Construction du premier pont en fer à Coalbrookdale (Angleterre). **1778** Création de la Caisse d'escompte de Paris. ◊ *Fragments physiognomoniques* de Lavater, analyse de la face humaine.

1777 *L'École de la médisance* de Sheridan.

1779 *Iphigénie* de Goethe.

1777 Le château de Bagatelle par Bélanger annonce, par l'austérité de son style, la période Empire. ◊ *Morphée,* sculpture de Houdon. **1778** Construction du théâtre de la Scala à Milan. ◊ Buste posthume de Rousseau par Houdon. ◊ *Les Petits Riens* de Mozart. **1779** *Iphigénie en Tauride* de Gluck.

1780 Expériences de Lavoisier sur la respiration des animaux ; 150 ans après Harvey (théorie de la circulation du sang), il expose la théorie du second des mécanismes vitaux : la respiration.

v. 1780 Tableaux vénitiens de F. Guardi ; grandes compositions picturales de Torii Kiyonaga, au Japon.

1781 Herschel découvre la planète Uranus.

1781-1794 *Poésies* de A. Chénier.

1781 *Voltaire,* sculpture de Houdon : recherche de l'expression psychologique ; estampes animalières de Okyo, au Japon. ◊ Mozart s'installe à Vienne, un des centres de la vie musicale européenne avec Salzbourg.

| RELIGION – PHILOSOPHIE SCIENCES HUMAINES | HISTOIRE GÉNÉRALE |

1782

1782 Campagne de Suffren en Inde.

1783 *Prolégomènes à toute métaphysique future* de Kant. ◊ *Jérusalem* de Moses Mendelssohn.

1783 Traité de Versailles : paix anglo-américaine. ◊ Grande-Bretagne : ministère du Second Pitt. ◊ La Russie annexe la Crimée, mise en valeur par Potemkine (fondation de Sébastopol).

1784 *Idées pour une philosophie de l'histoire de l'humanité* de Herder.

1784 France : début de l'affaire du Collier de la reine. ◊ L'India Act de Pitt consacre la domination anglaise sur l'Inde. ◊ En réponse aux revendications des colons, deux nouvelles colonies sont créées en Amérique du Nord : l'Île-du-Cap-Breton et le Nouveau-Brunswick (détachés de la Nouvelle-Écosse).

1785 F. Jacobi publie les lettres de Lessing à Mendelssohn, *Sur la doctrine de Spinoza* ; débat en Allemagne sur le déisme, le panthéisme et l'athéisme. *Du fondement de la métaphysique des mœurs* de Kant.

1785 Frédéric II crée une alliance des princes dirigée contre l'Autriche.

1786 Joseph II interdit les procès de sorcellerie en Autriche.

1786 Mort de Frédéric II.

1787 France : suppression de l'impôt de la corvée ; assemblée des notables et renvoi de Calonne. ◊ La Grande-Bretagne colonise l'Australie. ◊ Les États-Unis se donnent une Constitution.

1788 *Critique de la raison pratique* de Kant.

1788 France : banqueroute de l'État ; suppression de la torture. Révoltes, en province, des Parlements contre Brienne ; rappel de Necker ; convocation des états généraux et doublement du tiers état. ◊ Une colonie de *convicts* anglais est installée en Nouvelle-Galles du Sud : début de la colonisation anglaise de l'Australie.

1788

SCIENCES – TECHNIQUES

1782 Fondation du Creusot : essor de la métallurgie en France. ◊ Machine à double effet de Watt.

1783 *Essai sur les machines en général* de Lazare Carnot ; *Essai d'une théorie sur la structure des cristaux* d'Haüy ; Lavoisier analyse la composition de l'eau. ◊ Bateau à vapeur de Jouffroy d'Abbans ; premiers ballons des Montgolfier : on les appelle « montgolfières ». ◊ Invention du puddlage par Henry Cort.

1784 Fondation de la Banque de New York.

1785 Première traversée de la Manche en ballon ; Berthollet invente un procédé de blanchiment des tissus au chlore (« eau de Javel ») ; Parmentier répand en France la culture de la pomme de terre. ◊ *Réflexions sur le phlogistique* de Lavoisier : il énonce la loi de conservation de la matière ; lois de Coulomb (électrostatique). ◊ Cartwright invente le métier à tisser utilisant l'énergie de la vapeur. ◊ Première machine à vapeur de Watt pour l'industrie textile.
1785-1788 Expédition (dans le Pacifique) et mort de La Pérouse.

1786 Première ascension du mont Blanc (par le Dr Paccard) ; *Traité élémentaire de la statique* de Monge.

1787 *Méthode de nomenclature chimique,* d'après les découvertes et les théories de Lavoisier.

1788 *Mécanique analytique* de Lagrange. ◊ En Angleterre, utilisation de machines à vapeur pour battre le blé.

LITTÉRATURES

1782 *Les Liaisons dangereuses,* roman par lettres de Laclos : succès et scandale ; publication posthume des *Rêveries du promeneur solitaire* de Rousseau. ◊ *Le Roi des aulnes,* poème de Goethe ; *les Brigands,* drame de Schiller.

1784 *Le Mariage de Figaro* de Beaumarchais ; *Discours sur l'universalité de la langue française* de Rivarol. ◊ *Intrigue et amour* de Schiller.

1785 *Les Cent Vingt Journées de Sodome* de Sade.

1787 *Paul et Virginie* de Bernardin de Saint-Pierre illustre ses thèses sur la providence. ◊ *Don Carlos,* drame de Schiller.

1788 Fondation du journal anglais *The Times.* ◊ *Egmont* de Goethe.

ARTS – MUSIQUE

1782 Première représentation de *l'Enlèvement au sérail* de Mozart.

1784 *Le Serment des Horaces* de David, manifeste du néoclassicisme ; *Sarah Siddons en muse tragique,* tableau de Reynolds.

1785 *La Promenade matinale,* tableau de Gainsborough.

1786 Première représentation, à Vienne, des *Noces de Figaro,* opéra de Mozart d'après Beaumarchais.

1787 *La Mort de Socrate* de David. ◊ *Don Juan,* opéra de Mozart à Prague ; mort de Gluck à Vienne.

1782

1788

| RELIGION – PHILOSOPHIE SCIENCES HUMAINES | HISTOIRE GÉNÉRALE |

1789 Effervescence des « sociétés de pensée » au début de la Révolution française ; *Qu'est-ce que le tiers état ?* de Sieyès. Confiscation des biens du clergé en France. ◊ *Introduction aux principes de la morale et de la législation* de Bentham.

1789 France : crise économique ; début de la Révolution française ; réunion des états généraux (5 mai) ; serment du Jeu de paume (20 juin) ; Assemblée constituante (9 juil.) ; renvoi de Necker (11 juil.) ; émeutes ; prise de la Bastille (14 juil.) ; Déclaration des droits de l'homme et du citoyen ; abolition des privilèges ; nationalisation des biens du clergé. ◊ Révolte de la Belgique contre l'Autriche. ◊ États-Unis : Washington, 1er président.

| SCIENCES – TECHNIQUES | LITTÉRATURES | ARTS – MUSIQUE |

1789 *Traité élementaire de chimie* de Lavoisier, exposé de la chimie moderne.

1789 *Les Chants d'innocence,* poèmes avec enluminures de Blake.

1789 Fondation du **1789** Théâtre de société à Montréal.

| RELIGION – PHILOSOPHIE SCIENCES HUMAINES PROBLÈMES SOCIAUX | HISTOIRE GÉNÉRALE |

1790 *Critique de la faculté de juger* de Kant. ◊ *Réflexions sur la Révolution française* de Burke. ◊ L'Assemblée française vote la Constitution civile du clergé, provoquant un grave conflit avec le pape, le clergé « réfractaire » et les catholiques de l'Ouest. ◊ Mise en vente des biens du clergé.

1791 Condamnation de la Constitution civile du clergé par le pape.
1791-1792 *Les Droits de l'homme* de Thomas Paine.

1792 Bannissement des prêtres réfractaires.

1793 *La Religion à l'intérieur des limites de la simple raison* de Kant. ◊ *Contributions destinées à rectifier le jugement du public sur la Révolution française* de Fichte ; l'idéologie nationaliste et révolutionnaire se répand en Europe. ◊ Mouvement de déchristianisation en France et liberté des cultes.

1794 *Esquisse d'un tableau historique des progrès de l'esprit humain* de Condorcet. ◊ En France, culte civique et déiste de l'Être suprême.

1795 Organisation de l'enseignement supérieur en France. ◊ *Principes de la doctrine de la science* de Fichte et *Du moi comme principe de la philosophie* de Schelling (idéalisme allemand).

1796 *Théorie du pouvoir politique* de Louis de Bonald. *Considérations sur la France* de Joseph de Maistre. ◊ *Principes du droit naturel* de Fichte.

1797 *Essai sur les révolutions* de Chateaubriand. ◊ *Métaphysique des mœurs* de Kant. ◊ Abrogation des mesures contre les prêtres réfractaires.

1790 France : création des assignats, gagés sur les biens nationaux ; création de 83 départements ; émigration vers l'Allemagne et l'Angleterre d'aristocrates et de contre-révolutionnaires ; fête de la Fédération.

1791 France : la famille royale tente de quitter le pays (juin), elle est arrêtée à Varennes ; Assemblée législative (oct. 1791-sept. 1792) ; loi Le Chapelier, limitant les droits d'association ; le comtat Venaissin est rattaché à la France (traité officiel de Tolentino, 1797). ◊ Révolte d'esclaves à Saint-Domingue ; guerre d'indépendance menée par Toussaint-Louverture. ◊ Le Canada est divisé en deux provinces ; première Assemblée législative au Québec ; « Bill » accordant l'autonomie aux Canadiens français.

1792 Début des guerres de coalition contre la France (avril). France : la patrie en danger (juil.) ; emprisonnement de la famille royale (10 août) ; réunion de la Convention girondine et proclamation de la république (21 sept.) ; début de la Terreur ; massacres de Septembre ; victoires de Valmy et de Jemmapes. ◊ François II, empereur germanique.

1793 France : exécution de Louis XVI (21 janv.) ; début de la guerre de Vendée et de la chouannerie ; chute des Girondins ; installation de la Convention montagnarde et du Comité de salut public ; occupation de Toulon par les Anglais, puis reprise de la ville par Bonaparte. ◊ Deuxième partage de la Pologne. ◊ L'île Bourbon devient la Réunion.

1794 France : arrestation et exécution des hébertistes, des dantonistes et de Robespierre (9-Thermidor), chute des Montagnards ; victoire de Fleurus ; installation de la Convention thermidorienne ; inflation et émeutes de la faim. ◊ Après le deuxième partage de la Pologne, soulèvement général dirigé par Kościuszko ; il est écrasé par Souvorov. ◊ Les Anglais enlèvent les Seychelles à la France.

1795 France : les traités de Bâle et de La Haye mettent fin à la première coalition ; insurrection jacobine (juil.) ; gouvernement du Directoire ; insurrection royaliste (oct.) ; les assignats ont perdu 90 % de leur valeur. ◊ Troisième partage de la Pologne. ◊ L'île d'Hispaniola devient française.

1796 Première campagne d'Italie (Arcole), qui met Bonaparte au premier plan ; complot et arrestation de Gracchus Babeuf. ◊ Conquête de Ceylan par les Britanniques. ◊ Russie : mort de Catherine II ; avènement de Paul Ier (années de chaos et de terreur).

v. 1797 Le royaume Mérina succède aux Sakalaves à Madagascar.
1797 Traité de Campo Formio : la France annexe la rive gauche du Rhin et fonde des « républiques sœurs ».

SCIENCES – TECHNIQUES	LITTÉRATURES	ARTS – MUSIQUE

1790 Nicolas Leblanc invente un procédé de préparation de la soude artificielle ; Jussieu organise le Jardin des Plantes, à Paris. ◊ Invention du célérifère, ancêtre de la bicyclette.

1790 *Le Mariage du* **1790** *Ciel et de l'Enfer* de W. Blake. ◊ *Cosi fan tutte,* opéra de Mozart à Vienne.

1791 Sade, que l'abolition des lettres de cachet a libéré de la Bastille, publie *Justine ou les Malheurs de la vertu* ; *les Ruines* de Volney. ◊ *Élégies romaines* de Goethe. ◊ Publication posthume du *Rêve dans le pavillon rouge,* roman chinois de Cao Zhan.

1791 *Le Serment du Jeu de paume,* tableau de David. ◊ *La Flûte enchantée,* opéra-comique populaire (en allemand) de Mozart, à Vienne ; il écrit *le Requiem* (partition inachevée) et meurt dans la misère.

1792 Télégraphe optique de Chappe. ◊ Début, en Angleterre, de l'éclairage au gaz. ◊ Expériences électriques de Galvani. **1792-1793** *Art de la mesure des éléments chimiques* de Richter.
1793 Fondation du Muséum national d'histoire naturelle de Paris. ◊ Invention de la machine de Whitney pour égrener le coton.

1792 Le peintre David à la Convention ; estampes de Kitagawa Utamaro : scènes de la vie japonaise.

1793 La Convention crée le Musée central des arts au Louvre (premier musée public après le Musée des monuments de Lenoir, 1791) et elle supprime les Académies royales ; premier salon libre à Paris (sans jury) ; fondation du Conservatoire de musique à Paris.

1794 Création de l'École polytechnique et du Conservatoire national des arts et métiers, à Paris ; Chappe installe la première ligne de télégraphie aérienne (entre Paris et Lille) ; *Éléments de géométrie* de Le Gendre. ◊ Première des *Notes scientifiques* de Dalton.
1795 Création et adoption du système métrique en France. ◊ *Théorie de la Terre* de Hutton.

1794 Chénier, avant de mourir sur l'échafaud, écrit en prisons ses *Iambes.*

1794 *Marat assassiné,* tableau de David.

1796 *Exposition du système du monde* de Laplace. ◊ Jenner inocule le premier vaccin. ◊ Invention de la lithographie et de la presse hydraulique.
1797 *Théorie des fonctions analytiques* de Lagrange. ◊ Découverte du chrome.

1796 *Le Moine,* roman « gothique » de Matthew Lewis ; publication posthume de *la Religieuse* de Diderot ; *la Mère coupable* de Beaumarchais.
1797 *Hermann et Dorothée* de Goethe ; Hölderlin écrit *Hyperion,* roman poétique ; *Ballades* de Schiller.

1796 *Napoléon sur le pont d'Arcole,* tableau de A.-J. Gros ; Tôshūsai Sharaku peint des têtes d'acteurs et de lutteurs japonais.
1797 *Médée,* opéra de Cherubini, annonce l'opéra romantique.

RELIGION – PHILOSOPHIE SCIENCES HUMAINES PROBLÈMES SOCIAUX	HISTOIRE GÉNÉRALE

1798 *Essai sur le principe de la population* de Malthus.

1798 Nelson détruit la flotte française à Aboukir ; campagne de Bonaparte en Égypte. ◊ Naissance de la République helvétique. ◊ Établissement de colonies russes sur la côte pacifique de l'Amérique et en Alaska.

1799 *Discours sur la religion à ceux de ses contempteurs qui sont des esprits cultivés* de Schleiermacher.

1799 France : Bonaparte prend le pouvoir par le coup d'État du 18-Brumaire : début du Consulat ; deuxième coalition européenne contre la France (prise de Rome par les Russes).

1800 *Système de l'idéalisme transcendantal* de Schelling. ◊ *La Destination de l'homme* de Fichte.

1800 France : répression de la chouannerie. Nouvelle campagne d'Italie ; victoire française à Marengo sur les Autrichiens qui sont chassés d'Italie. ◊ Grande-Bretagne : acte d'Union avec l'Irlande (le 1er janv. 1801, le royaume prend le nom de Royaume-Uni de Grande-Bretagne et d'Irlande). ◊ Restitution de la Louisiane à la France.

XIXᵉ siècle

Grâce à la première puis à la deuxième révolution industrielle, l'Europe (et plus particulièrement l'Europe de l'Ouest) s'impose au monde et est à l'apogée de sa puissance. Sa domination est économique, financière, commerciale mais aussi culturelle et politique par le biais d'une nouvelle vague de colonisations qui touche tous les continents. Seuls les États-

1800

1801

1801 Signature du Concordat entre la France et le pape et rédaction des articles organiques. ◊ *La Différence entre les systèmes de Fichte et de Schelling* par Hegel.

1801 Russie (le plus grand État du monde, peuplé de 36 millions d'hab.) : la Géorgie devient protectorat russe ; renversement et mort de Paul Iᵉʳ ; avènement d'Alexandre Iᵉʳ.
1801-1802 France : Bonaparte, Premier consul à vie ; création des lycées et de la Légion d'honneur ; paix d'Amiens ; annexion du Piémont ; traité de Lunéville.

1802 *Influence de l'habitude sur la faculté de penser* de Maine de Biran.

1802

SCIENCES – TECHNIQUES	LITTÉRATURES	ARTS – MUSIQUE

1798 Première exposition des produits de l'industrie française, au Champ-de-Mars ; *Théorie des nombres* de Le Gendre.
1798-1803 *Histoire naturelle des poissons* de Lacépède.

1799 Mise au point de l'éclairage au gaz par Philippe Lebon ; *Géométrie descriptive* de Monge. ◊ *Voyage en Amérique tropicale* du naturaliste Alexander von Humboldt.
1799-1825 *Mécanique céleste* de Laplace (qui invente ce terme, devenu classique).

1800 *Recherches physiologiques sur la vie et la mort* de Bichat ; loi de Malus en optique. ◊ L'Italien Volta invente la pile, qui permet la découverte de l'électrolyse de l'eau. ◊ Essai du sous-marin de Fulton, au large du Havre.
1800-1805 *Leçons d'anatomie comparée* de Cuvier, naissance de l'anatomie comparée.

1798 *Les Ballades lyriques,* œuvre de Wordsworth et Coleridge : l'acte de naissance du romantisme anglais ; l'*Athenäum,* revue littéraire animée par les frères Schlegel : naissance du romantisme allemand.

1800 *De la littérature* de Mme de Staël, l'initiatrice du romantisme en France.

1798 *Cupidon et Psyché,* tableau de F. Gérard. ◊ La *Sonate pathétique* de Beethoven ; *la Création,* oratorio de Haydn, d'après le *Paradis perdu* de Milton.

1799 *L'Enlèvement des Sabines,* tableau néo-classique de David.

1800 *Portrait de madame Récamier,* tableau de David (inachevé) ; la *Maja desnuda* et la *Maja vestida,* tableaux de Goya.
1800-1811 Construction de la cathédrale Notre-Dame-de-Kazan à Saint-Pétersbourg.

1798

(1801-1900)

Unis, après la guerre de Sécession, et le Japon, avec le renouveau de l'ère Meiji, peuvent espérer rivaliser avec elle. Mais les idées de la Révolution française et le creusement des inégalités sociales dues à la révolution industrielle y entraînent la propagation du mouvement des nationalités, du progrès démocratique et des idéaux socialistes.

1800

1801

1801 Fabrication du sucre de betterave en France ; *Anatomie générale* de Bichat ; *Traité médico-philosophique sur l'aliénation mentale* de Pinel. ◊ Première locomotive à vapeur de l'Anglais R. Trevithick. ◊ *Recherches arithmétiques* de Gauss, naissance de la théorie moderne des nombres.

1802 Premiers résultats de Gay-Lussac en cinétique des gaz ; *Hydrogéologie* et *Recherches sur l'organisation des corps vivants* de Lamarck.

1801 *Atala* de Chateaubriand.

1802 *René* (modèle du héros romantique) et *le Génie du christianisme* (apologie de la religion chrétienne) de Chateaubriand ; *Delphine* de Mme de Staël ; naissance de Victor Hugo et d'Alexandre Dumas père. ◊ *Henri d'Ofterdingen,* roman initiatique de Novalis.

1801 *Sonate* dite *Au clair de lune* de Beethoven ; ses œuvres pour piano feront considérablement évoluer la technique de l'instrument.

1802 *La Grande Jetée de Calais,* tableau de Turner. ◊ À 32 ans, Beethoven découvre sa surdité naissante ; il fait de la musique un sacerdoce et se détourne des succès mondains.

1802

| RELIGION – PHILOSOPHIE SCIENCES HUMAINES PROBLÈMES SOCIAUX | HISTOIRE GÉNÉRALE |

1803 *Traité d'économie politique* de J.-B. Say.

1803 Bonaparte vend la Louisiane aux États-Unis et donne une nouvelle Constitution à la République helvétique (19 cantons).

1804 *Éléments d'idéologie* de Destutt de Tracy, très influent en France. *Harmonie universelle* de Fourier. ◊ Dernière *Doctrine de la science* de Fichte. *Philosophie et religion* de Schelling.

1804 France : exécution du duc d'Enghien ; promulgation du code civil des Français ; création des administrations des Ponts et Chaussées, des Mines et du Génie maritime ; Bonaparte proclamé empereur sous le nom de Napoléon Ier. ◊ Révolte des Serbes contre les Turcs (Karageorges). ◊ Les Wahhabites s'emparent de Médine. ◊ Dessaline expulse les Français et proclame l'indépendance d'Haïti. ◊ La colonisation anglaise débute en Tasmanie qui sera colonie pénitentiaire, sous le nom de Terre de Van Diemen, jusqu'en 1853 ◊ Pie VII sacre Napoléon empereur.
1805 Napoléon, roi d'Italie ; défaite franco-espagnole à Trafalgar contre les Anglais ; Napoléon occupe Vienne ; victoire française à Austerlitz sur les Austro-Russes. ◊ Égypte : Muḥammad ʻAlī (Méhémet-Ali) devient vice-roi.

1806 France : création de l'Université.

1806 Début du Blocus continental de l'Angleterre par la France ; Napoléon met fin au Saint Empire romain germanique en suscitant la création de la Confédération du Rhin ; bataille d'Iéna et prises de Berlin et de Varsovie.

1807 *Phénoménologie de l'esprit* de Hegel.
1807-1808 *Discours à la nation allemande* de Fichte, un des premiers textes à développer la mystique patriotique allemande.

1807 France : promulgation du code de commerce ; création de la Cour des comptes ; batailles d'Eylau et de Friedland ; traité de Tilsit : division de l'Europe en deux zones d'influence, russe et française. ◊ Le Royaume-Uni interdit la traite des Noirs.

1808 Pie VII refuse l'investiture aux prélats nommés par Napoléon.

1808 Joseph Bonaparte, roi d'Espagne : celle-ci se soulève contre l'occupant français, qui répond par une terrible répression. ◊ Karageorges, prince des Serbes.

1809 *Recherches philosophiques sur l'essence de la liberté humaine* de Schelling. ◊ Napoléon, ayant occupé les États pontificaux, est excommunié par le pape, qu'il fait emprisonner.

1809 Autriche : bataille de Wagram ; Metternich, ministre des Affaires étrangères. ◊ Les Anglais occupent les colonies françaises d'Amérique.

SCIENCES – TECHNIQUES	LITTÉRATURES	ARTS – MUSIQUE

1803 *Essai de statique chimique* de Berthollet. ◊ Herschel montre que les étoiles se meuvent ; hypothèse atomique de Dalton. ◊ Fulton essaie un bateau à vapeur sur la Seine.
1804 Usines de conserve des aliments selon le procédé de N. Appert.

1804 *Introduction à l'esthétique* de Jean-Paul Richter ; *Guillaume Tell*, drame de Schiller.

1804 *Les Pestiférés de Jaffa*, tableau de Gros ; David, premier peintre de l'Empereur. ◊ *Symphonie n° 3* (ou *Symphonie héroïque*) de Beethoven dans laquelle apparaît sa puissance novatrice.

1805 Métier à tisser Jacquard (brevet en 1801). ◊ Le Britannique F. Beaufort met au point l'échelle qui porte aujourd'hui son nom.
1805-1834 *Voyages de Humboldt et Bonpland aux régions équinoxiales du nouveau continent, fait en 1799-1804* de A. von Humboldt.
1806 La morphine est extraite de l'opium. ◊ Davy obtient du sodium et du potassium.

1805 *Portrait de l'impératrice Joséphine* de Prud'hon.

1806 *Le Cor enchanté de l'enfant*, premier recueil de chants populaires allemands d'Arnim et Brentano. ◊ Canada : fondation du journal *le Canadien*.

1806 Début des grands travaux de Napoléon à Paris : Fontaine et Percier, architectes ; construction de l'église de la Madeleine, à Paris, dans son état actuel. ◊ *Napoléon Ier sur le trône impérial*, tableau d'Ingres.
1807 Construction de la Bourse de Paris par A.-T. Brongniart. ◊ *Le Sacre de Napoléon*, tableau de David ; *la Croix dans la montagne*, tableau de C. D. Friedrich (le préromantisme dans la peinture allemande) ; *Pauline Borghèse*, sculpture de A. Canova. ◊ Pleyel fonde une fabrique de pianos à Paris ; développement de la musique d'amateurs.

1807 Première liaison régulière par bateau à vapeur, sur l'Hudson (Fulton).

1808 Premier *Faust* de Goethe ; *Penthésilée*, tragédie de Kleist.

1808 *Les Funérailles d'Atala*, tableau de Girodet ; *Napoléon à Eylau*, tableau épique de Gros qui forge le mythe impérial. ◊ *Symphonie n° 5* (qui illustre la notion de « thème » ou cellule rythmique) et *Symphonie n° 6*, dite *Pastorale* (les débuts de la musique « à programme ») de Beethoven.

1809 Mémoire de Gay-Lussac sur les combinaisons en volume des gaz ; *Philosophie zoologique* de Lamarck, première théorie de l'évolution. ◊ Découverte du calcium (Berzelius, Davy).

1809 *Les Martyrs* de Chateaubriand, récit pour lequel il a fait un voyage en Orient. ◊ *Les Affinités électives* de Goethe, dont le prestige est immense dans toute l'Europe.
1809-1841 Rédaction des *Mémoires d'outre-tombe* de Chateaubriand.

1809 *Messe en fa majeur* de Cherubini.

RELIGION – PHILOSOPHIE
SCIENCES HUMAINES
PROBLÈMES SOCIAUX

HISTOIRE GÉNÉRALE

1810 Création du royaume théo-cratique (musulman) des Peuls au Mali.

1810 France : promulgation du code pénal. Mariage de Napoléon et de Marie-Louise. ◇ Bernadotte, prince royal de Suède, sous le nom de Charles XIV. ◇ Début de la guerre d'indépendance du Mexique. ◇ L'ancienne vice-royauté espagnole, les Provinces-Unies du Río de la Plata, devient indépendante : naissance de l'Argentine. ◇ Les Anglais prennent l'île de France, qui devient île Maurice. ◇ Louis Bonaparte, roi de Hollande, ayant réformé l'administration à Java (1808), l'Indonésie devient pour un an colonie française ; les Anglais la reprennent en 1811.

1810

━━━━ xixᵉ siècle ━━━━

1811

1811 Royaume-Uni : premières émeutes contre le machinisme. ◇ Éclatement de l'empire colonial espagnol en Amérique latine : début des luttes pour l'indépendance, menées notamment par Bolívar, San Martín, Miranda et Sucre. Indépendance du Paraguay. ◇ Égypte : Méhémet-Ali fait massacrer 300 mamelouks.

1812 Napoléon fait transférer le pape à Fontainebleau. ◇ Les frères Grimm préparent un grand dictionnaire allemand (qui ne sera achevé que 150 ans plus tard).
1812-1816 *Science de la logique* (« Grande Logique ») de Hegel.

1812 Échec de la campagne de Napoléon en Russie (incendie de Moscou, passage de la Berezina) : déroute de la Grande Armée ; à Paris, conjuration du général Malet. ◇ Les États-Unis déclarent la guerre au Royaume-Uni et tentent d'envahir le Canada. ◇ Victoire de Bolívar qui préside l'État indépendant de Grande-Colombie (Colombie, Équateur, Venezuela, Panama).

1813 *De l'esprit de conquête* de B. Constant.

1813 Soulèvement de l'Europe contre Napoléon, battu à Leipzig. ◇ France : interdiction de faire travailler les enfants dans les mines.

1814 Rétablissement de l'ordre des Jésuites par Pie VII. ◇ *Essai sur le principe générateur des constitutions politiques et des autres institutions humaines* de J. de Maistre, catholique et conservateur militant.

1814 Abdication de Napoléon ; Louis XVIII, roi de France ; premier traité de Paris qui rend à la France Saint-Pierre et Miquelon. ◇ Début du congrès de Vienne (sept.). ◇ Le traité de Kiel donne la Norvège (sous domination danoise) à la Suède (Bernadotte). ◇ Les Anglais reprennent la Guyane (Guyana) et cèdent le Surinam aux Hollandais.

1814

SCIENCES – TECHNIQUES	LITTÉRATURES	ARTS – MUSIQUE

1810 Machine à filer le lin de P. de Girard. ◊ Fondation des usines Krupp, à Essen ; théorie des couleurs de Goethe.

1810 *De l'Allemagne* de Mme de Staël est interdit par la censure et paraîtra à Londres. ◊ *La Dame du lac* de W. Scott. ◊ *Le Prince de Hombourg*, tragédie de Kleist (publication posthume en 1821).

1810 Érection de la **1810** colonne de la Grande Armée sur la place Vendôme. ◊ *Les Désastres de la guerre*, gravures de Goya illustrent les violences de l'occupation française en Espagne.

1811 En France, le Blocus continental entraîne la production industrielle de sucre de betterave (plus d'importation de sucre de canne). ◊ Hypothèse d'Avogadro sur la masse molaire des gaz. ◊ Berzelius entreprend de déterminer les masses atomiques des éléments chimiques.

1811 *Itinéraire de Paris à Jérusalem* de Chateaubriand.

1812 *Recherches sur les ossements fossiles* de Cuvier, naissance de la paléontologie des vertébrés ; *Théorie analytique des probabilités* de Laplace.

1812 Premier chant du *Pèlerinage de Childe Harold*, poème de Byron, qui lui apporte la célébrité. ◊ *Merveilleuse histoire de Peter Schlemihl*, conte fantastique de Chamisso ; *Contes* des frères Grimm : l'exploration du passé et des thèmes populaires fournira aux romantiques de nombreux modèles.

1813 *Éléments de chimie agricole* de Davy.

1813 Achèvement de la Halle au blé, à Paris, par F.-J. Bélanger : la première structure en fer et en verre de l'histoire de l'architecture. ◊ *Tancrède* de Rossini ; naissances de Verdi et de Wagner.

1814 Ampère étudie atomes et molécules. ◊ Première locomotive de Stephenson ; le chemin de fer ne prendra véritablement son essor qu'après les perfectionnements de Seguin et la construction de la « fusée » (« the Rocket ») de Stephenson, en 1829. ◊ L'Allemand Fraunhofer, grand constructeur de télescopes, entreprend l'étude de la lumière solaire décomposée par le prisme : spectroscopie, naissance de l'astrophysique.

1814 *Le Corsaire* de Byron ; *Waverley*, de W. Scott.

1814 Diffusion en France du procédé de la lithographie ; *la Grande Odalisque*, tableau d'Ingres ; *Dos de Mayo* et *Tres de Mayo* (le 2 et le 3 mai), tableaux de Goya. ◊ *Fidelio*, opéra de Beethoven ; *Marguerite au rouet* de Schubert, composé à 17 ans : le lied allemand cesse d'être un genre mineur.

RELIGION – PHILOSOPHIE
SCIENCES HUMAINES
PROBLÈMES SOCIAUX

HISTOIRE GÉNÉRALE

1815

1815 Retour de Napoléon : les Cent-Jours ; seconde abdication de l'empereur après la défaite de Waterloo et exil à Sainte-Hélène ; la Terreur blanche en France ; second traité de Paris. ◊ Le congrès de Vienne remodèle territorialement l'Europe et prohibe la traite négrière. ◊ La République helvétique se donne une nouvelle Constitution, un gouvernement fédéral (22 cantons) et voit sa neutralité garantie par les autres pays. ◊ La Belgique est séparée des Pays-Bas. ◊ Fondation de la Sainte-Alliance, puis de la Quadruple-Alliance. ◊ Le parti franco-canadien est dirigé par Louis Joseph Papineau (jusqu'en 1837).

1816 Saint-Simon crée la revue *l'Industrie.* ◊ Étude de Franz Bopp sur les conjugaisons des langues indo-européennes, naissance de la grammaire comparée et de la linguistique. ◊ *Encyclopédie des sciences philosophiques* de Hegel.

1816 L'Argentine se libère de l'Espagne et devient indépendante.

1817 *Principes d'économie politique* de Ricardo. ◊ *Essai sur l'indifférence en matière de religion* de Lamennais. ◊ Frédéric-Guillaume III fonde l'Église évangélique prussienne. ◊ Montée du protestantisme aux États-Unis, intensification du « réveil » et réaction du néo-luthéranisme en Allemagne ; au XIXe s., les missions protestantes se multiplient dans le monde.

1817 Assassinat de Karageorges par M. Obrenović. ◊ États-Unis : Monroe, 5e président.

1818 France : Decazes, chef du gouvernement. ◊ Bernadotte, roi de Suède. ◊ La dernière résistance indienne est brisée par les Britanniques. ◊ Indépendance du Chili, obtenue par O'Higgins aidé de San Martín.

1819 *Le Monde comme volonté et comme représentation* de Schopenhauer, qui connaîtra une grande notoriété après 1850.

1819 Prusse : début du Zollverein (union douanière), étendu aux États ayant des enclaves dans son territoire. ◊ Les Anglais occupent Singapour. ◊ Les États-Unis achètent la Floride à l'Espagne. ◊ Victoire de Bolívar sur les Espagnols : indépendance de la Grande-Colombie. ◊ Achat, au rajah de Johore, de Singapour par sir Thomas Raffles pour la Compagnie des Indes orientales.

v. 1820 Développement de l'étude des langues et des religions orientales en Occident.

1820 France : assassinat du duc de Berry, l'héritier au trône ; démission de Decazes. ◊ Espagne : révolte des libéraux contre Ferdinand VII. ◊ États-Unis : les États du Nord prohibent l'esclavage ; débuts de la conquête de l'Ouest.

1821 *De l'Église gallicane* et *Soirées de Saint-Pétersbourg* (posthume) de J. de Maistre. ◊ *Du système industriel* de Saint-Simon. ◊ *Fondements de la philosophie du droit* de Hegel.
1821-1823 *Philosophie de la mythologie* de Schelling.

1821 Mort de Napoléon. ◊ Lutte de la Grèce pour l'indépendance, saluée par l'Europe romantique ; la Turquie exerce une violente répression. ◊ Abdication de Victor-Emmanuel Ier, roi de Sardaigne. ◊ Pérou : proclamation de l'indépendance (début de la guerre de libération). ◊ Libération du Venezuela par Bolívar ; le Honduras se déclare indépendant de la capitainerie générale espagnole du Guatemala, à laquelle il était rattaché depuis 1790 ; indépendance du Guatemala, qui reste d'abord sous la tutelle mexicaine.

1821

SCIENCES – TECHNIQUES	LITTÉRATURES	ARTS – MUSIQUE

1815 Invention de la lampe de sécurité pour les mineurs. ◊ *Discours sur les révolutions à la surface du globe* de Cuvier. ◊ L'Écossais McAdam propose un revêtement routier imperméable (le *macadam*).

1815-1816 *Les Élixirs du diable* de Hoffmann.

1815

1816 Niépce réalise la première photographie (qu'il appelle *héliographie*) ; *Examen de la doctrine médicale* de Broussais ; *le Règne animal* de Cuvier ; premier mémoire de Fresnel sur la diffraction ; il reprend la théorie ondulatoire de la lumière. ◊ Recherches de Gauss sur les fondements de la géométrie.

1816 *Adolphe*, roman de Benjamin Constant ; au XIXe s. le roman acquiert ses lettres de noblesse et se diversifie dans ses formes (historique, populaire, psychologique...).

1817 *Manfred* de Byron.

1816 *Les Trois Grâces* de Canova : le néo-classicisme en sculpture. ◊ *Le Barbier de Séville*, opéra-bouffe de Rossini d'après Beaumarchais, à Rome.

1818 Découverte de la strychnine. ◊ *Philosophie anatomique* de Geoffroy Saint-Hilaire. ◊ Goethe se passionne pour les sciences naturelles (il crée le mot « morphologie »).

1818 *Endymion* de Keats ; *Frankenstein ou le Prométhée moderne* de Mary Shelley.

1819 La caféine est extraite du café. ◊ Loi de Dulong et Petit sur la chaleur spécifique des solides ; traité de Laennec sur le diagnostic par le stéthoscope des maladies cardio-pulmonaires.

1819 Publication de l'œuvre de A. Chénier. ◊ *Mazeppa*, poème de Byron ; *Ivanhoé* de W. Scott : la vogue du roman historique. ◊ *Le Divan occidental-oriental* de Goethe.

1819 *Le Radeau de la méduse*, tableau de Géricault : une des premières manifestations du romantisme français. ◊ *La Truite*, quintette de Schubert.

1820 Début de l'exploration de l'Antarctique ; découverte de la quinine. ◊ Expérience d'Ørsted, naissance de l'électromagnétisme (Ampère, Arago).

1820 *Méditations poétiques* de Lamartine : le début de la poésie romantique. ◊ *Prométhée délivré*, drame lyrique de Percy Shelley. ◊ *Melmoth*, roman noir de l'Irlandais Maturin.

1820 Les « peintures noires » de Goya.

1821 Fondation de l'École nationale des chartes ; cours d'analyse de Cauchy (notion mathématique de limite). ◊ La « cage » de Faraday (électrostatique).

1821 *Confessions d'un mangeur d'opium*, de Thomas De Quincey.

1821 *La Charrette de foin* de Constable : la découverte du paysage anglais en France. ◊ Le *Freischütz* de C. M. von Weber à Berlin : naissance de l'opéra romantique allemand.

1821

RELIGION – PHILOSOPHIE
SCIENCES HUMAINES
PROBLÈMES SOCIAUX

HISTOIRE GÉNÉRALE

1822 *Traité de l'association domestique et agricole* de Fourier. ◊ Champollion déchiffre les hiéroglyphes égyptiens. ◊ Fondation de la Société pour la propagation de la foi en France.

1822 France : loi sur la presse. ◊ Espagne : Ferdinand VII prisonnier des révoltés. ◊ Fondation du Liberia, colonie pour esclaves affranchis. ◊ Indépendance du Brésil, du Mexique et libération de l'Équateur par Sucre.

1823 Expédition française en Espagne (prise de Trocadero, capitulation de Cadix). ◊ Déclaration de Monroe : les États européens ne doivent pas intervenir dans les affaires des États américains.

1824 *Le Catéchisme des industriels* de Saint-Simon.

1824 France : mort de Louis XVIII ; avènement de Charles X. ◊ Royaume-Uni : loi sur le droit de grève. ◊ Prise de Rangoon et conquête de la Birmanie par les Anglais. ◊ Libération définitive du Pérou (qui comprend le Pérou et la Bolivie actuels). Naissance de la République mexicaine. ◊ Le traité de Londres divise le monde malais entre le Royaume-Uni (Malaisie) et la Hollande (Indonésie) ; la Malaisie (Malacca) était sous domination hollandaise depuis 1624.

1825 *Le Nouveau Christianisme* de Saint-Simon.

1825 France : sacre de Charles X ; il s'appuie sur l'Église et les ultras ; don de un milliard de francs aux émigrés. ◊ Russie : mort d'Alexandre Ier et avènement de Nicolas Ier ; échec du soulèvement des décabristes (nobles opposés à l'absolutisme). ◊ L'Uruguay et la Bolivie se proclament indépendants.

1826 Auguste Comte commence son *Cours de philosophie positive* (publié de 1830 à 1842).

1826 Grèce : chute de Missolonghi, symbole de la résistance à la Turquie. ◊ Les Anglais conquièrent l'Assam. ◊ Turquie : massacre des janissaires par Maḥmut II. ◊ Bolívar réunit à Panama un congrès (Colombie, Pérou, Amérique centrale et Mexique) pour tenter de créer une fédération.

1827 Élections libérales en France. ◊ Les Russes s'emparent d'Erevan, capitale arménienne. ◊ Le dey d'Alger outrage le consul de France : ce sera un prétexte à l'intervention militaire.

1828 Guerre russo-turque et russo-perse. ◊ Reconnaissance de l'indépendance de l'Uruguay (qui dépendait du Brésil après sa libération de la tutelle espagnole en 1810). ◊ Expédition française à Tombouctou. ◊ Rattachement de Singapour à la colonie britannique des Détroits *(Straits Settlement)*.

| SCIENCES – TECHNIQUES | LITTÉRATURES | ARTS – MUSIQUE |

1822 *Théorie analytique de la chaleur* de Fourier (notion de série trigonométrique) ; *Traité des propriétés projectives des figures* de Poncelet (la géométrie projective).

1823 Publication des travaux de Chevreul sur les corps gras. ◊ Macintosh, en découvrant le benzol, solvant du caoutchouc, rend possible la fabrication de vêtements imperméables.

1824 Marc Seguin construit le premier pont suspendu et adapte la chaudière tubulaire aux locomotives (1827) ; *Réflexions sur la puissance motrice du feu* de Sadi Carnot, ouvrage fondateur de la thermodynamique, passé inaperçu jusqu'en 1834 (Clapeyron). ◊ Travaux d'optique de Hamilton. ◊ McCormick invente la moissonneuse mécanique.

1825 En Angleterre, pose de la première voie ferrée avec traction à vapeur. ◊ Isolation de l'aluminium par Ørsted.
1825-1840 Première carte géologique de la France.

1826 Balard découvre le brome. ◊ Début des travaux de Lobatchevski sur la géométrie non euclidienne.

1827 Première fabrication de l'aluminium. ◊ Invention en Allemagne d'un fusil se chargeant par la culasse (von Dreyse) ; loi d'Ohm sur les courants électriques. ◊ *Recherches sur les fonctions elliptiques* d'Abel. ◊ Début de l'embryologie (Baer).

1828 Première synthèse d'un produit organique : l'urée. ◊ Découverte du mouvement brownien.

1822 *De l'amour* de Stendhal.
1822-1828 *Odes et ballades* d'Hugo.

1823 *Han d'Islande*, premier roman (noir) de Hugo ; *Nouvelles méditations* de Lamartine.
1823-1831 *Eugène Onéguine*, roman en vers du Russe Pouchkine : première œuvre russe reconnue mondialement.

1825 *Boris Godounov*, drame de Pouchkine.
1825-1827 *Les Fiancés* de Manzoni.

1826 *Cinq-Mars* et *Poèmes antiques et modernes* de Vigny. ◊ *Poèmes* de Leopardi. ◊ *Le Dernier des Mohicans* de l'Américain Fenimore Cooper.

1827 *Cromwell* de Hugo, avec une importante préface définissant le drame romantique par opposition à la tragédie classique. ◊ *De l'assassinat, considéré comme un des beaux-arts* de De Quincey. ◊ *Le Livre des chants* de Heine.

1828 *Mémoires* de Vidocq.

1822 Delacroix commence son *Journal*. ◊ *Symphonie inachevée* de Schubert.

1823 Le Français Érard met au point le piano moderne, à double échappement ; Schubert compose ses principaux lieder.

1824 *Scènes des massacres de Scio*, tableau de Delacroix, le manifeste de l'école romantique. ◊ *Symphonie n° 9* de Beethoven : il associe orchestre et voix dans le finale, avec *l'Ode à la joie* de Schiller ; *la Belle Meunière* de Schubert.

1826 Esquisse du *Pont de Narni* de Corot. ◊ Le 16e et dernier *quatuor* de Beethoven ; Mendelssohn compose la première partie du *Songe d'une nuit d'été*. ◊ La plus ancienne photo retrouvée de Niépce.

1827 *La Mort de Sardanapale*, tableau de Delacroix, déchaîne les critiques sur l'audace dans la couleur et le mouvement. ◊ Mort de Beethoven, à Vienne.

| RELIGION – PHILOSOPHIE SCIENCES HUMAINES PROBLÈMES SOCIAUX | HISTOIRE GÉNÉRALE |

1829 *De la guerre* de Clausewitz.

1829 Indépendance de la Grèce (traité d'Andrinople). ◊ États-Unis : Jackson, 7e président (début du *Spoil System*).

1830 Fondation de l'Église des mormons aux États-Unis. ◊ En Égypte, Méhémet-Ali encourage un renouveau de la culture arabe et musulmane.

1830 France : prises d'Alger et d'Oran ; chute de Charles X après les trois journées révolutionnaires dites les « Trois Glorieuses » ; Louis-Philippe, roi des Français (début de la monarchie de Juillet). ◊ Indépendance de la Belgique. ◊ Pologne : insurrection contre l'autorité du tsar, sévèrement réprimée ; elle devient province russe. ◊ Indépendance du Venezuela (qui se sépare de la Grande-Colombie à la mort de Bolívar) et de la Colombie.

1830

━━━ xixe siècle ━━━

1831

1831 Révolte ouvrière des canuts à Lyon. ◊ Fondation du mouvement « Jeune Italie » par Mazzini. ◊ Léopold de Saxe-Cobourg, roi des Belges. ◊ Méhémet-Ali envahit la Syrie.

1832 Condamnation du catholicisme libéral par le pape, qui rappelle également, après les révoltes en Pologne, le devoir d'obéissance. ◊ Rupture de Lamennais avec l'Église.

1832 France : tentative d'insurrection de la duchesse de Berry en Vendée ; épidémie de choléra : mort de Casimir Perier ; ministère Thiers-Guizot-de Broglie. ◊ Othon de Bavière, roi de Grèce. ◊ Abd el-Kader, émir de Mascara.

1833 Premier tome de l'*Histoire de France* de Michelet ; avec l'essor des nationalismes, l'histoire prend une grande importance idéologique ; début des travaux monumentaux d'érudition historique en particulier en Allemagne. ◊ L'Église grecque indépendante du patriarcat de Constantinople. ◊ Le pape Grégoire XVI organise les missions en Océanie. ◊ Fondation de la Société américaine antiesclavagiste.

1833 France : loi Guizot sur l'enseignement primaire. ◊ Abolition de l'esclavage dans les colonies anglaises.

1834 *Paroles d'un croyant* de Lamennais. *Histoire de la religion et de la philosophie en Allemagne* de Heine.

1834

SCIENCES – TECHNIQUES	LITTÉRATURES	ARTS – MUSIQUE

1829 Invention de l'écriture Braille ; mesure de la vitesse de la lumière par Fizeau. ◊ Théorie des fonctions elliptiques de Jacobi.

1829 *Les Chouans,* premier roman de Balzac à paraître sous son vrai nom ; *Marion de Lorme,* drame de Hugo interdit par la censure ; *les Orientales* de Hugo. ◊ *Les Années de voyage de Wilhelm Meister* de Goethe.

1829 *Le Château Had-* **1829** *leigh,* tableau de l'Anglais Constable. ◊ Mendelssohn fait jouer, pour la première fois depuis la mort de Bach, *la Passion selon saint Matthieu.*

1830 Prototype de machine à coudre par Thimonnier ; théorie des groupes de Galois (diffusée par Jordan en 1870) ; *Principes de philosophie zoologique* de Geoffroy Saint-Hilaire. ◊ Travaux de Liebig sur les applications de la chimie à l'agriculture.

1830 La première d'*Hernani,* drame de Hugo, déclenche une bataille entre les romantiques et les classiques ; *Contes d'Espagne et d'Italie* de Musset ; *le Rouge et le Noir,* roman de Stendhal.

1830 *La Cathédrale de Chartres* de Corot met en valeur le rôle de la lumière dans le paysage ; *la Liberté guidant le peuple,* tableau de Delacroix, allégorie inspirée par les journées révolutionnaires de 1830. ◊ Première exécution, à Paris, de *la Symphonie fantastique* de Berlioz qui illustre le romantisme musical.

1830

=== de 1831 à 1840 ===

1831

1831 Faraday découvre l'induction électromagnétique ; découverte du pôle Nord magnétique par James Ross.

1831 Succès de *la Peau de chagrin* de Balzac, qui lui apporte argent et notoriété ; *Notre-Dame de Paris,* roman historique de Hugo.

1831 À 21 ans, Chopin s'installe à Paris et devient l'idole des salons ; la *Norma,* opéra de Bellini à Milan : l'âge d'or du *bel canto.*

1832 Invention de l'hélice. ◊ En France, ouverture de la première ligne de chemin de fer ; le réseau atteindra 2 000 km en 1850, 18 000 km en 1870 ; fondation du Bureau Havas (devenu l'Agence Havas en 1835) ; Fourneyron fait breveter la première turbine hydraulique. ◊ Géométrie non euclidienne du Hongrois Bolyai.
1832-1835 Morse met au point le télégraphe électrique.

1832 *La Fée aux miettes* de Nodier ; *Indiana* de G. Sand ; *Stello* de Vigny. ◊ Le second *Faust* de Goethe couronne et résume son œuvre. ◊ *Mes prisons,* œuvre patriotique de l'Italien Silvio Pellico.

1832 Fondation du *Charivari,* le premier journal satirique illustré, témoin de l'engouement français pour la caricature (Daumier) ; portrait de *Monsieur Louis-François Bertin* par Ingres.
1832-1835 *Le Départ des volontaires* (ou *la Marseillaise*) de Rude, sculpture de l'Arc de triomphe à Paris.

1833 *Eugénie Grandet* de Balzac ; publication des *Caprices de Marianne,* comédie de Musset. ◊ *La Dame de pique,* nouvelle de Pouchkine.

1833 Hokusai peint *36 vues du mont Fuji.*

1834 Premier moteur électrique puissant. ◊ *Théorie mécanique de la chaleur* de Clapeyron. ◊ Faraday énonce les lois de l'électrolyse.

1834 Balzac écrit *le Père Goriot* et applique pour la première fois le système du retour des personnages ; *On ne badine pas avec l'amour, Lorenzaccio* et *Fantasio* de Musset ; *Volupté* de Sainte-Beuve.

1834 *Femmes d'Alger dans leur appartement,* tableau de Delacroix : la mode de l'exotisme oriental chez les romantiques. ◊ Talbot découvre le procédé de la photographie sur papier.

1834

RELIGION – PHILOSOPHIE SCIENCES HUMAINES PROBLÈMES SOCIAUX	HISTOIRE GÉNÉRALE

1835-1840 *De la démocratie en Amérique* de Tocqueville.

1835 France : attentat de Fieschi contre Louis-Philippe. ◊ Abd el-Kader bat les Français à la Macta. ◊ Argentine : début de la dictature de Rosas (jusqu'en 1852), qui pose les bases de l'État. ◊ Fondation de Melbourne qui sera (1901-1927) la première capitale de l'Australie.

1836 *Sur la différence de construction du langage dans l'humanité* de Wilhelm von Humboldt (posthume).

1836 France : tentative de soulèvement de L. N. Bonaparte à Strasbourg. ◊ Le Texas, indépendant des Espagnols. ◊ Fondation de l'Australie-Occidentale qui deviendra autonome en 1850.

1837 *Théorie de la science* de Bolzano.

1837 Victoria, reine d'Angleterre. ◊ Prise de Constantine par les Français. ◊ Soulèvement armé de centaines de partisans canadiens dans la région de Montréal.

1838 *Recherches sur les principes mathématiques de la théorie des richesses* de Cournot. ◊ *De l'organisation du travail* de L. Blanc.

1838 Émeutes ouvrières en Angleterre, pour la conquête du suffrage universel, qui sera refusé par le Parlement anglais l'année suivante. ◊ Les Anglais s'emparent du port d'Aden. ◊ Indépendance du Costa Rica et du Honduras.

1839 Espagne : fin de la guerre civile entre carlistes et libéraux. ◊ Allemagne : interdiction de faire travailler les enfants de moins de 9 ans. ◊ Chine : début de la guerre de l'Opium, prétexte à l'intervention militaire anglaise.

SCIENCES – TECHNIQUES	LITTÉRATURES	ARTS – MUSIQUE

1835 Samuel Colt invente le pistolet revolver (le « colt »).

1835 *Le Lys dans la vallée* de Balzac ; *les Chants du crépuscule* d'Hugo ; *la Nuit de mai* de Musset ; *Chatterton* de Vigny. ◊ *Contes* du Danois Andersen. ◊ *Le Journal d'un fou* de Gogol.

1835 Début du style `1835` néo-gothique en Grande-Bretagne. ◊ Turner peint deux toiles intitulées *l'Incendie du Parlement.* ◊ *Carnaval* de Schumann ; *Lucia di Lammermoor,* opéra de Donizetti, à Naples : l'archétype de l'opéra romantique.
1835-1847 Construction du palais de Justice de Lyon par L. P. Baltard.

1836 Berzelius découvre les phénomènes catalytiques.

1836 Naissance du roman-feuilleton dans la presse : Dumas, Eugène Sue, George Sand publieront dans les journaux ; *Kean* de Dumas père ; *Mademoiselle de Maupin* de Gautier ; *Confession d'un enfant du siècle* de Musset : le « mal du siècle ». ◊ *Les Aventures de M. Pickwick* de Dickens. ◊ *Le Revizor* de Gogol.

1836 Érection de l'obélisque de Louxor sur la place de la Concorde, à Paris, et inauguration de l'Arc de triomphe de l'Étoile. ◊ Mort tragique de la cantatrice adulée par les romantiques, María Malibrán.

1837 Construction du chemin de fer Paris - Saint-Germain-en-Laye.

1837 *César Birotteau* de Balzac ; *les Voix intérieures* d'Hugo. ◊ *Oliver Twist,* roman de Dickens contre les « maisons de travail » : le réalisme victorien.
1837-1843 *Illusions perdues* de Balzac.

1837 *Requiem* de Berlioz.

1838 Boucher de Perthes jette les bases de la préhistoire ; Daguerre invente le « daguerréotype ». ◊ Traversée de l'Atlantique par un *steamer* anglais (navire à vapeur, par opposition au *clipper,* navire à voile). ◊ Morse met au point le « code Morse » (ou *morse).*
1838-1839 Faraday propose une théorie unitaire de l'électricité, qui annonce la notion de champ (Maxwell).

1838 *Ruy Blas* d'Hugo.

1839 Théorie du potentiel de Gauss ; théorie cellulaire de Schwann. ◊ Vulcanisation du caoutchouc (Goodyear).

1839 *Splendeurs et misères des courtisanes* de Balzac ; *la Chartreuse de Parme* de Stendhal.

1839 Théorie de Chevreul sur les couleurs qui sera le fondement de l'impressionnisme. ◊ *Roméo et Juliette* de Berlioz ; Wagner s'installe à Paris, capitale musicale, pour essayer d'y faire jouer ses premiers opéras ; Chopin, aux Baléares avec George Sand, achève les 24 *préludes :* il est le premier compositeur à se vouer uniquement au piano. ◊ Premières photographies de la Lune.

RELIGION – PHILOSOPHIE SCIENCES HUMAINES PROBLÈMES SOCIAUX	HISTOIRE GÉNÉRALE

1840 *Le Voyage en Icarie* de Cabet : le communisme utopique. ◊ *Tableau de l'état physique et moral des ouvriers dans les fabriques de coton, de laine et de soie* de Villermé, qui sera à l'origine de la loi de 1841 sur la limitation du travail des enfants. ◊ *Qu'est-ce que la propriété ?* de Proudhon. ◊ Au Canada, l'Église franco-catholique se réorganise et devient une force sociale dont les partis politiques et la bourgeoisie anglo-canadienne tiendront compte.

1840 France : un rapport expose l'état pitoyable dans lequel se trouvent les ouvriers des filatures ; retour des cendres de Napoléon ; nouvelle tentative de soulèvement de L. N. Bonaparte à Boulogne. ◊ Bugeaud, gouverneur général de l'Algérie. ◊ Début des missions de Livingstone. ◊ États-Unis : formation d'un parti abolitionniste. ◊ Nouvelle-Zélande : un traité entre les chefs maoris et le gouvernement anglais garantit la possession des terres aux premiers ; guerre maorie (1842-1846) à la suite de la rupture de cette promesse. ◊ Canada : les deux colonies de la vallée du Saint-Laurent forment le Canada-Uni (les habitants anglophones prennent alors le nom de « Canadians »).

1841 *L'Essence du christianisme* de Feuerbach ; *les Deux Problèmes fondamentaux de la morale* de Schopenhauer ; déclin de l'influence de Hegel.
1841-1846 *Cours d'histoire de la philosophie moderne* de V. Cousin.
1842 *Manuel de philosophie moderne* de Renouvier.

1841 France : loi pour la protection du travail des enfants. ◊ Convention de Londres sur le passage des Détroits. ◊ Indépendance du Salvador. ◊ La France occupe l'île de Nossi-Bé à Madagascar, l'île de Madagascar étant fermée aux étrangers par la reine Ranavalona.

1842 Royaume-Uni : interdiction du travail féminin dans les mines. ◊ La France conquiert les îles Marquises et Tahiti. ◊ Fondation de l'Institut canadien à Montréal. ◊ Chine : traité de Nankin, qui met fin à la guerre de l'Opium et qui marque l'ouverture commerciale de la Chine à l'Occident ; cession de Hong-Kong aux Anglais.

1843 *Logique* de J. S. Mill. ◊ Début de la prédication de Mīrzā 'Alī Moḥammad, dit *le Bāb*.

1843 France : invasion et conquête de la Guinée et du Gabon. ◊ Prise de la smala d'Abd el-Kader, qui s'enfuit d'Algérie. ◊ Les Anglais annexent le Natal. ◊ Une mission catholique française s'installe en Nouvelle-Calédonie.

1844 Première tentative d'un phalanstère (en Roumanie) d'après les idées de Fourier. ◊ *Le Concept d'angoisse* de Kierkegaard. ◊ Marx publie *la Question juive* et rencontre Engels à Paris.

1844 Guerre franco-marocaine : bombardement de Tanger. ◊ Montréal devient la capitale du Canada. ◊ Chine : fondation de concessions européennes échappant à la souveraineté chinoise. ◊ L'est d'Haïti fait sécession ; indépendance de la République dominicaine. ◊ La reine Pomaré est contrainte d'accepter le protectorat français sur Tahiti.

1845 *La Situation de la classe laborieuse en Angleterre* d'Engels. ◊ *Stades sur le chemin de la vie* de Kierkegaard.

1845 Grande famine en Irlande : 1 million de morts, 8 millions d'émigrants, principalement vers les États-Unis. ◊ États-Unis : le Texas devient le 28e État.

1846 *Contradictions économiques ou la Philosophie de la misère* de Proudhon, auquel Marx répondra par *la Misère de la philosophie*. Marx et Engels rédigent *l'Idéologie allemande*. ◊ Autorisation du catholicisme en Chine, à la demande de la France.

1846 Fin de la guerre d'Algérie ; Bugeaud met en œuvre la colonisation du pays tout entier. ◊ Les Anglais soumettent le Pendjab. ◊ Régime parlementaire établi au Canada. ◊ Guerre du Mexique avec les États-Unis ; la défaite mexicaine se traduira par l'annexion du Nouveau-Mexique par les États-Unis (1848). ◊ Le traité de l'Oregon fixe la frontière entre les États-Unis et le Canada.

SCIENCES – TECHNIQUES	LITTÉRATURES	ARTS – MUSIQUE

1840 Début des engrais chimiques (Liebig). ◊ Royaume-Uni : création du timbre-poste.

1840 Balzac a l'idée de *la Comédie humaine,* qui paraîtra de 1842 à 1848 ; *les Rayons et les Ombres* d'Hugo ; *Colomba* de Mérimée. ◊ Début des *Histoires extraordinaires* de l'Américain Edgar Poe.

1840 *Prise de Constan-* **1840** *tinople par les croisés* de Delacroix. ◊ *L'Amour et la Vie d'une femme, les Amours du poète,* cycles de lieder de Schumann.
1840-1867 Construction du palais de Westminster à Londres dans un style néo-gothique.

1841 Loi de Joule sur l'énergie électrique.

1841 *Les Huit Chiens de Satomi* du Japonais Takizawa Bakin.

1842 Premières anesthésies, à l'éther. ◊ Nasmyth invente le marteau-pilon à vapeur. ◊ Mayer démontre l'équivalence entre chaleur et énergie mécanique. ◊ Découverte de l'effet Doppler.

1842 *Gaspard de la nuit* d'Aloysius Bertrand (publication posthume) : le poème en prose ; *les Mystères de Paris* d'Eugène Sue. ◊ *Les Âmes mortes* et *le Manteau* de Gogol : avec lui, le roman devient le genre dominant de la littérature russe.

1842 *Nabucco* [Nabuchodonosor], opéra de Verdi, triomphe à Milan : le chœur des Juifs exilés devient l'hymne des patriotes italiens.

1843 Premiers médicaments en comprimés. ◊ Lancement du premier transatlantique en fer et à hélice. ◊ Quaternions (nombres complexes) de Hamilton. ◊ Joule formule le principe de l'équivalence des formes de l'énergie. ◊ Loi d'Ohm sur les vibrations sonores.

1843-1851 *Voyage en Orient* de Nerval.

1843 Liszt, maître de chapelle à la cour de Weimar : il domine la vie musicale comme compositeur, chef d'orchestre et pianiste virtuose.

1844 Premier télégraphe de Baltimore à Washington. ◊ Invention des presses rotatives.

1844-1845 *Le Comte de Monte Cristo* de Dumas père. **1844-1847** *Les Trois Mousquetaires, Vingt ans après* et *le Vicomte de Bragelonne* de Dumas père.

1844 *Pluie, vapeur, vitesse,* tableau de Turner : l'étude des effets atmosphériques annonce l'impressionnisme. ◊ *Grand traité d'instrumentation et d'orchestration modernes* de Berlioz.

1845 *Carmen,* nouvelle de Mérimée. **1845-1848** L'*Histoire du Canada* de François-Xavier Garneau devient la bible idéologique des Franco-Canadiens.

1845 Début des *Salons* de Baudelaire. ◊ Viollet-le-Duc commence la restauration de Notre-Dame de Paris. ◊ *Tannhäuser,* opéra de Wagner.

1846 Le Verrier « découvre » par le calcul la planète Neptune. ◊ Krupp coule le premier canon d'acier en une seule pièce. ◊ L'Américain Elias Howe fait breveter la machine à coudre. ◊ Publication de l'œuvre mathématique d'Évariste Galois. ◊ Fondation de l'école française d'Athènes.

1846 *La Cousine Bette* de Balzac ; *le Peuple* de Michelet, « cours d'éducation nationale pour les classes populaires » ; *la Mare au diable* de G. Sand.

1846 *Les Gens de justice,* gravure de Daumier ; début de l'école de Barbizon, qui prépare l'éclosion de l'impressionnisme en renouvelant le genre du paysage. ◊ Le Français A.-J. Sax dépose un nouvel instrument, le saxophone ; *la Damnation de Faust* de Berlioz.

RELIGION – PHILOSOPHIE
SCIENCES HUMAINES
PROBLÈMES SOCIAUX

HISTOIRE GÉNÉRALE

1847-1849 Prédication de Hong Xiuquan, prophète chinois et fondateur de la secte taiping.

1847 Épidémies de choléra en Europe. ◊ France : campagne des « banquets » contre Louis-Philippe ; soumission d'Abd el-Kader et fin de la conquête d'Algérie. ◊ Suisse : guerre du Sonderbund. ◊ Angleterre : adoption de la journée de 10 heures pour les ouvriers du textile. ◊ Indépendance du Liberia. ◊ Tu Duc, empereur du Viêt-nam.

1848 *Manifeste du parti communiste* de Marx et Engels, sur l'avènement de la révolution dans la société capitaliste et le rôle du prolétariat. ◊ *Principes d'économie politique* de J. S. Mill. ◊ Flambée des nationalismes en Europe.

1848 France : révolution ; proclamation de la IIᵉ République (fév.) ; écrasement du soulèvement populaire (juin) ; Louis Napoléon Bonaparte élu président de la République (déc.). Abolition de l'esclavage dans les colonies françaises. ◊ Suisse : nouvelle Constitution. ◊ Les duchés (Schleswig, Holstein et Lauenburg) se séparent du Danemark. ◊ Révolutions nationalistes en Allemagne, Prusse, Autriche, Italie et Hongrie. ◊ Ruée vers l'or en Californie.

1849 Le pape est rétabli dans ses États sur intervention française.

1849 Proclamation de la République romaine ; appelées par le pape, les troupes françaises battent Garibaldi. ◊ Victor-Emmanuel II, roi de Sardaigne. ◊ Le Danemark devient une monarchie constitutionnelle. ◊ Kossuth, chef de l'État hongrois ; écrasement de la Hongrie par l'Autriche.

1850 *Harmonies économiques* de Frédéric Bastiat, libéraliste optimiste opposé à Malthus. ◊ Organisation d'une hiérarchie catholique en Angleterre.

1850 France : loi Falloux sur la liberté de l'enseignement. ◊ Reculade d'Olmütz : le roi de Prusse renonce à ses projets d'union restreinte de l'Allemagne du Nord. ◊ *Australian Colonies Act :* début de l'autonomie australienne.

1850

━━━ xixᵉ siècle ━━━

1851

1851 *Essai sur les fondements de nos connaissances* de Cournot. ◊ Le tsar exige le maintien de l'orthodoxie dans les Lieux saints. ◊ Massacre des prêtres chrétiens en Chine.

1851 France : coup d'État de Louis Napoléon Bonaparte ; plébiscite approuvant le coup d'État. ◊ Les anglophones forment la majorité de la population du Canada. ◊ Chine : début de la révolte des Taiping (soulèvement chinois contre la domination mandchoue). Les Anglo-Américains interviennent pour aider les Mandchous à abattre le soulèvement populaire. ◊ Ruée vers l'or en Australie (Victoria). ◊ La Nouvelle-Zélande se détache de la Nouvelle-Galles du Sud (Australie) et devient colonie anglaise autonome.

1851

SCIENCES – TECHNIQUES	LITTÉRATURES	ARTS – MUSIQUE

1847 Premier emploi chirurgical du chloroforme. ◊ Découverte de l'or en Californie. ◊ Invention de la nitroglycérine et du béton armé. ◊ Mesure de la pression artérielle. ◊ Logique formelle de De Morgan. ◊ Helmholtz énonce la loi générale de conservation de l'énergie.

1848 Échelle Kelvin (température absolue). ◊ Première carte des courants marins dressée par l'Américain Maury.

1847 *Jane Eyre* de Charlotte Brontë ; *les Hauts de Hurlevent* d'Emily Brontë ; *les Sonnets de la Portugaise* d'Elizabeth Browning.
1847-1848 *La Foire aux vanités,* roman de Thackeray.
1847-1853 *Histoire de la Révolution française* de Michelet.

1848 *La Dame aux camélias,* roman de Dumas fils.

1847 *Le Combat de* **1847** *coqs* de Gérome illustre le goût académique dans la peinture française.

1848 *Un enterrement à Ornans,* tableau de Courbet, fait scandale au Salon de 1850 et inaugure la « guerre du réalisme ». ◊ Mort de Chopin à Paris.

1849 Mise au point de la locomotive Crampton ; en 1852, elle atteindra 140 km/h sur la ligne Paris-Calais. ◊ Expérience de Fizeau sur la vitesse de la lumière.

v. 1850 Pasteur en France, Koch en Allemagne font la preuve qu'une maladie a généralement une cause spécifique.
1850 Invention des jumelles à prismes par l'Italien Porro. ◊ Découverte du procédé de soufrage de la vigne. ◊ Invention du marteau-piqueur. ◊ Premier câble sous-marin posé entre Douvres et Calais. ◊ Clausius énonce le second principe de la thermodynamique. ◊ Premières piqûres thérapeutiques. ◊ Plein essor de la navigation à voile, en particulier américaine.

1849 *La Petite Fadette* de G. Sand. ◊ *David Copperfield* de Dickens.

1850 *La Lettre écarlate* de Hawthorne, premier grand roman de la littérature américaine.

1850 *Le Semeur,* tableau de Millet. ◊ *Troisième symphonie,* dite *Symphonie rhénane,* de Schumann ; première représentation de *Lohengrin* de Wagner, sous la direction de Liszt ; *Mazeppa,* poème symphonique de Liszt.

1850

1851

1851 Expérience du pendule de Foucault. ◊ *Paradoxes de l'infini* (posthume) de Bolzano. ◊ Surfaces de Riemann en mathématiques. ◊ Première exposition universelle à Londres (libre-échange, industrie lourde). ◊ Fabrication industrielle de machines à coudre. ◊ Fondation de l'agence de presse Reuters, en Angleterre.

1851 *Un chapeau de paille d'Italie,* comédie sociale de Labiche, le maître du théâtre de boulevard sous le second Empire. ◊ *Moby Dick ou la Baleine blanche,* roman de l'Américain Melville ; *la Case de l'oncle Tom* de la romancière américaine Beecher Stowe, contre l'esclavagisme.
1851-1862 *Causeries du lundi* de Sainte-Beuve.
1851-1896 *Journal* des Goncourt.

1851 Début de la construction des Halles de Paris par V. Baltard ; inauguration du Crystal Palace à Londres à l'occasion de la première Exposition universelle. ◊ *Rigoletto,* opéra de Verdi à Venise.

1851

RELIGION – PHILOSOPHIE
SCIENCES HUMAINES
PROBLÈMES SOCIAUX

HISTOIRE GÉNÉRALE

1852 *Catéchisme positiviste* de Comte, qui se veut le premier « sociologue » et l'instaurateur d'une « religion de l'humanité ». ◇ Fondation de l'université Laval, à Québec.

1852 France : rétablissement de l'empire (second Empire) ; L. N. Bonaparte prend le nom de Napoléon III. ◇ Italie : Cavour, Premier ministre du Piémont. ◇ Indépendance du Monténégro et du Transvaal. ◇ Institution du bagne français à Cayenne, en Guyane (il sera supprimé en 1945). ◇ Chute de Rosas et constitution fédérale de la république Argentine (1853).

1853-1855 *Essai sur l'inégalité des races humaines* de Gobineau.

1853 France : Haussmann, préfet de la Seine. ◇ Occupation de la Nouvelle-Calédonie par la France, à la suite du massacre de marins français par les Kanaks, en 1850. ◇ La terre de Van Diemen devient Tasmanie.

1854 Pie IX proclame le dogme de l'Immaculée Conception ; vogue du culte de Marie, qui aboutira au dogme de l'Assomption (1950).

1854 Allemagne : interdiction de faire travailler les enfants de moins de 12 ans. ◇ Début de la guerre de Crimée entre la Russie et les Franco-Anglais (bataille de l'Alma). ◇ Traité entre le Japon et les États-Unis qui met fin à la politique d'isolement du Japon. ◇ Sénégal : Faidherbe, gouverneur. ◇ Indépendance de l'Orange (Afrique du Sud). ◇ États-Unis : formation du parti républicain.

1855 Massacre des musulmans en Chine.

1855 Russie : siège de Sébastopol ; mort de Nicolas Ier et avènement d'Alexandre II. ◇ Fondation de la Compagnie du canal de Suez. ◇ Australie : le Victoria, compris dans la Nouvelle-Galles du Sud, devient colonie autonome. ◇ Un traité partage la Nouvelle-Guinée en deux protectorats : un allemand (Kaiser Wilhelmsland) et un anglais (annexé à la Couronne en 1888).

1856 *L'Ancien Régime et la Révolution* de Tocqueville.

1856 Traité de Paris : fin de la guerre de Crimée ; l'Empire ottoman est ouvert aux banquiers européens. ◇ Début de la seconde guerre de l'Opium (jusqu'en 1860).

1857 France : attentat d'Orsini contre Napoléon III. ◇ Ottawa devient la capitale du Canada. ◇ Soumission de la Kabylie par les Français. ◇ Inde : révolte des Sipahi (soldats indigènes). ◇ Chine : occupation de Canton par les Anglais et les Français.

1858 Apparition de la Vierge à Lourdes. ◇ Fondation de l'académie thomiste.

1858 L'Inde devient colonie de la Couronne britannique ; elle est gouvernée par un vice-roi. ◇ Début de la guerre civile mexicaine. ◇ Début du creusement du canal de Suez sous la direction de Lesseps. ◇ Les puissances occidentales obtiennent du Japon des traités de commerce à leur avantage. ◇ Les Chinois cèdent aux Russes la rive gauche de l'Amour.

1858

| SCIENCES – TECHNIQUES | LITTÉRATURES | ARTS – MUSIQUE |

1852 Foucault construit le gyroscope. ◊ Premier grand magasin à Paris, le Bon Marché.

1852 *La Dame aux Camélias* de Dumas fils au théâtre ; *Émaux et camées* de Gautier ; *Poèmes antiques* de Leconte de Lisle. ◊ *Récit d'un chasseur* de Tourgueniev.

1853 Travaux de Claude Bernard sur la fonction glycogénique du foie (théorie du milieu). ◊ Début du voyage de Livingstone en Afrique.

1853 *Les Châtiments*, poèmes d'Hugo en exil à Jersey : un pamphlet virulent contre Napoléon III.

1853 Hausmann, préfet de la Seine, entreprend une politique de grands travaux à Paris. ◊ *Le Trouvère* (Rome) et *la Traviata* (Venise), opéras de Verdi ; *Sonate pour piano* de Liszt, qui achève les quinze premières *Rhapsodies hongroises.*

1854 Berthelot pose les principes de la thermochimie. ◊ Sainte-Claire Deville invente un procédé de fabrication de l'aluminium. ◊ *Algèbre* de Boole. ◊ *Sur les hypothèses qui servent de base en géométrie* de Riemann (publié en 1867).

1854 *L'Ensorcelée* de Barbey d'Aurevilly ; *les Filles de feu* de Nerval. ◊ Fondation du Félibrige.

1854 *La Rencontre* de Courbet.

v. 1855 Grâce à de nouveaux procédés, début de l'industrie de l'aluminium ; expansion de l'industrie de l'acier. ◊ Le chemin de fer apparaît en Amérique latine (Brésil), en Afrique (Égypte), en Australie. ◊ Premiers procédés de photographies en couleurs.
1855 Berthelot réalise la synthèse de l'alcool. ◊ Expérience de Foucault sur l'énergie des courants induits. ◊ Invention du convertisseur Bessemer. ◊ Procédé de fabrication des allumettes breveté par le Suédois Lundström.

1855 *La Charge de la brigade légère* de Tennyson. ◊ *Le Chant de Hiawatha* de Longfellow ; *les Feuilles d'herbe* de Whitman, chantre de l'Amérique.

1855 *L'Atelier du peintre, allégorie réelle* de Courbet, tableau-manifeste du réalisme. ◊ *Te Deum* de Berlioz ; Offenbach fonde à Paris le théâtre des Bouffes-Parisiens.

1856 Instruments de mesure de la température du corps humain. ◊ Invention des colorants synthétiques.

1856 *Les Contemplations* d'Hugo, sommet de la poésie visionnaire, centré sur l'intercession avec Léopoldine, sa fille morte (séances de spiritisme).

1856 *Les Demoiselles des bords de la Seine,* tableau de Courbet.

1857 Éclairage au gaz à Paris. ◊ Invention du papier à pâte de bois. ◊ *Théorie des fonctions abéliennes* de Riemann.
1857-1860 Kirchhoff et Bunsen réalisent l'analyse spectrale de la lumière.

1857 *Madame Bovary* de Flaubert et *les Fleurs du mal* de Baudelaire sont attaqués en justice pour immoralité ; traduction des *Histoires extraordinaires* d'Edgar Poe par Baudelaire.

1857 *Le Réalisme,* essai de Champfleury qui prône la vérité dans l'art. ◊ *L'Angélus,* tableau de Millet.

1858 Constitution de la Compagnie du canal de Suez. ◊ Premier message télégraphique à travers l'Atlantique.

1858 *Le Bossu* de Paul Féval, archétype du roman de cape et d'épée ; *le Roman de la momie* de Gautier.

RELIGION – PHILOSOPHIE
SCIENCES HUMAINES
PROBLÈMES SOCIAUX

HISTOIRE GÉNÉRALE

1859 Mort du curé d'Ars (Saint Jean-Marie Vianney). ◊ *De l'origine des espèces par voie de sélection naturelle* de Darwin ; l'évolutionnisme envahit les sciences humaines naissantes (Spencer, Morgan). ◊ *Critique de l'économie politique* de Marx.

1860 *La Civilisation de la Renaissance en Italie* de Jacob Burckhardt. ◊ Adolphe Crémieux fonde l'Alliance israélite universelle.

1859 Intervention française en Italie : victoires, contre l'Autriche, de Magenta et de Solferino ; cette bataille, particulièrement sanglante, inspire à H. Dunant l'idée de fonder la Croix-Rouge. ◊ Révolutions en Toscane, à Parme et à Modène : début de l'unité italienne. ◊ Occupation de Saigon par les Français. ◊ Le Queensland, détaché de la Nouvelle-Galles du Sud australienne, devient colonie autonome.

1860 Italie : Nice et la Savoie sont cédées par l'Italie à la France ; expédition des Mille menée par Garibaldi à Naples. ◊ États-Unis : 31,3 millions d'hab. ; sécession de la Caroline du Sud. ◊ Prise de Mexico par Juárez. ◊ Début de la conquête de l'Asie centrale par les Russes. ◊ Pékin est mis à sac par les Franco-Anglais ; la Chine cède des concessions aux Anglais. ◊ La Nouvelle-Calédonie devient colonie autonome.

1860
━━━ XIXᵉ siècle ━━━
1861

1861 *L'Utilitarisme* de J. S. Mill ; positivisme, utilitarisme et scientisme dominent l'esprit du temps.

1861 La principauté de Monaco est placée sous la protection de la France. ◊ Russie : abolition du servage. ◊ Indépendance de la Roumanie. ◊ États-Unis : Lincoln, 16ᵉ président ; 11 États du Sud se constituent en États confédérés d'Amérique ; début de la guerre de Sécession.

1862 Prusse : Bismarck, chancelier ; refus d'introduire l'Autriche dans le Zollverein. ◊ L'Annam cède la Cochinchine à la France.

1863 *Du principe fédératif* de Proudhon. ◊ *Vie de Jésus* de Renan. ◊ *Introduction aux sciences de l'esprit* de Dilthey.
1863-1872 *Dictionnaire de la langue française* de Littré.

1863 Protectorat français sur le Cambodge. ◊ Le Schleswig et le Danemark ont une Constitution commune. ◊ États-Unis : batailles de Gettysburg et de Chattanooga, dans la guerre de Sécession. ◊ Constitution fédérale des États-Unis de Colombie. ◊ Bombardement et occupation de Tamatave (l'actuelle Toamasina, à Madagascar) inaugurant un quasi-protectorat (1885) reconnu par le Royaume-Uni (1890).

1864 *La Cité antique* de Fustel de Coulanges. ◊ Par sa lettre encyclique *Quanta cura* et par le *Syllabus,* Pie IX condamne les idées modernes (rationalisme, théories sociales, etc.).

1864 France : octroi du droit de grève. ◊ Fondation de la Croix-Rouge. ◊ Fondation de la Iʳᵉ Internationale à Londres : les mouvements ouvriers commencent à s'organiser. ◊ Guerre des Duchés : la Prusse et l'Autriche envahissent le Schleswig et le Holstein. ◊ Russie : création des zemstvos. ◊ États-Unis : prise et incendie d'Atlanta ; réélection de Lincoln. ◊ Maximilien proclamé empereur du Mexique.

1864

SCIENCES – TECHNIQUES	LITTÉRATURES	ARTS – MUSIQUE

1859 Premiers puits de pétrole aux États-Unis.

1859 *La Légende des siècles* d'Hugo ; *Mireille,* poème provençal de Mistral : la renaissance culturelle des pays d'oc.

1859 En France, les **1859** photographes participent pour la première fois aux Salons. ◊ *Orphée aux enfers,* opérette d'Offenbach ; *Faust,* opéracomique de Gounod à Paris.

1860 Invention de la machine de Gramme et du moteur à explosion de Lenoir. ◊ Premier tramway à Londres. ◊ Découverte du césium par Kirchhoff et Bunsen. ◊ Début des recherches de Maxwell et Boltzmann (cinétique des gaz). ◊ Travaux de Broca sur les localisations cérébrales. ◊ *Chimie organique fondée sur la synthèse* de Berthelot.

1860 *Les Paradis artificiels* de Baudelaire : opium et haschisch ; *le Voyage de M. Perrichon* de Labiche. ◊ *Le Moulin sur la Floss* de G. Eliot.

1860

1861

1861 Four Siemens pour l'acier.
1861-1865 Guerre de Sécession aux États-Unis : utilisation des premiers cuirassés, mines et torpilles.

1862 C. Bernard découvre le rôle des nerfs vaso-moteurs. ◊ Synthèse de l'acétylène par Berthelot. ◊ Foucault mesure la vitesse de la lumière. ◊ Four Martin pour l'acier. ◊ Réfutation expérimentale, par Pasteur, de la théorie des générations spontanées.

1863 Publication posthume des travaux de Dirichlet en théorie des nombres. Début de la pasteurisation. ◊ Les applications de la recherche à l'industrie, la médecine, etc., se multiplient (fabrication de la soude). ◊ Premier phare électrique, au cap de la Hève. ◊ Première ligne de métro du monde, à Londres.

1864 Théorie électromagnétique de la lumière (théorie du champ) de Maxwell. ◊ La spectroscopie s'étend à l'univers : on découvre que la composition de la matière du Soleil et des étoiles est la même que celle de la Terre.

1861 *Le Capitaine Fracasse,* roman de cape et d'épée de Gautier. ◊ *Souvenirs de la maison des morts* de Dostoïevski, écrit à son retour de prison.

1862 *Salammbô* de Flaubert ; *Dominique,* roman d'analyse psychologique de Fromentin ; *les Misérables* d'Hugo : le courant humanitaire et social du romantisme ; *Poèmes barbares* de Leconte de Lisle ; *Cinq semaines en ballon* de J. Verne.

1863-1869 *Guerre et Paix* de Tolstoï.
1863-1870 *Nouveaux lundis* de Sainte-Beuve.

1864 *Les Malheurs de Sophie* de la comtesse de Ségur ; *Voyage au centre de la Terre* de J. Verne : les prémices de la sciencefiction ; publication posthume des *Destinées* de Vigny.

1861 *La Lutte de Jacob avec l'Ange,* testament spirituel de Delacroix en peinture. ◊ Pasdeloup donne au Cirque d'hiver les premiers « concerts populaires ».

1862 Ch. Garnier commence l'Opéra de Paris (achevé en 1875) dans le style éclectique du second Empire. ◊ *Le Bain turc,* tableau d'Ingres ; manifeste des peintres français contre la photographie ; *Ugolin et ses fils,* sculpture de Carpeaux. ◊ Köchel établit le *Catalogue chronologique et thématique des œuvres complètes* de Mozart.

1863 Premier Salon des refusés à Paris (les exclus du Salon officiel) : le premier d'une suite de Salons « parallèles » qui servent de manifestes aux écoles nouvelles ; Manet provoque un scandale avec le *Déjeuner sur l'herbe.* ◊ *Les Troyens,* poème lyrique de Berlioz.

1864 *L'Homme au nez cassé,* sculpture de Rodin. ◊ *La Belle Hélène,* opérette d'Offenbach ; *Mireille,* opéra de Gounod.

1864

| RELIGION – PHILOSOPHIE SCIENCES HUMAINES PROBLÈMES SOCIAUX | HISTOIRE GÉNÉRALE |

1865 En France, fondation de la Ligue de l'enseignement, instrument de lutte pour la laïcité.

1865 Irlande : arrestation des chefs du Mouvement fenian (société secrète pour l'indépendance irlandaise). ◊ Les Russes occupent Tachkent. ◊ États-Unis : capitulation des États du Sud, abolition de l'esclavage ; assassinat de Lincoln. ◊ Début de la guerre entre le Paraguay, d'une part, et le Brésil, l'Argentine et l'Uruguay, de l'autre (jusqu'en 1870).

1866-1876 *Grand dictionnaire universel du XIXᵉ siècle* de Pierre Larousse.

1866 Guerre austro-prussienne : victoire prussienne à Sadowa, fin de l'influence autrichienne sur l'Allemagne. ◊ Paix de Prague : le Schleswig-Holstein devient province prussienne. ◊ États-Unis : l'égalité civile est accordée aux Noirs ; fondation du Ku Klux Klan, mouvement raciste violent.

1867 Garibaldi envahit l'État pontifical. ◊ Livre premier du *Capital* de Marx ; les sciences économiques, sociales et politiques se développent considérablement v. 1870.

1867 Début de la monarchie austro-hongroise. ◊ Buda devient capitale de la Hongrie. ◊ Échec de la politique française au Mexique : exécution de Maximilien à Querétaro. ◊ Les colonies de l'Amérique du Nord britannique s'entendent pour former la Confédération du Canada (provinces d'Ontario, Québec, Nouveau-Brunswick, Nouvelle-Écosse) ; le Canada, premier dominion britannique, obtient l'autonomie interne. ◊ Les États-Unis achètent l'Alaska à la Russie. ◊ Japon : abdication du dernier shogun.

1868 Premier congrès des Trade Unions, syndicats ouvriers britanniques. ◊ Début de l'ère Meiji au Japon : idéologie nationaliste, qui tend à dissocier le shintoïsme du bouddhisme et à supprimer l'influence des religions « étrangères ».

1868 Prise de Samarkand par les Russes. ◊ Début de l'ère Meiji au Japon : modernisation du pays.

1869 *La Science de la morale* de Renouvier.

1869 France : retour au parlementarisme. ◊ Inauguration du canal de Suez.

SCIENCES – TECHNIQUES

1865 Berthelot invente le calorimètre. ◊ Le moine tchèque Mendel énonce les lois de l'hérédité en botanique ; leur redécouverte (v. 1900) donnera naissance à la génétique. ◊ Mise en service du premier wagon-lit Pullman. ◊ *Introduction à l'étude de la médecine expérimentale* de C. Bernard.

1866 Premier câble transatlantique.

1867 Mise au point de la dynamite par Nobel, du béton armé, du frigorifique. ◊ Lister impose le traitement antiseptique des blessures.

1868 Découverte de l'hélium dans l'atmosphère solaire.

1869 Début de l'exploitation de la houille blanche. ◊ Théorie de Maxwell sur l'électricité. ◊ Invention du Celluloïd par l'Américain Hyatt. ◊ Dynamo de Gramme. ◊ Premier chemin de fer traversant les États-Unis d'un océan à l'autre ; sa construction a joué un rôle important dans la « conquête de l'Ouest ». ◊ *Classification périodique des éléments* de Mendeleïev (chimie).

LITTÉRATURES

1865 *Alice au pays des merveilles* de Lewis Carroll.

1866 *Le Parnasse contemporain*, recueil des poètes « parnassiens » en réaction contre le romantisme ; *Poèmes saturniens* de Verlaine. ◊ *La Légende et les Aventures d'Ulenspiegel et de Lamme Goedzak* de De Coster, premier chef-d'œuvre de la littérature belge francophone. ◊ *Crime et châtiment*, roman de Dostoïevski antiréaliste et visionnaire.

1867 *Peer Gynt*, pièce du Norvégien Ibsen.

1868 *Le Petit Chose* de A. Daudet. ◊ *L'Idiot* de Dostoïevski.

1869 *L'Éducation sentimentale* de Flaubert ; *les Chants de Maldoror* de Lautréamont ; *les Fêtes galantes* de Verlaine. ◊ *Le Saint Graal* de Tennyson.

ARTS – MUSIQUE

v. 1865 Naissance du **1865** jazz dans le delta du Mississippi : blues, chants de travail, orchestres populaires.
1865 Le « scandale Manet » se poursuit avec l'exposition d'*Olympia* (1863) ; *le Déjeuner sur l'herbe*, tableau de Monet, est critiqué par Courbet ; *Beata Beatrix*, tableau de D. G. Rossetti ; essai de Proudhon « sur la destination sociale de l'art ». ◊ Première représentation de *Tristan et Isolde*, drame musical de Wagner.

1866 G. Doré illustre la Bible. ◊ *La Vie parisienne*, opérette d'Offenbach ; *la Fiancée vendue* de Smetana : l'opéra national tchèque.
1866-1871 Construction de l'église Saint-Augustin à Paris, par L. Baltard.

1867 Début de l'influence du Japon sur l'art français. ◊ Fondation du groupe des Cinq, donnant une école nationale de musique à la Russie ; *Roméo et Juliette*, opéra de Gounod.

1868 *La Périchole*, opérette d'Offenbach ; *l'Or du Rhin* et *les Maîtres chanteurs*, opéras de Wagner ; *Messe n° 3* de Bruckner.

1869 *La Danse*, sculpture de Carpeaux.

1870 *De l'intelligence* de Taine.
◊ Annexion de Rome et des États pontificaux au royaume d'Italie. ◊ Pie IX excommunie Victor-Emmanuel II. ◊ Concile Vatican I (ouvert en 1869) : dogme de l'infaillibilité pontificale. ◊ Aux États-Unis, naissance des témoins de Jéhovah.

1870 Guerre franco-allemande : capitulation de Sedan ; Napoléon III, prisonnier ; proclamation de la IIIᵉ République sur l'initiative de Gambetta ; siège de Paris. ◊ Royaume-Uni : création du Home Rule pour obtenir l'autonomie de l'Irlande. ◊ Russie : création des doumas. ◊ Chine : massacre d'Européens à Tianjin (Tientsin).

1870

xIxᵉ siècle

1871

1871 Début du « Kulturkampf » de Bismarck (jusqu'en 1878) contre les catholiques allemands et le Vatican. ◊ *La Réforme intellectuelle et morale* de Renan. ◊ *Théorie de l'économie politique* de Jevons. ◊ *Principes d'économie politique* de Menger.
1872 *La Naissance de la tragédie,* premier ouvrage de Nietzsche.

1871 Traité de Francfort : la France perd l'Alsace et une partie de la Lorraine. ◊ Proclamation de l'Empire allemand, à Versailles, dans la galerie des Glaces. ◊ Prise de pouvoir de la Commune ; le gouvernement de Thiers se réfugie à Versailles ; écrasement de la Commune par les troupes versaillaises (« semaine sanglante ») ; Thiers nommé président de la République. ◊ La Colombie britannique se joint à la Fédération canadienne.
1872 Espagne : reprise des guerres carlistes. ◊ États-Unis : amnistie des sudistes. ◊ Japon : suppression de la féodalité ; le service militaire et l'enseignement deviennent obligatoires.

1873 Le Parlement français, à majorité monarchiste et catholique, décide l'érection de la basilique du Sacré-Cœur pour expier les fautes de la nation. *Histoire de France* de Guizot. ◊ *Étatisme et anarchie* de Bakounine ; mouvements anarchistes et révolutionnaires en Europe, nihilisme et populisme en Russie, organisation des mouvements socialistes. ◊ *Psychologie du point de vue empirique* de Brentano. ◊ Abolition des édits contre les chrétiens au Japon.

1874 Pie IX interdit aux catholiques italiens de participer à la vie politique.
1874-1877 *Éléments d'économie politique* de Walras.

1873 Début d'une crise économique mondiale. ◊ En France, après l'échec de la restauration monarchique, Mac-Mahon devient président ; les troupes allemandes évacuent la France. ◊ Espagne : proclamation de la république (elle dure 11 mois). ◊ Hongrie : Buda est rattachée à Pest (Budapest).

1874 France : loi sur le travail des enfants (pas avant 12 ans et pas plus de 12 heures). ◊ Royaume-Uni : ministère Disraeli. ◊ Espagne : répression sanglante de la révolution ; Alphonse XII, roi. ◊ Suisse : promulgation de la Constitution actuellement en vigueur. ◊ Les Anglais annexent les îles Fidji.

| SCIENCES – TECHNIQUES | LITTÉRATURES | ARTS – MUSIQUE |

v. 1870 Le chemin de fer atteint son plein rendement en Europe et en Amérique ; rail en acier, signalisation électrique, avant le frein à air comprimé (inventé en 1872). ◊ Progrès de la navigation à vapeur.
1870 Équation de Van der Waals en chimie. ◊ Fondation de la Standard Oil par Rockefeller.

1870 Premières représentations de *la Walkyrie,* opéra de Wagner, et de *Coppélia,* ballet de L. Delibes. **1870**

1870

1871

1871 Première expédition de Stanley en Afrique. ◊ L'Allemand Schliemann découvre le site présumé de Troie. ◊ *La Descendance de l'homme* de Darwin.

1871 Rimbaud écrit *le Bateau ivre* et la *Lettre du voyant ;* début des *Rougon-Macquart* de Zola (jusqu'en 1893) : le naturalisme, une nouvelle esthétique romanesque.

1871 *Aïda,* opéra de Verdi pour l'inauguration de l'Opéra du Caire.

1872 Percement du tunnel du Saint-Gothard. ◊ Fondation du Bureau international des Poids et Mesures. ◊ Travaux de Cantor et Dedekind sur les nombres irrationnels ; début de la correspondance entre les deux mathématiciens, d'où sortira la théorie des ensembles. ◊ Arithmétique de Weierstrass. ◊ « Programme d'Erlangen » de Klein. ◊ Invention du chewing-gum.

1872 *Impression, soleil levant* de Monet, tableau-manifeste de ce qu'on appelle par moquerie l'« impressionnisme ».

1873 Premières machines à écrire. ◊ Voiture à vapeur d'Amédée. ◊ Hermite établit la transcendance du nombre *e.* ◊ Début de la construction du chemin de fer transcontinental de Vancouver à Montréal, le *Pacifique canadien* (achevé en 1885).

1873 *Contes du lundi* de Daudet ; *Une saison en enfer* de Rimbaud ; *le Tour du monde en 80 jours* de J. Verne.
1873-1877 *Anna Karénine* de Tolstoï : chronique d'une passion inspirée par un fait divers.

1873 *La Maison du pendu,* tableau de Cézanne.

1874 Développement de la stéréochimie (Van't Hoff, Le Bel).

1874 *Les Diaboliques,* nouvelles de Barbey d'Aurevilly : l'imagination fantastique ; *les Illuminations* de Rimbaud ; *Romances sans paroles* de Verlaine.

1874 Première exposition des peintres impressionnistes à l'atelier de Nadar (Cézanne, Degas, Monet, B. Morisot, Pissarro, Sisley). ◊ Saint-Saëns compose sa *Danse macabre ;* Moussorgski compose *Tableaux d'une exposition* et *Boris Godounov,* « drame musical populaire » d'après Pouchkine, joué à Saint-Pétersbourg : le chœur (le peuple) y est essentiel.

1874

RELIGION – PHILOSOPHIE
SCIENCES HUMAINES
PROBLÈMES SOCIAUX

HISTOIRE GÉNÉRALE

1875 En Inde, les mouvements nationalistes s'appuient sur l'hindouisme. ◊ *L'Homme criminel* de Lombroso. ◊ Création de l'Alliance réformée mondiale : mouvement d'union des églises protestantes.
1876 Premier volume des *Origines de la France contemporaine* de Taine. ◊ Fondation de l'École française de Rome.

1875 France : amendement Wallon (« acte de baptême » de la IIIe République). ◊ Savorgnan de Brazza au Congo. ◊ L'Angleterre achète au khédive ses actions du canal de Suez.

1876 Dissolution de la Ire Internationale. ◊ Russie : fondation du mouvement « Terre et Liberté ». ◊ Victoria, impératrice des Indes.

1877 *Revue sommaire des doctrines économiques* de Cournot ; *les Évangiles* de Renan.

1877 États-Unis : interdiction du Ku Klux Klan. ◊ Mexique : début de la dictature de Porfirio Díaz. ◊ Les Anglais annexent le Transvaal. ◊ Japon : la dernière révolte des samouraïs contre la modernisation du pays est écrasée à Kagoshima.

1878 *La Science expérimentale* de C. Bernard. ◊ Fondation de l'Armée du Salut. ◊ Allemagne : fin du « Kulturkampf » ; *Humain trop humain,* de Nietzsche ; *Anti-Dühring* d'Engels. ◊ Élection du pape Léon XIII : renouveau du thomisme, doctrine sociale.
1879 Wundt crée le premier laboratoire de psychologie, à Leipzig ; les sciences humaines se substituent peu à peu à la philosophie dans de nombreux domaines.
1880 Décrets contre les congrégations, en France, et enseignement primaire obligatoire.

1878 Traité de San Stefano : démembrement de la Turquie et établissement de l'influence russe sur les Balkans (indépendance de la Serbie). ◊ Révolte kanake en Nouvelle-Calédonie.

1879 France : démission de Mac-Mahon ; Jules Grévy, président. ◊ F. de Lesseps fonde la Compagnie du canal de Panama. ◊ Afrique du Sud : victoire anglaise sur les Cafres zoulous.

1880 France : le 14-Juillet devient fête nationale. ◊ Royaume-Uni : Gladstone succède à Disraeli. ◊ Afrique du Sud : soulèvement des Boers contre l'Angleterre. ◊ Tahiti et les îles Tuamotu deviennent colonies françaises.
1880-1882 France : lois scolaires de Jules Ferry.

1880

■■■■■ xixe siècle ■■■■■

1881

1881 *Anthropologie* de Tylor. ◊ *Aurore* de Nietzsche. ◊ Russie : nombreux et importants pogroms contre les juifs.

1881 France : protectorat français sur la Tunisie. ◊ Russie : assassinat du tsar Alexandre II par des anarchistes ; avènement d'Alexandre III. ◊ Soudan : début de la propagande du Mahdī. ◊ Paix anglo-boer de Pretoria.

1881

SCIENCES – TECHNIQUES	LITTÉRATURES	ARTS – MUSIQUE

1875 Mise au point des ferro-alliages ; mécanisation de l'agriculture (moissonneuse-lieuse). ◊ Découverte des chromosomes.

1875 *Le Pont d'Argenteuil* de Monet. ◊ *Carmen,* opéra de Bizet d'après Mérimée, est sifflé à Paris ; mort de Bizet ; naissance de Ravel.

1875

1876 Fondation de l'École française de Rome. ◊ Premier navire frigorifique. ◊ Mise au point du moteur à explosion, par Otto, d'après le cycle de Beau de Rochas ; l'automobile entre progressivement dans l'âge industriel. ◊ Invention du téléphone par Graham Bell.

1876 *Prélude à l'après-midi d'un faune,* poème de Mallarmé ; *Michel Strogoff* de J. Verne. ◊ *Les Aventures de Tom Sawyer* de Mark Twain.

1876 Puvis de Chavannes commence les fresques du Panthéon. ◊ *L'Absinthe,* tableau de Degas ; *le Moulin de la Galette,* tableau de Renoir ; *Inondation à Port-Marly,* tableau de Sisley ; *l'Âge d'airain,* sculpture de Rodin. ◊ Inauguration du théâtre de Bayreuth, conçu par Wagner, avec la *Tétralogie* (4 opéras ou « journées ») ; *Peer Gynt,* opéra de Grieg (d'après Ibsen).

1877 Premier emploi de wagons frigorifiques. ◊ Boltzmann exprime l'entropie en termes de probabilités. ◊ Invention du phonographe et du microphone (Edison).

1877 *Trois contes* de Flaubert ; grand succès de *l'Assommoir* de Zola.

1877 *Nana,* tableau de Manet ; début de la série des *Gare Saint-Lazare* de Monet : étude systématique de la lumière. ◊ Présentation à Paris de l'opéra de Saint-Saëns, *Samson et Dalila ;* première représentation du *Lac des cygnes,* ballet de Tchaïkovski.

1878 Découverte des enzymes nécessaires à l'organisme ; procédé de fabrication de la fonte avec des minerais phosphoreux. ◊ Première utilisation de la houille blanche par Bergès ; invention du principe de la liquéfaction des gaz (Cailletet).

1878 Swinburne écrit ses poèmes.

1878 *Saint Jean-Baptiste,* sculpture fondatrice de la notoriété de Rodin.

1879 Pasteur découvre le principe des vaccins. ◊ Edison invente l'ampoule électrique (lampe à filament).

1879 *L'Enfant,* roman autobiographique de Jules Vallès. ◊ Publication posthume de *Woyzeck,* drame de Büchner. ◊ *Maison de poupée* d'Ibsen.

1879 *Le Triomphe de la république,* groupe sculpté de Dalou pour la place de la Nation à Paris (1899).

1880 Premières photos astronomiques. ◊ Invention de la bicyclette. ◊ Travaux d'analyse de Poincaré. ◊ Eberth découvre le bacille de la typhoïde. ◊ Premières plaques sèches pour photographie d'Eastman.

1880 *Boule de suif* de Maupassant. ◊ *Les Frères Karamazov* de Dostoïevski.

1880 *La Naissance de Vénus,* tableau de Bouguereau : le nu académique ; Rodin commence *la Porte de l'enfer* (inachevée) et sculpte *le Penseur ; l'Escalier d'or* de Burne-Jones annonce l'art nouveau ; *l'Île des morts,* tableau de Böcklin proche du symbolisme allemand. ◊ *Rhapsodies hongroises* et la *Rhapsodie espagnole* de Liszt.

1880

1881

1881 Adoption d'unités de mesure universelles pour l'électricité ; les progrès de la mesure conditionnent ceux des sciences fondamentales. ◊ Première exposition internationale d'électricité à Paris. ◊ Premiers tramways électriques à Berlin.

1881 Publication posthume de *Bouvard et Pécuchet* de Flaubert ; *le Crime de Sylvestre Bonnard* de A. France ; *le Roman d'un spahi* de Loti : l'attrait de l'Orient ; *Sagesse* de Verlaine.

1881 *Le Déjeuner des canotiers,* tableau de Renoir. ◊ *Hérodiade,* opéra de Massenet ; *les Contes d'Hoffmann,* opéra-comique d'Offenbach (représenté après sa mort).

1881

| RELIGION – PHILOSOPHIE SCIENCES HUMAINES PROBLÈMES SOCIAUX | HISTOIRE GÉNÉRALE |

1882 *Le Gai Savoir* de Nietzsche.
◊ Expulsion des juifs de Russie.
◊ Première immigration juive en Palestine.

1882 Conclusion de la Triplice (Allemagne, Autriche, Italie). ◊ Protectorat anglais sur l'Égypte ; les Anglais occupent Le Caire. ◊ L'expédition française au Tonkin provoque un conflit franco-chinois (jusqu'en 1885).

1883 Fondation de la Fabian Society.
1883-1885 *Ainsi parlait Zarathoustra* de Nietzsche.

1883 Plekhanov fonde le parti marxiste russe « Libération du travail ». ◊ Les mahdistes battent les Anglo-Égyptiens et demeurent les maîtres du Soudan. ◊ Les Français occupent Madagascar.

1884 *L'Origine de la famille, de la propriété privée et de l'État* d'Engels.

1884 France : nombreuses grèves, notamment aux mines d'Anzin ; loi Waldeck-Rousseau sur les syndicats. ◊ Fondation de la colonie du Sud-Ouest africain allemand.

1885 France : réélection de Jules Grévy. ◊ Soudan : prise de Khartoum par le Mahdī ; mort de Gordon Pacha. ◊ Inde : fondation du Congrès national indien. ◊ Accords coloniaux de Berlin : Tonkin et Madagascar à la France, Afrique orientale à l'Allemagne et création de l'État du Congo (sous souveraineté belge). ◊ Accord sino-japonais sur la Corée. ◊ Les cinq archipels de l'actuelle Polynésie française deviennent « Établissements français d'Océanie » ; ils entreront dans l'Union française (1946) et deviendront territoire d'outre-mer.

1886 En France, conversion au catholicisme de Claudel et de Charles de Foucauld. *La France juive* de Drumont : vague d'antisémitisme qui culminera avec l'affaire Dreyfus (1894-1906). ◊ *Par-delà le bien et le mal* de Nietzsche.

1886 France : Boulanger, ministre de la Guerre. ◊ Achèvement du *Transcontinental Canadian Pacific*. ◊ Annexion de la Birmanie par les Anglais, qui en font une province indienne.

1887-1893 *Histoire du peuple d'Israël* de Renan.

1887 France : Sadi Carnot, président ; la France compte alors 38,5 millions d'hab. ; affaire Schnæbelé : Boulanger écarté du ministère de la Guerre. ◊ Ferdinand de Saxe-Cobourg, prince de Bulgarie. ◊ Première conférence du Commonwealth britannique.

1888 Nietzsche écrit ses dernières œuvres, dont *Ecce Homo* et le *Crépuscule des idoles* ; après sa mort (1900), sa sœur publiera *la Volonté de puissance*.

1888 France : lancement du premier emprunt russe. ◊ Guillaume II, empereur d'Allemagne. ◊ Brésil : abolition de l'esclavage. ◊ L'île de Pâques, célèbre par ses mégalithes, devient possession chilienne.

SCIENCES – TECHNIQUES	LITTÉRATURES	ARTS – MUSIQUE

1882 Découverte du bacille de la tuberculose par l'Allemand Koch, qui développe les techniques de prophylaxie. ◊ Première centrale électrique à New York.

1883 Transport d'électricité à longue distance ; mise au point de fibres synthétiques (la rayonne). ◊ *Mécanique* de Mach. ◊ Premier gratte-ciel à structure métallique, à Chicago.

1884 Pour l'imprimerie, mécanisation de la composition. ◊ Soie artificielle mise au point par Chardonnet ; ballon dirigeable des frères Renard. ◊ *Leçons sur les maladies du système nerveux* de Charcot. ◊ *Les Fondements de l'arithmétique* de Frege. ◊ Fusil automatique de Maxim.
1885 Début de l'électrométallurgie. ◊ Première inoculation du vaccin antirabique par Pasteur, qui développe les techniques de vaccination. ◊ Première automobile de Benz.

1883 *Contes cruels* de Villiers de L'Isle-Adam ; *Au bonheur des dames* de Zola ; *Une vie* de Maupassant. ◊ *L'Île au trésor* de Stevenson : succès du roman d'aventure.

1884 *À rebours* de Huysmans : le héros décadent ; *Poèmes tragiques* de Leconte de Lisle ; Verlaine révèle dans *les Poètes maudits* des œuvres inconnues de Mallarmé, Rimbaud, Corbière, Cros. ◊ *Le Canard sauvage*, pièce d'Ibsen. ◊ *Les Aventures de Huckleberry Finn* de Mark Twain.
1885 *Bel-Ami* de Maupassant ; *Germinal* de Zola dépasse les 100 000 exemplaires vendus : le livre est devenu un objet de consommation.

1882 *Le Bar des Folies-Bergère*, tableau de Manet. ◊ *Parsifal* de Wagner, à Bayreuth ; *Namouna*, ballet de E. Lalo, qui annonce les ballets de Diaghilev.
1883 L'architecte catalan Gaudí commence l'église de la *Sagrada Familia* à Barcelone (inachevée). ◊ Début de la série des *Masques* du Belge Ensor, annonciatrice de l'expressionnisme. ◊ *Lakmé*, opéra-comique de Delibes ; mort de Wagner.
1884 Premier Salon des indépendants à Paris. ◊ *Les Repasseuses* et la série des *Femmes à leur toilette* (pastels de Degas) ; *un Dimanche d'été à la Grande-Jatte*, tableau de Seurat, manifeste du néo-impressionnisme, montré à la dernière exposition des impressionnistes (1886). ◊ *Manon*, opéra de Massenet.
1885 *Le Golfe de Marseille vu de l'Estaque* de Cézanne ; *Après le bain* de Degas ; *les Mangeurs de pommes de terre*, l'une des premières œuvres de Van Gogh.

1886 Découverte du fluor. ◊ Héroult invente la fabrication électrolytique de l'aluminium. ◊ Hertz découvre les ondes électromagnétiques.

1887 Invention de la linotype. ◊ Gramophone de Berliner. ◊ Expériences de Michelson et de Morley sur l'existence de l'éther, milieu subtil de la lumière : leur résultat négatif va déterminer les recherches d'Einstein sur la relativité.
1887-1893 Confirmation expérimentale des équations de Maxwell par Hertz.
1888 Découverte de l'effet photo-électrique. ◊ Inauguration de l'Institut Pasteur. ◊ Dunlop invente le pneumatique. ◊ Mise sur le marché du premier Kodak par Eastman. ◊ *Les nombres, que sont-ils et à quoi servent-ils ?* de Dedekind. ◊ Théorie des groupes de Lie. ◊ Tesla invente l'alternateur.

1886 Manifeste du symbolisme de Jean Moréas. ◊ *Les Gaietés de l'escadron* de Courteline ; *Pêcheur d'Islande* de Loti ; *Manifeste symboliste* de Moréas : l'acte de naissance du symbolisme ; publication posthume des *Illuminations* de Rimbaud. ◊ *Les Bostoniennes* de Henry James.
1887 Le romancier anglais Conan Doyle crée le personnage de Sherlock Holmes.
1887-1910 *Le Journal* de J. Renard.

1888 *Ubu-Roi* de A. Jarry.

1886 Inauguration, à New York, de *la Liberté éclairant le monde*, sculpture de Bartholdi ; *le Baiser* et *les Bourgeois de Calais*, sculptures de Rodin.

1887 *Les Baigneuses* de Renoir ; formation du groupe des nabis. ◊ *Le Requiem* de Fauré ; *le Carnaval des animaux* de Saint-Saëns ; *Otello*, opéra de Verdi.

1888 *Les Tournesols* de Van Gogh. ◊ *Schéhérazade*, suite symphonique de Rimski-Korsakov.

RELIGION – PHILOSOPHIE
SCIENCES HUMAINES
PROBLÈMES SOCIAUX

HISTOIRE GÉNÉRALE

1889 *Essai sur les données immédiates de la conscience* de Bergson. ◊ *La Russie et l'Église universelle* de V. S. Soloviev.

1889 France : le général Boulanger, dont la Ligue attaque violemment le régime parlementaire, est condamné. ◊ Italie : protectorat sur l'Abyssinie, annexion de la Somalie ; émigration importante. ◊ Fondation de la IIe Internationale. ◊ Drame de Mayerling. ◊ Première conférence panaméricaine à Washington. ◊ Révolution au Brésil : chute de l'empereur. ◊ Cecil Rhodes reçoit la concession du Bechuanaland et de la Rhodésie.
1889-1893 France : scandale de Panama.

1890 Renan publie *l'Avenir de la science,* qu'il avait écrit en 1849. ◊ *Les Principes de la psychologie* de W. James. ◊ En Allemagne, développement du néo-kantisme.
1890-1907 *Principes d'économie politique* de Marshall.

1890 Allemagne : Kautsky fonde le parti social-démocrate allemand (nouveau nom du parti des ouvriers socialistes fondé en 1875). Renvoi de Bismarck. ◊ Séparation des Pays-Bas et du Luxembourg. ◊ L'Australie-Occidentale devient colonie autonome.

1890
━━━━━━ xixe siècle ━━━━━━
1891

1891 L'encyclique *Rerum novarum* condamne les mouvements sociaux et progressistes et leur oppose l'État corporatif chrétien.
1891-1892 Articles de Frege : « Fonction et concept », « Sens et dénotation » (fondant en logique ce que Bréal va appeler la « sémantique »).

1891 France : grève et incidents à Fourmies. ◊ Fondation du Bureau international de la Paix, à Berne. ◊ Accord diplomatique franco-russe. ◊ Russie : début de la construction du transsibérien. ◊ Par une révolution, le Brésil devient une république fédérale.

1892 France : loi sur le travail des enfants (de 13 à 16 ans 10 heures par jour, de 16 à 18 ans 11 heures par jour) ; tarif protectionniste Méline. ◊ Fondation du parti socialiste italien. ◊ Le Dahomey devient protectorat français. ◊ José Rizal fonde la *Liga Filipina,* nationaliste.

1893 *De la division du travail social* de Durkheim ; *la Société mourante et l'Anarchie* de J. Grave.

1893 France : procès de Lesseps dans le scandale de Panama. ◊ Alliance franco-russe. ◊ La Côte-d'Ivoire et la Guinée deviennent colonies françaises. ◊ Afrique du Sud : échec du soulèvement zoulou contre l'Angleterre. ◊ La Nouvelle-Zélande est le premier pays à accorder le droit de vote aux femmes.

1893

SCIENCES – TECHNIQUES	LITTÉRATURES	ARTS – MUSIQUE

1889 La tour Eiffel, manifeste de la maîtrise de l'acier par les architectes et les ingénieurs du bâtiment ; brevet de Dion pour le moteur à explosion. ◊ Naissance de l'endocrinologie (le terme *hormone* n'apparaît, en anglais, qu'en 1904). ◊ Première automobile de Daimler.

1889 *Le Disciple* de P. Bourget. ◊ *La Princesse Maleine* de Maeterlinck.

1889 Construction de **1889** la tour Eiffel par G. Eiffel, pour l'Exposition universelle de Paris : point culminant de l'architecture du « siècle de fer ». ◊ Fresques de la Sorbonne et de l'hôtel de ville de Paris, par Puvis de Chavannes ; *Autoportrait avec pipe et oreille bandée* de Van Gogh ; première exposition des peintres symbolistes à Paris.

1890 Invention de la fermeture « Éclair » ; *Éole*, appareil volant appelé « l'Avion » par Clément Ader ; Branly invente le radioconducteur. ◊ Sérum contre la diphtérie mis au point par von Behring. ◊ Première plate-forme de forage pétrolier en mer (« off shore »), en Californie.
1890-1900 Série d'inventions qui aboutissent à la télégraphie sans fil (Branly, Hertz, Marconi, Popov).

1890 Publication de la première version de *Tête d'or* de Claudel ; *la Bête humaine* de Zola. ◊ *La Faim* du Norvégien Knut Hamsun. ◊ Publication posthume des poèmes de l'Américaine Emily Dickinson.

v. 1890 Début de l'art nouveau ou modern style. ◊ Apogée du théâtre réaliste (Ibsen, Shaw, Strindberg, Tchekhov...).
1890 *Le Champ de blé aux corbeaux* de Van Gogh. ◊ *Cavalleria Rusticana* de Mascagni, à Rome : le premier opéra « vériste » (équivalent italien de « naturalisme ») ; *le Prince Igor*, opéra de Borodine.

1891 Kinétoscope d'Edison, ancêtre du cinéma.
1891-1916 En Russie, construction du chemin de fer transsibérien.

1891 *Bonheur* de Verlaine. ◊ *Le Portrait de Dorian Gray*, roman d'Oscar Wilde.

1891 *Moulin-Rouge - la Goulue*, affiche de Toulouse-Lautrec. ◊ Tchaïkovski inaugure Carnegie Hall, salle de concert à New York.

1892 Brevet Michelin du pneu démontable. ◊ Brevet du moteur Diesel. ◊ Hypothèse de Lorentz sur la contraction des corps en mouvement.
1892-1899 *Mécanique céleste* de Poincaré ; sa solution du problème des trois corps (1889) marque le début d'une physique qualitative, critique des méthodes quantitatives du déterminisme classique.

1892 *Pelléas et Mélisande*, drame symboliste du Belge Maeterlinck.

1892 *Werther*, opéra de Massenet, d'après Goethe, à Vienne ; *Casse-Noisette*, ballet de Tchaïkovski.

1893 Mise au point de l'aspirine.

1893 *Les Trophées* de Heredia ; Mallarmé : *Vers et prose*.

1893 L'hôtel Tassel par Horta, à Bruxelles : le style art nouveau. ◊ *Le Cri* par le peintre norvégien E. Munch. ◊ La *Symphonie pathétique* de Tchaïkovski ; *Falstaff*, opéra-bouffe : la dernière œuvre de Verdi.

| RELIGION – PHILOSOPHIE SCIENCES HUMAINES PROBLÈMES SOCIAUX | HISTOIRE GÉNÉRALE |

1894 Naissance du Sillon, mouvement catholique dont Marc Sangnier prendra la direction en 1899. ◊ *Le Monde de l'esprit* de Dilthey.

1894 France : assassinat du président Sadi Carnot ; Jean Casimir-Perier, président. Condamnation de Dreyfus. ◊ Russie : mort d'Alexandre III ; avènement de Nicolas II. ◊ Répression turque de la résistance arménienne (massacres) jusqu'en 1896. ◊ Guerre sino-japonaise : prise de Taïwan par les Japonais.

1895 *La Psychologie des foules* de Gustave Le Bon. *Les Règles de la méthode sociologique* de Durkheim. ◊ *Études sur l'hystérie* de Freud et Breuer.

1895 France : fondation de la Confédération générale du travail ; démission de Casimir-Perier ; Félix Faure, président. ◊ Massacre des Arméniens de Constantinople. ◊ Guerre des Antilles : les Philippines et Cuba se soulèvent contre les Espagnols avec l'aide des États-Unis (défaite des Espagnols en 1898). ◊ Création de l'Afrique-Occidentale française. ◊ Le traité de Shimonoseki consacre la défaite chinoise face au Japon.

1896 *Matière et mémoire* de Bergson ; *Philosophie analytique de l'histoire* de Renouvier ; *Psychologie des sentiments* de T. Ribot. ◊ *L'État juif* de Herzl.
1896-1897 *Cours d'économie politique* de Pareto.

1896 France : Gallieni et Lyautey soumettent Madagascar, qui devient colonie française. ◊ Grâce à l'action de P. de Coubertin, ouverture des premiers jeux Olympiques modernes à Athènes. ◊ Défaite italienne à Adoua (Éthiopie). ◊ Insurrection anti-espagnole aux Philippines.

1897 *Le Suicide,* essai de Durkheim ; ce dernier fonde la *Revue de sociologie.* ◊ Premier congrès sioniste, à Bâle. ◊ *Essai de sémantique* de Bréal.

1897 Fondation du parti ouvrier social-démocrate de Russie (POSDR). ◊ Soudan : épisode de Fachoda (choc Marchand-Kitchener) qui entraîna l'accord franco-anglais (1899) sur la délimitation des frontières africaines. ◊ Chine : les Allemands s'emparent de Jiaozhou. ◊ Gallieni dépose la reine de Madagascar Ranavalona III.

1898 *Intérêt et prix* de Wicksell.

1898 France : fondation de la Ligue des droits de l'homme ; *J'accuse* de Zola, en pleine affaire Dreyfus. ◊ L'Espagne en guerre contre les États-Unis après le bombardement du vaisseau *Maine* à La Havane ; les États-Unis débarquent à Cuba et libèrent l'île de la tutelle espagnole. ◊ Belgique : institution du bilinguisme général. ◊ Les États-Unis annexent Hawaï et les Philippines. ◊ La Chine cède Hong-Kong au Royaume-Uni pour 99 ans.

1899 *Trois idées politiques* de C. Maurras. ◊ *Socialisme théorique et social-démocratie pratique* de Bernstein.

1899 France : mort de F. Faure ; Émile Loubet, président ; fondation de la *Revue de l'Action française ;* Dreyfus, gracié par Loubet. ◊ La Haye : ouverture de la première conférence de la paix. ◊ Révolte des Philippines contre les États-Unis. ◊ Condominium anglo-égyptien au Soudan. ◊ Le traité de Berlin divise les îles Samoa entre les États-Unis, l'Allemagne et le Royaume-Uni. ◊ Afrique du Sud : guerre des Boers.

| SCIENCES – TECHNIQUES | LITTÉRATURES | ARTS – MUSIQUE |

1894 Récepteur d'ondes électromagnétiques de Popov.
1894-1908 *Formulaire de mathématiques* de Peano.

1894 *Histoire de la littérature française* de Lanson ; *Poil de carotte* de Jules Renard. ◊ *Le Livre de la jungle* de Kipling.

1894 L'État français **1894** refuse une donation de tableaux impressionnistes. ◊ *Prélude à l'après-midi d'un faune,* poème symphonique de Debussy, d'après Mallarmé ; *Symphonie du « Nouveau Monde »* de Dvořák ; *Thaïs,* comédie lyrique de Massenet.

1895 Les frères Lumière inventent le « cinématographe » ; première automobile Peugeot. ◊ Ramsay découvre l'hélium terrestre ; J. J. Thomson découvre l'électron. ◊ Röntgen découvre les rayons X : application immédiate (radiologie) en médecine. ◊ Invention de la télégraphie sans fil par Marconi.

1895 *Les Pieds-Nickelés,* pièce de Tristan Bernard. ◊ *Les Villes tentaculaires* de Verhaeren. ◊ Fondation de l'École littéraire de Montréal. ◊ *Jude l'obscur* de Thomas Hardy : le contrepied de l'esprit victorien en Angleterre ; *la Machine à explorer le temps* de H. G. Wells. ◊ *Quo Vadis* de Sienkiewicz.

1895 Série de *la Montagne Sainte-Victoire* de Cézanne : sa conception nouvelle des volumes et de l'espace est à l'origine des grandes révolutions esthétiques du XXᵉ s. ◊ *Till Eulenspiegel,* poème symphonique de Strauss. ◊ Première projection cinématographique par les frères Lumière à Paris.

1896 Becquerel découvre la radioactivité. ◊ Effet Zeeman, dont Lorentz donne l'explication. ◊ Première automobile Ford.

1896 *La Mouette,* pièce de Tchekhov ; *Ubu roi,* pièce d'Alfred Jarry.

1896 Fauré, professeur de composition au conservatoire de Paris ; avec Fauré, Debussy et Ravel, l'école française s'émancipera de la domination du romantisme allemand. ◊ Premiers films de Méliès et premiers films anglais.

1897 *Contributions à la fondation de la théorie des nombres transfinis* de Cantor, aboutissement de ses recherches sur l'arithmétique de l'infini et théorie des ensembles.

1897 *Les Nourritures terrestres* de Gide, qui sera le maître à penser (« l'inquiéteur ») de la nouvelle génération ; *Ramuntcho* de Loti ; *Un coup de dés* et *Divagations* de Mallarmé ; énorme succès de *Cyrano de Bergerac* d'Edmond Rostand. ◊ *L'Homme invisible* de H. G. Wells. ◊ *Le Tour d'écrou,* nouvelle de Henry James. ◊ Poèmes de Rabindranath Tagore.

1897 *D'où venons-nous ? Que sommes-nous ? Où allons-nous ?* testament pictural de Gauguin ; *Balzac,* sculpture de Rodin. ◊ Mort de Brahms à Vienne ; *l'Apprenti sorcier,* poème symphonique de P. Dukas ; Mahler, directeur artistique de l'Opéra de Vienne : il s'impose d'abord comme chef d'orchestre. ◊ G. Méliès ouvre le premier studio de cinéma et fait les premiers films en couleurs (coloriage à la main).

1898 Pierre et Marie Curie découvrent le radium. ◊ Santos-Dumont construit son premier dirigeable.

1898 Les entrées du métropolitain de Paris par H. Guimard (jusqu'en 1901) créent un style « métro », dérivé de l'art nouveau. ◊ Premiers films japonais.

1899 Bayer commercialise l'aspirine ; construction de la première Mercedes par la firme Daimler. ◊ *Fondements de la géométrie* de Hilbert.

1899 *Le commissaire est bon enfant* de Courteline ; *la Dame de chez Maxim's,* vaudeville de Feydeau ; *Jacquou le Croquant* d'Eugène Le Roy.

1899 Signac publie *D'Eugène Delacroix au néo-impressionnisme* ; *l'Âge mûr,* sculpture de Camille Claudel. ◊ *Pavane pour une infante défunte* de Ravel ; *la Nuit transfigurée,* sextuor de Schönberg.

RELIGION – PHILOSOPHIE
SCIENCES HUMAINES
PROBLÈMES SOCIAUX

HISTOIRE GÉNÉRALE

1900 *Le Rire,* essai de Bergson. Naissance de la psychanalyse avec *l'Interprétation des rêves* de Freud. ◊ Début des *Recherches logiques* de Husserl : phénoménologie, rejet du psychologisme en philosophie. ◊ *Matérialisme historique et économie marxiste* de B. Croce. ◊ Fondation de l'Association internationale pour la protection légale des travailleurs.

1900 Il y a 1,6 milliard d'hommes sur la Terre. ◊ Royaume-Uni : fondation du parti travailliste. ◊ Italie : Victor-Emmanuel III, roi. ◊ Le Tchad devient protectorat français. Chine : révolte des Boxers ; accord des puissances européennes sur le partage en zones d'influence.

SCIENCES – TECHNIQUES	LITTÉRATURES	ARTS – MUSIQUE

1900 Ouverture de la première ligne de métro parisienne ; premier dirigeable de von Zeppelin. ◊ Evans commence les fouilles de Cnossos : découverte de la civilisation minoenne. ◊ Hilbert énonce un « programme » déterminant pour la recherche mathématique des décennies suivantes ; hypothèse de Planck sur la nature discontinue (« quantique ») de l'énergie. ◊ Théorie de la mutation génétique par de Vries.

1900 Début de la série des *Claudine* de Colette (jusqu'en 1903) : succès de scandale ; premier numéro des *Cahiers de la Quinzaine* fondés par Péguy, consacrés aux problèmes politiques contemporains ; *l'Aiglon* de E. Rostand. ◊ *La Danse de mort,* drame du Suédois Strindberg. ◊ *Lord Jim,* roman de Conrad.

1900 Arrivée de Picasso à Paris. ◊ *Louise,* opéra réaliste de G. Charpentier à Paris ; *la Tosca,* opéra de Puccini à Rome ; triomphe du ténor Caruso à Milan.

XXᵉ siècle

Le « premier XXᵉ siècle » voit le premier conflit mondial, le déclin amorcé de l'Europe face aux États-Unis – malgré le maintien de son emprise territoriale sur le reste du monde –, la révolution bolchevique de 1917 en Russie et la crise économique de 1929 qui conduisent à la montée des fascismes et au deuxième conflit mondial.
À partir de 1945, la multiplication inconnue jusqu'alors des découvertes scientifiques, leurs applications rapides à une amélioration du niveau de vie et d'information des populations, l'effacement relatif de l'Europe face à un monde bipolaire dominé par les deux Grands ; enfin la décolonisation rapide, les progrès économiques de nouveaux États de l'« aire

---

RELIGION – PHILOSOPHIE
SCIENCES HUMAINES
PROBLÈMES SOCIAUX

HISTOIRE GÉNÉRALE

1901 Les congrégations sont exclues de France.

1901 France : octroi du droit complet d'association. ◊ Royaume-Uni : mort de Victoria ; Édouard VII, roi. ◊ Russie : formation du parti socialiste-révolutionnaire (S.-R.). ◊ États-Unis : Theodore Roosevelt, 26ᵉ président. ◊ Formation du Commonwealth australien.

1902 *Esthétique* de B. Croce ; *la Science et l'Hypothèse* d'Henri Poincaré. ◊ *Les Variétés de l'expérience religieuse* de W. James. ◊ *Que faire ?* de Lénine.
1902-1903 *Esquisse d'une théorie générale de la magie* de Marcel Mauss.

1902 Alliance anglo-japonaise. ◊ Accord secret de neutralité franco-italien. ◊ Irlande : fondation du parti Sinn Féin. ◊ Fin de la résistance philippine contre les États-Unis. ◊ Russie : achèvement du premier transsibérien. ◊ Paix de Vereeniging signée entre le Royaume-Uni et les Boers. ◊ Cuba devient indépendant, sous contrôle des États-Unis.

1903 *Morale théorique et science des mœurs* de Lévy-Bruhl ; *Tableau géographique de la France* de Vidal de La Blache ; *Introduction à l'étude comparative des langues européennes* de Meillet. ◊ Russie : nombreux pogroms.

1903 Serbie : Pierre Iᵉʳ, roi. ◊ Panama : proclamation de l'indépendance et cession aux États-Unis de la zone du canal. ◊ Russie : scission du POSDR entre bolcheviks et mencheviks.

1904 Rupture entre la France et la papauté. ◊ *Psychopathologie de la vie quotidienne* de Freud. ◊ *Histoire de l'anthropologie* de Boas. ◊ *La Vraie Solution de la question chinoise* de Sun Yixian (Sun Yat-sen).

1904 Entente cordiale entre la France et le Royaume-Uni. ◊ Début de la construction du canal de Panama. ◊ Attaque de Port-Arthur : début de la guerre russo-japonaise. ◊ Accord franco-espagnol sur le Maroc. ◊ Chine : Sun Yixian fonde le Guomindang.

(1901-2000)

Pacifique », mais aussi le maintien des quatre cinquièmes de la population mondiale dans une situation matérielle précaire aboutissent à une mondialisation et à une accélération souvent violente des évolutions politique, économique, culturelle et religieuse. Le XXᵉ s. finissant semble caractérisé par l'inégalité entre pays développés et pays démunis ; par la fin des régimes d'idéologie socialiste dévoyée, devenus dictatoriaux, les idéologies religieuses reprenant de la vigueur ; par la persistance des nationalismes, localement compensés par des tendances communautaires essentiellement économiques, en voie de réalisation en Europe occidentale.

SCIENCES – TECHNIQUES	LITTÉRATURES	ARTS – MUSIQUE

1901 Isolement de l'adrénaline ; invention de la soudure autogène ; Marconi fait traverser l'Atlantique à des signaux morses. ◊ Remise des premiers prix Nobel de sciences.

1902 Premiers tracteurs agricoles ; en médecine, naissance de l'allergologie et premiers barbituriques. ◊ Intégrale de Lebesgue (mathématiques) ; études de Rutherford sur la radioactivité.

1903 Premier électrocardiogramme ; exploration des régions polaires par Charcot ; premier vol des frères Wright. ◊ Étude des réflexes conditionnés par Pavlov.

1904 Invention de l'offset (procédé d'impression) ; Fleming invente la diode. ◊ Énonciation du principe du radar. ◊ Transformation de Lorentz (physique).

1901 Deuxième version de *Tête d'or*, drame de Claudel : réinterprétation chrétienne de la première version ; *Anthinéa* de Maurras ; le premier prix Nobel de littérature est attribué à Sully Prudhomme. ◊ *Kim* de Kipling.

1902 *L'Immoraliste*, récit de Gide, complément des *Nourritures terrestres* ; fondation de l'académie Goncourt ; *l'Ombre des jours* de A. de Noailles. ◊ *Le Songe*, drame de Strindberg : la difficulté de vivre dans un monde onirique. ◊ La Société du parler français au Canada est fondée. ◊ *Les Bas-Fonds* de Gorki.

1903 *La Chanson du mal aimé* d'Apollinaire ; attribution du premier prix Goncourt (à *Force ennemie* de Nau). ◊ *Le Chien des Baskerville* de Conan Doyle. ◊ *Les Ambassadeurs* de Henry James. ◊ *La Cerisaie*, comédie de Tchekhov : un monde en train de disparaître.

1904 Attribution du premier prix Femina ; J. Jaurès crée *l'Humanité*, journal socialiste ; *Jean-Christophe* de Romain Rolland : le « roman-fleuve » (prix Femina 1905). ◊ *La Coupe d'or*, roman de Henry James dont les analyses psychologiques subtiles annoncent Proust. ◊ *L'Offrande lyrique* de l'Indien R. Tagore est une révélation en Occident (Gide le traduira de l'anglais en 1916).

1901 *Jeux d'eau*, pour **1901** piano, de Ravel ; mort de Verdi à Milan : deuil national.

1902 *Pelléas et Mélisande*, drame français de Debussy à Paris. ◊ *Le Voyage dans la Lune* de G. Méliès : les premiers trucages font triompher la féerie du cinéma.

1903 Immeuble en béton armé de la rue Franklin à Paris, par A. Perret. ◊ *Célestine*, tableau de la période bleue de Picasso. ◊ *Schéhérazade* de Ravel.

1904 Projet d'une ville nouvelle par T. Garnier annonçant le fonctionnalisme des années 20 ; la Caisse d'épargne à Vienne par l'architecte O. Wagner. ◊ *Vues de Londres*, tableaux de Monet. ◊ *Kindertotenlieder* de Mahler ; Schönberg rencontre Webern : leur association avec Berg donnera naissance à l'école de Vienne ; *Madame Butterfly* de Puccini.

| RELIGION – PHILOSOPHIE SCIENCES HUMAINES PROBLÈMES SOCIAUX | HISTOIRE GÉNÉRALE |

1905 En France, triomphe de l'idéologie laïque : séparation de l'Église et de l'État ; mais c'est aussi le début d'une nouvelle vague de conversions au catholicisme (Maritain en 1906, puis Péguy, Max Jacob, etc.) ; test de Binet pour la mesure de l'intelligence (QI). ◊ *Trois essais sur la sexualité* de Freud. ◊ *L'Éthique protestante et l'Esprit du capitalisme* de Max Weber.

1905 France : création de la Ligue d'action française ; constitution de la SFIO. ◊ Rupture de l'union entre la Suède et la Norvège : indépendance de la Norvège. ◊ Canada : création de deux nouvelles provinces (arrivée de milliers d'immigrants d'Europe et des États-Unis) : la Saskatchewan et l'Alberta. ◊ Première révolution russe (« Dimanche rouge », mutinerie du cuirassé « Potemkine », Manifeste d'octobre). ◊ Guillaume II à Tanger ; accord franco-allemand sur le Maroc. ◊ Prise de Port-Arthur par les Japonais, batailles de Moukden et de Tsushima.

1906 *L'Évolution créatrice* de Bergson. ◊ *Le Pragmatisme* de W. James.

1906 France : A. Fallières, président de la République ; Clemenceau, président du Conseil ; création des « camelots du roi » ; réhabilitation de Dreyfus. ◊ Russie : première douma ; réforme agraire de Stolypine. ◊ Conférence d'Algésiras sur le Maroc. ◊ Condominium franco-britannique sur les Nouvelles-Hébrides. ◊ Le sud-est de la Nouvelle-Guinée passe sous l'autorité du Commonwealth australien (territoire de Papua).

1907 Le pape Pie X condamne le « modernisme » dans l'Église catholique. ◊ Loi sur la liberté des cultes en France.

1907 Triple-Entente entre la France, l'Angleterre et la Russie. France : Caillaux propose l'impôt sur le revenu. ◊ Russie : deuxième et troisième doumas. ◊ Accord russo-japonais sur la Mandchourie. ◊ La Nouvelle-Zélande devient un dominion britannique.

1908 Excommunication de Loisy. F. de Saussure donne son *Cours de linguistique générale* ; *Réflexions sur la violence* de G. Sorel. ◊ *Matérialisme et empiriocriticisme* de Lénine. ◊ *Identité et réalité* de Meyerson.

1908 France : grèves réprimées par Clemenceau. ◊ Indépendance de la Bulgarie. ◊ L'Autriche-Hongrie annexe la Bosnie-Herzégovine. ◊ Union de la Crète et de la Grèce. ◊ Soulèvement des Jeunes-Turcs à Salonique. ◊ Le Congo, possession personnelle de Léopold II, devient colonie belge. ◊ Chine : mort de l'impératrice douairière Cixi et avènement de Puyi, le dernier empereur chinois. ◊ Premier mouvement nationaliste en Indonésie.

1909 *Les Rites de passage* de Van Gennep. ◊ *Cinq leçons sur la psychanalyse* de Freud.

1909 Espagne : guerre contre les Berbères du Rif. ◊ Turquie : révolution des Jeunes-Turcs contre le sultan. ◊ Le site de Canberra est choisi pour ériger la capitale fédérale de l'Australie ; la ville sera construite de 1913 à 1927.

SCIENCES – TECHNIQUES	LITTÉRATURES	ARTS – MUSIQUE

1905 Publications décisives d'Einstein : théorie de la relativité (restreinte), théorie des photons, théorie du mouvement brownien.

1905 *Notre patrie,* essai de Péguy : une mystique de la patrie française. ◊ Début de la publication de *Little Nemo,* bande dessinée de Winsor McCay. ◊ *La Mère,* roman de Gorki : la conscience révolutionnaire des prolétaires.

1905 Première exposi- **1905** tion des Fauves au Salon d'automne à Paris : leur mouvement se poursuivra jusqu'en 1908 (Matisse, Derain, Marquet) ; dernier tableau de la série des *Grandes Baigneuses* de Cézanne ; fondation à Dresde du groupe die Brücke proche du fauvisme français, à l'origine de l'expressionnisme allemand. ◊ Fondation du trio Cortot-Thibaud-Casals ; *la Mer,* esquisses symphoniques de Debussy ; *Salomé,* opéra de R. Strauss d'après Oscar Wilde. ◊ Premiers films de Max Linder.

1906 Achèvement du tunnel du Simplon. ◊ Mise au point du poste récepteur de radio à galène. ◊ Amundsen franchit le passage du Nord-Ouest.

1906 *Partage de midi* de Claudel. ◊ Début de *la Saga des Forsyte* de J. Galsworthy.

1906 Début de la série des *Nymphéas* de Monet.

1907 Tests d'allergie cutanée. ◊ Travaux de Markov sur les probabilités.

1907 *Art poétique* de Claudel ; *Arsène Lupin, gentleman cambrioleur* de Maurice Leblanc. ◊ *Le Septième Anneau* de Stefan George.

1907 Kahnweiler ouvre une galerie à Paris : début de l'ère des galeries ; rétrospective Cézanne, dont l'influence est capitale sur l'éclosion de l'art moderne ; *les Demoiselles d'Avignon* de Picasso, première toile cubiste : elle montre l'influence des arts primitifs (africains et ibériques) sur l'art français ; *la Charmeuse de serpents,* tableau naïf du « Douanier » Rousseau ; *Pomone,* sculpture de Maillol. ◊ Premiers films russes.

1908 Le Hollandais Kamerlingh Onnes parvient à liquéfier l'hélium. ◊ Axiomatique de Zermelo en théorie des ensembles. ◊ Ford modèle T, la première automobile en grande série.

1908 *Les Pieds-Nickelés,* série dessinée par Louis Forton. ◊ *Caspar Hauser* de Wassermann. ◊ *Le Feu* de D'Annunzio, chantre de la Nouvelle Italie : le culte de la volonté et de l'héroïsme.

1908 Braque et Picasso mènent leurs recherches sur le cubisme jusqu'en 1913 ; *le Baiser* de G. Klimt : l'école de Vienne en peinture. ◊ *Gaspard de la nuit,* trois pièces pour piano de Ravel ; *Quatuor nº 2* de Schönberg : sa première partition atonale.

1909 Incitation électrique des nerfs et des muscles ; synthèse industrielle de l'ammoniac ; premier cargo avec turbine à vapeur ; invention de la Bakélite (résine de synthèse) ; ammoniac synthétique par Haber ; Sørensen introduit le pH (mesure des acides et des bases). ◊ Peary atteint le pôle Nord ; traversée de la Manche en avion par Blériot.

1909 Premier numéro de *la Nouvelle Revue française* (NRF) fondée par Copeau, Gide... ; *la Porte étroite* de Gide. ◊ *L'Oiseau bleu* de Maeterlinck.

1909 Manifeste du futurisme publié à Paris par Marinetti (le mouvement se poursuit jusqu'en 1930), les manifestes d'artistes se multiplieront jusqu'en 1930 ; *la Musique et la Danse,* tableaux de Matisse ; *Caoutchouc,* aquarelle de Picabia, la première œuvre abstraite ; de Chirico pose les fondements de la « peinture métaphysique » ; *Héraclès archer,* sculpture de Bourdelle. ◊ Diaghilev fonde les Ballets russes, à Paris.

RELIGION – PHILOSOPHIE
SCIENCES HUMAINES
PROBLÈMES SOCIAUX

HISTOIRE GÉNÉRALE

1910 Adler se sépare de Freud et crée la psychologie individuelle. ◇ Condamnation par le Vatican du Sillon, mouvement catholique social de Marc Sangnier.

1910 Royaume-Uni : George V, roi. ◇ Portugal : chute de la monarchie et proclamation de la république. ◇ Québec : promulgation de la loi sur le bilinguisme. ◇ Mexique : début de la révolution. ◇ Fondation de l'Afrique-Équatoriale française. ◇ Constitution de l'Union sud-africaine. ◇ La Corée devient colonie japonaise.

1910
━━━ xxᵉ siècle ━━━
1911

1911 *L'Esprit de l'homme primitif* de Boas. ◇ *Théorie des conceptions du monde* de Dilthey : début du courant herméneutique, influent sur la philosophie et la théologie contemporaines.

1911 Royaume-Uni : les lords entérinent le « Parliament Act » qui diminue leur pouvoir. ◇ Guerre italo-turque pour la Tripolitaine. ◇ « Incident d'Agadir » entre la France et l'Allemagne. ◇ Chine : renversement de Puyi ; proclamation de la république par Sun Yixian (Sun Yat-sen) à Nankin.

1912 *Les Formes élémentaires de la vie religieuse,* dernier grand traité de Durkheim. ◇ *Principes d'organisation scientifique des usines* de F. W. Taylor, fondateur de la standardisation dite *taylorisme.* ◇ *Métamorphoses et symboles de la libido* de Jung, qui marque sa rupture avec Freud.

1912 Royaume-Uni : projet de Home Rule pour l'Irlande voté à la Chambre des communes. ◇ Italie : instauration du suffrage universel. ◇ La Turquie cède la Tripolitaine à l'Italie. ◇ Première guerre balkanique : victoire de la Grèce, de la Bulgarie, du Monténégro et de la Serbie sur la Turquie. ◇ Le Maroc devient un protectorat français (convention de Fès) ; Lyautey, résident général. ◇ Chine : abdication de Puyi. ◇ Japon : mort de Mutsuhito ; avènement de Yoshihito.

1913 Début de la parution du *Système du monde* de Pierre Duhem. ◇ *Dernières pensées* de H. Poincaré (posthume). ◇ *Totem et tabou* de Freud. ◇ *Idées directrices pour une phénoménologie* de Husserl. ◇ *Le Sentiment tragique de la vie* de Miguel de Unamuno. ◇ Watson fonde le *behaviorisme* (psychologie du comportement).

1913 France : Poincaré, président. ◇ Traité de Londres : la Turquie perd ses terres en Europe (sauf Constantinople et son arrière-pays). ◇ Défaite de la Bulgarie qui a attaqué ses alliés de la guerre balkanique. La tension des Balkans favorise la course aux armements des grandes puissances. ◇ États-Unis : W. Wilson, 28ᵉ président. ◇ Accord russo-chinois sur l'autonomie de la Mongolie-Extérieure.

1913

SCIENCES – TECHNIQUES	LITTÉRATURES	ARTS – MUSIQUE

v. 1910 Traitement chimiothérapique de la syphillis.
1910 En apportant la preuve expérimentale de la théorie d'Einstein sur le mouvement brownien, Jean Perrin démontre définitivement l'existence des atomes ; *Principia Mathematica* de B. Russell et Whitehead (logique) ; début des expériences génétiques de Morgan sur les mouches drosophiles.

1910 *Cinq grandes odes* de Claudel : le verset « claudélien » est inspiré du verset biblique ; *la Vagabonde*, roman de Colette ; *le Mystère de la charité de Jeanne d'Arc* de Péguy ; *Chantecler* de Rostand ; *Impressions d'Afrique* de R. Roussel. ◊ Le *Journal* de Kafka en allemand (jusqu'en 1920).

1910 *La Noce*, tableau **1910** de F. Léger ; *la Muse endormie*, sculpture de Brancusi. ◊ *L'Oiseau de Feu* de Stravinski.

1910

1911

1911 Culture des tissus par Carrel (médecine) ; Kamerlingh Onnes découvre la supraconductivité ; modèle atomique de Rutherford. ◊ Amundsen atteint le pôle Sud.

1911 Début de *Fantômas* d'Allain et Souvestre ; *Fermina Marquez* de V. Larbaud. ◊ *Sous les yeux d'Occident* de J. Conrad. ◊ *Jedermann* de Hofmannsthal ; *la Maison au bord de la mer* de S. Zweig. ◊ Maeterlinck, prix Nobel.

1911 Premier tableau de la série des *Nu descendant l'escalier* de M. Duchamp ; Kandinsky fonde le *Cavalier bleu* ; *Flore*, sculpture de Maillol. ◊ *Le Martyre de saint Sébastien* de Debussy ; *Traité d'harmonie* de Schönberg.

1912 Découverte des vitamines ; premier démarreur électrique monté sur une Cadillac ; R. Garros traverse la Méditerranée en avion ; invention du compteur Geiger. ◊ Étude de la diffraction des cristaux par les rayons X (Laue, Bragg) ; théorie de la dérive des continents par Wegener.

1912 *L'Annonce faite à Marie*, drame de Claudel ; *Les dieux ont soif* de A. France ; *la Tapisserie de sainte Geneviève et de Jeanne d'Arc* de Péguy ; *la Guerre des boutons* de L. Pergaud. ◊ *Pygmalion* de B. Shaw. ◊ Début des *Élégies de Duino* de Rilke ; *Poèmes* de Trakl. ◊ *La Mort à Venise* de Thomas Mann. ◊ Création du personnage de Tarzan par E. R. Burroughs. ◊ Maïakovski publie un manifeste futuriste : les expériences de langage pour un renouveau de la poésie.

1912 Achèvement de la basilique du Sacré-Cœur, à Paris (commencée en 1875). ◊ Premiers papiers collés de Braque et de Picasso ; *Disques et Formes circulaires* de R. Delaunay, inspirés des théories de Chevreul ; *Du cubisme*, essai de Gleizes ; premières toiles abstraites de Kupka : *les Plans verticaux ; Avec l'arc noir*, première peinture abstraite de Kandinsky, qui rédige *Du spirituel dans l'art*. ◊ *Pierrot lunaire* de Schönberg pour voix (chant parlé) et instruments, à Berlin ; *Daphnis et Chloé*, ballet de Ravel.

1913 Découverte de l'ozone de la haute atmosphère ; modèle atomique de Bohr. ◊ Ford introduit la production à la chaîne. ◊ Intuitionnisme de Brouwer en mathématiques.

1913 *Le Grand Meaulnes* d'Alain-Fournier ; *Alcools*, recueil d'Apollinaire ; *la Colline inspirée*, roman de Barrès, défend les valeurs de l'enracinement et des traditions ; *Prose du Transsibérien*, poème de B. Cendrars illustré par Sonia Delaunay ; *la Tapisserie de Notre-Dame* de Péguy ; *Du côté de chez Swann* de Proust : publication de *À la recherche du temps perdu* jusqu'en 1927 (posthume) ; *les Copains* de J. Romains. ◊ Rabindranath Tagore, prix Nobel.

1913 Le théâtre des Champs-Élysées, à Paris, par A. Perret. ◊ *Les Peintres cubistes*, essai d'Apollinaire ; *Jeune fille à la guitare*, tableau de Braque ; premiers *ready-made* de M. Duchamp ; l'Exposition internationale de l'*Armory Show* à New York fait connaître l'avant-garde européenne aux États-Unis et influence l'art américain ; *Rayonnismes* de Larionov et Gontcharova. ◊ Première représentation de *la Vie brève* de M. de Falla ; *le Sacre du printemps*, ballet de Stravinski dans la chorégraphie de Nijinski, provoque un scandale à Paris. ◊ Première série des *Fantômas*, films de L. Feuillade.

1913

1914 *La Méthode scientifique en philosophie* de Russell (conséquence de ses recherches logiques avec Whitehead). ◊ *Introduction à l'étude du langage* de L. Bloomfield. ◊ Début des sciences de l'éducation (Decroly). ◊ *Le Marxisme et la Question nationale* de Staline.

1914 France : assassinat de Jaurès. ◊ 28 juin : assassinat de François-Ferdinand à Sarajevo. Début de la Première Guerre mondiale ; bataille de la Marne ; guerre des tranchées ; victoires allemandes de Tannenberg et des lacs de Mazurie sur le front est ; victoire britannique dans la bataille navale des Falkland. ◊ Troubles de l'Ulster contre le Home Rule. ◊ Ouverture du canal de Panama.

1915 Offensive austro-hongroise contre les Russes (900 000 prisonniers) ; débarquement allié en Turquie ; offensives alliées en Artois et en Champagne ; entrée en guerre de l'Italie et de la Bulgarie ; blocus maritime de l'Allemagne et début de la guerre sous-marine. ◊ Conférence socialiste de Zimmerwald. ◊ Turquie : génocide arménien.

1916 Assassinat de Charles de Foucauld.

1916 Batailles de Verdun, du Jütland ; offensive de Broussilov contre les Austro-Hongrois ; entrée en guerre de la Roumanie aux côtés des Alliés ; mort de François-Joseph Ier. ◊ Irlande : révolte de Pâques. ◊ Le grand chérif de La Mecque Husayn ibn 'Ali enlève Jérusalem aux Turcs.

1917 Proposition de médiation pontificale dans la guerre. ◊ *L'Impérialisme, stade suprême du capitalisme* et *l'État et la Révolution* de Lénine ; la prise du pouvoir va de pair avec son activité de théoricien. ◊ *Introduction à la psychanalyse* de Freud.

1917 Mars : révolution à Petrograd ; abdication de Nicolas II ; conflit entre réformistes et révolutionnaires. Avril : les effets économiques de la guerre sous-marine à outrance déterminent les États-Unis à entrer en guerre contre l'Allemagne. Échec des offensives du général Nivelle. Défaite italienne de Caporetto. Mutineries dans les armées. Octobre : succès de la Révolution russe ; pour la première fois dans l'histoire, un régime veut instaurer le communisme. 2 novembre : proclamation de la déclaration Balfour par laquelle une grande puissance – le gouvernement britannique – garantit l'établissement en Palestine d'un foyer national pour le peuple juif. Le général anglais Allenby fait son entrée à Jérusalem.

1918 *La Dictature du prolétariat* de Kautsky, qui s'attire une réponse cinglante de Lénine. ◊ *La Révolution russe* de Rosa Luxemburg. ◊ *Théorie générale de la connaissance* de M. Schlick. ◊ Chute des Ottomans : fin du dernier idéal d'empire musulman universel, laïcisation de la Turquie ; panarabisme et tendances réformistes dans l'Islam arabe, qui s'accentueront encore après la Seconde Guerre mondiale (décolonisation).
1918-1922 *Le Déclin de l'Occident* de Spengler.

1918 Mars : la Russie soviétique se retire de la guerre (traité de Brest-Litovsk) ; débarquement allié pour soutenir les contre-révolutionnaires. Octobre : révolution à Vienne ; victoire italienne de Vittorio Veneto ; fin de l'Empire austro-hongrois ; proclamation de la république d'Autriche. Indépendance de la Tchécoslovaquie (Masaryk, président) et de la Yougoslavie. Novembre : révolution en Pologne et proclamation de l'indépendance ; sécession de la Hongrie ; révolution à Berlin. Armistice le 11 novembre à Rethondes. ◊ Irlande : De Valera, président du Sinn Féin. ◊ Le Danemark accorde son indépendance à l'Islande. ◊ Russie : 1re Constitution soviétique et organisation du pouvoir bolchevique.

1918

SCIENCES – TECHNIQUES	LITTÉRATURES	ARTS – MUSIQUE

1914 Travaux de Moseley sur les éléments chimiques ; nouvelle classification des étoiles (H. N. Russell).

1914 *Le Démon de midi* de P. Bourget ; *Jésus la Caille,* roman de Francis Carco : la poésie du milieu et l'argot ; *les Caves du Vatican,* récit cocasse de Gide, qui fut accusé de subvertir la jeunesse ; publication de *Maria Chapdelaine* dans *le Temps* de Paris. ◇ *Gens de Dublin* de J. Joyce.

1914 *Le Centaure* **1914** *mourant,* sculpture de Bourdelle ; *le Cheval,* sculpture de R. Duchamp-Villon, d'inspiration cubiste et futuriste. ◇ Films du Suédois V. Sjöström ; premiers films de C. Chaplin.

1915 Première utilisation des gaz de combat ; Langevin développe des applications militaires et médicales des ultrasons (sonars).

1915 Attribution du premier Prix du roman de l'Académie française. ◇ *Portrait de l'artiste en jeune homme* de J. Joyce. ◇ *Les Quatre Cavaliers de l'Apocalypse* de Blasco Ibáñez. ◇ Début des *Cantos* de l'Américain Ezra Pound (achevés en 1972), vaste fresque évoquant l'échec des civilisations.

1915 *Le Grand Verre* de M. Duchamp, précurseur de l'esprit dada ; *Carré noir sur fond blanc,* tableau de Malevitch. ◇ *L'Amour sorcier,* ballet inspiré du folklore gitan, de Manuel de Falla : l'inspiration nationale s'impose dans la musique du début du XXe s. (Bartók, Prokofiev...). ◇ *Les Vampires,* film de L. Feuillade ; *Naissance d'une nation,* film de Griffith.

1916 Réfrigération du sang pour la transfusion. ◇ Théorie de la valence électrochimique ; théorie de la relativité généralisée d'Einstein.

1916 *Le Feu,* roman de H. Barbusse, la littérature issue des combats de la Première Guerre mondiale ; *Faisons un rêve* de Sacha Guitry. ◇ *La Métamorphose,* récit de Kafka. ◇ *Ombre et lumière* du Japonais Natsume Sōseki.

1916 *La Leçon de piano,* tableau de Matisse ; *la Ville,* tableau de G. Grosz. ◇ Formation du groupe dada à Zurich (M. Duchamp, Picabia, Man Ray). ◇ *Intolérance,* film de Griffith ; films russes de Bauer et de Protazanov.

1917 Premiers anticoagulants.

1917 *Le Cornet à dés,* recueil de Max Jacob ; *la Jeune Parque* de Valéry paraît à la NRF. ◇ *La ligne d'ombre* de J. Conrad. ◇ *Chacun sa vérité,* comédie de Pirandello, la confusion du réel et de l'apparence.

1917 *Nu couché,* tableau de Modigliani ; *le Grand Métaphysique,* tableau de de Chirico. ◇ Avec l'entrée en guerre des États-Unis, l'Europe découvre le jazz ; *Parade,* ballet de Satie, sujet de Cocteau, décors et costumes de Picasso, chorégraphie de Diaghilev.

1918 Invention du parachute à ouverture automatique ; la Première Guerre mondiale a encouragé le développement de l'aviation.

1918 *Calligrammes* d'Apollinaire ; *Kœnigsmark* de P. Benoit ; *Manifeste dada* de Tristan Tzara, acte de naissance du mouvement dada. ◇ *L'Hérétique de Soana* de G. Hauptmann. ◇ *Jérémie* de S. Zweig.

1918 *Carré blanc sur fond blanc* de Malevitch, le point ultime de l'abstraction en peinture. ◇ Après la mort de Debussy, insolence et provocation des « années folles » ; fondation du groupe des Six à Paris.

l'époque contemporaine : le XXᵉ siècle

1919 *Matériaux pour une théorie du prolétariat* de G. Sorel. ◊ *Le Savant et le Politique* de Max Weber. ◊ *Les Conséquences économiques de la paix* de Keynes.

1919 Conférence de la paix à Paris : création de la Société des nations (SDN) ; traité de Versailles. ◊ Moscou : fondation de la IIIᵉ Internationale (Komintern). ◊ Irlande : guerre civile (jusqu'en 1923). ◊ Italie : début du fascisme. ◊ Allemagne : constitution de la république de Weimar. ◊ Début de la guerre russo-polonaise. ◊ Hongrie : république communiste dirigée par Béla Kun.

1920 Canonisation de Jeanne d'Arc. ◊ *L'Énergie spirituelle* de Bergson. ◊ *Au-delà du principe de plaisir* de Freud. ◊ Fondation de l'université de Montréal.

1920 France : Deschanel puis Millerand, présidents ; congrès de Tours : fondation du parti communiste français. ◊ Traité de Sèvres : démembrement de l'Empire ottoman ; déchéance du sultan ; Mustafa Kemal, président de la Turquie. ◊ Hongrie : Horthy, régent. ◊ Russie : fin de la guerre civile ; le pays est ruiné. ◊ Inde : Gandhi lance la campagne de désobéissance civile. ◊ Les îles Salomon, protectorat britannique (1893) et allemand (îles du Nord : 1885), occupé par l'Australie en 1914, passent sous mandat australien.

1920
━━━━━ xxᵉ siècle ━━━━━
1921

1921 Reprise des relations entre le Saint-Siège et la France. ◊ *Tractatus Logico-Philosophicus* de Wittgenstein. ◊ Test de Rorschach en psychologie. ◊ *Le Langage* de Sapir.

1921 Le montant des réparations de guerre imposées à l'Allemagne est fixé à 132 milliards de marks-or. ◊ Traité de Riga entre la Pologne et la Russie. ◊ Russie : révolte des marins de Kronstadt ; Lénine adopte la Nouvelle Politique économique (NEP). ◊ États-Unis : W. Harding, 29ᵉ président. ◊ Maroc : Abd el-Krim combat les Espagnols et les Français. ◊ Chine : fondation du parti communiste chinois. ◊ La partie allemande de la Nouvelle-Guinée est placée sous mandat australien.

1922 *La Passion d'Al-Hallādj, martyr mystique de l'islam* de Louis Massignon. ◊ *Économie et société* de Max Weber (posthume). ◊ *Durée et simultanéité* de Bergson. ◊ *La Mentalité primitive* de Lévy-Bruhl.

1922 Italie : marche des fascistes sur Rome ; Mussolini est appelé par le roi et forme un ministère. ◊ Proclamation de l'État libre d'Irlande. ◊ Indépendance de l'Égypte. ◊ Russie : traité germano-russe de Rapallo ; formation de l'Union des républiques socialistes soviétiques ; Staline, secrétaire général du Parti. ◊ Soulèvement de l'Inde contre l'Angleterre.

1923 *Éléments de philosophie* de Maritain. ◊ *Le Langage et la Pensée chez l'enfant* de Piaget. ◊ *La Réforme monétaire* de Keynes. ◊ *Histoire et conscience de classe* de Lukács. ◊ *Le Je et le Tu* de Martin Buber.
1923-1924 *Essai sur le don* de Marcel Mauss. ◊ *Un nouveau Moyen Âge* de Berdiaeff.
1923-1929 *La Philosophie des formes symboliques* de Cassirer (néo-kantien).

1923 1ᵉʳ janvier : après la sécession de l'Irlande, le Royaume-Uni prend le nom de Royaume-Uni de Grande-Bretagne et d'Irlande du Nord. ◊ Allemagne : inflation vertigineuse (1 dollar vaut, en novembre, 4,2 milliards de marks-papier) ; Hitler, emprisonné, rédige *Mein Kampf* ; occupation de la Ruhr par la France. ◊ Espagne : coup d'État de Primo de Rivera. ◊ URSS : création des camps de travail en Sibérie. ◊ États-Unis : C. Coolidge, 30ᵉ président. ◊ Turquie : la république est proclamée. ◊ Traité gréco-turc de Lausanne.

1923

SCIENCES – TECHNIQUES	LITTÉRATURES	ARTS – MUSIQUE

1919 Premiers vols réguliers entre Paris et Londres. ◊ Eddington apporte la preuve expérimentale de la théorie de la relativité (déviation des rayons lumineux) ; Rutherford obtient la première réaction nucléaire.

1920 Début de la chimie des macromolécules (matières plastiques) ; premières émissions de radio (États-Unis et Royaume-Uni). ◊ Logique triadique de Łukasiewicz.

1919 Premier numéro de la revue d'avant-garde *Littérature,* qui prépare la voie au surréalisme ; *l'Atlantide* de P. Benoit ; *les Croix de bois* de R. Dorgelès, *la Symphonie pastorale* de Gide ; le prix Goncourt pour *À l'ombre des jeunes filles en fleurs* de Proust ; *Colas Breugnon* de Rolland.

1920 *Les Champs magnétiques* de Breton et Soupault : l'écriture automatique et surréaliste ; *Chéri* de Colette ; *les Forces éternelles* de A. de Noailles ; publication du *Côté de Guermantes* de Proust ; *le Cimetière marin* de P. Valéry.
1920-1922 *Kristin Lavransdatter* de la Suédoise Sigrid Undset.

1919 Fondation du **1919** Bauhaus à Weimar par Gropius, qui fera triompher le « style international ». ◊ *Café-bar,* tableau de Braque ; premiers collages de M. Ernst. ◊ *Le Bœuf sur le toit,* ballet de D. Milhaud.

1920 Fondation du Matenadaran d'Arménie (institut qui abrite des milliers de manuscrits arméniens remontant jusqu'au Ve s.). ◊ Première exposition internationale dada à Berlin. ◊ *La Valse* de Ravel. ◊ *The Kid,* film de Chaplin.

1920

1921

1921 Découverte de l'insuline ; invention du bélinographe.

1922 Premières vaccinations contre la tuberculose par le BCG, par Calmette et Guérin ; « Croisière noire » organisée par Citroën en Afrique du Nord. ◊ Découverte de l'effet Compton en physique atomique.

1923 Les principes de la mécanique ondulatoire sont posés par L.-V. de Broglie.
1923-1929 Tour du monde en solitaire par le navigateur Alain Gerbault.

1921 A. France, prix Nobel ; *Si le grain ne meurt* de Gide ; *Charmes* de Valéry. ◊ *Six personnages en quête d'auteur,* drame de Pirandello : début de sa trilogie sur le « théâtre dans le théâtre ». ◊ *Le Singe velu,* pièce de E. O'Neill. ◊ *La Véridique Histoire d'Ah Q,* nouvelle de l'écrivain chinois Lu Xun.

1922 *Les Thibault* de Martin du Gard (jusqu'en 1940) ; publication de *Sodome et Gomorrhe* de Proust. ◊ *Ulysse* de Joyce, version moderne et parodique de *l'Odyssée,* sorte d'épopée du langage qui réunit tous les procédés de style (commencé en 1913). ◊ *Babbitt,* roman de Sinclair Lewis, chronique satirique de la société américaine des années 20. ◊ *Désolation,* poème de la chilienne Gabriela Mistral.

1923 Premier numéro de la revue *Europe* ; *Clair de Terre,* recueil de Breton ; *Thomas l'Imposteur* de Cocteau ; *le Blé en herbe,* roman de Colette ; *la Prisonnière* de Proust (publication posthume) ; *le Diable au corps* de R. Radiguet ; *Knock,* pièce de J. Romains.

1921 Projet de gratte-ciel en verre et en acier pour Berlin par Mies van der Rohe. ◊ *Saudades do Brazil* de D. Milhaud.

1922 Le dodécaphonisme de Schönberg révolutionne les règles de la musique tonale. ◊ *Nosferatu,* film de Murnau ; *Nanouk,* film de Flaherty ; le Soviétique Vertov commence sa série des *Kinopravda* (« cinémavérité »).

1923 Église en béton de Notre-Dame au Raincy par A. Perret ; *Vers une architecture,* essai de Le Corbusier. ◊ Série des *Canéphores* de Braque, inspirées des cariatides antiques : tendance au classicisme en France ; Chagall commence à illustrer *les Âmes mortes* de Gogol. ◊ *Les Lois de l'hospitalité,* film de B. Keaton. ◊ *Rayogrammes,* recherches photographiques de Man Ray.

1923

| RELIGION – PHILOSOPHIE SCIENCES HUMAINES PROBLÈMES SOCIAUX | HISTOIRE GÉNÉRALE |

1924 *Les principes du léninisme* de Staline ; développement de l'historiographie marxiste en France. ◊ Laïcisation complète de l'État turc.

1924 France : Cartel des gauches ; démission de Millerand ; Doumergue, président. ◊ Royaume-Uni : premier gouvernement travailliste. ◊ Allemagne : mise en place du plan Dawes ; redéfinition du mark. ◊ Italie : assassinat du socialiste Matteotti par les fascistes. ◊ URSS : mort de Lénine.

1925 *Ma vie et la psychanalyse* de Freud. ◊ Canonisation de sainte Thérèse de Lisieux. ◊ Conférence œcuménique des Églises protestantes à Stockholm. ◊ *L'Agonie du christianisme* de Unamuno.

1925 France : chute du ministère Herriot et chute du franc. ◊ Hindenburg, président de la république de Weimar. ◊ Signature du pacte de Locarno. ◊ Perse : Rezâ Pahlavi, chah. ◊ URSS : Staline écarte Trotski du pouvoir. ◊ Chine : mort de Sun Yixian.

1926 *Le Citoyen contre les pouvoirs* d'Alain. ◊ Condamnation de l'Action française et de la pensée politique de C. Maurras (pensée majeure de la droite française) par le pape. ◊ Encyclique sur le développement des missions. ◊ Fondation du Cercle linguistique de Prague (Jakobson, Troubetskoï). ◊ Gramsci est arrêté et emprisonné par les fascistes italiens.

1926 Italie : Mussolini obtient les pouvoirs législatif et exécutif : système du parti unique. ◊ L'Allemagne entre à la SDN. ◊ Maroc : reddition d'Abd el-Krim. ◊ Ibn Sa'üd, roi du Hedjaz. ◊ Japon : Hirohito, empereur.

1927 Sacre du premier évêque japonais. ◊ *L'Avenir d'une illusion* de Freud. ◊ Travaux de Goldstein sur l'aphasie. ◊ *La Sexualité et sa répression dans les sociétés primitives* de Malinowski. ◊ *Être et temps* de Heidegger, qui aura une influence décisive sur les philosophies de l'existence.

1927 Le Royaume-Uni reconnaît l'indépendance des territoires contrôlés par Ibn Sa'üd (Arabie Saoudite). ◊ États-Unis : exécution de Sacco et Vanzetti. ◊ Chine : début des guerres entre nationalistes et communistes ; Jiang Jieshi installe un gouvernement à Nankin. ◊ Sukarno fonde le parti nationaliste indonésien.

SCIENCES – TECHNIQUES	LITTÉRATURES	ARTS – MUSIQUE

1924 Découverte de l'ionosphère. ◊ Statistique de Bose-Einstein (physique).

1924 *Manifeste du surréalisme* d'André Breton ; *le Soulier de satin*, sommet des grands drames d'inspiration catholique de Claudel ; création de *Bibi Fricotin* par Louis Forton. ◊ *La Montagne magique* de T. Mann. ◊ *Vladimir Ilitch Lénine* de Maïakovski.

1924 Création des **1924** *Biches*, ballet de F. Poulenc. ◊ *L'Inhumaine*, film de M. L'Herbier.

1925 Premier calculateur analogique (ouvrant l'ère des ordinateurs) construit par une équipe du MIT (près de Boston). ◊ Mécanique quantique : Heisenberg (relation d'incertitude), Bohr (principe de complémentarité), Pauli (principe d'exclusion, hypothèse du spin de l'électron), Born. ◊ Fondation de l'agence Tass.

1925 *Les Faux-Monnayeurs* de Gide mêlent fiction et théorie littéraire ; *Albertine disparue ou la Fugitive* de Proust (publication posthume). ◊ *La Grande Peur dans la montagne* du Suisse Ramuz. ◊ *Mein Kampf* de Hitler. ◊ *Le Procès* de Kafka (écrit en 1914). ◊ *Gatsby le Magnifique* de F. S. Fitzgerald : les désillusions du rêve américain ; création du personnage érotique de dessins animés de *Betty Boop* par Fleischer.

1925 Première exposition surréaliste à Paris : « automatismes » de Masson, « grattages » de Max Ernst ; tableaux abstraits géométriques de Mondrian ; Exposition universelle à Paris, consacrée aux « Arts décoratifs et industriels modernes » : pavillon de l'Esprit nouveau par Le Corbusier ; le Bauhaus s'installe à Dessau. ◊ *Monument à Cézanne*, sculpture de Maillol. ◊ *Wozzeck*, opéra atonal de Berg à Berlin ; Schönberg, professeur de composition à l'Académie des arts de Berlin. ◊ *La Ruée vers l'or*, film de Chaplin ; *la Rue sans joie* de Pabst ; *la Veuve joyeuse* de Stroheim ; *le Cuirassé Potemkine* d'Eisenstein.

1926 Développement de la mécanique quantique : synthèse avec la mécanique ondulatoire (Schrödinger, Dirac), dont Born fait une interprétation probabiliste. ◊ Étude statistique des électrons (Fermi, Dirac). ◊ Survol du pôle Nord en avion et en dirigeable. ◊ Réalisation en France du scaphandre autonome de plongée. ◊ Première démonstration de télévision au Royaume-Uni. ◊ Première fusée à combustible liquide aux États-Unis.

1926 *Le Paysan de Paris* d'Aragon, roman d'inspiration surréaliste ; *Sous le soleil de Satan*, premier roman de Bernanos ; attribution du premier prix Théophraste-Renaudot. ◊ *Les Sept Piliers de la sagesse*, autobiographie romanesque de T. E. Lawrence. ◊ *La Confusion des sentiments*, roman de S. Zweig.

1926 Peintures cubistes de Juan Gris. ◊ Première sculpture en métal de Calder. ◊ *Ballet mécanique*, film cubiste de F. Léger ; *Métropolis*, film de F. Lang, vision prémonitoire d'un régime totalitaire ; *la Lettre écarlate*, film américain de V. Sjöström.

1927 Application de la mécanique quantique à la chimie. ◊ G. Lemaître avance l'hypothèse de l'expansion de l'univers. ◊ Début de la fabrication du caoutchouc synthétique. ◊ Premier engin téléguidé volant. ◊ Premier accélérateur de particules. ◊ Traversée de l'Atlantique Nord en avion par Lindbergh.

1927 *La Trahison des clercs* de J. Benda ; *Orphée* de Cocteau ; *Thérèse Desqueyroux*, roman de Mauriac. ◊ *Le Loup des steppes*, roman de H. Hesse.

1927 Ouverture de la première galerie surréaliste à Paris. ◊ *Napoléon*, d'Abel Gance : l'invention du triple écran, précurseur du cinémascope ; *le Chanteur de jazz*, avec Al Jolson premier film parlant (la plupart des stars du cinéma muet vont disparaître des écrans) ; *l'Aurore* de Murnau ; *la Jeune Fille au carton à chapeau* du Soviétique B. Barnet.

l'époque contemporaine : le XXe siècle

1928 *De l'angoisse à l'extase* de Pierre Janet. ◊ *La Structure logique du monde* de Carnap. ◊ *Principes de grammaire générale* de Hjelmslev. ◊ *Dialectique du moi et de l'inconscient* de Jung. ◊ Fondation de l'Opus Dei. ◊ Égypte : s'organise avec le mouvement des Frères musulmans l'islam intégriste.

1928 Signature du pacte Briand-Kellogg qui condamne la guerre. ◊ Portugal : Salazar redresse le déficit budgétaire. ◊ URSS : collectivisation des terres et premier plan quinquenal. ◊ Chine : Jiang Jieshi, chef du gouvernement nationaliste.

1929 Accords du Latran entre Mussolini et le pape : création de l'État du Vatican. ◊ *Logique formelle et transcendantale* de Husserl ; il prononce à Paris les *Méditations cartésiennes*. ◊ *Temps et verbe* de Gustave Guillaume. ◊ Création de la revue historique des *Annales d'histoire économique et sociale* par L. Febvre et M. Bloch. ◊ *La Science et le Monde moderne* de Whitehead.

1929 Plan Young pour le paiement des réparations par l'Allemagne. ◊ Yougoslavie : Alexandre Ier Karageorgévitch instaure une dictature. ◊ États-Unis : Herbert C. Hoover, 31e président ; « jeudi noir » à Wall Street (24 oct.) ; la crise financière s'étend à l'ensemble de l'économie américaine puis mondiale. ◊ URSS : Trotski est exilé à l'étranger ; Staline est le maître du pays. ◊ Inde : Gandhi réclame le statut de dominion.

1930 *Traité de la monnaie* de Keynes. ◊ *Malaise dans la civilisation* de Freud.

1930 31 millions de chômeurs dans les pays industrialisés. Mise en place de politiques protectionnistes (États-Unis ; Royaume-Uni en 1932). ◊ Espagne : Alphonse XIII renvoie Primo de Rivera. ◊ Allemagne : progrès nazis aux élections au Reichstag. ◊ URSS : collectivisation et « dékoulakisation ». ◊ Brésil : putsch de Vargas. ◊ Éthiopie : Hailé Sélassié Ier, empereur. ◊ Inde : campagne de boycottage lancée par Gandhi.

1930
XXe siècle
1931

1931 *Le Dépassement de la métaphysique par l'analyse logique du langage* de Carnap. ◊ Début de la publication (posthume) des articles de Ch. S. Peirce *(Collected Papers).*

1931 France : Doumer, président. ◊ Espagne : proclamation de la république. ◊ Royaume-Uni : MacDonald forme un gouvernement d'Union nationale. ◊ Moratoire Hoover sur la question des réparations. ◊ Le Canada accède à l'indépendance (statut de Westminster) et le Commonwealth britannique est créé. ◊ Occupation de la Mandchourie par le Japon. ◊ Le dominion de la Nouvelle-Zélande, devenu indépendant, fait partie du Commonweath.

SCIENCES – TECHNIQUES	LITTÉRATURES	ARTS – MUSIQUE

1928 Théorie relativiste quantique de l'électron et hypothèse du positron par Dirac. ◊ Enregistrement sur bande magnétique. ◊ Première liaison par TSF entre Paris et New York. ◊ Fleming découvre le premier des antibiotiques : la pénicilline. ◊ Découverte de l'effet Raman en physique atomique.

1928 *Nadja,* récit de Breton : la nouvelle morale surréaliste de l'amour ; le groupe surréaliste adhère au parti communiste ; *Siegfried,* drame de Giraudoux ; *les Conquérants* de Malraux ; *Topaze* et *Marius,* comédies de M. Pagnol ; *le Temps retrouvé* de Proust ; *les Odes,* poèmes de Segalen inspirés de la métrique chinoise. ◊ *L'Opéra de quat'sous* de B. Brecht. ◊ *À l'ouest, rien de nouveau* de E. M. Remarque. ◊ *Le Don paisible* de Cholokhov ; *les Douze Chaises* d'Ilf et Petrov.

1928 *Le Surréalisme* **1928** *et la Peinture,* essai de A. Breton. ◊ Martenot invente « les ondes Martenot », premier instrument de musique électronique ; le *Boléro,* ballet de Ravel ; *Symphonie n° 21* de Webern. ◊ *Un chapeau de paille d'Italie,* film de R. Clair ; *Un chien andalou* de Buñuel et Dalí, manifeste du surréalisme au cinéma ; *la Passion de Jeanne d'Arc* de Dreyer ; premiers *Mickey* de Walt Disney ; *Octobre* d'Eisenstein.

1929 Invention du cyclotron. ◊ Premier survol du pôle Sud. ◊ Mise au point de l'électroencéphalogramme.

1929 *Les Enfants terribles,* récit de Cocteau ; *Amphitryon 38,* pièce de Giraudoux ; *Courrier Sud* de Saint-Exupéry. ◊ Création du personnage de Tintin par le Belge Hergé. ◊ *Berlin Alexanderplatz* de Döblin ; *le Livre de San Michele* d'Axel Munthe. ◊ *À l'ombre de l'Orford,* réalisme poétique du Canadien francophone Alfred Desrochers. ◊ *Le Bruit et la Fureur* de Faulkner ; *l'Adieu aux armes* de Hemingway.

1929 Le premier musée d'Art moderne, créé à New York. ◊ *Loulou,* film de Pabst ; *l'Homme à la caméra* de Dziga Vertov.

1930 Découverte de la planète Pluton. ◊ Vaccin contre la fièvre jaune. ◊ Premières expériences sur l'énergie thermique des mers. ◊ Conception du turboréacteur par F. Whittle.

1930 *Regain* de J. Giono. ◊ Premiers romans policiers de Simenon ; création du prix Interallié. ◊ *Les Vagues,* poème romanesque de Virginia Woolf : monologue intérieur et prose lyrique. ◊ *L'Homme sans qualités* de Musil (jusqu'en 1943). ◊ *42e parallèle :* début de la trilogie « USA » de Dos Passos ; *le Faucon maltais* de Dashiell Hammett : renouvellement du genre policier.

1930 *Le Second manifeste du surréalisme* de Breton. ◊ La maison Savoye, à Poissy, par Le Corbusier. ◊ *À propos de Nice,* film de J. Vigo ; *l'Âge d'or,* film de Buñuel et Dalí ; début de la célébrité des Marx Brothers ; *l'Ange bleu* de Sternberg, avec Marlène Dietrich ; *la Terre,* film de Dovjenko.

1931 Théorème d'incomplétude de Gödel (logique, épistémologie). ◊ Découverte du deutérium par Urey. ◊ Mise au point du caoutchouc synthétique Néoprène. ◊ Début de l'électroencéphalographie. ◊ « Croisière jaune » de Citroën : expédition automobile de Beyrouth à Pékin.

1931 *Aden Arabie* de Nizan ; *Vol de nuit* de Saint-Exupéry ; *l'Homme approximatif* de T. Tzara ; *Regards sur le monde actuel* de Valéry. ◊ *La Famille,* roman du Chinois Ba Jin.

1931 Inauguration de l'Empire State Building, alors le plus haut bâtiment du monde, à New-York. ◊ *Persistance de la mémoire,* tableau de Dalí. ◊ Ionisation pour 40 instruments à percussion de Varèse. ◊ *La Chienne,* film de J. Renoir ; *les Lumières de la ville* de Chaplin ; *l'Opéra de quat'sous* de Pabst ; *M. le Maudit* de F. Lang, apogée de l'expressionnisme allemand au cinéma ; *Dracula* de T. Browning.

RELIGION – PHILOSOPHIE
SCIENCES HUMAINES
PROBLÈMES SOCIAUX

HISTOIRE GÉNÉRALE

1932 *Le Pluralisme cohérent de la chimie moderne* de Bachelard ; *les Deux Sources de la morale et de la religion* de Bergson. ◊ *La Révolution permanente* de Trotski.

1932 France : assassinat de Doumer ; Lebrun, président. ◊ Conférence de Lausanne : abandon des réparations allemandes. ◊ Élections en Allemagne : le parti nazi devient le premier parti. ◊ Portugal : Salazar, président du Conseil. ◊ Guerre du Chaco entre la Bolivie et le Paraguay (jusqu'en 1935). ◊ Ibn Sa'ûd fonde le royaume d'Arabie Saoudite. ◊ Indépendance de l'Irak. ◊ Les Japonais créent le Mandchoukouo et placent l'ex-empereur de Chine Puyi à sa tête.

1933 Le nazisme veut l'extermination des juifs ; il s'attaque à certains intellectuels (Husserl) mais reçoit le soutien de quelques autres, tel Heidegger. ◊ *Psychologie de masse du fascisme* de W. Reich ; *le Langage* de Bloomfield.

1933 Allemagne : Hitler, chancelier ; le parti nazi devient parti unique ; proclamation de lois racistes ; ouverture du premier « camp de concentration » à Dachau ; incendie du Reichstag (dissolution du parti communiste). ◊ Salazar fonde le « Nouvel État » portugais, régime autoritaire et conservateur. ◊ Le Japon et l'Allemagne quittent la SDN. ◊ États-Unis : F. D. Roosevelt, 32ᵉ président ; début du « New Deal » ; le dollar est dévalué. ◊ URSS : grande famine. ◊ Première dictature de Batista à Cuba (jusqu'en 1944).

1934 *Le Nouvel Esprit scientifique* de Bachelard. ◊ *Syntaxe logique du langage* de Carnap. ◊ *La Logique de la découverte scientifique* de Karl Popper.

1934 France : scandale Stavisky et manifestations des 6 et 9 février ; assassinat, à Marseille, d'Alexandre de Yougoslavie et de L. Barthou. ◊ Allemagne : nuit des « Longs Couteaux » (élimination des S.A.) ; assassinat du chancelier Dollfuss par les nazis ; Hitler, après la mort de Hindenburg, devient Führer. ◊ URSS : assassinat de Kirov (début des purges). ◊ Tunisie : création du Néo-Destour. ◊ Chine : début de la Longue Marche, conduite par Mao Zedong. ◊ Une loi américaine accorde aux Philippines le statut de commonwealth et prévoit l'indépendance après 10 ans ; mais le pays sera envahi en 1942 par les Japonais.

1935 *Origine de la formation des noms en indo-européen* de Benveniste. ◊ Lois racistes de Nuremberg.

1935 Allemagne : les juifs perdent la nationalité allemande ; plébiscite de la Sarre pour son rattachement au Reich. ◊ Conférence de Stresa. ◊ L'Italie attaque l'Éthiopie. ◊ URSS : mouvement stakhanoviste. ◊ La Perse s'appelle désormais l'Iran.

1936 *Théorie générale de l'emploi, de l'intérêt et de la monnaie* de Keynes. ◊ *La Crise des sciences européennes*, testament philosophique de Husserl. ◊ *Problèmes stratégiques de la guerre révolutionnaire en Chine* de Mao Zedong.

1936 France : victoire du Front populaire ; gouvernement Blum ; politique contractuelle (accords de Matignon) ; protocoles franco-syrien et franco-libanais. ◊ Espagne : soulèvement nationaliste sous la direction du général Franco, soutenu par l'axe Rome-Berlin. ◊ Royaume-Uni : accession au trône, puis abdication d'Édouard VIII. ◊ Allemagne : Hitler remilitarise la Rhénanie. ◊ URSS : début des procès, exécution de Kamenev et Zinoviev ; nouvelle Constitution. ◊ Les Italiens s'emparent d'Addis-Abeba. ◊ Proche-Orient : agitation arabe réprimée par les colons sionistes aux côtés de l'armée britannique ; la commission Peel (dépêchée par le gouvernement britannique) recommande le partage de la Palestine en deux États, l'un juif, l'autre arabe. ◊ Égypte : avènement de Farouk Iᵉʳ.

1936

| SCIENCES – TECHNIQUES | LITTÉRATURES | ARTS – MUSIQUE |

1932 Vitamine C. Découverte du rayonnement radioélectrique de la Voie lactée : naissance de la radio-astronomie. Marconi réalise le premier radiotéléphone. ◊ Construction du premier cyclotron. ◊ Découverte du neutron (Chadwick), du positron (Anderson). ◊ *Fondements mathématiques de la mécanique quantique* de von Neumann.

1932 *Les Vases communicants* de Breton ; *Voyage au bout de la nuit*, premier roman de Céline, succès rapide et influence considérable ; *le Nœud de vipères* de Mauriac ; *les Hommes de bonne volonté* de J. Romains (jusqu'en 1946). ◊ *Le Meilleur des mondes*, roman de Huxley, modèle de la littérature critique d'anticipation.

1932 Matisse illustre **1932** *les Poésies* de Mallarmé ; le Bauhaus s'installe à Berlin ; premiers mobiles de Calder. ◊ *Concerto pour la main gauche* de Ravel. ◊ *Zéro de conduite*, film de J. Vigo, séquelle du surréalisme (censuré jusqu'en 1945).

1933 Construction du premier microscope électronique. ◊ Travaux de Cartan sur les espaces métriques. ◊ Les Joliot-Curie réalisent la radioactivité artificielle.

1933 *La Chatte* de Colette ; *la Condition humaine* de A. Malraux : roman basé sur un épisode de la révolution chinoise. ◊ *Noces de sang*, drame de F. García Lorca. ◊ Certains écrivains allemands fuient le régime nazi (250 émigreront). ◊ *Le Bois de bouleaux*, roman du Polonais J. Iwaszkiewicz.

1933 *Le Grand Nu au miroir*, tableau de Bonnard. ◊ Devant la montée du nazisme, Schönberg et Kurt Weill s'exilent aux États-Unis. ◊ *Le Testament du Dr Mabuse*, film de F. Lang.

1934 Théorie de la désintégration du noyau atomique par Fermi. ◊ *Les Origines du caractère chez l'enfant* de M. Wallon. ◊ Le magnétophone mis au point par la firme BASF.

1934 *Contes du chat perché* de M. Aymé ; *le Marteau sans maître* de René Char ; *Clochemerle* de G. Chevallier ; *les Célibataires* de Montherlant. ◊ *Le Crime de l'Orient-Express* d'Agatha Christie. ◊ *Tropique du Cancer* de Henry Miller. ◊ Premier congrès des écrivains soviétiques qui définit le « réalisme socialiste ».

1934 *L'Atalante*, film de J. Vigo. ◊ *Flash Gordon (Guy l'Éclair)*, bande dessinée d'Alex Raymond.

1935 Première intervention chirurgicale sur le cerveau humain. ◊ Les sismologues Gutenberg et Richter mettent au point l'échelle dite de Richter. ◊ Stanley découvre les virus protéines. ◊ Travaux de Landau sur le ferromagnétisme. ◊ Théorie des forces nucléaires (hypothèse du méson, formulée par le Japonais Yukawa et confirmée en 1947).

1935 *Que ma joie demeure* de Giono ; *La guerre de Troie n'aura pas lieu* de Giraudoux. ◊ *Meurtre dans la cathédrale*, drame poétique de T. S. Eliot. ◊ *Pays de neige*, roman de Kawabata Yasunari (remanié en 1948) : l'équilibre entre la tradition littéraire japonaise et les recherches occidentales.

1935 Concerto pour violon *À la mémoire d'un ange* de Berg ; *Porgy and Bess*, opéra de Gershwin. ◊ *La Kermesse héroïque*, film de J. Feyder ; *les 39 Marches*, film de Hitchcock ; *les Temps modernes* de C. Chaplin, qui refuse le cinéma parlant.

1936 Isolement de la cortisone. ◊ Début de la télévision radiodiffusée pour le grand public. ◊ Lallemand invente la caméra électronique. ◊ Étude d'Anderson sur le méson. ◊ Théorème de limitation de Church, sémantique de Tarsky (logique).

1936 *Les Beaux Quartiers* d'Aragon ; *Journal d'un curé de campagne*, récit de Bernanos ; André Breton dénonce le stalinisme : *Du temps que les surréalistes avaient raison* ; *Mort à crédit*, roman de Céline ; *Retour de l'URSS* de Gide. ◊ García Lorca est fusillé par les franquistes. ◊ *Autant en emporte le vent*, récit romanesque de Margaret Mitchell : best-seller mondial.

1936 *Prémonition de la guerre civile*, tableau de Dalí ; série de gravures sur la tauromachie par Picasso. ◊ *Pierre et le Loup* de Prokofiev. ◊ Fondation de la Cinémathèque française par G. Franju et H. Langlois ; *le Crime de M. Lange*, film de J. Renoir ; *Une nuit à l'Opéra*, film des Marx Brothers.

| RELIGION – PHILOSOPHIE SCIENCES HUMAINES PROBLÈMES SOCIAUX | HISTOIRE GÉNÉRALE |

1937 *La Révolution trahie* de Trotski ; *Matérialisme dialectique et matérialisme historique* de Staline. ◊ *De la pratique* et *De la contradiction* de Mao Zedong.

1937 France : difficultés économiques et troubles sociaux ; démission du gouvernement Blum. ◊ L'Italie quitte la SDN. ◊ Royaume-Uni : Chamberlain, Premier Ministre. ◊ Espagne : prise de Bilbao par les armées franquistes. ◊ URSS : année noire des purges staliniennes. ◊ Maroc : fondation de l'Istiqlāl (parti nationaliste). ◊ Début de la guerre du Japon contre la Chine (massacres de Nankin).

1938 *Introduction à la philosophie de l'histoire* de R. Aron ; *la Formation de l'esprit scientifique* et *Psychanalyse du feu* de Bachelard. ◊ *Philosophie de l'existence* de Jaspers. ◊ *Abrégé de psychanalyse* de Freud. ◊ *L'Histoire comme pensée et action* de Croce. ◊ Lois antisémites en Italie.

1938 France : fin du Front populaire. ◊ Allemagne : Hitler commande la Reichswehr. ◊ Rattachement de l'Autriche et du pays des Sudètes (en Tchécoslovaquie) à l'Allemagne ; accords de Munich par lesquels l'Angleterre et la France cèdent aux revendications de Hitler. ◊ Turquie : mort de Mustafa Kemal. ◊ URSS : exécution de Iagoda, Rykov et Boukharine. ◊ Régime socialiste de front populaire au Chili.

1939 *L'Homme et le Sacré* de Roger Caillois. *Mythes et dieux des Romains* de Dumézil. ◊ *Moïse et le Monothéisme,* dernier ouvrage de Freud. ◊ *Principes de phonologie* de Troubetskoï (posthume). ◊ Élection du pape Pie XII.

1939 Il y a 2,3 milliards d'hommes sur la Terre. ◊ Le Royaume-Uni publie un Livre blanc qui prévoit l'établissement d'un État palestinien indépendant, dans lequel Arabes et Juifs se partageraient le pouvoir. ◊ À la suite de l'invasion de la Pologne par l'Allemagne (1ᵉʳ sept.), entrée en guerre de la France et du Royaume-Uni : début de la Seconde Guerre mondiale. Les Soviétiques envahissent la Pologne orientale et la Finlande. Signature du pacte germano-soviétique. ◊ Hitler occupe la Tchécoslovaquie et annexe la partie tchèque du pays. ◊ Mussolini occupe l'Albanie. ◊ Pacte d'Acier entre Hitler et Mussolini. ◊ Fin de la guerre civile en Espagne : Franco prend Barcelone et Madrid.

SCIENCES – TECHNIQUES

1937 Découverte des propriétés médicales des sulfamides. ◊ Projection du premier film en couleurs. ◊ Création, à Paris, du palais de la Découverte par J. Perrin. ◊ Explosion du dirigeable *Hindenburg*. ◊ Essai, au Royaume-Uni, d'un avion propulsé par turboréacteur.

1938 Théorie des acides et des bases. ◊ Premier stylo à bille. ◊ Invention du nylon. ◊ Première traversée commerciale de l'Atlantique Nord en avion. ◊ Première fission nucléaire, par Otto Hahn. ◊ Cycle de Bethe (réactions nucléaires produisant l'énergie dans les étoiles).

1939 En France, fondation du CNRS, Centre national de la recherche scientifique. ◊ Fission de l'uranium. ◊ Invention de l'insecticide DDT par Müller. ◊ Prototype du premier ordinateur aux États-Unis. ◊ Début de la publication des *Éléments de mathématiques* de Bourbaki. ◊ *La Nature de la liaison chimique* de Pauling.

LITTÉRATURES

1937 *Le Voyageur sans bagage* d'Anouilh ; *Électre* de Giraudoux ; *l'Espoir*, roman de A. Malraux, évocation des débuts de la guerre civile espagnole. ◊ Publication posthume de *Cosima* de l'Italien Deledda. ◊ *Des souris et des hommes* de Steinbeck. ◊ *L'Orage*, drame de Cao Yu.

1938 *Le Théâtre et son double*, essai de A. Artaud, pour un retour à la dimension mystique du théâtre telle qu'elle existait dans les mystères du Moyen Âge et qu'elle existe en Extrême-Orient ; *les Grands Cimetières sous la lune*, pamphlet antifranquiste de Bernanos ; *les Parents terribles* de Cocteau ; *Un certain Plume*, recueil de Michaux ; *Tropismes*, récit de Nathalie Sarraute : une approche psychologique des personnages qui annonce le « nouveau roman » ; *la Nausée*, roman de Sartre : l'existentialisme en littérature (Sartre utilisera le roman et le théâtre pour diffuser ses thèses). ◊ *U.S.A.* de Dos Passos.

1939 Le *Journal* d'André Gide (1889-1930) ; *Ondine* de Giraudoux ; *l'Âge d'homme*, premier volume autobiographique de Michel Leiris (écrit entre 1930 et 1935) ; *Terre des hommes* de Saint-Exupéry. ◊ *Finnegans Wake* de Joyce : essai extrême de travail sur le langage. ◊ *Les Raisins de la colère*, roman de Steinbeck : la crise économique des années 30 aux États-Unis.

ARTS – MUSIQUE

1937 À l'Exposition **1937** universelle de Paris, *la Fée électricité*, fresque de Dufy, le palais de Chaillot et le palais de Tokyo ; Exposition internationale du surréalisme à Paris ; *Guernica*, tableau de Picasso qui dénonce les horreurs de la guerre civile espagnole. ◊ *Carmina Burana* cantate de Carl Orff ; création (posthume) à Zurich de *Lulu* de Berg : le premier grand opéra sériel ; *Mikrokosmos*, 153 pièces pour piano, et *Sonate pour deux pianos et percussions* de Bartók. ◊ *Drôle de drame*, film de M. Carné et J. Prévert ; *la Grande Illusion*, film de J. Renoir ; *Blanche-Neige et les sept nains* de Walt Disney.

1938 Musique de Prokofiev pour le film d'Eisenstein : *Alexandre Nevski*, le dodécaphonisme condamné et interdit par les nazis. ◊ *Nobilissima Visione*, ballet de Hindemith. ◊ *Quai des Brumes* et *Hôtel du Nord*, films de M. Carné et J. Prévert ; *la Bête humaine* de J. Renoir ; *Une femme disparaît* de Hitchcock.

1939 Stravinski et Hindemith s'exilent aux États-Unis. ◊ *Le jour se lève* de M. Carné ; *Espoir*, film de A. Malraux ; *la Règle du jeu*, film de J. Renoir, prémonitoire de la guerre ; *Autant en emporte le vent*, film de V. Fleming ; *la Chevauchée fantastique* de J. Ford.

RELIGION – PHILOSOPHIE SCIENCES HUMAINES PROBLÈMES SOCIAUX	HISTOIRE GÉNÉRALE

1940 En Inde, la Ligue musulmane demande la création d'un État séparé, le Pakistan. ◇ *Philosophie du non* de Bachelard. ◇ *Signification et vérité* de Russell. ◇ Suicide de Walter Benjamin. ◇ Jean Piaget prend la direction de l'institut Jean-Jacques-Rousseau à Genève : développement de l'école de psychologie génétique.

1940 Royaume-Uni : Churchill, Premier Ministre. ◇ Mai : percée allemande dans les Ardennes, la Hollande et la Belgique. Recul puis défaite des Alliés. ◇ Le Danemark et la Norvège sont envahis par les Allemands. Armistice entre Pétain et Hitler : régime de Vichy ; Pétain est le chef de l'État français. Appel du 18-Juin de de Gaulle. ◇ Les pays baltes sont intégrés à l'URSS. ◇ Bataille d'Angleterre. ◇ Offensives italienne en Libye et japonaise en Indochine. ◇ Assassinat de Trotski au Mexique.

1940
━━━ xxe siècle ━━━
1941

1941 De nombreux savants et intellectuels européens émigrent aux États-Unis. ◇ *L'Eau et les Rêves* de Bachelard ; *l'Évolution psychologique de l'enfant* de Wallon ; *Jupiter, Mars, Quirinus* de Dumézil. ◇ *Langage enfantin et aphasie* de Jakobson.

1942 *Histoire sainte* de Daniel-Rops. *Le Mythe de Sisyphe* de Camus.

1941 Attaque japonaise sur Pearl Harbor. Attaque de l'URSS, de la Yougoslavie et de la Grèce par les Allemands ; Rommel en Libye. ◇ Alliance entre les États-Unis, le Royaume-Uni et l'URSS contre les puissances de l'Axe. ◇ Iran : abdication de Rezā Chāh ; avènement de Moḥammād Rezā Pahlavi. ◇ Hô Chi Minh fonde le Viêt-minh (ligue pour la libération du Viêt-nam).

1942 Tournant de la guerre : débarquement allié au Maroc et en Algérie, fin de l'offensive allemande en Afrique du Nord ; attaque allemande à Stalingrad ; échec de l'Axe à el-Alamein ; débarquement américain à Guadalcanal ; défaite japonaise à Midway. Début des bombardements alliés intensifs sur l'Allemagne. ◇ Occupation de la zone libre française. ◇ Inde : Gandhi lance aux Anglais le mot d'ordre « Quit India » (Quittez l'Inde) ; émeutes sanglantes.

1943 *L'Expérience intérieure* de Georges Bataille ; *l'Être et le Néant* de Sartre. ◇ *Prolégomènes à une théorie du langage* de Hjelmslev.

1943 Débarquement allié en Sicile. Arrestation de Mussolini ; dissolution du parti fasciste. ◇ Capitulation des Allemands à Stalingrad et recul progressif de leurs troupes du territoire russe. ◇ Conférence de Téhéran. ◇ Dissolution par Staline de la IIIe Internationale. ◇ Constitution du Comité français de libération nationale.

1944 *L'Air et les Songes* de Bachelard. ◇ *Psychologie et alchimie* de Jung.

1944 Le Comité français de libération nationale prend le nom de Gouvernement provisoire de la République française (GPRF). Conférence monétaire de Bretton Woods. Percée des Soviétiques en Pologne et des Anglo-Américains en Italie. Débarquement allié en Normandie (6 juin) et en Provence (15 août). Août : les Allemands capitulent à Paris. ◇ Progression de MacArthur et de Nimitz dans le Pacifique (bataille des Philippines).

1944

| SCIENCES – TECHNIQUES | LITTÉRATURES | ARTS – MUSIQUE |

1940 Landsteiner isole le facteur Rhésus. ◊ États-Unis : première démonstration de la télévision en couleurs. ◊ Hélicoptère V5-300 de Sikorsky.

1940 *Le Désert des Tartares,* roman de D. Buzzati. ◊ *La Puissance et la Gloire,* roman de Graham Greene. ◊ *Le Zéro et l'Infini,* roman en anglais de A. Koestler, évocation des procès de Moscou. ◊ *Le Maître et Marguerite* de Boulgakov.

1940 *L'Air, monument* **1940** *à Mermoz,* sculpture de Maillol. ◊ Bartók s'exile aux États-Unis. ◊ *Le Dictateur,* le premier film parlant de Chaplin ; *le Juif Süss* de V. Harlan : le cinéma allemand au service du nazisme ; *les Raisins de la colère* de J. Ford ; *Pinocchio* et *Fantasia,* films de Walt Disney.

1940

1941

1941 Mise au point de l'emploi thérapeutique de la pénicilline, essor des antibiotiques. ◊ Théorie de la suprafluidité de l'hélium (Landau).

1941 Le groupe surréaliste à New York. ◊ Publication des œuvres complètes de Ramuz.

1941 *Symphonie en mi majeur* de Hindemith. ◊ *Le Faucon maltais,* film de J. Huston ; *Citizen Kane* de O. Welles : une révolution esthétique dans le cinéma.

1942 Machine à récolter le coton. ◊ Fermi réalise la première réaction en chaîne contrôlée : première pile atomique. ◊ Premier prototype de la fusée allemande V2 (von Braun). ◊ Utilisation du DDT par l'armée américaine. ◊ Fabrication industrielle des silicones aux États-Unis.

1942 *Les Yeux d'Elsa* d'Aragon ; *l'Étranger,* roman de Camus, témoignage, comme le *Mythe de Sisyphe,* de sa philosophie de l'absurde ; *le Parti pris des choses,* poèmes en prose de Francis Ponge ; *Exil* de Saint-John Perse ; *le Silence de la mer* de Vercors, évocation de la France occupée, paru clandestinement. ◊ *La Famille de Pascual Duarte,* roman de l'Espagnol Camilo José Cela.

1942 Messiaen, professeur d'harmonie au conservatoire de Paris : ses élèves, sous l'impulsion de Boulez, redécouvrent Webern. ◊ *Les Visiteurs du soir* de M. Carné ; *Casablanca* de M. Curtiz ; *To Be or Not to Be,* film antinazi (comédie) de Lubitsch.

1943 Aux États-Unis, les scientifiques s'engagent dans la guerre (programme Manhattan) : construction du centre de recherche atomique de Los Alamos, dirigé par Oppenheimer.

1943 *Antigone,* drame d'Anouilh ; *l'Invitée* de S. de Beauvoir ; *Premier de cordée* de Frison-Roche ; *le Petit Prince,* récit symbolique et enfantin de Saint-Exupéry ; *les Mouches* de Sartre. ◊ *Corps et âme* de Van der Meersch.

1943 Le musée Guggenheim à New York, par F. L. Wright. ◊ *Broadway Boogie Woogie,* tableau abstrait géométrique de Mondrian. ◊ Création à Paris de l'Institut des hautes études cinématographiques ; *le Corbeau,* film de H.-G. Clouzot.

1944 Mise au point du sérum antityphoïde. ◊ Structure de l'ADN précisée par trois chercheurs américains (Avery, MacLeod, McCarty). ◊ *Qu'est-ce que la vie ?* de Schrödinger.

1944 *Les Amitiés particulières* de R. Peyrefitte ; *Huis clos* de Sartre. ◊ *La Lame du rasoir* de S. Maugham.

1944 Lecture publique du *Désir attrapé par la queue,* de Picasso. ◊ *Technique de mon langage musical* de Messiaen. ◊ *Henry V,* film de L. Olivier.

1944

1945 *Phénoménologie de la perception* de Merleau-Ponty. ◇ *La Société ouverte et ses ennemis* de Popper. ◇ *The Psychological Frontiers of Society* de Kardiner et R. Linton. ◇ Au Japon, la défaite militaire entraîne le rejet solennel et définitif de la divinité de l'empereur ; développement des « nouvelles religions ».

1945 Royaume-Uni : chute de Churchill. ◇ Avril : jonction soviéto-américaine sur l'Elbe ; exécution de Mussolini ; suicide de Hitler. 8 mai : capitulation de l'Allemagne. ◇ Conférence de San Francisco qui crée l'Organisation des Nations Unies (ONU). ◇ Les Alliés découvrent les camps de concentration et d'extermination nazis. Sept. : capitulation du Japon, après l'explosion de bombes atomiques sur Hiroshima (6 août) et Nagasaki (9 août). Conférences de Yalta et de Potsdam. ◇ Début du procès de Nuremberg. ◇ Les États-Unis – devenus la plus grande puissance – encouragent le mouvement sioniste (le Livre blanc de 1939 est oublié). Mort de Roosevelt ; Truman, 33ᵉ président. ◇ Constitution de la Ligue arabe. ◇ Hô Chi Minh proclame l'indépendance du Viêt-nam. ◇ Reprise de Singapour aux Japonais. ◇ Sukarno, rentré d'exil, proclame la République indonésienne à Djakarta ; par le traité de 1946, l'Indonésie orientale reste sous protectorat hollandais.

1946 *L'existentialisme est un humanisme* de Sartre ; vogue de l'existentialisme dans le Paris de l'après-guerre.

1946 France : de Gaulle démissionne du gouvernement provisoire ; constitution de la IVᵉ République. ◇ Fin du procès de Nuremberg. ◇ Conférence de Paris pour la préparation des traités de paix. ◇ Fondation de l'UNESCO. ◇ Début de la guerre d'Indochine. ◇ Italie : proclamation de la république. ◇ Grèce : guerre civile (jusqu'en 1949). ◇ Le Canada se donne une loi de la citoyenneté canadienne. ◇ Argentine : Perón, président. ◇ Indépendance formelle des Philippines, qui restent sous l'influence des États-Unis. ◇ L'île de la Réunion devient département français d'outre-mer ; la Nouvelle-Calédonie et Tahiti deviennent territoires français d'outre-mer.

1947 *Lettre sur l'humanisme,* où Heidegger se démarque de l'existentialisme français. ◇ *Éclipse de la raison* de Horkheimer. ◇ *La Dialectique de la raison* d'Adorno et Horkheimer. ◇ *Sur la logique et la théorie de la science* de Cavaillès (posthume). ◇ *La Pesanteur et la Grâce* de Simone Weil (posthume).

1947 France : Auriol, président ; application du plan Marshall ; grèves violentes après l'expulsion des ministres communistes ; création du Rassemblement du peuple français (RPF) par de Gaulle ; scission CGT/FO. Traités de Paris. ◇ Début de la guerre entre les Pays-Bas et l'Indonésie. ◇ La doctrine Truman consacre le rôle de leader mondial que veulent désormais jouer les États-Unis. ◇ Staline impose le régime communiste en Europe centrale ; début de la « guerre froide » avec les États-Unis. ◇ L'ONU demande le partage de la Palestine en deux États indépendants, arabe et juif, et l'internationalisation de Jérusalem. ◇ Scission de l'empire britannique des Indes en deux États indépendants : l'Inde à majorité hindoue et le Pakistan musulman (importants transferts de population, début d'une guerre fratricide). ◇ Indépendance de la Birmanie. ◇ Les îles de Micronésie (Marianncs, Carolines, Marshall...) sont placées, en tant que zone stratégique, sous la tutelle des États-Unis.

SCIENCES – TECHNIQUES	LITTÉRATURES	ARTS – MUSIQUE

1945 L'emploi de l'arme atomique par les États-Unis met fin à la guerre avec le Japon. ◊ L'emploi de la transmission radio en modulation de fréquence se généralise. ◊ Découverte de la résonance magnétique nucléaire. ◊ Invention de la photocomposition.

1945 Premier numéro des *Temps modernes,* revue dirigée par Sartre, R. Aron et Merleau-Ponty ; *le Survenant,* roman de Germaine Guèvremont ; *Paroles,* recueil poétique de Prévert. ◊ *Le Cercle de craie caucasien* de Brecht : le théâtre de la « distanciation ». ◊ *Chants d'ombre,* poèmes de Senghor.

1945 Exposition des **1945** *Otages* de J. Fautrier. ◊ L'opéra *Peter Grimes* à Londres : le premier succès de Britten ; le premier disque microsillon aux États-Unis. ◊ *Les Dames du bois de Boulogne,* film de R. Bresson ; *les Enfants du Paradis* de M. Carné ; *Rome ville ouverte,* film de Rossellini : le début du néo-réalisme italien ; *Ivan le Terrible,* film d'Eisenstein.

1946 Mise au point de la cortisone : progrès de l'endocrinologie. ◊ Mise au point du carbone 14. ◊ Premier accélérateur de particules. ◊ Expériences nucléaires américaines dans le Pacifique. ◊ L'ENIAC, premier véritable ordinateur électronique américain, marque le début de la première génération des ordinateurs.

1946 Premier numéro de *Critique,* revue dirigée par Georges Bataille ; *l'Aigle à deux têtes* de J. Cocteau ; *Malatesta* de Montherlant ; *Morts et entrées* de Dylan Thomas. ◊ *Monsieur le Président,* roman satirique de l'écrivain guatémaltèque Miguel Ángel Asturias. ◊ *Fine neige* du Japonais Tanizaki Jun'ichirō.

1946 Le pôle de la création artistique se déplace de l'Europe vers les États-Unis : premiers *drippings* de Pollock. Début de la reconstruction du Havre par A. Perret. ◊ Premier festival de Cannes ; *la Belle et la Bête* de R. Clément et J. Cocteau ; *la Bataille du rail* de R. Clément ; *le Grand Sommeil* de H. Hawks ; *Brève rencontre* de D. Lean ; *Gilda,* film de C. Vidor.
1946-1948 *Seize sonates* et *Quatre interludes* pour piano préparé de John Cage.

1947 Découverte des manuscrits de la mer Morte. ◊ Premier vol supersonique. ◊ Le microsillon : développement de l'industrie du disque.

1947 *La Peste* de Camus ; M. Duhamel crée la Série noire ; *les Bonnes,* pièce de Genet ; Gide, prix Nobel ; *Apoèmes* de Pichette ; *Exercices de style* de Queneau, recherche systématique et burlesque sur le langage ; *l'Écume des jours,* roman de Boris Vian ; création du festival d'Avignon par J. Vilar. ◊ *Docteur Faustus* de Thomas Mann. ◊ *Un tramway nommé Désir* de Tennessee Williams.

1947 Début de l'art brut en France (Dubuffet) ; *l'Homme en marche,* sculpture de Giacometti. ◊ Le jdanovisme est imposé à l'art soviétique. ◊ *Le Diable au corps* de C. Autant-Lara ; *Quai des Orfèvres* de H.-G. Clouzot ; *Allemagne année zéro* de Rossellini ; *la Dame de Shangaï* de O. Welles. ◊ Fondation de l'agence de photographies Magnum, par Capa, Cartier-Bresson, Rodger et Seymour.

RELIGION – PHILOSOPHIE
SCIENCES HUMAINES
PROBLÈMES SOCIAUX

HISTOIRE GÉNÉRALE

1948 *Introduction à la sémantique* de Carnap. ◇ Création du Conseil œcuménique des Églises. ◇ Création de l'État d'Israël : débat constitutionnel lié à l'aspect religieux de l'identité juive (le clergé rabbinique est chargé de l'état civil). ◇ Premier rapport Kinsey sur la sexualité : *le Comportement sexuel de l'homme.*

1948 Déclaration universelle des droits de l'homme. ◇ Blocus de Berlin ; paroxysme de la « guerre froide ». ◇ Adoption de l'apartheid en Afrique du Sud. ◇ Proclamation de l'indépendance d'Israël et première guerre israélo-arabe ; émigration des Palestiniens dans des camps de réfugiés. ◇ Tchécoslovaquie : « coup de Prague » (formation d'un gouvernement communiste). ◇ Rupture Staline-Tito. ◇ Inde : assassinat de Gandhi.

1949 *La Part maudite* de G. Bataille ; *le Personnalisme* de Mounier ; *les Structures élémentaires de la parenté* de Lévi-Strauss, texte fondateur de l'anthropologie structurale ; *la Méditerranée et le monde méditerranéen à l'époque de Philippe II* de Braudel. ◇ *Philosophie de la nouvelle musique* d'Adorno. ◇ Hongrie : procès du cardinal Mindszenty. ◇ *De la dictature démocratique populaire* de Mao Zedong.

1949 Allemagne : fondation de la RFA (Adenauer en est le premier chancelier) et de la RDA. ◇ Création du Conseil d'assistance économique mutuelle. ◇ Terre-Neuve est la 10ᵉ province à entrer dans la Confédération du Canada. ◇ Chine : proclamation de la république populaire par Mao Zedong ; Jiang Jieshi, vaincu par les communistes chinois, se retire à Taïwan. ◇ Création de l'Organisation du traité de l'Atlantique Nord (OTAN) et du Conseil de l'Europe. ◇ Armistice, conclu entre Israël et la Jordanie, qui partage la ville de Jérusalem.

1950 *Où va le travail humain ?* de G. Friedmann. ◇ *Psychanalyse et anthropologie* de Róheim. ◇ *À propos du marxisme en linguistique* texte polémique signé par Staline.

1950 États-Unis : début du maccarthysme. ◇ Inde : la Constitution de l'Union indienne est promulguée. ◇ Début de la guerre de Corée, intervention de l'ONU et de volontaires chinois. ◇ La Jordanie annexe la Palestine arabe. ◇ La Knesset proclame Jérusalem capitale d'Israël tandis que l'ONU demande l'internationalisation de Jérusalem et la protection des Lieux saints. ◇ La Chine prend possession du Tibet.

1950

■ XXᵉ siècle ■

1951

1951 *L'Activité rationaliste de la physique contemporaine* de Bachelard ; *l'Homme révolté* de Camus. ◇ *Théorie du champ dans les sciences sociales* de Kurt Lewin. ◇ Fondation de la secte Moon.

1951 Royaume-Uni : Churchill, Premier Ministre. ◇ Belgique : abdication de Léopold III ; avènement de Baudouin. ◇ Création de la Communauté européenne du charbon et de l'acier (CECA). ◇ Traité américano-japonais de San Francisco. ◇ Nationalisation du pétrole iranien : ministère Mossadegh. ◇ Indépendance de la Libye. ◇ L'Angola devient une province d'outre-mer du Portugal. ◇ Ouverture de négociations en Corée.

1951

SCIENCES – TECHNIQUES	LITTÉRATURES	ARTS – MUSIQUE

1948 Invention du transistor ; vulgarisation des fibres acryliques ; premier aérosol ; emploi thérapeutique de la cortisone ; appareil photo « polaroïd » à développement instantané ; premières images cinématographiques d'éruptions solaires. ◇ L'Organisation mondiale de la santé fait procéder à des pulvérisations massives de DDT sur les zones de malaria. ◇ « Homéostat » d'Ashby : la cybernétique entre dans l'univers technique. ◇ Premières explorations sous-marines du bathyscaphe de Piccard. ◇ Principe de l'holographie par Gabor.

1948 *Vipère au poing*, roman de H. Bazin ; *l'Arrêt de mort*, récit de M. Blanchot : expérience limite de l'écriture ; *Bourlinguer*, recueil de B. Cendrars ; *le Maître de Santiago* de Montherlant ; *les Mains sales*, pièce de Sartre : la littérature engagée. ◇ *Soleil cou coupé* de A. Césaire. ◇ *1984*, roman d'anticipation politique d'Orwell. ◇ *Les Nus et les Morts* de N. Mailer.

1948 *Les Loisirs*, hommage à David, tableau de F. Léger. ◇ *Turangalîla-Symphonie* de Messiaen ; les premières œuvres de musique concrète (à partir de sons réels enregistrés) par Pierre Schaeffer et Pierre Henry. ◇ *Louisiana Story* de Flaherty : *le Trésor de la sierra Madre* de Huston ; *le Voleur de bicyclette*, film néoréaliste de V. De Sica ; *Macbeth* de O. Welles.

1949 Invention de la stéréophonie ; mise au point de la télévision par câble ; coulée continue de l'acier. ◇ Royaume-Uni : le Comet, premier avion de ligne à réaction. ◇ Einstein annonce sa théorie généralisée de la gravitation. ◇ Électrodynamique quantique (Feynman). ◇ L'URSS met au point sa bombe atomique.

1949 *La Tête contre les murs* de H. Bazin ; *le Deuxième Sexe* de S. de Beauvoir : la bible du féminisme (« on ne naît pas femme, on le devient ») ; *Dialogues des carmélites* de Bernanos ; *les Justes*, pièce de Camus, qui fait pendant aux *Mains sales* de Sartre. ◇ *Précis de décomposition*, essai en français de Cioran, d'inspiration nihiliste. ◇ *La Peau* de Malaparte. ◇ *Mort d'un commis voyageur* de A. Miller. ◇ *L'Aleph*, recueil de nouvelles de Borges (jusqu'en 1952).

1949 Grande exposition du groupe Cobra à Amsterdam. ◇ *Le Troisième Homme*, film de C. Reed écrit par G. Greene ; *Jour de fête* de J. Tati.

v. 1950 Développement des forages pétroliers en mer ; apparition des fibres de polyester ; développement de la psychopharmacologie ; intensification des recherches sur le nucléaire civil.
1950 « Pompage optique » (Kastler), qui permettra la technique du laser.

1950 *Clérambard* de M. Aymé ; *la Cantatrice chauve*, comédie de Ionesco. ◇ *Le Torrent*, récit d'Anne Hébert. ◇ *La Terre promise*, recueil d'Ungaretti. ◇ *Chant général* du poète chilien Pablo Neruda.

1950 Première sculpture cinétique de N. Schöffer ; *les Constructeurs*, tableau de F. Léger. ◇ *Symphonie n° 6* de Prokofiev. ◇ *Los Olvidados*, film de Buñuel ; *Rashomon* de Kurosawa : la découverte du cinéma japonais en Europe (avec un film négligé au Japon) ; *la Ronde* de M. Ophüls ; *Boulevard du Crépuscule* de Billy Wilder.

1951 Premières émissions publiques de télévision en couleurs ; invention du cinérama ; nouvelles variétés hybrides de maïs. ◇ Bombard traverse l'Atlantique en solitaire. ◇ Bombe A britannique. ◇ États-Unis : mise en service de la première centrale nucléaire ; premier magnétoscope.

1951 *Le Rivage des Syrtes*, roman de Julien Gracq ; *le Sagouin* de Mauriac ; *Mémoires d'Hadrien* de M. Yourcenar. ◇ *Le Conformiste* de Moravia. ◇ *Fahrenheit 451* de R. Bradbury ; *l'Attrape-Cœur* de Salinger.

1951 *Le Christ de saint Jean de la Croix*, tableau de Dalí. Les vitraux de la chapelle du Rosaire, à Vence, par Matisse. ◇ Maria Callas chante pour la première fois à la Scala de Milan ; *The Rake's Progress* de Stravinski : retour à la tradition lyrique de l'opéra. ◇ *Le Journal d'un curé de campagne*, film de R. Bresson : un art de l'épure ; *la Vie d'O'Haru, femme galante* de Mizoguchi.

RELIGION – PHILOSOPHIE SCIENCES HUMAINES PROBLÈMES SOCIAUX	HISTOIRE GÉNÉRALE

1952 *Race et histoire* de Lévi-Strauss. ◊ *Structure et fonction dans la société primitive* de Radcliffe-Brown.

1952 Élisabeth II, reine d'Angleterre. ◊ Troubles au Maroc et en Tunisie contre la France. ◊ Égypte : Farouk Ier est renversé par Nasser. ◊ Deuxième dictature de Batista à Cuba (jusqu'en 1959).

1953 *Investigations philosophiques* de Wittgenstein (posthume). ◊ Pologne : mise en résidence surveillée de Mgr Wyszyński. ◊ Campagne antisémite en URSS (complot dit des « blouses blanches », monté par la police stalinienne). ◊ Deuxième rapport Kinsey : *le Comportement sexuel de la femme*.

1953 France : rupture entre de Gaulle et le RPF. ◊ Intervention soviétique à Berlin-Est. ◊ États-Unis : Eisenhower, 34e président ; exécution des Rosenberg. ◊ Cuba : début du mouvement révolutionnaire, dirigé par Castro, contre Batista. ◊ URSS : mort de Staline ; Khrouchtchev, secrétaire général du Parti. ◊ Déposition du sultan du Maroc. ◊ Iran : Mossadegh chasse le chah pour quelques jours. ◊ Armistice en Corée : le pays est scindé en deux.

1954 Sacre du premier évêque birman.

1954 France : ministère Mendès France. ◊ Adhésion de la RFA à l'OTAN. ◊ Autonomie accordée par la France (Mendès France) à la Tunisie. ◊ Début de la guerre en Algérie. ◊ Défaite française à Diên Biên Phu au Viêt-nam ; accords de Genève : fin de la guerre d'Indochine. ◊ Égypte : Nasser prend le pouvoir ; il s'affirme comme le leader du monde arabe. ◊ Fondation de l'Organisation du traité pour la défense de l'Asie du Sud-Est (OTASE) ; l'Australie en fait partie.

1955 *Tristes tropiques* de Lévi-Strauss ; début de la publication (posthume) des œuvres de Teilhard de Chardin, suspect de son vivant à la hiérarchie catholique. ◊ *Éros et la civilisation* de Marcuse.

1955 France : chute de Mendès France. ◊ Royaume-Uni : retraite de Churchill. ◊ L'Autriche retrouve son indépendance. ◊ Conférence de Bandung : les pays du tiers monde condamnent le colonialisme. ◊ Signature du pacte de Varsovie ou pacte de Bagdad. ◊ Fin du protectorat français au Maroc. ◊ Argentine : Perón est renversé par un putsch ; son parti reviendra au pouvoir en 1973.

SCIENCES – TECHNIQUES	LITTÉRATURES	ARTS – MUSIQUE

1952 États-Unis : fabrication de la bombe H (bombe à hydrogène) ; les grandes puissances se dotent peu à peu de cette nouvelle arme atomique. Fondation du Conseil européen pour le recherche nucléaire (CERN). ◊ Premières applications industrielles du titane.

1952 *Les Enfants du Bon Dieu* de Blondin ; *les Chaises* de Ionesco ; publication de *Jean Santeuil* de Proust. ◊ *Le Vieil Homme et la Mer*, récit de Hemingway : allégorie de la condition humaine.

1952 Le Corbusier **1952** achève son *unité d'habitation* à Marseille. ◊ *La Tristesse du roi,* collage de Matisse ; *les Footballeurs,* tableau de N. de Staël. ◊ *Structures* pour deux pianos de Boulez. ◊ Merce Cunningham forme sa compagnie de danse contemporaine. ◊ *Casque d'or,* film de J. Becker ; *Jeux interdits* de R. Clément ; *Chantons sous la pluie,* film de S. Donen avec Gene Kelly, sommet de la comédie musicale américaine ; *Le train sifflera trois fois* de F. Zinnemann.

1953 Expérience historique sur les origines de la vie : simulation de l'atmosphère primitive de la terre, qui « produit » des composés organiques. ◊ Première ascension de l'Everest. ◊ Premier frein à disque sur une voiture de course (Jaguar). ◊ Découverte de la structure de l'ADN en hélice par Watson et Crick ; essor de la biologie moléculaire et des recherches sur le code génétique. ◊ Bombe H soviétique.

1953 *Le Degré zéro de l'écriture,* essai de R. Barthes : naissance de la « nouvelle critique » ; *En attendant Godot,* pièce de Samuel Beckett ; *Du mouvement et de l'immobilité de Douve,* recueil poétique de Y. Bonnefoy ; *les Petits Chevaux de Tarquinia* de M. Duras ; *les Gommes,* roman de Robbe-Grillet : premier « nouveau roman ». ◊ *Casino royal* de Ian Fleming : naissance du personnage de James Bond.

1953 Peinture murale de Diego Rivera pour la cité universitaire de Mexico. ◊ *Kontrapunkte* pour dix instruments de Stockhausen : la musique électronique. ◊ *La Nuit des forains,* film de I. Bergman ; *Le Salaire de la peur* de H.-G. Clouzot ; *les Contes de la lune vague après la pluie* de Mizoguchi ; *les Vacances de M. Hulot,* film de Tati ; *Vieilles légendes tchèques,* film d'animation du Tchèque Jiří Trnka ; *Senso* de Visconti ; *le Voyage à Tokyo* de Yasujirō Ozu.

1954 Début des liaisons aériennes transatlantiques régulières. ◊ Vaccin antipoliomyélitique de Salk ; premier sous-marin atomique aux États-Unis.

1954 *Les Mandarins* de S. de Beauvoir ; *les Carnets du major Thompson* de Daninos ; *Contre Sainte-Beuve,* essai critique et fragments (posthumes) de Marcel Proust ; *Bonjour tristesse,* premier roman à succès de Françoise Sagan. ◊ *Sa Majesté des Mouches,* roman de William Golding. ◊ *Le Dégel* d'Ilya Ehrenbourg.

1954 Rauschenberg, initiateur du pop'art. ◊ *Le Passage du Commerce-Saint-André,* tableau de Balthus. ◊ *La Strada,* film de Fellini ; *Sur les quais* de E. Kazan ; *les Sept Samouraïs* de Kurosawa ; *l'Intendant Sansho* de Mizoguchi.

1955 Première analyse structurale d'une protéine : la myoglobine ; début de la chirurgie à cœur ouvert. ◊ Premier vol de la Caravelle, avion de transport français à réaction.

1955 *La Chatte sur un toit brûlant* de T. Williams. ◊ *Docteur Jivago* de B. Pasternak.

1955 Le Corbusier achève la chapelle de Ronchamp et la ville de Chandigarh (Inde). ◊ *La Cène,* tableau de Dalí. ◊ *Le Marteau sans maître* de Boulez, texte de R. Char, pour orchestre et voix ; l'Europe découvre l'Opéra de Pékin ; le guitariste américain Chuck Berry et Elvis Presley lancent le rock and roll. ◊ *Mort d'un cycliste,* film de l'Espagnol Bardem ; *À l'est d'Eden* de E. Kazan.

| RELIGION – PHILOSOPHIE SCIENCES HUMAINES PROBLÈMES SOCIAUX | HISTOIRE GÉNÉRALE |

1956 *La Question de l'être* de Heidegger. ◊ *Le Sacré et le Profane* de Mircea Eliade. ◊ *De l'expérience théorique de la dictature du prolétariat* de Mao Zedong.

1956 Ministère Mollet et loi-cadre Defferre pour les colonies. ◊ Expédition franco-britannique à Suez. ◊ URSS : rapport Khrouchtchev dénonçant les méfaits du stalinisme. Soulèvement réprimé par les troupes soviétiques à Budapest. ◊ Deuxième guerre israélo-arabe. ◊ Indépendance de la Tunisie.

1957 *Mythologies* de Barthes ; *l'Érotisme* de G. Bataille. ◊ *Structures syntaxiques* de Chomsky.

1957 France : enlisement des gouvernements de la IVᵉ République dans la guerre d'Algérie. ◊ Traité de Rome : naissance de la Communauté économique européenne (CEE) et d'Euratom. ◊ Tunisie : Bourguiba, président. ◊ Indépendance du Ghana et de la Malaisie (qui deviendra la Malaysia avec le rattachement du Sarawak et du Sabah [le nord de Bornéo] en 1963). ◊ Haïti : F. Duvalier, président. ◊ Chine : campagne des « Cent Fleurs ».

1958 *Anthropologie structurale* de Lévi-Strauss. ◊ *L'Ère de l'opulence* de Galbraith. ◊ Développement du structuralisme dans les sciences humaines. ◊ Catholicisme : mort de Pie XII et élection de Jean XXIII.

1958 France : Constitution de la Vᵉ République ; de Gaulle élu président. ◊ Insurrection à Alger ; constitution du GPRA. ◊ Formation de la République arabe unie (union Égypte-Syrie). ◊ Mao Zedong lance le mouvement du « Grand Bond en avant » et les communes populaires. ◊ Madagascar devient république autonome au sein de la Communauté, après de dures luttes pour l'indépendance et une violente répression française.

1959 Rome met fin à l'expérience des prêtres ouvriers en France.

1959 De Gaulle propose l'auto-détermination de l'Algérie. ◊ Cuba : Fidel Castro prend le pouvoir. ◊ Création de la fédération du Mali (Mali et Sénégal). ◊ Émeutes au Congo belge.

SCIENCES – TECHNIQUES

1956 Mise au point de la pilule contraceptive ; établissement du nombre de chromosomes chez l'homme. ◊ Métro sur pneus à Paris. Premières centrales nucléaires en France (Marcoule) et au Royaume-Uni. ◊ Premier câble téléphonique entre l'Amérique et l'Europe.

1957 Explication de la supraconductivité, dernier problème fondamental en physique des solides. ◊ Premières tentatives de greffe de moelle osseuse. ◊ Les Soviétiques lancent *Spoutnik 1,* premier satellite artificiel de la Terre.

1958 Premières machines à commande numérique. ◊ Création de la NASA ; *Explorer* en réponse à *Spoutnik ; Pioneer IV* arrive sur la Lune. ◊ Première implantation d'un stimulateur cardiaque (pacemaker).

1959 Première greffe du rein ; invention du stimulateur cardiaque (pacemaker). ◊ Première traversée de la Manche en aéroglisseur. ◊ Début de la deuxième génération d'ordinateurs. ◊ Photos de la face cachée de la Lune par le satellite soviétique *Lunik.*

LITTÉRATURES

1956 *L'Emploi du temps* de M. Butor ; *la Chute,* roman de Camus ; *l'Ère du soupçon,* essai de Nathalie Sarraute sur le « nouveau roman ». ◊ *Présence de l'absence,* poésie de Rina Lasnier. ◊ *Nedjma* de Kateb Yacine. ◊ Relative libéralisation culturelle en URSS et en Chine (début de la campagne des « Cent Fleurs »). ◊ *Le Pavillon d'or* de Mishima Yukio.

1957 Édition du *Bleu du ciel,* roman de G. Bataille, et de *la Littérature et le Mal,* essai ; *la Modification* de M. Butor ; Camus, prix Nobel ; *la Jalousie* de Robbe-Grillet ; *Amers,* poèmes de Saint-John Perse. ◊ *Le Quatuor d'Alexandrie* de Lawrence Durrell (jusqu'en 1960). ◊ *Sur la route,* récit de l'Américain J. Kerouac : grande influence sur la jeunesse occidentale. ◊ Création du personnage de bande dessinée Gaston Lagaffe par Franquin et Jidéhem.

1958 *La Semaine sainte* d'Aragon ; *Mémoires d'une jeune fille rangée* de S. de Beauvoir ; *Moderato cantabile* de Duras ; fondation du prix Médicis. ◊ *La Question* de H. Alleg, témoignage sur la torture. ◊ *Le Guépard* de G. Tomasi di Lampedusa. ◊ *Lolita,* roman américain de Nabokov ; Pasternak ne peut recevoir le prix Nobel qui lui a été attribué.
1958-1959 En Chine, le « Grand Bond en avant » marque l'arrêt de la libéralisation et l'appel à une « création par le peuple » ; la révolution culturelle a pour effet une disparition quasi totale de la vie littéraire et artistique, hormis les célébrations officielles.

1959 *Elsa* d'Aragon ; *Un singe en hiver* de Blondin ; *Hiroshima mon amour* de Duras ; *les Nègres* de Genet ; *Zazie dans le métro,* roman de Queneau ; *les Séquestrés d'Altona* de J.-P. Sartre. ◊ *Le Tambour,* roman de Günter Grass.

ARTS – MUSIQUE

1956 O. Niemeyer **1956** commence la construction de Brasilia. ◊ Exposition du *1956* de Soulages. ◊ La musique électro-acoustique. ◊ *La Traversée de Paris,* film de C. Autant-Lara ; *le Septième Sceau* de I. Bergman ; *le Mystère Picasso* de H.-G. Clouzot ; *Nuit et brouillard* de A. Resnais.

1957 *Monochrome bleu* de Y. Klein. ◊ *Le Dialogue des carmélites,* opéra de Poulenc (texte de Bernanos) à la Scala de Milan. ◊ *Le Cri,* film d'Antonioni ; *Quand passent les cigognes* de M. Kalatozov ; *Kanal,* film du Polonais Wajda.

1958 Mur en céramique de Miró à l'UNESCO, à Paris. ◊ *Hommage à Joyce,* composition pour la voix de Berio. ◊ *Les Sentiers de la gloire,* film de Kubrick ; *la Soif du mal* de O. Welles.

1959 Épanouissement du « style international » en architecture. ◊ Premier *Catalogue d'oiseaux,* pour piano, de Messiaen. ◊ *Le Beau Serge* de C. Chabrol, le premier film de la « nouvelle vague » ; *Hiroshima mon amour,* film de Resnais et M. Duras ; *le Salon de musique* de l'Indien Satyajit Ray ; *les Quatre Cents Coups* de Truffaut ; *Certains l'aiment chaud,* comédie filmée de B. Wilder.

RELIGION – PHILOSOPHIE
SCIENCES HUMAINES
PROBLÈMES SOCIAUX

HISTOIRE GÉNÉRALE

v. 1960 Début du mouvement charismatique, aux États-Unis : constitution de communautés de prière fondées sur la croyance à une action prophétique du Saint-Esprit.
1960 *Critique de la raison dialectique I* de Sartre ; *Éléments de linguistique générale* de A. Martinet.

1960 Inauguration de Brasilia, nouvelle capitale du Brésil. ◊ Création de l'Organisation des pays exportateurs de pétrole (OPEP). ◊ Indépendance des colonies françaises d'Afrique. ◊ Semaine des barricades à Alger : insurrection des partisans de l'Algérie française. ◊ Indépendance du Congo belge (sécession du Katanga), du Nigeria et de Madagascar.

1960

■■■■■■ xxe siècle ■■■■■■

1961

1961 *Histoire de la folie à l'âge classique* de Michel Foucault ; *Totalité et infini* de Levinas. ◊ *Introduction à l'ethnologie* de Kardiner. ◊ Fondation d'Amnesty International.

1961 Allemagne : construction du mur de Berlin. ◊ États-Unis : John F. Kennedy, 35e président ; renforcement de l'aide américaine au Sud-Viêt-nam. ◊ Rupture URSS-Albanie et URSS-Chine ; conflit États-Unis-Cuba (échec du débarquement de la baie des Cochons). ◊ Tentative de putsch à Alger (attentats de l'OAS). ◊ Hassan II, roi du Maroc. ◊ L'Afrique du Sud quitte le Commonwealth. ◊ Guerre civile au Congo. ◊ Première conférence des pays non alignés.

1962 *Capitalisme et liberté* de M. Friedman ; *la Pensée sauvage* de Lévi-Strauss ; *Parole donnée* de Massignon. ◊ *La Galaxie Gutenberg* de McLuhan. ◊ *Le Langage de la perception* et *Quand dire, c'est faire* d'Austin (posthume). ◊ *Les Damnés de la terre* de Frantz Fanon. ◊ Début du concile Vatican II : réforme de la liturgie catholique et de l'organisation ecclésiale.

1962 Accords d'Évian : indépendance de l'Algérie ; Ben Bella, chef du gouvernement. ◊ Révision de la Constitution française par de Gaulle : le président est élu au suffrage universel. ◊ Les États-Unis obligent l'URSS à démonter ses rampes de fusées à Cuba. ◊ Indépendance des Samoa occidentales.

1963 *Théorie et pratique* de Habermas. ◊ *Essais de linguistique générale* de Jakobson. ◊ Mort de Jean XXIII et élection de Paul VI.

1963 Traité franco-allemand ; démission d'Adenauer et de Macmillan ; de Gaulle s'oppose à l'adhésion du Royaume-Uni à la CEE. ◊ États-Unis : assassinat de Kennedy ; Johnson, 36e président. ◊ Indépendance du Kenya. ◊ Fondation de l'OUA (Organisation de l'unité africaine). ◊ Création de la Malaysia.

1964 *L'Homme unidimensionnel* de Marcuse. ◊ Rencontre de Paul VI et du patriarche Athênagoras. ◊ Martin Luther King, prix Nobel de la paix.

1964 Naissance de la CFDT. ◊ URSS : destitution de Khrouchtchev ; Brejnev et Kossyguine à la tête du Parti et du gouvernement. ◊ Création de l'Organisation de libération de la Palestine (OLP).

SCIENCES – TECHNIQUES

LITTÉRATURES

ARTS – MUSIQUE

1960 Construction du premier laser : les applications prévisibles (industrie, médecine, armée) sont considérables ; bombe A française. ◇ *Tiros 1*, satellite météorologique ; *Echo 1*, premier satellite de télécommunications. ◇ Découverte des quasars en astronomie.

1960 *Rhinocéros*, pièce de Ionesco ; *la Route des Flandres*, roman de Claude Simon ; création de la revue *Tel quel* dirigée par Philippe Sollers, « laboratoire » de l'avant-garde littéraire et de la « nouvelle critique ».

1960 Le « nouveau réalisme » en France (utilisation d'objets industriels). ◇ *Compressions* de César ; peintures abstraites de grand format aux États-Unis. ◇ *Intolleranza*, opéra de Luigi Mono, où il dénonce l'antisémitisme ; *Thrène aux victimes d'Hiroshima* de Penderecki ; essor du free jazz. ◇ *L'Avventura* d'Antonioni, film sur le silence et l'incommunicabilité ; *le Testament d'Orphée* de Cocteau ; *la Dolce Vita* de Fellini ; *À bout de souffle* de Godard : évolution de la notion de montage.

1960

1960

1961

1961 Le Soviétique Gagarine est le premier homme dans l'espace (23 jours avant l'Américain A. Shepard). Dans le contexte de guerre froide, Eisenhower souligne l'importance du « complexe militaro-industriel » dans les pays riches, notamment pour la recherche (lancement du programme Apollo).

1961 Premier album d'*Astérix* de Goscinny et Uderzo. ◇ *Le Gardien*, pièce de l'Anglais Harold Pinter.

1961 Braque est le premier artiste vivant à voir ses œuvres exposées au Louvre. ◇ Chagall peint des vitraux à Jérusalem. ◇ *Viridiana*, film de Buñuel ; *les Misfits* de J. Huston ; *Samedi soir, dimanche matin* de K. Reisz (le renouveau du cinéma britannique) ; *l'Année dernière à Marienbad*, film de Resnais et Robbe-Grillet.

1962 Mise en service du paquebot *France*. ◇ John Glenn, premier astronaute américain en orbite autour de la Terre ; *Mariner 2* donne des informations sur Vénus ; émissions télévisées transmises par satellite *(Telstar 1)*.

1962 Fondation des Éditions du Jour et des Presses de l'université de Montréal. ◇ *Qui a peur de Virginia Woolf?* de E. Albee. ◇ *La Mort d'Artemio Cruz*, roman de l'écrivain mexicain Carlos Fuentes, succession de monologues et de retours en arrière. ◇ *Une journée d'Ivan Denissovitch* de Soljenitsyne, nouvelle sur un camp stalinien.

1962 Les premiers disques des Beatles et des Rolling Stones : la pop'music. ◇ *L'Éclipse* d'Antonioni ; début des James Bond au cinéma ; *Jules et Jim* de Truffaut.

1963 Greffe du poumon. ◇ Première loi contre la pollution aux États-Unis. ◇ La Soviétique V. Terechkova est la première femme cosmonaute.

1963 *Oh ! les beaux jours*, pièce de S. Beckett ; *le Procès-Verbal*, premier roman de Le Clézio ; *l'Inquisitoire* de Pinget ; *Pour un nouveau roman*, essai de Robbe-Grillet. ◇ *Le Marin rejeté par la mer*, roman de Mishima Yukio.

1963 *Whaam !*, tableau de Lichtenstein, inspiré de la bande dessinée. ◇ *Le Silence*, film de I. Bergman ; *Huit et demi* de Fellini ; *The Servant* de Losey ; *les Oiseaux* de Hitchcock ; *le Guépard* de Visconti.

1964 Premiers ordinateurs miniaturisés (circuits intégrés) ; satellite géostationnaire *Intelsat*. ◇ Les théories erronées de Lyssenko, rejetées sauf en URSS, peuvent être critiquées par Sakharov. ◇ Bombe A chinoise.

1964 *Commune présence* de R. Char ; *le Ravissement de Lol V. Stein*, roman de Duras ; *les Mots*, récit autobiographique de Sartre ; celui-ci refuse le prix Nobel. ◇ *Terre Québec*, poésie de Paul Chamberland. ◇ *Après la chute* de A. Miller.

1964 Inauguration de la fondation Maeght à Saint-Paul-de-Vence ; *Marilyn* par A. Warhol, le procédé de la sérigraphie dans la peinture ; *Nanas*, sculptures de N. de Saint-Phalle ; plafond de l'Opéra de Paris par Chagall. ◇ *La Nuit de l'iguane*, film de J. Huston.

1964

RELIGION – PHILOSOPHIE
SCIENCES HUMAINES
PROBLÈMES SOCIAUX

HISTOIRE GÉNÉRALE

1965 *Éléments de sémiologie* de Barthes ; *Lire « le Capital »*, sous la direction d'Althusser (sur Marx) ; *De l'interprétation* de Ricœur (sur Freud) ; *le Geste et la Parole* de Leroi-Gourhan. ◊ *Aspects de la théorie syntaxique* de Chomsky. ◊ Diffusion du *Petit Livre rouge* de Mao Zedong. ◊ Clôture du concile Vatican II ; Paul VI à l'ONU ; fin des excommunications entre orthodoxes et catholiques.

1966 *Les Mots et les Choses* de Foucault, *Écrits* de Lacan. ◊ *Dialectique négative* d'Adorno. ◊ Début de la révolution culturelle en Chine.

1967 *De la grammatologie* de Derrida. ◊ *Le Nouvel État industriel* de Galbraith.

1965 France : de Gaulle réélu président. ◊ Intervention américaine à Saint-Domingue. Bombardements américains sur le Nord-Viêt-nam. ◊ Algérie : Boumediene remplace Ben Bella. ◊ Congo : Mobutu Sese Seko prend le pouvoir. ◊ Conflit Inde-Pakistan. ◊ Indépendance de Singapour et de la Rhodésie, ainsi que du sultanat musulman des Maldives (le pays devient une république en 1968). ◊ Guerre civile en Indonésie : massacre des communistes.

1966 La France se retire du système de défense intégré de l'OTAN. ◊ Troubles raciaux aux États-Unis (Black Power). ◊ Conférence tricontinentale à Cuba. ◊ Chute de Nkrumah (Ghana) et de Sukarno (Indonésie). ◊ Chine : début de la révolution culturelle qui pendant 10 ans va bouleverser le pays et ruiner une part importante de son patrimoine économique et culturel. ◊ Le Royaume-Uni déclare la Guyane britannique indépendante ; elle devient la Guyana. ◊ Inde : Indira Gandhi, Premier ministre.

1967 Coup d'État militaire en Grèce. ◊ Sécession du Biafra et début de la guerre avec le Nigeria. ◊ Troisième guerre israélo-arabe (dite des « Six-Jours ») ; l'ONU (résolution 242) réclame le retrait des forces israéliennes ; juin : Israël occupe la partie orientale de Jérusalem. ◊ Suharto devient président de la république d'Indonésie.

1968 *Mythe et épopée* de Dumézil. ◊ *Connaissance et intérêt* de Habermas. ◊ Mouvements étudiants en France (Mai 68) et dans le monde ; effervescence intellectuelle, sensible aux idéologies révolutionnaires. ◊ Assassinat de Martin Luther King. ◊ Création de l'université du Québec.

1969 *Différence et répétition* de Gilles Deleuze ; *l'Archéologie du savoir* de Foucault. ◊ En Irlande, début des troubles violents entre catholiques et protestants.

1968 Mouvements étudiants de Mai 68 à Paris (accords de Grenelle). ◊ Affrontements en Irlande du Nord. ◊ Traité de non-prolifération des armes nucléaires entre les États-Unis et l'URSS. ◊ Tchécoslovaquie : « Printemps de Prague » (tentative de libéralisation), réduit par l'intervention des forces du pacte de Varsovie. ◊ États-Unis : Nixon, 37ᵉ président. ◊ Indépendance de l'île Maurice, qui était colonie britannique. ◊ Révolte des Tupamaros contre la dictature uruguayenne ; ils seront écrasés en 1972.

1969 France : de Gaulle se retire ; Pompidou, président ; quatrième semaine de congés payés. ◊ Irlande : début de la guerre civile. ◊ RFA : Brandt, chancelier. ◊ Ouverture de la conférence de Paris sur le Viêt-nam. ◊ Incidents frontaliers sino-soviétiques. ◊ Libye : Kadhafi prend le pouvoir.

SCIENCES – TECHNIQUES	LITTÉRATURES	ARTS – MUSIQUE

1965 Découverte du rayonnement thermique universel. ◊ Lancement du premier satellite français. ◊ Clichés de Mars par *Mariner 4*. ◊ Leonov sort dans l'espace ; rendez-vous dans l'espace de *Gemini 6* et de *Gemini 7*.

1965 *La Fièvre* de Le Clézio ; *Quelqu'un*, récit de Pinget : recherches sur le langage proches de celles de Beckett ; *Du vent dans les branches de sassafras* de R. de Obaldia ; *les Choses* de G. Perec ; *l'Astragale* de A. Sarrazin. ◊ *Une saison dans la vie d'Emmanuel* de Marie-Claire Blais.

1965 Essor du *folk* **1965** *song* (Bob Dylan, Joan Baez). ◊ *Pierrot le Fou*, film de Godard ; *Barberousse* de Kurosawa ; *les Chevaux de feu* de S. Paradjanov ; *les Amours d'une blonde* de M. Forman : le réalisme tchèque au cinéma.

1966 Inauguration de l'usine marémotrice de la Rance. ◊ *Luna 9* (URSS) se pose sur la Lune.

1966 *Les Paravents* de Genet. ◊ *Le Polygone étoilé* de l'Algérien Kateb Yacine.

1966 Premier festival d'art nègre à Dakar. ◊ *Terretektorh* pour 88 musiciens éparpillés dans le public, de Xenakis. ◊ *La guerre est finie*, film de Resnais ; *Andreï Roublev* de Tarkovski.

1967 La télévision en couleurs en France. ◊ Traité international sur l'exploration de l'espace. ◊ Naufrage du *Torrey Canyon* et marée noire dans la Manche. ◊ Au Cap (Afrique du Sud), première transplantation cardiaque. ◊ Programme soviétique Soyouz d'exploration de l'espace. ◊ Bombe H chinoise.

1967 *Vendredi ou lesLimbes du Pacifique*, roman de M. Tournier. ◊ *Élise ou la Vraie Vie* de C. Etcherelli. ◊ *La Plaisanterie* du Tchèque M. Kundera. ◊ *Cent ans de solitude*, roman du Colombien García Márquez. ◊ *Le Pavillon des cancéreux* et le *Premier Cercle* de Soljenitsyne. ◊ *Les Amis* du Japonais Abe Kôbô.

1967 Land Art (art dans la nature) aux États-Unis. ◊ *Blow Up*, film d'Antonioni.

1968 Lancement de pétroliers de plus de 200 000 tonnes. ◊ Bombe H française. ◊ *Apollo 8*, satellisé autour de la Lune ; commercialisation de la première planche à voile (États-Unis).

1968 *L'Œuvre au noir* de M. Yourcenar. ◊ *Belle du Seigneur*, roman d'Albert Cohen.

1968 *2 001, Odyssée de l'espace*, film de S. Kubrick ; *Rosemary's Baby* de R. Polanski, le fantastique quotidien ; *Baisers volés* de Truffaut ; le festival de Cannes est interrompu par les événements de mai.

1969 Premier four à micro-ondes. ◊ Premier vol de *Concorde*, avion civil franco-anglais supersonique. ◊ *L'Agression, une histoire naturelle du mal* de Konrad Lorenz. ◊ L'Américain Neil Armstrong est le premier homme à poser le pied sur la Lune (21 juillet, mission *Apollo XI*) ; première tentative d'isolement d'un gène à Harvard.

1969 Samuel Beckett, prix Nobel. ◊ Rayonnement en Europe du théâtre japonais nô. ◊ *La Deuxième Mort de Ramón Mercader* de Jorge Semprun. ◊ *Portnoy et son complexe* de P. Roth.

1969 *La Transfiguration de Notre Seigneur Jésus-Christ* de O. Messiaen. ◊ Festival de pop'music à Woodstock (États-Unis). ◊ *L'Arrangement*, film de E. Kazan ; *If...* du Britannique Anderson.

RELIGION – PHILOSOPHIE
SCIENCES HUMAINES
PROBLÈMES SOCIAUX

HISTOIRE GÉNÉRALE

v. 1970 Théologie de la libération en Amérique latine (aujourd'hui catholique à 88 %, la plus forte part du catholicisme mondial) ; développement de l'intégrisme catholique en Europe (refus de la nouvelle liturgie romaine). ◇ Essor de l'antipsychiatrie en Angleterre. ◇ Développement des sciences cognitives et de l'intelligence artificielle aux États-Unis.
1970 *La Logique du vivant* de F. Jacob ; *le Hasard et la Nécessité* de J. Monod.

1970 RFA : W. Brandt à Varsovie devant le monument aux victimes du nazisme. ◇ Création des Brigades rouges en Italie et de la Fraction armée rouge en RFA. ◇ Pologne : émeutes de la faim. ◇ Chili : Allende, président ; il inaugure, après une expérience de démocratie chrétienne (1964-1970), une politique socialiste. ◇ Égypte : Sadate succède à Nasser. ◇ Les îles Fidji deviennent indépendantes.

1970
━━━━ xxᵉ siècle ━━━━
1971

1971 France : création du parti socialiste au congrès d'Épinay. ◇ Dévaluation et non-convertibilité en or du dollar : faute d'étalon de change, le système monétaire mondial est désorganisé. ◇ Expulsion des Palestiniens de Jordanie. ◇ La république populaire de Chine s'approprie le siège des nationalistes chinois à l'ONU. ◇ Pakistan : création d'un Bangladesh indépendant.

1972 France : « programme commun » de la gauche. ◇ Massacre aux jeux Olympiques de Munich. ◇ Traité fondamental entre les deux Allemagnes. ◇ Signature des accords Salt 1.

1973 *Croissance zéro* d'Alfred Sauvy. ◇ *Les Racines de la référence* de Quine.

1973 Accords de Paris : fin de la guerre du Viêt-nam ; retrait américain du Viêt-nam. ◇ Le Danemark, l'Irlande et le Royaume-Uni entrent dans la CEE (Europe des Neuf). ◇ États-Unis : réélection de Nixon. ◇ Chili : Pinochet renverse Allende, qui est tué. ◇ Sommet des non-alignés à Alger. ◇ Quatrième guerre israélo-arabe (dite « du Kippour »). ◇ Premier « choc pétrolier » : les prix du brut quadruplent, entraînant une crise économique dans les pays consommateurs.

1974 France : V. Giscard d'Estaing, président ; J. Chirac, Premier ministre. ◇ Grèce : chute du régime des colonels. ◇ Portugal : révolution des Œillets, fin de la dictature et décolonisation de l'Angola et du Mozambique. ◇ Le Sahara espagnol est envahi par le Maroc et la Mauritanie. ◇ États-Unis : affaire du Watergate, provoquant la démission de Nixon ; G. Ford, 38ᵉ président. ◇ Famine au Sahel. ◇ Éthiopie : révolution et chute de Hailé Sélassié Iᵉʳ. ◇ Y. 'Arafãt, leader palestinien, à l'ONU.

1974

SCIENCES – TECHNIQUES	LITTÉRATURES	ARTS – MUSIQUE

v. 1970 Développement des sciences cognitives et de l'intelligence artificielle.
1970 URSS : *Luna 17,* emploi d'une voiture lunaire automatisée. ◊ Premiers satellites chinois et japonais.

1970 *Les Poissons rouges* de J. Anouilh ; *les Chênes qu'on abat* de A. Malraux ; *le Roi des aulnes* de M. Tournier. ◊ *L'Angoisse du gardien de but au moment du penalty* de Peter Handke ; *Love Story* de E. Segal.

1970 Début de l'hyper-réalisme aux États-Unis. ◊ *M.A.S.H.,* film de Robert Altman ; fin de la série des *Contes moraux,* films de Rohmer ; *les Choses de la vie* de C. Sautet.

1970

1970

1971

1971 Quatrième génération d'ordinateurs : micro-informatique, bureautique ; dans les pays industrialisés, la part du secteur tertiaire atteint ou dépasse 50 % de la population active. ◊ Invention du scanner. ◊ Lancement de la première station spatiale habitée, *Saliout* (URSS).
1972 Mise au point des fibres optiques ; mise au point du vidéodisque à lecture laser. ◊ Commercialisation aux États-Unis de la première calculatrice de poche.
1973 Développement du programme d'énergie nucléaire. ◊ Surgénérateur *Phénix* en France. ◊ Début de l'envoi de sondes vers les planètes du système solaire : Mars, puis Jupiter et Vénus. ◊ Début des missions *Skylab,* pour adapter l'homme à un séjour prolongé dans l'espace (États-Unis). ◊ Pétroliers de plus de 500 000 tonnes.
1974 Invention, par un Français, de la carte à microprocesseur (« puce »). ◊ Premier satellite météorologique géostationnaire (américain).

1971 *L'Idiot de la famille,* essai de Sartre sur Flaubert. ◊ *Portrait de groupe avec dame* de Heinrich Böll.

1972 *Main basse sur le Cameroun* de Mongo Beti.

1973 *La vie est ailleurs* de M. Kundera. ◊ *La Ville de pierre* de l'Albanais I. Kadaré. ◊ *L'Archipel du goulag* de Soljenitsyne : influence essentielle sur la communauté mondiale.

1974 *Concert baroque* d'Alejo Carpentier. ◊ *L'Honneur perdu de Katharina Blum* de H. Böll.

1971 Démolition des pavillons de Baltard aux Halles de Paris ; construction de la tour Maine-Montparnasse. ◊ *Roma,* film de Fellini ; *Orange mécanique* de S. Kubrick ; *le Messager* de Losey ; *Mort à Venise* de Visconti.

1972 Dernier autoportrait de Picasso. ◊ *Solaris,* film de Tarkovski ; *Avoir vingt ans dans les Aurès* de R. Vautier (sur la guerre d'Algérie).

1973 *Concerto pour deux pianos* de Berio. ◊ *Cris et chuchotements,* film de I. Bergman ; *la Nuit américaine* de Truffaut ; *le Crépuscule des dieux* de Visconti.

1974 *La Flûte enchantée,* mis en film par I. Bergman.

1974

l'époque contemporaine : le XXe siècle

1975 Andreï Sakharov, prix Nobel de la paix.

1975 Forte montée du chômage dans le monde occidental. ◊ L'Espagne se retire du Sahara ; mort de Franco ; Juan Carlos, roi. ◊ Accords d'Helsinki sur la sécurité en Europe. ◊ Liban : début de la guerre civile. ◊ Indépendance de l'Angola et du Mozambique. ◊ Début du cycle de la sécheresse au Sahel. ◊ Première convention de Lomé (pays d'Afrique, des Caraïbes et du Pacifique). ◊ Victoire des Khmers rouges au Cambodge. ◊ Viêt-nam : chute des Sud-Vietnamiens à Saigon ; le pays, réunifié, devient une république socialiste : grave échec des États-Unis. ◊ Indépendance de la Papouasie-Nouvelle-Guinée.

1976 Amnesty International, prix Nobel de la paix.
1976-1983 *Histoire des croyances et des idées religieuses,* somme des travaux de M. Eliade sur le sacré.

1976 France : conférence Nord-Sud ; démission de J. Chirac ; R. Barre, Premier ministre. ◊ Indépendance des îles Seychelles, qui étaient colonie britannique (1903) après avoir dépendu de l'île Maurice (1814). ◊ Afrique du Sud : émeutes de Soweto. ◊ Chine : mort de Zhou Enlai, puis de Mao Zedong ; arrestation de la Bande des quatre, responsable de la révolution culturelle ; rappel de Deng Xiaoping.
1977 Québec : le français, seule langue officielle. ◊ États-Unis : Carter, 39e président. ◊ Voyage de Sadate à Jérusalem. ◊ Indépendance de Djibouti. ◊ Début de la guerre Somalie – Éthiopie. ◊ Le XIe congrès du PC chinois décide la fin de la révolution culturelle. ◊ Le Cambodge est à demi détruit par les Khmers rouges (massacres).
1978 Attentats en RFA (Fraction armée rouge) et en Italie (Brigades rouges). ◊ Création du système monétaire européen. ◊ Grande famine dans le nord-est du Brésil. ◊ Indépendance des îles Salomon. ◊ Coup d'État procommuniste en Afghanistan. ◊ L'armée vietnamienne occupe le Cambodge ; début de l'exode des « boat-people ».

1978 Mort de Paul VI, élection de Jean-Paul Ier, puis de Jean-Paul II, premier pape polonais de l'histoire et premier pape non italien depuis 455 ans.

1979 Mère Teresa, religieuse indienne d'origine yougoslave, prix Nobel de la paix. Succès de la révolution islamique en Iran, encouragement aux mouvements chiites dans le monde, et à l'intégrisme musulman (particulièrement en Afrique du Nord).

1979 Première élection du Parlement européen au suffrage universel. ◊ Royaume-Uni : Mme Thatcher, Premier Ministre. ◊ Installation des fusées Pershing face aux S.S.-20 soviétiques en Europe. ◊ Nicaragua : un gouvernement socialiste proche de Cuba (sandiniste) prend le pouvoir ; les États-Unis financent l'opposition armée (les « contras »). ◊ Les troupes soviétiques envahissent l'Afghanistan. ◊ Algérie : le président Chadli Ben Djedid succède à Boumediene. ◊ Signature des accords Salt 2 ; accords de paix à Camp David entre Sadate et Begin ; Israël se retire du Sinaï. ◊ Révolution islamique en Iran : chute du chah ; l'imam Khomeini au pouvoir. ◊ Guerre civile au Tchad : interventions opposées de la France et de la Libye.
1979-1980 Second « choc pétrolier » (nouvelle hausse des prix) : la dépendance de l'économie mondiale envers le dollar s'accentue.

SCIENCES – TECHNIQUES

1975 Fondation de l'Agence spatiale européenne. ◊ Premières photos de Vénus prises du sol. ◊ États-Unis : première bombe à neutrons. ◊ Arrimage dans l'espace des stations orbitales *Soyouz* et *Apollo*.

1975-1982 Expériences décisives à Orsay (France) : en conformité avec la mécanique quantique, elles prouvent la « non-séparabilité » de la matière, contre Einstein (qui formula le paradoxe EPR en 1935 pour montrer les insuffisances de la théorie des quanta), et l'intuition classique de l'espace ; les physiciens cherchent un moyen d'unifier les théories.

1976 Découverte de la prostacycline (qui empêche la formation de caillots sanguins).

1977 Mise en service de l'oléoduc de l'Alaska (1 200 km). ◊ Début de la bio-industrie.

1978 Premier bébé conçu « in vitro », au Royaume-Uni. ◊ Premier micro-ordinateur portable.

1979 Lancement de la fusée européenne *Ariane*. ◊ Identification du premier cas mondial de sida. ◊ Identification des antiprotons. ◊ Mise au point du disque compact (par les Pays-Bas et le Japon) et du baladeur (marque japonaise Walkman).

LITTÉRATURES

1975 *La Vie devant soi* d'Émile Ajar (alias Romain Gary – on le saura plus tard). ◊ *Les Émigrés* du Polonais S. Mrożek.

1976 *La Sagouine* de l'Acadienne A. Maillet.

1977 *Livret de famille* de P. Modiano. ◊ *Mars* du Suisse Fritz Zorn.

1978 *La Vie mode d'emploi* de G. Perec.

1979 *Affaires étrangères* de J.-M. Roberts ; *Histoires des passions françaises* de T. Zeldin. ◊ *À la courbe du fleuve* de Naipaul. ◊ *La Faculté de l'inutile* de I. Dombrovski.

ARTS – MUSIQUE

1975 *Mare nostrum* de **1975** Kagel. ◊ *Vol au-dessus d'un nid de coucou*, film de M. Forman ; *Barry Lyndon* de Kubrick ; *Dersou Ouzala* de Kurosawa ; *Salo ou les 120 Journées de Sodome* de Pasolini.

1976 *Notte tempo*, drame lyrique de Bussotti. ◊ *L'Œuf du serpent*, film de I. Bergman ; *1900* de Bertolucci ; *Casanova* de Fellini ; *l'Homme de marbre* de A. Wajda.

1977 Ouverture du centre Georges-Pompidou à Paris. ◊ *Annie Hall*, film de Woody Allen ; *Partition inachevée pour piano mécanique* de N. Mikhalkov.

1978 *Don Giovanni* de J. Losey.

1979 *Apocalypse Now*, film de Coppola dénonçant la guerre du Viêt-nam ; *la Cité des femmes* de Fellini.

RELIGION – PHILOSOPHIE
SCIENCES HUMAINES
PROBLÈMES SOCIAUX

HISTOIRE GÉNÉRALE

1980

Les années 1980 verront la montée de l'intégrisme dans les religions catholique, juive et surtout musulmane.

1980 Pologne : mouvement de protestation ouvrière ; création du syndicat indépendant Solidarité. ◊ Les Nouvelles-Hébrides, devenues indépendantes, se nomment république du Vanuatu. ◊ Les jeux Olympiques de Moscou boycottés par les Occidentaux. ◊ Début de la guerre entre l'Iran et l'Irak. ◊ Afrique : aggravation des problèmes alimentaires du continent, frappé par la sécheresse, la désertification ainsi que par de nombreux conflits. ◊ La Rhodésie devient le Zimbabwe. ◊ Inde : réélection d'Indira Gandhi.

1980

━━━━━━ xxᵉ siècle ━━━━━━

1981

1981 *Théorie de l'agir communicationnel* de Habermas. ◊ Le catholicisme apparaît comme une force de résistance en Pologne, mais aussi en Amérique latine et aux Philippines.

1981 France : Mitterrand, président socialiste (nationalisations, loi sur la décentralisation, suppression de la peine de mort) ; P. Mauroy, Premier ministre. ◊ Pologne : proclamation de l'« état de guerre » ; Jaruzelski, chef du gouvernement. ◊ La Grèce entre dans la CEE (Europe des Dix). ◊ États-Unis : Reagan, 40ᵉ président. ◊ Sommet Nord-Sud de Cancún. ◊ Égypte : assassinat de Sadate.

1982 France : cinquième semaine de congés payés. ◊ Entrée de l'Espagne dans l'OTAN. ◊ Guerre des Malouines entre l'Argentine et le Royaume-Uni, qui reprend les îles. ◊ Début des troubles en Nouvelle-Calédonie. ◊ URSS : mort de Brejnev ; Andropov, secrétaire général du PCUS. ◊ Liban : guerre entre chiites et Palestiniens ; intervention militaire d'Israël ; l'OLP se retire à Tunis.

1983 Visite de Jean-Paul II en Pologne ; Lech Walęsa, prix Nobel de la paix. ◊ Condamnation, par les évêques catholiques, de l'arme nucléaire.
1983-1985 *Temps et récit* de Ricœur.

1983 Royaume-Uni : réélection de Mᵐᵉ Thatcher. ◊ Manifestations pacifiques en Europe de l'Ouest. ◊ Intervention américaine à la Grenade. ◊ Retour de l'Argentine à la démocratie, après une période de trouble (1973-1976) et de régime militaire répressif (1976-1983). ◊ Intervention française au Tchad. ◊ Attentats de chiites contre les troupes de l'ONU au Liban.

1984 Desmond Tutu, évêque noir sud-africain, prix Nobel de la paix. ◊ Révolte des sikhs en Inde (assassinat d'Indira Gandhi). ◊ Retour des Falachas (juifs éthiopiens) en Israël

1984 France : Fabius, Premier ministre. ◊ Les jeux Olympiques de Los Angeles boycottés par les pays de l'Est. ◊ Autonomie interne de la Nouvelle-Calédonie ; affrontements entre indépendantistes (FLNKS) et anti-indépendantistes. ◊ Sécheresse en Afrique (secours humanitaires à l'Éthiopie). ◊ Inde : agitation autonomiste ; assassinat d'Indira Gandhi à laquelle succède son fils Rajiv Gandhi.

1984

SCIENCES – TECHNIQUES	LITTÉRATURES	ARTS – MUSIQUE

1980 Éradication mondiale de la variole (programme de l'OMS). ◊ Premiers jeux sur micro-ordinateurs. ◊ Création d'Arianespace.

1980 *Désert* de Le Clézio ; *Gaspard, Melchior et Balthazar* de M. Tournier. ◊ *Le Nom de la rose* de U. Eco. ◊ *Une saison blanche et sèche* de A. Brink.

v. **1980** Internationalisation du rock et développement dans le monde de la musique d'origine africaine ou afro-américaine : reggae, musiques traditionnelles et modernes d'Afrique noire. ◊ Développement des parcs d'attractions pour enfants.
1980 *Shining,* film de Kubrick ; *Kagemusha* de Kurosawa ; *Mon oncle d'Amérique* de Resnais.

1980

1981

1981 France : premiers essais du Minitel ; inauguration du TGV. ◊ Lancement de la navette spatiale américaine.

1981 *Les Géorgiques* de C. Simon ; M. Yourcenar, première femme reçue à l'Académie française.

1981 Début de la « figuration libre » dans l'art français. ◊ *Donnerstag,* première journée de *Licht,* opéra de Stockhausen en sept journées de trois heures, ce projet devant s'achever à la fin du siècle ; *le Grand Macabre,* opéra de Ligeti, fait scandale à Paris ; première version de *Répons* de Boulez. ◊ *La Guerre du feu,* film de J.-J. Annaud ; *Identification d'une femme* d'Antonioni ; *la Femme d'à côté* de Truffaut ; *l'Homme de fer* de Wajda.

1982 Premier vol d'un spationaute français. ◊ Première mission commerciale de la navette spatiale *Columbia* ; greffe d'un cœur artificiel sur un homme (États-Unis).

1982 *Les Fous de Bassan* de la romancière québécoise Anne Hébert. ◊ *Chronique d'une mort annoncée* de García Márquez.

1982 *Fanny et Alexandre,* film de I. Bergman ; *Meurtre dans un jardin anglais* de P. Greenaway ; *Yol,* du Turc Yilmaz Güney, est réalisé par S. Gören pendant que Güney est en prison.

1983 Nouvelles techniques d'enregistrement du son et de l'information (disque laser) ; invention du Caméscope. ◊ Premier satellite européen de télécommunications mis en orbite par *Ariane*. ◊ Le président Reagan lance le programme IDS (Initiative de défense stratégique), qui mobilise les chercheurs américains ; premier vol de la navette *Challenger* ; *Pioneer 10* sort du système solaire ; première récupération d'un satellite dans l'espace.

1983 *La Ballade de Narayama* de Shohei Imamura ; *Heimat* de E. Reitz : l'histoire de l'Allemagne au XXᵉ s. en quinze heures quarante.

1984 Deux astronautes de la navette *Challenger* effectuent les premiers vols individuels libres.

1984 *L'Amant* de Marguerite Duras. ◊ *La Conscience des mots* de E. Canetti. ◊ *L'Insoutenable Légèreté de l'être* de M. Kundera.

1984 Inauguration du Palais omnisports de Paris-Bercy. ◊ *Le Repentir,* film du Soviétique T. Abouladze : les prémices de la perestroïka ; *Amadeus* de M. Forman ; *Stranger than Paradise* de J. Jarmush, une autre vision des États-Unis ; *Paris, Texas* de W. Wenders.

1984

l'époque contemporaine : le XXe siècle

1985

1986 Rencontre œcuménique d'Assise où sont représentées, pour la première fois, la plupart des grandes religions dans une « prière pour la paix ». ◊ Début de la parution en fascicules de la neuvième édition du *Dictionnaire de l'Académie française*.

1985 France : affaire Greenpeace (Rainbow Warrior). ◊ États-Unis : réélection de Reagan. ◊ Retour de la démocratie au Brésil. ◊ URSS : Gorbatchev, secrétaire général du parti communiste, inaugure une politique de libéralisation relative. ◊ Retrait israélien du Liban. ◊ Mouvements anti-apartheid sans précédent en Afrique du Sud.

1986 France : J. Chirac, Premier ministre ; début de la « cohabitation ». ◊ L'Espagne et le Portugal dans la CEE (Europe des Douze) ; signature de l'Acte unique européen qui élargit les compétences de la CEE. ◊ Philippines : Mme C. Aquino chasse Marcos du pouvoir. ◊ Haïti : exil de J.-C. Duvalier. ◊ URSS : début de la perestroïka. ◊ La guerre Iran-Irak s'étend au Golfe : les Occidentaux interviennent pour protéger le trafic pétrolier.

1987 ◊ Référendum sur la Nouvelle-Calédonie. ◊ Crise boursière et financière internationale, chute du dollar. ◊ États-Unis : affaire de l'Irangate. ◊ Traité de désarmement nucléaire entre Reagan et Gorbatchev, portant sur les missiles intermédiaires. ◊ Tunisie : destitution du président Bourguiba par Zine Ben Ali. ◊ Début de l'*Intifada* (guerre des pierres anti-israélienne) en Cisjordanie.

1988 France : réélection de Mitterrand ; Rocard, Premier ministre. ◊ URSS : agitation nationale en Arménie et dans les pays baltes. ◊ Émeutes en Algérie, violemment réprimées. ◊ Accord Libye-Tchad. ◊ Fin de la guerre Somalie-Éthiopie. ◊ Accord sur la Namibie entre l'Afrique du Sud et l'ONU. ◊ Y. 'Arafāt reconnaît la résolution 242 de l'ONU. ◊ Fin de la guerre Iran-Irak.

1989 « Affaire Rushdie » : l'imam Khomeini appelle les musulmans à tuer l'écrivain S. Rushdie, auteur des *Versets sataniques* qu'il considère comme un outrage à la religion musulmane. ◊ Le 14e dalaï-lama, Bstan-'dzin-rgya-mtsho, prix Nobel de la paix.

1989 Nouvelle-Calédonie : assassinat de leaders indépendantistes kanaks. ◊ États-Unis : G. Bush, 41e président. ◊ Bouleversements dans l'Europe orientale « socialiste » : soulèvements nationaux en URSS (Arménie, Azerbaïdjan, Pays baltes...) ; un Premier ministre non communiste en Pologne (T. Mazowieck) ; démantèlement du rideau de fer en Hongrie et en Tchécoslovaquie (dont l'ex-dissident Vaclav Havel devient président de la République) ; ouverture du mur de Berlin ; révolution en Roumanie : chute de Ceauçescu, qui est exécuté, et du régime. ◊ Afghanistan : retrait des troupes soviétiques. ◊ Iran : mort de Khomeini. ◊ Chine : répression sanglante du « Printemps de Pékin ». ◊ Intervention américaine au Panama pour arrêter le général Noriega (accusé de trafic de drogue). ◊ Paraguay : fin de la dictature militaire du général Stroessner (depuis 1954).

1989

SCIENCES – TECHNIQUES	LITTÉRATURES	ARTS – MUSIQUE

1985 Claude Simon, prix Nobel. ◊ *Sans la miséricorde du Christ* de H. Bianciotti. ◊ *Anatomie du pouvoir* de J. K. Galbraith.

1985 Empaquetage du [1985] Pont-Neuf à Paris, par Christo. ◊ *Papa est en voyage d'affaires,* film du Yougoslave E. Kusturica.

1986 Ouverture, à Paris, de la Cité des sciences et de l'industrie ; accord franco-britannique sur le chantier du tunnel sous la Manche. ◊ Catastrophe de la navette *Challenger* ; catastrophe à la centrale nucléaire de Tchernobyl.

1986 Wole Soyinka, premier africain prix Nobel de littérature.

1986 *Anahata,* œuvre électroacoustique avec instruments de Jean-Claude Éloy. ◊ *Le Déclin de l'Empire américain,* film du Canadien D. Arcand ; *le Sacrifice,* le dernier film de A. Tarkovski.

1987 Mise au point de la télé-impression. ◊ Pellicule photo aux enzymes.

1987 ◊ *La Nuit sacrée* de Tahar Ben Jelloun. ◊ *Harlem Quartet* de J. Baldwin.

1987 Paris : inauguration du musée d'Orsay ; mise en œuvre du projet du Grand Louvre avec la construction de la pyramide de Pei (inaugurée en 1988) ; achèvement de l'Institut du monde arabe, par J. Nouvel. ◊ *Le Dernier Empereur* de Bertolucci ; *les Ailes du désir* de W. Wenders.

1988 Premier vol de la navette *Discovery.*

1988 *Autour des sept collines* de J. Gracq. ◊ *L'Exposition coloniale* d'Érik Orsenna.

1988 *Tu ne tueras point* du Polonais K. Kieślowski ; *la Dernière Tentation du Christ,* film de M. Scorsese, se voit retiré de l'affiche sous les menaces des catholiques intégristes.

1989 Inauguration du TGV-Atlantique.

1989 *Une prière pour Owan* de J. Irving. ◊ *C'est moi qui souligne* de Nina Berberova.

1989 Paris : inauguration de l'Opéra de la Bastille et de la Grande Arche de la Défense, à l'occasion du bicentenaire de la Révolution. ◊ Mort de Salvador Dalí.

| RELIGION – PHILOSOPHIE SCIENCES HUMAINES PROBLÈMES SOCIAUX | HISTOIRE GÉNÉRALE |

1990 Rome publie le premier code de droit canon pour les Églises de rite oriental. ◊ Nombreuses profanations de cimetières juifs (France, Canada, Roumanie, Israël, Pologne, Italie, Berlin).

1990 CEE : accords de Schengen sur la libre circulation des personnes et des capitaux. ◊ Royaume-Uni : démission de M. Thatcher. ◊ Allemagne : union économique, monétaire et sociale de la RFA et de la RDA ; traité germano-polonais sur la frontière Oder-Neisse. ◊ URSS : déclaration d'indépendance des pays baltes. Accords de désarmement (OTAN/URSS sur l'armement convention-nel, États-Unis/URSS sur les armes chimiques). ◊ Retour du régime civil au Chili et au Bangladesh. ◊ Afrique du Sud : libération de N. Mandela, fin de l'état d'urgence, reconnaissance des partis opposés à l'apartheid. Affronte-ments interethniques. ◊ Mouvements de démocratisation en Afrique (multipartisme dans plusieurs pays). ◊ Unifica-tion du Yémen. ◊ Invasion du Koweït par l'Irak : mobilisation internationale, envoi de troupes (surtout occidentales) en Arabie Saoudite.

1990

━━━━ xxe siècle ━━━━

1991

1991 Arrestation des principaux dirigeants du FIS (Front islamique du salut) en Algérie. ◊ Mort de Mgr Marcel Lefèvre.

1991 Guerre du Golfe : l'Irak est contraint de se retirer du Koweït et de démanteler ses équipements nucléaires. ◊ Cessez-le-feu au Sahara occidental. ◊ Assassinat de R. Gandhi. ◊ France : démission de M. Rocard remplacé par É. Cresson. ◊ Création de la BERD (Banque européenne pour la reconstruction et le développement) pour aider l'Europe de l'Est. ◊ Début de la guerre civile en Yougoslavie. ◊ Dissolution du COMECON et du Pacte de Varsovie. ◊ Dislocation de l'URSS, création de la CEI (Communauté des États indépendants). ◊ Conférence de Madrid sur le Proche-Orient. ◊ Sommet européen de Maastricht.

1992 Dissolution du FIS en Algé-rie. ◊ L'Église anglicane se pro-nonce en faveur de l'ordination sacerdotale des femmes. ◊ L'Église catholique publie un nouveau « ca-téchisme universel ».

1992 Algérie : démission du président Chadli ; annulation des élections législatives qui auraient amené les islamistes au pouvoir. Assassinat du président Boudiaf. ◊ États-Unis : B. Clinton, 42e président. ◊ Accord de paix en Mozambi-que. ◊ France : démission d'É. Cresson, remplacée par P. Bérégovoy. ◊ Afghanistan : chute du régime communiste.

1993 L'encyclique *Veritatis Splen-dor* définit les valeurs morales chré-tiennes dans le monde moderne.

1993 CEE : entrée en vigueur de l'Acte unique européen. ◊ Partition de la Tchécoslovaquie. ◊ France : Édouard Balladur, Premier ministre ; début de la deuxième « cohabi-tation ». ◊ Indépendance de l'Érythrée. ◊ Accord de reconnaissance mutuelle entre Israël et l'OLP. ◊ Russie : Échec de la tentative des conservateurs pour prendre le pouvoir. ◊ Cambodge : élections et nouvelle constitution ; N. Sihanouk retrouve son trône.

1993

SCIENCES – TECHNIQUES

LITTÉRATURES

ARTS – MUSIQUE

1990 La navette spatiale américaine Discovery place en orbite un télescope (Hubble). États-Unis : autorisation de la première thérapie génique. ◊ Programme international de recherche sur le génome humain. ◊ 137 pays s'engagent à réduire leurs émissions de gaz polluants afin de freiner le réchauffement de la Terre par effet de serre. ◊ Programme de sauvegarde de la forêt européenne.

1990 Une campagne internationale est lancée pour la reconstruction de la bibliothèque d'Alexandrie. ◊ Sartre entre au répertoire de la Comédie-Française. ◊ Soljenitsyne retrouve la nationalité soviétique. ◊ Sade est publié dans la Pléiade. ◊ *Le Concert* de I. Kadaré. ◊ O. Paz, prix Nobel de littérature.

1990 Première production lyrique de l'Opéra Bastille : la version intégrale des *Troyens* de H. Berlioz. ◊ Exposition aux Pays-Bas célébrant le centenaire de la naissance de Van Gogh. ◊ Exposition Vélasquez au Prado. ◊ Prix record pour des tableaux impressionnistes (Renoir, Van Gogh). Plus de disques laser vendus que de diques vinyle. Mouvement de censure aux États-Unis contre des expositions artistiques.

1990

1990

1991

1991 P.G. de Gennes, prix Nobel de physique, pour ses travaux sur les supra-conducteurs, les cristaux liquides et les polymères. ◊ L'OMS estime que 5 000 personnes sont contaminées chaque jour par le virus du sida.

1991 N. Gordimer, prix Nobel de littérature. ◊ Mort de G. Greene, de Vercors, d'I.B. Singer. ◊ *La Tragédie du roi Christophe,* d'Aimé Césaire à la Comédie-Française.

1991 Rétrospective Max Ernst au Centre Pompidou. Exposition Giacometti au Musée d'Art moderne de la Ville de Paris. ◊ Inauguration du nouveau Jeu de Paume avec une exposition Dubuffet.

1992 G. Charpak, prix Nobel de physique pour l'invention et le développement de détecteurs de particules. ◊ Sommet de la Terre à Rio de Janeiro regroupant 178 pays et consacré aux problèmes de développement et d'environnement.

1992 Rétrospective Rembrandt à Berlin, Amsterdam et Londres, faisant le point des recherches récentes sur l'attribution des œuvres. ◊ Première à Paris de *Lady Macbeth* de Chostakovitch (Opéra Bastille).

1993 80 tableaux impressionistes et post-impressionistes de la Fondation Barnes exposés pour la première fois en Europe, au musée d'Orsay.

1993

TABLE DES CARTES

LA FRANCE

L'EUROPE

TABLE DES MATIÈRES

DICTIONNAIRES LE ROBERT

27, rue de la Glacière – 75013 Paris

Dictionnaires bilingues

LE ROBERT ET COLLINS SENIOR
Dictionnaire français-anglais/anglais-français
(1 vol., 2 000 pages, 550 000 traductions).

LE ROBERT ET COLLINS COMPACT
Dictionnaire français-anglais/anglais-français
(1 vol., 1 250 pages, 115 000 « unités de traduction »).

LE ROBERT ET COLLINS PRATIQUE
70 000 mots et expressions, plus de 100 000 traductions.

LE ROBERT ET COLLINS CADET*
Dictionnaire français-anglais/anglais-français
(1 vol., 832 pages, 65 000 « unités de traduction »).

LE ROBERT ET COLLINS DU MANAGEMENT
Commercial - Financier - Économique - Juridique
(L'anglais des affaires, 75 000 mots, 100 000 traductions).

LE ROBERT ET COLLINS MINI
40 000 mots et expressions.

LE ROBERT ET COLLINS GEM :
ANGLAIS, ITALIEN, ALLEMAND, ESPAGNOL.

LE ROBERT ET SIGNORELLI
Dictionnaire français-italien/italien-français
(1 vol., 3 040 pages, 339 000 « unités de traduction »).

LE ROBERT ET VAN DALE
Dictionnaire français-néerlandais/néerlandais-français
(1 vol., 1 470 pages, 200 000 « unités de traduction »).

**GRAND DICTIONNAIRE FRANÇAIS-JAPONAIS
SHOGAKUKAN-LE ROBERT**
(1 vol., 1 600 pages, 100 000 entrées).

* Existe aussi en format poche : LE ROBERT ET COLLINS POCKET

Les usuels du Robert
(volumes reliés)
collection dirigée par
Henri Mitterand et Alain Rey

DICTIONNAIRE DES SYNONYMES ET CONTRAIRES
par Henri Bertaud du Chazaud,
ouvrage couronné par l'Académie française.

DICTIONNAIRE DES DIFFICULTÉS DU FRANÇAIS
par Jean-Paul Colin,
prix Vaugelas.

DICTIONNAIRE ÉTYMOLOGIQUE DU FRANÇAIS
par Jacqueline Picoche.

DICTIONNAIRE DE NOMS DE LIEUX
par Louis Deroy et Marianne Mulon.

**DICTIONNAIRE DES GRANDES ŒUVRES
DE LA LITTÉRATURE FRANÇAISE**
sous la direction de Henri Mitterand.

DICTIONNAIRE D'ORTHOGRAPHE ET D'EXPRESSION ÉCRITE
par André Jouette.

DICTIONNAIRE DES EXPRESSIONS ET LOCUTIONS
par Alain Rey et Sophie Chantreau.

DICTIONNAIRE DE PROVERBES ET DICTONS
par Florence Montreynaud, Agnès Pierron et François Suzzoni.

DICTIONNAIRE DE CITATIONS FRANÇAISES
par Pierre Oster.

DICTIONNAIRE DE CITATIONS DU MONDE ENTIER
par Florence Montreynaud et Jeanne Matignon.

**DICTIONNAIRE DES IDÉES PAR LES MOTS
(ANALOGIQUE)**
par Daniel Delas et Danièle Delas-Demon.

DICTIONNAIRE DE CITATIONS ET JUGEMENTS
par Agnès Pierron.

DICTIONNAIRE DES STRUCTURES DU VOCABULAIRE SAVANT
par Henri Cottez.

PHOTOCOMPOSITION :
MAURY IMPRIMEUR SA – 45330 MALESHERBES
IMPRESSION ET BROCHAGE :
MAURY EUROLIVRES SA – 45300 MANCHECOURT
POUR LES DICTIONNAIRES LE ROBERT
27, RUE DE LA GLACIÈRE – 75013 PARIS

N° de Projet 10020036 (1) 25 (OSB 60)
Mars 1994
Imprimé en France par Maury-Eurolivres S.A.
45300 Manchecourt